JASON MASON

Mein Vater war ein

MiB 2

Missing Link –
Freimaurer erschufen die Evolutionstheorie,
um die größten Geheimnisse der Welt zu verbergen!

amadeus-verlag.com

www.jason-mason.com

zweite Auflage

Amadeus Verlag GmbH & Co. KG
Birkenweg 4
74576 Fichtenau
Fax: 07962-710263
www.amadeus-verlag.com
Email: amadeus@amadeus-verlag.com

Druck:
CPI – Ebner & Spiegel, Ulm
Satz und Layout:
Jan Udo Holey
Umschlaggestaltung:
Amadeus Holey

ISBN 978-3-938656-82-2

Inhaltsverzeichnis

Vorwort

Sehr geehrte Leserinnen und Leser,
ich freue mich, Ihnen mein zweites Buch präsentieren zu dürfen. Nach dem unerwartet großen Erfolg meines ersten Buches *„Mein Vater war ein MiB"* fragten mich viele, ob ich nicht so bald wie möglich ein Nachfolgebuch schreiben könnte. Im ersten Band ging es thematisch vor allem um die große Weltverschwörung und den Einfluss Außerirdischer auf der Erde. Ich wurde in dieses ganze Geschehen verstrickt, als ich vor Jahren eine Begegnung mit einem der *Men in Black* hatte, der sich als mein echter Vater herausstellte. Dieser Mann erzählte mir vertrauliche und hochgeheime Dinge über die verborgenen Vorgänge der Welt sowie im Weltall, und ich erhielt den Auftrag, über alles, was ich erfahren hatte, ein Buch zu schreiben. Dieses Buch erschien dann 2016, genau zu dem Zeitpunkt, an dem auch viele weitere Whistleblower und Insider ihr Wissen offenbarten. Dadurch konnte ich mein Erlebnis noch besser belegen und die Behauptungen der Whistleblower bestätigten Vieles von dem, was mir mein Vater erzählt hatte. Ein Großteil der Geheimnisse unseres Planeten hängt mit der unbekannten Frühgeschichte der Erde zusammen, wobei ich im MiB-Buch bereits Hinweise und Aussagen veröffentlichte, die beschrieben, dass sich die Frühgeschichte der Erde völlig anders abgespielt hat, als uns das die Archäologen und Historiker heute glauben machen wollen. Es wird von einer seltsamen Menschenspezies gesprochen, die man die „Langschädel" nennt, und auch von menschlichen Riesen ist die Rede, die vor tausenden von Jahren die Erde bevölkert haben sollen.

Speziell die weißen europäischen Menschen umgibt ein großes Geheimnis und es gibt viele, alte Legenden und Überlieferungen darüber, dass die arische und slawische Rasse von raumfahrenden Göttern abstammen, die vor vielen tausend Jahren auf die Erde gekommen waren. Es liegen heute schon einige Beweise für all diese Aussagen und Behauptungen vor, vieles davon liegt jedoch weiterhin im Dunkeln verborgen oder das Wissen darüber wird von bestimmten Geheimgesellschaften gehütet und nicht bekanntgegeben. Die unzähligen, alten und rätselhaften Megalith-Bauwerke und Pyramiden, die auf der ganzen Welt zu finden sind, geben noch Zeugnis von lange zuvor existierenden Hochzivilisationen, die vor vielen tausend Jahren auf der Erde bestanden haben.

Einige Leser waren sehr skeptisch, was all diese Berichte und Aussagen betrifft, weil sie, wie auch ich selbst, ihr ganzes Leben lang eine völlig andere Geschichte gelernt und später auch immer wieder in den Medien vorgesetzt bekommen haben. Viele Menschen haben nicht die Zeit, sich intensiv mit all diesen vorgefertigten Theorien der Wissenschaft auseinanderzusetzen und stellen daher diese ganzen Theorien auch niemals in Frage. Erst in den letzten Jahren wurden durch die modernen Technologien nun immer mehr sonderbare Eigenschaften der antiken Bauwerke und Artefakte entdeckt, und viele alternative Forscher legten Beweise vor, dass die Behauptungen der Schulwissenschaft nicht stimmen können. Das wirft natürlich viele Fragen auf. Obwohl es heute reichlich neue, anerkannte Beweise für die Unrichtigkeit der von der Wissenschaft vertretenen Behauptungen zum Ursprung und den Erbauern der rätselhaften antiken Bauwerke gibt, findet all das sonderbarerweise niemals in die modernen Lehrbücher Einzug. In den Massenmedien wird wenigstens teilweise darüber berichtet, obwohl diese Artikel und Dokumentationen so gestaltet werden, dass sie im Grunde dem Mainstream Recht geben. Das hat mich sehr gewundert und ich werde daher berichten, welche echten Beweise es für die Anwesenheit Außerirdischer oder antiker Hochzivilisationen in der fernen Vergangenheit gibt. Gerade dieses Thema ist sehr schwierig zu recherchieren, weil es komplett dem herkömmlichen Geschichtswissen widerspricht.

Ich hatte bereits einige Bücher über die sogenannte „verbotene Archäologie" gelesen, diese Werke sind zwar sehr gut und fundiert geschrieben, sie konnten aber niemals bis zum Kern des ganzen Mysteriums vordringen. Im Buch *„MiB – Band 1"* habe ich schon so einiges von der alten, unbekannten Geschichte der Erde aufgedeckt, doch dabei muss man schon wesentlich tiefer schürfen, um noch mehr zu erfahren. Viele Menschen finden antike Artefakte, die immer wieder auf der ganzen Welt gefunden werden, faszinierend und zahlreiche Forscher versuchen zu beweisen, dass sie durch eine frühere Hochtechnologie erschaffen wurden. Viele dieser Artefakte sollen mehrere hunderttausend, ja sogar hunderte Millionen Jahre alt sein, doch laut der eigenen Wissenschaften hat zu dieser Zeit noch gar kein komplexes Leben auf unserem Planeten existiert – und schon gar keine Hochtechnologie. Wie lässt sich das Ganze also erklären?

Ursprünglich wollte ich nur ein Buch über die unerklärlichen Artefakte schreiben. Im Laufe der Nachforschungen entdeckte ich jedoch, dass es heftigsten Widerstand gegen alle diese unerklärlichen Artefakte aus allen wissenschaftlichen Fachkreisen gibt. Obwohl die mysteriösen Objekte in vielen professionellen Labors Tests unterzogen wurden, die ihre Echtheit beweisen, wird mit allen möglichen Mitteln dagegen vorgegangen. In der akademischen Wissenschaft gibt es mächtige Organisationen, die unbedingt verhindern wollen, dass auch nur ein einziges dieser Artefakte als echt anerkannt wird. Das würde nämlich ihre Theorien über die Vergangenheit der Erde zerstören, ganz besonders die darwinistische Evolutionstheorie. Man hat Jahrzehnte und unglaublich hohe finanzielle Mittel aufgewendet, um diese Theorie zu etablieren, heute ständig und gebetsmühlenartig zu wiederholen und in wissenschaftlichen Dokumentationen und Fachjournalen ständig zu bestätigen, obwohl es sich nach wie vor nur um unbewiesene Theorien handelt. Es wird alles unternommen, um dieses künstliche Konstrukt nicht zusammenfallen zu lassen – hier stellt sich natürlich die Frage, *warum*?

Ich wurde schließlich neugierig und fing damit an, über die wissenschaftlichen Erkenntnisse der Fachwelt *vor* der Ära Darwins nachzuforschen und da kam ich zu ganz erstaunlichen Entdeckungen. Die Wissenschaft des 19. Jahrhunderts, einschließlich des frühen 20. Jahrhunderts, war viel offener und aufgeschlossener gegenüber diesen rätselhaften Funden als die heutige moderne „Wissenschaft" – sie vertritt meiner Meinung nach ein dogmatisches Weltbild, das nicht eindeutig zu beweisen ist. All diese Theorien wurden bereits im späten 19. Jahrhundert geprägt und sollen bis heute ihre Gültigkeit behalten, obwohl sie schon lange mehrfach widerlegt sind. Warum wird das gemacht? Es geschieht, um von der echten Wahrheit abzulenken und nicht eingestehen zu müssen, dass man über hundert Jahre lang gelogen hat. Viele Professoren auf Universitäten, Naturwissenschaftler und Fachjournalisten sowie Archäologen, Biologen und Anthropologen müssen ihr Weltbild verteidigen, weil sie sonst arbeitslos werden und ihre ganze Karriere sinnlos wäre. Immer wieder treten jedoch mutige, akademische Forscher hervor und stellen mit ihren neuen Beweisen die gefestigten Theorien der Fachwelt in Frage, werden oftmals dafür angegriffen, finden dann niemals wieder eine Anstellung in ihrem Beruf und ihre Karriere ist beendet. Als mir die Aggressivität auffiel, mit der hier gegen die abweichenden Fachkollegen und alternative Forscher vorgegangen wird, habe ich mich dazu entschieden, den Schwerpunkt des vorliegenden Buches zu verlagern und nicht nur über die antiken rätselhaften Artefakte, sondern auch über die unglaubliche Vertuschung in der wissenschaftlichen Fachwelt zu berichten. Im Zuge der Nachforschungen fand ich dann genug Informationen, um endlich Licht in diese merkwürdigen Vorgänge zu bringen.

Und siehe da: Wenn man alles Stück für Stück zusammenfügt, kommt man hinter das große Geheimnis und erstaunlicherweise decken sich die jetzt vorliegenden Beweise mit den Aussagen der Whistleblower und mit den Behauptungen meines Vaters im Buch „*MiB*" – dass nämlich unsere Vorfahren nicht vom Affen abstammen und auch nicht aus Afrika kommen, sondern einst von den Sternen kamen. Und es ist auch nicht unser Schicksal, nur auf diesem Planeten unser Dasein zu fristen, sondern es geht genauso zurück ins Weltall! Wie mir mein Vater berichtete und es die inzwischen zahlreichen Whistleblower, die ich im ersten Band ausführte, beschreiben, wird die Kenntnis über die Antigravitation, Teleportation und die Zeitreisen längst auf der Erde angewendet, allerdings nur vom Militär und von privaten Weltraumunternehmen, die seit Jahrzehnten auf anderen Planeten Rohstoffabbau betreiben – teilweise mit der Hilfe Außerirdischer und teilweise alleine.

So gesehen stellt dieses Buch keinen direkten Nachfolger dar, weil es thematisch und inhaltlich davon abweicht. Ich finde es jedoch höchst spannend und durch die vielen dargelegten Beweise wird endlich glaubhaft erwiesen, dass alle Alternativforscher und Autoren völlig Recht haben. Und mit dem hier vorliegenden Buch ist es mir gelungen, das Puzzle um die außerordentlich geheime Vergangenheit des Planeten Erde um ein großes Stück zu vervollständigen. Vieles muss erst im Laufe der kommenden Jahre noch genauer untersucht und erweitert werden, doch schon jetzt steht eindeutig fest, dass die tatsächliche Vergangenheit gänzlich und vollständig anders war als man bis zuletzt vermutet hätte. Ein großer Teil der geschilderten Geschehnisse im Buch spielen im 19. und frühen 20. Jahrhundert, weshalb Sie eine fantastische Zeitreise zu lange vergessenen Menschen und Orten erwartet. Es werden auch bekannte historische Geschehnisse und Personen genauer durchleuchtet, wobei am Ende schier Unglaubliches zum Vorschein kommt. Die Reise geht auch weit zurück bis zu den Anfängen der unbekannten alten Zivilisationen der Erde und zu den raumfahrenden Göttern, die heute immer noch über uns wachen.

Das vorliegende Buch widme ich deshalb all den mutigen alternativen Forschern, Historikern, Autoren und abweichenden Wissenschaftlern, die die Courage haben, für die Wahrheit einzustehen, obwohl sie den Angriffen ihrer Fachkollegen ausgesetzt sind. Mein besonderer Dank gilt auch Jan van Helsing und Johannes Holey für ihre Unterstützung und ihre tatkräftige Mithilfe bei der Entstehung dieses wichtigen Buches sowie den vielen Lesern, die mich bestärkt haben, es in relativ kurzer Zeit zu vollenden.

Nun will ich Sie aber nicht länger hinhalten und wünsche Ihnen erkenntnisreiche Stunden mit meinen neuen Recherchen. Seien Sie allerdings darauf vorbereitet, dass sich Ihr komplettes, wissenschaftliches Weltbild auf den Kopf stellen wird!

Ihr *Jason Mason*

Kapitel 1 – Funde von unerklärlichen technischen Artefakten auf der ganzen Welt

Auf der ganzen Welt wurden in den letzten zweihundert Jahren bei Grabungen oder Bauarbeiten eine große Anzahl merkwürdiger und teilweise unerklärlicher Artefakte freigelegt. Es handelt sich dabei um technologische Relikte aus einer unbekannten Vergangenheit, die in großer Tiefe in kompaktem Felsgestein oder in Kohleschichten zum Vorschein kamen. Es gibt jedoch auch Artefakte aus Stein und große mysteriöse Bauwerke, deren Herkunft ebenfalls nicht aufgeklärt werden kann. Denn für die moderne Wissenschaft mit ihren Theorien sind diese Dinge unmöglich zu erklären. Da die Datierung von Gestein unmöglich ist, wusste man bis vor etwas mehr als 200 Jahren auch nicht, wie alt die Erde selbst ist. Bis dahin ging man von den Beschreibungen in der Bibel aus, wonach sie ungefähr 6.000 Jahre alt sein soll – doch dieses Alter bezieht sich nicht auf den Planteten, sondern auf die Welt, wie wir sie heute kennen. Vor dieser Welt hat es laut vielen alten Schriften und Legenden eine andere Welt gegeben, die durch eine große Flutkatastrophe vernichtet worden war, und diese Vorstellung wurde bis zur Mitte des 19. Jahrhunderts auch in allen Schulen gelehrt. Erst damals kam es zu einem radikalen Wandel im historischen Geschichtsbild der Erde, denn bestimmte Kreise von Naturwissenschaftlern wollten sich mit aller Kraft von den Vorstellungen der Bibel lossagen – ihnen war der Gedanke an eine göttliche Schöpfung ein Dorn im Auge. Und um ihre neuen Theorien durchsetzen zu können, musste zuerst das Alter der Erde drastisch erhöht werden. Um diesem Problem zu begegnen, fing man bereits im frühen 18. Jahrhundert damit an, die geologischen Gesteinsschichten zu studieren und kam dahinter, dass sich in jeder Schicht Fossilien befinden, also versteinerte Knochen von zumeist ausgestorbenen Tier- und Pflanzenarten. Weil man sehr oft die gleichen Arten in denselben Schichten fand, fing man damit an, weltweit die Gesteinsschichten nach den Fossilien zu datieren. Natürlich hatte man damals keine Ahnung, wie alt die Fossilien sind, weil man ja auch die versteinerten Überreste nicht altersdatieren konnte, und der Engländer William Smith erstellte dann damals erste Tabellen zur zeitlichen Einteilung der Schichten. Damit kam es zur ersten geologischen Kartierung der Schichten in einer sedimentären Abfolge und zur Entwicklung der Stratigraphie, der Schichtenkunde.

Man begann nun langsam zu glauben, dass die Erde viele Millionen Jahre alt ist. Ein Freund von Charles Darwin, Charles Lyell, veröffentlichte im Jahr 1867 ein Buch über die „Prinzipien der Geologie" und schätzte das Alter der Erde erstmals auf 240 Millionen Jahre. So entstanden die moderne Naturwissenschaft Mitte des 19. Jahrhunderts in England und viele der ersten wissenschaftlichen Institutionen wurden erstaunlicherweise von Freimaurern gegründet – und die Absichten dahinter werden in diesem Buch nach und nach erläutert. Doch durch die Entdeckung der Radioaktivität im 20. Jahrhundert konnte man anhand der Radiokarbonmethode endlich genauere Schätzungen durchführen. Es ist jedoch nicht sicher, dass diese Zerfallsraten über lange Zeiträume konstant gleich waren, denn dazu müsste man sie viel länger beobachten. In den letzten Jahrtausenden ist es immer wieder zum Anstieg des Karbonanteils im Gestein gekommen, was mit der Sonnenaktivität und Änderungen im Erdmagnetfeld zusammenhängt. Durch neuere Messmethoden will man nun herausgefunden haben, dass die Erde bereits Milliarden von Jahre alt ist – mit Sicherheit kann das aber immer noch niemand sagen.

Die Wissenschaft prägte neue Begriffe für die verschiedenen Erdzeitalter und behauptete ab nun, dass die Erde selbst etwa 4,6 Milliarden Jahre alt sein soll. Vor etwa 540 Millionen Jahren soll dann das Erdaltertum (Paläozoikum) begonnen haben, gefolgt vom Erdmittelalter (Mesozoikum) und der Erdneuzeit (Känozoikum). Diese Zeiteinheiten sind nochmals in verschiedene kleinere Einheiten unterteilt, wobei das erste Leben auf der Erde durch die geologischen Schichten ermittelt wird, in denen die ersten tierischen und pflanzlichen Fossilien auftauchen. Das geschah zu Beginn der Sedimentschichten des Erdaltertums (Paläozoikum) vor geschätzten 540 Millionen Jahren. Die zeitliche Einteilung der Fossilien nennt man den *Fossilbericht*. Vor geschätzten 470 Millionen Jahren sollen die ersten Wirbeltiere im Meer entstanden sein, vor 360 Millionen Jahren soll es die ersten Landwirbeltiere gegeben haben und vor 200 Millionen Jahren die ersten Säugetiere. Die ersten Primaten sollen dann vor geschätzten 60 Millionen Jahren aufgetaucht sein und die ersten Menschenaffen vor 20 Millionen Jahren. Vormenschen soll es seit knapp 7 Millionen Jahren gegeben haben und die ersten Frühmenschen erst seit 2 Millionen Jahren. Den modernen Menschen, also den *Homo sapiens*, soll es erst seit 160.000 Jahren geben. Vor 40.000 Jahren soll sich die Entwicklung des Menschen durch Ackerbau und Viehzucht beschleunigt haben und im Zuge dieser Hochentwicklung soll dann unsere moderne Zivilisation entstanden sein – so viel zu diesen Theorien. Über die Lücken darin wird später noch ausführlich aufgeklärt. Die meisten Menschen glauben heute an diese vorgegebenen Zeitskalen und stellen sie logischerweise nicht weiter in Frage. Diese Skalen haben den Hauptzweck, eine kontinuierliche Evolutionsgeschichte auf der Erde vorzutäuschen. Einfache Tier- und Pflanzenarten sollen irgendwann *zufällig* entstanden sein und haben sich dann zu komplexen Lebensformen hochentwickelt, und die Krönung dieser Millionen Jahre andauernden und zufälligen Entwicklungen soll der moderne Mensch sein. Und dieser konnte durch seine Intelligenz schließlich im Laufe der letzten Jahrhunderte die heutige Technologie entwickeln.

Kommen wir hier zurück zu den unerklärlichen technologischen Artefakten. Viele davon wurden in geologischen Sedimentschichten entdeckt, die der modernen Geologie zufolge mehrere hundert Millionen Jahre alt sein sollen, was bei der offiziell akzeptierten Zeitskala aber völlig unmöglich ist. Wir haben gesehen, dass es vor 360 Millionen Jahren erst die ersten Wirbeltiere gegeben haben soll und intelligente Menschen sollen erst seit wenigen tausend Jahren existieren. Wie ist das also zu erklären? Naturwissenschaftler reden ungern über solche Artefakte, weil sie ihr mühevoll etabliertes Weltbild infrage stellen. Es wird daher alles unternommen, um diese Funde wegzudiskutieren, als Fälschungen darzustellen, sie einfach verschwinden zu lassen oder von den Massenmedien als lächerlich hinzustellen. Auch werden nicht selten die Menschen bedroht oder die störenden Artefakte von Sammlern aufgekauft, andere wiederum verschwinden in Museen oder werden einfach zerstört. Auf diese Weise konnte man sich der meisten dieser unerklärlichen Artefakte entledigen und nur wenige Naturwissenschaftler wagen es heute, solche kontroversen Funde auch nur zu untersuchen, denn es bedeutet oft das Ende ihrer Karriere. Der Druck der wissenschaftlichen Gemeinschaft ist einfach zu groß, und dass sich hinter dieser Vorgehensweise ein großes Geheimnis verbirgt, ahnen nur Wenige. In diesem Buch sind viele der heute verfügbaren Informationen zu diesen mysteriösen Funden enthalten und ein Teil davon dürfte vielen Lesern schon bekannt sein – ich habe mich jedoch bemüht, die jeweils verfügbaren Informationen zu vervollständigen und aktuelle Erkenntnisse hinzuzufügen.

Um dem ganzen Geheimnis hinter diesen Artefakten auf die Spur zu kommen, muss man schrittweise vorgehen, um es in seiner ganzen Tragweite zu begreifen. Im ersten Kapitel des Buches werfen wir nun einen Blick auf die erstaunlichsten antiken Artefakte, die bisher bekannt geworden sind. Es gibt natürlich noch zahlreiche andere mysteriöse Artefakte, auf die ich aus Platzgründen hier nicht ausführlich eingehen kann, daher werden nur diejenigen behandelt, die für das Verständnis der dargelegten Themen des Buches wichtig sind.

Der 600 Millionen Jahre alte menschliche Schuhabdruck aus Utah

William J. Meister, ein amerikanischer Fossiliensammler, machte am 1. Juni 1968 einen mysteriösen Fund in Antelope Springs in Utah, einem Platz, an dem generell viele Fossilien gefunden werden. William Meister fand den einzigartigen Schuhabdruck in einem Stück Felsgestein, wobei der Abdruck so aussieht, als stamme er von Sandalen. In dem besagten Abdruck fand er außerdem Trilobiten, kleine krabbenähnliche Meereskreaturen, die vor 270 bis 600 Millionen Jahren existiert haben sollen. Der Träger der Sandalen muss auf die Trilobiten gestiegen sein und hatte sie plattgedrückt. Der Abdruck der Sandale hat eine Länge von 26 Zentimetern, was der heute gängigen deutschen Schuhgröße 41 entspricht, und die Breite beträgt 9 Zentimeter an den Zehen und 7,6 Zentimeter an der Ferse. Der Abdruck an der Ferse ist etwa 1,7 Zentimeter tief, das dürfte die Stärke der Sandalensohle gewesen sein.

Wenn eine unbekannte menschliche Zivilisation bereits vor 600 Millionen Jahren existiert haben soll, müsste sie zu dieser Zeit schon entsprechend hoch entwickelt gewesen sein, da man bereits Werkzeuge benutzte und Sandalen herstellen konnte. William Meister brachte die Fossilien an die *Universität von Utah* zum dort zuständigen Professor für Metallurgie, Dr. Melvin Cook, der sofort die Einmaligkeit dieses Fundes erkannte und ihn an die Geologen der Universität weiterleitete. Die Geologen sorgten sich aber um ihren guten Ruf und ihre Reputation (Gesichtsverlust) und weigerten sich, eine offizielle Untersuchung daran durchzuführen! Diesem Verhalten werden wir im Laufe des Buches noch oft begegnen und es wird auch klar werden, warum so etwas gemacht wird. Einer dieser besagten Geologen war Dr. Clifford Burdick aus Tucson, Arizona. Burdick ging ebenfalls zur Fundstätte in Antelope Springs, fand selbst menschliche Fußabdrücke im Schiefergestein, und zwar genau in der gleichen Sedimentschicht wie Meister – deshalb sollten sie das gleiche Alter haben. Im August 1968 fand ein Lehrer namens Dean Bitter zwei weitere menschliche Fußabdrücke dort, was ebenfalls von Dr. Melvin Cook

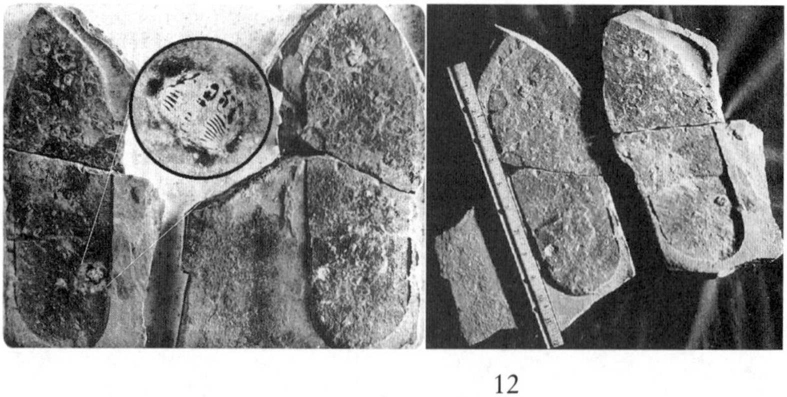

Abb. 1: Der fossile Meister-Abdruck

bestätigt wurde. Das Problem, mit dem sich die Wissenschaftler hier konfrontiert sahen, ist immer das gleiche: Vor 270 bis 600 Millionen Jahren sollten nur einfache Gliederfüßer existiert haben, aber keine Menschen mit Sandalen! Wer trug also vor mindestens 270 Millionen Jahren Sandalen in Utah? Die ersten komplexeren Tiere traten erst 50 Millionen Jahre später auf und die Dinosaurier sind angeblich vor 65 Millionen Jahren ausgestorben. Diese Abdrücke von Menschen sollen viel älter sein als 65 Millionen Jahre? Das würde heißen, dass es schon vor den Dinosauriern moderne Menschen auf der Erde gab![1]

Ein 600 Millionen Jahre alter Kunstgegenstand – der Topf von Dorchester

Der Topf von Dorchester ist eine Metallvase, die in zwei Stücken gefunden wurde, nachdem sie am 19. Mai 1852 in Meeting House Hill in Dorchester, Massachusetts, bei Felssprengungen freigelegt worden war. Es gab 1852 im *Scientific American* einen Zeitungsbericht darüber. Die beiden Stücke wurden im Schutt der Sprengung entdeckt und befanden sich ursprünglich fast 5 Meter tief unter der Erdoberfläche, und es bestand kein Zweifel, dass der Topf wirklich bei der Sprengung zum Vorschein kam. Er war in solidem Gesteinskonglomerat eingeschlossen und das Roxbury-Gesteinskonglomerat, in dem der Topf gefunden wurde, wird auf ein Alter zwischen 570 und 593 Millionen Jahren datiert! Das glockenförmige Gefäß wurde als 11,5 Zentimeter hoch beschrieben und hatte einen Durchmesser von 16,5 Zentimeter unten und 6,4 Zentimeter oben. Es bestand aus einer Legierung aus Zink und Silber, wobei es auf einer Seite des Topfes sechs Abbildungen von Blumen oder einem Blumenstrauß gab. Die Blumen waren sehr schön mit purem Silber eingelegt und am unteren Teil des Gefäßes gab es einen ebenfalls mit Silber eingelegten Kranz. Botaniker meinten, die auf dem Gefäß abgebildeten Pflanzen seien bereits vor über 100.000 Jahren von der Erde verschwunden.

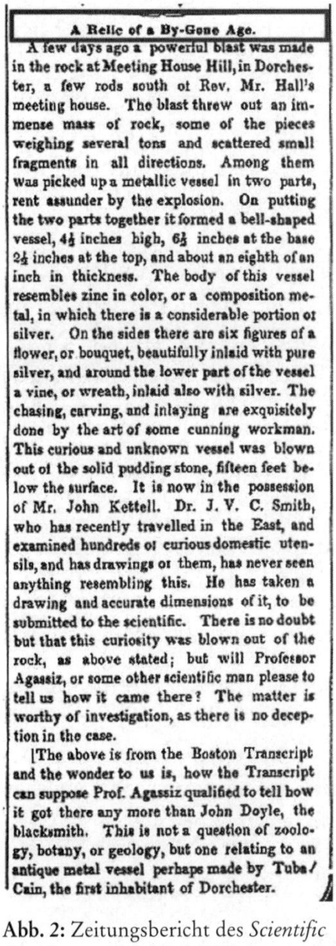
A Relic of a By-Gone Age.

A few days ago a powerful blast was made in the rock at Meeting House Hill, in Dorchester, a few rods south ot Rev. Mr. Hall's meeting house. The blast threw out an immense mass of rock, some of the pieces weighing several tons and scattered small fragments in all directions. Among them was picked up a metallic vessel in two parts, rent assunder by the explosion. On putting the two parts together it formed a bell-shaped vessel, 4½ inches high, 6½ inches at the base 2½ inches at the top, and about an eighth of an inch in thickness. The body of this vessel resembles zinc in color, or a composition metal, in which there is a considerable portion ot silver. On the sides there are six figures of a flower, or bouquet, beautifully inlaid with pure silver, and around the lower part of the vessel a vine, or wreath, inlaid also with silver. The chasing, carving, and inlaying are exquisitely done by the art of some cunning workman. This curious and unknown vessel was blown out ot the solid pudding stone, fifteen feet below the surface. It is now in the possession of Mr. John Kettell. Dr. J. V. C. Smith, who has recently travelled in the East, and examined hundreds ot curious domestic utensils, and has drawings ot them, has never seen anything resembling this. He has taken a drawing and accurate dimensions of it, to be submitted to the scientific. There is no doubt but that this curiosity was blown out of the rock, as above stated; but will Professor Agassiz, or some other scientific man please to tell us how it came there? The matter is worthy of investigation, as there is no deception in the case.

[The above is from the Boston Transcript and the wonder to us is, how the Transcript can suppose Prof. Agassiz qualified to tell how it got there any more than John Doyle, the blacksmith. This is not a question of zoology, botany, or geology, but one relating to an antique metal vessel perhaps made by Tubal Cain, the first inhabitant of Dorchester.

Abb. 2: Zeitungsbericht des *Scientific American* vom 7. Juni 1852

Im originalen Zeitungsbericht von 1852 war zudem zu lesen, dass ein Dr. J.V.C. Smith damals erst kürzlich von einer Reise aus dem Orient zurückgekehrt sei, ein Experte war und hunderte von seltsamen amerikanischen Utensilien untersucht hatte, aber so etwas wie dieses Gefäß hatte er noch nie gesehen. Doch in den darauf folgenden Jahren geriet der Topf in Vergessenheit und erst im Jahr 1919 erschien ein Buch von Charles Ford namens „*The Book of the Damned*“, das dem Studium seltsamer Anomalien gewidmet war. Darin schreibt Ford, dass der

Abb. 3: Fotos vom Topf von Dorchester, die von Milton R. Swanson stammen

Artikel des *Scientific American* von einem anderen Artikel der Bostoner Zeitung *Boston Transcript* inspiriert gewesen war. Der ursprüngliche Artikel erschien am 26. Mai 1852 und gibt noch weitere Details preis. Darin hieß es, dass sich auf der Oberseite der Vase ein Loch für einen Griff befunden hat und am unteren Ende gab es ein größeres Loch, das mit Blei gefüllt und verlötet war. Die Innenseite war beträchtlich verrostet, die Außenseite war hingegen glatt und rostfrei. Die Ziselierarbeit, die Schnitzereien und die Einlegungen waren kunstvoll ausgeführt und offenbar von einem geschickten Künstler angefertigt worden. Am Ende des Artikels wurde noch erwähnt, dass ungefähr dreihundert Leute das Objekt begutachtet hatten, darunter viele Naturwissenschaftler.

Weiter ging die Geschichte dann 125 Jahre nach den Ereignissen im Jahr 1978 mit dem Buch „*Worlds Before Our Own*" des Autoren Brad Steiger. Steiger behauptet im Buch, Kontakt zu einem Mann zu haben, der das Objekt damals besessen hat. Der Name dieses Mannes war Milton R. Swanson und dieser sagte, der Topf von Dorchester wurde nach seiner Entdeckung an das *Harvard College* gegeben und bald darauf vergessen. Ein Bauleiter, der einmal dort arbeitete, nahm das Gefäß irgendwann mit nach Hause und verkaufte es kurz vor seinem Tod an Swanson. Der Bauleiter erzählte zudem, dass das Artefakt im *Museum of Fine Arts*, dem Kunstmuseum in Boston, zwei Jahre lang eine Reihe von Test durchlief, jedoch niemand feststellen konnte, wie alt es war oder welchem Zweck es diente. Das Museum weigerte sich, irgendetwas davon zu bestätigen, weil man Angst hatte, sich lächerlich zu machen. Swanson starb im Jahr 2005 und seitdem hat sich die Spur zum Topf von Dorchester abermals verloren.

Der auf unerklärliche Artefakte spezialisierte Wissenschaftler Michael Cremo meint, die Existenz dieses Topfes wäre ein Beweis, dass es bereits vor 600 Millionen Jahren Metallarbeiter in Nordamerika gegeben hätte. Er behauptete auch als einer der ersten, dass die Gewölbe der Smithsonian Institution voll wären mit seltsamen, kontroversen Fundstücken aus ganz Amerika. Warum will man diese Funde verstecken?[(2)]

Ein hunderte Millionen Jahre alter Metallbohrer in Kohle

Im Laufe des 19. Jahrhunderts kam es zu vielen weiteren ungewöhnlichen Entdeckungen. Man fand beispielsweise eine Bohrspitze aus Metall in einem 56 Zentimeter großen Stück Kohle in einer Lagerstätte in der Nähe von Glasgow, Schottland. Dieser Fund wurde erstmals im Buch „*Proceedings of the Society of Antiquaries of Scotland*“ erwähnt, dem Tätigkeitsbericht der Gesellschaft der Altertums-Forscher von Schottland aus dem Jahr 1883. Die Kohle, in der das Artefakt gefunden wurde, soll Millionen von Jahre alt sein und befand sich ursprünglich mehr als zwei Meter unter der Erdoberfläche. Man fand diese Kohleschicht während eines Straßenbaus. Ein Mann namens Robert Lindsay Jr. nahm das besagte Stück Kohle an sich und zerbrach es, wobei er genau in seinem Zentrum einen metallischen Gegenstand entdeckte, den er von den Rückständen reinigte. Nun sah er einen Bohrer aus Metall und war sehr überrascht darüber. Mehrere Straßenarbeiter und Kollegen von Lindsay sahen den sonderbaren Fund mit ihren eigenen Augen und bezeugten das später auch – man konnte sich aber nicht erklären, wie dieses anscheinend von Menschen gemachte Werkzeug in eine Kohleschicht gelangt war, die Millionen von Jahre alt sein soll, denn damals konnte es noch keine Menschen gegeben haben. Außerdem befand sich direkt über der Kohleschicht eine dicke, kompakte Felsschicht. Wie gelangte diese Bohrspitze also in die Kohle?

Der Bohrer muss schon in organischer Materie abgelagert gewesen sein, bevor sie sich zu Kohle verdichtete, und das kuriose Artefakt wurde am 13. Dezember 1852 von John Buchanan der *Gesellschaft für Altertumsforschung von Schottland* präsentiert. Buchanan sagte, er würde mit der damals generell akzeptierten, geologischen Sichtweise übereinstimmen, dass sich diese Kohle lange vor dem Erscheinen des modernen Menschen gebildet haben müsse. Er konnte sich nur nicht vorstellen, wie dieses eindeutig von Menschenhand erschaffene Werkzeug in diese Kohleschicht gelangt war. Die einzige glaubhafte Erklärung wäre, dass diese Bohrspitze bei einer früheren Bohrung nach Kohle in der Erde stecken geblieben ist, doch im Bericht von Buchanan wird nirgendwo erwähnt, dass man dort Spuren von Bohrungen gefunden hätte. Auch Lindsay behauptete, dass sich die Bohrspitze mitten in dem Stück Kohle befand und keine sonstigen Bohrspuren sichtbar waren.[3]

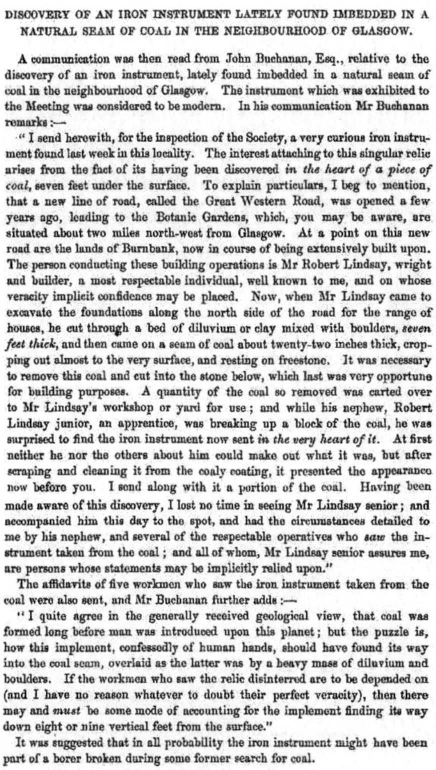

DISCOVERY OF AN IRON INSTRUMENT LATELY FOUND IMBEDDED IN A NATURAL SEAM OF COAL IN THE NEIGHBOURHOOD OF GLASGOW.

A communication was then read from John Buchanan, Esq., relative to the discovery of an iron instrument, lately found imbedded in a natural seam of coal in the neighbourhood of Glasgow. The instrument which was exhibited to the Meeting was considered to be modern. In his communication Mr Buchanan remarks:—

"I send herewith, for the inspection of the Society, a very curious iron instrument found last week in this locality. The interest attaching to this singular relic arises from the fact of its having been discovered *in the heart of a piece of coal*, seven feet under the surface. To explain particulars, I beg to mention, that a new line of road, called the Great Western Road, was opened a few years ago, leading to the Botanic Gardens, which, you may be aware, are situated about two miles north-west from Glasgow. At a point on this new road are the lands of Burnbank, now in course of being extensively built upon. The person conducting these building operations is Mr Robert Lindsay, wright and builder, a most respectable individual, well known to me, and on whose veracity implicit confidence may be placed. Now, when Mr Lindsay came to excavate the foundations along the north side of the road for the range of houses, he cut through a bed of diluvium or clay mixed with boulders, *seven feet thick*, and then came on a seam of coal about twenty-two inches thick, cropping out almost to the very surface, and resting on freestone. It was necessary to remove this coal and cut into the stone below, which last was very opportune for building purposes. A quantity of the coal so removed was carted over to Mr Lindsay's workshop or yard for use; and while his nephew, Robert Lindsay junior, an apprentice, was breaking up a block of the coal, he was surprised to find the iron instrument now sent *in the very heart of it*. At first neither he nor the others about him could make out what it was, but after scraping and cleaning it from the coaly coating, it presented the appearance now before you. I send along with it a portion of the coal. Having been made aware of this discovery, I lost no time in seeing Mr Lindsay senior; and accompanied him this day to the spot, and had the circumstances detailed to me by his nephew, and several of the respectable operatives who *saw* the instrument taken from the coal; and all of whom, Mr Lindsay senior assures me, are persons whose statements may be implicitly relied upon."

The affidavits of five workmen who saw the iron instrument taken from the coal were also sent, and Mr Buchanan further adds:—

"I quite agree in the generally received geological view, that coal was formed long before man was introduced upon this planet; but the puzzle is, how this implement, confessedly of human hands, should have found its way into the coal seam, overlaid as the latter was by a heavy mass of diluvium and boulders. If the workmen who saw the relic disinterred are to be depended on (and I have no reason whatever to doubt their perfect veracity), then there may and *must* be some mode of accounting for the implement finding its way down eight or nine vertical feet from the surface."

It was suggested that in all probability the iron instrument might have been part of a borer broken during some former search for coal.

Abb. 4: Tätigkeitsbericht der Gesellschaft der Altertumsforscher von Schottland 1883

Bergarbeiter finden ein 300 Millionen Jahre altes Wagenrad tief in einer Kohlemine in Russland

Es kommt auch heute noch zu unerklärlichen und absolut erstaunlichen Entdeckungen in tiefen Minen auf unserem Erdball. Es gibt zahlreiche überlieferte Berichte von Bergarbeitern und Augenzeugen, von denen leider keine konkreten Untersuchungen existieren. Viele dieser Funde wurden entweder sofort versteckt, zerstört oder einfach wieder eingegraben. Es gibt nachweislich große Anstrengungen, solche Funde vor der Welt zu verbergen, und es scheint verschiedene Motive für ein solches Verhalten zu geben. Eine der seltenen Gelegenheiten, bei denen etwas von einer Person gefunden wurde, die sich dieser Tatsachen bewusst war, ereignete sich in der Nähe der Stadt Donezk in Russland. Unterhalb der Stadt Donezk befindet sich ein großes Fundament aus Sandstein. Diese Felsschicht aus dem Erdzeitalter Karbon soll zwischen 330 und 360 Millionen Jahre alt sein und zwischen diesem Sandstein befinden sich Kohleschichten, die ebenfalls das gleiche Alter aufweisen. In einer Tiefe von 900 Metern unter der Erdoberfläche machte man bei Bohrungen in der *J3-Sukhodolsky*-Kohleschicht im Jahr 2008 eine erstaunliche Entdeckung.

Der Minenarbeiter S. Kasatkin entdeckte eines Tages an der Decke eines Kohlenschachtes den Abdruck eines Wagenrades. Zweifellos muss dieses Rad angefertigt worden sein, bevor die Felsschicht sich darüber formte und ist daher älter als die Felsschicht. Das Rad selbst hatte sich bereits vor langer Zeit in ein mineralisches Fossil verwandelt, ein Vorgang, den man *Mineralveränderung* nennt. Nach einer ausgedehnten Suche konnte Kasatkin einen weiteren Abdruck im gleichen Schacht finden und diese Abdrücke waren vielleicht für viele Millionen Jahre in dieser Lagerstätte begraben. Und falls eine wissenschaftliche Untersuchung daran durchgeführt werden könnte, würde das unser Weltbild erschüttern. Kasatkin machte mehrere Fotos des Artefakts, bevor er offiziell über den Fund berichtete und eine wissenschaftliche Untersuchung beantragte. Als sein Vorgesetzter den Eigentümer der Mine davon in Kenntnis setzte, erhoffte man sich eine Analyse des Artefakts. Zu aller Überraschung musste jedoch jede weitere Arbeit in diesem Schacht sofort eingestellt werden, der kurz darauf zudem noch geflutet wurde – was heute jede weitere Erforschung unmöglich macht. Die Mine gilt seit 2009 als geschlossen und der Zugang zu diesem Objekt ist aufgrund der Flutung unmöglich. Kasatkin unterhielt sich mit den anderen Minenarbeitern und sie bestätigten die Existenz eines weiteren Abdrucks in dieser Mine. Das zweite Artefakt wurde bei der Bohrung eines Sprengloches beschädigt. Der zuständige Arbeiter hatte es sich genau ange-

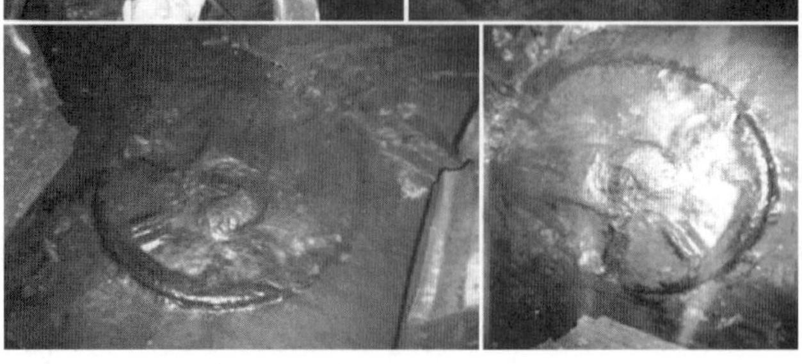

Abb. 5: Diese Aufnahmen stammen von V.V. Kruzhilin, dem stellvertretenden Leiter der Mine

sehen und war überrascht, denn genau wie das Wagenrad war auch das zweite Objekt eindeutig künstlichen Ursprungs. Möglicherweise eröffnet sich in der Zukunft eine Möglichkeit, diese Mine noch einmal genau zu untersuchen. Hier ein Ausschnitt des Briefes, den S. Kasatkin an verschiedene Forscher geschickt hat:

> *„Ich werde Ihnen die Vorgeschichte des Fundes erläutern. 2008 arbeitete ich als Minenvorarbeiter im Bereich Ventilations- und Sicherheitstechnik und war auf seismische Prognosen spezialisiert. Diese Mine wurde als eine der gefährlicheren angegeben, weil es zum plötzlichen Austritt von Gas kommen könnte. Ich bin kein Anfänger in dieser Industrie und übernehme die volle Verantwortung für dieses Schreiben. Ich und ein Team von Ingenieuren und Bergbauarbeitern fragten den Leiter der Mine, ob er Wissenschaftler einladen könnte, die das Objekt genauer untersuchen sollten. Der Leiter der Mine verbot uns solche Gespräche und ordnete an, dass wir schneller arbeiten sollten, um diesen Stollenbereich schnell hinter uns zu lassen. Die beiden Artefakte konnten leider nicht zur Untersuchung freigelegt werden. Es ist gut, dass die Leute entgegen der Anordnung des Leiters Fotos vom Artefakt gemacht haben. Es gibt mehr als ein Dutzend Zeugen. Ein Zugang zu einer Mine ist immer sehr limitiert, weil es dort unten relativ gefährlich ist. Man muss vor einem Besuch genau instruiert werden. Der Abdruck des Rades befindet sich an der Decke des Schachtes. Es wurde versucht, den Abdruck herauszuschneiden, aber der Sandstein war zu hart. Die Minenarbeiter wollten den Fund nicht zerstören und ließen das Rad schließlich an seinem Platz. Der Zugang zum Objekt ist heute leider unmöglich, weil im Jahr 2009 die ganze Ausrüstung entfernt und die ganze Mine geflutet wurde. Das zweite Artefakt war ein kleineres Rad. Es wurde durch die Bohrung eines Sprenglochs beschädigt. Ich konnte einen Blick darauf werfen und war überrascht, ich dachte, dieses Rad ist eindeutig von jemandem hergestellt worden. Ältere Minenarbeiter berichteten schon früher von Abdrücken von großen Schlangen, die Vögeln ähnlich sahen. Auch versteinerte Dinosauriereier hat man gefunden. Ein kleines Museum wurde eingerichtet, dort werden diese Fossilien gesammelt. Das Objekt wird jetzt nach mir ‚Kasatkin's Objekt' genannt. Mit freundlichen Grüßen, S. Kasatkin.*“[4]

300 Millionen Jahre alte Metallschrauben

Russische Wissenschaftler der sog. *Kosmopoisk-Gruppe* fanden in den 1990er-Jahren zufällig ein metallisches Artefakt in einem Stein, als sie nach dem Absturz eines Meteoriten in der Region der Stadt Kaluga, die rund 190 km südwestlich von Moskau liegt, eine Analyse durchführten. *Kosmopoisk* wurde 1980 gegründet und ist seit dem Anfang der 2000er-Jahre eine internationale Bewegung. Die Gruppe organisiert Expeditionen zu Orten, an denen Beweise für Außerirdische vermutet werden, dabei fanden die Wissenschaftler ein mysteriöses Objekt, das genauso aussieht wie eine moderne Schraube und konnten sich nicht erklären, woher diese Schraube stammen könnte. War das ein weiterer Beweis für eine unbekannte Zivilisation, die vor Millionen von Jahren existiert hatte? Das Fossil, das die Schraube umgibt, ist etwa 2 Zentimeter lang und nach einer paläontologischen Analyse wurde festgestellt, dass der Stein ein Alter zwischen 300 und 320 Millionen Jahren aufweist – das war lange, bevor es Dinosaurier gab. Das Artefakt wurde mit einer Röntgentechnologie analysiert, wodurch man eine weitere Schraube im inneren des Steins entdeckte. Dabei konnte man feststellen, dass die Eisenatome der Schraube und die Silikonatome des Felsens sich tatsächlich ausgeweitet hatten und miteinander verschmolzen waren. Daher kann die Schraube auf keinen Fall erst später in das Felsgestein gelangt sein und sollte daher ebenfalls ein Alter von mindestens 300 Millionen Jahren haben. Als dieser Fund bekannte wurde, suchten viele Naturwissenschaftler nach Erklärungen dafür und manche behaupteten, es wären nur die fossilen Überreste eines Krinoiden (Seelilie), die Schrauben tatsächlich sehr ähnlich sehen. Die Forscher von *Kosmopoisk* erwiderten darauf, dass sie den Beweis erbracht hätten, dass die Schraube aus Metall ist. Sie unterscheidet sich von fossilen Krinoiden, weil diese viel größer sind und anders in Form und Zusammensetzung. *Kosmopoisk* weigert sich, den Stein mit den Schrauben an andere Wissenschaftler weiterzugeben, weil man befürchtet, dass er verschwinden könnte – das wurde als Vorwand genommen, zu behaupten, es handle sich nur um eine Fälschung.

Das ist allerdings nicht der einzige Fund von fossilen Schrauben. Einige Forscher in China entdeckten eine Metallschraube, die 300 Millionen Jahre alt sein soll und sich auch in einem Stein befindet. Den Berichten chinesischer Nachrichtenagenturen zufolge, wurde das Objekt im Jahr 2002 entdeckt. Herr Zhilin Wang, ein Mineraliensammler aus Lanzhou, fand sie auf einer Reise zur Mazong-Bergkette im Grenzgebiet der Provinzen Gansu und Xijiang. Die Schraube wurde bekannt als die „Lanzhou-Schraube". Mehrere chinesische Forscher untersuchten sie, wobei sie feststellten, dass die mysteriöse, kegelförmige Schraube in ein Felsstück eingebettet ist, das etwa 8 x 6 Zentimeter groß ist und 466 Gramm wiegt. Es handelt sich bei diesem angeblich 300 Millionen alten Stein jedoch um kein gewöhnliches Felsgestein, denn es war nicht möglich, in Labortests die exakte Zusammensetzung festzustellen. Geologen und Physiker des *Amts für nationale Landressourcen* der Gansu-Provinz, des *Amts für die Untersuchungen von Buntmetallen*, das *Institut für Geologie und Mineralienforschung* von China und die *Schule für Ressourcen und Umwelt* von Lanzhou sind sich über den Ursprung des Gesteins und die Herkunft der Schraube im Unklaren. Es gab Diskussionen darüber, ob die Schraube von Menschen gemacht sein könnte und wofür sie verwendet worden sei. Die Wissenschaftler bezeichneten den Stein einstimmig als einen der wertvollsten, archäologischen Funde in ganz China! Man stimmte zudem darin überein, dass das 6 Zentimeter lange, kegelförmige Metallstück eindeutig das Gewinde von modernen Schrauben aufweist. Studien besagen, die Schraube wurde nicht in der Neuzeit mit gegenwärtigen technischen Mit-

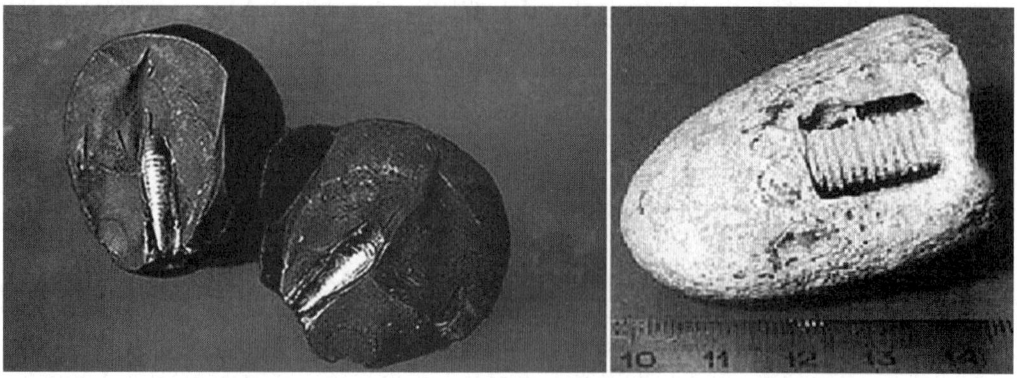

Abb. 6: Links die Lanzhou-Schraube und rechts die Kosmopoisk-Schraube

teln gefertigt, man war jedoch nicht fähig, festzustellen, ob die Schraube aus einem Metall geschmiedet worden war oder ob sie aus einem anderen Material besteht. Darüber hinaus ist die Weite des Schraubengewindes vom dicken zum dünnen Ende hin gleichbleibend. Bei Organismen, wie z.B. den Krinoiden, variiert das aufgrund des Wachstums. Man fragt sich auch: Welches Metall überdauert 300 Millionen Jahre? Die Geologen glauben, die Schraube wurde produziert, bevor der Felsen sich verhärtete, doch dieser Prozess müsste vor mehr als 300 Millionen Jahren stattgefunden haben. Die meisten chinesischen Forscher denken mittlerweile, es handelt sich um ein Artefakt einer unbekannten, prähistorischen Zivilisation. Andere konnten sich nur eine außerirdische Herkunft des Steins und der Schraube vorstellen. Diese Funde sind weitere Beweise dafür, dass wir derzeit nicht viel über die lange zurückliegende Vergangenheit der Menschheit wissen – die offizielle Geschichtsschreibung gibt nicht das korrekte Bild unserer Vergangenheit wieder. Die herkömmliche Wissenschaft will diese Funde weiterhin bestreiten, weil sie dazu in der Lage sind, die Geschichte umzuschreiben und die Evolutionstheorie in Frage zu stellen.[(5)]

Mysteriöse fossile Objekte

Bereits vor einigen Jahren gab es auch in der Juli-Ausgabe 1989 des Magazins *New Scientist* eine wissenschaftliche Erwähnung von seltsamen fossilen Steinscheiben. Geologen fanden in Kalifornien scheibenförmige Objekte in Schieferablagerungen, die einen Durchmesser von 2 bis 7 cm aufwiesen und 2 bis 4 mm dick waren. Einige hatten in ihrem Zentrum Flecken aus Eisenoxid. Die Geologin Nancy Lindsey-Griffin von der *Universität Nebraska* bezeichnete die Scheiben als „nicht identifizierte, fossilienartige Objekte". Die geologische Schieferschicht, in der die Scheiben eingebettet waren, hat ein Alter zwischen 400 und 600 Millionen Jahren. Die Steinscheiben bleiben rätselhaft, weil sie nicht die Symmetrie aufweisen, die sich bei versteinerten Lebensformen normalerweise zeigt. Lindsey-Griffin sagte, die Objekte sehen aus wie sehr kleine Fahrradreifen mit einem zentralen Kern und einem außenliegenden Rand, die mit Speichen verbunden sind. Bei den gefundenen Objekten fehlen jedoch die meisten dieser Speichen. Doch aus wissenschaftlicher Sicht hat es zu dieser Zeit noch keine so großen Lebensformen gegeben und man vermutet jetzt, dass damals sehr seltsame Tiere die Erde bevölkerten. Ihre Fossilien finden sich auf allen Kontinenten. Da diese Fossilien keine Gemeinsamkeiten mit heute bestehenden Tierarten aufweisen, diskutierten Naturwissenschaftler jahrzehntelang, ob es sich hierbei überhaupt um Vorfahren heutiger Tiere handelt. Es scheint so, dass diese Lebensformen durch ein Massensterben, ausgelöst durch eine unbekannte Katastrophe, komplett von unserem Planeten verschwunden sind. Es könnte sich möglicherweise sogar um eine gesonderte Evolution gehandelt haben, von der heute nichts mehr übrig ist. Falls es sich bei den besagten Fossilien wirklich um Quallen handeln sollte, wie von der Wissenschaft heute behauptet wird, müssen sie sehr schnell vom Gestein eingeschlossen worden sein, da sie sich ansonsten sofort zersetzt hätten. Dieses Ereignis müsste sich auf allen Kontinenten zugetragen haben. Wie oft wurde das Leben auf unserem Planeten schon beinahe komplett ausgelöscht?[(6)]

Die antike Goldkette und sonderbare Artefakte in Kohle

Beim nächsten Artefakt handelte es sich um eine Goldkette, die in einem Klumpen Kohle steckte und dieses Ereignis wurde erstmals am 11. Juni 1891 in der *Morrisonville Times* in Illinois bekanntgegeben. Im Artikel konnte man lesen, dass eine Frau namens S. W. Culp einen rätselhaften Fund gemacht hat. Beim Auffüllen ihres Kohlenkellers musste sie einen größeren Klumpen Kohle zerschlagen und als der Klumpen auseinanderbrach, kam eine kleine, runde Goldkette zum Vorschein. Die Kette hatte eine Länge von 25 Zentimeter, war eindeutig ein antikes Kunsthandwerk und bestand aus 8 Karat Gold. Frau Culp dachte zuerst, die Kette wäre versehentlich in den Kohlehaufen gefallen, doch als sie versuchte, die Kette aufzuheben, bemerkte sie, dass diese in den losen Hälfen des Kohleklumpens steckte, den sie soeben zerteilt hatte – somit war die Kette also schon vorher in der Kohle eingebettet gewesen. Der besagte Kohleklumpen stammte aus der Taylorville-Kohlemine im südlichen Illinois und diese Kohleschicht hat ein geschätztes Alter von 260 bis 320 Millionen Jahren. Wenn sich diese Goldkette in dieser Kohleschicht befunden hat, wie lange hatte es gedauerte, bis sich Bodenschicht um Bodenschicht auf der Erdoberfläche gebildet und diese Kette unter sich begraben hatte? Nach dem Tod von Frau Culp im Jahr 1959 gelangte die Goldkette in den Besitz eines unbekannten Familienmitglieds und ihre Spur verliert sich. Dadurch kann dieses Objekt heute nicht mehr untersucht werden, um diese Fundmeldung zu bestätigen – alles, was davon bleibt, ist der alte Zeitungsartikel.

Noch ein Fund wurde 1844 in England gemacht, als in einem Steinbruch in der Nähe von Rutherford Mills bei Arbeiten ein antikes Goldartefakt geborgen wurde. Am 22. Juni 1844 sprengten sich Arbeiter durch Granit, als ihnen plötzlich etwas auffiel: Es war ein Gewinde aus Gold, das 3 Meter unter der Erdoberfläche in solidem Felsgestein steckte und dieses Gestein ist laut Geologen mindestens 60 Millionen Jahre alt. Die *London Times* entsandte daraufhin einige Forscher, um das Artefakt zu begutachten und diese Experten kamen zu dem Ergebnis, dass es sich bei dieser Schraube wirklich um ein künstlich hergestelltes Objekt handelte. Dr. A. W. Medd von der *Britischen Geologischen Baubegutachtung* schrieb damals, dass dieses Gestein aus dem Erdzeitalter des frühen Karbon stammt und seiner Meinung nach zwischen 320 und 360 Millionen Jahre alt ist. Im Jahr 1880 wurde in einem Ofen, der mit Kohle beheizt wurde, eine eiserne Kneifzange gefunden, die in der Kohle gesteckt hatte. 1937 berichtete eine Frau in Pennsylvania, dass sie in ihrem Ofen einen großen Keramiklöffel entdeckte, als sie die Asche entfernte. Auch sie hatte mit Kohle geheizt. Wie viele weitere Artefakte wurden möglicherweise auf diese Art entdeckt und niemals gemeldet und achtlos entsorgt? Wenn Leute diese Funde meldeten, wurde das oft nicht in Zeitungen publiziert, sondern die *Smithsonian Institution* kümmerte sich darum. Meistens hörte man dann niemals wieder von diesen Fundstücken und sie gerieten schnell in Vergessenheit – für die etablierte Wissenschaft waren und sind solche Funde einfach zu gefährlich. Ein innerer Kreis der Elite sowie Geheimgesellschaften wissen ganz genau über dieses gefährliche Geheimnis Bescheid und wollen mit allen ihnen zur Verfügung stehenden Mitteln verhindern, dass dieses Wissen an die Öffentlichkeit dringt.

Das große Rätsel besteht im geschätzten Alter der Kohle- und Gesteinsschichten. Wenn Menschen tatsächlich diese Artefakte künstlich herstellt hatten, sollten demnach schon vor hunderten Millionen Jahren technologische Hochzivilisation auf der Erde existiert haben, und ihre Spuren verlieren sich im Dunstschleier der Vergangenheit. Das Problem dabei ist, dass es damals offiziell erst zur Entwicklung des Lebens auf der Erde kam und nichts weiter als primitive Lebensformen wie Amphibien, kleine Reptilien, Insekten und Farne auf der Erde existiert haben sollen. Wäre es also möglich, dass technologische Zivilisationen aus dem Weltraum zur Erde gekommen waren und sich hier ansiedelten, oder betrieben schon Außerirdische hier Bergbau? Welche andere Erklärung könnte es dafür geben, dass vor mehr als 300 Millionen Jahren schon technische Zivilisationen existierten?

Sehen wir uns noch ein paar weitere solcher Meldungen an. Im April 1897 berichtete die *Daily News of Omaha* in Nebraska Erstaunliches: Es wurde in einer weiteren Kohlemine ein handgeschnitzter Stein entdeckt. Diese Mine befand sich damals in der Nähe von Webster City in Iowa. Beim Abbau wurde in einer Tiefe von 40 Metern von einem Arbeiter ein Stück Fels gefunden und er wunderte sich, warum sich dieses merkwürdige Stück Fels auf dem Grund einer Kohleschicht befand. Der Stein war dunkelgrau und zirka 60 Zentimeter lang, 30 Zentimeter breit und hatte eine Stärke von 10 Zentimeter. Auf der Oberfläche dieses harten Steins waren Linien und Winkel eingraviert, die perfekt geformte Diamanten darstellten und ein Muster bildeten. Im Zentrum jedes dieser gravierten Diamanten befand sich das Gesicht eines gutmütigen, alten Mannes – die Gesichter hatten eine seltsame Vertiefung auf der Stirn, alle sahen sich sehr ähnlich und alle, bis auf zwei, blickten nach rechts. Doch es gab keine weiteren Meldungen oder Fotos von diesem interessanten Fund.

Der nächste gemeldete Fund ereignete sich wieder in einer Kohlemine, diesmal im Jahr 1868. Die Entdeckung wurde am 17. Dezember in der Zeitung *The Cleveland Herald* aus Wellsville in Ohio und der *Los Angeles News* erwähnt. Bei Minenarbeiten in Hammondsville in Ohio kam es im Herbst des Jahres zur Freilegung einer glatten Schiefermauer. Die Mine gehörte einem gewissen Captain Lacey und die Entdecker der Mauer waren James Parsons und seine beiden Söhne. Alle drei wurden Augenzeuge davon, wie sich bei Arbeiten in der Mine plötzlich eine große Kohlemasse löste und eine Mauer zum Vorschein kam. Auf dieser Mauer sahen sie seltsam ägyptisch-anmutende Hieroglyphen und merkwürdige Schriftzeichen, die in mehreren geraden Zeilen in die glatte Mauer eingraviert waren. Es handelte sich um eine alphabetische Schrift mit aufrechten und gut erkennbaren Buchstaben und auch die abgefallene Kohle hatte noch immer die Gegenabdrücke dieser Schriftzeichen an sich. Örtliche Gelehrte und Beamte waren nicht in der Lage, eine Erklärung zu finden, womit sie es hier zu tun hatten. Eine Reihe von Akademikern wurde herbeigerufen, die Mauer genauer zu untersuchen und gegebenenfalls aus der Mine herauszuschaffen. Dabei klopfte man auch ihre Oberfläche routinemäßig ab und hörte dabei ein hohles Geräusch, möglicherweise gab es einen Hohlraum hinter der Mauer. Die letzte Meldung stammte von einem Dr. Hartshorn vom *Mount Union College*, der entsandt wurde, um die Schriftzeichen zu untersuchen. Bei ihren „Untersuchungen" zerstörten diese Akademiker die Schriftzeichen komplett und behaupteten dann, die Zeichen hatten sich durch die Luftzufuhr selbstständig zersetzt. Somit wurde dieser Fund von Naturwissenschaftlern vorsätzlich zerstört und konnte von weiteren Forschern nicht mehr übersetzt werden – viele Augenzeugen hatten die Wand jedoch noch gesehen, bevor sie zerstört wurde. Die Kohleschicht in der Mine hatte wieder ein geschätztes Alter von 200 bis 260 Millionen Jahren.

Im Jahr 1928 berichtete ein weiterer Kohlearbeiter von einer Entdeckung. Der Arbeiter Atlas Almon Mathis arbeitete damals in der Mine Nr. 5 nördlich von Heavener in Oklahoma und es war ein Minenschacht, der etwa in dreitausend Metern Tiefe lag! Diese Mine war so tief, dass man nur mit einem Aufzug hinuntergelangen konnte und die Atemluft extra hinuntergepumpt wurde. Eines Abends sprengte Mathis Kohle im Raum Nr. 24 der Mine und beendete dann seine Schicht. Am nächsten Morgen, als sich der Staub gelegt hatte, fand er mehrere herausgesprengte Steinblöcke vor. Es waren Würfel mit einer Seitenlänge von 30 Zentimeter, ihre Oberflächen waren komplett glatt und poliert, und man konnte sich darin spiegeln. Mathis öffnete einen davon mit seiner Spitzhacke, der Block war aus Beton erstellt und man konnte Schottersteine erkennen. Er fuhr anschließend damit fort, den Raum mit Holz abzustützen, als plötzlich ein Haufen Kohle nachgab und Mathis gerade noch aus dem Raum entkommen konnte. Der Rutsch hatte eine ganze solide Wand freigelegt, die aus diesen polierten Betonblöcken gebaut war. Ein anderer Arbeiter stieß in seinem Raum, der etwa 100 bis 140 Meter entfernt lag, ebenfalls auf diese oder eine ähnliche Mauer. Die Kohleschicht datierte auch auf das Zeitalter des Karbons und war mindestens 286 Millionen Jahre alt! Die Minenleitung ließ anschließend sofort die Mine räumen und den Männern wurde strikt verboten, über das Gesehene zu sprechen. Mathis erzählte noch, dass Kollegen in einer nahegelegenen Mine in Willburton damals ebenfalls einen erstaunlichen Fund gemacht hatten, wobei es sich um einen soliden Silberblock in der Form eines Fasses handelte. Dieses Fass wies Abdrücke und Fassdauben auf. Auch diese Kohleschicht wurde von Geologen damals auf ein Alter zwischen 280 und 320 Millionen Jahren datiert.[(7)]

Versteinertes Werkzeug aus Frankreich

Beim Abbau von Gestein in der Aix-en-Provence in der Nähe der Côte d'Azur in Südfrankreich wurde im späten 18. Jahrhundert von Arbeitern eine auffällige Entdeckung gemacht: Sie hatten sich durch 11 Schichten von Kalkstein gegraben und jede Schicht wurde durch eine Lage von Sand, vermischt mit Ton, von der anderen getrennt. Dieser Fund wurde im Buch „*Mineralogy*" von Graf Bournon festgehalten. Sein Bericht wurde später im *American Journal of Science and Arts* im Jahre 1820 übersetzt, und in diesem heißt es, dass man die Überreste menschlicher Handarbeit in einer Tiefe von 15 Metern gefunden hatte. Die Fundstätte lag unter 11 separaten Schichten von kompaktem Kalkstein, was bedeutet, dass Menschen bereist vor sehr langer Zeit dazu in der Lage waren, mit Hilfe von Werkzeugen Stein zu bearbeiten und Säulen daraus zu formen. Während der Jahre 1786 bis 1788 wurde in der Aix-en-Provence Kalkstein abgebaut, um den dortigen Justizpalast zu erneuern. Der abgebaute Stein war ein dunkelgrauer Kalkstein, und nachdem die Arbeiter mehr als 10 Lagen des Kalksteins ausgegraben hatten, stießen sie zwischen der 11. und der 12. Lage im sandigen Boden auf diese Funde. Bereits die obere Lage war mit fossilen Meeresmuscheln bedeckt und die Arbeiter entdeckten die Stümpfe von Steinsäulen und Teile von halbfertig bearbeiteten Steinen. Außerdem fand man Münzen, Handgriffe von Hämmern und andere Werkzeuge sowie Fragmente davon aus versteinertem Holz. Aber die erstaunlichste Entdeckung war eine Platte, die ungefähr nur 3 Zentimeter dick und 2,3 Meter lang war. Sie war in viele Stücke zerbrochen, doch keines der Teile fehlte und man konnte sie wieder zusammensetzen. Solche Platten wurden 1788 auch von den Maurern und Steinhauern verwendet und die Platte hatte sogar die typischen Abnutzungen an den Ecken. Das bedeutet, dass hier anscheinend bereits vor Millionen von Jahren Kalkstein mit menschengemachten Werkzeugen abgebaut und damit Steinbauten erschaffen wurden. Man nimmt an, dass diese Schicht des Kalksteins mindestens 300 Millionen Jahre alt war.[8]

Eine 200 Millionen Jahre alte versteinerte Schuhsohle

Ein weiteres rätselhaftes Objekt wurde im Jahr 1917 entdeckt und sein Alter wird auf erstaunliche 200 Millionen Jahre geschätzt. Mikroskopische Analysen zeigen eindeutig, dass dieses Fossil wie ein gut gefertigtes Stück Leder für einen Schuh aussieht, das von Hand genäht und von einem Menschen getragen wurde. Auf Fotografien davon kann man sogar die Einstiche der Naht gut erkennen und an einem Stück der Sohle gibt es sogar eine Doppelnaht. Der kontroverse Fund wurde von Albert E. Knapp und von John T. Reid, zwei Angestellten einer Minengesellschaft aus Nevada, im Januar 1917 gemacht. In einem Artikel der Webseite *creationism.org* kann man einen Brief finden, den Albert Knapp am 15. Januar 1917 verfasste: *„Als ich einen Hügel hinabstieg, wurde ich auf ein Fossil aufmerksam, das lose oben auf ein paar lockeren Steinbrocken lag. Ich hob es auf und nahm es für weitere Untersuchungen mit. Bei einer dieser Untersuchungen kam man zu der Schlussfolgerung, dass es sich um eine versteinerte Lage einer uralten Schuhsohle handelt, die sich von der Ferse gelöst hatte, weil der damals noch weiche Untergrund sie angesaugt hatte. Es handelt sich um eine Zone mit Kalksteinablagerungen aus der Zeit des Trias, die durch diesen Hügel verlief.“*[9]

Die *New York Times* schrieb am 19. März 1922, dass dieser Schuh wahrscheinlich einem 10 bis 12 jährigen Jungen gehört hatte. Die Sohle war noch glatt und frisch geschnitten und auf einer Stelle gibt es eine Doppelnaht, doch der vordere Teil des Fossils ist verlorengegangen. Das Leder scheint an der Innenseite ein wenig dicker gewesen zu sein und schrägt sich etwas ab. Die abgelöste Sohle war einige Millimeter dick und ist immer noch sehr symmetrisch. Es sind die hunderten Einstichlöcher der Sohlennaht, die diesen Fund so außergewöhnlich machen und man kann deutlich die Stelle der Verse erkennen, wo der Fuß gesessen hatte, dort nutzt sich das Material auch bei gewöhnlichen Schuhen zuerst ab. Das Problem besteht auch hier darin, dass dieser Fund anscheinend viele Millionen Jahre alt ist, denn Kalkstein aus der Zeit der Trias ist mindestens 220 Millionen Jahre alt. Im Buch *„God or Gorilla“* von Alfred Watterson McCann wird behauptet, dass das *Rockefeller Institut* mikroskopische Fotografien des Abdrucks anfertigte. Man konnte zweifelsfrei zwei Reihen von Nähten erkennen, die einige Millimeter auseinanderlagen und hunderte Einstiche aufwiesen. Und auf den Aufnahmen konnte man sogar sehen, wie der Faden von einer Naht zur anderen wechselt. Dieser Faden war dünner als jeder andere, den die damals modernen Schuhmacher verwendeten. Doch aus bereits bekannten Gründen wurden keine dieser Aufnahmen

Abb. 7: Foto des Fußabdrucks

veröffentlicht und der Verbleib dieses Objekts ist seither unbekannt. Es existieren nur noch alte Fotos davon, deshalb können keine weiteren Untersuchungen durchgeführt werden.[9]

Ein 300 Millionen Jahre alter Eisentopf

Im Jahr 1912 kam ein weiteres Artefakt, das in einer Kohlenschicht steckte, ans Tageslicht. Damals brach ein Angestellter eines Elektrizitätswerks namens Frank J. Kennard ein Stück Kohle auf und entdeckte im Inneren ein eindeutig von Menschen gemachtes eisernes Gefäß. Das Kohlevorkommen, aus dem dieser Fund stammte, befand sich in Oklahoma und es hatte laut Geologen ein Alter von ungefähr 321 Millionen Jahren. Das eiserne Gefäß ist 14 Zentimeter breit, 16,5 Zentimeter lang und 12 Zentimeter hoch. Das nun folgende Schreiben ist ein Brief von Frank Kennard, dem Entdecker des Gefäßes in der Kohle und das texanische *Creation Evidence Museum* besitzt eine Kopie davon: *„Sulphur Springs, Arkansas, am 27. November 1948. Während der Zeit, als ich im Jahr 1912 im städtischen Elektrizitätswerk in Thomas, Oklahoma, arbeitete, stieß ich eines Tages auf einen soliden Klumpen Kohle, der zu groß war, um ihn zu verheizen. Ich schlug mit dem Vorschlaghammer drauf und aus der Mitte des Klumpens fiel dieses Gefäß heraus. Den Abdruck davon konnte man in den Kohlestücken erkennen. Ein anderer damaliger Angestellter, Jim Stull, war während dieses Vorgangs dabei und sah das Gefäß herausfallen. Ich konnte herausfinden, von wo dieses Stück Kohle stammte. Es kam ursprünglich aus den Kohleminen von Wilburton, Oklahoma."*[10]

Solche von Menschen gemachten Gegenstände, die in uralten Sedimentschichten gefunden werden, sind der Wissenschaft nichts wert, wenn nicht vor Ort eine genaue Dokumentation der Ausgrabung und des Fundes stattfindet. Diese Kohleschichten müssen sich aufgrund großer Überflutungen in der Vergangenheit gebildet haben und das Wasser bedeckte sie dann mit Geröll, Sand und Schlamm. Das Gefäß scheint ein Schmelztiegel zu sein, der möglicherweise von einem Schmied benutzt wurde. Es ist natürlich auch möglich, dass er von einem Minenarbeiter dort verloren wurde, aber dafür gibt es keine Anhaltspunkte. Das Artefakt befindet sich heute im Besitz von Carl Edward Baugh, dem Gründer und Leiter des *Creation Evidence Museum* in Glen Rose, Texas.[10]

Abb. 8: Eisentopf von Oklahoma

Ein 300 Millionen Jahre altes Aluminium-Zahnrad aus Russland

Ein weiteres 300 Millionen Jahre altes Metallobjekt wurde kürzlich in Wladiwostok gemeldet, Russlands wichtigster Hafenstadt am Pazifik. Das Objekt scheint ein Teil eines Zahnrades zu sein und wurde wieder in einem Stück Kohle entdeckt. Auch dieses Teil wurde analysiert, es besteht aus purem Aluminium, einer Legierung, die erst seit knapp 200 Jahren bekannt ist, und nicht in reiner Form in der Natur vorkommt. Das Zahnrad muss künstlich hergestellt worden sein und die Kohle wurde auf ein Alter von 300 Millionen Jahren geschätzt. Forscher meinen, dass das Zahnrad ein Teil eines feingliedrigen technischen Geräts war, möglicherweise stammte es sogar von einem Mikroskop! Während eines kalten Winters fand ein Einwohner von Wladiwostok dieses Metallteil in einem Stück Kohle, das er gerade verheizen wollte und es war wohl in der Vergangenheit in die Kohle gepresst worden. Fasziniert von diesem Fund, entschied sich der Mann, einen Wissenschaftler aus der Region Primorje um Rat zu fragen. Nachdem das metallische Objekt von den führenden Experten untersucht wurde, war man geschockt, denn das Stück Metall ist anscheinend 300 Millionen Jahre alt und ist nicht natürlich entstanden, sondern wurde von jemandem angefertigt. Die Frage, wer vor so langer Zeit ein Zahnradgetriebe aus Aluminium erschaffen hatte, blieb ungeklärt.

Geologen zerbrachen schließlich das Kohlestück, um das Metallteil daraus zu entfernen, wobei sich herausstellte, dass dieses Stückchen Metall ungewöhnlich leicht und weich war. Es besteht zu 98 Prozent aus Aluminium und zu 2 Prozent aus Magnesium. Diese Legierung verblüffte die Wissenschaftler, weil, wie bereits erklärt, reines Aluminium in der Natur so gut wie gar nicht vorkommt, daher ist das Zahnrad definitiv künstlich hergestellt worden. Reines Aluminium ist sehr oxidationsbeständig, deshalb konnte dieses Stück Metall so lange überdauern und hielt dem starken Druck bei der Bildung der Kohleschicht stand. Die Experten stellten sich die Frage, ob diese Aluminiumlegierung möglicherweise nicht von der Erde stammt, denn man weiß aus Studien von Meteoriten, dass ein außerirdisches Aluminium existiert, das *Aluminium-26* genannt wird. *Aluminium-26* zersetzt sich anschließend zu *Magnesium-26* und die Präsenz von 2 Prozent Magnesium in der Legierung könnte ein Beleg für einen außerirdischen Ursprung sein. Auch die Form des Metallteiles ist sehr interessant, denn es sieht aus wie ein Stück eines modernen Zahnrades. Das könnte bedeuten, das Zahnrad war ein Teil eines komplizierten Mechanismus. Heute werden ähnliche Zahnräder in Mikroskopen und anderen mechanischen Vorrichtungen verwendet.[11]

Abb. 9: Fragment des Aluminium-Zahnrades aus Wladiwostok

Die rätselhafte Glocke in der Kohle

Ein weiterer wichtiger, sehr alter Fund, der auch aus einem Stück Kohle stammt, ist eine Glocke aus Metall, die im Jahr 1944 von einem zehn Jahre alten Jungen namens Newton Anderson entdeckt wurde. Newton füllte damals den Kohlenkeller seines Elternhauses auf, dabei fiel ihm ein schwerer Brocken Kohle von der Schaufel auf den Boden und zerbrach. Der Junge sah ein Objekt in der zerbrochenen Kohle stecken und verbrachte die folgenden Tage damit, die kleine Glocke von den Kohleresten zu säubern. Er schlug die größeren Stücke ab und entfernte den Rest mit einer Bürste und Lauge. Er dachte damals nicht daran, ein wenig von der Kohle als späteren Beweis zu behalten, doch seine Eltern waren Zeuge davon, wie er das seltsame Objekt aus dem Keller brachte, und man diskutierte viel darüber. Die Glocke wurde schließlich auf einem Regal im Wohnzimmer des Hauses platziert. Um das Jahr 1963 ließ die Familie Anderson das Stück erstmals von einem Forscher namens Boris Bilas von der geologischen Abteilung der *Universität von Delaware* untersuchen und erhielt die Bestätigung, dass die Glocke handgemacht ist. In den 1970er-Jahren zog Newton Anderson nach Florida, um Chemie zu unterrichten und lernte dort 1973 Dr. John Morris vom *Institute for Creation Research* aus Oklahoma kennen, der weitere Untersuchungen an der Glocke vornahm und eine merkwürdige Metalllegierung aus Messing feststellte. Die Höhe der Glocke beträgt etwa 18 Zentimeter und an der Spitze des Griffs sieht man eine menschenähnliche Figur mit einem vogelartigen oder reptilienhaften Kopf, zwei Beine und Arme sowie zwei Flügel. Die *Universität von Oklahoma* führte an der Glocke eine nukleare Aktivierungsanalyse durch, die zeigte, dass diese Glocke aus einer unüblichen Legierung besteht – eine spezielle Legierung, die heute nirgendwo verwendet wird. Der Klöppel in der Glocke besteht aus Eisen und die Glocke klingt immer noch sehr schön – doch Messing ist eine Legierung aus Kupfer und Zink und in der Glocke sind zusätzlich Spuren von Zinn, Arsen, Jod und Selen enthalten. Newton Anderson behielt die Glocke bis zum Jahr 2007, übergab sie dann an dem amerikanischen Kreationisten Dave Woetzel und dieser unterzog an Anderson einen Lügendetektortest und konnte keinen Täuschungsversuch feststellen.

Kreationisten sind gläubige Christen, die der Evolutionstheorie widersprechen und der Überzeugung sind, dass das Universum, das Leben und letztlich auch der Mensch durch einen Schöpfergott erschaffen wurden, so wie es in der Bibel gelehrt wird. Es gibt seit vielen Jahren auch Kreationisten in der Wissenschaft, weil man langsam dahinterkommt, dass mit dem etablierten Geschichtsbild einiges nicht stimmen kann. In der Bibel steht, dass Gott die verdorbenen und bösartigen Menschen auf der Erde vor tausenden von Jahren durch eine Sintflut vernichtete, wodurch fast alle Spuren dieser vorsintflutlichen Zivilisation tief unter der Erde begraben wurden. Diese seltsamen Artefakte in Kohleschichten sollen den kreationistischen Wissenschaftlern nach nicht hunderte Millionen, sondern nur einige tausend Jahre alt sein. Könnte das wirklich stimmen?

Dann stellte Newton Anderson selbst Nachforschungen an und fand Ähnlichkeiten zwischen der Figur auf der Glocke und einer mythischen Gestalt im Hinduismus. Die Figur auf der Glocke hat nämlich Ähnlichkeit mit Darstellungen der Hindu-Gottheit Garuda – ein Mischwesen aus Mensch und Adler, welches das Reittier des Gottes Vishnu ist und in Asien auch als ein Götterbote betrachtet wird, der den Menschen Botschaften und Weisungen von den Göttern überbringt. In Thailand und Indonesien wird Ga-

Abb. 10: Andersons Glocke und eine Darstellung des assyrischen Gottes Pazuzu oder Nisroch

ruda auch im Siegel der Regierung verwendet und ähnliche Glocken mit Garuda werden heute noch für Zeremonien und Hochzeiten benutzt. Einer anderen Deutung von Anderson nach könnte es sich auch um den babylonisch-assyrischen Gott des Windes Pazuzu oder Nisroch handeln. Gibt es eine Verbindung zwischen Garuda und Nisroch? War dieses Fabelwesen ein Bote der babylonischen und assyrischen Götter, der Anunnaki, die möglicherweise später auch die hinduistische Götterwelt geprägt haben? Viele Beschreibungen von Göttern und Menschen in der fernen Vergangenheit liefern die indischen Puranas (Alte Geschichte) und gehören zu den wichtigsten heiligen Schriften im Hinduismus, in denen unter anderem beschrieben wird, dass es schon seit sehr langer Zeit moderne Menschen auf der Erde gegeben hat. Die Kreationisten glauben, dass es tatsächlich zu einer weltweiten Flutkatastrophe gekommen war, der Sintflut, und dass die Überreste dieser Zerstörung unter einer dicken Schicht aus Schlamm und Vulkanasche begraben wurden – die begrabene Vegetation hat sich demnach auf diese Weise allmählich in Kohle verwandelt.

Das Stück Kohle, in dem die Glocke gesteckt hat, stammte aus einer Mine, die damals in der Nähe des Hauses der Andersons in Upshur County, West Virginia, betrieben wurde. Das Kohlebett dürfte ein Alter zwischen 298 und 323 Millionen Jahren haben und falls das Artefakt wirklich in dieser Kohleschicht lag, sollte es sich um ein vorsintflutliches, menschengemachtes Objekt handeln. Die Glocke wurde schließlich 1992 sehr bekannt, als sie in der TV-Sendung *Ancient Secrets of the Bible* gezeigt wurde, danach wurde sie einige Jahre im Naturhistorischen Museum von San Diego ausgestellt und es gab sogar ein Angebot eines reichen Sammlers, sie von Anderson zu kaufen. Dieser Fund stellt wieder einmal die akademische Zeitskala in Frage, denn wie kann diese Glocke in einem Stück Kohle gesteckt haben, das schon lange existiert haben soll, bevor sich die Dinosaurier entwickelten? Viele Kritiker warfen Anderson vor, er hätte die Glocke irgendwo gekauft und sie würde aus Indien oder Asien stammen. Man behauptete auch, dass er selbst oder jemand anderes sie absichtlich in die Kohlemine gebracht und dort deponiert hätte! Doch auch das ist eher unwahrscheinlich, weil Newton Anderson und seine Familie niemanden kannten, der Hindu war oder aus Indien stammte und sie kannten auch niemanden, der in den fernen Osten gereist war und mit irgendwelchen Artefakten zurückgekehrt sei. Der Standort der Mine konnte genau bestimmt werden und es ist so gut wie ausgeschlossen, dass jemand die Glocke dort irgendwie in die Kohle gesteckt hat, wodurch ja die Kohleschicht großflächig beschädigt worden und so etwas den Arbeitern aufgefallen wäre. Es ist davon auszugehen, dass es viele weitere Artefakte gibt, die immer noch in Kohle eingeschlossen sind oder niemals beim Kohleabbau entdeckt wurden. Die Geschichte der Sintflut in der Bibel wurde aus viel älteren Überlieferungen verschiedener Kulturen übernommen und dürften sich daher auch viel früher zugetragen haben, als es in der Bibel beschrieben wird. Aller Wahrscheinlichkeit nach kam es mehrmals zu solchen globalen Katastrophen, denn Flutgeschichten gibt es bei den Hindus, den Griechen, den Sumerern, den Babyloniern, den alten Chinesen, in Indonesien, bei den australischen Aborigines, bei den Inkas, den Mayas, den amerikanischen Hopis und vielen anderen alten Kulturen. Experten glauben, dass sich die meisten Überreste dieser alten Zivilisationen im Laufe dieser langen Zeitspannen auflösten, es sind dennoch genug Artefakte übriggeblieben, um diese alten menschlichen Zivilisationen nachzuweisen. Die plötzlich verschüttete Vegetation bildet die Grundlage für heutige Kohlevorkommen, wobei Pflanzen und Tiere von Vulkanasche und Lava bedeckt wurden und auf diese Weise versteinert sind, bevor sie verwesen oder sich zersetzten konnten. Alle Fossilien der Welt zeigen Anzeichen einer sehr plötzlichen und großflächigen Bedeckung mit Asche und Sedimenten, sogar Insekten und weiche Meerestiere wurden sehr plötzlich bedeckt und man kann Quallen finden, die komplett versteinert sind, ohne dass sie sich auflösten. Fossilien sind also kein Anzeichen für eine langsame Versteinerung, sondern liefern starke Belege für eine plötzliche globale Flutkatastrophe.(12)

Der unerklärliche Salzburger Eisenwürfel

Ein weiteres deplatziertes Artefakt oder auch *Out-Of-Place Artifact* (OOPArt) ist der relativ unbekannte Wolfsegger Eisenwürfel aus Österreich. Der Eisenwürfel wurde 1885 in der Eisengießerei von Isidor Braun (1801-1866) im oberösterreichischen Vöcklabruck entdeckt. Zu dieser Zeit führten bereits seine beiden Söhne die Gießerei und ein Arbeiter namens Reidl stieß auf den Würfel, als er ein Stück Kohle zerbrach. Diese Kohle soll auch mindestens 20 Millionen Jahre alt gewesen sein. Der Würfel scheint einen technologischen Ursprung zu haben, hat eine erkennbar herausgearbeitete Mittelrinne und der Forscher Reinhard Habeck berichtet davon in seinem Buch „*Geheimnisvolles Österreich*“. Durch neue Recherchen gibt es jetzt aber weitere Informationen zum Würfel. Man vermutete zuerst, der Würfel wäre ein Meteorit, das jedoch durch Analysen des Physikers Dr. Adolf Gurlt widerlegt wurde. Skeptiker sprachen sofort von einem industriell hergestellten Stück Eisen oder einer „Laune der Natur“. Die Herkunftsgeschichte des Artefakts wurde im englischen Wissenschaftsjournal „*Nature*“ im Jahr 1886 dokumentiert und es ist bekannt, dass der Würfel von 1886 bis 1910 in einem Museum in Salzburg ausgestellt war. Doch nach dem Ende des Zweiten Weltkriegs war der Verbleib des Artefakts für einige Jahre ungeklärt. Der Würfel soll sich später in Linz und im Heimathaus-Stadtmuseum in Vöcklabruck befunden haben, steht jedoch heute für wissenschaftliche Untersuchungen leider nicht mehr zur Verfügung – er ist seit mehreren Jahrzehnten verschwunden. Möglicherweise befindet er sich noch immer im Besitz des Museums. Der Bergbauingenieur Dr. Adolf Gurlt war ein Professor für Geologie an der *Universität von Bonn* und arbeitete damals für die dortige Gesellschaft für Naturkunde. Er gab an, dass der Würfel eine dünne Schicht von Rost aufwies. Er bestand aus Eisen und wog 785 Gramm. Die Abmessungen waren 67 x 67 x 47 Millimeter. Vier Seiten des

Würfels waren grob abgeflacht und die zwei übrigen, gegenüberliegenden Seiten waren symmetrisch nach außen gewölbt und eine tiefe Kerbe verläuft mittig um das Objekt. Den Untersuchungen von Dr. Gurlt nach ist dieser Würfel eindeutig maschinell gefertigt worden und wegen dieser Ergebnisse soll das Museum in Vöcklabruck das Artefakt versteckt halten, um weitere Untersuchungen mit modernen Methoden zu verhindern. Kurz vor der Wende zum 20. Jahrhundert wurde ein Gipsabdruck des Objekts angefertigt, danach wurde der Eisenwürfel teilweise von Forschern angeschnitten, um Proben zu entnehmen. Nach dem Jahr 1910 verschwand der Würfel erstmals von der Bildfläche, wurde in den Jahren 1950 bis 1958 in Linz ausgestellt, danach ging es zurück ins Heimatmuseum in Vöcklabruck. Dort wurden auch die neueren Fotos des Eisenwürfels gemacht und wenn man diese betrachtet, sieht man, dass es sich nicht wirklich um einen perfekten Würfel handelt, sondern es mehr wie ein abgerundetes Objekt mit einer Rille in der Mitte aussieht – auf der Oberfläche befinden sich zudem viele kleine Krater. Irgendwann nach 1958 wurde das Artefakt nach Wien geschickt, wo im Jahr 1966 am Naturhistorischen Museum schließlich eine Mikroanalyse durchgeführt wurde, und sich herausstellte, dass sich im Eisen des Würfels kein Nickel, Chrom oder Kobalt befand – diese Metalle sind jedoch für Meteoriten charakteristisch. Dr. Gero Kurat vom *Naturhistorischen Museum* und Dr. Rudolf Grill von der *Geologischen Bundesanstalt in Wien* sagten, es handle sich bei dem Würfel um ein Stück Gusseisen, das in alten Bergwerksmaschinen als Ballast verwendet worden sein soll. Andere Berichte sprechen von einem Würfel mit scharfen Kanten, der ein maschinell angefertigtes Teil ist, der Bestandteil einer größeren Apparatur oder einer unbekannten Maschine war. 1973 gab es noch eine weitere Untersuchung von einem Mann namens Hubert Mattlianer, der feststellte, dass das Artefakt mittels des Wachsausschmelzverfahrens angefertigt wurde – ein Formverfahren für den Metallguss. Dabei wurde das Modell aus Wachs oder Kunststoff hergestellt und im Verlauf des Gießverfahrens wird sowohl das Modell als auch die Form zerstört. Heute bleibt der Eisenwürfel noch immer rätselhaft und nur weitere Untersuchungen könnten sein Geheimnis offenlegen.[13]

Abb. 11: Der Eisenwürfel aus Wolfsegg

30 Millionen Jahre alte Metallringe in den Bergen Bosniens

Jetzt machen wir einen Sprung von Millimetern zu richtigen Metern, denn Forscher fanden seltsame uralte Ringe in den bosnischen Bergen. Die ansässige Bevölkerung glaubt, dass diese Artefakte schon seit der Zeit existieren, als das sogenannte „Pannonische Meer“ noch bestand. Die Tiefebene, die heute zumeist auf dem Gebiet von Ungarn liegt, soll vor gut 5 bis 10 Millionen Jahren durch Austrocknung entstanden sein. Es gibt Legenden über Riesen, die vor sehr langer Zeit in dieser Gegend lebten und sie sollen diese Ringe benutzt haben, und tatsächlich mehren sich die Belege, dass Riesen vor langer Zeit die Erde beherrschten. Diese Ringe wurden auf Bergspitzen gefunden und müssen dort platziert worden sein, als das pannonische Meer noch existiert hat. Sie wurden wohl benutzt, um Schiffe festzumachen und diese bergigen Regionen könnten früher Häfen gewesen sein. Die Legenden berichten auch von den Schiffen der Riesen, die auf diesem Meer herumsegelten. Deshalb wird vermutet, dass die Riesen diese Ringe einst angefertigt hätten. Könnten die Ringe, die einen Durchmesser von ca. 1,80 Meter haben, wirklich Millionen Jahre alt sein? Dazu müsste erst einmal festgestellt werden, aus welchem Metall sie gemacht sind, doch bisher fanden noch keine offiziellen Untersuchungen statt. Die lokale Bevölkerung berichtet auch von weiteren Funden in dieser Gegend, die nicht erklärt werden können, doch all diese Entdeckungen werden auch in Bosnien vorsätzlich von der Regierung versteckt. Die riesigen Ringe und andere große Felsformationen sind sauber herausgearbeitet und befinden sich in den Bergen um den Ort Vogosca, einer Vorstadt von Sarajevo – in der Nähe befinden sich auch die berühmten bosnischen Pyramiden. Weitere Ringe findet man zwischen Breza und Vlasic, nahe der Stadt Dubrovnik in Kroatien und an anderen Plätzen im östlichen Bosnien (Bjelasnica, Vranica, Prenj, Velez, Majevica, Bukovica, Stolac, Zenica, Kozara). Es wäre sehr wichtig, diese Funde endlich wissenschaftlich zu untersuchen.

Falls sich herausstellen sollte, dass die Ringe wirklich antik wären, wirft das die entscheidende Frage auf, wer sie angefertigt und dort platziert hat, denn Metallbearbeitung existiert offiziell erst seit relativ kurzer Zeit. Kozara, ein Mittelgebirge im nordwestlichen Bosnien, auf dem auch solche Ringe gefunden wurden, war früher eine Insel im Pannonischen Meer. Dragan Romčević, der Leiter des *Kozara Nationalsparks*, glaubt ebenfalls, dass die Ringe aus einer Zeit stammen, in der dieses Meer noch vorhanden war und dieser These stimmt auch Dejan Pelvis zu, ein Geschichtsprofessor aus dem Prijedor Gymnasium – für ihn sind diese Ringe ein Mysterium, das mit unserer weitzurück-

Abb. 12:
Große Metallringe in den bosnischen Bergen

liegenden Vergangenheit zu tun hat. Einheimische berichteten auch davon, dass viele dieser rätselhaften Metallringe in den letzten Jahren von der bosnischen Regierung gemeinsam mit NATO-Truppen ausfindig gemacht und entfernt wurden. Es gibt aber immer noch einige Ringe, die gut verborgen sind, und nur die Einheimischen wissen, wo sie zu finden sind. Man kann allerdings die großen Ausbuchtungen der fehlenden Ringe nach wie vor finden, die aussehen, als wären sie in das Gestein geschmolzen worden, und es gibt dort auch Fossilien. Leute, die diese Ringe gesehen haben, fanden auch Teile der alten gigantischen Häfen in den Bergen, die in 400 Metern Höhe liegen und darum gilt es als fast sicher, dass die Ringe wirklich dazu dienten, vor langer Zeit, als der Meeresspiegel viel höher lag, dort oben Schiffe festzumachen.(14)

Der antike buddhistische Eisenmann aus Tibet

Diese Statue wurde von deutschen Forschern des „SS-Ahnenerbes“ entdeckt und von Ernst Schäfer im Jahr 1938 nach Deutschland gebracht, doch wo die Statue genau gefunden wurde, ist leider nicht mehr bekannt. Hinter diesen Bemühungen stand Reichsführer Heinrich Himmler, der in Tibet nach den Ursprüngen der alten arischen Kultur suchte und vermutete, dass Überlebende aus Atlantis sich in die hochgelegene Gegend des Himalaya gerettet hatten. Zur Expedition gehörte auch der Anthropologe und SS-Obersturmbannführer Bruno Berger, der Schädel vermaß und in Tibet ein arisches Rasseelement fand. Doch nach dem Zweiten Weltkrieg verlor sich die Spur der Statue, sie tauchte erst 2007 bei einer Versteigerung in Wien wieder auf und wurde von Gero Kurat vom *Naturhistorischen Museum Wien* (NHM) als Privatmann erworben. Seit seinem Tod 2009 wird die Statue im NHM in Wien aufbewahrt. Die 24 Zentimeter große Statue wiegt 10 Kilogramm und wird einfach „der Eisenmann“ genannt, weil man nicht weiß, wen sie darstellt. Möglicherweise zeigt sie den buddhistischen Gott Vaisravana, allerdings wird dieser meist korpulent dargestellt und trifft somit nicht auf den Eisenmann zu. Auch die Swastika auf der Figur wurde traditionell von der alten Bön-Religion in Tibet verwendet, einer Naturreligion, die bereits *vor* dem Buddhismus existierte.

Abb. 13: Der Eisenmann aus Tibet

Die Statue wurde aus dem Metall eines Meteoriten gefertigt und ist wohl weltweit die einzige ihrer Art, denn es sind in der Literatur keine anderen Skulpturen bekannt, die aus Meteoriten angefertigt wurden. Wissenschaftler haben zudem festgestellt, dass dieser mindestens 1000 Jahre alte Fund aus einer außergewöhnlichen Art von Eisen mit einem hohen Nickelanteil besteht, einem Material, das man Ataxit nennt und das fast gleich hart wie Stahl ist, denn die Testproben mussten mit einem Stahlbohrer entnommen werden. Man nimmt an, dass es sich um ein Stück des Chinga-Meteoriten handelt, der vor ca. 15.000 Jahren in Sibirien einschlug und Bruchstücke davon wurden erstmals 1913 im Chinga-Fluss der sibirischen Tannu-Tuva-Region an der Grenze von Sibirien zur Mongolei gefunden. Ob das Kunstwerk dort produziert wurde oder erst später in Tibet, ist nicht bekannt. Falls die Statue wirklich aus einem Fragment dieses Meteoriten gefertigt wurde, müsste es schon viel früher gefunden worden sein als die anderen Stücke des Chinga-Meteoriten, oder es handelt sich um eine menschengemachte Legierung. Von den bisher entdeckten 250 Fragmenten des Chinga-Meteoriten waren nur zwei Stücke schwerer als 10 Kilogramm. Die Wissenschaftler konnten nicht feststellen, wann und mit welcher Technologie die Statue hergestellt wurde, man vermutet jedoch, dass sie im 11. Jahrhundert in Tibet angefertigt worden sei. Welche Technik zur Bearbeitung des stahlharten Materials angewendet wurde, ist unbekannt, wobei die Statue anschließend auch noch mit einer Goldschicht überzogen wurde. Der Ursprung und das Alter des Eisenmanns bleiben somit weiterhin ein Mysterium. In den esoterischen Überlieferungen wurden mehrmals Steine erwähnt, die vom Mond auf die Erde gefallen sein sollen, die Alten nannten diese Steine *Lapis Excoris*, also stark eisenhaltige Meteoriten. Eine Besonderheit dieser Meteoriten ist ein Mineral aus dem Weltraum, ein Erz, das zu 99,9 Prozent aus reinem Eisen besteht, das nicht rostet! Der Eisenmann muss auch aus diesem Material gefertigt worden sein, ansonsten wäre er schon lange verrostet, bevor er vergoldet wurde.(15)

Das 500.000 Jahre alte Coso-Artefakt

Der nächste rätselhafte Fund ist das sogenannte Coso-Artefakt. Es wurde in einem Stein in der Nähe einer 1311 Meter hohen Bergspitze gefunden. Hundert Meter tiefer befindet sich das ausgetrocknete Flussbett des Owens Lake in Kalifornien. Am 13. Februar 1961 suchten die drei Besitzer einer Edelsteinhandlung (*Rockhounds Gem and Gift Shop*) aus Kalifornien nach verkäuflichen Mineralien in den Coso-Bergen. Sie suchten unter anderem nach Geoden – Steine, die einen Hohlraum aufweisen, der meist mit Mineralien oder Fossilien gefüllt sind. Am nächsten Tag nach der Rückkehr in ihren Laden kam es zu einem merkwürdigen Vorfall, denn als man durch eine der Geoden scheiden wollte, beschädigte man eine praktisch neue Diamantsäge. Anstatt Kristalle im Stein zu finden, stieß man auf eine Art mechanisches Gerät, das einer Zündkerze ähnlich sah. Der Stein

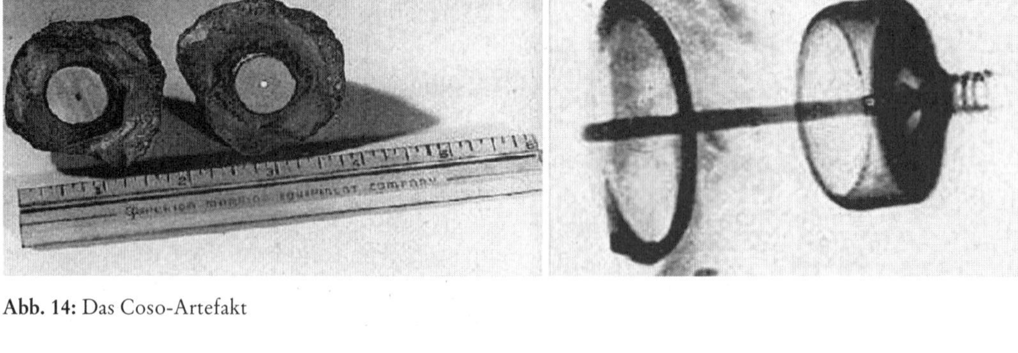

Abb. 14: Das Coso-Artefakt

selbst war auch merkwürdig geformt. Unter einer harten Schicht aus Ton, Kieselstein und fossilen Einschlüssen befand sich eine hexagonale Schicht aus einer unbekannten weichen Substanz. In der Substanz fand sich ein 2 Zentimeter dicker Zylinder, der aus solidem Porzellan oder aus Keramik bestand und von einer Kupferschicht umschlossen war. In der Mitte des Zylinders befand sich ein 2 mm dicker Schaft aus hellem Metall, der magnetisch war und keine Zeichen von Rost zeigte. Es wurden Röntgenaufnahmen erstellt und man konnte darauf erkennen, dass es sich tatsächlich um einen mechanischen Apparat handelte, der ein elektrisches Instrument gewesen sein könnte und das Artefakt hatte große Ähnlichkeit mit einer Zündkerze. Die Feder an einem und die sechseckige metallene Anschlussstelle am anderen Ende des Gewindes, das durch den Zylinder verläuft, weisen jedoch keine Ähnlichkeit zu modernen Zündkerzen auf und die Funktion der Metallfeder an einem Ende ist nicht bekannt. Laut dem Autor R. Noorbergen stellten Archäologen fest, dass der Stein mindestens eine halbe Million Jahre alt ist. Möglicherweise stammt das Artefakt aus einer Zeit vor der großen Flut und das Coso-Artefakt wurde somit in Sedimentgestein gefunden, das bei der großen Flut abgelagert worden sein könnte. Und falls dem wirklich so gewesen sein sollte, hatten vorsintflutliche Zivilisationen schon über Elektrizität verfügt!

Im Jahr 1963 war das Coso-Artefakt drei Monate lang im *Eastern California Museum* ausgestellt, doch nach 1969 verliert sich jede Spur. Skeptiker kontaktierten später Sammler von Zündkerzen in ganz Amerika und es gab mehrere Rückmeldungen, dass das Artefakt einer Zündkerze der Marke *Champion* aus den 1920er-Jahren sehr ähnlich sah, doch leider gab es keinen direkten Vergleich mehr. Von den drei ursprünglichen Besitzern lebte 2008 nur noch Virginia Maxey, und diese weigerte sich, irgendeine Auskunft über den Verbleib des Coso-Artefakts zu geben. So bleibt auch die entscheidende Frage offen: Falls es sich wirklich um eine moderne Zündkerze gehandelt haben sollte, wie gelangte sie in einen angeblich 500.000 Jahre alten Stein auf einem Berggipfel?[16]

Der 20.000 Jahre alte elektrische Transformator

Im März 2017 wurde der Fund eines weiteren Artefakts im Kosovo bekanntgegeben, auf den der Forscher und Fotograf Ismet Smiley auf dem Berg Shar Planina stieß. Der Name des Berges bedeutet auf Albanisch „der bunte Berg" und es handelt sich bei dem Artefakt um eine ungewöhnliche elektromagnetische Spule, die in einen Stein eingebaut ist. Eine Probe des Gesteins wurde im Labor getestet und soll mindestens 20.000 Jahre alt sein. Es sieht so aus, als ob dieser Transformator bewusst mit einer Steinummantelung so gebaut wurde, was bedeutet, dass die Kupferspule irgendwie vom flüssigen Felsgestein umschlossen und geformt worden war. Die Kupferspule wurde dabei irgendwie in das plastische oder irgendwie eingeweichte Gestein eingeführt, anschließend wurde das Gestein wieder gehärtet und verschmolz so mit der Spule zu einer Einheit. Im Stein selbst befinden sich außer der Spule auch Elemente, die Porzellanisolatoren ähneln. Auf einer Seite des Steins gibt es vier symmetrisch angeordnete Öffnungen, die früher scheinbar Kupferleitungen für die Phasen des Transformators enthielten. Wenn das stimmt, ist bewiesen, dass es bereits vor mindestens 20.000 Jahren Elektrizität auf der Erde gab. Naturwissenschaftler haben darum gebeten, das Artefakt eingehend untersuchen zu können, doch Ismet Smiley überlegt, ob er den Transformator der Wissenschaft

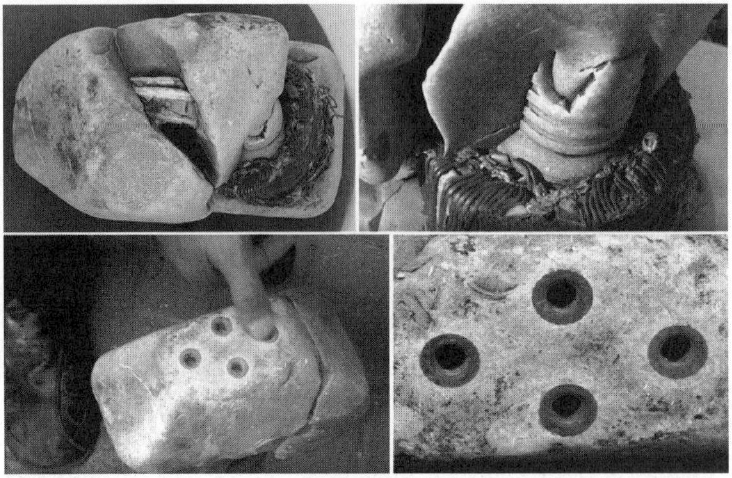

Abb. 15:
Der elektrische Transformator in Stein

überlassen soll, denn er ist sich darüber im Klaren, dass das Artefakt dann für immer verschwinden und die Testergebnisse niemals veröffentlicht werden könnten.

Doch erst wenn weitere Untersuchungen durchgeführt sind, kann festgestellt werden, ob das Artefakt tatsächlich authentisch ist oder nicht. Skeptiker meinen, das Kupfer wäre zu wenig oxidiert und der Fund sieht zu gut aus, um echt zu sein, doch falls er echt sein sollte, ist zu vermuten, dass in vielen alten Megalith-Anlagen, bei denen man ebenfalls diese geschmolzenen und geformten Steine finden kann, Hochtechnologie im Gestein vorhanden ist! Auch in der Großen Pyramide in Ägypten sollen sich früher Kupferleitungen in den kleinen Schächten befunden haben, doch das alles wurde vorsorglich entfernt, um jeden Beweis für Hochtechnologie in der Vergangenheit verschwinden zu lassen.(16)

Der 200.000 Jahre alte Mosaikboden in Oklahoma

1969 stolperten Bauarbeiter in Oklahoma über eine seltsame Bodenstruktur: Das Team von Arbeitern stieß auf einen bis zu 200.000 Jahre alten Mosaikboden, der unter der Erde vergraben war. Die Entdeckung wurde im Jahr 1969 in der Zeitung *The Daily Oklahoman*, der größten Tageszeitung in Oklahoma, veröffentlicht. Der antike Boden hatte außerdem Löcher für Pfosten oder ähnlichem und es gab bald nach der Entdeckung eine große Debatte darum, ob der Boden eine natürliche Formation sein könnte oder nicht. Einige Fragen blieben jedoch schwer zu beantworten und man spekulierte, dass der Boden tatsächlich bis zu 200.000 Jahre alt sein könnte. Viele der Forscher waren davon überzeugt, dass dieser Fliesenboden eindeutig von Menschen angefertigt und verlegt worden war, die Frage ist nur, wer könnte den Boden gelegt haben, und war dieser einst ein Teil eines viel größeren Bauwerks? Der Artikel in der Zeitung lautete wie folgt:

„Am 27. Juni 1969 gruben sich Arbeiter durch eine Felsschicht an der Broadway Extension auf der 122. Straße zwischen Edmond und Oklahoma City. Sie stießen auf einen Fund, der unter Experten Kontroversen hervorrief. Es sah aus wie ein eingelegter Mosaikboden. Manche der hinbestellten Experten dachten das auch. Sie waren sich sicher, dass der Boden von Menschen gelegt wurde, weil die Steine in perfekten Anordnungen verlegt worden sind. Es gibt genau parallel verlaufende Kreuzungslinien, die eine Diamantform

bilden, die nach Osten ausgerichtet ist. Das wurde von dem örtlichen Geologen Durwood Pate bestätigt. Im Boden waren mehrere perfekt runde Pfostenlöcher. Die Oberfläche der Steine ist sehr glatt. Wenn man einen davon anhebt, bemerkt man, dass die Kanten sehr gezackt sind. Das ist ein Anzeichen einer Abnutzung an der Oberfläche. Die Steine sind zu genau platziert, um eine natürliche Formation darzustellen. Dr. Robert Bell, ein Archäologe aus Oklahoma, glaubt dennoch, dass die Formation natürlich ist, weil man keine Anzeichen eines Mörtels gefunden hat. Pate fand jedoch eine Art von verhärtetem Lehm zwischen jedem Stein, der eine Reihe von unbekannten Materialien enthielt. Der Geologe Delbert Smith von der Oklahoma Seismograph Company erklärte, dass die Formation ungefähr einen Meter unter der Oberfläche liegt und so aussieht, als würde sie mehrere tausend Quadratmeter bedecken, wenn man sie ganz ausgraben würde. Für ihn gab es keine Zweifel, dass der Mosaikboden hier verlegt wurde, die Frage ist nur, von wem und wann? Smith sagte nach der Untersuchung von Proben, dass er nun davon überzeugt sei, dass es sich um keine natürliche Formation handelt, sondern dass sie menschengemacht ist.«[17]

Am 1. und 3. Juli 1969 gab es zwei weitere Berichte in der Zeitung:

„Es wurde ein weiteres Loch im der Gesteinsschicht entdeckt. Eine Vermessung zeigt, dass die beiden Löcher genau fünf Meter auseinander liegen. Pate konnte feststellen, dass das Gestein aus Zechsteinkalk bestand, der mit Quarzkörnern durchsetzt war. Das Geheimnis um die Kalksteinformation, die zwischen Oklahoma City und Edmond ausgegraben wurde, geht weiter. Es wurde ein Objekt gefunden, das wie ein Steinhammer aussieht. Geologen, die die ungewöhnliche Formation untersuchten, konnten weder den Mosaikboden noch das Artefakt erklären. John M. Ware, ein anderer örtlicher Geologe, sagte, man könne sich den Fund geologisch einfach nicht erklären. Es wären weitere archäologische Untersuchungen nötig, um zu einem Ergebnis zu gelangen. Die Herkunft und das Alter der Formation bleiben bis dahin ein Rätsel. Das muss aber schnell gemacht werden. In 20 Tagen müssen die Arbeiter mit dem Bau eines Lebensmittelgeschäfts beginnen. Ein anderer wichtiger Punkt ist die Entdeckung von Meeresablagerungen. Die Formation muss irgendwann unter Wasser gestanden haben. Das freigelegte Bodenstück mit einer Größe von 30 x 18 Metern entwickelt sich schnell zu einer Touristenattraktion.

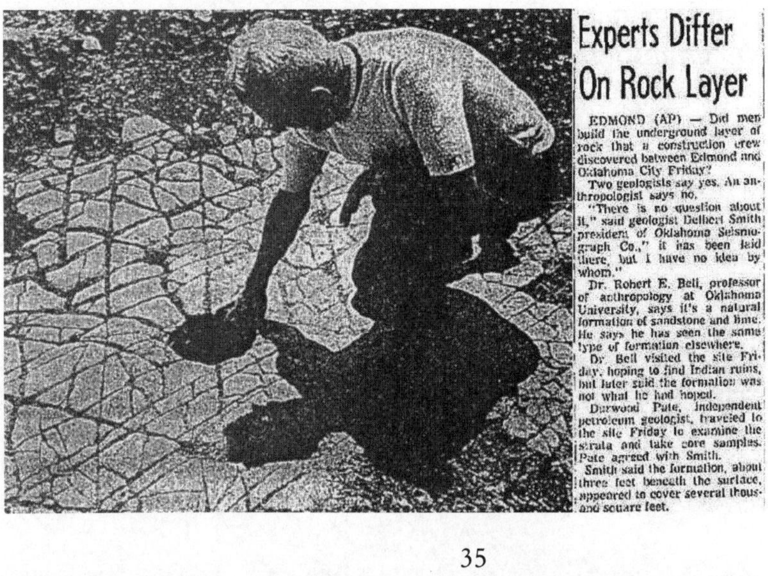

Experts Differ On Rock Layer

EDMOND (AP) — Did men build the underground layer of rock that a construction crew discovered between Edmond and Oklahoma City Friday?

Two geologists say yes. An anthropologist says no.

"There is no question about it," said geologist Delbert Smith president of Oklahoma Seismograph Co.," it has been laid there, but I have no idea by whom."

Dr. Robert E. Bell, professor of anthropology at Oklahoma University, says it's a natural formation of sandstone and lime. He says he has seen the same type of formation elsewhere.

Dr Bell visited the site Friday, hoping to find Indian ruins, but later said the formation was not what he had hoped.

Durwood Pate, independent petroleum geologist, traveled to the site Friday to examine the strata and take core samples. Pate agreed with Smith.

Smith said the formation, about three feet beneath the surface, appeared to cover several thousand square feet.

Abb. 16:
Zeitungsfoto aus dem Jahre 1969, das den Mosaikboden und ein Pfostenloch zeigt

Die Leute kommen in Scharen und nehmen Teile des Bodens mit. Wir müssen den Mosaikboden erhalten, bis etwas unternommen werden kann, um seine Herkunft zu ermitteln.«[17]

Es kam jedoch niemals zu weiteren Untersuchungen und die Fundstätte wurde anschließend zerstört und das Lebensmittelgeschäft darüber errichtet. Leider konnte man auch Durwood Pate nicht mehr näher dazu befragen, weil dieser bereits am 18. Juni 2009 verstorben war. Somit bleiben von diesem Mysterium nur die Fotos aus den alten Zeitungsberichten aus dem Jahr 1969 übrig.[17]

300.000 Jahre alte Münzen

Im Jahr 1871 verzeichneten William E. Dubois und J. W. Moffit von der *Smithsonian Institution* den Fund mehrerer handgemachter Objekte, die bei Brunnenbohrungen in Illinois gefunden wurden. Die Objekte wurden in einer Tiefe von 38 Metern entdeckt, wobei der Erdbohrer einige Münzen zutage förderte, die unter insgesamt 13 verschiedenen Schichten aus Erde, Ton, Sand und Schotter lagen, und Auswertungen der Bodenschichten ergaben ein Alter von 200.000 bis 400.000 Jahren. Die Münzen waren rund und hatten Inschriften und Portraits auf ihren Oberflächen, doch die Sprache der Inschriften konnte von Dubois nicht entziffert werden. Er bemerkte, dass die Münzen mechanisch hergestellt worden waren, weil sie eine ganz gleichmäßig dicke und runde Form aufwiesen und sie waren offenbar durch ein Walzwerk gelaufen. Da amerikanische Indianer so etwas nicht kannten, müssen die Münzen somit prähistorisch sein, zudem wurden die scharfen Kanten der Münzen perfekt abgefeilt. Diese Münzen stammten von einer unbekannten Zivilisation in Nordamerika, die vor mindestens 200.000 Jahren existiert hatte – zumindest den geologischen Schichten nach zu urteilen. In der Neuzeit wurden die ersten Metallmünzen erst im 8. Jahrhundert v. Chr. in Kleinasien verwendet. In 12 Metern Tiefe fand man darüber hinaus noch eine Eisen-Axt in einer Tonschicht und auch Steinrohre und Töpferwaren wurden in Tiefen von bis zu 15 Metern immer wieder vorgefunden.[18]

Urzeitliche Hochtechnologie – der Aluminiumkeil von Aiud

Im Jahr 1974 wurde in der Stadt Aiud (Straßburg am Mieresch) in Siebenbürgen, Rumänien, ein mysteriöses Aluminiumwerkzeug gefunden. Bei Grabungen in einer Sandgrube am Fluss Mieresch wurden von Arbeitern in 10 Metern Tiefe die fossilen Knochen eines Mastodons gefunden und zur Überraschung der Naturwissenschaftler auch ein merkwürdiges Artefakt aus Aluminium. Mastodonten sind eine schon lange ausgestorbene Art von Rüsseltieren, die mit den Mammuts verwandt sind. Doch die Entdeckung dieses Metallstücks wurde im kommunistischen Rumänien damals nicht öffentlich bekannt gegeben, inzwischen haben Spezialisten das Metall allerdings analysiert und festgestellt, dass die Oxidationsschicht und die Absonderungen der Bestandteile der Legierung zeigten, dass der Keil bis zu 250.000 Jahre alt ist. Aluminium wurde jedoch erst vor 200 Jahren entwickelt, darum wirft auch dieser Fund viele Fragen auf, zumal der Keil neben Mastodon-Knochen gefunden wurde – so etwas sollte eigentlich nicht möglich sein. Die

Abb. 17: Der Aluminiumkeil von Straßburg am Mieresch

zwei großen Knochen des freigelegten Mastodons sind zwischen 10.000 bis 80.000 Jahre alt. Der rumänische Forscher Boczor Losif brachte das Artefakt 1975 zu Dr. Niederkorn am *Institut für Forschung und Design für metallische Minerale* in Magurele, Bukarest, und weitere Tests von Florian Gheorghita und Peter Leb aus Lausanne in der Schweiz ergaben ein übereinstimmendes Ergebnis: Das Objekt hat ein Gewicht von 2,3 Kilogramm, der Keil besteht zu 89 Prozent aus Aluminium, 6 Prozent Kupfer und 2 Prozent Silikon sowie weiteren Bestandteilen wie Zink, Blei, Zirkonium, Cadmium, Nickel, Kobalt, Bismut, Gallium und Silber. Das Alter wurde mit 205.000 Jahren bestimmt. Solche Legierungen sind in der modernen Luftfahrt üblich, die Ingenieure meinen jedoch, dass die Theorie eines Flugzeugteils unhaltbar ist, weil in der Legierung das Magnesium fehlt. Dr. Jürgen Hirsch von der deutschen *Hydro Aluminium GmbH* bestätigte ebenfalls, dass bei Tests am Artefakt kein Magnesium gefunden wurde.

Aluminium kommt in reiner Form in der Natur nicht vor, daher muss es angefertigt worden sein. Die heutige Produktion von Aluminium benötigt mindestens 1000°C Hitze und das Material wurde außerdem erst im Jahr 1808 erfunden – die technische Massenproduktion begann erst 1885. Der Keil scheint maschinell hergestellt worden zu sein, war Teil eines komplexen mechanischen Geräts und die Laborergebnisse haben außerdem gezeigt, dass die Metalle der Legierung mit keiner heute bekannten Technologie der Erde kombiniert werden können! Das rätselhafte Objekt war bis 1995 im historischen Museum der Stadt Cluj-Napoca in Rumänien ausgestellt und trug die Aufschrift „Herkunft immer noch unbekannt". Danach wurde es im Lager des Museums verstaut, bis zwei rumänische UFO-Forscher vom Magazin *RUFOR* schließlich von der Existenz des Artefakts erfuhren und eine weitere Serie an Tests veranlassten, doch die neuerlichen chemischen Analysen lieferten wieder die gleichen Ergebnisse – somit ist die Echtheit des Objekts belegt. Im Gegensatz zu den früheren Tests konnte nun auch herausgefunden werden, dass das Objekt durch eine Deckschicht aus Aluminiumoxid verhüllt wird, die 3 Millimeter dick ist. Mit einem Elektronenmikroskop wurde nachgewiesen, dass die Struktur des Metalls eindeutig stark gealtert ist und die Elemente der Legierung bereits dazu tentierten, sich in ihre eigenen Strukturen zurückzubilden. Bis dahin hatte die Wissenschaft natürlich noch keine Ahnung, wie sich Aluminium verhält, das über 200.000 Jahre alt ist! George Cohal, einer der Experten, der den seltsamen Fund untersuchte, meinte, dass es das merkwürdigste Ding sei, das er in seinem ganzen Leben gesehen habe.

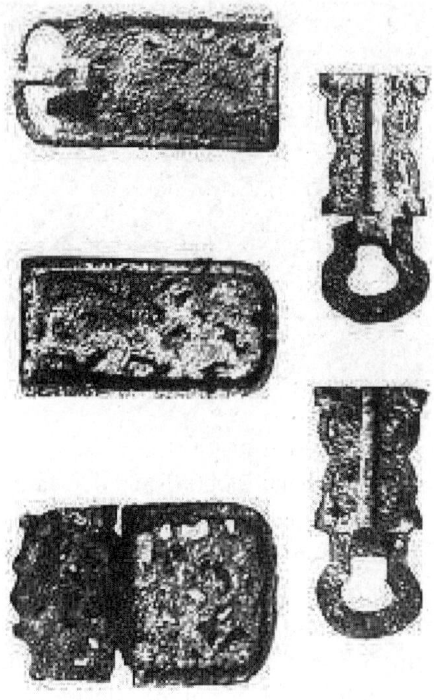

Abb. 18: Antike chinesische Gürtelschnallen aus Aluminium

2007 wurden von Frau Zoia Maxim weitere Tests im *Labor für Metallographie (Archäometallurgie) der Fakultät für Physik und nuklearer Ingenieurwissenschaft* in Bukarest durchgeführt und es gab eine Untersuchung mittels der sogenannten Röntgenfluoreszenzanalyse (RFA). Diese spezielle Legierung wurde scheinbar erschaffen, um das Aluminium resistent gegen Korrosion zu machen und die starke Abnutzung des Keils legt nahe, dass es sich um eine Art von Schaufelzahn eines Baggers gehandelt haben könnte, der in Massenproduktion hergestellt worden war! Die Unterseite des Objekts weist zudem Spuren von wiederholten starken Schlägen auf. Man benötigt Kupfer und Silikon für die Festigkeit sowie Zink und Cadmium für die Verarbeitbarkeit von Aluminium, und die geringen Spuren anderer Metalle dieser Legierung zeigen außerdem, dass es sich dabei um einfach hergestelltes, wiederaufbereitetes Aluminium handelt. Wie aber gelangte dieses Artefakt in die Grube mit den fossilen Knochen? Der Aluminiumkeil ist somit eines der rätselhaftesten Funde in Rumänien, soll heute noch immer im Besitz des Museums in Transsylvanien sein, wird aber nicht mehr öffentlich ausgestellt. Ob es nochmals für Untersuchungen zur Verfügung gestellt wird, ist fraglich und es bleibt zu hoffen, dass der Aluminiumkeil nicht auch eines Tages spurlos verschwindet.

Wie sich zeigt, wurde Aluminium seit mindestens 7.000 Jahren verwendet, lange vor seiner offiziellen Erfindung im Jahr 1825 durch den dänischen Physiker Hans Christian Oersted. Bei Ausgrabungen im Irak entdeckten Archäologen Töpferwaren, die vor über 7.300 Jahren produziert worden sind, und der Ton enthält Aluminium. Es gibt auch archäologische Beweise für eine Verwendung von Aluminium in Babylon und Ägypten vor mehr als 4.000 Jahren. Im Jahr 1959 wurden im kommunistischen China in einem alten Grabmal Gürtelschnallen aus Aluminium entdeckt und sind mehrere tausend Jahre alt. (Abb. 18) Man muss hierbei beachten, dass die Herstellung von Aluminium aus Bauxit Strom benötigt, dieser Prozess wurde aber erst ab dem Jahr 1886 perfektioniert! Es bleibt daher unklar, wie man diese Artefakte hergestellt hat. Die einzige Erklärung lautet, dass unsere Vorfahren bereits über Elektrizität verfügt hatten und viel fortschrittlicher waren, als wir heute annehmen. Viele unserer neuzeitlichen Erfindungen sind offenbar Wiederentdeckungen, die auf dem Wissen unserer Ahnen basieren.[19]

Ein 150.000 Jahre alter Raumhafen in China

In Höhlen nahe am Berg Baigong am Tuosu-Salzsee in China wurden uralte Eisenrohre gefunden, die in den See münden und das Institut für Geologie in Peking datierte sie auf 150.000 Jahre. Die Rohre wurden in einer örtlichen Schmelzhütte analysiert und bis zu 8 Prozent des Materials, aus dem sie bestehen, konnte nicht identifiziert werden. Zheng Jiandong, ein Forscher der *China Earthquake Administration*, berichtete in einer lokalen Zeitung, dass einige der Rohre hoch radioaktiv sind. Das gibt der Wissenschaft Rätsel auf.

Abb. 19: Der bewachte Höhleneingang und die alten Eisenrohre der Pyramide

Im Jahr 1996 reiste der chinesische Autor Bai Yu zum Berg Baigong, dem „Weißen Berg", der etwa 40 Kilometer südwestlich der Stadt Deli im Bezirk Haixi liegt. Der Autonome Bezirk Haixi liegt in der chinesischen Provinz Qinghai und ist der tibetischen Region Amdo zuzurechnen. Bai Yu fand dort an einem Hügel den dreieckigen Eingang einer Höhle, die offenbar künstlich angelegt worden war. Verblüfft betrat er ihr Inneres, und es gab in der direkten Nähe noch zwei weitere solcher Höhlen, sie waren jedoch bereits eingestürzt. In der Höhle machte Bai Yu eine Entdeckung, die bald auf der ganzen Welt bekannt wurde – Metallrohre. Die Röhren verliefen durch die Höhle, an den Wänden entlang und in den Boden – überall im Inneren dieses Hügels befanden sich extrem alte Eisenrohre („Baigong-Rohre"), die mit dem Gestein des Berges verschmolzen waren und zum nahen Tuosu-Salzsee führten, der nur 80 Meter entfernt liegt. Herr Yu nahm einige Proben der seltsamen Rohre mit sich, ließ sie untersuchen und die Analysen bestätigten, was er bereits vermutet hatte: Die Rohre sind etwa 150.000 Jahre alt! Zur Datierung wurde das Thermolumineszenz-Verfahren angewendet, eine Technik, die es erlaubt, festzustellen, wann ein kristallines Mineral das letzte Mal dem Sonnenlicht oder einer anderen Wärmequelle ausgesetzt war.

Damit stellen die „Baigong-Rohre" ein weiteres Mal Artefakte dar, die nicht in das heutige Geschichtsbild passen. Wenn es keine Menschen waren, die diese Anlage erbauten, dann vielleicht Außerirdische? Bai Yu stellte fest, dass die drei Höhlen und umliegende Gesteinsbrocken die Überreste einer Pyramide sind, die auf der Spitze des Baigong Berges gestanden hatte. Das Becken des Sees ist sehr groß und äußerst flach und könnte einst ein Landefeld gewesen sein. Die Rohre pumpten wahrscheinlich Wasser aus dem See zur Pyramide und wieder zurück. Könnte Yu mit seiner Vermutung über Außerirdische Recht haben? Das Gebiet befindet sich am Rande der Wüste Gobi und alte Überlieferungen sprechen von einer uralten Hochzivilisation, die einst dort existiert haben soll!

Am Südufer des Sees stehen mehrere pyramidenförmige Hügel, die zwischen 50 bis 60 Meter hoch sind und eine gelbgraue Farbe aufweisen. Einem einheimischen Bergführer zufolge gibt es in der besagten Höhle ein großes Rohr mit einem Durchmesser von 40 Zentimetern, welches schief vom Boden in die Decke verläuft und es sieht so aus, als wäre dieses Rohr direkt durch den massiven Felsen geleitet worden. Neben diesem gibt es noch viele weitere Rohre mit verschiedenen Durchmessern, die in den Berg hinein- und zum See hinausverlaufen. Alle Rohre sind rostig und haben eine rotbraune Farbe und in die Höhlenwände und im Boden sind hunderte dieser alten Metallrohre eingebettet, die zweifellos zu einem Netzwerk einer großen Anlage gehören, deren Herkunft und Zweck bisher noch ungeklärt ist. Die chemische Analyse des Metalls ergab einen hohen Anteil an Eisen (30%) sowie Spuren eines gänzlich unbekannten Materials. Der Anteil des unbekannten Materials betrug 8 Prozent und man konnte es nicht im Periodensystem der auf der Erde bekannten Elemente finden! Pan Liqing, der leitende Direktor der Touristenbehörde in Deli, glaubt nicht, dass die Metallrohre ursprünglich aus dieser nur von Nomaden besiedelten Gegend stammen und spricht davon, dass dieses entlegene Gebiet ideal für wissenschaftliche Forschungen ist. Viele in- und ausländische Experten kommen dorthin, um astronomische Beobachtungen durchzuführen und durch die Höhenlage von mehr als 4.000 Metern und die dünne Luft hat diese Gegend einen außerordentlich klaren Himmel.

Weit oberhalb der erwähnten Höhlen konnte man noch viele weitere Röhrenöffnungen in den Bergen entdecken und um diese Röhren so zu verlegen, muss man über ein äußerst modernes Bohrsystem verfügt haben – doch es hat in dieser entlegenen Gegend noch nie eine Industrie gegeben! Wohin alle diese Rohre verlaufen, ist unbekannt. Gab es hier eine uralte Zivilisation, die das Wasser zur Kühlung ihrer Anlagen benötigte? Eine Theorie besagt, dass das Bauwerk von prähistorischen Menschen erbaut wurde, die Technologien beherrschten, die den Menschen späterer Zivilisation verloren gegangen waren. Der Umstand, dass die Rohre in einen Salzsee führen, verwundert die Naturwissenschaftler, denn es gibt einen nahe gelegenen Süßwassersee, zu dem keine Rohre führen. Wurden sie also nicht für Trinkwasser benutzt, sondern dienten einem anderen technischen Zweck? Im Jahr 2002 wurden neun chinesische Wissenschaftler entsandt, um eine genaue Analyse der Rohrleitungen durchzuführen und man konnte Erstaunliches feststellen: Das Siliziumdioxid, das dort außerdem gefunden wurde, hat eine Zusammensetzung, die typisch für den Mars ist! Die chinesischen Wissenschaftler wunderten sich bisher, warum die Rohre in den Salzwassersee verlaufen, da ja der Süßwassersee ganz in der Nähe liegt. Warum benötigte man also das Wasser, das einen höheren Anteil an Salz enthält? Es gibt ein erhöhtes Vorkommen von Eisenerz in diesen Bergen und jede fortschrittliche Zivilisation, die solche Erze abbaut und verwendet, muss über irgendeine Art von Energiequelle dazu verfügt haben. In der modernen Chemie verwendet man einen Prozess, der Elektrolyse genannt wird, und dazu benötigt man grundsätzlich elektrischen Strom, der durch eine Lösung oder durch geschmolzenes Material geleitet wird, und das verursacht eine chemische Reaktion, die eine Trennung der Materialien erlaubt. Die Elektrolyse wird beispielsweise zur Gewinnung von Metallen verwendet oder zur Herstellung von Stoffen, deren Gewinnung durch rein chemische Prozesse kaum möglich wäre. Durch diesen Prozess kann man unter anderem Wasserstoff, Sauerstoff und Aluminium gewinnen! Kehrt man den Prozess um, kann man chemische in elektrische Energie umwandeln und Energie gewinnen. Elektrolysen können daher auch der Energiespeicherung dienen und die Elektrolyse von Salzwasser gibt Wasserstoff und Sauerstoff ab – eine Mischung, die normalerweise als Raketentreibstoff verwendet wird. Professor Zheng Jiandong benutzte eine Methode namens Thermolumineszenz, um das Alter der Eisenproben zu bestimmen. Seiner Untersuchung nach haben die Proben sogar ein Alter von 450.000 Jahren! Erst in den westlichen Medien wurde die Zahl 150.000 angegeben und das heißt, die Rohren können auf keinen Fall von Menschen angefertigt worden sein. Er gibt an, dass die Rohre im Berg von Kohlenstoff und Beton umschlossen sind und die unbekannten 8 Prozent der Materialprobe enthielten auch Spuren von Aluminium.

Wenn das wirklich alles so stattgefunden hat, dann ergibt sich folgendes Bild: Naturwissenschaftler finden uralte Artefakte, die nicht in das moderne Geschichtsbild passen und die Rohre waren Teil einer viel komplexeren Anlage. Das setzt die Anwesenheit einer fortschrittlichen Zivilisation in der fernen Vergangenheit voraus, die möglicherweise vom Mars stammte, und als das bekannt wurde, schaltete sich die Regierung ein und verhindert jetzt den Zugang zur Anlage. Aus diesen Gründen wurde die Pyramide bis heute nicht offiziell wissenschaftlich untersucht, und da sich in Deli auch eine Militärbasis befindet, kann die Höhle derzeit von Ausländern ohne Erlaubnis nicht besucht werden. Wenn man eins und eins zusammenzählt, kann man nur zu dem Ergebnis kommen, dass einst eine fortschrittliche außerirdische Gruppe hier lebte, die vom Mars stammte. Man baute aus uns heute unbekannten Gründen eine Pyramide auf dem Berggipfel und betrieb dort ein Laboratorium oder einen Raumhafen. Das ganze Areal um den Berg ist tatsächlich sehr flach und würde einen idealen Landeplatz für Raumschiffe abgeben. Außerdem wäre es ein perfekter Aussichtspunkt, um Starts und Landungen zu überwachen. Skeptiker ignorieren alle diese Hinweise und sagen, die Röhren wären nur versteinerte Baumwurzeln, die irgendwie ins Sediment geraten sind. Doch wenn *das* der Fall wäre, gäbe es nicht die künstlich erschaffenen Legierungen, die Radioaktivität und die Bewachung durch das chinesische Militär.[20]

Uralte Nanotechnologie in Russland

Die folgende Entdeckung gelangte zuerst durch den Forscher und Autor Hartwig Hausdorf in den deutschen Sprachraum. In seiner langjährigen Tätigkeit als Reiseleiter besuchte er oft Orte, die normalen Touristen unzugänglich sind und eine seiner erstaunlichsten Entdeckungen waren Artefakte aus den Uralbergen. Es handelt sich dabei um Nanotechnologie, die auf das Jungpleistozän datiert wurde. Das Jungpleistozän begann vor etwa 127.000 Jahren und endete um 9.800 v. Chr. Es stellte sich sofort die Frage, ob es sich möglicherweise um außerirdische Technologie oder um die Relikte einer lange untergegangenen, irdischen Hochzivilisation handelte. Ein anderer bekannter Erforscher dieser Artefakte war der Autor Dr. Johannes Fiebag. Goldsucher fanden nämlich im Gebiet des Flusses Narada seltsame metallische Gegenstände und diese spiralförmigen Objekte wurden bereits seit 1991 gefunden. Es gibt spulenförmige Teile, Spiralen, Stiele und weitere, nicht eindeutig identifizierbare Objekte. Die Fundorte waren die Flussufer der Flüsse Narada, Kozhim und Balbanyu, die sich in den östlichen Uralbergen befinden. Es gibt einen Bericht vom *Institut für Geologische Forschung der Bund- und Edelmetalle* in Moskau, der die technischen Fundstücke auf ein Alter von mindestens 100.000 Jahren datiert und es wird auch die Möglichkeit eines außerirdischen Ursprungs eingeräumt. Die Funde wurden im Zuge einer offiziellen Forschungsarbeit entdeckt, als man auf der Suche nach bestimmten Metallen war und geologische und mineralogische Analysen vornahm. Die Artefakte wurden in einer Tiefe zwischen 3 bis 12 Metern gefunden und je nach Tiefe waren sie sogar älter als 100.000 Jahre. Insgesamt wiesen die verschiedenen Fundstücke ein Alter von 20.000 bis 318.000 Jahren auf, wobei das größte Artefakt 3 Zentimeter groß und das kleinste bisher entdeckte nur 2,5 Mikrometer (Tausendstel Millimeter) klein war – ein menschliches Haar ist ungefähr 100 Mikrometer dick.

Die größeren Spiralen bestanden alle aus Kupfer und die kleineren aus Wolfram und Molybdän beziehungsweise aus einer Legierung der beiden Metalle. Die Form der Fundstücke zeigt, dass sie nicht natürlich entstanden sind, denn es gibt keinen bekannten natürlichen Prozess, der solche Objekte hervorbringen könnte. Die Spulen ähneln modernen nanotechnologischen Komponenten, außerdem weisen die Nanospiralen das Verhältnis des Goldenen Schnitts auf. Die Erschaffer dieser Objekte müssen demnach über ein fortschrittliches mathematisches Wissen verfügt haben. Die Metallspiralen haben eine spiegelglatte Oberfläche und weisen Spuren von Löchern auf. Auch Wolframdraht wurde zu Spiralen gewickelt, doch Wolfram hat ein hohes Atomgewicht, ist ein sehr dichtes Metall mit einem Schmelzpunkt von 3.400°C und wird hauptsächlich zur Härtung von Spezialstahl verwendet. Molybdän ist ebenfalls sehr dicht und hat auch einen hohen Schmelzpunkt von 2.650°C., wird zur Härtung von Stahl benutzt und hat außerdem korrosionsbeständige Eigenschaften – ansonsten wären diese Artefakte schon längst verrostet. Molybdän wird zum Beispiel heute auch für stark beanspruchte Waffenteile und Panzerfahrzeuge verwendet.

Der russische Forscher Dr. Valery Uvarov aus St. Petersburg bestätigte, dass die seltsamen Spiralen neben der *Russischen Akademie der Wissenschaften* auch von einem unabhängigen Institut in Helsinki untersucht wurden. Das wissenschaftliche Gutachten wur-

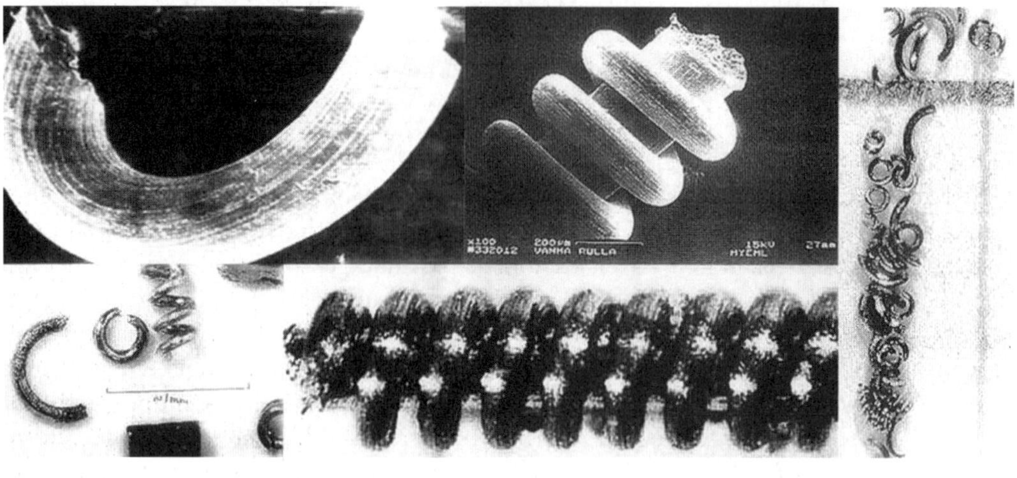

Abb. 20: Stark vergrößerte spiralförmige Artefakte aus Russland

de von Dr. Matveyeva erstellt und beschreibt, wie die gewundenen Spiralen in den Einlagen des angeschwemmten Bodens gefunden wurden und die Bodenschicht, in der die Spiralen vorhanden waren, mindestens 100.000 Jahre alt ist und dem Jungpleistozän entspricht. Er stellte außerdem fest, dass die Objekte technischen Ursprungs sein müssen, obwohl sie offensichtlich viele tausend Jahre alt sind. Die Artefakte wurden mit einem Elektronenmikroskop des Typs *JSM T-330* untersucht, das in Japan vom Unternehmen *Jeol* angefertigt wurde, und es bestand zuerst die Vermutung, dass es sich um Teile von modernen Raketen handelte, die über diese Uralregion geflogen waren. Das Gutachten widerspricht jedoch eindeutig dieser These und spricht sogar von einer möglichen antiken außerirdischen Herkunft! Es gibt keinen Zweifel, dass diese Artefakte technisch genutzt wurden, und Dr. Valeri Uvarov ist sogar der Meinung, dass diese spiralförmigen Objekte ursprünglich zu einer großen Empfangs- und Sendeanlage gehört haben. Er nimmt an, die Anlage könnte durch einen Krieg vor tausenden von Jahren zerstört worden sein, denn viele der Spiralen sind unter geschmolzenem Gestein gefunden worden. Dieses Gestein ist unter großer Hitzeeinwirkung innerhalb von Sekundenbruchteilen geschmolzen, was möglicherweise durch eine Energiewaffe verursacht wurde. Die Nanoartefakte ähneln sehr unserer modernen Nanotechnologie und waren bestimmt Teile von Nanomaschinen.

Die russischen Fundstücke wurden zuletzt in Einrichtungen in Helsinki, St. Petersburg und Moskau untersucht, doch seit dem Tod des Forschers Dr. Johannes Fiebag im Jahr 1999 gab es keine neuen Forschungsergebnisse mehr – möglicherweise ist die Erforschung dieser Artefakte zum Erliegen gekommen.(21)

Der 2 Milliarden Jahre alte Atomreaktor in Afrika

Im Jahr 1972 fiel einem französischen Angestellten namens Bougzigues in einer Wiederaufarbeitungsanlage von Kernbrennstoffen eine verdächtige Uranprobe auf, denn die Routineanalyse des Urans, das aus einer Mine in Afrika stammte, zeigte ungewöhnliche Werte an. Alles natürlich in der Natur vorhandene Uran lässt sich in drei Isotope einteilen: Uran-238 ist das am häufigsten vorkommende (99%). Uran-234 ist das seltenste Uran und Uran-235 ist das Isotop, das für eine nukleare Kettenreaktion benötigt wird. Um das natürliche Uran-238 fusionierbar zu machen, muss es in Uran-235 umgewandelt werden, und diesen Prozess nennt man *anreichern*. Es gibt verschiedene Methoden, um das anzustellen, aber jede von ihnen benötigt eine fortschrittliche Technologie. Wochenlang waren die Spezialisten der französischen Atomenergie-Kommission verwirrt, denn man kann Uran-235-Atome überall im Erdmantel finden, auch auf dem Mond und in Meteoriten, und es kommt meistens zu einem Anteil von 0,720 Prozent in Mineralien vor. Bei analysierten Proben aus einer Lagerstätte aus Oklo in Gabun, einem Staat in Westafrika, betrug dieser Anteil allerdings nur 0,717 Prozent, doch diese kleine Differenz genügte, um die französischen Wissenschaftler zu alarmieren, denn mit den Mineralien stimmte etwas nicht. Sofort wurden weitere Untersuchungen angestellt, die zeigten, dass die Mineralien in einem Teil der Mine einen zu niedrigen Anteil an Uran-235 aufweisen. Es wurden dort offensichtlich in der fernen Vergangenheit mindestens 200 Kilogramm Uran abgebaut – das ist genug für mehrere Atombomben. Bald darauf reisten Forscher aus der ganzen Welt nach Gabun, um zu untersuchen, was mit diesem

Uran aus Oklo passiert war und man konnte herausfinden, dass der Teil der uralten Mine, von dem die untersuchten Uranproben stammten, einen alten, fortschrittlichen Atomreaktor darstellte! Die Funktionsweise dieses Reaktors übersteigt unsere gegenwärtigen wissenschaftlichen Kenntnisse und die Forscher glauben, dass dieser Atomreaktor ein Alter von etwa 1,8 Milliarden Jahren hat – er muss für mindestens 500.000 Jahre oder länger in Betrieb gewesen sein, vielleicht sogar eine Million Jahre lang! Die Leistung lag bei geschätzten 1.000 Megawatt, was genug für ungefähr 1 Million moderner Haushalte wäre. Wofür wurde diese Energie benötigt?

Weitere Untersuchungsergebnisse wurden auf einer Konferenz der *Internationalen Atomenergie-Organisation* veröffentlicht. Denn man fand Spuren von Spaltungsprodukten und Abfallbrennstoffen in verschiedenen Bereichen der Mine, und verglichen mit diesem riesigen Reaktor sind unsere modernen Reaktoren in Design und Funktionalität eher rückständig. Studien zufolge war dieser uralte Atomreaktor mehrere Kilometer lang. Interessanterweise beschränkte sich der Wirkungsradius der thermischen Belastung auf einen Bereich, der nur 40 Meter lang war. Die Forscher waren zudem sehr erstaunt darüber, dass der radioaktive Abfall noch immer in diesem Bereich eingelagert ist, was sich durch die örtliche Geologie erklären lässt, die alles zusammenhält. Interessanterweise fand die thermonukleare Reaktion in einer Art und Weise statt, bei der Plutonium – einem Nebenprodukt der Kernfusion – geregelt abgegeben wurde. Dieser Prozess konnte reguliert werden, was heute nicht möglich ist und die Wissenschaftler bezeichnen es als den „Heiligen Gral“ der Atomphysik! Die Möglichkeit, die Reaktion zu steuern, bedeutete eine kontrollierte Leistungsabgabe des Reaktors, wodurch effektiv katastrophale Explosionen verhindert wurden, die bei einer plötzlichen Freisetzung der Energie auftreten könnten. Dadurch, dass man sich das alles nicht erklären konnte, behaupteten die skeptischen Wissenschaftler fortan, es hätte sich um einen „natürlichen Atomreaktor“ gehandelt. Doch so etwas konnte noch niemals beobachtet werden und die Wahrheit geht weit über unser derzeitiges Verständnis hinaus. Man konnte außerdem herausfinden, dass im alten Reaktor ebenfalls Wasser benutzt wurde, um die nukleare Kettenreaktion zu regulieren. Das wird heute bei modernen Reaktoren ebenfalls so gehandhabt, um die Brennstäbe zu kühlen, wodurch eine kritische Überhitzung verhindert wird. Wie soll so etwas *natürlich* vorkommen?

Dr. Glenn T. Seaborg, der frühere Leiter der US-amerikanischen Atomenergiekommission und Gewinner des Nobelpreises für seine Arbeit an der Synthese von schweren Elementen, wies darauf hin, dass die Grundvoraussetzungen für eine Kernfusion exakt stimmen müssen, um Uran brennbar zu machen und das Wasser, das für die nukleare Kettenreaktion benötigt wird, muss extrem rein sein – schon ein paar winzige Verunreinigungen können die Reaktion stören und zum Stillstand bringen. Solches Wasser muss künstlich aufbereitet werden, weil es in dieser Reinheit natürlich nirgendwo auf der Welt vorkommt! Für eine *natürliche* Reaktion war auch viel zu wenig Uran im dortigen Mineralgestein vorhanden, trotzdem hat eine Spaltung nachweislich stattgefunden. Daher muss der Anteil an Uran-235 früher viel höher gewesen sein als der in den natürlichen Ablagerungen – auch das stellt die Wissenschaftler vor ein großes Rätsel. Das bedeutet, dass dieser afrikanische Reaktor fast 2 Milliarden Jahre alt ist und bestimmt kein natürliches Phänomen darstellt, sondern das Produkt eines intelligenten, wohldurchdachten Designs war. Die Größe der Anlage verrät, dass sie bereits mit reicher Erfahrung erstellt wurde, was wiederum nahelegt, dass sie ein Produkt einer frühen Hochzivilisation war,

Abb. 21: Nukleare Einlagerungen von Oklo in Gabun

lange bevor der moderne Mensch die Bildfläche betrat – wobei die Herkunft und die Zivilisation der Erbauer unbekannt bleiben.

Gab es vor sehr langer Zeit hochtechnische Zivilisationen, die irgendwann den Planeten verlassen oder sich durch Tunnelsysteme ins Innere der Erde zurückgezogen haben?[22]

Ein 200.000 Jahre alter altrussischer Runenstein

Ein Stein mit altrussischen Runenschriftzeichen wurde 1927 in der Stadt Roseau in Minnesota in den USA entdeckt. Auf dem Stein wurde eine Geschichte niedergeschrieben, von der leider keine deutsche oder englische Übersetzung vorliegt. Um den Stein herum wurden Wörter eingemeißelt und auf der Oberfläche des Steins ist wahrscheinlich das Gesicht der Göttin Jara eingraviert. Man kann zwei dunkle Augen und Fangzähne sehen, die aus dem geschlossenen Mund ragen und der Stein hat einen Durchmesser von lediglich 5 Zentimetern. Dr. Valery Chudinov und Vladimir Pakhomov, zwei Wissenschaftler an der *Universität von Moskau*, klären uns über die altrussische Siriliza-Schrift auf dem Stein auf: Die russische Sprache gründet sich auf alten heidnischen Bräuchen und dieses Volk gebrauchte seine eigenen Runen, das heißt, ihre Runenschrift unterschied sich von der der Wikinger – erst als die christliche Religion aufkam, geriet diese Sprache in Vergessenheit. Die neue russische Sprache basierte auf griechischen Buchstaben, die wiederum auf hebräische Schriftzeichen zurückgehen und es gibt somit überhaupt keine Verbindung von alten russischen Runen und irgendeiner modernen Schrift. Der Roseau-Runenstein wurde ursprünglich von einem Mann namens Jake Nelson in der Nähe des Roseau-Flusses gefunden, der seinen Garten umgrub, als er zufälligerweise auf mehrere Steinhämmer, Pfeilköpfe, Keramikscherben, Tierknochen und diesen Stein stieß. Einer der Gründe für den Fund war, dass sein Heim auf einer alten Indianersiedlung lag und sich die Fundstücke möglicherweise in einem alten Grabhügel der Indianer, einem Mound, befanden. Der Stein wurde jedenfalls anschließend an John Jager (1871-1959) weitergegeben, einem Experten für alte Schriften, der die Gravuren des Steins mit anderen antiken Schriften aus der ganzen Welt verglich, wobei er schließlich eine erstaunliche Entdeckung machte: Die Zeichen glichen der alten sumerischen Schrift!

Jager beschäftigte sich daraufhin intensiv mit dem Stein und berichtete später darüber in seiner Biographie. Jager hieß mit richtigem Namen Johann Jäger und war ein gebürtiger österreichischer Slowene, der bis 1899 in Wien studiert hat und fließend Russisch sprach. Er war auch einer der Pioniere, die sich mit der Idee befassten, dass antike See-

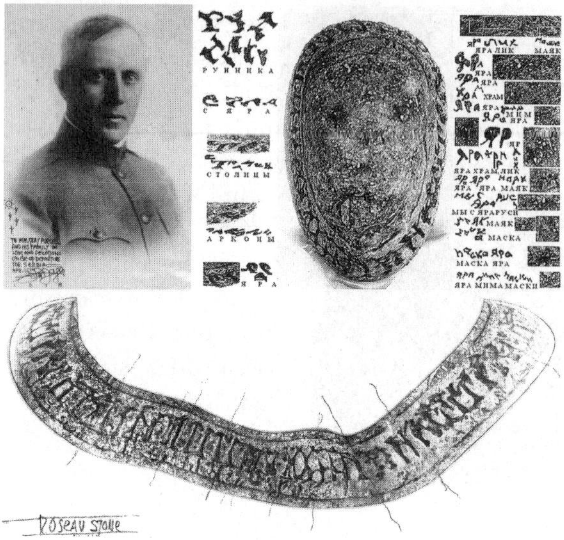

Abb. 22:. John Jäger und seine Übersetzung des Steins von Roseau, er fotografierte das Schriftband um den Stein

fahrer bereits vor sehr langer Zeit zu weltweiten Reisen fähig waren und die beiden Amerikas besucht hatten. Jager kam schließlich dahinter, dass die Zeichen auf dem Stein altrussisch waren, diese Schrift angeblich bereits vor der sumerischen existierte und aus den altslawischen Regionen abstammte, worauf der animalische Löwenkopf der Göttin Jara einen Rückschluss gibt. Jager untersuchte den Stein fast zwei Jahre lang und stellte fest, dass die Runen des Roseau-Steins manchmal in zwei Reihen übereinander angebracht waren – manche waren kleiner und andere größer. Jager glaubte darüber hinaus, dass alte Slawen und Russen vor gut 200.000 Jahren bereits in Nordamerika waren! Das bedeutet außerdem, dass bereits *vor* den Sumerern eine andere, ältere Kultur Schriftzeichen gebrauchte, nämlich die altrussischen Runen und es hatte ganz offenbar bereits *vor* der Sintflut eine weltumspannende, arische Kultur geherrscht. Nachdem John Jager mit seinen Untersuchungen am Stein fertig war und seine Ergebnisse veröffentlichen wollte, schickte er den Stein zur Bestätigung seiner Forschungsarbeit an zwei Kollegen. Es handelte sich um Professor A. E. Jenks und Professor C. R. Stauffer, einen Anthropologen und einen Geologen an der örtlichen Universität.

Bei der „Reinigung" des Steins zerstörten diese die Gravuren absichtlich in einem Säurebad, wodurch sich die sichtbaren Details drastisch reduzierten. Und Jagers Vermutung lautet: Die Professoren wollten keine Beweise für präkolumbianische Kontakte mit den amerikanischen Ureinwohnern. Es gibt eine unglaublich starke wissenschaftliche Blockade an den nationalen und internationalen Universitäten, die Artefakte und Funde betreffen, die Kontakte mit Amerika *vor* Kolumbus im Jahr 1492 belegen – man will die verborgene Geschichte Amerikas unbedingt vertuschen. Durch den Schaden am Stein wurde die Arbeit von mindestens 20 Monaten Forschung zerstört und Jager verfluchte die beiden Professoren dafür. Am 14. Januar 1930 rief Prof. Jenks Jager am Telefon an. Das folgende Gespräch wurde von Jager aufgezeichnet:

> Professor Jenks: „*Der Stein, der angeblich in Roseau gefunden wurde und von dem Sie behaupten, er sei ein altes Artefakt mit Inschriften von Menschenhand gemacht, wurde an unserer Universität genauer untersucht. Professor Stauffer reinigte den Stein gründlich und analysierte ihn anschließend petrographisch. Er stellte ohne jeden Zweifel fest, dass der Stein keinerlei menschliche Bearbeitung aufweist. Es gibt kein Band mit Schriftzeichen auf ihm, so wie Sie es glauben. Professor Stauffer kann ihnen Dutzende ähnliche Steine aus seiner Sammlung zeigen. Alle sind natürlich entstanden, darin stimmen wir überein.*"
>
> Jager: „*Glauben Sie das wirklich?*"

Professor Jenks: *„Ich muss! Die Anweisung kommt von einer höheren Stelle. Wir sind an Ihrem Stein nicht länger interessiert.*"[23]

Glücklicherweise machte Jager seine Fotos, bevor er den Stein zur Universität schickte. Echte Archäologen sollten niemals so fahrlässig mit einem so einzigartigen und bisher wenig verstandenen Artefakt umgehen. Jager verstarb Jahre später ganz überraschend am Abend von Halloween. Seine anthropologischen Aufzeichnungen wurden auf Geheiß der St. Pauls Kirche und aufgrund merkwürdiger staatlicher Befehle vernichtet! Nach seinem Tod wurden seine übrigen Aufzeichnungen sofort verbrannt, als seine Witwe starb. Leider weiß man heute nicht mehr, was sich in seinen privaten Unterlagen befand. War er der Wahrheit bereits zu nahe gekommen? Seine Fotos des Steins überlebten die Verbrennung seiner Unterlagen, weil man sie in der Bibliothek vergessen hatte. Sie überdauerten dort und konnten vor einigen Jahren wiederentdeckt werden. Sie tragen das Datum 19. Juni 1927.

Ein Kollege von Jager blieb nach seinem Tod im Besitz des Steins. Der Stein verschwand 1952 und tauchte erst im Februar 2011 in einer Sammlung der Theodore-Blegen-Kollektion wieder auf. Er war bis zum 15. Juli 2011 in einer öffentlichen Ausstellung der Anderson Bibliothek in Minnesota zu sehen, die den Namen *Headwaters of History* (Quellgebiet der Geschichte) trug. Dadurch, dass Jagers Fotos erhalten geblieben sind und der Stein wieder aufgetaucht ist, kann nun eine neuerliche Untersuchung mit moderner Technik stattfinden.[23]

Rockwall – eine vergrabene antike Festung der Riesen in Texas

Im Jahr 1852 wurde bei der Besiedlung des Ortes Rockwall in Texas eine seltsame Festungsmauer ausgegraben. Diese mysteriöse Mauer ist 5,6 km breit und 9 km lang, die durchschnittliche Höhe der Mauer beträgt 12 Meter und an einigen Stellen sogar 15 Meter! Bei den Grabungen konnte man damals nicht bis zum Fundament hinuntergraben, weil es zu tief lag und die Mauer ist auch bis heute nur teilweise ausgegraben – trotzdem gab sie dem Ort schließlich seinen Namen Rockwall. Zur damaligen Zeit gab es leider nur sehr wenige Naturwissenschaftler, die sich wirklich mit diesem Fund auseinandersetzen wollten, und es waren der Harvard-Abgänger und Architekt John Lindsey und der Geologe James Shelton, die schließlich in den 1990er-Jahren an der Mauer weitere Untersuchungen durchführten. Die damals in der Umgebung von Rockwell lebenden Caddo-Indianer bauten niemals Mauern und ihnen war auch nichts über diese Mauer bekannt, die aus großen und sehr schweren, ebenmäßig behauenen Felsblöcken besteht. John Lindsey stellte dann, nachdem er alte Aufzeichnungen und Dokumente durchforstet hatte, 1996 fest, dass es in Rockwall weitere Beweise für ein prähistorisches Bauwerk gibt, das von Menschenhand erschaffen wurde. Shelton und Lindsey fanden Torbögen, Stützpfeiler und Areale, die irgendwann nachträglich repariert worden sind, sowie einige Steine mit Inschriften darauf – in einer geraden Linie mitten auf den Steinen eingemeißelt. Zudem weist die Mauer viele Öffnungen auf, kleine Vierecke, die früher Fenster oder Kanäle für Wasser gewesen sein müssen. Im weit entfernten Illinois fand man 1870 bei einer Brunnengrabung in einer Tiefe von 38 Metern mehrere alte Kupfermünzen, welche die Portraits von zwei Menschen auf ihren Oberflächen und an den Rändern die

Abb. 23:. Alte Fotos der teilweise freigelegten Mauer in Rockwall

gleichen Schriftzeichen wie an den Steinen der Mauer von Rockwall trugen. Die Münzen wurden an die *Smithsonian Institution* überstellt, wo man feststellte, dass sie ein Alter zwischen 200.000 bis 400.000 Jahren aufwiesen, und laut James Shelton befinden sie sich noch immer im Besitz des Smithsonian Museums.

Ein Teil der Mauer von Rockwall scheint zu einem unterirdischen Gewölbe zu führen, das sich heute unterhalb des Hauptplatzes der Stadt Rockwall befindet. Im Jahr 2000 gab es Verhandlungen zwischen James Shelton und einem Grundstückseigentümer, um dieses Gewölbe genauer untersuchen zu können, denn die letzten Ausgrabungen hatten dort vor fast 100 Jahren stattgefunden. In den Aufzeichnungen der Stadt Rockwall wird angegeben, dass die Enkeltochter eines ansässigen Farmers, Mary Pattie Wade-Gibson, eine Geschichte überliefert hatte, wonach bei den ersten Ausgrabungen auch Räume und Durchgänge entdeckt worden waren. Einer der Korridore verlief demnach zu dem erwähnten unterirdischen Gewölbe. Sie erzählte auch noch, dass man bei den Ausgrabungen ihres Großvaters festgestellt hatte, dass die Mauer außen gerade in die Tiefe verlief, an der Innenseite jedoch nur bis 12 Metern in die Tiefe, danach bogenförmig auseinander und wurde dort viel dicker als die durchschnittlichen 30 Zentimeter Breite der Außenmauer. Eine andere Einwohnerin von Rockwall, die sich noch an die Ausgrabungen 1906 erinnern konnte, war die Tochter eines gewissen Mr. Deweese, einem frühen Siedler, und erwähnte einen großen steinernen Eingang, der zwischen 1936 und 1940 öffentlich zugänglich war. Zwei Männer gruben sich damals einige Meter durch den steil abwärtsneigenden Gang auf der Suche nach Gold, die ihr Vorhaben allerdings wieder abbrachen, nachdem sie Angst vor einem Einsturz bekommen hatten. Nach den 1940er-Jahren wurde die Mauer überhaupt komplett zugeschüttet, weil man einen Einsturz befürchtete. Raymond B. Cameron, ein weiterer Einwohner Rockwalls, gab Forschern bekannt, dass die rätselhafte Mauer allen Charakteristiken einer Maurerarbeit entspricht. Auch er bestätigte die Existenz von mindestens vier Steinen, die der Mauer entnommen worden waren und Schriftzeichen oder Piktogramme trugen, wobei der schwerste dieser Steine ein Gewicht von zwei Tonnen besaß! Die Mauer muss früher eine prähistorische Festung mit einer Stadt darin gewesen sein, die vor sehr langer Zeit dort existiert hatte. Cameron berichtet auch davon, dass mehr als 900 Meter der Mauer, die Bögen, Ecken und Fenster aufwies, ausgegraben wurden, weil man eine Touristenattraktion daraus machen wollte. Und tatsächlich konnten Besucher über mehrere Jahre hinweg für ein kleines Eintrittsgeld die Mauer besichtigen.

Zusammen mit anderen steinernen Artefakten, die wie Schlangen oder Schlangenköpfe aussahen, wurde dort auch ein riesiger menschlicher Schädelknochen gefunden. An der Mauer selbst waren außerdem Metallringe aus Zinn, Titan und Eisen angebracht, die einen Durchmesser von etwa 40 Zentimetern aufwiesen! Durch die Größe der Anlage und die Höhe der Mauern gibt es inzwischen viele Theorien zu deren Erbauern. Möglicherweise waren es Riesen, die vor sehr langer Zeit dort lebten, wobei sich dieser Verdacht durch ein paar mysteriöse alte Zeitungsberichte aus der *Rockwall Success-County's First Newspaper* aus dem Jahr 1886 erhärtet und Sam Slick am 28. Mai schrieb:

„Das größte Wunder, das wir diese Woche gesehen haben, ist der Fund eines versteinerten menschlichen Schädels. Bei Ausgrabungsarbeiten am letzten Samstag grub Ben Burton einen riesigen Schädel aus. Der Schädel war so groß wie ein alter Wasserschäffel. Die Augenhöhlen waren so groß wie ein Zweilitergefäß. Ein paar Zähne waren immer noch vorhanden. Einer von ihnen war etwa 2,5 Zentimeter dick und 5 Zentimeter lang. Das beweist, dass dieses Land vor langer Zeit von einer Rasse bewohnt wurde, die man heutzutage bestaunen würde. Dr. Wiggins denkt, es ist der Schädel eines vorsintflutlichen Riesen, der mindestens 450 Kilo auf die Waage brachte. Jeder, der diesen gigantischen Schädel sehen will, kann das ab sofort im Büro von Mr. Burton machen. Er bleibt dort für weitere Untersuchungen.“(24)

Eine Woche später am 4. Juni erschien ein zweiter Bericht: *„Das Rätsel ist gelöst – Die Steinmauer ist eine menschliche Handarbeit! Sofort nachdem bekannt wurde, dass Mr. J. B. Burton einen riesigen versteinerten Schädel gefunden hatte, versammelte sich eine große Menschenmenge an der Ausgrabungsstätte und untersuchte den umliegenden Bereich. Spaten und Beile kamen zum Einsatz. Mr. W. R. Grier wurde sogar dabei beobachtet, wie er mit einen großen Hammer auf den Boden schlug. Er konnte einen Hohlraum ausfindig machen und alle versammelten sich an seiner Position. Grier hämmerte weiter auf den Boden und ein Loch kam zum Vorschein. Er ließ den Hammer in das Loch hineinfallen und man konnte hören, wie der Hammer in einiger Tiefe auf Metall aufschlug. Das Loch wurde vergrößert und man ließ eine Laterne an einem Strick in die Tiefe. Mr. Burton, Grier und ein J. B. Steger entschlossen sich schließlich dazu, das Mysterium zu untersuchen. Der unterirdische Raum hatte etwa die Maße 18 x 30 Meter und war 12 Meter hoch. Die Decke und die hohen Stützsäulen waren aus schwarzem Marmor gemacht. Sie waren poliert und glitzerten im Lampenschein. Dieser unterirdische Palast wird die Welt ohne Zweifel erstaunen, wenn er ganz erforscht sein wird. In einer Ecke stand eine große Eisenkiste. Möglicherweise ist sie mit Gold und Edelsteinen gefüllt. Sie war zu schwer, um sie auch nur zu bewegen. Unter anderen Dingen dort unten wurde auch ein Bettgestell entdeckt. Es war über sieben Meter lang und ein paar Sandalen standen davor, die fast 90 cm lang und 25 cm breit waren! Eine Streitaxt, die 3,5 Meter maß und mindestens 35 Kilogramm schwer war, lehnte auch dort. Die Erforscher drangen* *nicht tiefer in das Gewölbe ein, waren sich aber sicher, dass dieser Raum mit weiteren Räumen verbunden ist. Riesen müssen diese ganze Anlage erbaut haben. Es wurde noch ein weiterer Besuch durchgeführt, das Resultat ist mir bisher noch nicht bekannt. Sam Slick.*"[24]

Eine weitere Woche später, am 11. Juni, erfuhren die Leser, wie es mit dem Bericht von Mr. Slick weiterging: „*Wir erzählten Ihnen in unserer letzten Ausgabe, dass eine weitere Suche stattgefunden hat. Unser Korrespondent besuchte diesen wundervollen unterirdischen Palast, um sich selbst von diesen unglaublichen Fakten zu überzeugen. Wir erreichten den Ort rechtzeitig und wurden eingeladen, mit den einheimischen Erforschern in das Gewölbe einzudringen. Das waren J. B. Steger, J. B. Grier, Jess Handley, Tom Bratcher, J. B. Burton, Dr. Wiggins und unser Korrespondent. Man untersuchte sofort die Wände und fand an der Nordseite eine riesige Eisentür vor. Sie wurde mit Hilfe eines Vorschlaghammers geöffnet. Als die rostige Tür aufschwang, konnte man das Echo von einigen Kammern in der Dunkelheit vor uns widerhallen hören. Keiner von uns ging weiter, weil man plötzlich ein Geräusch wie von einer schweren Tür hören konnte, die zugeschlagen wurde. Steger ging dann zuerst mit seiner Laterne weiter. Wir hatten alle schon die Geschichten von vergrabenen Städten und den merkwürdigen Dingen, die man dort gefunden hatte, gehört. Wir hatten uns jedoch niemals erträumt, so etwas eines Tages selbst zu erblicken. Wir alle sahen weiter vorne einen riesigen eisernen Kessel nahe am Boden pendeln. Der Kessel fasste mindestens 3.800 Liter. Daneben lehnte eine Gabel, die mindestens so groß wie eine Heugabel war. Man kann sich unsere Bestürzung vorstellen, als wir in den Kessel hineinblickten und eine Menge Knochen und grinsende, starrende Schädel sahen! Dr. Wiggins berührte einen dieser Schädel und er zerfiel sofort zu Staub.* ***Es gab keinen Zweifel, dass dieser alte Goliath, dessen Residenz das war, ein leidenschaftlicher Kannibale gewesen ist!*** *Aber lassen Sie mich erzählen, was wir als nächstes fanden. Im Zentrum einer Halle fanden wir eine eiserne Falltür. Mit unseren kombinierten Kräften konnten wir sie anheben. Aus der unheimlichen Dunkelheit darunter flatterte plötzlich ein kreischender, großer Vogel empor. Es war wie im Gedicht ‚Der Rabe' von Edgar Ellen Poe. Mit seiner halbmenschlichen Stimme schien er zu krächzen: ‚Verschwindet von hier, verschwindet von hier!' Es ist unnötig zu betonen, dass wir hastig vor dieser verrückten Szene flohen, weil der Vogel geblendet vom Licht von Wand zu Wand flog. Vielleicht war es auch eine große Fledermaus? Wir erreichten schnell die Plattform, wo wir hastig an die Oberfläche gezogen wurden. Dr. Wiggins war so verstört, dass er beinahe ohnmächtig wurde und wir kaltes Wasser in sein Gesicht spritzen mussten. Bratcher sagte, er würde nicht geflohen sein, wenn er nicht etwas gerochen hätte, als sie die Falltür öffneten. Es roch nach alten Socken und … (letztes Wort unlesbar). Sam Slick.*"[24]

Hier endete diese merkwürdige Erzählung. Vor der folgenden Ausgabe vom 18. Juni wurde die Zeitung verkauft und bekam einen neuen Inhaber, der keine weiteren Berichte von dem Riesenschädel oder den unterirdischen Kammern mehr veröffentlichte. Warum sollte eine so wichtige Entdeckung so plötzlich und ohne jede Spur aus den Medien verschwinden? Fand dieser Vorfall wirklich so statt und hatte die *Smithsonian Institution* wieder einmal ihre Finger im Spiel, indem sie den ganzen Vorfall vertuschte? Die Existenz von Riesen, die in verschiedenen Geschichten der Bibel sowie im Koran vorkommen, verärgert die atheistischen Wissenschaftler sicherlich ohne Ende. Andere glauben, dass auch die Kirche hier ihre Finger im Spiel hat und aus verschiedenen Gründen nicht möchte, dass die tatsächliche, unbekannte Geschichte der Welt erforscht wird.

Später behaupteten staatliche Geologen in den Medien, die Eigentümer würden die Besucher belügen und die Mauer wäre ein natürliches Phänomen. Daraufhin blieben die Besucher aus und es wurde alles wieder zugeschüttet. Heute wissen die meisten Bewohner von Rockwall nicht einmal von der Mauer selbst etwas oder dass ihre Stadt danach benannt ist! Es gibt seit einigen Jahren wieder ein größeres Interesse von Alternativforschern an der Riesenmauer, was zur Folge hat, dass die wissenschaftliche Gemeinschaft sofort wieder reagiert und einige Experten entsandt hat, um TV-Dokumentationen zu drehen, die zeigen sollen, dass die Steinmauer zu 100 Prozent *natürlich* entstanden sei. Und man zeigte in diesen Sendungen auch nichts über die Inschriften, die Fenster, die Metallringe oder die riesigen rechteckigen Steinblöcke, die die Einwohner selbst ausgegraben hatten.(24)

Vorzeitliche Mörser und Stößel in tiefen Goldminen freigelegt

Obwohl viele unerklärliche Funde konsequent aus den Geschichtsbüchern verbannt wurden, haben sich einige Forscher immer wieder die Mühe gemacht und alte, wissenschaftliche Journale und Bücher durchsucht. Dabei gab es während des Goldrausches in Kalifornien um das Jahr 1850 einige der kontroversesten Funde. Unter dicken Schichten von vulkanischem Gestein aus der Zeit des Tertiärs kamen Artefakte und Knochen von Frühmenschen ans Tageslicht, die allem Anschein nach bereits zu dieser Zeit existiert haben. Es handelt sich hierbei nicht um Einzelfunde, die man noch irgendwie wegdiskutieren könnte, sondern diese Artefakte wurden haufenweise zwischen 1850 und 1890 von Goldgräbern und Minenarbeitern in Bergwerksbetrieben entdeckt.

Der Geologe Josiah Dwight Whitney aus Kalifornien berichtet in seinem Buch „*The Auriferous Gravels of the Sierra Nevada of California*" aus dem Jahr 1880 von verschiedenen Mörsern und einem Stößel, die bei solchen Arbeiten entdeckt wurden. In seinem Buch findet man auch einen Report aus dem Februar 1866. Damals wurde von einem Mr. Mattison in seiner Mine in Calaveras County ein fossiler menschlicher Schädelknochen gefunden, der in einer Tiefe von 40 Metern unter einer Lavaschicht eingeschlossen war, und in unmittelbarer Nähe des Schädels lag eine komplett versteinerte Eiche. Whitney sprach mit insgesamt drei Augenzeugen dieser Entdeckung und beschrieb diese als sehr vertrauenswürdig und intelligent, deshalb zweifelte er nicht an ihren Aussagen. Doch diese Funde wurden sofort von der wissenschaftlichen Gemeinde angegriffen, obwohl der Darwinismus zu dieser Zeit erst seit kurzem fußgefasst hatte. Whitney war sich dennoch sicher, dass er genügend Beweise vorliegen hatte und für ihn war damit unwiderlegbar bewiesen, dass es bereits Menschen in Kalifornien gegeben hat, bevor es in der Sierra Nevada zu starken vulkanischen Aktivitäten gekommen war und sich die großen Gletscher gebildet hatten. Zu dieser Zeit unterschied sich das Tier- und Pflanzenleben noch sehr stark von unseren modernen Arten. Umso erstaunlicher erscheint es, dass in dieser weit zurückliegenden Vergangenheit bereits moderne Menschen existierten – mindestens seit dem Pliozän, also vor mehreren Millionen Jahren.

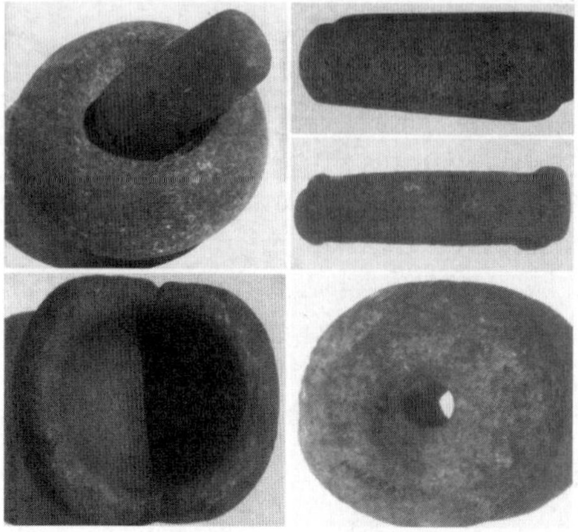

Abb. 24: Fotos von mehreren Fundstücken von der *Universität von Kalifornien*

Whitney schreibt auch von ähnlichen Funden in den *Tuolumne Table Mountains* in Kalifornien. Dieser Fund wurde der *Geologischen Gesellschaft von Amerika* am 30. Dezember 1890 von einem Mr. Becker vorgelegt – auch hier fand man menschliche Knochen unter einer Lavaschicht. In diesem Fall musste man bis in diese tiefen Schichten vordringen, weil dort das meiste Gold gefunden wurde. Die besagten Fundstücke wurden im Juli 1857 entdeckt und sie wurden zuerst von einem Mr. Paul Hubbs bekanntgegeben, der ebenfalls ein Schädelfragment sowie einen Mörser und einen Stößel im Kies unter einer Lavaschicht in der Nähe von Mastodon-Knochen entdeckte. Es kam sogar zum Fund eines ganzen menschlichen Skeletts. Eine ähnliche Entdeckung machte ein Mr. Llewellyn Pierce im Jahr 1862. Er erklärte damals, in einem Stollen auf einem ehemaligen Grundstück der *Boston Tunnel Company* ebenfalls einen uralten Mörser ausgegraben zu haben. Der Mörser befand sich 550 Meter weit im Tunnel und 61 Meter unter der Oberfläche und das Basaltgestein war dort über 18 Meter dick! Da es noch zu vielen weiteren solcher Funde kam, gab es für die Forscher damals keine andere Erklärung, als dass diese Steinartefakte und menschlichen Knochen bereits dort gewesen sind, bevor sich die Vulkangesteinsschichten gebildet hatten – und Geologen der Minengesellschaften konnten das bestätigen.

Der wichtigste Fund der Goldgräberzeit wurde von dem Geologen Clarence King gemacht, der zu seiner Zeit sehr bekannt war und außerdem das *Survey of the Fortieth Parallel* leitete, eine Gesellschaft zur geologischen Forschung in Kalifornien. King suchte im Jahr 1869 in einer Goldgräberstätte südlich von Tuttletown nach Fossilien. In einer tiefen Schicht sah er etwas, das wie ein zylindrischer Stein aussah. Er löste das Stück mühevoll heraus und sah, dass es sich zweifellos um einen polierten Stößel aus Stein handelte, und dieses Artefakt war von Menschen angefertigt worden, die in einer fernen Vergangenheit dort existierten, als es noch eine gänzlich andere Flora und Fauna auf der Erde gab. King präsentierte seinen Fund am 20. Januar 1870 der *Smithsonian Institution*.

1877 machte ein Mr. Neale, ein Angestellter der Mentezuma-Tunnel-Gesellschaft, bei Tunnelarbeiten in Tuolumne County in Kalifornien eine weitere Entdeckung. Der besagte Tunnel verlief wieder durch eine tiefgelegene Kiesschicht, die von Lavagestein verschlossen war und der Fund wurde 440 Meter im Tunnel in einer Tiefe von etwa 75 Metern gemacht. Es handelte sich abermals um seltsame Steinartefakte, die wie ein Stößel und eine Schale aussahen, wobei die Schale einen Durchmesser von 10 Zentimetern aufwies. Die geologische Sedimentschicht schätzte man auf ein Alter zwischen 33 und 55 Millionen Jahren! Neuere Datierungen belaufen sich immerhin noch auf 10 Millionen Jahre und die gefundenen Objekte sollten daher mindestens genauso alt sein. Ob die Artefakte miteinander in Beziehung standen, wie es die Forscher glauben, und ob es sich wirklich um Mörser und Stößel handelt, ist nicht eindeutig belegbar, denn die Artefakte könnten auch einen anderen Zweck erfüllt haben. Die Erklärung der Akademiker war natürlich auch in diesem Fall, dass es sich um Gegenstände handelt, die von den örtlichen Indianern dort fallengelassen oder hineingetragen wurden und irgendwie in diese tiefen Gesteinsschichten gelangt waren. Diese Geschichten wurden jahrelang in den Zeitungen verbreitet, weil man unbedingt gegen die Vorstellung vorgehen musste, dass solche uralten Artefakte tatsächlich existieren. Doch andere Forscher hielten entgegen, dass die Indianer in dieser Gegend niemals solche Mörser verwendeten und sie hatten selbst ein paar davon bei Grabungen gefunden, wussten aber nicht, wer sie hergestellt hatte. Wie aus alten Journalen und Büchern hervorgeht, sollen in der Zeit der Goldgräber mindestens 300 solcher Artefakte gefunden worden sein.

Die steinernen Artefakte widerlegen abermals alle heute gängigen Theorien über das Alter der Erde und die Evolution des Menschen beziehungsweise wo und wann sich der moderne Mensch genau entwickelt haben soll. Man sollte diese alten Fundstücke mit moderner Technik untersuchen lassen, doch leider sind viele seither verschwunden oder wurden von mächtigen Institutionen wie dem *Smithsonian* zerstört oder versteckt. Einige Stücke befanden sich bis in die 1970er-Jahre in amerikanischen Museen und konnten damals noch fotografiert werden.(25)

Der 50.000 Jahre alte Denisova-Armreif aus Sibirien

Ein einzigartiger, modern aussehender und polierter, grüner Steinarmreif, der aus dem grünen Mineral Chlorit angefertigt ist, konnte gemeinsam mit einem aus Marmor geschnitzten Ring bei Ausgrabungen in einer alten sibirischen Höhle entdeckt werden. Diese Höhle ist als Denisova-Höhle bekannt, eine Höhle im Altaigebirge in der russischen Region Altai in Sibirien. In dieser Höhle wurden vor einigen Jahren die Überreste einer neuen, bisher unbekannten Menschenart gemacht, dem Denisova-Menschen. Alle Ausgrabungen in dieser Höhle wurden von professionellen Archäologen durchgeführt und sind deshalb nicht anzufechten – und auch diese Funde lösten Kontroversen aus. Den Armreif konnte man schon im Jahr 2008 freilegen und es wurde jetzt von russischen Wissenschaftlern und Archäologen festgestellt, dass er fast 50.000 Jahre alt ist. Damit ist es das offiziell älteste Schmuckstück, das man jemals entdeckt hat und man glaubt, dass es von unseren prähistorischen Vorfahren angefertigt wurde. Auch diese Funde werden offiziell dokumentiert und stellen somit ein Problem für die evolutionäre Zeitskala dar, denn dieser Teil Russlands sollte eigentlich erst vor ca. 25.000 Jahren besiedelt worden sein. Dr. Anatoly Derevyanko, Leiter des *Instituts der Archäologie und der Ethnographie* an der *Russischen Akademie der Wissenschaften* in Novosibirsk erklärte:

> *„Es wurden zwei Fragmente des Armreifs mit einer Breite von 2,7 Zentimeter und einer Stärke von 0,9 Zentimeter gefunden. Der Durchmesser lag bei etwa 7 Zentimetern. Neben einem der Risse am Armreif gibt es ein Bohrloch mit einem Durchmesser von 0,8 Zentimetern. Wissenschaftler haben das Bohrloch im Stein studiert und bestätigen, dass die Rotationsgeschwindigkeit des benutzten Bohrers sehr hoch gewesen ist. Es traten nur minimale Schwankungen während der Bohrung auf, das heißt, es kam ein Standbohrer zum Einsatz! Diese Technologie gibt es jedoch erst seit kurzer Zeit. Der alte Meister, der den Armreif gemacht hat, benutzte eine geschickte Technik, die für die Altsteinzeit nicht üblich war. Es gibt keine bekannten Funde aus dieser Zeit, die mithilfe eines solchen Steinbohrers gefertigt wurden. Der Bohrer besaß eine Fräskrone. Außerdem wurde der*

Armreif glattgeschliffen und perfekt poliert. Wenn das mit Leder gemacht worden ist, muss es außergewöhnlich arbeitsintensiv gewesen sein. Es wurde in der Umgebung der Höhle auch kein Chlorit gefunden. Es muss aus einer Entfernung von mehreren hundert Kilometern hergebracht worden sein. Das zeigt, wie wertvoll das Material damals war. Der Armreif wurde irgendwann stark beschädigt und hat sichtbare Kratzer und Absplitterungen. Es sieht so aus, als ob diese Unebenheiten mit Sand wieder glattgeschliffen wurden. Die Abnutzungsspuren zeigen, dass dieser Armreif an der rechten Hand getragen wurde. Der Armreif verblüffte uns, denn im hellen Sonnenlicht reflektiert er immer noch die Sonnenstrahlen. In der Nacht bei Feuerschein gibt er ein tiefes Grün von sich.«[26]

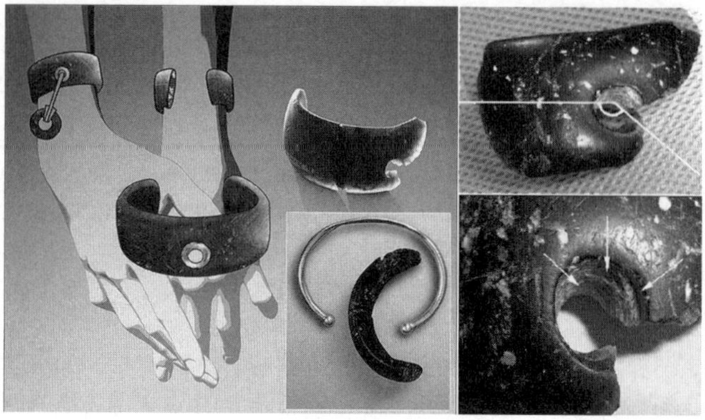

Abb. 25: Der Denisova-Armreif mit dem Bohrloch

Dieser einzigartige Armreif ist derzeit im *Museum für Geschichte und Kultur des Volkes von Sibirien* in der Stadt Novosibirsk zu sehen. Irina Salnikova, die Leiterin des Museums, sagte: *„Ich liebe diesen Fund. Die Fähigkeiten seines Erschaffers waren perfekt. Zuerst dachten wir, Neandertaler oder moderne Menschen hätten ihn gemacht. Wir glauben aber, dass es ein Denisova-Mensch war.«*[26]

Es gibt, außer den Funden von kleinen Fossilien aus dieser Höhle, keinerlei sonstige Anzeichen einer solchen Menschenpopulation. Gefunden wurden anfänglich lediglich zwei hintere Backenzähne, ein kleiner Teil eines Fingerknochens und ein Zehenknochen. Die Zähne sind außergewöhnlich groß, größer als die Backenzähne eines Neandertalers und älter als 50.000 Jahre – wie viel älter, wurde nicht bekanntgegeben. Der Zehenknochen ist auffallend lang und hat einen sehr kräftig gebauten, sehr breiten Schaft und übertrifft ebenfalls die Größe von dem eines Neandertalers. Sind es die Knochen eines übergroßen Menschen? Es ist zwar bekannt, dass die Neandertaler schon Schmuck herstellten, aber diese Funde sind älter, und die Denisova-Menschen waren keine Neandertaler, das wurde durch DNA-Analysen festgestellt. Woher hatten sie also ihr Wissen und ihre Technologie? In dieser Höhle wird es niemals wärmer als 7°C, deshalb sind diese Fossilien so gut erhalten geblieben. Das Verbreitungsgebiet der Denisova-Menschen ist ungeklärt, da es nur die Funde in dieser einen Höhle gibt. Im Jahr 2013 fand man einen Oberschenkelknochen in einer Höhle in Spanien (Sima de los Huesos), der ein Alter von 400.000 Jahren hat und es gibt eine genetische Verwandtschaft mit dem Denisova-Menschen – ansonsten ist die verwandtschaftliche Einordnung der Fossilien aus der Denisova-Höhle ungeklärt.

Johannes Krause und Svante Pääbo vom *Max-Planck-Institut für evolutionäre Anthropologie* in Leipzig machten im Jahr 2010 eine Auswertung der DNA des Fingerknochens und die Bekanntgabe der Ergebnisse dieser Analyse sorgte für weltweites Aufsehen. Das Fossil gehört nachweislich zu einer bis dahin unbekannten Menschenrasse, die mit dem modernen Menschen verwandt sein könnte. Eine weitere Analyse aus den Zellkernen des Knochens bestätigt die Eigenständigkeit dieses vorzeitlichen Menschentyps, der genetisch eindeutig von bisher bekannten Frühmenschen verschieden ist und seit damals der „Denisova-Mensch“ genannt wird. Diese Entdeckung ist sehr wichtig, denn es wurde bisher immer behauptet, es hätte vor rund 40.000 Jahren neben Neandertalern keine menschenähnlichen Bewohner auf dem Kontinent gegeben und die Gegend von Südsibirien galt noch bis vor 25.000 Jahren als unbewohnt. Evolutionsbiologen weigerten sich, die Entdeckung einer neuen, bisher unbekannten Menschenart einzugestehen und sagen, es handelt sich um Neandertaler – alles andere würde wieder zu viele unlösbare Fragen aufwerfen. 2011 wurden die Fossilien jedoch einer bisher „unbekannten Art“ zugeschrieben, allerdings erneut, ohne dieser Art einen wissenschaftlichen Namen zu geben, und man wählte stattdessen den Begriff *Denisova-Mensch*. Die Forscher lehnten es ausdrücklich ab, den Status des Denisova-Menschen der Gattung Mensch (*Homo*) zuzuordnen, obwohl mit der DNA-Analyse bestätigt wurde, dass die Denisova-Menschen Gene des *Homo sapiens* in sich trugen und sich mit ihm vermischt haben müssen. Die Biologen bezeichneten die neue Gattung schließlich als eine „Schwestergruppe“ der Neandertaler, um nicht in Konflikt mit der evolutionären Zeitskala zu kommen. **Die DNA hat allerdings bewiesen, dass Neandertaler, Menschen und Denisova-Menschen zur gleichen Zeit existierten und sich auch vermischten!**

In der Stadt Lingjing in der Provinz Henan in China wurden vor einigen Jahren ebenfalls bis zu 100.000 Jahre alte menschliche Schädelknochenfragmente gefunden, die man wissenschaftlich auch nicht zuordnen konnte und an eine Verbindung mit den Denisova-Menschen glaubte. Diese Schädel in China hatten ein größeres Hirnvolumen als der moderne *Homo sapiens*, nämlich 1800 Kubikzentimeter, wohingegen der Neandertaler nur ein Hirnvolumen von 1600 Kubikzentimetern aufwies. Die ersten Menschen der Gattung *Homo sapiens* besaßen nachweislich ein Hirnvolumen von durchschnittlich 1500 Kubikzentimetern und der heutige Durchschnitt liegt mit 1350 Kubikzentimetern noch deutlich darunter! Das heißt, das Schädelvolumen des modernen Menschen hat sich in den letzten 30.000 Jahren massiv verringert – das spricht alles andere als für eine *Evolution*. Die in Südamerika gefundenen Paracas-Langschädel hatten ebenfalls ein Gehirnvolumen von etwa 1800 Kubikzentimetern. (Abb. 217)

Die neuesten Meldungen von der Denisova-Höhle lauten, dass russische Wissenschaftler noch mehr menschliche DNA finden konnten. Es wird jedoch behauptet, diese DNA hätte sich im Boden abgelagert und es wären keine Knochen mehr vorhanden gewesen. Kann es sein, dass man sehr wohl Überreste von übergroßen Menschenschädeln gefunden hat, diese jedoch öffentlich nicht zeigen kann? Die Größe der restlichen Knochenfunde in der Höhle würde wohl darauf hinweisen. Die *Siberian Times* berichtet auch, dass bei den Ausgrabungen weiterer Schmuck gefunden wurde, und zwar flache, in der Mitte durchbohrte Ringe, die aus Schalen von Straußeneiern aus Südafrika hergestellt worden sind. Das *Institut für Archäologie und Ethnografie* berichtete, dass diese Schmuckstücke nur etwas über einen Zentimeter breit und abgeflacht sind und das Alter ebenfalls mit etwa 50.000 Jahren angegeben wird. Die Schale eines Straußeneis ist sehr dick und robust, deshalb müssen die Bohrungen in den Ringen genauso wie bei dem Armreif mit einem feinen Steinbohrer durchgeführt worden sein. Einer der Ringe hatte nur einen Durchmesser von einem Zentimeter und wies ein Loch auf, das kaum größer als 1 Millimeter war! Wie aber kamen diese Straußeneierschalen aus Südafrika in die sibirische Denisova-Höhle? Hatten diese prähistorischen Menschen bereits vor über 50.000 Jahren Handelsverbindungen zu diesem Teil der Erde oder stammten sie überhaupt von dort? Wie man es auch betrachtet, die Menschen in der Denisova-Höhle benutzten bereits in der Altsteinzeit fortschrittliche Bearbeitungstechniken und müssen gute Verbindungen zu anderen Kontinenten besessen haben. Zusätzlich zu diesen Artefakten fand man noch eine Nadel, die aus einem Vogelknochen gefertigt war, und sogar ein eingebohrtes winziges Nadelöhr hatte. Die Nadel ist nach über 50.000 Jahren noch benutzbar und somit die älteste Nähnadel der Welt – das ist ein sensationeller Fund! Das Klima muss zu dieser Zeit auch viel milder gewesen sein, weil man neben den fossilen Menschenknochen auch noch die Knochen von vielen, schon lange ausgestorbenen Tierarten fand, doch das alles ergab für die wissenschaftliche Fachwelt keinen Sinn. Wurden all diese Überreste durch große Fluten in die Höhle geschwemmt?

Doch im Jahr 2017 hatten die Spekulationen dann ein Ende, denn das russische *Institut für Archäologie und Ethnografie* in Novosibirsk gab weitere Zahlen heraus: Man konnte nachweisen, dass die Höhle seit mindestens 288.000 Jahren von Menschen bewohnt wurde! Die Knochenfunde, die älter als 50.000 Jahre waren, wurden nun auf ein Alter von bis zu 170.000 Jahren datiert! Der stellvertretende Direktor des Instituts, Mikhail Shunkov, glaubt, dass die Denisova-Menschen weit höher entwickelt waren als die Neandertaler oder der *Homo sapiens* und sie könnten sogar bis zu 600.000 Jahre alt sein! Das bedeutet, sie waren weder Neandertaler noch moderne Menschen, sondern eine unbekannte und hochentwickelte, prähistorische Menschenspezies! Obwohl sie viel älter als die Neandertaler waren, hatten sie die fortschrittlichsten Werkzeuge, denn die Artefakte beweisen, dass hier Steinbohrer mit Fräskronen im Einsatz waren, und wie der glattpolierte Marmorring angefertigt wurde, soll erst noch enthüllt werden. Andere neue Artefakte aus der Höhle sind bis zu 125.000 Jahre alt und es wird in den nächsten Jahren noch viel zu entdecken geben.

Diese gut dokumentierten Artefakte sind der Tod der Evolutionstheorie und der Out-of-Afrika-These, der zufolge der erste Mensch (Homo) aus Afrika stamme und sich von dort aus in der Welt ausgebreitet habe. DNA-Analysen belegen inzwischen einen frühen Ursprung des Menschen im heutigen Russland und in Westeuropa, und die Denisova-Höhle ist somit in den letzten Jahren zu einer der wichtigsten archäologischen Fundstätten der Welt geworden. Professor Richard Roberts aus Australien stellte fest, dass DNA vom Denisova-Menschen auch bei australischen Aborigines und bei den Ureinwohnern von Papua Neuguinea gefunden werden kann. Auch Tibeter haben einen Anteil von Denisova-DNA in sich. Wie gelangten 4 Prozent Denisova-DNA in die Gene von Aborigines? Wie sollen Menschen aus Sibirien vor 65.000 Jahren nach Australien gelangt sein? Es ist auch nach wie vor ungeklärt, wie die Aborigines selbst vor angeblich 65.000 Jahren nach Australien gekommen waren. Von Asien nach Australien bedarf es nämlich mindestens acht Seereisen. Das alles kann von der Fachwelt nicht erklärt werden und all ihre Theorien sind mit den Denisova-Funden so gut wie widerlegt. Trotzdem werden keine Eingeständnisse gemacht und in keinem Fachartikel ist zu lesen, dass die bisherige Geschichte der Entstehung des Menschen falsch sei – sie sei nur viel „komplizierter“ geworden als bisher „traditionell geglaubt“ wurde! So sei auch die Frage erlaubt: Haben wir es mit einem Glauben oder mit Wissenschaft zu tun? In ihrer Not erklärte die Fachwelt nun, dass es Auswanderungsbewegungen aus Afrika gegeben hat, die viel länger als 60.000 Jahre zurückliegen, nämlich bis zu 120.000 Jahre – das reicht jedoch immer noch nicht aus, um eine Besiedlung der Denisova-Höhle zu erklären, die vor 300.000 bis 600.000 Jahren stattfand.[26]

100 Millionen Jahre alte fossile menschliche Überreste

Ein weiterer Beweis für die Existenz von Menschen in der *weiteren* Vergangenheit sind menschliche Fossilien und diese Beweise finden sich auf dem gesamten Erdball. In den 1980er-Jahren kam es zum Fund eines menschlichen fossilen Fingers, der anscheinend 100 Millionen Jahre alt ist. So etwas sollte nicht existieren, weil die moderne Wissenschaft annimmt, dass die ersten menschlichen Hominiden erst vor etwa 2,8 Millionen Jahren aufgetreten sind. Der Finger wurde zufällig in einem Steinbruch in Texas beim Straßenbau entdeckt, wo er sich in Substrat von Kalkstein befand, der aus der Kreidezeit stammt. Er hat die gleiche Größe und Form wie ein heute normaler menschlicher Zeigefinger. Zusammen mit dem Finger wurden aber auch noch ein Kinderzahn und ein Menschenhaar entdeckt. Paläontologen denken deshalb, der Finger kann nur fossiliert worden sein, wenn der Mensch, dem er gehörte, sehr schnell unter einer sauerstoffarmen Schicht begraben wurde und einen schnellen und gewaltsamen Tod fand.

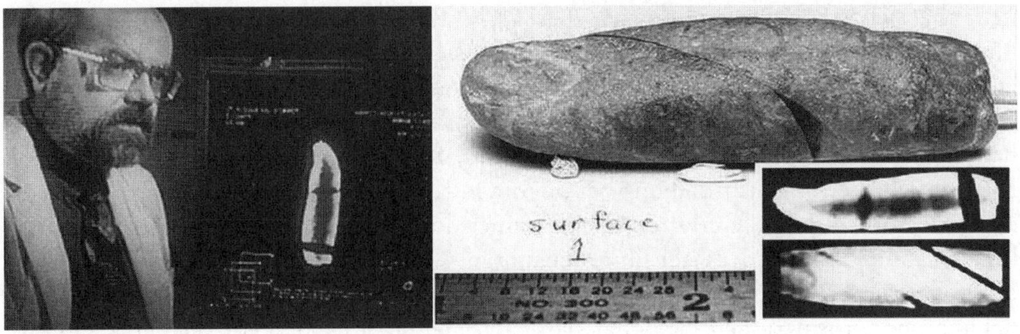

Abb. 26: Dr. Peterson und der fossile Finger aus Texas

Der Finger wurde wissenschaftlichen Untersuchungen unterzogen und zerteilt, und man konnte dabei innere Strukturen feststellen. Röntgenaufnahmen und CT-Analysen zeigten, dass die versteinerten Überreste der Knochen noch immer im Finger vorhanden sind, außerdem Gelenke und Sehnen. Die Experten sind sich nicht sicher, wem dieser Finger gehörte, es ist jedoch fast ausgeschlossen, dass es sich um einen Primaten handelte. Der Finger befindet sich heute im Besitz von Carl Baugh, der ihn in seinem Museum in Glen Rose, Texas, ausstellt. In diesem Museum befinden sich noch einige weitere Artefakte und deplatzierte Fossilien, die die Evolutionstheorie in Frage stellen. Natürlich äußerten sich auch hier zahlreiche Kritiker und meinten, es würde sich nur um ein seltsam geformtes Stück Felsen handeln. Doch daraufhin meldete sich der Arzt, der die Untersuchungen am Finger durchgeführt hatte, im März 2002 nochmals zu Wort. Dr. Dale Peterson aus Oklahoma City machte damals die Röntgenaufnahmen und die CT-Scans und konnte Gelenke und Sehnen im Steinfinger nachweisen, weshalb es sich seiner Mei-

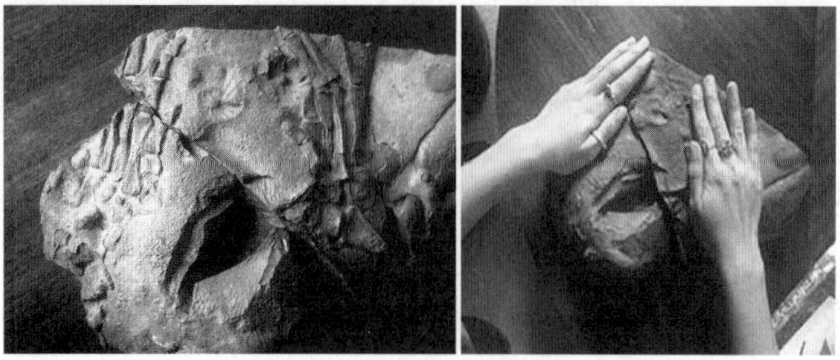

Abb. 27: Fossile menschliche Handknochen aus Kolumbien

nung nach zweifellos um einen fossilen menschlichen Finger handelt. Das Objekt hat auch die typische Form eines menschlichen Fingers. An der Spitze ist er eher kegelförmig, was ein Anzeichen für einen weiblichen Finger ist. Männliche Finger tendieren hingegen dazu, ein wenig stumpfer zu sein. Der Fingernagel und die Nagelhaut sind klar erkennbar und perfekt geformt und proportioniert und auch der innere Aufbau ist genau so angeordnet wie bei einem gewöhnlichen menschlichen Finger. Die Haut und das innere Gewebe sind klar dargestellt, die Knochenmatrix ist ebenfalls klar definiert und Merkmale von flexiblen Gelenken sind auch vorhanden. Dr. Petersons Meinung nach handelt es sich also wirklich um einen versteinerten menschlichen Finger und nicht um ein ungewöhnlich geformtes Stück Felsen. Zusätzliche Beweise für menschliche Fossilien stammen von Professor Dr. Jamie Gutierrez-Lega aus Kolumbien. Der Professor besitzt ein präkolumbianisches Artefakt, auf dem ganz deutlich versteinerte menschliche Handknochen zu finden sind. Hatte die Menschheit also tatsächlich bereits vor hunderten Millionen Jahren ihren derzeitigen evolutionären Entwicklungsstand erreicht? Gutierrez hat einen eigenen, abgesicherten Raum, in dem er dieses und weitere brisante Artefakte aufbewahrt und ist felsenfest davon überzeugt, dass die Fossilien, die er besitzt, von einem entwickelten Menschen stammen, der bereits vor hunderten Millionen Jahren existierte. Er sagte, die Fingerknöchel und Gelenke sind ganz deutlich zu erkennen und die Fossilien haben seiner Aussage nach ein Alter von sagenhaften 130 Millionen Jahren – das Stück hatte er 1999 bei einer Ausgrabung bei Bogota in Kolumbien gefunden.

Professor Dr. Jamie Gutierrez-Lega ist einer der führenden Industriedesigner in Kolumbien und Besitzer der nach ihm benannten Gutierrez-Kollektion, einer Sammlung der kontroversesten präkolumbianischen Artefakte in Südamerika. Nach der Veröffentlichung der Informationen meldeten sich auch hier sofort die Skeptiker und sagten, es handelt sich um Knochen einer Meeresschildkröte. Da sich die Anordnung der Knochen bei diesen Schildkröten doch sehr stark vom Aufbau einer menschlichen Hand unterscheidet, konnte diese Behauptung schnell widerlegt werden. Man sieht es deutlich an den Mittelhandknochen und genauere Untersuchungen sind geplant.(27)

Das Problem mit den Sediment- und Kohleschichten

Das Problem mit den Datierungen der Fossilien besteht in der Altersbestimmung von gewissen Gesteinsschichten. Es gab Funde von aufrecht versteinerten Bäumen, die gleichzeitig in mehreren geologischen Schichten lagen, was man als „polystrate Fossilien" bezeichnet. Es kann aber nicht sein, dass Teile der Stämme in verschiedenen Epochen versteinerten, sondern der ganze Stamm muss gleichzeitig versteinert sein, was bedeutet, dass die Datierungsmethoden der Geologie nicht korrekt sind! Es gibt nämlich auch Möglichkeiten, dass organische Materialien viel schneller versteinern und es keine

Abb. 28: Beispiele von polystraten Baumstämmen, die in mehreren verschiedenen geologischen Schichten stecken. Das Foto rechts zeigt einen polystraten Baum in Deutschland bei Ausgrabungen in Essen-Kupferdreh.

Millionen Jahre dauert. Wenn man alle diese seltsamen Artefakte und Fossilien betrachtet und diese Tatsache mit einbezieht, ist es denkbar, dass sie gar keine Millionen von Jahren alt sind. Auch Dinosaurierfossilien und andere Funde könnten viel jüngeren Datums sein. Es gibt nur eine Möglichkeit, wie diese Fossilien entstanden sind: Es gab gewaltige Naturkatastrophen, Fluten und Vulkanausbrüche, die sehr plötzlich über die Erde hereingebrochen sind und alles unter sich begruben. Und es ist durchaus möglich, dass es in den letzten hunderttausenden von Jahren mehrmals zu solchen Kataklysmen gekommen ist und die Gesteinsschichten und Fossilien daher nicht so alt sind, wie Geologen heute glauben. Dadurch haben sich dann sehr schnell Sedimente abgelagert und Gesteinsschichten gebildet, und alles organische Material darunter verwandelte sich relativ schnell in Kohle oder in Fossilien. Obwohl heute behauptet wird, dass die meisten geologischen Schichten überall auf der Erde in der gleichen Abfolge übereinander liegen, stimmt das nicht, denn in den meisten Fällen sind nicht einmal drei Schichten in der „korrekten“ Anordnung vorhanden.

Viele historische Zeichnungen weisen bereits auf dieses geologische Problem hin, denn polystrate Funde werden auf der ganzen Welt gemacht und immer wieder finden sich fossile Baumstämme, Pflanzen und Tiere darin, die sich über mehrere geologische Schichten erstrecken. Diese Schichten weisen jedoch laut der Wissenschaft oft einen Altersunterschied von bis zu 10.000 Jahren auf. Organisches Material zersetzt sich normalerweise bereits nach wenigen Tagen, deshalb müssen sich die verschiedenen Schichten alle sehr schnell abgelagert haben – bei Bäumen vielleicht innerhalb von wenigen Jahren, ansonsten können sie sich nicht versteinern und zerfallen. Auch Gesteinsschichten, in denen sich Fossilien befinden, müssen sich in kurzer Zeit abgelagert haben und nicht im Laufe von hunderttausenden von Jahren. Speziell in geologischen Schichten, in denen Kohle vorkommt, findet man oft versteinerte polystrate Baumstämme, daher kann die wissenschaftlich anerkannte geologische Zeitskala nicht stimmen, und das wirft wieder eine Reihe weiterer Fragen auf. Man nimmt heute allgemein an, dass die Kohleschichten der Erde langsam über einen Zeitraum von hunderten Millionen von Jahren entstanden sind. Kohle bildete sich durch Pflanzenmaterial und Vegetation, das durch eine Überflutung unter Erde, Schlamm und Sand begraben wurde. Je mehr Gewicht sich darauf ablagerte, desto komprimierter wurde die Schicht, und durch Druck und hohe Temperaturen verwandelte sich das pflanzliche und organische Material irgendwann in Kohle. Dabei wird immer noch behauptet, dass sich die Kohleschichten langsam über hunderte Millionen von Jahren gebildet haben sollen, doch diese Theorie hat ihre Lücken, denn man kann heute nirgendwo auf der Welt beobachten, dass sich neue Kohleschichten bilden – alle Kohlelagerstätten haben sich in der Vergangenheit geformt. Warum passiert so etwas heute nicht? Vielleicht weil die Bildung von Kohle mit großen Flutkatastrophen in Zusammenhang steht und sich die Kohle sehr rasch gebildet hat? Ein weiterer Beweis dafür wäre, dass das fossile Pflanzenmaterial in verschiedenen Kohleschichten keine Unterschiede zeigt – es gibt also keine evolutionären Veränderungen. Professor Harold Clark von der *Universität von Texas* sagte, dass in den Kohleschichten, die über viele hundert Millionen Jahre entstanden sein sollen, die Vegetation immer dieselbe und praktisch auf der ganzen Welt identisch ist. Außerdem gab es in allen großen Kohlelagerstätten Blätter und pflanzliches Gewebe, das so ausgezeichnet erhalten ist, dass es absurd ist, zu denken, dass dieses Material über Jahrhunderte langsam in einem Sumpf zu Kohle geworden sei – diese Vegetation wurde sehr plötzlich durch eine große Überflutung eingeschlossen. Es spricht einiges dafür, dass alle Kohleschichten der Welt erst entstanden sind, als es schon Menschen auf der Erde gab und nicht vor hunderten von Millionen Jahren. Dafür sprechen auch die zahlreichen metallischen und menschengemachten Artefakte, die immer wieder in der Kohle gefunden werden. Man kann heute feststellen, dass Holz unter gewissen Umständen sehr schnell zu Kohle wird. In den letzten Jahren haben Versuche gezeigt, dass sich Holz und anderes Zellulose-Material unter den richtigen Druck- und Hitzebedingungen bereits in wenigen Stunden zu Kohle verwandelt, was aufzeigt, dass es keine Millionen von Jahren benötigt, um Kohle zu bilden. **Das alles ist ein weiteres Indiz dafür, dass es nie ein solches Erdaltertum gegeben hat, so wie wir das heute meinen.**(28)

Die künstliche Adamsbrücke zwischen Indien und Sri Lanka

Die *Adamsbrücke*, oder auch *Rama-Brücke* genannt, ist eine 30 Kilometer lange Verbindung von Sandbänken, Korallenriffen und kleinen Inseln zwischen Indien und Sri Lanka. Im indischen Epos *Ramayana* wird erzählt, wie ein Heer von Affenmenschen unter der Führung des Affengottes Hanuman diese Brücke einst erbaute. Auf dieser Landbrücke gelangte der mythische König Rama nach Sri Lanka (früher Ceylon) und rettete dort seine Frau Sita vom bösen Dämonenkönig Ravana. Hindus glauben, die heute bestehende Inselkette würde einen Beweis für diese Geschichte darstellen. Die Legenden berichten davon, dass König Rama diese Brücke vor mehr als einer Million Jahre erbauen ließ. Neuere Satellitenaufnahmen der NASA lassen mögliche Überreste dieser Brücke erkennen und die Meerestiefe an der Brücke liegt nur zwischen 1 bis 10 Metern. Archäologische Studien datieren sie auf ein Alter von bis zu 1,75 Millionen Jahren. Der indische Geologe Dr. Badrinarayanan arbeitete früher am *National Institute of Ocean Technology* (NIOT) in Chennai bzw. Madras und veröffentlichte im Jahr 2013 einen Artikel über die Rama-Brücke. Er hatte Bohrkernproben der Brücke studiert und in den 10 Meter langen Bohrproben fand sich Sand und darunter eine Mischung aus Korallen, kalkigem Sandstein und felsartigen Materialien. Unter diesen Schichten in mehr als 5 Metern Tiefe befand sich noch eine lockere Sandschicht und unter dieser nochmals harte Formationen und er schloss daraus, dass die Gesteinsbrocken künstlich dort platziert wurden. Es ist bekannt, dass sich Korallenriffe nur in reinem Wasser bilden, zudem benötigen sie einen harten Untergrund, wie zum Beispiel harte Felsen, und die Sandschicht unter den Felsen beweist, dass sie künstlich dort platziert wurden – wie sie dorthin gelangt sind, weiß man allerdings noch nicht genau.

Die *Rama-Brücke* oder auch *Rama-Setu* ist 3,5 Kilometer breit, besteht heute aus Korallenriffen und in etwa gleichgroßen Felsbrocken, die jemand dorthin transportiert und platziert hatte – die Schichten bestehen also aus losem Sand (Korallen-Kalkstein-losem Sand) und hartem Felsen. Laut den Überlieferungen im *Ramayana* handelte es sich hier und an anderen Orten im alten Indien um im Wasser schwimmende Brücken, die einen hölzernen Unterbau hatten und mit leichtem Gestein beschwert wurden. Die Wissenschaft bestätigt, dass vor ca. 18.000 Jahren die größte Vergletscherung der letzten Eiszeit stattfand und durch Untersuchungen wurde festgestellt, dass der Meeresspiegel damals 130 Meter tiefer lag – vor 7.300 Jahren soll er jedoch 3,5 Meter über dem heutigen Level gelegen haben und vor 4.500 Jahren ging er dann wieder um einige Meter zurück. Heute findet man dort Korallen in einer Tiefe von 1 bis 2 Metern, das war die Höhe der Küstenlinie am Ende der Eiszeit. Es gab eine zusammenhängende Zone, die einst Indien und das heutige Sri Lanka verbunden hat, doch durch die später schmelzenden Gletscher der Antarktis ist das Meer dann wieder um einige Meter angestiegen, so wie wir es heute sehen. Man vermutet deshalb, dass es vor 4.000 bis 9.000 Jahren starke Aktivitäten in dieser Zone gab, und es gibt Hinweise auf eine Besiedlung, denn man fand Fossilien und Knochen von Menschen auf Sri Lanka, die ungefähr 13.000 Jahre alt sind. Archäologische Funde und alte Legenden weisen sogar darauf hin, dass es schon vor 1,75 Millionen Jahren Menschen dort gab – das soll dem Alter der Brücke entsprechen. Alte Inschriften, Münzen, Reiseberichte und andere Quellen wurden über die Jahrhunderte überliefert und bezeugen ebenso, dass den Hindus dieses Bauwerk schon seit Jahrtausenden heilig war. Auch die Reiseberichte von Marco Polo berichten bereits von der Rama-Brücke. Erst im Jahr 1804 wurde sie von einem britischen Kartografen „Adamsbrücke“ getauft und aus den alten Berichten geht hervor, dass die Brücke bis zum Jahr 1480 noch über Wasser lag. Durch einen heftigen Sturm zerbrachen damals einige der Verbindungssteine, die Gezeiten nagten weiter am übrigen Bauwerk und das Meer bedeckte dann irgendwann die Überreste. Auch die NASA stellte fest, dass die Brücke künstlich angelegt wurde, denn Satellitenbilder aus dem Jahr 2002 zeigten eine Kette von Kalksteinen, die sich knapp unter der Meeresoberfläche befinden und eine Landbrücke zwischen Indien und Sri Lanka bilden. Die ungewöhnliche Rundung der Struktur verrät außerdem, dass sie von Menschen erschaffen wurde – die NASA datierte die Brücke schließlich auf das Alter von 1,7 Millionen Jahren. Laut dem *Ramayana* wurde die letzte Steinbrücke auf einem hölzernen Untergrund gebaut, der auf einem damals bereits exis-

Abb. 29: Luftaufnahme der Adamsbrücke und eine altindische Darstellung vom Bau der Brücke von 1850

Abb. 30: Beispiele der alt-arischen Indus-Schrift auf geborgenen Artefakten aus der Stadt Dvaraka

tierenden harten Untergrund verlegt war und darüber wurden dann große und kleinere Steine gelegt. Der Anstieg des Meeresspiegels kann auch durch eine plötzliche Flutwelle ausgelöst worden sein und in der Zeit vor 1,7 Millionen Jahren und bis vor etwa 12.000 Jahren scheint das mehrmals der Fall gewesen zu sein. Doch wenn der Meeresspiegel tiefer lag, konnten Menschen und Tiere diese Landbrücken passieren. Dr. Elias von der *Universität von Colorado* glaubt, dass die letzte große Flut vor ca. 10.500 Jahren stattfand, der pazifische Ozean dabei um fast 40 Meter anstieg und in den arktischen Ozean überschwappte. Durch diese Flut-Katastrophe, von der alle Völker der Erde berichten, wurde auch die Landbrücke zwischen Eurasien und Nordamerika zerstört.

Auch die mythische indische Stadt Dvaraka wurde kürzlich entdeckt. Sie soll eine der sieben heiligen indischen Städte gewesen sein und aus Gold bestanden haben. Dvaraka war die Stadt des Gottes Krishna und man sagte, dass an dem Tag, als Krishna die Erde verlassen hatte, das dunkle Zeitalter „Kali-Yuga" begann, die Ozeane anstiegen und Dvaraka im Meer versank. In der heiligen Schrift Mahabharata wird beschrieben, wie die Fluten in die Stadt strömten und schließlich die ganze Stadt bedeckten – innerhalb weniger Momente war das geschehen, es gab keine Spur mehr von der Stadt und der Name wurde zu einer Erinnerung. Die mythische Stadt blieb danach für mehr als 5.000 Jahre lang eine Legende, bis der respektierte Marine-Archäologe Dr. Shikaripura Ranganatha Rao (1922-2013) die Stadt 1983 vor der indischen Küste wiederentdeckte. Er beschreibt seinen Fund im Buch „*The Lost City of Dwaraka*" und seinen Forschungen nach soll Krishna diese Stadt ca. 1500 v. Chr. persönlich bewohnt haben. Dieser Fund zeigt einmal mehr, dass man alte Mythen sehr ernst nehmen sollte. Im seinem Buch schreibt Rao:

> *„Diese Entdeckung stellt einen wichtigen Orientierungspunkt in der Geschichte von Indien dar. Damit sind endgültig die Zweifel der Historiker widerlegt, die nicht an die historische Richtigkeit der Überlieferungen des Mahabharata und an die Existenz der antiken Stadt Dvaraka glaubten. Das schließt die Lücke in der indischen Geschichte und beweist die Kontinuität der indischen Zivilisation vom vedischen Zeitalter bis zur heutigen Gegenwart.*"[(29)]

Es gab weite Straßen, Wohn- und Geschäftsbereiche, Plätze, Paläste, viele öffentliche Einrichtungen für Treffen sowie einen schönen Hafen. Dort wurden Schiffe gebaut und es gab Schmieden für Kupfer und Eisen sowie Perlentaucher und Kunsthandwerker. Unter den Artefakten, die auf dem Meeresgrund gefunden wurden, befanden sich auch Töpferwaren mit Inschriften einer alten indo-arischen Schriftart, und Tests ergaben ein Alter von 3.550 Jahren. Diese Schrift wird heute allgemein als Indus-Schrift bezeichnet und man verwendete sie wahrscheinlich von ca. 2500 bis 1900 v. Chr. für Inschriften auf verschiedenen Objekten. Diese Schrift verschwand dann relativ plötzlich und wurde von der Brahmi-Schrift abgelöst, die etwa 300 v. Chr. auftauchte. Die Zeichen der Indus-Schrift sind bislang nicht entschlüsselt, obwohl Dr. Rao vor seinem Tod behauptete, es wäre ihm gelungen, einiges davon zu entziffern. Es besteht interessanterweise eine Ähnlichkeit mit der altrussischen Runenschrift und auch die Schriftzeichen auf den Osterinseln gleichen der alten Indus-Schrift, die noch vom mythischen Reich Rama stammen soll. Doch darüber berichte ich später mehr.

Im Hafen der untergegangenen Stadt fand man auch Schiffsanker mit drei Löchern, die zwischen 120 bis 150 Kilogramm wogen, der größte wog sogar stolze 560 Kilo. Diese Anker glichen Funden aus Syrien und Zypern, die ebenfalls auf 1500 v. Chr. datiert sind, und ist der Beweis, dass in alten Zeiten hier wirklich große Schiffe vor Anker lagen. Doch wie man diese großen Anker gegossen hat und wohin diese Schiffe segelten bleibt allerdings rätselhaft. Möglicherweise kann man die indo-arischen Ursprünge noch viel weiter zurückverfolgen, wenn weitere Fundstücke auftauchen sollten und die Indus-Schrift endlich entziffert werden würde.[29]

Abb. 31: Die Überreste der antiken Stadt Dvaraka im Meer. Die massiven L-förmigen Felsblöcke widerstanden den Gezeiten und belegen, dass die Erbauer Erfahrung darin hatten, große Hafenanlagen zu errichten.

Die prähistorische Bimini-Mauer und Pyramiden in den Bahamas

Im Jahr 1968 wurde von Tauchern in den Bahamas eine seltsame Entdeckung gemacht. Vor der Küste der Bimini-Inselgruppe wurde in einer Tiefe von sechs Metern eine Mauer entdeckt, die heute den Namen *Bimini Road* oder *Bimini Wall* trägt. Die Bimini-Inseln sind nur 80 Kilometer von Miami Beach entfernt, deshalb besuchen viele amerikanische Taucher die Inseln – auch wegen der vielen Schiffswracks. Mit Bimini wurden schon lange mythische Legenden verbunden. Die *Bimini Road* gehört heute zu den Touristenattraktionen der Bimini, die Mauer ist etwa 800 Meter lang, liegt in sechs Metern Tiefe vor der Küste von Paradise Point in Nordbimini und sogar Schnorchler können die Formation leicht erreichen. Diese Mauer liefert seit Jahrzehnten Stoff für Diskussionen, denn sie besteht aus großen, rechteckigen Kalksteinblöcken. Mainstreamwissenschaftler glauben an einen natürlichen Ursprung der Struktur und weigern sich hartnäckig, sie zu untersuchen. Die Mauer war wohl vor tausenden von Jahren, als der Meeresspiegel noch tiefer lag, Teil eines von Menschen erbauten Hafens, und falls das stimmt, dann wurde die Anlage vor ca. 12.000 bis 19.000 Jahren von einer unbekannten, fortschrittlichen Zivilisation erschaffen – die Mauer hatte vermutlich früher eine Siedlung vor hohen Wellen geschützt. Auch fanden Taucher abgestufte Steine und Deckenelemente und es gibt zudem Ankersteine mit Löchern für starke Seile, die in die Kalksteinblöcke geschnitten sind, um dort Schiffe festzumachen.

Die Blöcke haben eine Seitenlänge von bis zu vier Metern. Ein Block wurde von der Universität von Colorado untersucht und man fand Bearbeitungsspuren von Werkzeugen, wobei man feststellte, dass der Block früher Teil einer Treppe gewesen ist. Vergleiche des Gesteins der Blöcke und Gestein von den Bimini-Inseln zeigten, dass die tonnenschweren Blöcke nicht von den Inseln stammten, sondern von irgendwo dorthin transportiert und dann dort platziert worden sind. Die Herkunft des Namens *Bimini* ist auch noch ungeklärt und in der altägyptischen Sprache bedeutet *Baminini* „Huldigung an die Seele von Min". Der Gott Min war in Ägypten der Beschützer von Reisenden, die sich an weitentfernte Orte begaben und inzwischen hat man etliche Hinweise auf lang zurückliegende Besuche von Ägyptern in Nordamerika gefunden. Im Jahre 1968 wurde die Bimini-Mauer vom Unterwasserarchäologen Joseph Mason Valentine und seinen Tauchern gefunden, die neben der Hauptmauer noch zwei kleinere, parallel verlaufende Strukturen feststellten. Neben der Mauer gibt es auch noch andere Funde unter Wasser, dazu gehören Marmor-Ruinen und rechteckige Blöcke, wobei auch deren Herkunft unklar ist. Da viele von diesen Funden nicht in der Nähe der Schiffswracks liegen und sogar ganze Steinwände vorhanden sind, könnten sie wirklich sehr alt sein. Sie sind offensichtlich zurechtgeschnitten worden und man erkennt noch an vielen von ihnen die Bearbeitungsspuren von Werkzeugen. Wenn man den Sand am Boden der Blöcke wegschiebt, kann man zudem feststellen, dass die Mauer noch tiefer in den Grund hinabreicht, was wiederum beweist, dass auch hier der Meeresspiegel in der Vergangenheit beträchtlich tiefer lag. Bei den eingeborenen Stämmen gibt es viele alte Legenden, die von großen Fluten, alten Bauwerken und Göttern mit langen Köpfen sprechen!

Als Kolumbus 1492 die Bahamas erreichte, begegnete er dort den einheimischen Lucayan-Indianern, die sehr höfliche und geschickte Leute waren und ein glückliches Leben führten. Sie bauten kunstvolle Kanus und Häuser, die den starken Winden widerstehen konnten und ihre Überlieferungen wurden mündlich von Generation zu Generation weitergegeben – und eine Besonderheit dieser Indianer war ihre Schädelform. Sie hatten sie absichtlich deformiert, um den Langschädeln zu gleichen (Abb. 217), und als Ko-

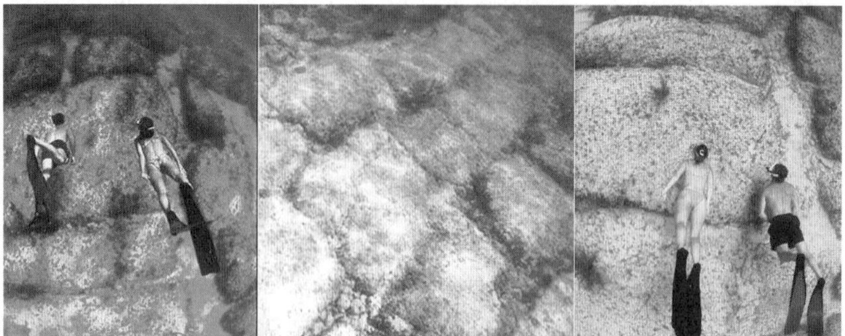

Abb. 32:
Die Blöcke der Bimini-Mauer

lumbus die Inseln erreichte, glaubten die Einheimischen, ihre Götter würden zurückkommen. Denn in ihren Überlieferungen ist von weißen Göttern die Rede, die in den Himmel geflogen waren und eines Tages zurückkehren sollen. Kolumbus berichtete noch, dass die Lucayan-Indianer, die heute schon lange ausgestorben sind, den Guanchen sehr ähnlich sahen. Die Guanchen waren die ursprünglichen Bewohner der Kanarischen Inseln, die ebenfalls keine schriftlichen Aufzeichnungen hinterließen und durch die von der Kirche erzwungene Assimilation im späten 16. Jahrhundert verschwanden. Bei Ausgrabungen auf den Bahamas findet man immer wieder diese seltsam geformten Langschädel, doch ob alle von den Indianern stammen oder sogar von ihren „Göttern", muss erst geklärt werden. Die Lucayan-Indianer hatten enge kulturelle Verknüpfungen mit dem Volk der Taino in der Karibik und auch diese starben wenige Jahrzehnte nach der Eroberung der Spanier aus, denn die Eroberer brachten Krankheiten mit, gegen die die Ureinwohner keine Immunabwehr besaßen. Die wenigen Übriggebliebenen vermischten sich später ebenfalls mit den Weißen und ihren schwarzen Sklaven. Die Taino stammten ursprünglich aus Venezuela und dem restlichen Südamerika. Die starken Orkane oder auch Hurricanes sind nach dem Wort „Juracan" aus der Tainosprache benannt. Juracan war der Gott des Chaos und war verbunden mit „Guabencex", der Göttin der Stürme, der Fluten und der Zerstörung – wobei es nicht überrascht, dass die alten Mythen mit einer gigantischen Flut beginnen. Diese Mythen sprechen auch davon, dass die Taino früher in Höhlen und unterirdischen Behausungen lebten, um sich vor der Sonne zu schützen. Bevor die alte Welt durch die Flut zerstört wurde, herrschte angeblich die Göttin Guabencex über das mythische Land „Aumatex" und später wurden in der Dominikanischen Republik tatsächlich große Höhlen entdeckt, die weit über 6.000 Piktogramme und Zeichnungen von Tieren und Menschen enthielten – die sog. „Höhlen von El Pomier". Lange Zeit wurde in den Höhlen, die sich über fast vier Quadratkilometer erstrecken und bis zu 1.000 Meter unter den Meeresspiegel reichen, auch Kalkstein abgebaut und sie wurden auch als Minen benutzt. Die Höhlenmalereien sind weit über 2.000 Jahre alt und erzählen von der langen Geschichte der Ureinwohner, den Taino.

Auch Edgar Cayce (1877-1945), der schlafende Prophet, sprach von Entdeckungen bei den Bimini-Inseln. Cayce konnte sich in Trance versetzen und beantwortete dann über die Jahre hinweg tausende Fragen. Er machte auch Aussagen über die Zukunft und vieles davon ist später wirklich eingetroffen. Im Jahr 1938 teilte Cayce seinen Zuhörern mit, dass Teile eines alten Tempels im Meer vor Bimini gefunden werden. Er gab damals die Jahre 1968/69 für diesen zukünftige Entdeckung an, und tatsächlich wurde die Bimini-Mauer 1968 entdeckt. Cayce erklärte auch, dass dies eine Hinterlassenschaft des alten Atlantis wäre. Atlantis erstreckte sich nach seinen Aussagen einst zwischen dem Golf von Mexico bis nach Gibraltar und soll vor ca. 12.000 Jahren durch eine riesige Katastrophe zerstört worden sein. Das kann gut möglich sein, weil der Meeresspiegel am Ende der letzten Eiszeit hier mindestens 90 Meter tiefer lag. Die heutigen Bimini-Inseln sind Cayce zufolge die ehemaligen Bergspitzen von Atlantis, das vor 12.000 Jahren versank und vom Schlamm der Zeit bedeckt wurde. Die größten Teile des alten Atlantis sollten sich im Meer um Kuba befinden. Tatsächlich wurde im Jahr 2001 am Westende von Kuba etwas entdeckt: Sonarbilder zeigten geometrische Steinstrukturen, die wie eine Stadt aussehen. Dieser Bereich erstreckt sich über zwei Quadratkilometer hinweg, wobei jedoch die Tiefe verblüffend war, in der sich diese Bauwerke befinden – sie liegen zwischen 600 und 750 Metern tief! Die beiden Entdecker der Formationen, die Forscher Paulina Zelitsky und Paul Weinzweig, konnten sich nicht erklären, warum sie so tief liegen, denn der Meeresspiegel lag hier nachweislich niemals tiefer als 100 Meter vom jetzigen Level, und die einzige logische Erklärung dafür wäre eine gigantische Verschiebung der Kontinentalplatten. Oder hatte jemand über die Fähigkeit verfügt, Bauwerke auf dem Grund des Meeres zu errichten? Die Sonarbilder zeigen runde und pyramidenförmige Gebilde, und neue Satellitenbilder zeigen, dass sich rund um Kuba und die Bimini-Inseln uralte Ruinen im Meer befinden. Doch wieso verstummten die Medien wieder nach dieser sensationellen Entdeckung?

Die *Edgar Cayce Foundation* finanzierte 2002 ein Projekt, bei dem Satellitenaufnahmen vom Gebiet um Bimini gemacht wurden. Der Projektleiter war ein Mann namens Jonathan Eagle und es konnten Bauwerke unter Wasser identifiziert werden. Die Bimini-Mauer besteht demnach aus zwei Linien, die tatsächlich heute mit Sanddünen bedeckte Mauern sind. Mehr als zehn kreisförmige Strukturen wurden südlich von Bimini von Satelliten entdeckt, die jenen gleichen, die man auch vor der Insel Andros vorfindet. Die größeren wurden inzwischen untersucht und könnten wirklich von Menschen gemacht sein, wobei Archäologen inzwischen vermuten, es könnte sich bei all diesen Strukturen um die Fundamente alter Bauwerke handeln. Bei weiteren Expeditionen auf der Insel Andros, der größten und bislang unerforschtesten Insel der Bahamas, wurden außerdem die Überreste eines alten Tempels im Insel-Zentrum gefunden. Edgar Cayce sprach immer von „drei Hallen der Aufzeichnungen", die diese alte Zivilisation von Atlantis hinterlassen und in ihnen alles alte Wissen gespeichert haben soll. Laut Cayce befindet sich eine unter der Sphinx in Ägypten, die zweite in den Bahamas und die dritte in der alten Ruinenstätte der Mayas – das ist das heutige „Piedras Negras" in Guatemala.

In der Nähe von Bimini entdeckte man auch sie sog. „Scott-Steine" und Analysen zeigten, dass sie zu einer Pyramide gehörten, die ähnlich aufgebaut war wie die große Pyramide in Ägypten. Es sieht so aus, als wäre diese Bimini-Pyramide sogar fortschrittlicher gewesen. Die Decksteine wurden vermessen und sie haben denselben Winkel wie diejenigen der großen Pyramide in Ägypten. Die anderen großen Steine einer Tempelanlage sind unter Wasser von Sand bedeckt und auf einigen dieser Steine fand man astronomische Aufzeichnungen zum Kurs bestimmter Planeten. Besonders der Saturn und der Jupiter standen hier im Vordergrund. Diese ganze Anlage wird auf ein Alter von 12.000 Jahren geschätzt. Interessant ist vor allem, dass aus den erhaltenen Steinen die exakten Umlaufbahnen der Planeten verzeichnet sind. Woher wusste man das damals schon? Es gab zudem von Metall überzogene Wände und Mauern, die mit verschiedenfarbigen Steinen errichtet waren, was ein weiterer Hinweis auf Atlantis sein könnte, denn auch dort wurde mit roten, weißen und schwarzen Steinen gebaut. Bei dieser Tempelanlage handelt es sich zweifellos um die Überreste einer Hochzivilisation, deren wahres Alter momentan schwer abzuschätzen ist. Ein weiterer, wichtiger Fund befand sich in einem hermetisch verschlossenen Hohlraum unter Wasser, in dessen Inneren sich Eisen befand, das noch nicht verrostet war, was sich jedoch änderte, sobald es der Luft ausgesetzt wurde. Es gab noch weitere Siegel mit Hohlräumen, die nicht geöffnet wurden. Befinden sich darin die Aufzeichnungen, von denen Edgar Cayce gesprochen hatte?

In den 1970er-Jahren untersuchte Dr. Ray Brown zusammen mit mehreren Tauchern den Meeresboden um Bimini, wobei man Straßen, Dome, rechteckige Gebäude, unbekannte metallische Instrumente und eine merkwürdige menschliche Statue fand, die einen Kristall in der Hand hielt, der Miniaturpyramiden in sich aufwies. Diese Metallstücke und der Kristall wurden zur Analyse an eine Universität in Florida übergeben, wo man feststellte, dass der Kristall Energie, die durch ihn hindurchgeleitet wird, verstärkt. Wie der Kristall hergestellt worden war, ist bislang nicht bekannt. Die Statue mit dem Kristall befand sich in einer Kammer innerhalb der Unterwasserpyramide. Auf diese war ein Instrument gerichtet, das aussah wie eine Strahlenkanone. Weitere Untersuchungen zeigten, dass sich eine Art Auge im Kristall befindet, welches mit freiem Auge nicht wahrnehmbar ist. Der Beton, der beim Bau der Tempelanlage verwendet worden war, ist zudem nicht zerbrochen, sondern hat sich durch das Meerwasser in Kristall verwandelt. Die Straßen, die über hunderte Kilometer unter dem Meer verlaufen, sind mit Teer bedeckt und selbst nach über 10.000 Jahren noch in einem guten Zustand! Diese Straßen wurden an der Ostküste von Florida vom Forschungs-U-Boot *Aluminaut* entdeckt und enthielten Magnesiumoxid, zu dessen Herstellung man heute Temperaturen zwischen 1000 bis 2000°C benötigt. 1977 kam es in der Tiefsee des Atlantiks zu einer noch außergewöhnlicheren Entdeckung, denn es gibt dort unten eine riesige, fast 200 Meter hohe Pyramide, die von funkelndem Wasser umgeben ist und dunkelgrün leuchtet. In dieser Tiefe sieht man sonst nur Schwärze! Die Entdeckung wurde von Arl Marahall auf Bildern festgehalten und es wird vermutet, dass es sich bei diesem Leuchten um die ewige Flamme handelt, von der in vielen alten Kulturen gesprochen wird. Sie wird demnach von der Energie der Pyramide erzeugt und stammt von kosmischer Energie, die wiederum aus der Atmosphäre gezogen wird – die Kristalle auf der Pyramidenspitze leiten diese Energie dann weiter. Bei den Bahamas konnte man ähnliche Ruinen auf dem Meeresboden finden, die genau gleich aufgebaut waren wie die Ruinen in Tiahuanaco in Bolivien. Dort unten wurde ein auf Stein eingezeichneter Kalender gefunden, auf dem die exakten Positionen der Planeten und Sterne vor 27.000 Jahren eingezeichnet waren! Es handelt sich hierbei und bei weiteren 30 separaten Ruinenfundstellen im *Atlantik* höchstwahrscheinlich um die Überreste der Inselkette von *Atlantis* und der Nation *Atlan* oder *Atzlan*, die sich einst von Europa bis Nordafrika und Florida erstreckte. Sowjetische Expeditionen in den 1970er-Jahren haben ergeben, dass diese Ruinen durch Lava zerstört wurden und es hatte sich also tatsächlich eine gigantische Katastrophe ereignet, die diese Inselkette im Meer versinken ließ.[30]

Der unerklärliche indische Kailasa-Tempel

Die Ellora-Höhlen gehören zu den größten Tempelkomplexen der Welt und wurden direkt aus dem Felsen geschnitten. Die Anlage ist heute ein UNESCO-Weltkulturerbe und befindet sich im Bundesstaat Maharashtra in Indien. Der Tempelkomplex vereint Kunst aus dem Hinduismus, Buddhismus und dem Jainismus und man vermutet, dass die Ellora-Höhlen zwischen 600 und 1000 n. Chr. erschaffen wurden. Genauer sagen kann das jedoch niemand und es gibt auch nur sehr wenige Überlieferungen darüber. Besonders die Höhle mit der Nr. 16 hat es der Wissenschaft angetan und ist ein großer, pyramidenförmiger Tempel, der dem Gott Shiva geweiht ist. Dieser Tempel soll dem mystischen Berg Kailash in Tibet nachempfunden sein, repräsentiert auch Götter und Göttinnen aus der hinduistischen Mythologie und stellt, ähnlich wie der magische Berg Kai-

Abb. 33: Aufnahmen des Kailasa-Tempels

lash selbst, auch ein Mysterium dar. Der Komplex besteht insgesamt aus über 100 Höhlen, von denen heute 34 offen zugänglich sind. Diese wurden direkt in eine solide Felswand geschlagen, die aus sehr hartem Basalt besteht – doch warum man so einen riesigen Aufwand betrieb, um diese Tempelanlage zu erstellen, ist noch unklar. Die Höhle mit der Nr. 12 ist ein dreistöckiges Gebäude und wurde vermutlich durch harte Handarbeit in den Felsen gehauen. Die Böden, Decken und Wände der Gebäude sind hier ähnlich wie in vergleichbaren alten Tempelanlagen genau im rechten Winkel und glatt und oft wurde sogar der Stein poliert, was wiederum die große Kunstfertigkeit der Erbauer beweist. Auch die tragenden Säulen sind sehr präzise bearbeitet und man kann sich nur schwer vorstellen, wie diese Strukturen ohne die Hilfe von fortschrittlicher Technologie aus dem Felsen herausgeschlagen worden sind, ohne dass sie einstürzten. Der dem Gott Shiva geweihte Kailasa-Tempel (Höhle Nr. 16) von Ellora ist der eindrucksvollste Tempel der ganzen Anlage, gleichzeitig ist er der größte Felsentempel in ganz Indien und eines der größten Megalith-Bauwerke der Welt. Man hat festgestellt, dass die Tempelanlage von oben abwärts in den Felsen gehauen wurde, was völlig rätselhaft ist. Wie wussten die Erschaffer, wo man die Säulen setzen sollte? Der ganze Kailasa-Tempel wurde dadurch also freistehend und fehlerfrei aus dem Felsen des Bergen herausgeschlagen und am Boden hat man anschließend noch rundherum säulengestützte Kammern tief in den Berg getrieben. Der Kailasa-Tempel hat viele Skulpturen an seiner Außenseite, die Szenen aus den indischen Epen *Mahabharata* und *Ramayana* zeigen. Man vermutet, dass die Erbauer des Komplexes sage und schreibe 915.000 Kubikmeter hartes Gestein entfernt haben, um den Kailasa-Tempel zu formen, doch wohin der Schutt verschwunden ist, weiß man hingegen nicht, wobei die Archäologen vermuten, dass das immerhin 400.000 Tonnen Basaltgestein waren! Der Innenhof um den Kailasa-Tempel ist 82 x 46 Meter groß und die Seitenwände sind bis zu 30 Meter hoch, weswegen der Tempel zu den großen Wunderbauten der Welt gezählt wird. Es gibt Theorien, dass die ganze Ellora-Anlage schon viele tausend Jahre alt ist und die Skulpturen nachträglich in den Tempel geschlagen wurden, als dieser schon lange freigelegt war. Doch wie und wann haben die unbekannten Erbauer solch eine Meisterleistung zustande gebracht? Schwer vorstellbar ist zudem, dass so etwas mit Hämmern, Meißeln und Pickeln erschaffen wurde und wenn das wirklich so gewesen wäre, müsste die Arbeit an die 800 Jahre gedauert haben! Auch das ist schwer zu glauben, zudem es auch keine historischen Aufzeichnungen über ein solches Großprojekt gibt. Die heutigen Archäologen meinen, dass der Bau weniger als 18 Jahre dauerte, doch die Okkultistin H. P. Blavatsky behauptete, diese alten Tempel seien viel älter, als man heute annimmt, und Inschriften aus dem 8. und 9. Jahrhundert beweisen auf jeden Fall, dass später an ihnen weitergearbeitet wurde. Hinduismus-Experten stimmen jedoch überein, dass so gut wie nichts über den Entstehungsprozess und die Erbauer der Anlage bekannt ist.[31]

Der Judaculla-Felsen

Tief in den Bergen von Jackson County in North Carolina befindet sich noch ein ungewöhnlicher Stein – ein großer Brocken aus Speckstein, der mit einer Fülle von seltsamen Zeichen bedeckt ist, die mehrere tausend Jahre alt sind. Die früher hier lebenden Cherokee-Indianer betrachteten diesen Ort als uralt und meinten, er existierte schon, bevor sie in dieses Land kamen. Der Judaculla-Felsen wurde von vielen Naturwissenschaftlern aus der ganzen Welt untersucht, doch es gelangt bisher noch niemandem, die Zeichen zu entziffern oder herauszufinden, wer sie angebracht hat. Den Legenden der Cherokee nach wurden die Muster von „Judaculla" erschaffen, einem Riesen mit abgeschrägten Augen. Dieser Riese beherrschte vor sehr langer Zeit die umliegenden Berge und war der große Herr der Jagd, ein mächtiges Wesen, das von einem Berg zum anderen springen und sogar das Wetter kontrollieren konnte. Die Fähigkeit, das Wetter zu kontrollieren, wird in vielen alten Legenden und Mythen Riesen oder Göttern nachgesagt. Lernten die Indianer von den Riesen den Regentanz? Die Cherokee glauben, dass der Stein nicht nur sein Territorium markierte, sondern auch seinen Handabdruck mit seinen sieben Fingern zeigt und war für sie jahrhundertelang heilig. Sogar UFOs sollen in einer nahen Waldlichtung gesichtet worden sein, weswegen der Ort dort weit und breit als ein paranormaler Knotenpunkt gilt. Der Stein liegt am Fuße eines Berges, unter dem eine große Kupferader verläuft, wobei der ganze Berg eine Vielzahl an Metallen und Mineralien besitzt, und diese Zusammensetzung nachweislich elektromagnetische Anomalien um den Judaculla-Stein herum erschafft. Es gibt noch mindestens zwei weitere ähnliche Steine in der näheren Umgebung, wobei einer davon vor einigen Jahrzehnten bei Bergbauarbeiten verschüttet wurde. Da in dieser Gegend niemals wissenschaftliche Ausgrabungen durchgeführt wurden, geht man davon aus, dass sich noch viele weitere solche Relikte im Boden befinden. Experten sind sich uneinig darüber, was die Symbole auf dem Judaculla-Felsen darstellen sollen. Er könnte eine Karte, ein Abkommen, ein Schlachtplan, religiöse Symbole oder eine Art Rosetta-Stein darstellen, und obwohl es sehr viele Abbildungen sind, haben sie keine Ähnlichkeit mit anderen bekannten Objekten. Die gesamte Oberfläche des Steins misst ungefähr 22 Quadratmeter, auf denen mindestens 1.500 verschie-

Abb. 34: Ein Foto des Judaculla-Felsens aus den 1930er-Jahren

dene Symbole abgebildet sind. Die Details und die Formationen sind der Wissenschaft unbekannt und der Stein ist möglicherweise sogar älter als 10.000 Jahre. Der von den Cherokee beschriebene Riese Judaculla ist auch als Tuli-cula oder Tsul-kalu bekannt und Judaculla ist der anglisierte Name von Tsul-kalu, was im Amt für amerikanische Ethnologie im 19. Jahrhundert dokumentiert wurde. Die alten Dokumente sprechen von aufgezeichneten Legenden, in denen der Riese Judaculla zwischen dieser Welt und der Unterwelt hin und her reiste und solche Zugänge zur Unterwelt sollen sich in diesen Bergen befinden. Die Legenden der Cherokee berichten auch davon, dass sie einst von Riesen besucht worden sind, die fast zweimal so groß wie normale Menschen waren und schräg stehende Augen in ihren Köpfen hatten. Darum nannte man sie Tsul-kalu, „das Volk mit den schräg stehenden Augen“. Diese Riesen lebten in einem weit entfernten Gebiet, in dem die Sonne untergeht, wurden von den Cherokee als Freunde begrüßt und verbrachten einige Zeit mit ihnen, bevor sie wieder in ihre Heimat im Westen zurückkehrten. Diese beschriebenen Riesen müssen der rätselhaften Kultur angehört haben, die die sogenannten Mounds erbaut hatte, riesige pyramidenförmige Grabhügel in ganz Nordamerika. Der Stein erodierte in den letzten Jahren sehr stark, weil er im Freien liegt, was weitere Untersuchungen bald sehr schwierig machen wird. Darum wurde kürzlich eine Laservermessung der Oberfläche durchgeführt, um ein genaues Modell der Abbildungen zu erhalten und damit die Felszeichnungen künftig genauer erforscht werden können.[32]

Lebende Frösche und Kröten in kompaktem Felsgestein

Ein weiteres Phänomen, das mit den Fossilien und Artefakten zu tun hat, sind in Stein eingeschlossene Tiere und Insekten. Das Erstaunliche daran ist, dass viele dieser eingeschlossenen Tiere und Insekten noch am Leben waren, als man sie befreite und es gibt zahlreiche überlieferte Augenzeugenberichte über solche Vorkommnisse! Bei Arbeiten in einem Steinbruch im Jahr 1877 sprengten sich Arbeiter im Westen von Eureka in Nevada durch eine Sandsteinformation, wo sie eine merkwürdige Beobachtung machten. Eingebettet in den Felsen war ein völlig unversehrtes versteinertes Wespennest. Die Arbeiter öffneten das Nest vorsichtig und fanden darin intakte Larven und Wespen im versteinerten Zustand. Die Tiere und das Nest zeigten keine Anzeichen, dass sie zerquetscht oder plattgedrückt worden waren. Im Felsen selbst, ein granithaltiger Sandstein, gab es keine Sprünge oder Löcher, durch welche die Insekten hätten hineingelangen können. Das Nest wurde sorgfältig aus dem Sediment herausgeschnitten und an die *Smithsonian Institution* nach Washington geschickt. Der nächste bekannte Vorfall ereignete sich im Jahr 1892 in der Longfellow Mine in der Nähe von Clifton in Arizona. Dieser Fund wurde zu seiner Zeit als der interessanteste bezeichnet – es war eine kleine Geode mit einem geschmolzenen Eisenkern. Der Fund wurde einem Dr. Z. T. White in El Paso in Texas präsentiert, der das Objekt öffnete und zu seinem Erstaunen ein unversehrtes Insekt in seinem Inneren vorfand, einen schwerfälligen, rotgrauen Käfer. Beeindruckt von seinem Fund wickelte White den toten Käfer vorsichtig in ein Stück Stoff ein und machte sich auf den Heimweg, wo er genauere Untersuchungen anstellen wollte. Als er den Käfer wieder auswickelte, erschrak er, denn vor sich sah er einen kleinen, jungen Käfer, der aus dem Körper des toten Käfers herauskroch. White behielt den jungen

Abb. 35: Darstellung einer Kröte, die in Felsgestein eingeschlossen war

Käfer und steckte ihn in ein Glas. Das Insekt entwickelte sich normal und lebte fünf Monate lang, wobei eine Reihe von prominenten Wissenschaftlern alles nachprüfte und den Fund für authentisch erklärte.

Neben diesen kleinen Lebewesen gab es jedoch auch größere Tiere, die in solides Gestein eingeschlossen waren, wobei es sich meistens um Frösche und Kröten handelte. Solche Geschichten von eingeschlossenen Tieren haben schon eine lange Tradition. Der deutsche Sammler Graf Fürstenberg stellte bereits 1664 einen Felsen aus, in dem sich ein quakender Frosch befunden haben soll. Carl Nilsson Linnaeus (1707-1778) war ein berühmter schwedischer Naturforscher, der die Grundlagen der modernen botanischen und zoologischen Taxonomie schuf. Er glaubte damals bereits, dass es für Amphibien möglich sei, jahrhundertelang eingeschlossen in Felsgestein zu überleben. 1818 berichtete der Mineraloge E. D. Clarke von der Entdeckung von drei lebenden Salamandern, die seit der Kreidezeit als ausgestorben galten. Diese Entdeckung wurde damals als ein Beweis betrachtet, dass Tiere, die in Gestein eingeschlossen werden, für Zeitalter darin überdauern können. Es ist bekannt, dass Kröten und Frösche in Kälte Winterschlaf und in Hitze den sog. Sommerschlaf halten können, indem sie ihren Kreislauf drastisch herunterfahren. Das funktioniert, weil diese Amphibien kaltblütig sind und der Körper wieder erwacht, sobald es nötig wird. Viele von ihnen graben sich in Schlamm oder tief in die Erde ein und verbringen lange Perioden in diesem Zustand – Waldfrösche verkriechen sich auch in Felsspalten und Baumstämme. Sie verfügen über eine hohe Konzentration an Glukose in ihren überlebenswichtigen Organen, was der Grund dafür ist, dass sie nicht einfrieren und was so weit geht, dass sie aufhören zu atmen und das Herz aufhört zu schlagen. Doch irgendwann aktivieren sich die Organe wieder und das Herz beginnt von selbst wieder zu schlagen – es gibt aber auch einige Arten, die komplett einfrieren können, ohne dabei zu sterben. Frösche, die in heißen Gebieten Sommerschlaf halten, bilden aus verschiedenen Hautschichten eine Art von wasserdichtem Kokon um sich, der sie vor der Austrocknung schützt. Wenn die Umgebungstemperatur sich normalisiert, kühlen sich diese Frösche und Kröten ab oder wärmen sich auf, um sich wieder bewegen zu können. Es ist nicht genau bekannt, wie lange sich die Tiere in solchen Ruhezuständen am Leben erhalten können, doch man vermutet, dass sie auf diese Weise bis zu zwei Jahre überdauern können. Frösche und Kröten sind eigentlich die gleiche Tierart, Frösche unterscheiden sich nur von Kröten, weil sie im Wasser leben. Diese Tiere trinken kein Wasser, sondern nehmen es über die Haut auf und wenn sie sich im Ruhezustand befinden, wird auch der Sauerstoff nur über die Haut aufgenommen. Wie lange die komplett eingefrorenen Exemplare theoretisch überleben können, ist nicht bekannt und man weiß auch nicht, wie lange die Lebensdauer dieser Amphibien in freier Natur sein könnte – in Gefangenschaft wurden Kröten und Frösche bis zu 50 Jahre alt!

Einer der ersten bekanntgewordenen Fälle eines eingeschlossenen Frosches ereignete sich am 8. Mai 1733. Die Steinbrucharbeiter Anders Halfwarder und Olof Sigräfwer meldeten eine merkwürdige Entdeckung, und Johan Graberg, der den Nybro-Steinbruch in der Nähe des Dorfes Wamlingebo in Schweden untersuchte, betrachtete sich den Fund genauer. Während Schneidearbeiten an Sandsteinblöcken entdeckten die beiden Arbeiter in der Mitte eines gerade zerteilten Blocks einen Frosch, der in einer Öffnung saß. Die Arbeiter zeigten Graberg den Frosch – er war von gräulicher Farbe und hatte eine gelbe Membran vor dem Maul. Das Tier reagierte kaum auf Berührungen. Graberg verlor schließlich die Geduld und erschlug das Tier mit einer Schaufel, was er wiederum später am Tag bereute, denn dieses Tier hatte wahrscheinlich seit Jahrhunderten in seinem steinigen Gefängnis gesessen. Er nahm den toten Frosch und kontaktierte verschiedene Gelehrte, um das Rätsel zu lösen und der Physiker und Biologe Dr. Johan Phil bekundete Interesse an dem Vorfall: Er vermutete, dass der Frosch in das Gestein gelangt war, als er noch klein war und in den folgenden Jahren ausgewachsen sei. Er verfasste einen Bericht dazu und präsentierte ihn der *Schwedischen Akademie der Wissenschaften*, der im November 1741 jedoch zurückgewiesen wurde und im Archiv verschwand. Der Frosch von Nybro wurde später in einer Sammlung von Graf Carl Gustaf Tessin im Schloss Akerö ausgestellt, ging aber nach 1760 ebenfalls verloren.

Minenarbeiter aus Bathgate nahe Linlithgowshire in Schottland brachen im Jahr 1846 Kohle in einer Mine, als ein großes Fragment absplitterte. Ein Loch kam zum Vorschein, aus dem ein lebender Frosch hüpfte! Der kleine Hohlraum hatte genau die Form des Frosches und war perfekt glatt an der Innenseite, und es gab keine Öffnung, durch die der Frosch an Sauerstoff, Nahrung oder Wasser hätte gelangen können. Die Hinterbeine dieses seltsamen Frosches waren mindestens doppelt so lang wie bei einem gewöhnlichen Frosch, während die Vorderbeine kaum sichtbar waren. Der nächste ähnliche Vorfall ereignete sich 1848 ebenfalls in Schottland. Vier junge Minenarbeiter aus Gartlee bei Airdrie zerkleinerten einen größeren Brocken Kohle, als sie im Zentrum dieses Klumpens auf eine Art Versteinerung stießen. Sie glaubten, sie hätten etwas Wertvolles entdeckt und befreiten das Objekt vorsichtig mit ihren Spitzhacken von der Kohle, brachen die Versteinerung auf und zum Vorschein kam ein brauner Frosch – er war also nicht versteinert, sondern lebte noch. Kurz nachdem er befreit war, begann er sich zu bewegen und zu erwachen, die Arbeiter drehten ihn mehrmals herum und seine Bewegungen wurden kräftiger. Daraufhin gab einer der Arbeiter den Frosch in einen Kübel mit Wasser und dieser konnte sofort schwimmen, veränderte aber dann seine Farbe und hatte anscheinend Schmerzen. Zusammen mit den fossilen Einschlüssen wurde der Frosch dann zur *Andersonian Universität* von Glasgow gebracht und später im dortigen Museum ausgestellt. Im Jahr 1964 wurde daraus die *University of Strathclyde* und die beiden Professoren Dr. Craig und Dr. Buckland untersuchten den Fall genauer. Dr. Buckland war ein Geologe, wollte herausfinden, wie der Frosch überlebt hatte und machte Versuche mit eingefangenen Fröschen, die jedoch alle verendeten. So wurde ein anderer Versuch gestartet, indem man eine Kröte in Kalk einschloss, sie dann in eine abgebrochene Flasche steckte und die Flasche dann für 12 Monate etwa 20 Zentimeter tief in der Erde vergrub. Danach wurde die Kröte wieder ausgegraben und war tatsächlich noch am Leben und in einem guten Zustand. Craig und Buckland entschieden, dass wenn diese Kröte 12 Monate ohne Nahrung, Wasser und Luft in der Erde eingeschlossen überleben

Abb. 36: Charles Dawson (1864-1916) und die eingeschlossene Kröte aus dem Museum in Brighton

konnte, es dann auch vorstellbar sei, dass sie noch viel länger überlebt hätte, möglicherweise für eine sehr lange Zeit.

Ein anderer Fall wurde in einer Tageszeitung in Tuscarora in Nevada überliefert und die Ausgabe stammt aus dem Jahr 1879. In einer Tiefe von 150 Metern wurde in einer Mine bei einer weiteren Sprengung ein kleiner Frosch befreit. Der Frosch wurde an die Oberfläche gebracht und in einem Warenhaus eines F. H. Phelps in einem Gefäß aus Glas platziert. Zuerst war das kleine Tier weißlich transparent, veränderte dann aber innerhalb einer Woche seine Farbe zu einem schmutzigen, gesprenkelten Grün. Doch das Tier hatte kein Maul und war anscheinend unfähig, etwas zu fressen und seine Augen, die wie kleine schwarze Glasperlen aussahen, waren immer offen und er konnte nicht blinzeln – der Frosch schien blind zu sein, weil er auf keine optischen Reize reagierte. Auch dieser Frosch schien sich nicht zu sehr von gewöhnlichen Fröschen zu unterscheiden, mit der Ausnahme seiner großen Vorderbeine und der Zehen, die größer waren als bei normalen Fröschen, wogegen der Berührungs- und Gehörssinn allerdings normal zu funktionieren schien.

Kröten und Frösche scheinen fähig zu sein, sehr lange Zeitspannen zu überleben, wenn sie in der Erde vergraben oder in Felsgestein eingeschlossen sind, doch es bleibt die Frage offen, wie sie in die Kohle oder das Felsgestein hineingelangten. Zu einem weiteren Vorfall kam es im August 1893 in Tacoma, Washington. In fünf Metern Tiefe wurde bei einer Brunnengrabung von einem Arbeiter mit einer Spitzhacke ein Loch in die harte Erde geschlagen. Die Spitze blieb in einem glatten Loch hängen, in dem sich anscheinend eine tote Kröte befand, doch zehn Minuten, nachdem Luft in das Loch eingedrungen war, begann sich die Kröte zu bewegen. Man fing mehrere Fliegen, die das Tier anschließend verzehrte, und gab sie danach in ein Glasgefäß, in dem es zwei Wochen überlebte. Hunderte Personen besahen sich diesen seltsamen Fund und auch Mitglieder der örtlichen *Akademie der Wissenschaften* waren erstaunt darüber, warum das Tier nicht gestorben war, nachdem es plötzlich der Luft ausgesetzt wurde. Die Kröte konnte danach irgendwie aus dem Gefäß entkommen und Anwohner entdeckten sie einige Tage später in einem Nachbarhaus, ohne Puls und tot – doch als man sie gerade begraben wollte, begann sie sich wieder zu regen. Ein paar Tage später versetzte sich das Tier abermals in Starre, willentlich oder zufällig? Es soll die Größe eines Eies gehabt haben und war von gräulicher Farbe, genau wie die Erde, in der es gefunden wurde. Im englischen Museum von Hartlepool konnten Besucher im Jahr 1865 eine lebende Kröte bestaunen, die in einer Kalksteinschicht eingeschlossen gewesen war, die auf ein Alter von 6.000 Jahren geschätzt wurde. 1829 kam es in Liverpool in England zur Reparaturarbeiten an einem Fundament des George's Dock Basin und ein Reporter wurde auf einige Arbeiter aufmerksam, die sich um einen gerade zerschnittenen Block aus Granit scharten. Ihm wurde erklärt, dass sich im massiven Granitblock eine Kröte befunden hatte, woraufhin der Reporter den Block und die Kröte begutachten und dabei erleben konnte, wie die Kröte vollständig aus dem Granit befreit wurde und noch Anzeichen von Leben zeigte. Durch viele Augenzeugen und Untersuchungen von Biologen kann hier ein Schwindel so gut wie ausgeschlossen werden. Die einzige Erklärung, wie diese Frösche und Kröten in kompaktes Felsgestein gekommen sein konnten, ist die, dass sie sich schon darin befanden, bevor es sich verdichtete. Es mag zwar sein, dass Kröten auf diese Weise eine sehr lange Zeit überdauern können, aber bestimmt keine Millionen Jahre lang. Auch wenn die Spezies der eingeschlossenen Kröten und Frösche unbekannt waren, so handelte es sich doch um ganz normal entwickelte Exemplare, die wahrscheinlich von Arten stammten, die schon vor tausenden von Jahren ausgestorben sind. In der Fachliteratur sind seit dem 15. Jahrhundert weltweit ungefähr 210 Fälle von eingeschlossenen Tieren bekannt geworden und auch Charles Dickens und Benjamin Franklin erwähnten solche Entdeckungen in ihren Journalen. Fast keines dieser Tiere ist bis heute erhalten geblieben. Eine Ausnahme wurde im *Naturhistorischen Museum* in Brighton ausgestellt und diese Kröte wurde dem Museum vom Forscher Charles Dawson im Jahr 1901 überlassen. Dieser war auch ein gelehrter Rechtsanwalt, Amateurarchäologe, Altertumsforscher und Geologe und ein Mitglied in der *Society of Antiquaries of London*. Er gilt auch als der Entdecker des „Piltdown-Menschen". Dabei handelt es sich um eine unbekannte Spezies eines angeblichen Frühmenschen, der um 1912 in einer Kiesgrube im Dorf Piltdown in Südengland gefunden wurde. Das Ungewöhnliche an diesem Fund war sein hohes Alter, das auf rund 500.000 Jahre geschätzt wurde. Dawson leitete daraus ab, dass die Entwicklung des modernen Menschen in Europa stattgefunden haben musste und dass diese ersten Frühmenschen bereits über ein sehr großes Gehirn verfügt hatten. Dieser Fund blieb mehr als 40 Jahre lang in der wissenschaftlichen Fachwelt umstritten und 1953 wurde der Fund von Experten schließlich als Fälschung entlarvt. Vom Piltdown-Menschen gab es nur vereinzelte Schädelfragmente, ein paar Zähne und Stücke des Kiefers. Der Unterkiefer stammte in Wirklichkeit von einem jungen Schimpansen und der Schädel selbst wurde von Arthur Smith Woodward vom *Britischen Museum* falsch rekonstruiert. Charles Dawson und Arthur Woodward waren sich sicher, den ersten „Missing Link" entdeckt zu haben, einen Frühmenschen, der eine Übergangsform vom Affen zum Mensch war. Sowohl Woodward als auch Dawson standen in enger Verbindung zur britischen *Royal Society*, einer der wichtigsten wissenschaftlichen Institutionen der Welt. Nach dem Tod von Dawson konnte festgestellt werden, dass er noch weitere wissenschaftliche Fälschungen erstellt hatte, somit war der Piltdown-Mensch die erste nachgewiesene, wissenschaftliche Fälschung eines Frühmenschen, bei der man versucht hatte, aus Menschenknochen und Affenknochen einen künstlichen Hominiden zu kreieren. Der Piltdown-Mensch galt mehr als 40 Jahre lang als ein Beweis für die Evolutionstheorie und seither gab es noch eine Reihe anderer manipulierter Skelettfunde, die eine Evolution beweisen sollten. Immer führte die Spur zur britischen *Royal Society* und was es damit auf sich hat, wird noch aufgeklärt werden.[33]

Der Stein von Sayhuite

Sayhuite ist eine archäologische Fundstätte in Peru, die etwa drei Stunden Autofahrt von der Hauptstadt Cusco entfernt liegt. Der Ort befindet sich in der Provinz Abancay im südlichen Peru. Es handelt sich hier um einen alten Kultplatz der Inkas, auf dem sich früher ein Tempel befunden hatte und die Säulen sollen laut Überlieferungen der spanischen Kolonisten faustdick mit Gold ummantelt gewesen sein. Der Sayhuite-Tempel stand unter dem Schutz der Inkapriesterin Asarpay, die bei der Ankunft der spanischen Invasoren einen 400 Meter hohen Wasserfall hinabsprang, um der Gefangennahme zu entgehen. Heute ist von dem Gold nichts mehr zu sehen und der bedeutendste Fund dort ist ein großer Monolith, der Stein von Sayhuite. Der große Gesteinsbrocken ist kunstvoll bearbeitet worden, steht auf einem kleinen Hügel und muss irgendwie dorthin transportiert worden sein. Auf seiner Oberfläche befinden sich mehr als 200 geometrische Strukturen und Skulpturen von verschiedenen Tierarten wie Reptilien, Fröschen, Katzen und Schlangen. Diese Tiere haben teilweise eine enge Verbindung zu Wasser und das Ganze stellt vermutlich ein topografisch-hydraulisches Modell dar. Es ist komplett mit Terrassen, Teichanlagen, Flüssen, Tunnel und Kanälen ausgestattet und Wissenschaftler vermuten heute, dass es sich um ein kleines Modell einer geplanten Anlage handelt, das erschaffen wurde, um den Wasserabfluss für die Bewässerungsprojekte im kleinen Maßstab zu testen. Der Felsbrocken ist gute vier Meter breit und zwei Meter lang und die Archäologen glauben, dass dieser Platz für die Inka ein religiöses Zentrum war, an dem sie Rituale und Zeremonien zur Wasserverehrung durchführten. Doch ob diese Theorie zutreffend ist, kann man heute nur schwer feststellen, da nichts überliefert ist, wobei die kunstvoll bearbeiteten Kanäle auf dem Stein einen Hinweis darauf geben könnten. Neben den Ruinen des alten Tempels finden sich auch mehrere andere große Brocken aus bearbeitetem Andesit-Gestein. Da die Druckfestigkeit von Andesit ca. 560 Kilogramm pro Quadratzentimeter beträgt, weiß man nicht, wer sie bearbeitet hat, wann sie bearbeitet wurden und mit welchen Werkzeugen, denn Andesit ist fast so hart wie Granit. Die Inka dürften nur Bronzewerkzeuge besessen haben, also können sie dieses Gestein nur sehr schwer bearbeitet haben. Außerdem konnten sie die tonnenschweren Blöcke mit keiner bekannten Methode transportieren. Der Stein in Abb. 38 mit seinen Stufen und glatten Oberflächen soll erst zerbrochen sein, als er bereits fertiggestellt war, was ich allerdings kaum glauben kann, denn jeder Steinmetz prüft vor der Bearbeitung solcher großer Felsbrocken das Gestein auf kleine Risse, welche die ganze Arbeit zerstören könnten. Diese Tatsache muss man sich dabei ins Gedächtnis rufen, wenn man an all die vielen perfekt geformten gigantischen Megalith-Anlagen überall auf der Welt denkt – sie alle weisen fehlerfreie Steinblöcke auf. Die Funktion dieser Fundstücke ist ebenfalls unklar. Sie sehen aus wie übriggebliebene Teile einer viel größeren

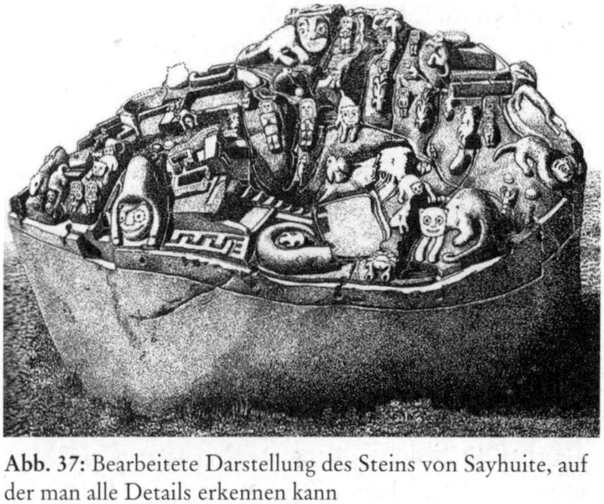

Abb. 37: Bearbeitete Darstellung des Steins von Sayhuite, auf der man alle Details erkennen kann

Abb. 38: Hartes Andesitgestein, das präzise bearbeitet wurde und Kernbohrungen aufweist

Konstruktion, die vor langer Zeit hier existierte. Vermutlich handelt es sich um uralte Relikte, die von den Inkas nachträglich verändert wurden, denn die Überlieferungen der Inkas sprechen immer wieder vom Volk der Viracocha – Schöpfergötter, die von allen Völkern der Anden verehrt wurden. Die Legenden berichten auch davon, dass die Viracocha die Zivilisation zu den Menschen zurückbrachten, nachdem die Erde durch eine große Sintflut (Unu Pachakuti – Wasser-Zeitenwende) zerstört worden war. Dies könnte auch der Ursprung der Wasserverehrung sein. Die Viracocha sollen ein reales, weißes Volk mit roten Haaren gewesen sein, das vor den Inkas in Peru lebte und alle großen, alten Megalith-Anlagen mit einer unbekannten Technologie erschaffen hatte.

Somit ist generell zu sagen, dass die Inkas selbst so etwas nicht vollbracht haben konnten, zumal es keine Bearbeitungsspuren an den glatten Oberflächen gibt. Und wie sollten sie die tonnenschweren Felsblöcke transportiert haben? Die Inkas kannten kein Eisen, sie hatten kein Rad und auch keine Lastentiere. Erst die Spanier brachten Pferde mit, und mit ihren eigenen, zarten Lamas konnten sie sicherlich keine Steinblöcke mit einem Gewicht bis zu 120 Tonnen in der bergigen Gegend bewegen. Viele der alten Megalith-Anlagen bestehen aus Granit, Diorit oder Andesit, das sind harte und widerstandsfähige Gesteinsarten und perfekt für Bauwerke. Heute können solche Materialien nur mit Diamantsägen geschnitten werden, doch es sieht trotzdem so aus, als konnten die Erschaffer dieser Anlagen die Steine schneiden, als wären sie aus Butter. Es finden sich geometrisch genaue, glatte Flächen, perfekt runde Kernbohrlöcher und rechte Winkel in diesen Bauwerken und die Präzision der Bearbeitung ist fantastisch, denn es gibt keine Kratzer oder abgesprungene Kanten. Auch die Ecken sind perfekt geschnitten oder gefräst, sie haben keine scharfen Kanten und wurden genau abgerundet. Darüber hinaus sind die Oberflächen trotz des immensen Alters oft glatt wie ein Spiegel und manche Forscher sprechen sogar von einem Verglasungsprozess, was heutzutage nur mit Spezialmaschinen hergestellt werden kann.[34]

Fuente Magna – die unerklärliche Schüssel aus Bolivien

Die *Fuente-Magna*-Schüssel wurde zufällig von einem Farmarbeiter auf der Chua-Hacienda der Familie Manjon in der Nähe des Titicacasees in Bolivien entdeckt. Die große Schale hat eine erdbraune Farbe und weist diverse unbekannte Schriftzeichen, Figuren und Motive an der Innen- und Außenseite auf. Der bolivianische Archäologe Don Max Portugal-Zamora erfuhr von der *Fuente-Magna*-Schüssel zwischen 1958 und 1960 von

Abb. 39: Die Fuente-Magna-Schüssel mit ihren sumerischen Keilschriftzeichen

seinem Freund, Pastor Manjon. Seit der Entdeckung des Artefakts gibt es Kontroversen über die Beschriftung der Schüssel, bei der es sich um eine sumerische Keilschrift handelt. Ein anderer Wissenschaftler, Dr. Alberto Marini, hat die Schrift übersetzt und glaubt ebenfalls, dass sie sumerisch ist und auch der Forscher Dr. Clyde Winters untersuchte die Schriftzeichen und meinte, es wäre ein Proto-Sumerisch – eine Schrift, die man auch an weiteren Fundstücken in Mesopotamien oder in Süd- und Nordamerika findet. Diese Sprache wurde im antiken Reich Elam verwendet und Elam hieß auf Sumerisch NIM.MAKI. Das Reich lag im heutigen Iran und existierte dort zwischen 3000 bis 640 v. Chr. Die elamische Sprache ist mit keiner anderen bekannten altorientalischen Sprache verwandt. Über die Geschichte Elams ist sehr wenig bekannt und Hinweise dazu gibt es fast nur aus sumerischen, akkadischen und babylonischen Texten. Auf elamischen Tafeln wurden ebenfalls Motive mit Tieren gefunden, die wie Menschen handeln und auch so gekleidet sind. So etwas nennt man anthropomorphe Abbildungen und sie finden sich auch auf der Schale von Bolivien und bei fast allen antiken Kulturen der Welt. Dr. Winters verglich die Schriftzeichen mit antiken Berberschriftzeichen, die vor 5.000 Jahren in der Sahara verwendet wurden und die gleichen Schriftzeichen wurden anscheinend auch von der Indus-Kultur, den Proto-Elamiten und den Proto-Sumerern benutzt. Es wäre möglich, dass diese Völker vorher in der Gegend der heutigen Sahara lebten, bevor sich die Wüste dort ausgebreitet hat – das geschah vor etwa 5.500 Jahren.

Genaue Untersuchungen der Wüste Sahara haben ergeben, dass die Windmuster immer gleich verlaufen: Die heiße Luft aus der Wüste weht südwärts und tötet dort alle Bäume und die restliche Vegetation ab. Die Sahara ist heute die größte Wüste der Welt und man schätzt, dass sie zwischen 4.000 und 5.000 Jahre alt ist. Bevor sie sich ausbreitete, gab es in ganz Nordafrika eine üppige Vegetation, und aus alten Felszeichnungen kann man ablesen, dass die früheren Bewohner dort jagen und sogar schwimmen waren. Durch Radarbilder der NASA konnte man unter dem Sand ein Netzwerk aus ausgetrockneten Flüssen erkennen, das sich einst über die ganze Sahara erstreckt hatte und man nimmt heute an, dass die Entstehung der Wüste sehr plötzlich innerhalb einer Zeitspanne von 300 Jahren stattgefunden haben muss. Somit wäre es die größte globale Umweltveränderung der letzten 10.000 Jahre gewesen! Eine Frage, die Geologen heute nicht beantworten können, ist die, wo der ganze Sand der Sahara hergekommen ist. Man nimmt an, dass das alles durch einen Kometen- oder Meteoriteneinschlag ausgelöst wurde. Doch es gibt noch Regionen in der Wüste, wo radioaktive Strahlung messbar ist und es gibt dort auch Sandverglasungen, und so etwas konnte man bisher nur bei der Zündung von Atombomben beobachten. Doch es gibt auch ein widersprüchliches Problem mit der Ausdehnung von Wüsten selbst, denn wenn die Erde Milliarden von Jahren alt sein soll, warum ist die größte Wüste der Welt dann nur ca. 4.000 bis 5.500 Jahre alt?

Die alte libysche Berberschrift kann heute von Berbern nicht mehr gelesen werden, sie wurde nur so benannt. Die Berber siedelten erst in Nordafrika, nachdem die Vandalen das Land erobert hatten und heutige Völker in Westafrika benutzen die Mande-Sprache, mit der die Schriftzeichen schließlich entschlüsselt wurden. Mit dieser Methode konnte Dr. Winters dann auch die Indus-Sprache entziffern, womit dann die seltsamen Schriftzeichen auf der *Fuente-Magna*-Schüssel phonetisch wiedergegeben und ins Sumerische übersetzt wurden. Dr. Winters übersetzte den Text wie folgt: *„Die Mädchen gaben ihren Eid, diesen Platz gerecht zu behandeln. Das ist ein gutes Omen für das Volk. Es wurde eine Entscheidung vorausgesagt. Der Talisman (die Schale) ist gefüllt mit Gütern. Die Göttin Nia ist rein. Richte deinen Eid an sie. Die Wahrsagerin. Die Weissagungen von Nia bringen dem Volk Freude. Wertschätze das Orakel des Volkes. Die Seele ist Zeuge, wie der Glaube an die Göttin Nia diese Güter zu den Menschen bringt. Mache einen Trank aus Wasser und strebe nach Tugend. Dies ist ein mächtiger Talisman. Dieser Platz des Volkes ist ein sagenhafter Ort der Macht der göttlichen Nia. Die Seele ist der Atem des Lebens. Räuchert viel und mischt den Trank richtig und rein. Fülle den Trank ein. Göttliche Güte an diesem sagenhaften Ort der göttlichen Macht.“*[(35)]

Interessant ist die Anbetung der Göttin Nia oder auch Neith. Neith ist eine der ältesten ägyptischen Göttinnen und wurde als Schöpfergöttin, Muttergöttin und Totengöttin verehrt. Sie war auch sehr populär in Mesopotamien, womit es eine Verbindung von Sumer und dem heutigen Bolivien gegeben haben muss. Sumerer siedelten wahrscheinlich um 2500 v. Chr. in diesem Gebiet, möglicherweise benutzten sie eines ihrer seetauglichen Schiffe und segelten bis Südafrika und von dort über den Atlantik bis nach Südamerika in den Pazifischen Ozean. Dabei müssen sie die Schale mit sich geführt haben, die man den dort ansässigen Einheimischen mitbrachte, die diese dann mit hoher Wertschätzung behandelten. Somit wäre die Schale ein weiterer Beweis für frühe, transatlantische Kontakte.

Der berühmte Forscher David Hatcher Childress berichtet von einem weiteren seltsamen Fund. Vor einigen Jahren verließ bei einer Expedition in Südamerika seine Reisegruppe gerade die alte Inkastadt Machu Picchu in Peru, machte sich auf den Weg nach Puno, musste dafür den Titicacasee überqueren und der örtliche Reiseleiter hatte ein paar sehr interessante Berichte parat. Er erzählte, dass hier eine deutsch-italienische Gruppe von Tauchern eine Expedition mit dem Namen „Team Akakor“ durchgeführt hatte. In der Mitte des großen Sees liegt eine bewohnte Insel, die „Sonneninsel“ genannt wird und die Taucher stießen auf der Nordseite der Insel in einer Tiefe von über 24 Metern auf eine Steinwand und einen Monolithen aus purem Gold. Das waren die Überreste einer unbekannten Kultur, die zuvor dort existiert hatte. Der Reiseführer sagte außerdem, im sog. „Gold Museum“ für wertvolle Metalle in La Paz kann man außer der Fuente-Magna-Schüssel auch noch andere Artefakte wie das „Pokotia-Monument“ besichtigen. Die Sonneninsel im Titicacasee ist übrigens auch der Ort, an dem der legendäre Inka-Gott „Manco Capac“ auf der Erde gelandet ist und einen goldenen Stab mit sich führte. Capac wanderte umher und auf einem bestimmten Platz steckte er den Stab in die Erde und gründete dort die Stadt Cusco. Das war der Beginn des Inkareiches und Manco Capac war der erste König der Inka. Das Pokotia-Monument weist auch proto-sumerische Schriftzeichen auf und das Artefakt wurde 2002 ebenfalls in der Nähe des Titicacasees gefunden. Die Prä-Inkastätte Pokotia liegt etwa sechs Kilometer von Tiahuanaco entfernt. Bei den gefundenen Artefakten handelt es sich um einen Monolithen und um die Statue einer männlichen Figur, auf deren Rückseite sich die Schriftzeichen befinden. Auch sie konnten teilweise übersetzt werden und sprechen ebenfalls von Orakeln: *„Das Orakel Putaki führt den Menschen zur Wahrheit. Verkünde die Entwicklung des Charakters. Der starke Vater Putaki schickt euch die Prophezeiungen. Starke Weisheit kommt von diesem sagenhaften Ort göttlicher Macht. Höre die Worte des Orakels. Das Orakel hilft dabei, den Charakter zu stärken. Berichtet den Menschen von den Wohltaten des Orakels. Das Orakel eröffnet allen seine Hilfe. Das Orakel bringt Glück und Zufriedenheit, Weisheit und Charakter. Das Orakel Putaki ist der Vater der Weisheit, von der alle profitieren. Der Gute Putaki, ein weiser Mann und Stammvater von vielen Menschen.“*(35)

Das Orakel scheint die Kommunikation mit den Göttern ermöglicht zu haben, die ihnen die Zukunft prophezeiten und das alles deutet darauf hin, dass einst Sumerer in Südamerika lebten, dort Handel betrieben und dieses Land „KUGA.KI“, das Land des Sonnenuntergangs, nannten. Möglicherweise spielten sie auch eine Rolle in der Errichtung von Tiahuanaco, denn Inkaherrscher wie Manco Capac hatten proto-sumerische Zeichen auf ihrer Kleidung. Wahrscheinlich wurde die sumerische Sprache dort zwischen 3.500 und 3.000 v. Chr. für einen längeren Zeitraum verwendet. Warum man sich aber ausgerechnet das entlegene Hochland ausgesucht hat, bleibt im Dunkeln, denn es ist dort karg, kalt und das Land hat wenig Vegetation. Könnte es mit einer großen Flut zu tun gehabt haben, vor der man sich in Sicherheit bringen wollte? Es muss aber auf jeden Fall in der Vergangenheit ein sehr wichtiger Platz gewesen sein. Der Titicacasee liegt an der Grenze von Bolivien und Peru und zählt zu den wichtigsten historischen Lokalitäten der Welt, denn es gibt schon lange Gerüchte über versunkene Zitadellen, Relikte aus Gold und alte Ruinen am Grund des 8.288 Quadratkilometer großen Sees. Der belgische Archäologe Christophe Delaere erklärte 2013, dass er mindestens 2.000 Objekte und Fragmente im See ausfindig gemacht hat und sein Team entdeckte diese Objekte in mehr als sieben Metern Tiefe nahe der „Sonneninsel“, der größten Insel des Sees. Nachweislich gibt es darunter 31 große Relikte aus Gold und die Archäologen glauben, dass

Abb. 40: Manco Capac und Statuen von Tiahuanaco und Pokotia mit den seltsamen Schriftzeichen

es dort noch viel mehr zu entdecken gebe. Ein eifriger Erforscher des Sees und seiner Geheimnisse ist auch John Blashford-Snells, der glaubte, dass die antike Stätte Tiwanaku, die in der Nähe des Sees liegt, mit dem fortschrittlichen Wissen der verlorenen Kultur von Atlantis erschaffen wurde. Lokale Inka-Legenden besagen auch, dass die Gründer dieses alten Reichs einst aus dem Titicacasee emporgestiegen waren und der See für die Inkas deshalb auch das Zentrum ihres Kosmos darstellt – sie nannten diese Kulturgründer „die Kinder der Sonne". Erstaunlicherweise kannten sie auch die genaue Form des riesigen Sees, was erst durch Luftaufnahmen aus großer Höhe bestätigt werden konnte! Die Inka-Legenden besagen weiter, dass der Schöpfergott Viracocha nach einer großen Flut aus dem See gestiegen war, und bei Viracocha handelte es sich den Beschreibungen nach um einen großen, weißen und bärtigen Mann, der den antiken Stämmen Südamerikas seine große Kultur brachte.

Der Titicacasee ist der höchstgelegene See der Welt und es wird vermutet, dass das Gebiet des heutigen Sees ursprünglich ein fruchtbares Land war, das durch eine große Flutkatastrophe überschwemmt wurde. Doch die Überreste dieser alten Kultur der Viracocha befinden sich immer noch im See. Gibt es hier eine Verbindung zu Atlantis? In der Sprache der Ketschua-Indianer, die heute am See leben, ist „Antis" das Wort für Kupfer. Die belgischen Archäologen brachten Relikte aus Gold, Silber und Keramik an die Oberfläche, die sich heute in einem Museum in La Paz befinden. Die von den Archäologen gefundenen menschlichen Knochenfragmente wurden auf ein Alter von bis zu 1.500 Jahren datiert, womit diese Relikte älter als die Kultur der Inkas sind. Doch es ist heute nicht bekannt, wann die Besiedlung am See begonnen hatte, und einige Forscher glauben, dass die ersten permanenten Siedlungen bereits vor 4.000 Jahren entstanden sind. Die internationalen Archäologen vom *Team Akakor* konnten auch die Ruinen eines antiken Viracocha-Tempels auf dem Grund des Sees finden, daneben gibt es Terrassen für den Getreideanbau, eine Straße und eine 800 Meter lange Mauer. Der Tempel hat immerhin Ausmaße von 200 x 50 Metern und in mehr als 200 Tauchgängen von bis zu 30 Metern Tiefe wurden die Ruinen auch auf Film aufgezeichnet. Die bolivianische Regierung gab daraufhin bekannt, dass man sich bemühen würde, diese antiken Ruinen zu erhalten. Schon der berühmte norwegische Abenteurer Thor Heyerdahl (1914-2002) ging dieser alten Kultur nach und der Sonnengott „Con-Tiki Viracocha" war tatsächlich der Anführer der weißhäutigen Menschen im antiken Peru, die uns ihre enormen Ruinenstätten an der Küste des Titicacasees hinterlassen haben. Laut den Nachforschungen Heyerdahls soll es auf der Sonneninsel schließlich zu einem Kampf mit einem verfeindeten Stammeshäuptling gekommen sein, der diese unbekannten Weißen schließlich massakriert haben soll. König Con-Tiki Viracocha und seine engs-

Abb. 41: Blonde Mumien der Viracocha im Museum in Lima

ten Gefolgsleute konnten aber bis hinunter zur Pazifikküste fliehen und segelten schließlich westwärts davon. Als die ersten Spanier nach Peru kamen, erzählten ihnen die Inkas, dass die nun verlassenen kolossalen Steinmonumente des Landes von einer Rasse von weißen Göttern erbaut worden waren, die dort einst gelebt hatten, bevor die Inkas selbst die Herrscher wurden! Die weißen Götter wurden als ein weises und friedfertiges Volk beschrieben, das nach einer großen Flut am „Morgen der Zeit" vom Norden aus in dieses Land gekommen war und den Vorvätern der Inka die Kunst der Architektur und des Handels lehrten. Die Viracocha trugen den Beschreibungen nach Bärte, waren blond oder rothaarig und auch größer gewachsen als die Inka, und Mumien von ihnen kann man heute im *Nationalmuseum für Anthropologie und Archäologie* in Lima, Peru, bestaunen. Begräbnismasken der Viracocha sind meist mit blauen Augen versehen worden! Das beweist, dass einer der Kulturbringer Südamerikas eine weiße, nordische Rasse war, die mit ihrer antiken Hochtechnologie die Wunderbauten Südamerikas erschaffen hatte, als sie von ihrem untergegangenen Mutterkontinent, der durch eine gigantische Flut zerstört worden war, geflohen waren.[35]

Das Sternentor der Götter in Hayu Marca

Das sogenannte „Tor der Götter" in Hayu Marca in Peru ist ein rätselhaftes Steinmonument und ein Beweis für die unglaublichen Fähigkeiten unserer Vorfahren, die früher diese Region bewohnten. Es wird in dieser Gegend auch das „Sternentor" genannt, das eine Stunde Fahrzeit außerhalb der Stadt Puno liegt. Entdeckt hat es 1996 Jose Luis Delgado Mamani, ein Bergführer, der das Gebiet erkundet hatte. Er stieß „zufällig" auf dieses merkwürdige Bauwerk, das aus massivem Fels herausgeschnitten wurde und sieben Meter hoch und breit ist. In seinem Zentrum befindet sich etwas, das wie eine kleinere Tür aussieht. Forscher glauben, dass viele Monumente einer „Stadt der Götter" dort noch unter der Erde verborgen liegen. Bevor Mamani das Tor entdeckte, hatte er im Lauf der letzten Jahre immer wieder von dieser Konstruktion geträumt, wobei in seinen Träumen der Weg zum Tor mit rosafarbenen Marmorstatuen gepflastert war, die auf beiden Seiten der Straße aufgereiht waren. Im Traum sah Mamani auch, wie das kleine Tor offen stand und das glänzende, hellblaue Licht eines Tunnels darin sichtbar wurde. Auch die Tür schien im Traum aus rosa Marmor zu bestehen und mehrere Gestalten standen davor und führten ein Ritual durch, wobei sie ihm mit ihren Händen andeuteten, hindurchzugehen. Mamani erzählte seiner Familie oft von diesen Träumen und als er das Tor dann tatsächlich entdeckte, war er fest davon überzeugt, von höheren Wesen dorthin geführt worden zu sein. Das Gebiet selbst wird heute immer noch „Stadt der Götter" genannt und uralte riesige Steinblöcke zeugen noch von dieser verlorenen, einst blühenden Zivilisation. Benutzen die Menschen der alten Welt interdimensionale Portale? Ganz in der Nähe befinden sich auch das Sonnentor von Tiwanaku und noch fünf andere, ähnliche Stätten. Wenn man alle diese Tore mit einer Linie auf einer Karte verbindet, erhält man ein Kreuz, dessen Mittelpunkt der Titicacasee bildet.

Lokale Legenden aus der fernen Vergangenheit besagen, dass einst ein Inkapriester, genannt Amaru Muru, aus dem „Tempel der sieben Strahlen" geflohen war. Mit sich nahm er eine heilige, goldene Scheibe, den „Schlüssel zu den Göttern der sieben Strahlen". Der Priester versteckte sich in diesen Bergen, weil er fürchtete, dass die spanischen

Eroberer ihm den Schlüssel wegnehmen würden. Er konnte schließlich das Tor der Götter in Hayu Marca erreichen und zeigte den Schlüssel dort einigen ansässigen Priestern und Schamanen. Sie führten gemeinsam ein Ritual aus und plötzlich soll sich das Sternentor geöffnet und blau geleuchtet haben. Der Legende nach soll der Inkapriester Amaru Muru die goldene Scheibe an einen der Schamanen weitergegeben haben und betrat dann das leuchtende Tor, wonach er niemals wieder gesehen wurde. Und Legenden der lokalen Indianer sprachen schon lange von dieser Tür als einem „Durchgang in das Land der Götter". In ferner Vergangenheit sollen dort große Helden in das Land der Götter hindurchgeschritten sein und genossen dort ein glückliches, ruhmreiches und unsterbliches Leben. Die kleine Tür repräsentiert den Eingang für die Sterblichen und das größere Tor soll der Eingang gewesen sein, durch den göttliche Wesen in unser Erdenreich gekommen sind. Bei seltenen Gelegenheiten sollen einige der Helden für kurze Zeit mit den Göttern durch das Tor zurückgekehrt sein, um alle Länder ihres Königreichs zu besichtigen. Wäre es möglich, dass Bauwerke wie das Tor der Götter bei Hayu Marca weit über unser derzeitiges, rationales Verständnis hinausgehen? Es gibt überall auf der Welt diese merkwürdigen Steinmonumente, die scheinbar miteinander in Verbindung stehen. Sie könnten eine Technologie darstellen, die wir bis jetzt noch nicht wieder verstehen. Möglicherweise gab es wirklich Portale auf der Erde, die Verbindungen zu anderen Ebenen öffnen konnten und die alten Legenden der Indianer sind nicht nur Geschichten aus der Vergangenheit. Führt dieses Tor möglicherweise zu anderen Planeten und höheren Dimensionen?

Erst kürzlich gab das amerikanische FBI ein Dokument frei, in dem von Besuchern aus anderen Dimensionen die Rede ist. Darin wird von zahlreichen außerirdischen Rassen gesprochen, die nicht nur von anderen Planeten, sondern auch von anderen Dimensionen aus die Erde besuchten. Diese nichtphysischen Wesen existieren in einem anderen Universum und konnten sich auf unserem Planeten materialisieren, wobei sie dann als riesige ätherische Figuren erschienen. Eine andere lokale Legende berichtet ebenfalls von einer mysteriösen Tür, die sich in der Nähe des Titicacasees befindet. Auch sie soll sich eines Tages wieder öffnen und die Schöpfergötter der Menschheit sollen zurückkehren. Diese Öffnungen sollen viele Male größer als das eigentliche Tor sein und die Götter sollen gemeinsam mit ihren „Sonnenschiffen" daraus zurückkehren. In der Türe von Hayu Marca kann man tatsächlich in der Mitte eine kreisrunde Vertiefung erkennen, wo man ein kleineres scheibenförmiges Objekt platzieren konnte. Menschen, die ihre Hand auf die Tür in der Felswand gelegt haben, sprechen davon, dass sie plötzlich eine mächtige Energie in ihrem Körper spüren konnten und es kam zu seltsamen Visionen

Abb. 42: Das Tor der Götter mit der kreisrunden Vertiefung und den Bronzezahnrädern aus Peru

Abb. 43: Dieses Fundstück wurde in Amerika ausgegraben und soll die beiden Anunnaki Marduk (oder Nisroch) und Inanna, mit ihrem Erben Amaru Muru (rechts) zeigen. Man sieht auch die Schlange.

von Sternen, Säulen, von Feuer und Musik. Auch die Musik wurde als rhythmisch, ausgefallen und außergewöhnlich beschrieben. Es gibt alte Zahnräder aus Peru, auf welche die Beschreibung der legendären Scheiben passen könnte, die die alten Sternen-Tore der Götter in Peru aktiviert hatten. Diese werden die „Bronzezahnräder aus dem alten Peru" genannt und sind ein weiterer von vielen mysteriösen Funden in Südamerika. Viele Forscher sehen in diesen Zahnrädern einen Beweis für eine alte, fortschrittliche Zivilisation, die einst vor den Inkas in Südamerika florierte – doch leider gibt es auch zu diesen Zahnrädern nicht viele Informationen. Es existieren noch alte Fotos davon, auf denen man sechs von ihnen sehen kann, und sie sehen wirklich wie moderne Zahnräder aus. (Abb. 42) Bedauerlicherweise kann man durch die Fotos nicht ihre genauen Maße bestimmen, denn das würde dann genauere Anhaltspunkte für ihren ursprünglichen Zweck liefern. Möglicherweise waren sie Teil einer größeren Maschine, die früher im alten Peru benutzt wurde. Die erste Erwähnung der Zahnräder findet sich in einem Buch von Professor Rafael Larco Hoyle (1901-1966), dem Besitzer des *Larco Museums* in Lima, Peru, und dort werden präkolumbianische Objekte ausgestellt. Könnten die Zahnräder sogar die Schlüssel zu diesen Sternentoren gewesen sein? Oder waren es möglicherweise Nachbildungen der Originale, die in späteren Zeiten angefertigt wurden? Ob das Museum heute noch im Besitz dieser Zahnräder ist, bleibt vorerst unklar.

Weitere Hintergrundinformationen finden sich im Buch *„Secret of the Andes And The Golden Sun Disc of MU"* von Brother Philip. Hinter diesem Autor verbarg sich in Wirklichkeit George Hunt Williamson (1926-1986), ein amerikanischer UFO-Kontaktler und Autor, der in den 1950er-Jahren große Bekanntheit erlangte, und in diesem Buch wurden noch weitere alte Überlieferungen und Prophezeiungen aus Peru gesammelt. In diesen alten Schriften wird erklärt, wie Nord- und Südamerika früher unter einer gemeinsamen spirituellen Tradition und einem großen Führer vereint waren. Dieses Reich soll im nun anbrechenden, neuen Zeitalter wiederkehren. Das alte Reich trug den Namen Amaru-ca, Ameru-ca oder Ameri-ca und bedeutet „das Land der Schlange" – eine Bezeichnung, die aus einer Zeit stammt, als die Schlange das universelle Symbol mythischer Weisheit und spiritueller Kraft war. Die Legende besagt, dass Nord- und Südamerika nach einem Kulturbringer benannt sind, der wie bereits vorhin erwähnt „Amaru Muru" oder „A maru" (Schlange/Weisheit) bzw. „Schlange Meru" (Meister der Weisheit) genannt wurde. Eventuell gibt es hier eine Verbindung zu den Sumerern oder dem heiligen Berg Meru. Amaru Muru kam demzufolge vom alten Kontinent Mu aus nach Amerika und brachte viele mächtige Objekte mit sich, auch die beschriebene kraftvolle Sonnenscheibe, die früher in einem wichtigen Tempel seines Heimatlandes hing. Er brachte von Mu auch viele heilige Riten und Symbole mit und von ihm stammt auch das stufenförmige Andenkreuz, ein in Peru und Bolivien gebräuchliches Symbol. Die Stufen zwischen den Balken des Andenkreuzes stehen für die Dreiteilung der Welt in Unterwelt, Menschenwelt und Götterwelt bzw. „Obere Welt", und mit Hilfe dieses Kreuzes wurden die Amerikas zu einer vereinten spirituellen Kultur verschmolzen. Den Legenden nach unterstützte Amaru Muru viele lemurische und atlantische Stämme, nachdem sie in Peru angekommen waren. Das geschah zu Zeiten der Zerstörung des Kontinents Mu (Lemuria) und des „alten roten Lands" (Atlantis).

Amaru Muru vereinigte diese Stämme zu einer fortschrittlichen Kultur, die anschließend viele der turmhohen Megalith-Tempel erschuf, die man heute noch in der Landschaft Perus finden kann – doch leider wurden alle diese alten Verbindungen vergessen oder verborgen. Der Geist von Amaru Muru, der sich in seinem Tempel im Titicacasee befinden soll, wacht noch immer über die beiden Amerikas, und es soll dort immer noch die große Sonnenscheibe von Mu existieren. Die alte Stadt Cusco wurde von Amaru Muru erbaut – sie war einst die Hauptstadt des alten Inkareichs – und es wird ihm auch der Bau von vielen anderen heiligen Megalith-Tempeln wie Tiahuanaco, Sacsayhuaman, Ollantaytambo und Machu Picchu zugeschrieben. Den alten Legenden nach waren diese Orte Kontaktpunkte für außerirdische Mitlieder der „Galaktischen Bruderschaft", die mit ihren Nachkommen hier auf der Erde interagierten. Beweise dafür sind die Landestreifen bzw. Nazca-Linien in Peru und die vor kurzem dort entdeckten Nazca-Mumien (Abb. 99; S. 199) sowie tausende antike Artefakte, auf denen UFOs abgebildet sind.

Den Legenden nach war Amaru Meru oder Amaru Muru einer der sieben großen Meister von Lemuria (Mu), der die Mission erhalten hatte, die heilige goldene Sonnenscheibe aus dem dortigen Tempel des Lichts zum Titicacasee zu bringen und sie dort sicher zu verwahren. Während der Zeit der Inkas wurde die Sonnenscheibe nach Cusco gebracht und dort im „Coricancha" (goldener Tempel), dem wichtigsten Tempel der Inkas, aufbewahrt, wo sie bis zur Ankunft der Spanier geblieben ist. Zu dieser Zeit soll sie dann zum Titicacasee zurückgebracht worden sein und ruht heute in der ewigen ätherischen Stadt im See. Die Sonnenscheibe hatte die Leistungsfähigkeit eines kosmischen Computers, der direkt Lichtinformationen aus der universellen Quelle des Geistes im Zentrum unserer Galaxis erhalten haben soll. Betrat man den Tempel des Lichts, so erhielt man demnach Zugang zu heiligem Wissen. Da unsere Zeit zyklisch verläuft, sind wir gerade jetzt in ein neues Zeitalter eingetreten und den Prophezeiungen nach ist das die Zeit, in der die heilige Sonnenscheibe wieder aktiviert werden soll, was uns wieder Zugang zu diesem kosmischen Wissen verschaffen wird. Zur Zeit des Untergangs von Lemuria erbaute Amaru Muru, der Meister seiner früheren Zivilisation, ein Kloster der „Bruderschaft der sieben Strahlen" in den Anden in Peru, das in der Nähe des Titicacasees in einem einsamen und versteckten Bergtal liegen soll, wo antike Dokumente und Aufzeichnungen, Kodexe und Pergamentrollen von den alten Zivilisationen der Welt aufbewahrt werden. Existieren diese Aufzeichnungen noch heute?

4. They are NOT excarnate earth people, but come from their own world.
5. They do NOT come from any "planet" as we use the word, but from an etheric planet which interpenetrates with our own and is not perceptible to us.
6. The bodies of the visitors, and the craft also, automatically "materialize on entering the vibratory rate of our dense matter." (Cp. "apports.")

8. The region from which they come is NOT the "astral plane", but corresponds to the <u>Lokas</u> or <u>Talas</u>. Students of esoteric matters will understand these terms.

Abb. 44: Ausschnitt eines vom FBI offiziell veröffentlichten Dokuments, in dem interdimensionale Außerirdische erwähnt werden

Wie viel Wahrheit liegt in diesen alten Mythen? Sie müssen sehr wichtig sein, wenn man sie jahrhundertelang immer wieder überliefert hatte. Im Jahr 2017 wurde ein FBI-Dokument freigegeben, welches belegt, dass die Regierungen und Geheimdienste schon seit mindestens 1947 von anderen Dimensionen wussten. Hier sehen Sie den wichtigsten Ausschnitt davon. Wenn Sie das ganze Dokument sehen wollen, benutzen Sie bitte den Link der Bildquelle. Es wird in diesem Dokument von Besuchern gesprochen, die menschlich aussehen, jedoch viel größer als Menschen sind und, obwohl sie wie wir aus Fleisch und Blut sind, kommen sie von ihren eigenen *Welten*. Das sind keine anderen Planeten wie die Erde, sondern ätherische Planeten, die sich gegenseitig durchdringen und sich mit unserem Planeten überschneiden – Planeten, die für unsere Sinne nicht wahrnehmbar sind. Die Körper und die Fahrzeuge der Besucher materialisieren sich automatisch, wenn sie unsere Welt betreten und passen sich der Vibrationsrate unserer dichten Materie an. Die Besucher können sich willentlich wieder in den ätherischen Zustand zurückversetzen und verschwinden auf diese Weise, ohne eine Spur zu hinterlassen. Die Region, aus der sie kommen, ist nicht das Astralreich, sondern entspricht der Beschreibung der „Lokas“: Das ist ein Begriff aus dem Hinduismus und beschreibt den Aufbau der verschiedenen Welten im Kosmos. Insgesamt gibt es 14 Lokas, 7 höhere und 7 niedere – es gibt die Reiche der Götter und Himmel, die Erdenreiche der Menschen, das Reich der Pflanzen und Tiere sowie die Höllenreiche der Dämonen und Teufel. Das Erdenreich wird Madhya-Loka genannt und das höchste Loka fand seit Aristoteles unter dem Begriff „Siebter Himmel“ auch bei uns Eingang.[36]

Die mexikanische Mayastatue eines Außerirdischen

Mexikanische Forscher haben eine mysteriöse Statue ausgegraben, die zur alten Mayakultur gehört. Die seltsame Statue stellt anscheinend einen Außerirdischen dar, der einen menschlichen Kopf hält. Um die beiden Figuren schlingt sich eine Schlange, und der ovale Kopf und die großen schwarzen Augen sehen genauso aus wie moderne Darstellungen von außerirdischen Greys. Die Statue wurde im März 2017 von Rafael Julián Montiel, dem Direktor des Museums von Xiutetelco in Puebla, Mexico, enthüllt und wurde laut der lokalen Zeitung *El Sol de Puebla* von örtlichen Stadtarbeitern bei Ausbesserungsarbeiten in der kleinen Stadt Maxtaloya gefunden. Nachdem sie einer sorgfältigen Reinigung unterzogen worden war, fanden Archäologen Einlagen von Obsidian, Türkis, Jade und Muscheln. Der Direktor erwartet noch weitere Artefakte in dieser Gegend zu finden, weil die Fundstätte sehr nahe an Cantona liegt, der größten präkolumbianischen Stadt, die bisher in Mesoamerika gefunden wurde. Sie besitzt eine eigene, ganz spezielle historische Architektur und ihre Relikte sind noch fast unentdeckt. Experten glauben, dass über 90 Prozent von Cantona, das bis zum Jahr 400 n. Chr. von den Mayas bewohnt war, erst noch freigelegt werden müsse. Bisher wurden mehr als 5.000 Maya-Artefakte in verschiedenen Teilen dieses Gebietes entdeckt und diese Stücke befinden sich alle im Museum in Xiutetelco. Experten sind sich noch unschlüssig, was diese Statue genau darstellt, viele Besucher glauben jedoch, es handelt sich um einen klassischen außerirdischen Grey, während andere denken, die Statue symbolisiert eine alte Reptiliengottheit. Diese Gottheit könnte Quetzalcoatl sein, die gefiederte Schlange, der Gott des Windes und der Weisheit. Schlagen symbolisieren auch die Unterwelt, deshalb könnte die Figur auch einen Dämon der Unterwelt darstellen. Natürlich könnte es auch sein, dass die Mayas von antiken Astronauten bzw. außerirdischen Göttern besucht worden waren.

Eine der größten Mayastädte war Calakmul, die älteste und imposanteste Stadt der Mayas im Tiefland des mexikanischen Staates Campeche, die etwa 35 km nördlich der Grenze zu Guatemala liegt und mindestens eintausend Jahre bewohnt war. Man schätzt, dass in Calakmul zirka 50.000 Mayas wohnten. Es konnten bisher 6.750 Strukturen in Calakmul identifiziert werden, wobei das größte Gebäude die 45 Meter hohe Pyramide ist, eine der größten Maya-Pyramiden überhaupt. Nach dem plötzlichen Verschwinden der Mayas wurde die inzwischen vom Dschungel überwucherte Stadt, die in alten Texten oftmals „Kaan" oder „Königreich der Schlange" bezeichnete wurde, im Jahre 1931 durch den Amerikaner Cyrus L. Lundell wiederentdeckt, der ihr dann den heutigen Namen verlieh. Erst seit 1993 graben Archäologen die einstige Metropole systematisch wieder aus. Arbeiter entdeckten vor einigen Jahren versteckte Räume in den dortigen Pyramiden, die noch niemals zuvor erforscht worden waren. Diese enthielten einige äußerst seltsame Objekte. Im Jahr 2012 gab die mexikanische Regierung ähnliche steinerne Fundstücke frei, auf denen eindeutig Abbildungen von UFOs und Außerirdischen zu erkennen sind. Die Fundstücke der Regierung stammten ebenfalls aus Calakmul und wurden vor ungefähr 80 Jahren von einem Team des *Nationalen Mexikanischen Instituts für Anthropologie und Geschichte* (INAH) geborgen – den Schätzungen nach sind diese mindestens 1.300 Jahre alt, vermutlich aber noch wesentlich älter. Aus den Abbildungen, die sich auf den Artefakten von Calakmul befinden, ist ersichtlich, dass es vor langer Zeit Kontakte zu fortschrittlichen raumfahrenden Besuchern gab, möglicherweise liegt hier sogar der wirkliche Ursprung der Menschheit. Einige glauben, die mexikanische Regierung stellt diese Informationen zur Verfügung, um die Menschheit langsam mit der Wahrheit vertraut zu machen, denn sie verleiht einzelne Fundstücke an Forscher, um sie untersuchen zu lassen. Einer von ihnen ist der Österreicher Klaus Dona.

Der Gewinner des Sundance-Film-Festivals, Juan Carlos Rulfo, arbeitet seit 2012 mit der mexikanischen Regierung zum Wohle der Menschheit zusammen. Er sagt, die Anordnung für diese Zusammenarbeit soll direkt vom ehemaligen Präsidenten von Guatemala, Álvaro Colom Caballeros, gekommen sein.

Abb. 45: Direktor Rafael Julián Montiel mit der Statue im Museum und eine zweite mexikanische Alien-Statue

Rulfo erklärte, Mexico wird in den kommenden Jahren Kodexe, Artefakte und signifikante Dokumente veröffentlichen, die einen Kontakt der Mayas zu Außerirdischen beweisen werden. Alle diese Informationen sollen von Archäologen bestätigt werden, deshalb gibt die Regierung diese Erklärung nicht alleine ab. Der damalige mexikanische Transportminister von Campeche, Luis Augusto García Rosado, sprach sogar ganz offen von einem solchen Kontakt, denn die Regierung hat nämlich schon vor Jahren viele der Maya-Kodexe übersetzt, die bislang in geheimen unterirdischen Lagerstätten aufbewahrt worden waren. In einem Telefongespräch mit dem Onlinemagazin *The Wrap* sprach er von 3.000 Jahre alten Raumschiff-Landeplätzen im Dschungel und diese Geheimnisse wurden für mehr als 80 Jahre von der Regierung geschützt. Das Jahr 2012, in dem ein großer Zyklus des Mayakalenders endete, markierte für die mexikanische Regierung den Punkt, an dem sie langsam damit begann, diese Informationen offenzulegen. Juan Carlos Rulfo fügte noch hinzu, dass sich die mexikanische Regierung darauf vorbereitet, der Welt kritische Dinge mitzuteilen – es geht auch um unsere Art zu leben und wie wir mit unserem Planeten umgehen. Die alten Schriften sprechen von „weißen Göttern“, die einst vom Himmel herabgekommen sind und der Menschheit dabei halfen, sich zu entwickeln und zu gedeihen, wobei Quetzalcoatl als einer der ersten „weißen Göttern“ angesehen wird, der unseren Planeten besucht hat. Er war einer der wichtigsten Gottheiten in Mesoamerika (von Mexico bis Belize) und wurde von den Mayas auch Kukulkan, von den Quiché aus Guatemala Gukumatz und von den Azteken Ehecatl genannt. In den mesoamerikanischen Überlieferungen ist Quetzalcoatl derjenige, der die Welt und alle Menschen auf ihr erschuf, es wird ihm die Einführung der Kunst und der Kultur zugeschrieben und er war der Organisator der menschlichen Gesellschaft. Viele moderne Forscher glauben ebenfalls, dass eine unbekannte weiße Rasse in der Vergangenheit ganz Südamerika beherrscht hat, die den eingeborenen Völkern half, Nahrung zu kultivieren und die hohen Pyramiden und andere Gebäude zu bauen. Anders ist das auch gar nicht zu erklären, wenn man den früheren primitiven Entwicklungszustand dieser Völker betrachtet. Quetzalcoatl stammte möglicherweise aus Atlantis und war einer der Überlebenden dieser Katastrophe, es scheint aber auch Parallelen zu den Anunnaki zu geben.

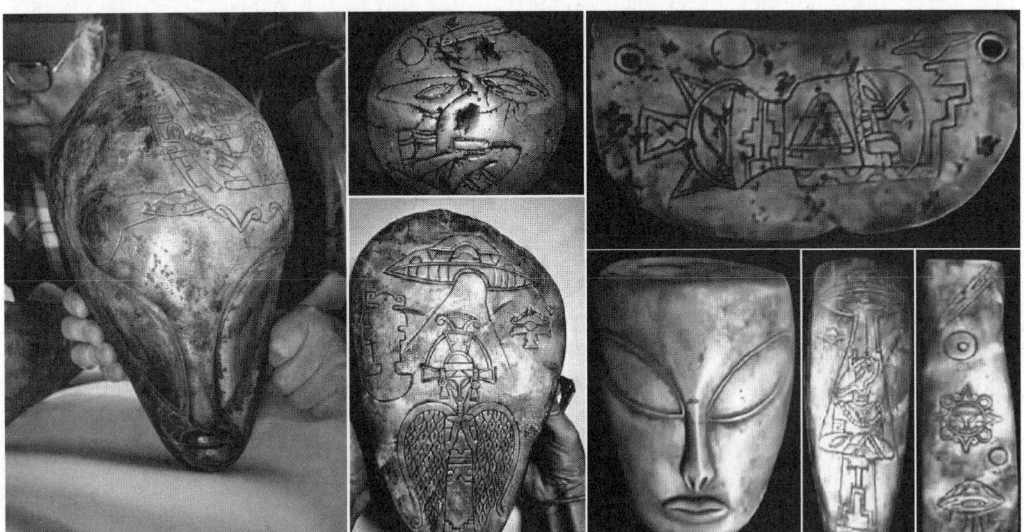

Abb. 46: Einige UFO-Artefakte aus Calakmul

Peter Kolosimo (1922-1984) war ein italienischer Journalist und zählt zu den Pionieren und Begründern der sogenannten Prä-Astronautik. Vertreter dieser Theorie glauben, dass die „weißen Götter" eigentlich außerirdische Besucher waren und Kolosimo glaubte, diese Weißen wären in Raumschiffen geboren worden und waren später nach Atlantis emigriert. Nachdem Atlantis durch eine oder mehrere Flutkatastrophen zerstört worden war, siedelten sich die Überlebenden dieser Zivilisation in Nord- und Südamerika an, wo sie von den primitiven Erdbewohnern wie Götter behandelt wurden. Hinweise auf diese weißen Götter liefern uns heute noch die Überreste der Riesen und sog. Langschädelspezies, die zum Beispiel in Paracas gefunden wurden. Andere Langschädel fand man in allen Teilen der Welt, was bedeutet, dass diese Kultur dazu fähig war, die ganze Welt zu bereisen. Im März 2017 kam es in Puebla, Mexico, zu einer sensationellen Entdeckung, als ein Team von Höhlenforschern bei der Erkundung von drei Höhlen in Privatbesitz auf detaillierte Schnitzereien stieß, die auf Jadetafeln und großen Steinen in der Höhle gemacht wurden. Sie zeigen anscheinend ein erstes Zusammentreffen von Außerirdischen mit den alten Mayas. Javier Lopez Diaz vom örtlichen Cinco-Radio veröffentlichte kürzlich einige Bilder der Artefakte, auf denen nicht nur Außerirdische mit großen Köpfen zu sehen sind, sondern auch deren Raumschiffe. Anscheinend geschah dieser Kontakt am Beginn der Maya-Kultur und die Außerirdischen halfen den Mayas bei ihrer Entwicklung. Nach ihrer Entdeckung wurden die Artefakte zur weiteren Untersuchung ins mexikanische *Nationale Institut für Anthropologie und Geschichte* gebracht. Die Echtheit der Artefakte scheint von anderen Besuchern der Höhle bestätigt worden zu sein, in der außerdem Felszeichnungen von historischer Bedeutung gefunden wurden, die ebenfalls Begegnungen zwischen Wesen einer anderen Welt und Abgesandten der Maya zeigen. Auf den Bildern erkennt man, dass die Außerirdischen drei Finger haben. Sind sie identisch mit den Nazca-Mumien? (Abb 99; S. 199)[(37)]

Die mexikanische Regierung veröffentlicht Alien-Artefakte

Die Azteken kamen viel später nach Mexiko als die Mayas. Die Kultur der Azteken existierte vom 12. bis zum 16. Jahrhundert im Gebiet von Mesoamerika und dieses Volk nannte sich selbst Mexica oder Tenochcas. Das Wort Azteke bedeutet „aus Aztlan" (Atlan – Atlantis) und war ihr Stammesname. Vor ihnen gab es eine vergessene Kultur, von der bisher nicht viel bekannt ist und deren Relikte uns Szenen aus dem Leben in der längst vergessenen Vergangenheit zeigen, die uns bis jetzt verborgen blieb. Aztlan ist die legendäre Heimat der Azteken. Es ist heute nicht genau bekannt, was mit diesem Begriff gemeint ist, doch in den Legenden ist von einer Insel die Rede, von der viele Forscher glauben, dass das Wort Aztlan „der weiße Platz" bedeutet und in Zusammenhang mit Atlantis oder gar der Antarktis stehen könnte. Es gibt eine alte Darstellung von Aztlan im Codex Boturini aus dem 16. Jahrhundert, auf der gezeigt wird, wie die Vorfahren der Azteken von der Insel Aztlan, auf der eine große Pyramide stand, mit Schiffen auf das Festland in Südamerika kamen. In den südamerikanischen Legenden gibt es verschiedene Versionen, warum die Welt durch Fluten zerstört wurde, indem die Götter immer nach Opfern und Anbetung verlangten. Ein anderer Grund war, dass die Menschen moralisch schlecht und bösartig wurden und sogar Kannibalismus betrieben. Die Azteken und andere Indianervölker sprechen zudem davon, dass wir gegenwärtig in der vierten Welt le-

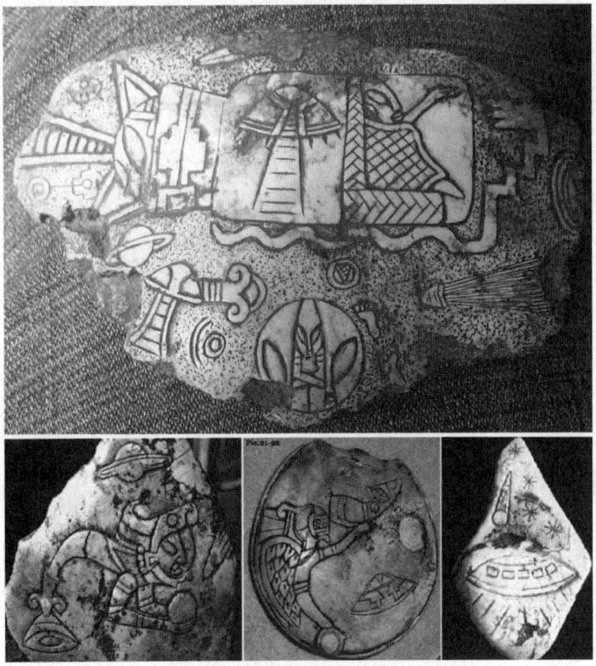

Abb. 47: Artefakte aus Ojuelos de Jalisco 1

ben und die vorherigen drei den Legenden zufolge durch Flutkatastrophen und Kataklysmen zerstört wurden. Nach diesen Fluten gab es demnach kein Leben mehr auf der Erde und die Götter mussten wieder alles Leben auf der Erde neu erschaffen. Nur ein paar Menschen konnten die Flut überleben, weil sie Schiffe bzw. Archen bauten.

In der Kolonialstadt Ojuelos de Jalisco entdeckte man vor Jahrzehnten sensationelle archäologische Objekte, die seitdem unter Verschluss waren, bevor sich vor einiger Zeit die Regierung entschied, sie nun mit der Öffentlichkeit zu teilen. Diese Objekte sind identisch mit den Artefakten von Calakmul. Auf vielen der seltsamen Kunstwerke sieht man Alien-Köpfe, die in die Steintafeln in Gold und Silber eingeätzt wurden und auf denen man detailliert erkennen kann, wie Astronauten mit Raumschiffen im Weltraum herumfliegen – ebenso gibt es Abbildungen von Planeten und Kometen. Mehrere Familien aus der Stadt Ojuelos de Jalisco sammelten mindestens 50 Jahre lang insgesamt 400 außergewöhnliche Artefakte, die sie eines Tages in einem eigenen Museum ausstellen wollten, wobei die meisten dieser Funde aus den El-Toro-Bergen stammen, fünf Kilometer außerhalb der Stadt. Vor 80 Jahren wurden die ersten Objekte von Bauern entdeckt, die in den alten Gräbern, Höhlen und Pyramiden nach Wertsachen suchten. Die Kultur, der diese Gräber angehören, konnte nicht identifiziert werden, es gibt jedoch womöglich eine Verbindung zum alten mythischen Land Aztlan. Die meisten Artefakte sind aus Ziersteinen wie Jaspis, Speckstein, Beilstein und Lapislazuli hergestellt worden, es gibt aber auch solche, die aus verschiedenen Steinen mosaikförmig zusammengeklebt wurden.

Es gab nie offizielle archäologische Forschungen in den Bergen von El Toro. Alle Artefakte wurden durch unerlaubte Ausgrabungen beschafft, wobei nicht klar ist, wie viele Stücke tatsächlich entdeckt wurden. Lokalen Forschern nach bewegt sich die Zahl zwischen 3.000 bis 5.000 Artefakten und es gibt zumindest Fotos von ca. 1.000 dieser Objekte aus privaten lokalen Sammlungen. Außerdem wurden Drucke, Skulpturen, Ringe und Anhänger gefunden. Es scheint, dass diese unbekannte und alte, menschliche Kultur Kontakt zu Wesen mit großen Augen und langen Schädeln hatte, mit denen sie lange Zeit zusammenlebten und deren Fahrzeuge sie am Himmel beobachteten. Viele der Figuren sehen den bekannten Greys sehr ähnlich. Vielleicht stammen dic Artefakte aber von dieser seltsamen raumfahrenden Zivilisation selbst und sie haben sie für spätere Zeiten zurückgelassen?

Abb. 48: Artefakte aus Ojuelos de Jalisco 2

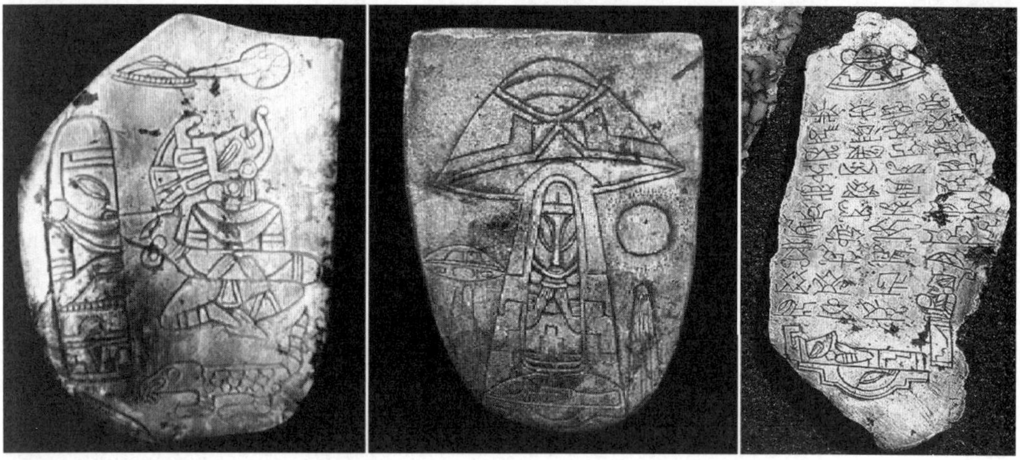

Abb. 49: Artefakte aus Ojuelos de Jalisco 3

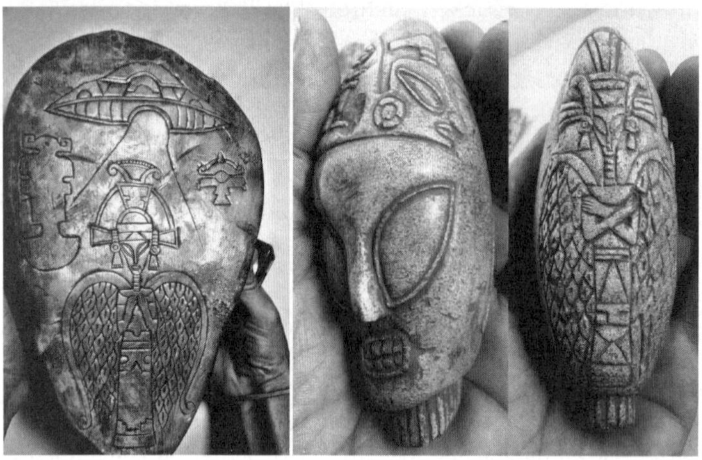

Abb. 50: Artefakte aus Ojuelos de Jalisco 4

Abb. 51: Artefakte aus Ojuelos de Jalisco 5

Die Eingeborenen konnten wohl kaum Planeten und Kometen im Weltraum beobachten und dort mit Raumschiffen herumfliegen, außer sie wurden mitgenommen. Einige der Drucke und Skulpturen zeigen auch Sarkophage, die anscheinend von einem Strahl in die Raumschiffe hineingezogen werden. Vielleicht war das eine Transportvorrichtung zum Tiefschlaf im Weltall, oder die Götter, die starben, wurden in solche Särge gelegt und abtransportiert. Es wird auf den Artefakten grundsätzlich eine Reihe von gleichen Szenen gezeigt, auf denen es einerseits Raumflugszenen gibt, die die Ankunft von UFOs in unserem Sonnensystem zeigen und es werden auch UFOs im Weltraum mit verschiedenen Planeten gezeigt. Zum anderen gibt es Abbildungen von Astronauten, die Raumspaziergänge machen und von Astronauten, die mit UFOs in Kontakt stehen. Dann gibt es Bilder, die die Ankunft der Götter auf der Erde zeigen, wobei die Götter immer sehr groß und majestätisch und oft mit Flügeln dargestellt werden. Man sieht, wie sie von einem UFO aus auf die Erde kommen. Diese Gestalten tragen immer lange Gewänder und oft wird der Kopf mit einem Helm dargestellt. Die Flügel am Rücken könnten zum Raumanzug gehören oder man hatte Fluganzüge. Die Rückkehr der Götter in die UFOs findet oft in einem Sarg statt, in dem die Körper horizontal liegen. Möglicherweise wurden wirklich tote Götter auf diese Weise von den UFOs zurückgebracht, denn die Artefakte selbst wurden meistens in Begräbnisstätten gefunden. UFOs sind auf insgesamt fast 40 Prozent aller Artefakte zu sehen, es muss also damals ein reger Flugverkehr geherrscht haben. Es gibt pyramidenförmige, hutförmige und scheibenförmige UFOs zu sehen.

Zwei der Artefakte, die dem österreichischen Forscher Klaus Dona zugesandt wurden, konnten im Labor mit der Radiokarbonmethode untersucht werden. Auf den Objekten gibt es Reste von organischen Klebstoffen, welche die Fragmente dieser Artefakte zusammenhielt, wobei etwa 15 Prozent aller Artefakte Spuren von diesen Stoffen aufweisen. Einige Objekte waren Steinpfeifen und hatten noch alte Tabakreste im Inneren. Das Alter dieser organischen Materie wurde auf 5.000 Jahre geschätzt. Zwei weitere Artefakte wurden ins Labor der *Universität von Arizona* geschickt, die dort ebenfalls getestet werden konnten, weil sie den organischen Klebstoff aufwiesen. Klaus Dona gab bekannt, dass die Analyse des ersten Artefakts ein Alter von 14.200 Jahren ergab und das zweite Artefakt 8.700 Jahre alt ist. Später wurde noch eine Keramikskulptur untersucht, die mindestens 3.800 Jahre alt ist, was bedeutet, dass die Artefakte über einen Zeitraum von gut 10.000 Jahren hinweg kontinuierlich angefertigt worden sind. Die mexikanische

Forschergruppe *Grupo Fortaleza Aztlan* stellt Kopien der offiziellen Labordokumente zur Verfügung, und es war auch diese Gruppe, die Klaus Dona die beiden Artefakte für Testzwecke zukommen ließ.(38)

Die Ica-Steine – Uralte Artefakte aus Peru

Mythen aus Südamerika sprechen oft von „Tulan-Chimostok" (Sieben Höhlen), das ist der Auffassung der Indianerstämme nach ein ausgedehntes Untergrundtunnelsystem unter Ecuador, Peru, Bolivien und Chile. Es gibt sehr seltsame Artefakte, die mit diesen Mythen in Verbindung gebracht werden. Ein gewisser Dr. Javier Cabrera (1924-2001) und andere Forscher sammelten über Jahre hinweg Steinartefakte, die später als die „Ica-Steine" bekannt werden sollten und heute in mehreren Museen in Peru ausgestellt sind. Der Bauer, der Javier Cabrera die meisten Steine beschaffte, hieß Basilio Uschuya und insgesamt wurden bisher zwischen 11.000 und 15.000 dieser Steine ausfindig gemacht. Wenn man die geschätzte Anzahl an Artefakten hinzufügt, die geplündert worden sind und sich heute in privaten Sammlungen befinden, kommt man auf eine Zahl von 50.000. Dr. Cabrera vermutete, dass weitere 200.000 bis 300.000 dieser Steine immer noch unentdeckt irgendwo vergraben oder unterirdisch versteckt sind. Bei den Ica-Steinen handelt es sich um gravierte Steine, die seltsame Szenen zeigen. Meist sind es Rollsteine und Findlinge aus Flüssen, und einige der Steine sind nur wenige Zentimeter groß, wobei die größten sogar mehr als einen Meter Durchmesser haben. Die Steine wiegen zwischen 20 Gramm und 500 Kilogramm! Alle diese Steine wurden graviert, wobei die Rillen eine Tiefe von 1 bis 2 Millimetern aufweisen. Die meisten Ica-Steine bestehen aus grauem Andesit, ein hartes Gestein, das schwierig zu schnitzen ist, trotzdem sind all diese Steine fehlerlos bearbeitet. Die Abbildungen auf den Steinen zeigen Menschen, prähistorische Pferde, Mastodons und Elefanten sowie prähistorische Kamele und Vögel. Die größte Merkwürdigkeit sind jedoch detaillierte Abbildungen von verschiedenen Dinosauriern wie dem Triceratops, dem Stegosaurier, dem Tyrannosaurus und anderen Reptilien. Es gibt Steine, die zeigen, wie Menschen auf verschiedenen dieser Tiere und sogar auf Dinosauriern reiten und Jagd auf andere Dinosaurier machen. Erstaunlich sind vor allem

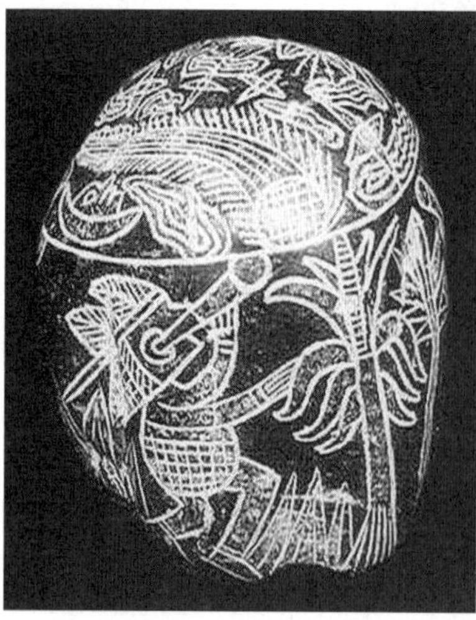

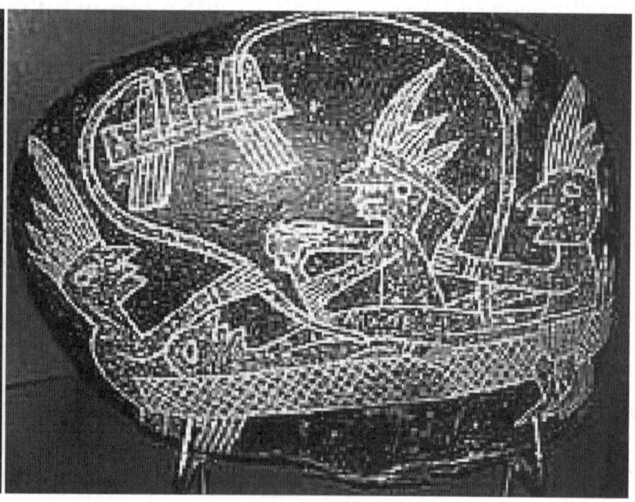

Abb. 52: Ica-Steine, die Astronomie und chirurgische Operationen zeigen

Abb. 53: Astronomie und ein besonders gefährlicher Komet oder Planet

Abbildungen von chirurgischen Operationen und Transplantationen von Nieren und Herzen. Auch werden Schädelbohrungen und sogar Verpflanzungen von ganzen Gehirnen gezeigt oder auch die Schemen vom Zustand menschlicher Organe oder Eingeweide. Auf den Steinen befinden sich darüber hinaus auch Karten und Bilder von bekannten und unbekannten Erdkontinenten, Sternenkarten mit der Sonne und anderen Sternen und Kometen. Die Darstellungen auf den Ica-Steinen zeigen, wie diese Sterne von den Menschen genau beobachtet werden.

Ein Geschichtsforscher aus Peru, Dr. Y.A. Zubritsky, ein Kollege von Dr. Cabrera, wies darauf hin, dass es sich seiner Meinung nach bei den dargestellten Menschen auf den Ica-Steinen nicht um moderne Menschen handelt, denn die dargestellten Menschen auf den Steinen haben überproportional große Köpfe. Dr. Zubritsky stellte fest, dass die Köpfe der dargestellten Menschen in Relation zu ihren Körpern ein Verhältnis von 1:3 aufweisen, moderne Menschen hingegen ein Verhältnis von 1:6 haben. Das heißt, die Schädel dieser vorzeitlichen Menschen waren doppelt so groß oder ihre Körper kleiner. Dr. Zubritsky meint, es könnte sich um eine unbekannte Spezies von Neandertalern handeln, denn auch diese hatten größere Köpfe als moderne Menschen und einen abweichenden Körperbau. Oder waren es die mysteriösen Denisova-Menschen? Möglicherweise sind diese unbekannten Frühmenschen vor mehr als 100.000 Jahren ausgestorben. Wenn sie jedoch bereits Sternenbeobachtungen und komplexe chirurgische Eingriffe durchführten, kann es sich nicht um primitive Urmenschen gehandelt haben.

Bereits den spanischen Eroberern war bekannt, dass die Ica-Steine aus den ältesten bekannten Grabmälern und Tunnelsystemen in Südamerika stammen. Der erste Europäer, der einige dieser Steine entdeckte, war der Jesuiten-Missionar Padre Simon, der den spanischen Konquistador Francisco Pizarro in den Jahren 1525 bis 1528 nach Peru begleitete. Vater Simon entdeckte die Steine im Jahr 1535 in Peru und im Jahr 1562 wurden schließlich einige der Steine nach Spanien verschifft. Die nächste bekannte Erwähnung der Steine stammt aus dem Jahr 1613, als sie in einer Liste von Dokumenten aus dem antiken Peru erwähnt werden, die von frühen spanischen Chronisten in Juan de Santa Cruz Pachacuti zusammengestellt wurden. Ein Dokument spricht davon, dass während der Herrschaft der Inka in den Jahren 1438 bis 1471 n. Chr. zahlreiche dieser gravierten Steine in dieser Provinz ausgegraben wurden.

Die Erwähnung der Steine im 17. Jahrhundert belegt ihre Echtheit, doch viele Wissenschaftler sprechen heutzutage trotzdem von modernen Fälschungen, weil diese wieder nicht in ihr konstruiertes Weltbild passen. Es stellt sich auch hier die Frage, wer so viel Zeit aufgewendet hat, tausende einzigartige Steine zu gravieren? Welchen Zweck erfüllten sie? Sollten bestimmte Ereignisse bildhaft für die Nachwelt aufgezeichnet wer-

Abb. 54: Menschen kämpfen gegen Dinosaurier

den? Die ersten bekannten Funde des 20. Jahrhunderts stammen aus dem Jahr 1955. Die Brüder Carlos und Pablo Soldi legten gravierte Steine auf einer Plantage in Okukaha in Peru frei, versuchten allerdings erfolglos, die wissenschaftliche Gemeinschaft darauf aufmerksam zu machen – sie wurden einfach ignoriert. Die Brüder konnten ihre Steine schließlich dem Nachkommen eines der Gründer der peruanischen Stadt Ica verkaufen, dem Dekan der *Medizinischen Fakultät der Universität von Lima*, Dr. Javier Cabrera. Als er sich die 341 Steine der Brüder zum ersten Mal ansah, war er noch sehr skeptisch, was sich jedoch änderte, als er sie mit ähnlichen Funden verglich, die an der ganzen peruanischen Pazifikküste gemacht wurden. Ihm wurde dabei klar, dass es sich um eine gigantische Steinbibliothek einer sehr alten unbekannten Zivilisation handelt, wobei jedoch unklar ist, wie lange die Erschaffung der Steine zurückliegt. Sicher ist hingegen, dass die Überlieferungen nur durch eine Gravur auf Stein für lange Zeit überdauern konnten. Das macht diese Bibliothek tatsächlich zu einer unglaublich wichtigen Hinterlassenschaft einer immer noch unbekannten Kultur.

Dr. Cabrera fing in der Folgezeit an, mehr und mehr dieser Steine zu sammeln und konnte bis zu seinem Tod zwischen 11.000 und 15.000 davon ausfindig machen. Im Jahr 1967 ließ er erstmals eine Analyse der Patina (Oxidschicht) und der Gravuren der Steine durchführen, und zwar in den Labors der Minengesellschaft *Mauricio Hochschild Mining Company* in Lima. Bereits damals konnte festgestellt werden, dass die Gravuren wirklich sehr alt sind. Weitere Untersuchungen erfolgten im Jahr 1969 und Professor Frenchen von der *Universität Bonn* und weitere Experten aus Lima gaben damals bekannt, dass die Oxidschicht der Gravuren laut den Analysen ein Alter von mindestens 55.000 Jahren aufweist.

Es werden weiterhin Bemühungen angestellt, um noch mehr dieser mysteriösen Steine zu finden und man entdeckte sie unter anderem in Grabstätten der rätselhaften Paracas-Kultur, in Nazca, in Ica und in Inkagräbern. Damit ist ihre Echtheit belegt und diese Artefakte stammen demnach aus einer Zeit, lange bevor das Inkareich entstand. Laut den Überlieferungen der Inkas stammten die gravierten Steine aus Tunnelsystemen unter Peru, aus denen einst ihre Vorfahren an die Oberfläche gekommen waren und wurden generationenlang weitergegeben und als Grabbeigaben verwendet. Wohin führen die beschriebenen Tunnel und wer erschuf sie ursprünglich? Suchten alte Völker darin Schutz vor verheerenden Katastrophen und Kataklysmen, die scheinbar regelmäßig die Erde heimsuchten? Betrieben sie deswegen Astronomie? Hielten sie nach Kometen oder gar dem Planeten X bzw. Nibiru Ausschau? In den Legenden der südamerikanischen

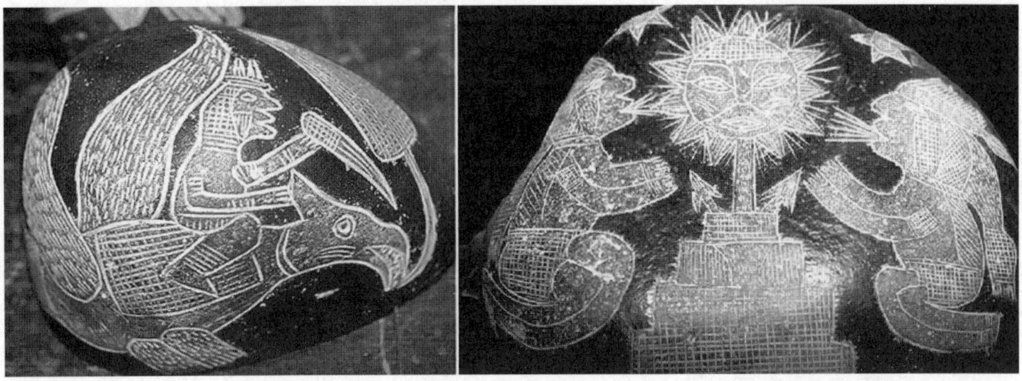

Abb. 55: Ein Flug auf einem Dinosaurier und die Sonnenanbetung auf einem sumerischen Zikkurat

Ureinwohner über das große Tunnel- und Höhlensystem Tulan-Chimostok (Sieben Höhlen) wird auch im heiligen Buch der Mayas, dem „Popol Vuh", berichtet.

Diese Überlieferungen der Maya sprechen davon, dass es Schöpfer, Gestalter und Beherrscher der Erde gibt! Die gefiederte Schlange war es, die den Menschen erschuf. Im Popol Vuh wird auch darüber gesprochen, dass diese Schöpfer und Gestalter auch den Planeten Erde selbst erschufen und sie durch ihre Macht und ihre Worte in Form brachten. Sie sagten das Wort „Erde" und sofort begannen sich die Berge aus dem Wasser zu erheben. Vorher hatte es nur Wasser und Nebel oder Wolken gegeben, danach erschienen die Pflanzen und Bäume und anschließend erschufen die Götter alle Formen von tierischem Leben – die Götter saßen im Himmel und blickten auf ihr Werk. Doch wie konnten sie im Himmel sitzen? Hatten sie Raumschiffe? Laut dem *Popol Vuh* gab es eine Ratsversammlung der Götter im Himmel, wo sie beschlossen, den Menschen zu erschaffen. Im *Popol Vuh* steht auch, dass der Mensch sowohl das Vehikel als auch der Ernährer der Götter sein sollte. So nahmen sie die rote Erde und formten daraus sein Fleisch. Der erste Mensch war nicht gut, er war schwach und hatte keine Intelligenz, außerdem konnte er nicht aufrecht stehen. Auch die nächste Generation von Menschen, die aus dem Holz des Weidenbaums gemacht wurde, war dumm und lebte ein nutzloses Leben wie die Tiere. Deshalb beschlossen die Götter, diese Kreaturen zu vernichten, und

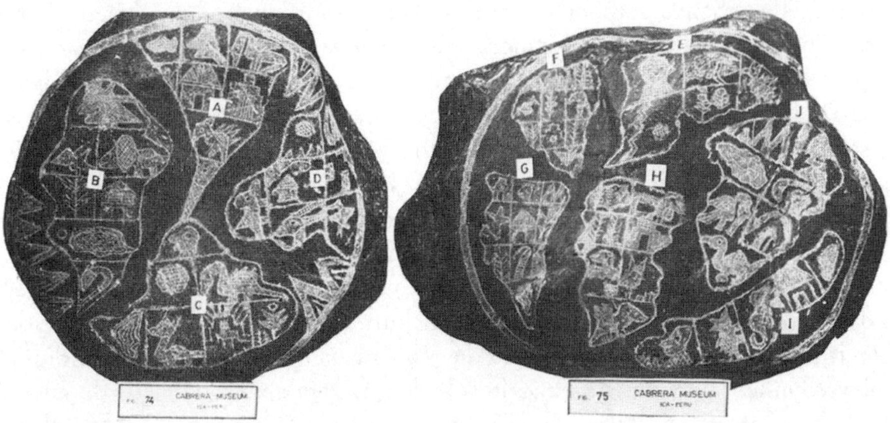

Abb. 56: Ica-Weltkarten mit 10 bewohnten Kontinenten statt der heutigen 7 – auch hier Zikkurats, Pyramiden und Dinosaurier

Abb. 57: Dr. Javier Cabrera in seinem Museum in Ica

nur wenige ihrer Nachkommen überlebten und existieren heute als kleine Affen in den Wäldern. Noch einmal kamen die Götter zusammen und erschufen vier perfekte Menschen. Diese hatten keine Eltern und wurden auch nicht von den gewöhnlichen Erschaffern entworfen. Ihr Erscheinen war ein außergewöhnliches Wunder, das durch die spezielle Intervention des großen Schöpfers vollbracht wurde. Jetzt endlich konnten die Götter auf Wesen herabblicken, die stolz auf ihre Herkunft sein durften – auf diese Weise wird im *Popol Vuh* die Entstehung des Menschen erklärt.

Das *Popol Vuh* beruht auf den uralten Überlieferungen des gesamten Maya-Kulturraums und wurde handschriftlich weitergegeben. Als die Spanier Südamerika eroberten, wurde die Verwendung dieser und anderer heiliger Schriften der Ureinwohner verboten. Die Eroberer und ihre Begleiter, die Vertreter der katholischen Kirche in Rom, ordneten an, alle diese Aufzeichnungen zu vernichten und zu verbrennen – man bezeichnete sie als „Teufelswerk". Es konnten jedoch einige Abschriften gerettet und auf Latein übersetzt werden, wobei viele dieser Abschriften mit christlichen Elementen angereichert wurden, um eine neuerliche Verbrennung zu verhindern. Eine dieser Abschriften fiel im Jahr 1702 dem spanischen Dominikaner Francisco Ximénez in Guatemala in die Hände. Doch anstatt die Schrift wie befohlen zu vernichten, fertigte Ximénez eine Übersetzung ins Spanische an, die nach seinem Tod von den Dominikanern aufbewahrt wurde. Ohne diese Übersetzung wären diese Schöpfungsmythen wohl komplett für die Nachwelt verloren gewesen. Ab 1830 wurden Kopien davon vertrieben und ab 1854 erfolgten weitere Übersetzungen in verschiedene andere Sprachen. Die katholische Kirche scheint das Ziel zu verfolgen, alle Hinweise auf alte Zivilisationen aus der Geschichte zu tilgen.

Im *Popol Vuh* wird berichtet, wie die Vorfahren vor einer großen Flutkatastrophe beziehungsweise einem Kataklysmus in die unterirdischen Tunnelsysteme in Südamerika flüchteten und dort sehr lange lebten. Sie waren dort aber nicht alleine, sondern es gab in den tiefen Höhlensystemen auch noch andere Bewohner. Es ist die Rede von großen Drachenmenschen, Schlangenmenschen und Wesen mit mehreren Armen. Auch von schwarzen und weißhäutigen menschlichen Gottheiten ist die Rede. Im *Popol Vuh* wird erklärt, dass im Tunnelsystem von Tulan-Chimostok viele Völker lebten und viele Sprachen und Dialekte gesprochen wurden. In den unterirdischen Reichen der Erde soll es zudem sehr warm und hell gewesen sein, während es auf der Oberfläche zu Überflutungen und starken Regenfällen gekommen war. Hagel und schwere Schneestürme suchten die Oberfläche unaufhörlich heim, dennoch überlebten einige Menschen auf der Oberfläche und konnten dem Kältetod entkommen. In den Legenden wurden manche von ihnen von den Göttern der Unterwelt in ihren unterirdischen Reichen akzeptiert, während andere verloren waren und keinen Schutz fanden. Es folgte eine Periode der Dunkelheit und des Frostes, denn durch die Vulkanausbrüche hatte sich vermutlich der Himmel verdunkelt und zu dieser Zeit soll den Legenden nach die Erde auch ihren Mond verloren haben. Die Überlieferungen berichten darüber, dass diese Völker lange Zeit in diesen tiefen Tunnelsystemen lebten und dort „neue Menschen" entstanden.

Diese neuen Menschen waren weißhäutig, schön und perfekt, sie wurden nach dem Abbild der Götter erschaffen und hatten die Fähigkeit zur göttlichen Erkenntnis erhalten, das Dritte Auge. Später wurde dieses Dritte Auge von den Göttern verschleiert und seitdem sucht der Mensch nach göttlicher Erkenntnis. Nachdem sich die Erdoberfläche wieder von dieser Katastrophe erholt hatte, kehrten die unterirdischen Bewohner langsam an die Erdoberfläche zurück, und es schien sich einiges verändert zu haben. Vor der Flut hatte es vielen Beschreibungen nach Riesen gegeben, die auf der Erdoberfläche lebten. Durch den Kataklysmus hatten sich die Rotationsgeschwindigkeit der Erde und andere Faktoren geändert und die Riesen konnten die Oberfläche nicht mehr bewohnen, weil sie zu schwer geworden waren. Sie konnten sich nur mehr schwerfällig bewegen und verwandelten sich den Legenden nach zu Stein. Es gibt bei allen südamerikanischen Indianerstämmen wie den Paracas, den Mayas, den Azteken, den Inkas und anderen, die gleichen Legenden. Ihre Vorfahren seien einst aus unterirdischen Tunnelsystemen an die Oberfläche gekommen und hätten damals begonnen, das Land zu besiedeln. Vor ihnen existierten bereits technische Hochzivilisationen in Nord- und Südamerika, welche die großen Megalith-Anlagen und Pyramiden erschaffen hatten, wobei diese mit hoher Wahrscheinlichkeit aus dem Weltraum stammten und sich auf den Kontinenten Atlantis und Lemuria angesiedelt hatten, bevor diese im Meer versanken.

Auf den Ica-Steinen in Abb. 56 sieht man zehn große Landmassen oder Kontinente, die in quadratische Reiche eingeteilt sind. Man kann erkennen, dass auf jedem dieser Kontinente menschengemachte Bauwerke wie Tempel, pyramidenförmige Bauten oder sogar stufenförmige Türme wie sumerische oder babylonische Zikkurats zu sehen sind. In anderen Bereichen sieht man Abbildungen von Dinosauriern und waren wohl die Ländereien, die nicht von Menschen bewohnt wurden. Die Ähnlichkeit der menschengemachten Strukturen deutet darauf hin, dass es sich um eine globale menschliche Zivilisation handelt, die bereits alle Kontinente besiedelt hatte und das zu einer Zeit, als es allem Anschein nach noch massenhaft Dinosaurier auf der Erde gegeben haben soll. Die Ica-Steine zeigen deshalb Szenen vom Leben auf der Erde, bevor die große Flut kam. Und es gibt Bilder von prähistorischen Tieren, die anders aussahen als ihre heutigen modernen Nachfahren. Es gibt verschiedene Dinosaurier oder Drachen, die auch dem chinesischen Long-Drachen ähneln, wobei es heißt, dass diese nach dem Kataklysmus ausgestorben sein sollen. Trotzdem gibt es Legenden, dass manche bis vor einigen tausend Jahren immer noch existierten. In der vorsintflutlichen Welt dienten sie den Menschen

Abb. 58: Ica-Stein Dämon – Pazuzu in Babylon – Baphomet – George Washington – alles nur Zufall?

vermutlich als Arbeits- und Reittiere. Auf anderen Steinen erkennt man auch Chimären wie die überall präsenten Vogelmenschen und es gibt Abbildungen, die verschiedene Menschenrassen zeigen – einige scheinen die Herren und andere deren Sklaven gewesen zu sein. Inwiefern die sexuellen Darstellungen auf den Steinen auf einen Niedergang dieser Gesellschaft schließen lassen, bleibt offen. In alten Schriften wird jedenfalls oft berichtet, dass solchen Ausschweifungen immer die Auflösung von ganzen Zivilisationen und Reichen beziehungsweise Naturkatastrophen folgten, die von den Göttern als Strafe geschickt wurden. Es ist kaum vorstellbar, dass spätere Bewohner Südamerikas hunderttausende Steine nur nach ihren Legenden angefertigt haben sollten, viel naheliegender ist eine Entstehung zu einer Zeit, in der diese Tiere und die Dinosaurier wirklich gelebt und sich all diese Szenen tatsächlich abgespielt haben.

Die größte Sammlung an Ica-Steinen befindet sich heute im Dorf Ica, rund 300 Kilometer nordwestlich von Lima in Peru, die von Dr. Javier Cabrera zusammengestellt worden war, der seinen ersten Ica-Stein von einem örtlichen Bauern als Geburtstagsgeschenk erhalten hatte. Viele der Steine können heute im Museum der gravierten Steine (*Museo de Piedras Grabadas*) in Ica besichtigt werden. Dr. Cabrera behauptete vor seinem Tod im Jahr 2001, Kenntnis über eine geheime Höhle in den Bergen nahe der Küste zu haben, in der sich noch mindestens 100.000 weitere dieser Steine befinden und diese sollen heute noch immer unberührt dort liegen. Aus Angst vor Plünderungen gab er den genauen Fundort niemals bekannt. Jedenfalls beendete Javier Cabrera nach dieser Entdeckung in den 1960er-Jahren seine Tätigkeit als Arzt und eröffnete sein privates Museum. Der besagte Bauer, der Cabrera seinen ersten Stein schenkte, wurde später für den Verkauf weiterer Steine an Touristen eingesperrt. Seinen Aussagen nach handelte es sich dabei aber nicht um originale Steine aus Höhlen, sondern um billige Fälschungen, die er Touristen andrehte. Andere Dorfbewohner taten es ihm bald gleich, doch diese gefälschten Steine wurden nur in geringer Stückzahl angefertigt, da es auf Dauer einfach zu aufwendig war, die Steine zu bearbeiten. Insgesamt befinden sich also neben den gesammelten Steinen von Cabrera noch weitere 50.000 in Privatbesitz und mindestens noch 100.000 in diversen Höhlen. Diese Anzahl ist eindeutig zu hoch für arme Bauern, die in ihrer spärlichen Freizeit die eine oder andere Fälschung angefertigt haben. [39]

Die Flutlegenden der Hopi-Indianer und Macuxi-Indianer

Es gibt zahlreiche Überlieferungen von verschiedenen Indianerstämmen Nord- und Südamerikas, die von einer großen Flut berichten. Diese Flut soll auch laut den Hopi-Indianern die *dritte Welt* zerstört haben. Laut ihren Überlieferungen leben wir heute in der *vierten Welt*. Die *erste Welt* wurde durch Feuer und die *zweite Welt* durch Eis zerstört. Es könnte sich hierbei um Asteroideneinschläge, Vulkanausbrüche und eine Eiszeit gehandelt haben. Die Indianervölker hatten allem Anschein nach in unterirdischen Schutzräumen und Höhlen Schutz vor den Flutwellen gefunden. Einer der ältesten Indianerstämme sind die Hopi in Arizona, deren Geschichte sich tausende von Jahren in die Vergangenheit zurückverfolgen lässt, womit sie eine der ältesten Kulturen der Erde haben. Die modernen Hopi sollen die direkten Nachfahren und ein Nebenzweig des mysteriösen Anasazi-Stamms sein, der früher in Arizona lebte und dessen letzte Siedlungen im 13. Jahrhundert verlassen wurden – und es gibt heute keinen Hinweis, wohin die Anasazi verschwunden sind. Die Hopi berichten, sie seien im Gebiet des Grand Canyon wieder an die Oberfläche zurückgekehrt, nachdem sich nach der Flut alles wieder beruhigt hatte. Die Legenden der Hopi sprechen aber auch von Ameisengöttern und fliegenden Schilden, die in der fernen Vergangenheit dort existiert hatten. Die innerirdischen Hohlräume wurden wohl von diesen Göttern in ihren fliegenden Schiffen einst angelegt und sie sollen vor tausenden Jahren dort unterirdisch gehaust haben. Die Legende der großen Flut finden wir auch in der Bibel und bei den Sumerern sowie bei fast allen alten Kulturen der Welt.

Historiker behaupten heute, die Indianer wären nach der letzten Eiszeit von Asien aus über die Beringstraße nach Nordamerika eingewandert. Das soll vor etwa 10.000 bis 15.000 Jahren passiert sein. Die Legenden aller Indianerstämme berichten jedoch nichts dergleichen – es gab keine Vorfahren, die aus dem Norden gekommen waren, auch nicht mit Schiffen. Die Vorfahren der Indianer kamen von einem Platz unter der Erdoberfläche, wobei die Hopi behaupten, ihr Volk wäre aus Eingängen am Grand Canyon in Arizona aus der Inneren Erde herausgekommen. Die Überlieferungen der Ureinwohner sprechen davon, dass der Grand Canyon durch die große Flut entstanden sei. Diese Flut hatte die vorherige *dritte Welt* unter sich begraben und ertränkt. Die Katastrophe kam über die Welt, weil es einen Sittenverfall und ein Vergessen des Weges der Göttlichkeit gegeben hatte, und heute seien wir abermals an diesem Punkt angelangt.

Die Hopi halten heute immer noch ihre heiligen Zeremonien an diesen geheimen Eingängen ab, die für jeden außer den Angehörigen des Volkes der Hopi gesperrt sind. In diesen unterirdischen Bereichen hatten sie Hilfe von merkwürdigen Göttern, die als Insekten beschrieben werden und die verschiedene Regionen der *Inneren Welt* bewohnen. Auf alten Petroglyphen in Arizona, die von den alten Hopi angefertigt worden waren, sieht man Abbildungen dieser rätselhaften Wesen mit Antennen auf den Köpfen. Es wird von den Hopi und anderen lokalen Einwohnern außerdem behauptet, dass die *Smithsonian Institution* dort kontroverse Funde in Form zahlreicher Artefakte in einer großen Höhle gemacht hat. Die Höhle soll viele Durchgänge und große Räume aufweisen, in denen sich Steintafeln mit seltsamen Hieroglyphen befanden.

Die Legenden der Macuxi-Indianer, die am Amazonas leben, sprechen ebenfalls von einer Hohlerde und wie man dort hinein gelangt. Die Macuxi sehen sich selbst als Nachkommen der „Kinder der Sonne", welche die Beschützer der *Inneren Erde* sein sollen. Angehörige des Stammes berichten davon, dass bis zum Jahr 1907 einige der Macuxi in eine Art von Höhle gegangen sind und von dort aus zwischen 13 bis 15 Tage gebraucht haben, um in das bewohnbare Erdinnere vorzudringen. Dort drinnen befindet sich laut

Abb. 59: Die Hopi-Petroglyphen von den Insektenmenschen der Innererde

ihren Aussagen die andere Seite der Welt, die *Innere Erde*. Sobald man sich im Inneren dieser mysteriösen Höhlensysteme befindet, benötigt man drei Tage Reisezeit, um eine gigantische Treppe zum Erdinneren hinunterzusteigen. Die Stufen der Treppe sollen für Riesen angefertigt worden sein und jede Stufe hat eine Höhe von 33 Zoll (84 Zentimeter). Ab dem dritten Tag der Reise benötigt man keine Fackeln oder andere Lichtquellen mehr, da der Rest des Weges mit Licht erleuchtet sein soll, das sich bereits in diesen Höhlen befindet. Es soll sich um Laternen in der Größe von Wassermelonen handeln, die so hell wie die Sonne leuchten. Am Ende des Weges gelangt man direkt an die Oberfläche der Inneren Erde. In diesem Land sollen die Riesen leben, 3 bis 4 Meter große menschliche Wesen, und die Macuxi sprechen davon, dass ihnen der Auftrag erteilt wurde, auf die Zugänge zur hohlen Erde aufzupassen und Fremde davon abzuhalten, sie zu betreten.

Den Hopi zufolge soll sich die Geschichte der Erde in Zyklen abspielen. Die drei früheren Welten waren jeweils durch einen gigantischen globalen Kataklysmus von der Erde getilgt worden und diese zyklischen Zerstörungen sollen periodisch wiederkehren. Kurz vor der Katastrophe am Ende eines Zyklus sollen die Götter aus dem Weltraum wiederkehren, die den Tag der großen Reinigung einleiten. Danach wird die alte Welt zerstört und eine neue kann beginnen. Aufrechte Menschen und Völker, die die göttlichen Gesetze eingehalten haben, werden von den außerirdischen Göttern in den innerirdischen Bereichen in Sicherheit gebracht, der verdorbene Rest der Menschheit muss hingegen in den Fluten sterben, wie es schon vorher geschehen ist. Wenn das passiert, sind die innerirdischen Ameisengötter sehr wichtig für das Überleben der geretteten Menschen. Dieses Ameisenvolk wird „Anu Sinom“ genannt, und dieses war es, das die Hopi zu ihrem innerirdischen Schutzbereich brachte. Ein Anu Sinom soll ein sehr hart arbeitendes Wesen gewesen sein, das den Hopi Nahrung zur Verfügung stellte und ihnen beibrachte, selbst welche zu konservieren, um zu überleben. Auch bei den Sumerern hieß der Schöpfergott aus dem Himmel Anu. Das Wort Naki bedeutet in der Hopi-Sprache „Freund“. Anu-Naki sind also die Himmelsfreunde und Schöpfer.

Im *dritten Zyklus* oder der *dritten Welt* soll die Menschheit bereits eine fortschrittliche globale Zivilisation erschaffen haben. Sie sollen auch über die fliegenden Schilde, also Flugzeuge, verfügt haben, wobei diese Flugschiffe schnell über die ganze Erde gereist und fähig gewesen sein sollen, ganze Städte zu zerstören. Als der Niedergang der Menschheit offensichtlich wurde, soll die *dritte Welt* von einem Angehörigen der Schöpfergötter durch eine große Flut zerstört worden sein. Auch hier sehen wir die Parallelen zur Bibel, den sumerischen Legenden und dem Gilgamesch-Epos, wobei die sumerischen Legenden später zu den Geschichten in der Bibel um Noah und die Sintflut wurden. Die wenigen Überlebenden der Flut wurden wiederum von den Schöpfergöttern später über den ganzen Erdball verteilt und von großen, flügellosen Schiffen mit einer Art Dom an ihren jeweiligen Zielort gebracht. Handelte es sich dabei um große Flugscheiben mit Antigravitation, von denen auch in anderen alten Überlieferungen gesprochen wird? Meinten die Schöpfer mit der letzten untergegangenen Zivilisation Atlantis? Gehören die Hopis und andere Stämme zu den Überlebenden von Atlantis?

Der Schöpfer Sotuknang führte die Überlebenden Hopi bei der Entstehung der *vierten Welt* auf den Gipfel eines hohen Berges und sprach: *„Sieh, ich habe sogar die Spuren eures Aufstieges weggespült, die Treppenstufen, die ich für euch hinterlassen hatte. Unten auf* *dem Grund des Meeres liegen alle einst stolzen Städte, ihre fliegenden Scheiben und ihre weltlichen Schätze, die mit dem Bösen korrumpiert waren. Dort liegen auch all die Leute, die keine Zeit fanden, von den Gipfeln der Berge zu singen und die Schöpfer zu preisen. Aber wenn ihr eure Erinnerungen an dieses Ereignis bewahrt, wird der Tag kommen, an dem diese Treppen wieder erscheinen werden. Dann wird sich die Wahrheit eurer Überlieferungen zeigen.*"(40)

Wellen höher als die Berge rollten über das Land, Kontinente brachen unter dem Druck und versanken unter die Meere. Es fiel viel Regen und die Wellen rollten unablässig heran. Sie sahen sich um und merkten, dass nur mehr ein kleines Stück Land auf dem Gipfel eines ihrer höchsten Berge übrig war – das, auf dem sie standen. Alles andere war von Wasser bedeckt worden. Das war alles, was von der *dritten Welt* übrig geblieben war. Die neue, *vierte Welt,* trägt bei den Hopi den Namen Tuwaquachi, die abschließende oder vollendete Welt: *„Es ist nicht so schön und leicht wie in der vorigen Welt. Es gibt Höhen und Tiefen, Hitze und Kälte, Schönheit und Mängel. Es ist alles da, um Dinge auszuwählen. Was ihr wählt, wird bestimmen, ob ihr dieses Mal den Plan der Schöpfung erfüllen könnt, andernfalls muss auch diese Welt wieder zerstört werden. Jetzt werdet ihr euch aufteilen und verschiedene Wege gehen, um die vier Ecken der Erde für den Schöpfer zu beanspruchen. Ich schicke euch verschiedene Sterne am Himmel. Jede Gruppe wird einem Stern folgen, bis er stoppt. An diesem Platz werdet ihr siedeln.*"(40)

Jedem Stamm wurde eine Tafel mit einer symbolischen Beschreibung ihrer Reise überreicht, um ihren vorbestimmten Platz zu finden. Die Stämme wurden von den Göttern an ihren jeweiligen Ort geführt, am Tage folgten sie einer Wolke und in der Nacht einem wandernden Stern. Auf diesen Tafeln wurde auch der Plan des Schöpfers mit allen wichtigen künftigen Ereignissen, die sie befolgen müssen, festgehalten. Diese Tafel der Hopi wird heute von den Mitgliedern des Feuer-Clans behütet. Es fehlte immer eine der vier Ecken dieser Tafeln und den Legenden zufolge ist die fehlende Ecke im Besitz des „verlorenen weißen Bruders", genannt Pahana. Einst soll Pahana mit der fehlenden Ecke zurückkehren und das ist das Signal für den Beginn einer neuen Bruderschaft der Menschheit. Wenn der „Wahre weiße Bruder" von den Sternen zurückkehrt, der die heiligen Symbole (Swastika) und die fehlende Ecke der heiligen Tafel mitbringen wird, wird sich dieser weiße Bruder von den grausamen und gierigen weißen Menschen der Erde unterscheiden. Und beim Eintreffen dieser Prophezeiung wird die *vierte Welt* enden und die *fünfte Welt* beginnen. Insgesamt neun Zeichen wurden überliefert, die das Erscheinen des wahren weißen Bruders „Pahana" ankündigen sollen. Als erstes sollten weiße Männer in das Land der Indianer kommen und ihre Feinde mit der Kraft des Donners niederstrecken (Gewehre und Waffen). Als nächstes sollen drehende Räder mit Stimmen ins Land kommen (die Planwägen der weißen Siedler). Danach sollen seltsame Biester mit langen Hörnern in das Land kommen, die dem Büffel ähnlich sehen – es handelt sich um das Vieh des weißen Mannes. Danach wird das Land mit den Spuren von Schlangen aus Eisen durchzogen werden – der Eisenbahn. Bald darauf wird das Land von Netzen überzogen, die wie Spinnennetze aussehen (Stromleitungen). Als nächstes wird das Land von Flüssen aus Stein überzogen werden, die in der Sonne die seltsamen Bilder in der Luft (asphaltierte Straßen) erzeugen. Das siebte Zeichen ist, dass sich das Meer schwarz färbt und viele Lebewesen dadurch sterben, schließlich soll es zu einem Umdenken kommen. Das achte Zeichen wird sein, dass viele junge Menschen ihr Haar wieder lang tragen, so wie die Indianer es tun. Die Jungen werden zu den übriggebliebenen Indianern kommen, ihre Lebensweise annehmen und erkennen, dass diese überlieferte Lebensweise im Einklang mit der Natur richtig ist – die Weißen werden die Weisheit der Stämme erkennen. Das neunte und letzte Zeichen wird sein, dass eine Wohnstätte in den Himmeln über der Erde mit großem Krach auf die Erde fallen wird und diese Wohnstätte wird wie ein blauer Stern erscheinen. Bald nach diesem letzten Zeichen werden die großen Zerstörungen beginnen. Die Erde wird erzittern und sich auf und ab bewegen. Der weiße Mann wird gegen andere Völker in fernen Ländern Kriege führen und es wird viele Säulen aus Rauch geben, die von Waffen erzeugt werden, die in den Wüsten von Amerika getestet wurden (Atomwaffen). Die weisen Leute und Stämme, die diese Prophezeiungen verstehen, werden dann in Sicherheit sein. Jene, die in den Gebieten der Indianer überleben, werden ebenfalls in Sicherheit sein, und wenn alles vorbei ist, wird man viel wiederaufbauen müssen. Sehr bald danach wird endlich der wahre weiße Bruder Pahana zurückkehren und die Entstehung der fünften Welt mit sich bringen. Er wird die Samen der Weisheit in den Herzen der Menschen pflanzen und sie werden schließlich gemeinsam die fünfte Welt erbauen.

Soviel zu diesen Legenden. Können all diese genauen Beschreibungen wirklich nur phantastische Fantasiegeschichten sein oder ist das alles wahr? Warum hätten die alten Völker der Erde so viel Aufwand für den Tempelbau und die Verehrung ihrer Götter betreiben sollen, wenn es für sie nicht der zentrale Aspekt ihrer Kultur gewesen wäre? Man hätte unsichtbare Götter wohl kaum so genau beschreiben können, außerdem decken sich alle diese Flutlegenden miteinander. Auch in Europa glaubten alle Menschen bis vor weniger als 200 Jahren noch an die Erschaffung und Zerstörung der Welt durch die Sintflut, denn dieses Wissen wurde seit Jahrtausenden von Generation zu Generation weitergegeben – und auch von alten Riesen und Göttern aus dem Himmel ist überall zu lesen. Wenn das Jahrtausende lang eine akzeptierte Tatsache war, warum änderte sich dieses Weltbild plötzlich vor 150 Jahren? Welche Gründe könnte es dafür gegeben haben?

Der modernen Wissenschaft zufolge sind alle diese alten Legenden und Überlieferungen zum größten Teil phantasievolle Mythen und es wurden große Anstrengungen unternommen, um eine völlig neue historische und prähistorische Erdgeschichte zu beschreiben. Obwohl das Meiste davon auch heute noch nichts weiter als Theorien sind, werden diese Theorien durch ihre ständige Wiederholung in allen Medien, in Schulen und Universitäten als auch von einem Großteil der Erdbevölkerung ungeprüft als Fakten akzeptiert. Alles, was nicht in dieses kunstvoll geschaffene moderne Weltbild passt, wird diskreditiert, zensiert, lächerlich gemacht, weggesperrt oder zerstört. Das klappte beinahe 100 Jahre lang. Erst durch neue Forschungsmethoden und den unermüdlichen Eifer vieler Alternativwissenschaftler, Autoren oder zufällige Entdeckungen von akademischen Forschern haben sich nun genügend Beweise zusammengefunden, um alles in Frage zu stellen, was wir jemals über die Entstehung der Welt und die Entwicklungsgeschichte des Menschen gelernt haben.

Im folgenden Kapitel betrachten wir uns nun Belege für große Fluten und Kataklysmen.[(40)]

Kapitel 2 – Beweise für gigantische Kataklysmen in der Vergangenheit

Wissenschaftliche Beweise für Kataklysmen und die Überlebenden von Atlantis

Die neuesten Entdeckungen in der Großen Pyramide von Gizeh scheinen nun eine Bestätigung für die Echtheit der Nachrichten zu sein, die die Erbauer der Nachwelt mitteilen wollten. Die heutige Antarktis war vermutlich ein Teil des legendären Reiches Atlantis und der Kontinent lag vor fast 12.000 Jahren viel weiter nördlich, in der Nähe des afrikanischen Kontinents. Der französische Forscher Jean Seimple beschreibt in seinem Buch „*Pyramid Apocalypsia*", wie in der Geometrie und in den Kammern der Cheops-Pyramide Hinweise auf Atlantis und eine große Flut gefunden werden können. Seimple meint, wenn man sich den Querschnitt der Pyramide ansieht, dann ist die Kammer der Königin genau in der Mitte der Pyramide zentriert, durch welche die zentrale Pyramidenachse zur Spitze verläuft. Diese Kammer soll den Kontinent Atlantis vor der großen Flut symbolisieren. Die Cheops-Pyramide wurde als Erinnerung an Atlantis erbaut und man wählte für den Bau einen speziellen Ort in Ägypten, weil an diesem Platz nach der Flutkatastrophe das neue Zentrum der bewohnbaren Landmassen der Erde war. Früher hatte sich dieses Zentrum in Atlantis bzw. in der heutigen Antarktis befunden und es gab dort ähnliche Pyramiden. Nach dem Abdriften des Kontinents und einer Änderung der Rotationsachse der Erde befindet sich dieser Punkt nun im Meer vor Afrika. Als sich die Antarktis noch an ihrem alten Platz befand und bewohnt war, lag das Zentrum der Landmassen der Erde laut Jean Seimple noch auf dem Kontinent, und zwar zwischen dem heutigen Neuschwabenland und dem Südpol. Diese Abweichung der Erdachse soll in der Cheops-Pyramide durch die Königskammer symbolisiert sein, die sich abseits der Pyramidenachse befindet und die genaue Abweichung der Erdachse angibt. Über der Königskammer befinden sich mehrere Schichten aus rotem Granit, die ungefähr 2.000 Tonnen schwer sind. Das soll die massiven Eisschichten über der heutigen Antarktis symbolisieren, welche die alten Pyramiden der ehemaligen Hauptstadt unter 3,5 Kilometer Eis begraben haben. Die große Galerie der Cheops-Pyramide soll die mathematische Verschiebung der Antarktis auf 80 Grad Süd beschreiben. Durch die Galerie floss früher nachweislich Wasser und das Wasser hat die Flut symbolisiert. Die Theorie von Seimple wäre eine mögliche Erklärung und es gibt noch andere Hinweise, dass sie stimmen könnte.

Der erste römische Geograph Pomponius Mela schrieb im ersten Jahrhundert nach Christus, dass die Ägypter sehr stolz darauf waren, das älteste Volk der Welt zu sein. In ihren authentischen alten Aufzeichnungen konnte man nachlesen, dass seit dem Bestehen ihres Volkes der Kurs der Sterne am Nachthimmel insgesamt vier Mal die Richtung geändert hat und dass die Sonne zwei Mal dort untergegangen ist, wo sie heute aufgeht. Auch Herodot (484-425 v. Chr.) schrieb in seinen Aufzeichnungen von Gesprächen mit ägyptischen Priestern, als er sich in Ägypten aufhielt. Die Priester erklärten ihm, dass die aufgezeichnete Geschichte des Volkes der Ägypter seit ihrem ersten König zu jener Zeit 341 Generationen alt war! Herodot errechnete, dass drei Generationen ein Jahrhundert umfassen sollten und kam auf ein Gesamtalter von 11.000 Jahren! Es ist anzunehmen, dass die Menschen vor mehreren tausend Jahren eine längere Lebensspanne hatten als heute, deshalb könnte die ägyptische Kultur noch wesentlich älter sein. Die Priester erklärten Herodot ebenfalls, dass seit der Zeit, als Ägypten ein Königreich wurde, die Sonne vier Mal die Richtung gewechselt hatte und zwei Mal dort unterging, wo sie heute aufgeht. Das bedeutet, dass sich alle paar tausend Jahre ein Polsprung oder eine andere Katastrophe ereignet hatte, die die Rotation der Erde umgekehrt oder den Planten selbst verschoben hat. Diodor von Sizilien berichtete im Jahr 60 v. Chr. vom Ursprung der ersten Ägypter und verfasste das berühmte Geschichtswerk „*Diodori Siculi Bibliotheca historica*". Von diesem Werk aus ehemals insgesamt 40 Büchern sind heute noch 12 erhalten geblieben und diese Sammlung war das damals umfangreichste griechische Werk antiker Geschichtsschreibung. Diodor überlieferte auch eine der ältesten Aufzeichnungen der ägyptischen Geschichte von Hekataios von Abdera. Dort heißt es, dass die Ägypter ursprünglich Fremde waren, die sich in der fernen Vergangenheit an den Ufern des Nils ansiedelten und die Zivilisation ihres Mutterlandes (Atlantis), die Kunst der Schrift und eine glänzende Sprache mit sich brachten. Sie kamen aus der Richtung der untergehenden Sonne im fernen Westen und waren das älteste Volk der Erde.

Orontius Finaeus' Weltkarte von 1531 zeigt die Antarktis ebenfalls in der Nähe von Afrika. Nach einem großen Kataklysmus wanderte die Landmasse der Antarktis mehrere tausend Kilometer in Richtung Südpol. Diese Aufzeichnungen entsprechen genau der Theorie von Charles Hapgood und Albert Einstein, der Hapgood eine wissenschaftliche Erklärung für dieses Phänomen gab. Es gibt außerdem geologische Nachweise und alte Navigationskarten mit der eisfreien Antarktis. Doch die herkömmliche Wissenschaft ging bisher immer davon aus, dass die Antarktis seit fast 40 Millionen Jahren mit Eis bedeckt ist. Daher sei es unmöglich, dass es dort bis vor wenigen tausend Jahren eine Zivilisation und Pflanzenleben gegeben hat. Doch in letzter Zeit wurden sehr wohl organische Überreste von Bäumen, Pflanzen und Insekten in der Antarktis gefunden. Forschungsergebnisse zeigen, dass die Proben ein Alter von mehreren tausend Jahren haben, aber bestimmt keine 40 Millionen Jahre alt sind!

Diese Daten widerlegen alle bisherigen falschen Annahmen über die Antarktis und das dort früher herrschende Klima und es gibt authentische Dokumente der wissenschaftlichen Teams, die in der Antarktis gearbeitet haben. Dadurch kann belegt werden, dass es in der Vergangenheit zu einer verheerenden Katastrophe gekommen sein muss, welche die ganze Vegetation und die möglicherweise dort existierende Zivilisation zerstört hat – und das nicht stufenweise über viele Millionen Jahre stattgefunden hat. Die Wissenschaftler der *North Dakota State University* fanden 2016 in den trockenen, eisfreien Zonen im Zentrum der Antarktis bei Grabungen in nur wenigen Zentimetern Tiefe relativ junge Ablagerungen von Vulkanasche, die noch absolut trocken war und daher nicht sehr alt sein kann. In wenigen Zentimetern Tiefe wurden von einem Forscher der Universität, Allan Ashworth, auf dem Beardmore-Gletscher unter der Ascheschicht außerdem die Überreste von Pflanzen und Bäumen entdeckt, die gefriergetrocknet aber nicht versteinert waren. Er konnte außerdem noch die Überreste einer bisher noch unbekannten fliegenden Käfer-Art finden, die früher in dem Gebiet der transantarktischen Berge gelebt hat. Naturwissenschaftler gaben Mitte November 2017 zudem bekannt, dass ein prähistorischer Wald in der Antarktis gefunden wurde und die Forscher behaupten, dass dieser Wald vor ca. 260 Millionen Jahren existiert haben soll. Die amerikanischen Geologen Erik Gulbranson und John Isbell entdeckten die Überreste in der Nähe der Bush Mountains am Ramsey-Gletscher in den transantarktischen Bergen und es handelt sich um das sogenannte McIntyre-Vorgebirge, welches im Zuge der *Operation Highjump* entdeckt und erstmals 1947 fotografiert wurde. Die Spitzen dieser Berge erheben sich über die oft kilometerdicke Eisschicht der Antarktis und die pflanzlichen Überreste zeigen, dass die Antarktis in der jüngeren Vergangenheit eine bewaldete Oberfläche aufwies. Die Geologen brachten Fragmente von insgesamt 13 Bäumen aus der Antarktis mit nach Hause, wobei es sich hierbei angeblich um Fossilien handeln soll. Vor 260 Millionen Jahren soll sich die Antarktis diesen Geologen nach bereits am Südpol befunden haben.

Erik Gulbranson enthüllte, dass man über die Fossilien bzw. gefriergetrockneten organischen Überreste in der Antarktis bereits seit der *Robert-Falcon-Scott-Expedition* 1910 bis 1912 Bescheid wusste! Die Zerstörung in der Antarktis hängt mit einem rätselhaften Kataklysmus zusammen, der Vulkanausbrüche zur Folge hatte, welche die Vegetation der Antarktis unter sich begruben, was zu einem großen Massensterben führte. Die Vulkane hatten eine große Menge an Methan und Kohlendioxid ausgestoßen, das den Luftdruck und den Sauerstoffgehalt der Atmosphäre veränderte und 90 Prozent aller Spezies der Erde starben dabei aus. Die Geologen wollen nun herausfinden, wie diese fossilen Bäume in die geologische Geschichte der Antarktis passen und wissen, dass dieser Wald Hinweise über den Ablauf und Ursprung dieses Massensterbens liefern kann. Die Antarktis soll vor 260 Millionen, als das Massensterben zwischen dem Perm und dem Trias stattfand, viel wärmer und feuchter gewesen sein als heute und die Geologen behaupten, dass die Antarktis zu dieser Zeit Teil des Superkontinents Gondwana gewesen sein soll. Ob diese Behauptungen stimmen, ist zweifelhaft. Vor 40 Millionen Jahren soll die erste Vergletscherung stattgefunden haben und seit knapp 15 Millionen Jahren soll der Kontinent fast vollständig von Eis bedeckt sein, behaupten die Forscher. Erstens wurde bei der *Operation Highjump* festgestellt, dass noch bis vor ein paar tausend Jahren antarktische Flüsse ins Meer flossen, und zweitens behaupten andere Forscher, dass die Überreste der antarktischen Bäume immer noch brennbar sind, was nicht sein kann, wenn sie bereits versteinert sein sollen. Die transantarktischen Berge sollten eigentlich auch nicht mehr aus dem Eis herausragen, denn wenn sie tatsächlich mehr als 260 Millionen Jahre alt wären, hätte die Erosion sie schon lange abgetragen – das gilt auch für diesen Wald. Außerdem gibt es eine Reihe von alten Karten die noch die eisfreie Antarktis zeigen. Und das bedeutet, dass diese Katastrophe in der heutigen Antarktis sich höchstwahrscheinlich erst vor einigen tausend Jahren, aber sicherlich nicht vor 260 Millionen Jahren zugetragen hat!

2012 gab das Wissenschaftsjournal *Nature* bekannt, dass Forscher bei Bohrungen in der Antarktis die Überreste von tropischen Palmen fanden, was bedeutet, dass sich der Kontinent ehemals in tropischen Regionen der Erde befunden hat. Die Wissenschaftler glauben, dass die Überreste der Palmen noch aus einer Zeit stammen, in der der Superkontinent Gondwana existiert haben soll. Ist es glaubhaft, dass organische Überreste mit einem Alter von mindestens 34 bis 56 Millionen Jahren bis heute überdauert haben? Damals fand laut der offiziellen Geschichtsschreibung die Abtrennung der Antarktis von Australien und das große globale Massensterben statt, der große „Bruch in der Kontinuität". Die Bohrungen fanden an der Ostküste der Antarktis statt und unter einer einen Kilometer dicken Sedimentschicht wurden neben den Überresten von Palmen auch noch Sporen und Samen von modernen Bäumen wie dem Affenbrotbaum und dem Macadamiabaum gefunden. Wenigen Leuten ist bekannt, dass es auch Überreste von Dinosauriern in der Hanson Formation in der Antarktis gibt. Nachweislich fiel die Temperatur niemals unter 10°C, als dieser tropische Bewuchs noch vorhanden war, also war es auch nicht zu einer langsamen sondern einer abrupten Abkühlung gekommen.

Es gibt eine alte chinesische Weltkarte aus dem Jahr 1674, die man *Kunyu Quantu* nennt. Diese Karte wurde vom belgischen Jesuitenpriester Ferdinand Verbiest (1623-1688) während seiner Missionarstätigkeit in China angefertigt. Während der 1670er-Jahre entwarf Verbiest übrigens das erste selbstangetriebene Automobil der Welt, woher bekam er die Inspiration dazu? Eine Kopie der Weltkarte befindet sich derzeit im *Hunterian Museum and Art Gallery* der *Universität Glasgow*, dem ältesten, öffentlich zugänglichen Museum in Schottland. Die Karte wurde auf der Grundlage einer noch älteren Karte angefertigt, der *Kunyu Wanguo Quantu*-Karte.

Die Geschichte der Missionsarbeit der Jesuiten in China ist ein Teil der historischen Beziehungen zwischen China und dem Westen. Die Arbeit der Jesuiten während des 16. und 17. Jahrhunderts in China spielte eine wichtige Rolle beim gegenseitigen Austausch von Wissen, den Wissenschaften und der Kulturen zwischen China und dem Westen und beeinflusst die chinesische Kultur bis heute. Im Jahr 1582 kam der italienische Jesuitenpriester Matteo Ricci (1552-1610) nach China, denn Jesuiten waren zu dieser Zeit hochangesehene Berater des chinesischen Herrschers, die zudem wichtige Posten besetzten. Viele Chinesen traten damals zum Christentum über und wurden Priester in der Gesellschaft Jesu. Der Jesuit Ricci war der erste Europäer, der 1601 die verbotene Stadt Peking betreten durfte, als er vom damaligen Herrscher Wanli dazu eingeladen worden war. Er war es auch, der die Lehren des Konfuzius erstmals ins Latein übersetzte, und im Jahr 1584 fertigte er eine vollständige Weltkarte in chinesischer Sprache an, wozu er geheimes Wissen aus dem Vatikan nutzte, der bereits über sehr alte Weltkarten verfügte. Diese Karte wurde auch die „Unmögliche schwarze Tulpe“ genannt, weil sie so selten

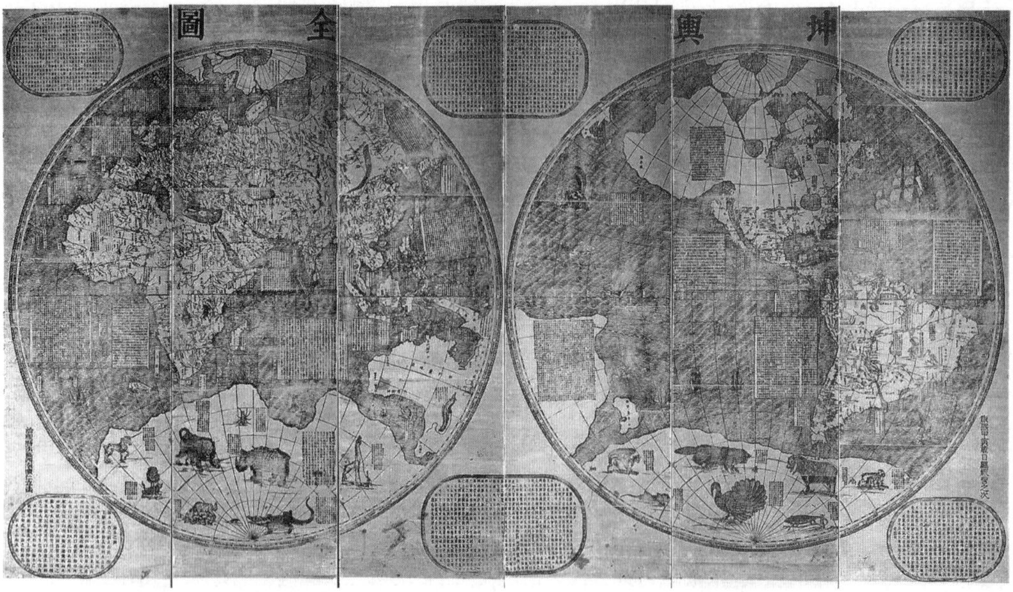

Abb. 60: Die Kunyu-Quantu-Weltkarte aus dem Jahr 1674

war. Es überlebten keine Originaldrucke dieser Karte aus dem Jahr 1584, doch im Jahr 1602 wurden einige Kopien davon auf Reispapier gedruckt, wovon es heute noch sechs Stück gibt – nur zwei davon sind noch in einem gutem Zustand. Diese sechs Kopien befinden sich in der *Vatikanisch Apostolischen Bibliothek*, in der *James Ford Bell Bibliothek* an der *Universität von Minnesota*, in der *Universität von Kyoto* in Japan, in der Sammlung der japanischen *Präfektur Miyagi*, in der japanischen Sammlung der *Kabinettsbibliothek* und in einer *Privatsammlung* in Paris. In China existieren daher keine Originale mehr. Matteo Ricci behauptete 1602, mehr als 1.000 Kopien der Karte nachgedruckt zu haben. Er verstarb im Jahre 1610 in China und wurde ehrenvoll beigesetzt. Im Gegensatz zur Originalkarte von Ricci befanden sich auf der Karte von Verbiest Abbildungen von Pflanzen und Tieren auf dem Kontinent Antarktis. Teile von Nord- und Südamerika scheinen aber mit Eis bedeckt zu sein. Ist diese Karte möglicherweise während der letzten Eiszeit entstanden und war die Antarktis zu dieser Zeit noch eisfrei und bewohnt, bis es zu einer Katastrophe kam? Dadurch verschoben sich die Rotationsachse sowie die tektonischen Platten der Erde. Selbst Platon berichtete in seinen berühmten Dialogen davon:

> Nomoi 677: „*Stellen wir uns eine von den vielen Vernichtungen vor, diejenige nämlich, welche einmal durch Überschwemmung stattfand. Welche Vorstellung wollen wir uns davon machen? Dass die damals der Vernichtung Entronnenen so ziemlich aus auf Bergen hausenden Hirten bestehen dürften, schwache Funken der menschlichen Gattung, die sich auf die Gipfel der Berge gerettet hatten... Wollen wir nun annehmen, dass die in den Ebenen und an der See erbauten Städte in damaliger Zeit gänzlich untergegangen seien? Das wollen wir. Werden wir nicht auch behaupten, dass alle Werkzeuge untergegangen seien, und wenn es etwas mühsam Erfundenes, auf die Kunst der Staatsverwaltung oder irgendein anderes Wissen Bezügliches gab, dass das alles in damaliger Zeit verlorenging? Wollen wir also nicht erklären, dass damals, als der Untergang stattfand, es so um das Schicksal der Menschen bestellt war, dass eine unermessliche, grauenvolle Verlassenheit herrschte, aber ein großer Überfluss an reichen Ländereien, sowie dass nach dem Dahinsterben der anderen Tiere einige Rinderherden und etwa einige Ziegen zufällig sich erhielten, jedoch selbst diese ihren Hütern damals anfänglich einen spärlichen Lebensunterhalt boten?...*
>
> *Ist nun nicht, mit dem Fortschreiten der Zeit und dem Zahlreichwerden unserer Gattung, alles zu allen jetzt bestehenden Zuständen vorgeschritten? Natürlich nicht mit einem Mal, sondern nach und nach in sehr langer Zeit. Denn hatte auch irgendein Werkzeug auf den Bergen sich erhalten, so ging das durch Abnutzung bald verloren, durch andere aber ließ es sich nicht ersetzen, bevor etwa die Kunst der Metallbearbeitung wieder unter die Menschen gelangte. Um wie viele Menschenalter später glauben wir wohl, dass das stattgefunden habe? Offenbar um sehr viele. So dürfen auch die Künste, welche des Eisens bedürfen und des Erzes und alles Derartigen, in damaliger Zeit ebenso lange und noch länger verschwunden gewesen sein.*“(41)

Viele der Überlebenden haben sich bei der Katastrophe nach Südamerika gerettet, weil es dort ebenfalls hohe Gebirge gab und dort entstanden dann die Reiche der indianischen Ureinwohner. Die Überlebenden gründeten später ein großes Reich und sein mit Steinen gepflastertes Straßensystem, welches das fortschrittlichste und ausgedehnteste Transportsystem des präkolumbianischen Südamerikas war und über mehr als

30.000 Kilometer verlief – es wurden sogar Tunnel in die Berge getrieben! Entlang der Inkastraßen befinden sich viele der mysteriösen Megalith-Stätten wie Tiahuanaco, Puma Punku, Cusco, Machu Picchu und andere. Viele Forscher glauben, dass diese Kultstätten und die Straßen viele Tausend Jahre älter sind als das Reich der Inka und von unbekannten, fortschrittlicheren Vorfahren erschaffen wurden. Die Inkas wurden von den ersten Europäern auch dazu befragt, wie sie es geschafft hatten, solche Bauwerke zu erschaffen, und sie antworteten, dass sie es nicht wissen und dass alles bereits lange vor ihrer Ankunft hier war! Platon schrieb in seinen Dialogen auch über die Städte der Atlanter. In Atlantis gab es rotes, schwarzes und weißes Gestein, aus welchem sie ihre Städte bauten. Sie vermischten verschiedenfarbige Steine, um den Bauten ein schönes Aussehen zu verleihen, und eine solche Bauweise weist auch die Prä-Inka-Ruinenstätte von Tiahuanaco auf.

Abb. 61: Die China-Mission der Jesuiten. Oben links Ignatius von Loyola und rechts Franz Xaver. Unten links Johann Adam Schall von Bell und rechts Vater Matteo Ricci.

Kommen wir nun zur Theorie von Charles Hapgood (1904-1982). In allen alten Legenden ist von einer großen Flut oder der Sintflut die Rede und alte Bauten wie die Pyramiden in Ägypten geben weiterhin Rätsel auf. Wer hat sie wie und wann erbaut? Viele Spuren führen ins mythische Atlantis, und Berichte von Platon, Geschichten aus der Bibel und andere alte Mythen berichten uns von dieser Zivilisation. Der amerikanische Historiker Charles Hapgood, der 1929 sein Studium mittelalterlicher und moderner Geschichte an der *Universität Harvard* mit Erlangung des Master-Grades beendete, verfasste mehrere Bücher zu dieser Thematik. Während des Zweiten Weltkriegs war er für das *Center of Information* tätig, einem Vorläufer der CIA, und lehrte nach Kriegsende an verschiedenen amerikanischen Colleges, wo er wissenschaftliche Vorlesungen zu verschiedenen Themen hielt. Einer seiner Schüler sprach ihn eines Tages auf mythische Kontinente an, wodurch er ein Projekt zum Thema „Atlantis" startete und sich fortan sehr für verlorene Zivilisationen der Vorzeit interessierte. Im Jahr 1958 erschien sein erstes Buch „*The Earth's Shifting Crust*" (Die Verschiebung der Erdkruste), bei dem Albert Einstein das Vorwort verfasste. 1966 erschein dann sein drittes Buch „*Die Weltkarten der alten Seefahrer – Die Entdeckung der Antarktis vor 6.000 Jahren und Amerikas vor Kolumbus*", das sich ebenfalls mit einer Polverschiebung auseinandersetzt. Hapgood schreibt in den Büchern von einer fortschrittlichen Seefahrerkultur, die früher die eisfreie Antarktis bewohnt haben soll. Auch der Forscher Graham Hancock beschreibt in seinen Büchern die atlantische Zivilisation und vertritt die Meinung, dass sie definitiv existiert hat und für viele unerklärliche Verbindungen zwischen bekannten antiken Zivilisationen wie Ägypten, Sumer und den Azteken verantwortlich war.

Vor 12.000 Jahren soll es demnach durch einen Kataklysmus zu einer plötzlichen Verschiebung der Erdkruste gekommen sein, wodurch diese vorzeitliche Zivilisation vernichtet wurde. Diese prähistorische Kultur muss über ein enormes geographisches Wissen verfügt haben, und dieses Wissen wurde von Überlebenden der Katastrophe an Menschen auf der ganzen Welt weitergegeben. Ein Teil dieses Wissens ist in den mysteriösen alten Seefahrerkarten wie der Buache-Karte von 1754 wiedergegeben, in der die Antarktis bereits eingezeichnet und noch eisfrei dargestellt wurde. Die Katastrophe soll Hapgoods Meinung nach von regelmäßig auftretenden Verlagerungen der geographischen Magnetpole erfolgt sein, und auch Einstein war dieser Meinung. Solche Polverschiebungen sind inzwischen nachgewiesen und haben laut Hapgood mehrmals in Abständen von ca. 5.000 Jahren in der Vergangenheit der Erde stattgefunden. Wissenschaftler meinen hingegen, dass sie sich in Abständen von hunderten Millionen Jahren ereignet hätten und nicht so verheerend gewesen sein können, wie von Hapgood beschrieben. In seinen Büchern erklärt Hapgood auch, dass die Eismassen der Antarktis – rund 27 Millionen Kubikkilometer, in denen heute 70% allen Frischwassers der Erde gespeichert sind – die Rotation unseres Planten spürbar beeinträchtigt haben. Wenn all dieses Eis schmilzt, würde der globale Meeresspiegel um mindestens 60 Meter ansteigen. Doch wie konnte sich eine mehrere Kilometer dicke Eisschicht bestehend aus Frischwasser in so kurzer Zeit über den gesamten Kontinent legen? Nur durch eine Flutkatastrophe, verbunden mit einer Kontinentalverschiebung und einem blitzartigen Einfrieren der hohen und damals viel weniger salzhaltigen Fluten. Die Menschheit hat offensichtlich solche Magnetpolverschiebungen und Flutkatastrophen mehrmals überlebt. Auch wenn man von der Nibiru-Hypothese ausgeht, der zufolge der unserem Sonnensystem angehörende 12. Planet alle paar tausend Jahre wiederkehrt, kann man sich ebenfalls einen solchen Kataklysmus durch eine Beeinträchtigung der Planetenbahn der Erde vorstellen. Möglicherweise ist es vor 12.000 bis 17.000 Jahren zu mehreren verschiedenen, katastrophalen Ereignissen gleichzeitig gekommen, bei denen die alten Zivilisationen von Atlantis und Lemuria und möglicherweise auch diejenige von Hyperborea vernichtet wurde. Legenden zufolge handelte es sich bei den Bewohnern von Hyperborea um 3 m große Riesen. Der französische Autor Robert Charroux war der Meinung, dass die Hyperboreer eine Rasse von antiken Astronauten waren, ein Volk von sehr großen und sehr weißen Menschen, die die Arktis als ihre Heimat wählten, als sie zur Erde kamen, da dort ein ähnliches Klima wie auf ihrem Ursprungsplaneten herrschte. Vor rund 8.000 Jahren soll dieses arische Volk dann in den Süden gewandert sein, als die große Flut kam und die arktischen Regionen der Welt mit Eis bedeckte. Durch die Eismassen am Nordpol hatten sich die dort ehemals befindlichen Landmassen abgesenkt und waren im Meer versunken, die größere Antarktis hielt dem Druck stand. In Nordeuropa und Zentralasien siedelten die Hyperboreer sich schließlich wieder an und brachten ihre heiligen Lehren in Form der Veden bzw. Weden mit sich.

Wie bereits bekannt, wurden die ersten Inseln südlich von Südamerika erst im 17. und 18. Jahrhundert erforscht und die Antarktis hatte man offiziell nicht vor 1820 entdeckt. Die Quellen dieser alten Seekarten der Antarktis stammten jedoch schon aus dem frühen Mittelalter und wahrscheinlich existierten noch wesentlich ältere Karten. Erstaunlicherweise zeigen einige dieser Karten eine eisfreie Antarktis mit genauer Topographie, wie sie kürzlich erst mit Satelliten bestätigt werden konnte, woraus Hapgood schloss, dass diese Karten von einer fortschrittlichen Zivilisation bereits vor tausenden Jahren angefertigt worden sind – vermutlich am Ende der letzten Eiszeit, als die Antarktis noch nicht mit Eis bedeckt war. Hapgood und Hancock nach war der Kontinent damals noch nicht in seiner heutigen Position, sondern befand sich ungefähr 30 Grad weiter nördlich, in einer klimatisch milderen Zone. Es ist bekannt, dass sich die tektonischen Platten der Erde bewegen und die Landmassen nicht stationär sind, sondern aus großen, sich unabhängig voneinander bewegenden Platten bestehen. Diese Bewegungen verlaufen jedoch sehr langsam und eine von Hapgood beschriebene Verschiebung würde unter normalen Umständen hunderte Millionen von Jahre dauern. Das erklärt jedoch nicht die dicke Eisschicht, die sich über der Antarktis befindet. Laut den neuesten wissenschaftlichen Untersuchungen existiert sie erst seit einigen tausend Jahren und die Überreste von gefriergetrockneter Vegetation beweist das jetzt. Wenn sich also die Antarktis in die arktische Region des Südpols verschoben hat, sollten sich andere tektonische Platten auch sehr schnell verschoben haben, worauf Funde von blitzgefrorenen Mammuts in Alaska und Sibirien hindeuten, deren Körper perfekt im Permafrost erhalten geblieben sind. Von einigen in Sibirien ausgegrabenen Mammuts, die sehr plötzlich eingefroren wurden, konnte man immer noch das Fleisch essen, wenn man es kochte.

Im Jahr 2007 gab es einen Fund in Sibirien in der Region von Jamal-Nenzen, einer Verwaltungseinheit im Norden Russlands. Es war ein gefrorenes Babymammut und dem am besten erhaltenen Exemplar, das man bisher bergen konnte, wurde der Spitzname „Lyuba" gegeben. Dr. Daniel Fisher, ein Kurator der Paläontologie des Museums der Universität von Michigan, war Teil eines Teams, das diesen nahezu intakten Körper eines vier Monate alten weiblichen Wollhaarmammuts untersuchte. Diese Mammuts bewohnten vor tausenden Jahren ausgedehnte nördliche Gebiete, die sich von Osteuropa über Sibirien über eine mögliche Landbrücke bis nach Alaska erstreckten. Diese Gattung starb vor zirka 10.000 Jahren aus und die Gründe dafür waren laut den Wissenschaftlern eine Überjagung durch Menschen oder ein plötzlicher Klimawandel. Viele von ihnen sind noch immer im Permafrost erhalten geblieben und durch die relativ intakte DNA wäre es heute möglich, das Tier zu klonen. Eine Probe zur Radiokarbondatierung wurde entnommen, wobei die Tests ergaben, dass das Tier vor mehr als 10.000 Jahren lebte, was mit Hapgoods und Hancocks Thesen übereinstimmen würde.

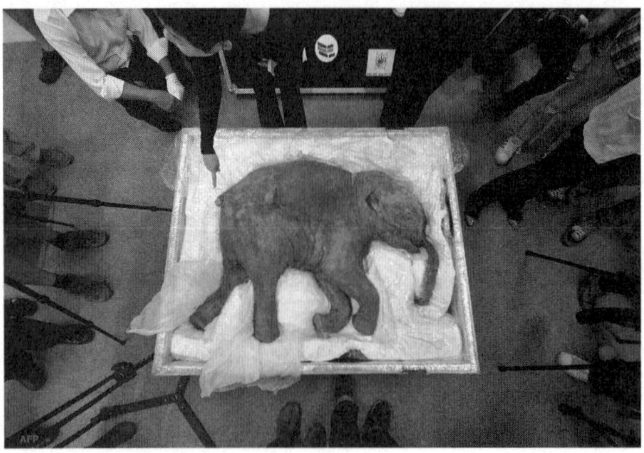

Abb. 62: Gefrorenes Mammut „Lyuba"

Wenn warme Klimazonen plötzlich in polare verschoben werden, müsste eine große Anzahl an Tieren unfähig gewesen sein, zu fliehen. Einen weiteren Beweis stellt das Alter der antarktischen Eisschicht dar, denn sie ist viel jünger, als man früher dachte. Vor der letzten Eiszeit müssen große Gebiete der Antarktis eisfrei gewesen sein und Hancock beschreibt in einem seiner Bücher, wie Sedimentproben vom Grund des Rossmeeres vor der Antarktis gesammelt wurden. Das geschah auf einer der Expeditionen des berühmten Admiral Byrd. Forscher des *Carnegie Instituts* in Washington D.C. stellten dort ebenfalls Untersuchungen an, wobei die Proben zeigten, dass noch vor 6.000 Jahren Sedimente durch antarktische Flüsse ins Meer geflossen sind! Wenn es noch Flüsse gegeben hat, kann sie zu dieser Zeit noch nicht komplett mit Eis bedeckt gewesen sein, außerdem ist es in der Polarregion zu kalt für solche Flüsse. Eine Ausnahme wären vielleicht Zonen, die durch Vulkanaktivität erwärmt wurden, weswegen es also durchaus möglich wäre, dass sich die Antarktis vor einigen tausend Jahren noch in einer wärmeren Klimazone befunden hatte und die Zivilisation von Atlantis dort existierte. Die Überreste dieser Kultur sollten dann unter dem Eis begraben sein, und genau das belegen jetzt immer mehr Beweise.[(41)]

Göbekli Tepe, die Untergrundstädte Kappadokiens und die rätselhafte Herkunft der Nutzpflanzen

Verschiedenen überlieferten antiken Schriften zufolge gab es vor und während der letzten Eiszeit eine florierende Hochzivilisation, die vor ca. 13.000 Jahren durch den Einschlag eines oder mehrerer Asteroiden oder Kometen zerstört wurde. In den alten Texten sind allerdings auch Warnungen für die Zukunft überliefert. Der Bestsellerautor Graham Hancock erklärt diese Ereignisse in seinem Buch *„Magicians of the Gods – Die verlorene Weisheit der verlorenen Zivilisation der Erde“*, demzufolge am Ende der letzten Eiszeit vor 12.800 Jahren ein gigantischer Komet für eine riesige Katastrophe auf der Erde verantwortlich gewesen sein soll. Der Komet war in verschiedene Fragmente zerfallen, einige davon trafen die Erde und lösten schließlich einen globalen Kataklysmus aus. Die Einschlagsgebiete sollen Nordamerika und Europa gewesen sein, wobei die Fragmente eine vermutete Einschlagsgeschwindigkeit von 97.000 km/h hatten und durch den Eintritt in die Atmosphäre eine starke Hitze erzeugten. Diese Hitze schmolz Hangcocks Informationen zufolge augenblicklich große Massen der damals bestehenden Eiskappen, was zur Folge hatte, dass Millionen Quadratkilometer an geschmolzenem Eis die Erdkruste destabilisierten und die große Flut verursachten.

Obwohl viele Legenden von mythischen Ländern wie Atlantis, Lemuria, Mu oder Hyperborea überliefert sind, leugnet die akademische Wissenschaft bis heute die Existenz fortschrittlicher Zivilisationen in der Vergangenheit, obwohl nunmehr viele Beweise dafür vorliegen. Natürlich wissen eingeweihte Kreise, wie beispielsweise die Hochgradfreimaurerei, darüber Bescheid, sie wollen jedoch nicht, dass dieses Wissen allgemein bekannt wird. Und nicht nur die riesigen alten Steinmonumente und Megalith-Anlagen der Welt zeugen heute noch von diesen Zivilisationen. Graham Hancocks Bücher wurden von der Wissenschaft bis zuletzt ignoriert. Das änderte sich jedoch, als sich einige dieser Experten doch näher mit seinen Entdeckungen beschäftigten. Gravuren in den berühmten Steinmonumenten von Göbekli Tepe, der offiziell ältesten Tempelanlage der Erde, sind ein Beweis dafür, dass vor 13.000 Jahren ein Komet eingeschlagen war und einen Kataklysmus auslöste, der die alte Zivilisation der Erde auslöschte.

Bei der Anlage, die im südöstlichen Anatolien in der Türkei liegt und im Jahr 1963 entdeckt wurde, handelt es sich um eine große Megalith-Anlage mit Steinkreisen aus großen Steinplatten, die eine T-Form aufweisen. Mehr als 200 dieser schweren Steinplatten wurden für die 20 bisher freigelegten Steinkreise verwendet. Jeder dieser Pfeiler ist bis zu sechs Meter hoch und wiegt bis zu 20 Tonnen, die größte unfertige Platte hat sogar ein Gewicht von 50 Tonnen. Wie hat man diese schweren Platten und Pfeiler transportiert? Jetzt, nach über 20 Jahren Ausgrabungsarbeiten in Göbekli Tepe, haben die Forscher noch immer kein einziges Steinschneidewerkzeug gefunden! Wie sollen primitive Jäger und Sammler diese tonnenschweren und bis zu sechs Meter hohen Steinsäulen bearbeitet und aus dem kompakten Felsgestein herausgeschnitten haben? In lächerlichen TV-Dokumentationen wird ernsthaft behauptet, dass das mit scharfen Steinkeilen bewerkstelligt wurde! Auch die kunstvollen Skulpturen und Schnitzereien sollen mit Steinkeilen in das harte Gestein geschlagen worden sein – diese sind perfekt, glatt und im rechten Winkel geformt, und ohne Metallwerkzeuge ist so etwas unmöglich herzustellen. Rätselhaft ist auch, warum neben Fabelwesen wie Vogelmenschen auch Skulpturen von Tieren wie dem Gürteltier, dem Wildschwein sowie Gänsen zu sehen sind, denn alle diese Tiere waren dort niemals einheimisch. Woher stammten sie also ursprünglich? Ist es ein Zufall, dass sich in 560 km Entfernung in Armenien die angebliche Ruhestätte der Arche Noah befindet? Gab es hier womöglich eine Verbindung? Auch die Arche konnte nur mit großem technischem Wissen geschaffen werden.

Es wurden bislang erst vier der insgesamt zwanzig entdeckten Steinkreise völlig freigelegt, wofür der deutsche Archäologe Klaus Schmidt verantwortlich war. Dieser erkannte 1994, dass sich dort unter der Erde verschüttete Megalith-Anlagen befinden, und mit Bodenradar konnte man feststellen, dass sich tatsächlich enorme Strukturen unter dem Schutt verbargen. Im Zentrum jedes Kreises befinden sich immer zwei große T-förmige Pfeiler mit seltsamen Inschriften, wobei auch hier die Frage aufgeworfen wird, warum diese Steinkreise vergraben waren. Darüber hinaus sind die Platten in Sockel eingesetzt, die extra dafür aus dem Felsboden herausgeschlagen wurden. Göbekli Tepe war ein sehr wichtiger Ritualplatz, an dem es jahrhundertelang Aktivitäten gab und das Alter der Anlage wird auf 12.000 Jahre geschätzt. Nachdem auf den großen Ritualsteinen Skulpturen von verschiedenen Wildtieren, Reptilien und Fabelwesen abgebildet sind, nimmt man an, dass die Gegend um die Anlage früher bewaldet war. Es gibt allerdings keine Abbildungen von Menschen auf den Steinen, nur Vogelwesen mit menschlichen Armen und Händen sowie merkwürdige Symbole und das H-Symbol. Das H-Symbol findet man auch bei anderen Megalith-Bauten auf der ganzen Welt. Ob es sich bei den menschenähnlichen Wesen um Götter oder Hybridwesen handelt, ist unklar. Mit welcher Technik die Anlage selbst erbaut wurde, ist auch unbekannt. Die Steinplatten, deren Oberflächen perfekt flach und poliert sind, mussten schließlich von irgendjemandem exakt herausgeschlagen, transportiert und platziert worden sein. Die Anlage wurde in verschiedenen Bauphasen erschaffen, wobei der älteste Teil ca. 12.000 Jahre alt ist und dann bis vor 10.000 Jahren erweitert wurde. Irgendwann später hatte man die komplette Anlage aus unbekannten Gründen unter einem riesigen Aufwand absichtlich wieder vergraben. Dazu wurden unglaubliche 500.000 Kubikmeter Füllmaterial verwendet, das wahrscheinlich irgendwie auf den Berg geschafft worden ist. Die Tempelanlagen wurden aber nicht nur oberflächlich verschüttet, sondern bis zu 15 Meter tief vergraben!

Ähnlich wie bei anderen antiken Kulturen kann man auch in Göbekli Tepe sehen, dass die ältesten Bauten die technisch und künstlerisch ausgereiftesten sind. Über den alten Anlagen wurden dann später kleinere und einfachere errichtet, und das über einen Zeitraum von 2.000 Jahren hinweg. Wenn es insgesamt 20 Tempel gibt, so wurde alle 100 Jahre ein neuer erschaffen und der vorherige wieder zugeschüttet. Da die ältesten Tempelanlagen die komplexesten sind, ist klar ersichtlich, dass Ingenieurswissen für die Erschaffung der Anlagen erforderlich war. Doch woher stammte dieses? Stellen die großen Pfeiler in der Mitte der Steinkreise Götter in Lebensgröße dar, die verehrt wurden, weil sie den Menschen die Kultur brachten?

In dem freigelegten Schutt befanden sich Reste von Wildpflanzen und zehntausende Tierknochen, die hauptsächlich von Gazellen stammen. Hierzu muss allerdings noch etwas erläutert werden: Man fand in Göbekli Tepe noch keine domestizierten Tier- oder Nutzpflanzenarten. Ein bisher ungelöstes Rätsel der Evolution sind nämlich domestizierte Tier- und Pflanzenarten, die sich nie und nimmer zufällig entwickelt haben können. Bei vielen der heute bekannten Nutzpflanzen, wie z.B. Mais, Weizen, Äpfeln, Salat, Blumenkohl, Reis, Bohnen, Tomaten, Kartoffel usw., ist nicht bekannt, aus welchen Urformen sie sich entwickelt haben sollen. Die ersten, bereits vollständig domestizierten Tiere und Pflanzen erschienen ganz plötzlich vor 5.000 bis 10.000 Jahren. Das ermöglichte es den Menschen, sesshaft zu werden und Ackerbau und Landwirtschaft zu betreiben. Nutztiere wie Vieh, Schweine, Ziegen und Hühner waren ganz plötzlich da. Und auch die Nutzpflanzen entstanden sehr plötzlich und weltweit fast gleichzeitig. Wie kann das sein? Angeblich sollen primitive Urmenschen hunderttausende von Jahren doch nur als Jäger und Sammler gelebt haben. Wildgetreidesorten sollen sich so verändert haben, dass sie heute völlig vom Menschen abhängig sind? Die Ähren von Getreide öffnen sich nicht mehr selbständig, sondern die Körner müssen von Menschen aufgeschlagen bzw. gedroschen werden. Wenn das nicht erfolgt, würden diese Nutzpflanzen aussterben. Eine fortlaufende Kultivierung ist demzufolge nur durch eine künstliche Aussaat möglich, und das Entstehen dieser Getreidesorten erforderte viele tausend Jahre an gezielter Zucht. Doch wer sollte so etwas gemacht haben? Die wilden Jäger und Sammler? Haben sie das gleiche mit den wilden Tierarten gemacht? Auch hier war anscheinend eine aufwendige genaue Zucht nötig, damit man letztendlich die heutigen Nutz- und Haustiere erhielt. Wie sollte man wissen, welche Pflanzen und Tiere für eine Zucht auszuwählen waren? Um das zu erklären, muss ich hier ein wenig vom Hauptthema abschweifen.

Im Buch *„Ihr seid Lichtwesen“* von Armin Risi wird dieses Problem ganz genau beschrieben. Armin Risi erklärt, dass es fast unmöglich ist, dass Höhlenmenschen den riesigen Auerochsen einfingen und ihn im Laufe von 10.000 Jahren zum heutigen Rindvieh züchteten und domestizierten. Das Gleiche soll auch mit Wildschweinen, Wölfen, Wildkatzen, Wildpferden, Wildschafen usw. geschehen sein? Wenn dem so gewesen sein sollte, was sehr unwahrscheinlich ist, müssten diese Jäger und Sammler ständig mit kleinen Herden dieser Tiere umhergezogen sein und hatten sehr viel Glück bei ihrer Zucht, weil sie ja nicht wissen konnten, was dabei herauskommt. Ganz nebenbei haben sie noch

Jahrtausende lang ungenießbare Wildpflanzen gezüchtet, bis sie irgendwann auf wundersame Weise zu unseren heutigen Nutzpflanzen geworden waren. Hatten sie das alles so geplant? Nebenbei bemerkt führt eine Züchtung von Wildformen nicht zur Entstehung neuer Arten! Ein sehr seltsamer Vertreter dieser domestizierten Nutzpflanzen ist der Mais. Der Mais kann sich nicht mehr von selbst vermehren, ist auch im ganzen Pflanzenreich einzigartig und die Wissenschaft hat keine Ahnung, woraus er sich entwickelt haben soll. Liest man in den alten Legenden antiker Völker nach, erfährt man sofort, wo diese Tiere und Pflanzen hergekommen sind: **Sie waren ein Geschenk der Götter, die vom Himmel gekommen waren.** In ägyptischen Überlieferungen heißt es, dass der Hunger nach der Flut zu Kannibalismus geführt hat, weshalb die Götter die Nutzpflanzen und Nutztiere auf die Erde gebracht hätten.

Die Evolution von Bäumen und Blumen stellt für Evolutionstheoretiker ebenfalls ein unlösbares Geheimnis dar. Charles Darwin selbst bezeichnete es als ein „scheußliches Mysterium". Ähnlich wie bei der Evolution von Tieren gibt es auch bei der angeblichen Evolution von Pflanzen ein paar grundsätzliche Probleme und unlösbare Fragen. Die ersten Fossilien von Pflanzen sollen „nur" 475 Millionen Jahre alt sein. Evolutionisten glauben, dass sich die heutigen Pflanzen aus Meeresalgen entwickelt haben sollen. So etwas konnte nicht passieren, bevor die Erde eine Ozonschicht gebildet hatte, die die Pflanzen an Land vor der gefährlichen UV-Strahlung beschützt hat. Nachdem das geschehen war, sollen sich die Pflanzen an das Leben an Land angepasst und sich adaptiert haben. Pflanzen an Land brauchen viele Eigenschaften, welche die Algen nicht haben. Sie mussten lernen, Nährstoffe aus dem Boden aufzunehmen und sich ohne die Unterstützung des Wassers nach oben aufzurichten und zu halten. Außerdem musste ein Mechanismus entstehen, der es den Pflanzen ermöglichte, sich an Land fortzupflanzen. Alle diese Fähigkeiten können nicht durch eine Adaption von Meeresalgen entstanden sein, denn dafür müsste sich der DNA-Code verändern. Wie man heute weiß, ist es nicht möglich, neue Informationen in diesen Code einzubringen. Die Unterschiede von Meerespflanzen und Pflanzen an Land können daher nicht durch eine Evolution mit zufälliger Mutation entstanden sein. Der genetische Code aller Pflanzen wurde programmiert, um sich den verschiedensten Lebensbedingungen an Land anzupassen! Die meisten Eigenschaften von Landpflanzen sind bei Algen nicht vorhanden und können sich daher auch nicht adaptiert haben. Und es existiert heute eine komplizierte Symbiose von Pflanzen, Pilzen und Insekten, ohne die eine Reproduktion vieler Pflanzenarten nicht mehr möglich wäre. Wenn Bienen nicht die genau richtige Körperform hätten, könnten sie nicht an den Nektar in den Blüten gelangen und würden somit auch nicht die Pollen der Pflanze verteilen. Man sieht also, dass Insekten und Pflanzen perfekt aufeinander abgestimmt sind und wenn das nicht so wäre, hätten diese Arten nicht überleben können. Das alles muss von Anfang an so erschaffen worden sein, weil es sich nicht zufällig entwickelt haben kann, denn ohne die speziellen Anpassungen hätten sich diese Insekten und Pflanzen nicht vermehren können.

Es gibt heute noch existierende Baumarten, die bereits seit hunderten Millionen Jahren unverändert fortexistieren. Der Ginkgo-Baum existiert beispielsweise seit mindestens 270 Millionen Jahren und ist somit ein lebendes Fossil. Im Jahr 1994 wurden in Australien Exemplare der „Wollemie" entdeckt, obwohl man glaubte, dass diese Baumart bereits seit mehr als 90 Millionen Jahren ausgestorben sei! Auch diese Art hat sich nicht evolutionär verändert. Wie kann das sein? Von vielen Pflanzenarten existieren keinerlei fossile evolutionäre Zwischenformen – wodurch wollen Naturwissenschaftler also ihre Evolution erklären? Die ältesten, heute noch lebenden Pflanzen auf der Erde sind Bäume von verschiedenen Kiefernarten. Doch die ältesten Exemplare sind nur 5.000 Jahre alt – warum gibt es keine noch älteren Bäume auf der Erde?

Das Gras soll sich erst vor 40 Millionen Jahren entwickelt haben und hat sich angeblich erst vor 10 Millionen Jahren an heiße und trockene Gebiete angepasst, und ohne Grasflächen konnten bestimmte Tierarten logischerweise nicht existieren. Die ersten Huftiere, die Gras fressen, sollen erst vor 25 Millionen Jahren erschienen sein und sich gemeinsam mit dem Gras hochentwickelt haben. Auch das stimmt nicht, weil in versteinertem Dinosaurierkot aus Indien Reste von verschiedenen Grassorten gefunden wurden. Die fossilen Pollen im diesem Dinosaurierkot sollen demnach bis zu 70 Millionen Jahre alt sein. Große pflanzenfressende Dinosaurier haben sich also schon von Gräsern ernährt – das wirft alle Theorien über die Evolution von Gras und die Entwicklung der Dinosaurier über den Haufen. **Gras in Dinosaurierkot ist ein Beleg dafür, dass diese Reptilien vor wesentlich kürzerer Zeit gelebt haben, als behauptet wird!**

Eine weitere sehr rätselhafte Pflanze, die nicht in das Schema der Evolution passt, ist ironischerweise die Banane. Der Autor Ray Comfort bezeichnete sie als den „Albtraum der Atheisten". Es wird heute angenommen, dass die Domestizierung und Zucht der Bananenpflanze vor mehr als 10.000 Jahren irgendwo in Südostasien stattgefunden hat, denn sie taucht fast gleichzeitig von Südchina bis nach Papua Neuguinea auf und wächst nur in den tropischen Zonen. Wie genau der Domestizierungsprozess stattgefunden haben soll, ist unbekannt. Es gibt ca. 1.000 verschiedene Sorten von Bananen, die angeblich durch Mutationen entstanden sein sollen. Bei anderen domestizierten Pflanzen, wie Getreide oder dem Reis, gab es einen sogenannten „Flaschenhals", bei dem ursprünglich nur sehr wenige Zuchtpflanzen vorhanden waren und sich dann durch den Menschen nach und nach ausgebreitet haben. Bei den Bananen war das offensichtlich nicht der Fall und es hat sie von Anfang an in großen Mengen gegeben – es gab also keine starke Reduktion durch den Züchtungs- und Verbesserungsprozess. Die heute noch existierenden Wildformen der Bananenpflanze haben wenig Fruchtfleisch und viele harte Samenkörner, außerdem sind die ungenießbar. Testergebnisse einer genetischen Analyse von mehreren Bananensorten haben gezeigt, dass eine Hybridisierung stattgefunden hat, was bedeutet, dass mehrere verschiedene Bananensorten aus geografisch weit auseinanderliegenden Gegenden miteinander gekreuzt wurden – die Naturwissenschaftler sprechen von „komplexen Geodomestizierungs-Pfaden".

Es ist auffallend, dass hier eine kernlose Frucht aus einer Wildfrucht gezüchtet wurde, die sehr viele harte Kerne besitzt, was durch Selektion eigentlich nicht zu erklären ist. Naturwissenschaftler sprechen hier von intra-spezifischen Hybridisierungsprozessen und Mutanten-Pflanzen ohne Kerne. Doch durch Mutation hat noch niemals eine Verbesserung stattgefunden, und selbst wenn das stimmen sollte, hätte es Jahrtausende gedauert, bis man auch nur eine Sorte von kernlosen Bananen herangezüchtet hätte. Aber wie gesagt, gibt es fast 1.000 zum Teil völlig unterschiedliche Bananensorten. Wer hätte sich eine solche Mühe gemacht, wenn die Menschen selbst für mehrere tausend Jahre kein Zuchtergebnis gesehen hätten? Woher hatten die ersten Menschen überhaupt ihr biologisches Wissen für eine Domestizierung? Sie konnten am Anfang des komplexen

Prozesses doch nicht ahnen, was bei diesen vielen hypothetischen Mutationen herauskommen würde! Wenn die vielen Bananensorten von Südchina bis nach Papua zur gleichen Zeit entstanden sind, müsste man auch gleichzeitig mit der Domestizierung begonnen haben. Wie soll so etwas vor 10.000 Jahren stattgefunden haben? Die Antwort lautet: Durch die „komplexen Geodomestizierungs-Pfade". Diese Bauern der Antike müssen hier großartige Arbeit geleistet haben, doch sonderbarerweise ist nichts über diesen aufwendigen Prozess überliefert worden, ähnlich wie bei den restlichen domestizierten Tier- und Pflanzenarten. Mutanten-Pflanzen sollen das Ziel der künstlichen Selektion gewesen sein. Nun, werfen Sie einmal einen Blick auf verschiedene Mutationen und Sie werden sehen, dass keine Mutation jemals eine Verbesserung hervorgebracht hat. Außerdem sind die Wildformen der Banane gar nicht zum menschlichen Verzehr geeignet, warum sollte man also auf die Idee kommen, sie einer aufwendigen Domestizierung zu unterziehen? Die Banane ist außerdem genau an menschliche Hände angepasst, wenn man sie umschließen will. Die Farben zeigen an, wann sie reif ist und die Schale besteht aus einem grifffesten Material. Bricht man eine Banane ab, sieht man, dass sie ganz oben einen Stiel hat, den man perfekt mit den Fingern runterziehen kann, wodurch sich die Bananenschale entlang von geraden, längs verlaufenden perforierten Linien öffnet. Somit kann man sie perfekt mit einer menschlichen Hand schälen. Die Krümmung der Banane ist genau der Form des menschlichen Munds angepasst und macht ihren Verzehr leichter. Das Fruchtfleisch der Banane schmeckt angenehm süß, liefert viel Energie und entspricht genau den menschlichen Ernährungsbedürfnissen. All das kann nicht durch zufällige Mutationen entstanden sein, sondern wurde so entworfen. Bestimme Forscher glauben jetzt, dass die Bananenpflanze das genetische Produkt einer alten verlorenen Hochzivilisation (Lemuria, Mu) ist, die vor vielen tausend Jahren im Pazifik existiert hat. Sie wurde erschaffen, um den Menschen das ganze Jahr über mit Nahrung zu versorgen.

Kommen wir nun kurz zu den Blumen: Die Blume soll eines der Schlüssel-Innovationen der Evolution darstellen! Blumen besitzen eine phantastische Vielzahl an Organen, Formen, Farben und Größen und es gibt Millionen verschiedener Spezies. Man hat keine Ahnung, welche Mutationen diese Variationen ausgelöst haben könnte, denn natürliche Selektion bringt keine Vielfalt hervor, sondern selektiert und reduziert die Vielfalt. Im sog. Fossilbericht gibt es auch keine Übergansformen von Pflanzen, alle waren immer schon vielfältig und in perfekter Ausprägung vorhanden. Der Farn hat sich z.B. niemals im Aussehen verändert, obwohl er die meisten Chromosomen aller Pflanzenarten aufweist, und es gibt auch keinen Hinweis, woraus er sich entwickelt haben könnte. Das Gleiche gilt für den Gingko-Baum. Auch Nadelbäume existieren seit Urzeiten unverändert fort und haben sich niemals in etwas anderes verwandelt. Die Wissenschaft spricht hier von „unbekannten gemeinsamen Vorfahren" aller Pflanzen. Beweise für so etwas hat man noch niemals gefunden, weil es sie nicht gibt! Das ist ein Beleg dafür, dass alles Leben auf der Erde perfekt erschaffen wurde, damit es in symbiotischen Kreisläufen funktioniert. Wie sollen die unglaublich komplexen Ökosysteme unseres Planeten mit ihren geschätzten 8,7 Millionen unterschiedlichen Lebensformen *zufällig* entstanden sein?

Alle Lebewesen sind perfekt an ihre Umwelt angepasst. Durch Forschungen konnte man feststellen, dass all unsere modernen Nutzpflanzen zuerst im Hochland kultiviert

Abb. 63: Steinkreis von Göbelki Tepe, das H-Symbol und die Vogelfigur (Nisroch?) mit dem Kometen

wurden. Denn kurz nach der Flutkatastrophe hatte man auch kein anderes Land zur Verfügung, denn der Rest war noch lange zu versumpft. Die ganze Menschheit ist heute noch immer völlig von diesen in der Steinzeit entstandenen Nutzpflanzen und Nutztieren abhängig und **Überzüchtung und Genveränderungen haben die Qualität dieser Arten stetig verschlechtert!**

Zurück zu den Symbolen der Steinpfeiler von Göbekli Tepe: Dr. Martin Sweatman entdeckte, dass einer der Pfeiler ein Erinnerungsstück an die vorhergegangene globale Katastrophe zu sein scheint. Sein Team von der *Universität von Edinburgh* in Schottland fand heraus, dass die Tiersymbole mit Sternenkonstellationen übereinstimmen und ein astronomisches Datum ergeben, an dem ein Komet auf der Erde eingeschlagen ist. Durch Computersimulationen konnte man die Sternenkonstellationen über dem Tempel rekonstruieren, was ergab, dass die Katastrophe sich demnach 10.950 Jahre v. Chr. ereignete – was dann auch die damals aufgetretene Mini-Eiszeit erklären würde. Doch woher sollten die angeblich so primitiven Urmenschen das Wissen über Astronomie und die Konstruktion für die Megalith-Anlage erlangt haben, denn dafür war auch Mathematik nötig? Wie dem auch sei, Graham Hancock zufolge kamen die Kometen aus dem sog. Taurid-Meteorschwarm, auf den die Erde etwa alle 3.000 Jahre trifft, und auch die Megalith-Anlage Stonehenge soll aus diesem Grund erbaut worden sein. Naturwissenschaftler nehmen an, dass sich die Erde im Jahr 3000 n. Chr. wieder im Gefahrenbereich des Schwarms befinden soll. Graham Hancock glaubt hingegen, dass es bereits 2030 soweit sein könnte und dass weitere große Kometen auf der Erde einschlagen werden. Der Taurid-Meteorschwarm soll periodisch alle 3000 Jahre der Erde nahe kommen. Markiert dieser Punkt auch die Wiederkehr der alten Götter?

Kommen wir zu einem weiteren Rätsel: Die unterirdische Stadt von Derinkuyu in der Provinz Nevsehir in der Türkei hat vielleicht eine Verbindung zum Tempelkomplex von Göbekli Tepe. Diese mysteriöse Stadt befindet sich einige hundert Kilometer von Göbekli Tepe entfernt. Sie hat mindestens 18 Stockwerke und reicht zwischen 60 bis 85 Meter in die Tiefe, wobei die ganze Anlage groß genug ist, um bis zu 20.000 Menschen, zusammen mit Nahrungsvorräten und Nutztieren, unterzubringen. Die Nutzfläche beträgt 10,4 Quadratkilometer, womit es sich bei der unterirdischen Stadt von Derinkuyu um die größte bisher entdeckte Untergrundstadt in der Türkei handelt. Die Zugänge zu den verschiedenen Stockwerken können separat mit großen Steintüren verschlossen werden, und es gab nicht nur Unterkünfte für die Bevölkerung, sondern auch Weinkeller, Ölpressen, Ställe, Lagerräume, Speiseräume, Bäder, Brunnen, Geschäfte, Grabstät-

Abb. 64: Die unterirdische Stadt von Derinkuyu

ten, Waffenarsenale, Fluchttunnel und Kapellen. Im zweiten unterirdischen Stockwerk von Derinkuyu befindet sich ein großer Raum mit einer schön gestalteten Gewölbedecke, bei dem es sich wohl um eine religiöse Schule handelte. Im fünften unterirdischen Stockwerk befindet sich interessanterweise eine kreuzförmige Kirche. Es gibt einen 55 Meter tiefen Luftschacht, der anscheinend als Brunnen verwendet wurde, den man sowohl von der Oberfläche aus als auch vom Inneren der unterirdischen Anlage benutzen konnte. Die ganze Stadt ist in kompaktes Vulkangestein geschlagen und man vermutet, dass sich in diesem Gestein bereits Höhlen befunden hatten, bevor man mit dem Bau der unterirdischen Stadt begonnen hatte. Im Grunde genommen gibt es keinen Hinweis darauf, wann diese Anlage errichtet wurde. Das türkische Kulturministerium behauptet, dass das erste Volk, welches diese Anlagen bewohnte, die Phrygier gewesen seien, ein indo-europäisches Volk, das ca. 800 v. Chr. dort lebte. Später sollen Christen die Stadt weiter ausgebaut haben, denn man kann heute eine Kapelle sowie griechische Inschriften vorfinden. Die ersten Aufzeichnungen stammen von den byzantinischen Kriegen (780-1180 n. Chr.) und damals diente die Stadt als Schutzanlage gegen die einfallenden muslimischen Araber und im 14. Jahrhundert diente sie erneut den Christen als Schutz vor den Mongolen. Als die Stadt schließlich den Ottomanen in die Hände fiel, wurde sie ein Zufluchtsort für Christen, die von den Muslimen verfolgt wurden. Das ging bis ins frühe 20. Jahrhundert so weiter. Das letzte Mal suchten die Dorfbewohner in den Jahren 1909-1911 n. Chr. im Untergrund Zuflucht, nachdem es zu erneuten Massakern gekommen war. Im Jahr 1923 wurden die letzten Christen aus dieser Gegend nach Griechenland vertrieben, danach wurde die unterirdische Stadt verlassen und versiegelt. Erst im Jahr 1963 wurde sie zufällig wiederentdeckt, als ein Einwohner der Oberstadt ein verstecktes Zimmer hinter einer Wand in seinem Haus fand. Er fing dort an zu graben und erlangte so Zugang zum unterirdischen Tunnelnetzwerk. Seit 1965 ist die Stadt nun für Touristen geöffnet, allerdings sind nur rund 10 Prozent der unterirdischen Anlage heute zugänglich. Die unterirdische Stadt von Derinkuyu war mit anderen unterirdischen Städten durch kilometerlange Tunnel verbunden, z.B. mit der acht Kilometer entfernten unterirdischen Anlage von Kaymakli. In den folgenden Jahren konnten bisher ungefähr 200 weitere solcher unterirdischer Anlagen entdeckt werden, die sich zwischen Kayseri und Nevsehir befinden. Mindestens 40 davon haben drei oder mehr Stockwerke. Das Rätselhafteste an der unterirdischen Stadt von Derinkuyu ist ihr Aufbau. Diese Anlage musste schon perfekt geplant gewesen sein, bevor man sie aus dem Vulkangestein geschlagen

Abb. 65: Eine Steintür in Derinkuyu und daneben der persische Gott Ahura Mazda

hat. Es gibt eine Frischluftversorgung durch Luftschächte, von denen bislang 52 entdeckt wurden, und man fand ca. 15.000 Öffnungen für die Luftzirkulation. Einige Luftschächte sind derart schmal, dass es unbekannt ist, auf welche Weise sie ins Gestein getrieben wurden, der breiteste davon ist 55 Meter tief. Einige Brunnen hatten keine Verbindung mit der Oberfläche, wodurch man wohl verhindern wollte, dass man sie vergiften konnte. Die ungefähr 600 Eingänge zur Anlage sind schmal gehalten, sodass man fast hineinkriechen muss! Auf diese Weise konnten die Invasoren nicht in großer Zahl eindringen. Es wird vermutet, dass es in den tieferen Stockwerken versteckte Zugänge zu anderen unterirdischen Städten gibt und die Anlage von Derinkuyu ein Teil eines ausgedehnten unterirdischen Netzwerks war.

In allen diesen unterirdischen Anlagen kann man große, runde Steintore vorfinden, mit denen jedes Stockwerk abgeschlossen werden konnte. In der Mitte dieser großen runden Steinblöcke befindet sich ein Loch für die Luftzirkulation und damit man sehen konnte, wer sich auf der anderen Seite befindet. Durch dieses Loch konnte man auch Gegenstände hindurchstecken. Doch das Mysteriöse an diesen großen Steinscheiben ist ihre Form und Größe. Diese Scheiben müssen schon im Innern der unterirdischen Anlage bearbeitet worden sein, weil sie nicht durch die schmalen Eingangstunnel passen. Sie sind nahezu perfekt rund und haben in ihrer Mitte ein Bohrloch. Bei einer Tiefe von bis zu 85 Metern besteht normalerweise erhöhte Einsturzgefahr, weswegen im modernen Bergbau solche Stollen immer zusätzlich verstärkt werden müssen. So etwas findet man bei den Anlagen in der Türkei nicht. Alles ist nach Jahrtausenden immer noch stabil und kein Raum ist eingestürzt. Das kann kein Zufall sein! Es sieht beinahe so aus, als wussten die Erbauer bereits, wie tief sie in das Vulkangestein hineinbauen können. Weiterhin ist nicht bekannt, wohin das ganze herausgeschlagene Gestein verschwunden ist. Vielleicht hat man die Häuser an der Oberfläche damit erbaut, wer weiß? Die andere zu klärende Frage ist, wie man diese unterirdischen Städte beleuchtet hat, denn die Luftschächte liefern dazu sicherlich zu wenig Tageslicht und es sieht auch nicht so aus, als ob mit Fackeln oder Ähnlichem gearbeitet wurde, weil keine Rauchspuren zu sehen sind. Und mit welcher Methode hat man die kilometerlangen Tunnel gegraben? Es gab zu wenig Licht und Luft, außerdem musste man unter Tage genau die Richtung wissen, um eine Verbindung mit den anderen unterirdischen Städten herzustellen. Eine weitere wichtige Frage lautet, mit welchen Werkzeugen hier gearbeitet wurde? Die ganzen unterirdischen Anlagen sind perfekt bearbeitet und alle Kanten wurden abgerundet.

Die Böden wurden in den unteren Stockwerken waagerecht und die Steinsäulen genauso platziert, dass sie das ganze Gewicht der Konstruktion halten konnten, auch wenn sich zehntausende Personen mit ihren ganzen Habseligkeiten und Tieren darin befanden! Wenn diese Anlagen mehrere tausend Jahre alt sind, können sie nicht mit Eisenwerkzeugen erschaffen worden sein. Selbst mit Spitzhacken und Hämmern aus Eisen ist es äußerst mühevoll, sich durch dieses Gestein zu arbeiten, und es hätte ein ganzes Heer von Arbeitern benötigt, die dort ständig arbeiten und den staubigen Schutt hinausschaffen mussten. Um diese Arbeit zu bewerkstelligen, brauchte man viel frische Luft und eine gute Beleuchtung, und selbst dann hätte die Konstruktion dieser Anlage Jahrzehnte oder Jahrhunderte gedauert. Ohne Eisenwerkzeuge ist so etwas völlig undenkbar!

Da die 200 benachbarten unterirdischen Anlagen alle gleich entworfen sind und alle die gleichen runden Steintüren besitzen, ist anzunehmen, dass sie zur gleichen Zeit erschaffen wurden. Wie lange hatte das wohl gedauert und wer plante das alles? Ein Teil der Gewölbedecken besteht aus hartem Basalt, so etwas kann nur mit Diamantsägen exakt geschnitten werden. Die Steintüren selbst bestehen aus hartem Granit und haben einen Durchmesser von 1,75 m. Auch hier bleibt man uns die Antwort schuldig: Wie hat man sie erschaffen und das Loch gebohrt? Da sich das runde Loch aller dieser Steintüren genau in der Mitte befindet, musste man die Steintüren wohl irgendwo eingespannt und gedreht haben. Wenn ja, wie konnte man diese tonnenschweren Türen dann in ihre Position bringen? In Derinkuyu sowie in vielen der anderen unterirdischen Anlagen befinden sich Sedimentschichten aus Granit. Aufgrund seines hohen Quarzgehalts besitzt Granit auf der Mohsschen-Skala eine Härte von 6 bis 8 und ist somit der härteste Naturstein überhaupt! Auch das weist auf eine perfekte Planung hin. Man hat den Platz der unterirdischen Stadt nicht zufällig ausgesucht, sondern extra Granit dafür ausgewählt, weil er am haltbarsten ist!

Noch einmal: Wie hat man diese riesigen Anlagen erschaffen und mit welchen Werkzeugen? Wer immer dieses gigantische Netzwerk gebaut hat, verfügte über fortschrittliches Wissen über Gestein, die Steinbearbeitung, Architektur, Ingenieurswissen und Kenntnisse über die örtliche Geologie. Die Phrygier können es wohl nicht gewesen sein. Eine andere Quelle spricht davon, dass die Anlagen 1.200-1.900 Jahre v. Chr. von den Hethitern erbaut wurden, denn bei Ausgrabungen fand man mehrere ihrer Siegel und Statuen. Die zweite große unterirdische Stadt der Türkei befindet sich in Özonak und wurde im Jahr 1972 entdeckt. Darin fanden sogar bis zu 60.000 Menschen Platz und konnten sich zirka drei Monate darin aufhalten. Diese Anlage hat 10 Stockwerke, reicht 40 Meter in die Tiefe und es gibt dort ein spezielles Kommunikationssystem mit Röhren, die in jedem Stockwerk vorhanden sind. Das ganze bekannte Tunnelnetzwerk und System von unterirdischen Städten erstreckt sich über mindestens einhundert Quadratkilometer! Möglicherweise kann man mit Bodenradar beweisen, dass dieses mysteriöse Netzwerk noch viel weiter reicht.

Eine im Jahre 2013 neu entdeckte Anlage ist die „unterirdische Stadt von Kappadokien“, die nach vollständiger Ausgrabung sogar um ein Drittel größer sein soll als die Anlage in Derinkuyu! Die Naturwissenschaftler haben keine Erklärung dafür, wie, warum und wann man diese Anlage erbaut hat. Mit primitiver Handarbeit hätten tausende Arbeiter Jahrzehnte oder Jahrhunderte dafür benötigt, denn die Oberfläche besteht zwar teilweise aus eher weichem, vulkanischen Tuffgestein, doch in den tieferen Schichten haben wir es mit äußerst hartem Felsgestein zu tun. Das bedeutet, die Bewohner dieser Anlagen müssten mit primitiven Werkzeugen über die Jahrtausende immer weiter daran gearbeitet haben. Die neue Anlage wurde bei Bauarbeiten unter einem byzantinischen Schloss in Nevşehir im Jahr 2013 zufällig entdeckt und ist noch immer zu großen Teilen unerforscht. Die örtliche Universität führte eine seismische Tomographie durch und konnte feststellen, dass sich das unterirdische Netzwerk über 460.000 Quadratmeter erstreckt und die Gänge bis zu 113 Meter tief sind. Auch diese Anlage ist mindestens 5.000 Jahre alt, viele der Gänge sind breit genug, dass ein Auto hindurchfahren könnte, und die Tunnel in der unterirdischen Stadt von Kappadokien sind insgesamt mindestens sieben Kilometer lang. Türkische Behörden behaupten, sie haben mehr als 40 Artefakte aus den unterirdischen Kammern geborgen, die allem Anschein nach versteckte Kultplätze für Anbetungen waren. Welcher Natur diese Artefakte sind, wurde nicht bekannt. Es gibt auch hier wenige Hinweise darauf, dass diese unterirdische Stadt Verfolgten Zuflucht bot. Die Forscher vermuten, dass sie eher zum Schutz vor heftigen Vulkanausbrüchen erschaffen wurden. Was sich in diesen Anlagen zwischen dem 5. und 14. Jahrhundert wirklich abgespielt hat und warum sie dann alle gleichzeitig verlassen und verschüttet wurden, ist immer noch unbekannt. In Europa – auch in Österreich – wurde ähnlich mit alten unterirdischen, urchristlichen Anlagen verfahren. Warum wurden unter riesigem Aufwand alle diese Strukturen versiegelt? In Kappadokien gab es nachweislich eine ganze Reihe von Vulkanausbrüchen und dieser heftige Vulkanismus endete dann laut Geologen vor über zehntausend Jahren. Die Untergrundstädte Kappadokiens befinden sich meistens in flacher Umgebung und hatten früher keine Strukturen an der Erdoberfläche. Erst nachdem sie versiegelt worden waren, entstanden darüber moderne Dörfer.

Das zeigt, dass ganz Kappadokien eine jahrtausendealte Geschichte hat. In der türkischen Stadt Kültepe wurde die alte Stadt Kanesh ausgegraben, die man den Hethitern oder den Assyrern zurechnet. Man grub dort zehntausende Steintafeln aus, die aus dem dritten Jahrtausend v. Chr. stammen, was beweist, dass sich hier einst eine alte assyrische Handelskolonie befand. Aber auch auf diesen Steintafeln sind keine Hinweise über den Ursprung und den Bau des Tunnelnetzwerks gefunden worden. Eine Legende berichtet davon, dass dieses Netzwerk vom persischen König Yima konstruiert wurde – der übrigens 900 Jahre alt geworden sein soll. Das zoroastrische Schriftstück „*Vendidad*" berichtet, dass Yima auf Befehl von Ahura Mazda eine Untergrundstadt baute, das sein Volk vor einem katastrophalen Winter bewahren sollte. Ahura Mazda (Herr der Weisheit) ist der Schöpfergott im Zoroastrismus, der alten iranischen Religion des Mittleren Ostens. Ähnlich wie bei der Legende der Sintflut und Noah, befahl Yima seinem Volk, jeweils ein Paar der besten Tiere und Menschen sowie die besten Saatkörner in der unterirdischen Stadt in Sicherheit zu bringen, um die Erde nach dem Winter-Kataklysmus wieder fruchtbar zu machen. Dieser „Winter" könnte eine Eiszeit gewesen sein, wobei die letzte Eiszeit 10.000 Jahre zurückliegt. Wenn das wahr ist, dann könnte es tatsächlich eine Verbindung zu Göbekli Tepe geben. Vielleicht wurden diese Winter-Kataklysmen von einschlagenden Asteroiden periodisch ausgelöst, und diese Anlage war über die Jahrtausende hindurch immer wieder in Gebrauch? Wenn diese Katastrophen tatsächlich regelmäßig stattgefunden haben, hatte das sicherlich gravierende Folgen für den Planeten Erde.

Auch auf der Insel Malta im Mittelmeer soll es solche Höhleneingänge geben. Die drei Inseln, zu denen Malta gehört, waren früher ein Teil eines wesentlich größeren Kontinents, als das Mittelmeer noch nicht existierte. Das war in den Tagen vor der Sintflut, als es Atlantis und Mu noch gab. Damals gab es Landbrücken zwischen Europa und Afrika, und das Mittelmeer bestand lediglich aus einer Reihe von großen Seen. Zur Zeit der Phönizier gab es blutige Rituale, die von den Priestern von Moloch oder Baal, dem Feuergott, ausgeführt wurden – dem Götzen wurden unschuldige Kinder geopfert. Später wurde Malta von einer Reihe von verschiedenen Reichen beherrscht. Unweit von Valletta, der Hauptstadt von Malta, gibt es das Dorf Casal Paula, in dem im Jahr 1902 beim Brunnenbau unterirdische Kammern entdeckt wurden, die in ein Höhlensystem führen. Man fand heraus, dass diese Kammern in das harte Felsgestein gearbeitet wurden und sie sind heute als die unterirdischen Gebäude des Hypogäums von Hal Saflieni bekannt. Damals, bei der Entdeckung des Bauwerks, befanden sich etwa 30.000 Skelette von Männern, Frauen und Kindern in den versiegelten Kammern. Auch hier gibt es eine große Steinplatte in der tiefsten Kammer, die den Zugang zu einem großen Höhlennetzwerk versperrt, das sich unter ganz Malta und darüber hinaus erstreckt. Den Legenden zufolge verlaufen diese Tunnel bis zu den Katakomben unter Rom. Vor vielen Jahren verschwand ein Lehrer mit dreißig Studenten spurlos in diesem Höhlensystem, und auch Suchtrupps konnten keine Spur von ihnen entdecken. Seitdem ist der Zugang zu diesen Höhlen versiegelt und niemandem ist es heute erlaubt, sie zu erforschen!

Giovanni Pietro Francesco Agius de Soldanis (1712-1770) war ein Historiker aus Malta, er stammte von der Insel Gozo. De Soldanis war sehr an der Erforschung der Sprache Maltas und an Archäologie interessiert, und in seinem Heim hatte er eine Bibliothek in Form von alten Schriftstücken und Büchern sowie ein Museum eingerichtet. Er war auch selbst in der Forschung tätig und veröffentlichte im Jahr 1746 sein Werk *„Il Gozo Antico-Moderno e Sacro-Profano“*, ein Werk, das sich mit der historischen Geschichte der Insel Gozo befasst. Es wurde allerdings erst viel später, im Jahr 1936, erstmals veröffentlicht und die erste englische Übersetzung folgte sogar erst im Jahr 1999. De Soldanis berichtet in seinem Werk von frühen Funden von Riesenskeletten auf der Insel Gozo, die er selbst bis zum Jahr 1746 gemacht hatte. Er behauptete, die Riesen waren vor den Phöniziern die ersten Bewohner Maltas. Nach den Überlieferungen waren die Riesen fast ausschließlich männlichen Geschlechts – das scheint ein spezielles Problem der Riesen gewesen zu sein. Sie benötigten also normale menschliche Frauen zur Fortpflanzung, die sie sich erjagen mussten. Die normalen Menschen wehrten sich verständlicherweise gegen diese Vergewaltigungen, denn man wusste, dass die Frauen bei der Geburt der Riesenbabys sterben mussten! Auch im äthiopischen Nationalepos *Kebra Nagast* kann man nachlesen, dass die Frauen bei der Geburt der Riesensöhne umkamen. Das ging so lange, bis die „Götter“ selbst zornig wurden und bei der Vernichtung dieser Riesenbrut mitwirkten. Die Riesen werden später noch ausführlich behandelt.

Kommen wir nun zu einem anderen Thema – der verschwundenen Megafauna der Erde. Wie man an den Fossilberichten heute sehen kann, ist es wirklich mehrmals in der Vergangenheit der Erde zu einem Massensterben fast aller Tier- und Pflanzenarten gekommen. Auch die Dinosaurier sollen durch eine solche Katastrophe von der Erde verschwunden sein. Das passierte angeblich bereits vor hunderten Millionen von Jahren. Merkwürdig ist, dass es bis zur letzten Eiszeit noch viele Riesentierarten gegeben hat, die dann plötzlich alle vor ungefähr 10.000 Jahren gemeinsam verschwunden sind. Was war passiert? Könnte dieses Artensterben auch durch eine globale Katastrophe verursacht worden sein? Welche Auswirkungen auf die Gravitationsstärke und Rotationsgeschwindigkeit der Erde gab es? Haben sich andere Faktoren wie der Sauerstoffgehalt der Luft und der Meere verändert? Gab es durch Polsverschiebungen Änderungen in der Stärke des Erdmagnetfelds? Kippte die Erdachse und verursachte so einen anderen Einfallswinkel des Sonnenlichts? Gab es extreme Temperaturschwankungen und ein verstärkter Strahlungseintritt durch die Atmosphäre waren die Folge? Wie lange hatten sich die Himmel durch starke Erdbeben, Vulkanausbrüche, starken Regen und Wirbelstürme verdunkelt? Wie schnell hatten sich die tektonischen Platten verschoben und wie viel Schichten von Asche, Vulkangestein und abgelagerten Sedimenten wurden dabei von den gigantischen Flutwellen erzeugt?[42]

Megafauna – die Riesentiere der Eiszeit

Vor der letzten Eiszeit herrschte auf der Erde ein wesentlich milderes Klima mit höherem Luftdruck und Sauerstoffgehalt. Diese Tatsache und andere Einflüsse, wie die Stärke des Magnetfeldes und eine unterschiedliche Rotationsgeschwindigkeit der Erde, ermöglichte es den Pflanzen und Tieren, viel größer zu wachsen, als es heute möglich ist. Es ist anzunehmen, dass auch die Menschen deshalb früher viel größer waren.

Es folgen einige Beispiele der Megafauna bzw. Riesentierarten, die durch Fossilien belegbar sind. Alle diese riesigen Tierarten sollen vor ihrem plötzlichen Aussterben schon hunderte Millionen Jahre lang auf der Erde existiert haben. Da aber immer wieder technische Artefakte und Menschenknochen zusammen mit diesen angeblich uralten Tierfossilien entdeckt wurden, ist anzunehmen, dass die Datierungen der Geologen nicht stimmen und dass das alles vor wesentlich kürzerer Zeit existierte. Es ist für Evolutionisten schwierig zu erklären, wie aus diesen alten Riesentierarten die heutigen kleineren Arten entstanden sein sollen. Vor allem die extreme Verkleinerung stellt keinen evolutionären Fortschritt dar. Die Spezies Meganeura ist beispielsweise eine ausgestorbene Libellenart, und im Unterschied zu ihren modernen Vertretern, hatten diese Libellen eine Flügelspannweite von über 75 Zentimetern. Es soll in Italien sogar ein fossiles Exemplar gefunden worden sein, das 1,27 m Spannweite hatte! Das macht diese Spezies zur

Abb. 66: Riesenlibelle und Riesentausendfüßer

Abb. 67: Der Elefantenvogel und dessen Ei

größten bekannten fliegenden Insektenart, die jemals entdeckt wurde. Um sich zu ernähren, jagten diese Libellen Insekten, die ebenfalls viel größer gewesen sein sollten als ihre heutigen Vertreter. Die ersten Fossilien von Meganeura sind 1880 in Kohleschichten in Frankreich und Italien aufgetaucht, und die perfekte Erhaltung beweist, dass diese Tiere durch eine plötzliche Katastrophe blitzartig durch Vulkanasche eingeschlossen wurden. Insekten atmen durch ihre Haut und sind im Wachstum nur durch den Sauerstoffgehalt der Luft limitiert. Heute liegt der Anteil an Sauerstoff in der Luft bei ca. 20 Prozent. Zur Zeit dieser Riesenlibellen müssen es aber mindestens 35 Prozent oder mehr gewesen sein. In den geologischen Schichten des Perms (~250 Mio. Jahre) konnte man immerhin noch Exemplare mit einer Flügelspannweite von 45 Zentimeter finden.

Ebenfalls vor 300 Millionen Jahren soll eine riesige Gattung des Tausendfüßers gelebt haben. Fossile Überreste und Spuren der Spezies *Arthropleura* zeigen, dass sie eine Länge von bis zu 2,6 m erreichen konnten und sehr breit waren. *Arthropleura* ist die größte wirbellose Art, die bisher freigelegt werden konnte, von denen man Exemplare in Nordamerika und Schottland entdeckte. Man vermutet, dass diese Tiere eine Geschwindigkeit von über 50 km/h erreichen, unter Wasser laufen und Fische und Amphibien jagen konnten. Auch das Fossil einer riesigen Tarantel hatte man gefunden, deren Fußspannweite über einen Meter betragen hatte. Doch nicht nur Insekten waren gigantisch, sondern auch die Säugetiere. Das *Megatherium* war ein Riesenfaultier in der Größe eines Elefanten, das auf dem Boden lebte. Nur Mammuts waren größer. Fossilien des *Megatheriums* wurden erstmals im Jahr 1788 in Argentinien entdeckt und später in ganz Südamerika. C-14-Datierungen ergaben, dass die Riesenfaultiere noch bis vor ca. 5.000-10.000 Jahren existierten und dann plötzlich ausstarben.

Phoberomys pattersoni ist ein „Meerschweinchen", das vor 8 Millionen Jahren gelebt haben soll, von dem man im Jahr 2000 ein komplettes Skelett des Tieres in Venezuela entdeckte. Dieses Tier war drei Meter groß und wog bis zu 700 kg, was es zum größten bekannten Nagetier machte. Im Jahr 2008 gab man die Entdeckung der Spezies *Josephoartigasia monesi* bekannt, die sogar noch größer war und bis zu einer Tonne wog! Das ausgewachsene Tier war so groß wie ein Stier und 700 Mal größer als heutige Meer-

Abb. 68: Riesentarantel und Riesenmeerschwein

schweinchen! Haben Sie jemals etwas vom Elefantenvogel aus Madagaskar gehört? Elefantenvögel waren neben den Riesen-Moas die größten flugunfähigen Landvögel, die erst im 18. Jahrhundert aus unbekannten Gründen ausstarben. Obwohl sie größer als ein Strauß waren, sind sie dennoch näher mit dem Kiwi verwandt. Diese Vögel wurden 1659 noch vom damaligen französischen Gouverneur Étienne de Flacourt in seinen Aufzeichnungen erwähnt, der über diese schrieb, dass es sich um große Vögel handelte, die in unbewohnten Gebieten lebten. Diese Vögel waren ebenfalls mehr als drei Meter groß und wogen bis zu 500 kg! Noch heute gibt es versteinerte riesige Eier der Tiere, die bis zu 35 Zentimeter groß sind und 10 kg wiegen. Das Volumen war 160 Mal größer als bei einem gewöhnlichen Hühnerei! Ein weiterer Riesenvogel dieser Größe war die Spezies *Dinornis novaezealandiae*, auch bekannt als Neuseeländischer Riesen-Moa der Gattung Dinornis. Diese Gattung existierte einst auf den neuseeländischen Nord- und Südinseln, bei denen es sich ebenfalls um flugunfähige Vögel handelte, die kein Brustbein und keine Flügel aufwiesen. Diese neuseeländischen Riesenvögel wurden auch erst in den letzten Jahrhunderten komplett ausgerottet, indem sie von den Maoris gejagt und die jungen Exemplare von den eingeschleppten polynesischen Hunden gerissen wurden. Wenn sie aufrecht standen, erreichten sie eine unglaubliche Höhe von 3,6 bis 4 Metern! Dadurch sind sie heute die größte überhaupt bekannte Vogelart. Alle Spezies des Moas sind absolut einzigartig in der Vogelwelt und zeigen keine Spuren von Flügelknochen. Fossilien von Moas zeigen zudem, dass sie schon vor 2,5 Millionen Jahren dort lebten – es gibt keine Vorfahren dieser Vögel und sie existierten seit diesem Zeitraum unverändert fort, bis der Mensch sie ausrottete. Experten glauben, dass diese Tierart weit älter als 2,5 Millionen Jahre ist. Das Problem der Evolutionisten ist, dass keine fossilen Beweise für irgendwelche Vorfahren der Moas existieren und man deshalb auch nicht erklären kann, wie diese Vögel überhaupt nach Neuseeland gekommen waren. Die Wissenschaft hat sich sorgfältig Argumente für die Lücken in ihren Theorien ausgedacht, nämlich immer dann, wenn keine Vorfahren irgendeiner Spezies in den Fossilberichten zu finden sind, sagen die Gelehrten, dass diese Vorfahren bis jetzt nur noch nicht gefunden wurden. Das soll aber eines fernen Tages sicherlich passieren… Von den fliegenden Vorfahren der Moas wurden deshalb noch keine Fossilien entdeckt, weil es sie nie gegeben hat!

Auch im Meer war früher mehr Sauerstoff vorhanden, den die Fische durch ihre Kiemen einatmen konnten. Ein besonders großer Meeresbewohner war der Riesenhai *Megalodon*, der bereits seit 23 Millionen Jahren existiert haben und vor 2,6 Millionen

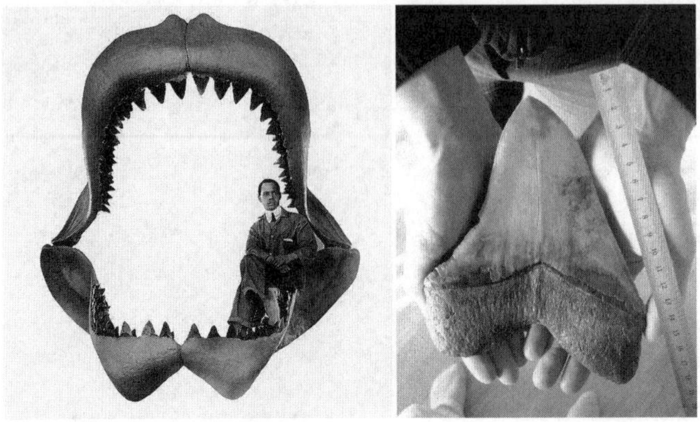

Abb. 69: Gebiss des *Megalodon* und ein fast 20 Zentimeter langer Zahn

Jahren ausgestorben sein soll, obwohl es auch Funde und Sichtungen aus jüngerer Zeit gibt. Im Grunde ist der *Megalodon* nur eine größere Version vom Weißen Hai. Er war einer der größten und kräftigsten Fische, die jemals gelebt haben. Aus den Fossilien ist ersichtlich, dass er möglicherweise Längen zwischen 25 bis 30 Metern erreichen konnte! Seine Bisskraft muss unglaublich stark gewesen sein und zwischen 11,4 bis 18,2 Tonnen gelegen haben, vielleicht sogar noch höher. Der Megalodon selbst war mehr als 100 Tonnen schwer und es ist nicht genau bekannt, aus welcher Spezies sich der Megalodon entwickelt haben soll. Auch der Megalodon ist zusammen mit vielen anderen großen Meerestieren gleichzeitig ausgestorben. Es gab ein großes Massensterben, bei dem 36 Prozent der großen Meeresspezies, 55 Prozent der Meeressäugetiere und 35 Prozent der Seevögel ausgestorben sind. Das geschah anscheinend zeitgleich mit dem Massensterben an Land und weist ebenfalls auf eine gigantische Katastrophe hin. In den Gebieten, in denen einst der Megalodon lebte, kann man heute den Weißen Hai finden, im 19. Jahrhundert gab es auch noch vereinzelte Berichte über Sichtungen von Riesenhaien. Das Schiff *HMS Challenger* entdeckte im Jahr 1873 angeblich frische Zähne eines Megalodon, die auf ein Alter von 11.000 bis 24.000 Jahren datiert wurden. Das würde passen, denn auch in viel jüngeren geologischen Schichten wurden Zähne des Riesenhais gefunden.

Die Spezies Archelon ist eine ausgestorbene Riesenschildkrötenart der Meere. Die ersten Fossilien der Riesenschildkröte wurden 1895 in South Dakota in einer 80 Millionen Jahre alten Schicht entdeckt. 1970 wurde ein Exemplar freigelegt, das vier Meter lang und fünf Meter breit ist, was bedeutet, dass es dort früher entweder ein Meer gegeben hat, oder eine gigantische Flutwelle hat die ganzen Fossilien dort angeschwemmt und begraben. Der Archelon hatte keinen Panzer wie moderne Schildkröten, sondern ein Skelett, andernfalls wäre sie vermutlich zu schwer gewesen. Das Lebendgewicht der Riesenschildkröte dürfte 2.200 Kilogramm betragen haben und auch ihr Biss dürfte äußerst kraftvoll gewesen sein. Interessant finde ich die Frage, wie intelligent all diese Riesentiere waren, da sie ja ein größeres Gehirn besaßen?

Viele fossile Muscheln wurden auf Berggipfeln entdeckt. Als die ersten Bergsteiger es auf den Gipfel des Mount Everest schafften, staunten sie nicht schlecht, als sie dort auf Meeresfossilien stießen, ja, der ganze Gipfel des Mount Everest besteht aus Kalkstein, und Kalkstein formt sich nur auf dem Meeresboden. Das Problem ist, dass sich die nächste Küste ungefähr 700 km südlich und 8.848 m tiefer befindet. Zudem ist die Kalksteinschicht mit den Fossilien 250 m dick! Die Entstehung des Mount Everest und die Fossilien auf seinem Gipfel werden gerne mit dem Begriff der „Plattentektonik“ erklärt. Das ist ja alles schön und gut. Die Platten bewegen sich auch heute noch, aber wann ist

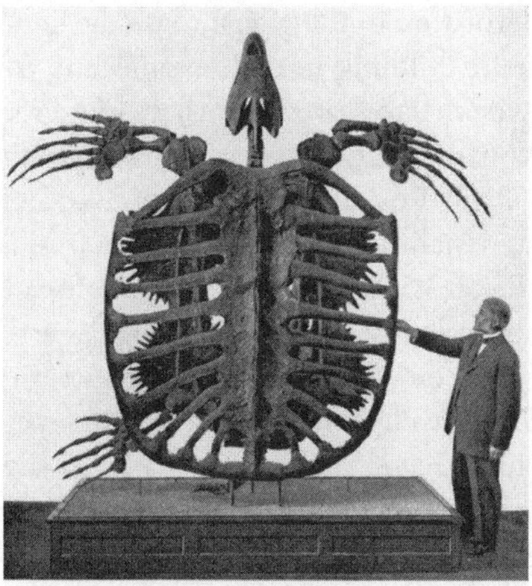

THE GIANT SEA TURTLE ARCHELON
A contemporary of the Mosasaurs
From the specimen in the Yale University Museum

Abb. 70: Die Riesenschildkröte Archelon

dabei das letzte Mal ein fast 9.000 m hoher Berg entstanden? Durch Erdbeben kann er auch nicht entstanden sein. Wenn sich eine Kalksteinschicht mit den Fossilien ganz oben befindet, woher kommen dann die zahlreichen anderen Schichten darunter? Findet man diese Schichten auch anderswo? Fossilien entstehen nur durch große Fluten und Vulkanausbrüche. Dabei begraben sie die Lebewesen sehr schnell unter sich und so können sie versteinern, ansonsten würden sie sich zersetzen. Fast alle Gipfel der höchsten Gebirge der Welt bestehen aus Meeresboden-Sedimenten und sind voll mit Meeresfossilien. Diese Erhebungen können nur durch einen großen Kataklysmus in relativ kurzer Zeit entstanden sein und die hohen Gebirge und die tiefen Gräben der Tiefsee sind die Überreste solcher Katastrophen. Vor der großen Flut hatte es keine so hohen Gebirge gegeben – alles war flacher, weshalb auch fast alles überflutet werden konnte. Heute wäre eine solche globale Flutwelle in dieser Form nicht mehr möglich. Zudem sind die fossilen Muscheln, die man auf den Berggipfeln der ganzen Welt findet, meistens geschlossen versteinert worden, was bedeutet, dass sie schnell eingeschlossen wurden, bevor sie tot waren. Tote Muscheln öffnen sich automatisch! Wenn sich die Kontinentalplatten langsam verschoben hätten, wären diese Muscheln erstens nicht versteinert und zweitens offen. Da sie geschlossen auf den Berggipfeln anzutreffen sind, ist ersichtlich, dass sich die Meeresböden schnell aus dem Wasser erhoben hatten und dann sofort mit Schlamm und Geröll bedeckt wurden. Durch große katastrophale Kräfte verschoben sich die Platten rasch und türmten sich auf, und im Laufe der Zeit wurde der Schlamm von den Gipfeln abgetragen und die Fossilien kamen zum Vorschein – genannt Erosion.

Es ergeben sich auch weitere Probleme bei Bergen mit Fossilien, denn diese können sich gar nicht im Laufe vieler hunderter Millionen Jahre gebildet haben, da die Erosion sie schon längst wieder abgetragen hätte! Ein gutes Beispiel hierfür sind die riesigen Austern in den peruanischen Anden. Es gibt dort fossile Austern mit einem Durchmesser von bis zu 3,5 Metern und einem Gewicht von 300 kg. 500 dieser Riesenaustern wurden bis jetzt gefunden und das Erstaunliche daran ist, dass sie sich in einer Höhe von 3.750 Metern befinden! Da sie nicht von alleine auf die Berge gelangt sein konnten, ist die einzige mögliche Erklärung, dass dieses Gebiet irgendwann unter Wasser stand. Auch diese Austern sind nicht offen, sondern geschlossen versteinert und Geologen schätzen sie auf 200 Millionen Jahre. In diesem Zeitraum sollen sich die Anden und andere Gebirge langsam aus dem Ozean erhoben haben, weil die Platten kollidieren. Das Problem sind auch hier die Erosionsraten, denn sie sind größer als die Rate der Aufrichtung durch die Platten, weswegen sich die Anden gar nicht gebildet haben dürften. Wenn man von den offiziell angegebenen Daten ausgeht, wären die Anden in 56 Millionen Jahren abgetragen worden. Deshalb können die Austern und andere Fossilien auf Bergen auch keine 200 Millionen Jahre alt sein! Wenn die Anden wirklich so alt wären, gäbe es sie gar nicht mehr. Das ist ganz einfach zu überprüfen und beweist, dass die ganze geologischen Schichten falsch datiert sind. Die Gebirgsbildung und Versteinerung ist keine hunderte Millionen Jahre her, nein: Das alles passierte vor wesentlich kürzerer Zeit! Die gegenwärtige Erosionsrate zeigt, dass alle Kontinente der Erde in 14 Millionen Jahren abgetragen werden sollten. Aber wie können dann Fossilien um bis zu 300 Mal älter als diese Rate sein? Die Schichten der Erde hätten sich inzwischen 70 bis 300 Mal komplett auflösen müssen! Wenn sich die Kontinente vor 3,5 Milliarden Jahren geformt haben, warum sind sie dann immer noch hier und haben sich nicht im Meer abgelagert? Eine Studie der *Geological Society of America* hat ergeben, dass die Erosionsrate im Schnitt 12,2 Meter in einer Million Jahren beträgt. Der durchschnittliche Durchmesser der Kontinentalkruste beträgt 623 Meter, was bedeutet, in 50 Millionen Jahren sollte sich alles aufgelöst haben und es gäbe keine Landflächen mehr, die sich über das Meer erheben. Gebiete, die tiefer liegen und wo es häufig regnet, sollten sich bereits nach 3 Millionen Jahren abgetragen haben. Es gibt dazu auch Studien, die beweisen, dass sich die Kontinente der Erde innerhalb von 3,14 und längstens 50 Millionen Jahren komplett abgetragen haben sollten. Wenn das stimmt, kann die heutige Oberfläche der Erde keine Milliarden Jahre alt sein und Fossilien keine hunderte Millionen von Jahren, weil sie sich sonst schon aufgelöst hätten. Laut den Geologen und ihrer geologischen Säule befindet sich aber immer noch alles an Ort und Stelle und soll ein derart hohes Alter besitzen. Das zeigt, es hat es keine Evolution oder Prähistorik gegeben, zumindest nicht so, wie es in den Lehrbüchern steht! Die Tatsache, dass Gebirge immer noch existieren, zeigt, dass sie sich erst vor relativ kurzer Zeit gebildet haben! Ein weiterer Aspekt: Der Salzgehalt des Meeres liegt heute bei ca. 3,5 Prozent und das Salz gelangt durch Regenwasser, welches das Salz aus Felsgestein herauslöst, ins Meer – wodurch das Meer immer salziger wird. Berechnungen haben ergeben, dass die Meere daher vor weniger als 5.000 Jahren noch nicht salzig waren und aus Frischwasser bestanden! Süßwasserfische können sich sehr schnell an Salzwasser gewöhnen, aber nicht umgekehrt. Wenn die Erde also Milliarden von Jahren alt ist, warum sind die Meere dann nicht salziger?

Wie konnten alle diese Riesentier-Spezies so groß wachsen? Der Kreationist Dr. Carl Baugh erfand eine sog. „Überdruck-Biosphäre", mit der er als bibelgläubiger Christ überprüfen wollte, ob man durch Änderungen in der Atmosphäre und dem Umgebungsmagnetfeld der Erde das Wachstum und den Alterungsprozess von Tieren verändern kann. Dr. Baugh glaubt an die Beschreibungen in der Bibel, in der behauptet wird,

Abb. 71: Riesenaustern aus Peru

dass Menschen vor der Sintflut ein Alter von bis zu 900 Jahren erreicht hatten. In der biblischen Schöpfungsgeschichte steht, dass alle Lebewesen perfekt erschaffen wurden und ewig leben konnten, und es nach dem großen Sittenverfall des Menschen vor der Flut zu einer großen Degeneration bei allen Lebensformen gekommen sein soll. Diese Degeneration soll sich bis heute fortgesetzt haben. Die überlebenden Menschen der Sintflut lebten ähnlich wie Noah viel länger als nach der Flut geborene Menschen. Vor der Flut konnten Menschen demnach bis zu 920 Jahren alt werden, nach der Flut nur mehr 250 und zu der Zeit von Christus gar nur noch 70 Jahre. Dr. Baugh ermittelte den Zustand der alten Atmosphäre, die er aus verfügbaren Forschungsdaten hatte, nach denen er in seinem Apparat die Umgebungsverhältnisse auf der Erde von vor der Sintflut simulierte. Die Tests zeigten erstaunliche Resultate: Fische, die in dieser veränderten Atmosphäre heranwuchsen, lebten viel länger, wurden vier Mal größer als ihre normalen Artgenossen und wiesen eine Veränderung ihrer Molekularstruktur auf. Wenn man diese Methoden auf den Menschen anwenden könnte, hätte es eine heilende und sogar verjüngende Wirkung auf den Körper. Die NASA verwendete diese Forschungsergebnisse inzwischen für ihr Weltraumprogramm. Dr. Baugh meldete seine Erfindung 1999 unter der Patentnummer US5935516 als sein Patent an und obwohl er bewiesen hatte, dass seine Vermutung stimmte, wurde seine Erfindung von der akademischen Fachwelt mit der Begründung abgewiesen, er sei ein gläubiger Christ! Ein weiteres Mal kann man hier sehen, dass es sich bei vielen Akademikern um materialistische Pseudowissenschaftler handelt!

Sie konnten sich nicht mit diesem Thema auseinandersetzen, weil Dr. Baugh beweisen konnte, dass auf der Erde keine Evolution, sondern eine DEVOLUTION stattfindet, eine Entartung! Alle Lebewesen vor der Flut waren größer, robuster, vitaler, stärker, perfekter und lebten viel länger – auch der Mensch! Der Mensch verbessert sich nicht durch natürliche Selektion, sondern degeneriert an den schädlichen Umwelteinflüssen der Erde. Den Tier- und Pflanzenspezies ergeht es ähnlich, denn unglaublich viele Arten sind nach der großen Flut ausgestorben, weil sie sich nicht an die neuen Lebensumstände auf der Erde gewöhnen konnten. Der Luftdruck und der Sauerstoffgehalt hatten abgenommen, das Magnetfeld hatte seine Frequenz verändert und wird ebenfalls ständig schwächer. Das Obst sowie die Früchte der Bäume haben an Nährstoffen und Vitaminen verloren und die Menschen und Tiere wurden im Laufe der Zeit immer kleiner, schwächer, ungesünder und anfälliger für Krankheiten.

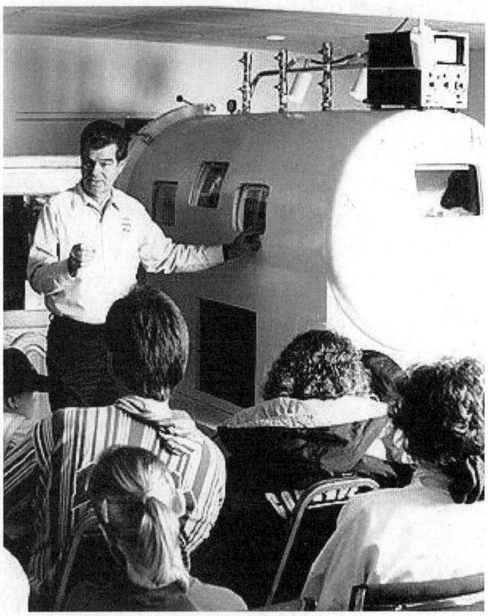

Abb. 72: Die Überdruck-Biosphäre von Dr. Baugh

Dr. Baugh simulierte in seiner Biosphäre die Uratmosphäre der Erde, indem er die Sauerstoffkonzentration von 20 auf 30 Prozent erhöhte und den Anteil an Kohlenstoffdioxid bzw. CO_2 von 0,05 auf 0,1 bis 0,3 Prozent. Eine Magnetfeldspule wurde an einen Generator angeschlossen, der dann kontrollierte elektromagnetische Pulse in Stärken von 1 bis 5 Gauß mit einer Frequenz zwischen 0,5 bis 30 Hertz abgab, was ausreichte, um einen unglaublich positiven Effekt auf seine Testobjekte zu haben. Somit hatte er den Beweis erbracht, dass die Erzählungen in der Bibel stimmen und das Leben auf der Erde früher wesentlich besser entwickelt war. Fruchtfliegen hatten beispielsweise bis in die dritte Generation eine höhere Lebensspanne; das Gift von Schlangen veränderte sich auf der Molekular-Ebene und wurde ungiftig; es gab ein beschleunigtes und größeres Wachstum von Piranhas um das 4-fache und Reptilien dürften früher auch viel größer gewesen sein. Es ist bekannt, dass sie niemals aufhören zu wachsen, solange sie leben, und wenn sie hunderte Jahre lang immer weiter gewachsen wären, hätte man wirklich große Echsen. Einige dieser großen Echsen waren zweifellos das, was man heute als Dinosaurier bezeichnet.

Ein weiterer Punkt, der für die Langlebigkeit der Menschen vor der Flut sprechen könnte, wäre ihr Vegetarismus. Obst und Gemüse dürften früher viel gesünder und vitaminreicher gewesen sein als heute, und der Vitamingehalt unserer „modernen" Nahrung sinkt auch immer weiter. Ein wesentlicher Bestandteil der vegetarischen Ernährung dürften für die Menschen früher Samen und Obstkerne gewesen sein, die Vitamin B17 enthalten, welches die Lebenserwartung steigert und zudem Krebs vermeidet. Vitamin B17 kommt in hoher Konzentration vor allem in Obstkernen vor und man sollte diese nach Möglichkeit immer mitessen. Fakt ist: Die meisten Menschen leiden heutzutage unter Nährstoff- und Vitaminmangel, wobei man versucht, die dadurch entstehenden Krankheiten mit Medikamenten zu kurieren. Sinnvoller wäre wohl eine Nährstoff-Therapie. Die Menschen, die damals die Flutkatastrophe überlebt haben, mussten durch das mangelnde Nahrungsangebot jagen und somit auch damit beginnen, Fleisch zu konsumieren. Da es damals auch zu starken Vulkanausbrüchen gekommen war, hatte sich zusätzlich auch noch der Himmel verdunkelt und ein Großteil der Vegetation verendete, wodurch bei den überlebenden Menschen wahrscheinlich auch noch Krankheiten und ein starker Vitamin-D-Mangel entstanden.

Bis zur letzten Eiszeit vor ca. 10.000 Jahren waren noch alle Kontinente von einer Riesentierfauna bevölkert. Am Ende der letzten Eiszeit verschwanden jedoch die meisten Großtierarten in einem sehr kurzen Zeitraum und es starben weltweit ca. 90 Prozent aller Arten mit einem Gewicht von über 1000 kg aus. Die Wissenschaft vermutet, dass vor allem die Ausbreitung des Menschen eine maßgebliche Rolle gespielt hat. Vor 10.000 Jahren lag die geschätzte Bevölkerungszahl weltweit allerdings bei nur einer Million Menschen und man geht davon aus, dass diese Million in den letzten 70.000 Jahren völlig dezimiert wurde. DNA-Auswertungen weisen sogar darauf hin, dass die Menschheit an einem Punkt in der Geschichte auf nur etwa 2000 Personen geschrumpft gewesen sein soll! Durch das berechnete Bevölkerungswachstum konnte man feststellen, dass das derzeitige Wachstum vor ziemlich genau 4.400 Jahren startete.

Nun stellt sich folgende Frage: Warum waren in den letzten hunderttausenden Jahren nicht mehr Vor- und Frühmenschen, Neandertaler oder moderne Menschen entstanden, und gab es wirklich eine große Katastrophe, die die Menschheit derart stark dezimierte? Meiner Ansicht nach ist es schwer vorstellbar, dass die Eiszeitmenschen für den Tod all dieser Riesentierarten der ganzen Welt verantwortlich gewesen sein sollen. Wahrscheinlicher ist, wie gesagt, das Szenario eines globalen Kataklysmus und dem darauf folgenden Mangel an Vegetation und der gleichzeitigen Abnahme des Luftdrucks und des Sauerstoffgehalts in der Atmosphäre. Die primitiven Jagdmethoden der Eiszeitmenschen hatten sicherlich keinen so großen Einfluss auf dieses Massensterben. In Afrika soll es zu diesem Zeitpunkt ja die meisten Menschen gegeben haben, dort sind jedoch die wenigsten Großtierarten ausgestorben. Warum sollten die Menschen auch gefährliche große Tiere jagen, wenn genügend kleinere vorhanden waren, die man wesentlich leichter erlegen konnte? Man konnte das Fleisch ja auch nicht lange frisch halten. Unklar ist ebenfalls, wieso einige wenige Arten von sehr großen Tieren dieses Massensterben überlebt hatten. Dazu gehören der Elch, das Bison, das Wisent und der Auerochse. Alle diese Wildarten starben erst im Lauf der letzten Jahrhunderte aus. Dennoch: Heutzutage ist es weit schlimmer, und pro Jahr sterben 10.000 bis 100.000 Spezies komplett aus – es ist gegenwärtig das größte Massensterben aller Zeiten. Bis zur Mitte des 21. Jahrhunderts könnten sogar bis zu 50 Prozent aller bekannten Arten ausgestorben sein. Die Ursache ist die menschliche Überbevölkerung und die gnadenlose Ausbeutung der Erde, die das ganze kompliziert verflochtene Ökosystem des Planeten zerstört.

Neuere Daten belegen, dass der große Kataklysmus vor der Eiszeit von Asteroideneinschlägen ausgelöst worden war, und diese Einschläge soll es in den letzten 100.000 Jahren mehrmals gegeben haben. Bill Napier, Professor der Astrobiologie von der *Cardiff University*, erklärte 2010, dass die Erde in der Vergangenheit von gewaltigen Kometen und Asteroidentrümmern getroffen wurde – vor 30.000 Jahren vermutlich das letzte Mal. Die Trümmer sollen von einem großen Objekt stammen, das damals in unser Sonnensystem eingedrungen war und man geht davon aus, dass die Einschläge einen Feuersturm auslösten, der die Atmosphäre mit Asche und Staub bedeckte. Der Staub verminderte wiederum die Wärme und Sonneneinstrahlung und löste dadurch eine Eiszeit aus. Außerdem war es mehrmals zu großen koronalen Massenauswürfen der Sonne gekommen, die das Magnetfeld und die Ozonschicht der Erde zerstört haben, wodurch alle Lebensformen zusätzlich noch einer starker Strahlung ausgesetzt waren. All diese Faktoren zusammengenommen zeigen, dass vor 10.000 bis 15.000 Jahren ein völlig anderes Klima und eine andere Fauna herrschten, die von Riesentierarten geprägt war. Die Menschen vor der Eiszeit waren wie die Tiere dieser Zeit auch viel größer, was durch die Funde von Riesenskeletten auf der ganzen Welt bestätigt wird (siehe dazu auch Kapitel 10 in meinem ersten Buch). Weder die Existenz dieser Riesentierarten noch die von nicht versteinerten Dinosaurier-Knochen oder menschlichen Riesenskeletten sind mit der Evolutionstheorie in Einklang zu bringen. Alle diese Arten waren wesentlich robuster und langlebiger als heute. Es gab also im Laufe der letzten 50.000 Jahre keine Verbesserung durch Evolution, sondern das Gegenteil: **Es fand eine Devolution statt!**[(43)]

Kapitel 3 – Fossile menschliche Fußabdrücke und das Geheimnis der Dinosaurier

Menschen existierten zur Zeit der Dinosaurier

Kommen wir nun zu einem weiteren spannenden und brisanten Thema, über das schon viel geschrieben wurde: Menschen und Dinosaurier. Es gab in diesem Buch ja schon einige Hinweise, dass Mensch und Dinosaurier zur gleichen Zeit gelebt haben könnten, auch wenn das von der Fachwelt heftig abgestritten wird. Die meisten Menschen halten diese Behauptung immer noch für lächerlich. Doch wie viele unter ihnen haben sich jemals die Mühe gemacht, hier eingehendere Nachforschungen anzustellen? Ich habe es gemacht und bin auf erstaunliche Fakten gestoßen, die ich nun mit Ihnen teilen möchte. Es existieren auf dem ganzen Globus versteinerte Fußabdrücke von anscheinend modernen Menschen, die demnach vor hunderttausenden und Millionen von Jahren gelebt haben sollten. Das Merkwürdige daran ist, dass menschliche Fußabdrücke manchmal gemeinsam mit Dinosaurierspuren zu finden sind. Was nicht sein kann, das darf auch nicht sein, und die aufgebrachte wissenschaftliche Gemeinde ist sofort auf diese Entdeckungen losgegangen, um sie als Fälschungen zu entlarven. Macht man sich jedoch die Mühe und überprüft diese Fälle einzeln und schrittweise, kommt man zu der Überzeugung, dass an diesen Beweisen für Menschen in der sog. Prähistorik einiges dran sein muss – denn einige dieser Spuren sind zweifellos echt. Das bedeutet, es gab nachweislich moderne Menschen, die gemeinsam mit Dinosauriern lebten!

Das Studium von Fußspuren und anderen Spurenfossilien wird *Palichnologie* genannt, und die menschlichen Fußabdrücke, die wir uns nun anschauen werden, sind anscheinend in ferner Vergangenheit entstanden. Die meisten versteinerten Abdrücke sind in Vulkanasche und kalkhaltigen Schlamm konserviert worden, wobei anzumerken ist, dass kalkhaltiger Schlamm sehr schnell zu Kalkstein aushärtet, ähnlich wie moderner Beton. An einigen der Fußabdrücke sieht man, dass diese Frühmenschen mit wenigen Ausnahmen bereits Sandalen oder anderes Schuhwerk trugen, allerdings sind es genau diese „Schuhabdrücke“, die Archäologen noch einigermaßen alternativ „interpretieren“ können. Anders ist das bei den klaren Abdrücken mit sichtbaren fünf Zehen, von denen sogar ganze Pfade vorhanden sind.

Die beiden bekanntesten Beispiele solcher Pfade sind die bis zu 20 Meter langen Paluxy-River-Fußspuren in Texas und die Laetoli-Fußspuren in Tansania, die beide durch schnell ausgehärtete Vulkanasche entstanden. Durch starke Sonneneinstrahlung härteten die Bodenschichten schnell aus und weitere Asche und Sedimente bedeckten danach die untere Schicht, wodurch solche Pfade erhalten blieben. In Laetoli gibt es fossile Fußspuren von drei aufrecht gehenden menschlichen Wesen, die im Jahre 1976 entdeckt wurden. Die versteinerte Vulkanasche in dieser Gegend wird von der Wissenschaft auf ein Alter von ca. 3,6 Millionen Jahren geschätzt! Als man die Fußspuren entdeckte, wusste man keinen Rat und die Forscher ordneten diese Spuren einem Hominiden zu, dem *Hominini*, einem Schimpansen ähnlichen Vormenschen. Einer dieser Hominiden soll der Vormensch *Lucy* gewesen sein. Die gefundenen Spuren wurden bis 1996 zweimal untersucht und dann vorsichtshalber wieder unter mehreren Schichten Sand und Erde vergraben, damit sie niemand mehr sieht.

Abb. 73: Fotos von den Laetoli-Fußspuren in Tansania

Die Paluxy-River-Fußspuren sind fossile Abdrücke bei Glen Rose, Texas, wobei man hier neben Dinosaurierspuren auch Fußabdrücke von Menschen in der gleichen Schicht entdeckte – auch in diesem Fall war die Wissenschaft ratlos. Auf *Wikipedia* kann man nachlesen, dass verwitterte dreizehige Fußabdrücke hin und wieder wie menschliche Fußabdrücke aussehen. Anders darf das nämlich gar nicht sein... Es wird sogar behauptet, dass sich die menschenähnlichen Spuren mit der Zeit vergrößert und verbreitert hätten, wie beispielsweise solche Spuren im Schnee, was aber nicht auf die direkt daneben befindlichen Dinosaurierspuren zuzutreffen scheint! Merkwürdig, nicht wahr? Nachdem in den Artikeln in Fachjournalen meist die dazugehörenden Fotos nicht mit abgebildet werden, geben sich Laien mit dieser Erklärung zufrieden. Doch forscht man dann genauer nach, kommen ganz andere Ergebnisse zum Vorschein.

Die Anthropologin und Expertin für menschliche Fußabdrücke und Fußgrößen, Dr. Louise M. Robbins, wurde extra nach Laetoli eingeflogen, um die Spuren zu identifizieren, und sie bestätigte, dass es sich um Abdrücke von modernen Menschen handelt. Sie haben das exakt richtige Verhältnis von Länge und Breite normaler menschlicher Füße und auch die Winkel der Zehen passen. Das einzige Problem ist das Alter der Spuren, denn sie sollen ca. 3,8 Millionen Jahre alt sein. Der *Homo sapiens* hat sich laut Lehrmeinung jedoch erst vor etwa 150.000 Jahren in Afrika entwickelt!

Im Jahr 1974 kam es zur Entdeckung des Vormenschen „Lucy" in Äthiopien, von der nur spärliche fossile Knochenreste vorhanden sind. Auffällig hierbei: kein Schädel, keine Hand- oder Fingerknochen und keine Fußknochen, sie fehlen völlig. Daraus kann man keine Rückschlüsse auf die Größe des Gehirns und die Art der Fortbewegung ziehen – all das wird von den Anthropologen „interpretiert". Merkwürdigerweise sind so gut wie keine vollständigen Skelette oder Fossilien von Vor- oder Frühmenschen vorhanden, auch nicht von Neandertalern. Evolutions-Skeptiker vermuten, dass es sich bei vielen sog. Vormenschen schlicht um ausgestorbene Affenarten handelt. Im Grunde gibt es bei Lucy keinen Beweis, ob das Skelett von einem menschenähnlichen Hominiden oder einem gewöhnlichen Affen stammt, zudem werden die Überreste von Lucy heute auch nirgends ausgestellt, sondern sind irgendwo im Keller des *Äthiopischen Nationalmuseums* eingelagert. Die Größe von Lucy soll 107 Zentimeter betragen haben. Daher können die Laetoli-Fußabdrücke nicht von dieser fiktiven Spezies stammen, weil sie eine normale durchschnittliche menschliche Größe aufweisen. Die Laetoli-Abdrücke wurden auch von der 1996 verstorbenen Forscherin Mary Leakey untersucht und im Magazin *National Geographic* publiziert. Die Ergebnisse der Untersuchung stimmen nicht mit dem angeblichen Vormenschen Lucy der Gattung *Australopithecus Afarensis* überein. Im Journal *Scientific American* vom September 1998 wurde eine Auswertung der beiden Fußspuren in Laetoli (G1 + G2) präsentiert und es handelt sich dabei eindeutig um die Spuren zweier unterschiedlich großer Menschen, wobei die kleineren von einem Kind mit einer Größe von ungefähr 1,25 m stammen dürften. Die größeren Abdrücke haben eine Länge von 26,4 Zentimeter und die Person besaß eine Größe von mindestens 1,75 m. Die Abdrücke zeigen keine Anzeichen eines großen, beweglichen Zehs, wie Affen ihn besitzen, stattdessen haben sie ein Fußgewölbe, wie es bei modernen Menschen zu finden ist. Die Abstände der Schritte wurden mit dem Computer simuliert, sie stimmten ebenfalls mit der normalen menschlichen Gehgeschwindigkeit überein und wurden als von einem normalen menschlichen Fuß erzeugt, weswegen man sie auch wieder eingegraben hat. Mary Leakey war zwar von der Evolutionstheorie überzeugt, stellte aber kurz vor ihrem Tod klar, dass Naturwissenschaftler unmöglich den Zeitpunkt bestimmen können, an dem der Vormensch zum modernen Menschen überging.

Die Abdrücke von Paluxy-River sind natürlich noch kontroverser. Glaubt man der Evolutionstheorie, kann es neben Dinosauriern noch keine Menschen auf der Erde gegeben haben – wir sollen uns nach dem Urknall aus toten Steinen zu lebenden Bakterien, dann zu Fischen, danach von Amphibien zu Säugetieren und Affen und erst zuletzt in Menschen verwandelt haben. Kann das wirklich stimmen? Müssten sich in diesem Fall Menschen und alle anderen Lebewesen dann nicht ständig evolutionär zu unzähligen verschiedenen Lebensformen weiterentwickeln? Wenn das so wäre, warum gibt es keine neuen sichtbaren Übergangsformen von einer Spezies in eine andere? Warum sind frühe Formen des Lebens eigentlich immer noch existent und haben sich nicht evolutionär weiterentwickelt? Wenn Dinosaurier tatsächlich vor 65 Millionen Jahren ausgestorben sind, können sie demnach unmöglich mit Menschen zusammen existiert haben. Könnte es nicht sein, dass viele Dinosaurierarten erst vor viel kürzerer Zeit ausgestorben sind?

Im Gebiet des Paluxy-Flusses wurden seit den Anfängen des 20. Jahrhunderts zahlreiche Dinosaurierspuren gefunden, doch erst im Jahr 1938 wurden sie berühmt, denn damals gab es eine große Überflutung des Flusses, was die alten Schichten mit den Spuren zufällig freilegte. Diese Überflutung riss einen Meter soliden Felsgesteins weg, was tausende von Dinosaurierspuren freilegte. Als der Fluss kurzfristig austrocknete, entdeckte man sie schließlich. Es gab so viele Spuren, dass man sich dazu entschloss, den *Dinosaur Valley State Park* daraus zu machen. Der amerikanische Paläontologe Raymond T. Bird untersuchte die Fußspuren als erster. Neben den Dinosaurierspuren sah er zu seinem Erstaunen auch Abdrücke von Füßen, die menschlich aussahen, was sofort Kontroversen in wissenschaftlichen Kreisen auslöste. Aber sogar gelehrte

Abb. 74: Mr. Taylor, der Entdecker der Fußspuren im Paluxy-Fluss

Evolutionsforscher glauben heute, dass die Spuren echt sind, sie können es sich allerdings nur dadurch erklären, dass die Spuren von Außerirdischen stammen müssen, da es ja damals nach deren Weltbild noch keine Menschen gab. Die geologische Schicht, in der sich die Abdrücke befinden, wird auf ein Alter von 108 Millionen Jahren geschätzt! C-14 Kohlenstoff-Tests an organischem Material aus der Schicht ergaben aber ein Alter von nur 12.800 bis 37.500 Jahren, und verkohlte Holzstücke, die auf dem Grund des Paluxy-Flusses eingebettet waren, wurden mit C-14 ebenfalls auf ein Alter zwischen 23.000 bis 33.000 Jahren datiert. Das sind deutlich weniger als 108 Millionen Jahre!

Es gibt unterhalb der untersuchten Schicht am Paluxy-Fluss noch drei weitere geologische Schichten, die bis heute nicht freigelegt oder untersucht wurden. Die bereits sichtbaren Spuren führen unter der Felsschicht auch noch weiter, durften aber nicht weiter freigelegt werden – der Besitzer des Grundstücks und die lokalen Behörden sind dagegen! Das ist mir völlig unverständlich, schließlich handelt es sich hier um eine wichtige Entdeckung! Sollten nicht alle Forscher ein Interesse haben, den ganzen Fund detailliert auszuwerten? Anscheinend nicht. Um die wissenschaftliche Arbeit am Paluxy-Fluss zu stoppen, wurde eiligst ein Gesetz verabschiedet, das es verbot, den Fluss zu „verletzen“! Damit wurde es quasi illegal, weiteres Gestein zu entfernen, wobei noch mehr menschliche und von Dinosauriern stammende Fußspuren freigelegt worden wären. Was hat das bitte mit Forschung zu tun?

Immerhin konnten auf dem Grundstück der McFall-Ranch seit 1982 mehr als 100 fossile menschliche Fußabdrücke und ein Handabdruck unter Tonnen von Kalkstein freigelegt werden. Diese Ausgrabungen wurden ausschließlich von Freiwilligen durchgeführt, wobei der Hauptverantwortliche dabei der Archäologe Dr. Carl Baugh war, der das *Creation Evidence* Museum in Glen Rose leitet. Die am meisten umstrittene fossile Fußspur ist heute die sogenannte „Taylor-Spur“, bestehend aus insgesamt 14 menschlichen Fußabdrücken, die sich direkt mit der Spur eines Dinosauriers kreuzt!

Dr. Don Patton, ein amerikanischer Geoarchäologe, präsentierte diese Funde auf einer wissenschaftlichen Konferenz und legte dort seine Beweise vor, womit er bestätigte, dass Menschen wirklich mit Dinosauriern koexistierten. Zwei Evolutionswissenschaftler waren derart schockiert von den Paluxy-Abdrücken, dass sie sofort nach der Konferenz in ein Flugzeug nach Texas stiegen, sich dort eine Brechstange besorgten und versuchten, die menschlichen Fußabdrücke im Flussbett absichtlich zu zerstören! Im Jahr 1999 kam es zu einer zweiten Dürre in dem Gebiet und der Fluss trocknete ein weiteres Mal aus, wobei noch mehr Spuren von Menschen und Dinosauriern zum Vorschein kamen! Bei Untersuchungen im Jahr 1995 war auch ein interessierter Vertreter der *First Southern Paptist Church*, Pastor David Smith aus Arizona, dabei. Ein Filmteam von *NOVA* war ebenfalls vor Ort und interviewte Dr. Baugh zu seiner Entdeckung. Mit dem Fernsehteam war auch ein Evolutionsforscher gekommen, der die ganze Zeit mit Dr. Baugh herumstritt. Interessant: Das Filmteam machte kaum Aufnahmen von der Ausgrabung oder den Dinosaurierspuren, sondern interviewte fast ausschließlich den mitgebrachten Evolutionisten, der vor den laufenden Kameras erklärte, er hätte dort nichts gesehen, das die Evolution widerlegen würde. Was er nicht vor der Kamera sagte war, dass er sich weigerte, sich umzudrehen und einen Blick auf die Dinosaurierspuren zu werfen! Er stand mit dem Rücken zu den Spuren und der Fundstelle, während er die Aussagen vor der Kamera abgab. Das Filmteam von *NOVA* wusste, dass der Mann niemals einen Blick darauf geworden hatte, erwähnte es jedoch in ihrer Reportage nicht, denn es gibt eine

Abb. 75: Übergroße menschliche Fußabdrücke neben Dinosaurierspuren in Glen Rose, Texas

Medienblockade, solche Beweise zu zeigen. Dr. Baugh wurde keine Gelegenheit gegeben, auf die Vorwände des Evolutionisten einzugehen, ein anderer sagte sogar, dass menschliche Fußabdrücke gemeinsam mit Dinosaurierspuren nur beweisen würden, dass es Dinosaurier mit Füßen wie ein Mensch gegeben hatte!?

Im Jahr 2008 konnte durch CT-Scans (Computertomographie) mittels Röntgenaufnahmen ermittelt werden, dass es sich bei den Abdrücken um keine Fälschungen oder um nachträglich angebrachte Gravuren oder Schnitzereien im Gestein handelt, wie von Skeptikern behauptet. CT-Scans können bei fossilen Felsabdrücken verwendet werden, um die Verhärtung des Gesteins festzustellen, sie können jedoch auch Kreuzungspunkte von Fußabdrücken nachweisen, also Stellen, an denen die Druckbelastung unterschiedlich hoch war. Wenn ein Mensch sein Gewicht auf den Fuß verlagert, treten unterschiedlich starke Druckpunkte im Fußabdruck auf, und wenn diese Verhältnisse stimmen, kann man sich sicher sein, dass man es mit einem echten menschlichen Fußabdruck zu tun hat und nicht mit einer nachträglich angebrachten Schnitzerei. Die Echtheit wurde somit zweifelsfrei festgestellt. Diese neue wissenschaftliche Methode war früher bei den ersten Untersuchungen noch nicht verfügbar, deshalb kann man erst jetzt beweisen, dass die Spuren echt sind! Der *Nationale Forschungsrat* von Italien hat übrigens bestätigt, dass sich die dortigen vulkanischen Ascheschichten sehr schnell verhärtet hatten. Wenn das nicht der Fall gewesen wäre, wären diese Spuren durch Regen, Wind, Wasser und die Sonneneinstrahlung schnell zerstört worden, was wiederum beweist, dass die menschlichen Spuren und die Dinosaurierspuren während derselben kurzen Zeitspanne entstanden sind.

Mehrere menschliche Fußabdrücke finden sich über Dinosaurierspuren und umgekehrt und die Abstände zwischen den Schritten passen auch perfekt. Ein paar der menschlichen Abdrücke wurden aus dem Felsen herausgeschnitten und mit CT-Scans untersucht, wobei man feststellte, dass sich eine verdichtete Struktur unter den Abdrücken im Stein befindet. Man schnitt im Labor einen dieser fossilen menschlichen Fußabdrücke entzwei und konnte sehen, dass sich der vulkanische Schlamm zwischen die Zehen gedrückt hatte.

Im Jahr 1970 fand ein Interview mit James Ryals statt, einem Sammler, der seit den 1930er-Jahren fossile Spuren ausschnitt und sie verkaufte. Dieser sagte, ihm wären schon mehrmals fossile menschliche Fußabdrücke untergekommen, von denen die meisten

Abb. 76: Höhlenmalereien von Brontosaurus und Tyrannosaurus, daneben eine Steinschnitzerei eines Stegosauriers aus Kambodscha

barfuß gewesen seien, einige Füße waren anscheinend aber auch in Leder oder irgendein Schuhwerk eingewickelt gewesen. Der Schrittabstand variierte zwischen 60 bis 210 Zentimetern, was ziemlich viel ist. Die Fußabdrücke weisen eine Länge zwischen 38 und 55 Zentimetern auf. Das heißt, sie müssen Menschen gehört haben, die zwischen 2,5 und 3,6 Metern groß waren! Nahe Alamogordo in New Mexico wurden ähnliche Abdrücke gefunden, und zwar 13 Abdrücke mit einer jeweiligen Länge von 55,8 Zentimetern und Schritten im Abstand von 122 bis 153 Zentimeter. Laut der *Fort Wayne Daily Gazette* vom 31. August 1883 wurden in Kirbys Creek in Alabama ebenfalls menschliche Fußabdrücke mit einer Länge von 76 Zentimetern in solidem Gestein entdeckt. Wenn die C-14 Datierungen stimmen, dann haben Dinosaurier gemeinsam mit riesigen Menschen in einer Zeit existiert, die etwa 13.000 bis 40.000 Jahre zurückliegt. Ist das vorstellbar? Weiß der innere Zirkel der Naturwissenschaft darüber Bescheid? Wenn ja, dann könnte es zu ernsthaften Schwierigkeiten führen, da die bisherige Evolutionstheorie und die geologischen Interpretationen alle verworfen werden müssten. Vor allem hätten die Kreationisten und Forscher, die an große Flutkatastrophen in der Vergangenheit glauben, Recht!

1970 berichteten Zeitungen davon, dass in Simbabwe in Afrika einige der ältesten bekannten Höhlenmalereien gefunden wurden, die von afrikanischen Buschmännern stammen, die in dieser Gegend bereits um 1500 v. Chr. lebten. Neben akkuraten Repräsentationen von Elefanten und Giraffen findet sich in der Höhle auch eine Abbildung eines Brontosaurus neben einem Menschen. Die Wissenschaft weiß, dass Buschmänner ihre Zeichnungen nach lebenden Vorbildern anfertigten. Dr. Samuel Hubbard, ein ehemaliger Kurator für Archäologie in Oakland, Kalifornien, entdeckte vor mehr als 80 Jahren Schnitzereien von Dinosauriern an den Felswänden des Hava Supai Canyon in Arizona. Man fand neben fossilen Dinosaurierspuren auch eine Abbildung eines Tyrannosaurus!

In Kambodscha kann man ebenfalls eine Darstellung eines Dinosauriers betrachten. Es handelt sich um eine Steinschnitzerei im Ta-Prohm-Tempel in der Nähe von Angkor Wat – eine Örtlichkeit, die von zahlreiche Mysterien umgeben ist. Bislang ist nicht bekannt, wie und wann diese Anlage erbaut wurde, da keine Inschriften aus der Zeit der Errichtung gefunden wurden, und auch der ursprüngliche Name der Anlage ist unbekannt. Angkor Wat lag jahrhundertelang vergessen im Dschungel von Kambodscha und nur der umgebende breite Wassergraben bewahrte die Anlage davor, überwuchert zu werden. Für mehr als 400 Jahre war die Anlage völlig vergessen und nur lokale Legenden berichteten von ihr. Erst um das Jahr 1860 wurde der Komplex vom Franzosen Henri Mouhot wiederentdeckt, der Angkor Wat rein zufällig entdeckte, als er sich auf einer Expedition befand. Mouhot fragte sich sofort, warum die Stätte verlassen war und welche Zivilisation sie erbaut hatte, und vor allem, wie war der Bau dieser Anlage ohne moderne Technologie möglich? Gravuren im Tempel zeugen davon, dass der Komplex in nur 32 Jahren fertiggestellt worden war, wobei die Erbauer die großen und tonnenschweren Steinblöcke sehr sorgfältig schichtweise übereinander schoben. Die Steinblöcke mussten genau richtig bearbeitet werden, um zusammenzupassen. Auch hier bleibt die Frage offen, wer diese Tempelanlage vor ihrem Bau so geplant hatte...

Eine weitere Merkwürdigkeit sind die hinduistischen Motive im Angkor Wat. Wie gelangten hinduistische Legenden nach Kambodscha? Die Antwort der Archäologen: Es waren „indische Händler", die ihre Kultur nach Kambodscha mitbrachten. Dass die Einheimischen damals tatsächlich von einer fremden Kultur, die sie nur durch Geschichten von umherreisenden Händlern kannten, derart beeindruckt waren, dass sie nur diese eine gigantische Tempelanlage mühevoll mit 50.000 Arbeitern jahrzehntelang erbauten, ist äußerst fragwürdig. Wer soll für diesen Bau bezahlt und die Arbeitskräfte bereitgestellt haben? Wo und wie wurden die tonnenschweren Steinblöcke bearbeitet und transportiert? Wo sind die Überreste und Hinterlassenschaften der Großstadt, die es laut den Archäologen früher dort gegeben haben soll? Die ersten Archäologen in Angkor Wat hörten von lokalen Legenden, wonach dieser Tempelkomplex von Göttern und Riesen erbaut worden sei, und es war die Rede von einer verlorenen Stadt eines Reiches, das einst sehr mächtig und wohlhabend war. Alte indische Schriften sprechen ebenfalls von „arischen Göttern" und „Kulturbringern", die einst aus dem Norden kamen – aus dem in alten asiatischen Schriften erwähnten hochtechnologischen „Reich von Rama". Die ganze Struktur hat ein Ausmaß von mindestens 1500 x 600 Metern und eine genaue Funktion des Komplexes, der für die Hindus den heiligen Berg Meru repräsentiert, das „Heim der Götter", ist weiterhin unbekannt. Die tonnenschweren Blöcke von Angkor Wat werden – wie ähnliche Megalith-Anlagen auf der ganzen Welt – von schweren Eisenklammern in Form eines „I-Trägers" zusammengehalten, wozu eigens Vertiefungen in die Blöcke gearbeitet wurden. Sonderbar ist auch die Abbildung eines Dinosauriers an einer Tempelwand im Ta-Prohm-Tempel, bei der viele Forscher der Meinung sind, dass es sich dabei um eine Darstellung eines lebenden Stegosauriers handelt – was erneut darauf hindeuten würde, dass es zur Zeit der Entstehung der Anlage noch lebende Dinosaurier gab. Im Tempel sind noch weitere Tiere abgebildet, aber keines davon ist ein Phantasie-Lebewesen.

Kommen wir nun wieder zurück zu den fossilen menschlichen Fußabdrücken: Bei Arbeiten in einem Sandsteinbruch um das Jahr 1880 auf dem Gelände des staatlichen Gefängnisses in Carson City in Nevada entdeckte man fossile Tierspuren. Es gab Abdrücke von Mammuts, Bisons, Pferden, Wild, Wölfen und Vögeln. Auch hier fand man große längliche menschliche Fußabdrücke unbekannter Herkunft. Im Jahr 1882 bat der damalige Sheriff W. J. Hanks den Forscher H. W. Harkness von der kalifornischen *Akademie der Wissenschaften* in San Francisco um Hilfe, der das Alter der geologischen Schicht auf ungefähr 2 Millionen Jahre bestimmte und die unbekannten Fußabdrücke als gigantische menschliche Fußspuren interpretierte. Andere Geologen datierten die Schicht später auf 1,6 Millionen bzw. auf nur 50.000 Jahre. Die menschlichen Fußabdrücke waren auch in diesem Fall zwischen 46 und 53 Zentimeter lang und 20 und 23 Zentimeter breit und es sah so aus, als ob die Verursacher dieser Spuren Sandalen getragen hatten. Die Schritte lagen mit 70 Zentimeter recht nahe beisammen.

1883 erklärte man öffentlich, die seltsamen Spuren würden von einem Mylodon stammen, einem ausgestorbenem Riesenfaultier, dessen Knochen man angeblich in der Nähe der Spuren fand. Falls es tatsächlich menschliche Fußabdrücke waren, dann ist ihre Größe besorgniserregender als ihr Alter, denn sie sind dreimal so groß wie die Fußabdrücke normaler Menschen. Die einzige Erklärung dafür ist, dass es sich um Riesen gehandelt hat. Der allererste Fund von fossilen menschlichen Fußabdrücken in Kalkstein wurde von dem amerikanischen Philosophen Henry Schoolcraft erwähnt. Er meldete den Fund der *Smithsonian Institution* und sagte, dass französische Pioniere die Abdrücke bereits im Jahr 1822 in der Nähe von St. Louis erblickt hatten. Ein Mr. Bushnell, der vermutlich vom *Smithsonian* geschickt wurde, verfolgte die Spuren vom James River in Virginia bis zum Vorgebirge der Rocky Mountains und erklärte jeden einzelnen Abdruck für eine Schnitzerei der Indianer! Weil sie immer in der Nähe von Wasser gefunden wurden, interpretierte er die Abdrücke als ein Symbol von prähistorischen Indianervölkern, die mit den Riesenspuren einen Wasserplatz markiert haben sollen. In der Nähe von Wasser gibt es sicherlich oft Fußabdrücke, weil der Boden hier weicher ist. Dr. Schoolcraft, ein anderer Forscher, war ein Student des indianischen Altertums und erklärte vor der philosophischen Gesellschaft, dass es für ihn keinen Zweifel gibt, dass es sich um echte menschliche Fußabdrücke handelt. Doch es gibt durchaus auch kritische Wissenschaftler und diese wissen ganz genau, warum diese Funde für die akademische Welt so gefährlich sind. Richard Dawkins, ein berühmter Verfechter der Evolutionstheorie von der *Universität Oxford*, sagte im Jahr 2001, dass er wisse, dass menschliche Knochenfunde in Kohlelagern vorkommen. Er merkte an, dass, falls diese Knochen von der Wissenschaft für authentisch erklärt werden würden, dies die Evolutionstheorie zersprengen würde! Deshalb werden sie nicht anerkannt, auch wenn die Fachwelt von ihrer Existenz wisse! Warum haben diese Menschen so viel Angst einzugestehen, dass die Evolutionstheorie nicht stimmen könnte?

Abb. 77: Der Alvis-Delk-Abdruck

Steven M. Stanley von der *John Hopkins Universität* erklärte 1981, dass es seit 1859 vielfältige Wege gäbe, das generelle Konzept der Evolution zu demolieren. Fossilien wurden von Charles Darwin in seinen Theorien noch nicht berücksichtigt, da dieser wohl davon ausging, dass sie seine Theorien bestätigen würden, sobald man fossile Übergangsformen fände. Sollte auch nur ein einziges Fossil auftauchen, das nicht in die Evolutionstheorie passt und als authentisch erklärt werden, würde es die Kraft haben, das ganze System zu zerstören! Wie man sieht, ist es der Fachwelt aufgrund des gegenseitigen Druckes unmöglich, auch nur einen einzigen für sie unpassenden Fund anzuerkennen, weil bereits EIN EINZIGER Beweis genügen würde, um ihre Theorien zum Einsturz zu bringen!

Ein weiteres gefährliches Teil ist der sogenannte Alvis-Delk-Abdruck, der ebenfalls am Paluxy-Fluss in Texas entdeckt wurde. Der Brocken wurde durch eine starke Flutung des Flusses herausgesprengt. Alvis Delk ist übrigens ein erfahrener Feldforscher unter direkter Anleitung von staatlich zertifizierten Archäologen. Der Delk-Abdruck befindet sich heute ebenfalls im Besitz des *Creation Evidence Museums* in Glen Dale und zeigt einen menschlichen Fußabdruck mit einer Länge von 28 Zentimetern, der von einem Dinosaurierabdruck eingedrückt wurde. Dieser Abdruck gehört zu einer Reihe weiterer Fußabdrücke mit gleicher Größe in der „Sir George Serie". Von diesem Abdruck wurde in einem professionellen Labor im *Glen Rose Medical Center* 800 Röntgenaufnahmen durch CT-Scans erstellt, wobei die Techniker des Labors Verdichtungen im Gestein bestätigten, und zwar bei beiden Abdrücken, dem menschlichen sowie dem vom Dinosaurier. Das heißt, es handelt sich nicht um eine Felsschnitzerei, und die Abdrücke wurden auch nicht künstlich verändert. Sobald die Ergebnisse veröffentlicht wurden, meldete sich William E. Dannemeyer vom US-Kongress, der den Forschern schrieb, dass dieser Fund ein signifikanter Durchbruch mit enormen Auswirkungen für den etablierten Ursprung der Menschheit sei. Wie zu erwarten, gab es sofort Abwehrreaktionen der Fachgemeinde. Zeitungen brachten 2008 auch die Meldung, dass eine Nachfahrin der Familie, die die Paluxy-River-Fußspuren entdeckt hatte, gestand, dass ihr Großvater viele der Spuren gefälscht habe, inklusive des Delk-Abdrucks. Es wurde dann auch noch behauptet, dass es keine Beweise für eine Echtheit der Funde gäbe. Gab es denn einen Gegenbeweis oder einen Beweis für eine Evolution? Nein, es handelt sich nur um eine Theorie! Durch die CT-Scans liegt jedenfalls ein Beweis für die Echtheit des Delk-Abdrucks vor, was aber öffentlich nicht erwähnt wird. Man veröffentlicht in den Medien einfach immer wieder diese Falschmeldungen. In den Zeitungen wurde zudem behauptet, dass während der *Großen Depression* von 1929 ein gewisser George Adams für Touristen Steine anfertigte, die er verkaufte. Er soll diese Steine mit Säure bearbeitet haben, um seine Meißel-Spuren zu entfernen. Diese Geschichte genügte, um die Paluxy-Funde öffentlich zu diskreditieren. Die Fachwelt konnte diese Meldung jedoch nicht restlos überzeugen, deshalb wurde ein Experte beauftragt. Das war ein amerikanischer Biologe namens Glen J. Kuban, der für die Webseite *paleo.cc* tätig ist und fast ausschließlich daran arbeitete, die Paluxy-Funde irgendwie zu widerlegen. Die Webseite *paleo.cc* wurde eigens dafür entworfen, unpassende Funde zu diskreditieren und Falschmeldungen zu verbreiten. Bei Suchergebnissen im Internet wird diese Webseite immer solchen mit kritischem Inhalt vorgeschoben.

Glen Kuban war Vorsitzender der *Fossil Society* des *Cleveland Museum of Natural History* und ist außerdem Mitglied in der *American Scientific Affiliation* und der *Mid-America Paleontology Society.* Kuban ist ein erklärter Gegner des Kreationismus und er arbeitete nach eigenen Angaben jahrelang daran, die Paluxy-Fußspuren und gläubige Christen anzugreifen! Er wollte *„Missverständnisse und Fehlinterpretationen aus dem Weg* *räumen*". Das hört sich zwar sehr interessant an, es handelt sich aber bei Kubans Gegenargumenten meistens um geschickte und listige Wortspielereien und Verdrehungen der Tatsachen! Gegenbeweise konnte er letztlich doch keine erbringen. Interessanterweise sprachen weder die wissenschaftlichen Experten noch die Medien von der riesenhaften Größe der meisten fossilen menschlichen Fußabdrücke, das sollte doch eigentlich ein ausschlaggebender Gegenbeweis sein, oder nicht? Es war für Kuban jedenfalls schwer, die CT-Scans anzugreifen. Er meinte, dass medizinische CT-Scans weniger Energie haben als vergleichbare Geräte für geologische Proben, was in diesem Fall allerdings egal ist, weil der medizinische Scanner mit Leichtigkeit diese dünnen Kalksteinbrocken durchleuchten konnte. Der nächste Einwand von Kuban war, dass die Scans nicht von einem Paläontologen ausgewertet wurden, was in diesem Fall auch nicht nötig war, weil die Röntgenbilder öffentlich ins Netz gestellt wurden, damit sie jeder begutachten kann – auch Paläontologen und Geophysiker. Der Röntgentechniker Charles Meyers, der die Scans durchführte, ist erfahren genug auf seinem Gebiet und meinte, die Scans bestätigten, dass die Abdrücke entstanden, als die Bodenstruktur noch weich war, und sie somit nicht gefälscht sein können. Der nächste Einwand von Kuban war die Kalibrierung des CT-Scanners und er wollte wissen, nach welcher Basis der Scanner kalibriert wurde. Im Grunde muss man hier nichts extra kalibrieren, denn medizinische Scanner sind zwar hauptsächlich für Knochen vorgesehen, aber Fossilkalke zählen zu den porösen Kalksteinen, weswegen es für den Scanner kein Problem darstellt. Nach Ende seiner Interpretationen entschuldigte Kuban sich auf seiner Webseite öffentlich dafür, dass er Zana Douglas in seinen Artikeln gegen die Paluxy-Funde als die Enkelin von Alvis Delk bezeichnet hatte. Das hätte missverständlich darauf hingewiesen, dass Delk ihr Großvater sei und er die Spuren und Fußabdrücke in den Felsen geschnitzt hatte. Bei Alvin Delk und seiner Familie, denen dieser Irrtum nichts als Probleme eingebracht hatte, entschuldigte er sich nicht persönlich, der „Irrtum" wurde nur über die Medien zur Kenntnis genommen. An diesem Beispiel sieht man, wie hier gegen unliebsame Funde und Forscher vorgegangen wird. In der akademischen Gemeinde gab es hingegen eine Mauer des Schweigens. Man konnte die Funde nicht wirklich widerlegen, darum hoffte man, dass sie irgendwie wieder verschwinden! Die Wissenschaft nennt solche Funde „nicht überzeugend". Und nachdem die Funde durch diese Hexenjagd diskreditiert wurden, beschäftigt sich auch kein Fachmann mehr damit, weil er Angst um seinen Ruf haben muss. Wenn die Entdecker eine wissenschaftliche Arbeit über den Delk-Abdruck erstellt hätten, wäre die Lage auch nicht anders gewesen. Sie wäre nirgendwo akzeptiert worden und man hätte immer weitere Gründe erfunden, warum die Abdrücke nicht echt sein können. Die Kreationisten wollen ihre kostbaren Fundstücke natürlich nicht akademischen Institutionen zur Untersuchung überlassen, weil es oft zur Zerstörung solcher Funde durch Wissenschaftler kam oder sie einfach verschwunden sind – Problem gelöst.

In der Nähe von Glen Rose wurden auch noch andere fossile Fußabdrücke entdeckt, und zwar eine andere Fußspur, die als Burdick-Pfad bekannt wurde. Auch hier gab es wieder die Einwände, dass es sich nur um Fälschungen handelt kann, weil Menschen nicht gemeinsam mit Dinosauriern gelebt haben. Doch durch die Kreuzungen der Pfade von Menschen und Dinosauriern ist diese Annahme inzwischen widerlegt. Auch die Burdick-Funde wurden gescannt und sogar darüber hinaus mit einer Diamantsäge zerschnitten, um sich die komprimierten Schichten genau ansehen zu können. Dadurch

Abb. 78: Burdick-Riesenfußabdrücke mit Querschnitt

konnte ein Betrug so gut wie ausgeschlossen werden. Wie zu erwarten, zeigten sich dunkle Druckstellen im Gestein und man kann auch gut erkennen, wie die Oberflächenstruktur an der Ferse eingedrückt wurde. Die Bilder sprechen für sich selbst. Diese Unregelmäßigkeit wurde eindeutig durch Druck auf die noch weiche Oberfläche erzeugt, weswegen diese Konturen somit auch nicht gemeißelt sein konnten, wie von Skeptikern behauptet. Das erste Foto stammt aus dem Jahre 1950, als die Spuren gefunden wurden. Beachten Sie den Größenunterschied zum gewöhnlichen Fuß eines Mannes.

Jeder Fußabdruck ist etwa 38 Zentimeter lang und auch die Untersuchungen an diesem Stein zeigen, dass die Abdrücke nicht hineingemeißelt wurden. Unter Schwarzlicht konnten weitere Aufnahmen von der inneren Struktur des Gesteins gemacht werden, was auch noch Rückschlüsse auf seine Zusammensetzung lieferte. Wie man sieht, erledigen die Kreationisten hier die echte wissenschaftliche Arbeit. Die Fachwelt meinte hingegen nur, die Burdick-Abdrücke seien „zu gut, um echt zu sein". Dieser Abdruck wurde an der *Universität in Loma Linda* in Kalifornien untersucht und beweist abermals, dass es sich um keine Fälschungen handelt. Das tangierte die Fachwelt jedoch kaum, denn der Fund war nicht „in situ" (in der ursprünglichen Position). Bei archäologischen Untersuchungen bedarf es einer exakten Ortsbestimmung des Fundes, was hier natürlich nicht mehr durchgeführt werden kann, weil die Burdick-Abdrücke bereits in den 1950er-Jahren oder früher lose waren und auch ihr genauer Fundort nicht mehr bekannt ist. Die Gesteinsformation des Kalksteins in Glen Rose soll übrigens 110 Millionen Jahre alt sein. Zur Größe der Abdrücke wurde abermals kein Wort verloren. Als letzte Verteidigung sagten die Evolutionisten dann, es handle sich um einen Dinosaurierabdruck und die Zehen seien nachträglich eingraviert worden. Um das zu widerlegen, wurde der Fußabdruck zusätzlich auch an den Zehen aufgeschnitten. Auch dort fand man die Unregelmäßigkeiten, die durch den Druck erzeugt wurden, speziell am großen Zeh. Das war dann auch der letzte Beweis, dass auch die Zehen nicht nachträglich angebracht wurden. Es folgte das bekannte Schweigen im Blätterwald.

Diese Aufzählungen von fossilen menschlichen Fußabdrücken könnten hier noch beliebig weitergehen, denn man findet seltsame menschliche Fußabdrücke auf der ganzen Welt, auch in Spanien, Malta, Sri Lanka, Paraguay, Bangalore, Botswana, Australien, Thailand, Kanada, Russland, Alaska, Belize und überall in den USA. Das einzige, was man nicht findet, sind versteinerte Fußabdrücke von sog. Vor- und Frühmenschen! Wenn es sie tatsächlich hunderttausende Jahre lang in großer Zahl gegeben hätte, wo sind dann ihre Spuren und warum gibt es eigentlich noch Affen, aber keine überlebenden

Vormenschenrassen oder Frühmenschen mehr? Alle der wenigen ihnen zugeordneten fossilen Abdrücke sehen aus wie diejenigen von normalen modernen Menschen, es gibt soweit ich weiß keine Spuren oder Fußabdrücke einer evolutionären Zwischenform, von der man behaupten könnte, es handelt sich um eine Mischung von Mensch und Affe, die aufrecht auf zwei Beinen lief. Das stimmt nicht ganz, es gibt ganz und gar ungewöhnliche menschenähnliche Fußspuren – doch diese werden von der Wissenschaft um jeden Preis gemieden und nicht untersucht. Mehr dazu später.(44)

Die Fußabdrücke der Götter

Nicht nur in Amerika gibt es fossile menschliche Fußabdrücke, auch in anderen Teilen der Welt hat man immer wieder solche gefunden. Sie bestätigen die alten Legenden und Erzählungen über Riesen, die einst die Erde bewohnten, obwohl diese Abdrücke auch oft als „Fußabdrücke der Götter" bezeichnet werden. Am 24. August 2016 wurde ein neuer Fund in China gemeldet, von dem einige Fotos existieren, die auf der chinesischen Webseite *Sina.com* veröffentlich wurden. Danach gab es keine neuen Meldungen oder offizielle Untersuchungen mehr. Eine Gruppe Fotografen entdeckte den Abdruck im Dorf Pingyan in Guizhou, einer Provinz im Südwesten Chinas – er ist 57 Zentimeter lang, an der breitesten Stelle misst er 20 Zentimeter und ist bis zu 3 Zentimeter tief. Nur zum Vergleich: Die durchschnittliche Länge eines normalen menschlichen Fußes beträgt 18 Zentimeter bei Männern und 16,5 Zentimeter bei Frauen. Er ist also dreimal so groß! Bereits im 2.000 Jahre alten „*Buch der Giganten*", das in den Qumran-Höhlen gefunden wurde, wird von den riesigen Nephilim gesprochen, die einst von den Menschen vernichtet wurden. Die Bedeutung des Wortes *Nephilim* ist heute immer noch unbekannt, es könnte entweder die „Gefallenen" oder „jene, die andere zu Fall bringen" bedeuten. Auf jeden Fall sollen die Nephilim in der fernen Vergangenheit die Erde bewohnt haben und von riesenhafter Körpergröße gewesen sein.

Abb. 79: Der steinerne Gigant aus Irland

In Irland wurde in der Dezemberausgabe des *Stand Magazine* aus dem Jahr 1895 ein Artikel veröffentlicht, der später im Buch „*Traces of the Elder Faiths of Ireland*" von W. G. Wood-Martin noch einmal abgedruckt war. Dieser Bericht spricht von der Entdeckung eines ganzen versteinerten Giganten, der bei Minenarbeiten in County Antrim in Nordirland gefunden wurde. Das Magazin berichtete davon, dass sich der Gigant in einem Depot der *North-Western Railway Eisenbahngesellschaft* in der Broad Street in London befand und als Beweis gab es einige Fotos des Fundes. Der Riese wurde von einem Arbeiter namens Dyer in County Antrim freigelegt, der in einer Mine nach Eisenerz suchte. Wie man auf den Fotos sieht, hatte der Gigant eine Größe von 3,72 m, seine Arme waren 1,40 m lang und er hatte sechs Zehen. Der versteinerte Koloss wog mehr als 2

Abb. 80: Der Tell Ain Dara-Tempel mit den riesigen Fußabdrücken und Basaltskulpturen

Tonnen und um dieses Foto zu machen, benötigte es sechs kräftige Männer und einen Kran, um den versteinerten Giganten aufzurichten. Dyer reiste mit seinem Fund durch England und stellte den Giganten damals unter anderem in Dublin, Liverpool und Manchester aus und zahlreiche Schaulustige sowie Naturwissenschaftler sahen den Riesen. Kurz darauf kam es zu einem Streit um die Eigentümerschaft des Fundes. Die Bahnfracht wurde angeblich von Dyer nicht bezahlt und der versteinerte Riese verschwand von der Bildoberfläche und wurde niemals wieder gesehen.

Nordwestlich der Stadt Aleppo in Syrien befinden sich die Ruinen des Tell Ain Dara-Tempels. Man nimmt an, dass dieser um 1.300 v. Chr. erbaut wurde, wobei unklar ist, welche Gottheit dort verehrt wurde. Die Architektur weist gewisse Ähnlichkeiten zum Tempel Salomos auf. Am Eingang des Tempels befindet sich ein Paar riesiger Fußabdrücke im Boden sowie ein dritter Abdruck etwas versetzt. Die Abdrücke sind scheinbar auf Steinplatten eingemeißelt, es ist jedoch unklar, ob es sich um echte Fußabdrücke handelt – immerhin sind sie 90 Zentimeter lang. Tests mit Wasser in den Abdrücken haben gezeigt, dass es tatsächlich möglich wäre. Doch weshalb wurden diese Fußabdrücke dort hinterlassen? Stellen sie Hinweise auf die dort verehrte Gottheit dar? Ein dritter Fußabdruck wurde in eine Steinplatte weiter vorne gemeißelt und soll symbolisieren, dass die Gottheit den Tempel betreten hat. Falls es sich dabei um einen Riesen von mehreren Metern Größe gehandelt hat, dann war der Tempel wohl so geplant, dass der Riese problemlos darin wohnen konnte. Fußabdrücke in Tempeln sind im Nahen Osten allerdings äußerst selten und man kennt so etwas eher aus Indien. Der Tempel selbst wurde lange vor der Geburt Christi dem Erdboden gleichgemacht und fast vollständig zerstört. Ein syrischer Hirte entdeckte die Reste des Tempels erst im Jahr 1954, doch die Ausgrabungen dauerten bis 1985, wobei schließlich Löwen und Sphinxen aus Basaltgestein zum

Abb. 81: Götzenanbetung und Kinderopferungen in Baal-Tempeln

Vorschein kamen – der ganze Tempel war anscheinend auch aus riesigen Basaltblöcken erbaut, die viele Tonnen schwer sind. Basalt ist eines der härtesten Gesteinsarten und nur sehr schwer zu bearbeiten. Das Fundament dieses und anderer vergleichbarer Tempel besteht aus Sandstein oder Kalkstein. Doch warum wurde für den Bau der Tempelanlage und für die Statuen und Skulpturen schwarzer Basalt verwendet? Schwarzer Basalt wird heute mit industriellen Maschinen bearbeitet, die Werkzeuge aus Wolframkarbit besitzen. Das ist ein sehr hartes Material, das die alten Kulturen nicht besessen hatten, und sogar mit Werkzeugen aus Stahl ist schwarzer Basalt nur sehr schwer zu bearbeiten. Und wie wurden die riesigen Steinblöcke aus dem Felsgestein geschnitten? Das funktioniert heute nur mit modernen starken Diamantscheiben und intensiver Wasserkühlung, und nur Diamant ist härter als Granit und Basalt. Die Scheiben müssen beim Schneiden ständig mit viel Wasser gekühlt werden, da sie sonst schnell kaputtgehen. Wie sollen ohne diese technischen Hilfsmittel diese Blöcke fehlerfrei bearbeitet und poliert worden sein? Der nächste Punkt ist, dass es im ganzen Nahen Osten keine Basaltvorkommen gibt. Das wird meistens nicht erwähnt. Naturwissenschaftler glauben heute, das Basaltgestein wäre aus dem Zagros-Gebirge im Iran hergeschafft worden, doch das ist reine Theorie. Bei einer Distanz zum Tempel in Aleppo von ungefähr 1200 Kilometern Luftlinie, stellt sich die Frage, wie man diese tonnenschweren Basaltbrocken über das Gebirge transportiert hat! Könnte es sein, dass die Technik dazu von den riesigen Göttern stammte, die vom Himmel auf die Erde kamen? Haben nicht Menschen, sondern Götter diese alten Kultstätten errichtet?

Es wird heute angenommen, dass die Tempelanlage von Tell Ain Dara den Gottheiten Ishtar bzw. Astarte oder Baal Hadad gewidmet war. Diese Götter, die auf Bergen gelandet waren und deshalb als Berggötter verehrt wurden, gab es im ganzen Nahen Osten – und mit ihnen häufig Statuen von Löwen, Sphinxen und anderen Mischwesen. Der Himmel wurde schon immer als der Wohnsitz dieser Götter betrachtet und Sumer und Babylon gelten bis heute als die Geburtsstätten der menschlichen Zivilisation. Und wieder stellt sich die Frage: Wurde uns die Zivilisation von riesigen außerirdischen Göttern gebracht? Ende Januar 2018 wurde der Tempelanlage von Tell Ain Dara durch einen türkischen Luftangriff sehr schwer beschädigt, wobei auch die Basaltfiguren, die Wände mit ihren geometrischen Mustern, die Abbildungen von den mythischen Kreaturen und der Boden mit den riesigen Fußabdrücken vorsätzlich zerstört wurden. Neue Satelli-

Abb. 82: Alte Darstellungen von Baal. Rechts eine Stele der Gottheit, die 1932 in Ras Shamra in der Nähe von Aleppo gefunden wurde. Die Figur trägt einen gehörnten Helm und erscheint riesenhaft und trägt einen großen Knüppel.

tenaufnahmen haben gezeigt, dass nur der Tempel bombardiert wurde. Zufall? Eher nicht! Die syrische Regierung gab bekannt, dass dieser Luftangriff eine Barbarei der türkischen Regierung gegen die syrische Kultur darstellt. Der Tempel war ursprünglich vergraben gewesen und konnte erst durch die zufällige Entdeckung eines Basalt-Löwen im Jahr 1955 ausfindig gemacht und anschließend ausgegraben werden. Viele der jahrtausendealten Steinarbeiten wurden durch die Luftangriffe in Stücke zerbombt. Doch warum zerstört man in Syrien absichtlich die Überreste dieser mindestens 12.000 Jahre alten Kultur? Die alten Hebräer beteten zu YHWH und Baal, wobei Baal so etwas wie „Herr" bedeutet. Der gehörnte Baal war auch als Nimrod und Tammuz in Babylon bekannt, der in seinen Tempeln verehrt wurde und dem man auch Kinder- und Brandopfer darbrachte. Dieser Okkultismus hat sich im Geheimen bis heute erhalten und wird weiterhin zelebriert, meist in elitären Kreisen. Archäologen glauben heute daran, dass in diesen Tempeln nur Götzen angebetet wurden, was aber, wenn es tatsächlich riesige lebende Götter waren, denen geopfert wurde? Gab es verschiedene Herren und Herrscher? Der Stern von David, der heute auf der Fahne von Israel zu sehen ist, ist in Wahrheit der Stern des Stiergottes Baal bzw. des Moloch und die Verehrung des Sternsymbols stammt noch aus Babylon! Die ältesten Darstellungen von Baal zeigen einen bärtigen Riesen, der einen gehörnten Helm trägt. Auch die Steingötzen in den Tempeln waren riesenhaft.

Kommen wir nun zum heiklen Thema der Dinosaurier. Es wird von der Wissenschaft heute immer wieder behauptet, alle Dinosaurier seien durch eine große Katastrophe vor 65 Millionen Jahren ausgestorben, wobei dieses Alter wieder anhand der Datierungen der Gesteinsschichten ermittelt wurde. Wir haben gesehen, dass mit diesen Datierungen einiges nicht stimmen kann, denn die gemeinsamen Fußabdrücke von Menschen und Dinosauriern zeigen, dass entweder Menschen schon vor mindestens 65 Millionen Jahren gelebt hatten oder dass diese Datierungen nicht stimmen und Dinosaurier noch vor sehr kurzer Zeit existierten. Wahrscheinlicher ist die zweite Möglichkeit. Doch gibt es irgendwelche Beweise dafür? Ja, die gibt es![45]

Sensationelle Testreihen: Dinosaurier lebten noch vor relativ kurzer Zeit

Im Jahr 2007 gelang es einer Forscherin namens Mary Schweitzer, aus einem angeblich mehr als 65 Millionen Jahre alten Oberschenkelknochen eines Tyrannosaurus-Rex Blutgefäße und Zellen zu extrahieren, was bei Fossilien eigentlich unmöglich sein sollte, dass das weiche Gewebe nach dem Tod eines Lebewesens sehr schnell zu zerfallen beginnt. Die Knochen nehmen Mineralien vom Boden auf und versteinern langsam, wenn die Bedingungen stimmen. Naturwissenschaftler haben inzwischen festgestellt, dass selbst DNA nur maximal eine Million Jahre überdauern kann, wobei die älteste bekannte DNA-Probe der Welt aus dem eisigen Grönland stammt, unter einer kilometerdicken Eisschicht konserviert war und ein Alter von maximal 700.000 Jahren aufweist. Die älteste bisher entdeckte menschliche DNA-Probe stammt aus dem Sierra-de-Atapuerca-Gebirge in Spanien. In einer Höhle gibt es viele Knochen von modernen Menschen, Neandertalern und Denisova-Menschen. Dem Max-Planck-Institut für evolutionäre Anthropologie gelang es aus einem menschenähnlichen Oberschenkelknochen DNA zu gewinnen, die angeblich 430.000 Jahre alt ist! In diesem Fall wurde das Alter aber indirekt über eine Sedimentschicht ermittelt. Trotzdem gibt es wieder Probleme mit der Evolutionstheorie. Es ist unklar, ob der Neandertaler und der Denisova-Mensch einen gemeinsamen unbekannten frühmenschlichen Vorfahren haben. Wenn es vor 430.000 Jahren bereits Menschen und Neandertaler in Europa gab, so stellt sich die Frage, wann und wo deren gemeinsame Vorfahren gelebt haben sollen?

Eigentlich ist es nur möglich, genetisches Material von einem Alter bis zu 80.000 Jahren zu untersuchen und das kommt schon relativ selten vor. Wenn die Bedingungen nicht stimmen, zersetzt sich totes Gewebe sehr schnell. Nach einigen tausend Jahren sollte kein Weichgewebe mehr in Knochen vorhanden sein und schon gar nicht in einem mindestens 68 Millionen Jahre alten Dinosaurierknochen! Trotzdem konnte Mary Schweitzer in ihren Proben rote Blutzellen finden. Der ganze Knochen war damit gefüllt. Außer den Zellen gab es auch noch Spuren von Hämoglobin, dem Protein, das Sauerstoff im Blut transportiert. Sie dachte sich sofort, dass hier etwas nicht stimmte und die Lehrbücher über Fossilien wahrscheinlich falsch liegen. Trotzdem wurde ihr Knochen von einem Tyrannosaurus-Rex in einem Tal in Montana aus einer massiven Felswand geschnitten und musste extra mit einem Helikopter transportiert werden. Der

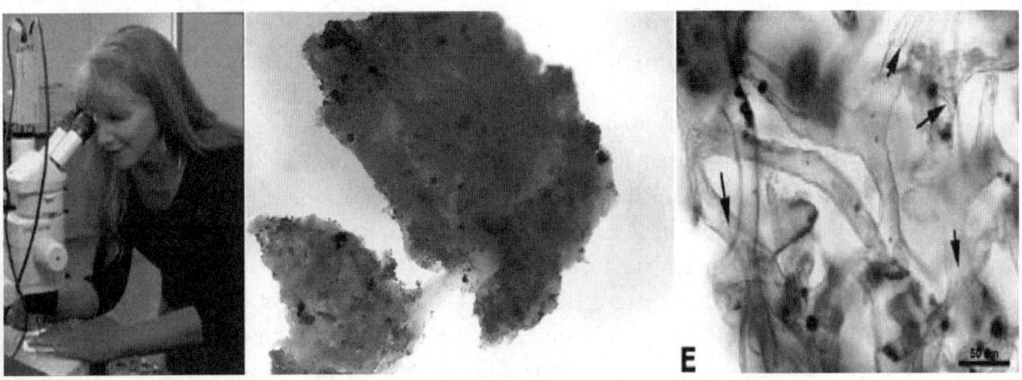

Abb. 83: Mary Schweitzer und ihre Zellen und Blutgefäße aus Dinosaurierknochen

Knochen wurde zerlegt und in Säure eingelegt, um ihn später besser untersuchen zu können. Nach drei Tagen hatte sich das Weichgewebe vom angeblich fossilen Knochen gelöst und war unter dem Mikroskop sichtbar. Wenn es Blutzellen gibt, dann sollte auch noch DNA nachweisbar sein. Mary Schweitzer und ihre Kollegin Jennifer Wittmeyer haben inzwischen auch andere T-Rex-Knochen untersucht und ebenfalls Blutgefäße, Zellen und Bindegewebe entdeckt. Es scheint also, dass viele Dinosaurierknochen tatsächlich gar nicht vollständig versteinert sind!

Hier steht die Wissenschaft vor einem schweren Problem: Entweder sind Dinosaurier nicht vor Millionen Jahren ausgestorben oder die geologischen Datierungen sind völlig falsch. Geologen haben die Gesteinsformation des Fundorts des Knochens extra noch einmal überprüft und kommen immer noch auf ein Alter von 68 Millionen Jahren. Im Zweifelsfall haben hier immer die Anthropologen und Biologen Recht und es besteht der Verdacht, dass die Datierungen der Geologen nicht stimmen und die Gesteinsschichten ebenfalls viel jüngeren Datums sind. Mary Schweitzer wusste, wenn noch Weichgewebe in den Knochen vorhanden ist, dann kann man dieses Gewebe auch einem C-14-Test unterziehen. Schweitzer und ihre Kollegen hatten diese Tests mit ihrem Gewebe durchgeführt und sie zeigten, dass das Gewebe jüngeren Datums ist, als angenommen. Das muss auch so sein, weil DNA keine Millionen Jahre lang erhalten bleibt und Weichgewebe noch viel weniger. Welches Alter bei ihren Test herauskam, wurde niemals veröffentlicht. Generell kann man sagen, dass DNA unter optimalsten Laborbedingungen nach bisherigem Erkenntnisstand bei -5°C theoretisch mehr als 6 Millionen Jahre überdauern könnte. So etwas ist leider nicht überprüfbar. Aber selbst wenn das wahr ist, sind das immerhin noch 60 Millionen Jahre zu wenig, um logisch zu erklären, wie DNA in Dinosaurierknochen nachweisbar sein soll. DNA bleibt bei einer beständigen Temperatur von 0°C schätzungsweise 125.000 Jahre erhalten. Erhöht man die Temperatur auf 10°C, dann bleibt sie nur bis ca. 17.500 Jahre nachweisbar, bei 20°C sogar nur 2.500 Jahre. In mindestens 65 Millionen Jahre alten Knochen kann also kein einziges DNA-Atom übrig sein. Die Hälfte der getesteten DNA-positiven Proben von Mary Schweitzer stammte sogar von Dinosauriern, die vor 145-200 Millionen Jahren gelebt haben sollen!

Es gab wieder viel Kritik und Erklärungsversuche zu Schweitzers Veröffentlichungen. Man unterstellte ihr wieder, sich geirrt zu haben und das Gewebe enthalte gar keine Blutzellen, sondern es handle sich um etwas anderes. Mary Schweitzer konnte allerdings ein spezielles eisenreiches Protein genannt „Histon H4" in den Knochen des T-Rex nachweisen. Dieses Protein bindet DNA und kann nicht Millionen Jahre alt sein. Ein weiterer Einwand war, die Dinosaurierprobe hatte sich mit Bakterien aus dem Labor kontaminiert und deshalb sei Gewebe vorhanden. Histon kommt aber nicht in Bakterien vor, deshalb sagte Schweitzer zu Recht, dass in den T-Rex-Knochen echte Dinosaurierzellen mit DNA vorhanden sind. Damit war die Katze aus dem Sack und andere Forscher wandten sich ebenfalls diesem Thema zu und machten eigenständige Analysen mit anderen Dinosaurierknochen. Sie unterzogen die Proben mit Weichgewebe aus den Knochen verschiedener Dinosaurierspezies C-14-Tests. Das Ergebnis war erschreckend: Die Knochen sind laut den Tests viel jünger als irgendjemand vermutet hätte. Die Datierungen von Proben von acht verschiedenen Dinosauriern aus Texas, Alaska, Colorado und Montana zeigten, **dass sie nur zwischen 22.000 bis 39.000 Jahre alt sind!**

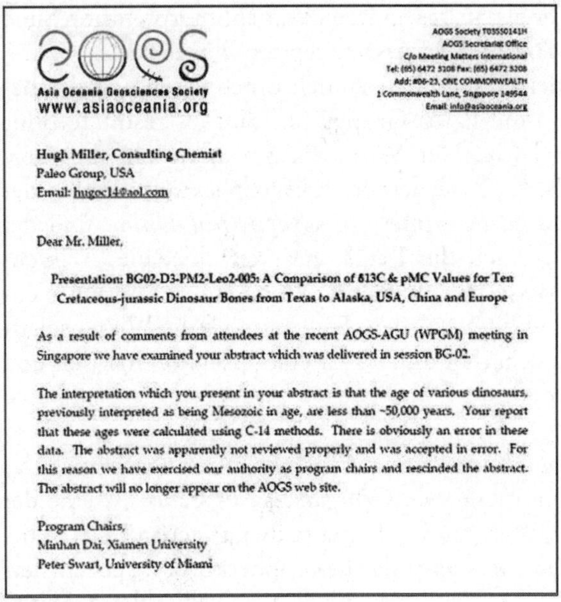

Asia Oceania Geosciences Society
www.asiaoceania.org

AOGS Society T03SS0141H
AOGS Secretariat Office
C/o Meeting Matters International
Tel: (65) 6472 3108 Fax: (65) 6472 3208
Add: #06-23, ONE COMMONWEALTH
1 Commonwealth Lane, Singapore 149544
Email: info@asiaoceania.org

Hugh Miller, Consulting Chemist
Paleo Group, USA
Email: hugoc14@aol.com

Dear Mr. Miller,

Presentation: BG02-D3-PM2-Leo2-005: A Comparison of δ13C & pMC Values for Ten Cretaceous-jurassic Dinosaur Bones from Texas to Alaska, USA, China and Europe

As a result of comments from attendees at the recent AOGS-AGU (WPGM) meeting in Singapore we have examined your abstract which was delivered in session BG-02.

The interpretation which you present in your abstract is that the age of various dinosaurs, previously interpreted as being Mesozoic in age, are less than ~50,000 years. Your report that these ages were calculated using C-14 methods. There is obviously an error in these data. The abstract was apparently not reviewed properly and was accepted in error. For this reason we have exercised our authority as program chairs and rescinded the abstract. The abstract will no longer appear on the AOGS web site.

Program Chairs,
Minhan Dai, Xiamen University
Peter Swart, University of Miami

Abb. 84: Kopie der Rechtfertigung der *Asia Oceania Geoscience Society*

Die Mitglieder der *Paleochronology Group* präsentierten ihre Funde im August 2012 beim *Western Pacific Geophysics Meeting* in Singapur, einer regelmäßig stattfindenden Konferenz der *Asia Oceania Geosciences Society* (AOGS) und der *American Geophysical Union* (AGU). Dr. Thomas Seiler, ein Physiker aus Deutschland, hielt die Präsentation über das wahre Alter der Knochen auf dem Meeting in Singapur. Dadurch, dass sein Team bereits die Kritik an den Entdeckungen von Mary Schweitzer kannte, ging man bei den eigenen Analysen sehr gründlich vor. Das Team von Dr. Seiler und die Labore, in denen gearbeitet wurde, achteten speziell darauf, dass ihre Proben auf gar keinen Fall mit fremdem biologischem Material kontaminiert werden konnten. Man beschützte sogar die Proben. Es wurden keine Stellen getestet, an denen Risse oder Beschädigungen an den Knochen vorhanden waren. Zum Schluss wurden sie vor den Tests noch einmal chemisch gereinigt, um jede mögliche Kontamination zu vermeiden.

Als erstes wurde entdeckt, dass die getesteten Dinosaurierproben keineswegs völlig versteinert waren, sondern erst teilweise. Dadurch konnte man die Mineralien und das organische Material im Knochen C-14 datieren. Mary Schweitzer erklärte, die C-14-Tests an organischen Dinosaurierproben würden auf jeden Fall die Testobergrenze von 50.000 Jahren anzeigen, weil sie nicht jünger sein könnten. Das ist so, weil Karbon-14 eine Halbwertszeit von 5.730 Jahren hat. Das stimmte jedoch nicht. Die Testergebnisse lagen in allen Fällen deutlich darunter. Um das hier nochmals klarzustellen: Das Dinosauriergewebe, das getestet wurde, stammte aus verschiedenen Fossilien aus verschiedenen geografischen Regionen. Durch die getroffenen Sicherheitsvorkehrungen ist es fast unmöglich, dass irgendeiner der fossilen Knochen durch organisches Fremdmaterial kontaminiert worden ist. Trotzdem wiesen alle Proben DNA auf. Auch das Alter bewegte sich im selben Rahmen. Alle Knochen haben somit ein Alter von 22.000 bis 39.000 Jahren. Das erklärt auch, warum immer noch Weichgewebe in den Knochen vorhanden ist. Diese Testergebnisse sind schockierend und beweisen, dass unser Wissen über Dinosaurier völlig falsch ist! Das war auch den Konferenzteilnehmern in Singapur klar. Es war mehr, als viele der akademischen Teilnehmer tolerieren konnten und das hatte Konsequenzen! Direkt nach der Konferenz wurde die Zusammenfassung der Ergebnisse des Teams von der Webseite zum Meeting gelöscht, geschehen durch zwei Vorsitzende, die diese Ergebnisse nicht akzeptieren konnten. Es gab keine öffentliche Anfechtung der Ergebnisse und keinen Kommentar zu den Autoren des Berichts. Die gefährlichen Testergebnisse sollten einfach schnell verschwinden. Auf Anfragen der Paleo-Gruppe erhielt sie ein Schreiben der *Asia Oceania Geosciences Society*. Darin erklärte man die C-14-Testergebnisse von weniger als 50.000 Jahren als „Fehlinterpretation" und „Datenfehler", durch die die Ergebnisse fälschlicherweise akzeptiert worden seien.

Es gab keine weiteren Kommentare der Gesellschaft zu den Ergebnissen und der Bericht wurde kurzerhand zensiert, obwohl die Paleo-Gruppe nur die Testresultate ohne irgendeine Interpretation veröffentlicht hatte. Der Vorfall in Singapur war aber kein Einzelfall. Bereits in den Jahren 2009 bis 2012 wurden diese Ergebnisse auf Treffen der *North American Paleontological Convention*, der *American Geophysical Union* und der *Geological Society of America* blockiert. Auch die Redakteure verschiedener Wissenschaftsjournale weigerten sich, die Ergebnisse zu publizieren. Wenn es das Internet nicht gäbe, wäre das alles vermutlich niemals publik geworden! Seit wann ist die Wissenschaft nicht mehr daran interessiert, Wissen zu schaffen und ist zu einer pseudoreligiösen und evolutionsanbetenden Inquisition geworden?

Unter den Laboren, welche die Radiokarbontests durchführten, befand sich auch das *Center for Applied Isotope Studies* der *Universität von Georgia*. Dieses Labor ist eine der führenden C-14-Testeinrichtungen der Welt und arbeitet äußerst genau. Der Forschungsbeauftragte war ein Wissenschaftler namens Alexander Cherkinsky, spezialisiert auf die Vorbereitung der Proben für die C-14-Tests. Er führte auch selbst die Arbeiten am Beschleuniger-Massenspektrometer durch, um die Proben zu testen. Weil er nicht wusste, dass die Proben von Dinosauriern stammten, unterzeichnete er auch die Testergebnisse. Diese Unterlagen tauchten im Jahr 2014 im Internet auf und jemand erzählte es Jeff Speakman, dem Leiter des Labors. Daraufhin wurden keine weiteren Proben der Paleo-Gruppe mehr akzeptiert. In einem Schreiben äußerte Speakman sich bestürzt über die Tests, die die Gruppe durchführen ließ. Dieses Vorgehen wäre eine *„Respektlosigkeit gegenüber dem Alter der Erde und der Gültigkeit der biologischen Evolution"!* Speakman erläuterte weiter, dass sein Labor weitere C-14-Datierungen verweigern würde, weil man nicht die *„anti-wissenschaftliche Agenda"* der Paleo-Gruppe unterstützen möchte! Es wurden seither keine weiteren Proben zur Analyse mehr akzeptiert. Achtung: Das Labor sagte niemals, dass die Testergebnisse der Dinosaurierknochen falsch oder fehlerhaft wären! Man war nur dagegen, wie die Paleochronologie-Gruppe die Ergebnisse dazu benutzte, um zu beweisen, dass Dinosaurier vor tausenden und nicht Millionen von Jahren lebten! Dieses Verhalten ist heute typisch in der akademischen Fachwelt.

Dinosaur (a)	Lab/Method/Fraction (b,c,d)	C-14 Years B.P.	Date	USA State
Acro	GX-15155-A/Beta/bio	>32,400	11/10/1989	TX
Acro	GX-15155-A/AMS/bio	25,750 ± 280	06/14/1990	TX
Acro	AA-5786/AMS/bio-scrapings	23,760 ± 270	10/23/1990	TX
Acro	UGAMS-7509a/AMS/bio	29,690 ± 90	10/27/2010	TX
Acro	UGAMS-7509b/AMS/bow	30,640 ± 90	10/27/2010	TX
Allosaurus	UGAMS-02947/AMS/bio	31,360 ± 100	05/01/2008	CO
Hadrosaur #1	KIA-5523/AMS/bow	31,050 + 230/-220	10/01/1998	AK
Hadrosaur #1	KIA-5523/AMS/hum	36,480 + 560/-530	10/01/1998	AK
Triceratops #1	GX-32372/AMS/col	30,890 ± 200	08/25/2006	MT
Triceratops #1	GX-32647/Beta/bow	33,830 + 2910/-1960	09/12/2006	MT
Triceratops #1	UGAMS-04973a/AMS/bio	24,340 ± 70	10/29/2009	MT
Triceratops #2	UGAMS-03228a/AMS/bio	39,230 ± 140	08/27/2008	MT
Triceratops #2	UGAMS-03228b/AMS/col	30,110 ± 80	08/27/2008	MT
Hadrosaur #2	GX-32739/Beta/ext	22,380 ± 800	01/06/2007	MT
Hadrosaur #2	GX-32678/AMS/w	22,990 ±130	04/04/2007	MT
Hadrosaur #2	UGAMS-01935/AMS/bio	25,670 ± 220	04/10/2007	MT
Hadrosaur #2	UGAMS-01936/AMS/w	25,170 ± 230	04/10/2007	MT
Hadrosaur #2	UGAMS-01937/AMS/col	23,170 ± 170	04/10/2007	MT
Hadrosaur #3	UGAMS-9893/AMS/bio	37,660 ± 160	11/29/2011	CO
Apatosaur	UGAMS-9891/AMS/bio	38,250 ± 160	11/29/2011	CO

Abb. 85: Die Testergebnisse der Altersdatierungen der Dinosaurierproben der Paleo-Gruppe

Es existiert eine etablierte, mühevoll konstruierte Wahrheit und alle Beweise, die das Gegenteil belegen, werden schroff zurückgewiesen. Jeder, der die etablierte Wahrheit herausfordert, wird zu einem Feind der Wissenschaft erklärt. Auch Forscher, die zufällig etwas entdecken oder bestätigen, geraten in die Fänge dieser Inquisition. Aus Angst um ihre Karriere oder den guten Ruf ihrer Einrichtung, schweigen solche Leute dann meistens „freiwillig", werden zum Schweigen gebracht oder verlieren ihr Ansehen sowie ihren Beruf. Ein Beispiel dafür ist ein Amerikaner namens Mark Armitage. Mark Armitage war jahrelang der Leiter einer Sparte für Elektronenmikroskopie und konfokale Fluoreszenzmikroskopie an der staatlichen *Universität von Northridge* in Los Angeles. Mit diesen Mikroskopen werden biologische Zellen erforscht. Armitage besitzt einen Master in Biologie und ist seit 30 Jahren Wissenschaftler. Er war auch jahrelang Präsident der *Southern California Society* für Mikroskopie und veröffentlichte fast 30 wissenschaftliche Publikationen in Fachzeitschriften, auf deren Covern er oft zu sehen war. Außerdem unterrichtete er an der *Azusa Pacific University* und der *California State University* in Northridge.

Im Jahr 2012 veröffentlichte er eine Facharbeit, die Untersuchungsergebnisse eines Dinosaurierhorns behandelte. Armitage wurde im Sommer 2012 dazu eingeladen, an Forschungen nach Dinosaurierfossilien in der Hell-Creek-Formation in Montana teilzunehmen. Dieser Felsformation wurden auch die Knochen des T-Rex von Mary Schweitzer entnommen. Er fand in der Formation das Horn eines Triceratops, und es war nicht versteinert. Mark Armitage untersuchte das Horn in seinem Labor und fand ebenfalls Weichgewebe im angeblich mindestens 68 Millionen Jahre alten Fossil. Er sprach darüber mit seinen Studenten und ein Foto des Gewebes aus dem Horn erschien auf dem Titelblatt des *American Laboratory Magazins*. Kurz darauf stürmte ein Aufsichtsbeamter in sein Labor und schrie ihn laut an. Man würde in dieser Abteilung nicht seine „Religion“ und seine „Kreationisten-Projekte“ tolerieren. Armitage ging daraufhin zu seinen Vorgesetzten und diese rieten ihm, den Vorfall einfach zu vergessen. Im Februar 2013 erschien ein weiterer Artikel im wissenschaftlichen Journal *Acta Histochemica* über das Weichgewebe im Horn des Triceratops. Am Tag des Erscheinens rief jener Aufsichtsbeamte ein geheimes Meeting ein. Man beschloss, Mark Armitage zu kündigen. Armitage erfuhr wenig später von dieser Hexenjagd und wurde gekündigt. Danach ging er vor Gericht und klagte wegen religiöser Diskriminierung. Er gewann den Ausgleich und erhielt eine Entschädigung in Höhe von 400.000 US-Dollar. Die Paleo-Gruppe konnte eine Probe des Horns erhalten und lies es noch im Jahr 2012 am *Center for Applied Isotope Studies* datieren. Heraus kam ein Alter von 35.587 Jahren. Paläontologen und andere Forscher werden aufgefordert, ihre eigenen Dinosaurierknochen ebenfalls analysieren zu lassen. Es sind genug in Museen und Fossiliensammlungen vorhanden. Auch Knochen von Ausgrabungen kann man sofort testen lassen. Wenn dann genügend neue Daten vorliegen, kann man endlich die wirkliche Chronologie der Erde und das Alter von Dinosaurierknochen bestimmen. Wenn es vor 22.000 Jahren noch Dinosaurier gegeben haben soll, ist auch vorstellbar, dass einige Arten noch länger existiert haben und erst vor noch kürzerer Zeit ausgestorben sein könnten.(46)

Die Acambaro-Sammlung von Waldemar Julsrud

Neben den Ica-Steinen aus Peru, auf denen Menschen mit Dinosauriern dargestellt sind, gibt es noch weitere Artefakte aus Mexiko, die zeigen, dass Menschen lebende Dinosaurier gesehen haben und auch Figuren von ihnen formten. Diese kontroversen Artefakte werden „Acambaro-Figuren" genannt. Bei den Acambaro-Figuren handelt es sich um ca. 33.000 Tonfiguren, die ab 1944 vom deutschen Auswanderer Waldemar Julsrud (1875-1952) in der mexikanischen Stadt Acambaro entdeckt worden waren. Viele dieser Tonfiguren stellen verschiedene Dinosaurier dar. Waldemar Julsrud ist eines Tages mit seinem Pferd ausgeritten und sah mehrere Objekte, die aus der Erde ragten – es waren seltsame Kunstwerke aus Ton und Stein. Er bat in der Nähe wohnende Bauern, das Grundstück zu untersuchen und noch weitere Figuren auszugraben. Er gab den Bauern Geld für jeden neuen Fund. In den nächsten Jahren wurden auf diese Weise etwa 33.000 Objekte gesammelt! Es gab merkwürdige Figuren von Dinosauriern und Statuen von verschiedenen Menschen aus allen Teilen der Welt, darunter auch Ägypter, Sumerer und bärtige Europäer. Heute wird die Echtheit der Objekte in der Fachwelt angezweifelt und man behauptet wieder, es würde sich um Fälschungen von Bauern aus Acambaro handeln, die auf diese Weise Geld mit dem Tourismus verdienen wollten – die gleiche Geschichte wie bei den Ica-Steinen. Acambaro ist eine sehr trockene Gegend mit wenig Bewuchs. Man erschuf die Tonfiguren, indem man sie in offenem Holzfeuer brannte. Wie schon erwähnt, wurden bisher mindestens 33.000 dieser Objekte entdeckt. Auch wenn örtliche Bauern das in Eigenproduktion hergestellt haben könnten, hätten sie viele Jahrzehnte dafür gebraucht. Die benötigten Mengen an Holz gibt es in dieser Gegend aber nicht, im Gegenteil, es ist dort kostbar und teuer. Die Tonfiguren wurden auch nicht an Touristen verkauft, weil es dort im Jahr 1944 keine gab. Warum also tausende Tonfiguren herstellen und sie dann aufwendig vergraben, in der Hoffnung, dass sie dann eines Tages irgendjemand zufällig findet? Damit macht man doch kein Geld, warum sollte man sich also solche Mühe machen? Ähnlich wie bei den Steinen von Ica ist auch jedes der tausenden Artefakte von Acambaro einzigartig.

Waldemar Julsrud kann nicht für die Herstellung verantwortlich gewesen sein, denn neue Figuren werden auch heute immer noch unter Fundamenten und in den Mauern alter Häuser gefunden, die es schon lange gab, bevor Julsrud dort wohnte. Das bedeutet, sie wurden über mehrere Jahrtausende von vielen verschiedenen Künstlern hergestellt.

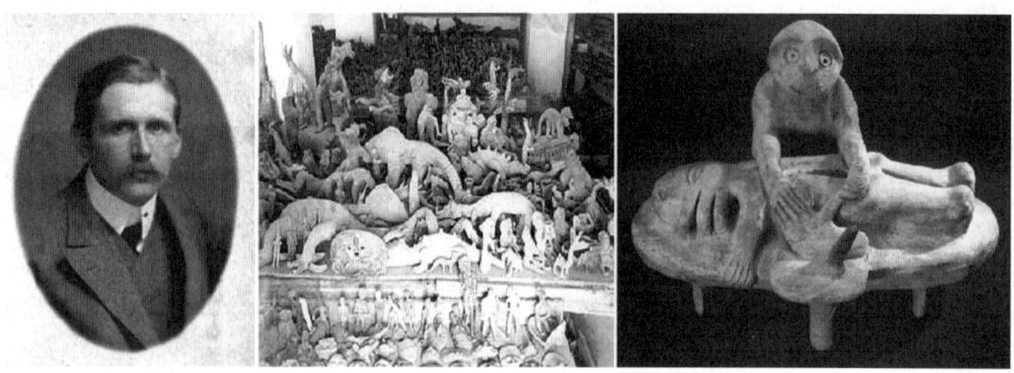

Abb. 86: Waldemar Julsrud und seine Sammlung von Acambaro-Figuren – auch hier gibt es wieder Szenen von chirurgischen Eingriffen

Das war aber keine Massenproduktion mit Pressformen, sondern jedes Stück ist einzigartig und kunstvoll handgearbeitet. Es gibt sehr kleine Figuren und auch welche, die über einen Meter groß sind. Das Problem für die Wissenschaft sind besonders die detaillierten Darstellungen von Dinosauriern und die menschlichen Figuren von Ägyptern und Sumerern. Dinosaurier sind nämlich erst seit knapp 200 Jahren bekannt und präkolumbianische Kontakte mit Südamerika werden ebenfalls abgelehnt. Wenn diese Dinosaurierfiguren ein geschätztes Alter von 3.000 bis 7.000 Jahre haben, müssen die Hersteller zu dieser Zeit diese Dinosaurier noch mit eigenen Augen gesehen haben. Bei den ersten Ausgrabungen in Acambaro war damals schon ein erfahrener Archäologe anwesend, Charles di Peso. Carlos Perea, ein anderer Archäologe vom *Nationalmuseum für Anthropologie* in Mexico City war auch von 1945 bis 1946 bei den Ausgrabungen von Waldemar Julsrud in Acambaro vor Ort. Er sagte damals in einem Interview, die ersten Ausgrabungen von Julsrud im Jahr 1944 waren nicht autorisiert, aber auch viele Bauern führten auf eigene Faust Grabungen durch. Perea hatten deshalb keinen Zweifel, dass die Funde authentisch waren. Später erfolgten unter seiner Aufsicht auch offizielle Ausgrabungen des *Mexikanischen Nationalmuseums* und des *Amerikanischen Museums für Naturgeschichte*. Trotzdem waren viele Naturwissenschaftler immer noch skeptisch. Im Jahr 1954 entsandte die mexikanische Regierung noch einmal vier sehr bekannte Archäologen nach Acambaro. Sie wählten einen neuen Ausgrabungsort und führten eine peinlich genau dokumentierte Ausgrabung durch. In einer Tiefe von 1,80 m stieß man auch an diesem Ort auf zahlreiche Tonfiguren. Die Wurzeln von Bäumen rankten sich um die Figuren. Sie mussten also schon sehr lange dort vergraben sein. Die vier angesehen Experten schlossen daraus, dass auch die Funde von Julsrud und seinen Bauern authentisch waren. Trotzdem erklärten sie drei Wochen später in ihrem offiziellen Bericht, dass die Figuren aus Acambaro Fälschungen sind, weil es *„zu fantastisch sei, dass Menschen und Dinosaurier zusammen existiert haben"*! Skeptiker sprechen immer nur von den Tonfiguren von Acambaro, aber es gab auch welche aus Stein im gleichen Stil. Die Objekte aus Stein zeigten alle Anzeichen von Abnutzung, so etwas ist sehr schwer zu fälschen.

Abb. 87: Acambaro-Statuen von verschiedenen Völkern der vorsintflutlichen Welt

Die Geschichte ging im Jahr 1955 weiter. Charles Hapgood, ein respektierter Professor für Anthropologie an der *Universität von New Hampshire* veranlasste C-14-Tests. Auch er bestätigte die Aussagen von Julsrud, weil man im gleichen Jahr Ausgrabungen unter dem Haus des Polizeichefs von Acambaro durchführte und dort weitere 43 Tonfiguren ausgraben konnte. Dieses Haus wurde aber schon 25 Jahre vor der Ankunft von Waldemar Julsrud in Mexico er-

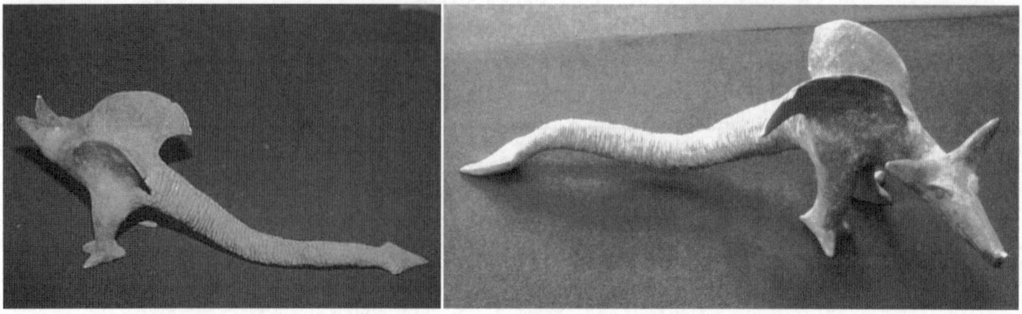

Abb. 88: Acamabaro-Figuren von merkwürdigen zweibeinigen und geflügelten drachenartigen Dinosauriern

baut. Es wurden mehrere C-14-Tests an organischen Rückständen auf der Oberfläche der Objekte durchgeführt. Die getesteten Tonfiguren waren 6.500, 3.600 und 3.100 Jahre alt. Im Jahr 1972 erfolgte auch ein Thermolumineszenz-Test, um das Alter von 18 weiteren Figuren zu testen. Das geschah durch einen Herrn Ramey Froelich am *Pennsylvania Museum*. Hier waren es rund 4.500 Jahre. Das Museum zog die Resultate jedoch zurück, als man erfuhr, dass die Proben von Dinosaurierfiguren stammten – immer wieder die gleiche Vorgehensweise! Diese Fachinstitutionen fürchten sich, ihren guten Ruf zu verlieren, wenn sie sich mit kontroversen Artefakten beschäftigen. Andere Forscher erhielten ähnliche Ergebnisse, konnten sich jedoch nicht vorstellen, wie viele dieser Tonfiguren so lange unbeschädigt in der Erde überdauert hatten. Wie bei ähnlichen Artefakten aus Nordamerika, konnten die Kunstwerke von Acambaro auch keiner bekannten Gruppe von Ureinwohnern zugeschrieben werden.

Die Tonfiguren stellen tatsächlich heute bekannte Dinosaurierarten dar. Darunter waren Modelle vom Trachodon, Gorgosaurus, Titanosaurus, Triceratops, Stegosaurier, Diplodocus, Iguanodon, Brachiosaurus, Tyrannosaurus Rex sowie andere bislang unbekannten Dinosaurierarten. Man schätzt, dass heute weniger als 10 Prozent aller Dinosaurierarten bekannt sind. Das heißt, unter den Tonfiguren von Acambaro befinden sich die ersten Darstellungen von vielen gänzlich unbekannten Dinosaurierarten. Viele der Acambaro-Dinosaurier sehen sehr merkwürdig aus und haben nur zwei Beine und Schwingen. Dr. Ivan Sanderson bestätigte 1955, dass eine 30 Zentimeter große Dino-Figur aus Ton eine genaue Repräsentation eines Brachiosaurus war. Dieser Saurier war der Weltöffentlichkeit zum Zeitpunkt der Ausgrabungen in Acambaro noch völlig un-

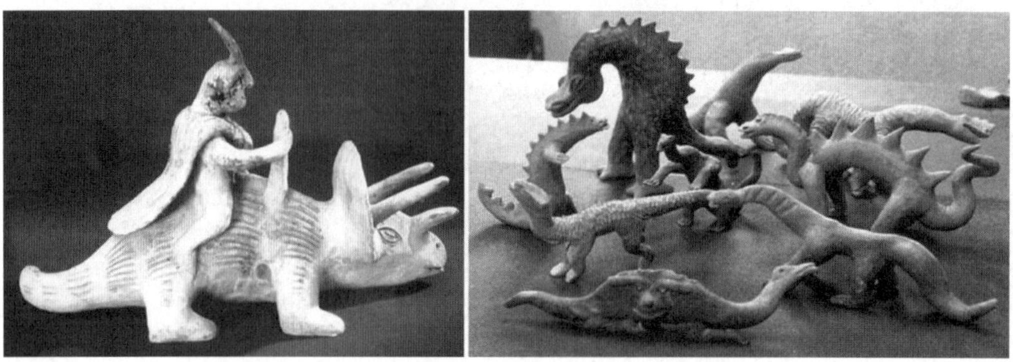

Abb. 89: Acambaro-Figuren von Dinosauriern und Wesen, die auf Dinosauriern reiten

bekannt. Nur Experten wussten damals, wie das lebende Tier vor angeblich 150 Millionen Jahren ausgesehen hatte. Außer den Dinosauriern gab es auch detaillierte Figuren von Säbelzahntigern und Urpferden. Daher darf man annehmen, dass auch die übrigen Darstellungen wirklichkeitsgetreue Nachbildungen von tatsächlich früher existenten Tier- und Dinosaurierarten sind. Nach 1955 wurde es still um die große Kollektion von Waldemar Julsrud. Bis zum Jahr 1999 waren die Objekte nicht mehr öffentlich ausgestellt. Erst aufgrund des wiederaufkeimenden öffentlichen Interesses wurde in Acambaro vor einigen Jahren das *Waldemar Julsrud Museum* eröffnet. Leider ist in den letzten Jahrzehnten ein Großteil der Sammlung verschwunden. Heute ist die Stadt Acambaro nur noch im Besitz von ca. 6.000 dieser seltsamen Ton- und Steinfiguren. Einige werden im Museum ausgestellt. Wohin der Rest verschwunden ist, bleibt vorerst unbekannt. Es ist anzunehmen, dass private Sammler und Museen viele der Stücke gekauft haben. Vielleicht hatte auch wieder die Smithsonian Institution ihre Finger im Spiel und hat die kontroversesten Figuren verschwinden lassen. Die Einheimischen bezeichneten das Haus von Julsrud früher auch als das „Museum, das Wissenschaftler erschreckt".

Da die Sammlung keiner bekannten Kultur wie den Mayas oder Olmeken zugerechnet werden konnte, glaubten Julsrud und andere, dass es sich um Artefakte einer unbekannten Zivilisation handelt, die vor Jahrtausenden in Mexico existiert hatte. Wenn man sich alle Objekte betrachtet, deutet vieles darauf hin, dass die Gegend von Acambaro zur Zeit der Entstehung der Figuren ein Waldland war. Geologen konnten herausfinden, dass es vor ungefähr 6.000 Jahren auch einen großen See dort gegeben hatte. Die Areale, in denen die Töpfereien ausgegraben wurden, mussten einst am Ufer dieses Sees gelegen haben und wurden von Menschen irgendwann dort im Sand vergraben. Wie kam es zum plötzlichen Klimawandel? Waldemar Julsrud versuchte zu Lebzeiten vergeblich, die wissenschaftliche Gemeinschaft auf seine Entdeckungen aufmerksam zu machen. Doch er traf auf Gleichgültigkeit und Schweigen. Er entschied sich dann dazu, alles in einem Buch zu veröffentlichen. Er schildert im Buch seine Vermutung, dass die Angehörigen dieser unbekannten Kultur ihre Kunstgegenstände vergraben hatten, weil sie Zeuge einer großen Katastrophe waren. In dieser Zeit müssen sich eine Reihe von Katastrophen ereignet haben, die die Erdoberfläche total veränderten. Julsrud glaubte daran, dass es früher Zivilisationen auf der Erde gab, die durch diese Katastrophen komplett ausgelöscht wurden. Menschen lebten tatsächlich seit Beginn der Schöpfung auf unserem Planeten gemeinsam mit Dinosauriern, und vor diesen Katastrophen gab es bereits hochentwickelte Zivilisationen auf der ganzen Welt, die miteinander in Kontakt standen.

Auch in der Bibel wird von zwei monströsen dinosaurierartigen Kreaturen berichtet, Behemoth und Leviathan. Diese Mythen wurden aus babylonischen und kanaanitischen Überlieferungen übernommen. In Mesopotamien wird auch von der Drachengöttin Tiamat und dem menschenerschaffenden Gott Marduk berichtet. Marduk musste die Drachen besiegen, um sich und den Anunnaki-Göttern eine Wohnstätte auf Erden zu erschaffen. Das alles ist niedergeschrieben in den babylonischen Legenden von der Entstehung der heutigen Welt, im „Enuma Elisch". Nachdem die Drachengöttin und ihre Geschöpfe (Dinosaurier?) im sogenannten „Chaosdrachenkampf" besiegt worden waren, kamen die Götter auf die Erde und erschufen hier ihre Reiche. Sie landeten auf Bergen. Danach unterschied man die Anunnaki, die vom Himmel auf die Erde kamen, und die Igigi, die im Himmel bzw. Weltraum oder dem Mars blieben. Marduk wird durch diese

Abb. 90: Marduk erschafft die neue Welt nach der Flut, bei sich hat er seinen Schlangendrachen. Unten eine Darstellung des Chaosdrachenkampfes

Vernichtung der Drachen als Eas Sohn zum Anführer der Götter auf Erden gewählt und erbaut die Stadt Babylon als Versammlungsplatz für die Götter. Auf alten babylonischen und sumerischen Siegeln kann man noch Darstellungen vom Kampf Marduks gegen die Drachen und Seeschlangen sehen. Der Gott Marduk wird oft mit seinem Begleittier, dem Schlangendrachen Muschhuschschu dargestellt. Auf dem babylonischen Istar-Tor im *Vorderasiatischen Museum* in Berlin findet sich ein sehr gut erhaltenes Relief von Muschhuschschu. Ist das der Ursprung der Drachentöter-Legenden? Marduk war der erste Herr (Baal) von Babylon.

Die Götter hatten auf der Erde viel Arbeit zu verrichten und weil sie diese nicht mehr alleine bewältigen wollten, schmiedeten Marduk und Enki einen Plan. Die Götter brauchten eine Rasse von Arbeitern und Marduk wollte deshalb Menschen erschaffen. Sie sollten die harte Arbeit für die Götter übernehmen und die Götter sollten ihre Ruhe haben. Der Gott „Kingu" wurde zwar getötet, weil er Aufruhr verursacht hatte, und aus dem Blut des Gottes Kingu erschufen die Götter die ersten Menschen. Hier ein Auszug dazu aus dem Enuma Elisch: *„Blut will ich binden und Knochen herrichten, ein Wesen will ich bilden, sein Name sei Mensch. Wahrlich, ein Wesen will ich erschaffen, damit er den Göttern diene und sie es bequem haben."*(47)

Es ist nicht ganz klar, wer der Gott Kingu im Enuma Elisch war. Einige meinen, es sei die Seele im Menschen, sein Geist, der den Tod überdauert. Eine andere Möglichkeit wäre eine bereits auf der Erde lebende Menschenrasse, die genetisch für die Zwecke der Anunnaki-Götter verändert wurde. Das würde auch das Rätsel um die Herkunft des *Homo sapiens* erklären. Es gab schon vor der Flut eine alte arische Rasse auf der Erde, die Atlantis und die uralten Megalith-Stätten erschaffen hatten. Auch der Mond wird in alten Schriften Kingu genannt. Der Kampf gegen Tiamat könnte eine Interpretation einer kosmischen Katastrophe sein. Denn es existierte einst zwischen dem Orbit des Mars und dem des Jupiters ein Planet. Dieser Planet wird in den Legenden Tiamat genannt. Er wurde durch eine kosmische Katastrophe zerstört und bildet heute den Asteroidengürtel. Es kann sein, dass dieser Planet früher von einer unbekannten Zivilisation bewohnt wurde, ebenso der Mars, von dem der Name Marduk abgeleitet ist. Kingu soll einst ein Mond des Tiamat gewesen und nach der Katastrophe zur Erde gereist sein. Möglicherweise brachte er Flüchtlinge dieser Katastrophe zur Erde. Ausgelöst wurde die Zerstörung von Tiamat durch eine Kollision mit einem anderen Himmelskörper. Vielleicht wurden die Bahnen der anderen Planeten durch das Eindringen des Planeten Nibiru gestört, mit dem die Anunnaki ankamen. Von dieser Katastrophe könnte auch die Erde betroffen gewesen sein und es kam periodisch zu gewaltigen Kataklysmen, die die ganze

Erdoberfläche umgestalteten. Vulkanausbrüche, Asteroideneinschläge und Sturmfluten haben nachweislich fast 90 Prozent allen Lebens auf der Erde zerstört. Die restlichen Dinosaurier und Drachen wurden dann später im Laufe der Zeit von den Anunnaki gejagt und getötet, um sicher auf der Erde leben zu können. Die Götter erschufen verschiedene Reiche und die Menschen waren ihre Untertanen und Arbeitssklaven. Sie sollten auch dafür sorgen, dass die Götter immer ausreichend zu essen hatten. Manche sehen darin den Beginn des rituellen Menschenopfers.

Teile dieser Schöpfungslegende wurden dann später in die Bibel aufgenommen. Das Meer teilt sich und erschafft so das Firmament und die neue Erde. Insofern könnte man den bibelgläubigen Kreationisten zustimmen. Es wird in den sumerischen Legenden aber auch erwähnt, dass Marduk und Enlil (der Bruder von Enki) irgendwann beschlossen, die Menschheit wieder zu vernichten. Sie hatten sich zu stark vermehrt und machten den Göttern zu viel Lärm. Eine große Flut wurde erzeugt, sie sollte alle Menschen töten. Das war die Sintflut in der Bibel. Enki half jedoch einigen Menschen, zu überleben und sie besiedelten dann die Erde wieder von neuem. Nach der letzten Flut soll ein globaler Opferkult und das Priesterkönigtum entstanden sein. Die Opfer sollten die Götter gnädig stimmen und weitere Katastrophen verhindern. Wie lange die Götter später noch auf der Erde geblieben sind, ist schwierig zu beantworten. Vielleicht sind sie immer noch hier?

Vom Turmbau zu Babel bis nach Ägypten lässt sich ihre Spur verfolgen. Auch stößt man hier wieder auf die Gottheit Baal, der geopfert werden musste. Baal war ein Sturmgott, der das Wetter beherrschte und Wind, Wolken und Regen bringen konnte. Er hatte auch die Gewalt über Donner und Blitz. Baal wird oft mit Donnerkeule und Blitzspeer dargestellt. Oft sieht man seine Figur in der Pose des „Schreitenden Gottes", wie es später auch in Ägypten üblich wurde. Auch dort sieht man in Reliefs die ägyptischen Götter und ihre Sklaven. Baal wurde hauptsächlich im heutigen Syrien und in Israel verehrt und wurde in Ägypten zu Seth. Manchmal wird Baal mit Stierhörnern dargestellt, als der Opfergötze Moloch, dem Kinder geopfert wurden. In anderen Darstellungen hat er mehr „ägyptische" Merkmale: eine konische Mütze, die einen Langschädel verbergen soll und den typischen Schurz. Man sieht auch den Götterbart und in seinen Händen trägt er sein Zeichen der Macht und sein Zepter bzw. den Prügelstock. Auch die Pharaonen gingen manchmal nicht zimperlich mit ihren Untergebenen um.

Abb. 91: Syrische Darstellung von Baal und der Pharao Ramses II. in Ägypten

In Abb. 91 sieht man Darstellungen der Götter. Links eine Darstellung von Baal aus der antiken Stadt Ugarit in Syrien. Auf zwei anderen Abbildungen sieht man den Pharao Ramses II., wie er Menschen züchtigt. Auf den ägyptischen Reliefs sieht man auch deutlich den Größenunterschied. Die Götter waren starke Riesen mit einem Langschädel und konnten mit einer Hand fünf Menschen festhalten und schlagen. Auf der Stele rechts sieht man wie Pharao Ramses II. einen Schwarzafrikaner, einen Asiaten und einen Semiten schlägt. Da die Gesichtsmerkmale hier gut ausgearbeitet sind, sieht man auch, dass der Pharao selbst sehr kaukasische Gesichtszüge hat. Sind diese Mythen und Legenden tatsächlich real und könnten die ganzen Unstimmigkeiten in unserer historischen Geschichte, der Evolution und den Altersdatierungen erklären? Möglicherweise ja. Wenn die Sintflut-Legenden wahr sind, kann die geologische Zeitskala der modernen Wissenschaft nicht stimmen. Gibt es Beweise für eine solche Annahme?[47]

Kapitel 4 – Fehlende Sedimentschichten und lebende Fossilien

Probleme und Unstimmigkeiten bei Sedimentschichten und Fossilien

Wie bereits dargelegt, kommt es immer wieder zu großen Unstimmigkeiten bei der Datierung von Fossilien. Abgelagerte Sedimentschichten werden von Geologen immer nur geschätzt oder interpretiert. Das geschieht meistens durch übereinstimmende Leitfossilien, die sich in den diversen Schichten finden. Doch neuere Methoden nutzen die Zerfallsraten von radioaktiven Elementen. Meistens datieren Geologen fossilführende Sedimentschichten einfach nach einer im 19. Jahrhundert festgelegten Skala und hinterfragen dann nichts mehr. Es gibt sehr wohl zahlreiche Unstimmigkeiten bei diesen Ablagerungen und die geologischen Schichten der Erde sind höchstwahrscheinlich viel jüngeren Datums als heute allgemein akzeptiert. Die fossilführenden Sedimentschichten, die wir heute sehen, dürften sich nicht über hunderte Millionen von Jahren langsam gebildet haben, sondern über einen sehr viel kürzeren Zeitraum. Die Ablagerungen sind anscheinend durch große Katastrophen, gefolgt von gigantischen Fluten entstanden und die letzte Flut liegt laut verschiedenen Experten nur ein paar tausend Jahre zurück. Um das zu verbergen, wird das Alter der Schichten heute viel höher angegeben, als sie tatsächlich sind. Die Wissenschaft will uns glauben machen, dass die unteren Erdschichten früher abgelagert worden sind als die darüber liegenden. Doch wenn es zu Katastrophen gekommen ist, dann können sich diese Schichten auch ineinander verschoben haben. Somit kann in der Geologie nur das *relative* Alter durch die angenommene Abfolge der Schichten geschätzt werden. Das *tatsächliche* Alter kann aber dadurch nicht bestimmt werden. Durch Erosion oder Hangrutsche kann sich auch heute noch älteres über jüngeres Material verschieben und ablagern, deshalb ist eine Datierung nicht immer möglich.

Da das Alter einer geologischen Schicht also nicht direkt ermittelt werden kann, geschieht das durch die versteinerten Fossilien, die sich in den verschiedenen Schichten befinden. Man spricht hier von „Leitfossilien“, denen man weltweit das gleiche Alter zuschreibt und durch die man das Alter der Schichten bestimmen will. Eine andere Möglichkeit ist die Altersbestimmung durch die Halbwertszeit der radioaktiven Elemente, die im Gestein vorkommen. Dafür kommen nur Elemente in Frage, die eine sehr hohe Halbwertszeit aufweisen. Das sind Uran, Thorium, Rubidium, Samarium und Kalium. Der Zeitraum der Halbwertszeiten dieser Elemente soll schätzungsweise bei bis zu 100 Milliarden Jahren liegen. Das kann aber nur stimmen, wenn in diesen extrem langen Zeiträumen immer die gleichen physikalischen Verhältnisse geherrscht haben sollen. Das ist jedoch, wie bereits erwähnt, sehr zweifelhaft, deshalb kann man auch hiermit nicht mit Sicherheit sagen, ob durch die Halbwertszeiten eine richtige Datierung erreicht werden kann. Unser Beobachtungszeitraum ist dazu viel zu kurz. Nachdem die Wissenschaft von der zeitlichen Abfolge der übereinanderliegenden Sedimentablagerungen überzeugt war, etablierte der britische Geologe William Smith im Jahr 1817 den Gebrauch von Leitfossilien zur Datierung der Schichten, um den Ablauf der Gesteinsbildung nachvollziehen zu können. Doch während der Jahre 1830 bis 1850 kam es zu Streitereien zwischen den führenden Geologen. Denn bis zu dieser Zeit herrschte in wissenschaftlichen Kreisen richtigerweise die Ansicht vor, dass die Schichten relativ jung sind und durch große Katastrophen und plötzlichen globalen Umwälzungen entstanden waren. Das nennt man „Katastrophismus". Nach jeder Katastrophe sei es dann zu einer Neuschöpfung der ausgestorbenen Lebewesen gekommen.

Ab 1830 etablierte sich schließlich der sogenannte „Aktualismus". Der Aktualismus ist die Theorie, dass es eine ständige gleichmäßige Entwicklung des Planten gegeben habe, die durch sehr viele kleine Schritte vonstatten gegangen sein soll. Im Zuge dieser Theorie entwickelte sich dann die Evolutionstheorie, die davon ausgeht, dass sich biologisches Leben schrittweise und fortlaufend durch Selektion entwickelt hätte. Den Ausschlag für diese Entwicklung gab der Brite Charles Lyell mit seinem Buch über die Prinzipien der Geologie von 1830. Lyell entwarf eine allgemeingültige geologische Skala mit einer Säule von allen Sedimentgesteinsschichten, in denen Fossilien enthalten waren. Er erfand somit die Erdzeitalter, gab ihnen ihre heutigen Namen, wies ihnen ein von ihm festgelegtes Alter zu und die Welt bekam auf diese Weise plötzlich eine Prähistorik. Das hatte es vorher nicht gegeben, weil man wusste, dass die gegenwärtige Welt nur einige tausend Jahre alt ist! **Das Buch von Lyell war mitverantwortlich dafür, dass Charles Darwin sich später die Evolutionstheorie ausdachte.** Die beiden waren auch Kollegen und Freunde und bald darauf wurden diese neuen Theorien allgemein akzeptiert. Hinter diesen Männern stand die britische Royal Society, eine einflussreiche wissenschaftliche Gesellschaft, die von Hochgradfreimaurern ins Leben gerufen worden war.

Dabei war Folgendes vorausgegangen: Der Schotte James Hutton (1726-1797) war ein Mitglied der schottischen Royal Society und verfasste die ersten wissenschaftlichen Werke, die belegen sollten, dass die Erde Millionen von Jahren alt sei. Diese Werke hatten später einen starken Einfluss auf Charles Lyell. Lyell war ein Rechtsanwalt, hasste die Bibel und sah sich selbst, eigenen Aussagen nach, als einen *„spirituellen Erlöser der Geologie, der die Wissenschaft von den alten Vorgaben von Moses befreit"*. Deshalb erschuf er die neue Geologie und interpretierte die geologischen Schichten auf ein Alter von Millionen von Jahren. **Die Hauptmotivation dieses Vorgehens war daher ein Angriff auf die Zeitangaben in der Bibel.** Er konnte so ein hohes Alter damals natürlich mit keiner wissenschaftlichen Methode nachweisen und hat es einfach erfunden bzw. *interpretiert*! Mit Hilfe der Interpretation kann man sich in der Wissenschaft einfach alles zurechtbiegen, es ist ein Zauberwort! Wenn so etwas wie seine korrekte geologische Säule wirklich existieren würde, wäre sie 160 Kilometer dick! **Diese wichtige Lüge war für das Entstehen der Evolutionstheorie jedoch unbedingt nötig und steht heute noch so in den Lehrbüchern.** Dabei gibt es zwischen den geologischen Sedimentschichten der Erde keine Spuren von Erosion. Sie müssten aber zwischen jeder Schicht nachweisbar sein, wenn sie sich tatsächlich im Laufe von hunderten Millionen Jahren gebildet haben sollen. Warum gibt es keine Überreste von Erdschichten zwischen diesen geologischen Felsschichten? Es müsste sich doch etwas abgelagert haben, wenn sie unterschiedlich alt sind?

Unterstützt wurden Lyells neuen Theorien durch die Entdeckung der natürlichen Radioaktivität und der Halbwertszeiten. Dieser Aktualismus lässt sich aber auch nicht auf alle Gesteine anwenden. Es kann heute zum Beispiel keine Neubildung von Eisenerzen festgestellt werden, auch nicht von Kohleschichten. Das erklären sich Wissenschaftler dadurch, dass sich die chemischen Bedingungen auf der Erde im Laufe der Zeit verändert haben. Doch wenn sich die chemischen Bedingungen geändert haben sollen, müssen sich auch die physikalischen Bedingungen geändert haben und dann stimmen die

Datierungen nicht mehr. Andere Lavagesteine entstehen angeblich in großer Tiefe, sodass man heute noch keinen Zugriff darauf hat und die Entstehung beobachten könnte.

Durch die Suche nach Fossilien in einer Schicht kann eine Datierung durchgeführt werden. Man macht heute meistens deshalb keine genaueren Untersuchungen, weil man behauptet, dass die altersmäßige Einordnung der Gesteine mit Fossilien bereits ausreichend bekannt sei. Das heißt, man geht von einstmals festgelegten Bestimmungsdaten aus und hinterfragt diese nie. Seit 1830 sollten doch eigentlich einige neue Erkenntnisse vorliegen, oder nicht? Es gab unzählige Lebensformen auf unserem Planeten, von denen heute nur noch Fossilien künden. Diese inzwischen ausgestorbenen Tier-, Insekten- und Pflanzenarten müssen sehr plötzlich durch große Katastrophen ausgestorben sein. Die Wissenschaft bestreitet das auch nicht und glaubt, dass es in der Vergangenheit mehrmals zu einem Massensterben von bis zu 90 Prozent aller Arten gekommen war. Allerdings wurde der Zeitpunkt dieser Katastrophen um viele Millionen Jahre in die Vergangenheit verschoben. Trotzdem gibt es auch viele Fossilien von noch heute lebenden Arten. Grundsätzlich gilt, dass Fossilien nur entstanden sein können, wenn die Lebewesen und die Vegetation sehr rasch von Schlamm, Geröll und Wasser verschlossen wurden und danach unter hohem Druck versteinert sind. Der Geologe William Smith entschied um 1815, dass bestimmte Fossilien immer einer Schicht zugeordnet werden sollen, um allgemein das Alter dieser Schicht zu datieren. Smith wurde vom damaligen Präsidenten der britischen Royal Society unterstützt und finanziert. Bekannte fossilführende Gesteinsschichten werden also immer mit ganz bestimmten Fossilien altersbestimmt. **Dadurch entstand die geologische Zeitskala, die sich im Laufe des 19. Jahrhunderts zur Standardskala entwickelte und heute noch verwendet wird.** Auch hier ist man anscheinend später niemals zu neuen Erkenntnissen gekommen. Abweichungen von dieser etablierten Skala werden in der akademischen Fachwelt heute nicht akzeptiert, auch wenn es solche nachweislich gibt! Immer wenn so etwas passiert, werden die Ergebnisse richtiggestellt und „uminterpretiert" – frei nach dem Motto: Ich mache mir die Welt, so wie sie mir gefällt. Wir wissen heute, dass das festgelegte Alter von Fossilien häufig nicht stimmen kann. Die radioaktiven Zerfallszeiten weichen auch oft ab und frisches Vulkangestein erbringt dann Testergebnisse von einem Alter von Millionen von Jahren. Obwohl das bekannt ist, wird nichts unternommen, um die Geologie zu aktualisieren und Forschungen mit den neuesten Methoden durchzuführen. Das alles wirkt im ersten Moment sehr seltsam.

Durch diese neuen Regeln und Theorien wurde der noch vorherrschende Katastrophismus ab der Mitte des 19. Jahrhunderts plötzlich energisch abgelehnt und die Naturgeschichte erfunden. Gab es vielleicht ganz bestimmte Absichten dahinter? **Seit dieser Zeit wurden dann auch alle diese unerklärlichen Artefakte, unpassende Fossilien und abnormale Skelettfunde bekämpft, die man vorher noch mit großem Interesse erforscht hatte, weil sie perfekt ins Schema des Katastrophismus passten! Man bezeichnet die Forschung an solchen Artefakten heute als „unwissenschaftlich und unseriös".** Alles, was von der frei erfundenen Naturwissenschaft nicht erklärt werden kann, wird bekämpft und geleugnet. Bei den Leitfossilien gibt es ebenfalls Unstimmigkeiten. Leitfossilien müssen in Sedimentschichten auf der ganzen Welt vorkommen. Dadurch soll ein Zeitabschnitt ermittelt werden, an dem sich diese Schichten *global* gebildet haben sollen, doch es gibt dabei nur sehr wenige fossile Arten, die auf der ganzen Erde vorkommen. Die meisten Leitfossilien sind wirbellose Meeresbewohner und Muscheln, die in Sedimenten abgelagert sind, über denen sich früher viel Wasser befunden hat. In Gebirgsmassiven findet man heute zahlreiche abgelagerte Meeresfossilien, doch da die fossilen Muscheln meist verschlossen sind, müssen sie sehr schnell eingeschlossen worden sein und sind nicht über einen langen Zeitraum langsam versteinert. Ganze Kontinente waren irgendwann von Fluten und Meeren bedeckt. Ein kleines Beispiel für so eine Überflutung ist das heute noch bestehende isolierte Rote Meer, das in seiner jetzigen Form erst seit 5.000 Jahren existiert. Es gibt keine Flüsse, die in dieses Nebenmeer fließen, deshalb kann es nur durch eine Flut entstanden sein. Bei Vorgängen wie den großen Kataklysmen kam es sicherlich auch zu einer erhöhten Strahlungsfreisetzung und Erhitzung der Atmosphäre durch den Vulkanismus. Die Ozonschicht könnte zerstört worden sein und dadurch kam es zu erhöhter Verstrahlung und zur Mutation der damals bestehenden Lebensformen. Das hätte eine Änderung der Zerfallsraten der radioaktiven Elemente und eine Abschwächung des Erdmagnetfelds zur Folge gehabt. Durch mehrere hintereinander aufgetretene Kataklysmen sollten sich diese Faktoren mehrmals verändert haben. Darum kann man die heute beobachtbare Zerfallszeit nicht auf extrem lange Zeiträume anwenden. Es handelt sich hier nur um Vermutungen, doch um diese Thesen zu bestätigen, müsste man die Zerfallsraten mehrere tausend Jahre lang konstant beobachten, und das ist unmöglich. Die Entstehung von vielen Arten von Gestein erfolgt in großer Tiefe in der Erdkruste und man kann nicht messen oder beobachten, was sich dort abspielt. Darum kann man auch nicht sagen, wie alt dieses Gestein sein könnte, und um das zu verbergen, wird das Alter der Schichten heute viel höher angegeben, als sie tatsächlich sind.

Sehen wir uns nun ein paar dieser „unwissenschaftlichen und unseriösen“ Forschungsergebnisse genauer an. Es kommt regelmäßig zu Funden von Leitfossilien in unterschiedlichen Gesteinsschichten, die eigentlich ein anderes Alter haben sollten. Das sind keine kleinen Unterschiede, sondern wir sprechen hier von hunderten Millionen Jahren! Auch werden verschiedene Leitfossilien gelegentlich in derselben Schicht gefunden, obwohl sie zeitlich um Millionen Jahre auseinanderliegen sollten. Das ist ein Problem und wird meistens nicht erwähnt. Die geologischen Schichten an vielen Plätzen der Erde sind oft auch nicht in der vorgegebenen Reihenfolge aufgeschichtet, wie es die Geologie allgemein beschreibt. Es gibt Lücken zwischen den Zeitperioden und ältere Schichten befinden sich über jüngeren Schichten. Weil die „richtige“ Abfolge der Ablagerungen aber als ein Hauptargument für die Evolutionstheorie und das hohe Alter der Erde herangezogen wird, stellt das ein großes Problem dar.

Bereits im Jahr 1901 konnte man feststellen, dass die Sedimentschichten des *Glacier National Park* in Montana in den USA signifikant von der normalen Skala abweichen. Diese Gesteinsschicht ist 480 km lang und 2.500 km breit. Die obere Schicht stammt aus der Zeit des Präkambriums (4,5 Milliarden bis 540 Millionen Jahre). Unter ihr befindet sich eine Gesteinsschicht aus der jüngeren Kreidezeit (145 bis 80 Millionen Jahre). Die Schichten liegen direkt aufeinander und man kann feststellen, dass sie sich nicht ineinander verschoben haben, sondern durch Wasser abgelagert wurden. Trotzdem sprechen Geologen von der „Lewis-Überschiebung“, weil es für sie nicht anders erklärbar ist. In der Kreidezeit sollen die Dinosaurier gelebt haben und im Präkambrium sollte eigentlich gar kein Leben existiert haben. Wie soll sich diese gigantische massive Gesteinsschicht der Rocky Mountains 80 Kilometer bewegt haben, ohne Spuren zu hinterlassen? Das kann gar nicht sein und deshalb stimmen nicht einmal diese groben Datierungen der Geologen wirklich. In den Franklin Mountains im West Crazy Cat Canyon in El Paso, Texas, findet man eine Kalksteinschicht aus dem Zeitalter des Ordoviziums (485 bis 443 Millionen Jahre) über einer Schicht aus der Kreidezeit der Dinosaurier. Geologen fanden dort die Fossilien in der falschen Ordnung vor und auch dort gibt es keine Anzeichen davon, dass sich die beiden Schichten irgendwann verschoben hätten.

In Schwanden im Kanton Glarus in der Schweiz findet man ebenfalls vermischte geologische Schichten vor. Unten befindet sich eine Lage aus dem Eozän (56 bis 34 Millionen Jahre), in der Mitte eine aus dem Jura (201 bis 145 Millionen Jahre) und ganz oben als Deckschicht Gestein aus dem Perm (299 bis 252 Millionen Jahre). Das ist unmöglich, wenn die bis heute akzeptierte geologische Zeitskala stimmen soll. Es ließen sich möglicherweise zwei Schichten, die sich überschoben haben, erklären, aber drei sind undenkbar! Man muss hier außerdem erwähnen, dass sich in allen diesen Schichten die passenden Leitfossilien befinden! Ein langsamer Aufbau über hunderte Millionen Jahre war so auf keinen Fall möglich! Das Matterhorn in der Schweiz ist ein weiteres herausragendes Beispiel eines Berges, bei dem die Sedimentschichten falsch angeordnet sind. Das Matterhorn liegt an der Grenze zwischen der Schweiz und Italien. Er ist einer der spektakulärsten Berge der Welt. Er sieht aus wie eine große dreieckige Pyramide und hat eine Höhe von 4.478 Metern. Nur wenigen ist bekannt, dass der Berg eine gigantische Überschiebung ist. Wie soll sich ein ganzer Berg horizontal kilometerweit im Hochgebirge verschoben haben? Geologen behaupten, das Matterhorn hätte sich zwischen 50 bis 100 Kilometer seitwärts bewegt, um an seinen heutigen Platz zu gelangen! Doch auch hier findet man keine Spuren, dass er sich jemals bewegt hätte. Es gibt auch noch andere Berge in der Schweiz, wo die geologischen Schichten nicht zusammenpassen. Ein besonders merkwürdiges Beispiel ist das Bergmassiv der Mythen in den Schwyzer Alpen. Dort finden wir zwei Felspyramiden vor, den Großen Mythen und den Kleinen Mythen. Dieses Massiv stammt nicht einmal aus der Schweiz. Geologen haben festgestellt, dass es aus Afrika stammt! Wenn sich dieses Massiv verschoben hätte, dann hat es eine wahrlich lange Reise durchs heutige Mittelmeer hinter sich und ist dann hoch in die Schweizer Berge gewandert! In diesem Berg findet man eine Schicht aus dem Eozän (55 Mio.) unter einer Schicht aus dem Trias (225 Mio.), dem Jura (180 Mio.) und der Kreidezeit (130 Mio.). Die Schicht aus dem Eozän sollte sich eigentlich obenauf befinden, liegt aber unter den anderen dreien!

Das Mittelmeer ist nachweislich durch eine riesige Flut entstanden. Vorher gab es breite Landbrücken zwischen Europa und Afrika, und alles tiefergelegene Land war trocken. Man findet heute auch noch alte Tempel und die Überreste von Ansiedlungen an den Küsten des Mittelmeers. Es gibt sogar ägyptische Tempel im Meer. Diese katastrophale Flutwelle erzeugte auch die Straße von Gibraltar. Neue Untersuchungen zeigen nämlich, dass das meiste Wasser in einem sehr kurzen Zeitraum von nur zwei Monaten ins Mittelmeer gelangte! Im Jahr 1996 gab es Untersuchungen der *Columbia University*, und Meeresgeologen fanden Beweise dafür, dass vor ungefähr 7.600 Jahren eine katastrophale Flutwelle für die Entstehung des heutigen Schwarzen Meers verantwortlich war. Die Fluten kamen vom Mittelmeer und der Ägäis und sammelten sich im Schwarzen Meer, das vormals ein Frischwassersee gewesen war! Die Flut hat damals ca. 96.000

Quadratkilometer flaches Küstenland bedeckt, das früher fruchtbarer Ackerboden war, und wodurch das Schwarze Meer seine heutige Größe bekam. Robert Ballard ist einer der weltbesten Unterwasser-Archäologen und erforschte das ganze Gebiet. Er bestätigt diese Angaben, denn sein Team fand Spuren einer antiken Zivilisation, die sich heute unter Wasser befinden. Ballard bringt diese Flut mit der Geschichte der Sintflut und Noahs Arche in Verbindung, denn mit Tauchrobotern konnte man in einer Tiefe von 122 Metern die ursprüngliche alte Küstenlinie vor der Flut finden! Fossile Muscheln aus der Schicht wurden datiert und man erhielt ein Alter von ca. 5.000 v. Chr., und stimmt ziemlich genau mit den Beschreibungen der Sintflut überein. Diese Flutwelle muss gigantisch gewesen sein und hatte laut den Wissenschaftlern die 200-fache Kraft der Niagarafälle, richtete unglaubliches Chaos in der Region an und veränderte die Landschaft total.

Zurück zu den Bergen: Experten sind sich sicher, dass so etwas nur durch katastrophale Plattentektonik verursacht werden kann. Außer diesen Merkwürdigkeiten sind bei diesen Bergen auch noch die Fossilien falsch verteilt. Große Fossilien von Bäumen oder Dinosauriern erstrecken sich über mehrere geologisch verschiedene Sedimentschichten, die angeblich viele Millionen Jahre älter oder jünger sein sollen. Das hatten wir schon und man nennt sie „Polystrate Fossilien". Das ist noch ein Beweis dafür, dass sich diese Schichten nicht über hunderte Millionen Jahre gebildet haben, sondern sehr schnell gleichzeitig. Ein besonders mysteriöses Beispiel ist der weltberühmte Grand Canyon. Auch hier gibt es große Probleme für Geologen und Evolutionstheoretiker. Es gibt Lücken zwischen den abgelagerten Schichten, denn mehrere geologische „Zeitalter" fehlen komplett! In einer Gesteinsschicht finden sich gar abwechselnde Lagen von zwei verschiedenen Schichten. Wie können Schichten, die eigentlich Millionen Jahre auseinanderliegen sollten, so durchgemischt sein wie ein Kartenspiel? Dieser Fund löste neuerliche Kontroversen aus. Von den 12 geologischen Schichten, die hier eigentlich vorhanden sein müssten, finden sich nur fünf und die anderen fehlen komplett! Schichten aus dem Ordovizium, dem Silur, dem Trias, dem Jura, der Kreidezeit, dem Tertiär und dem Quartär fehlen vollkommen. Dadurch, dass die Fossilien hier völlig durcheinander sind und teilweise komplett fehlen, sind die gängigen Theorien über das Alter der Erde eigentlich schon widerlegt! Wenn sie nämlich stimmen würde, dann müsste man alle fossilführenden Sedimentschichten in der richtigen Reihenfolge überall auf der Erde finden.

Der Grand Canyon ist eigentlich eine 450 Kilometer lange Schlucht in Arizona. Man nimmt an, dass sich der Colorado River am Fuße der Schlucht im Laufe von hunderten Millionen von Jahren ins Gestein gegraben hätte. Das kann aber nicht stimmen, weil mehr als die Hälfte der sonst vorkommenden Schichten und somit ganze Zeitalter einfach fehlen. Das macht den Grand Canyon zu einem wahren Wunder der Natur! Die Schichten des Grand Canyon deuten natürlich darauf hin, dass er sich sehr schnell in kurzer Zeit gebildet hat. Wenn es hunderte Millionen Jahre gedauert hätte, um diese verschiedenen Schichten abzulagern, wie ist es dann zu erklären, dass der Colorado-Fluss nur ein paar Millionen Jahre benötigte, um sich durch 2.438 m Gestein zu schneiden? Die Sedimente benötigten aber angeblich bis zu 500 Millionen Jahre, um sich abzulagern, zeigen aber selbst keine Anzeichen von Erosion!

Der Grand Canyon kann nicht vom Colorado River erschaffen worden sein. Der Colorado River fließt von einer Seite des Grand Canyons auf einer Höhe von 850 m in den Grand Canyon hinein und läuft dann auf einer gesamten Strecke von 435 km abwärts und kommt an der anderen Seit des Grand Canyon wieder heraus. Das hört sich allerdings alles sehr toll an und Geologen sagen, der Colorado River hat sich im Laufe von Millionen Jahren durch das Gestein geschnitten. In der Mitte des Grand Canyon befindet sich ein Gebiet, das sehr hoch liegt und wo es Schnee gibt. Das kommt daher, weil die Spitzen der Berge um den Grand Canyon dort zwischen 2.100 bis 2.590 Meter hoch sind! Das ist viel höher als die Ausgangshöhe des Colorado Flusses mit seinen etwa 1.000 m. Um sich durch den Grand Canyon zu schneiden, müsste der Colorado River also Millionen Jahre lang bis zu 1.500 Meter aufwärts geflossen sein, was völlig unmöglich ist, denn Flüsse fließen niemals aufwärts! Da es dort auch kein Flussdelta gibt, kann der Colorado River den Grand Canyon logischerweise nicht erzeugt haben. Und wo ist auch der ganze Schlamm geblieben, der aus dem Grand Canyon herausgeschwemmt worden war?

Die einfache und offensichtliche Erklärung lautet, dass sich diese Sedimente schnell durch große Wassermassen abgelagert haben. Diese riesigen Wassermassen haben auch die Schlucht gegraben. Das kann vor nicht allzu langer Zeit geschehen sein. Das macht den Grand Canyon zu einem herausragenden Beweis für eine große Flut. Außerdem ist der Colorado River ein gewundener Fluss, wie er in flachem Land vorkommt. Solche gewundenen Flüsse schneiden sich aber nie tief ein! Nur gerade Flüsse mit schnell fließendem Wasser bringen das zustande. Es muss hier also vor nicht so langer Zeit große Flutwellen von Wasser gegeben haben, die sich durch dieses Tal bewegten und dann schnell versiegt sind. Das alles sind Anzeichen einer gigantischen Flutwelle. Wenn der heutige Colorado sich wirklich durch das harte Felsgestein geschnitten hätte, würde er im Laufe der Zeit große Felsbrocken herausgerissen haben, die sich heute entlang des Flussbetts befinden sollten. So etwas kann man dort aber nicht finden. Der Grand Canyon ist jedoch kein Einzelfall. **Naturwissenschaftler haben eine theoretische „Geologische Säule" ersonnen, die in keiner einzigen Abfolge von Sedimentschichten irgendwo auf der Erde gefunden werden kann!** Von diesen 21 theoretischen Schichten sind meistens nur 2 bis 8 vorhanden. Sogar am absolut herausragenden Grand Canyon findet man weniger als die Hälfte der Schichten, die eigentlich vorhanden sein sollten!

Aber auch die Theorie der *Geologischen Säule* selbst ist blanker Unsinn. Nimmt man die dicksten Stellen der Sedimentablagerungen von jeder festgelegten Schicht, wären alle Ablagerungen übereinander mindestens 160 Kilometer hoch. Natürlich gibt es nirgends eine Stelle, die auch nur annähernd so hoch ist. Geologen und Evolutionstheoretiker bezeichnen so etwas als „Diskordanzen" (Ungleichförmigkeiten). Somit wollen sie den Begriff der fehlenden Schichten umgehen und werfen mit unverständlichen wissenschaftlichen Fachphrasen um sich. Wie erklären uns diese Diskordanzen die fehlenden Schichten? Wo sind sie hingekommen? Sind Milliarden von Jahren Erdgeschichte urplötzlich verschwunden? Es gibt nachweislich bis jetzt mindestens 500 solcher Beispiele von falschen und vermischten Gesteinsschichten. Man kann nicht hergehen und diese Schichten einfach theoretisch beurteilen, um lange Zeitperioden auf der Erde zu belegen. In Wirklichkeit herrscht hier so ein Durcheinander, dass es unmöglich ist, überhaupt irgendetwas zu messen. Nur große globale Fluten können diese ganzen Unstimmigkeiten erklären. Dadurch hätten sich die Schichten überall unterschiedlich abgelagert und verschoben. Gigantische Felsbrocken befinden sich dadurch zwischen den Schichten und auch polystrate Baumstämme wurden so eingeschlossen. Die Abfolge der Fossilien in den Schichten ist auch verdächtig und wurde als Vorwand benutzt, um eine Evolution nachzuweisen. Ein ehemaliger Angestellter einer Ölbohr-Gesellschaft behauptete sogar, bei Bohrungen in Schlamm in einer Tiefe von 4.250 m auf einen 18 m hohen aufrecht stehenden Baum gestoßen zu sein!

Die kleinen Meereskreaturen befinden sich deshalb in den untersten Schichten und wurden als erstes begraben, weil sie die langsamsten waren. Danach folgten die langsameren Landtiere wie große Dinosaurier und Pflanzen. Fossilien von Vögeln findet man nicht so oft, weil sie fähig waren, zu höheren Punkten zu fliegen. Man findet auch fast keine Fossilien von Affen und so gut wie keine von Menschen. Beide Arten wussten, wie sie zu den höchstgelegenen Punkten hinaufklettern konnten. Wenn die Flut sie dann dennoch erwischt hätte, würden sie obenauf getrieben sein und wären verwest, ohne eingeschlossen und versteinert worden zu sein. **Unter all den fossilen Arten in den verschiedenen Schichten findet sich auch nicht eine einzige, die sich in einem Übergangsstadium von einer Art zur anderen befand.** Das ist das wichtigste Argument gegen eine theoretische Evolution überhaupt! Im Grunde weiß die Wissenschaft heute über alle diese Fehler in ihren Theorien sehr genau Bescheid, doch sie kann nicht einfach von ihrer Theorie der Datierung über Fossilien abrücken. Das treibt sie zur Wut und Verzweiflung, weil es das Fundament ihrer Evolutionstheorie zerstören würde. Auf dieser Lüge bauen dann auch noch alle anderen modernen Fiktionen auf. Ironischerweise bezeichnen Evolutionsforscher die Fossilien als einzige historisch dokumentierbare Beweise, dass sich das Leben von einfachen zu komplexeren Lebensformen entwickelt hat. Man sollte nicht vergessen, dass all diese Theorien im 19. Jahrhundert aufgestellt wurden, doch seitdem hat die Forschung rasante Fortschritte gemacht. Denn inzwischen beweisen die Fossilien genau das Gegenteil: Es gibt keine *„Missing Links“*, weder zwischen Affen und Menschen noch zwischen irgendwelchen anderen Arten. ***Missing Links*** **sind eine lächerliche Hierarchie von Phantomkreaturen, die niemals existiert haben!** Unter all den Milliarden fossilen Funden ist nicht einer dabei, der eine Mischform oder einen Übergang von einer Art zu einer anderen zeigt. Je verkrampfter die Wissenschaftler danach gesucht haben, desto frustrierter wurden sie!

Es gibt verschiedene Schlüsselprobleme mit den Fossilien in den Schichten. Jedes einzelne reicht aus, um die unhaltbare Evolutionstheorie zu widerlegen. Die ältesten Fossilien findet man im Kambrium, der untersten aller Schichten. In diesem Stadium waren diese Lebewesen schon fertig entwickelt. Es gibt keine Vorstufen oder ältere Kreaturen, die ihnen vorausgegangen sind – man kann nirgendwo welche finden. Von einer Schicht zur anderen tauchen plötzlich massenhaft Fossilien auf oder in den darunterliegenden Sedimentschichten gibt es überhaupt keine fossilen Überreste von Lebensformen. Diese schon recht komplexen Meereskreaturen traten bereits in der ersten Schicht in vielen Variationen auf und es gibt Milliarden von ihnen. Auf dem Grund der Schichten aus dem Kambrium wurden niemals Arten gefunden, aus denen sich diese Meereskreaturen entwickelt haben könnten. Unter der Schicht aus dem Kambrium liegt die Schicht des Präkambriums (angeblich älter als 540 Millionen Jahre). In dieser Schicht gibt es fast überhaupt keine fossilen Lebewesen und auch keine Übergangsspezies, und das Gleiche gilt für alle Schichten aufwärts vom Ordovizium. Höhere Lebensformen erscheinen plötzlich in höher liegenden Schichten. Auch moderne Tierarten erscheinen plötzlich und ohne die geringste Spur irgendeiner Übergangsform zwischen ihnen. Immer dann, wenn man höhere Lebensformen und Tiere entdeckt hatte, gab es sie bereits in großer Anzahl!

Sowohl Bäume, Dinosaurier und auch große Säugetiere befanden sich als Fossilien zwischen mehreren geologischen Schichten, die eigentlich Millionen Jahre auseinander liegen sollten. Besonders in Kohleschichten, die sich angeblich vor 300 Millionen Jahren geformt haben sollen, findet man immer wieder verschiedene menschliche Knochen und Artefakte. Neben Objekten aus Stahl und Eisen findet man richtige Nägel und Glocken wie auch andere seltsame Artefakte. Neben fossilen menschlichen Knochen gibt es außerdem die versteinerten menschlichen Fußabdrücke. Das alles weist auf eine antike globale Hochkultur hin, die sehr plötzlich durch eine oder mehrere Kataklysmen zerstört worden ist. Wie bereits gesagt, benötigen Fossilien einen sehr plötzlichen Einschluss, um sich nicht zu zersetzen oder zu verwesen und so ist die reine Existenz all dieser Fossilien schon ein Beweis für eine Katastrophe. Die Versteinerung von Kohle und die Bildung von Fossilien können unter den richtigen Bedingungen sehr schnell erfolgen. Wann genau das passiert ist, ist schwer zu sagen. Wie ich bereits beschrieben habe, gehen die Messungen heute von den Halbwertszeiten der radioaktiven Elemente aus. Das Problem dabei ist, das man nicht bestimmen kann, wann der Zerfall bei den Elementen mit den hohen Zerfallsraten begonnen hat. Naturwissenschaftler brachten frisch abgekühlte Lava vom Vesuv in Sizilien und anderen aktiven Vulkanen (z.B. Hawaii) zu verschiedenen Laboren, um durch die Radiometrie das Alter bestimmen zu lassen. Dadurch, dass das Alter dieses Gesteins bekannt war, kann man daraus plausible Rückschlüsse auf die tatsächlichen Zerfallsraten ziehen. Das Ergebnis der Tests war, dass die frischen Gesteine auf ein Alter von tausenden oder Millionen von Jahren datiert wurden! Das bestätigt die Vermutung vieler Kreationisten, dass auch die angenommenen Halbwertszeiten nicht stimmen oder nicht zur Altersbestimmung von Gestein verwendet werden können. Trotzdem wird versucht mit diesen Methoden zu belegen, dass die Erde Milliarden von Jahren alt ist.

Schichten aus der Kreidezeit werden auf ein Alter von 150 Millionen Jahren geschätzt, weil man ihn ihnen die Überreste von Dinosauriern gefunden hat. Wie man nun weiß, sind sie nicht vor 65 Millionen Jahren, sondern vermutlich erst vor 20.000 Jahren ausgestorben. Deshalb kann auch die Gesteinsschicht der Kreidezeit nicht älter sein. Natürlich ist es für viele Menschen schwierig, sich so etwas vorzustellen, denn vor dieser gigantischen Katastrophe sah die Welt völlig anders aus. Die Erdachse war noch nicht gekippt und überall auf der Erde herrschte ein warmes und tropisches Klima. Die Atmosphäre war vermutlich sehr feucht und dunstig. Dadurch war die Sonneneinstrahlung nicht so stark. Die starke Bestrahlung durch die Sonne könnte für den beschleunigten Alterungsprozess von Lebewesen verantwortlich sein. Menschen, Tiere und Dinosaurier sind früher viel älter geworden. Reptilien und Fische hören niemals auf zu wachsen, wenn sie älter werden. Es muss sehr plötzlich zur Katastrophe und einer starken Abkühlung gekommen sein. In der Arktis wurden ganze in Eis eingeschlossene Mammuts gefunden. Sie sind blitzartig eingefroren und waren noch sehr gut erhalten. Die Überreste in ihren Mägen wurden untersucht, und man konnte Vegetation aus wesentlich wärmeren Klimazonen feststellen. Es muss daher früher dort viel wärmer gewesen sein. Berechnungen ergaben einen plötzlichen Temperaturunterschied von mindestens 65°C innerhalb einer halben Stunde! Diese plötzliche Katastrophe hat dann eine Eiszeit ausgelöst.

Es stellt sich hier irgendwann die Frage, woher diese ganzen Wassermassen gekommen sind, die solche globalen Überflutungen ausgelöst haben konnten. Durch katastrophale Plattentektonik könnten die Meere aus ihren Becken gestoßen worden sein. Es ist heute außerdem bekannt, dass unter den Kontinenten im Erdmantel riesige unterirdische Wasservorkommen oder Meere existieren. Alternative Forscher glauben, dass es zu einem Bruch im sogenannten Mittelozeanischen Rücken gekommen war. Der Mittelozeanische Rücken ist mit über 70.000 km Länge die größte Gebirgskette der Welt! Dieser Gebirgszug der Tiefsee, der sich über alle Ozeane der Erde erstreckt, ist vulkanisch aktiv. Dadurch kommt es ständig zur Bildung immer neuer ozeanischer Erdkrusten. Der Bruch könnte riesige Springquellen mit hocherhitztem Wasser freigesetzt haben, die hunderte Kilometer hoch in die Atmosphäre gereicht hatten. Durch die dabei entstandene Plattentektonik wären die Kontinente schnell auseinandergedriftet. Durch unglaublich starke Kräfte hätten sich die Platten übereinander geschoben und sich dadurch schnell über den Wasserspiegel erhoben. So könnten die Gebirge sehr rasch entstanden sein. Diese Theorie wird durch neue wissenschaftliche Erkenntnisse gestützt, die belegen, dass sich im mittleren Erdmantel tatsächlich so viel Wasser befindet, wie in allen Ozeanen der Erde zusammengenommen! Wenn das so ist, stellt sich die nächste Frage, woher das ganze Wasser auf unserem Planeten eigentlich stammt? Man nahm früher an, es wäre durch Kometen auf die Erde gelangt. Aber jetzt sieht es so aus, als wäre es durch den Erdmantel aufgestiegen.

Steven Jacobsen von der *Northwestern University* in Evanston, Illinois, sagte, dass dieses versteckte Wasser als ein Puffer für die Ozeane der Oberfläche dient. Das würde erklären, warum sie seit langer Zeit gleich groß geblieben sind. Das Team von Jacobsen benutze 2.000 Seismometer, um die seismischen Wellen zu studieren, die durch mehr als 500 Erdbeben erzeugt worden waren. Diese Wellen bewegen sich durch den Erdmantel hinunter. Jacobson erklärte, die Wellen bringen die Erde dazu, wie eine Glocke zu läuten, sogar Tage nach den Beben noch. Wie soll das ohne große Hohlräume funktionieren? Durch ständige vulkanische Aktivitäten muss es ja im Erdmantel zur Bildung von Hohlräumen gekommen sein. Durch Messungen der Geschwindigkeit, mit der sich die seismischen Wellen in unterschiedlicher Tiefe fortbewegen, können Rückschlüsse gezogen werden, durch welche Gesteinsarten sie sich bewegen. In wasserführenden Schichten bewegen sie sich langsamer. Abschließend kam Jacobsen zum Resultat, dass es enorme Mengen an Wasser im Inneren der Erde geben müsse! Er meinte, wir sollten dankbar für dieses tiefe Wasservorkommen sein, denn wenn dieses Wasser nicht dort unten wäre, dann würden auf der Erdoberfläche heute nur die Berggipfel herausragen. Das zeigt, dass der Wasserkreislauf auf der Erde viel größer ist, als lange angenommen, denn er erstreckt sich bis in den tiefen Erdmantel und das würde endlich die Massen von flüssigem Wasser auf der Erdoberfläche erklären. Jacobsen enthüllte außerdem, dass die Wissenschaft bereits seit Jahrzehnten nach diesen tiefen Wasservorkommen sucht, weil die Theorie der Kometen unhaltbar ist! Das erklärt aber immer noch nicht, woher diese gigantischen Mengen an Wasser ursprünglich gekommen sind und warum sie sich im Inneren des Planeten befinden.[(48)]

Der Mythos der richtigen Altersdatierung und der rätselhafte Aufbau des Planeten Erde

Die wissenschaftliche Fachwelt glaubt heute, dass die Erde bis zu 4,6 Milliarden Jahre alt ist. Dabei ist es nicht möglich, das Alter von Gestein direkt zu messen. Man kann Gestein zerlegen und feststellen, welche radioaktiven Elemente es enthält, doch es gibt kein Messinstrument, um das Alter direkt zu bestimmen. Je nach Art und Zahl der radioaktiven Elemente im Gestein wird einfach irgendein Alter angegeben, das generell „akzeptiert" wird. Geologen selbst akzeptieren keine radiometrischen Datierungen, bis sie denken, dass sie passend sind, was heißt: Die Daten müssen mit dem übereinstimmen, was die Fachwelt akzeptiert. Es gibt verschiedene standardisierte Argumente, wenn große Unterschiede in Messergebnissen auftreten. Nimmt man beispielsweise an, eine Gesteinsprobe ist ca. 200 Millionen Jahre alt, und man erhält ein Messergebnis von 350 Millionen Jahren, dann können Geologen einfach entgegnen, das hätte mit Kristallen zu tun, die schon existierten, bevor das Gestein sich verfestigt hat. Älteres Material könnte sich mit der noch flüssigen Lava vermischt haben usw. Es ist vollkommen egal, welches Alter eine radiometrische Messung ergibt, Geologen werden immer eine „Interpretation" und eine „plausible" Erklärung dafür finden. *Gute* Proben geben Messdaten her, die mit den allgemein akzeptierten Altersdatierungen übereinstimmen und *schlechte* Proben geben Messdaten her, die nicht mit der klassischen evolutionären Entwicklungsgeschichte im Einklang stehen. Entgegen der gängigen Vorstellung ist radiometrisch nicht erwiesen, dass die Erde Milliarden Jahre alt ist. Dieses Alter wird nur angenommen und es wird nur Messungen zugestimmt, die mit dieser Annahme übereinstimmen. Die ganzen Altersbestimmungen, die heute durchgeführt werden können, arbeiten mit den Zerfallsraten der radioaktiven Elemente und durch die spezifischen Zerfallszeiten können indirekt Rückschlüsse über das Alter der Erde und der geologischen Sedimentschichten geschlossen werden.

Es wurden allerdings verschiedene Experimente angestellt, die nachweisen, dass die radioaktiven Zerfallsraten nicht konstant sind. Daher können die Altersbestimmungen nicht auf Millionen oder gar Milliarden Jahre angewendet werden. Die Zerfallszeiten ändern sich unter bestimmten Umständen wie der chemischen Aktivität der Elemente, durch hohe Temperaturen, durch Druck, durch Änderungen im Magnetfeld der Erde oder anderen kosmischen Einflüssen wie der Sonnenaktivität. Langfristige Zerfallsraten können auch gar nicht korrekt sein, weil unsere Messzeiträume viel zu gering sind. Sobald man hier nur um ein paar Prozent danebenliegt, ergeben sich hochgerechnet auf hunderttausende oder Millionen von Jahren bereits starke Abweichungen.

Prinzipiell arbeitet der C-14-Test mit der Beobachtung der Zerfallszeiten von Isotopen der chemischen Elemente. Kosmische Strahlung aus dem Weltraum ist für den Zerfall in organischem Material zuständig. Lebende Organismen nehmen ständig C-14 in ihrem Körper auf. Wenn ein Lebewesen stirbt, hört es auf, C-14 aufzunehmen. Das bisher aufgenommene C-14 fängt an, sich zu zersetzen und gibt bestimmte Partikel frei. Je älter die organischen Überreste sind, desto weniger Strahlung durch Zersetzung wird abgegeben und man kann also je nach Partikelabgabe bestimmen, wie alt organische Materie ist. C-14 hat derzeit eine radioaktive Halbwertszeit von 5.730 Jahren. Die Halbwertszeit eines radioaktiven Elements beschreibt die Zeit, welche die Hälfte der radioaktiven Atome in einer Probe benötigen, um sich zu zersetzen. Nach 11.460 Jahren ist die Anzahl der radioaktiven Elemente jedoch nicht Null, sondern der Zerfall soll stufenweise erfolgen, und es sollen nach 11.460 Jahren noch immer 25 Prozent des C-14 vorhanden sein. Viele Elemente zersetzen sich nach einer gewissen Zeitspanne komplett und sind dann gar nicht mehr nachzuweisen. C-14 hat sich nach maximal 50.000 Jahren vollkommen zersetzt und sollte danach nicht mehr nachweisbar sein. Deshalb kann man eigentlich keine Radiokarbon-Datierungen an organischem Material anwenden, das älter als 50.000 Jahre ist. Es wurde festgestellt, dass die derzeitige kosmische Strahlung viel mehr C-14 erzeugt, als sich gleichzeitig zersetzt. Wenn man diese Steigerung umkehrt und zurückrechnet, dann hatte die Atmosphäre der Erde früher einen viel geringeren C-14-Gehalt als heute. **Und wenn das stimmt, dann dürfte die Erdatmosphäre vor 10.000 Jahren noch gar kein C-14 besessen haben! Das bedeutet wiederum, dass alle heutigen C-14-Datierungen bei Material das älter als 3.000 Jahre ist, falsch sind und sehr viel jüngeren Datums sein sollten.**

Es gibt aber auch Probleme mit den Zerfallsraten der radioaktiven Elemente selbst. Beryllium und Rhenium zerfallen nicht konstant gleich. Die Forscher vom RATE-Team (*Radioisotopes and the Age of the Earth*), haben außerdem herausgefunden, dass nicht einmal die Zerfallsraten von Elementen wie Uran konstant sind. Die Wissenschaft behauptet, dass das Element Rhenium-187 in einer Halbwertszeit von 42 Milliarden Jahren zu Osmium-187 zerfällt. Das RATE-Team konnte jedoch auch beobachten, dass vollionisierte Rhenium-187-Atome sich in einer Halbwertszeit von nur 33 Jahren zersetzen! Das ist ein Unterschied im Faktor Eins zu einer Milliarde! Viele Datierungsmethoden nehmen die Zerfallszeit von Uran als *Kalibrierung* an. **Wenn diese Zerfallszeit jedoch nicht über große Zeiträume hinweg konstant war, stimmen auch diese ganzen Messmethoden nicht!**

Weiter geht es mit Untersuchungen an Zirkon-Kristallen. Studien an angeblich 1,5 Milliarden alten Zirkon-Kristallen haben ergeben, dass sie zu viel Helium enthalten. Bis zu 58 Prozent des Heliums, das über die letzten 1,5 Milliarden Jahre entstanden ist, befindet sich immer noch im Zirkon-Kristall. Wenn man jedoch die bekannten Zersetzungsraten darauf anwendet, ist dieser Zirkon keine 1,5 Milliarden Jahre alt, sondern im Schnitt gerade einmal 5.680 Jahre! Das bedeutet auch hier, dass die offiziellen wissenschaftlichen Angaben um einen Faktor von 1: 100.000 von diesen Messergebnissen abweichen. In diesem Zirkon befindet sich auch Uran-238, das sich dann ebenfalls viel schneller zersetzt haben sollte. Das alles sind Beweise dafür, dass die modernen Datierungsmethoden nicht korrekt sind, und die geologischen Schichten der Erde tatsächlich viel jünger sein könnten als behauptet.

Man konnte zudem feststellen, dass das Magnetfeld der Erde in den letzten paar tausend Jahren zwischen 0,5 bis 1,5 Mal in der Stärke des heutigen Magnetfeldes fluktuierte. Um eine Vorstellung davon zu bekommen, was die Wissenschaft überhaupt über das Erdmagnetfeld weiß, gehen wir nun auf die heute gelehrten Theorien ein. Es wird schnell klar, dass auch hierbei einiges davon nicht stimmen kann. Der Planet Erde besitzt wie ein Magnet zwei Pole, den Nordpol und den Südpol. Ein Magnet erzeugt ein Magnetfeld und so hat auch die Erde ein starkes Magnetfeld, das den ganzen Planeten umhüllt. Man nimmt heute an, dass das Magnetfeld im heißen Erdkern entsteht. Das Problem hierbei: Es ist der Wissenschaft völlig unbekannt, was sich im Erdkern befindet und ob er überhaupt heiß oder geschmolzen ist. Die einzigen Anhaltspunkte liefern

Schockwellen, die von starken Erdbeben erzeugt werden und durch den ganzen Planeten laufen, und aus den daraus gewonnenen Daten will die Wissenschaft Rückschlüsse über den inneren Aufbau der Erde ziehen können. Es wird behauptet, dass der Erdkern aus einem soliden Kern aus Eisen besteht, der fast so groß wie der Mond sein soll. Dieses Eisen soll ca. 6.500°C heiß sein, doch durch den aufgebauten Druck soll angeblich verhindert werden, dass der Kern flüssig wird. Um den Kern herum soll sich eine 2.000 km dicke Schicht aus geschmolzenem Eisen, Nickel und anderen Metallen befinden. Die zweite Schicht ist weniger Druck ausgesetzt und daher soll dieses Metall flüssig wie Wasser sein. Dadurch, dass erkaltetes Material vom oberen Teil der zweiten Schicht immer wieder absinkt, soll es sich ständig neu erhitzen und verflüssigen, und die Drehung der Erde soll zusätzlich für komplexe Verwirbelungen dieser flüssigen Schicht sorgen. Der Fluss von geschmolzenem Eisen soll elektrische Ströme erzeugen, die wiederum Magnetfelder produzieren sollen. Geschmolzene Metalle, die durch diese Felder fließen, sollen sich dadurch auch aufladen und ihre eigenen Felder erzeugen, dadurch wird dieser Prozess ständig fortgesetzt. Man nennt dieses theoretische Prinzip einen „Geodynamo". Alle einzelnen Magnetfelder sollen sich durch die Drehbewegung der Erde zu einem Effekt kombinieren und so das starke Magnetfeld der Erde erzeugen, das sich bis zu 600.000 km weit ausdehnen soll. Soweit die heute akzeptierten Theorien.

Wie gesagt, ist nichts davon jemals objektiv nachgewiesen worden! Was sich tatsächlich im Inneren unseres Planeten befindet, ist nach wie vor ein großes Rätsel. Die Wissenschaft weiß heute mehr über die Ringe des Saturns als über den Kern unseres Planeten. Das Magnetfeld der Erde bildet eine Barriere, die uns vor gefährlichen solaren Stürmen und Strahlung schützt. Ohne dieses Magnetfeld wäre Leben auf der Erde nicht möglich. Doch es kann nicht erforscht werden, was sich in der Tiefe befindet, weil die Menschheit nicht in der Lage ist, bis dorthin vorzudringen. Die tiefste Bohrung, die bis heute durchgeführt wurde, befindet sich in Russland. Es ist gelungen, bis in 12.000 m Tiefe vorzudringen. Das sind aber gerade einmal 0,2 Prozent der Tiefe bis zum Erdkern.

Grundsätzlich ist es völlig unbekannt, wodurch sich das geschmolzene Metall in Bewegung versetzen könnte, um zu fließen und Felder zu erzeugen. Man glaubt, dass die Felder selbst für den Fluss verantwortlich sein könnten, aber um überhaupt einen Fluss zu erzeugen, muss ursprünglich schon ein starkes Feld vorhanden gewesen sein, dessen Ursprung unbekannt und unerklärlich ist. Das Magnetfeld der Erde ist außerdem nicht konstant gleich stark, sondern es fluktuiert ständig und ist an bestimmten Stellen der Oberfläche sehr schwach. Durch Messungen hat man festgestellt, dass sich das Magnetfeld der Erde in den letzten 180 Jahren immer mehr abschwächte. Es gibt einen Teil der Erde, an dem das Feld besonders schwach ist und schnell immer mehr abnimmt. Man nennt es die „Südatlantik-Anomalie", die sich von Südafrika über den Pazifik bis ins Zentrum von Südamerika erstreckt. Diese Anomalie ist gefährlich für Satelliten und Raumschiffe, weil dort geladene Partikel in den Orbit eindringen und die Elektronik der Instrumente stören. Wenn sich diese Feldschwäche vergrößert, könnte es zu einer Veränderung im ganzen Magnetfeld kommen, was auch eine Umkehrung der Magnetpole bedeuten könnte. Wissenschaftler wissen, dass so etwas früher oder später stattfinden wird. Doch es ist unbekannt, wie stark das Magnetfeld einmal vor Beginn der Messungen gewesen sein könnte. Seit Beginn der Beobachtungen vor knapp 200 Jahren nahm die Feldstärke alle hundert Jahre um etwa 5 Prozent ab, doch derzeit ist es so, dass das Feld alle 10 Jahre um 5 Prozent abnimmt, und das ist zehn Mal schneller, als gedacht! Deshalb rechnet man bereits sehr bald mit einem Polsprung(!), was katastrophale Konsequenzen haben könnte. Die Abschwächungsrate des Erdmagnetfeldes weist darauf hin, dass es bereits in den nächsten 10 bis 40 Jahren zu einem Polsprung kommen könnte!

Wenn das Erdmagnetfeld tatsächlich völlig kollabieren sollte, dann würde die Stromversorgung des ganzen Planeten zusammenbrechen. Die dann hereinkommenden Sonnenwinde würden riesige Löcher in der Ozonschicht der Erde erzeugen. Auch das Wetter würde sich sehr plötzlich ändern und es würde zu ernsthaften Gesundheitsproblemen kommen. Im schlimmsten Fall könnte es zu einer Auslöschung allen Lebens durch riesige Fluten kommen, die ein biblisches Ausmaß erreichen könnten.

Es ist nicht bekannt, warum sich das Erdmagnetfeld in diesem Tempo abschwächt. Die Wissenschaft weiß nicht einmal, wie die Hitze im Erdkern entstehen soll und wo die Energie dafür herkommt. Eine Möglichkeit wären radioaktive Elemente, die auch in der Erdkruste vorkommen. So etwas müsste aber messbare Strahlung abgeben, die jedoch nicht zu beobachten ist. Es müsste also eine Energiequelle geben, die die Hitze im Erdkern und die Bewegungen des flüssigen Metalls im Erdmantel erzeugt, um theoretisch überhaupt ein Magnetfeld zu erzeugen. Diese Energiequelle muss aber unglaublich stark sein, um so etwas zu schaffen, was eigentlich nur Sonnen können. Im Grunde genommen ist man von einem wirklich plausiblen Erklärungsmodell heute weiter entfernt denn je und spricht vom „Neuen Kern-Hitze-Paradox".

Ein weiteres, grundsätzliches Problem ist die Temperatur von einem Ferromagnetikum, also den flüssigen, stark eisenhaltigen Metallen im Erdkern und im Erdmantel. Jedes Metall besitzt eine sogenannte „Curie-Temperatur". Sobald Metalle über diese charakteristische Temperatur erhitzt werden, werden sie paramagnetisch und können somit keine magnetischen Felder mehr erzeugen. Die Curie-Temperatur von Eisen ist 768°C und diejenige von Nickel ist 360°C. Das ist viel weniger als die 2.000 bis 7.000°C, die im Erdmantel und im Erdkern herrschen sollen. Der Schmelzpunkt von Eisen liegt bei 1.500°C. Wenn magnetisches Metall einmal erhitzt wurde und dann wieder abkühlt, kommt der Magnetismus nicht wieder zurück. Daher kann hocherhitztes flüssiges Eisen gar keinen magnetischen Effekt erzeugen!

Es wurde merkwürdigerweise auch festgestellt, dass der Erdmantel pro Jahr um einen Meter wächst! Die Erde ist angeblich über 4 Milliarden Jahre alt, wie groß war sie dann bei ihrer Entstehung? Wo kam das ganze Wasser her? Vor nur wenigen Millionen Jahren müsste die ganze Erdoberfläche von einem sehr tiefen Ozean bedeckt gewesen sein. Kein Lebewesen hätte also an Land kommen können, weil es keines gab! Hier entsteht außerdem ein Widerspruch mit der Erdgravitation, denn wenn die Erde vor vielen Millionen Jahren deutlich kleiner war, müsste sie eine unglaublich hohe Schwerkraft gehabt haben. Da auch die Rotationsgeschwindigkeit des Planeten kontinuierlich abnimmt, wäre – geht man hier Millionen Jahre zurück – überhaupt kein Leben auf der Erde möglich gewesen. Trotzdem wird behauptet, dass vor 200 Millionen Jahren die größten Tiere in Form von Dinosauriern die Erde bevölkert haben sollen. Sie wären viel zu schwer gewesen und hätten sich nicht bewegen können.

Es ist heute nicht bekannt, bei welcher Temperatur die Lava schmilzt, die durch Druck und vulkanische Aktivitäten an die Oberfläche gelangt. Experimente im Labor haben gezeigt, dass die Temperaturen im oberen Erdmantel viel höher liegen müssen, als bisher angenommen, nämlich bei 1.400°C! Daher kann der Erdmantel nicht bis in eine große Tiefe fest und solide sein, was alle bisherigen Annahmen auf den Kopf stellt.

Wenn der Erdmantel nicht bis zur Übergangszone in mehreren hundert Kilometern Tiefe fest ist, müsste die Erdkruste eigentlich kollabieren. Der Erdmantel ist unter der dünnen Erdkruste und speziell unter den tiefer gelegenen Ozeanen viel heißer als gedacht. Der Geologe Professor Paul Asimow veröffentlichte eine Studie dazu im Journal *Science* und sagte, diese Entdeckung würde alle bisher gültigen Interpretationen von geophysikalischen Beobachtungen im oberen Erdmantel weltweit verändern und es gebe keine Erklärung dafür!

Wie man sieht, hat die Wissenschaft im Grunde keine plausiblen Erklärungen für das Alter der Erde, die Entstehung des Erdmagnetfeldes und des tatsächlichen Aufbaus des Erdinneren. Es ist unbekannt, woher die Energie für die angebliche Erhitzung des Erdkerns und Erdmantels stammt. Der Erdkern müsste sich durch den dort befindlichen Druck bereits vor Millionen von Jahren zu gigantischen Kristallen verwandelt haben, wodurch er stark abgekühlt wäre. Es ist unbekannt, wie sich das Erdmagnetfeld überhaupt bilden konnte. Es ist unbekannt, woher die gigantischen Wassermassen der Erde stammen und warum sie sich im Erdmantel befinden. Es ist unbekannt, was sich in der Übergangszone der Erde in einer Tiefe von einigen hundert Kilometern abspielt. Es ist unbekannt, wie groß die Erde zur Zeit ihrer Entstehung war und wie schnell sie rotierte. Es ist unbekannt, wie stark das Erdmagnetfeld bis vor knapp 200 Jahren war. Es ist unbekannt, warum es rasant abnimmt und einen Polsprung einleiten könnte. Es ist unbekannt, warum das Magnetfeld an bestimmten Stellen der Erde viel stärker abnimmt als an anderen Stellen.

Der Erdmantel könnte wirklich nur einige hunderte Kilometer dick sein und an der Außenseite und an der Innenseite über Krusten und Ozeane verfügen. Die Reibung in der Mitte dieser Felsmassen könnte die starken Temperaturen erzeugen, die Lava entstehen lassen und für die Plattentektonik sorgen. Es ist außerdem zweifelhaft, ob sich im Erdinneren viel Eisen befindet, denn bei Vulkanausbrüchen in den letzten Jahrzehnten konnte nicht nachgewiesen werden, dass sich neue Eisenschichten gebildet hätten. Auf jeden Fall kann die Wissenschaft den Aufbau des Planeten nicht erklären, je mehr neue Entdeckungen gemacht werden, und desto unwahrscheinlicher ist das Modell eines festen Erdkerns und flüssigen Erdmantels. Könnten die Behauptungen über eine kleine Zentralsonne stimmen, die sich im Zentrum der hohlen Erde befinden soll? Das würde einiges erklären! Schon Plato sprach davon, dass es Leben im Inneren der Erde gibt, und er glaubte, dass der Planet in seinem Inneren voll von Tunneln und Hohlräumen ist. Die erste neuzeitliche wissenschaftliche Beschreibung einer Erde mit Hohlräumen finden wir beim Jesuiten Athanasius Kircher in seinem Werk *„Mundus Subterraneus“* aus dem Jahr 1664. Die Kirche und die Jesuiten hüteten schon lange die geheimen Aufzeichnungen aus der vorsintflutlichen Welt, und dieses Wissen ist bestimmt in das Werk von Kircher eingeflossen. Er glaubte, dass sich im Zentrum der Erde ein großer Feuerball befindet. Ein anderer bekannter historischer Wissenschaftler, der davon überzeugt war, dass die Erde hohl ist, war Leonard Euler (1707-1783). Euler war einer der Mitbegründer der höheren Mathematik. Er behauptete, dass die Erde nach seinen mathematischen Berechnungen nach hohl sein müsse und dass sich im Zentrum der Erde eine Sonne befindet, die die innere Oberfläche mit Tageslicht und Wärme versorgt, damit die innerirdischen Zivilisationen dort leben können. Diese Zentralsonne sollte seinen Berechnungen nach einen Durchmesser von ca. 1.000 km besitzen.

Im Jahr 1977 wurde die internationale *Society for a complete Earth* (Gesellschaft für eine komplette Erde) gegründet. Diese Gruppe plante eine Reise in die Hohlerde nach dem Vorbild jener von Admiral Bird nach dem Zweiten Weltkrieg, als er im Jahr 1947 jenseits des Südpols grünes Land entdeckte. Die Gesellschaft glaubt, dass es viele verborgene Zugänge zur Hohlerde auf der Erdoberfläche gebe, die durch fortschrittliche Technologie geschützt werden, damit sie kein Außenstehender entdecken kann. Solche Schutzmechanismen sind Hologramme, Gedankenblocker, Raum-Zeit-Kurven oder andere Methoden, die wir uns derzeit noch nicht vorstellen können. Die internationale *Gesellschaft für eine komplette Erde* wurde 1977 von einem Mann gegründet, der sich selbst aus Sicherheitsgründen nur „Kapitän Ritter Von X" nannte. Diese Gesellschaft wurde später in *The Hollow Research Society* umbenannt und hat gegenwärtig etwa 1.000 Mitglieder. Der mysteriöse Ritter Von X wurde eigenen Angaben nach in Berlin geboren und diente in der deutschen Kriegsmarine in der U-Boot-Flotte Danzig. Er war ein Mannschaftsmitglied auf der U-530, als sich sein Boot 1945 in Mar del Plata in Argentinien ergab. In diesem Jahr nahm Von X an einer Reise in die Antarktis teil und agierte als ein Mittelsmann in der Überführung der Heiligen Lanze, dem Speer des Schicksals. Er war auch dabei, als im Jahr 1979 die Hartmann-Expedition in die Antarktis geplant wurde, um diesen geheimen Schatz Hitlers wiederzuerlangen. Von X war ein Mitglied der Ritter der Heiligen schwarzen Lanze, die die Macht Gottes repräsentiert. Es soll eine Zeit kommen, in der sich die Ritter der Lanze wieder der Welt bekannt machen. Ritter Von X verfasste mehrere englischsprachige Bücher über dieses Thema, die man auf der Homepage der *Hollow Research Society* bestellen kann. Von X wurde später ein amerikanischer Staatsbürger und war ein Träger des Eisernen Kreuzes und des Ritterkreuzes. Er behauptet, selbst mit dem deutschen U-Boot in der Inneren Erde gewesen zu sein, und die dortigen Bewohner getroffen zu haben, die er Arianni nannte. Die *Gesellschaft für eine komplette Erde* benutzte bei ihrer Gründung 1977 ein Emblem, das dem der Thule-Gesellschaft ähnelte – ein Schwert im Vordergrund einer Swastika, das von Eichenblättern umschlossen ist. Das Ziel der Gesellschaft für eine komplette Erde war, die neuerliche Kontaktaufnahme mit den Arianni, der großen blonden, blauäugigen Superrasse, die die innere Erde beherrscht. Von X schreibt in seinen Büchern, dass ihre Sprache sehr wie Deutsch klingt. Die Arianni leben in Städten, die aus schimmerndem Kristall erbaut sind, und sie benutzen ihre scheibenförmigen Untertassen oder Flügelräder, um ihren Bereich der Erde zu beschützen, und um die Oberflächenbevölkerung damit im Auge zu behalten.

Im Jahr 1992 löste der Amerikaner Danny L. Weiss den mittlerweile zu alt gewordenen Ritter Von X als Leiter der Organisation ab. Er kannte ihn gut und sagte, dass der Ritter über ein großes Wissen und eigene Erfahrungen über die Hohle Erde besaß. Er traf ihn erstmals im Jahr 1976 und Ritter Von X erzählte ihm damals vom Besuch einer deutschen Basis in der Antarktis mit dem U-530 und dem U-977 kurz nach Kriegsende. Auf diese Weise überzeugte er Danny Weiss, den Vorsitz der Gesellschaft zu übernehmen. Der Ritter erzählte davon, dass Adolf Hitler bei Kriegsende bereits vorgesorgt hatte und niemals einen Selbstmord in Betracht zog. Es gab in Berlin geheime Fluchttunnel, die zu einem isolierten Flugfeld führten. Hitler bestieg zusammen mit seinem Elitekorps ein nicht markiertes Flugzeug, flog in Richtung Südpol davon und gelangte so in die Hohle Erde und verschwand für immer von der Bildfläche. Ritter Von X behauptete, dass über 2.000 Wissenschaftler aus Deutschland und Italien sowie fast eine Million

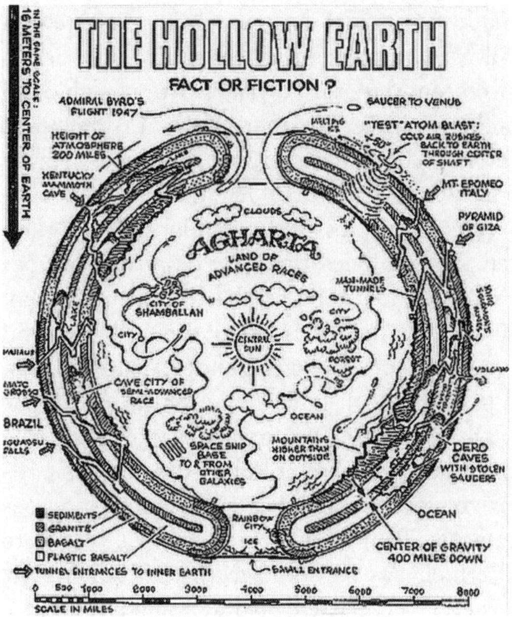

Abb. 92: Könnte die Erde tatsächlich hohl sein?

Deutsche die Flucht zum Südpol in die innere Erde gelungen war. Seitdem leben und florieren sie dort. Ist das wirklich vorstellbar?

Der Nuklear-Ingenieur und Forscher William L. Brian berichtet in seinem brisanten Buch „*Moongate*“ von unterdrückten Forschungsergebnissen des amerikanischen Raumfahrtprogramms. Brian behauptete wie viele andere seiner Kollegen, dass genügend Beweise vorliegen, dass der Mond eine hohle Kugel ist, die wie eine Glocke zu läuten beginnt, wenn sie von Asteroiden oder Weltraumschrott getroffen wird. Im Zuge des Apollo-Programms wurde das mit seismischen Messungen bestätigt. Das ist aber noch nicht alles, denn auch die Erde erzeugt dieses Läuten, wenn es zu schweren Erdbeben kommt. Da die Erde viel massiver als der Mond ist, benötigt es deshalb schwere Explosionen oder Druckwellen, um den gleichen Effekt zu erzeugen. Der Forscher Joseph Goodavage schrieb ein Buch, in dem er beschreibt, wie man dieses Läuten der Erde mehrmals messen konnte. Das geschah beispielsweise am 22. Mai 1960 bei einem schweren Erdbeben in Chile. Dieses Beben war das schwerste seit Beginn der Aufzeichnungen im Jahr 1881. Der Effekt dieses Erdbebens war so gravierend, dass der ganze Planet Erde wie eine Glocke läutete. Dieses Läuten hielt für eine lange Zeit an und erzeugte eine Reihe von langsamen Impulsen, die von verschiedenen seismischen Stationen der Welt aufgezeichnet wurden. Das nächste Mal, dass so etwas passierte, war das schwere Erdbeben von Anchorage in Alaska am 27. März 1964. Es war für die Wissenschaftler schockierend herauszufinden, dass die Erde ein Läuten erzeugte, als wäre sie hohl. Das Läuten der Erde entsteht erst mit schweren Erdbeben der Stärke 8 und hält bis zu einem Monat lang an! Man benötigt jedoch spezielle Geräte, um das Läuten hörbar zu machen, weil der Ton sehr niederfrequent ist. Nicht nur der Mond scheint somit hohl zu sein, sondern auch die Erde, denn anders lassen sich dieses Läuten und die Impulse nicht erklären. Im Jahr 1959 stellte der sowjetische Astronom und Mitglied der *Sowjetischen Akademie der Wissenschaften*, Iosif Shklovsky, nach intensiver Beobachtung fest, dass die beiden Monde des Mars ebenfalls hohl sein müssen! Die Wissenschaft will sich nicht eingestehen, dass wahrscheinlich alle Planten und Monde von Natur aus hohl sind. Es passt nicht in ihre falschen veralteten theoretischen Modelle.

Mitte Februar 2018 wurde eine neue Studie von amerikanischen Archäologen in der Zeitschrift *EPS Letters* veröffentlicht. Darin heißt es, dass die Entstehung des Erdkerns, so wie ihn die Wissenschaft heute beschreibt, physikalisch unmöglich ist! Professor James Van Orman von der *Case Western Reserve University* in Cleveland sagte, dass ein solcher solider Kern nicht existieren kann, wenn er aus einer reinen Eisenmasse bestehen soll. Die Materie hätte sich niemals abkühlen und verfestigen können und es konnte sich daher auch kein fester Eisenkern bilden. Fall es dennoch einen festen Erdkern geben sollte, muss er aus einem inhomogenen, gemischten Material bestehen, wobei sich dann die Frage stellt, aus welchem Material er bestehen soll. Es ist daher sehr wahrscheinlich, dass kein innerer Erdkern existiert! Wie soll sich laut der wissenschaftlichen Theorien dann der Planet Erde geformt haben? Entweder war der Kern bei der Bildung des Planeten komplett gefroren oder war immer noch vollständig flüssig, eine andere Möglichkeit gibt es nicht. Orman und seine Kollegen rufen alle Geologen der Welt dazu auf, darüber nachzudenken, wie sich ein solider Eisenkern im Mantel der Erde hätte bilden können, der innerhalb einer Schicht des angeblich flüssigen Erdmantels existieren soll. Es kann nicht erklärt werden, warum sich das flüssige Erdinnere in zwei Teile gespalten haben soll. Zu diesem Ergebnis kam man, weil man ja seit einigen Jahren eine starke Abschwächung des Erdmagnetfeldes feststellen kann. Die Wissenschaftler wollten ermitteln, wie lange es noch dauert, bis der hypothetische Erdkern so weit abkühlt, dass er das Erdmagnetfeld nicht mehr erhalten kann, das uns vor starker kosmischer Strahlung und gefährlichen Sonnenwinden beschützt. Das Team von Professor Orman gab alle bekannte Daten in neueste Computermodelle ein und erhielt das Resultat, dass der Erdkern gar nicht existieren sollte. Selbst wenn er kristallisiert wäre, hätte es bei der Entstehung des Planeten vor angeblich über 4 Milliarden Jahren zu einer drastischen Abkühlung des Kerns kommen müssen. Fazit: Die Wissenschaft hat keine Antworten auf diese Fragen und kann nicht beweisen, dass tatsächlich ein solider Erdkern existiert![(49)]

Kurz vor Fertigstellung dieses Buches erhielt ich vom amerikanischen Autor Peter Moon exklusive neue Informationen, und er hat mir bestätigt, dass noch dieses Jahr das neue Buch von Radu Cinamar erscheinen wird, der mit seinen Informationen über das Geheimnis der Bucegi-Berge für Aufsehen sorgte. Es geht diesmal um das Geheimnis des dritten Tunnels und die Rätseln der Inneren Erde! Die ersten Kapitel des neuen Buches drehen sich um die unergründlichen Geheimnisse der schwarzen Löcher im Kosmos. Schwarze Löcher sind heute immer noch eines der größten Mysterien des physikalischen Universums und ein großes Rätsel für die Wissenschaft. Mathematiker beschreiben schwarze Löcher als Singularitäten, weil sie nicht anders zu erklären sind und nicht in die normalen Konzepte der Physik zu passen scheinen. Im Radus neuem Buch erläutert ein rätselhafter tibetischer Lama, der sich Radu als Dr. Xien vorstellt, die Schöpfung des physischen Universums. Laut Dr. Xien sind die schwarzen Löcher der Ort, von dem alle Materie des sichtbaren Universums stammt, auch Planeten und Sonnen sollen daher ihren Ursprung in schwarzen Löchern haben und nicht durch einen Urknall entstanden sein! Radu wird eingehend über diese Prinzipien belehrt, was laut dem Lama dringend notwendig ist, um die Geheimnisse der Inneren Welt bzw. der Hohlerde und die Vorgänge darin zu verstehen! Im Zuge der Belehrungen erklärt Dr. Xien, dass sich im Zentrum unserer Erde ein kleines Schwarzes Loch befindet, das man schon seit Urzeiten als die „Schwarze Sonne“ bezeichnet! Diese innerirdische Zentralsonne erleuchtet die Innere Erde und im neuen Buch von Radu wird genau Beschrieben, wie sie aufgebaut ist. Erst in den 1970er-Jahren entdeckte man, dass diese Singularitäten oder Schwarzen Löcher nicht nur wie ein Vakuum agieren und alles in ihrer Reichweite aufsaugen, sondern auch eine Art von Strahlung abgeben, die man seitdem „Beckenstein-Hawking-Strahlung“ nennt. Das stellt aber nur die Spitze des Eisbergs dar, der dieses Mysterium umgibt.

Schwarze Löcher wurden erstmals von Subrahmanyan Chandrasekhar (1910-1995) beschrieben, einem aus Indien stammenden amerikanischen Astrophysiker. Dieser entdeckte das Vorhandensein von Schwarzen Löchern bereits in den 1930er-Jahren.

Peter Moon ist davon überzeugt, dass deutsche Nationalsozialisten diese Entdeckung willkommen hießen, sie fütterten diese Informationen in ihren ersten Super-Computer – ein Gerät, das vom deutschen Ingenieur Konrad Zuse (1910-1995) entwickelt worden war. Der erste funktionsfähige elektromechanische Computer trug die Bezeichnung „T3“ und war bereits im Mai 1941 voll funktionsfähig! Die Patente dafür reichte Zuse bereits im Jahr 1937 ein, also noch vor denen des Erfinders John von Neumann. Zuse hatte daher tatsächlich den ersten modernen Computer entwickelt! Der T3 errechnete durch die Daten über Schwarze Löcher, dass alle Galaxien sowie das Universum selbst ein Schwarzes Loch in ihrem Zentrum haben! Die Deutschen benutzen den Ausdruck „Schwarze Sonne“, um diese Singularitäten zu beschreiben! Schwarze Löcher passen nicht in das Konzept der gewöhnlichen Raum-Zeit und sind daher kein Bestandteil des Raum-Zeit-Kontinuums – sie existieren an der Grenze unseres physikalischen Universums –, darum beschreibt man Schwarze Löcher auch mit dem Begriff „Ereignishorizont“, denn ein solches Loch stellt das Ende unserer sichtbaren kosmischen Landschaft dar. Die Wissenschaft spricht davon, dass Schwarze Löcher konkrete Übergange und Verbindungen mit der „Unendlichkeit“ herstellen… Was tatsächlich in ihnen vorgeht, bleibt ein Geheimnis und ist heutzutage weder messbar, noch zu beobachten!

Dr. Xien informierte Radu Cinamar darüber, dass bei der Schöpfung eines Planeten durch ein Schwarzes Loch zuerst das Wasser als Grundvoraussetzung entsteht, und es ist heute tatsächlich für die Wissenschaft unerklärlich, woher all das Wasser der Erde stammt, denn im Inneren unseres Planeten gibt es nachweislich mindestens zehn Mal mehr Wasser als in allen Ozeanen der Oberfläche! Dr. Xien behauptet zudem, dass Wasser direkt aus Schwarzen Löchern hervorkommt und dieses Wasser entsteht direkt in den ätherischen Ebenen des Universums und kondensiert dann durch die Drehbewegungen der Schwarzen Löcher als Eis im Kosmos – daher existiert Wasser in Form von Eis in großen Mengen überall im Weltraum, und Astrophysiker wissen darüber Bescheid. Schwarze Löcher sorgen also für die Schöpfung der Materie und am Ende ihrer Existenz entwickeln sie sich zu einem Vakuum und absorbieren diese Materie wieder. Dieser Kreislauf ist überall in der Natur sichtbar – jedes Atom hat in seinem Atomkern eine Miniaturausgabe eines Schwarzen Loches, das seine Existenz erst ermöglicht! Die herkömmliche Wissenschaft ist sich darüber im Klaren, dass Schwarze Löcher rotieren, und diese Rotation hängt direkt mit dem Phänomen der Zeit zusammen.

Abb. 92a: Konrad Zuse und *T3*

Sogar Zeitreisen können durch Schwarze Löcher erklärt werden, denn Schwarze Löcher verdrehen buchstäblich die Raum-Zeit und erzeugen dadurch die Gravitation und eine „geschlossene Zeitkurve" – also die Rotation der Existenz. Jede dreidimensionale Existenz kehrt daher irgendwann durch die Drehung der Raum-Zeit in einer geschlossenen Schleife zum Punkt ihres Anfangs zurück!

Der *Missing Link* zur bewussten Manipulation dieser Raum-Zeit setzt die Kenntnis über die geschlossene Raum-Zeit-Kurve voraus. Mit diesem Wissen kann man Zeitmaschinen bzw. Zeit-Reaktoren konstruieren! Schwarze Löcher haben daher einen Bezugsrahmen in der geschlossenen Raum-Zeit-Kurve bzw. der Quelle der Existenz. Einer der Wissenschaftler, der dieses Konzept verstanden hat, war der österreichische Mathematiker Kurt Friedrich Gödel (1906-1978), den sogar Einstein als einzigartig lobte! Gödel war kein Atheist und glaubte an Gott und ein Leben nach dem Tod, er hatte jedoch psychische Probleme und wurde mehrmals in Anstalten eingewiesen, weil er sein Bewusstsein derart erweitert und diese wissenschaftliche Konzepte in ihrer letzten Konsequenz verstanden hatte! Er realisierte, dass die geschlossene Raum-Zeit-Kurve untrennbar mit dem Pfad des Bewusstseins verbunden ist. Das ist mehr, als sich ein gewöhnlicher menschlicher Verstand vorzustellen vermag und man muss schon einen brillanten oder erleuchteten Geisteszustand besitzen, um diese Konzepte zu verstehen, andernfalls wird man dadurch verrückt! Der Geist eines atheistischen Wissenschaftlers ist nicht dazu in der Lage, sich so etwas vorzustellen und muss daher kollabieren, denn er ist nicht fähig sich das Konzept einer unendlichen bewussten Erfahrung in verschiedenen Formen der Existenz in multiplen Dimensionen im Multiversum vorzustellen! Ein schwarzes Loch zieht das Bewusstsein also in die Unendlichkeit...

Dr. Xien, der tibetische Lama, unterrichtete Radu Cinamar darüber, dass man mit diesem Wissen Zeitmaschinen in Form von Zeit-Reaktoren bauen kann, die in ihrer Funktion nur durch das Bewusstsein des Betreibers der Zeitmaschine eingeschränkt wird. Dr. Xien erklärte weiter, dass andere Planeten und Sterne, ebenso wie Atome, ihre eigenen Schwarzen Löcher im Zentrum besitzen, und die verschiedenen Elemente des Periodensystems, aus denen sich Sterne und Planeten zusammensetzen, stammen in erster Linie also aus den Schwarzen Löchern selbst und nicht aus Sternen. Himmelskörper entstehen daher immer mit dem Auftreten von Wasser oder Feuer. Die Nationalsozialisten des Dritten Reichs werden wegen ihrer Vorstellungen und Entdeckungen heute oft belächelt, speziell die „Welteislehre" des österreichischen Erfinders Hanns Hörbiger (1860-1931). Hörbiger enthüllte, dass ihm diese Idee in einem Traum eingegeben wurde und dass alles mit dem Zeichen der Swastika zu tun hat, das im Dritten Reich als *Hakenkreuz* Verwendung fand. **Dieses Kreuz symbolisiert eines der heiligsten und ältesten Symbole der Welt – die ultimative Rotation und das Konzept der Schwarzen Sonne!** Auch Karl Haushofer, der Hitler und Hess darin unterwies, waren diese Zusammenhänge durch seine Kontakte zu den östlichen Geheimgesellschaften bekannt und man erschuf schließlich den eingeweihten *Orden der Schwarzen Sonne* (SS). Diese Lehren wurden seit Jahrtausenden überliefert und befanden sich seit damals im Besitz der tibetischen Lamas und vorher bei den Meistern der Bön-Religion in Tibet. Die Deutschen wussten, dass diese Geheimnisse einst auch ein Teil der alten arischen Kulturen in Zentralasien waren und das Dritte Reich konnte daher einen Teil der antiken Vergangenheit der Arier entschlüsseln und auch ihre antiken Technologien zurückerlangen! Das Reich von Shambhala ist laut Dr. Xien die Domäne des vollständigen Wissens aller alten tibetischen Traditionen, die schon lange vor der Entstehung des tibetischen Buddhismus in Zentralasien existiert hatten.

Die lebenden Leitfossilien und der außerirdische Oktopus

Kommen wir jetzt zu weiteren Unstimmigkeiten der sogenannten „Evolution". Neben Dinosauriern sind ja auch die meisten großen Urzeittiere wie das Mastodon längst ausgestorben, obwohl es Felszeichnungen von ihnen, gibt z.B. in Havasupai Canyon in Arizona. In Ecuador wurde das Skelett eines Mastodons gefunden, das eindeutig von Menschen getötet wurde. Man errichtete einen Kreis aus Feuer um das tote Tier, um sein Fleisch zu rösten. Knochen von Mastodons wurden 1928 auch in Städten der Mayas gefunden. Wenn die Mayas bis zum Jahr 1.000 n. Chr. noch existiert haben, dann kann auch das Mastodon noch nicht so lange ausgestorben sein, wie es behauptet wird. Ein anderes Mastodon wurde in einem künstlichen Salzteich entdeckt, der von Indianern angelegt worden war. Das Tier wurde dort drinnen durch einen plötzlichen Erdrutsch verschüttet.

Weitere ausgestorben geglaubte Urzeittiere wurden ebenfalls lebend vorgefunden. Da wäre zum Beispiel der Quastenflosser. Man benutzte ihn viele Jahre lang als Leitfossil, bis ein lebendes Exemplar 1938 vor der Küste von Madagaskar gefangen und untersucht werden konnte. Bis zu diesem Zeitpunkt glaubte man, dass der Quastenflosser vor 400 Millionen Jahren ausstarb. Somit wäre er 200 Millionen Jahre älter als die Dinosaurier. Dieser Fund brachte die Evolutionstheoretiker erneut in Bedrängnis. Warum sollte dieser Urzeitfisch bis heute unverändert überlebt haben? Sollte er sich nicht zum Landsäugetier und letztendlich zum Menschen entwickelt haben? Irgendwie schaffte es der Quastenflosser, das Kommen und Gehen der Dinosaurier, die Eiszeiten und die Entstehung des Menschen unverändert zu überleben. Der schlaue Quastenflosser hat die Evolution somit quasi ausgetrickst. Erst im Jahr 1998 konnte ein Deutscher namens Hans Fricke einige lebende Exemplare bei den Kormoren nahe Madagaskar filmen. Im gleichen Jahr konnte Mark Erdmann vor der Küste von Sulawesi in Indonesien ein weiteres lebendes Exemplar filmen. 2004 wurde dann ein lebender Quastenflosser vor der Küste von Tansania eingefangen und im Laufe der folgenden Jahre kam es zu regelmäßigen Fängen. Das beweist, dass diese Art auch heutzutage noch auf der ganzen Welt verbreitet ist und die Tiefsee bewohnt. Viele andere angeblich ausgestorbene prähistorische Arten der Erde dürften einfach Bewohner der Tiefsee sein, über die selbst heute wenig bekannt ist. Der Kragenhai ist eine ebenfalls noch lebende „urzeitliche" Hai-Art. Kragenhaie weisen noch die unverändert gleiche Anatomie auf wie ihre altertümlichen Vorfahren, was aus den Fossilien ersichtlich ist. Diese Tiere leben in 120 bis 1.500 Metern Tiefe in der Tiefsee. In diese Regionen dringt kein Sonnenlicht vor, deshalb wissen wir heute immer noch sehr wenig über das Leben der dort lebenden Arten, und es gibt sehr wenige Fänge von Lebewesen aus dieser Tiefe. Das erste neuzeitliche Exemplar eines Kragenhais wurde 1870 in der Bucht von Tokio gefangen und später tauchten weltweit einige weitere Exemplare auf. Die Lebensweise dieser Tiere ist so gut wie unbekannt, weil nur einige wenige Exemplare jemals gefangen werden konnten.

Abb. 93: Der Quastenflosser – ein lebendes Fossil

Der Kragenhai ernährt sich den bisherigen Erkenntnissen zufolge von Kopffüßern, Knochenfischen sowie Tintenfischen. Fast alle der gefangenen Exemplare sind bereits tot, wenn sie an die Oberfläche kommen, weil sie den plötzlichen Druckunterschied nicht überleben. 2007 konnte in Japan ein noch lebendes Exemplar untersucht werden, das aber auch nach ein paar Stunden starb. Deshalb gibt es eine natürliche Barriere zwischen normalen Meeresbewohnern nahe der Oberfläche und den Tiefsee-Lebewesen.

Die Tiefsee ist heute noch immer so gut wie unerforscht, denn der Mensch hat bisher weniger als 5 Prozent der Ozeane untersucht. Trotz moderner Technologien können die tiefliegenden Meeresböden heute nicht erkundet werden, da es zu Störungen von Funkwellen aus Satelliten kommt, die nicht durch das Wasser dringen können. Die Wissenschaft weiß heute mehr über die Oberfläche des Mars und der Venus als über den Meeresboden der Erde. Wie tief der Meeresboden liegt, kann daher gar nicht genau gemessen werden, und er wird deshalb mathematisch errechnet. Die tiefste Stelle im Meer ist der bis zu 11.000 m tiefe Marianen-Graben im westlichen Pazifik. Dieser Graben ist 2.400 km lang und der Wasserdruck an der tiefsten Stelle beträgt 1070 bar! Der Marianen-Graben ist nach der spanischen Königin Maria Anna von Österreich benannt. Nur 3 Leute befanden sich jemals in dieser Tiefe und selbst den Mond betraten schon mehr Menschen. Über die Tiefsee ist nur sehr wenig bekannt, da der hohe Wasserdruck, die extremen Temperaturen und die pechschwarze Dunkelheit Forschungen fast unmöglich machen. Daher sind 95 bis 99 Prozent des Meeresbodens bis heute unerforscht geblieben und nur Objekte, die größer als 5 km sind, wurden kartiert. Die Weltmeere bedecken 70 Prozent der Erdoberfläche, doch wenn man die Antarktis, Grönland, unzugängliche Regenwälder und Naturschutzgebiete, unerforschte Inselgruppen wie in Fiji und viele bekannte und unbekannte gigantischen Höhlensysteme sowie Wüsten dazurechnet, dann bedeutet das, dass mindestens 75 Prozent unseres Planeten nach wie vor unerforscht sind, ganz zu schweigen vom Inneren unseres Planeten!

Es muss noch unglaublich viele Spezies geben, die nur in der Tiefsee existieren und der Wissenschaft heute noch völlig unbekannt sind. An tiefen Stellen gibt es gigantische Unterwasser-Wasserfälle, es gibt Seen, die sich am Meeresgrund befinden und selbst bis zu 90 m tief sind. In den Tiefseegräben und diesen Seen leben Meerestiere, die nur an diesen Orten und nicht in den über ihnen befindlichen Ozean vorkommen. Die *National Oceanic and Atmospheric Administration* (NOAA) gab im Jahr 2000 bekannt, dass 95 Prozent der Weltmeere und 99 Prozent der Meeresböden völlig unerforscht sind. Forschungen wurden bisher nur bis zu einer Tiefe von 170 Metern durchgeführt. Das ist nicht wirklich tief, denn die durchschnittliche Tiefe der Weltmeere beträgt 4.000 Meter! Die Anzahl der Meeresbewohner nimmt mit zunehmender Tiefe nicht ab, sondern es ist für Menschen einfach nicht möglich, diese Tiefen zu erforschen. Ein solcher Aufwand würde Milliarden verschlingen und viele Jahre dauern und die Weltmeere sind nicht die letzten unerforschten Gebiete der Erde.

Die Eisdecke der Antarktis enthält 70 Prozent allen Süßwassers, das auf der Erdoberfläche vorkommt. Gleichzeitig ist die Antarktis der trockenste Platz der Erde. Mit 14 Millionen Quadratkilometern ist die Antarktis beinahe doppelt so groß wie Australien und die unter dem Eis befindliche Landmasse ist so gut wie unerforscht. Unter der Eisschicht der Antarktis befinden sich auch Seen, die durch die vulkanischen Aktivitäten nicht gefroren sind. Auch die größte Insel der Welt, Grönland, ist immerhin noch gute 2,17 Millionen Quadratkilometer groß, befindet sich zu 80 Prozent unter einer Eisschicht und ist sehr wenig erforscht.

Der Amazonas-Regenwald in Südamerika ist ungefähr 5,5 Millionen Quadratkilometer groß und man nimmt an, dass er heute immer noch zu 50 Prozent unerforscht ist. In Brasilien gibt es einen isolierten, unerforschten Bereich von der Größe Österreichs, Vale Do Javari, der von autonomen Indianerstämmen bewohnt wird. Auch das nördliche Patagonien in Chile ist sehr dünn besiedelt und von großen Eismassen bedeckt. Die großen subtropischen Wälder am östlichen Himalaya sind heute immer noch unberührt. Auch in Russland gibt es riesige Gebiete, die sehr dünn besiedelt sind. Das ist zum Beispiel die Kamachatka-Halbinsel mit 270.000 Quadratkilometern Größe oder die Republik Sakha, die mit ihrer Größe von 3,1 Millionen Quadratkilometern von nur 960.000 Menschen bewohnt wird. Diese Republik bedeckt ein Fünftel von ganz Russland und ist so groß wie ganz Indien. Fast das gesamte Land ist von Permafrost überzogen und es herrschen extreme Temperaturen. Ein weiteres unberührtes Gebiet befindet sich im nordwestlichen Australien. Es handelt sich um Cape Melville. Das ist eine Gebirgskette, die ein Tal umschließt, das viele tausend Jahre von der umliegenden Natur isoliert war, und erst sehr wenige Menschen haben es besucht. Man kann es auch heute nur mit Hubschraubern erreichen. Auch was sich unter den großen Sandwüsten befindet, ist noch unbekannt. Die Sahara war einmal fruchtbares Land und dürfte viele bisher unbekannte Strukturen unter sich begraben haben. Überall auf der Welt befinden sich außerdem zahlreiche und beinahe noch unerforschte riesige Höhlensysteme. Experten sind sich sicher, dass noch tausende weitere Höhlensysteme noch gar nicht entdeckt worden sind.

Das nächste rätselhafte Tier ist der Oktopus. Man nimmt an, dass diese Spezies mindestens 500 Millionen Jahre alt ist und sie seit einer Zeit existieren, bevor es Pflanzen auf der Erde geben haben soll. Der Oktopus existiert in jedem Ozean der Erde und auch in der Tiefsee. Dieses Tier weist eine Reihe von morphologischen Eigenschaften auf wie kameraartige Augen, einen sehr flexiblen Körperbau und die Eigenschaft, wie Tintenfische die Farbe zu wechseln. Der Oktopus besitzt außerdem das größte Nervensystem und das hochentwickeltste Gehirn aller wirbellosen Tiere, das ihn befähigt, auch komplexe Probleme zu lösen. Die DNA der Oktopoden oder Kraken und ihre seltsamen Organe und Anatomie unterscheiden sich zur Überraschung der Genforscher auch grundlegend von jedem anderen Tier auf diesem Planeten! Es sieht so aus, als kann der Oktopus mit den Saugorganen seiner Tentakeln Geschmack wahrnehmen, und bestimmte Gene sind dafür verantwortlich, dass die Haut des Oktopus verschiedenartig Licht reflektiert. Damit kann er seine Farbe verändern und sich tarnen. Das Genom zeigt laut dem Forscher Dr. Clifton Ragsdale von der *Universität von Chicago* eine niemals zuvor beobachtete Komplexität aus erstaunlichen 33.000 codierenden aktiven Genen – das ist mehr als bei Menschen, wir haben nur ungefähr 25.000! Wo liegt dann also der Ursprung des Oktopus? Der britische Zoologe Martin Wells behauptete offen heraus, dass diese Tiere außerirdisch sind, und dass ihr Genom das beweist! Die Forscher von der *Universität von Chicago* haben auch festgestellt, dass diese Tiere über sogenannte „springende Gene" verfügen, die sich selbst neu anordnen können! Das grundlegende Genom der Kraken ist zwar typisch für wirbellose Meerestiere, aber es wurde durch diese springenden Gene komplett neu angeordnet, als wäre es durch einen Mixer gelaufen. So etwas ist bisher noch niemals entdeckt worden und stellte einen völlig unerwarteten Fund dar. Diese Eigenschaften könnten tatsächlich außerirdisch sein, die wissenschaftliche Gemeinschaft und die Meeresbiologen waren schockiert darüber, diese Tatsachen herauszufinden. Die große Anzahl der Gene und die Einzigartigkeit des Kraken sind für Evolutionisten nicht zu erklären. Natürlich müssen diese Gene irgendwoher stammen und man hat wieder einen neuen wissenschaftlichen Begriff kreiert, um dieses Problem zu lösen: „De-Novo-Gene". Es ist der Wissenschaft aber trotzdem unbekannt, wie neue codierende Gene entstehen können.

Eine Gruppe von 33 Wissenschaftlern veröffentlichte im Mai 2018 eine neue Studie, die besagt, dass Kraken als gefrorene Eier vor Millionen von Jahren aus dem Weltraum zur Erde gekommen sind! Der Titel der Studie lautet „*Cause of Cambrian Explosion – Terrestrial or Cosmic?*" (Die Ursache der Kambrischen Explosion – irdisch oder kosmisch?). Man beachte hier die symbolische Zahl 33! Ist das ein Hinweis, dass die von der Hochgrad-Freimaurerei gesteuerte Wissenschaft nun zugeben will, dass diese Tiere nicht von der Erde stammen? Doch nicht nur das: In der neuen Studie wird die Frage aufgeworfen, ob die Kambrische Explosion – also das plötzliche Erscheinen unglaublich vieler Tier- und Pflanzenarten in einem sehr kurzen Zeitraum – mit kosmischen beziehungsweise außerirdischen Einflüssen zu tun hat? Dieses Ereignis soll vor rund 540 Millionen Jahren stattgefunden haben, zumindest laut den geologischen Sedimentschichten. Wir wissen jetzt aber, dass diese Datierungen nicht stimmen, also kam es mit Sicherheit vor wesentlich kürzerer Zeit zu diesem unerklärlichen massenhaften Auftauchen zahlloser neuer Spezies auf der Erde. Wurden sie alle von Außerirdischen hierher verpflanzt?

Mikroorganismen in Meteoriten wurden bereits wissenschaftlich nachgewiesen und auch Metallpartikel mit organischem Gewebe aus dem Weltraum wurden nun entdeckt. Und alle diese Faktoren sind für die Wissenschaft ein schlüssiger Beweis, dass das Leben durch Aussaat aus dem Kosmos auf die Erde gelangt ist. Die anhaltende Bombardierung mit neuen Organismen und Bakterien aus dem All soll ein wichtiger Bestandteil der fortlaufenden Evolution auf der Erde sein, doch dieses Zugeständnis hätte man bis vor kurzer Zeit auf keinen Fall von der etablierten Wissenschaft erwartet! In letzter Konsequenz bedeutet das nämlich – und das geht auch aus der Studie hervor –, dass der Ursprung des Menschen im Weltraum liegt! Der Oktopus bzw. die Krake soll laut der neuen Studie bereits in Form von tiefgefrorenen Eiern auf die Erde gelangt sein – und zwar vor hunderten Millionen von Jahren, was auch der Panspermie-Theorie entspricht.

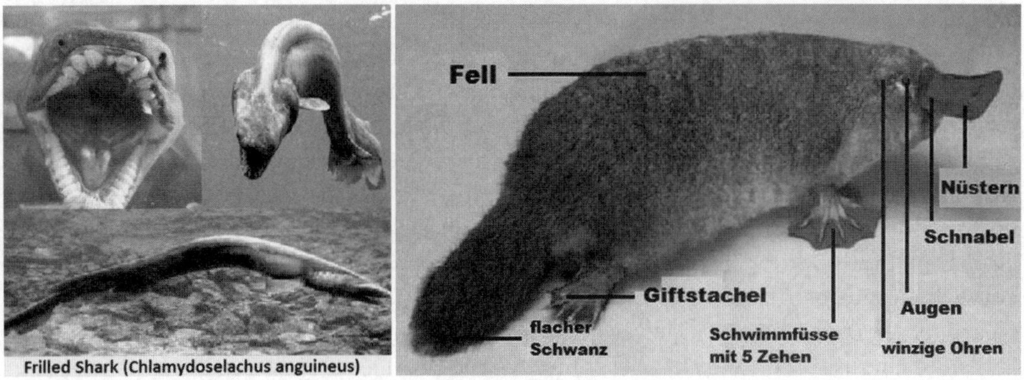

Abb. 94: Ein Kragenhai aus Portugal und das fabelhafte Schnabeltier

Forscher und Evolutionisten sind über das Auftreten lebender Fossilien bestürzt. Der Kragenhai gleicht fossilen Funden von Haien aus dem Paläozoikum (250 bis 540 Millionen Jahre) und dem Paläogen (20 bis 60 Millionen Jahre). Sie können die Art angeblich nicht sicher zuordnen, weil man nicht zugeben will, dass der Kragenhai ein noch immer lebendes Fossil ist, das keine erkennbaren Merkmale irgendeiner Evolution aufweist. Mitte Dezember 2017 wurde ein weiteres Exemplar in einer Tiefe von 700 m vor der Küste Portugals gefangen. Professor Margarida Castro aus Portugal ist eine der zwei führenden Experten zur Erforschung dieser Ur-Haie. Sie sagte, dass Wissenschaftler glauben, dass diese Kragenhaie aus dem Zeitalter des Jura stammen (150 bis 200 Millionen Jahre). Diese Experten meinen, eventuell könnte die Art auch „etwas jünger" sein. Professor Castro fügte dann noch hinzu, dass Kragenhaie auf jeden Fall zehntausende von Jahren alt sind und somit evolutionär „ziemlich alt". Das sind einige Widersprüche in sich selbst. Die Wissenschaftler wissen, dass in den untersten fossilführenden Sedimentschichten Fossilien des Kragenhais gefunden wurden. In diesen Schichten gibt es auch viele sog. Kopffüßer und Knochenfische. Man glaubt, dass alle diese Arten heute ausgestorben sind, weil man sie nicht mehr beobachten kann. In Wahrheit handelt es sich schlicht um unbekannte Tiefseelebewesen, Arten, die nicht vor hunderten Millionen Jahren ausgestorben sind. Die globalen Flutwellen und Kataklysmen haben erst vor wenigen zehntausend Jahren stattgefunden und viele der Tiefseebewohner an Land gespült und unter Sedimentschichten begraben, wo sie dann relativ schnell versteinert sind. Deshalb sind diese Arten auch keinesfalls hunderte Millionen Jahre alt, sondern ein paar zehntausend, genau wie es Professor Castro richtig erkannt hat. **Es gab keine Prähistorik von hunderten Millionen Jahren und die ganzen geologischen Schichten sind nicht älter als ein paar zehntausend Jahre. Darum gibt es auch keine erkennbaren evolutionären Veränderungen, weil es auch niemals eine ‚Evolution' gab!**

Ein wahrer Albtraum für Evolutionisten ist das australische Schnabeltier. Neue Studien besagen, dass das Schnabeltier seit mindestens 120 Millionen Jahren unverändert auf der Erde existiert haben soll. Das ist lange vor dem Auftauchen der modernen Säugetierarten! Trotzdem legte das Schnabeltier auch weiterhin Eier, als die Säugetiere bereits voll entwickelt waren. Das wirft eine Reihe von Fragen auf. Das Schnabeltier ist eines der ungewöhnlichsten Tiere der Welt. Evolutionisten feierten zuerst seine Entdeckung und glaubten, endlich den Beweis für eine Evolution gefunden zu haben. Das sollte sich jedoch bald ändern, denn fossile Schädelfunde beweisen, dass das Schnabeltier unverändert seit mindestens 120 Millionen Jahren überdauert hat. Die Kreatur scheint in der Mitte eines evolutionären Prozesses einfach aufgehört zu haben, sich weiterzuentwickeln. Die Fossilien des Schnabeltiers sehen fast genauso aus wie die modernen Vertreter. Es gab kleine Veränderungen im Lauf der Zeit, frühe Schnabeltiere hatten sogar Zähne und waren etwas größer. Moderne Schnabeltiere verlieren ihre Zähne in einem frühen Alter. Zurück bleibt nur eine Hornplatte, mit der sie ihre Nahrung zerkleinern und zu Brei zermahlen, bevor sie geschluckt wird. Das ist also keine Evolution, sondern eine Devolution. Alle Merkmale des Schnabeltiers waren von Anfang an vollständig entwickelt und ausbalanciert. Das Schnabeltier verfügt außerdem über einen absolut einzigartigen elektrischen Sinn, der es ihm erlaubt, kleine Tiere im trüben Wasser und im Schlamm aufzuspüren. Wie soll dieser Sinn vor 120 Millionen Jahren entstanden sein? Es handelt sich auch nicht um einen Schnabel wie bei einer Ente, sondern um einen elektrischen Sensor, um Impulse aufzuspüren, die von kleinen Krustentieren und Würmern ausgehen. Kein anderes Säugetier hat ein derart hochentwickeltes und fortschrittliches Sinnesorgan und es ist Fakt, dass das Schnabeltier das einzige Tier ist, das überhaupt über diesen Sinn verfügt! Die ältesten Funde zeigen, dass das Schnabeltier bereits zu dieser Zeit über all diese Fähigkeiten verfügte, ohne dass ein Vorgänger des Schnabeltiers bekannt ist. Das Schnabeltier hat keine Ähnlichkeit zu irgendeinem anderen Tier der Erde und scheint eine Mischung aus Vogel, Biber, Reptil und Otter zu sein, mit Merkmalen, die bei keiner der vorgenannten Arten auftreten. Außerdem ist das Schnabeltier das einzige Säugetier, das Eier legt! Die Eier haben große Ähnlichkeit mit den Eiern von Reptilien, sind in ihrer inneren Struktur jedoch mehr wie Vogeleier aufgebaut.

Das Schnabeltier erreicht eine durchschnittliche Größe von 46 Zentimeter und hat an den hinteren Schwimmfüßen zwei scharfe Sporen, die ein starkes Gift absondern können. Mit diesen Sporen können sie durch Haut stechen und dieses Gift ist ebenfalls einzigartig in seinem Aufbau. Es ist stark genug, um einen Hund zu töten und einen ausgewachsenen Menschen außer Gefecht zu setzten. Dieses spezielle Gift enthält drei Proteine, die nur im Schnabeltiergift vorkommen. Obwohl das Schnabeltier die meiste Zeit im Wasser verbringt, hat es nie gelernt, seinen Atem lange anzuhalten. Die Tiere können die Luft nur für durchschnittlich 30 Sekunden anhalten. Warum kann das Schnabeltier, das schon seit 120 Millionen Jahren im Wasser leben soll, nicht länger als eine halbe Minute die Luft anhalten? Das Schnabeltier stellt möglicherweise den Beweis dar, dass vor der Erschaffung dieses Tieres ein Plan existiert haben muss, nach dem es erschaffen wurde. Generell ist das Schnabeltier eine höchst seltsame Mischung aus Merkmalen von Reptilien und Säugetieren. Es hat ein Fell und Drüsen von Säugetieren, legt aber Eier wie ein Reptil. Diese Mischung findet man sogar auf der zellularen Ebene. Die Chromosomen und Spermien des Schnabeltiers zeigen Eigenschaften von Reptilien und Säugetieren. Die komplexen Strukturen der Eier und der Milchdrüsen sind vollständig entwickelt und es gibt keine Erklärung für die Ursprünge der Entwicklung der Gebärmutter oder der Milchdrüsen des Schnabeltiers. Die Wissenschaft ist nicht fähig, den Ursprung des Schnabeltiers zu ermitteln: Woher es kam und warum man es nur in Australien findet? Warum zeigte es in 120 Millionen Jahren keine Anzeichen einer Evolution? Alle Lebensformen waren bereits von Beginn an in ausgereifter und perfekter Form und großer Anzahl vorhanden und es gibt keine Fossilien, die irgendein Tier im Übergangstadium von einer Art in eine andere zeigt. So gibt es auch keine Erklärung, wie sich Reptilien zu Vögeln entwickelt haben sollen.

Forscht man etwas weiter, findet man immer wieder die Behauptung, dass z.B. der berühmte Dinosaurier Archaeopteryx eine Übergangsform von Dinosaurier und Vogel darstellt. Das stimmt aber wieder nicht, denn Vögel sind im Gegensatz zu Reptilien Warmblüter. Man ist sich heute nicht einmal einig, ob Dinosaurier warm- oder kaltblütig waren. Außerdem behauptet die Wissenschaft mittlerweile, dass die meisten Dinosaurier Federn hatten, was jedoch sehr unwahrscheinlich ist. Die Evolutionisten wollen uns heute glauben machen, dass sich Federn aus Reptilienschuppen entwickelt haben sollen. Federn sind evolutionär aber gar nicht zu erklären, denn nur Vögel besitzen heute Federn und benötigen sie für den Flug. Da immer wieder behauptet wird, dass Vögel von Dinosauriern abstammen, sollen sie auch ihre Federn von ihnen geerbt haben. Dinosaurier hatten aber keine Federn und benötigten auch keine, denn Flugsaurier konnten auch ohne Federn fliegen. Außerdem gibt es fossile Funde von gewöhnlichen Vögeln, die nachweislich zur gleichen Zeit wie Dinosaurier existiert hatten. Es ist hier aber nicht vom *Archaeopteryx* die Rede. Es gibt auch keine Fossilien, die Übergangsstadien von Schuppen zu Federn zeigen. Vögel wurden speziell entworfen, um fliegen zu können und ihre ganze Anatomie ist auf ihr Gefieder abgestimmt und nicht umgekehrt. Die Größe, Vielfältigkeit, Form und die knallbunten Farben von Federn sind das Ergebnis eines meisterhaften wunderschönen Designs. Denken sie an den Pfau! So etwas soll sich aus Reptilienschuppen entwickelt haben?

Federn sind nicht einfach, sondern sehr kompliziert aufgebaut und eine einzige Feder besitzt oft bis zu einer Million kleiner Teile, ist also eine rätselhafte Erfindung. Sie sind extrem leicht und trotzdem ist ihre Struktur stark und biegsam. Kleine Abweichungen in der Muskelstärke der Vögel, dem Winkel, der Form, der Stärke und der Konstruktion der Federn bewirken bereits eine Flugunfähigkeit. Die Federn können somit nicht zufällig durch eine langsame Evolution entstanden sein. Für den Flug müssen Vögel über ganz spezielle Muskeln verfügen und die Ausrichtung der Federn an den Flügeln, am Schwanz und bei anderen Teilen von Vögeln ist eine wichtige Grundvoraussetzung, um fliegen zu können. Das Gefieder eines Vogels dient ihm außerdem als perfekte Isolierung gegen Hitze und Kälte. Federn und Vogel sind perfekt aufeinander abgestimmt und nicht durch Evolution entstanden. Das gilt auch für die hohlen Knochen der Vögel. Wie gesagt gibt es Millionen von fossilen Überresten von Vögeln, aber nicht einer davon zeigt irgendeine Form von Übergangsform von einer Art zu einer anderen – darum sind Vögel für Darwinisten immer noch nicht zu erklären. Es kann auch keine erklärbare Urform von Vögeln gegeben haben, weil sich das komplette Tier hätte ändern müssen, um zum Vogel zu werden. Zwischen Vögeln und Reptilien gibt es eine große klaffende Lücke in der „Evolution“, denn sie haben einen völlig anderen Lungenaufbau, andere Fortpflanzungsorgane und unterschiedliche Gehirne. Obwohl das bekannt ist, wird immer noch behauptet, dass Urvögel wie der Archaeopteryx tatsächlich ein *Missing Link* von Dinosaurier zu Vogel gewesen sein soll. Ähnlich wie bei Überresten von angeblichen Vormenschen sollte man hier etwas genauer hinsehen.(50)

Der Archaeopteryx- und Archaeoraptor-Schwindel

Der *Archaeopteryx* soll ein geflügelter Dinosaurier sein, der eine transformative Form zum Vogel gewesen sein soll. Der Urvogel soll etwa die Größe eines Raben gehabt haben und es gibt insgesamt nur vier relativ komplette Fossilien von ihm und ein paar weitere Knochen und eine Feder, die ebenfalls von dieser Gattung stammen soll. Die gut erhaltenen Fossilien des *Archaeopteryx* (Urschwinge) stammen alle aus Deutschland. Sie kommen angeblich aus einer Schicht Kalkstein, die jahrhundertelang in der Nähe von Solnhofen im Landkreis Weißenburg-Gunzenhausen in Bayern abgebaut wurde. Die Steinbrüche des Solnhofener Plattenkalks sind weltberühmte Fossil-Lagerstätten.

Im Jahr 1861 wurde erstmals ein fossiler Abdruck einer Feder entdeckt und von Hermann von Mayer beschrieben. Diese Feder wird heute dem *Archaeopteryx* zugeschrieben. Im gleichen Jahr wurde der Fund des ersten fossilen Skeletts des *Archaeopteryx* bekanntgegeben und trägt heute den Namen „Londoner Exemplar". Es wurde dem Pappenheimer Kreisarzt Carl Friedrich Häberlein (1787-1871) übergeben, der das Exemplar an das *Britische Museum* in London verkaufte, wo es sich heute noch befindet. Beim *Londoner Exemplar* fehlen der Hals und der Kopf und es wurde erstmals 1863 von Richard Owen wissenschaftlich beschrieben und nannte die Spezies *Archaeopteryx macrura.* Owen war sich nicht sicher, ob der isoliert gefundene Abdruck der Feder diesem Tier zuzuordnen sei. Er schrieb, es sei ein Skelett eines mit ähnlichen Federn bedeckten Tieres. Als nächstes wurde im Jahr 1874 auf dem Blumenberg bei Eichstätt das sog. „Berliner Exemplar" gefunden. Der Bauer Jakob Niemeyer tauschte den Fund 1876 gegen eine Kuh ein. Der neue Besitzer Johann Dörr verkaufte es für 2.000 Goldmark an Ernst Otto Häberlein (1819-1886). Das war der Sohn des Kreisarztes, der schon das *Londoner Exemplar* besessen hatte und es ist bekannt, dass beide das *Berliner Exemplar* „präparierten". Sie verkauften es für 20.000 Goldmark an das Museum der *Humboldt-Universität* zu Berlin. Das Berliner Exemplar ist fast vollständig erhalten und hat auch einen Schädel. Der nächste Fund war 1956 in Langenaltheim das „Maxberger Exemplar". Es war früher im Maxberg-Museum in Solnhofen zu sehen, ist aber seit 1991 verschwunden. 1855 wurde ebenfalls ein relativ unvollständiges Exemplar in Riedenburg gefunden. Man ordnete es der Dinosaurier-Spezies *Pterodaktylus* zu und erst im Jahr 1970 wurde es von John Ostrom dem *Archaeopteryx* zugeordnet. Es befindet sich heute im holländischen *Teylers-Museum* in Haarlem und wird daher das „Haarlemer Exemplar" genannt. 1951 kam es zum Fund des „Eichstätter Exemplars" und auch dieses Skelett wurde vorher einem andern Dinosaurier zugeordnet, dem *Compsognathus.* In den 1960er-Jahren wurde dann das „Solnhofener Exemplar" entdeckt. Auch dieses Skelett wurde vorher merkwürdigerweise der Spezies *Compsognathus* zugeordnet und dann zum *Archaeopteryx* uminterpretiert. Als nächstes folgte im Jahr 1992 das „Münchener Exemplar" und wurde vom deutschen Paläontologen Peter Wellenhofer beschrieben, wobei Wellenhofer auch für die Umdeutungen der beiden letztgenannten Exemplare zuständig war. Beim Münchener Exemplar stellte sich heraus, dass nachträglich das Brustbein eines Raben eingesetzt wurde. Das ist ein erster Beweis für eine Manipulation der Fossilien. Das Exemplar wurde für 1,9 Millionen Mark an das *Paläontologische Museum* in München verkauft. Bis zum Jahr 2011 wurden noch weitere fragmentarische Exemplare entdeckt.

In wissenschaftlichen Publikationen und Lehrbüchern wird beim *Archaeopteryx* immer von einem *Missing Link* zwischen Dinosauriern und Vögeln gesprochen. Aber war der *Archaeopteryx* nun ein Vogel oder ein Dinosaurier? In den Fachbüchern ist immer von einer evolutionären Zwischenform die Rede, doch inzwischen wurden auch Fossilien von echten Vögeln gefunden, die einer ganz normalen Krähe ähneln und um fast 60 Millionen Jahre älter sein sollen als der *Archaeopteryx* – daher kann er keine Übergangsform zum Vogel sein. Sogar die Royal Society ist mittlerweile nicht mehr davon überzeugt und die Wissenschaft steckt diesbezüglich in der Klemme, denn neuere Abbildungen des *Archaeopteryx* zeigen ihn oft zusammen mit anderen primitiven Vögeln.

Um das klarzustellen: Kein Lebewesen ist in irgendeiner Weise primitiv, denn selbst die kleinsten Zellen und Bakterien sind hochkomplex aufgebaut. Von der Fachwelt völlig unbeachtet führte die amerikanische *National Academy of Sciences* (NAS) im Jahr 2012 eine neue Untersuchung am *Berliner Exemplar* durch. Nachdem man in anderen Dinosaurierknochen Weichgewebe und Blutzellen gefunden hatte, untersuchte man auch dieses Exemplar. Im später herausgegebenen Report wurde bestätigt, dass man in einem Exemplar *Archaeopteryx siemensii* mehrere Arten von biologischem Material entdeckt hatte, das angeblich 150 Millionen Jahre überdauert haben soll. Das ist völlig unmöglich. Es ist schon so gut wie ausgeschlossen, biologisches Material bei einem Alter von geschätzten 100.000 Jahren nachzuweisen. Das bedeutet, dass diese „Fossilien" gar keine und auch nicht Millionen von Jahren alt sind! Die Untersuchungen wurden an der *Stanford Universität* durchgeführt. Durch Fotografien mit ultraviolettem Licht konnte man feststellen, dass bei der Präparierung mehrere Knochen nachträglich in den fossilen Fund eingefügt wurden. Weil das Skelett, wie angenommen, nicht versteinert war, sprechen die Forscher im Bericht von „chemischen Fossilien". Ihr Einfallsreichtum ist wirklich grenzenlos und dieser Begriff soll klarmachen, dass Reste von weichem organischem Gewebe in den Knochen gefunden wurde, das „spektakulär" lange erhalten geblieben ist. Warum wurde kein C-14-Test durchgeführt?

Anders als Vögel haben die Fossilien des *Archaeopteryx* Zähne, kein Brustbein und einen langen dünnen Schwanz. An den Schwingen besitzt er jeweils drei Klauen, mit deren er greifen konnte und angeblich damit auf Bäume geklettert ist. Doch die Wissenschaft ist sich nicht darüber im Klaren, ob diese Kreatur auch fliegen konnte, denn das zum Fliegen notwendige Brustbein fehlt, an dem normalerweise die starken Flugmuskeln befestigt sind. Auch der schwere Schwanz würde beim Fliegen behindert haben und man vermutet, dass er von Baum zu Baum geglitten wäre. Warum schon wieder eine so unsinnige Theorie? Es gibt auch heutzutage viele Vögel, die nicht fliegen können, das sind zum Beispiel Kiwis, Emus, Dodos, Pinguine, Eulenpapageien, bestimmte Enten und auch der Vogel Strauß. **Die Wichtigkeit des *Archaeopteryx* besteht darin, dass er die einzige bekannte Übergangsform darstellen soll, doch bei all den Milliarden von Fossilien gibt es so etwas nirgendwo, weshalb diese eine Art so wichtig ist.** Vögel können aber gar nicht vom *Archaeopteryx* abstammen, weil erstens ältere Vogelfossilien gefunden wurden und die Art doch auch bei einer Katastrophe komplett ausgestorben sein soll. Tote Vögel können sich nicht mehr vermehren. Wissenschaftlichen Wert haben nur die ersten beiden gefundenen Exemplare, denn sie zeigen Abdrücke von Federn. Bei den späteren Exemplaren gab es nur die Knochen. Wissenschaftler weisen immer wieder darauf hin, dass der biologische Mechanismus des evolutionären Übergangs immer noch

Abb. 95: Eine Betonblase und doppelte versetzte Abdrücke der Federn

unbekannt ist – logisch, weil es so etwas auch nicht gibt und die Entstehungsweise der Vögel daher auch für Evolutionisten völlig unerklärlich bleibt. Kein Teil des *Archaeopteryx* zeigt irgendeine Form eines Übergangs und alle Merkmale sind voll ausgeprägt, sehr komplex und funktionieren. Die *Archaeopteryx*-Fossilien sehen vom Knochenaufbau her wie kleine Dinosaurier aus, die sich auf ihren Hinterbeinen bewegt und nichts mit einem Vogel gemein hatten und überhaupt nichts an den fossilen Skeletten, außer den Abdrücken der Federn, weist darauf hin, dass der *Archaeopteryx* fliegen konnte.

Seit den 1980er-Jahren haben bereits mehrere promintente Wissenschaftler darauf hingewiesen, dass die zwei Exemplare aus Berlin und London mit den Abdrücken der Federn Fälschungen sind! Dünne Schichten von Zement wurden auf die Abdrücke aufgetragen und die Federn wurden dann in den dünnen Zement gelegt. Danach hat man die zwei Platten mit dem fossilen Abdruck und dem Gegenabdruck gegeneinander gedrückt. Die Fossilien, die dafür verwendet wurden, waren einfach die einer kleinen Dinosaurierart namens *Compsognathus*. Diese Knochen wurden einfach später auf den *Archaeopteryx* uminterpretiert – so einfach ist das. *Compsognathus* war eine sehr kleine Dinosaurierart und perfekt für dieses Vorhaben geeignet. Der Entdecker dieser Dinosaurierart war der deutsche Wissenschaftler Andreas Wagner. Er beschrieb die Art bereits im Jahr 1859 und der amerikanische Paläontologe John Ostrom beschäftigte sich in den 1970er-Jahren auch ausgiebig mit dieser Spezies. Er war auch tiefer in diese Fälschungssache verwickelt und interpretierte auch ein Exemplar zum *Archaeopteryx* um. Auf jeden Fall bemerkte Andreas Wagner bei den ersten Beschreibungen des angeblichen Urvogels sofort, dass es sich um seinen *Compsognathus* handeln musste, jedoch mit Federn, was ihm sofort suspekt vorkam. Seine Compsognathus-Fossilien wurden zufälligerweise ebenfalls im Solnhofener Plattenkalk gefunden! Wenn man die beiden Spezies vergleicht, gibt es bis auf die Federn keinen Unterschied. Warum sollte der Archaeopteryx aerodynamisch perfekte Federn haben, wenn er nicht fliegen konnte?

Die beiden relevanten Exemplare waren vorher im Besitz der Häberleins. Das erste Exemplar wurde bekanntlich von ihnen präpariert, bevor es nach London verkauft wurde und in den Besitz der berüchtigten Royal Society überging. Dieses Exemplar tauchte erstaunlicherweise nur zwei Jahre später auf, als Darwins Buch über die Entstehung der Arten erstmals in Deutschland erschienen war. Obwohl deutsche Experten damals der Meinung waren, dass es sich um eine Fälschung handelt, wurde das Exemplar sofort vom *Britischen Museum* erstanden, ohne es vorher gesehen zu haben. Betrachtet man sich die beiden Gesteinsplatten mit den Abdrücken, dann stellt man fest, dass sie gar nicht zusammenpassen. Die Federabdrücke sind hauptsächlich auf der Seite mit den Knochen, doch das Gegenstück hat einige erhöhte Stellen, die keine Abdrücke auf der anderen Seite hinterlassen haben. Diese Verdickungen bestehen aus einem feinkörnigen Material, das nur unter den Federabdrücken zu sehen ist, wobei der Rest der Tafeln aus grobkörnigem Kalkstein besteht. Auf den Fotos kann man erkennen, dass wohl ein paar Tropfen des nassen Zements nicht anständig entfernt wurden, als man die Federabdrücke anbrachte. Beim Zusammendrücken der Platten waren auch die Federn verschoben worden und man sieht doppeltversetzte Abdrücke – so etwas passiert, wenn man in letzter Minute die Platten noch einmal neu justiert. 1986 wollten es die Skeptiker genau wissen und machten Röntgenaufnahmen von dem Londoner Exemplar. Es konnte festgestellt werden, dass das feinkörnige Material nicht zum Rest des kristallinen Gesteins passt, es ist eine amorphe Paste. Doch dazu gab es keinen Kommentar aus der akademischen Fachwelt, denn das eigentliche Problem hierbei ist, dass so gut wie niemals vorher und nachher irgendwelche fossilen Federn gefunden worden sind. Auch sollen die Abdrücke der Federn beim *Archaeopteryx* nicht alle flach sein, denn als das Tier unter Massen von Schlamm und Wasser begraben wurde, hätten sich die Federn sicher verdreht und verschoben. Der einzige Weg, eine Feder zu plätten, ist der, sie zwischen zwei flache Platten zu pressen! Die späteren *Archaeopteryx*-Exemplare waren alle zuerst der Spezies *Compsognathus* zugeordnet und wurden dann uminterpretiert, warum?

Das ursprüngliche Wort „Dinosaurier“ wurde im Jahr 1840 von dem englischen Biologen namens Richard Owen (1804-1892) geprägt und bedeutet so viel wie „fürchterlich großes Reptil“. Owen war ein Befürworter der Theorien von Charles Darwin und war für die Sammlung von natürlichen Exemplaren im *Britischen Museum* verantwortlich. Das resultierte 1881 in der Gründung des *Naturhistorischen Museums* in London. Seine Karriere erlitt Schaden, als er in seinen Werken einige Entdeckungen sich selbst zuschrieb, die Amateurforscher zuvor gemacht hatten und er verlor durch diesen Skandal seine Mitgliedschaft in der Royal Society. Das *Britische Museum* sollte damals dafür sorgen, dass schleunigst Beweise für die Theorien von Darwin ausgestellt würden und als 1861 der angeblich echte fossile Abdruck einer einzigen Feder in Solnhofen bekannt gegeben wurde, war die Royal Society sofort daran interessiert. Zufälligerweise kam es nur zwei Monate später zur Entdeckung des *Archaeopteryx* und genaue Details über die Fundorte der Exemplare wurden niemals bekannt gegeben. Sie waren also nicht „in situ“. Eigentlich wird das in der Wissenschaft abgelehnt, doch in diesem Fall akzeptiert, warum? Die Häberleins verkauften das erste Exemplar 1862 an das Britische Museum und es wurde von Richard Owen im Jahr 1863 im Namen der Royal Society wissenschaftlich beschrieben. Als das Exemplar in London ankam, waren Thomas Huxley und Charles Darwin nicht davon begeistert. Sie akzeptierten es nicht als Übergangsform und hatten sich etwas anderes vorgestellt. Sie hatten von den Vorwürfen von Professor Andreas Wagner gehört, der sagte, es wäre nur ein *Compsognathus* mit Federn. Keine der späteren Exemplare zeigte merkwürdigerweise irgendwelche Federn oder Brustbeine, weil es sich eindeutig um *Compsognathus* und nicht um *Archaeopteryx* handelt!

Trotzdem wollte die Royal Society nicht auf diesen Beweis der Evolution verzichten, doch als weder Darwin noch Huxley das *Londoner Exemplar* akzeptiert haben, verstaubte es in der Sammlung des Britischen Museums bis zum Tod von Richard Owen. Darwin erwähnte den *Archaeopteryx* erst in der sechsten Auflage seines Buches über die Entstehung der Arten 1872. Er bezeichnete ihn als einen „seltsamen Vogel“.

Dr. Lee Spetner und Sir Fred Hoyle bekamen 1985 im Naturhistorischen Museum in London die Gelegenheit, das *Londoner Exemplar* genauer zu untersuchen. Sie glaubten ebenfalls an eine Fälschung, doch ihnen wurde nicht erlaubt, das Exemplar zu berühren, sie durften es bloß fotografieren. Kein englisches Wissenschaftsjournal wollte ihre Ergebnisse veröffentlichen, der Einfluss der Royal Society war zu groß, deshalb veröffentlichte man sie gezwungenermaßen im *British Journal of Photography*. Hoyle und Spetner fanden heraus, dass das Londoner Exemplar eigentlich ein *Compsognathus* ist und die Abrücke der Federn eine moderne Fälschung sind. Man nahm an, dass die Häberleins Vertiefungen in die Kalksteinplatten herausgeschnitzt oder geätzt und diese dann mit einer dünnen Mischung aus Zement und Gummi verfüllt hatten. Darin brachten sie dann die Abdrücke der Federn an, die nachher wieder herausgezogen wurden und so sind die Platten entstanden, die heute ausgestellt werden. Und die Häberleins hatten mit ihren Exemplaren ein Vermögen verdient. Dr. Spetner wollte Tests an den Platten durchführen, um dieses Vorgehen zu beweisen, doch das *Britische Museum* verweigerte seine Tests plötzlich und ohne Angabe von Gründen. Zwei Proben durften dann noch mit dem Elektronenmikroskop untersucht werden. Die Probe vom Flügelbereich war eine Mischung aus feinen Partikeln und organischem Gummi und die Röntgenaufnahmen bestätigten das. Alle weiteren Tests wurden seitens des Museums verweigert. Dennoch werden diese Exemplare heute noch immer als authentisch ausgestellt, warum wohl? Wie lange soll diese Täuschung noch weitergehen? Durch die neuen Analysemethoden kann nämlich ein Großteil solcher gefälschter „evolutionärer Übergangsformen“ sehr einfach entlarvt werden!

Aus dieser Klemme gab es nur einen Ausweg: Ein neuer Beweis musste her. Im Oktober 1999 war es dann endlich soweit, die *National Geographic Society* hielt eine Pressekonferenz ab, um eine Sensation zu verkünden. Im nordöstlichen China wurde ein 125 Millionen Jahre altes Fossil gefunden, das ein neuer Missing Link zwischen Reptil und Vogel sein sollte. Es erschien auch ein überschwänglicher Artikel darüber in ihrem Magazin. Auch dieses Fossil hatte die Größe eines großen Huhns. Es sah aus wie ein Truthahn mit dem Schwanz eines Dinosauriers. Die Fachwelt war begeistert. Man nannte die neue Spezies *Archaeoraptor*. *National Geographic* schrieb, dass dieses truthahngroße Tier endlich ein echter Missing Link in der komplexen Kette der Evolution ist, der Dinosaurier und Vögel, die fliegen können, miteinander verbindet. Es gab auch eine hübsche Abbildung, wie man sich diesen Vogel vorstellte. Der *Archaeoraptor* sollte später als „Truthahn von Piltdown“ bekannt werden, als Anspielung auf eine andere wissenschaftliche Fälschung. Das Fossil wurde illegal aus China geschmuggelt und für fast 60.000 Euro an einen privaten amerikanischen Sammler verkauft. Doch eine nähere Untersuchung von Experten enthüllte dann den Skandal: die Knochen waren zusammengeleimt worden. Es wurden mehrere verschiedene Spezies dabei kombiniert, darunter eine Vogelart und eine Art von kleinen zweibeinigen Raptor-Dinosauriern. Andere Knochen, wie die Beine und Füße, konnten gar nicht identifiziert werden und man schob das Ganze dann einem ungenannten chinesischen Bauern in die Schuhe, der unwissentlich zwei Fossilien falsch zusammengesetzt habe. Soll man das glauben? Hier wurde wieder mit voller Absicht versucht, eine falsche Übergangsform zusammenzusetzen, und das war wohl eine Auftragsarbeit.

Erst durch Röntgenanalyse an der Universität von Texas konnten die Experten herausfinden, dass die unteren Knochen der Beine und Füße sowie der Schwanz nicht zum Rest des Fossils gehörten. Es gab Knochen von mindestens fünf separaten Exemplaren. Ein Team hatte zu diesem Zeitpunkt aber schon ein Fachpapier über den Fund verfasst und es auch an die Journale *Nature* und *Science* zur Veröffentlichung geschickt, weil man mit diesem Fund groß herauskommen wollte, doch beide weigerten sich, es zu veröffentlichen, denn es war bereits bekannt geworden, dass es eine illegale Fälschung aus China war. Doch *National Geographic* wurde angeblich nicht darüber informiert und veröffentlichte. Dr. Xu kehrte nach China zurück und reiste in die Liaoning-Provinz, um die Fundstelle zu untersuchen und mit den örtlichen Händlern zu sprechen. Er fand das originale Fossil, von dem der Schwanz entnommen worden war, und bestätigte somit die Fälschung. Natürlich ließen sich die Wissenschaftler wieder etwas einfallen und man bezeichnete es nicht als Fälschung, sondern als eine „Zusammensetzung". Das schien in akademischen Kreisen akzeptiert zu werden.

Es ist in der Wissenschaftswelt schon lange bekannt, dass auf dem Schwarzmarkt illegal beschaffte Fossilien an Sammler und Museen verkauft werden. Man fand auch heraus, dass viele dieser Fossilien falsch zusammengestellt oder „missinterpretiert" werden. Das geschieht mit voller Absicht und es existieren Profis auf diesem Gebiet, denn es gibt anscheinend eine große Nachfrage nach solchen fossilen Fälschungen. In der Provinz Gansu ist das Herstellen von falsch zusammengesetzten Fossilien ein echter Geschäftszweig geworden. Die Chinesen wissen auch, dass westlichen Paläontologen das gut bekannt ist, schweigen jedoch, weil man nicht die Glaubwürdigkeit der Paläontologie oder die Karriere gefährden will. Es wurden und werden immer bessere Fälschungen produziert, um der Evolution künstlich ein bisschen nachzuhelfen. So entstehen laufend neue Spezies aus den Teilen anderer verschiedener Tiere. Selbst Fachleute können diese Fälschungen nicht mehr erkennen. Das Magazin *Science* interviewte den chinesischen Paläontologen Li Chun, der schätzt, dass 80 Prozent aller in China ausgestellten Meeressaurier manipuliert oder konstruiert sind! Einige dieser Fälschungen konnten bereits identifiziert werden, darunter ein 15 m langer Ichthyosaurier. Viele der gezeigten Skelette beruhen nicht auf einer Evolution, sondern auf dem Handwerk geschickter Fälscher. In Europa herrscht mit Sicherheit eine ähnliche Situation: Fälschungen statt Natur – und das hat nichts mehr mit Wissenschaft zu tun.

Abb. 96: Der Archaeoraptor bei der Präsentation im Jahr 1999

National Geographic musste seinen Fehler schließlich im Jahr 2000 eingestehen und sprach von fehlgeleiteter Geheimhaltung, Egos, die zusammengekracht wären, Wunschdenken, naiven Vorstellungen, menschlichem Irrtum, Eigensinnigkeit, Manipulation, Verleumdung, Lügen, Korruption und katastrophaler Kommunikation. Damit haben sie die Welt der akademischen Fachwelt treffend charakterisiert! *Archaeopteryx* und *Archaeoraptor* werden sicherlich bald als einige der berühmtesten Fälschungen in die Geschichte eingehen. In letzter Zeit wurde mehrmals von der Entdeckung weiterer Urvögel berichtet, die aber alle kein Gefieder zeigten und daher ebenfalls als plumpe Fälschungen betrachtet werden können.[51]

Kapitel 5 – Die gefälschte Evolution des Menschen

Gravierende Unterschiede zwischen Mensch und Affe

Jetzt kommen wir zu einem besonders heiklen Thema: der Evolution des Menschen. Obwohl es keinen echten Beweis für eine Evolution des Menschen gibt, gibt es sehr viele Beweise dagegen. Es folgen ein paar Beispiele für gravierende Unterschiede zwischen Affen und Menschen, die man deshalb kennen sollte. Affen werden heute nicht als die direkten Vorfahren von Menschen betrachtet, sondern es soll einen unbekannten gemeinsamen Vorfahren gegeben haben, den man nur noch nicht gefunden hat. Schimpansen sind fünf bis acht Mal stärker als Menschen! Es gab Versuche mit einem Dynamometer in Zoos in New York. Ein Biologe namens Bauman brachte ein Seil an dem Gerät an und warf es in ein Gehege mit Schimpansen. Ein früherer Zirkus-Schimpanse namens Suzette schaffte es damals angeblich, 544 kg zu ziehen. Ein anderer Schimpanse namens Boma zog mit einer Hand 384 kg! Danach führte Bauman den gleichen Test mit durchtrainierten Profi-Footballspielern durch und keiner von ihnen schaffte mit beiden Händen mehr als 226 kg! Im Vergleich sind Schimpansen also wirklich bis zu fünf Mal stärker als gewöhnliche Menschen. Dieser Meinung ist auch der Evolutionsbiologe Alan Walker von der *Pennsylvania State University*.

Alle Schädelformen von Affen sind sehr unterschiedlich zu Menschenschädeln. Es gibt keine Übergangsformen von Schädeln von angeblichen Vormenschen zum menschlichen Schädel. Der menschliche Schädel hat einen hohen Stirnbereich und ein Kinn. Kein Affe hat so etwas, sein Unterkiefer liegt viel weiter hinten. Auch die Knochen des Menschen sind dünner und leichter als bei Affen und deshalb ist der Mensch auch viel schwächer. Das stellt also keine Verbesserung im Sinne der Evolution dar. Bei bekannten Überresten von Frühmenschen sind die Knochen allerdings ebenfalls viel härter und schwerer. Waren diese sogenannte Vor- und Frühmenschen einfach irgendwann ausgestorbene Primatenspezies und normale Menschenrassen? Das Skelett eines 12-jährigen Cro-Magnon-Menschen war viel robuster, als das bei den heute kräftigsten Menschen der Fall ist. Das beweist, Cro-Magnon und auch Neandertaler waren viel stärker als heutige Menschen. Sie müssen unglaublich stark gewesen sein.

Abb. 97: Ein ausgewachsener Schimpanse ohne Fell

Ein weiterer großer Unterschied zwischen großen Affen und Menschen ist der Brustkorb. Die Wirbelsäule und das Becken unterscheiden sich auch. Menschen haben einen längeren Hals als Affen. Und warum haben Menschen eigentlich keinen Schwanz wie viele Affen? Das wäre heutzutage sicherlich ein hilfreiches Werkzeug. Warum sollte die Evolution so etwas eliminieren? Affen haben große und flexible Schultern und Ellenbogen, die sie vollständig ausstrecken können. Mit ihren geschickten Bewegungen können sie leicht von Ast zu Ast schwingen, denn ihre Kraft erlaubt ihnen das mühelos. Auf dem Boden laufen Affen auf allen Vieren und benutzen dazu ihre Fingerknöchel. Das menschliche Steißbein war niemals ein Teil eines Affenschwanzes, denn am Steißbein sind neun kleine Muskeln befestigt, die man für das normale Funktionieren des Körpers braucht. Die Kehle ist bei Menschen vollkommen anders aufgebaut als bei Schimpansen und anderen Affen. Aufgrund dieses Aufbaus sind Affen nicht in der Lage, Laute zu modulieren und zu sprechen. Wie konnte sich also die menschliche Kehle entwickeln und der Mensch lernen, zu sprechen? Das ist ein völlig neuartiger Aufbau mit keinen Zwischenstufen. Affen haben auch mehr Chromosomenpaare als Menschen, Schimpansen und andere Großaffen haben 24 Chromosomenpaare, der Mensch nur 23. Beim Menschen haben sich zwei Chromosomen zu einem Verschmolzen, dem menschlichen Chromosom 2 – wie konnte so etwas geschehen? Das kann heute nur durch künstliche genetische Modifikation erreicht werden. Wenn der Mensch sich also im Sinne der Evolutionstheoretiker entwickelt haben soll, müsste er mehr Chromosomen als Affen aufweisen und nicht weniger. Das ist das wichtigste Argument gegen eine Evolution:

Unter all den Milliarden von Fossilien ist niemals eine Übergangsform von einer Art in eine andere entdeckt worden, selbst Darwin war das bewusst. Bei keinem Affen gibt es einen einzigen Knochen, der mit dem eines heute modernen Menschen identisch wäre! Wie soll der moderne Mensch ohne Übergangsform und natürlich entstanden sein? Es war intelligentes genetisches Design und keine Evolution! Biologen wissen, dass einer existierenden Lebensform kein neues genetisches Material hinzugefügt werden kann. Darum kann sich eine Lebensform niemals weiterentwickeln oder sich in eine andere verwandeln. Wenn von der Verwandtschaft von Schimpansen und Menschen die Rede ist, wird immer behauptet, es gebe eine genetische Übereinstimmung von bis zu 98 Prozent. Der menschliche genetische Code besteht aus etwa 3,27 Milliarden DNA-Basenpaaren und neue Untersuchungen beweisen einen Unterschied von mehr als 10 Prozent zum Schimpansen. Bei 10 Prozent sind das immerhin schon 300.000.000 Basenpaare, die uns unterscheiden – denken Sie mal über die Zahl 300 Millionen nach.

Es gibt noch weitere wichtige Unterschiede, die uns von Affen unterscheiden: Warum hat der Mensch im Zuge der Evolution seine dichte Körperbehaarung verloren? Dadurch können wir weder Hitze noch Kälte aushalten. Ein Affe braucht sein Fell, um

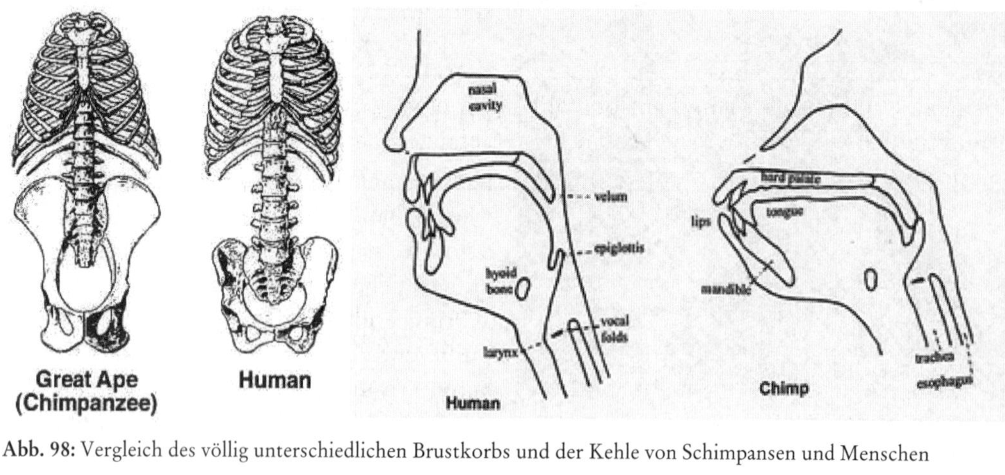

Abb. 98: Vergleich des völlig unterschiedlichen Brustkorbs und der Kehle von Schimpansen und Menschen

sich im Wind zu kühlen und bei kaltem Wetter zu wärmen. Er hat kurzes, dichtes Haar am ganzen Körper, nur im Gesicht ist es dünner. Das Haar der Affen und anderer Tiere mit Fell wächst auch nicht lang und so haben sie keine Bärte wie Menschen und werden normalerweise nicht kahlköpfig. Menschenhaar auf dem Kopf schützt uns vor der Sonne, es kann mehrere Meter lang wachsen und Männer können sich zusätzlich lange Bärte wachsen lassen. Die menschliche Körperbehaarung hat noch viele weitere Funktionen und auch hier scheint ein intelligentes Design dahinterzustecken. Außerdem: Wenn wir tatsächlich von afrikanischen Affen abstammen sollten, warum haben dann schwarze Afrikaner die geringste Körperbehaarung aller Menschenarten?

Der Grund, warum Indianer die Haare immer lang trugen, war, weil das menschliche Haar eine Verlängerung des Nervensystems ist, nämlich außenliegende Nerven, eine Art Fühler oder Antennen. Diese Antennen sind dazu fähig, große Mengen an wichtigen Informationen an den Hirnstamm, das limbische System und an den Neocortex zu liefern. In manchen Kulturen galt das lange Haar als ein Symbol der Stärke und der Potenz. Die Heilkraft eines Menschen kommt daher konzentriert in seinem Haar und seinen Nägeln vor. Nach Meinung der Indianer verliert man einen Teil seiner Seele, wenn man sein Haar schneidet.

Ein Affenhirn hat ein durchschnittliches Volumen von 400 Kubikzentimetern, Menschen hingegen 1.350 Kubikzentimetern, die Neandertaler hatten über 1.500 Kubikzentimeter. Ein weiterer Unterschied ist der zerebrale Cortex. Das menschliche Bewusstsein und der menschliche Verstand arbeiten anders als bei Affen und wir bewegen uns auch anders. Sie haben nicht das richtige Nervensystem für Sprache oder Schrift und alle Versuche, ihnen das Sprechen beizubringen, sind gescheitert. Diese Fähigkeit zu sprechen ist im Menschen eingebaut und das Gleiche ist beim Lesen und Rechnen der Fall. Menschen haben auch eine Vorliebe für Musik und Tanz in sich. Die Muskelkontrolle für den Sprechvorgang ist sehr kompliziert und schon im menschlichen Gehirn eingebaut, jedoch nicht bei den Affen. Es fehlt ihnen auch die präzise Kontrolle über ihre Arme und Hände, die für das Schreiben und das Malen nötig sind, auch für das Benutzen richtiger Werkzeuge.

Es ist bisher auch noch nie gelungen, Schimpansen oder Gorillas in die menschliche Gesellschaft zu integrieren. Oft sieht man junge Schimpansen lustige Dinge vollbringen, und da sie sehr schnell lernen, wenn sie noch jung sind, sind sie auch für den Menschen zugänglich. Das ändert sich jedoch, wenn sie auswachsen. Ein ausgewachsener Schimpanse ist ein großes und gefährliches Tier. Ausgewachsene Schimpansen sind um ein Vielfaches stärker als Menschen, obwohl sie in etwa gleich groß sind. Alle Affen sind grundsätzlich wilde Tiere. Auch wenn sie in Gefangenschaft aufgezogen werden, können sie nicht in die menschliche Gesellschaft integriert werden. Mensch und Affe sind so unterschiedlich, dass sie auf keinen Fall miteinander verwandt sein können.

Menschliche Schädel sind einzigartig und kein Affe hat einen menschenähnlichen Schädel. Menschen haben auch keine Paarungszeit wie die meisten Affen. Menschen haben im Gegensatz zu den meisten Tieren ein sehr schlechtes Wahrnehmungsvermögen. Tiere wie Affen hören wesentlich besser als wir, auch Tonlagen, die wir nicht mehr wahrnehmen können. Die Sehkraft ist bei Affen ebenfalls viel besser und sie können sogar in fast völliger Dunkelheit noch recht gut sehen, und auch der Geruchssinn ist bei den meisten Tieren ebenfalls viel besser entwickelt als beim Menschen. Ist das nun eine Evolution oder eine Devolution?

Schimpansen haben platte Füße und können damit sicherer laufen und klettern, weil sie mit ihnen auch greifen können. Dagegen ist der menschliche Fuß ganz anders aufgebaut und wir müssen eigentlich ständig die Balance halten und stehen meist auf Verse und Fußballen sowie auf dem großen Zeh. Affen können ihre Beine nicht wie ein Mensch ausstrecken und sich auch nicht gerade aufrichten. Das bedeutet, dass der Mensch bei weitem nicht so gut an das Überleben in der Natur angepasst ist wie Affen, denn wir benötigen auch Bekleidung und Schutz. Viele Pflanzen und Früchte sind für Menschen ungenießbar und giftig, weswegen sie nur wenig Rohkost essen. Menschen leiden überraschend häufig an Rückenschmerzen, als ob wir an die Schwerkraft dieses Planeten nicht angepasst wären. Der Mensch ist das einzige Lebewesen der Erde, das einen Sonnenbrand bekommt. Wir werden auch von der Sonne geblendet, die meisten Tiere nicht. Der menschliche Geburtsprozess ist sehr kompliziert, weil der Kopf der Babys zu groß ist und es oft zu Todesfällen bei der Geburt kommt. Keine Tierart hat dieses Problem und die meisten neugeborenen Tiere können kurz nach der Geburt aufstehen und laufen. Menschliche Kinder können das nicht, sie sind völlig hilflos.

Dr. Ellis Silver beschreibt in seinem Buch *„Humans are not from Earth“* (Menschen stammen nicht von der Erde), dass sich der Mensch mit ziemlicher Sicherheit nicht gemeinsam mit den anderen Lebensformen auf diesem Planeten entwickelt hat. Der Mensch entstammt mit hoher Wahrscheinlichkeit von einem anderen Planeten mit geringerer Schwerkraft wie, z.B. dem Mars. Unser Biorhythmus ist auch auf den Mars-Tag mit seinen 23 Stunden ausgelegt. Das könnte allerdings auch durch die ständig abnehmende Rotationsgeschwindigkeit der Erde erklärt werden. Der Mensch hat im Gegensatz zu Tieren sehr viele chronische Krankheiten und genetische Defekte. Die Wissenschaft ist bereits seit Jahren dazu fähig, in die Genetik von Tieren einzugreifen und sie auch zu klonen. Dolly, das geklonte und genetisch veränderte Schaf, zeigte gegenüber seinen natürlichen Artgenossen tausende genetische Defekte, die diese nicht haben. Deshalb meinen einige Forscher, das wäre ein Hinweis darauf, dass der *Homo sapiens* ebenfalls das Produkt einer genetischen Manipulation ist! In den Legenden der alten Völker wird immer davon berichtet, dass die Götter den Menschen erschaffen haben. Warum sollte das nicht so sein? Neue Forschungsergebnisse über die menschlichen DNA liefern hier eindeutige Fakten.[(52)]

Die rätselhafte menschliche DNA

Eines der größten wissenschaftlichen Geheimnisse betrifft unsere DNA (DNS), welche einen hochkomplexen Code darstellt. Die DNA besitzt eine charakteristische Form, die spiralförmige Doppelhelix. So sieht sie wie eine verdrehte Leiter aus und besitzt einzigartige Codes, die in jedem lebenden Organismus vorkommen. Das menschliche Genom hat etwa 3,27 Milliarden DNA-Basenpaare und die moderne Wissenschaft betrachtet die DNA heute als ein Programm, wobei sich dann die Frage stellt, wer denn der Erschaffer oder Programmierer dieses Programms war? Es gibt verschiedene Möglichkeiten. DNA oder Desoxyribonukleinsäure wurde 1869 vom Schweizer Physiker Friedrich Miescher entdeckt, und es gelang ihm auch, DNA erstmals zu isolieren. Erst viele Jahre später begann die Wissenschaft zu verstehen, wie DNA wirklich funktioniert. Sie besteht aus einzelnen Chromosomen, deren DNA-Fäden zwischen 7 bis 10 Zentimeter lang sind. Nimmt man jede Zelle des menschlichen Körpers und verbindet alle Chromosomen zu einer langen Kette, würde sie 600 Mal die Länge der Distanz zur Sonne und zurück haben!

Die beiden Biologen James Watson und Francis Crick (1916-2004) enthüllten erst im Jahr 1953 die Struktur und die Eigenschaften der DNA. Sie kamen dahinter, dass dieses Molekül unsere genetischen Informationen enthält, und somit den Bauplan des Menschen. Für diese Entdeckung erhielten diese Forscher 1962 den Nobelpreis. Die Zellteilung im Körper erfolgt automatisch und dadurch erschafft sich die DNA immer wieder selbst neu. Bei der Zellteilung spaltet sich die Doppelhelix in der Mitte, und die so entstandenen Hälften bilden automatisch wieder eine neue ganze Doppelhelix. Im Jahr 1961 konnte der genetische Code erstmals von Marshall Nirenberg geknackt werden, einem Biochemiker vom *National Institute of Health* aus Maryland. Dadurch konnte in den folgenden fünf Jahren der gesamte menschliche Code entziffert werden. Es kam außerdem zu einer weiteren Entdeckung: In der DNA versteckt sich ein zweiter Code, der die Zellen instruiert, wie sie die Gene zu kontrollieren haben. Das zeigte, dass unser genetischer Code viel komplexer ist, als zuerst vermutet. Es stecken also sozusagen zwei „Sprachen" in unseren Genen.

Professor Paul Davies vom australischen *Centre for Astrobiology* an der *Macquarie Universität* in Sydney brachte die These hervor, dass möglicherweise eine außerirdische Nachricht oder fremde Daten in Form eines Binärcodes in unserer DNA versteckt sind. Auf diese Art und Weise wäre es möglich, diese Botschaft über sehr lange Zeiträume zu bewahren und im menschlichen Erbgut zu verstecken. Sobald die menschliche Rasse wieder die nötige Technologie entwickelt hat, wäre man wieder fähig, diese Nachricht zu lesen und zu verstehen! Falls das tatsächlich so ist, stellt sich die große Frage, wer dann ursprünglich diesen genialen Code erschaffen hat? Es ist sehr unwahrscheinlich, dass sich so etwas „zufällig" in der Natur gebildet hat – eher wahrscheinlich scheint da schon ein kosmischer Schöpfer oder eine fortschrittliche Rasse von Außerirdischen.

Zwei andere Wissenschaftler, Maxim A. Makukov vom *Fesenkov Astrophysical Institute* und Vladimir Shcherbak vom *Al-Farabi Kazakh National University* in Kasachstan, arbeiteten zusammen 13 Jahre lang für das *Human Genome Project.* In diesem Projekt wird das menschliche Erbgut erforscht. Die beiden Forscher glauben, dass unsere Spezies von einer höheren Macht erschaffen wurde, einer außerirdischen Zivilisation, die Leben auf verschiedene Planeten verpflanzt. Und auch sie glauben, dass es eine genetische Nachricht in unserer DNA gibt, die noch entschlüsselt werden muss und möglicherweise Informationen von Außerirdischen enthält. Die Botschaft setzt sich aus einer Reihe von mathematischen Mustern und einer ideografischen Symbolsprache zusammen. Es gibt inaktive Sequenzen in der DNA, die sogenannte „Müll-DNA", dort könnte sich dieser Code verbergen. Makukov sagte: *„Früher oder später müssen wir den Fakt akzeptieren, dass alles Leben auf der Erde einen genetischen Code trägt, der von unseren außerirdischen Verwandten stammt. Die Evolution ist nicht das, was viele glauben. Wenn dieser Code einmal fixiert ist, besteht er unverändert über kosmische Zeiträume weiter fort.*

Tatsächlich ist es die dauerhafteste Konstruktion im Universum, die derzeit bekannt ist. Es ist ein außergewöhnlich zuverlässiger Speicher für intelligente Signaturen. Diese Signaturen sind in den Zellen eingefroren und werden so durch Raum und Zeit getragen.“(52)

Diese Überlegungen brachten die Wissenschaftler zu der Erkenntnis, dass DNA von außerhalb unseres Sonnensystems stammt und schon seit mehreren Milliarden Jahren existiert. Der Forscher Maxim Makukov sagte im Interview mit dem *New Scientist*: „*Es ist klar, dass dieser Code keine zufällige Struktur hat. So etwas kann man nur sehr schwer einem natürlichen Prozess zuschreiben.*“(52)

Auch einer der Entdecker der DNA, der Engländer Francis Crick, schrieb in seinem Buch „*Life Itself*“ von 1982: „*Die Organismen wurden von intelligenten Wesen von anderen Planeten absichtlich zur Erde gebracht. Die Wahrscheinlichkeit, dass die Natur aus reinem Zufall durch ziellos umherwirbelnde Moleküle entstanden ist, ist genauso hoch, als wenn ein Jumbo-Jet sich zufällig zusammensetzen würde, wenn ein Wirbelsturm über einen Schrottplatz fegt.*“(52)

Die Wahrscheinlichkeit, dass sich DNA zufällig entwickelt haben könnte, wurde mit 1: 10^{119000} beziffert!

Laut dem Autor Robert Sepher gibt es neue DNA-Sequenzierungen, die zeigen, dass die Menschheit keine „einzige Rasse“ ist, die sich auf einen gemeinsamen Vorfahren aus Afrika zurückverfolgen lässt. Der Mensch ist eine Hybriden-Spezies, die ein Geheimnis umgibt. Eines dieser ungelösten Fragen betrifft Menschen mit der Blutgruppe Rhesusnegativ „Rh-“. Wenn es tatsächlich einen gemeinsamen Vorfahren aller Menschen gegeben hätte, wären die Blutgruppen untereinander kompatibel, was jedoch definitiv nicht der Fall ist! Woher stammt rhesusnegatives Blut? Warum stoßen Mütter, die rhesusnegativ sind, Kinder mit der Blutgruppe rhesus-positiv automatisch ab? Das könnte dadurch erklärt werden, dass Menschen mit der Blutgruppe rhesus-negativ Hybriden mit Außerirdischen sind! Eine neue Theorie ist, dass Menschen mit dem Rh-negativ Blut-Abkömmlinge der legendären hyperboreischen Rasse sind, die vor langer Zeit vom Weltraum aus auf die Erde kam und die erste menschliche Hochzivilisation gründete. Viele Alternativforscher sind davon überzeugt, dass die Hyperboreer die echte erste menschliche Rasse auf diesem Planeten war. Hyperboreer waren blond und blauäugig und aus ihnen gingen später die arischen Rassen der Erde und ihre Hochkulturen hervor. Aus den Nachkommen der Hyperboreer gingen auch alle großen spirituellen Lehrer wie Jesus Christus hervor, denn in ihnen floss das Blut der Sternengötter, die spezielle geistige Kräfte besitzen. Auch Robert Sepher schreibt in seinem Buch „*Species with Amnesia: Our Forgotten History*“ (Spezies mit Amnesie: Unsere vergessene Geschichte), dass früher auf der Erde hochentwickelte Zivilisationen existierten, die durch verheerende globale Kataklysmen ausgelöscht wurden. Sind wir deren späte Nachfahren und sind wir einst von den Sternen hierher gekommen? Es gibt heute nur mehr wenige Erinnerungen an diese alten Zivilisationen. Sepher schreibt, dass wir heutzutage denken, wir hätten großes Wissen über Wissenschaft und Technologie errungen, doch tatsächlich beginnen wir nur, das Wissen und die Weisheit dieser großartigen alten Zivilisationen wiederzuentdecken.

Es gibt einen Anteil von ca. 15 Prozent an Menschen mit RH-, gemessen an der globalen Gesamtbevölkerung. Diese Menschen haben durchschnittlich einen höheren Intelligenzquotienten (135 bis 140) und sind viel feinfühliger. Sie haben eine etwas niedrigere Körpertemperatur und stärkere psychische und intuitive Fähigkeiten. Dabei handelt es sich bei diesen Menschen in erster Linie um den nordeuropäischen weißen Menschentyp mit blauen, grünen oder braunen Augen. Sie haben oft blondes oder rötliches bzw. rotes Haar. Solche Menschen sind sehr empfindlich gegen helles Licht und die Sonne, und können scheinbar nicht geklont werden. Sie weisen auch die höchste Rate an UFO-Entführungen und anderen unerklärlichen Phänomenen auf. Alle königlichen Familien haben beispielsweise rhesus-negatives Blut. Wirft man einen Blick auf die ägyptische Königsliste, stellt man fest, dass sie ca. 36.500 Jahre lang ist. Diese Zeitspanne passt perfekt zum plötzlichen Erscheinen des Cro-Magnon-Menschen und des RH-Blutes. Robert Sepher konnte feststellen, dass rhesus-negatives Blut plötzlich vor 35.000 Jahren bei Cro-Magnon-Menschen auftauchte. Aber woher stammte es? Viele rhesus-negativ-Menschen haben auch eine zusätzliche Rippe oder einen zusätzlichen Wirbelknochen und das kann man nicht als eine Mutation bezeichnen. Meiner Meinung nach kommt das daher, weil diese Menschen eindeutig das Anzeichen einer Hybridisierung mit einer unbekannten und möglicherweise außerirdischen Spezies zeigen. Von Primaten stammt es nicht, denn es gibt genau 612 Spezies von Primaten auf der Erde, und keine von ihnen weist rhesus-negatives Blut auf. Auch der Aufbau der menschlichen Gene selbst zeigt, dass sie nicht durch eine Evolution entstanden sein können, sondern durch intelligentes Design! Der Mensch spielt bei allen Lebensformen auf der Erde zusätzlich eine besonders wichtige Rolle, weil ein Teil seiner Gene in keiner anderen Lebensform der Erde vorkommt. Darum stimmen die Legenden vermutlich, wonach der Mensch eine Hybriden-Spezies ist, die diese fremden Gene von einer Rasse von außerirdischen Göttern bekommen hat. Auch das sehr plötzliche Auftauchen des *Homo sapiens* widerspricht eigentlich den Prinzipien des Darwinismus, weil er sich zu schnell entwickelt hat.

Der Whistleblower Alex Collier steht seinen Aussagen nach in Kontakt mit einem Konzil von Außerirdischen aus der Andromeda-Galaxie. Diese Außerirdischen bestätigten ihm, dass der Erdenmensch ein Produkt einer außerirdischen genetischen Manipulation ist. Die menschliche Genetik besteht aus verschiedenen rassischen Gedächtnisspeichern von mindestens 22 unterschiedlichen menschenähnlichen außerirdischen Rassen. Diese außerirdischen Gruppen haben laut Alex Collier ihr eigenes genetisches Material

Abb. 99: Eine authentische menschenähnliche Nazca-Mumie, daneben eine Steintafel aus Südamerika, die Außerirdische beim Pyramidenbau zeigt

zur Verfügung gestellt, um auf der Erde ein großes „menschliches Experiment“ durchzuführen. Aus alten Aufzeichnungen geht hervor, dass diese Außerirdischen als Götter betrachtet wurden und noch bis vor relativ kurzer Zeit in bevölkerungsreichen Ballungszentren zusammen mit Menschen lebten! Einer Reihe von speziellen wissenschaftlichen Institutionen ist das durchaus bekannt. Auch die 2016 in Peru entdeckten „Nazca-Mumien“ beweisen das mittlerweile und haben ein Alter von etwa 1.800 Jahren. Auf den ersten Blick sehen die Nazca-Mumien wie normale menschliche Körper aus, aber wenn man genau hinsieht, kann man feststellen, dass einige Körperteile mehrere Auffälligkeiten aufweisen. Der Kopf ist größer, hat breitere Augen, eine kleinere Nase und keine Ohren. Die Mumien haben weniger Wirbel als ein gewöhnlicher Mensch und auch die Knochenstruktur ist anders, sie ist breiter. Die Mumien besitzen nur jeweils drei sehr lange Finger und Zehen, keine Brüste und keine Nabel. Es wurde eine Kohlenstoffdatierung der Körper zusammen mit einer Analyse der Körperstruktur durchgeführt, und die CT-Röntgenscans zeigten, dass die Körper tatsächlich authentisch sind. Die DNA der Mumien wurde von verschiedenen Laboren untersucht und deutet auf einen unbekannten Menschentyp hin. Die Anatomie hat große Ähnlichkeit zum Menschen, es gibt aber auch viele Unterschiede. DNA-Tests des renommierten Unternehmens *BioTeZentimeterol* zeigen, dass nur 30 Prozent der getesteten DNA menschlich sind, 70 Prozent jedoch nicht. Deshalb kann nun mit Sicherheit ausgeschlossen werden, dass wir es hier mit menschlichen Überresten zu tun haben, es also keine Menschen sind. Die artfremden 70 Prozent dieser DNA kommen auch bei keinem anderen Säugetier der Erde vor und stammen ebenso wenig von Bakterien. Das bedeutet, dass es sich tatsächlich um Mumien von außerirdischen Hybriden handeln könnte! Der Mumifizierungsprozess selbst könnte erfunden worden sein, um DNA zu erhalten und Menschen klonen zu können, sobald wieder die Technologie dazu verfügbar wäre.

Das DNA-Molekül wird heute bereits als das effizienteste, selbstreplizierende Speichersystem des Universums bezeichnet und der Aufbau dieser Moleküle spricht eindeutig für ein hochintelligentes Design. Selbst die hypothetischen ersten einfachen Zellen haben bereits über diese komplexe DNA-Struktur verfügt und waren sozusagen programmiert. DNA ist ein biologisches Wunder und sicherlich nicht zufällig aus einer großen Explosion wie dem Urknall entstanden. Selbstverständlich war das auch Francis Crick bekannt und er konnte sich dieses Rätsel nur schwer erklären. Er wusste, dass sich DNA nie und nimmer aus anorganischer Materie entwickelt haben konnte. Die Idee einer intelligenten Schöpfung lehnte er dennoch ab, weil er ein Atheist war. Er kam deshalb auf die Panspermie-Theorie und dachte, die DNA wäre aus dem Weltall auf die Erde gekommen. Kleine Mikroorganismen sollten sich vom Weltraum aus überall verbreitet haben. Meteoriten können jedoch nicht dafür verantwortlich gewesen sein, weil sie zu Sternschnuppen werden und sich zu stark erhitzen, wenn sie in die Atmosphäre eintreten. Da im Weltall außerdem eine starke Strahlung vorherrscht, ließ Crick diese Theorie wieder fallen und meinte später, die Sporen wären von einer außerirdischen Zivilisation in Raumschiffen auf die Erde gebracht worden. Warum sollten sie das tun? Man könnte doch genauso gut gleich fertige Lebensformen hier ansiedeln. Denn welchen Sinn hätte es ergeben, Mikroorganismen und Sporen auf der Erde auszubringen, wenn sich erst Milliarden Jahre später möglicherweise Leben und eine menschliche Zivilisation daraus entwickeln könnte?[52]

Die Skelette von Vormenschen und Frühmenschen sind Fälschungen

Nachdem wir nun gesehen haben, dass uns das Geheimnis der menschlichen DNA enthüllt, dass wir ganz außergewöhnliche Lebensformen sind, wissen wir jetzt auch, dass unser DNA-Code fixiert ist. Ihm kann auf natürliche Weise nichts hinzugefügt werden. Falls das doch passieren sollte und DNA von Bakterien absorbiert wird, kommt es meist zu tödlichen Mutationen oder diese Menschen können sich nicht fortpflanzen. Die DNA ist dazu geschaffen, ein kosmischer Datenträger zu sein, der sehr lange Zeiträume unverändert überdauern kann. Deshalb ist alles Leben genetisch designt und codiert. Obwohl diese Fakten in der Fachwelt hinreichend bekannt sind, wird heute immer noch versucht, uns einzureden, Menschen seien das Produkt einer Evolution, die bis in die ferne Vergangenheit zurückreicht, als der Urknall stattgefunden haben soll. Aus diesem sollen sich dann rein zufällig Sonnen und Planeten gebildet haben und auch lebloses Gestein erwachte zufällig zum Leben, als es in der Ursuppe zu brodeln begann. DAS wäre ein echtes Wunder und ein übernatürliches Ereignis und nicht eine intelligente Schöpfung der Lebewesen durch einen Schöpfer!

Die Evolutionstheorie versucht auch, den Menschen zu einem Tier zu degradieren. Das stimmt aber nicht, wir sind einzigartig und ganz speziell. Es wird behauptet, wir hätten uns aus primitiven Formen hochentwickelt, doch erstens sind auch Affen nicht primitiv, sondern perfekt und zweitens wissen wir jetzt, dass zwischen Affen und Menschen große Unterschiede bestehen. Um zu beweisen, dass alle Menschenrassen gleich seien, wird behauptet, die ersten modernen Menschen hätten sich vor einigen hunderttausend Jahren in Afrika aus den Vorfahren von Affen hochentwickelt. Auch das stimmt nicht. Wie wir gleich sehen werden, handelt es sich bei den sogenannten primitiven Vor- und Frühmenschen durchwegs um wissenschaftliche Fälschungen. Und sobald wir das begriffen haben, realisieren wir auch, dass die verschiedenen Menschenrassen speziell und separat erschaffen wurden und nicht alle gleich sind. Das zeigt auch das rhesusnegative Blut!

Widmen wir uns nun den sogenannten Vormenschen. Im Kapitel über die Artefakte haben wir schon mit der ersten berühmten Fälschung zu tun gehabt, dem Piltdown-Menschen. Wer glaubt, dass es sich dabei um einen skurrilen Einzelfall handelt, der irrt. Nebraska-Mensch ist der Name eines weiteren vermeintlichen Vormenschen, der 1917 in Nebraska von einem Geologen namens George Harold Cook entdeckt wurde. Man glaubte an eine Sensation und dachte, man hätte einen aufrecht gehenden Primaten in Nordamerika entdeckt. Die Wissenschaft gab ihm sogleich einen lateinische Fachnamen, der an seinen Entdecker verwies: *Hesperopithecus haroldcookii* (Menschenaffe der westlichen Welt). Der Wissenschaftler Henry Osborn von der *Columbia University* beschrieb auf Grundlage eines einzigen Zahns im Jahr 1922 erstmals detailliert den Nebraska-Menschen. Tatsache ist, dass nur ein fossiler Zahn gefunden wurde. Aus diesem Zahn wollten die Anthropologen seine ganze Entwicklungsgeschichte und seinen Körperbau ableiten. Osborn identifizierte den Zahn gemeinsam mit Dr. William Matthew als den Zahn eines Menschenaffen. Auch die Forscher William K. Gregory und Dr. Milo Hellman bestätigten das und glaubten, dass dieser Frühmensch mehr menschlich als affenartig war, und die Entdeckung wurde sofort in vielen wissenschaftlichen Journalen bekanntgegeben. Der Künstler Amédéé Forestier fertigte aufgrund der Beschreibungen der

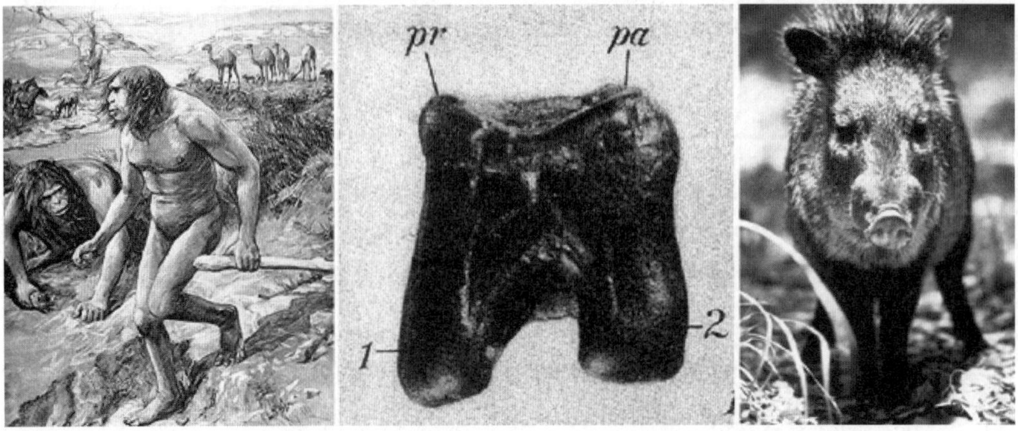

Abb. 100: Zeichnung des Nebraska-Menschen nach einem Zahn und sein wahrer Besitzer, das Pekari-Schwein von Nebraska!

Wissenschaftler eine detaillierte Zeichnung des Nebraska-Mannes und seiner Frau an, basierend auf einem Mahlzahn und ähnlichen Zeichnungen des Java-Menschen. Diese wurde in einer Zeitung aus London abgedruckt.

Im Jahr 1925 setzte man die Feldarbeit fort und wollte weitere Fossilien des Nebraska-Menschen freilegen. Das ganze restliche Skelett wurde gefunden und der eine Zahn passte perfekt in den Kiefer des Schädels. Überraschenderweise gehörte dieses Skelett keinem Vormenschen, Menschenaffen oder Affen. Es handelte sich um das Fossil einer ausgestorbenen Art des Pekari-Nabelschweins, einem amerikanischen Wildschwein. Beschämt wurde die Entdeckung veröffentlicht und frühere Schlussfolgerungen rasch zurückgezogen. Dieser Vorfall verlängerte die Reihe peinlicher Veröffentlichungen der Paläontologie und der Evolutionisten und man sprach von einem bedauernswerten Irrtum. Später wurde bekannt, dass dieser Fund benutzt werden sollte, um die damals noch recht junge Evolutionstheorie an staatlichen Schulen lehren zu dürfen und man glaubte, einen Beweis zu haben! Henry Osborn war tief in diese Bemühungen verstrickt. Nach dem Piltdown-Menschen war das der zweite Fall, wo ein Missing Link sich als Falschmeldung entlarvte: Ein Zahn sollte als Beweis für eine ganze Menschenrasse dienen, die vor einer Million Jahren dort gelebt haben soll! Es gab damals einen weiteren Fund, der auf einem Zahn basierte, den *Southwest Colorado*-Menschen, doch es stellte sich heraus, dass dieser Zahn einem Pferd gehörte. Man glaubt heute nicht wirklich an einen Irrtum, denn man suchte händeringend einen Beweis für eine Evolution und den *Missing Link*!

Sowohl der Geologe Harald Cook als auch Henry Osborn, der auch ein ehemaliger Präsident des amerikanischen *Museums der Naturgeschichte* in New York war (1908-1933), haben diesen Schwindel absichtlich erschaffen. Harold Cook war ein enger Mitarbeiter von Osborn am *Museum für Naturgeschichte* und direkt an der Ausgrabung des Nebraska-Menschen beteiligt gewesen. Man wollte einen *Missing Link* finden. Ein weiterer Wissenschaftler, der an diesem Schwindel beteiligt war, war der britische Anatom Sir Grafton Elliot Smith, ein Mitglied der Royal Society in London. Smith war ein Förderer des Schwindels in England und Europa. Ebenfalls beteiligt war die ACLU (*American Civil Liberties Union*). Diese Bürgerrechtsorganisation kämpfte ebenfalls für die Einführung der Evolutionstheorie in den amerikanischen Lehrplan, denn es bestand damals

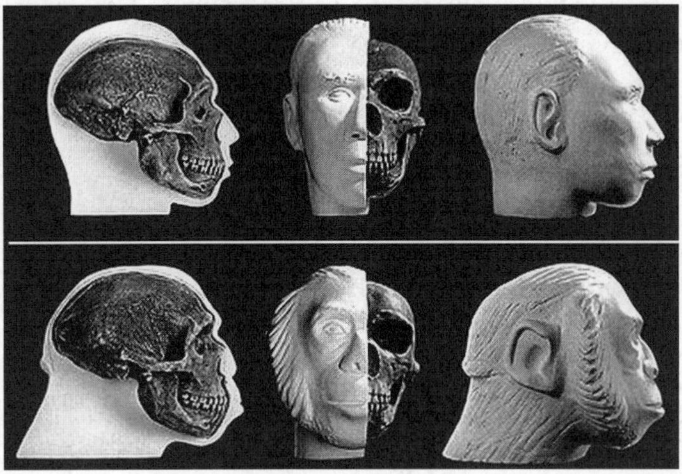
Abb. 101: Man kann einen Schädel unterschiedlich interpretieren

ein Verbot gegen die Evolutionslehre. Mitglied der ACLU war auch ein Mann namens Henry Osborn. Er wollt die Rechtsordnung herausfordern, um das Unterrichtsverbot zu kippen. Cook und Osborn waren bereits mit dem Gebiss des Pekari-Schweins vertraut, und wussten deshalb, dass der ausgegrabene Zahn von einem Schwein stammte. Da der Zahn auch eine gewisse Ähnlichkeit zu einem menschlichen Zahn aufwies, behaupteten sie kurzerhand, es wäre ein Vormensch gewesen, was ein absichtlicher Betrug war. Dr. Elliot Smith berichtete auch noch, dass die britischen Wissenschaftler dem Fund zuerst einheitlich zugestimmt hatten, sodass der Plan dazu eindeutig von der Royal Society stammte.

Neueste Forschungen zeigen, dass die bekannten Neandertaler auch keine primitiven Frühmenschen waren, sondern fast gewöhnliche Menschen. Neandertaler sind nach Knochenfunden aus dem Neandertal in Deutschland des Jahres 1856 benannt worden, und es wurden bisher nur etwa 300 Exemplare entdeckt. Die Wissenschaft versuchte zuerst, den Neandertaler zu einem Vorfahren des *Homo sapiens* zu erklären. Das wurde später widerlegt, weil es zu viele Gemeinsamkeiten gibt. Es wird nun von einem unbekannten gemeinsamen Vorfahren von modernen Menschen und Neandertalern ausgegangen, doch für einen solchen Vorfahren gibt es keine Beweise. Die Wissenschaft kann sich nicht einmal die gleichzeitige Existenz von *Homo sapiens* und Neandertalern erklären – sie sollen für mehr als 100.000 Jahre gemeinsam existiert haben. Zusätzlich ist vor wenigen Jahren auch noch der Denisova-Mensch in diesen Kreis aufgenommen worden. Und vor 30.000 Jahren sind die Neandertaler angeblich plötzlich ausgestorben.

Vergleicht man das Skelett und den Schädel von Mensch und Neandertaler, kann man feststellen, dass der Neandertaler viel stärkere und auch größere Knochen hatte. Das bedeutet, dass er sehr viel stärker als ein heutiger Mensch gewesen sein muss. Auch das Schädelvolumen war größer als beim heutigen Menschen. Das bedeutet, er hatte ein größeres Gehirn und war möglicherweise intelligenter. Wenn man heute Abbildungen von Neandertalern sieht, sehen diese oft total unterschiedlich aus. Es wird häufig versucht, ihnen einen affenartigen Ausdruck zu verleihen, obwohl das nicht stimmt – sie haben wohl sehr menschlich ausgesehen. Einige Wissenschaftler sind jetzt sogar der Meinung, dass sie tatsächlich gewöhnliche Menschen waren. In den Medien wird trotzdem laufend versucht, ihnen ein sehr affenähnliches Aussehen zu verleihen. Die Wissenschaftler verteidigen sich dabei und benutzen ihr Zauberwort: Interpretation!

Der berühmte deutsche Arzt und Berliner Professor Rudolf Virchow (1821-1902) war ein Gegner der Evolutionstheorie. Virchow gilt heute als der Vater der modernen Pathologie und war zu seiner Zeit einer der bekanntesten Mediziner der Welt. Er untersuchte zahlreiche Knochen von Neandertalern und entdeckte Erstaunliches. Er kam dahinter, dass sie keine primitiven Frühmenschen waren, sondern gewöhnliche Menschen die unter verschiedenen Krankheiten litten. Er stellte fest, dass viele von ihnen an Kindheitsrachitis und Arthritis litten, und einige waren Opfer von schweren Schlägen auf den Kopf geworden, wodurch die Schädel teilweise deformiert sind. **Obwohl Neandertaler heute in Lehrbüchern und Museen immer noch als Affenmenschen dargestellt werden, waren sie in Wahrheit eine eigene Menschenrasse, die eben sehr kräftig gebaut war.** Die Neandertaler wurden durch verschiedene Faktoren entstellt, was auch mit ihrer Ernährung und den damaligen Umweltfaktoren zu tun hatte.

Erik Trinkhaus war ein weiterer Experte für Neandertaler und Anthropologe von der *Universität von New Mexico* und hat ebenfalls zugegeben, dass ausführliche Vergleiche des Skeletts von Neandertalern und Menschen gezeigt haben, dass es nichts an der Anatomie der Neandertaler gibt, das sie von modernen Menschen unterscheiden würde. Sie hatten die gleichen motorischen, linguistischen, geistigen und intellektuellen Fähigkeiten wie Menschen. Sie begruben ihre Toten, benutzen Körperbemalung und Schmuck und hatten starke soziale Bindungen. Durch DNA-Tests wurde jetzt festgestellt, dass moderne Menschen im Durchschnitt mindestens 4 Prozent Neandertaler-Gene in sich tragen. Erik Trinkhaus bestätigte, dass 4 Prozent das absolute Minimum ist, wahrscheinlich bewegt sich die Verwandtschaft durchschnittlich eher im Bereich von mindestens 20 Prozent! Und das ist noch nicht alles: Die Resultate einer neuen DNA-Analyse haben sogar gezeigt, dass die Neandertaler-DNA zu 99,5 Prozent mit der von modernen Menschen identisch ist. Das bedeutet, dass wir eindeutig mit dem Neandertaler verwandt sind und es sich um modern-menschliche DNA handelt! **Das Besondere daran ist, dass diese Neandertaler-Verwandtschaft bei allen Menschenrassen der Erde nachgewiesen werden kann, außer bei Afrikanern und das ist ein weiteres Problem für die Wissenschaft.** Neandertaler sind also doch nicht ausgestorben, weil es sich um gewöhnliche Menschen handelte und nicht um eine separate Frühmenschenspezies.

Die wissenschaftlichen Probleme entstehen dadurch, weil ähnlich wie in der Geologie eine Zeitskala der menschlichen Evolution festgelegt wurde, bevor es überhaupt fossile Nachweise dafür gab. **Deshalb stimmt jetzt nichts mehr, doch die meisten Forscher werden verpflichtet, Beweise für die Evolution zu suchen. Deshalb waren früher keine neutralen Bewertungen der realen Beobachtungen möglich, weil der Darwinismus ein striktes Dogma darstellt. Es wurde versucht, Beweise zu fabrizieren, die vorgefasste Ideen bestätigen sollten.** Neandertaler waren keine Frühmenschen, sondern einfach eine alte Menschenrasse, und dadurch, dass sie härtere Knochen und ein größeres Gehirn hatten, kann auch von keiner Verbesserung im Sinne der Evolution gesprochen werden.

Es wurden mehrere Fälle bekannt, in denen Museen wie das *Naturhistorische Museum* in Chicago Neandertalerknochen falsch zusammengesetzt hatten, um einen täuschenden Eindruck zu erwecken. Erst 20 Jahre nach diesem Betrug ändert sich heute langsam die Sichtweise auf die Neandertaler, denn Evolutionisten haben keine wirkliche Erklärung für ihren Ursprung. Als die ersten Fossilien der Neandertaler in Deutschland entdeckt wurden, haben mehrere fähige Mediziner eindeutig festgestellt, dass die leicht deformierte und gebeugte Knochenstellung durch Rachitis und ein hohes Alter entstanden war. Rachitis wird durch starken Vitamin-D Mangel ausgelöst und bewirkt ein deformiertes Wachstum der Knochen und Gelenke. Vitamin-D Mangel entsteht durch zu wenig Sonnenlicht und 1872 hat Rudolf Virchow eine ausführliche und sachliche Diagnose der Knochen des ersten Neandertalers vorgelegt. Virchow war selbst auch Anthropologe und ein Mitbegründer der deutschen *Anthropologischen Gesellschaft*. Der erste entdeckte Neandertaler war eine alte Person, die in der Kindheit unter Rachitis und als Erwachsener unter Arthritis litt und mit dem Alter gebückt wurde! **Diese Diagnose wurde niemals widerlegt, sie wurde einfach ignoriert! Evolutionisten suchten nach einer Übergangsform zum Menschen und nahmen dieses durch Rachitis und Arthritis deformierte Skelett und machten es zum ersten Neandertaler – heute sind die Diagnosen von Virchow niemanden mehr geläufig.** Rudolf Virchow war auch politisch aktiv und ein Mitglied des Deutschen Reichstags. Er war ein Pionier des Gesundheitswesens und kämpfte für bessere Krankenhäuser, Schulen und Gesundheitspflegeverfahren. Zu Ende des 19. Jahrhunderts war er wahrscheinlich wirklich der bekannteste Mediziner der Welt! Doch man ließ ihn in Vergessenheit geraten, weil er die Sünde begangen hatte, nicht an Darwin und die Evolutionstheorie zu glauben. Virchow glaubte, die Idee, dass Menschen von Affen abstammen, wäre ein heimtückischer Angriff auf die Moral der gesamten Gesellschaft und damit hatte er auch Recht. Er war immer dagegen, dass die Theorien der Evolution an deutschen Schulen gelehrt werden dürfen. Trotzdem verlieh ihm die Royal Society für sein Lebenswerk die Copley-Medaille, die höchste wissenschaftliche Auszeichnung dieser Zeit.

Andere Neandertalerknochen weisen ebenfalls Anzeichen von Rachitis und Arthritis auf, dadurch entstand ihre verschobene Knochenstellung. Jeder Forscher auf diesem Gebiet sollte das heute eigentlich wissen, doch es wird aber immer noch von „Frühmenschen“ gesprochen. In den Ländern, in denen die Idee der Evolution unterrichtet wird, gibt es meist keine Skelett-Rachitis mehr. Warum sehen sich heute die Ärzte diese Skelette von Neandertalern und *Homo erectus* nicht mehr genauer an? Wurden diese Leiden durch den Sonnenmangel in der Eiszeit verursacht? Hatte sich der Himmel für lange Zeit durch starke Vulkanausbrüche und andere gewaltige Katastrophen verdunkelt? Suchten die damaligen Menschen Schutz vor der Kälte in Höhlen und bekleideten sich mit dichten schweren Kleidern?

Abb. 102: Professor Rudolf Virchow (1821-1902)

Dr. Cuozzo war in der forensischen Anthropologie in New Jersey tätig und hat selbst originale Schädel von Neandertalern studiert. Auch er kritisiert, dass Neandertalerskelette oft falsch aufgebaut werden, um den Schwindel vom Affenmenschen aufrechtzuerhalten. Er schrieb in seinem Buch, dass Evolutionisten die Schädel von Neandertalern verändern, indem sie das Kinn durch Kunststoffmaterial umformen, damit die Schädel primitiver und affenähnlicher erscheinen.

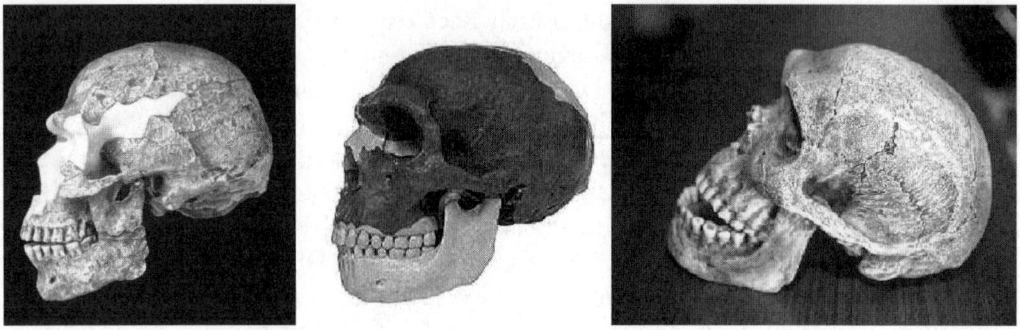

Abb. 103: Ein originaler und zwei manipulierte Unterkiefer von Neandertalern

Es soll so aussehen, dass sie wie Affen kein Kinn haben, und in den meisten Fotografien von Neandertaler-Schädeln fehlt der Unterkiefer. In Abb. 103 sehen Sie drei Fotos. Beim ersten sieht man, wie das originale Kinn des Neandertaler-Schädels noch vollständig vorhanden ist. Beim zweiten Schädel sieht man, wie der fehlende Unterkiefer umgestaltet und weiter nach vorne versetzt wurde, um affenähnlich zu erscheinen – es gibt kein Kinn. Am dritten Foto kann man ebenfalls erkennen, dass der Unterkiefer fälschlicherweise ganz nach vorne verschoben wurde. Außerdem ist die Schädelform kein Beweis für eine Evolution, denn man kann heute in jede beliebige Stadt fahren und diverse Personen in einer Reihe aufstellen und alle möglichen Schädelformen sehen. Beim Cro-Magnon-Menschen handelt es sich ebenfalls um einen ganz gewöhnlichen Menschen und keinen *Missing Link* und auch hier gibt es keinen Beweis für eine Evolution.[(53)]

War der Vormensch Lucy nur ein Affe?

Donald Johanson entdeckte im Jahr 1974 in Äthiopien die Überreste eines angeblichen Vormenschen und nannte ihn Lucy. Der Name *Lucy* stammte von dem populären Beatles-Song *Lucy in the Sky with Diamonds*. Das ist eine Anspielung auf die Droge LSD und Kritiker behaupteten, das Team musste unter Drogen gestanden haben, als sie Lucy fanden und nicht bemerkten, dass es sich um einen Affen handelte! Was wenige Leute wissen, ist, dass Donald Johanson extra nach Äthiopien geschickt wurde und den Auftrag hatte, einen *Missing Link* zu finden. Er bekam Geld in die Hand gedrückt und sollte zu suchen beginnen, doch falls er nichts finden sollte, würde es auch kein Geld mehr geben. Zwei Wochen, bevor ihm das Geld ausging, „entdeckte" er natürlich rein „zufällig" Lucy. Das Skelett war vermutlich ungefähr einen Meter groß und stammte offensichtlich von einem Schimpansen. Wie bei fast allen ähnlichen Funden war der Schädel zerstört und man konnte nicht bestimmen, wie er ausgesehen hatte, weil einfach zu wenig vorhanden war. Als er jedoch für die Lehrbücher interpretiert wurde, ließen sie ihn so aussehen, als wäre er halb menschlich und halb affenartig. Das Kniegelenkt wurde 1,6 km entfernt vom Rest des Skeletts gefunden – wie sonderbar, wie es da wohl hingekommen sein mag? Glaubt wirklich jemand, dass es sich dabei um das echte Knie dieses Affen handelte? Man musste dieses Kniegelenkt hinzufügen, um zu beweisen, dass das Skelett menschenähnlich sei. Denn menschliche Hüften sind breiter und die Knochen haben deshalb einen anderen Winkel. Also musste man einige Teile an Lucy ein wenig manipulieren. Johanson behauptete sofort, das wäre der Beweis, dass Lucy sich zum Menschen entwickelte. Kein anderer Affe, der auf Bäumen lebt, hat einen angewinkelten Oberschenkelknochen, trotzdem handelt es sich nur um einen großen Schimpansen, der auf Bäumen lebte und nicht am Boden. An den Armknochen und Schultern kann man das feststellen. Fußknochen gab es auch keine, die anderen Exemplare des *Australopithecus* hatten alle die Füße von Affen. In Ausstellungen, in denen Lucy gezeigt wurde, wie im Zoo von St. Louis, wurden auf Plakaten Fotos von menschlichen Füßen und Händen gezeigt. Keine Hand- oder Fußknochen von Lucy wurden jemals gefunden. Auch führende Evolutionisten, wie Richard Leakey, glauben jetzt, dass Lucy ein Schimpanse war. Das Skelett von Lucy ist nicht vollständig. Die Beine sind sehr kurz und die Arme zu lang. Das Skelett gleicht eindeutig dem eines großen Schimpansen, denn die Knochen eines Schimpansen sind viel härter und schwerer als die eines Menschen. Daher haben Schimpansen mehr Kraft in ihren Armen. Die Knochenstärke verrät eine starke Ähnlichkeit zum Schimpansen. Deshalb muss Lucy die Stärke eines Schimpansen besessen haben, die Menschen nicht haben.

John Kappelman, ein weiterer Paläontologe von der *Universität Austin*, Texas, bestätigt die neuen Untersuchungen am Skelett von Lucy und denkt auch, dass sie für ihre Größe sehr stark gewesen sein muss. Die Wissenschaftler glauben, Lucy starb, als sie von einem Baum gefallen war und wegen ihrer Größe nicht älter als 10 bis 12 Jahre gewesen war. Wenn das stimmt, wie soll sie dann unser Vorfahr sein? Wenn man irgendwelche Fossilien findet, weiß man nur, dass das Lebewesen gestorben ist. Es beweist nicht, dass es irgendwelche Nachkommen gab, und wie viele Bäume zum Hochklettern und Herumschwingen gab es damals in der afrikanischen Savanne? Der Knochenbau beweist, *Lucy* hat die längste Zeit in Bäumen gelebt und nicht am Boden. An ihren nach oben angewinkelten Schulterblättern kann man erkennen, dass sie genau wie bei Schimpansen aussehen. Leider sind auch die längeren Knochen von Lucy gebrochen. Durch die Länge der Knochen, die von Evolutionisten zusammengesetzt worden waren, will man beweisen, dass sie ein Vorfahr des Menschen war. Die Wissenschaftler haben die Lücken in den Beinknochen verlängert und in den Armknochen verkürzt, um zu zeigen, dass Lucy einen menschenähnlichen Knochenbau aufweisen soll. Ohne diese Lücken passen die Knochen aber sehr gut zusammen und das Skelett hat die genauen Proportionen eines Schimpansen, andere Forscher denken sogar, das Skelett von *Lucy* gleiche mehr dem eines Orang-Utan.

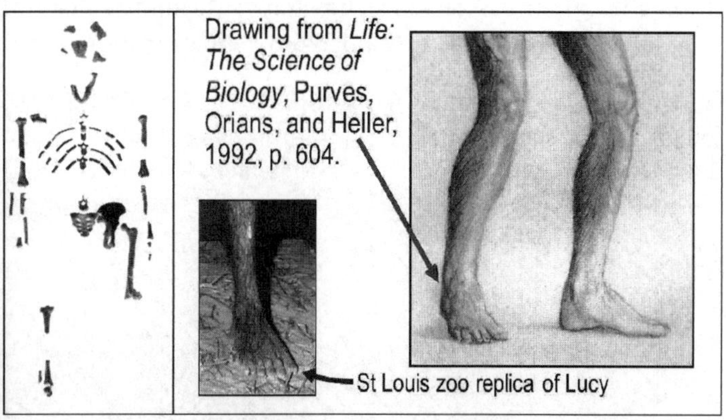

Abb. 104: Skelett-Fragmente von Lucy und ihre wunderschönen, nicht vorhandenen Füße

Das nächste Beispiel ist der sog. *Ramapithecus.* Von diesem Vormenschen wurden nur ein paar kleine Kieferknochen entdeckt. Mit diesen dürftigen Beweisen wurden sofort Zeichnungen eines ganzen Körpers angefertigt, um zu beweisen, dass es sich um einen Vorgänger des Menschen handelt. Pavian-Kieferknochen aus Äthiopien sehen genau gleich aus. *Ramapi-*

thecus folgte der Entdeckung des *Australopithecus*, der bereits 1924 entdeckt worden war. Ein Affenschädel wurde mit menschlichen Zähnen kombiniert und sofort wurden Zeichnungen dieses Affen angefertigt, die beweisen sollten, dass er aufrecht auf zwei Beinen ging, obwohl der nur etwas über einen Meter groß war. Richard Leakey, der Sohn von Dr. Leakey, publizierte später Beweise, dass der *Australopithecus* langarmig und kurzbeinig war. Jeder realisierte sofort, dass diese Kreatur auf allen Vieren lief, genauso wie es moderne Affen immer noch tun. Das machte ihn zu keinem Vorgänger des Menschen, sondern zu einem Affen mit komischen Zähnen, die höchstwahrscheinlich von einem ein Orang-Utan stammten. Und es stellte sich tatsächlich heraus, dass der 1977 entdeckte *Ramapithecus* auch nur einer ausgestorbenen Orang-Utan-Art entstammte, nachdem der vollständige Unterkiefer gefunden wurde. Ein weiterer Schädel eines 1924 in Südafrika gefundenen *Australopithecus*, der Taung-Schädel, konnte später als Schädel eines jungen Gorillas identifiziert werden.

Homo erectus finden wir immer noch in Lehrbüchern. Der *Homo erectus* (aufrecht gehender Mensch) wurde früher Java-Mensch genannt. Der Java-Mensch wurde 1891 vom holländischen Anatom Dr. Eugene Dubois entdeckt. Auch er hatte den Auftrag, Missing Links zu finden. Auf der indonesischen Insel Java mietete er ein paar Sträflinge und fing an zu graben und war nicht einmal persönlich anwesend, als der Fund gemacht wurde. Man fand die Schädelkappe eines Affenschädels und drei menschliche Zähne. Ein menschlicher Oberschenkelknochen wurde 45 Meter entfernt ein Jahr später ausgegraben und dem Java-Menschen hinzugefügt. Das ganze wurde dann als Missing Link präsentiert. Auch Rudolf Virchow besah sich den Fund und meinte, diese Kreatur sei ein großer Gibbon, denn tatsächlich gehörte der Oberschenkelknochen nicht zum Schädel. Trotzdem fertigte man umgehend einen menschenähnlichen Schädel und falsche Skulpturen des Java-Menschen an. Dobois vergaß zu erwähnen, dass man bei den Ausgrabungen auch zwei menschliche Schädel gefunden hatte, und versteckte sie jahrelang unter dem Fußboden seines Schlafzimmers – er hat sie 30 Jahre lang geheim gehalten! 1920 wurde es jedoch bekannt, man nannte sie fortan die Wadjak-Schädel und sogar Evolutionisten stimmen heute zu, dass diese Fossilien menschlich sind und nicht von einem Affenmenschen stammen.

Diese Aufzählungen könnten lange noch fortgesetzt werden, doch um dies abzukürzen, wechseln wir das Thema. Einige Irrtümer passierten sicher auch aufgrund schlechter wissenschaftlicher Vorgehensweisen, die mehr von Wunschdenken geprägt waren. Somit

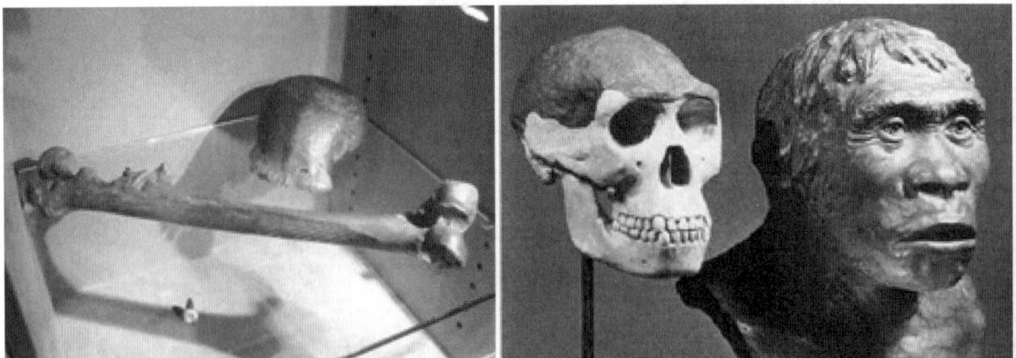

Abb. 105: Der „Java-Mensch" in seiner vollen Pracht – der Affenschädel wurde in diesem Fall vermenschlicht

sind nicht alle Funde Fälschungen oder bewusste Falschinterpretationen. Es gibt auch unverfälschte Funde von fossilen Menschen, wobei es sich aber meistens um ausgestorbene Affenarten oder Menschenrassen handelt, die im natürlichen Bereich der Variationen einer Spezies liegen. Was es jedoch nicht gibt, sind Fossilien, die eine echte Übergangsform vom Affen zum Menschen zeigen und die Evolution bestätigen würden. Darwins Theorie, dass Affen und Menschen von einem gemeinsamen Vorfahren abstammen, konnte niemals durch irgendwelche wissenschaftlichen Funde bestätigt werden. Die fossilen Aufzeichnungen zeigen, dass Affen immer Affen und Menschen immer Menschen waren! Affen verwandelten sich niemals in Menschen und es gibt bis heute keinen *Missing Link*, auch wenn die Wissenschaft versucht, das ständig zu suggerieren. In den nächsten Kapiteln wird auch klar werden, warum das gemacht wird. Auf die Frage, warum sich gegenwärtig keine Primaten zu Menschen hin entwickeln, erklären Fachleute, dass diese „biologische Nische" bereits von uns besetzt ist, und darum sollen die evolutionären Mechanismen aufgehört haben, zu funktionieren. Besonders interessant sind die bereits erwähnten Entdeckungen von Dr. Cuozzo, darum sehen wir sie uns jetzt etwas genauer an.(54)

Dr. Jack Cuozzo und der Neandertaler-Betrug

Dr. Jack Cuozzo (1937-2017) war über 30 Jahre lang Kieferorthopäde in New Jersey. Er studierte an der *Georgetown Universität* und an der *Universität von Pennsylvania* Biologie und Philosophie. Außerdem machte er seinen Abschluss in Zahnmedizin an der *Loyola Universität* in Chicago. Daneben hatte er noch eine militärische Laufbahn in der US-Navy. In seiner Laufbahn als Kieferorthopäde fiel ihm in den frühen 1990er-Jahren auf, dass sich bei Kindern bis 13 Jahren die Zähne anscheinend schneller entwickelten als am Beginn seiner Tätigkeit in den späten 1960er-Jahren. Das veranlasste ihn zu der Schlussfolgerung, dass sich die Menschheit in einem schnellen Zustand der Degeneration befindet. Um seine Befürchtung zu überprüfen, beschloss er, die Fossilberichte zu studieren, um herauszufinden, ob sich in alten Knochen Hinweise für seinen Verdacht zeigen würden. Dr. Cuozzo beschloss, sich auf fossile Knochen von Neandertalern zu konzentrieren, da diese am häufigsten gefunden wurden, und es einige gut erhaltene Schädel und Knochen von Neandertalern in Museen auf der ganzen Welt gibt. Zusammen mit seiner Familie reiste er nach Europa, nahm seine Untersuchungsgeräte mit sich und begann in den wichtigsten Museen anzufragen, ob er die Neandertalerfunde untersuchen durfte. Er war erfolgreich und konnte einige der am besten erhaltenen Neandertalerschädel untersuchen: In den Laboren des *Musée de l'Homme* in Paris, im *Britischen Museum* in England, der *Universität von Liege* in Belgien, im Museum für Frühgeschichte in Berlin und im *Rockefeller Museum* in Jerusalem. In den Vereinigten Staaten untersuchte er auch Neandertalerknochen bei der Smithsonian Institution in Washington D.C. und im Museum der *Harvard Universität*. Auch reiste er zu einigen Fundorten der Fossilien wie in Höhlen in Frankreich und betrieb Höhlenforschung. Cuozzo

Abb. 106: Dr. Jack Cuozzo

hatte damals den ersten orthopädischen Röntgenapparat zu Verfügung und konnte die ersten jemals gemachten Röntgenbilder der Neandertalerschädel und ihrer Gebisse anfertigen, und sein ganzes Vorhaben dauerte von 1979 bis 1991. Nach Auswertung der Daten veröffentlichte Dr. Cuozzo im Jahr 1998 sein Buch *„Buried Alive – Die verblüffende Wahrheit über den Neandertaler"*.

Insgesamt wurden von den Neandertalern nur ungefähr 300 Fossilien gefunden und wie viele davon auch tatsächlich dieser Gruppe zuzuordnen sind, ist fragwürdig. Es gibt nur 15 einigermaßen vollständig erhaltene Skelette. Es wird behauptet, dass die Neandertaler vor 40.000 Jahren ausgestorben seien und vorher über 200.000 Jahre lang existiert hätten. Für Dr. Cuozzo stellte sich sofort die Frage, warum aus den angeblichen 200.000 Jahren nicht mehr fossile Überreste von Neandertalern erhalten sind – da konnte irgendetwas nicht stimmen. Durch die Untersuchungen in den Museen und seine Röntgenaufnahmen konnte er beweisen, dass die meisten Knochen gar nicht versteinert waren! Das bedeutet, sie müssen viel jüngeren Datums sein, denn ansonsten hätte man ja auch keine Neandertaler-DNA auswerten können. Bereits im Museum in Paris fiel ihm auf, dass der Schädel eines Neandertalerkindes falsch zusammengesetzt bzw. von den zuständigen Anthropologen falsch rekonstruiert worden war. Der Unterkiefer war nach vorne verschoben worden, sodass die Zähne nicht zusammenpassten und der Biss nicht stimmte. Durch die ersten Röntgenaufnahmen wurde ihm klar, dass auch der Schädel selbst sonderbare Eigenheiten hatte, denn durch seine Berufserfahrung kannte der Dentologe die Wachstumsrate von Schädel und Zähnen bei Kindern. Bei diesem Neandertalerschädel waren die Milchzähne schon sehr weit entwickelt, aber die Größe des Kopfes war verglichen mit dem Menschen zu klein, auch die Gesichtsknochen waren auffällig kleiner. Weil man ja im Neandertaler ein Bindeglied zwischen Affenvorfahren und Mensch vermutet, glaubt die Wissenschaft, das Neandertalerkind müsse sich schneller als ein Menschenkind entwickelt haben, weil Affen zweimal so schnell wachsen wie Menschen.

Dr. Cuozzo richtete den Unterkiefer richtig ein und sah, dass die Zähne so perfekt zusammenpassten. Warum hatte man den Unterkiefer nach vorne versetzt? Die Zähne des Neandertalerkindes waren größer und härter als normale Menschenzähne. Das heißt, die Milchzähne des Neandertalers haben viel länger gehalten als beim modernen Menschen. Dadurch kann man den Rückschluss ziehen, dass die Neandertaler sich langsamer entwickelt haben als Menschen und erst mit ca. 30 Jahren ihre Milchzähne verloren! Um seinen Verdacht zu bestätigen, untersuchte er als nächstes die Schädel und Knochen der ausgewachsenen Neandertaler. **Die Schädelknochen waren dicker als beim Menschen und auch dort hatte man den Unterkiefer manipuliert und nach vorne verschoben – das konnte jetzt kein Zufall mehr sein!** Dr. Cuozzo stellte auch hier die Schädelfragmente richtig zusammen, und der Schädel sah ganz normal menschlich aus, nur dass er ein größeres Gehirnvolumen und Knochenwülste über den Augen hatte. Die Zähne waren ebenfalls größer und härter als bei normalen Menschen. Der Doktor erklärt in seinem Buch, dass Zähne von Neandertalern vom Aufbau denen von Bullenzähnen gleichen. Sie sind größer und härter und haben die Eigenschaft, sich von innen heraus selbst zu heilen. Das machte sie viel widerstandsfähiger als moderne Menschenzähne und somit hielten sie viel länger, wobei ja auch bekannt ist, dass der Schädel und die Gesichtsknochen des Menschen zu Lebzeiten niemals aufhören zu wachsen. Auch nicht die langen Knochen des Skeletts, sie wachsen in die Breite. **Würde ein Mensch also ein Alter**

von mehreren hundert Jahren erreichen, würde sein Schädel genau wie ein Neandertalerschädel aussehen und das wurde wissenschaftlich bestätigt. Die restlichen Knochen des Neandertalers waren ebenfalls härter und schwerer als beim Menschen und waren zweifellos für ein langes Leben ausgelegt. Misst man die Unterschiede am Schädel, kommt man auf ein Alter zwischen 200 und 400 Jahren! Die Knochen der Skelette wiesen eindeutig Anzeichen von Altersarthritis auf, das ebenfalls ein Zeichen für hohes Alter ist. Ein befreundeter Forscher verriet Cuozzo auch noch, dass man dahintergekommen war, dass die Enzyme in den Zellen der Neandertaler viel besser funktionierten, als das beim modernen Menschen der Fall ist. Daher hatten sie ein besseres Immunsystem, was einiges für Dr. Cuozzo erklärte.

Der Zahnmediziner war hier einem gefährlichen Geheimnis auf die Spur gekommen! Als das Museum in Paris dahinterkam, welche Forschungen er dort durchführte, kam es zu einer Anklage und man verlangte die Herausgabe der Röntgenbilder. Um das zu verhindern, musste sich Dr. Cuozzo mehrmals selbst in seinem Hotelzimmer einschließen und dann mit seiner Familie schnell aus dem Lande flüchten. Von anderen Mitarbeitern in Museen und verschiedenen Doktoren und Anthropologen sollte er später zu hören bekommen, dass die Neandertalerknochen absichtlich falsch rekonstruiert werden, um vorzutäuschen, dass er einem Affen ähnlich gesehen habe. **Man nannte es eine „politisch korrekte Rekonstruktion"!** Auch in den anderen europäischen Museen konnte er die gleiche Vorgehensweise beobachten. Am schlimmsten war es seiner Aussage nach im *Museum für Frühgeschichte* in Berlin. Dort hatte man aus dem Neandertaler buchstäblich einen Affen gemacht. Dr. Cuozzo bezeichnete das als absolut unglaublich. Auch dort konnte er die Knochen untersuchen und setzte den Schädel im Labor korrekt zusammen – und alles passte. Er hörte Laborangestellte darüber sprechen, dass nie jemand auf die Idee gekommen war, ihre Rekonstruktionen auf Korrektheit zu überprüfen, da die Leute dumm sind und alles glauben, was man ihnen erzählt! Sie lachten und fügten hinzu, dass die Leute gar nichts wissen und kein Lehrer oder Professor jemals auf die Idee gekommen sei, eine dieser Rekonstruktionen genauer zu untersuchen und das dann zu dokumentieren. Doch Dr. Cuozzo hat das gemacht und hat deshalb auch die Beweise!

Dies ist aber noch nicht der Gipfel dieser Fälschungen. Bei einem Neandertaler-Schädel namens „La Quina 5" war er persönlich anwesend, als ein Labormitarbeiter im Museum in Frankreich das Kinn des Schädels abfräste, um ihn affenähnlicher zu machen. Bei den Schädeln der Neandertalerkinder wurden für eine Dokumentation auf dem *Discovery Channel* auch nachträglich Augenwülste modelliert, weil sie sonst wie Menschenschädel aussahen! Dr. Cuozzo war der Meinung, dass das alles auf Anweisung von oben passierte und man den Angestellten dazu erklärte, die sollten die Knochen so rekonstruieren, dass sie möglichst affenähnlich aussehen. Wenn das nicht genügte, musste man die Knochen zusätzlich präparieren! Für die Aufnahme (Abb. 107) hat der Zahnmediziner den Unterkiefer richtiggestellt und man sieht, dass er nicht wie bei einem Affen vorsteht. All seine Annahmen wurden bestätigt. **Der Mensch war früher weit perfekter als er es heute ist.** Es hat früher Menschen gegeben, die nachweislich mehrere hundert Jahre alt geworden sind und sich später aus unbekannten Gründen die Lebensspanne der Menschen immer weiter verringert hat und sie gleichzeitig körperlich degeneriert sind. Mit den heutigen medizinischen Methoden kann ein Mensch gerade einmal um die 100 Jahre alt werden. Man kam in Amerika dahinter, dass diese Degeneration sich gegenwärtig fortsetzt. Es gab ein Skelett eines 13-jährigen Jungen, der laut Grab-

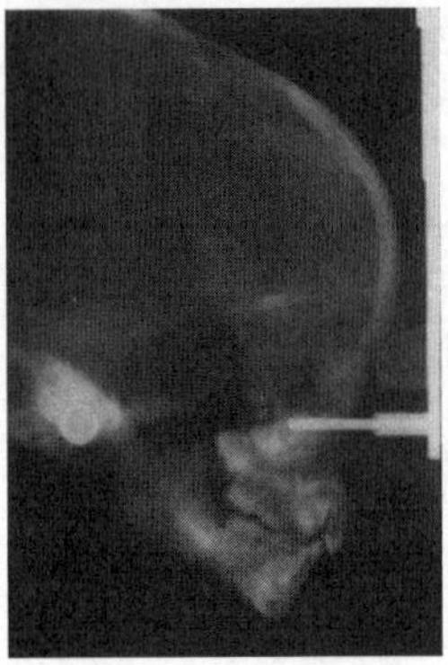
Abb. 107: Röntgenaufnahme Dr. Cuozzos vom französischen Schädel des Neandertalerkindes Pech de l'Aze

stein um das Jahr 1650 verstorben war. Man untersuchte dessen Zähne und sah, dass sie sich langsamer entwickelt hatten als bei heutigen Kindern, die das gleiche Wachstum bereits mit 9 Jahren erreichen (Stand 1990). Das heißt, in 350 Jahren hatte sich die Entwicklungspanne bereits spürbar verringert. Jede neue Menschengeneration wird genetisch immer schlechter statt besser. Obwohl der Neandertaler weit verbreitet lebte, scheint es eine relativ kleine homogene Gruppe ohne große Unterschiede gewesen zu sein. Das Genom war besser, und mit dem Alter ändert es sich, deshalb gibt es auch keine vollständige Übereinstimmung mit dem modernen Menschen. Neandertalerfrauen hatten ein größeres Becken und daher mehr Platz für die Babys und die Geburt war nicht so schmerzhaft. Ein weiteres Problem, das sich dadurch aufklärt, ist das falsche Wachstum der Weisheitszähne. Diese werden heute gerne als Überbleibsel der Evolution bezeichnet, was jedoch reiner Unsinn ist. Laut Dr. Cuozzo schrumpften die menschlichen Kiefer mit der Zeit immer weiter, bis nicht mehr alle Zähne Platz hatten. Das entstand durch die immer kürzere Entwicklungs- und Wachstumszeit des Menschen. **Früher hatten die Kiefer mehr Zeit zu wachsen und die Weisheitszähne hatten auch mehr Platz. Viele Menschen bekommen heute gar keine Weisheitszähne mehr, was für Cuozzo ein eindeutiges Zeichen dafür ist, dass es keine Evolution gibt, sondern eine Devolution!** In Wahrheit erleben wir immer mehr Degeneration und eine Reduktion der Komplexität des menschlichen Körpers. Nachweislich ist das menschliche Gehirn in den letzten 10.000 Jahren um mindestens 10 Prozent geschrumpft. Menschen blieben bis vor 10.000 Jahren stark und robust, doch danach fingen sie an, stark zu degenerieren. Vor dieser Zeit, also in der Zeit der Neandertaler und der Megafauna, waren sie stark wie Bären. Die Neandertaler hatten ein Hirnvolumen von 1450 bis 1750 Kubikzentimetern, doch wir modernen Männer haben ein durchschnittliches Gehirnvolumen von 1350 Kubikzentimetern, wobei das Gehirn von Frauen noch um rund 10 Prozent kleiner ist. Das ist ein Verlust in der Größenordnung von ein bis zwei Tennisbällen! Auch die Organe haben sich verkleinert und ihre Arbeitsweise hat sich verändert, wobei der Grund für diese Veränderungen ungeklärt bleibt. Da diese Faktoren keine Evolution darstellen, nennt man es *Mutationen*, um nicht eingestehen zu müssen, dass der Mensch sich nicht verbessert. Aus den vorhergegangenen Informationen in diesem Buch lässt sich nun ableiten, dass die Devolution des Menschen mit den veränderten Lebensbedingungen auf der Erde zu tun hat, die seit der großen Flut herrschen.

Mutationen haben noch nie zu einer Verbesserung geführt oder produzierten auch noch nie irgendeine Evolution. Mutationen bringen nur Fehler in den bereits bestehenden genetischen Code ein und erschaffen nichts Neues. Es gibt zum Beispiel Tiere mit fünf oder sechs Füßen oder zwei Köpfen, die durch eine Mutation entstanden sind und das ist keine Verbesserung, sondern ein genetischer Fehler. Es gibt auch Insekten mit Mutationen, z.B. die Fliege mit den vier Flügeln, die natürlich nicht mehr fliegen kann. Noch nie wurde nachgewiesen, dass irgendeine Mutation das Rohmaterial für eine natürliche Selektion sein konnte, so wie es Darwin behauptete. Es gibt keine *guten* Mutationen und Selektion löst keine Evolution aus. Darwin glaubte, durch die natürliche Selektion war es zu einem Überleben der „fittesten und robustesten" Exemplare einer Art gekommen und ging davon aus, dass nur die Fittesten überlebt und sich fortgepflanzt hatten. Wenn ein Raubtier auf der Jagd ist, kann ein Beutetier auch durch Glück entkommen, das jedoch nicht bedeutet, dass es das fittere ist.

Biochemiker der *Universität Berkeley* haben nun herausgefunden, dass sich DNA immer über die mütterliche Linie weitervererbt, man nennt sie mitochondriale DNA (mtDNA). Bei jeder Generation neuer Menschen verändert sich die mtDNA leicht und mutiert. Diese Mutation hat allerdings nicht mit gefährlichen spontanen körperlichen Mutationen zu tun, die zum Tod führen. Es handelt sich nur um ganz leichte Abweichungen von der ursprünglichen mtDNA. Diese Mutationen erfolgen in einer konstanten Rate, daher spricht man heute von einer „molekularen Uhr". Die Wissenschaftler in Berkeley waren erstaunt, dass diese Mutationsrate in der mtDNA viel höher war, als zuerst vermutet. Verfolgt man diese Rate zurück bis zu ihrem Beginn, erhält man das Resultat, dass es bisher nur 300 Generationen von Menschen gegeben hat und die ersten Mutationen vor 6.000 Jahren entstanden sind! Das bedeutet, dass es erst seit 6.000 Jahren den heutigen modernen Menschen gibt und seit damals eine langsame Degeneration stattfindet! Dieses Forschungsresultat sorgte für Kontroversen und wird von vielen Wissenschaftlern einfach zurückgewiesen. **Es ist das Aus für die Evolutionstheorie und der Beweis für eine genetische Manipulation in der Vergangenheit.**

Wenn die Rate dieser Mutationen weitergeht und die menschliche DNA im selben Tempo weiter degeneriert, kann das zum totalen Aussterben der Menschheit führen. In Zeiten, in denen chronisch kranke Menschen mit allerlei Erbkrankheiten durch die Medizin am Leben erhalten werden und sich munter fortpflanzen, kann sich diese Rate womöglich dramatisch erhöhen – es gibt schon heute keine wirklich gesunden Menschen mehr. Laut Dr. John Sanford von der *Cornell University* trägt jeder Mensch bereits zehntausende schädliche Mutationen in sich und jeder gibt weitere 100 bis 300 an seine Nachkommen weiter. Es wird ein Zeitpunkt kommen, an dem die Mutationsrate so hoch ist, dass es unmöglich wird, überlebensfähigen Nachwuchs zu zeugen. Die meisten Menschen verstehen das nicht und glauben, es wird mit der Menschheit endlos so weitergehen. Dr. Sanford meinte sogar, wir wären eine aussterbende Rasse auf einer sterbenden Welt und scheint leider Recht zu haben. Man sieht: Mutationen zerstören Leben und bringen ganz bestimmt keine Evolution hervor. Der Mensch wird sich auf natürlichem Wege niemals mehr verbessern und stirbt langsam aus, trotzdem erhoffen sich Genetiker durch neue Behandlungsmethoden einen Ausweg aus dieser Misere zu finden. Dr. Sanford erwartet den Zeitpunkt der absoluten Zerstörung des Erbguts in etwa 300 Generationen. Pro Generation gibt es eine Degenerationsrate von 1 bis 2 Prozent und wenn es so weitergeht, gibt es seiner Meinung nach in ungefähr 6.000 Jahren keinen überlebensfähigen Menschen mehr!

Das ist keine bloße Behauptung, sondern die Meinung von vielen Fachleuten! Diese Fakten werden nun langsam akzeptiert und sogar Biologen behaupten jetzt plötzlich, dass die natürliche Selektion zum Stillstand gekommen und die „menschliche Evolution" nun vorbei ist! Neue Forschungsergebnisse beweisen, dass die Menschheit den Höhepunkt ihrer Evolution bereits erreicht haben soll und nicht länger dazu fähig ist, sich zu verbessern. Das alles ist von einem neuen Fachartikel beschrieben, der im Journal *Frontiers in Physiology* Ende Oktober 2017 erschienen ist. Analysen der historischen Daten der letzten 120 Jahre haben gezeigt, dass keinerlei menschliche Evolution stattgefunden hat, sondern, im Gegenteil, sich viele Charakteristiken sogar verschlechtert haben und sich in Zukunft weiter verschlechtern werden. Solche Eingeständnisse waren noch bis vor wenigen Jahren undenkbar. Die unsinnige Erklärung der Biologen besteht darin, dass sie meinen, der westliche Lebensstil „beschützt" die Menschen vor den „evolutionären Kräften", die den *Homo sapiens* erschaffen haben! Durch Landwirtschaft und der Entstehung der modernen Zivilisation sollen sich die Umweltbedingungen vor 10.000 Jahren so stark verändert haben, dass die Evolution „nicht mehr Schritt halten konnte". Auch die Royal Society debattierte bereits darüber, dass die Dinge aufhören sich zu verbessern und die Evolution gestoppt hat. Das soll deshalb geschehen, weil es keine natürliche Selektion durch das Überleben der robustesten Menschen mehr gibt, und sich auch kranke und schwache Menschen heute zügellos fortpflanzen können und dies das menschliche Erbgut auf katastrophale Weise verschlechtert. Die Wissenschaftler meinen außerdem, dass auch die Vermischung von Rassen evolutionäre Veränderungen blockieren. Wir sollen bald eine gleichförmige dunkelhäutige Population erhalten, die nicht länger zur Evolution fähig sein wird, sagen die Forscher. Im Klartext heißt das, die Rassenvermischung stellt eine noch stärkere Degeneration dar. Um dieser Entwicklung entgegenzuwirken, soll nun zum Bio-Engineering gegriffen werden. Durch die künstliche Einbringung von neuen Genen in das menschliche Erbgut soll der Mensch wieder robuster, intelligenter und stärker werden. Das ist doch genau das, was vermutlich auch schon vor tausenden Jahren gemacht wurde. Diese genetischen Veränderungen sollen schließlich eine neue Menschenrasse hervorbringen – ohne Klonen und Gentherapie soll also keine weitere „Evolution" mehr stattfinden. Es hat sie natürlich auch früher nicht gegeben, da der Mensch selbst ist ursprünglich ein Produkt von genetischem Design ist und die Fachwelt sich nun gezwungen sieht, das zu akzeptieren. Zum besseren Verständnis der späteren Kapitel gibt es nun Belege, dass eine robuste Menschenrasse wie der Neandertaler bereits vor der großen Flut viele Teile der Welt bewohnte.(55)

Der afrikanische Neandertaler-Schädel mit einem Einschussloch

Sehen wir uns nun einige Schädelfunde von Neandertalern, *Homo erectus* und *Homo heidelbergensis* an. Der Neandertaler soll hauptsächlich in Europa gelebt haben, *Homo erectus* in Asien und *Homo heidelbergensis* in Afrika. *Homo heidelbergensis* soll die älteste dieser drei Frühmenschenarten sein, obwohl sich die Knochen und Schädel aller drei Arten völlig ähnlich sind. In Abri La Ferrassie in Frankreich gibt es mehrere Höhlengrabmäler, in denen acht Neandertalerskelette gefunden und 1909 bei Bauarbeiten zufällig entdeckt wurden. Das Alter der Knochen soll zwischen 50.000 bis 70.000 Jahren liegen. Der wichtigste Fund in diesen Gräbern war der Schädel eines ausgewachsenen Mannes. Dieser Schädel wird heute als der La-Ferrassie-Schädel bezeichnet. Er zeigt viele Merkmale, die später für die Neandertaler typisch werden sollten. Der Schädel ist sehr groß und hat eine leicht schräge Stirn, eine große Nasenöffnung und wulstige Brauen-Knochen. Die Zähne sind stark abgenutzt, was auf ein sehr hohes Alter dieses Individuums schließen lässt, doch die Vorderzähne sind anscheinend mit einem Werkzeug bearbeitet worden. Der übrige Knochenbau ist sehr ähnlich zu normalen Menschen und beweist einen aufrechten Gang. Durch die La-Ferrassie-Skelette konnte nachgewiesen werden, dass frühere Neandertalerknochen in Museen falsch zusammengesetzt worden waren. Diese früheren Rekonstruktionen zeigten die Neandertaler als gebückte, unzivilisierte Kreaturen, was allerdings völlig falsch ist. Neandertaler hatten eine Kultur, fertigen allem Anschein nach auch Werkzeuge an und hatten eine eigene Sprache. Der La Ferrassie-Schädel gilt als der am besten erhaltene Neandertalerschädel. In der Abbildung 108 zeige ich die Schädel von Le Ferrassie (Neandertaler), Broken Hill (*Homo erectus*) und Petralona (*Homo erectus oder Homo heidelbergensis*). Auch hier sieht man, dass die Unterkiefer wegen des Kinns fehlen. Der Broken-Hill- und der Petralona-Schädel sind angeblich älter und viel besser erhalten als der Le-Ferrassie-Schädel.

Der versteinerte Broken-Hill-Schädel aus Sambia, Afrika, hat ebenfalls eine sehr wulstige Brauen-Partie und wird dem *Homo erectus* zugeordnet, ich glaube jedoch dass es sich bei allen drei Schädeln und den Neandertalern um die gleiche Spezies handelt. Der Broken Hill-Schädel wurde 1921 von Arthur Smith Woodward in einer Mine in einer Tiefe von 18 m unter der Erde entdeckt. Er entschied, dass es sich um eine ausgestorbene Hominiden-Art handelt, die einen sehr dicken Schädel, eine schräge Stirn und gigantische Wülste über den Augen hatte. Dieser Mensch war extrem robust gebaut und gleicht völlig dem Neandertaler. Deshalb nennt man ihn auch den „afrikanischen Neandertaler". Der Schädel befindet sich heute im Besitz des *Naturhistorischen Museums* in London. Ähnlich wie die Neandertaler-Schädel hat er große anatomische Ähnlichkeiten mit einem modernen Menschenschädel. Auffällig ist auch eine kleine, runde Öffnung am Schädel, die aussieht wie ein Einschussloch, und am unteren Hinterkopf gibt es auch eine Austrittsöffnung. Wurde dieser Mensch mit einer Kugel erschossen? Der Broken-Hill-Schädel soll aus dem Mittelpleistozän stammen, er wäre dann also 125.000 bis 780.000 Jahre alt. Da die Erdschicht, in der der Schädel gefunden wurde, durch Minenarbeit zerstört wurde, konnte das Alter nicht näher bestimmt werden.

Der unterste dieser drei abgebildeten Schädel ist der Petralona-Schädel. Auch er ist fast komplett erhalten und gleicht in seinen anatomischen Merkmalen den anderen und ist menschlich. Die Petralona-Höhle befindet sich in südöstlich von Thessaloniki in Griechenland und der fossile Schädel wurde 1960 ebenfalls in einer Höhle entdeckt, die durch Erosion freigelegt wurde. Der Petralona-Schädel ist der älteste Hominiden-Schädel, der je gefunden wurde. Er soll mindestens 700.000 Jahre alt sein, was die Sedimente im Schädel beweisen. Damit entsteht ein weiterer Konflikt zu der nun schon mehrmals widerlegten Out-of-Africa-Theorie und der Petralona-Schädel wird heute der Gruppe *Homo erectus* zugeordnet. Die Experten sind sich aber nicht sicher und meinen, es könnte auch ein *Homo heidelbergensis* oder ein Neandertaler sein.

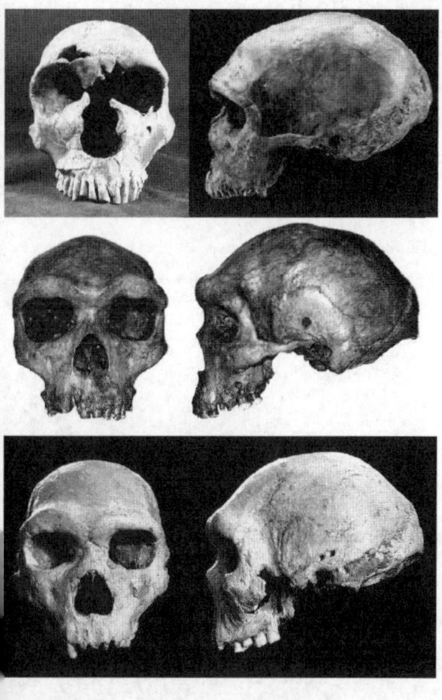

Abb. 108: Von oben nach untern: Le Ferrassie – Broken Hill – Petralona

Wie man sieht, gleichen sich diese Schädel völlig. Es handelt sich um ein- und dieselbe Menschenart, die vor langer Zeit auf der ganzen Welt existiert hat. Ähnliche Schädelfunde gab es auch in Südamerika und in Australien, und diesen robusten vorsintflutlichen Frühmenschen werden nur andauernd andere Bezeichnungen gegeben, damit man nicht merkt, was man hier vor sich hat. Die anatomischen Merkmale sind denen von modernen Menschen fast völlig identisch. Der stärkere Knochenbau und die Wülste am Schädel lassen sich dadurch erklären, dass es Menschen waren, die mehrere hundert Jahre alt wurden und früher bereits die ganze Erde besiedelt hatten. Nach einer globalen Katastrophe wurden sie stark dezimiert und mussten in Höhlen leben. Da der Broken-Hill-Schädel in einer Sedimentschicht einer Mine gefunden wurde, kann man sicher sein, dass sich diese Sedimente durch eine große Flutwelle dort abgelagert hatten. Obwohl alle diese Funde von Fachleuten gemacht wurden, werden sie von evolutionshuldigenden Fachjournalen wie *Nature* oder *Science* als „pseudowissenschaftlich" bezeichnet. Der Petralona-Schädel befindet sich heute an der *Universität von Thessaloniki.*

Der Broken Hill-Schädel wurde 1930 auch von Ales Hrdlicka von der Smithsonian Institution untersucht. Dieser Mann wird uns in diesem Buch noch mehrmals begegnen. Hrdlicka versuchte in seiner Laufbahn ständig solche Funde zu diskreditieren und meinte, der Broken-Hill-Schädel sei kein Beweis, da er „widersprüchlich" sei. Denn neue Untersuchungen mit Elektronenspinnresonanz haben ergeben, dass der Broken-Hill-Schädel aus fossilem Material besteht, das der Schicht des späten Mittelpleistozäns zugeordnet wird. Der Schädel ist versteinert und mit Blei und Zink überzogen, das in dieser Mine geschürft wurde. Er wäre dann mehr als 500.000 Jahre alt. Arthur Smith Woodward bemerkte im Jahr 1921, dass es sich um einen Neandertaler-Schädel handelt. Dr. Cuozzo untersuchte den Schädel später und meinte, er hätte eine Eintritts- und Austrittsöffnung einer abgefeuerten Kugel. Die Öffnung ist fast perfekt rund und hat einen Radius von 8 mm. Das entspricht der Munition eines normalen Jagdgewehrs. Die größere Austrittswunde am Nacken zeigt, dass dieser Mensch dadurch gestorben war, denn es gibt keine Anzeichen einer Verheilung der Wunde. Die schräge Eintrittswunde ist an der Innenseite des Schädels größer als außen, ein weiterer Beweis für eine Kugel. Es muss ein Hochgeschwindigkeitsprojektil gewesen sein, weil sonst Risse im Knochen entstanden wären. Auch der deutsche Forensik-Experte Rene Noorbergen aus Berlin kam zur gleichen Schlussfolgerung und sagte, man kann solche Wunden heute auch bei Menschen finden, die mit einem starken Gewehr angeschossen wurden. Einen ähnlichen Fund gab es am Fluss Lena in Sibirien. Es handelt sich um den Schädel eines Auerochsen, der irgendwann vor 30.000 bis 2 Millionen Jahren gelebt hatte. Auch dieser Schädel zeigt ein rundes Einschussloch ohne Risse. Professor Constantin Flerov stellte ihn sogar im *Paläontologischen Museum* in Moskau aus. So etwas kann nicht durch Speere oder Bohrungen entstehen und die einzige plausible Erklärung dafür ist, dass diese Löcher von Gewehrkugeln stammen, die vor vielen tausend Jahren abgefeuert wurden![56]

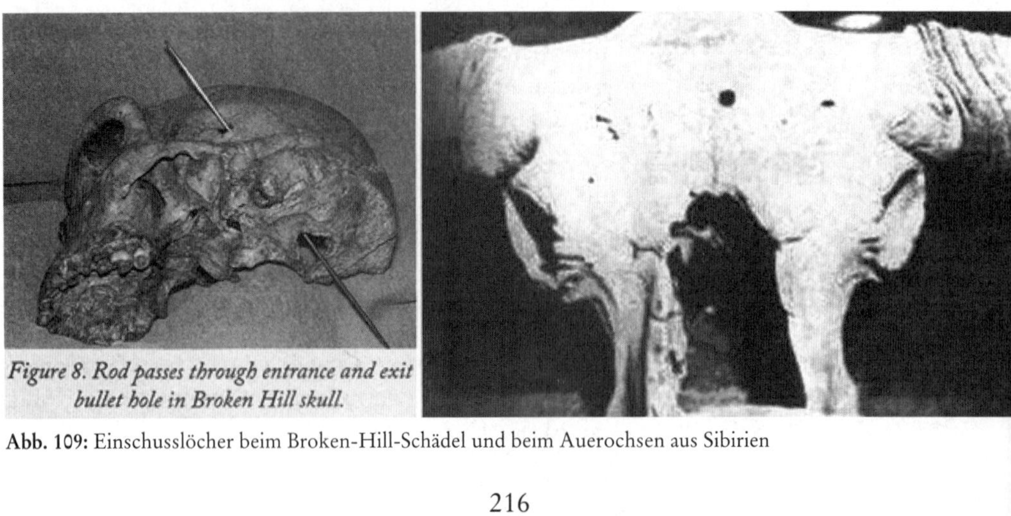

Abb. 109: Einschusslöcher beim Broken-Hill-Schädel und beim Auerochsen aus Sibirien

Frühmenschen haben keine plausibel erklärbaren Vorfahren in Afrika

Auch die neuesten Kontroversen zu Knochen von Frühmenschen bringen die Wissenschaftler in Aufruhr. Vieles von den bisher akzeptierten Vorstellungen über die evolutionäre Entwicklung des Menschen stimmt auch aus evolutionärer Sicht nicht mehr überein und bringt die Theorien endgültig zu Fall! In ihrer Erklärungsnot müssen diese Experten immer neue Ausflüchte und noch unsinnigere Erklärungsmodelle erfinden, um ihr gesamtes Lügengebäude nicht sofort einstürzen zu lassen. Viele der angeblich entdeckten Frühmenschenspezies, von denen man angenommen hat, dass sie voneinander abstammen, haben tatsächlich nebeneinander koexistiert und können nicht voneinander abstammen. Die Spezies *Homo habilis* und *Homo erectus* haben beide zur gleichen Zeit existiert, wie auch die sogenannten „Vormenschen" Lucy und Ardi (*Ardipithecus ramidus*) anscheinend zur gleichen Zeit existierten. In Indonesien wurde vor einigen Jahren auch die neue Art *Homo flooresiensis* entdeckt und in Sibirien kam es zur Entdeckung des Denisova-Menschen. Diese beiden Arten haben gemeinsam mit sogenannten Neandertalern existiert und stammen nicht voneinander ab.

Man argumentiert wieder einmal, dass es gemeinsame Vorfahren geben soll, allerdings wurde von diesen mystischen Vorfahren noch nie eine Spur gefunden. Alle diese „Affenmenschen" existierten in Zeiträumen, die sich gegenseitig überlappen. Der Forscher Marvin Lubenow studierte zahlreiche Fossilien und konnte so beweisen, dass sie alle gleichzeitig existiert haben sollten. Lubenow veröffentlichte eine Facharbeit, in der er nachweisen konnte, dass der *Homo sapiens* und der *Homo erectus* zur gleichen Zeit auf der Erde lebten, wobei die Spezies *Homo erectus* der Vorfahre des *Homo sapiens* sein soll. Das wird heute aber bereits von vielen Experten angezweifelt und man nimmt an, dass *Homo erectus* mit dem *Homo sapiens* identisch ist. Lubenow zeigte auch, dass es nirgendwo fossile Übergangsformen zwischen diesen beiden Arten gibt. Es scheint vielmehr so zu sein, dass *Homo erectus*, *Homo heidelbergensis*, die Neandertaler und andere sogenannte Frühmenschen einfach nur Variationen des *Homo sapiens* waren und nicht voneinander in irgendeiner Weise abstammten.

Das wissenschaftliche Establishment bekam daraufhin die Panik und musste zugeben, dass alle diese Hominiden in gleichen Zeiträumen koexistierten und somit nicht voneinander abstammen konnten. Man bezeichnet diese Arten darum heute als „Ableger". Auch die berühmte britische Paläontologin Meave Leakey behauptet das und stellt somit das Bild der Evolution in Frage. Sie erforschte lange Zeit Fossilien in Kenia und stellte 2007 fest, dass die Frühmenschen *Homo habilis* und *Homo erectus* für mindestens 1,5 Millionen Jahren gemeinsam existiert haben, was dann im Journal *Nature* veröffentlicht wurde. Damit ist bewiesen, dass es sich bei der linearen Evolution um nichts weiter als einen Mythos handelt. Auch wegen der ältesten Hominiden-Fossilien gibt es in der wissenschaftlichen Gemeinschaft viel Streit. Diese angeblichen Affenmenschen sind anatomisch viel zu menschlich und liefen bereits aufrecht auf zwei Beinen, denn in der afrikanischen Savanne gab es viel zu wenige Bäume, in denen sie gelebt haben konnten. Außerdem gleichen diese Vormenschenspezies mehr dem Orang-Utan als dem Schimpansen. Das Problem hierbei ist außerdem, dass Orang-Utans nur in Indonesien existieren und niemals in Afrika waren. **Das bedeutet, es gibt aktuell für die Vormenschen und Frühmenschen keine plausibel erklärbaren Vorfahren in Afrika mehr!**

Zusätzlich zu dieser Tatsache gibt es keine Fossilien von Schimpansen und es wurden niemals welche gefunden! Im Jahr 2005 gab es dann die Meldung, dass drei kleine fossile Schimpansen-Zähne in der Savanne Westafrikas gefunden wurden. Das ist der einzige Beweis, dass überhaupt jemals Schimpansen in dieser Gegend lebten, weil sie sonst nur in Dschungeln die Bäume bewohnen. Man kann davon ausgehen, dass diese Zähne als Beweisstücke *dort* platziert wurden, um weiter von der Evolution zu phantasieren. Ohne diese Zähne gäbe es gar keinen Beweis, dass Vormenschen und Schimpansen irgendwann in der gleichen Gegend gelebt hätten, geschweige denn einen gemeinsamen Vorfahren haben sollen. Wie man sieht, stimmt hier hinten und vorne nichts mehr, und um das Dilemma perfekt zu machen, gibt es jetzt auch DNA-Beweise, dass die älteste Menschengruppe aus Australien und nicht aus Afrika stammt.(57)

DNA-Analysen beweisen, die älteste Menschengruppe stammt ursprünglich aus Australien

Vor einigen Jahren sind Forscher in Australien auf ungewöhnliche Skelettfunde gestoßen. Diese Funde widerlegen alle gängigen Theorien, wonach Frühmenschen zuerst in Afrika entstanden seien. Professor Rebecca Cann und Professor Alan Wilson kamen jetzt dahinter, dass die ganze Geschichte der Menschheit falsch ist. Ihrer Meinung nach stammt der moderne Mensch aus Australien und nicht aus Afrika, was durch 112 genetische Proben festgestellt werden konnte. Ihre Analysen über den Ursprung des *Homo sapiens* zeigten, dass die australischen Aborigines bereits seit 400.000 Jahren existieren und von zwei inzwischen ausgestorbenen Menschenlinien abstammen. Diese beiden bisher unbekannten Linien benannten die Forscher „Grazile Australier" und „Robuste Australier". Bisher nahm die Wissenschaft an, dass die ganze Menschheit von einer Frau abstammt, die „möglicherweise" vor 200.000 Jahren in Afrika gelebt hatte, was sich jetzt allerdings als falsch herausstellte. Natürlich ist auch das wieder ein großes Problem, weil zwischen diesen beiden Datierungen ganze 200.000 Jahre liegen. Das heißt im Klartext, dass die ganze Evolutionstheorie einmal mehr zerstört wurde. Australien soll aber offiziell erst vor 50.000 Jahren von Afrikanern besiedelt worden sein.

Man kann das Alter von 400.000 Jahren auf die Mutationsrate der mitochondrialen DNA zurückführen, denn mit jeder neuen Generation von Menschen erhöht sich diese Rate. Bei den Aborigines ist diese Mutationsrate viel höher als bei irgendeiner anderen Menschenrasse der Welt. Wenn man also die genaue Anzahl der Mutationen kennt, kann man sie bis zum Beginn der jeweiligen Rasse zurückberechnen. Da die Aborigines, wie schon erwähnt, von zwei vorhergehenden ausgestorbenen Menschenrassen abstammen sollen, geht der Ursprung dieser Linien noch viel weiter in die Vergangenheit zurück und alle diese Menschen gehörten schon zur Spezies *Homo sapiens*. Der Forscher Roy Simmons vom *Commonwealth Serum Laboratory* untersuchte 600 Blutproben von Aborigines und Schwarzafrikanern. **Er fand keine Verbindung zwischen ihren Genen!**

Die mitochondriale DNA (weibliche Linie) der Aborigines ist eindeutig weit älter als die der Afrikaner. Auch in der männlichen Abstammungslinie konnten russische Forscher nachweisen, dass das Y-Chromosom des ersten Menschen nicht von einem Afrikaner stammt. **Es gibt also nachweislich keine Evolution aus Afrika!**

Natürlich wurden diese Ergebnisse in der Fachwelt wieder einmal ignoriert. Auch aus den Überlieferungen der Aborigines selbst geht hervor, dass sie schon viel länger als 50.000 Jahre in Australien leben. Sie waren schon seit den ersten Tagen der Erde hier und waren direkt aus der Traumzeit ihren Vorfahren gekommen, den großen Schöpfern. Die Theosophen glauben, dass es schon verschiedene Wurzelrassen der Menschheit auf der Erde gegeben hat und die Aborigines noch aus der vorsintflutlichen Welt vor der jetzigen stammen. Wenn nun Aborigines die ältesten Menschen sind, so fragen wir uns, wie sind sie dann später ohne Boote von Australien aus nach Asien, Europa und Amerika gekommen? Afrika scheidet ganz aus, weil es keine genetischen Verbindungen gibt. Für ein Boot benötigt man Werkzeuge und die richtigen Baumaterialien. Für das Fällen von Holz braucht man zumindest eine gute Axt, doch so etwas gab es bei den Aborigines nicht. Dann benötigt man noch gute Navigations- und Astronomie-Kenntnisse, was bei den Aborigines aber seit mindestens 20.000 Jahren auch nicht existierte. Dazu bleibt für Evolutionisten noch die Frage offen, woher ihre unbekannten Vorfahren abstammten, wenn es in Australien keine Affen gab? Auch ist es ein Rätsel, warum heutige Asiaten, Afrikaner und die Völker von Melanesien oder Polynesien nicht mit den Aborigines verwandt sind, obwohl sie sich geografisch in nächster Nähe befinden? Aborigines lebten vermutlich immer isoliert in Australien und haben sich ganz bestimmt nicht von dort ausgebreitet. Waren es womöglich nicht die Aborigines, die sich ausgebreitet hatten, sondern ihre unbekannten Vorfahren, die robusten Australier? Könnte es hier eine Verbindung zum sogenannten Neandertaler geben?

Auch in Australien gibt es immer wieder kontroverse Skelettfunde. Ein australischer Farmer grub vor einigen Jahren zwei komplette menschliche Skelette auf seinem Land aus. Der Name und der Ort werden aus Sicherheitsgründen derzeit geheim gehalten. Die Fundstätte liegt jedoch im südöstlichen Australien. Man konnte an den Schädeln sofort erkennen, dass es sich hier um keine gewöhnlichen Menschenschädel handelt. Deshalb informierte der Farmer auch die zuständigen Behörden. Daraufhin erschienen zwei Männer, die sich als Anthropologen im Auftrag der Regierung ausgaben. Sie gruben die Skelette aus, aber warfen die Knochen respektlos sofort wieder zurück in die Löcher. Die Skelette waren in einer aufrechten Position begraben worden. Sie hatten die Knie an die Brust gezogen und sie wurden von den Armen umschlossen. Die beiden Anthropologen warfen die Knochen einfach wild durcheinander und verschwanden dann, ohne sich vom Farmer zu verabschieden oder ihm eine Erklärung zu liefern. Kurze Zeit später erschienen zwei weitere Leute von der Regierung und bedrohten den Farmer mit Strafen und Gefängnis, sollte er irgendetwas über diesen Fund öffentlich bekannt geben. Die Neugier war jedoch zu groß und er veröffentlichte einige seiner Fotos im Internet, um mehr über die rätselhafte Vergangenheit dieser Skelette erfahren zu können. Bei dem abgebildeten Schädel handelt es sich wahrscheinlich um die weiter oben schon erwähnte Spezies „Robuster Australier". Der Schädel ist massiv und hat wie der Neandertalerschädel größere Augenhöhlen, wulstige Brauen und ein größeres Schädelvolumen als ein normal menschlicher Schädel. Das Skelett war auch stärker gebaut und größer als bei normalen Menschen. Die Aborigines haben einen ähnlichen Knochenbau wie die Neandertaler, nur ist ihr Schädelvolumen und auch das Gehirn viel kleiner. Das bedeutet, diese Skelette stammen von keinen Aborigines. Gab es hier eine Verbindung zur früher bestehenden Kulturen von unbekannten Menschenrassen aus der heutigen Antarktis? Man hat mittlerweile festgestellt, dass dort früher ein ähnliches Klima herrschte wie im heuti-

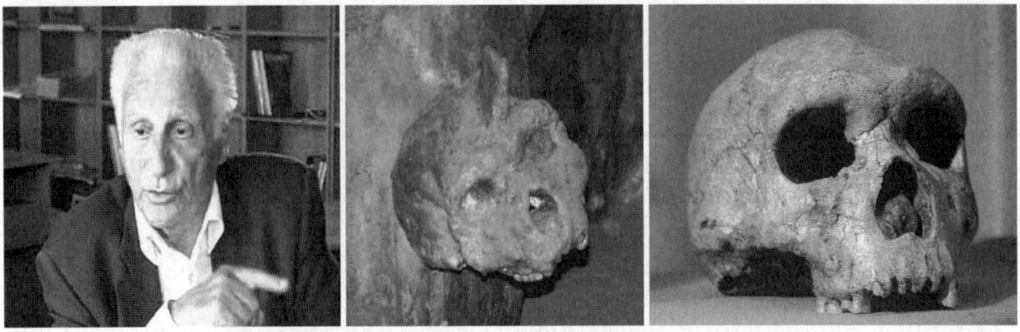

Abb. 110: Dr. Aris Poulianos und der fossile menschliche Schädel aus der Petralona-Höhle

gen Australien. Warum wurde dieser Farmer bedroht? Hat man Angst, wieder in Erklärungsnot zu geraten? So etwas gab es auch schon früher und zwar in Griechenland mit der Kontroverse um den Petralona-Schädel.(57)

Der rätselhafte 700.000 Jahre alte Petralona-Schädel aus Griechenland

Ein menschlicher Schädel, der ein geschätztes Alter von 700.000 Jahren hat, ist einer der rätselhaftesten Gegenstände, die jemals in Europa entdeckt wurden. Damit haben wir ein weiteres Objekt, das sich der Out-of-Africa-Theorie widersetzt, und solche Entdeckungen werden gerne vor der Öffentlichkeit versteckt. Der bereits vorher erwähnte Petralona-Schädel aus Griechenland bereitet der Wissenschaft buchstäblich Kopfzerbrechen. Die Tropfsteinhöhle von Petralona liegt auf der griechischen Halbinsel Chalkidiki in Makedonien. 1959 entdeckte ein örtlicher Bewohner die Höhle zufällig, weil er ein Tropfen hörte und nach einer Quelle suchen wollte. Der Geologe Ioannis Petrocheilos erforschte die lange verborgene Höhle, zu der es vorher keinen Zugang gab, weil der Eingang durch einen Felssturz verschüttet gewesen war. 1960 entdeckte Petrocheilos einen fossilen menschlichen Schädel. Er nannte die neue menschliche Spezies *Archanthropus europeaus petraloniensis*. In einem anderen Raum der Höhle, dem „Friedhof der Giganten" fand man auch noch die Knochen von verschiedenen ausgestorbenen Tierarten. Der Grieche Dr. Aris Poulianos ist ein Mitglied der IUAES (*International Union of Anthropological and Ethnological Sciences*) und einer der Gründer der AAG (*Anthropological Association of Greece*). Er arbeitete zur Zeit der Entdeckung der Petralona-Höhle an der Universität von Moskau. Er wurde vom damaligen griechischen Premierminister beauftragt, nach Griechenland zurückzukommen und eine Position an der Universität in Athen anzunehmen. Das fiel mit der Veröffentlichung von Dr. Poulianos Buch *„The Origins of the Greeks"* (Die Herkunft der Griechen) zusammen. In diesem Buch veröffentlichte er seine fantastischen Forschungsresultate, die zeigen, dass das griechische Volk nicht von einer der slawischen Nationen abstammt, sondern eine Mischung aus eingeborenen Griechen und Indo-Germanen ist. Bei seiner Rückkehr nach Griechenland wurde er über den fossilen Schädel aufgeklärt und begann sofort mit den Untersuchungen in der Höhle.

Der Petralona-Schädel war in der Felswand der Topfsteinhöhle eingebettet und man fand auch einige fossile Steinwerkzeuge. Der Schädel wurde entfernt und zur weiteren

Erforschung an die *Universität von Thessaloniki* geschickt. Später wollte man ihn in einem Museum ausstellen. Die Altersanalyse ergab das schockierend hohe Alter von bis zu 700.000 Jahren! Damit ist es der älteste menschliche Schädel, der jemals in Europa gefunden wurde. Dr. Poulianos analysierte den Schädel und glaubt seither, dass sich der Petralona-Mensch unabhängig in Europa entwickelt und keine Vorfahren aus Afrika hat, und der Schädel war ihm ein Beweis, dass ein anderer Evolutionsweg existiert hat, der direkt die Out-of-Afrika-Theorie widerlegt. Das wurde von seinen Fachkollegen natürlich nicht toleriert, denn für sie konnte es keine andere evolutionäre Linie geben, die nicht mit dem *Homo erectus* verwandt sein soll. Außerdem konnte kein so alter Frühmensch existiert haben, der bereits zu dieser Zeit Afrika verlassen hätte. Seit dieser Bekanntgabe von Dr. Poulianos wurde die Sache zu einer groß angelegten Vertuschung.

Der umstrittene Schädel wurde 1964 von deutschen Forschern erneut analysiert. Die Forscher waren der Paläontologe O. Sickenberg und der Anthropologe E. Breitinger. Sie erklärten, der Petralona-Mensch sei der erste Mensch, der aus Afrika ausgewandert ist. Sie wollten den Schädel „entlarven" und die deutsche Analyse „funktionierte" und ergab ein Alter von nur noch 50.000 Jahren. Außerdem bestimmte man, dass er somit in die herkömmliche Evolutionstheorie passte, und doch von einer afrikanischen Art abstammen sollte. Damit war die Kontroverse bis 1971 beseitigt. Eine erneute Analyse in den Vereinigten Staaten ergab jedoch wieder ein Alter von 700.000 Jahren. Dazu wurden zusätzlich die Sedimentschichten und Ablagerungen in der Höhle datiert.

Danach haben noch mindestens 15 weitere Forscher auf der ganzen Welt die Ergebnisse von Dr. Poulianos bestätigt. Das ging so weiter bis ins Jahr 1983. Danach weigerte sich die griechische Regierung, den Schädel weiter untersuchen zu lassen. Der Zugang zur Höhle und zu den fossilen Artefakten wurde der *Anthropologischen Gesellschaft von Griechenland* untersagt und nur eine neue archäologische Behörde durfte weitere Forschungen anstellen! Die neuen staatlichen griechischen Wissenschaftler litten unter Erklärungsnot und entschieden sich für eine andere Interpretation. Sie sagten, es würde sich um einen Schädel eines *Homo erectus* handeln, der isolierte Eigenschaften eines Neandertalers und andere starke europäische Merkmale aufwies. Dadurch wäre er ein Teil des *Homo sapiens* und stamme wieder aus Afrika – Problem gelöst. Oder doch nicht? Ausländischen Forschern wurde ebenfalls der Zugang verwehrt und man konnte die Höhle nicht weiter untersuchen. Die *Anthropologische Gesellschaft von Griechenland* ging vor Gericht und versuchte eine Genehmigung zu erstreiten, den Schädel und die Höhle weiterhin untersuchen zu können, doch das konnte leider bis heute nicht geschafft werden.

Das Erstaunlichste war ein fossiles Skelett eines wahrscheinlich 14-jährigen Mädchens, das bei Ausgrabungen im Jahr 2008 am Berg Kalavrita in der Nähe der Petralona-Höhle gefunden wurde. Dieses Skelett soll bis zu 13 Millionen Jahre alt sein! Diese Interpretation der Funde wird von einer ganzen Reihe von anderen Forschern und ihren akademischen Kreisen abgelehnt. Im Jahr 2012 kam es zu Bedrohungen und einem körperlichen Angriff auf Dr. Poulianos und seiner Frau in ihrem Haus. Dr. Poulianos hatte vor, in die Höhle zu gehen und seine Forschungen abzuschließen. Das sollte jedoch verhindert werden. Die staatliche archäologische Behörde hatte überraschenderweise in der Petralona-Höhle zwei weitere menschliche Skelette entdeckt, die sogar 800.000 Jahre alt sein sollen und diese frühen Menschen sollen schon Feuer gekannt haben. Danach kam es zu einem Streit in der wissenschaftlichen Gemeinschaft. Die eine Seite warf der anderen vor, Pseudowissenschaft zu betreiben. „Ernsthafte" Forschungen könnten niemals ein so hohes Alter ergeben, seien unmöglich und ignorieren die wissenschaftliche Methodik (Dogma-Darwinismus). Obwohl die *Anthropologische Gesellschaft von Griechenland* eine fachwissenschaftliche Publikation erstellt hatte, weigerten sich die Journale *Nature* und *Science* diese Ergebnisse zu veröffentlichen. Das ist kaum verwunderlich, gefährden solche Ergebnisse ja erneut den Glauben der Mainstream-„Wissenschaft". Sollte nur ein einziges abweichendes Ergebnis jemals anerkannt werden, müsste man die vollständige historische Menschheitsgeschichte umschreiben. Das wollen gewisse Zirkel jedoch um jeden Preis verhindern!

Dr. Poulianos behauptet, dass die Ausgrabungen in der Höhle seit 1968 Beweise für eine menschliche Besiedlung Griechenlands seit dem Zeitalter des Pleistozäns darstellen. Der Petralona-Schädel befand sich in derselben Schicht, in der sich auch Steinwerkzeuge und Anzeichen für Feuer und eine Bewohnung der Höhle zeigten. Dr. Poulianos stellte an Proben der Sedimentschicht Elektronenspinresonanz-Messungen an und ermittelte ein Alter von 670.000 Jahren, was mit der Datierung des Schädels übereinstimmt.

Im März 2012 hielt Dr. Poulianos vor Mittelschülern aus Athen einen Vortrag vor der Petralona-Höhle. Sofort wurden er und die Schule von Mitarbeitern der Behörden attackiert. Der Direktor der Schule sprach von „unakzeptablen und aufsässigen Verhaltensweisen" der Behörden. Es war für ihn wirklich deprimierend, dass seine Regierung und das zuständige Ministerium so viele Lügen, Falschdarstellungen, Verdrehungen und Bedrohungen gegen ihn vorbrachten. Es ist traurig zu beobachten, wie ständig versucht wird, die Wahrheit vor der Öffentlichkeit zu verbergen und das Leben von Menschen zu zerstören, die ihre Leben der Erforschung der Wahrheit widmen! Dr. Poulianos wurde darum gebeten, nicht öffentlich über seine Entdeckungen zu sprechen und mehrere falsche Anschuldigungen gegen ihn wurden seitens der griechischen Regierung ausgesprochen. Man versuchte seinen Ruf zu ruinieren, obwohl er seit mehr als 50 Jahren in der Höhle forschte. Darum unterstützten ihn Organisationen wie die *European Anthropological Association*. **Dr. Poulianos erfuhr schließlich von Kollegen, dass die griechische Regierung insgesamt mehr als 90 Prozent aller anthropologischen und archäologischen Beweise gegen die Evolutionstheorie zerstören ließ, die in ganz Griechenland gefunden wurden.** Leute, die über keinerlei wissenschaftliche Qualifikationen verfügten, wurden in verantwortliche Positionen versetzt und trugen die Verantwortung für wichtige archäologische Ausgrabungen. Das bestätigt erneut, dass die akademische Naturwissenschaft kein Wissen schafft, sondern das zerstört, was nicht in ihren dogmatischen Darwinismus passt. Wenn in Griechenland 90 Prozent der Beweise zerstört wurden, kann man davon ausgehen, dass diese Praktik im jedem Land der Welt betrieben wird. Deshalb gibt es so wenig handfeste Beweisstücke gegen die Evolutionstheorie. Alles Unpassende wird zerstört und beseitigt. Klappt das nicht, werden die verantwortlichen Forscher bedroht oder unglaubwürdig gemacht. Dr. Poulianos schrieb diesbezüglich am 10. Februar 2014 einen offiziellen Brief an die griechische Regierung:

„Lieber Minister, meine Damen und Herren, es ist fast unmöglich, alle Falschdarstellungen und absichtlichen Verdrehungen der Fakten in diesem Fall aufzuzählen. Das alles geschah in einer absolut inakzeptablen Art und Weise. Das Ziel war, die Anthropological Association of Greece (AAG) zu treffen. Dr. Nikos A. Poulianos, der einzige Paläanthrophologe im griechischen Kulturministerium, leidet heute unter den gleichen Verfol-

gungen mit den gleichen Taktiken, die auch bei mir angewendet wurden. Warum wurden unmoralische Archäologen ohne die nötige Ausbildung in Zuständigkeit versetzt? Die vorsätzliche und fortgesetzte Zerstörung von anthropologischen Beweisen und archäologischen Ausgrabungen, die mehr als 90 Prozent der Funde betreffen, hat sehr negative internationale Auswirkungen. Ein Herr Papadopoulos attackierte mich verbal im März 2012 und sagte, dass es mir nicht erlaubt sei, öffentlich über diese Themen zu sprechen. Das passierte, als ich vor Studenten aus Athen vor der Petralona-Höhle sprach. Das geschah auf Einladung der Schule. Warum versucht man mich zum Schweigen zu bringen? Gibt es irgendwelche Regierungsanordnungen dazu? Ich versuche gerade, vor Gericht zu klären, ob Herr Papadopoulos und sein höchster Beamter überhaupt offiziell für die Ausgrabungen in der Höhle zuständig sind, oder ob sie ohne Erlaubnis handeln. Aus mir völlig unbegreiflichen Gründen versucht die Behörde von Papadopoulos auch gegen die Mittelschule aus Athen vorzugehen. Es wurde mir vorgeworden, dass ich keine Erlaubnis hatte, vor den Studenten zu sprechen, da ich kein Fremdenführer sei. Ich denke wirklich, dass solche Methoden der Vergangenheit angehören sollten. Ich weiß nicht, ob hochstehende Mitglieder der archäologischen Abteilung stolz darauf sind, was sie hier angerichtet haben. Diese Vorgehensweise finde ich grotesk und deshalb sollte das alles in der Geschichte der Petralona-Höhle verzeichnet werden. Das einzige, was jetzt noch unternommen werden kann, muss eine Aktion Ihrerseits sein, um zu retten, was noch zu retten ist. Das sind wichtige Entdeckungen. Bitte unternehmen Sie die erforderlichen Schritte, um weitere Falschdarstellungen, Lügen und Zerstörungen in der Höhle zu verhindern. Ich habe mehr als 50 Jahre meines Lebens in dieses Monument investiert und werde mich ebenfalls um einen angemessenen Gebrauch der Höhle bemühen. Außerdem warte ich immer noch auf die Beantwortung meiner Anfragen aus den letzten zwei Jahren.
Im Namen des Verwaltungsrats der AEE, Dr. Aris Poulianos.“[58]

Professor Macie Henneberg (Institut für Anatomie und Zellbiologie, *Universität von Kapstadt*) schloss sich in einem Brief an das Magazin *Current Anthropology* den Vorwürfen von Dr. Poulianos an:

„Ich bin gerade von dem zweiten Pan-Griechischen Kongress der Anthropologie zurückgekehrt, der etwa 100 Gelehrte aus Griechenland, den USA, England, Italien und Südafrika zusammenbrachte. Der Kongress fand in Athen statt (Mai 1988), aber ich hatte auch die Gelegenheit, die untere und mittlere paläolithische Stätte von Petralona zu besuchen, die Fundstätte der ältesten menschlichen Überreste in Europa. Dr. Poulianos wurde von den griechischen Behörden gezwungen, die Erkundung des Geländes, das er seit 1965 fachmännisch betreut hat, aufzugeben. Der Name ‚Anthropologisches Museum' wurde von der Mauer des Museumsgebäudes am Ort entfernt und durch das Symbol einer Touristenorganisation ersetzt. Am Eingang des Museums befindet sich eine Marmorplatte mit der Feststellung, dass es durch Dr. Poulianos Bemühungen errichtet wurde. Sein Name wurde brutal herausgemeißelt, Teile davon sind immer noch lesbar. Es gibt keinen kompetenten Anthropologen, der den Standort und das Museum im Moment überwacht. Ich denke, dass es unethisch ist, Fakten mit einem Meißel zu löschen und kompetente Forscher daran zu hindern, ihre Arbeit am Standort fortzusetzen. Der Zweite Pan-Griechische Kongress der Anthropologie äußert seine Anerkennung für die Arbeit der Anthropologischen Vereinigung Griechenlands. Das Themenspektrum, die Tiefe der Zeit und die Förderung der interdisziplinären Zusammenarbeit sorgen für hohe Qualität und Bedeu-

tung der Ergebnisse. Es besteht kein Zweifel daran, dass alle Aspekte der Ursprünge des Menschen und des heutigen Lebens für die gesamte Menschheit von Interesse sind, und dass bei der Erforschung keine Anstrengungen unterlassen werden sollten. Wegen ihrer Seltenheit sind jedoch die ältesten fossilen Spuren des menschlichen Lebens besonders wichtig. Die Höhle von Petralona zeichnen sich als einer der bedeutendsten Dokumente des Ursprungs des Menschen aus. Petralona ist sicher nur der erste unter vielen prähistorischen Stätten, die in Griechenland noch unentdeckt sind. Griechenland war das Zentrum einer prächtigen Zivilisation im klassischen Altertum. Diese wichtige Tatsache sollte aber nicht die gelehrte Aufmerksamkeit selektiv auf das Studium der klassischen kulturellen Überreste beziehen. Studien der menschlichen Skelettreste der klassischen Zeiten sowie der modernen Bewohner des Landes sind notwendig, um den griechischen Beitrag zur modernen Welt richtig zu schätzen. Wissen gehört zu den kostbarsten Ressourcen der Menschheit. Es sollte frei verfolgt und international geteilt werden. Deshalb sehen wir mit äußerster Bestürzung den Arbeitsunterbrechung bei Petralona und die Einmischung in die Ziele der Anthropologischen Vereinigung Griechenlands durch die griechischen Behörden. Die Höhle von Petralona ist jetzt ohne ordnungsgemäße wissenschaftliche Überwachung und zeigt bereits Zeichen der Zerstörung. Der Nachweis, der Hunderte von Tausenden von Jahren überlebt hat, wird vorsätzlich und unwiederbringlich zerstört. Der Kongress appelliert an die internationale Gemeinschaft der Gelehrten, alle möglichen Anstrengungen zu unternehmen, um den unschätzbaren Beweis für die menschliche Herkunft zu schützen und Forschern mit jahrelanger lokaler Erfahrung zu ermöglichen, ihre Arbeit im Geiste der akademischen Freiheit und zum Nutzen des menschlichen Wissens fortzusetzen."[58]

Auch Professor Nicholas Mascie-Taylor von der *Universität von Cambridge* verfasste im Jahr 2012 einen ausführlichen Brief an die griechische Regierung. Er stellte richtig, dass das Alter des Schädels tatsächlich 700.000 Jahre ist und nicht 300.000 Jahre, um in die gängigen Evolutionstheorien zu passen. Hier ein Auszug des Schreibens vom 5. September 2012:

„*Ich schreibe Ihnen im Namen der European Anthropological Association. Wir haben Bedenken bezüglich der Erhaltung der Petralona-Höhle und ihrem Schädel, den von Ihnen ausgegebenen Fehlinformationen sowie der Behandlung unseres Personals im Zusammenhang mit der Erhaltung der Höhle. Es gibt ein Problem bei der Datierung, die von uns wissenschaftlich verabschiedet wurde und mit 700.000 statt wie von Ihnen mit 300.000 Jahren datiert wurde. Wir wissen nicht, warum Sie so eine Information herausgeben. Es existieren sehr detaillierte Aufzeichnungen der Ausgrabung und weitere Erkenntnisse, die öffentlich präsentiert werden sollten. Die weiteren Funde wurden nie katalogisiert. Dadurch kann nicht sichergestellt werden, dass sie nicht verschwinden und später Exemplare fehlen. Es ist sehr unglücklich, dass die griechische archäologische Abteilung Dr. Aris Poulianos Arbeiten in der Höhle ohne Angaben von Erklärungen gestoppt hat. Wir finden es auch sehr besorgniserregend, dass Dr. Poulianos und seine Frau in ihrem Haus körperlich angegriffen und verletzt, die Täter aber nicht gefunden wurden. Warum wurde eine Präsentation seiner Erkenntnisse verhindert, die er vor Lehrern und Schülern geben wollte? Anderen Anthropologen und Geologen wurde ebenfalls der Zugang zur Höhle und den Funden für die weitere Untersuchung mehrfach und grundlos verweigert. Ich freue mich darauf, Ihre Antworten auf diese Fragen zu erhalten.*"[58]

Frühere Ausgrabungen in der Höhle wurden von 46 Spezialisten aus 12 verschiedenen Ländern durchgeführt, die bewiesen, dass die Ergebnisse von Dr. Poulianos korrekt sind. In den Schichten waren versteinerte Dinge wie Hölzer, Eichenblätter und Kot vorhanden, was eine genaue Datierung ermöglichte. Außerdem wurden Steinwerkzeuge und Knochen in Sedimentschichten gefunden, die auf 550.000 bis 750.000 Jahre datiert wurden. Wenn man heutzutage die Höhle besucht, sieht man ein Schild mit der Aufschrift, dass der Petralona-Schädel nicht mehr als 300.000 Jahre alt ist. Auf *Wikipedia* und anderen Webseiten findet man Referenzen, die versuchen, die Beweise zu widerlegen und den Funden ein „passendes" Alter zu geben. Diese politische Agenda eines „gemeinsamen Erbes" ist einer der Ecksteine des Multikulturalismus und der Evolutionstheorie. Der Schädel wird dort mit einem Alter zwischen 160.000 und 240.000 Jahren präsentiert, keinesfalls jedoch älter als 300.000 Jahre – das ist derzeit das akademisch akzeptierte Höchstalter. Die Petralona-Fossilien befinden sich seit 1960 in der Schule der Geologie an der *Aristoteles Universität* von Thessaloniki. Der Schädel weist heute erhebliche Beschädigungen auf. Dieser Vorwurf wird von zahlreichen Wissenschaftlern bestätigt. Das geschah, weil man hauptsächlich Proben vom Schädel extrahiert hat, um die Datierung von 700.000 Jahren zu widerlegen. Dadurch wurde der Schädel stark beschädigt, obwohl man stattdessen tierische Fossilien der Höhle hätte benutzen können. Die pro-darwinistischen Forscher datierten ihre Proben fälschlicherweise auf ein viel niedrigeres Alter und heute dürfen nur mehr Proben entnommen werden, wenn das von der griechischen Regierung erlaubt wird, um das Beweisstück für die Zukunft zu erhalten.[(58)]

Der Malachit-Mensch

Im Jahr 1971 kam es bei Bauarbeiten zur Freilegung von 10 menschlichen Skeletten südöstlich von Moab, Utah. Die ersten Untersuchungen leitete der Forscher Lin Ottinger, der bemerkte, dass die Funde extrem alt sein müssten. Die Fundstätte lag in einem öden versandeten Tal und die Knochen befanden sich unter einer massiven Schicht von Sandstein – 16 Meter unter der Oberfläche. Die darunter liegende Sedimentschicht soll zwischen 100 bis 140 Millionen Jahre alt sein. Das ist die Sedimentschicht, in der man gewöhnlich auf Fossilien von Dinosauriern stößt. Vier der zehn menschlichen Skelette stammen von Frauen und einem Kind und es dürfte sich um eine Familie gehandelt haben. Einige der Knochen waren gebrochen, die meisten jedoch nicht und es sieht so aus, als ob diese Skelette angeschwemmt wurden. Die Knochen weisen eine geringe Versteinerung auf und liegen teilweise zwischen einer Schicht aus lockerem Sand, der wohl ebenfalls angeschwemmt wurde. Die Knochen hatten eine grüne Farbe, weil sie bereits mit einer Schicht von dem grünen Mineral Malachit überzogen sind, was auch ein Anzeichen für ein sehr hohes Alter ist. Ähnlich, wie bei den unerklärlichen Artefakten, waren diese Menschen wohl von einer plötzlich hereinbrechenden Flutkatastrophe fortgeschwemmt und dann unter hartem Sandsteinsediment sehr rasch begraben worden.

Es gab bei den Knochen keine weiteren Artefakte oder Werkzeuge. Der Fahrer des Bulldozers, der die Knochen zufällig freilegte, erklärte ausdrücklich, dass er keine Zugänge, Tunnel oder Risse im darüber liegenden kompakten Felsgestein entdeckt hätte. Evolutionisten behaupteten, es würde sich um die Überreste von Indianern handeln, die in einer alten Mine Malachit geschürft hätten und diese seien durch einen Einsturz begraben worden, doch dafür gibt es keine Beweise – es gab keine Tunnel oder Zugänge. Und Frauen und Kinder hätten wohl kaum in einer Mine nach Malachit geschürft. Es gab auch keine Werkzeuge am Fundort und keinen Hinweis auf irgendeinen Minenschacht, denn bei Einstürzen kommt es gewöhnlich zu zerquetschten Knochen. Auch das konnte nicht festgestellt werden. Weil nun diese Theorie sehr unwahrscheinlich war, wurde als nächstes behauptet, es wäre eine Begräbnisstätte der Indianer. Doch welche Indianer würden ihre Verstorbenen mehr als 15 Meter tief begraben und sich dabei durch meterdicken, kompakten Fels schlagen – und mit welchen Werkzeugen?

Bei den weiteren Bauarbeiten gab es dort Probleme, weil der Sandstein so hart war, dass er die Bulldozer zerstörte und man den Felsen teilweise sprengen musste. Es ist also so gut wie unmöglich, dass die Skelette von Indianern dort begraben worden sein sollen. Zweifellos starben diese Menschen bei der gleichen Katastrophe, die auch die Dinosaurier auslöschte. Auch Dinosaurierknochen sind oft nicht versteinert, wie durch neuere Untersuchungen belegt ist, und sind damit ein weiterer Beweis, dass Menschen zur gleichen Zeit wie Dinosaurier lebten – wenn auch nicht vor über 100 Millionen Jahren, weil die Erdschichten absichtlich völlig falsch datiert werden.

Dr. Don Patton führte persönlich Ausgrabungen am Fundort durch und legte 1990 selbst einige weitere grüne, von Malachit überzogene Knochen frei. Ein perfekter menschlicher Unterkiefer wurde ebenfalls von ihm ausgegraben. Die Knochenstruktur hatte sich bereits in Türkisgestein verwandelt und war somit ein menschliches Fossil. Untersuchungen der Zähne und der restlichen Knochen ergaben, dass es sich hier anatomisch um ganz normale Menschen handelt, die vor sehr langer Zeit gelebt hatten.

Doch das war noch lang nicht alles. Im Jahr 1989 kam es zu einer C-14 Datierung der Knochen durch die Labors der UCLA in Kalifornien. Zuständig dafür waren die Professoren Berger und Protsch. Reiner Protsch wurde allerdings im Jahr 2004 durch die Universität Oxford der vorsätzlichen Fälschung überführt – er verkaufte illegal Knochen, die im Besitz der Universität Frankfurt waren und trug auch einen falschen Titel. Reiner Protsch wurde der vorsätzlichen Manipulation und falschen Altersdatierung von Neandertalerskeletten überführt. Bei diesem Mann handelt es sich um einen Wissenschaftler, der vorsätzlich Beweise gegen die Evolutionstheorie manipuliert hat, und datierte dabei die Malachit-Knochen auf ein falsches Alter von nur ca. 200 Jahren(!), was bei späteren Untersuchungen widerlegt wurde. Andere Wissenschaftler suchten wieder nach irgendwelchen unsinnigen Erklärungen und behaupteten, dass es keinen Sinn ergäbe, dass diese Knochen in der besagten Sandsteinschicht freigelegt worden sind. Es macht für sie deshalb keinen Sinn, weil es wieder einmal gegen ihre unbewiesenen Theorien spricht.[59]

Abb. 111: Lin Ottinger bei den Ausgrabungen von 1971 in Moab, und die Skelette im Sandstein

Evolutionsfälschung in Deutschland

Im August 2004 kam es zu einem großen Skandal in Deutschland. An der *Frankfurter Universität* wurde Professor Reiner Protsch von Zieten der Fälschung von Schädeln von Frühmenschen überführt. Schädel von Neandertalern, die bisher mit einem Alter von 27.000 Jahren beziffert wurden, waren nach erneuten Tests nur mehr einige tausend oder wenige hundert Jahre alt! **Somit gibt es keine echten Fundstücke aus der Eiszeit oder der Steinzeit mehr!** Nichts war mehr älter als max. 7.500 Jahre. An diesem Beispiel sieht man wieder deutlich, wie die Entwicklungsgeschichte des Menschen systematisch umgeschrieben wurde. Weitere schon lange bekannte Fälschungen wurden still und heimlich aus Museen und Lehrbüchern entfernt, doch manche werden auch heute noch als Beweis einer Evolution präsentiert. Im Falle der *Universität Frankfurt* wurden die Knochen der Neandertaler an der *Universität Oxford* erneut getestet und nichts davon war älter als ein paar tausend Jahre. Es gibt so gut wie keine echten Neandertalerknochen aus der Zeit vor 7.500 bis 40.000 Jahren. Neandertaler sollen vor 40.000 Jahren ausgestorben sein und bringt die ganze Frühgeschichte ins Wanken. Da die fossilen Knochen nach den geologischen Schichten datiert werden, müssen diese ebenfalls sehr viel jünger sein und das Dilemma ist perfekt. Einzig und allein ein Skelett aus der Klausenhöhle in Bayern ist mehr als 18.000 Jahre alt. Alle jünger datierten Skelette dürften dann per Definition keine Neandertaler mehr sein, sondern es handelt sich um Menschen. Die Knochen wurden auch in diesem Fall präpariert, absichtlich falsch zusammengesetzt und die Fachwelt weiß davon, doch die meisten Experten schweigen einfach. Der erwähnte Professor Protsch hatte die Sache jedoch ein wenig zu weit getrieben und flog im Jahr 2004 auf. Der *Spiegel* berichtete davon. Protsch dachte sich die Altersdatierungen einfach aus, um sie mit der Evolutionstheorie in Einklang zu bringen und wurde dabei von vielen Kollegen gedeckt. Der Schwindel des Professors ist aufgeflogen, als er versuchte, die Schimpansen-Schädel-Sammlung der Universität privat zu verkaufen. Dabei kam auch heraus, dass sein Titel falsch war und der Professor einfach nur Rainer Protsch hieß und die *Universität Frankfurt* dann eine Untersuchung wegen Schwindel, Betrug und Diebstahl einleitete. Erst nach diesem Vorfall sind dann endlich einige Kollegen vorgetreten und haben auf die Manipulation der Neandertalerknochen hingewiesen. Man schickte alles an die *Universität Oxford* und stellte fest, dass nichts davon von Neandertalern stammen kann und wesentlich jünger war – ein „Fossil" war gar nur 250 Jahre alt. Chris Stringer, ein Fachmann für die Steinzeit am *Londoner Museum für Naturgeschichte*, war über die Ergebnisse bestürzt.

Abb. 112: Professor Reiner Protsch

Die deutschen Knochen galten als ein Hauptbeweisstück dafür, dass Neandertaler in Nordeuropa gelebt hatten, doch diese Beweise sind nun nachweislich nicht echt! Somit gibt es keinen wirklichen Nachweis, dass Europa in den letzten 30.000 Jahren von Neandertalern besiedelt war, und womöglich ist das alles eine komplette Erfindung! Neandertaler waren einfach gewöhnliche Menschen und die DNA-Analysen zeigen das ja auch. Chris Stringer forderte, dass man ab jetzt die gesamte Geschichte umschreiben müsse, da es nun keinen Beweis für die Existenz von Neandertalern in Nordeuropa vor 10.000 bis 40.000 Jahren mehr gibt! Alles darüber hinaus kann nicht mehr C-14 datiert werden. Es ist auch schwer erklärbar, wie er sich mit modernen Menschen vermischt haben soll, da wir angeblich ja die DNA des Neandertalers tragen!? Wenn es keine Koexistenz von Neandertalern und *Homo sapiens* gegeben hat, steht die Wissenschaft vor weiteren großen Problemen und ihre ganzen Theorien sind Müll. Problematisch ist auch der sog. Schädel von Hahnöfersand, ein Schädelfragment, das alle Merkmale eines „Neandertaler-Schädels", also dicke Knochen und Wülste über den Augen aufweist. Doch dieser Schädel ist keine 36.000 Jahre, sondern nur 7.400 Jahre alt. Es hat also zu dieser Zeit noch lebende Menschen mit diesen Merkmalen gegeben. Wahrscheinlich war dieser Mensch mehrere hundert Jahre alt, obwohl Neandertaler vor 7.400 Jahren gar nicht mehr existiert haben sollen. Das alles passt zu den überlieferten Flutlegenden der antiken Schriften. Protsch versuchte sich aus der Affäre zu ziehen und behauptete, die *Universität Oxford* hätte Fehler gemacht, was jedoch nicht stimmte. Auch die anderen Neandertaler aus Deutschland, die „Frau von Binschof-Speyer" war keine 21.300 Jahre, sondern nur 3.100 Jahre und der „Paderborn-Sande-Mann" keine 27.400, sondern nur 250 Jahre alt!

Protsch wollte als Professor die Schimpansen-Schädel-Sammlung von 278 Schädeln der *Universität Frankfurt* um 70.000 US-Dollar an einen amerikanischen Sammler verkaufen, doch sie hat Protsch dann im Februar 2005 gezwungen, wegen Lügen und Manipulationen nach 30 Jahren akademischer Karriere in Schande zurückzutreten. Seinen Studenten hatte Protsch erzählt, er habe persönlich die Schädel von Adolf Hitler und Eva Braun untersucht, und dass er teure Wohnungen in New York, Florida und Kalifornien besäße, und dass er sogar mit Arnold Schwarzenegger und Steffi Graf unterwegs gewesen wäre. Hatte er sich mit seinen Fälschungen dieses Luxusleben finanziert? Als Reaktion auf diesen Skandal wurde im Jahr 2006 am *Max Planck Institut für Evolutionäre Anthropologie* in Deutschland das „Neandertaler-Genom-Projekt" gestartet und im Jahr 2010 dann einige Ergebnisse veröffentlicht. Alle modernen Menschenarten haben einen Anteil von mehreren Prozent Neandertaler-Genen – außer Afrikanern. Auch Chinesen und Menschen auf Papua Neuguinea. **Das Genom von Neandertalern und Menschen ist zu 99,7 bis 99,9 Prozent identisch, was im Klartext heißt: Neandertaler waren normale Menschen wie wir.** Und wenn sie schon vor über 200.000 Jahren existiert haben sollen, dann können sie nicht aus Afrika stammen, weil Afrikaner ja keine Gene von Neandertalern besitzen. Menschen aus dem Südpazifik, Papua Neuguinea und Nordostaustralien verfügen *zusätzlich* über Gene, die weder von Neandertalern noch vom Denisova-Menschen stammen. Das bedeutet, dass es erstens noch einen dritten unbekannten Menschentyp gibt, von dem diese Gene stammen, und zweitens, dass sich diese unbekannte genetische Art ebenfalls mit anderen Menschengruppen vermischte und deshalb für die Entstehung des *Homo sapiens* mitverantwortlich ist. Diese Entdeckung wurde im Jahr 2012 gemacht. Ryan Bohlender, ein Genetiker von der *Universität von Texas*, sagte dazu, dass die menschliche Geschichte viel „komplizierter" sei, als bislang angenommen. Und im Klartext heißt das, dass sich die Wissenschaftler nicht erklären können, woher die unbekannte DNA stammt und es somit eine neue riesige Lücke in sämtlichen Theorien der Evolutionisten gibt.

Die ganze Prähistorik ist also frei erfunden und die Welt wurde erst nach der letzten Flut und dem Ende der dadurch ausgelösten Eiszeit wieder großflächig bevölkert. Davor existierte eine globale Hochzivilisation. Die unerklärlichen verschlungenen genetischen Menschheitspfade künden davon! Bis vor wenigen hundert Jahren war das noch allgemein bekannt, dann etablierte sich ein Kreis von einflussreichen Institutionen und Geheimbünden, die die großen Geheimnisse der Welt von vor der Sintflut verbergen wollen. Seit der Entstehung des Darwinismus wurden unglaubliche Anstrengungen unternommen, uns ein völlig neues und manipuliertes Bild der Vergangenheit zu präsentieren, dass den Lauf der Menschheitsgeschichte verändern sollte. Die großen Geheinisse der Vergangenheit und unser wahres Erbe als Menschheit wurden uns buchstäblich gestohlen. **Wenige elitäre Kreise kontrollieren heute dieses Wissen und wollen es noch immer nicht offenbaren.** Glücklicherweise arbeiten heutzutage immer mehr alternative Forscher an der Aufdeckung all dieser aufregenden Mysterien der Vergangenheit und durch neueste Daten und alte Überlieferungen kann man das Puzzle langsam wieder zusammensetzen. Um zu verstehen, warum das alles vertuscht wurde, müssen wir bis zu den Anfängen der größten Lüge der Menschheitsgeschichte zurückreisen.(60)

Kapitel 6 – Der Beginn der größten Lüge der Menschheitsgeschichte

Professor Beringers Lügensteine

Die berühmtesten Relikte der Evolutionsfälschung stammen aus Deutschland und wurden schon im Jahr 1725 vom deutschen Professor Dr. Johann Bartholomäus Adam Beringer (1667-1738) von der *Universität Würzburg* präsentiert. Das war mehr als 100 Jahre vor den Veröffentlichungen von Charles Darwin über die Entstehung der Arten. Dr. Beringer behauptete, dass es sich bei den von ihm gefundenen Steintafeln und den darauf abgebildeten Tieren um echte Fossilien handelt, weil manche von ihnen den hebräischen Namen Gottes (YHWH) eingraviert hatten, was Beringer damals als einen Beweis für einen göttlichen Ursprung der Tafeln sah. Doch es stellte sich schnell heraus, dass es Fälschungen waren. Die Fälschungen sollten von zwei Jesuiten und Kollegen von ihm angefertigt worden sein: Ignatz Roderick und Johann Georg von Eckhart. Als Behringer die Wahrheit herausfand, kam es zu einer Gerichtsverhandlung und der folgende Skandal ließ damals alle drei in Ungnade fallen.

Auf den gefälschten Fossilien bzw. Kalksteinfragmenten sind allerlei Fantasiegestalten abgebildet. Man sieht Spinnen und Spinnennetze, Frösche und Amphibien, sowie Fische und merkwürdige Übergangsformen, wie Amphibien mit Händen. Es sollten hier wohl die ersten Missing Links fabriziert werden, und das schon 135 Jahre, bevor Charles Darwin mit seiner Theorie bekannt wurde! Als Beweis für diese göttliche Evolution sollten Steine und Muscheln dienen, auf denen der hebräische Name Gottes eingraviert wurde und es ist naheliegend, dass diese falschen Tafeln etwas mit der Freimaurerei zu tun hatten. Darwins Ideen kamen ebenfalls von den Freimaurern. Darwins Großvater Erasmus Darwin, schrieb sein Buch *„Zoonomia – Die Gesetze des organischen Lebens“* schon im Jahr 1794. Erasmus Darwin war ein Hochgradfreimaurer und man arbeitete damals in den Logen unter Hochdruck an der Entstehung der neuen Naturwissenschaften. Diese Ideen erhielten die Freimaurer alle von Sir Francis Bacon, der im 17. Jahrhundert die Freimaurerei erneuerte und jüdische Einflüsse in die Tradition einschleuste. Das alles wurde bereits in Bacons Buch *„Das Neue Atlantis“* aus dem Jahr 1627 beschrieben.

Abb. 113: Professor Beringers Zeichnungen der Artefakte aus seinem Buch

Die göttliche christliche Schöpfung sollte durch eine materialistische „reine" Naturwissenschaft abgelöst werden. Zuständig dafür sollte eine revolutionäre Forschungsinstitution sein, die Francis Bacon „Das Haus Salomon" nannte. Im Haus des Salomon sollten alle Werke und Kreaturen des hebräischen Gottes erforscht werden, denn König Salomon wurde in der Antike als der weiseste aller Menschen betrachtet. Bacons Vision des Hauses Salomon führte zur Gründung der britischen Royal Society im Jahre 1660 durch die erneuerte Freimaurerei. Die Royal Society arbeitete bereits seit ihrer Gründung an der neuen „wissenschaftlichen" Religion, die später zum *Darwinismus* und der Evolutionstheorie werden sollte und im Grunde handelt es sich hierbei um einen okkulten Glauben, der auf die alten Götzenverehrungen in den Tempeln zurückgeht.

Geht man in der Geschichte zurück, sieht man, dass in diesen alten Tempeln die alten Götter bzw. die Anunnaki angebetet wurden, die den Menschen als einen genetischen Hybriden erschaffen haben sollen. Alle diese Einflüsse lassen sich bis zur großen Flut und nach Babylon zurückverfolgen. Auf den Lügensteinen wurde der hebräische Name Gottes deswegen zur Sicherheit auch in drei verschiedenen Sprachen eingraviert, Hebräisch, Arabisch und Latein. Die Steine wurden anschließend bei einem Berg in Eibelstadt vergraben. Dort suchte Professor Beringer regelmäßig nach Fossilien. Zu dieser Zeit steckte die wissenschaftliche Forschung noch in ihren Kinderschuhen und man wusste nicht, wie Fossilien entstehen. Beringer entdeckte einige Steine und hielt sie sofort für echt. Er schickte daraufhin einige Nachbarjungen zum Berg, um für ihn nach weiteren Artefakten zu suchen. Im Laufe mehrerer Monate brachten diese tausende modellierte Steinskulpturen zu ihm. Viele zeigten seltsame Motive wie fünfzackige Sterne, Kometen und Halbmonde. Neben den Amphibien mit den menschlichen Händen gab es auch Abbildungen von Vögeln mit Fischköpfen. Behringer veröffentlichte seine Funde in einem Buch (*„Lithographiæ Wirceburgensis"*, 1726) als echte Versteinerungen, doch er war sich dabei nicht sicher, wie diese Steine entstanden sind: Entweder waren sie echt oder sind Schöpfungen von Gott, weil dessen Namen darauf zu finden sind. Prähistorische Menschen konnten sie ja nicht angefertigt haben, weil sie diesen Namen ja nicht kannten und auch kein Latein gesprochen hatten. Obwohl man deutliche Meißel-Spuren an den Steinen sehen konnte, schrieb Beringer, er sei davon überzeugt, dass Gott persönlich diese Steine gemeißelt haben müsse. Beringer sammelte über einen Zeitraum von mehreren Monaten insgesamt 2.000 solcher Figurensteine zusammen und durch die Vielzahl der Steine glaubte er nicht an einen Schwindel. Wer würde schon tausende Steinskulpturen aufwändig fälschen, nur um ihn zu täuschen?

Abb. 114: Eine Vielsagende Illustration in Beringers Buch in der Tradition der Freimaurer

Die Jesuiten Roderick und Eckart versuchten Beringer davon zu überzeugen, dass die Steine gefälscht waren. Beringer war sehr wütend darüber und bezeichnete sie als Gegenspieler seiner göttlichen Funde, die versuchten, die Steine zu diskreditieren. Um seine Ehre zu verteidigen, brachte er die

Jesuiten vor Gericht, doch diese beklagten sich über Beringers Arroganz und die Geringschätzung ihrer Einwände. Im Gegensatz zu späteren Behauptungen hatten sie niemals erklärt, die Lügensteine selbst gefälscht zu haben. Als die Steine als Fälschungen erkannt wurden, rächte sich Beringer und lastete die Fälschungen den Jesuiten an. Beringer und seine Kollegen hatten panische Angst, dass die Fälschungen die gesamte Naturhistorie ruinieren könnten – ein Schaden und Rückschlag, von der sich die damals neue Wissenschaft niemals erholt hätte.

Doch dieser Skandal hatte Folgen für alle Beteiligten und sie verloren ihre Posten und ihr Ansehen. Beringer versuchte alle Kopien seiner Bücher zurückzukaufen, was zu seinem finanziellen Ruin führte. Trotzdem wurde das Buch nach Beringers Tod im Jahr 1767 erneut gedruckt und 1963 wurde es sogar auf Englisch übersetzt. Etwa 500 Lügensteine sind heute noch erhalten geblieben und befinden sich in Museen in Deutschland, England und Holland, doch wer sie tatsächlich angefertigt hatte, ist bis heute nicht bekannt. Das Buch *„Lithographiae Wirceburgensis"* gibt es online als Ebook zur Einsicht und darin finden sich zahlreiche Abbildungen der Steine. Somit sind die Würzburger Lügensteine von Professor Beringer der weltweit erste nachgewiesene wissenschaftliche Evolutionsbetrug der Geschichte. Akademiker folgen diesem Beispiel bis heute und die Lügensteine zogen eine lange Spur von Fälschungen nach sich. Der Verein *Beringers Lügensteine e.V.* in Würzburg betreibt heute ein kleines Museum, das Sie besuchen können.(61)

Der Ernst Haeckel Evolutions-Betrug

Ernst Heinrich Philipp August Haeckel (1834-1919) war ein deutscher Mediziner, Zoologe und Philosoph, der die Theorien von Charles Darwin zu einer absurden Abstammungslehre ausbaute. Er trug durch seine damals sehr populären Schriften zur Verbreitung des Darwinismus in Deutschland bei und wollte diesen im Schulunterricht einführen. Dafür erstellte er Skizzen von Embryonen für die Evolutionstheorie und veröffentlichte seine Arbeit 1868 in *„Natürliche Schöpfungsgeschichte"*. Er versuchte die damals gerade entstandene Evolutionsbiologie durch einfache Skizzen für jeden verständlich darzustellen und präsentierte daher seine eigenen Skizzen von verschiedenen Embryonen als zentrales Argument für seine Theorien. Demnach sollen die Embryonen von Menschen und verschiedenen Tieren in ihren frühen Formen fast identisch aussehen und die gleichen Entwicklungszyklen durchlaufen. Dadurch wäre eine stammesgeschichtliche Verwandtschaft quasi nachgewiesen worden und das sollte einen Beweis für eine Evolution darstellen. Haeckel fertigte dazu extra verfälschte Zeichnungen von diversen Embryonen an, die sich alle sehr ähnlich sahen, obwohl das nicht der Realität entsprach. Doch es gab bald die ersten Fälschungsvorwürfe von seinen wissenschaftlichen Kollegen und sogar Londons Zeitung *The Times* schrieb, dass seine eigene Universität in Jena ihn der Fälschung überführte. Das war ein großes Problem, weil Ernst Haeckel damals der bekannteste Vertreter der Evolutionstheorie in Deutschland war. Er begründete seine Tat mit seinen Kampf gegen die traditionelle Biologe, die Kirchenlehre und ihre „After-Philosophie", und verstand seine falschen Zeichnungen als ein „schweres Geschütz im Kampf um die Wahrheit"! Haeckel stand auch in direktem Briefkontakt mit Charles Darwin.

So zeigten drei Abbildungen angeblich die Embryonen eines Hundes, eines Huhns und einer Schildkröte. Die identische Gestalt der Darstellungen sollte den Leser davon überzeugen, dass die Embryonen der Wirbeltiere tatsächlich ein gemeinsames Entwicklungsstadium teilen und von einer Urform abstammen sollen. Haeckel veränderte seine Skizzen so, dass die Embryonen der verschiedenen Tiere beinahe gleich aussahen und man den Unterschied nicht wahrnehmen können sollte. Die Embryonen hatten ein Alter zwischen vier und sechs Wochen und Haeckel verwendete für seine Zeichnungen Abbildungen aus anderen Lehrbüchern als Vorlage. Sein Buch *„Natürliche Schöpfungsgeschichte“* verkaufte sich gut und 1874 erschien dann schon die fünfte Auflage. Rezessionen im berühmten naturwissenschaftlichen Journal *Nature* halfen dabei, dass Haeckel zum führenden Vertreter der Theorien Darwins im deutschsprachigen Raum werden sollte. Er erklärte, der Darwinismus müsse nicht nur alle biologischen Disziplinen revolutionieren, sondern wäre auch eine Grundlage, auf der alle „wahren Wissenschaften“ der Zukunft aufbauen sollen. Da der Darwinismus keine Wissenschaft, sondern eine Philosophie ist, erscheint diese Aussage doppeldeutig. Haeckel und andere Evolutionisten verglichen die „aufklärerische“ Evolutionstheorie mit einer „schwarzen Internationale“ gegen die „Knechtschaft der Lüge, Unvernunft und Rohheit, des Aberglaubens und des Rückschritts“ – das verrät viel über die Geisteshaltung dahinter.

Katholische Theologen und Philosophen betrachteten Haeckel als einen weiteren Wegbereiter des mechanischen Materialismus, den wir heute wirklich sehen, und bezeichneten ihn als einen Dogmatiker der schlimmsten Sorte, der er zweifellos auch war. Der Darwinismus sollte ein fanatisches wissenschaftliches Dogma der Unfehlbarkeit werden und sich zu einer gefährlichen materialistischen Ideologie entwickeln.

Fachkollegen von Haeckel sahen das anders. Der Anatom Wilhelm His veröffentlichte 1875 sein Werk *„Unsere Körperform und das physiologische Problem ihrer Entstehung“* und stellte damit Ernst Haeckels wissenschaftliche Seriosität in Frage. His kam dahinter, dass er seine Zeichnungen von Embryonen aus anderen Lehrbüchern kopiert und verfälscht hatte. Zum Beispiel wurde die Länge des Stummels beim menschlichen Embryo um das Doppelte verlängert, um ihn wie einen Schwanz aussehen zu lassen und solche Vorgehensweisen zeigten, dass Haeckel kein ernstzunehmender Wissenschaftler war. Echte Wissenschaft hat eine Achtung vor der Wahrheit. Haeckel konterte, indem er behauptete, dass diese Angriffe auf seine „Detailfehler“ den ganzen Darwinismus verunglimpfen wollten. Er sagte, er hätte doch nur ein paar „fehlende Details“ eingefügt, um Ähnlichkeiten herzustellen und Unähnlichkeiten zu vertuschen. Ernst Haeckel gab auf Druck seiner Fachkollegen und seiner Universität schließlich offen zu, Fälschungen angefertigt zu haben. Er wollte fehlende Details einfügen, um einen *Missing Link* herzustellen, weil die Beweislage für die Evolutionstheorie sonst zu dünn gewesen wäre. Das war aber

Abb. 115: Eine alte Gegenschrift, die die gefälschten Bilder zeigte

noch nicht der Gipfel der Frechheit, denn Michael Pitman schrieb in seinem Buch *„Adam and Evolution“* (1984), dass Haeckel auf diese Vorwürfe unverblümt antwortete, **dass hunderte seiner Kollegen und die besten Biologen und Wissenschaftler es genauso machen!**

Der Aufruhr um Haeckels Fälschungen zog große Kreise um sich. Er selbst brach sein Schweigen und schrieb einen Brief an die *Münchener Allgemeine Zeitung*, der am 9. Januar 1909 veröffentlicht wurde. Im Brief gab er zu, einige seiner Embryonenbilder gefälscht zu haben und erklärte wieder, er wollte nur die Lücken zu seinen Hypothesen auffüllen und durch Rekonstruktion der fehlenden Teile eine Synthese herstellen, die seinen Theorien entsprechen würde. Haeckel war bis zu seiner Pensionierung 1909 an der *Universität Jena* tätig, trotzdem bezichtigten ihn fünf andere Professoren der Universität der Fälschung. Diese Universität verfügte über einige der damals modernsten Mikroskope, daher konnte man alles genauer überprüfen. Ein anderer Anatom von der *Universität Freiburg*, Professor Keibel, sowie ein Zoologe von der *Universität Basel* nannten seine verstörenden Zeichnungen eine Sünde gegen wissenschaftliche Wahrheiten und sagten, Haeckel sei ein Exemplar von schockierender Unehrlichkeit!

Trotz dieser Kontroversen wurden Ernst Haeckels Zeichnungen bis in die 1970er Jahre in unzähligen Lehrbüchern und Fachpublikationen weiterverwendet! Auch heute gibt es noch Bücher, in denen sie als Beweis für die Evolution verbreitet werden. Unter diesen Büchern sind auch *„Evolutionsbiologie“* (1998) von Douglas J. Futuyma und die Publikation *„Molekularbiologie der Zellen“* des Biochemikers und Autors Dr. Bruce Alberts, ehem. Präsident der *National Academy of Sciences*! Das änderte sich erst im Jahr 1997 mit neuen Untersuchungen des Embryologen Dr. Michael Richardson. Richardson und seine Mitarbeiter wussten von ihren Beobachtungen, dass die Embryonen aller Wirbeltiere nicht die genau gleichen Entwicklungsstadien aufweisen, die auf einer gemeinsamen Urform beruhen. Das Team verglich aktuelle Fotos von Embryonen mit den Darstellungen von Haeckel, und natürlich gab es große Unterschiede. Richardson arbeitete an der *St. George Medical School of London*. Er überprüfte alle Aufzeichnungen und stellte fest, dass in den damals immerhin 130 Jahren seit Haeckels Veröffentlichungen sich NIEMAND die Mühe gemacht hatte, echte Embryonen mit seinen Zeichnungen zu vergleichen und zu fotografieren! Deshalb machten Dr. Richardson und sein Team aus erfahrenen Wissenschaftlern genau das und fotografierten die wachsenden Embryonen von insgesamt 39 unterschiedlichen Spezies. Dr. Richardson kam auch dahinter, dass Haeckel die Größe der Embryonen verändert hat, um sie gleich groß aussehen zu lassen, denn es gibt in Wirklichkeit markante Größenunterschiede.

In einem Interview mit der Zeitung *The Times of London* im Jahr 1997 sagte Dr. Richardson:

> *„Das ist einer der schlimmsten Fälle von wissenschaftlicher Fälschung. Es ist schockierend festzustellen, dass jemand, von dem man dachte, er wäre ein großer Wissenschaftler seiner Zeit gewesen, so etwas angestellt hat. Das macht mich wütend. Er nahm einen menschlichen Embryo, kopierte ihn dreimal für seine Tabelle und fügte den gleichen Embryo in die Linie der Schweine und Salamander ein. Somit sahen diese frühen Embryonen im selben Entwicklungszeitraum alle gleich aus. Das stimmt aber nicht... Das sind Fälschungen!“*(62)

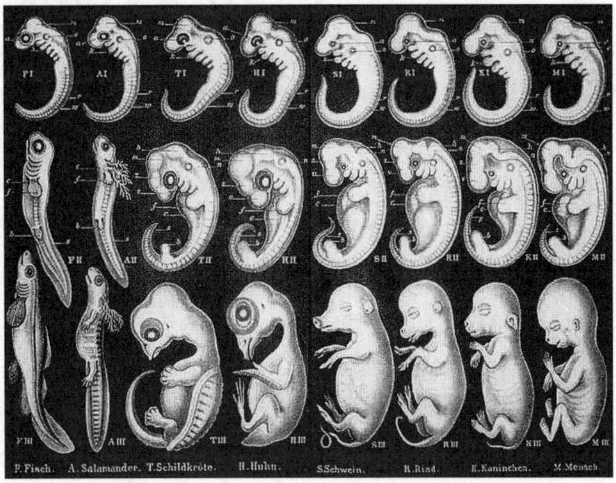

Abb. 116: Die originalen Zeichnungen von Ernst Haeckel aus dem Jahr 1874.

Diesen Aufdeckungen folgten einige Publikationen wie das von Jonathan Wells verfasste Buch *„Survival of the fakest"*. Echte wissenschaftliche Beobachtungen weisen immer auf ein intelligentes Design aller Lebensformen hin und zeigen, dass die „Beweise" für eine Evolutionstheorie größtenteils auf bereits widerlegten Vereinfachungen, überholten Annahmen und Fälschungen beruhen. Trotzdem weisen Wissenschaftler die Fälschungsvorwürfe weiterhin zurück. In den Zeichnungen von Haeckel haben die menschlichen Embryonen fischartige Kiemen und Schwänze wie Affen und sollten zeigen, dass Menschen und alle Wirbeltiere einen gemeinsamen Vorfahren haben – als Beweis für die Theorie der Evolution. Hier zeige ich das Set von Haeckels 24 Zeichnungen, wie sie in seinem Buch *„Anthropogenie"* im Jahr 1874 veröffentlich wurden. Dazu die echten Vergleichsfotos von Dr. Richardson auf dem Jahr 1997. (Abb. 116 + 117)

Dr. Richardson sagte auch, er fühlte schon vorher, dass etwas an den Skizzen von Haeckel nicht stimmt. Der Vergleich echter Fotos von Embryonen mit den Zeichnungen von 1874 zeigte ganz klar und deutlich, dass es in Wirklichkeit große Unterschiede zwischen ihnen gibt und Haeckel kann daher keine echten Tierembryonen als Vorlage für seine Zeichnungen benutzt haben. Er veränderte auch die Größe der Embryonen, manche sind um bis zu zehnmal größer als diejenigen von anderen Spezies im gleichen Alter. Haeckel verglich auch nur ganz bestimmte Tierarten mit dem Menschen, um es so darzustellen, als würden diese falschen Ähnlichkeiten für die ganzen jeweiligen Gruppen dieser Tiere gelten. Dr. Richardson hat somit bewiesen, dass wir es hier mit einem groß angelegten akademischen Schwindel zu tun haben.

In diesem Zusammenhang sollte auch darauf verwiesen werden, dass heute noch viele Ärzte ihren Patientinnen erzählen, dass sie ihr Kind abtreiben können, solange es sich noch im „Fischstadium" befindet, denn einen Fisch zu zerstückeln, scheint in Ordnung zu sein. Durch diese pseudowissenschaftlichen Erklärungen wurden und werden Millionen Eltern getäuscht, die glauben, es sei in Ordnung, ihren hilflosen Nachwuchs zu töten. Ernst Haeckel war aber auch ein talentierter Zeichner und fertigte zu seiner Zeit über einhundert bemerkenswerte und naturwissenschaftliche

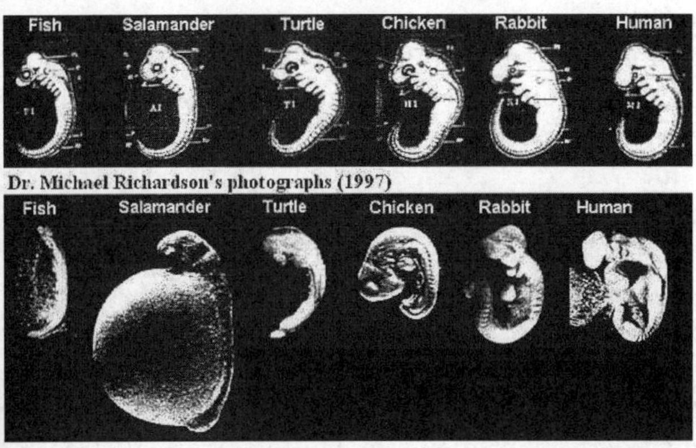

Abb. 117: Haeckel Zeichnungen im Vergleich mit echten Fotos von Embryonen.

Zeichnungen von Pflanzen und Tieren an. Diese Kunstwerke kann man sich heute als Kunstdruck auf der Homepage der britischen Royal Society bestellen. Sie stammen aus Haeckels Buch *„Kunstformen der Natur"* (Leipzig 1899-1904). Viele von Haeckels Originalzeichnungen und seiner Texte befinden sich heute im Besitz der Royal Society in London.

Das bringt uns wieder auf die Spur der Freimaurer und ihrer Agenda: Ernst Haeckel sagte einmal, dass Darwins Theorien und seine Forschungen der Konstruktion einer rationalen und soliden „Philosophie des Lebens" dienten – doch das hat nun nichts mit echter Wissenschaft zu tun. Diese *neue Philosophie* sollte die Wissenschaft von den christlichen Glaubensvorstellungen einer göttlichen Schöpfung wegführen. Haeckel sagte auch, dass jeder, der dieser rationalen Philosophie widersprechen würde, an den selbstsüchtigen Interessen der menschlichen Persönlichkeit hängen würde und um jeden Preis eine Garantie für seine Weiterexistenz nach dem Tode haben wolle. Ernst Haeckel hatte auch persönliche Kontakte zu Charles Darwin und Thomas Huxley in London. Dort wurde er damals „Darwins Bulldogge auf dem Kontinent" oder der „Huxley von Deutschland" genannt. In seinen späteren Jahren nannte man ihn auch den „Ketzer von Jena" und durch seine Bücher wurde er der europäische Vertreter von Charles Darwin. Seine Theorien sollten nicht nur an den Universitäten verbreitet, sondern durch Vorträge auch der Arbeiterklasse bekannt gemacht werden.

Die Zeichnungen von Embryonen waren aber nicht seine ersten Fälschungen. Bereits in seiner frühen Laufbahn als Darwinist erschuf er einen evolutionären Familienstammbaum der Menschheit. Damit wollte er die unerklärlichen Lücken zwischen anorganischer Materie und den ersten Lebensformen auffüllen, erfand dazu eine Reihe von Phantasiegeschöpfen und nannte sie *Monera.* Diese Monera sollten keine Organe haben und aus einfacher Materie bestehen, eine Art formloser beweglicher Schleim, der aus einfachen Kohlenstoffverbindungen bestehen sollte. Im Jahr 1868 erschienen darüber in einem deutschen wissenschaftlichen Journal 73 Seiten von seinen frei erfundenen Spekulationen mit mehr als 30 Zeichnungen seiner ebenfalls erfundenen Monera. Er gab ihnen auch wissenschaftliche Namen wie *„Protamoeba primitivia"*, doch es handelte sich nur um fiktive und nichtexistente Erfindungen und wie es scheint, kam der Impuls für diese Erfindungen aus England.

Thomas Huxley (Großvater des späteren Autors Aldous Huxley) berichtete im selben Jahr von einem Fund, der zu den Beschreibungen der *Monera* passen sollte. Dazu verwendete er Schlammproben vom Grund des Nordatlantiks, die er in Alkohol einlegte und denen er diverse Phantasienamen gab. Thomas Huxley (1825-1895) war ein englischer Biologe für Anatomie und gleich wie andere Darwinisten kämpfte er gegen die traditionellen Vorstellungen der christlichen Religion und gegen die Kirche. Huxley arbeitete auch mit Embryonen, um eine Verwandtschaft zwischen Affen und Menschen herzustellen. Durch seine Verbindungen zur Royal Society und der Freimaurerei wusste er bereits von den Ideen des Darwinismus, bevor sie veröffentlicht wurden. Zu dieser Gruppe von Wissenden gehörte auch sein Kollege Charles Lyell, der Erfinder der geologischen Säule. In einem Brief an Ernst Haeckel schrieb Thomas Huxley im November 1871, dass die Hunde zu spät angefangen hatten zu schnappen. Das Wort *Bulldog* wurde an englischen Universitäten umgangssprachlich für einen Unipolizisten verwendet, der die Moral von verwirrten Studenten wiederherstellen musste. Huxley veröffentlichte bereits im Jahr 1863 sein Werk *„Evidence as to Man's place in Nature"*, worin bereits die

Kernthemen des späteren Darwinismus definiert wurden, die Charles Darwin erst 1871 veröffentlichte. In seinem Buch über die Entstehung der Arten schrieb Darwin: *„In der fernen Zukunft... wird Licht auf den Ursprung der Menschheit und ihre Geschichte geworfen werden."*[(62)]

Warum erst in der fernen Zukunft und nicht schon heute? Die Evolutionstheorie sollte Probleme in der neu aufkommenden rationalen Wissenschaft zu lösen helfen und im November 1864 gründete Huxley den sogenannten „X-Club". Dort versammelten sich alle seine Anhänger und Gleichgesinnte, um die neu erschaffene „Naturwissenschaft" voranzubringen. Der Club setzte sich natürlich hauptsächlich aus seinen engsten Freunden zusammen und alle außer einem waren Fellows der Royal Society. Der nächste Schritt war dann, die neuen Ideen und Theorien durch Wissenschaftsjournale in Umlauf zu bringen. Verschiedene Verlage wurden gekauft und gegründet, darunter auch die *Natural History Review* und das heute noch führende Journal *Nature*. Inhaltlich wurde alles auf den neuen Darwinismus gedrillt, was dabei half, die kritische Zeit zu überstehen, in der sich der Darwinismus und die Evolutionstheorie zunehmend durchsetzten. Am einflussreichsten war der X-Club in den Jahren 1873 bis 1885. Damals war Thomas Huxley auch Präsident der Royal Society, die eindeutig hinter diesen Bemühungen steckte. Und es war die Royal Society, die Ernst Haeckel 1900 die Darwin-Medaille verlieh – *„für seine bedeutsame Arbeit in der Zoologie, die immer vom Geiste Darwins inspiriert war!"*

Im März 2012 erschien das Buch *„Das Globale Freimaurertum – Die Enthüllung der Philosophie der Freimaurer"* von einem Autor namens Adnan Oktar und darin befindet sich auch ein Kapitel über Ernst Haeckel. Der Freimaurer Adnan Oktar schreibt in seinem Buch von der blinden Bindung der Freimaurerei an die Evolutionstheorie. Er stellt jedoch richtig, dass es sich dabei um eine vollkommene Unwissenheit handelt, weil türkische Quellen bereits im frühen 20. Jahrhundert die Evolutionstheorie als falsch nachgewiesen haben, und spricht davon, dass trotzdem Haeckel und seine Behauptungen in fast allen internen freimaurerischen Schriften erwähnt werden. Ein Meisterfreimaurer namens Naki Cecad Akkerman bezeichnete diese Theorien über den „Begriff der Wahrheit und die Prinzipien der Freimaurerei" als ein Gesetz und als eine unbestreitbare wissenschaftliche Tatsache. Ein anderer Meister, Selami Bindag, glaubte das auch und schrieb in seinem Artikel über die freimaurerischen Lehren, dass Darwin mit seinen Experimenten bewiesen habe, dass die verschiedenen Tierarten sich aus einer einzigen Urzelle und später dann aus einer einzigen Art entwickelt haben sollen. Dieses erste Tier soll nach dem Glauben der Freimaurer ein *Monera* gewesen sein, ein Phantasiewesen!

Monera war ein magisches Wundertier, denn es entstand aus anorganischer Materie und wurde auf zauberhafte Weise lebendig(!) – eine Kombination aus Materie und Geist, die sich quasi ohne göttliches Zutun selbst erschaffen hatte. Was die Freimaurerei meint, stimmt mit diesen „wissenschaftlichen" experimentellen Befunden überein und Adnan Oktar schreibt in seinem Buch weiter, dass Haeckel auch in anderen freimaurerischen Texten als „großer Gelehrter" erwähnt wird, obwohl er nachweislich ein Betrüger war. Weiter meint Oktar, dass er als Freimaurer auch nicht verstehe, warum Haeckels Zeichnungen noch immer mit der Absicht verwendet werden, die unwissenden Massen zu betrügen, die überhaupt keine wirkliche Kenntnis von der Sache haben. In seinem Buch kommt Adnan Oktar zum Schluss, dass der Einsatz der Freimaurer für die Evolutionstheorie sich nicht auf ihrer Leidenschaft für Wissen und Wahrheit gründet, sondern äußerst gegenteilig auf Unwissenheit und Täuschung!

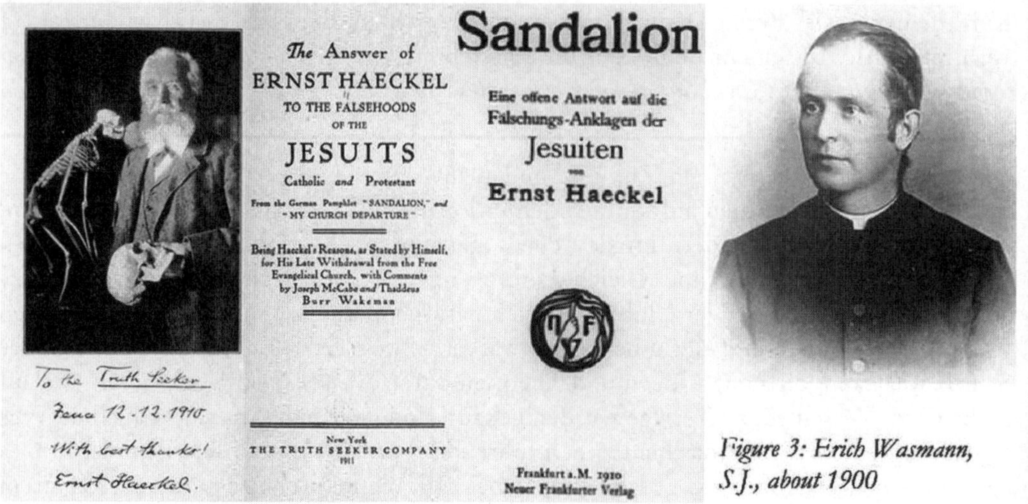

Abb. 118: Links Ernst Haeckel und sein Buch „*Sandalion*"; rechts der Jesuitenpriester Erich Wasmann

Es ist durch diese Aussagen deutlich zu erkennen, dass hinter der ganzen Evolutionstheorie eine versteckte Agenda existiert, die nichts mit echter Wissenschaft zu tun hat und Haeckel selbst gab zu, dass menschliche Beweggründe hier ausschlaggebend waren und keine Fakten und Beweise. Er glaubte tatsächlich, dass der einzige Unterschied zwischen Menschen und Affen darin bestehe, dass Menschen sprechen können und Affen nicht! Demnach wäre ein Stummer also ein Affe? Er erfand sogar einen Missing Link, gab ihm den Namen *Pithecanthropus alalus* (stummer Affenmensch) und ließ sich von einem Künstler sogar eine Malerei anfertigen, die diese Kreaturen zeigt, ohne die Spur eines Beweises für ihre Existenz zu haben. Dieses Vorgehen wurde auch später oft kopiert und wird heute noch immer so gemacht. Die britische Royal Society war von Anfang an ein Werkzeug der Freimaurerei, um ihre neue Naturwissenschaft durchzusetzen und war für mehr als ein Jahrhundert die einzige Institution, die Wissenschaft betreiben durfte. Der erste Präsident der Royal Society war im Jahr 1661 der Freimaurer Sir Robert Moray, und ein weiterer Freimaurer, Dr. Desaguliers, war der Vater des Großlogensystems und einer der engsten Freunde von Sir Isaac Newton. Ihr Logentreffen fand auch immer in einem eigenen Raum der Royal Society in London statt. Da damals noch allerorts eine starke Abneigung gegen die neue „Wissenschaft" herrschte, luden die Freimaurerlogen Interessenten zu Vorträgen ein, die ihnen ihre neuen Theorien nahebringen sollten.

Der bekannte freimaurerische Historiker Murray Lyon schrieb, dass Dr. Desaguliers 1719 Großmeister, 1722 und 1726 Vizegroßmeister der Großloge von England war. Gleichzeitig wurde er 1714 auch ein Mitglied der Royal Society, ebenso wie viele seiner Freunde aus der Freimaurerei, und wir können sicher sein, dass dort nichts ohne ihre Billigung getan wurde. Dr. Desaguliers reiste auch nach Schottland und wurde dort ein Mitglied der Loge Edinburghs (St. Mary) und des Schottischen Ritus. Dort waren auch schon die Verwandten von Charles Darwin aktiv und dies war die erste bekannte Verbindung der englischen Großloge mit der Schottischen Freimaurerei und der Royal Society. Eine der wichtigsten Regeln war damals schon, dass innerhalb der Loge nicht von Religion oder Politik gesprochen werden sollte.

Da die Wissenschaft und die Universitäten bis zu dieser Zeit streng von der Kirche und den Jesuiten kontrolliert worden sind, gab es natürlich auch Angriffe von dieser Seite gegen diese gefährlichen neuen Ketzer. Diese Angriffe trafen auch Ernst Haeckel und so entschied er sich im Jahr 1910, ein Buch gegen die Fälschungs-Anklagen der Jesuiten zu schreiben. Das Buch trägt den deutschen Titel „*Sandalion*", eine Anspielung auf die Sandalenform der Embryonen. Im dritten Kapitel über Naturerkenntnis und Glaubensdichtung beschreibt er die merkwürdige Geschichte des Jesuitenordens und ihren weltgeschichtlichen Einfluss auf die Herrschaft der Kirche, den die Freimaurerei so stark ablehnt, und dass die Jesuiten von einem Lügengeist erfüllt seien, der ihrem ganzen System zugrunde liegt. Und da ihr Grundsatz „*Der Zweck heiligt die Mittel*" lautet, wurde jede Wahrhaftigkeit im Umgang mit den Jesuiten seiner Meinung nach unmöglich. Diese Geisteshaltung erlaubt nämlich jede Übertretung der Gebote, jedes Verbrechen und jedes Vergehen, wenn es zur Förderung ihres höchsten Zweckes dient: Alles zur größeren Ehre Gottes (Omnia in majorem Dei gloriam). Haeckel erläutert weiter, dass der spanische Offizier Ignatius von Loyola 1534 die Gesellschaft Jesu gründete. Ihr Hauptzweck war der Machterhalt der katholischen Kirche und ihres Papstes, dem Stellvertreter Gottes auf Erden. Obwohl die Jesuiten einen offenkundig unmoralischen Charakter aufwiesen, wuchsen ihr Einfluss und ihr Ansehen dennoch beständig an. Haeckels Meinung nach gab es drei Kriegserklärungen von Papst Pius IX. gegen die christliche Welt, als er erstens 1854 das Dogma von der unbefleckten Empfängnis Marias verkündete – das war in den Augen der Wissenschaft unmöglich. Zweitens verkündete Pius IX. 1865 die Enzyklika der Syllabus, was ein absolutes Verdammungsurteil gegen die Bildung des Geistes und die Gelehrsamkeit der modernen Zivilisation war. Und drittens folge 1870 das Dogma der päpstlichen Unfehlbarkeit. Dadurch, dass diese drei Akte angenommen wurden, richtete sich die ganze Kirche nach den Zielen der Jesuiten aus und war ein Albtraum für die Freimaurerei und ihre Wissenschaften – zumal die Jesuiten nämlich schon lange ihre eigene „Wissenschaft" hatten. **Dieser Kampf tobt auch noch heute und beide Systeme versuchen, die Menschheit mit ihren falschen und betrügerischen Lehren zu täuschen.** Jesuiten waren früher und sind auch heute noch führend in vielen Gebieten der Wissenschaft, und Haeckel sprach von einer Einmischung der Jesuiten in die Wissenschaft. Ihr schwarzer Geist betreibt eine konsequente Verdrehung aller Probleme und Antworten und er warne davor, zu glauben, dass es eine jesuitische Wissenschaft gebe, deren Resultate ernst genommen werden könnten. Ernst Haeckel brachte es auf den Punkt und schreibt am Ende eines Kapitels im Buch „*Sandalion*", dass der Name von Jesus Christus von diesem gefährlichen Fälscherbund für ihre verderblichen Herrschaftszwecke missbraucht werde!

Weiter geht es dann in Kapitel 9, wo er zu den Fälschungsvorwürfen seiner Embryonenzeichnungen Stellung bezieht und schreibt, dass die Jesuiten seine „Ungenauigkeit" benutzen, um ihn als erbärmlichen Fälscher und Betrüger an den Pranger zu stellen und diese Anklage durch eine „nicht sachverständige" Presse zu verbreiten. Indem sie seine moralische Ehre und persönliche Autorität vernichten, hoffen sie, dadurch die ihnen verhasste „Aufklärung" durch die Evolutionslehre zu verhindern. Haeckel schrieb:

„Wenn trotzdem die rührige und einflussreiche Jesuitenpresse noch fortfahren wird, mich wegen solcher angeblichen Fälschungen öffentlich zu beschimpfen und anzuklagen, so muss ich ihr selbst das Zeugnis zurückgeben: Erbärmliche Fälschung und infame Verleumdung – Omnia in majorem Dei gloriam!“(62)

In Kapitel 10 des Buches zitierte Ernst Haeckel einige dieser gegen ihn gerichteten Verleumdungen:

- *„Haeckel ist der größte Schwindler, den die Sonne je beschien!“* (Kirchlicher Anzeiger der katholischen Josefs-Gemeinde, Dortmund, April 1909)
- *„Unter den Aposteln des Unglaubens gibt es kaum jemand, der so oft der Unwissenheit und der Fälschung überführt worden ist, wie der Affen-Professor Haeckel.“* (Offenburger Zeitung Nr. 153, vom 10. Juli 1906)
- *„Nun ist auch der letzte Pionier auf dem Gebiete der wissenschaftlichen Veraffung des Menschen, nämlich Professor Haeckel, moralisch zu den Toten gelegt. Denn seine Bilderfälschung wischt der Mann nicht mehr ab.“* (Bayrisches Vaterland, am 21. Januar 1909)
- *„Ernste Männer der Wissenschaft, vor allen sämtliche Naturforscher von Ruf, haben sich gegen Haeckel gewendet. Die Wissenschaft hat ihn längst gerichtet und abgetan.“* (Die Wahrheit! Nr. 59, Troppau)

Ernst Haeckel war so wütend, dass er beinahe eine gerichtliche Klage gegen den Jesuitenorden eingereicht hätte und kämpfte damals einen Kulturkampf für eine neue Weltanschauung. Otto von Bismarck unterzeichnete von 1872 bis 1875 die sogenannten „Maigesetze“ und 1872 wurden die Jesuiten als Agenten von Papst Pius IX. aus Deutschland ausgewiesen. Die katholische Kirche verlor damit an Einfluss und ihr vormaliger Würgegriff lockerte sich langsam, was der materialistisch eingestellten Wissenschaft der Freimaurer mit ihren neuen Theorien schneller zu verbreiten half – gleichzeitig auch den sozialistischen Bewegungen. Bis zu diesem Zeitpunkt war Haeckel selbst noch ein Mitglied der Evangelischen Kirche gewesen, aus der er nach dem Tod seiner Frau jedoch endgültig austrat. Trotzdem wollte er den Kampf um die geistige Freiheit gegen das Papsttum an den Schulen und Universitäten gewinnen. Im Jahr 1905 hielt Haeckel mehrere Vorträge in der großen Halle der Sing-Akademie in Berlin vor mehr als zweitausend Versammelten. Doch der alte Feind meldete sich zurück und schickte einen neuen Kämpfer gegen die Evolutionstheorie in die Schlacht. Es war ein Jesuitenwissenschaftler, der gerade seine neue Arbeit veröffentlicht hatte: *„Die moderne Biologie und die Entwickelungstheorie“* (1904). Trotz der Annäherung der Jesuiten an die Evolutionstheorie blieb Haeckel vorsichtig. Der Jesuitenpriester und Autor dieses Werkes hieß Vater Erich Wasmann (1859-1931) und da Haeckel mit dem Buch von Wasmann vertraut war, nannte er es ein „Meisterwerk der jesuitischen Verdrehung und Spitzfindigkeiten“. Denn Wasmann wies die Möglichkeit zurück, dass Menschen sich von niederen Tieren entwickelt haben sollen und seiner Meinung nach gab es im Tierreich kein Gegenstück zum menschlichen Intellekt. Auch Neandertaler und andere Frühmenschen wären aus der Sicht der Jesuiten immer noch im Bereich der menschlichen Variation, also echte Menschen. Erstaunlich, denn diese Tatsache scheint laut heutigen Forschungsergebnissen tatsächlich zu stimmen! Haeckel verspottete Wasmann als den „darwinistischen Jesuiten", denn Wasmann bestand darauf, dass die menschliche Seele für die Entwicklung des Menschen verantwortlich sei und nicht die Natur. Es folgten einige hitzige Diskussionen und gegenseitige Beleidigungen und Haeckel fragte Wasmann, ob die Kirche sich nun auf die Seite der Darwinisten stellen wolle und wann Gott herabgestiegen sei, um dem Affen seine Affenseele einzuverleiben.

Theologen sahen in Ernst Haeckel eine Ausgeburt des Antichristen. Sie fürchteten sich vor der kommenden Zeit des Niedergangs und der seelischen Verzweiflung, welche die Lehren der Freimaurer sowie die von Darwin und Haeckel über die Menschheit bringen würden. Im Zuge dessen entwickelten sich dann tatsächlich revolutionäre sozialistische Bewegungen wie der Marxismus, und führten zu einem menschenverachtenden Totalitarismus wie dem Bolschewismus. Der Mensch wurde zu einem rein materialistischen Tier erklärt und eine intelligente und kreative Schöpfung durch einen Gott wurde zurückgewiesen. Die Theologen wussten, dass der Darwinismus schließlich zu einer primitiven Form der Barbarei, der Sonnenanbetung und des selbstherrlichen Egoismus führen würde. 1910 trat Haeckel aus der Kirche aus und starb 1919. Und Wasmann erlebte in seinen letzten Jahren noch den Beginn der „Transformation der deutschen Gesellschaft" in einer Art und Weise, die seine dunklen Befürchtungen bestätigte. Der gebürtige Tiroler Wasmann starb im Jahr 1931.

Bevor es nun mit den Hintergründen von Charles Darwin und seinen Verbindungen zur Freimaurerei weitergeht, wird es Zeit, ein weiteres Geheimnis zu lüften. In den ganzen hitzigen Debatten um Affen und Frühmenschen wurde ein *Missing Link* tatsächlich übersehen: Der heißeste Kandidat für eine Verbindung von Mensch und Affe wäre doch der allseits bekannte Bigfoot in Nordamerika oder der Schneemensch Yeti in Asien! Warum wird über diese rätselhaften menschenähnlichen Wesen nie im Zusammenhang mit der Evolutionstheorie gesprochen? Will sich kein Wissenschaftler freiwillig auf dieses Thema einlassen? Ganz im Gegenteil: Jede wissenschaftliche Forschung zum Bigfoot wird sogar bekämpft oder lächerlich gemacht, obwohl es zahlreiche Beweise für die Existenz dieser merkwürdigen Wesen gibt. Im Gegensatz zu den erfundenen Hominiden gibt es tatsächlich eine Menge Beweise für die Existenz unerklärlicher menschenähnlicher Wesen auf der ganzen Welt – man findet auch ihre sonderbaren Fußabdrücke! Gehen wir also auch diesem Geheimnis auf den Grund![62)]

Kapitel 7 – Das Geheimnis der Bigfoots, Yetis und Almas

Wenn heutzutage von großen behaarten, menschenähnlichen Wesen die Rede ist, denken viele sofort an den Bigfoot. Es gibt seit langer Zeit Augenzeugenberichte, Fotos und auch Filmaufnahmen von diesen rätselhaften Kreaturen, und außer in Nordamerika gibt es solche Wesen angeblich auch in Asien und in Indonesien. Liest man sich moderne Berichte von Begegnungen mit diesen Wesen durch, kann man oft feststellen, dass Augenzeugen unterstellt wird, sie hätten einen Bären oder ein anderes großes Tier gesehen und in den meisten Fällen werden solche Begegnungen als Irrtümer oder Fälschungen bezeichnet oder man macht sich darüber lustig. Die meisten Menschen machen sich daher nicht die Mühe, intensivere Nachforschungen über dieses Thema anzustellen. Studiert man alte Bücher, Zeitungsartikel und Berichte von Augenzeugen, kommen doch einige nahezu unglaubliche Informationen zum Vorschein. Doch nicht nur das, es gibt mittlerweile auch anerkannte wissenschaftliche Nachweise und sogar DNA-Analysen von Bigfoot-Proben und diese neuen Erkenntnisse werfen auch ein völlig neues Licht auf diese mythischen Wesen. Sehen wir uns diese Informationen einmal an und beginnen mit den asiatischen Almas und Yetis und den Geheimnissen der Wüste Gobi!

Die Mysterien der Wüste Gobi

Es gibt allerlei Meldungen über merkwürdige Entdeckungen in der Wüste Gobi. Sie ist eine zentralasiatische Wüste in der Mongolei und die drittgrößte Wüste der gesamten Erde. Viele Forscher glauben, dass dieses Gebiet vor sehr langer Zeit von einer heute unbekannten Zivilisation bewohnt war, möglicherweise schon vor mehreren Millionen Jahren. Auch der weltberühmte Forscher Sven Hedin (1865-1952) verfolgte die Spuren dieser Zivilisation und glaubte, dass sie bereits Agrikultur betrieben hatte. Hedin fand gut gearbeitete Pflastersteine und Mörser in der Wüste. Als dieser Teil der Erde irgendwann auszutrocknen begann, wanderten die damaligen Bewohner wohl nach und nach aus. Die Mongolei ist möglicherweise das älteste Trockenland der Erde und stand angeblich seit vielen Millionen Jahren niemals unter Wasser. Doch auch ein großer Kataklysmus in der Vergangenheit könnte ein Grund für das Verlassen der Gegend gewesen sein und unter dem Sand der Gobi liegen vielleicht noch unzählige alte Relikte begraben. Es gibt aber auch Vermutungen, dass die Wüste vor nicht so langer Zeit von einem Meer bedeckt war und die hohen Dünen der Gobi die früheren Küstenlinien kennzeichnen. Es gibt entlang dieser Linien viele ehemalige Sümpfe, die mit den fossilen Überresten von vorzeitlichen Tieren gefüllt sind. Diese Fossilien entstanden, als große Mengen Vulkanasche die Sumpfbereiche bedeckte, was ein weiterer Hinweis auf einen globalen Kataklysmus sein könnte. Im Jahr 2001 wurde in der Inneren Mongolei eine schätzungsweise bis zu 6.000 Jahre alte Pyramide entdeckt. Sie befindet sich in der Nähe der Stadt Sijiazi in Aohan. Auf der Spitze dieser dreistöckigen Pyramide befinden sich sieben Grabmäler und die Ruinen eines Altars. In einem der Gräber fanden Archäologen eine Knochenflöte und einen Ring aus Stein und es wurde auch eine Skulptur einer unbekannten Göttin freigelegt, die die Größe eines menschlichen Körpers hat. An der Wand eines der Gräber ist ein Lingam eingraviert. Die Pyramide sieht aus wie ein Hügel mit einer Seitenlänge von 30 x 15 Metern an ihrer Basis.

Indische Legenden berichten von *Svetadvipa*, der „Weißen-Insel" oder dem „Weißen-Land". Diese Insel ist ein weiterer Kandidat für das mythische Atlantis oder Hyperborea und existierte vor sehr langer Zeit, als die Kontinente der Erde noch an einem anderen Platz waren. Die Legenden berichten, dass am heutigen Platz der Wüste Gobi sich früher ein eigenes Meer befand und in der Mitte dieses Meeres lag die wunderbare Weiße Insel, auf der einst eine blühende Kultur lebte, die eine Hochzivilisation entwickelt hatte. Diese Zivilisation bestand laut den indischen Überlieferungen aus einer weißen Rasse von Menschen mit langen Gesichtern, blauen Augen und blonden Haaren. Diese Zivilisation habe sich dort angesiedelt, nachdem es auf der Erde zu katastrophalen Veränderungen gekommen sein soll. Man sagt, die Gobi-Hochzivilisation soll von der Elite von Nachfahren der „Unsterblichen" gegründet worden sein und auf der Insel sollte das große Wissen beschützt werden, das ihnen von ihren Vorfahren übergeben wurde. Dieses Wissen soll in einer Art Zeitkapsel in einem künstlichen Höhlensystem auf der Weißen Insel untergebracht worden sein.

Viele Inder behaupten heute, von der alten „Sonnen-Dynastie" abzustammen, was die Nachfahren der Bewohner der Weißen Insel waren. Die einstigen Bewohner der Insel waren Zeugen der kompletten Zerstörung der alten Welt und waren verschiedenen Aussagen nach die einzige Zivilisation, die diese Katastrophe überstanden hatte – sie musste ganz allein um das Überleben der Menschheit kämpfen. Doch irgendwann kam es zur Spaltung dieser Zivilisation in zwei Gruppen und zur Gründung von zwei Königreichen. Das erste war **Shambhala** und lag über der Erde, man bezeichnete es auch als den „Weg der linken Hand" und orientierte sich auf die physische Entwicklung, auf materielle Aspekte und die Humanität. Das andere Königreich war **Agartha**, wurde der „Weg der rechten Hand" genannt, entstand unter der Erde und man konnte es nur durch Höhlen und unterirdische Tunnelsysteme erreichen. Agartha orientierte sich an der Spiritualität, der inneren Einkehr und einer Nichteinmischungspolitik, was den Rest der Menschheit betraf. Andere Legenden sprechen davon, dass die Weiße Insel weiter nördlich auf einem Kontinent lag, der Hyperborea genannt wurde. Es soll ein bergiges Land gewesen sein, das in der Nähe des Berges Meru bzw. dem König der Berge (Sumeru) lag. Im indischen Epos *Ramayana* steht geschrieben, dass die Weiße Insel von einem milchigen Ozean umgeben war und das Heim von großen und mächtigen Männern war. Sie waren so schön wie das Mondlicht, waren schlank und hatten breite Schultern. Außerdem waren sie mit großer physischer und spiritueller Stärke gesegnet und ihre Stimmen klangen wie Donner.

Natürlich gab in der Zeit um Sven Hedin weitere Forschungen in entlegenen Gebieten der Wüste Gobi. Der russische Erforscher Nickolas Robert Rich glaubt, dass die Überreste dieser antiken Zivilisation heute unter dem Sand begraben liegen. Bei seinen Forschungsreisen durch die Wüste wurde er Zeuge von seltsamen scheibenförmigen Flugobjekten weit im Norden. Das dürfte sich in den 1940er-Jahren ereignet haben. Er glaubte, dass diese Zivilisation dort immer noch in den nördlichen Regionen dieser Wüste geheim existiert und nannte sie die „Uiger-Zivilisation". Auch der amerikanische Autor Baird Spalding (1872-1953) hatte einige Expeditionen in den fernen Osten unternommen. Im Jahr 1924 veröffentlichte er sein bekanntestes Werk über das Leben und die Lehren der Meister im fernen Osten. Spalding behauptet darin, gemeinsam mit elf Wissenschaftlern die großen Meister des Himalaya getroffen zu haben – das sind unsterbliche Wesen, mit denen sie eine Weile zusammen lebten und ihre spirituellen Botschaften aufzeichneten. Diese Lehren sollen zur Entwicklung des „Wahren Selbstes“ führen. Diese Meister hatten diesen Bewusstseinszustand erreicht und konnten dadurch wie Jesus Christus Wunder wirken, und diese Macht wurde von den Meistern das „Licht Gottes“ genannt, das in jedem Menschen steckt. Spalding und seine Kollegen sollen sogar dem Meister Jesus Christus persönlich begegnet sein.

Auch der britische Autor James Churchward (1851-1936) befasste sich in seinen Büchern ausführlich mit dem Mutterland Mu und der Geschichte der Wüste Gobi. Er kam dahinter, dass das Uiger-Reich in der Wüste eine Kolonie des Mutterlandes Mu war. Das Gebiet der Gobi war damals noch ein blühendes und fruchtbares Land, doch nach einer großen Flutkatastrophe wurde das Uiger-Reich zerstört und die arischen Völker wanderten in den Westen nach Zentraleuropa und in den Bereich des heutigen Irans wie auch nach Indien aus. Die Wissenschaft machte sich lange Zeit über die Aussagen von Edgar Cayce und James Churchward lustig, bis es zur Entdeckung von weißhäutigen blondhaarigen und rothaarigen Mumien in Zentralasien kam. Durch das raue Klima kam es zu einem natürlichen Mumifizierungsprozess in der Wüste Taklamakan, und die Körper befinden sich noch heute in einem außerordentlich guten Zustand. Die Zivilisation der arischen Mumien wurden auf ein Alter von bis zu 10.000 Jahren datiert, das ist tausende Jahre vor der Besiedlung dieser Gegend durch die ersten Chinesen. Bisher konnten von China mehr als 500 solcher Mumien entdeckt werden und im Sommer 2004 wurden weitere, mehrere hundert arische Mumien in der östlichen Wüste Gobi ausgegraben. DNA-Analysen ergaben einen europäischen Ursprung, aber auch Einflüsse aus Mesopotamien (Sumer) und dem Indus-Tal. Es gibt in China schon lange alte Legenden von großen Menschen mit blauen oder grünen Augen, langen Nasen und Bärten, die rotes oder blondes Haar besaßen. Da Wissenschaftler diese Geschichten immer belächelt haben, hat sich nun das alles zu ihrem Schrecken bestätigt! Die ältesten Mumien sind eindeutig arisch und man nannte sie „Tocharier“. Mit ihnen wird auch die Entstehung der Seidenstraße in Verbindung gebracht, und man glaubt auch, dass es schon vor vielen tausend Jahren Handelsverbindungen bis nach Afrika gab. Die Tocharier hatten Wissen über Astrologie, Bergbau, Textilindustrie, Architektur, Mathematik, Schreibkunst, Agrikultur, Medizin und mehr. Sie waren auch Experten in der Herstellung von Seide, Metallen und Hölzern und fertigten bereits Statuen aus Gold, Silber und Bronze an – das alles, bevor die offizielle historische Geschichte von Ägypten beginnt. Es könnte auch sein, dass die ersten Chinesen all ihr Wissen von den Tochariern übernahmen, die aus der Wüste Gobi kamen und aus Mu und Hyperborea stammten. Edgar Cayce schrieb, dass heute mehr ehemalige Atlanter als ehemalige Lemurier oder Bewohner von Mu wieder als Menschen inkarniert sind. Der Grund sei ihr negatives Karma durch ihre damalige Fokussierung auf den Materialismus und die damit verbundenen katastrophalen Konsequenzen. Dagegen wussten die Arier und Lemurier über die karmischen Bindungen Bescheid und führten ihr Leben nach strikten spirituellen und rassischen Gesetzen, um unnötige Verstrickungen und Wiedergeburten zu vermeiden. Dadurch konnten sie ihren Seelenplan schneller erfüllen und in die Ebenen über der materiellen Erde aufsteigen. Baird Spalding und die anderen Forscher sollen dann zusammen mit diesen Meistern damit begonnen haben, jahrelang die Überreste dieser alten Zivilisation in der Wüste Gobi und in Tibet auszugraben. Dabei entdeckten sie antike Texte, die auf Goldplatten aufgezeichnet waren, doch leider lieferte Spalding bis zu seinem Tod keine Übersetzungen von diesen Texten ab und außer den Beschreibungen in seinen spirituellen Büchern gibt es leider keinen Beweis für seine Entdeckungen. Von diesen Meistern werde ich später noch ausführlich berichten.[63]

Almas – seltsame Kreaturen aus der Mongolei

Kommen wir nun endlich zu den Schneemenschen. Zusätzlich zu den merkwürdigen Funden in der Wüste Gobi und im Himalaya kursieren schon lange Berichte von Begegnungen mit seltsamen Kreaturen in dieser Gegend. Eine dieser Kreaturen ähnelt dem asiatischen Yeti und trägt in der Mongolei den Namen „Almas". Der bzw. die Almas werden als behaarte, wilde und starke, menschenähnliche Wesen beschrieben. Einige scheinen größer und andere kleiner als normale Menschen zu sein. Diese Zweibeiner haben Augenzeugen zufolge eine Größe zwischen 1,60 und 2,05 Metern, es gibt jedoch auch Geschichten von viel größeren Almas. Sie sind meistens mit einem rotbraunen Fell behaart, das nur ihre Hände, ihre Füße und ihr Gesicht ausspart. Sie haben eine schwarze Haut und lange Finger mit kurzen Daumen und die Beine sollen kürzer als beim Menschen sein. Augenzeugen berichteten, dass sie schneller als Kamele laufen können. Sie scheinen keine Sprache zu besitzen, sondern benutzen nur eine Reihe von furchterregenden lauten Schreien. Sie essen Wildpflanzen und kleinere Tiere und bewohnen Höhlen und es gab, zumindest früher, eine Art von Tauschhandel mit Menschen. Die Nomaden der Wüste ließen bestimmte Gegenstände zurück und die Almas hinterlegten im Austausch dafür Tierhäute. Es soll sogar zu Kreuzungen mit Menschen gekommen sein und ein Lama aus dem *Lamaiin Gegeenii Hüryee*-Kloster in der Mongolei soll ein Mischling eines Almas gewesen sein. Die Almas benutzen nur einfache Werkzeuge und kein Feuer.

Ein russischer Zoologe hatte auch alte Berichte vorliegen und behauptete, ihr Aussehen war das eines wilden Tieres und nicht menschlich und ihre athletische Kraft war enorm. Sie konnten schneller als ein Pferd rennen und sogar große reißende Flüsse problemlos durchqueren. Es gibt zudem zahlreiche überlieferte Begegnungen mit Almas, doch die ersten Informationen von ihnen stammen vom Franziskaner Giovanni Piano Carpini (1185-1252). 1245 wurde er von Papst Innozenz IV. mit der Mission beauftragt, er solle sich in die Ukraine begeben, welche damals von den Mongolen besetzt war. Neben dieser Mission sollte er auch als Leiter einer Gesandtschaft den mongolischen Großkhan aufsuchen. Und Carpini berichtete dem Papst bei seiner Rückkehr 1247 von Wildmenschen, die dort in der Wüste lebten.

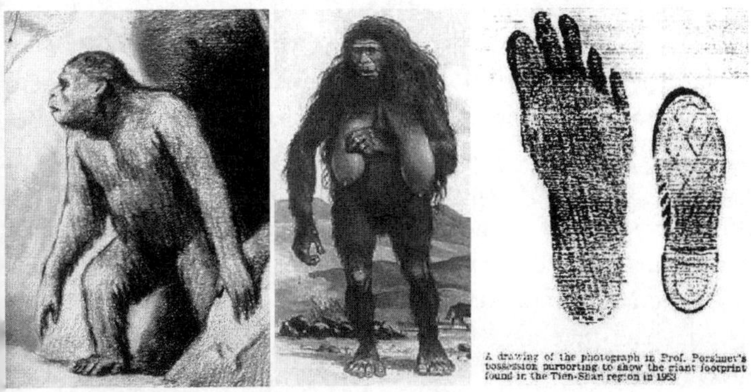

Abb. 119: Nach Augenzeugenberichten angefertigte Abbildungen der Almas

Den ersten genaueren Bericht lieferte dann 1420 der bayerische Adelige und Soldat Johannes Schiltberger (1380-1440). Er wurde im Jahr 1396 bei einer Schlacht in Bulgarien von den Türken gefangengenommen, war jahrelang ein Sklave verschiedener mongolischer Kriegsherren und hielt sich in der Mongolei auf. Er reiste damals als Gefangener der Mongolen auch durch die Tien-Shan-Berge, wo er erstmals zwei Almas erblickte, welche die Mongolen in den Bergen eingefangen hatten. Während seiner eigenen Gefangenschaft schrieb er einen Bericht darüber in sein Tagebuch: In den Bergen leben wilde Menschen, die nichts mit gewöhnlichen Menschen gemeinsam haben. Ein Pelz bedeckt den ganzen Körper dieser Kreaturen, nur die Hände und das Gesicht sind haarlos. Sie rennen in den Bergen herum wie Tiere, fressen Gras oder Laub und alles, was sie sonst noch finden können. Der Khan dieses Gebietes, der Herrscher, macht manchmal Geschenke und verschenkt einige dieser Waldleute zusammen mit Pferden und allen Arten von anderen Tieren, die es nicht in deutschen Landen gab und deren Namen Schiltberger daher nicht kannte. Erst 1427 konnte Schiltberger in seine bayerische Heimat zurückkehren.

Der polnisch-russische Geograph Nikolay Przewalski (1839-1888) folgte später den Spuren von Johannes Schiltberger und machte vier Reisen durch Zentralasien, China, Tibet und Sibirien im Auftrag der *Russischen Geografischen Gesellschaft*. Er sammelte viele Muster der Flora und Fauna, von denen bereits Schiltberger berichtet hatte. Diese Tier- und Pflanzenarten waren zu diesem Zeitpunkt im Westen immer noch recht unbekannt. Bei einer seiner Reisen erblickte Przewalski etwas, das er zuerst für einen Bären hielt, doch seine einheimischen Bergführer erklärten ihm, dass dies kein Bär sei. Der Forscher konnte sich so etwas zuerst gar nicht vorstellen und schrieb später, dass er im Jahr 1872 von den Mongolen von einer außergewöhnlichen Kreatur erfuhr, die bei den Einheimischen *Kung-Guressu* bzw. „Menschentier“ genannt wurde. Diese Kreatur hat ein flaches Gesicht wie ein Mensch, läuft auf zwei Beinen und ist von einem dichten Fell bedeckt. Sie soll fürchterlich stark sein. Die Jäger hatten Angst, diese selten anzutreffenden Almas anzugreifen und die Menschen zogen aus der Gegend weg, in der sie umherstreiften. Przewalski fragte die Einheimischen, wo genau er solche Kreaturen finden könne und man sagte ihm, sie würden unter anderem auf dem Berg Gadjur leben. Nachdem der Forscher den Berg erreicht hatte, konnte er dort allerdings nichts Ungewöhnliches vorfinden. Einige Jäger behaupteten, diese Kreaturen würden sich nur selten zeigen und meistens könne man nur ihre Fußspuren finden. Sie wohnen anscheinend in Höhlenkomplexen.

Im April 1906 hatte ein Mann namens Badzar Baradiin eine Begegnung mit einem Almas, als er die Wüste Gobi bereiste und zwanzig Jahre später hatte er eine zweite Begegnung. Denn im Jahr 1927 ließen einige Durchreisende ihre Wohnanhänger unbeaufsichtigt stehen und suchten ein ausgerissenes Kamel. Sie kehrten erst im Morgengrauen zurück und erblickten zu ihrem Erstaunen mehrere Almas, die sich an der Glut ihres ausgehenden Lagerfeuers wärmten. Die Kreaturen hatten einige vorhandene Trockenfrüchte und Süßwaren verspeist, den Wein tranken sie jedoch nicht und das Ganze passierte in der Nähe des Ortes Alachan. Nachdem Baradiin wieder seine Heimat erreicht hatte, wurde er vom damaligen Präsidenten der *Imperialen Russischen Geographischen Gesellschaft* besucht. Dieser wollte aus unbekannten Gründen erreichen, dass Baradiin nichts von seinen Begegnungen öffentlich bekannt machte! Baradiin hielt sich an die

Abmachung, berichtete jedoch einem engen persönlichen Freund davon, dem mongolische Professor Tsyben Zhamtsarano. Dieser Mann forschte schon länger an diesem Thema und begann nun mit der intensiven Erforschung des Phänomens. Er sammelte Augenzeugenberichte und stellte extra einen Künstler an, der Skizzen von den Beschreibungen der Augenzeugen anfertigte. Auch stellte er eine Liste von Sichtungsorten zusammen und zeichnete sie mit dem Datum der Sichtung auf einer großen Karte ein. Im stalinistischen Russland wurde er jedoch, wie viele andere unerwünschte Wissenschaftler, von den Bolschewiki in den Gulag geschickt. Nach einigen Jahren Gefangenschaft starb Zhamtsarano im Jahr 1940. All seine Aufzeichnungen und Skizzen, die er mühevoll in seinen zahlreichen Expeditionen gesammelt hatte, verschwanden mit ihm. Es gab Gerüchte, wonach sie später als geheim eingestuft wurden. Allerdings berichtete Zhamtsaranos Assistent Dordji Meiren von weiteren Begebenheiten. Eine ganze abgezogene Haut eines Almas soll 1937 im mongolischen Kloster Baruun Hural existiert haben. Dordji Meiren, Mitglied der *Mongolischen Akademie der Wissenschaften* sah die Haut mit eigenen Augen in diesem Kloster in der Wüste Gobi. Die Lamas benutzen sie als Teppich in einigen ihrer Rituale. Meiren beschrieb die Haare des Körpers rötlich und gelockt. Das Gesicht war haarlos und hatte Augenbrauen. Am Kopf befanden sich immer noch die langen Haare der Kreatur. Die Finger und Zehen waren gut erhalten und die Nägel sahen so aus wie bei Menschen. Dieser Alma wurde in der Wüste Gobi von einem Jäger namens Mangal Durekchi getötet und den Lamas als Geschenk überbracht.

Im Mai 1938 gab es ein weiteres überliefertes Zusammentreffen. Herr Nagmit, der damalige Leiter aller Apotheken in der mongolischen Hauptstadt Ulaanbaatar, war mit drei Kasachen in der Nähe der Burkut-Berge in der Provinz Kobdo unterwegs. Einer der Kasachen war ein Lehrer namens Djoltayev. Sie berichteten davon, dass der Almas, den sie dort gesehen hatten, ein haariges, kräftig gebautes Männchen war und sie staunten über seinen Bizeps und seine muskulösen Beine. Er war fast am ganzen Körper mit Haaren bedeckt und das Kopfhaar schien schon grau zu sein. Er war ungefähr zwei Meter groß. Das Wesen näherte sich der Gruppe bis auf etwa 140 m, stoppte dann und beobachtete die vier Männer neugierig. Sie schrien die Kreatur an und boten ihr Nahrung und Kleidung, doch der Almas reagierte nicht darauf. Die Männer beschlossen schließlich, den Wildmenschen ins Bein zu schießen, um ihn gefangen nehmen zu können. Doch kein Schuss traf und die Kreatur war durch die Schüsse auch nicht verängstigt, obwohl sie neben ihr im Boden einschlugen. Immer, wenn sich die Männer nähern wollten, wich der Almas zurück. Die zwei unbewaffneten Kasachen meinten schließlich zu Nagmit und Djoltayev, es wäre besser, diesen „Herren der Berge" nicht anzugreifen und ihn ziehen zu lassen. Später wurden in dieser Gegend von Dr. Rinchen, einem anderen bekannten Erforscher der Almas, in den 1960er-Jahren auch zwei Almas-Schädel gefunden. Manche Almas haben den Beschreibungen nach einen kegelförmigen großen Schädel (Langschädel).

Im Jahr 1941, kurz nach der deutschen Invasion nach Russland, wurde im Kaukasus ein wilder Mann von der Roten Armee gefangengenommen. Der Kommandant der Einheit, ein gewisser Vargen Karapetyen, berichtete, dass dieser wilde Mann nackt war. Er erschien den russischen Soldaten menschlich, war jedoch von einem verlausten dunklen Fell bedeckt. Bei Verhören konnte man ihn nicht zum Sprechen bringen, er schien nichts zu verstehen. Karapetyen zupfte ihm etwas Haar vom Körper und der Wilde war zwar erschrocken, versuchte sich jedoch nicht zu wehren, anschließend wurde er in eine

Hütte gesperrt. Die Soldaten berichteten, dass der Wilde in beheizten Räumen fürchterlich gestunken hätte und sofort stark zu schwitzen begann. Die Soldaten wussten nicht was sie mit dem Mann machen sollen und er wurde schließlich aufgrund des Verdachts, er sei ein Deserteur oder ein deutscher Spion, erschossen.

Im Jahr 1957 hatte Alexander Georgievitch Pronin, ein Hydrologe vom *Geografischen Forschungsinstitut* der *Universität Leningrad*, ebenfalls eine erstaunliche Begegnung. Er war gerade auf einer Expedition in den Pamir-Bergen unterwegs, als er eine seltsame Gestalt erblickte. Überrascht, überhaupt jemanden in dieser unbewohnten Gegend anzutreffen, realisierte er sofort, dass die Kreatur nicht menschlich war. Sie sah zwar aus wie ein Mensch, bewegte sich jedoch gebückt und hatte lange Unterarme, und der Körper war bedeckt mit rötlichgrauem Haar. Pronin schrieb in seinen Bericht, dass er dieselbe Kreatur drei Tage später noch einmal gesehen hat. 1970 fand die *Mongolische Akademie der Wissenschaften* 16 Menschen in der Bayan-Ölgii Provinz, die alle behaupteten, lebende Almas gesehen zu haben. 1980 fand ein weiterer Mitarbeiter der *Mongolischen Akademie der Wissenschaften* nahe der Stadt Bulgan den toten Körper eines Wilden. Er näherte sich der Leiche und sah, dass sie stark behaart war. Es war eine robuste menschenähnliche Kreatur, war bereits ausgetrocknet, halb mit Sand bedeckt und der Körper war komplett kamelfarbig und braungelb behaart, wobei die Haare am Kopf länger als am restlichen Körper waren. Weitere Almas-Sichtungen gab es von Myra Shackley und Dmitri Bayanov vom *Darwin Museum* in Moskau. Maya Bykova, eine Assistentin von Dr. Porshnev, die 1985 ebenfalls am *Darwin Museum* arbeitete, soll Berichten zufolge auch einem unbekannten Humanoiden begegnet sein. Auch diese Kreatur war komplett mit rötlichbraunen Haaren bedeckt. Und auch der mongolische Politiker Mendsaikhany Enkhsaikhan berichtete noch im August 2007 davon, Fußabdrücke eines Almas bei einer Bergbesteigung gesehen zu haben. Man sieht also, dass es sich bei diesen Beobachtungen nicht nur um lokale Legenden handelt, denn diese Aufzeichnungen wurden von ausgebildeten Wissenschaftlern gemacht und sie gaben ihr Wissen an fähige Institutionen weiter. Viele von ihnen hörten schon früh von Almas-Geschichten, blieben jedoch bis zu ihren eigenen Begegnungen immer skeptisch. Warum weigerten sich die Universitäten und wissenschaftlichen Institutionen so hartnäckig, die Almas wissenschaftlich zu untersuchen – wollte man nicht unbedingt einen Missing Link finden? Im Gegensatz zu den sog. Vor- und Frühmenschen liegen genug Beweise für die reale Existenz von Bigfoots, Yetis und Almas vor. Diese werden jedoch komplett ignoriert! Weshalb?

Abb. 120: Der Schädel von Zanas Sohn Khwit weist eine große Ähnlichkeit mit einem Neandertaler-Schädel auf

Eine andere Almas-Geschichte erlangte größere Bekanntheit. Eine Almas-Frau namens „Zana" lebte Mitte des 19. Jahrhunderts in einem entlegenen Bergdorf namens T'khina in der Region Abkhazia im Kaukasus. Den Überlieferungen nach wurde sie im Jahr 1850 in den Bergen eingefangen. Zana wurde von ihren Jägern domestiziert und verrichtete später einfache Hausarbeiten im Dorf. Zana hatte

Russian apewoman could have been a yeti, says top geneticist

Oliver Moody

A stooped silhouette on a mountaintop; a howl in the undergrowth; a sudden shower of stones hurled from the shadows of the wilderness.

From the Himalayan yeti to the bigfoot of northwest America, thousands are convinced that they have glimpsed something not altogether human. Now an academic geneticist claims to have found the most promising evidence yet that *Homo sapiens* may not be entirely alone in its genus.

Bryan Sykes, emeritus professor of human genetics at the University of Oxford, has identified a strain of west African DNA on the Georgian-Russian border that he believes could belong to a sub-species of modern humans.

In the mid-19th century a landowner in Abkhazia, in the Caucasus, acquired a slave called Zana, a 6ft 6in dark-skinned woman covered in thick auburn hair who had been trapped in the Caucasus mountains and appeared to be half-human, half-ape. Zana had at least four children by local men, and some of her descendants still live in the region. According to Professor Sykes's analysis of their DNA, she was "100 per cent African", but bore little physical or genetic resemblance to any modern African group.

Witnesses described her as having 'all the characteristics of a wild animal". 'The most frightening feature was her expression, which was pure animal, not human," one Russian zoologist who collated various accounts of Zana wrote in 1996. "Her athletic power was enormous. She would outrun a horse and swim across the Moskva river even when it rose in violent high tide."

While the most obvious explanation is that she was a runaway Ottoman slave, Professor Sykes believes that her unparalleled DNA militates against this theory. In his new book, *The Nature of the Beast*, extracts of which are published right, he floats the hypothesis that Zana's ancestors may have come out of Africa more than 100,000 years ago and lived in the remote wilds of the Caucasus for many generations.

Professor Sykes said that he had made further discoveries about Zana since he wrote the book. "They will be published in the regular scientific press so I can't be more specific," he said.

Some colleagues have cast doubt on his findings, including a claim that he discovered genetic evidence of an unknown species of bear that might account for yeti sightings in Bhutan.

The geneticist, who last year wrote the first paper on the DNA of "anomalous primates" to be published in a peer-reviewed scientific journal, wrote that in spite of the lack of proof positive from his analysis of the purported yeti hairs, he had developed a strong sense from speaking to dozens of witnesses that there was "something out there".

Whether the best candidate for a race of apemen is the yeti, the bigfoot or the Russian almasty, Professor Sykes could not say. "Bigfoot has many more people trying to find it," he said. "But I suppose either the yeti or the alma/almasty, which live in inaccessible and very thinly populated regions, is the most likely."

Professor Sykes criticised modern genetics for its lack of ambition and its fixation on mathematics. "I'm afraid the golden years are over," he said. "It is a field now dominated by the arrogance of bioinformatics [the application of statistical methods to reams of DNA] and, as such, has lost its way."

Zana was found running wild in the mountains; DNA tests on the remains of her son, left, show that she was African, but not modern African

Abb. 121: Ein Zeitungsausschnitt mit den Entdeckungen von Professor Sykes

eine sexuelle Beziehung mit einem Einwohner namens Edgi Genaba. Sie bekam mehrere Kinder von ihm, die ein normales menschliches Aussehen hatten. Zana selbst soll bis 1890 gelebt haben. Edgi Genaba gab vier der gemeinsamen Kinder mit Zana weg zu anderen Familien im Dorf. Das waren die beiden Jungen Dzhanda und Khwit Sabekia, geboren 1878 und 1884. Die zwei Mädchen hießen Kodzhanar und Gamasa Sabekia, geboren 1880 und 1882. Sie wuchsen alle normal auf, heirateten später und hatten ihre eigenen Familien. Der Schädel eines der Söhne, Khwit, wurde in den 1990er-Jahren von Dr. Grover Krantz ausgegraben. Er erforschte in den Vereinigten Staaten auch die Bigfoots. Dr. Krantz vertrat die These, dass Zana einem isolierten Jäger- und Sammlerstamm angehörte, der so unterschiedlich von den gewöhnlichen Menschen der Gegend war, dass er als „nichtmenschlich" betrachtet wurde. Der russische Historiker Dr. Boris Porshnev besuchte 1964 ebenfalls das Dorf, in dem Zana gelebt hat. Mehrere alte Dorfbewohner berichteten ihm davon, dass sie Zana gekannt und an ihrem Begräbnis teilgenommen hatten. Dr. Porshev behauptete auch, einige von Zanas Nachkommen getroffen zu haben. Er schrieb damals, dass er sehr von ihrer dunklen Haut und ihrem negroiden Erscheinungsbild beindruckt war. Shalikula, ein Enkel von Zana, hatte abnormal starke Kiefermuskeln und er soll einen Stuhl, auf dem ein Mann saß, mit seinen Zähnen hochgehoben haben.

Bryan Sykes, Professor für menschliche Genetik an der *Universität Oxford*, identifizierte einen DNA-Strang des Schädels von Kwhit und meinte, er sei afrikanisch und stammt aus einem Gebiet südlich der Sahara. Er veröffentliche das Buch *„The Nature of the Beast"*. Darin schreibt Sykes, es könnte sich bei dieser Entdeckung um eine unbekannte Subspezies des modernen Menschen oder des Neandertalers handeln. Die DNA weist jedoch keine Verwandtschaft zu modernen Afrikanern auf. 2015 entnahm Sykes weitere Proben von den noch lebenden Nachkommen von Zana und ihres Sohnes Khwit. Diese lieferten ein identisches Ergebnis und Sykes glaubt, es handelt sich um eine Rasse, die vor etwa 100.000 Jahren aus Afrika ausgewandert war und seitdem in entlegenen Gegenden im Kaukasus lebt![63]

Sir Edmund Hillary, Yetis und die Klöster von Nepal

Kommen wir nun zu den mysteriösen Schneemenschen Nepals und Tibets – den Yetis! Der weltberühmte neuseeländische Bergsteiger Sir Edmund Hillary (1919-2008) war zusammen mit dem nepalesischen Sherpa Tenzing Norgay (1914-1986) am 29. Mai 1953 der erste Besteiger des Mount Everest in Nepal, dem höchsten Berg der Welt. Hillary war aber auch bekannt als einer der ersten westlichen Männer, die den legendären Schneemenschen Yeti suchten. Hillary entdeckte bei seinen Besteigungen manchmal Fußabdrücke im Schnee und im Matsch, die darauf hindeuteten, dass diese seltsamen Kreaturen dort leben. Yeti-Sichtungen gab es in entlegenen Teilen Nepals, Tibets und den umliegenden Gebieten. 1952 fand Hillary Haare auf einem hohen Pass in den Bergen. Er glaubte, sie würden von einem Yeti stammen. Die Einheimischen nennen den Yeti den „abscheulichen Schneemenschen". Auch seine Freunde, die Sherpas, berichteten ihm von ihren eigenen Begegnungen mit Yetis. Es soll mehrere verschiedene Arten dieses abscheulichen Schneemenschen in den asiatischen Bergen geben.

Auch diese Kreaturen werden als halb Affe und halb Mensch beschrieben. Sogar Tenzing Norgay behauptete, selbst einen Yeti gesehen zu haben. Hillary erfuhr, dass man eine Art dieser Schneemenschen, die im nördlichen zentralen Nepal anzutreffen sind, „Nyalmo" nennt, und in einem entlegenen Bergdorf zeigte man ihm sogar einen Yeti-Skalp. Hillary war an dem Skalp interessiert und wollte ihn untersuchen lassen. Dazu konnte er das Dorfoberhaupt, einen Mann namens Khunjo Chumbi, überreden, ihm das Stück für einen Monat zu überlassen. Chumbi erzählte auch, dass einige der Nyalmos Riesen sind, bis zu 6 m groß waren, ihre riesigen Kräfte zur Schau stellten und mit den großen Kieferbäumen in dieser Gegend wedelten. Andere Nyalmos saßen daneben am Boden, sahen dabei zu und klatschten mit ihren Händen. Zusammen mit dem britischen Journalisten Desmond Doig reisten Hillary und Chumbi zuerst nach Tokio. Von dort aus ging es weiter in die Vereinigten Staaten, wo man den Skalp vom *Naturhistorischen Museum* in Chicago untersuchen lassen wollte. Hillary musste Chumbi versprechen, den Skalp innerhalb von sechs Wochen wieder in sein Dorf zurückzubringen, außerdem begleitete er Hillary persönlich bei seiner Reise in die Staaten. Und neben Chicago reisten sie auch nach Paris und London und zeigten den Skalp verschiedenen Wissenschaftlern. Der Skalp selbst war wie eine tibetische Kopfbedeckung der Lamas geformt und wies rundherum rotes Haar auf. Die Einheimischen hatten großen Respekt vor diesem Skalp und auch Chumbi selbst beharrte auf der Existenz der Yetis.

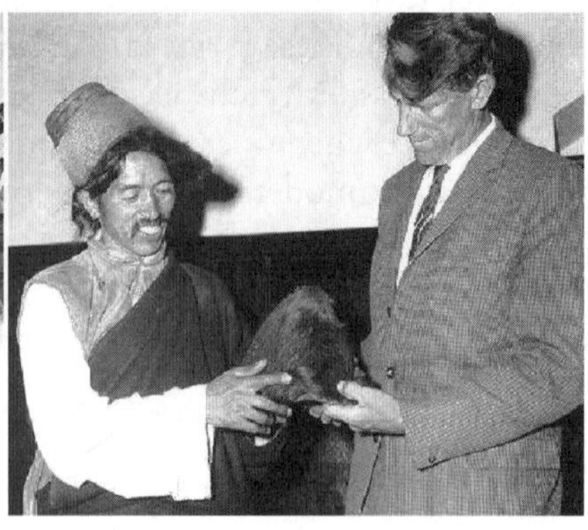

Abb. 122: Sir Edmund Hillary mit Tenzing Norgay auf dem Mount Everest und mit Khunjo Chumbi und dem Yeti-Skalp

Der drahtige kleine Mann erzählte Hillary, dass es früher oft zu Überfällen auf Bergdörfer gekommen war. Die Yetis hatten zahlreiche Menschen verchleppt und aufgefressen, und man beschloss, sie zu eliminieren. Die Sherpas erzählten ich, dass es vor etwa 300 Jahren zu einer großen Zusammenkunft von Yetis in einem ıahegelegenen Bergdorf gekommen war. Die Dorfbewohner fürchteten sich und veruchten, die Yetis betrunken zu machen, in der Hoffnung, sie würden sich dann gegeneitig angreifen. Die Dorfbewohner spielten vor, sich zu betrinken und kämpften dann nit Holzschwertern gegeneinander, denn sie wussten, dass die Yetis nicht sehr schlau ind und gerne das Verhalten von Menschen imitieren. Man gab den Yetis anschließend große Mengen von Alkohol zu trinken und tauschte die Holzschwerter mit echten Schwertern aus. Daraufhin sollen sich viele von ihnen gegenseitig getötet haben. Der Plan ging nicht ganz auf und einige Yetis, mit Ausnahme eines schwangeren Weibchens, las dann von einem buddhistischen Lama erschlagen wurde, entkamen. Die besagten Skalps sollen von diesen Yeti-Leichen stammen und wurden seit diesem Vorfall in den Klöstern aufbewahrt. In den 1960er-Jahren waren insgesamt drei Klöster bekannt, die Überreste von Yetis aufbewahrten: die Klöster in Khumjung, in Pangboche und in Namche Bazar. Die Skalps hatten keine Nähte oder sonstiges und wurden von den Lamas als authentisch betrachtet.

Bereits 1957 hörte der amerikanische Geschäftsmann und Abenteurer Tom Slick von ler Existenz einer mumifizierten Yeti-Hand im Kloster des Dorfes Pangboche, welches ür rituelle Zecke benutzt wurde. Da auch Slick auf der Suche nach einem der abscheulichen Schneemenschen war, konnte er ein Foto der Yeti-Hand machen und es mit zurück n den Westen bringen. Das Bergdorf Pangboche liegt am Fuße des Mount Everest und st heute ein Anlaufpunkt an der vielbenutzten Route zum Basiscamp des Berges. 1958 eisten die britische Forscher und Brüder Brian und Peter Byrne nach Nepal, um weitere Nachforschungen anzustellen. Ein Mönch des Klosters zeigte ihnen die mumifizierte Hand, die aussah, als stamme sie von einem Primaten, und zurück in London berichteen die Byrnes die Geschehnisse dem Professor William Osman Hill, Primatologe am *College of Surgeons Hunterian Museum*. Hill und Slick wollten nun in den Besitz dieser Hand gelangen. Byrne machte ihnen klar, dass die Lamas in Pangboche glaubten, der Tempel würde durch ein Unglück zerstört werden, sollte die Hand dort entwendet werlen – woraufhin die drei Männer einen Plan entwickelten, die Lamas zu täuschen. Sie wollten einen der Finger der Hand stehlen, ihn mit einem menschlichen Finger austauschen und Professor Hill stellte tatsächlich einen präparierten Finger von einer menschichen Leiche zu Verfügung, den Byrne dann in Nepal austauschte. Somit konnte Hill len Yeti-Finger in London genau untersuchen. Der US-Ölmagnat Tom Slick finanzierte lie Expedition der Byrnes und es gelang ihnen 1959, ihr Vorhaben umzusetzen und einen Finger zu stehlen.

Später erreichte Edmund Hillary dieses Kloster und untersuchte die Hand ebenfalls. Er glaubte, es wäre eine Fälschung, weil er die Kombination mit dem menschlichen Knochenteil sah, der von Byrne dort platziert wurde. Die Lamas erzählten ihm, dass einst ein Mönch zum Meditieren in eine Höhle gegangen sei und dort einen Yeti sah. Viele Jahre später kehrte er in diese Höhle zurück, der Yeti war inzwischen tot und er nahm die Hand und einen weiteren Skalp mit und brachte ihn zum Kloster in Pangboche. Hillary ließ diesen Skalp in Chicago untersuchen, und die Wissenschaftler dort teilten ihm mit, sie würden glauben, es handelt sich um das Fell einer japanischen Serow-Antilope und Hillary war sich später nicht sicher, ob Yetis wirklich existieren oder nur ein Mythos sind.

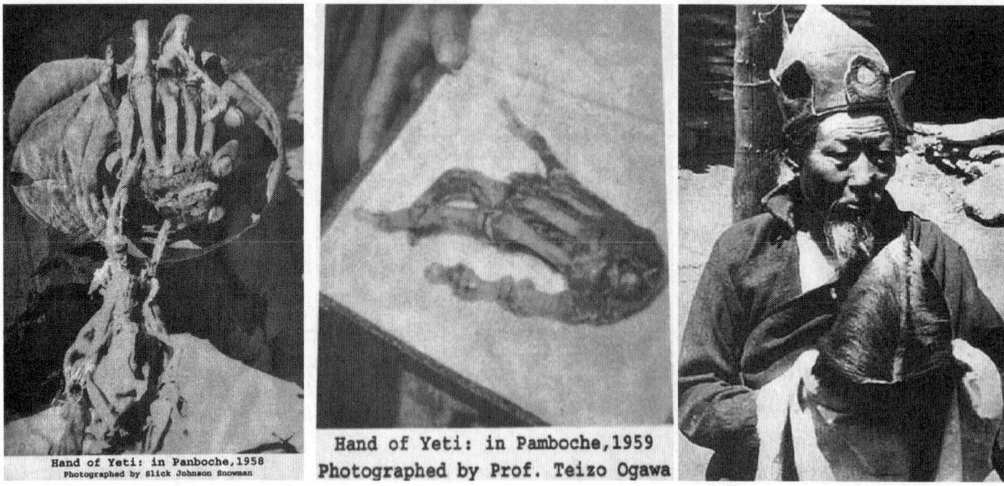

Abb. 123: Originalfotos der Yeti-Hand und des Yeti-Skalps aus dem Pangboche Kloster in Nepal

1960 führte Professor Hill seine Untersuchungen am Finger in London durch und stellte fest, dass die Knochen von einem unbekannten Hominiden stammen, der mit dem Neandertaler verwandt sein könnte. 1991 wurden diese Knochen nochmals von einem amerikanischen Anthropologen namens George Agogino untersucht und der Sender NBC präsentierte die Ergebnisse in der TV-Sendung *Unsolved Mysteries*. Tatsächlich wurde dabei feststellt, dass die Proben Ähnlichkeiten mit menschlichem Gewebe aufwiesen, jedoch nicht menschlich, sondern nur „menschenähnlich" waren. Kurz nach der Ausstrahlung der Sendung wurden die Hand und der Skalp von Unbekannten aus dem Kloster in Pangboche gestohlen und gelangten so angeblich in eine private Sammlung. Solche Artefakte werden illegal im Untergrund gehandelt und als Antiquitäten an reiche Sammler auf dem Schwarzmarkt verkauft. Wie viele versteckte Relikte dieser Art mögen sich wohl weltweit in geheimen Sammlungen einflussreicher Menschen befinden?

Im Jahr 2011 wurde der übrig gebliebene Yeti-Finger in England von Dr. Rob Ogden vom Zoo in Edinburgh einer DNA-Analyse unterzogen und es gab sehr starke Übereinstimmungen mit einer Anzahl von DNA-Sequenzen, die in China und bestimmten anderen Regionen in Asien auftreten. Der Finger befindet sich heute im Besitz des *Royal College of Surgeons Hunterian Museums* in London. Das Kloster in Pangboche wollte den Finger jedoch zurück haben und die Firma *Weta Workshop* in Neuseeland, die für die Spezialeffekte der Filme *Herr der Ringe* und *Avatar* verantwortlich war, erstellte aus vorhandenen Fotos der Artefakte Kopien des Skalps und der Yeti Hand. Diese Kopien wurden dem Kloster dann im Mai 2011 „zurückgegeben", in der Hoffnung, die Fälschungen würden wieder Touristen in das Kloster locken und den Mönchen ein Einkommen bescheren. Der Verbleib der echten Relikte ist unbekannt. Wenn es diese Schneemenschen und Almas in ganz Asien gibt und namhafte Forscher das bestätigen, warum werden heute keine ernsthaften Untersuchungen durchgeführt?

Was versucht man zu verbergen und wo liegt der Ursprung dieser Spezies? In Abb. 124 sehen Sie wie versprochen die Fotos von den Yeti-Fußabdrücken. An den Spuren kann man sehen, dass es sich bestimmt nicht um Bären handelte, weil die übergroßen Fußabdrücke von einem aufrecht gehenden Zweibeiner stammen.[63]

Der erste Bigfoot-Bericht aus dem Jahr 1774

Eine der ersten Überlieferungen einer Bigfoot-Sichtung stammt aus dem Jahr 1792 und wurde von in einem Journal namens *Noticias de Nutka: An Account of Nootka Sound* von Jose Mariano Mozino (1757-1820) aufgezeichnet. Zu dieser Zeit war Nordamerika noch nicht ganz erforscht und die Engländer und Spanier waren auf ihren Expeditionen von der Atlantikküste im Osten in Richtung der noch unerforschten Pazifikküste im Westen unterwegs. Die im Journal beschriebene Geschichte ereignete sich bereits im Jahr 1774 und wurde von einem Captain Bruno de Esceta dokumentiert. Er beschrieb einen Wildmenschen, den der Stamm der Nootka-Indianer einen „Matlog" nannte. Achtzehn Jahre später, im Jahr 1792, wurde vom damaligen spanischen Vizekönig Juan Vincente Guemes eine Erforschung der kanadischen Pazifikküste befohlen, um eine genaue Ethnografie der ansässigen Ureinwohner zusammenzustellen. Unter diesen Männern befand sich der Naturforscher Jose Mozino aus Mexiko und verzeichnete die Expedition im besagten Journal. Dieses Journal blieb später verschollen, wurde erst im Jahr 1913 wiederentdeckt, auf Englisch übersetzt und befindet sich heute in einer Sammlung seltener Bücher, in der *Beinecke Rare Book and Library Collection.*

Die Wildmenschen, die man Matlogs nannte, sollen in den Bergen gehaust und die Indianerstämme terrorisiert haben. Der Matlog wird als ein großes, monströses menschliches Wesen beschrieben, das komplett von schwarzem, borstigem Haar bedeckt gewesen sein soll. Der Kopf dieser Kreaturen glich dem Kopf eines Menschen, war aber viel größer und das Gebiss hatte scharfe starke Reißzähne wie ein Bär oder ein Wolf. Seine Hände waren lang und hatten gewölbte Klauen an den Fingern. Der Matlog war dafür bekannt, fürchterliche Schreie auszustoßen, weshalb die Indianer glaubten, diese Kreaturen seien so etwas wie Dämonen. Eine weitere Begegnung mit einem Matlog hatte 150 Jahre später ein Fallensteller namens Harry Muchalat. Im Jahr 1928 besuchte er das Land der Nootka-Indianer und reiste mit seinem Kanu einen Fluss entlang. Bei Einbruch der Nacht errichtete er ein Lager und entzündete ein Lagerfeuer. Als er in der Dunkelheit vor seinem Feuer saß, wurde er plötzlich hochgehoben und weggetragen. Muchalat war nicht fähig, sich aus dem starken Griff seines Entführers zu befreien und wurde mehrere Kilometer weit verschleppt. Als der Morgen dämmerte, bemerkte er, in welch grauenhafter Lage er sich befand, denn er war in ein Lager der Matlog entführt worden. Mindestens 20 der Kreaturen, männliche und weibliche, starrten ihn an. Auf dem Gelände

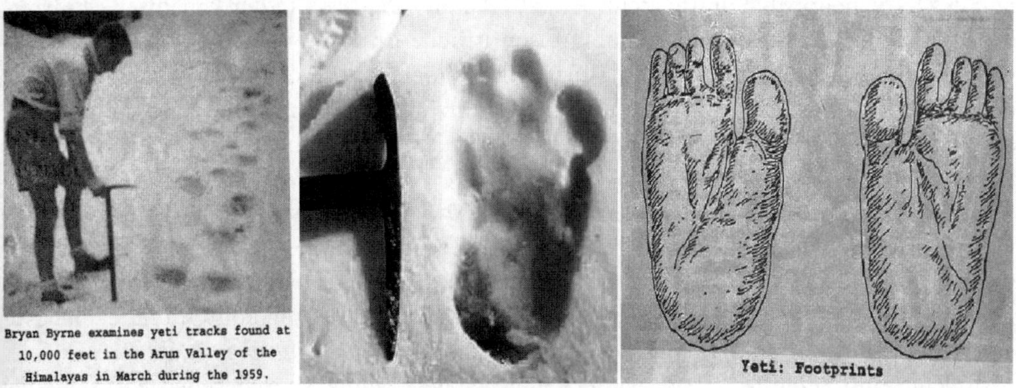

Abb. 124: Frische Yeti-Spuren im Schnee im Himalaya

befand sich ein Haufen Knochen und Harry glaubte nun, seine letzte Stunde hätte geschlagen, stattdessen musste er feststellen, dass die Kreaturen mehr an seiner Decke interessiert waren, in die er immer noch eingehüllt war. Im Laufe des Tages verloren die Matlog das Interesse an ihm und er konnte fliehen. In einem Dauerlauf von etwa 45 Kilometer schaffte es Harry bis zurück ins Dorf der Nootka-Indianer, wo er von einem katholischen Missionar aufgefunden wurde.

Es dauerte drei Wochen, bis sich Harry von dem Vorfall erholt hatte und er weigerte sich, über das Erlebte zu sprechen. Schließlich erzählte er dem Priester doch davon und später wollte er niemals wieder in dieses Gebiet zurückkehren und weigerte sich auch fortwährend, alleine in den Wald zu gehen. Im Laufe des 20. Jahrhunderts verschwand der Name Matlog nach und nach und die Kreaturen wurden unter ihrem neuen Namen *Bigfoot* bekannt. Es scheint auch heute noch eine Kolonie von Matlog in den tiefen Wäldern der nördlichen kanadischen Pazifikküste zu geben.

Die amerikanische *Bigfoot Field Researchers Organization* führt eine aktuelle Liste mit Bigfoot-Sichtungen in ganz Nordamerika und Kanada, denn es gibt einige Staaten, in denen es besonders häufig zu Sichtungen kommt. In Kanada sind das die Provinzen British Columbia, Ontario, Alberta und Manitoba und in den USA die Staaten Washington, Kalifornien, Florida, Illinois, Ohio, Oregon und Texas. Man kann diese Liste auf der Webseite der Organisation einsehen: *http://bfro.net*

Alte Felszeichnungen von verschiedenen Indianerstämmen zeugen ebenfalls noch von ihren Begegnungen mit den Bigfoots. Bei den Navajo-Indianern werden diese Steine Tse'Hane genannt, Felsen, die Geschichten erzählen, und es ist heute nicht bekannt, wie alt diese Felszeichnungen und Petroglyphen sind. Auf einigen davon kann man Abbildungen von großen Wildmenschen und deren großen Fußabdrücken sehen.[(64)]

Die Albert Ostmann Sasquatch-Entführung von 1924

Eine der bekanntesten Entführungen durch einen Bigfoot gab es dann noch im frühen 20. Jahrhundert. Die Bigfoots wurden damals allgemein als „Sasquatch" bezeichnet und im Jahr 1924 wurde der kanadische Goldsucher Albert Ostman sechs Tage lang von einem Sasquatch gefangengenommen. Der Vorfall ereignete sich nahe der Toba Inlet, einem Fjord an der Küste von British Columbia. Albert Ostman meldete diesen Vorfall und er wurde behördlich untersucht. Am 20. August 1957 stellte der kanadische Polizeibeamte A. M. Naismith eine beglaubigte schriftliche Erklärung aus. Er unterzog Albert Ostman einem Kreuzverhör und konnte keine Widersprüche oder Unehrlichkeit in seinem Bericht finden. Man hielt ihn für sehr glaubwürdig und nahm an, dass er die Wahrheit sagte. Ostman unterzeichnete diese Erklärung unter Schwur kraft des *Canadian Evidence Act*, ein Gesetz zur Beweisführung.

Das Ganze spielte sich so ab: Im Jahr 1924 machte sich Ostman zur Toba Inlet auf, um dort seinen Urlaub zu verbringen und nach alten Goldminen Ausschau zu halten, er selbst war Goldsucher. Er hatte von einem zähen Holzfäller bereits früher Geschichten über menschenähnliche Biester gehört, die in der Gegend hausen sollten und er heuerte einen alten Indianer an, der ihm den Weg zur Toba Inlet zeigte. Der Indianer war sehr gesprächig und erzählte davon, wie er einen weißen Mann dabei gesehen hatte, wie er Gold aus einer alten Mine herausholte, doch er soll ein schwerer Trinker gewesen sein,

Rene Dahinden

Albert Ostman (right) with Rene Dahinden in 1957. Ostman signed an affidavit attesting to the truth of his account of being kidnapped by a Sasquatch in 1924.

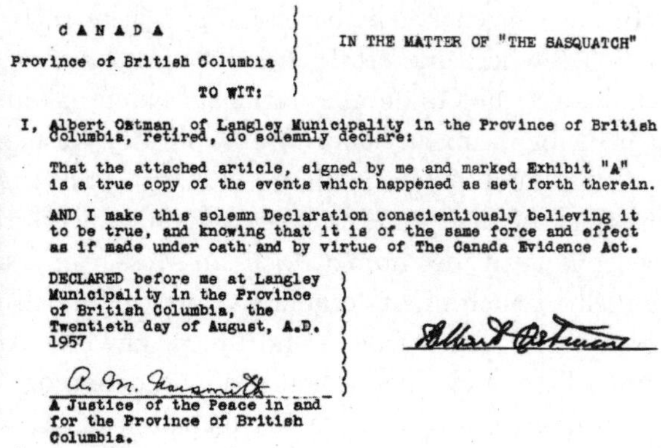

C A N A D A
Province of British Columbia
TO WIT:

IN THE MATTER OF "THE SASQUATCH"

I, Albert Ostman, of Langley Municipality in the Province of British Columbia, retired, do solemnly declare:

That the attached article, signed by me and marked Exhibit "A" is a true copy of the events which happened as set forth therein.

AND I make this solemn Declaration conscientiously believing it to be true, and knowing that it is of the same force and effect as if made under oath and by virtue of The Canada Evidence Act.

DECLARED before me at Langley Municipality in the Province of British Columbia, the Twentieth day of August, A.D. 1957

A. M. Naismith

A Justice of the Peace in and for the Province of British Columbia.

Albert Ostman

Abb. 125: Albert Ostman (rechts) und die schriftliche Erklärung aus dem Jahr 1957

und sein ganzes Geld in Saloons verprasst haben. Sobald ihm das Geld ausging, machte er sich wieder auf den Weg zu dieser Mine und holte sich einen Sack voll Gold. Eines Tages sei er jedoch nicht mehr von der Mine zurückgekehrt und man erzählte sich, ein Sasquatch hätte ihn getötet. Bis zu diesem Zeitpunkt war Oldman sich noch immer nicht sicher, was er von den Geschichten über diese Wesen halten sollte. Er fragte den Indianer auch, was für ein Tier ein Sasquatch sei und dieser antwortete, dass es keine Tiere, sondern stark behaarte Menschen seien, die in den Bergen leben. Der Indianer versicherte auch, er habe selbst einen Sasquatch gesehen, der 2,40 m groß war.

Albert Oldman sagte zum Indianer, er würde nicht an die alten Geschichten über Riesen glauben, die in den Bergen leben, dieser meinte jedoch, es wären zwar nicht mehr viele, aber es würde sie immer noch geben. Schließlich setzte ihn der Indianer mit einem Kanu am Eingang des Fjords ab und es wurde ausgemacht, dass er in drei Wochen zurückkehren und Oldman wieder an der gleichen Stelle abholen sollte. Er wollte dort campieren und nach der besagten Goldmine suchen. Neben der Campingausrüstung hatte er auch noch Proviant, ein Winchester-Gewehr und seine Goldgräberausrüstung mitgebracht. Am folgenden Tag machte Oldman sich mit seinem Gepäck auf die Suche und gelangte schon bald auf eine Hochebene, von wo aus er die Holzfäller und Fischer unten am Fluss sehen konnte und er einen herrlichen Ausblick hatte. In der Nähe einer Wasserquelle schlug er sein Camp auf und am nächsten Tag ging es auf der anderen Seite ins Tal hinunter. In den folgenden Tagen schoss Oldman Wild und richtete sich ein neues komfortables Camp ein.

Ab hier fingen die Dinge an, merkwürdig zu werden, denn am nächsten Morgen bemerkte Oldman, dass einige Dinge in seinem Lager verändert waren. Er war ein fester Schläfer und nichts konnte ihn so leicht aufwecken. Er vermutete, in der Nacht sei ein Stachelschwein gekommen und hätte nach etwas zu fressen gesucht, und am nächsten Abend legte sich Oldman seine Winchester und seine Schuhe in den Schlafsack, für den Fall, dass er wieder ungebetene Besucher erhalten sollte. Am nächsten Morgen war der Sack mit seinem Proviant ausgeleert bis auf das Salz. Stachelschweine mögen Salz, also muss es etwas anderes gewesen sein. Da er keine Spuren entdecken konnte, dachte Oldman, es wäre vielleicht ein Bär gewesen und konnte auch tagsüber nichts Verdächtiges feststellen.

In der vierten Nacht bereitete er sich noch besser vor und legte sich angezogen in den Schlafsack. Seinen restlichen Proviant und das Gewehr steckte er auch in den Schlafsack, hängte die Goldgräberhacke auf einen nahen Ast und wollte die ganze Nacht über wach bleiben, um zu sehen, wer wohl der Besucher sein könnte. Irgendwann muss er dann aber doch eingeschlafen sein. Dann passierte es, dass ihn jemand mitsamt seinem Schlafsack hochzog und mit ihm davonmarschierte. Im Schlafsack konnte er sich kaum bewegen, hatte aber immer noch ein Messer und sein Gewehr bei sich. Er konnte in der Dunkelheit auch nichts erkennen, merkte jedoch nach etwa einer Stunde, dass er bergaufwärts getragen wurde. Er hörte ein schweres Atmen und ahnte, es müsse sich um einen der Sasquatch-Riesen handeln, von denen der Indianer erzählt hatte. Wenn der Sasquatch den ganzen Schlafsack zugehalten hätte, wäre er darin erstickt, so heiß war es. Der ganze Marsch dauerte ungefähr drei Stunden und er hatte keine Ahnung, in welche Richtung sie unterwegs waren. Schließlich wurde er fallen gelassen.

Er hörte in der ihn umgebenden Dunkelheit ein Gespräch in einer merkwürdigen Sprache, die er nicht verstehen konnte, kroch aus seinem Schlafsack heraus und musste sich erst einmal strecken und seine tauben Füße massieren. In der Dunkelheit konnte er nicht sehen, wer ihn entführt hatte, stellte jedoch fest, dass mindestens vier Personen um ihn herumstanden und ständig miteinander sprachen und erkannte so, dass er sich bei den Sasquatch befand, an die er erst nicht glauben wollte! Nach einer Weile graute der Morgen und er konnte sich auf sein Gewehr stützen und aufstehen. Auf Englisch fragte er, was sie von ihm wollten, woraufhin die Unterhaltung zwischen den Sasquatch weiterging. Als es noch heller wurde, konnte er insgesamt vier dieser Wesen erkennen, zwei größere und zwei kleinere, die komplett mit Fell bedeckt waren und keinerlei Kleidung trugen. Es war so etwas wie eine Familie, ein älteres und ein jüngeres Paar und die zwei jungen Sasquatch schienen sich vor Oldman zu fürchten. Er sah sich um und sah den Weg, ein schmaler Engpass, auf dem ihn der kräftige alte Sasquatch hergebracht hatte. Um seinen Hals hatte er noch immer seinen Kompass hängen, doch solange die Wildmenschen den Ausgang versperrten, würde er nicht so leicht entkommen können.

Albert Oldman richtete sich mit seinem Schlafsack und seinen verbliebenen Habseligkeiten neben ein paar Pinien einen Schlafplatz zu Recht und wollte warten, bis er herausfinden konnte, was die Sasquatch von ihm wollten. Von hier aus konnte er auch in ein schönes Tal hinunterblicken. Zum Glück hatten sich im Schlafsack noch einige Konserven befunden, die er dort vor den Tieren versteckt hatte. So hatte er Kaffee bei sich und sah sich nach trockenem Holz um, mit dem er ein Feuer entzünden könnte, er konnte jedoch keines entdecken. Man ließ ihn anscheinend im Umkreis des Lagers frei herumlaufen und er suchte auch nach einer Wasserquelle, um sich Kaffee zu kochen.

Die jungen Sasquatch behielten ihn aus einiger Distanz immer im Auge und als er mit einer Dose voll Wasser zurückkehrte, sah sich der junge Sasquatch die übriggebliebenen Utensilien von Oldman an, berührte aber nichts davon. Die anderen hatten sich anscheinend inzwischen zum Schlafen hingelegt. Es gab einen Felsvorsprung mit einem überhängenden Felsen, dort hatten sich die Sasquatch mit weichem Moos und einer Art gewebter Decke aus Baumrinde eine Schlafstätte eingerichtet, was alles sehr praktisch und warm aussah. Am nächsten Tag ernährte sich Oldman noch von seinem kalten Proviant. Er hatte inzwischen eine Dose Schnupftabak entleert und reichte sie dem neugierigen jungen Sasquatch, der sie an sich nahm und seiner Schwester und seinem Vater zeigte. Sie spielten damit ein wenig herum und begannen wieder, sich zu unterhalten.

Die Sasquatch waren alle sehr groß und muskulös gebaut und ihre Eckzähne waren etwas länger als gewöhnlich, es waren jedoch keine Reißzähne. Die Unterarme waren auch länger, die Hände waren breit und die Finger in Relation eher kurz und hatten starke Fingernägel, die wie kleine Meißel aussahen. Die einzigen Stellen, an denen sie unbehaart waren, waren die Handflächen und Fußsohlen sowie an der Nase und den Augenliedern. Man konnte keine Ohren erkennen, weil sie anscheinend vom Fell verdeckt wurden. Ihre Fußsohlen waren sehr dick und gepolstert wie die Pfoten bei einem Hund. Der große Zeh war viel länger, größer und stärker als die restlichen Zehen. Beim Klettern in den Felswänden brauchten sie wohl nur diesen Zeh, um ihr Gewicht zu halten. Die Sasquatch konnten besser in den Bergen klettern als eine Schneeziege. Sie waren sehr agil und konnten sich hinsetzen, indem sie ihre Knie beugten und standen auch auf diese Weise auch auf, ohne die Hände zu gebrauchen. Oldman hatte den Eindruck, dass sie von Ort zu Ort zogen, je nachdem, wo es etwas Essbares gab. Er sah sie kein Fleisch essen und auch nicht kochen, und stellte fest, dass diese Wildmenschen im Gegensatz zum normalen Menschen perfekt an das Leben in freier Wildbahn angepasst waren. Am nächsten Tag hatte Albert nicht mehr viel Proviant übrig, es war gerade noch so viel da, dass er damit zurück ans Ufer des Toba Inlet gelangen konnte und schmiedete Fluchtpläne, notfalls würde er sich den Weg freischießen müssen. Er wusste zwar nicht die Richtung zum Fjord, doch irgendwann würde er schon auf die Zivilisation stoßen. Oldman sammelte seine übriggebliebenen Dinge zusammen, lud sein Gewehr und versuchte, einfach zu gehen, doch der alte Sasquatch stand auf und erhob seine Hände. Albert deutete mit seinen Fingern auf den Ausgang, doch der alte Sasquatch ließ ihn nicht vorbei und machte Handbewegungen, Oldman sollte sich wieder hinsetzten. Oldman überlegte, er hatte noch sechs Schuss Munition und wollte trotzdem nicht aus dieser Distanz schießen, also beschloss er erst einmal, abzuwarten. Es müsste auch eine andere Möglichkeit geben, als ihn zu erschießen.

Albert Oldman glaubte, dass er vielleicht mit seinem Schnupftabak etwas erreichen konnte und am nächsten Morgen beobachtete er die Sasquatch-Frau dabei, wie sie Blätter, Gras und Nüsse brachte. Sie gab ihm ein paar Wurzeln und Gräser, die sehr süß schmeckten und er gab dafür eine Kostprobe seines Tabaks her, und der alte Sasquatch prüfte den Geschmack. Aus den leeren Konservendosen bastelte Oldman dann ein paar Schöpfer für Wasser und die Sasquatch sahen ihm staunend zu. Er gab dem jungen Wildmenschen wieder etwas Schnupftabak und dieser reichte es an den alten weiter. Oldman deutete ihm an, er soll es in den Mund nehmen und kauen. Aus Sicherheitsgründen näherten sich die Sasquatch meistens nur auf ein paar Meter und hielten sonst Abstand und Oldman hatte immer noch nicht herausgefunden, was sie eigentlich von ihm wollten. Der alte Sasquatch wurde immer zutraulicher und kam ihm von Tag zu Tag näher, weil er sehr am Schnupftabak interessiert war. An diesem Morgen entzündete Oldman mit trockenem Moos, ein paar trockenen Ästen und den Etiketten der Dosen ein Feuer, um Kaffee zu kochen. Die Sasquatch setzten sich ein paar Meter entfernt hin, beobachteten alles und das Aroma des kochenden Kaffees schien ihnen zu gefallen. Nachdem das Frühstück beendet war, holte er abermals eine Dose mit Schnupftabak heraus und nahm etwas davon in den Mund und der alte Sasquatch griff nach der Dose und schnappte sich den Rest. Er schluckte alles und leckte dann noch den Rest aus der Dose, doch nach ein paar Minuten wurde ihm furchtbar übel zumute und er verdrehte die Augen. Der Sasquatch griff dann auch noch nach dem Kaffee und trank den Rest leer, was ihm dann nicht gut tat. Er steckte seinen Kopf zwischen die Beine, begann am Boden herumzurollen und zu quieken wie ein Schwein. Das war der Zeitpunkt, als Oldman zu seinem Gewehr griff, er wollte den Alten notfalls erschießen, um entkommen zu können. Der alte Sasquatch machte sich jedoch in Richtung der Quelle davon, um etwas Wasser zu trinken, und Oldman nutzte dabei die Gelegenheit und packte alle seine Sachen in den Schlafsack.

Schnell rannte er zur engen Felsspalte und schaffte es hinaus, die anderen drei hinderten ihn nicht daran. Das alte Weibchen wollte zwar hinterher, aber Oldman feuerte einen Warnschuss in die Felswand hinter ihr, worauf sie erschrak und schleunigst zurückrannte. Er lud sein Gewehr nach und rannte selbst in Richtung Tal hinunter und bemerkte, dass die Sasquatch die Verfolgung wieder aufgenommen hatten. Er rannte ein paar Kilometer, schaffte die Strecke in Rekordzeit und erinnerte sich dabei, dass es zwei Bergrücken zwischen ihm und dem Fjord gab – also lief er in die Richtung, von der er glaubte, sie wäre die richtige, denn auf dem nächsten Bergrücken würde er dann einen guten Ausblick bekommen. Als er oben angekommen war, konnte er sehen, dass ihm kein Sasquatch mehr folgte und da in der Ferne der Mount Baker zu sehen war, war er also in die richtige Richtung unterwegs. Er rastete für zwei Stunden, machte sich dann gegen 15 Uhr wieder auf den Weg und erreichte den zweiten Bergrücken jedoch erst am folgenden Tag. Nach einigen weiteren Stunden konnte Oldman beim nun folgenden Abstieg ein Motorengeräusch hören und jemand fällte hier in der Nähe Holz. Als er die Leute erreichte, erzählte er ihnen, er hätte sich auf der Suche nach Gold verlaufen, erzählte den Holzfällern jedoch nichts von den Sasquatch, weil er Angst hatte, sie könnten ihn für verrückt halten. Am nächsten Tag verließ Oldman das Holzfäller-Camp und erreichte das Ufer des Sechelt Inlet, einem anderen Fjord und nahm von dort aus ein Boot zurück nach Vancouver. Das war sowohl sein letzter Goldgräberausflug als auch seine einzige Begegnung mit den Sasquatch.

Albert Oldman erzählte vorerst seine Geschichte niemandem, weil er glaubte, man würde ihn für verrückt halten und erst im Jahr 1957 berichtete er der Presse davon, weil damals weitere Erlebnisse mit den Sasquatch bekannt wurden. Er fragte sich damals auch, wie viele Sasquatch in der Wildnis wohl noch existieren würden, denn mit dem Vordringen des weißen Mannes mussten sie sich immer weiter zurückziehen.[(65)]

Das Rätsel um die Herkunft der Bigfoots

Wenn man sich mit der Evolution und den gefälschten Vor- und Frühmenschen beschäftigt, die die Wissenschaft so fanatisch zu fälschen versucht, um einen *Missing Link* zu produzieren, stellt sich auch die Frage, warum diese Wissenschaftler eine Art von affenähnlichen Wesen konsequent aus ihrer Forschung ausschließt – den Bigfoot bzw. Sasquatch, der in anderen Erdteilen auch Yeti oder Almas genannt wird. Warum machen Evolutionisten und Mainstreamwissenschaftler meist einen großen Bogen um dieses Thema? Es sollte doch in ihrem Interesse liegen, der Sache auf den Grund zu gehen – oder etwa nicht? Wie wir noch sehen werden, stellen diese Spezies ein weiteres großes Problem für die Evolution dar. Im Gegensatz zu erfundenen und gefälschten Affenmenschen ist der Bigfoot für die Forscher mehr als unerwünscht und bringt die ganze Evolutionstheorie völlig durcheinander, denn er könnte sie sogar komplett zu Fall bringen, sollte eindeutig nachgewiesen werden, dass diese Wesen mit dem Menschen verwandt sind. Doch genau das scheint bereits passiert zu sein.

Berichte von diesen Wildmenschen gibt es schon seit Jahrhunderten und sie werden in entlegenen Gegenden auf der ganzen Welt gesehen, meistens in den Bergen. Alte Indianer von verschiedenen Stämmen berichteten schon lange von diesen Wesen, bevor die ersten Siedler in Amerika ankamen und laut deren Legenden gab es oft Begegnungen und Interaktionen mit den Sasquatch. Im Laufe der letzten 200 Jahre hat es auch sehr viele Sichtungen von Bigfoots in ganz Amerika gegeben, viele Jäger berichteten davon, dass sie welche erlegt hätten, doch ein finaler wissenschaftlicher Beweis ihrer Existenz liegt bis jetzt jedoch nicht vor. Es wird anscheinend von Regierungsseite versucht, das zu verhindern und alle Berichte von Begegnungen inklusive der Beweise dafür zu vertuschen oder lächerlich zu machen. Das bedeutet, dass die Regierungen sehr genau Bescheid wissen, mit was man es hier zu tun hat und es weiter ein Geheimnis bleiben soll.

Es gab immer wieder Ausflüchte und Erklärungen für Bigfoot-Sichtungen und es sollen Missinterpretationen von Bären, Angstmanifestationen, paranormale Phänomene, UFOs oder Fälle von Massenhysterie gewesen sein. Manche Forscher sprechen auch von großen Affen. Der *Gigantopithekus* ist eine ausgestorbene Riesenaffenart und Anthropologen und Primatenforscher erklären sich die Sichtungen von Bigfoots dadurch, dass sie glauben, Bigfoots sind überlebende Verwandte dieses urzeitlichen Riesenaffen. Durch die fossilen Knochenfunde des *Gigantopithekus* konnte man nicht ermitteln, ob er aufrecht gelaufen ist oder nicht. Nachdem man bis heute keine Affenart kennt, die das kann, ist anzunehmen, dass er wie Gorillas oder Schimpansen auf allen Vieren lief. Der *Gigantopithekus* muss seinen Knochen nach zu urteilen fast drei Meter groß gewesen sein und hatte ein Gewicht von mehr als 550 kg. Doch den Beschreibungen von Bigfoots nach zu urteilen, dürften diese kleiner und leichter sein, deshalb waren die Gigantos die größten Affen, die jemals auf der Erde lebten. Sie bewohnten angeblich vor mehreren Millionen Jahren Gegenden im heutigen China, Indien und Vietnam, und vor etwa 100.000 Jahren sollen sie dann ausgestorben sein. Dabei ist bisher auch unklar, warum sie ausgestorben sind. Wie aber sollten diese Gigantos nach Kanada und Amerika gelangt sein? Dort haben niemals irgendwelche Affen gelebt. Es gibt in Nordamerika auch keine Knochenfunde, die so etwas belegen würden, auch in Asien wurden nur einige wenige gefunden.

Von den Almas liegen bereits genetische Tests vor und man weiß, dass sie keine Affen-Gene haben, sondern genetisch einem angeblich ausgestorbenen afrikanischen Menschentyp entsprechen. Es gibt auch keine Augenzeugenberichte, dass Bigfoots jemals wie Affen auf Bäume kletterten. Sie halten sich in entlegenen Wäldern, im Gebirge und in Sumpfgebieten auf, in Gegenden, in denen für gewöhnlich nur sehr wenige Menschen leben. Sie verlassen anscheinend den Schutz dieser Gebiete nur ungern, sind hauptsächlich nachtaktiv und wenn sie Menschen begegnen, flüchten sie meist sofort. Im Gegensatz zu Berggorillas sind Bigfoots niemals in größeren Gruppen gesehen worden und sie bleiben nie lange am gleichen Ort. Auch Bigfoot-Knochen werden so gut wie nie gefunden. Menschen, die mit ihnen zu tun hatten, wollen beobachtet haben, wie sie ihre Toten begraben – Tiere machen so etwas nicht.

Aus evolutionärer Sicht ist der Bigfoot sehr problematisch, denn wenn er mit dem Menschen verwandt sein sollte, kann er kein *Missing Link* sein und müsste im Gegenteil ein Nachfolger des Menschen und aus ihm hervorgegangen sein. Im Gegensatz zum Menschen sind diese Wildmenschen auch perfekt an das Leben in der Natur angepasst. Fall es eine Evolution gegeben hätte, wären Bigfoots viel eher das Ergebnis davon als *Homo sapiens*, die nicht sehr gut an das Überleben in der freien Natur angepasst sind. Wenn die DNA-Proben von Almas auf einen inzwischen ausgestorbenen afrikanischen Menschentyp hinweisen, sagt das bereits sehr viel über diese Wildmenschen aus. Das heißt, sie sind eng mit uns verwandt und können daher keine Affen sein. Auch können sich Menschen nur mit Menschen paaren und es gibt zahlreiche Berichte aus Asien und Nordamerika, dass sich Almas und Bigfoots erfolgreich mit Menschen gepaart haben.

Wann und wo sollen die Bigfoots in Nordamerika eingewandert sein? Gemeinsam mit Menschen sind sie auch nicht dort angekommen und sollen schon vor den Indianern in diesem Land existiert haben. Woher ist der Bigfoot also gekommen? Er kann nicht älter sein als die bekannten Frühmenschen, weil es keine fossilen Knochenfunde vom Bigfoot gibt. Möglicherweise könnte man die Neandertalerknochen den Bigfoots zuordnen, doch woraus soll er sich dann entwickelt haben? Wenn herauskommt, dass Bigfoots wirklich existieren, dann muss die Wissenschaft eingestehen, dass sie mit ihrer ganzen Evolution falsch liegt, alle ihre Bücher, Fachberichte, Dokumentationen und vieles weitere wertlos sind und umgeschrieben werden müssten. Es ist der größte Albtraum der Evolutionisten, dass genau das eines Tages passieren könnte. In den letzten Jahren gab es einige Durchbrüche in der Bigfoot-Forschung und es liegen jetzt detaillierte DNA-Analysen und weitere Beweise vor, die die Fachwelt in Panik versetzten. Verschiedene Forscher wurden bedroht und ihre Beweise diskreditiert, um ein großes Geheimnis zu verbergen. Warum wollen die Regierungen und die Wissenschaft das alles geheim halten?

Der erste Forscher, dem wir uns nun zuwenden, war Lloyd Pye (1946-2013). Er wurde durch die Veröffentlichung des Starchild-Schädels weltberühmt. Genetische Tests an diesem Alien-Schädel zeigten, dass er ebenfalls menschliche DNA enthält. Pye glaubte daran, dass Außerirdische genetische Versuche mit Menschen machen und es daher verschiedene menschenähnliche Mischwesen auf der Erde gegeben hat und gibt. Er glaubte, Wildmenschen wie der Bigfoot wären ebenfalls eine genetische Kreation oder eine Kreuzung von Menschen mit Außerirdischen. Durch seine Tests will er belegt haben, dass der Bigfoot ein Teil der menschlichen Familie ist und Menschen selbst auch genetische Mutationen sind und behauptete somit, dass Menschen aus der DNA von Bigfoots und Außerirdischen entstanden sind. 1973 bestätigte der UFO-Forscher Stan Gordon aus Pennsylvania, dass es damals Berichte von Augenzeugen gab, die Bigfoots gesehen hatten, die in außerirdische Raumschiffe ein- und ausgestiegen sind!

1998 veröffentlichte Pye sein Buch „*Everything you know ist wrong*" (Alles, was Sie wissen, ist falsch) und schreibt von vier verschiedenen Arten von Bigfoots: dem nordamerikanischen *Sasquatch*, dem asiatischen Schneemenschen *Yeti*, den ebenfalls asiatischen *Almas* und dem *Sedapa* oder *Orang Pendek*, der in Sumatra angesiedelt sein soll. Der Orang Pendek ist am wenigsten bekannt, weshalb ich hier ein paar Informationen über ihn vorstelle. Denn Augenzeugenberichte auf der indonesischen Insel Sumatra gab es schon seit Jahrhunderten und es soll sich um menschenähnliche Kreaturen handeln, die dem Bigfoot sehr ähnlich sehen. Die erste Begegnung mit einem Orang Pendek in der Neuzeit hatte dann 1916 ein Dr. Edward Jacobson, der darüber einen Artikel schrieb. Er will die Kreatur am Boekit Kaba Berg gesehen und außerdem Fußabdrücke von ihm am Kerintji-Berg gefunden haben. Im Oktober 1923 hatte auch ein holländischer Siedler namens Van Herwaarden eine Begegnung, wollte die Kreatur erst erschießen, konnte es dann aber nicht, weil sie so menschlich wirkte.

Lokale Legenden berichten davon, dass die Orang Pendek sehr schlau sind und versuchen, Menschen zu täuschen. Sie würden zum Beispiel falsche Fährten auslegen, indem sie rückwärts laufen. Damit sich entlegene Dörfer vor ihnen schützen, legten ihnen die Einwohner nachts immer etwas Tabak bereit. Internationale Aufmerksamkeit erregte die prominente Forscherin Debbie Martyr, die 15 Jahre lang auf Sumatra tätig war und eine ernsthafte Erforschung des Phänomens in die Wege leitete. Im Laufe der Jahre interviewte sie hunderte Augenzeugen und sammelte viele Fußabdrücke, die anscheinend von einer unbekannten Primatenart stammen sollen. Sie will in Begleitung eines Fotografen mehrmals solche Kreaturen gesehen haben, als sie im Wald ihrer Arbeit nachging. Sie gab der BBC im Jahr 2003 ein Interview dazu und erklärte:

„Die Orang Pendek sind nicht größer als 90 Zentimeter bis 1,20 m. Ihr Körper ist mit einem dunkelgrauen Fell bedeckt. Die pure physische Kraft des Orang Pendek hat viele Dorfbewohner erschreckt. Er verfügt über breite Schultern, einen großen Brustkorb und sehr kräftige Arme. Die Kreatur soll so stark sein, dass sie kleine Bäume entwurzeln und harte Rattan-Stangen zerbrechen kann. Die Beine der Kreatur sind eher kurz und schlank, die Füße sehr klein. Der Schädel hat Ähnlichkeit mit einem Gorilla und über den Augen haben sie eine Wulst. Der Mund ist schmal und die Augen stehen weit auseinander. Die Nase erscheint entfernt menschlich. Wenn die Kreatur erschreckt wird, fletscht sie die Zähne. Das Gebiss sieht aus wie bei Affen.“(66)

Zurück zu Lloyd Pye: Er glaubt, dass diese Wildmenschen viel besser an das Überleben in der Natur angepasst sind als Menschen. Wir sind sehr fragile Kreaturen, denn unsere Knochen sind dünn und unsere Augen sind klein und sehen daher so schlecht im Dunkeln. Auch haben wir Menschen Probleme, uns im unebenen Gelände zu bewegen. Wie schon andere Forscher vor ihm, weißt Pye nochmals auf die Tatsache hin, dass kein einziger menschlicher Knochen jemals in bei irgendeinem Fossil gefunden wurde. Unser Skelett unterscheidet sich völlig von allen anderen Lebewesen der Erde, daher können wir uns auch nicht aus ihnen entwickelt haben! Und Lloyd Pye glaubt daher, dass Bigfoots Neandertaler seien, die nicht ausgestorben sind! Wir wissen, dass bisher nur ca. 300 fossile Skelette von Neandertalern gefunden wurden und auch ihr Aussterben vor ca. 30.000 Jahren ein Rätsel ist. Könnte daher Pye Recht haben und die Neandertaler sind gar nicht ausgestorben, sondern haben sich nur in entlegene Gebiete des Planeten zurückgezogen? Wie sonst ist es möglich, dass wir seine Gene in uns tragen, wenn sie sich nicht mit Menschen paaren könnten? Ein Vergleich der DNA dieser Spezies könnte den endgültigen Beweis dafür liefern.(66)

Die Analyse von Bigfoot-DNA

Forscher wie Dr. Melba Ketchum, Dr. Jeff Meldrum und Dr. Grover Krantz sind herausragende Experten auf diesem Gebiet und sie alle führten diese Analysen durch. Viele Farmer und Jäger in den Vereinigten Staaten und Kanada stellten immer wieder Haare, Stuhlproben und Fußabdrücke von Bigfoots zur Verfügung und oft berichteten Jäger davon, Bigfoots erlegt zu haben – es soll sogar einen Schwarzmarkt dafür geben. Aus diesen Quellen sind den oben genannten Forschern somit aus erster Hand Proben für ihre Analysen zur Verfügung gestellt worden. Gelegentlich kommt es auch zu Unfällen bei großen Waldbränden, in denen Bigfoots verletzt werden, und so ein Vorfall ereignete sich im Jahr 1999 am Battle Mountain in Nevada. Ein Regierungsangestellter entdeckte einen verwundeten Bigfoot, der von Feuerwehrleuten eingefangen worden war. Die Behörden wurden informiert, medizinisches Personal gerufen, der Bigfoot wurde betäubt und an einen unbekannten Ort im nördlichen Idaho gebracht. Allen Beteiligten wurde befohlen, nicht über den Vorfall zu sprechen und die Geschichte wurde vertuscht. Großwildjägern wird angeblich ein Preis von 10.000 US-Dollar für einen toten Bigfoot geboten und man soll schon besondere Steaks aus ihrem Fleisch hergestellt haben. Solche Steaks wurden auch Dr. Melba Ketchum für ihre DNA-Analyse zur Verfügung gestellt. Da Dr. Ketchum schon länger Haar- und Gewebeproben von Bigfoots sammelte, bekam sie dann auch noch die zwei Fleischproben von zwei toten Bigfoots zur Analyse.

Nach fünf Jahren wissenschaftlicher Forschungsarbeit lagen die unglaublichen Resultate vor. Dr. Ketchum wollte ihre Publikation veröffentlichen, wurde jedoch sofort scharf angegriffen und daran gehindert! Auch wollte kein Wissenschaftsjournal riskieren, die Ergebnisse zu veröffentlichen und selbst dafür angegriffen zu werden. Allerdings gelang es dann doch noch, die Publikation im Jahr 2013 auf der Webseite des *DeNovo Journal of Science* zu veröffentlichen. Doch die Ergebnisse wurden sofort von der Fachwelt kritisiert und von der Presse verrissen und ab diesem Zeitpunkt realisierte Dr. Ketchum, dass solche Forschungsergebnisse nicht erwünscht sind. Sie sprach von einem „unglaublichen Vorgehen ihrer Kollegen und der Presse", denn Melba Ketchum hatte alle Regeln der akademischen Forschung eingehalten und mit ihren Kollegen eine legitimierte Studie erstellt. Insgesamt wurden 111 Proben von Sasquatch-Haaren, Blut, Haut, Fleisch und anderem biologischen Material ausgewertet und diese Proben stammten von verschiedenen Forschungsgruppen aus 14 Bundesstaaten der USA und aus zwei Provinzen in Kanada. Zuerst hatten namhafte Wissenschaftsjournale wie *Nature* zugestimmt, ihre Arbeit zu veröffentlichen, zogen diese Zustimmung dann jedoch zurück, weil sie Angst um ihre Reputation hatten. Aus diesem Grund musste Ketchum sogar das *DeNovo Journal* erwerben und konnte dann ihre wissenschaftliche Arbeit selbst veröffentlichten! Es gab keine andere Möglichkeit, das zu tun, weil alle anderen Anstrengungen blockiert wurden. Die wissenschaftliche Abhandlung heißt: *„Novel North American Hominins, Next Generation Sequencing of Three Whole Genomes and Associated Studies"*.

Daraufhin ließen andere Forscher Dr. Ketchums Proben ein weiteres Mal untersuchen und behaupteten später, es würde sich um Proben von Opossums (Beutelratten) handeln und haben es so auch in den wissenschaftlichen Journalen veröffentlicht! Dr. Ketchum geriet darüber in helle Aufregung und verlangte umgehend eine neue unabhängige Studie, bei der sie selbst anwesend sein wollte, um zu verhindern, dass die Proben ausgetauscht werden, was jedoch niemals zustande kam.

In ihrer echten Studie hat das Team von Dr. Ketchum bekanntgegeben, dass außer einer detaillierten DNA-Analyse auch histopathologische Tests und Untersuchungen mit dem Elektronenmikroskop durchgeführt wurden. Das erstaunliche Resultat: **Das Sasquatch-Genom zeigte eine komplette Übereinstimmung mit dem modernen Menschen!** Sechzehn Haplotypen belegen auch, dass diese Hominiden nicht von einem einzigen geografischen Standort der Erde entstammen. Die vollständige DNA-Analyse ergab, dass die Sasquatch-DNA sich aus menschlicher DNA zusammensetzt, die mit Sequenzen von anderer, alter DNA vermischt ist, welche von unbekannten Hominiden aus der Gattung *Homo* stammt! Es ist also eine Mischung aus modernem Menschen und alter unbekannter, ebenfalls menschlicher Hominiden-DNA. Die Mischrasse der Sasquatch ist laut diesen Untersuchungen vor etwa 13.000 bis 15.000 Jahren entstanden und ist eine neuerschaffene Hybriden Kreuzung. Und vor 13.000 Jahren gab es schon eine menschliche Besiedlung in Nordamerika! Die Indianerstämme sprechen davon, schon viel länger in Amerika zu sein als Wissenschaftler heute behaupten. Wer war also diese unbekannte menschliche Spezies, von der die Sasquatch abstammen und warum kann man sie heute nirgendwo sonst auf der Erde finden? Waren es die Anunnaki oder andere menschenähnliche Außerirdische?

Auf ihrer Homepage *sasquatchgenomeproject.org* schreibt Dr. Ketchum, dass es ein langer und ermüdender Kampf war, um die Existenz des Sasquatch zu beweisen, und die Publikation zu veröffentlichen, dauerte fast zwei Jahre. Obwohl die Forschungsarbeiten an großen Universitäten durchgeführt wurden, konnte die wissenschaftliche Fachwelt die Ergebnisse nicht tolerieren! Denn die Daten beweisen, dass die mitochondriale DNA des Bigfoot menschlich, doch die nukleare DNA ein Mosaik aus menschlicher und vorzeitlicher, unbekannter Hominiden-DNA ist. Der Bigfoot ist also ein menschlicher Hybrid, und Männer einer unbekannten Art von Hominiden haben sich eindeutig mit modernen weiblichen Menschen der Gattung *Homo sapiens* gepaart – Hominiden gehören auch zur Gattung *Homo* und sind keine Affen.

In der Mainstreampresse war natürlich wieder von „schlechter wissenschaftlicher Arbeit und Unwissenschaftlichkeit" die Rede. Es kann nicht sein, was nicht sein darf! Nirgendwo in diesen Falschmeldungen wurde erwähnt, dass die 111 Sasquatch bzw. Bigfoot-Proben von höchster Qualität waren. In den neuen Testverfahren wird eine Methode verwendet, bei der es sich um eine sog. Hochdurchsatzmethode namens „Illumina" handelt. Es gibt verschiedene Maßstäbe für die Reinheit einer genetischen Probe, wodurch verhindert werden soll, dass eine biologische Kontamination durch Fremd-DNA möglich ist, und alle Proben wurden vorher eingehend auf Kontamination getestet. Dabei lagen alle diese Proben im Bereich „Q30", das die zweithöchste überhaupt mögliche Qualität ist. In Anbetracht, dass wir es hier mit Proben eines eigentlich nicht nachweisbaren Lebewesens zu tun haben, ist diese Qualität nahezu unglaublich hoch. Q30 hat eine Fehlerquote von 0,001 Prozent und alle 111 Proben erfüllten dieses Qualitätskriterium! Das Team schickte die Proben dann ohne Angabe der Spezies an verschiedene Einrichtungen zum Abgleich und dieser wurden dabei mit allen bekannten Sequenzen verglichen, die in den genetischen Referenzdatenbanken vorhanden sind. Diese Datenbank nennt sich *GenBank*, womit man zu 100 Prozent alle Gene des Bigfoot mit allen Genen von bekannten Menschentypen und Primatenarten vergleichen kann und man dabei ein absolut zuverlässiges Ergebnis erhält.

Abb. 126: Ein Foto von Matilda und Dr. Jeff Meldrum mit einem Bigfoot-Abdruck

Die *Illumina-Methode* benutzt die neue *HiSeq-2000*-Plattform der *Texas University*, wo die Proben auch analysiert wurden. Um sicherzugehen, wurde die ganze Testreihe viermal wiederholt und Unwissenschaftlichkeit kann hiermit definitiv ausgeschlossen werden!

Das Team hat insgesamt drei komplette Bigfoot-Genome analysiert und die Testergebnisse können auch jederzeit reproduziert werden, wobei die restlichen 20 oder noch mehr Genome erst noch ausgewertet werden müssen, was wahrscheinlich noch Jahre dauern wird! Ketchum hatte nur die am höchsten angesehenen Institute mit den besten Reputationen für diese Tests ausgewählt, darunter auch die *Texas A&M University*. Die meisten Proben bestanden aus Haaren, die mit den großen Datenbanken verglichen wurden und es gab absolut keine Übereinstimmung mit irgendeiner bekannten Spezies – dieser Haar Typ war völlig neu und trotz dieser Tatsache hatten die Haare eine DNA von modernen Menschen. Das verblüffte diese Laboranten! Es stellte sich dabei außerdem heraus, dass die Haarproben des Sasquatch einzigartige morphologische Eigenheiten besaßen, und definitiv nicht bei Menschen gefunden werden können. Sie unterscheiden sich auch von Tierhaaren.

Einige Experten glauben, diese Hybridisierung wurde vor 13.000 Jahren künstlich erschaffen, weil man das an den schlecht zusammenpassenden Gen-Sequenzen der Bigfoots erkennen kann. In der heutigen Gentechnik werden auch solche Verfahren angewendet und Dr. Ketchum stellte klar, dass in ihren Genomen keine Spuren von Neandertaler-DNA gefunden wurden. Mit den DNA-Proben hat man einen hundertprozentigen Nachweis für den Bigfoot, weil man sie nicht fälschen kann! Obwohl Dr. Ketchum anfangs gar nicht an den Bigfoot glaubte, hat sie mit ihrer Studie den Beweis dafür geliefert. Als die Proben mit *GenBank* abgeglichen wurden, bekam das Team von Dr. Ketchum Anrufe und die zuständigen Mitarbeiter wollten wissen, woher die Proben stammten, weil sie nicht in der Datenbank vorhanden waren, obwohl dort Millionen von Lebensformen abgespeichert sind. Man wollte wissen, ob eine neue Spezies entdeckt worden sei. Danach erzählte Dr. Ketchum, dass es sich um Proben von Bigfoots handelt und sie habe die Proben absichtlich nicht beschriftet, weil sie wusste, dass sich die Universitäten und Labore sonst weigern würden, sie zu analysieren. Dr. Ketchum sagte, die Proben konnten durch die DNA-Tests keiner bekannten Tier- oder Menschenart zugeordnet werden. Der Bigfoot alias Sasquatch passt also nicht in den darwinistischen „Baum des Lebens", weil er eine gentechnische Kreation ist!

Ein weiterer namhafter Bigfoot-Forscher ist Dr. Jeffrey Meldrum. Dr. Meldrum ist Professor der Anatomie und Anthropologie an der *Idaho State University*, außerdem ist er ein Kurator am *Idaho Museum of Natural History*. Als Experte für die Morphologie und den Bewegungsapparat von Primaten beschäftigt er sich schon seit Jahren mit dem Thema Bigfoots und verfasste dazu auch mehrere Bücher. Gegenwärtig ist Dr. Meldrum mit einer neuen Testreihe beschäftigt, die die Resultate von Dr. Ketchum und ihrem Team bestätigen sollen, denn er hat ebenfalls Originalproben von Haut und Haaren des Bigfoots erhalten. Ketchum und Meldrum wollen unabhängig voneinander lebende Bigfoots gesehen haben und beschreiben sie als sehr zurückhaltend und höflich. Kurz nach der Veröffentlichung ihrer Studie wurde von Dr. Ketchum ein Video auf ihrer Homepage veröffentlicht, das angeblich den lebenden Bigfoot „Matilda" zeigt.

Auch Dr. Henner Fahrenbach hat Sasquatch-Haar durch die Mikroskopie analysiert. Im Dezember 2004 hatte er 20 Proben aus fünf Staaten der USA gesammelt, die in ihrer Struktur übereinstimmen, sich aber in Länge und Farbe unterscheiden und das Haar ähnelt menschlichem Haar. Sasquatch-Haar hat denselben Durchmesser wie Menschenhaar und das Fell ist zwischen 5 bis 8 Zentimeter lang. Das längste eingesammelte Haar war 38 Zentimeter lang und man kann erkennen, dass diese Haare niemals wie beim Menschen geschnitten wurden. Das Haar des Sasquatch hat keinen Hauptzellkanal und kein Mark, was ein bemerkenswerter Unterschied ist. Obwohl beim Sasquatch unterschiedliche Haarfarben beobachtet wurden, zeigt sich unter dem Mikroskop, dass die Pigmentation durchgehend rötlich ist. Die Haarfarbe ist zwar unterschiedlich, doch von 623 dokumentierten Sasquatch-Sichtungen wurde berichtet, dass mehr als 60 Prozent dunkles oder schwarzes Haar haben, 30 Prozent der Augenzeugen berichten von braunem Haar und der Rest sprich von Grau oder Silbergrau. Dr. Fahrenbach veröffentliche dazu 1999 ein wissenschaftliches Fachpapier, in dem das alles genauer beschrieben wird (*„Sasquatch: Size, Scaling and Statistics"*). In dieser Publikation wertete er Daten aus tausenden von Augenzeugenberichten und physischen Beweisen aus und kam zu bemerkenswerten Ergebnissen, und ein wichtiges sind die Gipsfußabdrücke, bei denen ersichtlich ist, dass die Fußsohle der Wildmenschen mehrere Zentimeter dick sein muss. Insgesamt wurden 706 Gipsabdrücke untersucht und die durchschnittliche Fußlänge betrug 40,6 Zentimeter. Das entspricht der menschlichen Schuhgröße 65 und die übereinstimmenden Größen belegen, dass es sich hierbei um die gleiche Spezies handelt. Außerdem kann ein Schwindel bei den Gipsabdrücken ausgeschlossen werden, die im Laufe von 40 Jahren(!) gesammelt worden sind. Die Füße weiblicher Exemplare sind übrigens etwa 5 Zentimeter kürzer und Weibchen sind bis zu 30 Zentimeter kleiner als ausgewachsene männliche Bigfoots bzw. Sasquatch.

Aus Zeugenaussagen, Filmaufnahmen und den Fußabdrücken konnte eine durchschnittliche weibliche Sasquatch-Größe von 2,13 m ermittelt werden und die männlichen Exemplare dürften durchschnittlich mehr als 2,35 Zentimeter groß sein. Den Gipsabdrücken und der Größe nach können die Sasquatch-Laufgeschwindigkeiten zwischen 56 und 64 Stundenkilometern erreichen! Die Anatomie des Fußes ist anders aufgebaut und in der Mitte nicht so starr wie der menschliche Fuß, wodurch sie besser an das Leben in der Wildnis angepasst sind. Das durchschnittliche Körpergewicht liegt den Untersuchungen nach bei 245 kg und aus diesem Gewicht lässt sich schlussfolgern, dass der einzige ernsthafte Gegner der Sasquatch ein Grizzlybär ist. Damit steht er an der Spitze der natürlichen Nahrungskette, womit er auch intelligenter sein dürfte. Das bedeutet wiederum, dass sich die Sasquatch-Population aus recht kleinen Gruppen zusammensetzt. Er scheint auch vorwiegend nachtaktiv zu sein, hat durch seine Masse und sein Fell eine gute Kälteresistenz und dürfte ungefähr 5.000 Kalorien pro Tag benötigen. Von bekannten Daten von Menschen und Gorillas kann angenommen werden, dass Sasquatch viel stärker als Menschen sein müssen und es gibt Berichte, dass Sasquatch volle Dieselfässer mit einem Gewicht von etwa 200 kg durch die Luft geworfen haben sollen!

Einer der ersten Wissenschaftler, der sich mit dem Bigfoot auseinandergesetzt hat, war der amerikanische Anthropologe Grover Sanders Krantz (1931-2002). Krantz interessierten alle Aspekte der menschlichen Evolution und er wurde bekannt durch seine wissenschaftlichen Studien zum Bigfoot. Grover Krantz untersuchte auch die lebenden Nachfahren der Wildmenschenfrau „Zana" im Kaukasus, denn er begann mit seinen Forschungen bereits im Jahr 1963. Doch seine Arbeit wurde von Mainstream-Wissenschaftlern komplett ignoriert, obwohl er viele akademische Zeugnisse vorweisen konnte – daher nochmals: Darwinismus ist ein Dogma! Grover Krantz schrieb im Laufe der Jahre einige Bücher zu diesem Thema und nannte den Bigfoot ebenfalls und richtigerweise Sasquatch (Wildmensch). Krantz glaubte damals noch an eine Verbindung zum *Gigantopithekus* – dem Giganto, obwohl diese Riesenaffenart schon vor mehr als 100.000 Jahren in Ostasien ausgestorben ist. Krantz sammelte zahlreiche Gipsabdrücke von Sasquatch-Spuren und durch diese Abdrücke kam der Begriff „Bigfoot" (großer Fuß) auf. In seiner wissenschaftlichen Publikation *„A species named from footprints" (Eine Spezies, die nach Fußabdrücken benannt ist*) benannte er die Art *Gigantopithekus canadensis.* Doch auch das wurde von der Fachwelt zurückgewiesen, genau wie seine anderen Forschungsergebnisse.

Im Jahr 1968 kam es zu den wohl bekanntesten Filmaufnahmen eines Bigfoot. Der Film wurde als „Patterson-Gimlin-Film" bekannt. Krantz war damals noch ein Skeptiker und glaubte an eine Fälschung, denn viele waren davon überzeugt, dass es sich nur um einen Mann in einem Gorilla-Kostüm handelte. Nach eingehender Analyse seiner Gipsabdrücke änderte Krantz dann 1969 schließlich seine Meinung und war von der Existenz des Bigfoot überzeugt, denn er entdeckte einige anatomische Eigenheiten, die belegten, dass der Bigfoot im Film echt war. Die Fußabdrücke, die er gesammelt hatte, wiesen so etwas wie Fingerabdrücke auf, die man Hautleisten nennt. Krantz erhielt sogar

Abb. 127: Grover Krantz mit einem Abdruck und Bigfoot Fotos vom Patterson-Gimlin-Film

Bigfoot-Studien des FBI und von Scotland Yard, die ebenfalls diese Abdrücke untersucht hatten und der Experte für Fingerabdrücke, John Berry, erklärte Grover Krantz, dass Scotland Yard feststellte, dass die Abdrücke höchstwahrscheinlich echt sind! 1983 verfasste Krantz einen weiteren wissenschaftlichen Fachartikel dazu: *„Anatomy and Dermatoglyphics of Three Sasquatch Footprints"*, doch auch dieses Papier wurde zu seiner großen Enttäuschung weitgehend ignoriert. Aus den gewonnenen Daten der Abdrücke konnte Krantz ableiten, dass die Fußabdrücke von einer menschenähnlichen Kreatur stammten, die ungefähr 2,45 m groß und über 360 kg schwer war.

Der Patterson-Gimlin-Film erhielt relativ wenig Beachtung von der Mainstream-Wissenschaft. Im Film kann man erkennen, dass es sich um ein Weibchen handelt, weil man die haarigen Brüste erkennen kann – deshalb glaubten Wissenschaftler, er wäre falsch und behaupten, weder Menschen- noch Schimpansen-Weibchen haben haarige Brüste. Grover Krantz kritisierte diese Aussagen und stellte fest, dass nur wenige dieser Meinungen auf technischer Expertise und sorgfältigem Studium des Films selbst entstanden wären. Fakt ist nämlich, dass der Film selbst niemals als Fälschung bestätigt wurde. Es gab allerdings mehrere Leute, die behaupteten, sie seien die Person im Bigfoot-Kostüm gewesen und manche dieser falschen Geschichten wurden kommerziell in Büchern und TV-Dokumentationen ausgebeutet, sodass bis heute die meisten Leute glauben, der Film sei eine Fälschung. Im Jahr 2010 gab es dann endlich neue Informationen in einer neuen Dokumentation, die bewiesen, dass alle Geschichten von Kostümen falsch sind. Die Dokumentation lief auf dem *National Geographic Channel* und heißt *„American Paranormal: Bigfoot"*. Durch neue mathematische Berechnungen und Auswertungen der Bewegungen und der Anatomie des Bigfoots im Film konnte eindeutig bewiesen werden, dass es sich um kein Kostüm handelt! Die neuen Auswertungen ergaben eine Körpergröße von etwa 2,30 m, was in etwa mit den Berechnungen von Grover Krantz übereinstimmt.

Hier noch kurz die Entstehungsgeschichte des Patterson-Gimlin-Films selbst: Im Sommer 1967 fragte der Bigfoot-Fan Patterson mehrere erfahrene Rodeo-Reiter danach, ihn auf einen Ausflug mit Pferden in einen Nationalpark zu begleiten, in dem zu dieser Zeit viele Bigfoots gesichtet wurden. Er plante eine TV-Dokumentation und wolle dort Filmaufnahmen machen. Dafür ließ er sich auch den Namen „Bigfoot" eintragen und schließlich stimmte ein Mann namens Gimlin zu. Beide waren erfahrene Rodeo-Reiter und erfolgreiche Amateurboxer. Am Freitag, den 20. Oktober 1967, brachen sie in den Six-Rivers-Nationalpark auf, eine bewaldete Gegend im nördlichsten Kalifornien, denn hier gab es Bigfoot-Sichtungen seit 1958. Die letzte dieser Sichtungen ereignete sich am Blue-Creek-Mountain und genau dorthin machten die beiden sich auf den Weg – Gimlin war skeptisch und glaube nicht an den Bigfoot. Ihr Weg führte sie an einem Flussbett entlang, dem Bluff-Creek, und am frühen Nachmittag stießen sie auf einen großen, umgestürzten Baum. Als sie um ihn herumgeritten waren, erblickten sie fast gleichzeitig eine merkwürdige Kreatur, die dort am anderen Ufer stand. Gimlin bekam einen leichten Schock und Patterson behauptete, sie waren damals nur ca. 7,5 Meter von der Kreatur entfernt gewesen. Pattersons Pferd bäumte sich auf, als es den Bigfoot erblickte, fiel um und er musste abspringen. Obwohl ein Bein unter dem Pferd klemmte, konnte er sich schnell befreien und geistesgegenwärtig seine Kamera aus einer der Satteltaschen holen und schnell anfangen zu filmen. Dabei rannte er auf die Kreatur zu und Gimlin versuch-

Abb. 128: Der Minessota-Eismann und das Bigfoot Foto von Hatcher Childress

te, ihm mit seinem Gewehr Deckung zu geben. Doch die Kreatur ging von den beiden Männern weg und entfernte sich auf eine Distanz von ca. 35 Metern – dabei entstand der berühmte einminütige Film. Während Patterson den Bigfoot verfolgte, drehte sich dieser dreimal nach ihm um, danach verschwand die Kreatur im Unterholz, die Filmspule des Films lief aus und die ganze Begegnung hatte weniger als zwei Minuten gedauert. Nachdem Patterson sein Pferd wieder geholt hatte, folgten sie den Spuren noch für einige Kilometer, bis die Vegetation zu dicht wurde und alles, was sie noch tun konnten, war, einige Gipsabdrücke der Spuren zu nehmen.

Eine mögliche Bigfoot-Leiche war der in den 1960er-Jahren berühmte Minnesota-Eismann. Der Körper war in einen Eisblock eingefroren worden, um ihn zu konservieren und man konnte ihn einige Jahre lang in der Stadt Rollingstone bestaunen. Der Eismann befand sich im Besitz eines pensionierten Air-Force-Piloten namens Frank D. Hansen und dieser stellte ihn auch bis in die frühen 1970er-Jahre auf Jahrmärkten zur Schau. Hansen behauptete, den Eismann Anfang der 1960er-Jahre während seiner Dienstzeit auf einer Jagd in der Nähe von Duluth, Minnesota, erschossen zu haben und insgesamt will er damals drei dieser Kreaturen gesehen haben. Hansen nahm die Leiche mit nach Hause und steckte sie bis zum darauffolgenden Frühling in den Gefrierschrank der Familie. Ein Schausteller soll ihm dann geraten haben, den Eismann öffentlich in einem Eisschrank zur Schau zu stellen und sofort begann sich die Smithsonian Institution und auch das FBI für den Fall zu interessieren. Hansen hatte Angst, wegen Mordes belangt zu werden und fertigte daher angeblich eine Fälschung des Eismanns an, den er dann dem Smithsonian zeigte – somit behauptete das Smithsonian später auch, es wäre eine Fälschung gewesen. Die ersten Ermittler, namentlich Ivan Sanderson und Bernard Heuvelmans, sahen jedoch noch den echten Eismann und behaupteten auch später noch, dass er echt war, denn durch Sprünge im Eis konnten sie den verwesenden Leichnam riechen. Man glaubte auch hier, einen echten Missing Link gefunden zu haben und Heuvelmans benannte ihn sogar *Homo pongoides*. Was später aus der Leiche wurde, ist unbekannt, vermutlich hat Hansen sie verschwinden lassen, um weitere Probleme zu vermeiden. Der Forscher David Hatcher Childress gelangte in den Besitz eines Fotos aus den 1920er-Jahren, das angeblich auch einen echten erlegten Bigfoot zeigt. (Abb. 128)

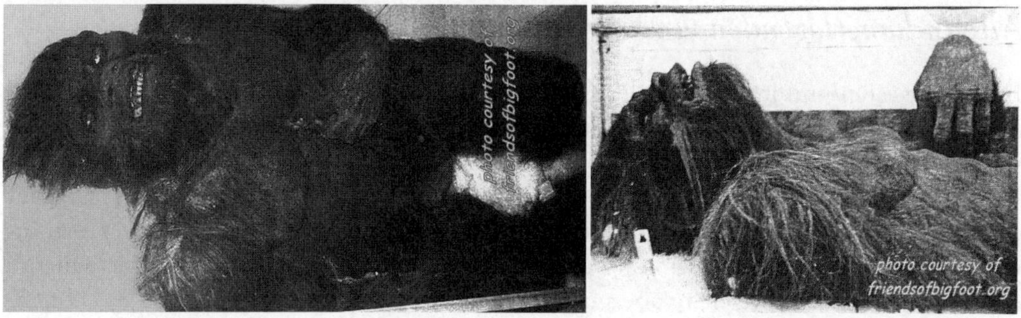

Abb. 129: Zwei Fotos des Yetis aus der französischen Zeitung von 1997

Im März 1997 tauchten in Frankreich einige scharfe Fotos eines angeblich echten Yetis auf und nannte ihn den „Yeti von Bourgeneuf". Die Leiche soll 2,63 Meter groß gewesen sein und wurde für eine kurze Zeit öffentlich im französischen Dorf Bourganeuf ausgestellt. Ähnlich wie beim Minnesota-Eismann wurde die Leiche in einem speziellen Gefrierschrank auf Eis gelegt. Eine Lokalzeitung namens *Journal du Berry* veröffentlichte einige Fotos des Yetis. Woher die Leiche stammte, ist nicht ganz geklärt, möglicherweise aus dem Himalaya. Die Forscher Scott Elliott White und Christian Le Noël untersuchten den Fall näher und meinten, alle Fälschungsvorwürfe seien unbegründet, und dass diese Fotos der Zensur der Behörden entgangen seien. Die beiden glauben, dass wir hier die besten jemals veröffentlichten scharfen Fotos eines echten unbekannten Hominiden sehen. Der Yeti soll angeblich bei einer Lawine in Tibet getötet worden und die Leiche dann von China aus über Ostdeutschland nach Frankreich gelangt sein. Genauer: Tibetanische Mönche sollen die Leiche entdeckt und mitgenommen haben, später soll die chinesische Armee dahintergekommen sein und sie dann nach Shanghai gebracht haben, wo sie mehrere Monate lang ausgestellt gewesen sein soll. Danach wurde sie an einen Zirkus in Ostdeutschland verkauft. Der Zirkus ging schließlich bankrott und der Bruder eines Budenbesitzers soll mit dem Yeti durch Europa gereist sein, um in auszustellen – doch ob diese Geschichte stimmt, ist schwer zu sagen. Auf jeden Fall ist der Körper kurz darauf, zusammen mit seinem deutschen Besitzer, spurlos verschwunden. Auf Nachfrage bei der Lokalzeitung sagte der Fotograf, dass auch die Negative der Fotos an die Behörden abgegeben worden sind – somit bleiben auch von diesem Vorfall nur die eingescannten körnigen Fotos, die damals in der Zeitung veröffentlicht worden sind.

Seit dieser Zeit hat es noch viele weitere Augenzeugenberichte gegeben und diese werden auch regelmäßig von den amerikanischen Behörden aufgenommen und untersucht. Dazu wurde das *Bigfoot-Disclosure-Projekt* ins Leben gerufen und Leute können auf der Webseite *www.nabigfootsearch.com* ihre offiziellen Dokumente zu den Sichtungen veröffentlichen oder andere einsehen. Leider ist aus diesen Berichten nicht sehr viel über die Lebensweise der Bigfoots zu erfahren, da muss man schon in die Zeit der ersten Siedler zurückgehen. Aus alten Zeitungsberichten und den Überlieferungen von verschiedenen Indianerstämmen kann man durchaus interessante Informationen zur Lebensweise der Bigfoots erfahren.[67]

Alte Indianerlegenden über den magischen Sasquatch

Im Nordwesten und im Westen der Rocky Mountains betrachten die Indianer den Sasquatch mit großem Respekt und wegen seiner engen Verwandtschaft zu den Menschen wird er als eine besondere Art von Wesen betrachtet. Schamanen betrachten ihn als das Bindeglied zwischen animalischem und menschlichem Bewusstsein. Obwohl der Bigfoot ein durchaus physisches Leben mit anderen Familienmitgliedern führt, wird er von diversen Indianerstämmen als ein spirituelles Wesen angesehen und sein Erscheinen soll dem Menschen eine Botschaft übermitteln. Die Stämme der Lakota und die Sioux nennen Bigfoot „Chiye-Tanka", das bedeutet „großer älterer Bruder" oder „der große Mann". Der Indianer Joe Flying By aus dem Stamm der Lakota erzählte einmal, dass der große Mann eine Art Ehegatte der Mutter Erde sei und verfüge über eine natürliche Weisheit. Manchmal wird der große Mann auch als ein mystischer Gestaltenwandler beschrieben, der eigentlich eine Art von Reptiloid aus alten Zeiten sein soll, jedoch die Form einer großen haarigen Gestalt annehmen kann. Doch hin und wieder holt er sich Leute, die seine mystische Kraft nicht respektieren können. Der große Mann sei sowohl Geist als auch reales Wesen. Der Sohn eines spirituellen Indianerschamanen, Ray Owen, erzählte einem Reporter der Zeitung *Red Wing Republican Eagle* aus Minnesota eine weitere Geschichte. Er sagte, die großen Männer existieren in einer anderen Dimension, können aber auch in unserer Dimension auftreten, denn es gebe viele Ebenen und Dimensionen und wenn unsere Zeit in dieser Dimension beendet ist, gehen wir weiter in eine andere. Der große Mann aber kann sich dazwischen bewegen und komme von Gott. Immer, wenn Menschen anfangen, ein selbstzerstörerisches Verhalten an den Tag zu legen, erscheint der große Mann und bringt uns wieder auf Kurs, um mit Mutter Erde in Einklang zu leben – sein Erscheinen ist ein Zeichen. Auch die Hopi-Indianer sehen im Erscheinen des Bigfoot eine Warnung für die ganze Menschheit und er sei ein Bote, der in bösen Zeiten als Warnung des Schöpfers erscheint, weil die Respektlosigkeit des Menschen die Harmonie und das Gleichgewicht der Existenz gestört hat. Wenn der Weg der Menschheit sich nicht ändert, müsse er sich einer Katastrophe stellen.

Die Existenz von Bigfoot wird im gesamten nordamerikanischen Raum von den Indianerstämmen als selbstverständlich angesehen, ebenso wie seine mächtigen psychischen Fähigkeiten. Durch diese Fähigkeiten ist der große Bruder immer wieder fähig, sich dem weißen Mann zu entziehen, wenn ihn dieser jagen oder gefangen nehmen will. Alte Indianer berichten in Geschichten ihrer Großväter oft über die Bigfoots, denn im Wald sahen sie diese großen muskulösen behaarten Kreaturen. Sie sind sehr still und teilten die Waldränder und Flussufer mit den Indianern. Es wurde als böse angesehen, einen von ihnen zu töten, weil sie niemals irgendwelche Indianer verletzt hatten. In der Nacht konnte man sie im Wald schreien hören, so kommunizieren sie miteinander. Dort kann man sie fast nicht entdecken, weil sie so leise und durch ihr Fell gut getarnt sind und meistens waren sie kurz nach Sonnenuntergang oder früh am Morgen zu sehen. Sie kommen erst in der Nacht heraus, weil sie nicht von Menschen gesehen werden wollen. Manchmal schlichen sie nachts nahe an die Feuerstellen der Indianer, blieben aber knapp außer Sichtweite, man konnte sie jedoch trotzdem bemerken, weil sie nach verrottetem Fleisch stanken. Nachts stahlen sie manchmal das Essen der Indianer.

In einem Interview aus der Zeitung „*The Real American*“ vom 16. Juli 1924 aus Washington sprachen die ansässigen Indianer vom Clallam-Stamm über einen anderen Stamm von Bergteufeln, die sie den „Seeahtik-Stamm“ nannten. Diese Kreaturen wurden von den Indianern geheim gehalten und sie wollten dem weißen Mann nichts davon erzählen, weil sie es nicht mögen, als Lügner bezeichnet zu werden. Dieser Wildmenschen-Stamm bewohne Höhlen im Herzen der Wildnis in der Nähe des Berges Mount St. Helens und sie wurden als sehr groß beschrieben (2,40 m) und hatten ein Fell am Körper, das wie das eines Bären aussah. Die örtlichen Indianer glaubten, die Seeahtik wären bereits um die Jahre 1899 bis 1910 ausgestorben, weil sie niemand mehr gesehen hatte. Seeathiks waren dafür bekannt, hypnotische Kräfte zu besitzen und die Rufe aller Vögel im amerikanischen Nordwesten imitieren zu können. In den vergangenen Generationen sollen sie viele Frauen und Babys gestohlen haben, gingen einmal im Jahr von ihren Berghöhlen hinunter zu den Flüssen, um Lachs zu fangen und stahlen manchmal auch den geräucherten Lachs der Indianer. Einmal tötete ein Angehöriger des Clallam-Stammes einen Seeahtik, bereute es aber, denn aus Rache töteten sie dann einen ganzen Zweig des Clallam-Stammes und ließen nur einen Mann am Leben, der davon erzählen sollte. Zum Ende des 19. Jahrhunderts wurden sie nicht mehr gesehen, man hält sie heute für ausgestorben. Auch in dieser Erzählung werden wieder Höhlensysteme erwähnt, in denen diese Kreaturen lebten – haben sie sich dorthin zurückgezogen?

Es gab einen Mann namens Henry Napoleon aus dem Clallam-Stamm. Er war der einzige Indianer, der jemals zu den Seeahtik eingeladen wurde und das muss sich um das Jahr 1895 ereignet haben. Als er bei Verwandten auf der Jagd war, traf er auf einen Seeathik und der Wildmensch lud ihn ein, sein Heim zu besuchen. Das befand sich damals Mitten in der Wildnis auf Vancouver Island in Kanada und die Seeathik lebten in einer großen Höhle. Dort wurde er gastfreundlich empfangen und sie zeigten ihm einige ihrer Geheimnisse: Die großen Wesen konnten sich selbst unsichtbar machen, weil sie eine seltsame Medizin hatten, die sie sich auf den Körper schmierten, und sie waren auch dazu fähig, durch ihre hypnotischen Kräfte große Angst hervorzurufen und konnten Bauchreden sowie den Schrei der Eule imitieren. Henry Napoleon fand eines Tages, als er auf der Suche nach Beeren im Wald unterwegs war, einen versteckten Höhleneingang. Vor der Höhle lag ein großer Felsbrocken, er ging ein Stück in die Höhle hinein und erblickte so etwas wie ein Steinhaus oder eine Steinanlage. Er konnte nicht weiter vordringen, weil es bereits zu dunkel wurde. Nach ein paar Tagen kehrte er mit ein paar Männern zurück, doch der Eingang war verschlossen und der Stein so in die Öffnung eingefügt worden, dass es aussah, als existiere sie gar nicht – die Männer waren nicht in der Lage, ihn zu bewegen. Einige Jahre später war Henry Napoleon wieder in dieser Gegend auf der Jagd unterwegs und erblickte etwas, das aussah wie ein Bär, der sich auf seine Hinterbeine gestellt hatte. Beim Näherkommen bemerkte er jedoch, dass es ein über 2,10 Meter großer, behaarter Mann war, der in einem Dialekt sprach, der dem seinen ähnlich klang. Zuerst war Henry fürchterlich erschrocken, aber dann sah er den höflichen Ausdruck in den Augen des seltsamen Mannes und kam seiner Aufforderung nach, sich hinzusetzen. Der Wildmensch erzählte dem erstaunten Indianer, dass die Sasquatch wie Bären einen Winterschlaf halten und sich auf Berggipfeln, wo keine Indianer oder weiße Männer sie finden können, verstecken. Sie würden sich von Wurzeln, Beeren und Fleisch ernähren, genauso wie die Indianer. Als es dann dunkel wurde, verschwand der seltsame Wildmensch plötzlich im Wald und die Indianerstämme Kanadas glauben, dass die Sasquatch heute noch immer in entlegenen Höhlen und Tunneln hausen.

Wie wir bereits erfahren haben, wurden die Sasquatch angeblich mit UFOs zur Erde gebracht und sollen diversen Zeugenaussagen nach heute immer noch zu tausenden in unterirdischen Tunnelsystemen in Amerika hausen. Sie kommen nur nachts heraus, weil ihre Augen so lichtempfindlich sind und ein Zentrum dieser Tunnelsysteme soll sich in der Nähe des mysteriösen Mount Shasta in Kalifornien befinden. Es gibt dort ebenfalls Gerüchte, dass von Zeit zu Zeit merkwürdige Händler in der Nähe des Mount Shasta gesehen wurden, die mit Gold bezahlten und merkwürdig gekleidet waren. Es handelte sich zumeist um jung aussehende weiße Männer mit stechend blauen Augen. Wenn sie ihre Geschäfte erledigt hatten, verschwanden sie wieder in der Wildnis. Unterhalb des Mount Shasta soll sich eine der Städte des unterirdischen Reiches Agartha befinden, die man *Telos* nennt. Auf Agartha werde ich später noch genau eingehen.

Die nächste Geschichte stammt aus dem Buch „*The Hairy Giants of Laidlaw*" aus dem Jahr 1950. Nahe des kleinen Ortes Laidlaw in Kanada gibt es ein Indianerreservat und auch dort kennt man eine Überlieferung von den Sasquatch, die in den nahegelegenen Bergen wohnten und diese Geschichte hatte sich etwa im Jahr 1850 zugetragen. Eine Indianerfrau war im Wald beim Beeren pflücken, als plötzlich eine große haarige Gestalt vor ihr stand und war zu erschrocken, um wegzurennen oder zu schreien. Die Kreatur ergriff die Frau und verschleppte sie in die Berge. Es gab einen langen Aufstieg und die Frau beschrieb ihren Zustand später als benommen, wusste nicht, in welche Richtung sie getragen wurde oder wie lange es gedauert hatte. Schließlich wurde sie durch einen Eingang in eine große Felshöhle getragen.

In der Höhle befanden sich noch zwei weitere Indianerfrauen, der Boden war mit Tierfellen ausgelegt und die Höhle wurde mit einem großen Felsen verschlossen, damit die Frauen nicht fliehen konnten. Als der Sasquatch verschwunden war, erzählten die Frauen, sie seien auf die gleiche Weise schon vor Jahren entführt worden und lebten seitdem in dieser Höhle. Sie sagten, sie würden als Ehefrauen für die Riesen hierher gebracht und mussten ihnen Kinder gebären. Manchmal waren die Riesen monatelang verschwunden und wenn sie zurückkamen, brachten sie den Frauen Nahrung wie Wurzeln, Beeren oder geräucherten Fisch oder Mehl. Die entführte Indianerin war für über ein Jahr eine Gefangene und brachte auch ein Kind zur Welt, doch danach beschloss sie, zu fliehen. Die Frauen warteten, bis die Riesen auf ihren jährlichen Jagdausflug gingen und Proviant sammelten. Schließlich gelang die Flucht aus den Bergen und die beiden anderen Frauen begleiteten die besagte Indianerfrau hinunter und mussten sie etappenweise tragen, denn sie hatten irgendwie die Kraft der Riesen erlangt. Als sie unten angelangt waren, kehrten sie zu ihren Kindern zurück und mit letzter Kraft schleppte sich die andere Indianerin zurück in ihr Dorf. Man brachte sie ins Haus ihres Vaters und stellte fest, dass sie noch immer unter einer Art Bann stand, denn die Indianer glaubten, die Sasquatch übten eine Art mentale Kontrolle über sie aus. Doch nach einiger Zeit konnte sie sich davon erholen.

Im Jahr 1992 erschien das Buch „*Bigfoot: Interaction of unknown homins with American Indians*" des Anthropologen Dr. Ed Fusch, aus dem weitere Einzelheiten zu erfahren sind. Dadurch, dass es im Laufe vieler Jahre Beweise für die Existenz des Sasquatch gegeben hat, sind auch viele Forschungen auf diesem Gebiet durchgeführt worden. Anthropologen konnten herausfinden, dass die meisten Indianerstämme Nordamerikas Begegnungen mit Wildmenschen hatten oder Legenden darüber erzählen konnten. Viele der Indianer weigerten sich jedoch, darüber zu sprechen, weil sie befürchteten, der weiße Mann könne sich über sie lustig machen. Doch auch China und Russland haben sich eingehend mit diesem Thema beschäftigt, und in China gibt es das *Wild Man Research Institute*, das eine Studie über die Schneemenschen bzw. Yetis herausgibt. In der ehemaligen Sowjetunion wurden diese Kreaturen jahrelang studiert und man betrachtete sie als Nachkommen der Neandertaler.

Dr. Fusch sammelte auch Berichte von den Spokane-Indianern aus Kanada, bei denen der Sasquatch als „Scweneyti" bekannt ist, der „große Haarige, der wie verbranntes Haar riecht". Den Spokane-Indianern nach können diese Wesen bis zu 2,75 Metern groß werden, sind sehr stark und verströmen einen fürchterlichen Gestank. Es wird berichtet, dass sie den Menschen gerne Streiche spielten und Pferde und Hunde erschreckten. Die Stammesältesten hatten einige Geschichten über die Scweneyti zu erzählen und auch von diesem Stamm hatte man ein Mädchen entführt. Erst als sie erwachsen war, fand man sie wieder, sie schlief an einem Flussufer und konnte sich nicht erinnern, wo sie sich die ganze Zeit über aufgehalten hatte. In einem anderen Fall wurde eine Jungfrau im heiratsfähigen Alter (14 bis 18 Jahre) entführt und es wurde berichtet, dass Scweneyti den Geruch von Jungfrauen mögen. Nach zwei oder drei Jahren wurde sie von ihnen zurückgebracht und stank so fürchterlich, dass man sich ihr zuerst nicht nähern konnte. Man fütterte sie, doch sie musste draußen bleiben und durfte keine Hütte betreten. Bei ihrer Rückkehr trug sie auch andere Kleidung, war nicht mehr ganz bei Sinnen und geistig desorientiert. Ihr Verhalten schien mehr tierisch als menschlich zu sein und anscheinend ist sie nicht von den Wildmenschen misshandelt worden. Bei anderen kanadischen Indianerstämmen war der Sasquatch auch als „Stock-Indianer" oder als das „Nachtvolk" bekannt. Man glaubte, die Wildmenschen können sich in einen Baum verwandeln und ihre Fellfarbe dient ihnen als natürliche Tarnung. Wenn sie sich bewegungslos an einen Baum lehnten, war es fast unmöglich, sie wahrzunehmen. Von anderen Entführten erfuhr man, dass die Wildmenschen sich genauso wie die Indianer ernährten, Wurzeln und andere Pflanzen sammelten, trockneten und in ihre Höhlen brachten. Dort machten sie mit Feuersteinen Feuer und räucherten Fische. Sie stahlen auch Tierhäute von den Indianern, welche sie als Bett benutzen oder um ihre Höhleneingänge damit zu verbergen.

Es gibt auch viele Geschichten aus British Columbia, einer Provinz an der kanadischen Pazifikküste und es war den Indianerstämmen dort bekannt, dass die Sasquatch alte Höhlen und Tunnel in den Bergen bewohnten. Ein Douglas-Indianer konnte eine spannende Jagdgeschichte erzählen: Er war mit seinen Hunden auf der Jagd im Wald, als er eine Bewegung sah und glaubte, einen Bären vor der Flinte zu haben. Er drückte ab und wollte sich seine Beute ansehen, doch als er davorstand, bemerkte er, dass er einen weißen Jungen angeschossen hatte. Der Junge stieß einen lauten Schrei aus, der erwidert wurde und aus einiger Entfernung näherte sich eine große, haarige Gestalt. Der Indianer rührte sich nicht vom Fleck. Die Kreatur kam näher und er konnte erkennen, dass es sich um eine behaarte Frau handelte. Sie näherte sich dem Jäger ohne jede Angst. Ihr Gesicht war negroid und fast so schwarz wie das von Afrikanern. Ihr langes schwarzes

Haar reichte ihr bis an die Hüften und sie war etwa 1,80 groß, doch ihr Brustumfang und ihre Schultern waren viel breiter als bei normalen Frauen. Obwohl der Indianer in den Wäldern schon öfter solche Kreaturen gesehen hatte, fürchtete er sich dennoch vor dieser imposanten Erscheinung. Normalerweise kannte der Mann keine Angst, er hatte schon Bären mit bloßen Händen erwürgt, aber er war sich sicher, sollte diese Frau Hand an ihn anlegen, würde sie ihm mit Leichtigkeit jeden Knochen brechen. Als sie sah, dass der Junge blutete, wurde sie zornig. Sie sprach zu ihm in der Sprache der Douglas-Indianer und sagte, er hätte ihren Freund erschossen. Der Indianer erklärte ihr, dass er selbst zu den Douglas gehört und diesen Jungen mit einem Bären verwechselt hätte. Sie fing an, um den Jungen herumzutanzen und in einem Sprechgesang zu singen und aus dem tiefen Wald konnte man den gleichen Singsang ertönen hören. Nach einer Minute griff sie mit einer Hand nach dem Jungen und hob ihn mit einer Leichtigkeit auf, als wäre er eine Puppe. Sie deutete mit dem Finger auf den Indianer und sagte, er würde niemals wieder einen Bären töten. Der Ausdruck in ihren Augen erfüllte ihn mit Angst, er fühlte sich plötzlich kraftlos und musste sein Gewehr fallen lassen. Seit dieser Begegnung litt der Indianer an einer Lähmung und glaubte, dass die Begegnung mit der Frau etwas damit zu tun hatte. Seine Hunde, die nicht einmal vor einem Bären Angst hatten, winselten und zitterten zu seinen Füßen, währen die Wild-Frau zu ihm sprach, und ihm war so, als könnten sie ihre Worte verstehen. Danach rief sie „Yahoo, yahoo" mehrmals mit lauter Stimme in den Wald und erhielt einen ähnlichen Ruf als Antwort aus den Bergen. Der weiße Junge war kein Sasquatch und der Indianer glaubte, er wäre von ihnen entführt worden. Im Douglas-Stamm erzählte man sich die Geschichte, diese Wildmenschen seien Überlebende einer prähistorischen alten Rasse. Die Legenden berichteten von zwei Stämmen der Sasquatch, die in dieser Region des Landes lebten, Todfeinde waren und sich praktisch gegenseitig auslöschten. Sie kämpften in den Bergen mit den bloßen Händen gegeneinander.

Das waren nun mehrere alte Legenden über die Sasquatch, doch es gibt auch sehr aktuelle Berichte über sie, wobei einige Forscher sogar bedroht wurden. Einer dieser Forscher heißt Bob Garrett, der seine Informationen zum Bigfoot im Jahr 2015 im Internet zwar veröffentlichte, doch danach plötzlich wieder aus der Öffentlichkeit verschwunden war – und alle seine Beweise mit ihm. Er wurde offensichtlich von amerikanischen Regierungsbehörden eingeschüchtert. Er hatte ein Video veröffentlicht, in dem zu sehen war, dass Camper von einem Bigfoot, der dabei das ganze Camp zerstörte, angegriffen wurden. Die Camper sind anscheinend spurlos verschwunden. Garrett sagte, er war selbst bei der Begegnung dabei gewesen und konnte den Bigfoot mit einem Laserlicht blenden und abwehren. Er veröffentlichte das Video auf seinem YouTube-Kanal und sprach darüber auch in Radiosendungen. Doch plötzlich wurde alles gelöscht, auch sein Facebook-Account, man hörte nichts mehr von ihm.

Auf der Webseite von Wes Germers *Sasquatch Chronicles* findet man zwei Interviews zu den Informationen von Bob Garrett. Im Interview kommt auch ein Kleinstadtpolizist zu Wort, der bestätigt, was Garrett behauptete. Die ganze Sache hängt mit dem amerikanischen *Ministerium für Inneres* zusammen und es geht darum, dass die amerikanische Regierung Bigfoots töten lässt und Beamte darüber nicht sprechen dürfen. Killereinheiten der *Special Forces* werden ausgeschickt, um Ansiedlungen von Bigfoots auszumerzen, indem hoch in den Bäumen Stände für Scharfschützen eingerichtet werden, die das erledigen. Die Regierung versucht auf diese Weise die Population der Bigfoots unter Kontrolle zu halten, weil sie gefährlich seien und angeblich Menschen töten. Diejenigen, die darüber Bescheid wissen – also Beamte, Richter und Regierungsangestellte – müssen schweigen, weil die Existenz der Bigfoots nach wie vor ein Geheimnis bleiben muss. Wes Germer erklärte auch, dass tote „Jäger" auf Bäumen gefunden wurden, deren Gewehr total verbogen und das Genick gebrochen war. Offiziell hieß es, Bären waren dafür verantwortlich, doch Bob Garrett soll dabei gewesen sein, wie diese *Special Forces* einige der gefährlichen Bigfoots mit ihren automatischen Gewehren erschossen haben und hatte das Ganze auf Video aufgezeichnet – das wurde ihm wahrscheinlich zum Verhängnis.

Zum Abschluss des ganzen Bigfoot-Kapitels habe ich noch eine Meldung des Wissenschaft-Journals *New Scientist.* Im Jahr 2001 untersuchte einer der führenden Genetik-Experten Haare aus Bhutan und Nepal, die angeblich vom Wildmenschen Yeti stammen sollen und von asiatischen Wissenschaftlern und Yeti-Jägern gesammelt worden waren. In Großbritannien wurden die Proben an der *Universität Oxford* vom britischen Professor für Humangenetik, Bryan Sykes, untersucht. Nachdem die Haarproben analysiert waren, gab Bryan Sykes bekannt, dass einige Proben von Tieren stammen, denn es waren Haare von Braunbären und Wildschweinen unter den Proben. Bei einer bestimmten Probe gab es allerdings keine Übereinstimmung, sie stamme von einer unbekannten Spezies und Professor Sykes gab damals öffentlich bekannt: *„Es ist kein Mensch. Es ist auch kein Bär. Es ist nichts, was wir in der Lage sind, zu identifizieren!"*[68]

Damit bekam der Professor ähnliche Ergebnisse wie knapp 10 Jahre später Dr. Melba Ketchum. Denn auch 2001 konnte die Probe nicht zugeordnet werden, denn der Professor konnte ausschließen, dass es sich um einen Bären handelte. Sykes weiter: *„Wir haben noch niemals DNA entdeckt, die wir nicht zuordnen konnten, aber wir suchten ja früher auch nicht nach dem Yeti."*[68]

Die besagte Haarprobe stammte aus Bhutan, wo ein Yeti-Jäger die Behausung eines Yeti gefunden hatte und dort Haarproben mitnahm. Der Jäger berichtete, dass die Kreatur sich ganz und gar nicht wie ein Bär verhielt, und in der Nähe wurden damals auch frische Fußspuren entdeckt. Es war ein kurzer Fußabdruck mit einer schmalen Ferse und es gab keine Anzeichen von Krallen, wie sie Bären haben. Außerdem gab es ja viele andere dokumentierte Fußspuren des Yetis, bei denen man genau sehen konnte, dass der Verursacher auf zwei Beinen lief und nicht auf allen Vieren wie Bären. In Butan wird der Yeti „Migyur" genannt. Ein anderer Augenzeuge, der damals dabei war, war ein Wächter des Königs von Bhutan, Druk Sherrik. Er berichtete vor laufenden Kameras, dass es sich um eine affenartige Kreatur gehandelt hat, die ungefähr drei Meter groß war. Das Gesicht soll rot gewesen sein und die Nase war etwas abgeflacht wie bei Afrikanern. Diese Merkmale stimmen mit den amerikanischen Bigfoots überein.

Nachdem im Jahr 2013 die schockierende Studie von Dr. Melba Ketchum vorlag, entschied sich Bryan Sykes oder gewisse mächtige Kreise hinter ihm, seine Testreihe zu wiederholen und er veröffentliche ein Jahr später seine neue Publikation. Merkwürdigerweise sah diesmal sein Testergebnis ganz anders aus und man sollte doch meinen, diese Experten arbeiten auf dem höchsten wissenschaftlichen Standard! Sykes gab diesmal bekannt, dass zwei Yeti-Haarproben eine hundertprozentige Übereinstimmung mit der

DNA einer ausgestorbenen Polarbärenart haben, die vor 40.000 Jahren gelebt haben soll, Wobei er betonte, dass die Probe keine Übereinstimmung mit einer modernen Bärenart habe. Die Erklärung eines Dr. Eliécer Gutiérrez dazu lautete, dass man diese Riesenbärenart seit 40.000 Jahren nicht mehr gesehen habe, trotzdem soll dieser Bär heute noch im Himalaya umherstreifen, denn ansonsten hätte man ihn ja auch nicht vor Zeugen erschießen und ihm Haarproben entnehmen können, oder? Diese mysteriöse Bärenart soll laut diesen Experten die Grundlage der Yeti-Legende darstellen – irgendetwas kann an dieser Geschichte doch nicht stimmen, oder?

Werfen wir dabei einen Blick auf Wikipedia: *Ursus maritimus tyrannus* (der tyrannische Polarbär) ist eine ausgestorbene Spezies von Polarbären, diese Art soll im Jahr 1964 entdeckt worden sein. Von diesem hypothetischen Bären ist wieder nur *ein* Knochen gefunden worden und zwar im Schotter am Ufer der Themse in London! Eine Neuuntersuchung des Fossils dieses angeblichen Polarbären im Jahr 2009 beweist, dass es sich in Wahrheit um den Knochen eines normalen Braunbären handelt! Sykes und Gutiérrez müssten doch so intelligent gewesen sein, vorher zu prüfen, ob es diesen Bären wirklich gegeben hat. Wenn es sich in Wahrheit um den Knochen eines gewöhnlichen Braunbären handelt, gibt es keinen ausgestorbenen Polarbären und auch keine Polarbären im Himalaya, weshalb ja die ganze neue Studie von Sykes auch nicht stimmen kann! Forscht man weiter nach, entdeckt man, dass diese Studie auf der Webseite der britischen Royal Society erschienen ist, in der Bryan Sykes zufällig Mitglied und ein Fellow ist! Sucht man nach Dr. Eliécer Gutiérrez, findet man heraus, dass er Evolutionsbiologe an der Smithsonian Institution ist! Sieh an, wer hätte das gedacht – ist das schlechte Wissenschaft oder steckt hier wieder Absicht dahinter?

Doch die Geschichte ist hier noch nicht zu Ende. Im März 2015 wurden Sykes Yeti-Proben erneut einer Untersuchung unterzogen und zwar an der *Universität von Kopenhagen*. Hier stellte man fest, dass das Haar bestimmt nicht von einem Bären stammt und es auch keiner anderen Art zugeordnet werden kann. Sykes äußerte sich aus lauter Scham nicht zu diesen Ergebnissen und Gutiérrez kam in Erklärungsnot und sagte, dass die Analyse von Sykes nicht „informativ" genug sei. Seiner Meinung nach gäbe es trotzdem die Möglichkeit einer bisher unentdeckten Bärenart im Himalaya. Jäger im Himalaya haben allerdings niemals so etwas berichtet, und es gibt dort auch sonst keinerlei Hinweise auf eine unbekannte Bärenart. Man vermutet, dass Sykes einfach ein Fehler unterlaufen sei, denn die neuesten Untersuchungen der Proben decken sich ja mit keinem Bären. Warum ist Sykes nicht bei seinen Ergebnissen aus dem Jahr 2001 geblieben, als er doch schon klargestellt hatte, dass es sich weder um einen Menschen noch um einen Bären handeln kann? Dieses Vorgehen ist in höchstem Maße unwissenschaftlich und grenzt an Pseudowissenschaft! Diese Leute betreiben keine objektive Wissenschaft, sondern müssen allen Gegenbeweisen zum Trotz auf der Linie der Evolutionstheorie bleiben – denn weichen sie ab, ist es vorbei mit ihrer Reputation und ihr Ruf ist ruiniert!

Werfen wir nun im Anschluss einen Blick auf die Hintermänner dieser ganzen Vertuschungen. Wer steckt wirklich hinter der Evolutionstheorie und der Vertuschung von Gegenbeweisen und was genau soll hier eigentlich verborgen werden? Die Spur dieser Agenda führt abermals nach London.(68)

Kapitel 8 – Warum elitäre Geheimbünde die Evolutionstheorie erschaffen haben

Die freimaurerische Agenda von Charles Darwin

Durch all die bisher im Buch dargelegten Informationen ist zweifelsfrei nachzuweisen, dass die Evolutionstheorie nie und nimmer korrekt sein kann. Warum werden diese Fakten heute weiterhin ignoriert und Wissenschaftler bedroht und geschmäht, die echtes Wissen erschaffen und Beweise gegen eine Evolution vorlegen? Um zum Kern dieses Problems vorzudringen, muss man einen genaueren Blick auf das Leben und Schaffen von Charles Darwin selbst werfen, und der Forscher Dr. Robert E. Kofahl hat hier Pionierarbeit geleistet.

Charles Robert Darwin (1809-1882) war ein britischer Naturforscher und gilt heute wegen seiner Arbeit und seinen Schriften zur Evolutionstheorie als einer der wichtigsten Naturwissenschaftler der Welt. Die Standardgeschichte des Lebensweges von Darwin lautet, dass er ein gläubiger Christ gewesen sei und Theologie studiert hatte. Nach einer fünfjährigen Forschungsreise auf dem Schiff „Beagle" soll er Beweise für die Evolution gefunden haben und glaubte, alle Lebewesen hätten sich durch eine natürliche Selektion im Laufe vieler Millionen Jahre immer weiter entwickelt und die Form verändert. Die jeweils fittesten Exemplare jeder Gattung hätten sich fortgepflanzt und so die „Kräfte der Evolution" ausgelöst. Das bewog Darwin, seinen christlichen Glauben an eine göttliche Schöpfung zu überdenken und die Evolutionstheorie an erste Stelle zu setzten. Doch die wahre Geschichte des Charles Darwin verlief ganz anders, und wie man gleich sehen wird, war Darwin kein wissenschaftlicher Pionier, sondern ein Mann mit einer versteckten Agenda.

Der Großvater von Charles Darwin hieß Erasmus Darwin (1731-1802) und war ein prominenter und reicher englischer Arzt. Nebenbei war er auch Autor und Poet und seine bekannteste Publikation war ein Buch namens „*Zoonomia*". In seinem Buch beschreibt Erasmus Darwin die zufällige Entstehung des Lebens und die stufenweise Evolution von einfachen Pflanzen und Tieren zu komplexeren Arten. Die Darwin-Familie war eng mit der Familie Wedgwood verbunden und sie alle waren zu ihrer Zeit Freidenker und wollten sich von den Glaubensvorstellungen der christlichen Bibel befreien, sodass man heute annimmt, dass die Darwins Atheisten waren. Doch nicht nur

Abb. 130: Charles Darwin, Erasmus Darwin und die *HMS Beagle*

das. Im Missouri-Freimaurer-Magazin gab es einen aufschlussreichen Artikel von Dr. E. Otha Wingo zu lesen. Darin erfährt man, dass Erasmus Darwin die *Philosophische Gesellschaft* gründete, 1788 ein Logenmeister in der schottischen Freimaurerloge „*Canongate Kilwinning Lodge No. 2*" in Edinburgh war und als Meister der Loge enge Verbindungen zu den wichtigsten europäischen Freimaurerlogen dieser Zeit hatte. Darwin war ein wichtiger Name in der Freimaurerei. Erasmus Darwins Sohn, Robert Darwin, war ebenfalls ein Freimaurer, der durch das Verfassen von evolutionistischen Schriften bekannt wurde. Francis Darwin, ein zweiter Sohn von Erasmus, war auch Freimaurer in der „*Tyrian Lodge No. 253*" in Derby. Ein dritter Sohn namens Reginald Darwin war ebenfalls Mitglied dieser schottischen Loge. Die Söhne traten im Jahr 1804 und 1808 bei.

Erasmus Darwin hoffte, dass sein Sohn Robert die Theorie der Evolution fertigentwickeln und publizieren würde, doch erst sein Enkel Charles Darwin, der Sohn von Robert, sollte dazu auserkoren werden und veröffentlichte später seine vier berühmt gewordenen Werke über die Theorie der Evolution. Das hatte den Effekt, dass das bis dahin gültige Weltbild, das stark durch die christliche Bibel geprägt war, sich in eine natürliche Weltanschauung umwandelte. In der „*Enzyklopädie der Freimaurerei*" aus dem Jahr 1909 kann man nachlesen, dass der Name Charles Darwin damals in keiner Mitgliederliste einer Freimaurerloge erschien, es jedoch sehr wahrscheinlich ist, dass er wie sein Vater und seine Onkel ein Mitglied der Tyrian-Loge war. Auch wenn er selbst kein Mitglied gewesen sein mag, hatte die Freimaurerei einen starken Einfluss auf ihn. **Das ist der wahre „*Missing Link*" – eine Verbindung zu den okkulten Geheimnissen der Freimaurerei.**

Im Alter von sechzehn Jahren wurde Charles im Oktober 1825 an die *Universität von Edinburgh* geschickt, um mit einem Medizinstudium zu beginnen. Diese Universität galt damals als offen für unabhängige Freidenker. Sie war ein Sammelbecken für antireligiöse, soziale und politische Radikale. Der junge Charles Darwin hatte das Buch seines Großvaters gelesen, das unter dem Titel „*Zoonomie oder Gesetze des organischen Lebens*" ab 1795 auch auf Deutsch erschien. In seinem Umfeld und in der Universität waren viele Menschen den neuen Theorien der Evolution sehr zugetan und sehr anti-christlich eingestellt, man wollte einen starken Gegensatz zur etablierten Kirche schaffen. Doch Darwin hasste die Medizin, konzentrierte sich auf die Naturgeschichte und verließ 1827 enttäuscht die Universität, ohne einen Titel zu erlangen. Danach schickte ihn sein Vater nach Cambridge, um Theologie zu studieren und der Kirche von England beizutreten. 1831 bestand er dort schließlich seine Abschlussprüfung, doch später bewertete er sein Theologiestudium als Zeitverschwendung. Charles wollte kein Theologe sein und widmete sich wieder verstärkt den verschiedenen Naturwissenschaften wie der Geologie, wobei er enge Freundschaften mit einigen Professoren und Männern dieser Wissenschaft schloss. Obwohl sie alle gläubige Christen waren, glaubte keiner von ihnen an die Schöpfungsgeschichte der Bibel, die Geschichten über die Sintflut und die anschließende Entstehung der Welt. Man glaubte eher an eine Reihe von spezialisierten Schöpfungen und an Massenaussterben. Aus Angst davor, seinen wahren Glauben an die Evolution vor seinen Freunden und Kollegen zu offenbaren, schwieg Darwin vorerst, beobachtete die Fachleute und erst im Jahr 1859 schrieb er alles in seinem Buch „*Über die Entstehung der Arten*" nieder. Doch seine Idee über die Evolution vom Affen zum Menschen behielt er für mehr als dreißig Jahre für sich und veröffentlichte sie erst 1871 in seinem Buch „*Die Abstammung des Menschen und die geschlechtliche Zuchtwahl*", was ihm prompt Kri-

Abb. 131: Darwin als ehrwürdiger Orang-Utan

tik einbrachte. Eine heute bekannte Darwin-Karikatur erschien dazu am 22. März 1871 im Magazin *The Hornet* und trug den Titel „Ein ehrwürdiger Orang-Utan".

Charles war ein begeisterter Leser der Bücher des berühmten deutschen Naturforschers Alexander von Humboldt. Er wollte daher selbst zu entfernten Orten der Welt segeln und neue Informationen für die Geologie und die Zoologie sammeln, und nach seinem Abschluss suchte er nach einer Möglichkeit, zu reisen und zu forschen. Er wollte kein Geistlicher werden und wie durch ein Wunder erhielt er von der Britischen Admiralität eine Einladung: Er sollte als ein offizieller Forscher für eine Reise um die Welt auf einem Schiff der britischen *Royal Navy* tätig werden, der *HMS Beagle*, wodurch sich sein Schicksal erfüllte. Doch nicht nur an der Evolutionstheorie wurde gearbeitet, sondern auch an neuen geologischen Theorien, die ebenfalls von den Freimaurern ausgingen. Darwin las auf der Beagle das Buch *„Prinzipien der Geologie"* von Charles Lyell, einem weiteren Freimaurer. Lyell glaubte nicht an Noahs Sintflut und dachte, die Überflutungen wurden nur durch lokale Vulkanausbrüche verursacht. Charles Lyell und Charles Darwin trafen sich dann erstmals 1836 nach der Rückkehr der *Beagle* in London. Lyell entdeckte zwar, dass sich in allen unteren Sedimentschichten fossile Muscheln befanden und prägte somit den Begriff der Leitfossilien, doch da es aber nirgendwo auf der Welt eine korrekte Anordnung der geologischen fossilführenden Sedimentschichten gibt, wie er sie in seiner geologischen Säule wissenschaftlich festgelegt hat, kann es logischerweise auch keine sog. Leitfossilien geben, die irgendein Alter der jeweiligen Schichten beweisen würden.

Das Problem, das auch schon zu jener Zeit bestand, war eben, dass man nirgendwo fossile Übergangsformen des Lebens entdecken konnte. Doch diese Tatsache war der *Geologischen Gesellschaft*, die ebenfalls von Freimaurern geleitet wurde, egal. Man wollte die historische Geschichte der Erde neu festlegen und begann, durch die Stratigraphie eine Prähistorik zu erschaffen und durch die verschiedenen fossilführenden Sedimentschichten ein Mindestalter für das Leben auf der Erde zu bestimmen, das möglichst weit in die Vergangenheit zurückverlegt wurde. Die Schätzungen lagen damals zwar noch viel niedriger als heute, doch auch die neuen radiometrischen Messungen helfen dabei nicht wirklich weiter, weil sie sich nicht mit dem angeblichen Alter der Fossilien vereinbaren lassen. Trotzdem setzte sich Lyells „Aktualismus" gegen den „Katastrophismus" durch und wurde ab 1840 von den meisten Akademikern akzeptiert. Der Aktualismus lehrt, dass es keine große Sintflut gegeben hätte, sondern dass sich die Erdoberfläche durch Erdbeben viele Male gehoben und gesenkt hätte. Wenn sie gesenkt war, hätten sich dann durch das eindringende Meer die Sedimente abgelagert und diese wären später getrocknet, sobald sich die Oberfläche wieder angehoben hatte. Doch bis heute gibt es keine glaubhafte Erklärung, warum und wie ganze Kontinente sinken und aufsteigen sollen und die Professoren und Fachbücher sprechen nur von einer „Transgression und Regression" der Meere – auch hier versucht man solche Tatsachen hinter Fachbegriffen zu verstecken. Zusätzlich wurde das geschätzte Alter der heutigen Erde auf viele Milliarden Jahre aufgeblasen, obwohl bewiesen wurde, dass sich die Oberfläche mit ihren fossilführenden Schichten erst vor relativ kurzer Zeit durch eine große Katastrophe gebildet haben kann. Das ist der Wissenschaft jedoch gleichgültig und die geologische Säule, die von Lyell erfunden wurde, existiert statt in der Realität nur in den Lehrbüchern. Durch Lyells Theorien der historischen Erde hatte Darwin ein Werkzeug in der Hand, das er benötigte, um seine Theorie einer Evolution glaubhaft zu machen und es wurde eine freimaurerisch-naturwissenschaftliche Agenda. Und sofort nach dem Erscheinen von Darwins Hauptwerk verkündete Lyell öffentlich seine Akzeptanz der Evolutionstheorie und gestand vor seinem Tod, dass die Evolutionslehre England von einer christlichen zu einer heidnischen Nation verwandelt habe!

Aus Darwins wissenschaftlichen Notizbüchern konnte man später erfahren, dass er den christlichen Glauben komplett ablehnte und Argumente für eine materialistische Evolution konstruierte. In seinen Vorstellungen war der Mensch nur eine Tierspezies und ein Produkt der Evolution vom Affen. Er selbst glaubte aber auch nicht komplett an diese Theorie und schrieb von einem göttlichen Design, das sich hinter den Kräften der Evolution verbirgt, womit er bestimmt nicht ganz Unrecht hatte. Denn auch Darwin hatte Probleme damit, sich vorzustellen, dass so etwas wie das menschliche Auge sich nur durch spontane Mutation und Selektion gebildet haben könnte. Das Auge hat unglaublich viele Fähigkeiten und eine zufällige Entstehung eines solchen Wunderwerks ist so gut wie ausgeschlossen und ist somit ein Beweis für intelligentes Design. Das Auge von Landbewohnern hat nämlich im Gegensatz zu Meeresbewohnern die Blutgefäße vor der Netzhaut, was unbedingt nötig ist, weil man durch die UV-Strahlen der Sonne ansonsten innerhalb weniger Tage erblinden würde, außerdem ist das menschliche Auge so kompliziert aufgebaut, dass seine Funktion nur durch leistungsfähige Computersimulationen nachgebildet werden kann.

Hier die treffenden Zitate von Darwin:

„Anzunehmen, dass das Auge mit allen seinen einzigartigen Vorrichtungen der Adjustierung des Fokus auf verschiedene Distanzen und seine Fähigkeit verschiedene Lichtstärken und Farben wahrzunehmen, ein Produkt der natürlichen Selektion sein könnte, scheint, und das gebe ich offen zu, in höchstem Maße absurd zu sein."[(69)]

„Oft läuft ein kalter Schauer durch mich hindurch und ich habe mich selbst gefragt, ob ich mich vielleicht einer Phantasie hingegeben habe."[(69)]

Auch DNA-Forscher versichern heute, dass der Genetik von allen Lebewesen ein intelligentes und höchst komplexes Design zugrunde liegt. Es gibt hier keinen Zufall und keine Verbesserung durch Mutation. Aber das konnte Darwin zu seiner Zeit natürlich nicht wissen. Eine angebliche Evolution von einfacheren Lebensformen hin zum Menschen würde auch Billiarden von komplexen Mutationen benötigt haben. Nichts davon kann nachgewiesen werden. Auch die Entstehung der höheren Gehirnfunktionen war für Darwin sehr rätselhaft und den freien Willen lehnte er ebenfalls als ein Produkt des Zufalls ab. In seiner Autobiografie aus dem Jahr 1876 schrieb er:

„Ich kann kaum verstehen, warum irgendjemand sich wünschen sollte, dass das Christentum wahr sein soll. Der bloße Text der Bibel scheint zu zeigen, dass Menschen, die keinen Glauben haben, so wie mein Vater, mein Bruder und die meisten meiner besten Freunde, für immer bestraft werden sollen. Das ist eine verdammenswerte Lehre."[69]

Hier sieht man Darwins freimaurerischen atheistischen Glauben bestätigt und man sieht, wie diese Logenmitglieder das Fundament für eine anti-christliche Naturwissenschaft gelegt haben. Trotzdem musste Darwin langsam vorgehen und veröffentlichte seine Theorien erst sehr spät in seinem Leben. Er fürchtete sich, von der wissenschaftlichen Gemeinschaft zurückgewiesen zu werden. Eine andere Angst waren die Konsequenzen seiner anti-christlichen Theorien. Seine Bücher wurden die „heiligen Schriftrollen" der Atheisten und Skeptiker. Das bereitete den Weg für den Aufstieg einer wissenschaftlichen Diktatur. Charles Darwin heiratete seine Cousine Emma Wedgwood. Keine andere Frau wollte ihn haben. Darwin war von der Inzucht überzeugt. Das Paar hatte 10 Kinder. Drei von ihnen starben recht früh und vier andere wurden als Invaliden betrachtet. Soviel zur natürlichen Selektion.[69]

Die Entstehung der wissenschaftlichen Diktatur einer schönen neuen Welt

Der berühmte Schriftsteller Aldous Huxley (1894-1963) veröffentlichte 1932 den dystopischen Roman „*Schöne neue Welt*". Der Roman spielt in der Zukunft des Jahres 2.540 n.Chr. In dieser futuristischen Gesellschaft gibt es keine normalen Geburten mehr, sondern Menschen werden je nachdem, welche Aufgabe sie erfüllen wollen, gezüchtet bzw. geklont. Daraufhin erfolgt eine mentale Manipulation und Prägung dieser künstlich erschaffenen Menschen und als gemeinsamen Faktor verbindet alle diese Sklaven eine Befriedigung durch den Konsum, Sex und Drogen – kritisches und freies Denken ist verboten und es gibt Kontrolleure, die das sicherstellen. Das sind die sogenannten *Alpha-Plus-Menschen*, die höchste aller Kasten. „*Schöne neue Welt*" ist einer der einflussreichsten Romane des 20. Jahrhunderts und gilt neben „*1984*" von George Orwell als eine Schablone für eine totalitäre Diktatur. Diese Romane erschienen allerdings nicht zufällig, denn sowohl Orwell als auch Huxley wussten genau von den Plänen der Elite für die kommende Weltordnung. Aldous Huxley war der Enkel von Thomas Huxley, dem Freund Darwins und ehemaligen Leiter der Royal Society sowie auch Hochgradfreimaurer. George Orwell hieß mit richtigem Namen Eric Arthur Blair (1903-1950) und wurde am *Eton-College* ausgebildet, einem gut bekannten Zentrum der Illuminati, und diesem College entstammten auch insgesamt 19 britische Premierminister. Orwell wurde in *Eton* von Aldous Huxley in Französisch unterrichtet und sie wurden später lebenslange Freunde. Huxley veröffentlichte sein bekanntes Buch im Jahr 1932 und Orwell das seine im Jahr 1948. Huxley führte Orwell am *Eton College* auch in die berüchtigte Organisation für Eugenik, die „Fabian Society" (Fabianische Gesellschaft) ein, die in ihrem Kern eine Geheimgesellschaft ist. Jeder kann dieser zwar beitreten, doch es gibt viele Ebenen der Einweihung, ähnlich wie bei den Freimaurern. Der Großteil der Leute, die dieser Organisation angehören, hat keine Ahnung, wie die wahre Agenda aussieht, spielen ihre Rollen und erschaffen eine Front als Täuschung für den wahren Kern der

Organisation. Die *Fabian Society* ist ein perfektes Instrument der Neuen Weltordnung, war auch für die Gründung der britischen *Labour Party* (Arbeiterpartei) zuständig und arbeitet offen und verdeckt auf der ganzen Welt. Das Logo der *Fabianischen Gesellschaft* zeigt einen Wolf im Schafspelz.

Die Fabian Society wurde 1884 gegründet und Orwell benannte seinen Roman somit nach der Hundertjahrfeier der Gesellschaft. Er schrieb seinen weltberühmten Roman zwischen 1947 und 1948 in einem abgeschiedenen Haus auf einer Insel vor Schottland, ohne Strom oder Telefon. Bereits während der Arbeit am Buch erkrankte er schwer, schaffte es dennoch, sein Manuskript bis zum Dezember 1948 fertigzustellen. 1949 heiratete er auf dem Krankenbett Sonia Brownell (1918-1980), doch vor einer geplanten Abreise in die Schweiz erlag er am 21. Januar 1950 einer Lungenblutung und starb im Alter von nur 46 Jahren. Als auch seine Witwe im Jahr 1980 starb, gingen alle persönlichen Unterlagen, Briefe und Copyright-Rechte willentlich an die *Fabian Society*. Die Gesellschaft hält heute sämtliches Material unter Verschluss und besitzt das Copyright für den Roman „*1984*" mindestens bis zum Jahr 2025. Die Fabian Society zählt heute ungefähr 7.000 Mitglieder und obwohl die meisten Leser denken, *1984* sei ein dystopischer Science-Fiction-Roman, spiegelt er in Wahrheit die Pläne der fabianischen Agenda wider. Vielleicht wollte die Gesellschaft nicht, dass Orwell mit ihren Plänen zur Bevölkerungskontrolle schon im Jahr 1948 an die Öffentlichkeit ging und versuchte damals, ihn zu stoppen. Denn warum sonst hätten sie sich die Rechte an seinem Besitz gesichert und seine Archive bis 2025 versiegelt?

Eine weitere wichtige Figur in diesem undurchsichtigen Treiben war der berühmte Science-Fiction-Schriftsteller H. G. Wells (1866-1946). Der Mentor von Wells war Thomas Huxley, der Großvater von Aldous Huxley! Wells war später auch der Lehrer von Aldous Huxley und dessen Bruder Julian und war ebenfalls ein Freimaurer. Thomas Huxley wurde auch *Darwins-Bulldogge* genannt, weil er einer der mächtigsten Verfechter der damals neuen Evolutionstheorie war, die den Plänen zur Bevölkerungskontrolle zugrunde liegt. Am Rande sei hier nochmals erwähnt, dass Thomas Huxley von 1883 bis 1885 Präsident der Royal Society war. Er half persönlich dabei, die Theorie der Evolution mit Charles Darwin zu entwickeln.

Abb. 132: Aldous Huxley 1932, George Orwell am Eton College und das Logo der *Fabian Society*, der Wolf im Schaftspelz

Unter Professor Thomas Huxley lernte H. G. Wells die Theorie der Evolution kennen und vertrat später in seinen Büchern stets die Ansicht, dass das Christentum ein Unfug ist und der Mensch nichts weiter als ein komplexer Affe sei. Wells gehörte ebenfalls der *Fabian Society* an, die auch die „Sozialdemokratie" erschaffen hat. H. G. Wells war außerdem einer der Gründer des britischen *Round Table* und schrieb im Jahr 1928 ein Buch namens „*The Open Conspiracy*" (Die offene Verschwörung: Modelle für eine Weltrevolution). Darin beschrieb er, warum den Nationalstaaten ein Ende gesetzt werden müsse und sie durch eine „Atlantische Weltregierung" ersetzt werden sollten!

„*Die offene Verschwörung gründet sich auf der Verachtung für die Idee des Nationalstaats, und es gibt keinen Grund, warum man opponierende oder hierfür schädliche Regierungen tolerieren sollte. Die offene Verschwörung wird in der atlantischen Gemeinschaft die Macht ergreifen, um Frieden auf der ganzen Welt durchzusetzen und sicherzustellen. Darauf muss die offene Verschwörung bestehen. Das bedeutet Bewegungsfreiheit und Redefreiheit von einem Ende der Welt bis zum anderen.*"(79)

Ein weiterer wichtiger Punkt soll die Bevölkerungskontrolle sein, die von der Elite etabliert wird, und ungebremstes Wachstum soll durch Eugenik, Sterilisation und Empfängnisverhütung gebremst werden. Durch eine Form der selektiven Sozialhilfe soll das Bevölkerungswachstum eliminiert und die menschliche Rasse verbessert werden. Die wirtschaftliche Kontrolle soll durch Kreditschöpfung, Verteilung von Nahrungsmitteln usw. sichergestellt werden. Wells war durch seine Indoktrination davon überzeugt, dass es eine Illusion sei, dass der Mensch nach Gottes Vorstellungen erschaffen worden sei. Und er dachte, die Vorstellung, dass der Mensch fähig ist, Gutes zu tun, sei zu eliminieren, weil der Mensch ein unvollkommenes, eifersüchtiges, wütendes und jähzorniges Tier ist und deshalb „der Finsternis misstraue". Also lieber Finsternis statt Christentum!

Diese beängstigenden Vorstellungen übernahm er von den Darwinisten und den Mitgliedern der Freimaurerlogen. 1933 veröffentlichte H. G. Wells ebenfalls einen dystopischen Science-Fiction-Roman: „*The Shape of Things to Come*" (Die Form der Dinge, die kommen werden). Auch hier handelt es sich um keine wirkliche Fiktion, sondern Wells beschreibt den Aufstieg einer Neuen Weltordnung, deren Regierung durch eine „wohlwollende Diktatur" geführt wird. Diese Diktatur fördert die Wissenschaft, etabliert Englisch als Weltsprache und rottet jegliche Religion aus, um den Menschen völlig zu kontrollieren. Ziel des Ganzen soll ein friedvolles Utopia sein und die Gegner des Systems sollen eliminiert werden, indem sie gezwungen werden, eine Giftpille zu schlucken. Nach einem Jahrhundert des Umformens der Gesellschaft wird diese Diktatur durch einen Putsch gestürzt und die Weltregierung löst sich auf und ebnet den Weg in eine künftige utopische Welt. Es gibt auch eine Verfilmung der Romanvorlage mit deutscher Synchronisation. Der Film trägt den Titel „*Was kommen wird – Things to come*" und kann kostenlos auf YouTube angesehen werden. Wells bezeichnet in seinem Roman die Weltregierung als eine „Technokratie", die im Wesentlichen eine Regierungsform ist, die von wissenschaftlichen „Experten" gesteuert wird. Diese Experten sollen den demokratischen Wähler ersetzen und statt diesem das politische System kontrollieren. Man könnte hier von einer wissenschaftlichen Diktatur sprechen und dabei erkennen, wie die Massen derzeit auf dieses Konzept konditioniert und weiterhin vorprogrammiert werden.

Abb. 133: Die drei Affenprofessoren angesichts der wissenschaftlichen Ketzerei!

In okkulten Kreisen regierte im Geheimen schon lange ein Sonnenkult, die „Sonne Gottes“ (*Sun God – Son of God*). Der „Sohn Gottes“ war daher eine Anspielung auf die Sonne Gottes. Nach mehreren tausend Jahren der Anbetung dieses Sonnengottes und der Mondgöttin sollte dieser okkulte Glauben ab der Mitte des 19. Jahrhunderts durch die wissenschaftliche Diktatur ersetzt werden. Eine mythische Figur, die von den Revolutionären wie Marx oder Lenin verehrt wurde, war Prometheus, der das Feuer von den Göttern stahl und es zu den Menschen brachte, die es dann zu nutzen lernten. Das spiegelt den Glauben wider, dass die Wissenschaft die Menschheit aus der Dunkelheit ins Licht führen wird und dieser Glaube an den gottähnlichen Prometheus wird von der totalitären Weltregierung umgesetzt, die nur die *Wissenschaft* als ultimative Quelle der Wahrheit ansieht. Dennoch handelt es sich hier nicht um Wahrheiten, sondern nur um ein neues Glaubenssystem pseudowissenschaftlicher Ausprägung.

Im bekannten Science-Fiction-Film „*Planet der Affen*“ von 1968 gibt es eine Schlüsselszene, in der ein hoher Rat von Affen-Professoren einen Fall von „wissenschaftlicher Ketzerei“ verhandelt und in diesem alten Film wurden bereits einige der größten Geheimnisse der Wissenschaft in cineastischer Form verarbeitet. In dieser Szene wird gezeigt, wie Forscher versuchen, die gesetzlich festgelegten wissenschaftlichen Dogmen zu widerlegen. Bei dieser Anhörung nehmen die Affen-Professoren die Posen der „drei weisen Affen“ ein (nichts sehen, nichts hören, nichts sagen), wollen somit die Wahrheit nicht wahrhaben und verschließen sich ihr. Genau dieses Verhalten kann man heute auch in der akademischen Naturwissenschaft beobachten, denn der darwinistische Glaube an den Affenmenschen darf unter keinen Umständen gefährdet werden!

Der Verschwörungsautor Jim Keith (1949-1999) beschrieb das alles ausführlich in seinem Buch „*Saucers of the Illuminati*“. Der Grundstein für diesen neuen Glauben wurde von der britischen Royal Society gelegt, was nicht überrascht, und ihre neue Religion, die Naturwissenschaft, wurde schnell zur dominanten Weltsicht. Auch H. G. Wells verglich den *Homo sapiens* mit Prometheus und beschreibt auch in seinen Werken, dass es ein Wechselspiel von Gut und Böse gibt. Gott wird als der rätselhafte Schöpfer betrachtet und seine perfekte Schöpfung wird durch den Satan gestört. Gott erlaubt dem Satan, seine Schöpfung zu stören und dadurch soll die Evolution hervorgerufen werden – das wäre von Gott so beabsichtigt, um am Ende eine perfekte und abgeschlossene Entwicklung hin zu einer absoluten Einheit zu erschaffen. Man sieht, wie hier mit psychologischen Tricks gearbeitet wird, um den Satan als einen Heilsbringer darzustellen. In Wahrheit zerstört der Luziferismus der Eliten unsere Welt, weil Satan ein Täuscher ist. Wells Vorstellungen entsprangen den Lehren der Freimaurer, denen er ebenfalls angehörte, wobei eine der Lehren der Freimaurer das „Entstehen" oder das „Werden" behandelt. Dieses Konzept wurde in Form des Darwinismus als neuer Glaube und als Grundstein der Evolution eingeführt.

Die Lehren der Freimaurerei beinhalten eine Tradition der Kollektivseele, die durch den von Wells so bezeichneten „Rassegedanken" und dem Abfall der Menschheit von der Moral gezeichnet ist – denn Rasse und Moral sollen dem wahren Pfad der Menschheit und der Evolution der Seele im Wege stehen. Diese Lehren entspringen den hebräischen Traditionen der Freimaurerei und man erschuf den englischen Begriff „Science" mit großem S, um ihn von „science", der Wissenschaft der Goyim (der Ungläubigen) zu unterscheiden, welches klein geschrieben wird, und was eine gekonnte Täuschung und Irreführung war. Die moderne „Wissenschaft" ist also ein System, das keine echte Wissenschaft, sondern einen Glauben der hebräischen Freimaurerei darstellt, die damit das Christentum bekämpft, wobei die christlichen Nationen, die verschiedenen Menschenrassen und die Moral diesen satanischen Lehren im Wege stehen. Die Freimaurerei will nicht die „Evolution der Seele" fördern, sondern einen rassisch vermischten Völkerbrei erschaffen, um die große Verwirrung von Babylon wieder aufzuheben. Ziel des Ganzen ist trotzdem ein System der Götzenanbetung wie im alten Babylon und eine leicht zu kontrollierende dumme, hellbraune Sklavenrasse unter der Herrschaft einer auserwählten rassisch-reinen Elite.

Durch die Fabrikation des Darwinismus und der Evolutionstheorie beabsichtigen sie, die frühere „Pracht der Menschheit" wiederherzustellen und die Aufspaltung in Verschiedene Rassen, Kulturen und Sprachen soll ihrem fanatischen Glauben nach wieder rückgängig gemacht werden – deshalb die Agenda der „Wiederherstellung" und Rassenvermischung. Doch wie die Freimaurer auf die Idee kommen, dass sich aus einer Rasse viele verschiedene entwickelt haben sollen, ist nicht ganz klar, doch auf jeden Fall soll die Wissenschaft dabei helfen, diese Spaltung wieder aufzuheben, was die **Kerndoktrin des Darwinismus** darstellt. Wie wir noch sehen werden, stecken auch noch tiefer verborgene Pläne in dieser Agenda – zwei Mächte, die sich schon seit ewiger Zeit bekämpfen.

Wie man heute sehen kann, hat sich die Wissenschaft zu einem bösartigen Instrument der Mächtigen entwickelt, das völlig außer Kontrolle geraten ist. Die Wissenschaft ist nicht länger hilfreich, sondern sie erzeugt ein elektronisches Gefängnis wie den *Transhumanismus* und ist auch nicht objektiv, wenn es um unliebsame Entdeckungen und Erfindungen geht. Die Hochschulen und Akademien sind heute die Tempel des Wissenschaftsglaubens. Sobald der Mensch anfängt, Gott zu spielen, erschafft er eine völlig mentale, spirituelle und physische Sklaverei durch Technologie und Überwachung und zeigt dabei das luziferische Fundament der Wissenschaften auf. Diese Technologie ist Satanismus in Reinkultur und ihr Gott ist Luzifer – symbolisiert im „Auge" an der Pyramidenspitze. Die wissenschaftliche Diktatur ist also buchstäblich eine Herrschaft Satans, wodurch der Humanismus den Glauben ersetzt hat und Christen zu Atheisten und Atheisten zu Satanisten umwandelt. Somit ist der Darwinismus eine Erfindung der Freimaurerlogen, um den Atheismus zu fördern und Luzifer zu huldigen.

Im Jahr 1871 präsentierte der Hochgradfreimaurer Albert Pike seine Pläne für diese neue Weltordnung. Er schrieb darüber in einem Brief an den italienischen Revolutionsführer Guiseppe Mazzini. Dieser Brief befindet sich heute im Besitz der Bücherei des *Britischen Museums*. Darin erklärt er das Schicksal der Christen und Atheisten, die sich nicht freiwillig dem freimaurerischen Satanismus zuwenden wollen:

> *„Wir werden die Nihilisten und Atheisten loslassen; wir werden einen gewaltigen gesellschaftlichen Zusammenbruch provozieren, der in seinen ganzen Schrecken den Nationen die Auswirkungen von absolutem Atheismus, dem Ursprung der Grausamkeit und der blutigsten Unruhen, klar vor Augen führen wird. Dann werden die Bürger gezwungen, sich gegen die Minderheit der Revolutionäre zur Wehr zu setzen und diese Zerstörer der Zivilisation ausrotten. Die Mehrheit der Bürger wird, gottgläubig wie sie ist, nach der Enttäuschung durch das Christentum und daher ohne Orientierung, besorgt nach einem neuen Ideal Ausschau halten, ohne jedoch zu wissen, wen oder was sie anbeten soll. Dann sind die Menschen reif, das reine Licht durch die weltweite Verkündung der reinen Lehre Luzifers zu empfangen, die endlich an die Öffentlichkeit gebracht werden kann. Sie (die Verkündung) wird auf die allgemeine reaktionäre Bewegung folgen, die aus der gleichzeitigen Vernichtung von Christentum und Atheismus hervorgehen wird.“*(70)

Das Werkzeug, das eigens dafür erschaffen wurde, war die britische Royal Society (Königliche Gesellschaft). Man wollte eine institutionelle autorisierte Wissenschaft, die spezielle Wünsche erfüllen sollte. und erschuf eine Institution, um dieses spezielle Wissen zu beglaubigen und zu verbreiten. Den Anreiz dafür hatte bereits Sir Francis Bacon (1561-1626), ein führender Okkultist seiner Zeit, gegeben, der auch schon einen starken Einfluss auf den Orden der Rosenkreuzer und die Freimaurerei hatte. Nach seinem Tod orientierten sich viele Eingeweihte an seinem Werk *„The New Atlantis“*, einen Roman, in dem er die Gründung einer wissenschaftlichen Autorität mit dem Namen „Haus von Salomon“ beschreibt. Viele Freimaurer trafen sich dann ab 1646, planten die Gründung dieser Forschungseinrichtung, und das *Haus von Salomon* ist nun die Royal Society in London. Außerdem wurden zu Bacons Zeit hebräische Legenden ein Teil der Freimaurerei und die Legende von Salomon wurde in die Rituale der Freimaurerei aufgenommen. Salomons Haus sollte das „Auge des Königreichs“ (Luzifer) sein. Bacon beschreibt in seinem Buch, wie diese Institution ihr Wissen aufteilen will, wobei bestimmte Entdeckungen veröffentlicht, andere hingegen geheim gehalten werden sollen. Er ging sogar so weit zu schreiben, dass auch der Staat keinen Zugriff mehr auf die geheimen Entdeckungen hat, er also nicht länger das Wissensmonopol innehaben sollte und das Haus von Salomon dadurch in gewissen Hinsichten dem Staat überlegen sei. Diese Idee führte letztendlich im Jahr 1660 zur Gründung der Royal Society. Fast alle der Gründungsmitglieder, wie Sir Robert Moray und Elias Ashmole, waren schon damals Freimaurer, und gegen Ende des Jahrhunderts traten noch viele weitere Freimaurer bei, welche die Royal Society durch private Spenden finanzierten, bevor diese Aufgabe der Staat übernahm.

Neue Anwärter auf eine Mitgliedschaft nennt man „Fellows“ (Kameraden, Genossen) und Fellow kann nur ein Wissenschaftler aus Großbritannien oder dem Commonwealth werden, der vorgeschlagen und dazu eingeladen worden war. Doch auch viele der

Mitglieder werden nicht aus wissenschaftlichen, sondern aus anderen, ungenannten Gründen gewählt. Man sieht, die Royal Society selbst ist wie eine Loge aufgebaut und der wahre Zweck dieser Einrichtung liegt in wissenschaftlicher Propaganda und Manipulation. Den Logenmitgliedern, die nach Erleuchtung und dem Lichtbringer suchen, ist klar, dass zwischen Spiritualität und Materialismus ein Unterschied besteht, doch durch die Forcierung auf den Materialismus gelangt man auf direktem Weg zum Satanismus in seiner reinsten Form und das spiegelt sich für Freimaurer in der Erschaffung des mythischen Golems (Energiewesen) wider. Da der Mensch kein echtes Leben erschaffen kann, muss er künstliches und mechanisches Leben erzeugen und unsere Computer und Roboter sind heute echte Golems geworden – die Lücke zwischen Wissenschaft und Zauberei ist quasi aufgehoben. Diese Idee mündete in der Kreation des *Naturalismus*, durch den alles in der Welt physikalisch und natürlich erklärt und göttliche Werte und Spiritualität ausgemerzt werden soll. Dieser Schöpfung folgte schließlich ein weiterer Golem in Form eines künstlich erfundenen und konstruierten Affenmenschen, welcher der Öffentlichkeit im Zuge des *Darwinismus* präsentiert wurde.[(70)]

Die okkulte freimaurerische Vorstellung des Werdens durch Evolution

Mit der britischen Royal Society hatten die Freimaurer schließlich ihr Propaganda-Hauptquartier und konnte so endlich die eigens dafür erschaffene „Naturwissenschaft" etablieren. **Diese Wissenschaft fußte voll und ganz auf den Glaubensvorstellungen der Freimaurerei und beschreibt als Doktrin das Werden vom Menschen zum Übermenschen.** Jetzt, als man die christliche Vorstellung eines Schöpfers und seiner Schöpfung beseitigt hatte, konnte man der ganzen Welt diese „Doktrin des Werdens" verkünden und Charles Darwin war davon überzeugt, dass die natürliche Selektion irgendwann zur Perfektion des Menschen führen sollte. Der aus Ton geformte Golem, der zuerst zum Affenmenschen und dann zum Menschen wurde, soll durch seine ständige Weiterentwicklung irgendwann eine göttliche Perfektion erfahren und sich auf diese Weise selbst vergöttlichen. Die Freimaurer wissen, dass das nicht stimmt, lehnen alle Beweise für eine Schöpfung ab und erschufen sich eine Ersatzreligion – einen neuen Kult mit wissenschaftlicher Ausprägung. So stellt der Darwinismus eine Selbst-Schöpfung und eine Selbst-Erlösung dar, was im Grunde genommen die Lehre Luzifers bzw. die der Elite ist. Luzifer wollte sich von Gott lossagen, glaubte, er wäre selbst so mächtig wie der Schöpfer und ist auf diese Art von Gott abgefallen. So ist der Darwinismus keine echte Wissenschaft, die von Beobachtungen abgeleitet, sondern eine politische Ideologie, die von der Freimaurerei künstlich erschaffen wurde. Charles Darwin ist somit ein Apostel der Elite, die den neuen Glauben an die Evolution einführte und mitwirkte, andere Ideologien wie den Marxismus zu stützen.

Seit der Einführung der Evolutionstheorie in die Lehrpläne der Schulen und den dadurch zurückgehenden Glauben an eine göttliche Schöpfung kann man eine signifikante Steigerung der Verbrechensraten feststellen. Das Fehlen des Glaubens an einen Gott kann nämlich Hass hervorgerufen, was man in den USA besonders gut belegen kann. In den frühen 1960er-Jahren erschien die Evolutionslehre in den Lehrplänen und in den nächsten Jahrzehnten hatten sich Gewaltverbrechen bereist um mehr als 1.000 Prozent gesteigert. Und um viele hundert Prozent haben sich auch die Freitod-Raten, die Drogenabhängigkeit, der Alkoholmissbrauch, die Geschlechtskrankheiten, der Kindesmissbrauch und die allgemeine Perversion und Sexualisierung der Gesellschaft gesteigert. Auch die Rate von ungewollten, außerehelichen Schwangerschaften hat sich dramatisch erhöht und damit die Abtreibungen von Kindern. Wie soll der Mensch richtig von falsch unterscheiden, wenn ihm beigebracht wird, dass er ein seelenloses Tier ist? Wenn man Gott aus dem Leben von Menschen entfernt, fragen sie sich natürlich, wer für die Vorgänge auf der Erde verantwortlich ist – was immer mehr zum Aufstieg des *Humanismus* führte. **Dieses freimaurerische Humanismus-Konzept lehrt uns, dass es keinen Gott gibt und der Mensch selbst die Rolle Gottes übernehmen soll.** Somit könnte man sagen, dass der Darwinismus auch das Fundament für den Marxismus ist, so zum Kommunismus geführt hat und seither die Bahn der Menschheit in Richtung der automatischen Selbstzerstörung lenkt. Da man diesen Verfall heute in fast allen Lebensbereichen beobachten kann, könnte man diesen Verfall auch als das Werk des Satans betrachten, der gewiss hinter diesen Lehren steht.

Es gibt heute sogar das sogenannte „Humanistische Manifest" – die erste Fassung stammt aus dem Jahr 1933 und darin steht geschrieben, dass das Universum sich selbst erschaffen hat, aus sich selbst heraus existiert und nicht von einem Schöpfer ins Leben gerufen wurde. Somit ist der Humanismus eine Religion, die lehrt, dass es keinen Gott gibt. Inzwischen ist es so weit, dass die Evolutionstheorie schon in Grundschulen gelehrt werden soll, denn man hat Angst, dass sich die göttliche Schöpfungsgeschichte bei Kindern bereits verfestigt hat, bevor sie von der Affenevolution hören und es soll ihnen schon sehr früh eingebläut werden, dass sie eigentlich nur Tiere sind! Die Grundschüler begreifen natürlich nicht, dass es sich hier nicht um Wissenschaft, sondern um Lügen handelt und wenn man den Jugendlichen beibringt, sie wären Tiere, entwickeln sie auch keine moralischen Grundsätze und es gibt nichts Gutes und nichts Böses mehr. Doch die „Neue Weltordnung" hat große Probleme mit Menschen, die nicht an die Evolution glauben und man will sie natürlich loswerden. Der jüdische Nobelpreisträger George David Wald sagte einmal:

> *„Ich werde die Schöpfung nicht philosophisch akzeptieren, weil ich nicht an Gott glauben will! Daher habe ich gewählt, an etwas zu glauben, das wissenschaftlich unmöglich ist, dass die spontane Entstehung des Lebens aus der Evolution hervorgegangen ist. Ich weiß zwar, dass das unmöglich ist, aber die einzige andere Alternative ist, dass es Gott getan hat. Ich will das aber nicht glauben und daher glaube ich an das Unmögliche!"*(71)

Sir Arthur Keith (1866-1956) war ein schottischer Anatom und Anthropologe, auch ein starker Befürworter der Evolutionstheorie und verfasste zwischen 1901 und 1955 eine Reihe von Schriften, die sich mit diesem Thema befassten. Sein bekanntestes Werk ist vielleicht „*The New Theory of Human Evolution*" und in diesem Buch widmete er ein ganzes Kapitel seiner Theorien über den Zionismus und den Antisemitismus. Er behauptet, die Juden hätten deshalb so lange Zeit überlebt, weil sie einen starken Sinn für Zusammenhalt entwickelt hätten und ihre Verfolgung ihren Sinn für Überlegenheit gestärkt haben, was in den Augen von Keith eine evolutionäre Veränderung darstellte. Juden lehnen Jesus Christus als Sohn Gottes ab, denn sie glauben an einen anderen Gott. Doch da es im jüdischen Glauben keine Erlösung oder ein Leben nach dem Tode gibt, zählt für sie nur der reine Materialismus. Keith wurde im Jahr 1913 Mitglied der Royal

Society, spielte auch eine wichtige Rolle bei der Fälschung des Piltdown-Menschen, und er selbst soll die falschen Knochen präpariert haben, um eine Evolution zu beweisen. Keith mischte sich auch in die Entdeckung des Loch-Ness-Monsters ein und sah darin kein Problem für Zoologen, sondern eines für Psychologen. Damit kritisierte er in englischen Zeitungen direkt die Aussagen von Augenzeugen, die diese Urzeitkreatur gesehen haben. Zitate von Keith:

„Die darwinistische Bibel ist das große Buch der Natur. Glaubensbekenntnisse werden kommen und gehen. Dieses Buch wird so lange Bestand haben wie das Leben selbst!"[(71)]

„Evolution ist unbewiesen und unbeweisbar. Wir glauben daran, weil die einzige Alternative eine spezielle Schöpfung ist. Das ist für uns undenkbar."[(71)]

Viele gläubige Christen sehen in diesem Vorgehen das Werk des Satans, der die Menschheit so verdorben und böse wie möglich machen möchte. Auf diese Weise muss Gott sie wieder zerstören, genauso wie bei der biblischen Sintflut – **Gott soll seine Schöpfung zerstören, dann hat Satan gewonnen und das ist der ultimative Kampf von Gut gegen Böse.** Die einzige Möglichkeit, dem zu entkommen, ist es, auf die wahren Lehren von Jesus Christus zu hören. Der Satan hat den Geist vieler Menschen befallen, um seine Ziele zu erreichen. Er macht bestimmte Leute glauben, sie seien Gott und machen die Regeln. Der Satan weiß genau, dass das zu Vernichtungen und Genozid führt, denn der Darwinismus predigt ja die natürliche Selektion und das Überleben der robustesten und stärksten Rasse. Darwin setzte selbst bestimmte primitive Menschenrassen mit Affen gleich und hoffte, dass diese in unserer heutigen Zukunft bereits ausgelöscht sein werden. Er forderte auch dazu auf, im Namen der natürlichen Selektion niedere Rassen auszulöschen und somit einen Beitrag zum Fortschritt der Menschheit zu leisten. Dazu ein Zitat von Darwin:

„In nicht allzu ferner Zeit, die nicht einmal in Jahrhunderten zu messen ist, werden die zivilisierten Rassen mit hoher Wahrscheinlichkeit die unzivilisierten Rassen in der ganzen Welt ausgelöscht haben und an deren Stelle getreten sein."[(71)]

Darwin traf auf seiner Reise mit der *Beagle* auch auf die wilden Ureinwohner Patagoniens und nannte sie Barbaren, worüber ich später noch berichten werde! Er schrieb:

„Vermutlich gibt es nichts, das mich so zum Staunen brachte, wie der Anblick eines Barbaren in seinem Schlupfwinkel. Es handelt sich um einen Mensch von unglaublicher Primitivität und Wildheit."

„Ich erkläre hiermit, dass der Gedanke, der mich ergriff, als ich in Feuerland zum ersten Mal einen nackten, bemalten, frierenden, abscheulichen Wilden sah, mich mit Abscheu erfüllte. Dieses haarige Biest sollte einer meiner Vorfahren sein? Affen sind dagegen gutmütige Lebewesen."[(71)]

Moses Mordechai Marx Levy (1818-1883) alias Karl Marx verfasste im Alter von 17 Jahren ein Schreiben anlässlich seines Schulabschlusses, in dem er meinte, er wollte in seinem Leben seinem Gott dienen. Als er später an der *Universität von Bonn* Philosophie studierte, brachten ihn die liberalen, humanistischen Professoren von diesen Gedanken ab. Karl Marx wurde an der Universität in die Evolution eingeführt und das zerstörte seine vorherige Philosophie. Er sagte später, dass seine neue Aufgabe darin be-

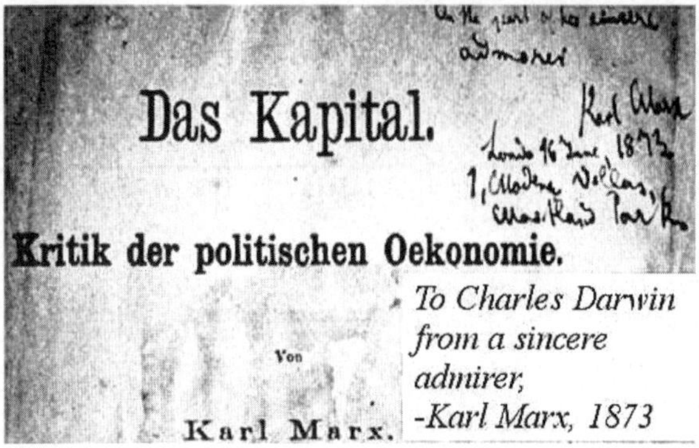

Abb. 134: „Für Charles Darwin, von einem aufrichtigen Bewunderer – Karl Marx, 1873“

stand, Gott zu entthronen und den Kapitalismus zu zerstören und benötigte für seine Philosophie des Kommunismus die Ideen der Evolution. Er widmete sein Buch über *„Das Kapital“* sogar Charles Darwin. Karl Marx hatte sieben Kinder, vier davon starben im Kindesalter den Hungertod, zwei andere wählten den Freitod und Marx selbst starb im Alter von 64 Jahren in London und wurde auf einem Teil des Friedhofs begraben, der für Atheisten reserviert war – an seinem Begräbnis nahmen nur sechs Personen teil. Obwohl er vorgab, für die Rechte der Arbeiterklasse zu kämpfen, hatte er nicht einen einzigen Tag seines Lebens wirklich etwas gearbeitet.

Karl Marx beschrieb in seinem *„Kommunistischen Manifest“* im Jahr 1848, wie man ein Land durch den Kommunismus übernehmen kann und die wichtigsten Schritte sind dabei die Beseitigung von Privateigentum, Anhebung der Einkommenssteuer, Abschaffung des Rechts auf Erbschaft und die Enteignung von privatem Land. In der Bibel steht, dass die Liebe zum Geld und ihre Habsucht die Wurzeln von allem Bösen und allen Qualen sind. Karl Marx forderte auch eine Zentralbank, und wer kontrolliert alle Zentralbanken der Welt? Richtig, es sind die Rothschilds! Um die kommunistische Revolution zu fördern, muss man zuerst die Jugend korrumpieren und ihre moralischen Werte zerstören. Daher ist es erforderlich, dass sie sich vom Glauben an einen Gott und von allen Religionen abwenden oder das ganze Volk muss in verfeindete Gruppierungen gespalten werden, die am besten aus verschiedenen Rassen und Religionen bestehen. Man lenkt die Aufmerksamkeit von der Regierung ab und fokussiert das Bewusstsein der Menschen auf Sport oder Sex, denn sie sollen sich nicht darum kümmern, was die Regierung macht. Der nächste Schritt ist dann die Kontrolle der Medien und der Nachrichten, denn dadurch kann jede gewünschte Stimmung und Meinung in der Bevölkerung erzeugt werden. Als nächstes muss dann das Vertrauen der Leute in ihre Führer zerstört werden, und schon Lenin sagte, dass es bei Wahlen nicht wichtig ist, wer die Stimmen abgibt, sondern diejenigen, die die Stimmen auszählen, bestimmen alles. Ein weiterer Schritt ist das Verbot oder die Registrierung von privaten Waffen und Lenin sagte, dass eine Person mit einer Waffe hundert andere ohne Waffe kontrollieren kann.

Auch Josef Stalin besuchte erst eine christliche Schule, bevor er Darwins Buch las und zu einem Atheisten wurde. So gesehen ist der Darwinismus dafür mitverantwortlich, dass die bolschewistische Oktoberrevolution ausbrechen konnte, und unter Stalin wurden mehr als 100 Millionen Menschen ermordet – lesen Sie dazu das Buch *„Der Archipel Gulag“* von Alexander Solschenizyn! In diesem epochalen Werk beschreibt der Autor die unmenschliche Macht von Menschen über andere Menschen in den von Bolschewiki erschaffenen Konzentrationslagern. Das ist der Genozid, der letztendlich vom gottlosen Darwinismus heraufbeschworen wird, denn wenn der Mensch Gott spielt, kommt es zu unglaublichem Sadismus, Unmenschlichkeit, Unfreiheit und Terror, und genau dieses System soll durch die „Neue Weltordnung“ global erschaffen werden. Und um das zu bewerkstelligen, musste die Evolutionstheorie erfunden, verbreitet und ständig wiederholt werden. Das erste, was Kommunisten machen, nachdem sie an der Macht sind, ist die Evolutionstheorie an den Schulen lehren zu lassen, weil dies das neuzeitliche Fundament für alles andere ist.

Ein Humanist sagte einmal, dass die Zukunft der Menschheit in den Klassenräumen ausgefochten werden wird. Die Lehrer sollen die Rolle des Missionars übernehmen und den neuen Glauben verbreiten, um die „verrottete Leiche des Christentums" zu ersetzen. Es soll vom Grundschulalter an verhindert werden, dass eine Loyalität zu den gewählten Regierenden, den Vorfahren, zur Regierung selbst, zum Patriotismus, zum Nationalismus und zur Souveränität gebildet werden kann. Erst wenn die heranwachsenden Kinder alle diese Dinge zurückweisen, können sie zu einem echten „internationalen Kind" umerzogen werden und sind die Humanisten und Kommunisten der Zukunft. Jedes Kind, das dann immer noch an Gott glaubt, wird als geisteskrank bezeichnet werden. Die meisten Jugendlichen, die in einer christlichen Familie aufwachsen, verlieren ihren Glauben bereits nach dem ersten Jahr auf einer Hochschule. Das ist genau das, was die Freimaurer erreichen wollen, denn ihre „Religion" ist die reine Lehre ihres Anti-Gottes *Luzifer*.

Die Wissenschaft und die wissenschaftliche Ausbildung wurden zu einer Waffe gegen den christlichen Glauben umfunktioniert und gläubige, christliche Forscher werden heute nicht mehr akzeptiert und ausgeschlossen. Die Wissenschaft erschuf mit dem „Urknall" die Philosophie eines sinnlosen Universums, eine Philosophie, die längst tief in die Gesellschaft eingedrungen ist, das Leben selbst seinen eigentlichen Sinn verloren hat und die Vorstellung eines liebevollen Schöpfers aus dem Denken der meisten Menschen verschwunden ist. Obwohl viele neue wissenschaftliche Beweise gegen eine Evolution sprechen, wagen es heute die wenigsten Wissenschaftler, darüber zu sprechen. Und sollte es doch einer wagen, wird er als christlicher Kreationist gebrandmarkt und aus den wissenschaftlichen Kreisen ausgeschlossen. Solche Wissenschaftler landen dann auf einer schwarzen Liste und finden nie mehr eine Anstellung an einer großen Universität oder einem größeren Wissenschaftsprojekt.

Sehen wir uns nun die Theorien der Schulwissenschaft über die Entstehung des Universums, der Erde und des Menschen noch einmal genauer an. Vergleicht man alle verfügbaren Daten, ergibt sich schon allein daraus, dass eine intelligente Schöpfung im Universum wirkt![71]

Es gibt keinen Missing Link – die ganze Kette fehlt!

Biologen und Paläontologen sprechen immer von ihren Fossilien und diese sollen belegen, dass es zu einer stufenweisen Entwicklung des Lebens gekommen sei. Doch man muss sich immer wieder bewusst machen, **dass nirgendwo und niemals Fossilien in einer Übergangsform von einer Art zur anderen gefunden worden sind.** Wenn die Evolutionstheorie stimmen würde, müsste es sie massenhaft geben, weil in der Vergangenheit unglaublich viele Spezies existiert haben, die im Lauf der Zeit ausgestorben sind. Das große Geheimnis der Evolutionisten ist, dass **Null** *„Missing Links"* oder passende

Übergangsformen existieren. Wenn es in den ganzen hunderten von Millionen Jahren ständig zur Evolution gekommen wäre, müssten doch irgendwelche Funde vorliegen. Auch gegenwärtig ist bei keiner einzigen Lebensform zu beobachten, dass sie sich gerade in eine andere Spezies verwandelt. Die ältesten Fossilien von Fischen und wirbellosen Kreaturen sind bereits perfekt ausgebildet. Es gibt nicht den entferntesten Hinweis auf eine Entwicklung einer wirbellosen Kreatur zu einem Fisch. Evolutionisten behaupten, es hätte 50 Millionen Jahre gedauert, bis sich aus Fischen Amphibien entwickelt hätten, doch auch hierzu gibt es keine Beweise oder Übergangsformen. Kein einziges Fossil einer Kreatur, die teilweise Flossen oder Füße besessen hat, existiert und alle Lebensformen sehen heute noch immer gleich aus wie einst. **Das gilt für jede größere Tier- und Pflanzenart – all diese Lebensformen und auch der Mensch erschienen sehr plötzlich und ohne einen primitiveren Vorgänger.**

Es gibt zahlreiche Fossilien von Tier- und Pflanzenarten, die heute ausgestorben sind und es gibt viele Wissenschaftler, die einfach hergehen und diese Fossilien präparieren und als jeweilige „*Missing Links*“ angeben. Ein anschauliches Beispiel ist der Urvogel *Archaeopteryx*, der vor ca. 150 Millionen Jahren gelebt haben soll und der von den Evolutionisten als Übergangsform zischen Dinosauriern und Vögeln betrachtet wird. Vom taubengroßen Archaeopteryx gibt es ebenfalls keine Vorläufer, weil er, wie wir gesehen haben, nachweislich eine Fälschung ist. Der Paläontologe Sankar Chatterjee beschrieb einen echten fossilen Vogel, den *Protoavis*. Er glaubt, dass Protoavis ein echter Vogel ist, was die Entstehungszeit von Vögeln um weitere 80 Millionen Jahre vor den *Archaeopteryx* zurückverschiebt. Doch das wäre etwas seltsam, denn dies ist die angenommene Entstehungszeit der ersten Dinosaurier. Soll es also schon Vögel vor den Dinosauriern gegeben haben? Wissenschaftler finden natürlich sofort eine Erklärung für dieses Dilemma und sagen, dass lediglich die Entstehungszeit der ersten Abspaltungen viel weiter zurückliegt, als bisher angenommen. Ein weiteres Problem besteht darin, dass der *Protoavis* im Gegensatz zum gefälschten *Archaeopteryx* bereits ein echter komplexer Vogel war und das beweist, dass Vögel ohne Zähne und Klauen bereits viel früher existierten. Das ist wieder ein Hinweis darauf, dass die fossilführenden Schichten nicht korrekt datiert werden können, und wie wir bereits gesehen haben, ist das ja auch kaum möglich – es ist sogar fast sicher, dass viele sogenannten Fossilien nicht sehr alt sind und noch organisches Gewebe in sich haben. Der *Archaeornithura* ist ein weiterer Urzeitvogel, der sich vor dem *Archaeopteryx* zeigt. Von dieser Art wurden gleich zwei relativ vollständige Fossilien entdeckt und ihr Alter auf 130 Millionen Jahre geschätzt. Somit lebten diese Vögel angeblich im Mesozoikum in China und dieses Erdzeitalter begann vor 252 und endete vor 66 Millionen Jahren, als die Dinosaurier ausge-

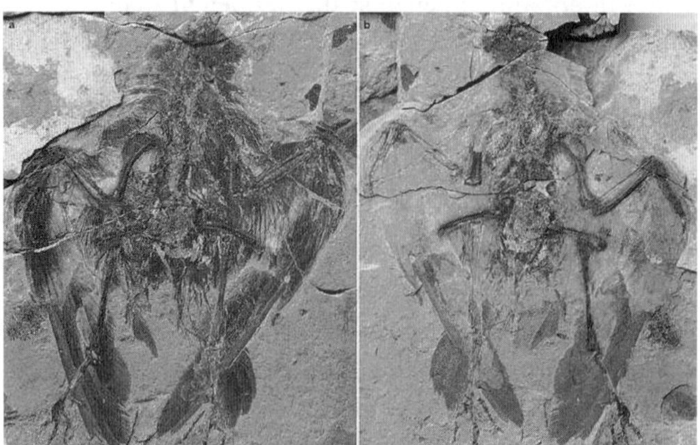

Abb. 135: Fossil des echten „Urvogels“ Archaeornithura

storben sein sollen. *Archaeornithura* ist ebenfalls viel komplexer als der *Archaeopteryx*, man sieht eindeutig sein Federkleid und Forscher glauben, dass er ein Wattvogel war. Auch hier gibt es keine Spuren eines evolutionären Übergangs oder eines primitiveren Vorläufers.

Regelmäßig kommt es zu weiteren neuen Entdeckung von „*Missing Links*" und werden in allen möglichen wissenschaftlichen Fachzeitschriften als eine Sensation präsentiert und verschwinden dann recht leise und heimlich in irgendwelchen Kellern, sobald sich herausstellt, dass es sich wieder nur um eine ausgestorbene Affenart oder noch schlimmer, um **Fälschungen** handelt. All das zeigt, dass die Theorie der Evolution keine reale Basis hat, dass die Wissenschaftler das wissen, und deshalb ständig neue fantastische Theorien, Mumpitz und Hokuspokus erfinden, um ihr Lügenkonstrukt nicht einstürzen zu sehen. Doch wenn man über das bisher Dargelegte unbefangen nachdenkt, kommt man zur Einsicht, dass alle Lebensformen intelligent und perfekt erschaffen worden sind. Wer dafür verantwortlich ist, ist noch unklar. Könnte es tatsächlich stimmen, dass alle Lebensformen der Erde von einem Gott oder von außerirdischen Göttern erschaffen wurden? **Und alles scheint nur für den Menschen erschaffen worden sein, damit er eine Umwelt vorfindet, in der er überleben kann.** Außerdem sieht man in der unglaublichen Artenvielfalt und Schönheit der Natur das Werk eines genialen Schöpfers. Da sich durch viele neue Forschungsergebnisse immer mehr Widersprüche in den „Theorien" zeigen, weigern sich inzwischen auch immer mehr Akademiker, an die Evolution zu glauben.

Einer dieser kritischen Wissenschaftler ist Dr. Michael Denton, der erklärt, dass, wenn man von einem biochemischen Standpunkt ausgeht, es offensichtlich wird, dass die Aminosäure-Sequenzen der verschiedenen Arten nicht auf eine Evolution hindeuten. Es hat seit der Entwicklung der Evolutionstheorie einen massiven Fortschritt in den Naturwissenschaften gegeben, trotzdem ist es noch immer unmöglich, Evolution zu erklären oder zu bestätigen. Die beiden Forscher Daniel Schmitt von der *Duke University* in England und Tracy Kivell vom *Max Planck Institut* in Deutschland haben festgestellt, dass sich der Mensch nicht von Affen wie dem Gorilla oder dem Schimpansen entwickelt haben kann, der auf seinen Fingerknöcheln auf allen Vieren läuft. Diese Publikation erschien 2009 bei der *National Academy of Sciences* und Kivell verglich die Knochen der Handgelenke von mehr als 100 Schimpansen- und Zwergschimpansen-Arten miteinander. Und die meisten dieser Handgelenksknochen sind total unterschiedlich zu jenen der Gorillas, welche eine natürliche Knochensperre haben, die verhindert, dass sie ihre Finger überdehnen und sie damit hervorragend auf dem Boden laufen können. Im Grunde ist das ein Beweis, dass sowohl diese Affenarten nicht miteinander verwandt sind, als auch dafür, dass sich der aufrechtgehende Mensch nicht von einem frühen Affen entwickelt haben kann, der auf seinen Fingerknöcheln gelaufen ist. Die beiden Forscher haben außerdem bestätigt, dass keine Fossilien einer Übergangsform eines gemeinsamen frühen Vorgängers dieser Affen oder des Menschen existieren!

Ein weiterer Experte, der sich gegen eine Evolution ausspricht, ist der Professor für Anthropologie Dr. C. Owen Lovejoy von der *Kent State University* in Ohio. Er meint, es sei nun an der Zeit, alle Abbildungen und Bücher wegzuwerfen, die zeigen, wie sich Affen zu Menschen entwickelt haben und ist somit der Meinung, dass Menschen nicht mit Schimpansen oder Gorillas verwandt sind. Dr. Lovejoy ist einer der bekanntesten Anthropologen der Welt und außerdem ein Mitglied der *National Academy of Sciences* (NAS), eine der höchsten Auszeichnungen für Wissenschaftler in den Vereinigten Staaten. Dr. Lovejoy arbeite an der Rekonstruktion des Frühmenschen *Lucy* und später entdeckte man einen noch älteren Vorgänger von *Lucy*, dessen Alter von Wissenschaftlern auf 4,4 Millionen Jahre geschätzt wird. Es handelt sich dabei um die Spezies *Ardipithecus ramidus* und der Frühmensch erhielt den Namen „Ardi". Ardi war merkwürdigerweise weit höher entwickelt als Lucy, was für die Evolutionsforscher schon wieder nicht erklärbar war – Lucy gehörte einfach nur einer ausgestorbenen Affenart an. Aus den vorhandenen Knochenfragmenten wurde auch bei Ardi wieder versucht, einen Affenmenschen zu rekonstruieren, doch im Gegensatz zu Lucy wurden bei Ardi Knochenteile des vollständigen Skeletts gefunden. Nicht nur die Zähne von Ardi gleichen denen von modernen Menschen, sondern, weil Ardi aufrecht lief, auch seine Hüftknochen – und solche Hüftknochen können heute nicht bei irgendwelchen modernen Affenarten gefunden werden. Die Handknochen von Ardi zeigen auch, dass er flexible Handgelenke besaß, genau wie ein Mensch und diese haben keine Ähnlichkeiten mit denen von Gorillas oder Schimpansen. Die Füße sind relativ steif, genau wie bei uns und haben einen großen Zeh, was alles Merkmale sind, die ebenfalls nicht bei Affen vorkommen. All das brachte Dr. Lovejoy in eine „darwinistische Zwickmühle", denn er konnte ja seinen Ruf nicht aufs Spiel setzen und erklären, es hat keine Evolution stattgefunden. Die einzige „logische Interpretation" für ihn war, dass es sich bei Ardi um einen Vorgänger von Menschen *und* Affen gehandelt hat. Weil Ardi nicht die anatomische Fähigkeit hatte, sich von Baum zu Baum zu schwingen oder aufrecht auf Bäumen zu laufen, ist Dr. Lovejoy jetzt davon überzeugt, dass sich Affen von Frühmenschen entwickelt haben und nicht umgekehrt! Das ist natürlich vollkommen verrückt und zeigt, wie verzweifelt diese Wissenschaftler nach Erklärungen suchen. Es widerspricht doch vollständig dem Evolutionsgedanken, dass sich niedere Arten aus höheren entwickeln, oder nicht? Natürlich kommen die wenigsten Leute dahinter, dass der Darwinismus von der Freimaurerei für ihre anti-christlichen Zwecke erschaffen wurde und der Mensch als ein rein zufällig entstandenes Tier betrachtet werden soll, und nicht als ein Produkt göttlicher Vollkommenheit.

Hier habe ich noch eine Aussage vom Treffen der Freimaurer des 33. Grades des *Supreme Council of Mizraim Freemasonry* in Paris, aus der klar ersichtlich wird, warum diese größte Lüge aller Zeiten erschaffen wurde:

> *„Betrachten wir das Thema der Evolutionstheorie genauer. Durch unsere konstante Verbreitung dieser Theorie in unserer Presse, erzeugen wir ein blindes Vertrauen in diese Theorien. Die Intellektuellen werden sich auf ihr ‚Wissen' etwas einbilden, ohne einen logischen Nachweis zu fordern. Wir konstruieren alle Informationen, die der Wissenschaft dazu zur Verfügung stehen. Unsere Spezialisten aus den Agenturen setzen diese Informationen listig zusammen, um die Geister dieser Intellektuellen in der Art und Weise auszubilden, wie wir es wollen. Glaubt nicht, dass diese Aussagen nur leere Worte sind. Denkt einmal genau darüber nach, welchen Erfolg wir mit dem Darwinismus erzielt haben."*(72)

Im *New Age Magazine* vom März 1922 konnte man lesen, dass das Königreich der Freimaurerei von der Evolution und der natürlichen Entwicklung des Menschen selbst begründet wird, woraus klar ersichtlich ist, dass die Evolution ein Produkt der Hochgradfreimaurerei ist. Die Wissenschaft und die Medien sind unter ihrer Kontrolle und Freimaurer selbst machen sich über diese Theorien lustig! Selbst der Papst im Vatikan stimmt heute der Evolutionstheorie zu und die Royal Society verleiht sogar zur sarkastischen Belustigung aller Eingeweihten alle zwei Jahre eine Darwin-Medaille für herausragende Forschungen zur Evolutionstheorie. Diese falsche materialistische Philosophie wird somit als eine folgerichtige Idee präsentiert. Die Evolutionstheorie ist für die Freimaurerei die einzige Methode, die Existenz eines Schöpfers zu leugnen und den „Zufall" an erste Stelle zu setzten, und um diese Theorien zu schützen, greift man zu jedem nötigen Mittel, auch zu Betrug und Grausamkeiten. Gerade aus diesem Grund wird diese satanische Täuschung und darwinistische Diktatur auch heute noch mit einer fanatischen Einstellung weiterbetrieben, um somit das Ziel der „Neuen Weltordnung" zu erreichen!

Weiter geht es mit den Ausführungen von Dr. Henry Morris, der darauf hinweist, dass in der heutigen Welt keine Anzeichen einer laufenden Evolution bei irgendeiner Spezies zu beobachten sind. Bei der Fülle an Leben auf der Erde mit all ihren Millionen an verschiedenen Lebensformen müsste es doch ständig zur Bildung von Übergangsformen kommen, wenn der Evolutionsprozess tatsächlich stattfinden sollte. Doch nichts dergleichen ist in der Natur zu beobachten und wenn es so etwas heute nicht gibt, warum sollte es dann früher so stattgefunden haben? Fakt ist nämlich, dass niemand je eine Evolution beobachten konnte. Stattdessen gibt es eine große Anzahl an ausgestorbenen Tier und Pflanzenarten, die eine Evolution belegen sollen – doch dadurch werden eher Flutkatastrophen bewiesen. Kritiker werden hier einwerfen, dass es die „Mikroevolution" gibt. Das sind „kleine" Anpassungen von Lebensformen an ihre Umwelt oder Veränderungen, die durch Züchtungen oder Kreuzungen entstanden sind, sie stellen aber keinen Beweis für eine fortschreitende Evolution von einer Art zu einer anderen dar. Evolutionsgläubige Biologen haben oft mit Fruchtfliegen oder anderen sich schnell vermehrenden Arten herumexperimentiert und versuchten, Mutationen auszulösen. Sie hofften, dass ihre Experimente zeigen würden, dass sich daraufhin eine bessere Art daraus entwickeln würde, doch nichts davon klappte und keine neue Art konnte jemals produziert werden!

Geht man zur Zeit der Entstehung des Lebens auf Erden zurück, gelangt man ins Kambrium. Die Wissenschaft spricht heute von der „Kambrischen Explosion", einer rätselhaften Artenexplosion in der fernen Vergangenheit. Innerhalb eines sehr kurzen Zeitraumes von angeblich wenigen Millionen Jahren kam es zum plötzlichen und gleichzeitigen Erscheinen von Vertretern fast aller heutigen Lebensformen. Sogar dogmatische Evolutionisten meinen, dass die Kambrische Explosion eines der rätselhaftesten Ereignisse in der Geschichte war. Das gleiche gilt für das Erdzeitalter Trias, in dem große Dinosaurier ebenfalls plötzlich und explosionsartig erschienen, doch fossile Aufzeichnungen zeigen auch hier keine Vorgänger oder Übergangsformen. Wo sind die Millionen von Fossilien, die den Übergang zu den Dinosauriern beweisen sollen? Sie existieren nicht, weil sich Dinosaurier auch nicht durch Evolution entwickelt haben. **Außerdem hat sich das alles, den neuesten Erkenntnissen nach, nicht vor vielen hundert Millionen Jahren abgespielt, sondern höchstwahrscheinlich erst vor einigen tausend Jahren. Die falsch abgelagerten und fossilführenden, geologischen Sedimentschichten und die Erosionsrate zeigen, dass es niemals eine sehr lange zurückliegende Prähisto-**

rik gab und diese hunderte-Millionen-Jahre-Erdgeschichte ebenfalls von den Freimaurern erfunden worden ist. Das wahre Alter der Erde kann daraus nicht bestimmt werden.

Eine weitere Frage, welche die Wissenschaft nicht beantworten kann, ist die, wie sich frühe wirbellose Kreaturen mit einer harten Außenschale zu den ersten Fischen mit einer Wirbelsäule und einem Skelett entwickeln konnten. Abgesehen von kleinen Veränderungen sind alle Lebensformen auf der Erde über diese langen Zeiträume in ihrem Aussehen eigentlich konstant gleich geblieben. Doch wie ist es für Evolutionisten möglich, so etwas zu erklären? Evolutionstheoretiker versuchen hauptsächlich, den *Missing Link* vom Affen zum Menschen zu finden, doch warum wird das nicht auch bei anderen Tieren wie Giraffen oder Elefanten gemacht? Ein besonders heikles Tier ist dabei das australische Schnabeltier, denn hier versagen alle gängigen Theorien. Das Flusspferd wird als ein Beweis für eine Übergangsform angesehen, weil es sich gern im Wasser aufhält und an das Leben in Wasser angepasst ist. Doch Menschen gehen auch gerne ins Wasser, ist das dann ein Beweis, dass sie sich zu Amphibien entwickeln? Die Evolution der Pferde soll sich durch ihren Vorfahren namens Schliefer vollzogen haben. Der Schliefer ist ein 30 bis 70 Zentimeter großes, pelziges Nagetier, das zwischen 2 und 5 kg schwer wird, und lebt heute ausschließlich in Afrika und im Mittleren Osten. Aus der größeren Urform dieses Tieres soll sich unter anderem das Pferd und der Elefant entwickelt haben – doch wie kann das sein, wenn der Schliefer heute noch unverändert fortexistiert? Dieses Tier hat vier Zehen und es wurde behauptet, dass sich daraus das Pferd mit seinen Hufen entwickelt haben soll, doch diese Nagetiere besitzen nicht die geringste Ähnlichkeit mit Pferden oder Elefanten.

Eine weitere lächerliche wissenschaftliche Behauptung ist, dass sich aus einer ausgestorbenen Hunde- oder Wolfspezies die heutigen großen Meeressäugetiere wie Delphine und Wale entwickelt hätten. Der *Pakicetus* soll vor ca. 50 Millionen Jahren in Pakistan gelebt haben und etwa einen Meter groß gewesen sein. Doch der Aufbau der Knochen gibt keinen Hinweis darauf, dass dieses Tier jemals an ein Leben im Wasser angepasst war, die Zähne zeigen, dass er sich von Fleisch ernährte und trotzdem halten es die Experten für denkbar, dass er sich zeitweise im flachen Wasser aufgehalten hat. Wie lange mag er wohl im flachen salzigen Wasser herumgeschlichen sein, bis er zu einem Delfin oder einem 30 Meter langen und 170 Tonnen schweren Blauwal wurde? War der *Pakicetus* enttäuscht vom Leben an Land und sehnte er sich danach, endlich wieder ins Meer zurückkehren zu können? Und vor allem: Vom *Pakicetus* wurden wieder nur ein kleines Schädelfragment, ein kleiner Teil des Unterkiefers und ein paar Zähne gefunden, und aus diesen Funden wurde diese ganze Spezies rekonstruiert und interpretiert – wie glaubwürdig ist so etwas? Es gibt einfach keine Übergangsformen, man kann nur individuelle und perfekte Arten vorfinden und schon die bloße Präsenz von individuellen Arten beweist, dass es keine Evolution gibt. Wenn das tatsächlich so wäre, sollten sich alle Pflanzen, Insekten und Tiere in einem ständigen Zustand der Verwandlung befinden und alle Lebensformen wären eine Mischung aus verschiedenen Arten ohne eine klar definierbare Abgrenzung zwischen den Spezies. Auch das findet man nicht vor, sondern im Gegenteil sind alle Arten durch ihren DNA-Code fest verschlossen und verändern sich nicht, weshalb auch natürliche Kreuzungen zwischen verschiedenen Arten unmöglich sind.

Das nächste Argument der Wissenschaft ist, dass der Mensch genetisch zu mehr als 90 Prozent mit dem Schimpansen identisch ist. Doch die DNA ist ein Bauplan allen Lebens, und andere Lebensformen haben ebenfalls viele der gleichen Gene. Wussten Sie, dass Hauskatzen ebenfalls genetisch zu 90 Prozent mit dem Menschen identisch sind? Bei Mäusen sind es bis zu 85 Prozent, bei Kühen immerhin noch 80 Prozent, bei Fruchtfliegen, Hühnern und Bananen um die 60 Prozent und bei Schweinen liegt die Ähnlichkeit sogar bei bis zu 99 Prozent, weshalb Schweine auch Organe für Menschen produzieren können. Neueste Forschungen zeigen, dass wir auch große genetische Ähnlichkeiten mit den Spinnen haben. Dr. David Busbee von der texanischen *A&M Universität* stellte auch eine starke genetische Verwandtschaft von Menschen und Delfinen fest und gibt offen zu, dass die Wissenschaft fast gar nichts über die Genetik von Delfinen oder Walen weiß. Er erkannte auch, dass das menschliche Genom mit dem der Delfine übereinstimmt – es ist grundsätzlich dasselbe! Sind Delfine also auch Menschen?

Dazu frage ich nun: Weist der Mensch irgendwelche äußerlichen Ähnlichkeiten mit Katzen, Kühen, Bananen, Spinnen, Schweinen oder Delfinen auf, obwohl er nachweislich genetisch fast identisch mit ihnen ist? Doch alle diese Tiere sehen sich nicht im Geringsten ähnlich.

Neueste genetische Untersuchungen belegen sogar, dass die genetische Verwandtschaft von Menschen und Schimpansen eher nur 80 Prozent beträgt und wenn man die Gene einbezieht, die Menschen und Schimpansen gegenseitig nicht besitzen, fällt die Ähnlichkeit sogar auf 70 Prozent oder weniger! Auch das ist ein klarer Beweis für intelligentes, genetisches Design und zeigt, dass die Evolutionstheorie nichts weiter als eine Pseudowissenschaft ist. Durch neuere Forschungsergebnisse wurden sogar diese 70 Prozent Ähnlichkeit widerlegt, denn im September 2012 wurden Dutzende wissenschaftliche Forschungspublikationen des *ENCODE-Projects* veröffentlicht. Dieses Projekt wurde von der US-Regierung und zahlreichen wissenschaftlichen Journalen finanziert und insgesamt 442 Wissenschaftler arbeiteten in 32 Laboren weltweit an der Erforschung der sogenannten *„Junk DNA“* (Müll-DNA) des Menschen. Doch man kam dahinter, dass es sich hier weder um „Müll“ noch um inaktive Gene handelt, sondern diese nichtkodierenden Gene kontrollieren und regulieren die Aktivitäten der restlichen Gene – deshalb wurde ihnen der neue Name „Kern-DNA“ (Kontrolle und Regulation) gegeben. Diese Entdeckung ist der endgültige Sargnagel für die Evolutionstheorie, denn die Kern-DNA von Menschen und Affen ist so unterschiedlich, dass sie nicht einmal vergleichbar ist! So gibt es auch überhaupt keine 70 bis 90 Prozent Ähnlichkeit zwischen Schimpansen und Menschen, weil bisher nur die aktiven Gene verglichen worden sind!

Nur 2 Prozent der DNA bestehen aus sog. codierender DNA und 98 Prozent machen die Kern-DNA aus. Darwinisten behaupteten bisher, dass die „Müll-DNA“ nicht aktiv sei und daher nicht berücksichtigt werden sollte, wenn man Affen und Menschen vergleicht. Und nur dadurch, dass nur diese 2 Prozent unserer codierenden DNA mit derer von Affen verglichen wurden, kam es zu dieser großen Übereinstimmung. Doch die Untersuchungen der Kern-DNA haben klar gezeigt, dass Mensch und Affe auf keinen Fall verwandt sein können und mindestens 70 Prozent unserer gesamten DNA total verschieden sind! **Weitere Nachforschungen stellten dann heraus, dass diese Tatsache in wissenschaftlichen Kreisen bereits seit den frühen 1970er-Jahren bekannt, jedoch niemals veröffentlicht worden waren!**

Diese Untersuchungen wurden damals von Darwin anbetenden Forschern gemacht, die ihre Abschlüsse hauptsächlich mit Arbeiten über die Evolutionstheorie gemacht hatten und sie beschlossen daher, angeführt von einem Dr. Susumu Ohno, ihre Testergebnisse geheim zu halten, um nicht erklären zu müssen, warum es so große Unterschiede zwischen Menschen und Affen gibt. Es war eine echte darwinistische Verschwörung, die zeigt, dass der 2-Prozent-Trick von Anfang an eine Täuschung war! Die nicht-codierende DNA bzw. die „Pseudo-Gene" wurden bisher als unnötige Bestandteile unserer Genetik betrachtet und bei Menschen und Tieren ist der Großteil der DNA nicht codierend. Wie schon erwähnt, bezeichnete man diesen Anteil als Müll-DNA, bis man dahinterkam, dass sie als Sicherheitsmechanismus agiert und wichtige Funktionen bei der Regulierung von Genen ausführt. Man hat deshalb Tierversuche durchgeführt und diese Müll-DNA entfernt, wobei fürchterlich missgebildete Exemplare herausgekommen sind. Das zeigt, dass diese nichtcodierende DNA lebenswichtig ist und ein Problem für die Evolution darstellt – sie bezeichnen sie deshalb nicht mehr als Müll-DNA, sondern sagen, dass diese DNA „evolutionär konserviert" wurde. **Die DNA ist ein in sich abgeschlossener Code, kann nicht verändert werden, ist der langlebigste Datenspeicher, den es gibt und verändert sich nicht und somit findet auch keine Evolution statt!**

Natürlich wusste Darwin nichts über die DNA. Sie ist der echte wissenschaftliche Schlüssel des Lebens, der nicht zufällig aus ein paar Molekülen entstand, wie es Darwin noch glaubte – die DNA ist in jeder Zelle des Körpers fest verschlossen. Und die Existenz von DNA in allen Lebensformen zerstört eigentlich schon Darwins „Theorie der Evolution durch natürliche Selektion". Auch Umwelteinflüsse ändern die DNA in Pflanzen, Tieren und Menschen nicht. Die natürliche Selektion ist also nicht für die Evolution verantwortlich, sondern sie selektiert nur und erschafft nichts Neues.

Nimmt man die Kern-DNA von allen Lebensformen als Grundlage, dann zeigt sich, dass bewiesenermaßen 80 Prozent aller Lebensformen in Darwins „Baum des Lebens" nicht miteinander verwandt sind, und deshalb können sie nicht voneinander abstammen. Auch Pflanzen und Tiere sind nicht miteinander verwandt, sonst würden ja die Pflanzen von den Tieren abstammen und umgekehrt – womit dieser ganze darwinistische „Baum des Lebens" in den Lehrbüchern eine reine Erfindung ist. Zwar haben einige Tiere DNA-Sequenzen, die auch in Pflanzen vorkommen, doch auch das ist der Evolutionstheorie nach unmöglich. DNA besitzt außerdem die Funktion der Selbstkontrolle und Selbstreparatur bei der Zellteilung, wodurch Mutationen verhindert werden sollen. Mutationen verbessern keine Spezies, sondern zerstören sie und führen auch nicht zur Bildung neuer Arten. Zufällige Mutationen können genetische Informationen und Funktionen zerstören, verbessern sie jedoch niemals. So lösen Mutationen bei Menschen tausende Krankheiten wie Sichelzellanämien, zystische Fibrosen oder das Down-Syndrom aus, was ein weiteres Argument gegen eine Evolution ist. Können Sie sich wirklich vorstellen, wie durch eine Reihe von Zufällen, Mutationen und Fehlern ein Vogel wie der Kolibri entstanden sein soll, der rückwärts fliegen kann?

Ein weiterer Fakt ist, dass Spezies nicht die Anzahl ihrer Chromosomen in der DNA verändern können, denn die Anzahl der Chromosomen ist fest verankert. Der Mensch mit seinen 46 Chromosomen kann sich nicht von einem Affen mit 54 Chromosomen entwickelt haben. Wenn es durch eine Mutation zu einer Veränderung der Anzahl der Chromosomen kommt, ist dieses Tier nicht mehr fähig, sich fortzupflanzen, weil die

DNA es verhindert, damit sich der Defekt nicht in die nächste Generation überträgt. **Deshalb ist die Evolution zu einer anderen Spezies völlig unmöglich und es wird damit auch verhindert, dass sich verschiedene Arten kreuzen können!** Wenn eine Art ausreichend nah verwandt ist und Nachkommen zeugen kann, wie es zum Beispiel bei Pferden und Eseln der Fall ist, dann ist der daraus entstandene Muli immer unfruchtbar – auch das widerlegt die Evolution.

Die Chromosomenanzahl von Lebewesen und Pflanzen sagen eben nichts über ihre evolutionäre Entwicklung aus. Jetzt dürfen Sie mal richtig staunen: Penicillin hat nur 2 Chromosomen, Fruchtfliegen haben 8, Rote Bohnen besitzen 22, Katzen bereits 38, Sojabohnen 40 und der Mensch besitzt 46 Chromosomen! Schimpansen und die Tabakpflanze sind höher entwickelt und besitzen 48, was sie zu Zwillingen macht und damit liegen sie knapp unter Amöben mit 50 Chromosomen! Viel weiter vorne sind Hunde und Hühner mit 78 Chromosomen und auch sie sind somit Zwillinge. Süßkartoffel, Goldfische und Karpfen haben zwischen 90 und 100 Chromosomen und an der einsame Spitze der gesamten Entwicklung stehen mit 420 Chromosomen eine afrikanische Schmetterlingsart und mit 480 Chromosomen der Farn! Vielleicht gelingt es dem Menschen, sich in den nächsten Millionen von Jahren zur Stufe des Farns hoch zu entwickeln? Der Mensch besitzt zwar mit durchschnittlich 20.000 Genen eine große Menge, doch bestimmte Pflanzen besitzen noch weit mehr und haben bis zu 50.000! Die komplexesten Arten sind dabei die Getreidepflanzen, ganz besonders der Mais und der Reis. **Tests haben gezeigt, dass es 3 bis 5 Millionen Jahre Zucht und Selektion benötigt hätte, um die heutigen Getreidearten zu erhalten!** Der Mais hat um 12.000 mehr Gene als der Mensch und bringt das alles in nur 20 Chromosomen unter! Auch das ist ein Beweis für ein intelligentes Design. Wer sollte diese Nutzpflanzen so lange domestiziert haben, noch dazu ohne vorher zu wissen, was dabei herauskommen soll? Seit wann betreibt der Mensch eine Landwirtschaft? Bestimmt nicht seit Millionen von Jahren!

Darwin dachte, dass das Leben durch chemische Prozesse entstanden sei und von der ersten lebenden Zelle soll sich dabei alles spätere Leben entwickelt haben. Das war vielleicht zur Zeit Darwins glaubhaft, als Zellen noch als etwas sehr einfaches betrachtet wurden (*Monera*) und auch von der DNA wusste man noch nichts. Heute wissen wir, dass sogar einfache Bakterienzellen tausende verschiedene Proteine benötigen, die wiederum aus hunderten von Aminosäuren bestehen, die in genau der richtigen Anordnung vorhanden sein müssen. **Francis Crick, der Entdecker der DNA, schätzte, dass die Chancen, dass sich auch nur ein einziges Protein zufällig gebildet haben soll, bei 10^{260} liegen!** Das ist eine unvorstellbar große Zahl, wodurch es unmöglich ist, dass es sich um Zufälle handelt. Außerdem müssen die Zellen perfekt arbeiten und diese hypothetischen Urzellen müssten genau die richtige Lebensspanne für den Prozess der Zellteilung besessen haben, und wenn das nicht so wäre, würde es niemals weitere Zellen gegeben haben – und auch das ist eigentlich auch völlig unmöglich. Einer der führenden Forscher auf diesem Gebiet war der britische Chemiker Leslie Orgel (1927-2007), der feststellen konnte, dass Proteine und Nukleinsäuren nur gemeinsam zur gleichen Zeit entstanden sein können und nicht separat. Das bedeutet natürlich, dass sich lebende Zellen nie und nimmer *zufällig* auf chemischem Wege gebildet haben können und Leben daher nicht aus toter Materie entstehen kann, wie es in den Lehrbüchern beschrieben wird.

Es ist auch völlig unbekannt, wie sich mögliche einzellige Organismen zu den zahlreichen komplexen wirbellosen Tieren des Kambriums entwickelt haben sollen. Die gängige Vorstellung, dass irgendwann irgendwo ein Blitz eingeschlagen ist und verschiedene Moleküle dabei zufällig zu einer lebenden Zelle verschmolzen sind, ist lächerlicher Unfug. Die modernsten Labore der Welt sind nicht fähig, lebende Zellen oder irgendeine Form von Leben zu erschaffen und die Wissenschaft ist sogar unfähig, ein einfaches Proteinmolekül zu bilden. Organisches Leben kann sich nicht selbstständig aus anorganischer Materie gebildet haben, das ist unmöglich und Darwin selbst konnte sich die Entstehung des Lebens niemals erklären. Das kleinste Protein ist aus 70 bis 100, normale Proteine sind aus hunderten Aminosäuren zusammengesetzt und müssen genau richtig kombiniert sein. Da sie sich in Wasser schnell auflösen, kann sich also das Leben nicht in den Ozeanen entwickelt haben. Und schon die kleinste lebende Zelle hat bereits eine unglaubliche Komplexität und ihre Komponenten beweisen ein intelligentes Design. Klein bedeutet nicht *einfach*. Die Pantoffeltierchen sind kleine lebende Einzeller und die Größe dieser Wimperntierchen bewegt sich zwischen 10 und 300 Mikrometer – doch diese mikroskopisch kleinen Lebewesen sind komplizierter aufgebaut als ein Space-Shuttle und bestimmt nicht einfach oder primitiv. Die kleinsten Zellen enthalten bereits mehr als 60.000 Proteine in 100 verschiedenen Konfigurationen und selbst die kleinste einzellige Kreatur hat Millionen von Atomen und Molekülen, die genau im richtigen Muster angeordnet sein müssen, um die benötigten Funktionen zu erhalten. Zellen besitzen ein System, das Energie produziert, eine schützendes Gehäuse und ein Sicherheitssystem, um Molekülen zu ermöglichen, ins Gehäuse einzudringen. Außerdem verfügen sie über ein Reproduktions- und ein zentrales Kontrollsystem. Auch diese unglaubliche Komplexität erfordert ein intelligentes Design, und das Konzept, dass sich das irgendwie *zufällig* zusammengesetzt haben soll, ist grundfalsch.

Intelligentes Design finden wir überall, es herrscht in der kleinsten Bakterie und in der größten Galaxie und ein Beispiel dafür ist ein Antriebssystem mit einem Motor und einem Propeller, der „Flagelle" genannt wird. Man findet Flagellen in vielen Bakterien und dieses Antriebssystem hat 40 bewegliche Teile, die aus Proteinmolekülen bestehen. Es gibt einen Motor, einen Rotor, eine Antriebsachse, Lager, Kreuzgelenke und flexible Propeller, und diese Motoren werden von Ionen angetrieben und können Drehzahlen von bis zu 100.000 Umdrehungen pro Minute erreichen! Diese Kraft wird auch benötigt, um die winzige Bakterien in zähen Flüssigkeiten anzutreiben und eine Umkehrung der Drehbewegung ist innerhalb *einer* Viertelumdrehung möglich, das wird durch einen automatischen Regulierungsmechanismus gesteuert. Die Größe dieser Motoren liegt bei 1/4.000 mm und ist viel zu klein, um mit dem Auge wahrgenommen zu werden. Man kann nicht bestreiten, dass diesen Motoren ein intelligentes Design zugrunde liegt!

Eine für Evolutionisten weitere, unlösbare Frage ist der Ursprung der Materie, denn sie wissen, dass Materie nicht aus dem Nichts entstanden sein kann. Die Theorie vom Urknall löst das Problem auch nicht, denn Materie und Energie müssen irgendwoher kommen. Materie kann aus Energie erschaffen werden und umgekehrt, doch das löst nicht das Rätsel um die Herkunft von beidem. Es wird heute behauptet, beim Urknall sei hauptsächlich Wasserstoff und Helium entstanden, wobei sich die Frage stellt, woher dann die restlichen chemischen Elemente des Periodensystems gekommen sind? Wie sind sie entstanden? Die Sterne oder Sonnen wandeln angeblich durch nukleare Kernfu-

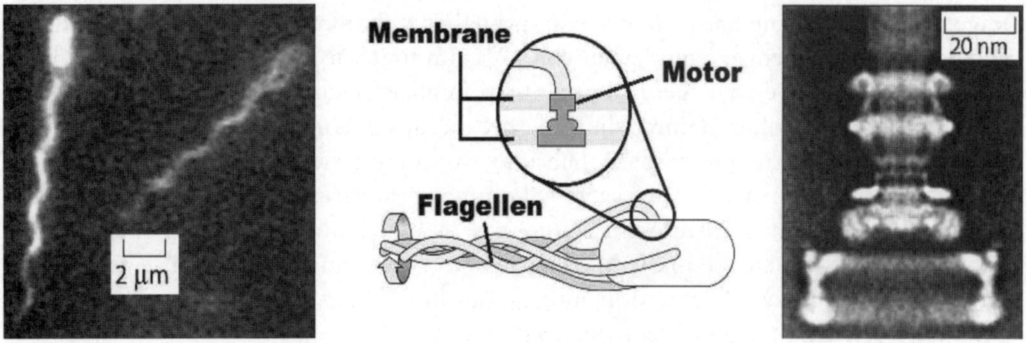

Abb. 136: Flagellen und Motor in einer E.Coli-Bakterie

sion den Wasserstoff in Helium um und erleuchten so den Kosmos. Die chemische Zusammensetzung von Gesteinsplaneten ist aber ganz anders als die von Sternen. Die Erde besteht nur zu weniger als 1 Prozent aus Wasserstoff und Helium, der Rest der Elemente soll direkt aus dem Fusionsprozess der Sterne entstanden sein und das alles soll sich dann irgendwann zu großen festen Gesteinsplaneten verbunden und verdichtet haben. Warum sind diese schwereren Elemente nicht schon beim Urknall entstanden?

Es ist nicht bekannt, wie Sterne überhaupt entstehen! Niemand hat je beobachtet, wie ein Stern entsteht, und Wissenschaftler haben keine Ahnung, wie sie sich formen. Es gibt die Theorie, dass sich Sterne aus interstellarem Staub und Gas formen, sich zusammenziehen und dann kollabieren, wobei es zu einem Prozess der Erhitzung kommen und eine nukleare Fusion von Wasserstoff zu Helium einsetzen soll. So ein Prozess konnte aber noch niemals beobachtet werden und man vermutet, dass kurz nach der Entstehung des Universums genug Wasserstoff in Wolkenform vorhanden war, um Sterne entstehen zu lassen. Wasserstoff ist ein sehr leichtes Element und es ist unklar, wie man genug davon zusammenbekommen soll, um eine Sonne daraus entstehen zu lassen – die Atome stoßen sich nämlich ab. Bei der Entstehung von Helium sind diese Kräfte noch viel stärker und die Wasserstoffatome stoßen sich noch kräftiger ab , daher kann daraus eigentlich nicht genug Masse für die Entstehung einer Sonne zusammenkommen. Es fehlt auch die Schwerkraft, um sie zusammenzuhalten. Die Entstehung von Sternen ist also noch rätselhaft. Im Gegensatz dazu kann man regelmäßig beobachten, wie Sterne zu Novas oder Supernovas explodieren und erlöschen.

Die ganze Theorie vom Urknall widerspricht auch dem physikalischen Gesetz der Thermodynamik, denn der erste Hauptsatz der Thermodynamik besagt, dass Materie und Energie nicht erschaffen oder zerstört werden können. Offensichtlich ist das ganze Universum aus Materie erschaffen, doch wenn unser Planet nicht aus Materie erschaffen wurde, wie ist er dann hierher gekommen? Gemäß diesem Gesetz gibt es nur zwei Möglichkeiten: Jemand hat die Welt erschaffen oder die Welt hat sich selbst erschaffen. Der Urknall selbst soll aus einer Singularität entstanden sein, das ist ein Zeitpunkt, an dem sich alle Materie des Universums zu einem einzigen winzigen Punkt zusammengezogen haben soll und durch diese unglaublich hohe Verdichtung und eine unglaublich hohe Temperatur soll es zu einer gewaltigen Explosion gekommen sein – diese Explosion soll dann unser heute bekanntes Universum geformt haben.

Rein *zufällig* sind so auch all die komplexen physikalischen und mathematischen Gesetzte und die Zeit entstanden – so weit, so gut. Dazu stellen sich nun schier endlose

Fragen: Woher war die ganze Materie ursprünglich gekommen, die sich dort zu dieser Singularität zusammengezogen haben soll? Warum und wie soll sie sich so unglaublich verdichtet haben? Wer hat diese Materie ursprünglich erschaffen? Woher stammte die Energie dazu und woher stammt die Energie, die unser Universum derzeit am Laufen hält? Wie entstand Energie ursprünglich und wo kommt sie her? Wenn es *zufällig* zur Entstehung der physikalischen Gesetze gekommen sei, warum entwickeln sie sich nicht weiter und verändern sich laufend? Durch was ist Gravitation ursprünglich entstanden und wie funktioniert sie, denn die Masse eines Objekts stammt nicht von seinem Gravitationsfeld? Warum ist Gravitation immer gleich? Warum rotieren manche Galaxien rückwärts? Wie entstand der Elektromagnetismus?

Durch den Urknall müsste theoretisch die gleich Menge an Materie und Antimaterie entstanden sein, es gibt jedoch nur sehr wenig Antimaterie im Universum, was gegen einen Urknall spricht und es ist im ganzen Universum eigentlich auch zu wenig beobachtbare Materie für diesen hypothetischen Knall vorhanden – deshalb hat man die unsichtbare „dunkle Materie" erfunden. Die Zündungen von Wasserstoffbomben haben gezeigt, dass sich durch ihre Explosionen rein gar nichts organisiert hat, doch die Summe dieser angeblich rein zufälligen Ereignisse im Universum soll erst die Existenz von Leben auf der Erde ermöglichen! Glauben Sie das?

Der Urknall wird nun von immer mehr Wissenschaftlern angezweifelt, da neue Forschungsergebnisse vorliegen, die ihn widerlegen. Ein interessanter Artikel erschien dazu im September 2017 im renommierten Magazin *Forbes*. Autor war Ethan Siegel, ein amerikanischer theoretischer Astrophysiker, der die Urknalltheorie studiert hat. Professor Siegel unterrichtet außerdem am *Lewis & Clark-College* in Portland, Oregon und ist der Meinung, dass der Urknall nicht der Beginn des Universums war. Ende 2016 wurde die Zahl der existierenden *Galaxien* im Universum von Astrophysikern der *Universität von Nottingham* in England auf unglaubliche 2 Billionen (2.000.000.000.000) erhöht, was aus neuen Beobachtungen mit dem Hubble-Weltraumteleskop hervorgeht! Das bedeutet aber noch nicht, dass das bereits alle Galaxien des Universums sind, die Anzahl könnte noch viel höher liegen und ich meine, dass diese unglaublich hohe Anzahl an Galaxien und die Masse der darin enthaltenen Materie ein völlig neues Bild auf die Entstehung und das Alter des Universums wirft. **Professor Siegel schreibt in seinem Artikel, dass die Wissenschaft bereits seit 40 Jahren weiß, dass die Urknalltheorie falsch ist, denn geht man vom hypothetischen Urknall aus, müssten verschiedene Temperaturen in verschiedenen Richtungen des Universums herrschen.** Aber die messbaren Daten zeigen, dass die Temperatur im ganzen Universum konstant gleich ist und es auch keine Überreste von ultra-hoher Energie mehr gibt, die aus der Zeit direkt nach dem Urknall stammen sollte. Schon diese kleinen Widersprüche widerlegen bereits den Urknall und die Wissenschaft hat somit keine Ahnung, woher Energie und Materie gekommen sind und wie sich die Galaxien, Sterne oder Planeten geformt haben. Somit ist jetzt beweisbar, dass der Urknall nicht der Beginn des Universums ist, trotzdem werfen die neuen Theorien noch mehr Fragen auf, als sie beantworten. Fazit: Es kann von der Wissenschaft nicht erklärt werden, wie und wann das Universum entstanden ist.

Auch in unserer Galaxis und in unserem Sonnensystem gehen die Unstimmigkeiten weiter. Die Sterne in der Mitte bewegen sich schneller als diejenigen an den äußeren Spiralarmen. Darum dürfte es eigentlich gar keine Spiralarme mehr geben und das deutet

Abb. 137: Sir Francis Bacon

darauf hin, dass unser Universum vielleicht doch keine Milliarden von Jahren alt ist. Wie gesagt, konnte bisher noch niemals die Entstehung eines Sterns beobachtet werden und eine Nova oder Supernova tritt ungefähr alle 30 Jahre auf. Es wurden insgesamt bisher nur die Überreste von weniger als 300 Supernovae entdeckt und wenn man das hochrechnet, kommt man gerade einmal auf ein paar tausend Jahre! Warum gibt es nicht Milliarden von Supernova-Überresten, wenn das Universum Milliarden von Jahren alt sein soll? Die Planeten unseres Sonnensystems sowie die Erde können auch nicht Milliarden von Jahren alt sein. Der Jupiter zum Beispiel kühlt sehr schnell ab, und da er ein Gasplanet ist und sein Druck ständig nachlässt, schrumpft er. Er kann nicht seit Milliarden Jahren Hitze verlieren, sonst wäre er schon längst erkaltet. Der Jupitermond Ganymed besitzt ein starkes Magnetfeld, das auf einen flüssigen Kern hindeutet, darum kann auch er nicht Milliarden von Jahren alt sein. Oder, die Ringe des Saturns bewegen sich vom Planeten weg, und können auch nicht Milliarden von Jahren alt sein. Das Gleiche gilt für Kometen, sie verlieren ständig Staub und anderes Material und weil es sie immer noch gibt, können auch sie nicht so alt sein und sind wahrscheinlich weniger als 10.000 Jahre alt. Das Erdmagnetfeld nimmt ständig ab, darum kann es auch nicht Milliarden von Jahren alt sein, sondern nur maximal 25.000 Jahre, denn in den letzten 1.500 Jahren ist es um mehr als 40 Prozent schwächer geworden. Man behauptet zwar, es fluktuiert in der Stärke, aber wenn es weiter in diesem Tempo abnimmt, kommt es bald zu einer Umkehrung des Magnetfelds – merkwürdigerweise gibt es aber keine Abnahme der Stärke des Magnetfelds am Meeresboden. Das Gleiche gilt für die Rotationsgeschwindigkeit der Erde. Sie nimmt auch ständig ab, die Erde dreht sich mit einer Geschwindigkeit von ca. 1.675 km/h und verliert jeden Tag ca. 2 Millisekunden. Rechnet man das auf 4,5 Milliarden Jahre hoch, müsste sich die Erde damals unglaublich schnell gewirbelt haben, es hätte einen rasanten Wechsel von Tag und Nacht gegeben und hätte starke Stürme ausgelöst, die tausende Kilometer schnell gewesen sein müssten – auch vor mehreren hundert Millionen Jahren wäre die Rotation noch immer viel zu schnell gewesen. Es wird nämlich behauptet, dass zu dieser Zeit bereits die großen Dinosaurier gelebt haben sollen, doch die Zentrifugalkraft wäre viel zu stark gewesen, und hätte sie alle umgehauen!

Die grundsätzlichste Frage lautet, warum wir eigentlich hier sind? Wissenschaftler können es sich nicht erklären, doch da wir trotzdem hier sind, muss dem ganzen Universum ein schöpferischer Plan zugrunde liegen und irgendjemand oder irgendetwas hat das alles erschaffen und hält es auch weiterhin am Laufen. Es muss also irgendwo eine Art Schöpfer all dessen geben oder möglicherweise haben hochentwickelte Außerirdische schon lange in diese Schöpfung eingegriffen. Wir wissen inzwischen, dass die Menschheit gerade wieder an der Schwelle dazu steht. Das heißt, es kann ohne Weiteres auch in der Vergangenheit von vorhergehenden Zivilisationen zu genetischen Designs und Eingriffen gekommen sein und wir erfahren heute, dass viele Geheimgesellschaften außerirdische Götter anbeten, zum Beispiel die Anunnaki. Diese haben für ihre Zwecke die menschliche Spezies verändert und versklavt und solange wir nicht über unsere wirkliche Vergangenheit Bescheid wissen, kontrollieren die Geheimgesellschaften weiter unsere Geschichte. Wir wissen bereits alles Wichtige über die Gründung der Royal Society und die darwinistische Agenda der Freimaurerei. Um noch tiefer in das ganze Mysterium vorzudringen, müssen wir noch weiter in die Vergangenheit zurückreisen. Hier stoßen wir wieder auf einen wahren Missing Link – der durch die Geheimgesellschaften bis nach Atlantis zurückreicht Eine tragende Rolle in diesem Geschehen spielt auch der rätselhafte Graf von St. Germain![72]

Francis Bacon und die Gründung der Royal Society

Sir Francis Bacon (1561-1626) war ein englischer Philosoph, Jurist und Staatsmann. Bacon wollte im damaligen England die Grundlagen für eine neue Wissenschaft legen, die gültiges und technisch verwertbares Wissen produzieren sollte. Er wurde im Jahr 1603 zum Ritter geschlagen und schaffte es bis 1618, ein Baron zu werden. Doch wegen Anschuldigungen von Bestechlichkeit wurde Bacon schließlich verurteilt und vom englischen Hof verbannt. Er widmete sich danach der Schriftstellerei und veröffentlichte im Jahr 1624 seine utopische Erzählung „*The New Atlantis*". Dieses Werk bildete die Grundlage für die späteren Ziele der Freimaurerei. Zwei Jahre später starb er bei einem Experiment, mit dem er testen wollte, ob sich tote Hühner länger frisch halten würden, wenn man sie mit Schnee ausstopft. Dabei zog er sich eine Erkältung zu und starb angeblich kurz darauf an einer Lungenentzündung. Bacon hatte eine Vorstellung von einer utopischen Zukunft und das neue Atlantis sollte ein Land sein, in dem die Ideale der Freimaurerei gelten sollten. Dieses Land wird in seiner Erzählung „Bensalem" genannt, und dem Plan und die Organisation seiner idealen Universität und Forschungseinrichtung, dem „Haus von Salomon", setzt er mehrere Funktionen voraus.

Die Mitglieder des Hauses von Salomon würden zum Beispiel mehrere Pflichten erfüllen müssen: Die „Fellows" (Gefährten) sollten im Ausland unter falscher Flagge nach Büchern und Informationen suchen und sollten „Händler des Lichts" genannt werden. Alle technischen und mechanischen Experimente sollten ausfindig gemacht werden und diese Gefährten solle man „Rätsel-Männer" nennen. Durch die Ansammlung von Wissen und neuen Experimenten sollte dann eine Sammlung aller Werke stattfinden und weitere Gefährten sollten sich dann neue Experimente ausdenken und an Erfindungen zum Wohle der Menschheit arbeiten. Das sollte dann zu noch größerer Erleuchtung führen und man wäre fähig, noch weiter in den Aufbau der Natur einzudringen, denn durch Beobachtungen und Beurteilung der Natur könne man zu neuen Theorien gelangen. Diese Gefährten sollten dann laut Bacon, die „Interpretierer der Natur" genannt werden. An dieser Stelle im Buch geht Bacon noch genauer darauf ein und schreibt, dass man durch diese Methoden leicht Bewunderung unter den Menschen auslösen würde, weil man mit diesen ganzen neuen Einzelheiten leicht die Sinne täuschen kann. Deshalb werden nicht alle Dinge bekanntgegeben, sondern ein Teil wird verborgen und man werde daran arbeiten, sie noch rätselhafter zu machen! Auf diese Weise würden bestimmte Dinge wie Wunder wirken oder man würde sie zu einem Wunder erheben. Diese Illusionen sollen dann als eine Erfindung des Hauses von Salomon dargestellt werden. Bacon fügte noch an, dass Gefährten selbst darüber entscheiden sollen, welche ihrer Entdeckungen sie lieber geheim halten wollen, denn nicht alle sollen veröffentlicht werden und die Gefährten sollten deshalb einen Eid der Geheimhaltung ablegen, damit Erfindungen und Entdeckungen, die es wert, sind geheim gehalten zu werden, nicht öffentlich bekannt werden. Einige von den geheimen Entwicklungen sollen dennoch dem Staat zur Verfügung gestellt werden, andere jedoch nicht. Wenn der Staat also nicht das Monopol auf diese Erfindungen hat, muss das Haus von Salomon in gewisser Weise mächtiger sein als der Staat.

Bacon musste in seiner Erzählung vorsichtig sein, weil es damals nicht üblich war, jüdische Ideen zu verbreiten. Die Leute hatten viele Vorurteile und er wollte den Charakter Joabin als weisen Herrscher der Stadt Bensalem und des Hauses von Salomon präsentieren. Bacon erwähnte deshalb im Text mehrmals, dass es sich bei Joabin um einen „gutartigen" Juden handelt, und im Grunde genommen handelte es sich bei der Vision von Bacon auch um eine gute Sache. Die Kirche in Rom kontrollierte damals durch ihre Orden, und ganz besonders die Jesuiten, alles Wissen, wollte nicht, dass es eine gebildete Bevölkerung gibt und hat mehrmals dafür gesorgt, dass großes Wissen wieder verschwunden ist. Ein gutes Beispiel hierfür ist die alte Bibliothek von Alexandria. Doch die Freidenker unter den Freimaurern wollten sich aus dieser Kontrolle lösen, denn die Kirche wollte ungebildete Massen, damit sie durch die Religion einfacher zu kontrollieren sind. Wie wir heute wissen, stellt die katholische Kirche in ihrem inneren Kern aber keinesfalls eine wirklich christliche Religion dar, denn sie führt auch heute noch ihre alten ägyptischen und babylonischen Riten aus.

Die Vision von Francis Bacon konnte sich allerdings nicht erfüllen, weil man schließlich dahinterkam, dass die Welt und das Universum doch nicht „natürlich" zu erklären sind. Doch die Lehre von Luzifer und die hebräische Vorstellung des Golem führten soweit, dass wir heute kurz vor der Erschaffung von gefährlichen Künstlichen Intelligenzen (KI) sind, die man dann wie Götter anbeten will. Damit hat die freimaurerische Wissenschaft genau das erreicht, wovon sie sich eigentlich ursprünglich loslösen wollte – sie hat sich einen falschen Gott erschaffen.

Die Wissenschaftler im Buch über das neue Atlantis, das die Freimaurer anstreben, haben ihre eigenen Hymnen und Gottesdienste und danken Gott für seine fabelhafte Arbeit bei der Erschaffung der Welt. *„The New Atlantis"* sollte also den Ausschlag für die Gründung der britischen Royal Society liefern und mit dem neuen Wissen wollten die Freimaurer ihr neues Atlantis aufbauen. Der Titel verrät, dass sie wohl wissen, dass das alte Atlantis eine technische Hochzivilisation war, die zerstört wurde, und der Auftrag der freimaurerischen Wissenschaften lautete, dieses Wissen wiederzuerlangen. Deshalb wird ein Teil ihrer wissenschaftlichen Entdeckungen geheim gehalten und dient nicht dem Wohle der Menschheit, sondern ihren eigenen Zwecken, viele nützliche und umweltfreundliche Erfindungen werden sogar bekämpft. Die Royal Society ist also wie eine Geheimgesellschaft aufgebaut, in der die Gefährten einen Verschwiegenheitseid ablegen müssen – so viel zur objektiven Wissenschaftlichkeit. Bei dieser und anderen ähnlichen Organisationen haben Freimaurer das Sagen und bestimmen, was veröffentlicht wird und was nicht. Auch Wunder und Illusionen werden für die Bevölkerung in Form neuer Theorien erschaffen und eines dieser Wunder ist das Wunder der Evolution. Es wird ständig angepriesen, obwohl kein einziger objektiver Beweis dafür existiert.

Der Ort des neuen Atlantis sollte in der Neuen Welt, der Freimaurernation Amerika, verwirklicht werden. Francis Bacon spielte daher auch eine führende Rolle bei der Gründung der englischen Kolonien in Übersee, speziell in Virginia, Neufundland und Kanada.

Die „Virginia-Kolonie" war die erste englische Kolonie, die 1606 in Nordamerika gegründet wurde und manche Leute behaupten, dass die USA heute rechtlich immer noch die Virginia-Kolonie darstellt. Nachdem Bacons Erzählung veröffentlicht wurde, siedelten sich viele Rosenkreuzer der Organisation AMORC in Pennsylvania an und halfen dabei, die amerikanische Kultur zu entwickeln.

Die Ideen und Methoden von Bacon legten den Grundstein für das neue Zeitalter der nichtkirchlichen Wissenschaft und die Gründer der Royal Society bezeichneten Francis Bacon im Jahr 1662 als ihr Vorbild und ihre Inspiration, denn durch die Wiederbelebung der Mysterien der Rosenkreuzer und der Freimaurer brachte er frischen Wind in die Geheimgesellschaften. Sie folgten seiner Philosophie und seinen Methoden der wissenschaftlichen Untersuchungen. Nach seinen Vorstellungen und Prinzipien sollte eine neue Gesellschaft entstehen, das neue Atlantis, und die Wissenschaft der neuen Zeit sollte durch Philosophie und nicht durch Dogmen gesteuert werden.

Diese Bemühungen zur Erneuerung der Wissenschaft waren eng mit der deutschen Rosenkreuzerbewegung verknüpft. In seiner Erzählung vom neuen Atlantis wird dieses neue Land auch von Rosenkreuzern und ihren Idealen beherrscht. Im Jahr 1621 feierte Sir Francis Bacon seinen sechzigsten Geburtstag mit einer ausgewählten Gruppe bei einem freimaurerischen Festessen. Eingeladen wurden nur Rosenkreuzer und Freimaurer, die sich der führenden Rolle von Bacon in der Zukunft bewusst waren. Zu diesem festlichen Anlass gab der Dichter Ben Jonson, ein langjähriger Freund von Bacon, eine freimaurerische Ode zum Besten. In den inneren esoterischen Kreisen wurde ein Eid zur Ehelosigkeit abgelegt, um sich geistigen und spirituellen Themen widmen zu können und auch Bacon lebte nach diesem Grundsatz. Es ist bekannt, dass er hohe Schulden hatte und der Grund dafür soll seine geheime Unterstützung der Logen gewesen sein. Mit diesem Geld wurde Material für Freimaurer, Rosenkreuzer und Theatergruppen wie die „*Spear-Shakers*" und die „*Knights of the Helmet*" herausgegeben. Und es wird heute sogar vermutet, dass Francis Bacon zusammen mit seinem Freimaurerkollegen Ben Jonson die Werke von William Shakespeare verfasst hat.

Bei den Freimaurern kursiert auch das Gerücht, dass er im Jahre 1626 nicht tatsächlich gestorben sei, sondern seinen eigenen Tod inszeniert hätte und heimlich ins Ausland verreist wäre. In Frankreich, Deutschland, Polen und Ungarn soll er sich im geheimen Netzwerk der Freimaurer und Rosenkreuzer betätigt haben. Im Ausland soll er auch unter verschiedenen Pseudonymen weiterhin neue Werke veröffentlicht haben und es gibt Hinweise, dass sich Francis Bacon nach 1626 in Deutschland bei der Familie von Johann Valentin Andreae aufgehalten hat. Dieser Mann war ein deutscher Theologe, Schriftsteller, Mathematiker und einer der Gründer des Ordens der Rosenkreuzer. Basil Montagu, der Biograph von Bacon, stellte fest, dass keine Aufzeichnungen über sein Begräbnis gefunden werden konnten, auch gibt es keinen Hinweis, wo er begraben sein soll.

Zu Beginn des 20. Jahrhunderts entstanden in den Vereinigten Staaten spirituelle Organisationen, die die Lehren der sog. „Aufgestiegenen Meister" verbreiteten. Darunter war auch die Theosophische Gesellschaft, die 1875 in New York von Helena Petrovna Blavatsky gegründet wurde. Dort wurde behauptet, dass Bacon im Jahr 1626, nachdem er seine „*Shake-Spear*"-Werke vollendet und seinen Tod am Ostersonntag dieses Jahres vorgetäuscht hatte, ins Ausland abgereist wäre. Am 1. Mai 1684 soll er in einem Schloss in Transsilvanien, das im Besitz der Rákóczi-Familie war, seinen physischen Aufstieg erreicht haben und so zu einem Aufgestiegenen Meister geworden sein. Transsilvanien gehörte damals zum Königreich Ungarn und wurde von Prinz Franz II. Rákóczi regiert. Bei besagtem Schloss muss es sich wohl um die Burg der Stadt Munkatsch in der heutigen Ukraine handeln, die bis zum Ende des 17. Jahrhunderts zum Königreich Ungarn bzw. zum Fürstentum Siebenbürgen gehörte – danach zum Kaisertum Österreich, zu Österreich-Ungarn, zur Tschechoslowakei, zur Sowjetunion und seit 1991 zur Ukraine. Es wird auch behauptet, dass Francis Bacon nach seinem Aufstieg zum legendären Meister, dem mysteriösen Grafen von St. Germain, geworden war und Theosophen glauben, er hat die Identität des ersten Sohnes von Franz II. Rákóczi angenommen.

Im Alter von 18 Jahren heiratete Franz II. Rákóczi im Jahr 1694 die Tochter des deutschen Landgrafen Karl von Hessen-Wanfried, die damals 15-jährige Charlotte-Amalia von Hessen-Rheinfels und das Paar hatte vier Kinder. Das erste Kind war der Sohn Leopold Georg, der 1696 geboren wurde, nur vier Jahre lebte und man später annahm, dass es sich hierbei um den Grafen von St. Germain gehandelt haben könnte – Leopold Georg war angeblich für tot erklärt worden, wuchs aber geheim am Hof des letzten Medici-Herzogs in der Toskana auf. Der Graf von St. Germain behauptete ja mehrmals, der Prinz Rákóczi zu sein, sagte jedoch nicht, dass er der Sohn von Franz II. Rákóczi sei. Als zweite Möglichkeit gab es noch den Bruder von Franz, Georg III., der nur ein Jahr lebte. St. Germain könnte auch dieser Mann gewesen sein oder jemand, der diese Identität annahm.

Der Graf von St. Germain hatte ein Recht auf seinen Namen und seinen Titel und hatte sich ein Grundstück im heutigen Südtirol gekauft, das San Germano hieß. Er bezahlte den Papst in Rom für diesen Titel und ähnlich wie Francis Bacon arbeitet auch St. Germain in den Netzwerken der Freimaurer und Rosenkreuzer. Er setzte die Bemühungen von Bacon fort, gründete selbst viele Geheimbünde und war eine führende Figur darin. Die Bemühungen des Grafen von St. Germain konzentrierten sich auf eine Schaffung einer Union der Monarchien von Europa. Er warnte vor den Gefahren der französischen Revolution, die das Ende der Monarchien in Europa einleiteten. Eine weitere seiner Hauptaufgaben war es, den technischen Fortschritt zu beschleunigen und für ein größeres spirituelles Bewusstsein zu sorgen, dabei spielte er eine große Rolle bei der Entstehung der Industriellen Revolution. Die Rosenkreuzer, Freimaurer und St. Germain hatten einen visionären Plan für Europa und Amerika und beide Staatenbünde sollten nach den gleichen ökonomischen Prinzipien reformiert werden.

Der berühmte Okkultist Manly P. Hall und auch Dr. Raymond Bernard schrieben in ihren Büchern über St. Germain und glaubten, dass er sich zur Zeit der Unterzeichnung der amerikanischen Unabhängigkeitserklärung im Jahr 1776 in Amerika aufhielt. Es wird sogar angenommen, dass der Graf heimlich die amerikanische Grand-Union-Flagge sowie das Siegel auf der 1-Dollar Banknote entworfen hatte. Bei diesen Entwürfen wurde von den freimaurerischen Gründervätern ein Unbekannter eingeladen, den man nur „den Professor“ nannte und die Beschreibung dieses Mannes passte perfekt zu St. Germain. Es heißt auch, er sei ein Mann gewesen, der strikter Vegetarier mit für diese Zeiten seltsamen Essgewohnheiten und ein enger Vertrauter und Lehrer von Benjamin Franklin und George Washington war. Dieser Mann spielte eine entscheidende Rolle bei der Gründung der neuen Republik, doch heute wird dieser mysteriöse Mann von den meisten Historikern nicht mehr erwähnt, seine Existenz gilt jedoch als gesichert! Das Dokument für die amerikanische Unabhängigkeit wird heute Thomas Jefferson zugeschrieben, es war jedoch von den Freimaurern und Rosenkreuzern entworfen und von Francis Bacon inspiriert. Die Grand-Union-Flagge wurde später wieder verworfen, weil sie der englischen zu ähnlich sah, und statt dem rote Kreuz und den Querbalken wurden die sechseckigen, kabbalistischen Sterne der Freimaurerei in die linke obere Ecke platziert. Der mysteriöse „Professor" war als ein gut ausgebildeter, hochkultivierter Mann bekannt, der gerne studierte. Er verbrachte in Amerika viel Zeit damit, zahlreiche sehr alte und seltene Bücher und Manuskripte zu entziffern und zu studieren. Er erstellte auch Abschriften und Übersetzungen davon, doch diese Bücher und Manuskripte zeigte er niemandem, auch nicht seine eigenen Schriften, sprach auch nicht mit seinen Freunden und Bekannten darüber, und sie waren immer in einem sicheren, schweren, altmodischen und würfelförmigen Eichenkasten verschlossen, der mit Eisen verstärkt war. Jedes Mal, wenn er seinen Raum verlassen hat, sogar zum Essen, wurde alles verschlossen. Der Professor unternahm ausgedehnte Spaziergänge alleine und hielt sich gern in der Natur auf, um nachzusinnen. Er war sehr großzügig und schien über viel Geld zu verfügen und war meistens sehr still, kannte sich aber mit jeglichem Thema aus, wenn es zu Gesprächen kam. Jeder nahm Notiz von ihm und er wurde hoch respektiert.

Kurz vor der Unterzeichnung der Unabhängigkeitserklärung am 4. Juli 1776 betrat ein unbekannter Mann die Runde, denn viele hatten ihre Zweifel und wollten sie nicht unterzeichnen. Doch es ist überliefert, dass dieser Unbekannte laut ausrief: *„Gott will, dass Amerika frei ist!"* Danach machte sich unter den Anwesenden ein Enthusiasmus breit, die Erklärung wurde unterzeichnet und nach der Erklärung der Unabhängigkeit und dem Entwurf der Flagge verschwand der rätselhafte Professor plötzlich wieder.

Zur Zeit der Französischen Revolution (1789-1799) soll sich der Graf wieder in Frankreich aufgehalten haben, denn er hatte bemerkt, dass sich negative Einflüsse in seinen Logen breitgemacht hatten. Im Jahr 1776 wurde nämlich der bayerische Illuminaten-Orden gegründet und im Jahr 1785 wurde ein Kurier der Illuminaten auf dem Weg von Frankfurt nach Paris vom Blitz getroffen. Der Kurier hatte geheime Dokumente bei sich, die von zionistischen Mitgliedern der bayerischen Illuminaten stammten und zur Grand-Orient-Großloge nach Paris gebracht werden sollten. Die Unterlagen fielen so in die Hände der bayerischen Polizei und diese übergaben sie der Regierung, worauf die Behörden eine Durchsuchung des Hauptquartiers der Illuminaten anordneten und weitere Dokumente zur Weltrevolution gefunden wurden. Die zionistischen Verschwörer mussten in den Untergrund flüchten und bekamen Schutz in den Logen der Freimaurerei – und bei den geheimen Dokumenten handelte es sich um die berüchtigten *„Protokolle der Weisen von Zion"*!

Der Schottenritus der Freimaurerei blieb seinen alten Prinzipien treu, aber die deutsche Freimaurerei wurde von den Agenten der Illuminaten infiltriert. Der Graf von St. Germain kannte Adam Weishaupt persönlich und wusste, welch böse Absichten er verfolgte. Von diesem Zeitpunkt an verbreiteten die zionistischen Agenten ihre Lügen in den Logen, viele Mitglieder gerieten in Verwirrung, ob die Logen immer noch ihren göttlichen Zielen folgten und seit dieser Zeit hat sich etwas Böses in der Freimaurerei breitgemacht. Die Französische Revolution und Napoleons Italienfeldzug zerstörten St. Germains Pläne für ein vereintes Europa und kurz darauf verschwand der Graf von St.

Germain ganz aus Europa, er starb offiziell am 27. Februar 1784 in Eckernförde in Deutschland. Doch auch dieser Tod war wieder vorgetäuscht und der Graf wurde in den darauffolgenden Jahren mehrmals bei größeren Kongressen der Freimaurer gesehen. Einer der letzten Menschen, mit denen er vor seinem Verschwinden gesprochen hat, war der Österreicher Franz Gräffer, denn St. Germain hielt sich 1790 in Wien auf und erzählte Gräffer von seinen Plänen, auch davon, dass er 85 Jahre später wieder zurückkehren werde.

85 Jahre später schrieb man das Jahr 1875 und die Organisation der *Weißen Bruderschaft* vom Himalaya startete in diesem Jahr mit der Gründung der *Theosophischen Gesellschaft*, und im Laufe des anbrechenden 20. Jahrhunderts soll St. Germain an vielen Aktivitäten der Großen Weißen Bruderschaft beteiligt gewesen sein. Helena Blavatsky betrachtete St. Germain als einen Mahatma, einen Meister der östlichen Weisheit, und behauptete, er hätte ihr persönlich geheime Dokumente überreicht. Sie nannte ihn nicht St. Germain, sondern er wurde Meister R. (Rákóczi) genannt. Es gibt ein Foto, das angeblich aus dem Jahr 1885 stammt, in der Stadt Adyar bei Madras aufgenommen wurde und man darauf Madame Blavatsky mit drei Meistern sieht. Der prunkvoll gekleidete Mann auf der rechten Seite soll der Graf von St. Germain sein und weist immerhin eine gewisse Ähnlichkeit mit den Portraits von Francis Bacon auf. Doch manche Theosophen behaupten, es handelt sich um kein Foto, sondern um ein Gemälde, denn neben Saint Germain befinden sich auf diesem Bild noch die Meister Kuthumi (links) und El Morya (Mitte). Lord Kuthumi war der spirituelle Führer von Blavatsky und wird als Meister der antiken Weisheit betrachtet. Lord El Morya war ursprünglich ein indischer Prinz und arbeitete eng mit Helena Blavatsky bei der Gründung der Theosophischen Gesellschaft zusammen. Auch die bekannte Theosophin Alice Bailey (1880-1949) nannte Saint Germain Meister R. oder Meister Rákóczi. Bailey schreibt, der spirituelle Titel des Grafen lautet „Herr der Zivilisation" und seine Aufgabe ist die Einführung der neuen Zivilisation des Wassermannzeitalters. St. Germain und andere Meister der Großen Weißen Bruderschaft sollen bestimmte Menschen telepathisch beeinflussen, die ihnen dabei helfen können, diese neue Zivilisation zu erschaffen. Bailey war davon überzeugt, dass die Aufgestiegenen Meister irgendwann nach dem Jahr 2025 wieder physisch auf die Erde zurückkehren werden, unter ihnen soll sich auch Meister Rakóczi befinden.

Abb. 138: Madame Blavatsky mit den Meistern in Indien

Im Jahr 1896 will auch die Theosophin Annie Besant den Grafen getroffen haben. Besant sagte, der Graf gehöre einer Rasse von Unsterblichen an, die in einem unterirdischen Reich leben, das als *Shambhala* bekannt ist und im Norden des Himalaya liegt, und was genau zu den Erkenntnissen von Baird Spalding passt, der auch schon in

Abb. 161: Das einzig noch verbliebene authentische Portrait von Saint Germain, daneben Voltaire und die Flugscheibe aus seinem Buch *„Micromegas"*

seinen Büchern über diese fernöstlichen Weißen Meister aus *Agartha* berichtet hatte. Das jetzt folgende Kapitel wollte ich ursprünglich im ersten Band von MiB veröffentlichen, doch es passte nicht mehr hinein, da es sonst zu umfangreich geworden wäre. Darum will ich es ihnen hier präsentieren, die Vorsehung wollte wohl, dass es sich thematisch genau in dieses Kapitel einreihen lässt![73]

Der rätselhafte Zeitreisende Graf von Saint Germain

Sehen wir uns an dieser Stelle den Wundermann noch genauer an. Der Graf von St. Germain trat unter zahlreichen verschiedenen Namen auf und sein Wirken ist vor allem im 18. Jahrhundert gut belegt. Sein enger Freund, der französische Schriftsteller und Philosoph Voltaire (1694-1778), bezeichnete ihn als einen Mann, der alles weiß und niemals stirbt. Zeitzeugen zufolge hat er mindestens 200 Jahre gelebt und ist dabei äußerlich nicht älter geworden. Diese Langlebigkeit sollte er einem alchemistischen Elixier zu verdanken gehabt haben, dessen geheimer Name laut einem Roman von Maria Szepes „Roter Löwe" gewesen sein soll. Saint Germain selbst behauptete von sich, bereits seit über 2000 Jahren gelebt zu haben und verschiedene Zeitzeugen berichten davon, dass der Graf zumindest von 1710 bis zu seinem vorgetäuschten Tod 1784 in ganz Europa und auch darüber hinaus gewirkt hatte. Seit 1731 hielt er sich oft in Paris auf, wo er ein enger Vertrauter des damaligen Königs Ludwig XV. sowie dessen Mätresse Madame de Pompadour wurde. Er war in geheimen diplomatischen Missionen für verschiedene Königshäuser in ganz Europa tätig und residierte in England, Holland, Deutschland, Österreich und Russland. Er übte auch einen maßgeblichen politischen Einfluss in ganz Europa aus und versuchte, ein geeintes monarchistisches Europa zu erschaffen. Man nannte ihn auch den „Unbegreiflichen" oder den „Wundermann", weil er ein allumfassendes Fachwissen hatte, das für die Menschen damals nur schwer zu begreifen war. Er pflegte detailliert über bekannte historische Begebenheiten zu erzählen, verfügte über ein Talent, Geschichten sehr lebendig zu erzählen und behauptete, Augenzeuge all dessen gewesen zu sein.

Angefangen von seinem Aufenthalt in Atlantis vor der großen Flut, wo er in verschiedene alte Mysterien eingeweiht wurde, war er auch in Ägypten, hatte in den Pyramiden studiert und mit Königin Kleopatra diniert. Später ist er auf Jesus Christus getroffen, hat ihn beraten und ihn über seine Zukunft aufgeklärt. Er sprach neben allen europäischen Sprachen auch arabische, orientalische und alte klassische Sprachen fließend, war ein herausragender Wissenschaftler, Künstler und Musiker und man beschrieb sein Aussehen als das eines zwischen 40 bis 50 Jahren alten, mittelgroßen Mannes. Durch sein Wissen hatte er auch Einfluss auf sämtliche europäische Geheimgesellschaften und war bei den Freimaurern, den Rosenkreuzern, den Maltesern, den Templern und den Illuminaten tätig. Daher wusste er auch ganz genau, was diese Orden planten. Auch hier versuchte er seinen Einfluss zum Wohle der ganzen Menschheit geltend zu machen und allen diesen Orden eine einheitliche Ausrichtung zu geben. Zu seinem Leidwesen hatten sich jedoch die negativen Kräfte in den Logen bereits zu sehr etabliert und er konnte den Fall der Monarchien nicht mehr aufhalten, obwohl er bereits im Vorfeld viele Warnungen ausgesprochen hatte. Sicherlich kannte er die Pläne der babylonischen Bruderschaft zur Neuen Weltordnung und zur Vernichtung der Monarchien in Europa und versuchte das zu verhindern.

Der Graf war für viele wichtige Erfindungen zuständig und hatte unter seinen mehr als 80 Pseudonymen viele Schüler, die er in seine Geheimnisse einweihte. Mit diesem Wissen wurde Deutschland später in der Industriellen Revolution, nicht zuletzt durch ihn selbst ausgelöst, führend. Er beschrieb im 18. Jahrhundert bereits Eisenbahnen und Dampfboote, erzählte von Wagen, die sich aus eigener Kraft schnell vorwärts bewegen und von denkenden Maschinen. Er verwendete auch die Worte „Showman" und „Televisionär", und behauptete in seiner Schrift *„Trinosophie"*: *„Ich reiste durch die Zeit und befand mich unbewusst in weit entfernten Ländern."* Ein anderer Text stammt aus seinem Schriftstück *„Elaborate"*:

> *„Die Geschwindigkeit, mit der wir durch den Raum jagten, lässt sich mit nichts anderem als sich selbst vergleichen. In einem Augenblick hatte ich die Sicht auf die unten liegenden Ebenen vollkommen verloren. Die Erde schien mir nur noch wie eine verschwommene Wolke. Man hatte mich zu riesiger Höhe emporgehoben. Eine ganze Weile zog ich durch den Weltraum dahin. Ich sah Himmelkörper sich um mich herum drehen und die Erdkugel zu meinen Füßen versinken."*[(74)]

Im letzten Brief seines Freundes Voltaires an den Grafen 1761 schrieb ihm dieser wörtlich: *„Danke Germain, Ihre lange Reise durch die Zeit wird von meiner Freundschaft für Sie erhellt werden, bis zu dem Moment, wenn sich Ihre Offenbarungen um die Mitte des 20. Jahrhunderts erfüllen werden. Die ‚sprechenden Bilder' sind ein Geschenk für die mir noch verbleibende Zeit, darüber hinaus könnte jedoch Euer wunderbares mechanisches Fluggerät Euch zu mir zurückführen."*[(74)]

Diese Aussage von Voltaire könnte enthüllen, dass er über die wahre Natur des Grafen Saint Germain als Zeitreisender Bescheid wusste. Im Jahr 1752 veröffentlichte Voltaire seine Erzählung *„Micromegas"*, die als eine der ersten Werke der Science-Fiction gilt. Darin findet sich eine Abbildung einer Flugscheibe und es werden außerirdische Riesen vom Sirius erwähnt, obwohl es zu dieser Zeit jedoch noch lange keine Luftfahrt gab.

Das Ziel des Grafen war immer, die menschliche Entwicklung zu fördern – technisch wie auch geistig. Sein Wissen war zu dieser Zeit nur schwer umzusetzen, darum vertraute er es vorrangig den geheimen Logen, besonders den Rosenkreuzern, an. Man behauptet, dass er selbst der geheimnisvolle „Christian Rosencreutz" gewesen war, ein Ordensstifter der Rosenkreuzer und unsichtbarer Oberer aus der Vergangenheit. Sein Ziel war die Wiederbelebung einer universellen harmonischen Wissenschaft in Europa, er wollte Europa religiös, politisch, künstlerisch und wissenschaftlich erwecken und die Dominanz des Vatikans brechen. Der Graf war später jedoch kein Mitglied dieser Orden mehr, sondern übergab ihnen sein Wissen und seine Kenntnisse, die sie sonst nie erlangt hätten. Die Frage, woher der Graf dieses Wissen hatte, ist schwierig zu beantworten und man kann nur spekulieren. Er sprach auch von der feinstofflichen Welt im Jenseits, und einen Hinweis finden wir in einem Bericht des Wiener Rosenkreuzers Franz Gräffer aus dem Jahr 1788 in seinen „*Kleinen Wiener Memoiren*", wo er die Abreise Saint Germains aus Wien beschreibt. Die letzten Worte, die er zu Gräffer sprach, waren:

> „*Morgen Nacht reise ich ab. Man bedarf meiner in Konstantinopel, dann in England, wo ich zwei Erfindungen vorzubereiten habe, die Sie im nächsten Jahrhundert haben werden: Eisenbahnen und Dampfschiffe. In Deutschland wird man deren bedürfen, denn die Jahreszeiten werden allmählich ausbleiben. Zuerst der Frühling, dann der Sommer. Es ist das stufenweise Aufhören der Welt! Ich sehe das Alles. Die Astronomen und Meteorologen wissen nichts, glauben Sie mir. Man muss in den Pyramiden studiert haben, wie ich. Gegen den Schluss des Jahrhunderts verschwinde ich aus Europa und begebe mich in die Regionen des Himalaya.*"(74)

Seinen Tod hatte der Graf von Saint Germain bereits im Jahr 1784 inszeniert, wo er am 27. Februar in Eckernförde in Deutschland offiziell beerdigt wurde. Doch als man seinen Sarg später öffnete, war dieser leer. Der Graf hatte wieder einmal seine Identität geändert und wurde bereits 1785 auf einem Freimaurerkongress in Paris wieder gesehen, wo er als Redner auftrat. Das letzte Mal wurde er von seiner Bekannten Madame d'Adhemar noch im Jahr 1820 gesehen und hatte ihr das bereits viele Jahre im Vorhinein angekündigt. Obwohl diese ihn schon lange kannte, hatte er immer noch das gleiche Aussehen eines 45jährigen und danach verliert sich die Spur des Grafen langsam im Dunkeln. Die Begründerin der Theosophie, Madame Blavatsky, sah im Grafen von Saint Germain einen der geheimen tibetischen Weisen und war davon überzeugt, dass der Graf in jahrelangen Studien in Asien die Schätze der esoterischen Weisheit nach Europa gebracht hatte. Die Theosophen glaubten in den Jahren 1880 bis 1900 an die Rückkehr des Grafen aus Asien, denn er hatte mit dem mitgebrachten Wissen den Grundstein für die Theosophische Bewegung gelegt, die später großen Einfluss auf die deutschen Geheimgesellschaften haben sollte. Blavatsky erwähnte auch die „Bruderschaft von Khe-lan", die früher in den mysteriösen tibetischen Klöstern und Tempeln sehr bekannt gewesen sein soll. Einer ihrer berühmtesten Mitglieder war ein Ausländer, der im frühen 20. Jahrhundert dort auftauchte und aus dem Westen stammte. Er sprach alle Sprachen, auch Tibetisch, kannte alle Künste und Wissenschaften und wurde schon nach einigen Jahren als ein Shaberon-Meister betrachtet, als höchster Adept. Sein Andenken wird heute noch immer in Tibet gewahrt. Sein wahrer Name war ein Geheimnis und wurde von der Bruderschaft niemals offenbart. Es handelte sich auch hierbei bestimmt um den Grafen von Saint Germain und auch der Wiener Franz Gräffer schreibt in seinen Memoiren, dass der Graf ein Abgesandter aus Shambhala und ein Mitglied der Großen Weißen Bruderschaft war!

Die später 1930 in Amerika gegründete ICH-BIN-Bewegung von Guy W. Ballard (1878-1939) geht ebenfalls auf Saint Germain zurück und behandelt die 33 ICH-BIN-Reden von Saint Germain. Ballard will Saint Germain damals auf dem Mount Shasta begegnet sein, nachdem er dort mehrmals UFOs hat fliegen sehen, und der Rosenkreuzer Ballard widmete sich fortan nur mehr der Verbreitung der neuen Lehren des Grafen. Auch er bestätigte, dass der Graf sein okkultes Wissen durch Studien im Orient, in Tibet, in China, in Indien, in Japan und in Ägypten erlangt habe, auch davon, dass er sich zu den unzugänglichen Tälern des Himalaya begeben habe und dort mit den Mahatmas, den weisen Männern und Eingeweihten der höchsten Ordnung, zusammengetroffen sei. Mit ihrer Hilfe fand er nach eigenen Angaben den „Stein der Weisen“, das Geheimnis der Unsterblichkeit und behauptete später oft, dass er in der Lage sei, die Barrieren der Zeit zu überwinden: *„Ich habe viele Namen, ich habe diese Welt besucht vor der atlantischen Katastrophe, die ihr Sintflut nennt. Ich lehrte Salomo die Weisheit, diskutierte mit Sokrates und besuchte Pythagoras. Ich habe kein Alter!“*[(74)]

Es wird behauptet, dass Saint Germain nach anderen Leuten suchte, die ebenfalls eine blaue Aura aufwiesen, ein Anzeichen für Zeitreisende! Seine Rückkehr aus Asien kündigte der Graf für das Jahr 1875 an und der damalige französische Kaiser Napoleon III. glaubte daran und ließ Vorkehrungen für die Wiederkunft des zeitlos existierenden Grafen treffen. Eine Sammlung von diversen Unterlagen, Briefen und Prophezeiungen von ihm wurde angelegt und in einer grünen Pappschachtel in der Privatbibliothek des Monarchen aufbewahrt. Dieser Wunsch erfüllte sich jedoch nicht mehr und die Sammlung wurde zerstört, als der Palast 1871 in Brand gesteckt wurde. Das zweite Kaiserreich zerbrach und Napoleon starb 1873 im Exil.

Im Buch *„Der Wiedergänger“* von Peter Krassa, das sich intensiv mit dem Leben des Grafen beschäftigt, ist davon die Rede, dass er sein Wirken ab dem Jahr 2015 wieder aufnehmen wird, um die Erfüllung der Zeitalter einzuleiten. Dieses Buch ist in Zusammenarbeit mit Walter Ernsting entstanden, der 1981 den Roman *„Die neun Unbekannten“* verfasste, und Jan van Helsing veröffentlichte dieses Buch später erneut unter dem Namen *„Die unterirdische Macht“*. Der Roman handelt von neun Lenkern der Welt, die geheime Stationen in verschiedenen heiligen Bergen auf der Erde betreiben und eine diese Stationen befindet sich im Untersberg bei Salzburg. In diesem Berg soll es Tunnel und Stollen geben, die mit dieser geheimen Anlage verbunden sind, die in andere Länder und verschiedene Zeiten führen. Die neun Unbekannten machen Jagd auf ein ehemaliges Mitglied ihrer Bruderschaft, der als Graf von Saint Germain bekannt und gegen die Pläne der Bruderschaft ist und versucht, die Menschheit durch sein Wirken *vorwärts* zu bringen. Im Roman lässt ihn Ernsting sagen, dass sich die Menschheit noch immer im finstersten Mittelalter befinden würde, hätte der Graf nicht hier oder da eingegriffen und nachgeholfen. Die Bruderschaft dagegen wirft ihm vor, dass er durch die zu schnelle technische Entwicklung ein Ungleichgewicht erschaffen habe und die Menschheit jetzt Waffen besitzt, mit denen sie nicht umgehen kann. Saint Germain behauptet im Roman weiter: *„Bevor die Welt damals unterging, war eine Technologie entstanden, die sich selbst entwickelt hatte, und doch zerstörte sie die vorhandene Zivilisation. Ich hoffte, eine vorangetriebene Entwicklung würde den Menschen klüger und vorsichtiger machen, und in manchen Dingen behielt ich Recht. Das Rad der Zeit lässt sich nicht zurückdrehen. Mein heimliches Eingreifen hat dafür gesorgt, dass der Mensch seinen Planeten verlassen konnte, wenn bisher auch nur in kleinen Schritten.“*[(74)]

Saint Germain ist davon überzeugt, dass die Energien des Kosmos schließlich angezapft werden und das die Menschheit in ein goldenes Zeitalter führen wird – doch ob diese Methode erfolgreich sein wird, wird sich in Zukunft zeigen. Der Graf hat sein Wissen in kleinen Portionen in den vergangenen Jahrhunderten ausgestreut, was schließlich zu einer wahren Explosion der technischen Entwicklung im Laufe der letzten 200 Jahre führte. Obwohl der Graf im Roman meint, dass die Menschheit eigentlich für so eine rasche Entwicklung noch nicht bereit war, fühlt er es trotzdem tun zu müssen. Möglicherweise konnte er in der Zukunft eine Katastrophe sehen und wollte, dass bestimmte Teile der Menschheit den Planeten verlassen konnten und half auch den Deutschen. In den Jahren im Himalaya bereitete er alles für das 20. Jahrhundert vor und machte durch die östlichen Meister das alte Wissen für die deutschen Expeditionen des Ahnenerbes zugänglich. Aus diesen technischen Geheimnissen erschuf Deutschland sein Flugscheibenprogramm und schließlich das geheime Weltraumprogramm!

Im Buch über die neun Unbekannten wird zudem erwähnt, dass sich Saint Germain in allen Teilen der Welt Verstecke gebaut hatte, in denen er oft jahrelang verweilen musste, wenn ihm die Bruderschaft auf den Fersen war. Im Roman erklärt er auch noch, dass ohne ihn die Menschheit noch in der Steinzeit leben würde. Sie sollte durch sein Einwirken erfahren, dass die Erde nicht den Mittelpunkt des Kosmos darstellt und auch noch viele andere bewohnte Welten existieren! Die dunkle Bruderschaft versucht das zu verschleiern und hat in der Vergangenheit alle Beweise für die Existenz Außerirdischer verschwinden lassen. Auch der Untergang großartiger irdischer Zivilisationen wurde vertuscht. In seinen Verstecken im Roman verfügt Saint Germain über futuristische technische Geräte, die der gegenwärtigen irdischen Technologie noch viele Jahre voraus sind. Es gab große Bildschirme mit dreidimensionaler Darstellung, die Anlagen waren schon vor mehreren Jahrhunderten installiert worden und man kann damit jeden Ort auf der Welt beobachten und auch in die Zeiten blicken.

Auch kann man davon ausgehen, dass der Graf von Saint Germain ein Zeitreisender war, der von den alten Mysterien-Schulen ausgesandt wurde, um eine Mission zu erfüllen. Diese Mission besteht darin, die Menschheit in ein neues lichtvolles Zeitalter zu führen und dauert noch an. Wenn man alle Puzzlestücke zusammenführt, könnte man sagen, der Graf von Saint Germain ist wahrscheinlich einer der wichtigsten Menschen, die jemals gelebt haben. Wenn er wirklich im Stande ist, beliebig in der Zeit zu reisen und zudem über eine unglaubliche Langlebigkeit verfügt, hat dieser eine Mann wahrlich das Schicksal der ganzen Menschheit verändert![74]

Die Bruderschaft der Neun Unbekannten

Berichte und alte Überlieferungen von der rätselhaften „Bruderschaft der neun unbekannten Männer" gibt es schon lange und der erste, der diese unbekannte Bruderschaft im Western öffentlich bekanntmachte, war der britische Schriftsteller Talbot Mundy. Er war 25 Jahre bei den britischen Polizeikräften in Indien tätig und schrieb, dass diese rätselhafte Bruderschaft vom antiken indischen Herrscher Ashoka um das Jahr 270 v. Chr. erschaffen wurde. Die Bruderschaft sollte altes Wissen erhalten und weiterentwickeln, das für die Menschheit zu gefährlich sei, sollte es in die falschen Hände gelangen. Jeder der neun Mitglieder erhielt ein spezielles Buch mit Geheimwissen, wofür diese neun Männer von der indischen Bruderschaft der bösartigen Göttin Kali bekämpft werden, die sich selbst als weise Männer maskieren. Auch ein christlicher Priester war hinter diesen Büchern her und versuchte, sie zu zerstören.

Ein weiteres Buch, in dem die neun Unbekannten vorkommen, nennt sich *„The Morning of the Magicians"* (der Morgen der Magier) und erschien 1960. Auch dort ist zu lesen, dass die Bruderschaft der neun unbekannten Männer von Ashoka gegründet wurde und dass Papst Silvester II. (946-1003 n.Chr.) sie getroffen hatte. Auch der damalige französische Kolonialrichter Louis Jacolliot bezeugte im 19. Jahrhundert ihre Existenz, als er sich zwischen 1865 und 1869 in Indien aufhielt und nach den indischen Wurzeln des westlichen Okkultismus suchte. Er glaubte auch an die untergegangenen Kontinente Atlantis und Lemuria. In Indien studiert er die Heilige Schrift über das Leben von Krishna, die Bhagavat Gita und lernte dabei, dass Krishna auch „Christna“ genannt wurde, der auch den Titel „Iezeus“ trug, was in Sanskrit so viel wie die „pure Essenz“ bedeutet. Darum glaubte Louis Jacolliot, dass die Geschichte von Jesus Christus aus älteren indischen Schriften übernommen worden war und er in Wahrheit der Gott Krishna ist. Bei der Sammlung von alten hinduistischen Texten fiel im auf, dass oft Geschichten über ein Land zu lesen waren, das vor langer Zeit im indischen Ozean versunken ist und „Rutas“ genannt wurde. Er entdeckte auch, dass die Geschichte von Rutas Ähnlichkeiten mit der Geschichte des mythischen Landes Mu hat.

In Indien gibt es die Legende, dass die Bruderschaft der neun Unbekannten eine große Menge an fortschrittlichem Wissen in ihrem Besitz hat. Es wird vermutet, dass sie mit diesem Wissen politische und gesellschaftliche Trends manipuliert, um ihre Ziele zu erreichen. Ashoka war der Enkel des legendären Herrschers, der den indischen Subkontinent unter sich vereinigte und der auch genau wie sein Vater das Reich zu erhalten versuchte. Er residierte zwischen Kalkutta (Kolkata) und Madras. In kriegerischen Auseinandersetzungen sollen die Streitkräfte von Ashoka über 100.000 Feinde getötet und 150.000 Dorfbewohner deportiert haben. Obwohl Ashoka den Krieg gewonnen hatte, war er gegen dieses Blutvergießen und schwor der Gewalt für immer ab. Er konvertierte zum Buddhismus und verbreitete die friedvolle Religion in ganz Indien sowie in Malaysien und Indonesien. Durch seine Bemühungen konnte sich der Buddhismus auch in China, Tibet und Nepal verbreiten.

Ashoka stand für die Idee ein, dass man nur dann einen kompletten Sieg erringen kann, wenn man auch die Herzen der rebellischen Leute erobert und erklärte, dass es sein Wunsch sei, dass jede lebende Kreatur Sicherheit, Frieden und Glück genießen und in Freiheit leben sollte. Das Böse und der Krieg sollten für immer eliminiert werden und der Schlüssel dazu ist, das alte Wissen zu erhalten. Ein Herrscher alleine konnte das nicht bewerkstelligen, darum versammelte er die neun intelligentesten Männer aus Indien um sich, doch aus Sicherheitsgründen wurde die Identität dieser Männer niemals offengelegt und sie wurden auf diese Weise zur unbekannten Bruderschaft. Es ist anzunehmen, dass es sich hier zumindest teilweise um Mitglieder der Weißen Bruderschaft handelte. Sie sammelten alles Wissen, das sie finden konnten, angefangen von der Naturwissenschaft über Psychologie und die Beschaffenheit der Materie, denn man fürchtete, dass, wenn man den normalen Menschen dieses Wissen überließe, es dann für destruktive Zwecke missbraucht werden würde. Jeder der neun Unbekannten erhielt ein spezielles Buch, das immer auf den neuesten Stand gebracht wurde, um das Wissen darin ständig zu perfektionieren. Sobald einer der neun Unbekannten seinen Dienst niederlegen musste, wurde sein Buch mit dem Wissen an einen auserwählten Nachfolger weitergegeben. Es gab aber nie mehr als neun Mitglieder und auf diese Weise soll die Bruderschaft der neun unbekannten Männer mehr als 2.000 Jahre überdauert haben. Talbot Mundy beschreibt die rätselhaften Bücher der neun unbekannten Männer genauer:

1. **Propaganda**: Das erste Buch behandelt verschiedene Techniken der Propaganda und der psychologischen Kriegsführung und ist die gefährlichste aller Wissenschaften, weil sie die Meinung der Massen formt und jeden, der es anwendet, befähigt, die ganze Welt zu regieren.

2. **Physiologie**: Das zweite Buch behandelt die menschliche Physiologie und erklärt, wie man einen Menschen schon durch Berührung an bestimmten Druckpunkten töten kann. Das ist die „Berührung des Todes" und funktioniert mit einer simplen Umkehr der Nervenimpulse. Der Kampfsport Judo soll dadurch entstanden sein, dass ein Teil dieses Wissens bekannt wurde. Auch die Herstellung von Giften wird behandelt.

3. **Mikrobiologie**: Das dritte Buch behandelt die Mikrobiologie und die Biotechnologie. Es wurden Mikroben erschaffen, die die ganze Menschheit auslöschen können, doch andere können auch für medizinische Zwecke eingesetzt werden. Den indischen Legenden nach sind bestimmte Mikroben der neun Unbekannten dafür verantwortlich, dass der indische Fluss Ganges trotz aller Verschmutzung so rein bleibt und die neun Unbekannten bringen diese Mikroben schon an der Quelle des Ganges im Himalaya ein.

4. **Alchemie:** Das vierte Buch behandelt die Alchemie und die Transmutation von Metallen zu Gold. Auch könnte dieses Buch das Geheimnis zur Herstellung der alchemistischen Elixiere enthalten, die Unsterblichkeit verleihen.

5. **Kommunikation:** Das fünfte Buch behandelt Studien in allen Bereichen der Kommunikation – auf der Erde und außerhalb der Erde. Das beweist, dass die neun unbekannten Männer über die Anwesenheit von Außerirdischen auf der Erde Bescheid wissen und auch, wie man mit ihnen kommuniziert.

6. **Gravitation:** Das sechste Buch behandelt die Geheimnisse der Gravitation und genaue Anweisungen zur Konstruktion der antiken indischen Vimanas und handelt sich als quasi um Pläne zum Bau von Antigravitations-Fluggeräten.

7. **Kosmogonie:** Das siebte Buch behandelt die Geheimnisse der Entstehung der Welt und der Materie des Universums. Es wird beschrieben, wie das Universum arbeitet und wie man darin mit Geschwindigkeiten reisen kann, die höher als die Lichtgeschwindigkeit sind. Außerdem wird beschrieben, wie man Raum und Zeit verbiegen, zwischen den Dimensionen reisen und sogar Zeitreisen bewerkstelligen kann.

8. **Licht:** Das achte Buch behandelt das Licht und wie man die Geschwindigkeit von Licht erhöhen oder verringern kann, damit man es als Waffe, zum Beispiel als Laser, benutzen kann.

9. **Soziologie:** Das neunte und letzte Buch behandelt die Soziologie. Es beinhaltet die Regeln für die Entwicklung von Gesellschaften und die Anzeichen, um ihren Niedergang vorauszusagen oder diese Geschehnisse zu beschleunigen oder zu stoppen.

Die neun unbekannten Männer beobachteten seit langer Zeit die Menschheit. Sie sammelten schweigsam immer weitere potentielle Geheimnisse ein und versteckten sie vor der Menschheit. Sogar H. G. Wells erwähnte den Herrscher Ashoka in seinem Buch *„Outline the World History"* (Zusammenfassung der Weltgeschichte) und schrieb, dass unter den zehntausenden Namen von Monarchen in der ganzen historischen Geschichte der Name Ashoka wie ein Stern hervorleuchtet. Da Wells ein Eingeweihter von mehreren Geheimgesellschaften war, wissen diese Orden also bestimmt auch über das Wirken der neun unbekannten Männer Bescheid. Waren am Ende gar Francis Bacon oder der Graf von Saint Germain Mitglieder der neun Unbekannten? Es spricht einiges dafür.

Ashoka wollte durch die Erschaffung dieser Bruderschaft weiteres Blutvergießen verhindern, wurde selbst Vegetarier und vermied auch das Schlachten von Tieren. Er wollte durch die neun Unbekannten sicherstellen, dass kein wissenschaftliches und technologisches Wissen zum Zweck der Zerstörung eingesetzt werden sollte und die Bruderschaft war dafür zuständig, dieses gefährliche Wissen von der Welt fernzuhalten, um Auslöschung und Tod zu verhindern. Er hatte Angst davor, dass die Wissenschaft mit diesem gefährlichen Wissen den Fall der menschlichen Gesellschaft auslösen würde. Damit war er wohl ein Prophet, denn heute sehen wir seine Befürchtungen bestätigt. Auch Wells war der Meinung, dass die neun Unbekannten das Geheimnis der Unsterblichkeit kennen und ihre Ziele noch lange Zeit weiter verfolgen werden.

Die neun Unbekannten haben jedoch geschworen, sich nicht in die Politik, die Mainstreamwissenschaft und andere für sie unwichtige Belange der menschlichen Zivilisation einzumischen, und ziehen es vor, im Hintergrund zu bleiben. Um ihre Geheimnisse zu beschützen, sollen sie eine eigene Sprache entwickelt haben, die nur sie beherrschen, die niemand anderes verstehen kann. Sie wollen dieses geheime Wissen so lange beschützen, bis die Menschheit es wieder dringend benötigen wird und bis dahin schauen sie dem Aufstieg und dem Fall der menschlichen Zivilisationen zu. Obwohl die Bruderschaft über lange Zeit versucht hat, all dieses Wissen geheim zu halten, sind doch Teile davon in die Wissenschaft eingeflossen. Das waren, wie gesagt, bestimmte Kampfsportarten, die Kunst des Tötens durch bloße Berührung, die Methode der Sterilisierung durch Strahlung, weitere medizinische Durchbrüche, das Geheimnis der Luftfahrt, und angeblich sogar die Erschaffung der Atombombe! Ob nur der Graf von St. Germain dafür verantwortlich war, ist schwer zu sagen. Die Freimaurerei war anscheinend auch lange hinter diesem Wissen her und verfolgte ähnliche Ziele wie die Bruderschaft der neun Unbekannten – allerdings gelangte bei ihnen das Wissen definitiv in die falschen Hände. Einige Unbekannte hatten einen Teil ihres Wissens scheinbar anderen weisen Männern mitgeteilt und diese hatten es unkontrolliert verbreitet.

Einer dieser Männer, der mit den neun Unbekannten Kontakt hatte, war Papst Silvester II. Bevor er Papst wurde, ist er ein Mathematikprofessor und der frühere Erzbischof von Reims und Ravenna gewesen und verbrachte einige Zeit im damals arabisch besetzten Andalusien in Spanien, bevor er sich aus heute unbekannten Gründen auf eine mysteriöse Reise nach Indien aufmachte. Angeblich hatte er in Andalusien ein dickes Buch gestohlen, dessen arabischem Besitzer er nur durch dämonische Kräfte entkam. Der Verfolger soll den Dieb energetisch gejagt haben, dieser wusste das auch, und konnte den Verfolger dadurch abhängen, dass er sich von einer hölzernen Brücke hängen ließ. So befand er sich zwischen Himmel und Erde und war für den Zauberer unsichtbar.

Als er aus Indien zurückgekehrt war, hatte er großes Wissen angesammelt, das die Leute in seinem Umfeld verblüffte. Der Mann soll mit diesem astrologischen Wissen einen Kopf aus Bronze angefertigt haben, der auf Fragen mit „Ja“ oder „Nein“ antworten konnte. Auf diese Weise konnte man eine Reihe von offenen Fragen zu allen möglichen Themen beantworten und sich Voraussagen über die Zukunft machen lassen, wie bei einem Orakel. Diejenigen, die diesen sprechenden Metallkopf sahen, waren sehr erstaunt darüber und das Wesen, das aus diesem Kopf sprach, soll ein weiblicher Dämon namens

Abb. 140: Roger Bacons sprechender Messingkopf, daneben der mechanische Mönch aus dem Jahr 1560

„Meridiana“ gewesen sein. Mit ihrer Hilfe und durch diese Voraussagen soll er auch den päpstlichen Thron erlangt haben und war vom Jahr 999 bis 1003 „Heiliger Vater“!

Es soll zu dieser Zeit auch bewegliche Statuen bzw. Roboter aus Bronze und Gold gegeben haben und die Köpfe aus Bronze oder Messing wurden auf Regalen oder Tischen platziert. Sie wurden mechanisch konstruiert und funktionierten durch eine Technik, die den Menschen im Mittelalter wie Magie erschien. Papst Silvester II. behauptete, es handelte sich um einen recht einfachen, autonomen, mechanischen Apparat bzw. einen primitiven Roboter, doch die Leute, die ihn sahen, glaubten an Magie und daran, dass der Papst mit dem Teufel im Bunde war und einen ewigen Pakt mit ihm geschlossen hatte! In den Jahren nach seiner Rückkehr aus Indien fertigte der Papst noch weitere rätselhafte Maschinen an und man spekuliert, dass er das Wissen dazu aus einem der Bücher der neun unbekannten Männer erlangt hatte. Leider wurden die sprechenden Köpfe und die anderen wundersamen Erfindungen nach dem Tod des Papstes von der Kirche zerstört und die Aufzeichnungen und die Überreste seiner Maschinen wurden vom Vatikan versiegelt. Entstand aus diesen Aufzeichnungen auch der Chronovisor, ein Zeitschaugerät der Jesuiten?

Mehrere technische Journale setzten sich auch im 20. Jahrhundert mit den Erfindungen dieses Papstes auseinander und meinten, dass er über fortschrittliches Fachwissen verfügt haben soll. Eventuell stammten die Pläne dafür auch aus den vatikanischen Geheimarchiven, in denen ebenfalls riesige Mengen an Geheimwissen aus der Antike schlummern. Der nächste Mann, der einen dieser sprechenden Metallköpfe baute, war der englische Philosoph und Franziskanermönch Roger Bacon (1220-1292), denn auch er beschäftigte sich mit den geheimen Künsten und wurde deshalb sogar 14 Jahre lang eingesperrt. Er verfasste viele wissenschaftliche und philosophische Werke und war möglicherweise ein Vorfahr von Francis Bacon und inspirierte ihn zu seinem Werk über das neue Atlantis. Roger Bacon hatte irgendwie das Wissen über diesen mechanischen Kopf erhalten und versuchte ihn nachzubauen. Man glaubte, er würde einen toten Geist in den Kopf hineinfahren lassen, indem dieser die Kräfte des Teufels beschwor. Der Bau dauerte fast sieben Jahre und nach der Fertigstellung brach Bacon vor Erschöpfung zusammen. Der Messingkopf begann schließlich zu sprechen und sagte: *„Zeit ist“*, *„Zeit* *war*“ und „*Zeit ist vorüber*“. Doch keine 30 Sekunden nach der Fertigstellung wurde der Messingkopf auf spektakuläre Weise zerstört, ein heller Lichtblitz erschien im Raum und mit ihm eine Hand mit einem Hammer, die den Kopf damit zerschlug! War das ein Zeitreisender mit einem Portal? Die Überreste des Kopfs sollen sich später in den Lagerräumen des *Lincoln College* befunden haben.

Der spanische Uhrmacher Juanelo Turriano baute um 1560 ebenfalls einen mechanischen Roboter, der heute noch funktioniert. Es handelt sich um die Nachbildung eines betenden Mönchs, der im Auftrag des spanischen Königs Philip II. angefertigt wurde. Man kann einen Schlüssel in den Rücken der mechanischen Konstruktion einführen und sie aufziehen. Danach beginnt der Mönch in Kreisen zu wandern und imitiert einen betenden Mönch, hebt sogar ein Kreuz in die Luft, küsst es und berührt damit seine Brust. Der Kopf und der Mund der Figur bewegen sich ebenfalls und dieser Vorgang wird mehrmals wiederholt, bevor er wieder aufgezogen werden muss. Diese mittelalterliche Maschine befindet sich heute im Besitz der Smithsonian Institution.

Man glaubt auch, dass Wissenschaftler wie Louise Pasteur vom geheimen Wissen der neun Unbekannten profitiert haben, denn ein enger Mitarbeiter von Pasteur hieß Alexandre Yersin, der Madras im Jahr 1890 besuchte. Damals wurden ihm anscheinend bestimmte biologische Geheimnisse anvertraut und genaue Anweisungen gegeben und er entwickelte zusammen mit Pasteur ein Serum gegen die Cholera und die Pest. Es scheint, dass die neun Unbekannten hier eingreifen mussten, um die Auslöschung der menschlichen Rasse zu verhindern!

Fragwürdig ist, was die neun unbekannten Männer mit ihrem Wissen vorhaben. Wenn sie in der Zeit reisen können, müssen sie auch bestimmte Ereignisse voraussehen können. Haben sie einen ultimativen Plan für die Zeitalter entworfen? Auch die Theosophen glauben, dass die neun Unbekannten für das Wohl der Menschheit arbeiten und ein weiterer Beweis für ihre Existenz soll eine antike Eisensäule in Delhi sein, die nicht rostet und es wird behauptet, dass sie schon lange vor der Erfindung des Eisens gegossen worden war. Es existiert auf der Erde ansonsten kein Eisen, das nicht rostet, was bedeutet, dass es in der Vergangenheit in Indien das Wissen gab, wie man nicht rostendes Eisen herstellt! Man nimmt heute an, dass dieses Wissen noch irgendwo vorhanden sein müsste und es kann sein, dass es sich im Besitz der neun Unbekannten befindet – sollte man in den Besitz dieses Geheimnisses kommen, würde das einen wichtigen technologischen Fortschritt bedeuten!

Diese Eisensäule von Delhi ist eines der ältesten Monumente aus Metall. Sie befindet sich seit fast 1.000 Jahren im Hof der Quwwat-ul-Islam-Moschee im Süden von Delhi und man vermutet, dass sie noch bedeutend älter ist, weil Sanskrit-Inschriften auf der Säule die Namen Chandra und Vishnu zeigen. Experten vermuten deshalb, dass sie mindestens auf die Zeit des Herrschers Chandragupta II. zurückgeht, das war etwa 400 n. Chr. Somit wäre die Säule mindestens 1.600 Jahre alt, könnte aber noch älter sein, falls die Inschriften erst später angebracht wurden. Die Säule besteht zu mindestens 98 Prozent aus reinstem Schmiedeeisen, nach Professor A. P. Gupta vom *Institute of Technology and Management* in Indien sogar zu 99,72 Prozent. Sie ist 7,2 m hoch, etwa 6,5 Tonnen schwer und der Durchmesser beträgt unten 40 Zentimeter und an der Spitze ungefähr 30 Zentimeter. Auf der Spitze sollte sich früher noch ein Rad oder eine Figur befunden haben, die irgendwann entfernt oder eingeschmolzen wurde.

Fachleute können sich nicht erklären, wie die alten Inder dazu fähig waren, Eisen dieses hohen Reinheitsgrades herzustellen. Aufgrund der Tatsache, dass die Säule in den letzten 1.600 Jahren nicht gerostet ist, interessieren sich heute viele Metallurgen und Archäologen für sie. Die Herstellung benötigte Temperaturen von mindestens 1.200 bis 1.300 Grad Celsius und mit einer Holzkohleanlage dürfte dieses tonnenschwere Stück nur sehr schwer herzustellen gewesen sein. Heutzutage stellt man Eisen mit einer Reinheit von 99,8 Prozent her und es enthält Mangan und Schwefel – diese zwei Stoffe finden sich jedoch nicht in der Eisensäule in Delhi. Der Autor John Rowlett meint, dass die Säule somit mindestens 400 Jahre älter ist als die ersten bekannten größeren Eisengießereien. Um vor 1.600 Jahren eine Eisensäule dieser Größe zu erschaffen, müssen die alten Inder über fortschrittliche Metallverarbeitungsmethoden verfügt haben und sogar heutzutage ist es sehr schwer, eine solch große Säule in einem Stück zu gießen. Und die moderne Technik kann keine Eisensäule dieser Größe erschaffen, die nicht rostet, das wurde von verschiedenen Technikern nachgewiesen, die die Säule untersucht haben. Diese Säule ist aber nicht das einzige Objekt in Indien, das nicht rostet. Weitere große altindische Säulen in Dhar, Mandu, dem Mount Abu und Kodochadri sowie diverse eiserne Kanonenrohre weißen ähnliche Eigenschaften auf, doch wie diese Objekte angefertigt wurden, ist immer noch unbekannt.[75]

Das Geheimnis der Vimanas und das Reich von Rama

Es wäre möglich, dass dieses ganze Wissen schon in den letzten 10.000 bis 15.000 Jahren vorhanden war, und von den Nachfahren der alten Hochzivilisationen im Himalaya erhalten blieb. Es gibt Theorien, dass sich das altindische Reich Rama mit Atlantis in einem Atomkrieg befand und eine andere Version der historischen Geschichte von Herrscher Ashoka berichtet davon, dass die neun Unbekannten das alte Wissen des fortschrittlichen antiken indischen Rama-Reiches erhalten sollten. Das Reich von Rama soll so mächtig wie Atlantis gewesen sein und in alten Hindu-Schriften steht geschrieben, dass dieses Reich vor 15.000 Jahren von fortschrittlichen technischen Waffen vernichtet wurde. Man benutzte möglicherweise Atombomben, um sich gegenseitig zu bekämpfen. Einige Kilometer westlich von Jodhpur in Rajasthan in Indien gibt es noch immer eine Schicht mit radioaktiver Asche, die nach wie vor hochgefährlich ist. Nachdem es zu einer Reihe von Missgeburten und Krebsfällen gekommen war, wurde die ganze Gegend abgesperrt. Auf dem Gelände wurden schließlich die Überreste einer alten Stadt freigelegt. Indische Wissenschaftler haben bestätigt, dass es dort eine Stadt gab und die Radioaktivität zeigt, dass sie vor 8.000 bis 12.000 Jahren von einem Atomschlag zerstört worden war.

Abb. 141: Die Eisensäule von Delhi

Mindestens 500.000 Menschen sollen bei dieser Katastrophe gestorben sein und die Bombe, die hierfür benutzt wurde, war mindestens so stark wie die Atombomben, die 1945 über Japan abgeworfen wurden. Im indischen Epos Mahabharata wird dieser Atomschlag sogar genau beschrieben. Es ist die Rede von einem einzelnen Projektil, das mit der Kraft des Universums aufgeladen war und eine weißglühende Säule aus Rauch und Flammen stieg auf, die die Helligkeit von 10.000 Sonnen hatte. Es war eine unbekannte Waffe, ein eiserner Blitz und ein gigantischer Bringer des Todes, welcher eine ganze Rasse zu Asche verwandelt hat.

Viele alte indische Schriften sollen voll sein von solchen Beschreibungen. 400 Kilometer nordöstlich von Mumbai befindet sich ein großer, unerklärlicher Kratersee mit einem Durchmesser von 2.154 Metern und einer Tiefe von 150 Metern und es gibt keine Spur von Meteoriten. Außerdem handelt es sich hier um den weltweit einzigen Einschlagskrater in hartes Basaltgestein, es muss eine gewaltige Explosion gegeben haben, die Teile des Basaltgesteins in Glas verwandelt hat und auch dieser Krater könnte durch eine nukleare Explosion entstanden sein. In einigen uralten indischen Schriften finden sich auch genauere Beschreibungen des Reiches von Rama und der rätselhaften Fluggeräte der alten Inder, der Vimanas!

In jahrtausendealten altindischen Sanskrit-Schriften wird bereits von Fluggeräten gesprochen, die per Gedanken gesteuert wurden, und auch über Levitation und über Antigravitation wird in diesen rätselhaften Schriften geschrieben. Es ist auch von Kämpfen im Weltraum und von Raumschiffen die Rede, die von anderen Planeten stammten. Es gibt also nicht nur die sumerische und ägyptische Kultur mit ihren Geheimnissen, sondern auch im alten Indien hat sich Unglaubliches zugetragen. Indien verfügt über die vielleicht am detailliertesten aufgezeichnete Vorgeschichte der Welt, die in den Veden überliefert wird und diese Schriften wurden im Gegensatz zu den anderen antiken Aufzeichnungen über die alte Welt nicht zerstört, sondern haben fast unverändert überdauert. In den indischen Schriften werden sehr oft fliegende Schiffe erwähnt, die vor 6.000 Jahren den Kontinent besuchten. Im „Vaimanika Shastra" (Wissenschaft der Luftfahrt) wird in allen Einzelheiten ein Fluggerät beschrieben, das von Gedanken kontrolliert wird und diese Schrift wurde erst 1875 in einem indischen Tempel wiederentdeckt. Eine Technologie, die wir heute nur aus der Ufologie kennen, war diesen antiken Kulturen also bereits bekannt. Das Vaimanika Shastra gibt auch Anleitungen für die Navigation im Weltraum und interstellare Reisen in Raumschiffen. Der indische Sanskrit-Forscher Dr. Raghavan von der *Universität von Madras* hat sich bereits in den 1960er-Jahren ausführlich mit diesem Thema beschäftigt und kam dahinter, dass in den altindischen Texten von Menschen gesprochen wird, die auf anderen Planeten leben und auch von Außerirdischen, die vor tausenden von Jahren unsere Vorfahren besucht hatten. Nach über 50 Jahren Forschungsarbeit war Dr. Raghavan davon überzeugt, dass es raumfahrende Zivilisationen auf anderen Planeten gibt und dass diese Zivilisationen bereits vor mindestens 6.000 Jahren die Erde besucht hatten.

Auch in den indischen Epen Mahabharata und Ramayana gibt es zahlreiche Beschreibungen von allen möglichen fortschrittlichen Technologien. Ein anderer Forscher und Professor am *Indischen Institut für Wissenschaft* in Bangalore, Dr. Krishna Murty, glaubt ebenfalls an die Hochtechnologie in der Vergangenheit. Er sagte, dass die alten vedischen Schriften von Raumschiffen und antiken Astronauten berichten und das alte Indien das Geheimnis zum Bau von fliegenden Maschinen kannte. Diese Flugmaschinen waren Kopien von Raumschiffen, die von anderen Planeten gekommen sind, und Murty sagt, es handelt sich hier um faszinierende Details, die von der Fachwelt ignoriert werden und Teil der vergessenen Geschichte Indiens sind. Im Mahabharata werden Strahlenwaffen und eine Art von hypnotischer Waffe beschrieben und im Ramayana werden die berühmten Vimanas erwähnt, Flugmaschinen, die in großer Höhe navigieren und mit Quecksilber und einer Art von Windantrieb fliegen konnten. Im Inneren befand sich ein Motor, der mit Quecksilber betrieben wurde und darunter ein Apparat, der das Eisen des Motors erhitzte, sodass die Kraft des Quecksilbers den „fahrenden Wirbelwind" in Bewegung setzte. Ein Mann, der sich in seinem Vimanas befand, konnte am Himmel große Distanzen damit zurücklegen. Das Vimana konnte senkrecht auf und absteigen, sowie sich schräg nach vorwärts und rückwärts bewegen und das gleiche Prinzip kam wahrscheinlich später bei der deutschen Geheimentwicklung „die Glocke" zum Einsatz. Im Ramayana werden auch Raumschiffe beschrieben, die wie Flugscheiben ausgesehen haben und ein Wagen, der „wie der Mond" durch die Luft segelte. Es war ein hohes Privileg, eine der Vimanas fliegen zu dürfen. Das Wissen über den Flug war schon damals eines der ältesten weitervererbten Kenntnisse, es war ein Geschenk von den außerweltlichen Besuchern, die von hoch oben gekommen waren und dieses Wissen wurde den Menschen übergeben, damit sie mit den Flugapparaten Leben retten konnten. In anderen technischen Beschreibungen ist sogar von Graphitstangen, Kupferspulen, Kristallanzeigen, vibrierenden Kugeln, festen Winkeln usw. die Rede. Ein Vimana wird als ein rundes Flugzeug beschrieben, das ein Doppeldecker war, Bullaugen und einen Dom an der Oberseite hatte, so schnell wie der Wind flog, im Flug ein melodisches Geräusch erzeugte und eigentlich wie ein UFO unserer Vorstellung aussah. Neben den runden Vimanas gab es auch welche, die eine Zylinderform hatten.

Im Mahabharata heißt es, dass auf Geheiß des Gottes Rama auch ein herrlicher Wagen aufstieg, der einen Berg von Wolken hinter sich ließ und dabei gewaltigen Lärm verursachte. Dieses Vimana flog auf einen enormen Strahl, der so strahlend hell war wie die Sonne und einen Lärm wie Donner erzeugte. Auch im Vaimanika Shastra wird das Vimana als ein Apparat beschrieben, der von seiner eigenen Kraft angetrieben wurde und von Ort zu Ort oder von Erdball zu Erdball fliegen konnte. Einunddreißig Bestandteile des Apparats werden genau beschrieben und es werden 16 verschiedene Arten von Metall verwendet. Nur drei davon sind der Wissenschaft derzeit bekannt, der Rest ist nicht übersetzbar. Die indischen Veden berichten ähnlich wie die Indianerstämme aus Amerika davon, dass wir gegenwärtig im vierten Zeitalter der Menschheit leben – es gab das „Goldene Zeitalter", das „Silberne Zeitalter", das „Bronzene Zeitalter" und gegenwärtig leben wir im „Eisernen Zeitalter". Und die Veden, die amerikanischen Indianer, die Mayas und die Inkas prophezeiten, dass wir am Ende des 20. Jahrhunderts ans Ende des gegenwärtigen Zeitalters kommen, und ein neuer 26.000-Jahre-Zyklus beginne wieder mit dem Goldenen Zeitalter.

Im Mahabharata gibt es Wesen namens Asura Maya, die ein großes Vimana besaßen, das auch vier starke Räder wie Turbinen hatte und im Krieg der Götter eingesetzt wurde, es hatte tödliche Waffen an Bord und es ist dabei von brennenden Raketen die Rede. Auch der „Pfeil Indras" war eine technische Apparatur, die einen Energiestrahl aus einem runden Reflektor verschießen konnte. Wenn man das Gerät einschaltete, produzierte es einen Speer aus Licht und wenn der Strahl auf ein Ziel traf, wurde dieses aufgelöst. Ein anderes Vimana konnte sich unsichtbar machen und konnte nur von einem „Pfeil“ getroffen werden, der die Geräusche suchte, die das Vimana verursachte. Die schlimmste Waffe, die im Mahabharata beschrieben wird, wurde von einem mächtigen Vimana auf die Städte Vrishis und Andhakas abgefeuert. Ein einziges Projektil war mit der Kraft des Universums geladen und der Einschlag verursachte eine weißglühende Säule aus Rauch und Feuer, die so hell wie zehntausend Sonnen gestrahlt haben soll. Es war die unbekannte Waffe, der eiserne Donnerkeil, und ein gigantischer Botschafter des Todes, die die beiden Rassen der Vrishis und Andhakas augenblicklich zu Asche verwandelte. Wie unschwer zu erkennen ist, handelte es sich auch hier um eine Atomwaffe und diese Gebiete in Indien sind heute immer noch verstrahlt. Es steht weiter geschrieben, dass die Leichen der Opfer so verbrannt waren, dass man sie nicht mehr identifizieren konnte, und den Überlebenden erging es schlecht und ihre Haare und Nägel fielen ab.

Es gibt keinen Zweifel, dass diese Texte authentisch sind. Es gibt hunderte dieser indischen Epen und die meisten davon wurden noch niemals aus dem Sanskrit übersetzt! Die Geheimnisse dieser alten Hochtechnologie wurden von einer indischen Geheimgesellschaft bewahrt, die sich die „Neun unbekannten Männer“ nennt und diese Waffen sollten vor der Menschheit verborgen bleiben, weil sie vor mehreren tausend Jahren das „Reich von Rama“ zerstört hatten. Vor einigen Jahren wurden in Lhasa in Tibet antike Dokumente gefunden, die in Sanskrit verfasst waren, und wurden an die *Universität von Chandrigarh* in Punjab, Indien, geschickt. Dr. Ruth Reyna, die an der Universität tätig war, sagte, dass diese Dokumente Anleitungen zum Bau von interstellaren Raumschiffen darstellen! Der Antrieb dieser Schiffe funktioniert mit Antigravitation und es wurden starke Zentrifugalkräfte dazu benutzt, um der Gravitation der Erde entgegenzuwirken. In diesen Dokumenten werden die Schiffe „Astras“ genannt und mit ihrer Hilfe konnte ein ganzer Trupp von Männern zu jedem Planeten geschickt werden. Auch wird in den Dokumenten von einer geplanten Reise zum Mond berichtet. Die jahrtausendealten Dokumente sprechen auch von der Kraft „Antima“, einer Tarnkappe für Raumschiffe, und von „Garima“, mit der man die Masse eines Objekts so erhöhen konnte, dass es schwer wie ein „Berg aus Blei“ wurde. Die indischen Wissenschaftler nahmen die Texte zuerst nicht ernst, waren dann aber erstaunt, als die Chinesen ankündigten, einen Teil dieses Wissens für ihr Weltraumprogramm verwenden zu wollen. Das war somit einer der ersten offiziellen Bekanntmachungen, dass eine Regierung an Forschungen zur Antigravitation arbeitet.

Im Ramayana wird auch ausführlich von einer Reise zum Mond in einem Vimana berichtet und dort kam es dann zu einem Kampf mit einem „Vailixi“, einem atlantischen Kampfschiff. Die Atlanter wurden von den Ramas „Asvins“ genannt und das Reich von Rama und Atlantis lagen wohl im Krieg miteinander – und besuchten schon vor tausenden von Jahren den Mond. In den alten Schriften wird erklärt, dass sich das Reich von Rama auf dem Gebiet des nördlichen Indiens und Pakistans befunden hat und vor rund 15.000 Jahren entstanden war. Es war eine Zivilisation, die aus vielen großen Städten bestand und viele davon findet man heute in den Wüsten von Pakistan sowie im nördlichen und westlichen Indien. Das Reich von Rama hatte sieben Hauptstädte, existierte zur gleichen Zeit wie die Zivilisation von Atlantis und wurde von erleuchteten Priesterkönigen regiert, die in den Städten lebten.

Die alten Inder, die diese Schiffe bauten, verfassten dazu auch ausführliche Fluganleitungen, wie man die verschiedenen Typen von Vimanas zu steuern hatte. Es wird sogar beschrieben, was man zu tun hat, wenn es zur Kollision mit Vögeln kam. Im Vaimanika Shastra ist auch erklärt, wie man sich vor Stürmen schützt und wie man den Antrieb des Vimanas im Flug auf Solarenergie umstellt. Die Vimanas waren im „Vimana Griha", einer Art Hangar, untergebracht und neben Quecksilber wurden einige anscheinend auch von einer „gelb-weißen Flüssigkeit" angetrieben, die der Beschreibung nach benzinähnlich sein könnte. In den Schriften Ramayana und Mahabharata wird an einigen Stellen noch genauer auf die fliegenden Vimanas der Götter eingegangen. Man konnte mit ihnen auch durch das Weltall reisen und die Planten des Sonnensystems besuchen, und Götter, Halbgötter sowie Dämonen reisten dort mit ihren Schiffen umher. Die Vimanas sollen durch Gedankenkraft gesteuert in jede gewünschte Richtung geflogen sein. Hochintelligente Wesen wie die Asura Maya (Atlanter?) bauten beeindruckende Städte mit vielen Palästen und Luftfahrzeugen, die wie die Sonne strahlten, nachts erleuchteten sie die alten Städte. Der Gott Rama hatte ein großes Luftschiff zur Verfügung, das von selbst fliegen konnte, es besaß zwei Stockwerke und viele Kammern mit Fenstern. An der Außenseite befanden sich Flaggen und Banner. Im Flug gab das Luftschiff ein tiefes melodiöses Brummen von sich, wenn es bis in die oberer Atmosphäre vorstieß. Das Schiff war von solcher Pracht, dass man seine Blicke nur schwer von ihm abwenden konnte. Feindliche Vimanas beschossen sich im Flug mit tödlich präzisen Eisenraketen. Mit diesen Raketen wurden Schiffe der Asuras beschossen und zerstört. Im Flug glühten die Vimanas so hell wie die Sonne und man konnte den Blick nicht direkt auf sie richten. Am Himmel sahen sie aus wie Wolken, die die untergehende Abendsonne reflektierten. Sie flogen so hoch, dass sie für die Sterblichen auf der Erde unsichtbar wurden und es gab sie zu tausenden am Himmel. In der Stadt des Gottes Indra, die vermutlich auch zum Reich Rama gehörte, befanden sich tausende dieser Flugschiffe, die auf einem Flugfeld stationiert waren und in der Luft sah man damals zehntausende von ihnen! Auch Krishna soll in einem goldenen fliegenden Kriegsschiff unterwegs gewesen sein und damit gekämpft haben. Es wird beschrieben, dass mit dem gleichen mächtigen Schiff bereits Indra zahlreiche Asuras vernichtet hatte. Indras Schiff war so schnell, dass man ihm mit den Augen nicht folgen konnte und es verursachte am Himmel einen lauten Donner (Überschallknall?). Das Schiff hatte Propeller mit Rädern, die den Beschreibungen so ähnlich funktioniert hatten wie Turbinen von modernen Flugzeugen. Die Konstruktionsdetails wurden den Schriften nach vor den sterblichen Erdenbewohnern geheim gehalten und nur die Götter und Halbgötter Indiens wussten aus Sicherheitsgründen darüber Bescheid. Die alten Arier von Indien verfügten also zweifellos über modernste Hochtechnologie – und das vor tausenden von Jahren! Es ist heute bekannt, dass Baupläne dieser Technologien auch den deutschen Nationalsozialisten in den 1930er-Jahren bei den Ahnenerbe-Expeditionen in die Hände gefallen sind und das führte wohl zur schnellen Entwicklung der Wunderwaffen.

Ein anderes altindisches Werk nennt sich „Samaranganasutradhara" und auch darin wird beschrieben, wie diese Flugschiffe gebaut wurden. Das Quecksilber diente entweder dem Antrieb oder dem Leitsystem. Sowjetische Wissenschaftler entdeckten in entlegenen Höhlen in Turkistan in Zentralasien und in der Wüste Gobi uralte Instrumente, die in Navigationssystemen von kosmischen Fluggeräten verwendet wurden. Diese seltsamen Geräte waren halbkugelförmige Objekte aus Glas oder Porzellan, die in einem Trichter endeten, der einen Tropfen Quecksilber enthielt. Es gibt Beweise, dass die alten Inder in diesen Vehikeln in ganz Asien herumgeflogen sind, auch nach Atlantis und anscheinend sogar nach Südamerika. Die Ausgrabungsstätte von Mohenjo-Daro in Pakistan war früher vermutlich einer der sieben heiligen Städte des Reiches von Rama, denn dort fand man Schriftzeichen, die der altindischen Indus-Schrift ähneln, die bis heute nicht übersetzt werden konnte. Die gleichen Schriftzeichen finden sich auch auf dem Rücken der Statuen auf der Osterinsel! War die Osterinsel somit eine Basis des Rama Reiches auf ihren Flugrouten um die Welt? Auch die Atlanter bereisten mit ihren Flugmaschinen die ganze Welt, doch diese beiden Reiche bekämpften sich aus heute unbekannten Gründen.

Die Atlanter oder Asvins waren dem Reich von Rama anscheinend technologisch überlegen und hatten ein sehr kriegerisches Temperament. Die Schiffe der Atlanter, die Vailixi, hatten die gleichen Flugeigenschaften der Vimanas und waren meistens zigarrenförmig, konnten unter Wasser operieren und auch in den Weltraum fliegen. Die Vailixi-Schiffe sollten in Atlantis bereits vor 20.000 Jahren entwickelt worden sein, waren entweder scheiben- oder zylinderförmig und hatten drei halbkugelförmige Motorengehäuse an der Unterseite. Sie nutzten mechanische Antigravitation von Motoren, die ungefähr 80.000 PS entwickelten. Im Ramayana wird von einem abscheulichen Krieg berichtet, der vor 10.000 bis 12.000 Jahren zwischen Atlantis und Rama stattfand, dabei kamen Waffen zum Einsatz, die erst wieder in der zweiten Hälfte des 20. Jahrhunderts verstanden werden konnten. Der britische Forscher David Davenport entdeckte an der Ausgrabungsstätte der Stadt Mohenjo-Daro verschmolzenes und verglastes Material, das bei mindestens 1.500°C geschmolzen und danach schnell abgekühlt war und im Zentrum der Stadt gibt es einen Platz, an dem alles kristallisiert und verschmolzen ist. Außerhalb des Zentrums fand man Ziegel, die an der Außenseite geschmolzen waren, und das weist auf eine starke Explosion hin. Es wurden auch Skelette entdeckt, die eine sehr hohe Radioaktivität besitzen. Diese Leute sind alle sehr plötzlich gestorben und keiner hat sie begraben. Davenport und andere Forscher meinen, dass das, was man in Mohenjo-Daro sieht, den Bildern des Atombombenabwurfs der Amerikaner auf Nagasaki oder Hiroshima gleicht. Die Straßen der Stadt waren mit schwarzen Klumpen aus Glas bedeckt, und man hat entdeckt, dass es sich dabei um Tonkrüge handelte, die unter starker Hitze geschmolzen waren!

Einige der antiken verstrahlten Skelette in Harappa und Mohenjo-Daro haben die gleichen Verstrahlungswerte wie jene japanischen Opfer in Nagasaki und Hiroshima – so etwas kann nur durch eine Atomexplosion erklärt werden. Und Robert Oppenheimer, der „Vater der Atombombe", glaubte ebenfalls daran, dass die alten Inder Nuklearwaffen eingesetzt hatten. Oppenheimer wurde im jüdischen Glauben erzogen, interessierte sich später allerdings stark für die Lehren der Bhagavad Gita, einer heiligen Schrift der Hindus über das Leben und die Lehren Krishnas. Aus dem Studium dieser Schrift wusste er, dass Atomwaffen mehrmals erwähnt werden, er sprach sogar öffentlich von der Möglichkeit, dass Nuklearwaffen in der Zeit der Entstehung des Ramayana und des Mahabharata existiert haben müssen! Ein Student der *Rochester Universität* fragte ihn einmal, ob die Atombombe, die in Alamogordo während des *Manhattan Projekts* gezündet worden war, die erste war, die jemals detoniert wäre. Oppenheimer sagte, es wäre die

Abb. 142: Die Schriftzeichen von Mohenjo-Daro und der Osterinsel, daneben die verstrahlten Skelette und der perfekt geplante Grundriss der antiken Stadt

erste, die in der modernen Zeit gezündet wurde, er glaubte, dass die erst damals für westliche Menschen zugänglichen vedischen Lehren das größte Privileg des 20. Jahrhunderts war. Nach diesem ersten Test zitierte er das folgende berühmt gewordene Zitat aus der Bhagavad Gita: „*Jetzt bin ich zum Tod geworden, der Zerstörer der Welten.*“[75] Anfang August 1945 warfen die Amerikaner zwei Atombomben über Japan ab und durch die Druckwellen, die Verbrennungen und späteren Verstrahlung wurden dabei mindestens 220.000 Menschen getötet. Es gibt heute Hinweise darauf, dass die USA nicht die nötigen Mengen an angereichertem Uran für die Bomben zur Verfügung hatten, und sich dieses erst zu Ende des Zweiten Weltkrieges aus Deutschland beschafften. Die Nationalsozialisten hatten anscheinend die Bombe zuerst fertigentwickelt, hatten jedoch Bedenken, sie einzusetzen, weil sie nicht wussten, wie stark die Bomben waren und ob die atomare Kettenreaktion jemals wieder gestoppt werden konnte. Das war auch den Amerikanern im *Manhattan Projekt* bewusst, und trotzdem zündeten sie die Bomben – Japan ergab sich schließlich und somit wurde der Zweite Weltkrieg offiziell beendet.

Die Stadt Mohenjo-Daro zeigt eindeutig eine sorgfältige Planung und es sieht so aus, als wäre die gesamte Stadt schon vor dem Bau genau geplant gewesen – die Gebäude und Anlagen waren perfekt auf die Umgebung abgestimmt und zur gleichen Zeit errichtet worden. Diese umfangreiche Planung wurde mit einer Methode durchgeführt, die zu dieser Zeit eigentlich nicht existiert haben konnte, und nicht einmal die Ägypter oder Sumerer hatten eine derart ausgereifte Planung und Entwicklung der Baukunst. Es scheint in dieser Stadt keine unterschiedlichen sozialen Klassen gegeben zu haben und es sind auch keine Tempel oder religiösen Gebäude vorhanden.

Andere Plätze, an denen man solche unerklärlichen Verglasungen entdeckt hat, sind Irland, Schottland, Frankreich, die Türkei und Ägypten. Es gibt keine plausible Erklärung dafür und die Ursache waren wohl Atomexplosionen in der fernen Vergangenheit. Die Reiche von Atlantis und Rama hatten sich wohl gegenseitig wieder in die Steinzeit bombardiert und erst heute können wir diese Geschehnisse wieder ganz entschlüsseln. Einige der alten Flugschiffe blieben jedoch länger erhalten und wurden bis in die Neuzeit hinein oftmals in Asien und anderen Teilen der Welt beobachtet. Die Dokumente aus Tibet belegen es, und auch die neun unbekannten Männer hüten möglicherweise diese antiken Technologien, denn die Schiffe wurden so entworfen, dass sie die Jahrtausende überdauern konnten. Als Alexander der Große Indien eroberte, berichtete er davon, dass er von „fliegenden feurigen Schilden“ angegriffen wurde, die auf seine Armee herunterschossen und sie verängstigten, fügten der Armee jedoch keinen großen Schaden zu und Alexander konnte Indien erobern. Es wird vermutet, dass sich noch einige dieser Schiffe in der Lop-Nor-Wüste im westlichen China befinden, denn dort gibt es schon lange Berichte von zahlreichen rätselhaften Erscheinungen und viele Menschen sind dort auch spurlos verschwunden – deshalb wird die Lop-Nor-Wüste als eine Art von „Bermuda Dreieck“ auf dem Kontinent bezeichnet.

Der indische Schriftsteller und Sanskrit-Gelehrte Aravind Subramanyam verbrachte viele Jahre damit, alte Sammlungen von beschrifteten Palmblatt-Büchern zu studieren, die in einem Dorf in Karnataka im südlichen Indien gefunden wurden. Ein besonders merkwürdiges Palmblatt-Buch war das „Amsu Bodhini“, das 1931 entziffert wurde. Es enthält Informationen über die Planeten des Sonnensystems und über die verschiedenen Arten von Licht, Hitze und Farbe. Außerdem gibt es Beschreibungen von elektromagnetischen Feldern und die Methoden, Maschinen zu konstruieren, die Sonnenstrahlen anziehen können. Wenn man die Komponenten dieser Maschinen anders zusammenstellt, erhält man die Möglichkeit, mit Menschen an fernen Orten zu sprechen und ihnen Mitteilungen per Kabel zu senden. Es wird sogar der Bau von Maschinen beschrieben, die Menschen zu anderen Planeten transportieren konnten und man sieht, all dieses Wissen hat tausende Jahre überdauert! Es wurde an geheimen Orten und Klöstern bewahrt und geschützt, bis der richtige Zeitpunkt kommt es bekannt zu machen. Doch es muss vorsichtig mit diesem Wissen der Götter umgegangen werden, weil es vermutlich schon mehrmals irdische Zivilisationen zerstört hatte.[(75)]

Supermenschen des Vril, Aldebaraner und Hyperborea

Vielleicht agieren die Bruderschaft der neun unbekannten Männer und die Weiße Bruderschaft aus dem Himalaya gemeinsam zum Wohle der Menschheit und versuchen, weitere Vernichtungen von Zivilisationen zu verhindern? Der Graf von Saint Germain soll ja gesagt haben, dass sich das Ende eines Zeitalters nähert. Das kann bedeuteten, dass es zu einem geistigen Aufstieg kommen kann und unsere alte Realität bald endet und wir wieder in ein goldenes Zeitalter eintreten. Die Aufgestiegenen Meister scheinen unsere Behüter und Lehrer zu sein und da sie anscheinend die physische Unsterblichkeit erreicht haben und sich aus verschiedenen Gründen im Himalaya aufhalten, gibt es sicher auch eine Verbindung zu den innerirdischen Zivilisationen von Shambhala und Agartha. Der bekannte Autor und Rosenkreuzer Edward Bulwer-Lytton schrieb über diese mächtigen, innerirdischen Zivilisationen schon in seinem Buch „*Vril – oder eine Menschheit der Zukunft*“ und auch darin ist anscheinend von den Neun Unbekannten die Rede und der Graf von St. Germain wurde als ein Adept betrachtet, als Eingeweihter in antike Weisheit, die sich hinter den Riten der Freimaurer, Rosenkreuzer und Tempelritter verbergen. Man sah den Grafen niemals etwas essen oder trinken und er befand sich trotzdem immer in bester Gesundheit. Eine lebensverlängernde Nahrung oder das Elixier der Unsterblichkeit finden wir auch schon bei noch älteren Überlieferungen aus Sumer und Babylon und auch die Anunnaki-Götter sollen etwas Derartiges besessen haben. Der Held Gilgamesch war ebenfalls auf der Jagd nach dem Mittel, das unsterblich macht. Der Sinn aller Geheimgesellschaften der Welt ist es stets, Wissen zu erhalten und über unsere ganze historische Geschichte hindurch wurde versucht, das alte Wissen zu bewahren. Die Geheimgesellschaften wollen auch heute ihr Wissen geheim halten und es nicht mit der Welt teilen, denn sie wissen, dass Wissen die größte Macht der Welt ist!

Vielen Legenden zufolge gibt es am heiligen tibetischen Berg Kailash im Himalaya eine mysteriöse Stadt der Götter. Der Berg liegt im Zentrum eines Gebiets, in dem vier wichtige Flüsse entspringen: der Indus, der Brahmaputra, der Satluj und der Karnali (ein Zufluss des Ganges). Der 6.700 Meter hohe Kailash gilt in Asien als der heiligste Berg der Welt, wird als die Wohnstätte des Gottes Shiva betrachtet und aus religiösen Gründen wurde er noch niemals bestiegen. Es ist eine Legende überliefert, dass der tibetische schwarzmagisch-buddhistische Yogi Milarepa (1040-1123) den Berg einst bestiegen haben soll. Im Jahr 1985 erhielt Reinhold Messner die erste Genehmigung zur Besteigung des Kailash, verzichtete dann aber darauf und seit damals wurde keine weitere Erlaubnis zur Besteigung mehr erteilt. Der Gipfel des Kailash gleicht der Form eines Kristalls oder einer Pyramide und ist ganzjährig mit Schnee bedeckt, und die symmetrische Form des Bergs gab schon lange Grund zu Spekulationen. Russische Wissenschaftler unter der Leitung von Professor Ernst Muldashev glauben, dass die Spitze des Berges möglicherweise eine riesige menschengemachte Pyramide aus uralter Zeit sein könnte, denn die Seiten des Berges sind genau nach den vier Himmelsrichtungen ausgerichtet und Studien der russischen Wissenschaftler legen sogar nahe, dass der Kailash das Zentrum eines Komplexes von mehr als einhundert kleineren Pyramiden und Monumenten ist. Wie es scheint, gab es früher auf der ganzen Erde ein Netz von Pyramiden, das sich über den ganzen Planeten erstreckte und diese Bauwerke wurden auf Ley-Linien errichtet, die die Energieflüsse auf der Erde regulieren. Auf diese Weise wurde wahrscheinlich Energie gespeichert und übertragen und auch vom Berg Kailash gibt es schon lange Berichte über rätselhafte und paranormale Phänomene, die immer wieder beobachtet wurden – möglicherweise ist dieses Bergmassiv sogar das Zentrum des Pyramidennetzwerks der Erde.

Es gibt auch alte buddhistische Legenden, dass dieser Platz einst von mächtigen Göttern genutzt wurde und Besucher berichten davon, dass man in der Nähe des Berges schneller altern soll. Wenn man sich 12 Stunden in dieser Region aufhält, wachsen Haare und Nägel so viel, wie normalerweise in zwei Wochen. Hat das mit den seltsamen Energien des Berges zu tun? Gibt es hier auch ein Zeitphänomen? Professor Muldashev glaubt, dass diese alten Götter einer Menschenrasse angehörten, die über fortschrittliche Technologien verfügten und spezielle Energien wie Torsionsfelder lenken und damit die Zeit beeinflussen konnten. Sie beherrschten wahrscheinlich auch Technologien, um auf die Gravitation einzuwirken, denn nur auf diese Weise könnte man so große Massen an Stein bearbeiten, wie das beim Berg Kailash anscheinend der Fall war. Von einer Seite aus betrachtet, kann man die dreieckige Form des Berges genau sehen und diese Felswand fällt für hunderte Meter komplett flach ab und es sieht beinahe so aus, als wäre der Berg aus verschiedenen Lagen von gigantischen rötlichen Steinblöcken erbaut worden. Auch diese Idee ist nicht neu, und geht bereits auf das altindische Epos Ramayana zurück. Dort steht geschrieben, dass der Kailash die kosmische Achse und das Zentrum der Erde ist und man nennt den Berg auch Meru oder Sumeru oder den Swastika-Berg und somit ist er auch der mysteriöseste Berg der Welt. Anhänger der alten tibetischen Bön-Religion nennen den Berg Yung-drung (9-stöckige Swastika), weil auf der Südseite des Berges eine große Kerbe existiert, die mit den exakt horizontalen Linien der Bergschichten so aussieht wie dieses Sonnenrad.

Diese Kerbe soll bei einem Kampf von Milarepa gegen den bösen Bön-Zauberer Naro Bön-chung entstanden sein, als sie ein Wettrennen zum Gipfel des Berges veranstaltet haben. Es soll einen übermenschlichen Kampf gegeben haben, weil beide Zauberer gleich stark waren. Um den Gipfel zu erreichen, benutzte Milarepa die Strahlen der Sonne und Naro Bön-chung eine magische Trommel. Milarepa gewann diesen Wettlauf und somit besiegte der Buddhismus die Bön-Religion. Könnte es sich bei diesen Strahlen und der magischen Trommel um Hochtechnologie gehandelt haben? Wenn es sich beim Berg Kailash tatsächlich um eine künstlich erschaffene Pyramide handeln sollte, wäre sie mit Abstand die größte der Welt. Die Kreiselbewegung unserer Erde erzeugt eine Präzession, die in einem Zeitraum von ziemlich genau 25.920 Jahren (man nennt es auch Platonisches Weltenjahr) eine volle 360°-Drehung der Erdachse bewirkt. Der Berg Meru dreht sich alle 6.480 Jahre um 90° und erzeugt so ein nördliches Kreuz, das diesen kosmischen Berg bei jeder vollständigen Präzession viermal im rechten Winkel dreht und wodurch die kosmische Swastika entsteht, die sich alle 25.920 Jahre vervollständigt. Der tibetische Buddhismus, die indischen und die slawischen Veden besagen, dass dann jeweils ein großer Zyklus endet und ein neues Zeitalter beginnt.

Einige indische Mystiker behaupten auch, dass es am Berg einen geheimen Eingang gebe, der in das legendäre Königreich von Shambhala führe. Auch viele Reisende hörten von den heiligen Männern der Region davon, dass es dort im nördlichen Himalaya einen Ort geben soll, an dem „perfekte Menschen" leben und inmitten hoher Berge soll es versteckte, abgeschlossene Bergtäler geben. Heiße Quellen sorgen für reiche Vegetation und es gibt viele seltene Pflanzen und medizinische Kräuter dort, die auf dieser Vulkanerde gut gedeihen. Viele Abenteurer und Reisende haben sich in der Vergangenheit auf die Suche nach Shambhala gemacht und einige von ihnen sind verschwunden (weil sie es entdeckt haben?), doch die meisten haben es niemals gefunden. In den alten tibetischen Schriften steht, dass Shambhala ein spirituelles Land ist, das sich nordwestlich des Berges Kailash befinden soll.

Professor Muldashev glaubt, dass der Kailash und seine Pyramidenstruktur den gleichen schematischen Aufbau wie DNA-Moleküle aufweist(!) und er ist sogar davon überzeugt, dass sich unter dem Schnee auf der Pyramide des Kailash das Auge der Pyramide befindet, so wie man es auf der amerikanischen 1-Dollar-Note darstellt! Weiter ist er davon überzeugt, dass der menschliche Genpool von den beiden unterirdischen Ländern Shambhala und Agartha abstammt. Von der Thule-Gesellschaft und den deutschen Ahnenerbe-Expeditionen wurden dazu ebenfalls Informationen beschafft, die besagen, dass Shambhala und Agartha die zwei Ableger einer antiken Hochzivilisation sind, die einst im Gebiet der heutigen Wüste Gobi existierte und danach in den Himalaya auswanderte und sich in diese zwei separaten Gruppen aufspaltete. Der Berg Kailash als Swastika-Berg soll das alte Machtzentrum dieser Zivilisation gewesen sein und er wird heute immer noch von unbekannten Kräften und Energien geschützt. Unter den Bergen des Himalaya soll es große unterirdische Höhlen- und Tunnelsysteme geben, in die sich diese unbekannte Zivilisation zurückgezogen hat, und diese Tunnelsysteme sollen sich unterirdisch über die ganze Erde erstrecken und wurden wohl von diesen antiken uralten Rassen mit ihrer geheimnisvollen Technologie erschaffen. Und so ist auch die Frage denkbar: Bewohnen die Weißen Meister und die Bruderschaft der neun unbekannten Männer ebenfalls diese rätselhaften unterirdischen Anlagen in der Stadt der Götter?

Der „schlafende Prophet" Edgar Cayce (1877-1945) gab in seinen Trance-Sitzungen einige Voraussagen über die Entdeckung einer mysteriösen Stadt unter dem Sand der Wüste Gobi bekannt und viele seiner Voraussagen haben sich heute bereits erfüllt. Cayce sagte voraus, dass irgendwann in der Zukunft eine Stadt aus Gold in der Wüste Gobi entdeckt werden soll und diese rätselhafte, immer noch intakte Stadt soll große goldene Tempel besitzen, die mit Aufzügen ausgestattet seien. Außerdem soll es dort elektrisch betriebene Fahrzeuge am Boden und in der Luft und viele magische Elemente geben. Diese Zivilisation der Wüste Gobi kommt in über 100 Einträgen von Edgar Cayce vor. Der schlafende Prophet machte diese Voraussagen in einem Trancezustand und konnte sich im Wachzustand nicht mehr daran erinnern. Er nannte die Gobi das „Sonnenland" und möglicherweise wurde von den Bewohnern, den „Kindern der Sonne", auch die Sonne in Form von Gold verehrt. Die antike Zivilisation in der Wüste Gobi soll eine ähnliche soziale Struktur gehabt haben, wie die der *Mound Builders* in Amerika. Die Herrscher genossen hohes Ansehen, wohnten in Tempeln und diese sollen gleich wie jene der Mound Builders pyramiden- und terrassenförmig angelegt gewesen sein. Alten menschlichen Skeletten zufolge hatten die ehemaligen Bewohner der Gobi den Haplotyp X, eine DNA, die heute noch die Basken aufweisen, die auch Rh-Blut besitzen und man vermutet, dass sich diese Linie bis nach Atlantis und Lemuria zurückverfolgen lässt. Cayce gab in seinen Readings zu verstehen, dass die Bewohner der goldenen Stadt in der Wüste Gobi Überlebende des mythischen Mutterlandes Mu waren.

Diese goldene Stadt in der Wüste Gobi soll noch vor 12.500 Jahren bewohnt gewesen sein und hatte ihre Blütezeit vor ca. 15.000 Jahren. Die Tempel der Stadt dienten dem moralischen, mentalen und spirituellen religiösen Streben der ehemaligen Bewohner und dies waren die gleichen Tätigkeiten, die später die Buddhisten und Hindus ausführten, die Brahma verehren. Menschen, die auf der Suche nach Erleuchtung waren, sollten von der allgemeinen Masse separiert worden sein und in den Tempeln konnten sie die Ausdrücke der göttlichen allschöpferischen Kräfte in der materiellen Natur studieren. Durch die Bewusstmachung dieser Prinzipien sollte es dem Individuum möglich werden, selbst einen göttlichen Bewusstseinszustand zu erreichen, denn nur auf diese Weise konnte ein echtes Verständnis des einen Schöpfergottes erlangt werden. Die Herrscher dieser Zivilisation waren also keine Priester oder Könige, sondern spirituelle Anführer und Lehrer. In der Stadt aus Gold sollen sich auch alte Gräber befinden, in denen Aufzeichnungen über die Geschichte dieser Zivilisation in Form von mit Stahlspitzen gravierten Steintafeln existieren. Laut Edgar Cayce nannte sich diese Nation selbst „Taoi" und mehr Informationen über diese Zivilisation sollen sich in den Hallen der Aufzeichnungen in Ägypten, Mexico und den Pyramiden der Bimini-Inseln befinden. Laut seinen Voraussagen sollen sich auch versteckte Kräfte im Gewässer von Bimini befinden, die von großen Quarzkristallen stammen, die für ihre Heilkräfte bekannt waren und in Bimini soll künftig auch Atlantis lokalisiert werden. Cayce meinte, dass die atlantischen Aufzeichnungen das spirituelle Wissen der alten Zivilisationen beinhalten, das sich auf dem Wissen über den einen Gott und seine heiligen Gesetze aufbaut. Atlantis soll sich eines Tages wieder erheben und das soll zu einer Zeit passieren, wenn das Eis von Grönland und der Antarktis zu schmelzen beginnt. Das löst dann starke tektonische Aktivitäten aus und es folgen Vulkanausbrüche, Erdbeben, Tsunamis und Überflutungen. So etwas gab es auch früher und das war der Grund, warum diese Aufzeichnungen konserviert wurden – das alte Wissen sollte bewahrt werden.

Ultima Thule soll die Hauptstadt des verlorenen Kontinents Hyperborea gewesen sein, der älter als Atlantis war. Den Überlieferungen zufolge waren die Hyperboreer die technologisch und sozial fortschrittlichste antike Zivilisation der Erde vor den großen Fluten. Als die zerstörerischen Fluten kamen, benutzen die Hyperboreer große Tunnel, die sich durch die Erdkruste ziehen, und siedelten sich permanent unter dem Himalaya an. Es gibt Gerüchte, dass sich einige Hinterlassenschaften der Hyperboreer heute noch in Norwegen befinden. Dort gibt es auch viele große, pyramidenförmige Grabhügel bzw. Mounds und ein Beispiel dafür ist das Haraldshaugen-Monument in Haugesund. Im südlichen Norwegen sollen diese pyramidenförmigen Strukturen durch bis zu 12.000 Jahre alte Tunnelsysteme verbunden sein (übrigens heißt das griechische Wort Hyperborea übersetzt „jenseits des Nördlichen" und Boreas war der Gott des Nordwinds).

Ein Professor von der *Universität von Kopenhagen* soll in diesen Tunneln sogar auf holografische Aufzeichnungen gestoßen sein, die noch von den antiken fortschrittlichen Hyperboreern stammen. Eine der Kräfte, die bestimmte vorsintflutliche Völker benutzten, war eine mysteriöse Lebensenergie, die von den deutschen Nationalsozialisten wiederentdeckt wurde – die *Vril-Kraft*. Auch Nikola Tesla studierte diese Energiefelder und daraus entstand anscheinend die Skalar-Technologie. Die Nationalsozialisten glaubten, dass die Vril-Kraft von einer Rasse von Gottmenschen stammte, die in der fernen Vergangenheit in Raumschiffen, die mit Vril-Kraft angetrieben wurden, von den Sternen zur Erde kamen. Sie siedelten sich zuerst auf der legendären Insel Thule an, wo sie die berühmte Zivilisation von Hyperborea gründeten, denn der Heimatplanet dieser Rasse wurde bei großen Kriegen im Weltall zerstört und ein Teil der Überlebenden gelangte so auf die Erde. Die deutschen Nationalsozialisten glaubten, dass die Gründer der Zivilisationen von Hyperborea, Atlantis und Thule von anderen Planten aus dem Welttraum stammten. Es waren die nordischen Götter, die von den Sternen kamen und ihre Genetik und die Rh-Blutgruppe mitbrachten. Die Deutschen im Dritten Reich wussten, dass sich die arischen Rassen nicht von Affen aus Afrika „entwickelt" hatten, doch die freimaurerische „Wissenschaft" wollte dieses göttliche Erbe auslöschen und durch eine satanische Lehre ersetzen, die den Menschen zu einem Tier degradieren soll – durch Rassenvermischung soll das alte göttliche Erbe und die arische Rasse vernichtet werden. Der deutsche Philosoph Friedrich Nietzsche (1844-1900) schrieb in seinen Werken über diese Übermenschen und ich zitiere aus seinem Buch *„Der Antichrist"* von 1888:

> *„Sehen wir uns selbst als das, was wir sind. Wir sind Hyperboreer. Wir wissen gut genug, wie wir abseits leben können. Wir haben Glück entdeckt, wir wissen den Weg, wir fanden den Ausgang aus den ganzen Jahrtausenden des Labyrinths. Wer fand ihn sonst? Der moderne Mensch etwa?"*

Nietzsche schrieb auch über die Kraft des Vril in seinem unveröffentlichten Werk *„Der Wille zur Macht"* und klärte darin, dass sich der Übermensch von der menschlichen Herde abhebt, weil er die übernatürlichen Kräfte des Kosmos verstehen und anwenden kann – das erhebe ihn über einen gewöhnlichen Menschen. Die Mitglieder der altdeutschen *Vril-Gesellschaft* glaubten, dass die Hyperboreer aus dem Sternsystem Aldebaran stammten und einst nach einem globalen Kataklysmus zur Erde kamen, als der Planet langsam wieder bewohnbar wurde. Sie siedelten sich auch in Mesopotamien an und regierten durch ihre elitären Blutlinien und ihr etabliertes Kastensystem – Rassenmischung war ein striktes Tabu und wurde streng geächtet. Der Name Sumer soll demnach auf das Planetensystem Sumi-Aldebaran zurückgehen, aus dem die Aldebaraner gekommen waren und der Planet Nibiru soll eine Zwischenstation der Aldebaraner sein, den sie auf ihren Reisen durch den Kosmos nutzen. Es gibt einige Hinweise darauf, dass das spirituelle Medium und Angehörige der Vril-Gesellschaft, Maria Orsitsch, im März 1945 mit dem rekonstruierten deutschen Großraumschiff *Vril Odin* zum Aldebaran aufgebrochen war. Eine Hauptaufgabe der Vril-Gesellschaft war auch, den Ursprung der arischen Rasse zu erforschen und es gab die verborgenen Meister von Ultima Thule, mit denen man Kontakt aufnahm, um die Geheimnisse der Vril-Kraft zu erforschen. Das Wort Vril soll vom sumerischen Wort Vri-Il stammen, und „göttlich" oder „gottgleich" bedeuten.

Vor dem Ende des Zweiten Weltkriegs flohen die verborgenen Meister von Ultima Thule mit den Deutschen und ihrer Technologie zum Südpol und nahmen ihre geheimen Kenntnisse über die Möglichkeiten der psychisch-medialen Kontaktaufnahme mit Außerirdischen ebenfalls mit sich. Der erste Planet in unserem Sonnensystem, auf dem sich die Aldebaraner auf ihrer Reise zur Erde ursprünglich ansiedelten, war der nunmehr zerstörte Planet Maldek, der heute den Asteroidengürtel zwischen dem Mars und dem Jupiter bildet. Danach wurde der Mars besiedelt und als sie als Anunnaki zur Erde kamen, wurden sie die weisen Götter der Antike. Als der Kontinent Hyperborea zu sinken begann, bohrten die Hyperboreer mit ihren großen Maschinen gigantische Tunnelsysteme in die Erdkruste und siedelten sich schließlich unter dem Himalaya an, wobei sich diese unterirdischen Reiche in Agartha und Shambhala aufteilten. Die gute Seite repräsentieren die Bewohner von Agartha und die böse Seite, die die Menschheit unterjochen will, soll sich in Shambhala angesiedelt haben, das weiter westlich liegt. Der Kampf zwischen den beiden Seiten dauert seit jenen Tagen an und die Mitglieder der Thule Gesellschaft und der SS im Dritten Reich agierten als die Repräsentanten von Agartha, die gegen die Freimaurer und Zionisten kämpfen, die Shambhala vertreten. Deshalb ist das Gebiet im Himalaya auch wirklich der Ursprungsort der heutigen arischen Rassen, was durch die Tibet-Reisen des deutschen Ahnenerbes ermittelt werden konnte.

Der Dalai Lama bestätigt, dass diese Zivilisationen unter der Erde heute noch existieren und Hauptzentren davon befinden sich unterhalb der Wüste Sahara, unter dem Matto Grosso, den Santa-Catarina-Bergen in Brasilien, in Yukatan in Mexico, dem Mount Shasta in Kalifornien, in England, Ägypten und Tschechien. Das Dritte Reich konnte mit diesen unterirdischen Zivilisationen erfolgreich Kontakt aufnehmen und es wurde von ihnen vorausgesagt, dass die Welt durch einen heraufziehenden, zerstörerischen Dritten Weltkrieg und durch eine globale Naturkatastrophe, ausgelöst von einem Polsprung, zerstört werden soll, wobei zwei Drittel der Weltbevölkerung möglicherweise den Tod finden. Und nach diesem letzten großen Krieg sollen sich die Rassen der inneren Erde mit den Überlebenden der Oberfläche vereinen und das tausendjährige, goldene Wassermannzeitalter wird dann beginnen. Die Vril-Gesellschaft kombinierte die Ideale des Hinduismus und die der Theosophie und benutzte als eine der ersten deutschen mystischen Gruppierungen das Symbol der Swastika, um eine Verbindung der westlichen und östlichen Geheimlehren darzustellen. Der Begriff Vril steht im Grunde für ein unterirdisches Reich, das ein sozialistisches Utopia darstellt, das im Roman von Edward Bulwer-Lytton beschrieben wird („*Vril oder eine Menschheit der Zukunft*").

Nachforschungen der Autoren Jacques Bergier und Louis Pauwels haben ergeben, dass der deutsche Wissenschaftler und spätere Autor Willy Ley behauptete, dass die Vril-Gesellschaft daran glaubte, dass ihr geheimes Wissen sie in die Lage versetzen würde, die arische Rasse zu verbessern und sie den mächtigen Menschen gleichzumachen, die im Inneren der Erde leben. Durch bestimmte Meditations- und Konzentrationsübungen sowie körperliche Yoga-Übungen sollte es vollbracht und der Körper dabei transformiert werden. Diese Einflüsse kamen nicht nur aus dem fernen Osten, sondern mit großer Wahrscheinlichkeit auch von den Lehren von Ignatius von Loyola und seinen Jesuiten, die ein solches System schon viel früher in Europa einsetzten. Die Konzentrations- und Visualisierungsübungen der Jesuiten ermöglichen es ihnen, einen machtvollen Geist zu entwickeln, der mit dem von Schamanen und tibetischen Lamas vergleichbar ist. Die deutschen Nationalsozialisten erforschten diese Praktiken der Jesuiten, weil sie glaubten, dass ihre Übungen von den alten Meistern aus Atlantis inspiriert sind. Ignatius von Loyola war ein Baske und viele glauben, dass das Volk der Basken die letzten reinen Nachkommen der atlantischen Rasse sind, denn Basken besitzen einen hohen Bevölkerungsanteil mit rhesusnegativem Blut. Die geistigen Kräfte sollen in allen arischen Rassen und Nachkommen dieser Hochkulturen vorhanden sein, sie müssen nur durch solche Übungen wieder aktiviert werden und durch die Reaktivierung dieser göttlichen Kräfte wollte die Vril-Gesellschaft die Dominanz des deutschen Volkes über die anderen Völker der Erde sicherstellen. Die Gesellschaft glaubte daran, dass jeder, der ein Meister der Vril-Kraft wird, auch ein Meister über sein Selbst wird. Dieser mentale Geisteszustand ermöglicht einem Meister, andere Menschen und die Welt um sich herum zu kontrollieren. Eines Tages sollten nach dem Glauben der Vril-Leute die Meister von Agartha an die Erdoberfläche zurückkehren und mit ihren positiven Kräften über die Erde herrschen – deshalb wurden Allianzen mit dieser unterirdischen Macht geschlossen.

Der Autor Wulf Schwarzwaller schrieb in seinem Buch „*Der unbekannte Hitler*" (1988), dass die Vril-Gesellschaft von Karl Haushofer gegründet worden war und die Aufgabe der Gesellschaft darin bestand, die Ursprünge der arischen Rasse zu erforschen und die Vril-Kraft in den arischen Menschen wiederzuerwecken. Haushofer war ein Student des russischen Magiers und Metaphysikers George Gurdjieff, der sich sein Wissen in Tibet aneignete und beide Männer hatten Kontakte zu tibetischen Geheimlogen, die das Geheimnis des Übermenschen kannten. Hitler wollte dieses Geheimnis für Deutschland einsetzten, darum versuchten sowohl Aleister Crowley als auch Gurdjieff selbst ihn zu kontaktieren. Möglicherweise lässt sich der mentale Einfluss und Erfolg Hitlers auf die tibetischen Lehren der Lamas und den Ausbildungsmethoden der japanischen Gesellschaft des „Grünen Drachen" zurückführen, die ihm von Gurdjieff über Haushofer beigebracht wurden. Die Vril-Kraft selbst soll von der „Schwarzen Sonne" ausströmen, einem großen Ball aus alchemistischer „Prima Materia" im Zentrum der Erde. Die Vril-Gesellschaft glaubte, dass die Arier die tatsächlichen biologischen Nachfahren der Schwarzen Sonne wären. Diese Kraft hatte bei den antiken Völkern viele verschiedene Namen und der bekannte Freimaurer Albert Pike sagte einmal, dass in der Natur eine einzigartige mächtige Kraft existiert, die einen einzigen Mann dazu ermächtigen kann, das Angesicht der Welt zu revolutionieren, wenn er es versteht, sie für sich einzusetzen. Das ist die mächtige Kraft, nach der die Nationalsozialisten suchten, und mit der sie versucht haben, die Welt zu beherrschen. Es sollte die Realisierung des „Großen Werks" der Adepten und Alchemisten werden, welche die Geheimgesellschaften über die Jahrhunderte hinweg verfolgten. Edward Bulwer-Lytton verarbeitete in seinem Buch nur das Geheimwissen, das ihm von den Rosenkreuzern her bekannt war, wobei es um die Mutation und Transformation des arischen Menschen in eine neue Rasse von göttlichen

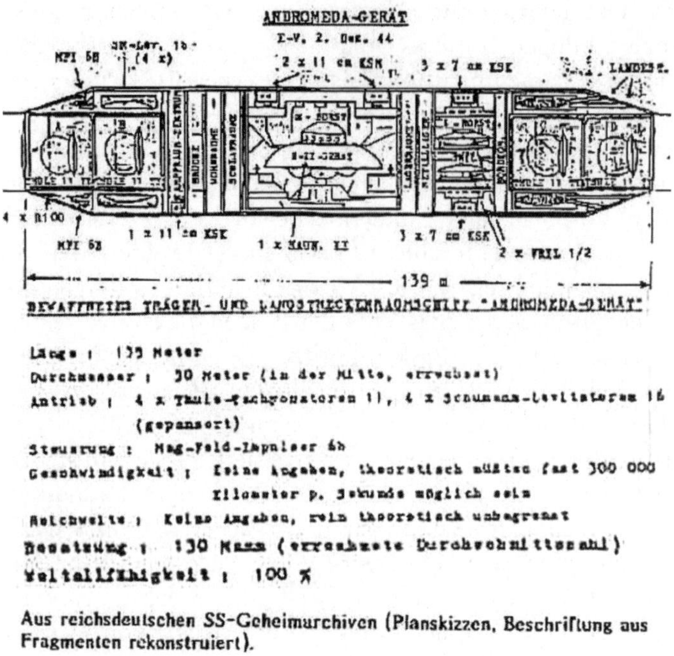

Abb. 143: Eine alte Planskizze vom Andromeda-Gerät

Übermenschen geht. Madame Blavatsky war von den Werken von Bulwer Lytton ebenfalls sehr angetan und glaubte, dass diese Kräfte im kommenden Wassermannzeitalter der indo-germanischen Menschheit wieder zur Verfügung stehen werden!

Der Vril-Gesellschaft soll schließlich der Kontakt mit den geheimen Meistern der Inneren Erde geglückt sein und von ihnen soll auch die Technologie für den Bau der ersten deutschen Flugscheiben stammen. Diese Kooperation begann bereits in den späten 1920er-Jahren, wobei das Ahnenerbe nicht nur in Asien, sondern auch in Europas Höhlensystemen nach Zugängen in die unterirdische Welt suchte. Auch die Antarktis wurde auf Geheiß der geheimen Meister erforscht und es gelang, dort einen weiteren Kontakt mit dem „unbekannten Supermensch" herzustellen, der in der fabelhaften „Regenbogenstadt" lebt. Dienten diese Berichte aus der Antarktis und der Vril-Kraft als Grundlage der weltberühmten Comic-Legende vom „Superman"?

Der Forscher Vladimir Terziski sprach in seinen Vorträgen von der „Regenbogen-Verschwörung", einer Verbindung von hochentwickelten Außerirdischen mit deutschen Geheimgesellschaften wie der Thule-, Tempelhof-, Vril- und Schwarzen-Sonne-Gesellschaft. Diese Außerirdischen agierten als Lehrer der Deutschen, arbeiteten bereits in den 1920er-Jahren in geheimen Untergrundbasen mit ihnen zusammen und führten sie in ihre Konzepte der Philosophie, der Kultur und des technologischen Fortschritts ein. Durch diese Zusammenarbeit meisterten die Deutschen den Raumflug mittels Antigravitation, errichteten die ersten Raumstationen und realisierten Zeitreisen. Durch diese Weise wurden auch die Ideen der Außerirdischen in das Denken der deutschen Bevölkerung verbreitet. Das größte in Deutschland gebaute Raumschiff zu Kriegszeiten war das zigarrenförmige Andromeda-Gerät (Abb. 143), eine Raumstation, die in den alten Zeppelin-Hangars bei Berlin von der E4 gebaut wurde, dem geheimen Forschungszweig der SS, die Alliierten beschlagnahmten bei ihrem Einmarsch in Deutschland einige geheime Dokumente, die das belegen und diese sind bis heute unter Verschluss – weitere geheime Dokumente über die Vril-Gesellschaft sind im Besitz der Briten.

Nach den Geheimnissen Eurasiens wenden wir uns nun den nicht minder spannenden Rätseln von Amerika zu, um später noch einmal auf die Geheimnisse Tibets und des Berges Kailash zurückzukommen.(75)

Kapitel 9 – Wie die Smithsonian Institution die geheime Geschichte der amerikanischen Riesen verschleierte

Die merkwürdige Geschichte von James Smithson

In Amerika übernahm die Smithsonian Institution die Rolle der Royal Society und auch die Gründer dieser Institution waren hauptsächlich Freimaurer. Es ist bekannt, dass sich bereits die ersten christlichen Missionare in Nord- und Südamerika für die alte und geheime Geschichte dieser Kontinente interessierten, denn sie wussten, dass es dort früher unbekannte Hochzivilisationen gegeben hatte. Und man wollte anscheinend wichtige Artefakte und Aufzeichnungen finden und verstecken. Alle Überlieferungen und Aufzeichnungen dieser alten Zivilisationen sollten konfisziert oder vernichtet werden. Die freimaurerischen Institutionen machten anscheinend dasselbe und das geschah in erster Linie, um ihren Darwinismus und den Plan für das neue Atlantis durchzusetzen. Ein weiterer Grund für diese Vorgehensweise war vielleicht auch, dass man alle übriggebliebenen Artefakte des alten Atlantis einsammeln wollte, ohne dass die normale Bevölkerung etwas davon mitbekam – auf jeden Fall arbeiteten die Kirche und die Freimaurerei bei der Vertuschung dieser alten Zivilisationen scheinbar Hand in Hand. Das scheint ganz bestimmte okkulte Hintergründe zu haben, die sowohl mit den hebräischen Traditionen der Freimaurerei als auch mit den christlichen Überlieferungen des Alten Testaments und der Welt vor der Sintflut zu tun haben. So ist außerdem bekannt geworden, dass der Vatikan heutzutage von der P2-Freimaurerloge beherrscht wird.

Die Smithsonian Institution soll seit Langem riesige geheime Lagerhallen besitzen, in denen hunderttausende Artefakte lagern, die der Öffentlichkeit nicht zugänglich sind. Es handelt sich dabei um Artefakte, Kunstgegenstände, Fossilien und menschliche Skelette, die nicht in das Schema der Evolutionstheorie und der gängigen Geschichtsschreibung passen. Der Darwinismus wurde mühevoll im Laufe mehrerer Jahrhunderte etabliert und ein einziges Beweisstück, das diese Theorie widerlegen könnte, würde ausreichen, um den ganzen aufgeblasenen Schwindel zum Einsturz zu bringen, wobei alle wissenschaftlichen Institutionen augenblicklich ihre Glaubwürdigkeit verlieren würden. Alle Geschichtsbücher müssten sofort umgeschrieben werden und man müsste zugeben, dass die Menschheit seit sehr langer Zeit belogen wurde. Außerdem gibt es auch elitäre Kreise, die solche Artefakte ganz für sich alleine beanspruchen und denken, sie seien die direkten Nachfahren der Könige und Herrscher dieser alten Kulturen. So gab es eine lange Abfolge von Priesterkönigen und Schlangenkulten, die sich über mehrere antike Kulturen bis nach Babylon und von dort bis nach Atlantis zurückverfolgen lassen – und das alles soll weiterhin geheim bleiben. Doch seit einiger Zeit gibt es in Amerika Bemühungen von alternativen Forschern, Zugang zu diesen verborgenen Artefakten zu erlangen, und eventuell können hier schon in den nächsten Jahren die ersten Erfolge erzielt werden. Es gab diesbezüglich bereits 2017 geheime Verhandlungen mit Verantwortlichen in der Smithsonian Institution.

Weil in meinem Buch schon sehr oft von der Smithsonian Institution die Rede war, werfen wir nun einen Blick auf ihren „Gründer", James Smithson, seine Lebensgeschichte und die Gründung der Smithsonian Institution in Washington D.C. im Jahr 1865. Ja-

Abb. 144: James Smithson, die Smithsonian Institution ca. 1870 und der ehemalige US-Konsul von Genua, William Henry Bishop mit dem exhumierten Schädel von Smithson in Italien im Jahr 1904

mes Smithson (1765-1829) wurde als James Lewis Macie vermutlich irgendwann im Jahr 1765 irgendwo in Frankreich geboren, der Ort und das Datum sind nicht überliefert. James war ein illegitimer Sohn der reichen Witwe Elizabeth Hungerford Keate Macie und Hugh Smithson, dem ersten Herzog von Northumberland. Im Alter von 10 Jahren wurde James Macie zum Engländer und nach dem Tod seiner Eltern wechselte er seinen Namen und nannte sich fortan nach seinem Vater James Smithson. Er machte einen Abschluss am College von Oxford und war sehr interessiert an den Naturwissenschaften, wo er sich schnell einen guten Ruf als Chemiker und Mineraloge erarbeitete. Dadurch wurde die Royal Society of London auf ihn aufmerksam und James Smithson wurde am 26. April 1787 ein Mitglied (Fellow). Das geschah gerade einmal ein Jahr nach seinem Abschluss und mit seinen damals 22 Jahren war er das jüngste Mitglied der Royal Society. Es ist heute bekannt, dass James Smithson ebenfalls ein Freimaurer war, was wohl der Grund für seine schnelle Aufnahme war.

Smithson hielt sich während der Französischen Revolution in Paris auf und im August 1807 gelangte er während der napoleonischen Kriege in Tönningen in Ostfriesland in Kriegsgefangenschaft. Bei der Überstellung nach Hamburg wurde er dann auch noch von den Franzosen inhaftiert, wurde jedoch später freigelassen und konnte nach England zurückkehren. Eine vielsagende Begebenheit ereignete sich Jahr 1824, damals veröffentlichte Smithson für die Royal Society eine Arbeit über die Kirkdale-Höhle in England, denn es kam zu seltsamen Fossilienfunden in dieser Höhle. Zu dieser Zeit glaubte man noch daran, dass Fossilien durch eine große Flutwelle wie die biblische Sintflut in Höhlen gespült worden waren, doch James Smithson lieferte in seiner Publikation Gegenargumente dafür. Man kann auch hier das Wirken der Freimaurerei erkennen, die ab ca. 1830 damit begonnen hatte, alle Hinweise auf die Welt vor der letzten Flut zu beseitigen. Ein anderes Mitglied der Royal Society, William Buckland, hatte bereits im Jahr 1822 diese seltsamen Fossilien in der Kirktale-Höhle entdeckt und Buckland war noch ein Anhänger der alten Vorstellungen der Wissenschaft vor 1830. Damals entstanden alle modernen Forschungsrichtungen und die Entdeckungen der Geologen deckten sich allgemein mit den in der christlichen Bibel beschriebenen Vorgängen, speziell mit der Schöpfung und Noahs Sintflut! Buckland war ein Anhänger des Katastrophismus und glaubte daran, dass es in der Vergangenheit der Erde durch große Katastrophen mehrmals zu einem Massensterben aller Arten und einer Neuschöpfung dieser Arten gekommen war – wodurch immer neue Tier- und Pflanzenarten entstanden wären, so wie man es aus dem Fossilbericht ableiten kann.

Die Kirktale-Höhle wurde im Jahr 1821 von Steinbrucharbeitern entdeckt und dabei wurde der Eingang zufällig freigelegt, zuvor gab es keinen modernen Zugang zu dieser Höhle und es handelte sich also um eine unberührte Zeitkapsel aus der Vergangenheit. Buckland und andere Forscher erblickten im Inneren die fossilen Überreste vieler Tierarten und im Gegensatz zu anderen Fossilien, waren diese hier nicht in Sedimentschichten eingeschlossen, sondern lagen unter einer dünnen Schicht aus Ton und Schlamm. Diese Ablagerungen konnten erst nach der Entstehung dieser Höhle erfolgt sein, was bedeutet, dass diese Knochen erst vor relativ kurzer Zeit dorthin gelangt waren. Trotzdem repräsentieren sie tropische Arten. Und da man die meisten Knochen Hyänen zuordnen konnte und auch fossilen Kot von ihnen entdeckte, war sicher, dass diese Raubtiere hier ihre Beute verspeist hatten, wobei von den Beutetieren meist nur einige wenige Knochen und keine Skelette vorhanden waren. Ein ganzes exotisches Ökosystem muss sich früher außerhalb der Höhle befunden haben – mit der zwingenden Frage: Wann lebten Hyänen, Tiger, Flusspferde, Nashörner, Bären und Elefanten in Nordengland? Und die einzige brauchbare Antwort darauf lautet: Vor der Verschiebung der Kontinente. Ähnliche Entdeckungen machte man auch in der Denisova-Höhle in Sibirien. Dort wurden unter meterdicken Ablagerungen von Erde und Schlamm Schmuckgegenstände gefunden, die aus afrikanischen Straußeneiern gefertigt worden waren. Wie soll das vor tausenden von Jahren in eine Höhle in Sibirien gelangt sein? Auch hier gibt es die Schlammablagerungen, also einen weiteren Hinweis auf eine große Flutkatastrophe und ein tropisches Klima, das möglicherweise irgendwann in der nicht allzu fernen Vergangenheit überall auf der Erde geherrscht hat. Es wäre interessant, in anderen Höhlen ebenfalls nach solchen Überresten zu graben, und die Fossilien C-14-datieren zu lassen.

Für seine Forschungen in der Kirktale-Höhle erhielt William Buckland 1822 eine Auszeichnung der Royal Society und seine Publikation wurde ein Bestseller. Nach dem großen Umschwung ein paar Jahre später änderte er allerdings seine Meinung und schloss sich den Aktualisten um Charles Lyell und den Darwinisten an. Auch James Smithson wurde auf diese Linie gebracht, verfasst 1826 in London seinen mysteriösen letzten Willen und sein Testament und starb drei Jahre später am 27. Juni 1829 in Genua, Italien, wo er auf einem britischen Friedhof beigesetzt wurde. Seinen Nachlass vererbte er zuerst seinem Neffen Henry James Hungerford, doch als dieser kinderlos starb, ging der Rest des Vermögens, wie in seinem Testament verfügt, an die Vereinigten Staaten von Amerika und dort sollte in Washington D.C. eine „Smithsonian Institution" etabliert werden. Diese Institution sollte fortan für den Zuwachs und die Ausbreitung von Wissen in den Vereinigten Staaten verantwortlich sein, doch in den Staaten wusste man nicht so recht, was man von dieser „Spende" halten sollte, denn Smithson war zu Lebzeiten niemals in den Vereinigten Staaten gewesen!

1838 wurde dann das Vermögen zusammen mit dem persönlichen Besitz von James Smithson in die Vereinigten Staaten verschifft und erst im Jahr 1846 entschied sich der amerikanische Kongress endgültig dazu, die Smithsonian Institution tatsächlich zu gründen. Der Bau dauerte fast zwanzig Jahre, das ursprüngliche Gebäude der Institution wurde aufgrund seines Baustils auch die „Burg" genannt und von Georg Mollers Denkmälern der deutschen Baukunst inspiriert. Doch 1865, im Jahr der Fertigstellung, kam es zu einem Brand und viele der persönlichen Briefe, Bücher, Tagebücher, Dokumente und Publikationen von James Smithson wurden zerstört, wodurch nur noch einige wenige

Dokumente von Smithson existieren und das erschwert heute genauere historische Forschungen zu seiner Person – sein Testament ist jedoch erhalten geblieben. Smithson war nie verheiratet, hatte auch keine Kinder, verbrachte die meiste Zeit seines Lebens in Europa und sein Vermögen wurde in Form von englischen Goldmünzen (Souvereigns) in elf Kisten in die Staaten verschifft. Das US-Konsulat in Genua kümmerte sich daraufhin um die Grabstätte von Smithson. Im Jahr 1903 wollte der damals berühmte Wissenschaftler Alexander Graham Bell eine Idee umsetzen, denn Bell hatte das erste funktionierende Telefon patentiert. Er war auch Mitglied im Verwaltungsrat der Smithsonian Institution und wollte das Grab von James Smithson nach Amerika verlegen. Im Winter 1903 reiste Bell zusammen mit seiner Frau nach Genua, um Smithsons Überreste zu exhumieren. In einem gewagten Manöver täuschte er vor, er sei ein persönlicher Repräsentant des damaligen US-Präsidenten Theodore Roosevelt, verteilte Bestechungsgelder im Namen des Präsidenten und erhielt dadurch alle nötigen Befugnisse. Smithsons Grab war auf dem Friedhof in Genua am auffälligsten, ein Steinsarkophag, der von einem Eisenzaun umschlossen war – bereits zur Hälfte mit Schutt bedeckt und von Pflanzen überwachsen. Bell ließ den Sarkophag öffnen und war überrascht, das ganze intakte Skelett vorzufinden. Er nahm den Schädel heraus und blickte dem Mann in die Augen, der für die Entstehung der ersten wissenschaftlichen Institution in den Vereinigten Staaten verantwortlich war. Natürlich war es das nicht, das Smithsonian sollte einfach nur die amerikanische Zweigstelle der britischen Royal Society und ihrer freimaurerischen Agenda werden. Bell nahm die Überreste mit sich und verließ schleunigst das Land.

Als Bell die Überreste in Amerika der Smithsonian Institution übergab, verkündete er, dass seine Mission jetzt beendet sei und er die Überreste dieses großen Wohltäters nun den Vereinigten Staaten übergibt. Man war sehr überrascht darüber, und wusste dort eigentlich gar nicht, was man mit diesen Knochen jetzt anstellen sollte. Sie wurden einfach in einen Konferenzraum deponiert und blieben dort für mehr als ein Jahr liegen. Schließlich fertigte man extra eine Krypta am Eingang der Burg der Institution an, worin sich die Überreste heute noch befinden. Somit teilten die Überreste des Gründers der Institution ihr Schicksal mit denen von zigtausenden Riesenskeletten, die später auch aus Gräbern in den ganzen USA gestohlen und dort eingelagert wurden!

Es scheint tatsächlich ein Fluch auf diesem Gelände zu liegen, denn Smithsons Geist soll laut den historischen Aufzeichnungen noch viele Jahre später in den Gängen der Gebäude herumgespukt haben. Vielleicht hat das auch mit den abertausenden Artefakten zu tun, die man aus indianischen Begräbnisstätten in ganz Amerika gestohlen hatte! Es wurde nie ein Motiv dafür gefunden, warum James Smithson sein angebliches Vermögen ausgerechnet einer Nation spenden sollte, die er niemals besucht hatte. 11 Kisten voll Gold hätten sicher auch an andere europäische Institutionen gespendet werden können und die Wissenschaftler sprechen heute davon, dass es reines Glück war, dass das Smithsonian gegründet wurde – doch das ist vollkommen ausgeschlossen. Diese großen wissenschaftlichen Institutionen wurden speziell dazu erschaffen, bestimmtes Wissen unter Verschluss zu halten. Der Insider und Bestsellerautor Dan Brown schreibt in seinem Roman *„Das verlorene Symbol"* vom Smithsonian, der Leiter der Institution heißt darin „Peter Solomon" und ist ein Freimaurer des 33. Grades, was eine Anspielung auf das „Haus von Salomon" ist. Im Roman war König Salomon der zweite Sohn von König David von Israel und der weiseste Mann, der jemals gelebt hat. Salomon soll auch den ersten jüdischen Tempel in Jerusalem erbaut haben, ihn seinem Gott YHWH, der ihm selbst mehrmals erschienen ist, gewidmet haben, und der Tempel soll außerdem die mythische Bundeslade beherbergen. Doch als sich Salomon irgendwann von seinem Gott abwandte und begann, Idole und Götzen anzubeten (Baal), wurde er von ihm bestraft – das war das Ende des vereinten Israel, das Reich zerbrach und der Tempel wurde zerstört. Die moderne Freimaurerei versucht nun, diesen Tempel Salomons *symbolisch* wieder zu errichten und die reale Existenz der alten Götter vor der Weltöffentlichkeit zu verbergen. Diese Götter beziehungsweise Außerirdischen besaßen nämlich die Technologie für die Errichtung dieser großen Megalith-Anlagen, Tempel und anderer gigantischer Bauwerke, wie z.B. den Pyramiden. Doch durch die von der Freimaurerei erschaffenen „Wissenschaft“ wird das wahre Wissen in zwei Kategorien eingeteilt: Einerseits wird Wissen und Technologie dafür eingesetzt, eine falsche Realität zu erzeugen und den Menschen zu schaden. Andererseits existiert geheimes Wissen über diese Welt und die Technologien für freie Energie, alternative Heilmethoden sowie eine Vielzahl anderer geheimer Entwicklungen, das von der Bevölkerung ferngehalten werden soll – diese Technologien könnten das Kontrollsystem und die Ausbeutung der Welt beenden und die Menschheit damit frei und unabhängig werden lassen.

Die britische *Royal Society* und die *Smithsonian Institution* waren also nur die Vorläufer und Wächter der später weltweit akzeptierten akademischen Naturwissenschaften und ihrer freimaurerischen Theorien des Aktualismus und der Evolution. Und eine bestimmte Sache wird immer wieder mit Vertuschungsaktionen der Smithsonian Institution in Zusammenhang gebracht: Das sind die Untersuchung und die Beseitigung von riesigen menschlichen Skeletten, die man in ganz Amerika entdeckt hatte. Diese Funde wurden bereits sehr früh von christlichen Missionaren dokumentiert, weshalb man schon lange vor der Gründung dieser Institution von der Existenz von Riesen wusste.

Die amerikanischen Forscher David Wilcock und L. A. Marzulli haben dazu einiges herausgefunden: James Smithson entstammte einer der alten Blutlinien Europas, die eine große Rolle in der Hierarchie der geheimen Weltregierung spielen. Smithson selbst war kein gewöhnlicher Freimaurer, sondern einer des 33. Grades im Schottenritus und gleichzeitig ein ranghohes Mitglied der Illuminati, weshalb es für den jungen Smithson so einfach war, Karriere in der Royal Society zu machen. In Europa und Amerika wurden Skelette von antiken menschlichen Riesen gefunden, die einst die ganze Erde beherrschten und diese Skelette wollte man loswerden. Das Smithsonian sammelte sie zusammen und brachte sie mit Schiffen hinaus aufs offene Meer, wo der Großteil von ihnen versenkt wurde – sie sollten niemals wieder gefunden und auch nicht weiter aufbewahrt werden. Später besann man sich und lagerte in geheimen Lagerhallen schließlich doch welche ein – es handelt sich hier immerhin um das Erbe der ganzen Menschheit. Viele unabhängige Forscher betätigen sich jetzt in dieser Richtung, kontaktierten ehemalige Mitarbeiter des Smithsonian, um doch noch an diese Knochen zu gelangen und soweit jetzt bekannt ist, haben sich einige Mitarbeiter zur Zusammenarbeit bereit erklärt. L. A. Marzulli hat auch einen Mann ausfindig gemacht, dessen Großvater auf dem Schiff gearbeitet hatte, auf dem die eingesammelten Knochen der Riesen im Ozean versenkt worden waren. Ein anderer anonymer Mitarbeiter hat verraten, dass er selbst in den geheimen Lagerhallen der Smithsonian Institution gewesen war, jede dieser Hallen vier Stockwerke habe und ungefähr 90 Meter lang und breit sei. Laut diesem Mitarbeiter

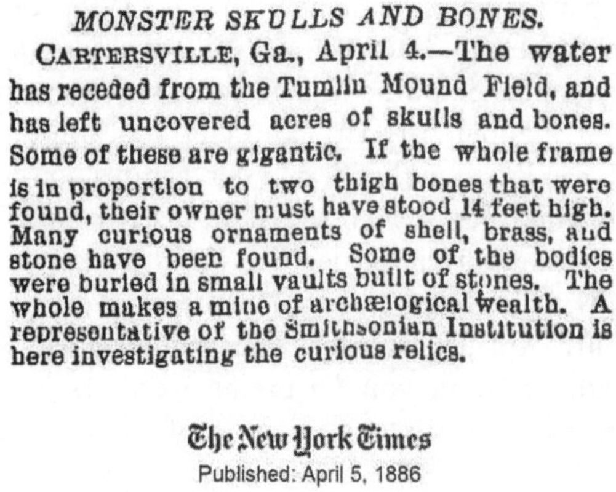

MONSTER SKULLS AND BONES.

CARTERSVILLE, Ga., April 4.—The water has receded from the Tumlin Mound Field, and has left uncovered acres of skulls and bones. Some of these are gigantic. If the whole frame is in proportion to two thigh bones that were found, their owner must have stood 14 feet high. Many curious ornaments of shell, brass, and stone have been found. Some of the bodies were buried in small vaults built of stones. The whole makes a mine of archæological wealth. A representative of the Smithsonian Institution is here investigating the curious relics.

The New York Times
Published: April 5, 1886

Abb. 145: Alte Zeitungsmeldungen über Riesenfunde des *Smithsonian* in der *New York Times*

befinden sich dort neben den Überresten der Riesen auch ägyptische Mumien, die aus dem Jahr 200 v. Chr. stammen und in Höhlen im Grand Canyon gefunden wurden – eventuell gibt es bald mehr Informationen dazu.

Neben diesen Knochen sollten auch die ganzen Artefakte verschwinden, die beweisen, dass das präkolumbianische Amerika bereits Kontakte in die ganze antike Welt hatte und ein reger Handelsverkehr herrschte. Neben ägyptischen und sumerischen Artefakten gab es auch welche aus China, die in Mexiko und Kalifornien gefunden wurden! Die Smithsonian Institution betrieb also keine echte Wissenschaft, sondern unterdrückte die wahre Geschichte der alten Welt und ersetzte sie durch ihre falschen Theorien und Märchen. Dagegen erhalten viele Indianerstämme ihre alten Überlieferungen lebendig und sie alle kennen die Wahrheit. Vine Victor Deloria, ein US-amerikanischer Indianer, Autor, Historiker und Aktivist schrieb einmal:

> *„Speziell die Smithsonian Institution ist schuldig, Bemühungen unternommen zu haben, die Geschichte der Riesen zu verbergen und ihre riesigen Knochen wegzusperren. Die moderne Archäologie und Antropologie haben die Türen zu unseren Vorstellungen verschlossen. Sie präsentieren die Geschichte Nordamerikas als uninteressant und vermeiden irgendetwas über die großartigen Kulturen zu berichten, die einst hier existierten. Das Smithsonian drang während des 19. Jahrhunderts in die antiken heiligen Grabhügel bzw. Mounds ein. Auf diese Art und Weise sind unzählige Knochen von Riesen einfach verschwunden. Die Türen zu den Anlagen, in denen sie heute aufbewahrt werden, sind für jeden außer Regierungsangestellten verschlossen. Diese Knochen tragen die Geheimnisse der tiefen Vergangenheit, über die die Regierung so sehr besorgt ist.“*[76]

Der Diebstahl und die Zerstörung der Artefakte und Skelette der Riesen dieser unbekannten alten Zivilisationen ist von hochrangigen Verwaltungsangehörigen und Hochgradfreimaurern angeordnet worden(!) und will damit die neuerschaffene Mainstream-Chronologie der menschlichen Evolution und alle anderen damit zusammenhängenden Lügen beschützen. Bis ins späte 19. und frühe 20. Jahrhundert wurde noch in Zeitungen und offiziellen Dokumenten von den Riesenskeletten berichtet, doch danach wurde die Zensur so mächtig, dass fast nichts mehr davon durchgedrungen ist. Falls es doch einige Male gelang, wurden solche Funde ins Lächerliche gezogen. Doch es existieren zum Beweis noch einige alte Einträge und Zeitungsartikel aus dieser Zeit, die eine direkte Intervention der Smithsonian Institution bestätigen. Aus dem 12. jährlichen Bericht, dem *12th Annual Report from the Bureau of Ethnology to the Secretary of the Smithsonian* aus dem Jahr 1894 geht hervor, dass 2,15 bis 2,70 Meter große Skelette nachweislich in den pyramidenförmigen Mounds (Grabhügeln) überall in den Vereinigten Staaten gefunden wurden und die Verfasser dieses Berichtes sind Cyrus Thomas und Thomas Powell, die im Smithsonian direkt für diese Funde verantwortlich waren.

GIANT INDIAN SKELETONS

Roamed Indian Swamps 500 Years Ago Living on Shell Foods

Tampa, Fla. (AP).—Giant Indians who roamed Florida swamps 500 years or more, living on shell foods which they cracked with their teeth, is a picture unfolded by archeologists who have delved into a burial ground on a gulf island near here.

The skeletons were discovered on a small section of land, where a lone fisherman has lived for years. Scientists estimated the bones are at least 500 years old and are remains of a tribe known as the Garibs, natives of the West Indies. They are believed to have inhabited the state and adjacent islands before the arrival of Spaniards in Florida.

The skulls, larger than those of current history, battered and crushed, indicated tribal battles. The jaw and teeth are unusually large. Likewise are the body bones, indicating the Indians of past ages were veritable giants in comparison with those of today.

Mounds similar to the one in which the bones were unearthed are common in the state.

The bones have been sent to the Smithsonian Institution for further examination.

(AND NEVER HEARD OFF AGAIN!!!)

FROM "FL-LAWRENCE WORLD JOURNAL AUGUST 25-1927

Giant Skeletons Are Uncovered in Florida

Tampa, Fla.—Giant Indians who roamed Florida swamps 500 years ago or more, living on shell foods which they cracked with their teeth, is a picture unfolded by archeologists who have delved into a burial ground on a gulf island near here.

The skeletons were discovered on a small section of land where a lone fisherman has lived for years. Scientists estimated the bones are at least 500 years old and are remains of a tribe known as the Caribs, natives of the West Indies. They are believed to have inhabited the state and adjacent islands before the arrival of Spaniards in Florida.

The skulls, larger than those of current history, battered and crushed, indicated tribal battles. The jaw and teeth are unusually large. Likewise are the bones, indicating the Indians of past ages were veritable giants in comparison with those of today.

Mounds similar to the one in which the bones were unearthed are common in the state.

The bones have been sent to the Smithsonian institution for further examination.

Search Reveals Huge Skeletons Of Extinct Race

Mound in Louisiana Gives Up Bones of Indians More Than Seven Feet Tall

NATCHEZ, Miss., June 21.—(AP) Skeletons of Indians estimated to have been more than seven feet tall have been unearthed by explorers of Catahoula parish, Louisiana.

A search for locations for study by members of the Smithsonian institution disclosed from 15 to 20 of the skeletons in a grave on a mound at Larte lake.

The discovery was made by Dr. E. A. Breithaupt and E. W. Knight and was regarded as contributing to the theory that the pre-historic mound builder once lived there.

Abb. 146: Weitere alte Zeitungsmeldungen über Riesenskelett-Funde und die Smithsonian Institution

In Abb. 145 und 146 sehen wir einige alte Zeitungsberichte über übergroße menschliche Skelette und stammen aus einer Zeit, als noch keine politische Korrektheit und akademische Zensur herrschte. Die *New York Times* berichtete 1886 von einem Riesenskelett, das 4,27 m groß war! Trotzdem hörte oder sah man niemals wieder etwas von diesen Skeletten, sobald das Smithsonian damit zu tun hatte. Nicht einmal die Kirche übte eine derart strikte Zensur aus, denn man kann von den Riesen immer noch in der Bibel lesen. In einem der Zeitungsartikel wird sogar von einem 5,5 Meter großen Skelett berichtet! Der letzte bekannte Artikel über ein Riesenskelett erschien am 13. September 1932 in der Pittsburgh Press. Das Alter der größten Mumien wurde von den Experten, die diese Ausgrabung leiteten, zwischen 2.800 bis 10.000 Jahren angegeben. In jedem Bericht wird erwähnt, dass die Riesenskelette zur Smithsonian Institution geschickt wurden – doch es wurde weder erneut darüber berichtet, noch auch nur eines dieser bemerkenswerten Skelette jemals vom Museum öffentlich ausgestellt.

Der erste Geschäftsführer des Smithsonian hieß Joseph Henry und leitete das Institut von 1846 bis 1878. Henry war sehr interessiert an den Theorien von Charles Darwin und bestellte das Buch über die Entstehung der Arten sofort im Erscheinungsjahr 1857. Sein Nachfolger Spencer Fullerton Baird war ebenfalls ein überzeugter Darwinist und trainierte den nächsten Nachfolger genauso auf den Darwinismus. Das setzt sich bis heute so fort und ist eine weitere Erklärung für das Verschwinden von Artefakten und archäologischen Objekten wie den Riesen. Sie passen nicht zur Evolutionstheorie und auf der Webseite des Smithsonian wird das auch ausdrücklich betont. In der Biografie von Spencer Fullerton Baird ist zu lesen, dass er ein Anhänger der Prinzipien von Darwin sei und glaube, dass damals die Ära eines neuen „wissenschaftlichen Evangeliums" angebrochen war. Baird hatte einen Untergebenen namens George Brown Goode, der

Abb. 147: Frederic Ward Putnam (links) und Ales Hrdlicka

später sein Nachfolger wurde und die Aufgabe hatte, den naturhistorischen Teil des Smithsonian Museums nach den Grundsätzen der Evolutionstheorie umzugestalten. Die Theorie der Evolution wurde vom Smithsonian nicht nur sofort übernommen, sondern dies hatte auch eine große Auswirkung auf die Sammlung, das Studium und die Zuordnung von Objekten im Museum. Die Evolutionstheorie wurde die Basis der naturhistorischen Forschung dieses Nationalmuseums und ist es noch heute – das sagt alles, mehr Worte müssen darüber nicht mehr verloren werden.

Sehen wir uns nun die Hauptverantwortlichen, ihre Vorgehensweise und ihre Absichten genauer an.[76]

Ales Hrdlicka und Frederic Ward Putnam

Eine Schlüsselrolle bei der Verschleierung der verlorenen Zivilisationen in Amerika spielten die beiden Männer Frederic Ward Putnam und Ales Hrdlicka. Putnam (1839-1915) war während des 19. und 20. Jahrhunderts einer der weltweit führenden Archäologen und Anthropologen. Dieser Mann war aber auch ein Hochgradfreimaurer des 33. Grades. Das kann man noch in einer freimaurerischen Publikation aus dem Jahr 1858 nachprüfen. Das Buch heißt *„FREEMASONRY DEGREES: Monitor of the ancient and accepted Rite“* und Frederic Putnam verkaufte sogar handsignierte Ausgaben davon noch im Jahr 1908. Er hatte die *Harvard Universität* besucht und gründete bereits im Jahr 1867 das Journal *American Naturalist* als Folge der Veröffentlichung der Theorien von Charles Darwin. Darwin hatte sie sich jedoch nicht ausgedacht, sondern es handelt sich nach wie vor um eine Agenda und die Religion der Freimaurerei. In deren Auftrag wurden dann auch all die naturwissenschaftlichen Gesellschaften mit dem Ziel, die Evolutionstheorie zu verbreiten, gegründet und gerade Putnam war der Gründer vieler wissenschaftlichen Gesellschaften in Amerika und dabei Mitglied in der *American Philosophical Society*, der *National Academy of Sciences*, der *American Antiquarian Society*, des *Archeological Institute of America*, der *Anthropological Society of Washington* und anderer Gesellschaften. Ein weiterer wichtiger Mann bei der Umsetzung dieser Agenda war der aus Böhmen in die Vereinigten Staaten eingewanderte Mediziner Alois Ales Hrdlicka (1887-1943). Von diesem Mitarbeiter der Smithsonian Institution ist in mehreren Kapiteln des vorliegenden Buchs die Rede. Hrdlicka studierte in New York Medizin, arbeitete dort mehrere Jahre in einen Krankenhaus und entwickelte ein starkes Interesse an der Anthropologie. Er wird heute noch als der Begründer der ärztlichen Anthropologie in Amerika betrachtet und seine damalige Arbeit brachte ihn in Kontakt mit dem amerikanischen *Museum für Naturgeschichte* und dessen Leiter Frederic Putnam. Dieser arrangierte für Hrdlicka seine ersten anthropologischen Feldstudien und seine Forschungsreisen führten in den folgenden Jahren durch den ganzen amerikanischen Südwesten und das nördliche Mexiko. 1903 wurde er dann der Leiter der von ihm neu begründeten ärztlichen Anthropologie am *US-National Museum*, das später zur Smithsonian Institution wurde. Ales Hrdlicka interessierte sich immer für den Ursprung des Menschen, doch er stand allen Funden von Hominiden skeptisch gegenüber und glaubte zu Recht, dass sie kein Teil einer Evolution waren. Er erkannte die Affenskelette, aus denen man Vormenschen machen wollte, und glaubte, dass der Ursprung des Menschen in Zentraleuropa läge, weil man dort zuerst alte menschliche Skelette entdeckt hatte. Er forschte auch viel zur Immigration der ersten Menschen über die Beringstraße nach Amerika und seiner Meinung nach waren die ersten Indianer erst vor wenigen tausend Jahren nach Amerika eingewandert. Alle Funde, sie dieser These widersprachen, wurden von ihm bekämpft, ganz besonders die Skelette von Riesen in den als „Mounds" bekannten Grabhügeln, denn sie stellten das größte Problem für seine Thesen und die damals junge Evolutionstheorie dar. Im Jahr 1927 reiste Hrdlicka nach England, um dort einen Vortrag zu halten und erhielt dafür die Huxley-Gedenkmedaille von der Royal Society. Wahrscheinlich wurde er für seine gute Arbeit belohnt, die er geleistet hatte, als er viele archäologische und anthropologische Funde diskreditierte, die nicht in das Dogma der Evolution passten!

Es gibt eine ganze Reihe menschlicher Skelettfunde, die nicht in das Schema der Evolution passten, weil sie in tiefen prähistorischen Sedimentschichten, die durch eine große Flut entstanden sind, eingelagert waren. Ales Hrdlicka hatte oft mit diesen Funden zu kämpfen und dazu habe ich nachfolgend eine kleine Aufzählung der unpassenden menschlichen Schädelfunde zusammengestellt.

Der Buenos Aires-Schädel wurde 1896 in Argentinien bei Steinbrucharbeiten entdeckt und befand sich in einer Schicht Kalkstein, die sich 11 Meter unter dem Flussbett des Rio de La Plata befand. Der Paläontologe Florentino Ameghino untersuchte den Fund und stellte fest, dass man es hier mit einem Vorfahren des *Homo sapiens* zu tun habe, der im Pliozän lebte, also vor ca. 3 Millionen Jahren. Er veröffentlichte den Fund und sofort meldete sich Ales Hrdlicka vom Smithsonian und sagte, er würde den Schädel untersuchen. Er glaubte aber, es wäre nur der Schädel eines modernen Menschen, der aus der obersten Schicht der Ausgrabung stammt. Damit wäre der Schädel immer noch zwischen 1 bis 1,5 Millionen Jahre alt gewesen, doch auch dieses Alter war viel zu hoch für einen modernen Menschen in Südamerika. Daraufhin begann Hrdlicka die Steinbrucharbeiter zu befragen und meinte dann, er habe ernsthafte Zweifel und erfand anschließend irgendwelche vagen Behauptungen, wie der Schädel bei Arbeiten in das Gestein gelangt sein könnte. Er behauptete auch, die moderne Form des Schädels beweist, dass er nicht sehr alt sein kann, womit er Recht hatte, konnte das aber nicht beweisen, weil er sonst zugegeben hätte, dass die geologischen Sedimentschichten auch nicht so alt sind. Darum musste Hrdlicka laufend irgendwelche Geschichten erfinden, die erklären sollen, wie diese modernen menschlichen Knochen so tief unter die Erde gelangt waren. In einem seiner Bücher schrieb er später, dass Knochen, die aussehen wie die von modernen Menschen, nicht antik sein können, weil sie nicht die evolutionären Unterschiede aufweisen, die man laut Darwin erwarten sollte. Mit diesem Argument konnte man sie somit in

Fachkreisen einfach wegdiskutieren. Wenn das nicht klappte, lies man die Beweisstücke später einfach in Museen verschwinden.

Menschliche Wirbelknochen wurden in Monte Hermoso in Argentinien gefunden, ebenso Feuersteine und Reste von Feuerstellen. Santiago Pozzi vom Museum von La Plata sammelte sie von einer Fundstätte der Monte-Hermoso-Formation im Jahr 1880 ein. Die Wirbelknochen haben noch immer die charakteristische gelbbraune Farbe der Felsformation, die zwischen 3 bis 5 Millionen Jahre alt sein soll. Nachdem der Knochen gereinigt wurde, dachte man, er stamme von einem Frühmenschen aus Südamerika. Auch hier schaltete sich wieder Ales Hrdlicka ein und sagte, der Wirbelknochen sieht modern aus und kann daher nicht alt sein. Er erklärte, dass der Mensch zu dieser Zeit viel primitiver gewesen sein sollte. Wenn ein Knochen also in Form und Größe einem modernen menschlichen Knochen entspricht, dann ist es egal, in welcher geologischen Sedimentschicht er gefunden wird – er muss neuzeitlich sein. Wenn also so ein Knochen in einer angeblich Millionen Jahre alten Schicht gefunden wird, dann ist er dort einfach irgendwie nachträglich eingedrungen – Problem gelöst!

Der argentinische Paläontologe Fiorentino Ameghino erforschte in der Gegend um Chelles die Überreste von prähistorischen Menschen und war ein Schüler des deutschen Naturwissenschaftlers Hermann Burmeister. Ameghino grub menschliche Überreste in einer Schicht aus, die dem Pliozän zugeordnet wurde und ein Alter von 3 bis 5 Millionen Jahren haben sollte. Er machte ähnliche Entdeckungen in ganz Argentinien und war später der Meinung, dass sich die Menschheit in Südamerika entwickelt hätte. Doch im Jahr 1912 attackierte Ales Hrdlicka im Auftrag der Smithsonian Institution die Arbeit Ameghinos scharf und schrieb, dass alle diese Funde zu neuzeitlichen Indianersiedlungen gehören. Es gab weitere Untersuchungen und eine Reihe von Geologen gaben schließlich Ameghino Recht und datierten die Sedimentschichten ebenfalls auf ein Alter von 3 bis 5 Millionen Jahren!

Den nächsten Fund gab es 1866 in einer Mine in Calaveras County in Kalifornien. In einer Tiefe von 40 Metern(!) wurde unter einer Schicht Lava ein menschlicher Schädel freigelegt, der dort zusammen mit Fossilien von Urzeittieren gefunden wurde. Die Schicht müsste zwischen 9 bis 55 Millionen Jahre alt sein und die Schicht, in der sich der Schädel befand, war unter mehreren Schichten von Lavagestein vergraben. Der Schädel wurde Professor Josiah Whitney (1819-1896), einem Geologen von der *Harvard Universität*, übergeben, der glaubte, dass Menschen bereits mit Mastodons zusammen im Pliozän vor mehreren Millionen Jahren existiert hatten. Doch auch dieser Fund wurde sofort angegriffen und eine Zeitung schrieb 1869, dass einer der Minenarbeiter zugegeben hätte, einen Indianerschädel dort als Scherz platziert zu haben, damit er von anderen Minenarbeitern gefunden werden sollte. Warum sollte man so etwas tun? Whitney schrieb später, die Geschichte mit dem Scherz kam erst auf, als sein Fund groß in Zeitungen in ganz Amerika präsentiert worden war. Auch Frederic Putnam ließ den Schädel im Peabody Museum in Cambridge, Massachusetts, untersuchen und man stellte fest, dass er nur ein paar hundert Jahre alt war. Der echte Schädel wurde dort wahrscheinlich gegen einen falschen ausgetauscht. Die Smithsonian Institution untersuchte unter Leitung von Ales Hrdlicka die geologische Schicht in der Mine und gab bekannt, dass die restlichen Fossilien alle echt seien, der Schädel jedoch nicht, er sei zu modern und man würde nicht glauben, dass sich der Mensch in den letzten vier Millionen Jahren nicht weiterentwickelt habe. Daraufhin gab es noch andere Leute, die behaupteten, einen Schädel in der Mine platziert zu haben, weil sie Professor Whitney nicht mochten. Man kann solche Funde einfach nicht anerkennen, ohne dass sie falschen Theorien zusammenbrechen und so wurde das alles von Putnam und Hrdlicka so eingefädelt. Es gibt noch ein Foto des Originalschädels, bevor er von Sedimentgestein befreit wurde, und es stammt noch aus der Zeit vor 1868. Der Fund wurde dann an verschiedene Universitäten geschickt, vom Vulkangestein gereinigt und untersucht und dabei dürfte der echte Schädel womöglich verschwunden sein. Man bezahlte Leute, die extra einen zweiten falschen Schädel in der Mine platzierten und diesen dann ausgraben ließen. Deshalb sprach man von zwei Schädeln und einem „Scherz"! Man zeigte die Fotografie des echten Schädels im Vulkangestein später den Leuten, die angeheuert wurden, um den falschen in der Mine zu platzieren und sie bestätigten, dass ihr falscher Schädel jenem auf dem Foto nicht ähnlich sah. Der echte Schädel war auch schon komplett versteinert gewesen und konnte somit gar nicht altersdatiert werden.

Auch die *Akademie der Naturwissenschaften* und andere wissenschaftliche Vereinigungen waren von der Echtheit des Fundes überzeugt, nachdem sie den Schädel und die Fundstätte untersucht hatten. E. T. Newton, der Präsident der *Geologists Association* stimmte Whitney ebenfalls zu, dass der Schädel tatsächlich in Sedimenten unter einer Lavaschicht lag, die vor der Eiszeit abgelagert wurden. Josiah Whitney verfasste 1880 ein Buch, in dem dargelegt wird, dass auch andere ähnliche Schädelfunde mit solchen „Scherzen" abgetan wurden. Im Laufe des 19. Jahrhundert gab es zahlreiche Funde von Artefakten und menschlichen Knochen in Minen und bei Bauarbeiten und einige dieser inszenierten Scherze erfolgten schon einige Jahre vor der Freilegung des Calavera-Schädels im Jahr 1866. Das alles fällt nicht zufälligerweise mit der Veröffentlichung der Bücher von Charles Darwin zusammen! Dr. J. Wyman vom *Naturhistorischen Museum* aus Boston schrieb Whitney, dass man dort ebenfalls ein Schädelfragment habe, das in einer Goldmine aus 55 Metern Tiefe geborgen wurde und auch dort gab es Mastodon-Fossilien. Und das Ganze war auch hier von einer harten Schicht aus Vulkangestein bedeckt. Auch in Philadelphia hatte man ein Fragment aus einer Tiefe von mehr als 50 Metern gefunden, das ebenfalls unter Vulkangestein entdeckt wurde und dies somit weitere Hinweise auf eine Flutkatastrophe sind, der wohl schwere Vulkanausbrüche gefolgt sein müssen. Whitney stellte in seinem Buch auch klar, dass diese Funde nach 1857, also nachdem Darwins Buch über die Evolution erschienen war, keinerlei wissenschaftliches Interesse mehr weckten!

Whitney kam somit zu dem Ergebnis, dass es genügend Beweise dafür gab, dass vor der Eiszeit eine menschliche Zivilisation in Amerika existierte und sich alles vor einer Phase starker vulkanischer Aktivitäten und der Bildung der Gletscher ereignete. Diese Menschen lebten zu einer Zeit, in der das Tierleben und die Vegetation der Erde komplett anders waren als heute und auch die Oberfläche der Erde zu dieser Zeit völlig anders aussah. In Kohleschichten wurden ebenfalls ganze menschliche Skelette gefunden und im Dezember 1862 berichtete das amerikanische Journal *The Geologist,* dass in einen Kohlefeld, das 300 Millionen Jahr alt sein soll, ein menschliches Skelett gefunden wurde. Das war in Macoupin County, Illinois, und die Kohleschicht befand sich auch hier unter einer meterdicken Schicht aus Vulkangestein. Das Skelett befand sich 27 Meter unter der Erde und die Knochen waren mit einer harten Kruste überzogen, die so schwarz war wie die Kohle selbst – als man die Schicht abkratzte, kamen ganz normale weiße Knochen zum Vorschein. In der Nähe eines dieser Skelette hat man dann auch die versteinerten Überreste eines 20 Meter langen Kieferbaumes gefunden und das alles lag in einer Schicht, die zwischen 33 und 55 Millionen Jahre alt sein soll. Es gab hunderte solcher Funde in Sedimentschichten, die sich laut der akzeptierten Wissenschaft vor bis zu 300 Millionen Jahren gebildet haben sollen, was wirklich schwer zu glauben ist. Viel wahrscheinlicher ist es, dass es erst vor weniger als 100.000 Jahren zu mehreren globalen Kataklysmen gekommen war, welche die alten Zivilisationen der Erde zerstörten und die Oberfläche der Erde komplett umgestaltet haben.

Auch in Afrika gab es einen solchen Schädelfund. Im Dezember 1913 führte der deutsche Paläontologe Hans Reck (1886-1937) eine Grabung in Tendaguru, Deutsch-Ostafrika, heute Tansania, durch. Er wollte dort nach Dinosaurierfossilien graben und die Ausgrabungen fanden in einer Senke statt, die selbst bereits 40 Meter unter dem Meeresspiegel liegt. Doch in einer der ältesten Grabungsschichten aus dem Pleistozän und einer Tiefe von 4 Metern kamen plötzlich menschliche Knochen zum Vorschein! Mehrere Arbeiter mussten das Skelett mit Hämmern und Meißeln aus dem Gestein herausschlagen, es war schließlich ein menschliches Skelett, das eine ganz normale moderne Anatomie aufwies. Das war natürlich sonderbar, denn eigentlich sollten doch Neandertaler früher als anatomisch moderne Menschen gelebt haben. Hans Reck untersuchte die Fundstelle genau, konnte aber keinen Hinweis darauf finden, dass dieses Skelett irgendwann nachträglich begraben worden sein könnte. Im Jahr 1914 nahm er den Schädel des Skeletts mit nach Berlin und der Rest des Skeletts befand sich noch in einem Steinblock, der auch nach Deutschland verschifft wurde. In Deutschland publizierte Reck einen Fachartikel, in dem er spekulierte, dass dieses Skelett anscheinend von einem Menschen stammt, der vor mindestens 500.000 Jahren gelebt hatte. Das wäre viel früher als das heute angenommene Alter der Menschheit. Der Reck-Schädel besitzt 36 statt der heute üblichen 32 Zähne. Doch Recks Forscherkollegen verwarfen seinen Fund sofort und meinten wieder, es muss sich um ein Begräbnis handeln. Doch wie hätte man das Skelett ohne Metallwerkzeuge in der harten, tiefen Vulkansteinschicht begraben sollen, und warum? Hans Reck konnte nicht feststellen, dass hier jemals ein Loch gegraben worden war. Warum sollte man ein mehrere Meter tiefes Loch in Stein meißeln, wenn man seine Toten auch in der Erde begraben kann?

Abb. 148: Foto des Calaveras-Schädels von 1866

Nachdem Deutsch-Ostafrika nach dem Ersten Weltkrieg an Belgien und Großbritannien übergeben wurde, kam es erst Jahre später zur weiteren Grabungen an der Fundstelle. Louis Leakey untersuchte die Fundstelle im Jahr 1931 und entschied nach sorgfältigem Studium, dass Reck Recht hatte. Leakey erstellte zusammen mit Reck und Arthur Hopwood vom *Britischen Museum der Naturgeschichte* einen Bericht, der im Journal *Nature* erschien und darin stand, dass Recks Skelett so alt ist wie die Schicht, in der es gefunden wurde. Spätere Untersuchungen legten das Alter der besagten Sedimentschicht mit über eine Million Jahren fest. Nach dem Tod von Hans Reck im Jahr 1937 wurde das Skelett angeblich in Deutsch-

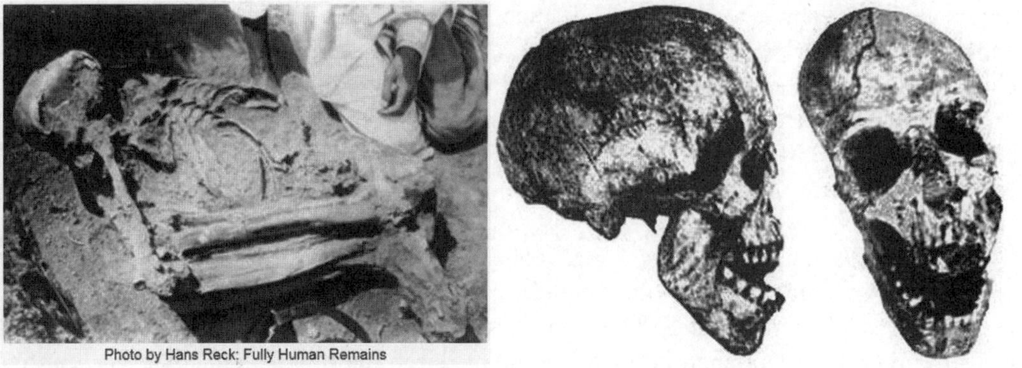

Abb. 149: Der Oldoway-Mensch 1913 in Deutsch-Ostafrika und der Hans-Reck-Schädel

land von Bombardierungen zerstört oder es verschwand einfach aus dem Museum in München, nur der Schädel war noch vorhanden. Merkwürdigerweise konnte seine Witwe auch seine Aufzeichnungen und Notizen über seine Ausgrabungen nicht mehr finden, denn Reck hatte ursprünglich vor, seine Spezies als den *Oldoway-Mensch* zu benennen.

Später versuchten Experten in ihrer Erklärungsnot zu beweisen, dass das Skelett aus einer der darüber liegenden Schichten stammt, doch damit wäre es noch immer 400.000 Jahre alt. In den 1970er-Jahren wurde dann der Schädel von Reck und einige Knochen, die jetzt plötzlich wieder vorhanden waren, an der *Universität Frankfurt* neuerlich untersucht, denn man wollte Licht ins Dunkel bringen. Dafür zuständig war unser alter Bekannter, Professor Reiner Protsch! Von diesem Mann weiß man mittlerweile, dass er intensiv daran beteiligt war C-14-Messergebnisse zu fälschen und alle Beweise gegen die Evolutionstheorie umzudatieren, denen er habhaft werden konnte. Er testete den Schädel nicht, weil er angeblich „zu wertvoll“ (oder fossil) sei und das Museum in München stellt ihm einige weitere Knochen unbekannten Ursprungs zur Verfügung und diese Tests ergaben nun ein Alter von ca. 17.000 Jahren. Ein Wunder war geschehen, denn nun passte dieser Fund perfekt in den evolutionären Zeitablauf! Erst im Jahr 1994 konnte man Reiner Protsch nachweisen, dass er Testergebnisse fälschte, denn Kollegen und Studenten hatten schon lange behauptet, der Professor würde Funde „zurechtprotschen“. Im Jahr 2004 gab es dann einen Skandalbericht darüber im Magazin Spiegel, er hatte nicht nur Ergebnisse gefälscht, sondern auch das Eigentum der Uni illegal ins Ausland verkauft. Aus dem Untersuchungsbericht der Universität ging hervor, dass Reiner Protsch über 30 Jahre lang wissenschaftliche Fakten manipuliert hatte! Da seither niemals neue Tests am Reck-Schädel durchgeführt wurden, kann man davon ausgehen, dass er tatsächlich aus einer Schicht stammt, die von den Geologen auf ein Alter von 1,17 Millionen Jahre datiert wird.

Es gibt aber auch ähnliche Funde aus Deutschland selbst, das wäre zum Beispiel der „Urmensch von Steinheim“. Das ist ein fossiler Schädel, der im Jahr 1933 in Steinheim an der Murr inmitten einer Felswand beim Kiesabbau gefunden wurde. Dieser Schädel hat ebenfalls ein hohes Alter von bis zu 350.000 Jahren. Der Schädel hat wieder die typischen Merkmale eines Neandertalers, wird aber auch dem *Homo sapiens* zugerechnet. Es gibt keinen Unterschied, der nicht auch in der normalen Variation der Spezies vorkommen würde. Denn obwohl sich Schädel von modernen Menschen zum Teil ebenfalls sehr unterscheiden, rechnet man sie deshalb auch keiner anderen Spezies zu. Der Steinheim-Schädel befindet sich heute im *Staatlichen Museum für Naturkunde* in Stuttgart und ist in einem Stahlschrank eingesperrt. Bei diesem Fund wurde sorgfältiger gearbeitet und man konnte zweifelsfrei feststellen, dass es sich um einen Menschen handelt, der im Pleistozän gelebt hatte. Man vermutet, dass der Schädel einer Frau gehörte, die mit einer stumpfen Waffe getötet wurde.

Im Jahr 1899 fand der deutsche Archäologe Ernest Volk bei Ausgrabungen in Trenton, New Jersey, einen fossilen menschlichen Oberschenkelknochen und zwei Fragmente eines menschlichen Schädels. Die Schicht in der die Funde gemacht wurden, war störungsfrei und diese Knochen können sich nicht durch die oberen Schichten nach unten bewegt haben und waren weiß und kalkig wie die Sandschicht, in der sie gefunden wurden. Volk arbeitete im Auftrag von Frederic Putnam und gab seinen Fund bekannt, doch sofort meldete sich wieder Ales Hrdlicka vom Smithsonian zu Wort und sagte, die Knochen wären sicherlich nicht fossil und jüngeren Datums. Er untersuchte den geologischen Beweis, konnte aber letztlich keinen Fehler finden, denn das Vorhandensein von menschlichen Knochen in Schichten aus dem Pleistozän ist durch zahlreiche Funde gut belegt. Alle diese Funde stammen aus Schichten, die den Geologen zufolge mindestens 300.000 Jahre alt sein sollen. Doch wie kann das sein, wenn moderne Menschen doch erst vor 100.000 Jahren in Afrika entstanden sein sollen? Alle diese Funde beweisen das Gegenteil, dass nämlich diese Ablagerungen durch eine große globale Flutkatastrophe vor relativ kurzer Zeit entstanden und keine 300.000 Jahre alt sind!

Ein Fund, der vor nicht so langer Zeit bekannt wurde, war der Schädel von Ed Conrad im Jahr 1981, der in Virginia im Shenandoah-Nationalpark in einer Höhle gefunden wurde. Der Schädel war schon stark versteinert und konnte zuerst nicht mit Sicherheit identifiziert werden. Conrad arrangierte ein Treffen mit einem Mitarbeiter des Smithsonian und ein Spezialist kam vorbei, um den Fund zu untersuchen. Dieser Experte besah sich den Schädel nur ganz kurz und sagte, ohne ihn irgendwie näher zu untersuchen, dass es sich um eine normale „Gesteinsablagerung“ handeln würde. Der einzige Weg, das festzustellen, wäre eine Untersuchung der Zellstruktur gewesen. Doch Ed Conrad ließ die Sache keine Ruhe, er untersuchte den Fund genauer und brach ein Stück aus etwas heraus, von dem er glaubte, es wäre eine Zahnbrücke. Er machte Fotos davon und schickte sie einem weiteren Experten. Dieser Mann war Willton Krogman (1903-1987), deutschstämmig und Leiter einer Forschungseinrichtung für forensische Anthropologie an der *Universität in Pennsylvania*, und Conrad kannte ihn durch seine Fachbücher – er war einer der führenden Experten und veröffentlichte im Jahr 1962 sein Buch „*The Human Skeleton in Forensic Medicine*“. Professor Krogman identifizierte die Abbildung auf den Fotos als einen vorderen menschlichen Backenzahn, untersuchte dann später das ganze Fossil und stellte fest

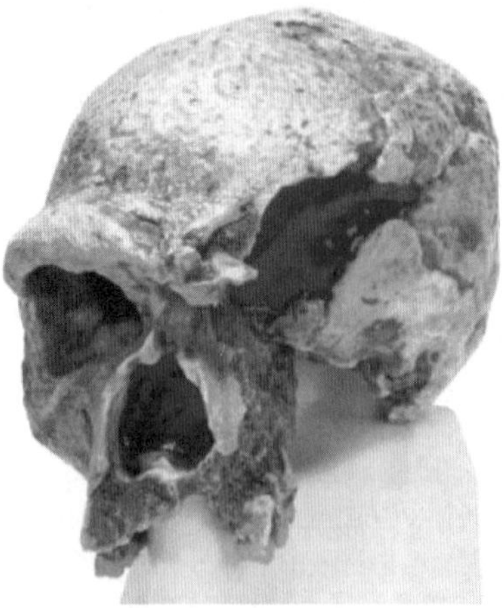

Abb. 150: Der 350.000 Jahre alte Schädel aus Steinheim

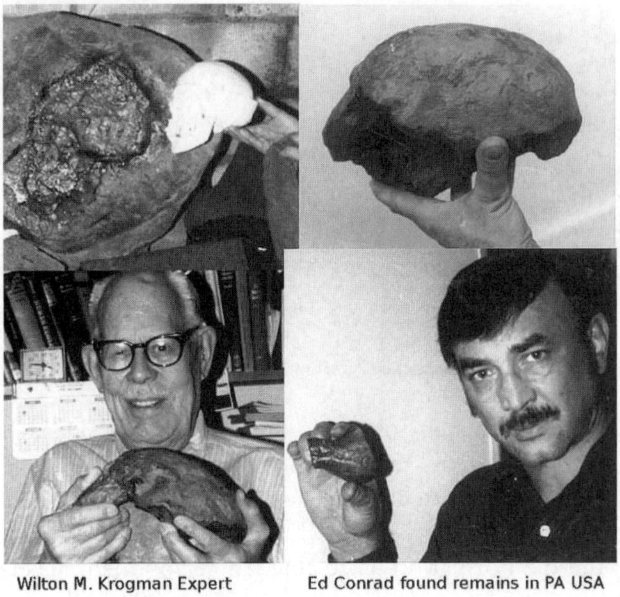

Abb. 151: Krogman und Conrad mit dem fossilen Schädel

dass es sich um einen Teil eines menschlichen Schädels handelte, von dem einiges Material abgebrochen war.

Danach entfernte Ed Conrad etwas Granulat von der Probe, weil in Zähnen kleine sog. *Haversische Kanäle* vorhanden sein sollen, selbst wenn sie versteinert waren. Durch eine Untersuchung mit einem Mikroskop konnte dieser Verdacht bestätigt werden und anschließend wurde von einem Arzt ein Infrarotscan durchgeführt, der das Material ebenfalls als Zahn oder Knochen identifizierte. Auch die *American Medical Laboratories* (Chantilly) analysierten das Fundstück und konnten getrocknetes Blut und Protein finden. Ein Dr. Jeremy Dahl vom *Yerkes Regional Primate Research Center* an der *Emory Universität* in Atlanta identifizierte die Probe ebenfalls als einen versteinerten Knochen und diese Befunde stammten somit aus den damals prestigeträchtigsten medizinischen Laboren der Welt. Auch die taiwanesische Wissenschaftlerin Lin Liangtai untersuchte den Schädel und stellte fest, dass die von Ed Conrad zur Verfügung gestellten Proben ausnahmslos Fossilien sind und von einer menschlichen Schädeldecke stammen. Durch die Computertomographie wurden mikroskopische Kanäle und Blutgefäße sowie Reste von Neuronen und Gehirnzellen festgestellt und hier muss es sich um einen menschlichen Schädel handeln, weil der Aufbau in Form und Größe typisch ist. Die geologische Schicht, in der sich der versteinerte Schädel befunden hatte, wurde mit 300 Millionen Jahren angegeben!

Von diesem und allen anderen aufgezählten Funden hörte man danach nie wieder etwas in der Fachwelt und sie wurden sehr schnell vergessen. Wie viele solche Funde könnte es auf der ganzen Welt gegeben haben? Wir werden es niemals erfahren, denn sie wurden und werden entweder ignoriert, zerstört oder weggesperrt. Andererseits werden falsche und manipulierte Knochen von angeblichen Frühmenschen intensiv erforscht und sicher in heiligen Schreinen in Museen ausgestellt.

Es gibt auch Funde von modernen menschlichen Skeletten in angeblich Millionen Jahre altem Kalkstein, und ein Beispiel dafür ist die Dame aus Guadeloupe. Dieses Skelett wurde im Jahr 1812 an der Küste der Karibikinsel Guadalupe entdeckt. Leider fehlen auch hier der Kopf sowie Hände und Füße völlig, das Becken, die Beine und die Wirbelsäule sind jedoch vorhanden und daraus konnte man eindeutig feststellen, dass dieses Skelett einer gesunden Frau gehörte. Anders als bei „Lucy“, mussten die Knochen hier nicht zusammengesetzt werden, sondern es ist voll gegliedert und jeder Knochen ist in der richtigen Position. Die Dame von Guadalupe ist ein gut dokumentierter Fund, von

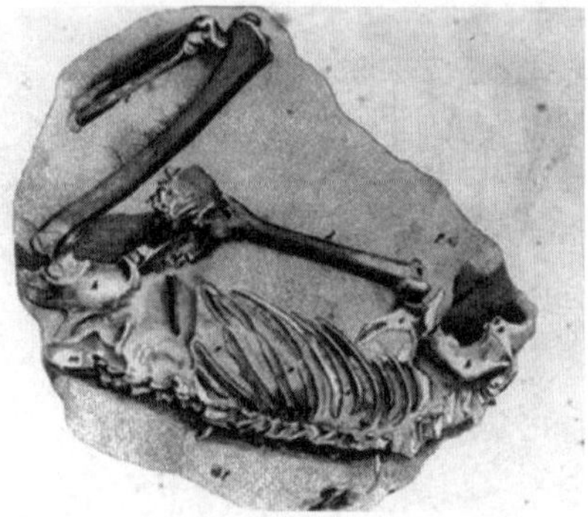

Abb. 152: Die Dame von Guadeloupe und das zweite fossile menschliche Skelett in Kalkstein

dem damals in vielen bekannten wissenschaftlichen Journalen berichtet wurde. Danach verschwand es aus dem Bewusstsein der meisten Menschen, seit damals wurde es nie mehr öffentlich gezeigt und es wird heute auch nichts mehr darüber geschrieben. Das Besondere an diesem fossilen menschlichen Skelett ist seine Fundstelle, denn es war in extrem harten Kalkstein eingefasst und die Formation hatte eine Länge von mehr als einem Kilometer. Die geologische Datierung gibt ein Alter zwischen 5,5 und 28 Millionen Jahren an und dieser Fund lässt Darwin sich im Grabe umdrehen!

Der Steinblock mit dem fossilen Skelett wog fast zwei Tonnen und war nur eines von zahlreichen anderen menschlichen Skeletten in dieser Formation. Das erste Mal wurde das Skelett von Karl König (1774-1851) am *Britischen Museum* im Jahr 1813 untersucht und die Länge des Steinblocks mit 2,44 Metern angegeben. Wenn man in Betracht zieht, dass Schultern, Kopf und Füße des Skeletts fehlen, kann man davon ausgehen, dass diese Frau riesige Ausmaße hatte und fast drei Meter groß war. Der Kopf wurde wahrscheinlich weggerissen und einige der Rippen und anderen Knochen waren gebrochen und so versteinert, wobei das fossile Skelett nicht die Härte des Gesteins hatte. Darin fanden sich auch Überreste eines Stoßzahns von einer unbekannten Tierart und Reste von Holzkohle. Karl König glaubte zu Lebzeiten nicht an die Evolution, sondern an ein großes, globales Aussterben alter Zivilisationen durch Katastrophen und verstarb auch vor der Veröffentlichung von Darwins Büchern. Ab 1813 wurde das Skelett mehrmals im *Britischen Naturhistorischen Museum* ausgestellt. Es sollte ein Beweis für die Sintflut in der Bibel sein! Karl König verfasste 1814 einen Bericht an die britische Royal Society und schrieb, dass das Skelett noch nicht richtig versteinert und für ihn ein Beweis war, dass die Sintflut erste einige tausend Jahre zurückliegen konnte. Es gibt heute in Frankreich auch ein menschliches Skelett, das in der Kalksteinplatte von Guadeloupe entdeckt wurde. Das geschah fast zur gleichen Zeit, als man die Dame von Guadeloupe entdeckte und auch die Knochen dieses Skeletts waren gebrochen. Der französische Forscher Georges Cuvier schrieb darüber in seinen Recherchen im Jahr 1834.

Doch als Lyell und Darwin mit ihren Theorien auftauchten, wurde die Dame von Guadeloupe 1881 still und leise in den Keller des Museums verfrachtet. 2006 hatte es die Inventarnummer PA HR 4128, doch aktuell befindet es sich nicht einmal mehr in der Datenbank des Museums. Warum will man es nicht mit moderner Technik untersuchen lassen? Wenn man das täte, würde es die wissenschaftliche Datierung der Steinformationen zerstören, denn das Skelett beinhaltet zweifellos noch Gewebe, das man C-14-datieren könnte. Man sollte niemals vergessen, dass die Evolution in den Schulen immer noch als Fakt gelehrt wird, jedoch nichts weiter als eine Theorie ist und kein Fakt! Der britische Journalist und spätere Anti-Kommunist Malcolm Muggeridge sagte einmal, dass die Theorie der Evolution einer der größten Witze in den Geschichtsbüchern der Zukunft sein wird – damit hatte er wohl Recht!

Kommen wir nun endlich zu den legendären Riesenskeletten von Nordamerika. In meinem ersten Buch hatte ich schon davon berichtet, doch erst nach langer und mühevoller Recherche lässt sich das ganze Rätsel um diese ehemaligen Beherrscher der Welt entwirren. Es zeigt sich, dass die Archäologen des Smithsonian eine Unmenge von Informationen zu dieser angeblich nichtexistenten Menschenrasse gesammelt hatte, ebenso hunderttausende Relikte ihrer untergegangenen Zivilisation. All das befand sich in den merkwürdigen Grabhügeln, die man zur Zeit der ersten Siedler überall in Amerika entdeckte – den mysteriösen Mounds![77]

Mounds – die mysteriösen Grabstätten der Riesen

Obwohl Francis Putnam und Ales Hrdlicka im Namen der Wissenschaft viele solcher Funde bekämpften, interessierten sie sich persönlich dennoch sehr stark für die antiken Kulturen in Amerika. Diese Geheimnisse hatten mit den rätselhaften Mounds zu tun, uralten Grabhügeln, die in ganz Nordamerika gefunden wurden und in einer Zeit vor der Besiedlung durch die Indianer entstanden sind. Doch die Beweise dafür wurden alle beiseite geschafft, weil sie ein Geheimnis der elitären freimaurerischen Wissenschaft waren. Frederick Putnam nutzte seinen Einfluss, um umfangreiche Forschungen zu den Erbauern der mysteriösen Mounds zu betreiben und machte das bis zu seiner Pensionierung im Jahr 1909. Putnam gilt heute als einer der Wegbereiter der professionellen Archäologie und 1851 erfand Sir Daniel Wilson für sein Buch *„Prehistoric Annals of Scotland“* das Wort „Prähistorik“. Bis zu diesem Zeitpunkt hatte es keine Frühgeschichte der Welt, keine Steinzeit oder hunderte Millionen Jahre alte geologische Schichten gegeben. Man glaubte und lehrte, dass die moderne Welt erst vor tausenden und nicht vor Millionen von Jahren durch eine gigantische Flutkatastrophe entstanden ist.

Viele der Beweise in diesem Buch belegen, dass es nie so etwas wie eine Prähistorik gegeben hat. Die geologischen Schichten müssen sich sehr schnell aufgebaut haben und nicht, wie behauptet, sehr langsam über hunderte Millionen von Jahren – die Erosion hatte sie längst mehrmals abgetragen! Und es müssen sich in den vergangenen Jahrtausenden mehrere große globale Katastrophen und Überflutungen ereignet haben. Alte Aufzeichnungen und die Funde von Artefakten belegen, dass es vor diesen Kataklysmen überall auf der Erde hochentwickelte Zivilisationen gab und man findet ihre Hinterlassenschaften auf dem ganzen Planeten. Es scheint so, dass große Reptilien und Dinosaurier gemeinsam mit dem Menschen koexistiert haben, was laut verschiedener neuer Forschungsergebnisse anscheinend erst knapp 20.000 Jahre her ist. Wir haben Hinweise auf außerirdische Besucher und Götter gesehen, die über die damaligen Menschen herrschten und es gibt bis heute keinen Missing Link, der eine Evolution nach Darwin beweisen würde. Die fossilen Aufzeichnungen beweisen, dass so etwas niemals auf der Erde stattgefunden hat und die DNA des Menschen zeigt, dass wir schon immer Menschen gewesen sind. Manche Wissenschaftler glauben mittlerweile, dass der genetische Code des Menschen künstlich erschaffen worden sein könnte, die Evolutionisten dagegen wollen uns von dieser Wahrheit ablenken und versuchen krampfhaft, Belege für ihre Evolution zu fälschen – es gab aber keine Affenmenschen. Was es sehr wohl gegeben hat und was vor uns versteckt werden soll, sind die echten Skelette von vorzeitlichen menschlichen Riesen, wie sie auch schon in der Bibel erwähnt werden und diese Riesen scheinen früher über die Erde geherrscht zu haben. Doch die Freimaurerei und andere mächtige Gruppierungen wie die Kirche wollen das alles vor der Weltöffentlichkeit verbergen. Evolutionisten machen sich sogar über gläubige, christliche Kreationisten lustig, weil sie an eine Schöpfungsgeschichte glauben, wie sie in der Bibel beschrieben wird. Auch wenn das nicht zu hundert Prozent stimmt, so sind doch viele Beschreibungen der Bibel, die von älteren ägyptischen und sumerischen Aufzeichnungen übernommen wurden, richtig. Unser ganzes akzeptiertes historisches Weltbild ist komplett falsch und erfunden! Wie hat die Vergangenheit der Erde vor der letzten globalen Katastrophe wirklich ausgesehen? Und was könnte direkt nach einer großen Katastrophe passiert sein?

Die Hochzivilisationen wie Atlantis sind komplett verschwunden, die überlebende Menschheit ist auf ein primitives Stadium zurückgefallen und hatte die schwere Aufgabe, die Zivilisation wieder aufzubauen. Menschen würden wieder Steinwerkzeuge machen und sich schnell etwas zu essen erjagen müssen, um zu überleben – sie würden in kleinen Gruppen herumziehen und den Tieren folgen, um sie zu jagen. Erst im Laufe der Jahrtausende konnten die alten menschlichen Errungenschaften erneut wiederentdeckt werden. Schulen lehrten bis vor wenigen Jahrzehnten die Geschehnisse in der Bibel, in der auch die Welt vor der Flut beschrieben wird und wir erfahren, dass die Lebewesen der Erde früher alle viel größer gewesen sind. Es gab also nicht nur die menschlichen Riesen, sondern alle Lebewesen waren größer und die Fossilberichte belegen das. Alle diese Tiere werden heute „prähistorisch“ genannt und in die ferne Vergangenheit verbannt, doch sie lebten alle vor viel kürzerer Zeit als angenommen. Überall auf der Welt findet man Beweise für die menschlichen Riesen, aber ganz besonders in Nordamerika, und immer haben ihre Relikte mit der Smithsonian Institution zu tun.

John Wesley Powell gründete 1879 das *Smithsonian Bureau of Ethnology* und wurde dessen erster Leiter. Zusammen mit dem Archäologen Cyrus Thomas startete er in dieser Zeit die intensive Erforschung der Kultur der „Mound Builders“ (Erbauer der Mounds) und finanziert wurde das alles ab 1881 vom amerikanischen Kongress. Cyrus Thomas und sein Team legten Beweise vor, dass die Mound Builders eingeborene Ame-

Abb. 153: Foto vom Great Serpent Mound in Ohio und einem 2,15 m großen Skelett aus dem Mound

rikaner waren und im Jahr 1894 veröffentlichte er den Bericht über die Forschungen des *Smithsonian Bureau of Ethnology*. Ales Hrdlicka, der ebenfalls für das *Smithsonian Museum* arbeitete, glaubte damals, dass die amerikanischen Indianer erst vor 3.000 Jahren über die Beringstraße nach Amerika immigriert waren. Doch heute nimmt man an, dass das vor 10.000 bis 15.000 Jahren passierte – obwohl alle Indianerstämme sagen, sie wären niemals aus Asien nach Amerika eingewandert, sondern schon vor der großen Flut in Nordamerika gewesen. Auch ihren Überlieferungen nach hatte es eine große Flut gegeben und sie mussten sich jahrelang in geheimen unterirdischen Tunnelsystemen verstecken, bevor die Oberfläche wieder bewohnbar war. Und jetzt kommt die Überraschung: **In ihren Legenden wurde Amerika damals von einer Rasse weißhäutiger, blonder und rothaariger Riesen regiert.**

Frederick Putnam war eng mit dem *Peobody Museum of Archaeology and Ethnology* der *Harvard Universität* verbunden und dieses Museum, 1866 gegründet, führte viel Feldarbeit bei der Erforschung der Kultur der Mound Builders durch – zu dieser Zeit wurde aus den Riesen noch kein Geheimnis gemacht. Man wusste, dass sie in der Antike über ganz Nordamerika geherrscht hatten und betrachtete die Erforschung ihrer Kultur als politisch bedeutsam. In Adams County in Ohio gibt es den berühmten großen Schlangen-Mound (*Great Serpent Mound*), das ist einer der am besten erhaltenen Grabhügel der Mound Builders und zeigt eine Schlange, die einen der Grabhügel in ihrem Maul hat. Doch unzählige solcher Grabanlagen wurden bei der Besiedelung Amerikas rücksichtslos zerstört und die darin vorhandenen Steinblöcke wurden zum Häuser- oder Straßenbau verwendet. Doch Frederick Putnam selbst rettete den Schlangen-Mound 1886 vor der Zerstörung, untersuchte ihn persönlich und entdeckte darin menschliche Skelette von einer Größe zwischen 2,50 und 2,75 Metern! Sie zeigten jedoch keine Anzeichen von Krankheiten wie etwa dem Gigantismus, denn alle Skelette in den Mounds waren durchschnittlich mindestens 2,40 m groß. Die Skelette waren in bis zu vier Metern Tiefe unter den Mounds begraben und viele von ihnen trugen Schmuck mit Perlen und verzierte Armreifen aus reinstem Kupfer, manche auch Rüstungen und Kronen aus Kupfer. Neben den Köpfen mancher Skelette befanden sich Totems und große Steine mit seltsamen unerklärlichen Inschriften. Darauf wurde sicherlich die Geschichte dieser Völker aufgezeichnet, doch das ist heute alles für die echte Wissenschaft verloren. Alle diese Artefakte wurden sorgfältig verpackt und zur Smithsonian Institution geschickt, danach hörte man nichts mehr von ihnen. Frederic Putnam fertigte auch einige Fotografien von den Skeletten an, die er aus den Mounds holte, eine davon ist erhalten geblieben und zeigt ein 2,15 Meter großes Skelett, dem die Knochen vom Knie abwärts fehlen, weshalb das ganze Skelett wohl noch ein gutes Stück größer war.

Im Jahr 1894 veröffentlichte Cyrus Thomas dann seinen Bericht „*Report on the Mound Exploration of the Bureau of Ethnology*" und dieses 730-seitige Buch stellt heute ein Standardwerk der amerikanischen Archäologie des 19. Jahrhunderts dar. Im Buch wird eindeutig bewiesen, dass die Kultur der Mound Builders erstaunlich umfangreich war, und dass es verschiedene Stämme von ihnen in ganz Nordamerika gegeben hatte – lange bevor die Indianer dieses Land besiedelten. Die Mound Builders hatten Kenntnisse in der Metallurgie, der Architektur, der Kunst, der Landwirtschaft und der Astronomie, besaßen eine ihnen eigene Sprache und hatten Könige. Da die meisten dieser Fundstätten und Mounds zur Zeit der Besiedlung durch Europäer zerstört wurden, stellt das

Abb. 154: Grabungen in Mounds Anfang des letzten Jahrhunderts

Buch von Cyrus Thomas heute die einzige wissenschaftliche Arbeit zu ihrer Kultur dar. Andere Erforscher der Mounds, wie das damalige Kongressmitglied Ignatius Donnely, wurden in ihren Annahmen über die Herkunft dieser Kultur etwas deutlicher und behaupteten, dass die Mound-Builders-Kultur direkt von den Nachfahren von Atlantis abstammte, denn als ihr Kontinent zerstört wurde, hatten sie sich in Amerika angesiedelt. Es kam irgendwann zu Kämpfen mit Wilden im Norden und deshalb hätten sich einige der Atlanter später verstärkt in Südamerika angesiedelt. 1882 veröffentlichte Donnelly sein Buch *„Atlantis – Die Welt vor der Flut"* und dieses Buch ist in den USA so erfolgreich, dass es inzwischen in der 50. Auflage erschienen ist! Darin ist davon die Rede, dass Atlantis die Heimat der arischen und semitischen Völker war und als der Kontinent im Atlantik versank, retteten sich die Überlebenden unter anderem auch nach Amerika und gründeten dort nach der Flut die verschiedenen neuen Nationen der Welt.

Ales Hrdlicka war ab 1903 für die Mound-Builders-Fundgegenstände zuständig und machte es im Namen der freimaurerischen Evolution zu seiner Lebensaufgabe, jeden anormalen Skelettfund zu verunglimpfen. Heute sind andere „Wissenschaftler" in seine Fußstapfen getreten und es gab hunderte, wenn nicht tausende von Berichten über Riesenskelette mit einer Größe von 2,40 Metern oder größer. In alten Zeitungsberichten wurde oft von der mysteriösen prähistorischen Riesenrasse berichtet und immer konnte man lesen, dass die Knochen zum *Smithsonian Museum* geschickt wurden, um dort von Ales Hrdlicka untersucht zu werden. Vor Hrdlicka gab es niemanden, der versuchte, diese Funde zu diskreditieren, doch er ignorierte die frühere Arbeit von Cyrus Thomas und anderen Forschern komplett – das geschah deshalb, weil er den Befehl dazu von ganz oben bekam. Die mehr als 38.000 Artefakte, die Thomas und sein Team gefunden hatten, können heute vom *Smithsonian Museum* angeblich nicht mehr aufgefunden werden, der Kulturschatz einer ganzen Zivilisation! Alles sei auf mysteriöse Weise verschwunden und alte Berichte, die von diesen Funden angefertigt worden waren, sind heute nicht mehr zugänglich oder wurden gar zerstört. Heute existieren zwar noch einige wenige Mounds, doch in der Zeit von Hrdlicka wurden bereits alle Skelette daraus entfernt und konfisziert. Auch das *Peabody Museum*, in dem Putnam gearbeitet hatte, besitzt heute angeblich keines der von ihm geborgenen Artefakte mehr und auch hier ist scheinbar alles spurlos verschwunden. Doch man hat nach dem Abgang von Hrdlicka langsam wieder mit der Erforschung dieser rätselhaften Kulturen begonnen und es gab anscheinende zwei unterschiedliche Rassen von Mound Builders. Einmal wäre das die

Abb. 155: Kunstwerke der Mound Builders

Hopewell-Kultur und diese Skelette sollen Langschädel besessen haben, wie man sie auch heute noch vereinzelt auf der Welt findet. Die andere Rasse war die *Adena-Kultur* und diese Riesen hatten große, runde Köpfe und sechs Finger und Zehen. Das Gehirnvolumen lag bei etwa 2000 Kubikzentimetern, im Vergleich besitzen moderne Menschen ca. 1.350 cm^3 und es ist um ein ganzes Drittel kleiner!

Neben den Artefakten aus Kupfer wurden jedoch auch noch polierte steinerne Skulpturen und steinerne Schmuckanhänger gefunden, darunter auch Pfeifen, die Elefanten aus Indien oder Afrika nachempfunden waren. Es gab auch Werkzeuge wie Gartenhacken, Schaber, Schaufeln, Äxte, Hämmer und Sägen. Gegenstände wie gehämmertes Eisen und Silberhalsketten, Silberbroschen und Silberkreuze sowie Fragmente von Kupferplatten, die eindeutig maschinell gefertigt wurden, brachten die Archäologen ins Rätseln. Die Mound Builders trugen oft Perlenketten und es ist unklar, wie sie Löcher in die kleinen Perlen und in die Steine bohren konnten, ohne sie zu zerstören. Da es auch merkwürdige dünne Steinröhren gab, die man auf unbekannte Weise herstellt hatte, vermutet man, dass diese Artefakte mit Europäern und anderen frühen Seefahrern getauscht wurden. Oder stammten sie noch aus Atlantis?

Der Schlangenmound in Ohio alleine ist 400 m lang und enthält schätzungsweise 95.000 Kubikmeter Erde, die hier herangeschafft wurden. Doch wie wurde diese Erde transportiert? Es gibt viele Mounds, die pyramidenförmig sind und eine abgeflachte Spitze aufweisen, die komplett waagrecht ist. Man vermutet, dass auf diesen Spitzen früher Tempel standen und viele Mounds sind fast 30 Meter hoch. Wie schaffte man es, die Hügel symmetrisch genau anzulegen? Es gab Kultplätze mit mehreren pyramidenförmigen Mounds von bis zu 57 mal 40 Metern Seitenlänge und drei Metern Höhe. Sie waren in rechten Winkeln angelegt, durch eine 200 Meter lange Allee, die 45 Meter breit war, verbunden, und das Ganze war von einem ebenfalls drei Meter hohen Erdwall umgeben. Wie wurden diese Anlagen angelegt und welche mysteriösen Riten wurden dort vollzogen? Man kannte keine Pferde in Amerika, bis die ersten Europäer welche mitbrachten und die Indianer kannten auch das Rad nicht. Es ist sogar immer noch rätselhaft, wie die Indianerstämme ihre Kanus bauen konnten. Es gab nachweislich mehrere tausend große Mounds und dabei wurden viele Millionen Kubikmeter Erde und Steine aufgehäuft. Zusätzlich dazu waren die Skelette und Artefakte meistens noch mehrere Meter unter den Mounds begraben worden und die Forscher wissen eigentlich nicht, wie das bewerkstelligt worden war. Für einen der großen Mounds wurde entweder ein Heer von Arbeitern benötigt oder sie sind schrittweise über Jahrhunderte hinweg entstanden – doch beide Theorien sind fragwürdig. Die Mound Builders waren auch gute Töpfer und erschufen kunstvolle Tongefäße. Und es ist nicht bekannt, dass das später irgendein Indianerstamm vollbracht hätte oder die Töpferei überhaupt kannte.

Frederic Putnam schrieb 1883, dass er glaubte, die Erbauer der Mounds waren nicht die Vorfahren der Indianer, weil sie eine viel höhere Stufe der Kultur hatten. Er war davon überzeugt, dass diese Kultur uralt sein musste. So ist das Alter der Mounds ebenfalls umstritten und viele meinen, dass sie nicht älter als 400 bis 1.000 Jahre sind. **Dagegen spricht, dass die Indianerstämme einstimmig erklären, die Grabhügel seien schon vor ihrer Ankunft dagewesen und sie wissen nicht viel über ihre Erbauer, außer dass es sich um eine alte zivilisierte Rasse handelte, die schon lange vor ihnen in Amerika lebte.** Wenn Indianerlegenden davon sprechen, dass es in ganz Nord- und Südamerika antike Tunnel- und Höhlensysteme gibt, dann kamen die Mound Builders womöglich auch aus der Inneren Erde, von der viele Legenden berichten. Auf jeden Fall müssen sie sehr lange dieses Land bewohnt haben, denn wie sollten sie sonst zehntausende solcher Grabhügel erschaffen haben? Für eine solche Arbeit benötigt man ein großes Volk, doch wohin sind die Mound Builders später so spurlos verschwunden und wo sind die Überreste ihre Siedlungen? Anscheinend gab es nur wenige auf dem Flachland und sie besiedelten aus verschiedenen Gründen die Berge.

Wenn Mound Builders bereits Landwirtschaft betrieben, was nachweislich der Fall war, weil man in manchen Mounds Spuren von Getreide fand, stellt sich auch die Frage woher sie diese Kulturpflanzen hatten? Zur Bearbeitung größerer Felder benötigt man eine Menge Leute, weil es ja offensichtlich keine Nutztiere gab, was bedeutet, dass die Mound Builders sesshaft gewesen sein müssen. Wenn sie in ihren tausenden Mounds viele Steinstrukturen verwendeten, wo sind dann die Überreste ihrer großen Siedlungen? Wenn sie über eine ausgereifte Form der Steinbearbeitung verfügten, lebten sie sicherlich nicht in Zelten oder Holzbehausungen, und einige Indianerstämme sprechen davon, dass Mound Builders große Bergfestungen bewohnten. Die meisten Mounds gab es an den großen Flüssen wie dem Ohio und hier könnten früher tatsächlich Schiffe von anderen Kontinenten verkehrt haben. Die Indianer können unmöglich für den Bau all dieser Mounds verantwortlich sein, weil sie nur in kleinen nomadischen Gruppen im Land umherzogen und keine Möglichkeit hatten, Tonnen von Erde und Gestein zu transportieren. Die Kultur der Mound Builders beflügelte die Fantasie der Menschen im 19. Jahrhundert und dem Mythos zufolge wurde diese fortschrittliche Kultur von ignoranten, bösartigen Rothäuten zerstört, die auch den neuen christlichen Siedlern in Amerika so große Probleme bereitet hatten. Bald entstanden Geschichten über verlorene Königreiche und zerstörte Städte der Mound Builders, denn man hatte ja bekanntlich ihre Skelette mit Kronen freigelegt. Und aus diesem Mythos entstand sogar eine neue christliche Religion![78]

Der Engel Moroni und die Mormonen

Thomas Jefferson (1743-1826) war der dritte amerikanische Präsident und einer der Gründerväter der Vereinigten Staaten. Er hatte ein starkes Interesse an den Mounds und nahm bis zum Jahr 1781 persönlich an Ausgrabungen teil und veröffentlichte seine Funde auch in einigen Artikeln. Man versuchte damals, diese unbekannten Stämme einander zuzuordnen und es kamen zahlreiche Theorien über ihre Herkunft auf: Manche meinten, es würde sich um die 10 verlorenen Stämme Israels handeln, die seit dem Jahr 722 v. Chr. verschollen waren und andere sprachen davon, dass die Mound Builders immer weiter in den Süden nach Mexico verdrängt wurden, denn das könne man an der immer komplexeren Bauweise der Mounds in Richtung Süden feststellen. Doch es war wohl eher umgekehrt, und sie waren irgendwann mit Schiffen angekommen und die Flüsse nach Nordamerika hochgefahren und wurden vielleicht erst später nach Süden verdrängt. Ein Sohn von Bauern und Schatzsuchern aus Vermont war von den Geschichten über die Mound Builders besonders fasziniert. Dieses Kind war Joseph Smith (1805-1844), der spätere Gründer der *Kirche Jesu Christi der Heiligen der Letzten Tage* bzw. der *Mormonen*. Joseph Smith behauptete, mit einem „Seherstein" verborgene Schätze aufspüren zu können. Im Jahr 1823 soll ihm dann ein überirdisches Wesen erschienen sein, das ihn beim Namen nannte, sich als Bote Gottes vorstellte und sich selbst Moroni nannte. Moroni verlangte von Smith, dass er Übersetzungen von beschrifteten Goldplatten anfertigen sollte und diese Goldplatten seien in einem Mound mit dem Namen Cumorah in Palmyra im Staat New York vergraben.

1827 entdeckte Smith dann die Goldplatten tatsächlich und übersetzte zusammen mit 11 Zeugen die unbekannte Schrift, die er „reformiertes Ägyptisch" nannte, ins Englische – so entstand das Buch *Mormon*! Durch seine Gabe konnte Joseph Smith die alten Bewohner Amerikas genau beschreiben – wie sie gekleidet waren, auf welche Art sie reisten, auf welchen Tieren sie ritten, wie ihre Städte aussahen und welche Kriegsführung sie anwandten und erläuterte auch ihre religiösen Gebräuche. Alles das konnte er mit einer solchen Leichtigkeit beschreiben, als hätte er jahrelang mit der Mound-Builders-Kultur gelebt. In das Buch Mormon ist viel von den Legenden über die Mound Builders eingeflossen und es ist die Rede davon, dass im Jahr 600 v. Chr. eine Gruppe von Israeliten durch Gottes Anleitung über das Meer nach Amerika gekommen war, dort florierte und sich vermehrte und große Städte und Mounds baute. Das Ganze wurde von großen Befestigungsanlagen umschlossen. Vor diesen Israeliten sei bereits im Jahre 2.000 v. Chr., kurz nach dem Turmbau zu Babel, ein älteres Volk nach Amerika gelangt. Diese ganze Geschichte des antiken Amerikas wurde auf den Goldplatten aufgezeichnet und von Moroni versteckt, um für zukünftige Generationen erhalten zu bleiben.

Die Geschehnisse des Buches Mormon finden ihren Höhepunkt im Erscheinen von Jesus Christus in Amerika im Jahre 33 n. Chr. und enden etwa im Jahre 420 n. Chr. mit der gegenseitigen Auslöschung dieser Völker. War Jesus nach der Kreuzigung tatsächlich nach Amerika gesegelt? Nachdem Joseph Smith die Übersetzung fertig hatte, musste er die Goldplatten wieder an Moroni abgeben. Eigentlich handelte es sich um ein Buch, das aus schweren Goldplatten bestanden haben soll, und zahlreiche Zeugen wollen die Platten vorher noch mit eigenen Augen gesehen haben. Von vielen amerikanischen Christen wird das Buch Mormon heute als ebenso wichtig betrachtet wie die Bibel, für andere ist sie nur ein weiterer Teil der Mound-Builders-Mythologie. War der Engel Moroni möglicherweise ein Mitglied der großen Weißen Meister aus Agartha? Als feindliche assyrische Armeen im Jahr 720 v. Chr. das Königreich Israel eroberten, wurden von den ursprünglichen 12 Stämmen Israels den Überlieferungen nach 10 Stämme aus dem Königreich deportiert. Daraus wurden dann die verlorenen 10 Stämme Israels, deren Verbleib bis heute unbekannt ist. Im apokryphen Buch Esdras steht geschrieben, dass der König von Assyrien diese Stämme über das Meer in ein anderes Land brachte und im zweiten Buch Esdras 13:40-41 heißt es:

Abb. 156: Darstellung der Übergabe der Goldplatten von Moroni, Joseph Smith und der Mound Cumorah (1904)

„Er trug sie über die Wasser, und so kamen sie in ein anderes Land. Dort hielten sie Rat untereinander und beschlossen, die Vielzahl der Heiden zu verlassen und in ein anderes Land zu gehen, wo noch nie Menschen wohnten."

Dieses Land musste sich in weiter Ferne befinden und das Buch Esdras weist bestimmte Ähnlichkeiten zum Buch Mormon auf. Auch dort wird beschrieben, wie diese Stämme tumultartig den Mittleren Osten verlassen mussten. Viele der ersten weißen Siedler sahen in den Ureinwohnern Amerikas diese verlorenen 10 Stämme Israels und William Penn, nachdem der Staat Pennsylvania benannt wurde, pflegte gute Beziehungen mit den Ureinwohnern. Es ist ein Brief von ihm überliefert, in dem er schreibt, dass bestimmte Indianerstämme die gleichen Riten zelebrierten und Feste feierten wie die Stämme Israels. Sie feierten auch ein Festmahl in einer Stiftshütte und orientierten ihren Kalender am Mond, genau wie die Israeliten. Der Tag, an dem der Engel Moroni das erste Mal Joseph Smith erschienen ist, und auch der Tag, an dem dieser die heiligen goldenen Platten erhalten hat, sind identisch mit bestimmten israelitischen Festtagen. Die amerikanischen Stämme hatten auch Altäre errichtet, die auf zwölf Steinen aufgebaut waren – symbolisierten sie die 12 Stämme Israels?

Den Beschreibungen im Buch Mormon zufolge, hat am Mound Cumorah eine große Schlacht zweier verfeindeter Stämme stattgefunden und sie löschten sich dabei gegenseitig aus. Von der Spitze dieses Hügels soll der Engel Moroni einst zugesehen haben, wie sich die beiden verfeindeten Völker in der großen Schlacht im Jahr 420 n. Chr. gegenseitig umbrachten. Die beiden verfeindeten Stämme nannten sich *Nephiten* und *Lamaniten* und Moroni musste zusehen, wie seine Nation unterging. Er zeichnete alles auf seinen Goldplatten auf und hat die Geschichte dieser Völker für die Nachwelt im Berg Cumorah vergraben. In alten Zeitungen aus dem Staat New York geht hervor, dass Dutzende alte Ruinen in der Nähe der heutigen Stadt Rochester entdeckt wurden. Dort gab es auch Äxte und andere Relikte, wie Pfeilspitzen und Schlagstöcke, die Kriegswaffen gewesen waren. In dieser Gegend fanden mindestens zwei große Kriege statt und der zweite dürfte sich zwischen 300 und 500 n. Chr. ereignet haben, was mit dem Buch Mormon übereinstimmt. Auch Überreste von Riesen wurden in dieser Gegend gefunden. Waren sie die Anführer und Könige dieser Stämme, Nachkommen der alten Götter aus den Tempeln?

Der Autor Harvey Rice schrieb in einem Buch, dass im Bereich des Sees Finger Lake in New York gut erhaltene Knochen von Riesen gefunden wurden. Der Hohlraum im Schädel eines dieser Riesen hatte ausgereicht, um darin einen normalen Menschenschädel unterzubringen und ein Mensch könnte ihn wie einen Helm tragen. Die Unterkiefer dieser Schädel waren so groß, dass sie das Gesicht eines normalen Menschen ganz abdecken konnten. Die Mormonen glauben, dass die Gegend um den Finger Lake das Land von Cumorah war und der Hügel in Palmyra soll demnach tatsächlich der mythische Berg Cumorah sein – das soll Moroni Joseph Smith persönlich verraten haben. Es wurde vor einigen Jahren sogar eine Bronzestatue des Engels Moroni auf dem Hügel von Palmyra errichtet. Moroni hatte einen Vater, der sich selbst Mormon nannte und dieser soll ebenfalls hunderte weitere Aufzeichnungen in Form von Metallbüchern in diesem Berg vergraben haben. In dieser Bibliothek soll die gesamte Geschichte aller antiken amerikanischen Kulturen aufgezeichnet sein und diese Aufzeichnungen befinden sich laut den alten Überlieferungen unter dem Schutz der heiligen Engel, solange bis der Tag kommt, an dem sie zum heiligen Tempel von Zion gebracht werden sollen.(79)

Die Erforschung der Mound-Builders-Kultur

Wie alt sind die Mounds tatsächlich? Die Kunstwerke der Mound Builders zeigen Abbildungen von Elefanten und Mastodons, die schon vor vielen tausend Jahren ausgestorben sind. Die Erschaffer dieser Artefakte müssen diese Tiere jedoch gesehen haben, um sie abzubilden, was eindeutig belegt, dass es auch in Amerika Bewohner in der sog. Steinzeit gab und Menschen gemeinsam mit den riesigen Tieren der Megafauna zusammen lebten. Alle diese seltsamen Tierarten sind dann plötzlich vor ca. 10.000 Jahren ausgestorben. Diese Tatsachen waren der Wissenschaft anscheinend auch schon zu Zeiten von Ales Hrdlicka bekannt, man wollte diese Erkenntnisse aber mit aller Macht unterdrücken. Hrdlicka und seine Freimaurerkollegen in der Wissenschaft leisteten gründliche Arbeit und alle Beweise wurden in ihren Fachjournalen diskreditiert oder wegdiskutiert. Ab diesem Zeitpunkt hatten angehende Akademiker Angst um ihre Karrieren und ihren unbeschädigten Ruf, weshalb sie Beweise für antike Zivilisation in Amerika nicht länger untersuchten – der Druck war zu stark geworden. Hrdlicka wollte erreichen, dass keine Funde, die älter als 4.000 Jahre waren, irgendwie anerkannt wurden, und auf gar keinen Fall Skelette von Riesen. In alten Zeitungsberichten ist jedoch überliefert, dass Hrdlicka im Auftrag der Smithsonian Institution eigenhändig mehrmals Skelette von alten Riesenmenschen in Amerika ausgegraben hat – diese befinden sich übrigens heute noch im *American Museum*.

Abb. 157: Die verschiedenen Ebenen der kleineren Mounds

Abb. 158: Ein Riesenschädel mit doppelten Zahnreihen

Die Indianer, die entlang des Ohio-River lebten, nannten die Riesen „Allegewi" und wussten, dass sie einst einen Großteil dieses Landes beherrscht hatten. In ihren Mounds hatten sie ihre Anführer beerdigt und dieser Brauch wurde von den späteren Indianerstämmen übernommen – auch sie beerdigten viele ihrer Toten in den Mounds, die auf diese Weise immer höher wurden. Das bedeutet, die großen Mounds sind im Laufe vieler Generationen entstanden und die ältesten Überreste der Riesen befinden sich ganz unten in den Mounds oder sogar einige Meter unter der Erde. Zusammen mit Riesenskeletten fand man zum Beispiel auch einen Axt-Kopf, der über 12 kg schwer war, und der sich heute im Museum von Winnipeg befindet. Die ältesten Skelette der Riesen stammten anscheinend von zwei verschiedenen Rassen, die dem modernen Menschen ganz und gar nicht ähnlich waren. Die Hopewell-Riesen hatten doppelte Zahnreihen im Kiefer, außerdem sechs Finger und Zehen, und die älteren Adena-Riesen zusätzlich noch konische Langschädel. Sie waren weiß und hatten blondes oder rotes Haar und einige der Schädel hatten hornartige Vorsprünge auf der Stirn. Die Indianer berichten, dass diese Riesen Kannibalen waren und nicht an den Großen Geist Manitu glaubten. Ein Skelett eines indianischen Riesen, das fast perfekt erhalten war, wurde in Cedar Neck in Massachusetts freigelegt. Der Riese war mindestens 2,30 Meter groß gewesen und besaß sowohl am Ober- wie am Unterkiefer eine Doppelreihe an Zähnen. Einen ähnlichen Fund in Massachusetts machte ein Dr. Morrill, der im frühen 19. Jahrhundert ein Skelett untersuchte, das mindestens 2,40 groß war – auch hier gab es an beiden Kiefern doppelte Zahnreihen und sogar der *History Channel* berichtete darüber!

Das alles musste unbedingt geheim gehalten werden, denn es hätte das Ende für die Evolutionstheorie bedeutet und zahlreiche ungemütliche Fragen aufgeworfen. Ales Hrdlicka und seine Kollegen blockierten die Forschung an diesen unbekannten Kulturen mehr als eine ganze Menschengeneration lang. Hrdlicka galt als ein merkwürdiger Mann, der seinen Einfluss rücksichtslos ausnutzte und nach seinem Tod wurde die Urne mit seinen Überresten in der Smithsonian Institution aufgestellt. Studiert man alles, was Hrdlicka über diese unbekannte Zivilisation veröffentlicht hat, kommt man zum Ergebnis, dass er manipulative Scheinargumente und Überzeugungskraft einsetzte sowie die wissenschaftliche Autorität des Smithsonian Museums dazu benutzte, um alle Erkenntnisse über die Riesen zu unterdrücken. Im hier abgebildeten Zeitungsbericht (Abb. 159) aus der *Berkeley Daily Gazette* vom 12. März 1934 schreibt Hrdlicka, dass „Amateur

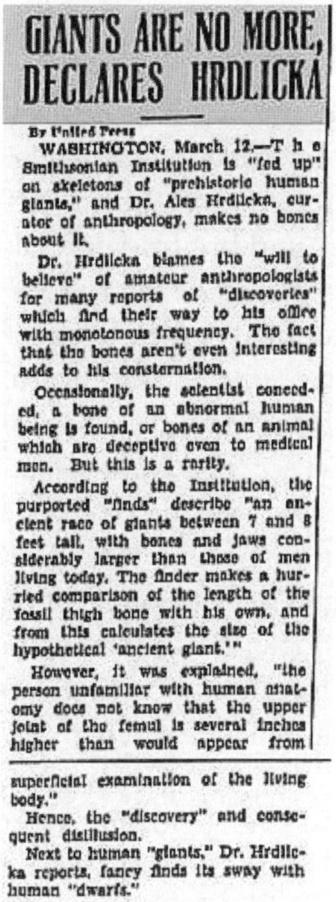

GIANTS ARE NO MORE, DECLARES HRDLICKA

By United Press

WASHINGTON, March 12.—The Smithsonian Institution is "fed up" on skeletons of "prehistoric human giants," and Dr. Ales Hrdlicka, curator of anthropology, makes no bones about it.

Dr. Hrdlicka blames the "will to believe" of amateur anthropologists for many reports of "discoveries" which find their way to his office with monotonous frequency. The fact that the bones aren't even interesting adds to his consternation.

Occasionally, the scientist conceded, a bone of an abnormal human being is found, or bones of an animal which are deceptive even to medical men. But this is a rarity.

According to the Institution, the purported "finds" describe "an ancient race of giants between 7 and 8 feet tall, with bones and jaws considerably larger than those of men living today. The finder makes a hurried comparison of the length of the fossil thigh bone with his own, and from this calculates the size of the hypothetical 'ancient giant.'"

However, it was explained, "the person unfamiliar with human anatomy does not know that the upper joint of the femul is several inches higher than would appear from superficial examination of the living body."

Hence, the "discovery" and consequent disillusion.

Next to human "giants," Dr. Hrdlicka reports, fancy finds its sway with human "dwarfs."

Abb. 159: Ein von Ales Hrdlicka veröffentlichter Artikel über Riesen und Zwerge

Archäologen" und Mediziner, die *„keine Mitarbeiter des Smithsonian"* waren, einer Täuschung erlagen, als sie annahmen, dass die gefundenen Riesenskelette tatsächlich über 2,40 groß waren. Das stimmt nicht, die lebenden Riesen waren natürlich noch größer als ihre toten Skelette ohne Gewebe und Knorpel, doch Anfang des 20. Jahrhunderts war die Wissenschaft durchaus in der Lage, solche Irrtümer auszuschließen. Hrdlicka verfolgte das Ziel, alle Meldungen und Berichte von Akademikern, die nicht den freimaurerischen, fachwissenschaftlichen Kreisen angehörten, als amateurhaft und unglaubwürdig hinzustellen und diese Forscher zu diskreditieren. Er versuchte, die Funde herunterzuspielen und sprach von *„einzelnen Überresten abnormer Individuen"*, doch die Funde traten massenhaft auf. Doch bis heute werden sie von der wissenschaftlichen Gemeinschaft entweder ignoriert oder gemieden, wie der Teufel das Weihwasser. Es gibt Absprachen aller führenden Persönlichkeiten der Welt, dieses Phänomen bis heute komplett zu verschweigen, und nur durch alternative Forscher und einige schwarze Schafen in akademischen Kreisen konnte die Riesen-Forschung in den letzten Jahren wieder vorangebracht werden. Es gibt jetzt Beweise für prähistorische Zivilisationen in Amerika und diese hatten auch belegbare Kontakte zur Alten Welt in Europa, doch diese Beweise wurden ab 1850 mit dem Aufkommen der Evolutionstheorie aus der wissenschaftlichen Forschung verbannt. In den 1880er-Jahren gab es die *Eastern Mound Division* des Smithsonian, die für die Zerstörung dieser Funde verantwortlich war und darüber wurde auch in den jährlichen Berichten des *Bureau of Ethnology* geschrieben.

Wie bereits berichtet, gab es verschiedene Kulturen, die an den alten Mounds gebaut hatten. Vor den Indianern gab es die Hopewell-Kultur, bei der es auch noch Riesen gab, und die unterste und älteste Schicht der Mounds bildet die Überreste der rätselhaften Adena-Kultur. Die Riesen der Adena-Kultur, die in den Mounds bestattet wurden, dürften alle Stammesführer oder Könige gewesen sein und wurden oft in sitzender Position in raumgroßen Holzkonstruktionen oder Megalith-Anlagen gefunden. Diese Steinplatten waren oft viele Tonnen schwer. Ein besonderes Merkmal dieser Skelette sind ihre Schädel, die eine ungewöhnlich lange Form und ein erhöhtes Schädelvolumen aufweisen, außerdem eine zweite oder sogar dritte Reihe von Zähnen! Es gab bis zu 40 Zähne in diesen Schädeln und sie hatten oft acht zusätzliche Schneidezähne – das alles kann nicht durch künstliche Deformationen erklärt werden. Die Wissenschaft versucht diese Schädeldeformationen durch Abbinde-Techniken zu erklären, aber dadurch entsteht kein größeres Schädelvolumen. Das ist völlig unmöglich.

Auf dem Farmland der Burrows-Familie in Ohio wurde eines der größten Skelette eines Riesen in einem Mound entdeckt, es war unglaubliche 3,70 Meter groß, die doppelte Größe eines heutigen Menschen! Dieser Riese muss unglaublich massiv gebaut gewesen sein und mehrere hundert Kilogramm gewogen haben.(80)

Die Riesen der Adena-Kultur

Die bekanntesten Erforscher der Adena-Kultur im 20. Jahrhundert waren William S. Webb und Don Dragoo von der *Universität von Kentucky* und dem *Carnegie-Museum*. Auch sie stellten fest, dass die Adena-Riesen eine seltsam vergrößerte Schädelform hatten, ihre Knochen und Schädel sehr dick waren und ein sehr großes und breites Kinn besaßen. Diese ungewöhnlichen Merkmale werden in der Wissenschaft schlicht „robust" genannt, um diese von der Norm abweichenden Eigenschaften zu tarnen. Die Backenzähne waren oft diagonal ausgerichtet und die Schneidezähne hatten eine Schaufelform. Die ungewöhnlichsten Funde gab es im Dover-Mound und Webb und Dragoo stellten fest, dass diese Schädel die größten Schädelhöhlen haben, die jemals gefunden wurden. Doch es wird noch seltsamer! Zusammen mit diesen Adena-Riesen gab es auch Skelette von abnormal kleinen Menschen, mit einer Größe von nur 90 Zentimeter bis max. 1,50 Metern. Das waren ausgewachsene Zwerge und Kleinwüchsige und es gibt auch noch Steinskulpturen der Mound Builders von ihnen – sogar Ales Hrdlicka hatte in diesem Zeitungsbericht auf sie hingewiesen. Auch diese Zwerge hatten schwere und dicke Knochen und mussten deshalb sehr starke Muskeln besessen haben. Ihr Schädelknochen war 1,3 Zentimeter dick und ihre Zähne waren groß und stark.

Im Laufe vieler Generationen wurden diese Riesen anscheinend immer kleiner oder vermischten sich mit den normalen Menschen. Es kann auch sein, dass es verschiedene Rassen von Riesen gab und irgendwann hatten sie die durchschnittliche Größe von 2,30 Metern erreicht. Im Gegensatz zu modernen, sehr großen Menschen haben die Skelette der Riesen ebenfalls sehr schwere und dichte Knochen, was bedeutet, dass sie unglaublich stark und muskulös gebaut waren. Webb und Dragoo vermuten, dass es sich bei den größten Adena-Riesen um eine genetisch reine Gruppe handelte, welche die höchste Kaste der Priester und Könige bildete, und diese bestanden aus einer Gruppe, die anscheinend Inzucht betrieb, um ihre genetischen Faktoren zu erhalten. Wie es scheint, wurden nur Mitglieder dieser elitären Rasse und ihre Diener in den ersten Mounds bestattet und erst viel später beerdigten auch die Indianer ihre Stammesführer in den alten Mounds und vergrößerten sie dadurch. Die Adena-Kultur besaß eine lange historische Geschichte von mindestens 7.000 Jahren, die absichtlich unterschlagen wurde. Im Sommer 1930 erschienen dann wieder die ersten Zeitungsberichte zu neuen sensationellen Entdeckungen, die in zwei Mounds in Doddridge County in West Virginia gemacht wurden. Diese Entdeckungen wurden von Professor Ernest Sutton von der *Universität von Salem* untersucht, er leitete dabei auch die Ausgrabungen und sprach von einer verschwundenen Rasse von Riesen von einer Größe von bis zu 2,75 Metern. In den Mounds befanden sich Megalith-Kammern, die aus großen flachen Felsen zusammengesetzt waren und im Inneren der Kammern war alles sorgfältig mit Ton abgedichtet. Und darin befanden sich zwei im Sitzen bestattete große Skelette, die vermutlich Stammesführer gewesen waren. Diese Kammern befanden sich genau im Zentrum der Mounds, waren sorgfältig mit flachen Steinen abgedeckt und hermetisch mit Ton versiegelt. Auch andere Skelette im Mound waren in einem Gehäuse aus Ton bestattet.

Ernest Sutton verfasste dazu im Jahr 1958, als er sich bereits im Ruhestand befand, eine zusammenfassende Abhandlung und erklärte, dass er insgesamt vier Riesenskelette ausgegraben hatte, die in gebrannten Tonkammern konserviert waren und roten und gelben Ocker auf sich hatten. Über den Grabkammern befand sich eine dicke Schicht von Felsbrocken aus Sandstein. Der Ton wurde anscheinend in Feuer erhitzt und gehärtet, nachdem die Körper eingefasst waren. Professor Sutton, der damalige Leiter der Geschichtsabteilung der *Universität von Salem*, glaubte, dass diese Gräber erst vor ungefähr 1.000 Jahren angelegt wurden. Spätere Nachforschungen aus dem Jahr 2015 haben gezeigt, dass Professor Sutton seine Fundgegenstände und Skelette tatsächlich an das Smithsonian Museum gesandt hatte, und sie auch heute noch in den Archiven der Institution verzeichnet sind. Dort steht, dass sich unter den gefundenen Artefakten auch eine Scheibe aus Sandstein befand, in die unbekannte Schriftzeichen eingraviert waren. Was aus den Riesenskeletten geworden ist, bleibt unbekannt, sie werden später nicht mehr erwähnt. Nachdem die offizielle Abhandlung von Professor Sutton erschienen war, gab es 1960 eine weitere geheime Ausgrabung in den Mounds von Doddridge County. Es wurde mindestens ein weiteres 2,45 Meter großes Skelett freigelegt und konfisziert. Das Smithsonian erklärte auf Anfragen, dass angeblich alle diese Riesenskelette an den Ausgrabungsstätten gestohlen wurden und es wurde nur bekannt, dass es reiche Männer aus dem Westen gab, die alle diese Funde aufgekauft haben. Wer könnte ein so großes Interesse an all diesen Riesenskeletten haben, dass man Belohnungen dafür aussetzte und sie in geheimen Sammlungen verschwinden ließ?

Aus anderen Überlieferungen der Indianer geht hervor, dass sie den weißen Siedlern den Namen „Nahullo“ gaben. Ursprünglich wurde dieser Name jedoch für eine Rasse von weißen Riesen verwendet, die mit den Choctaw-Indianern kämpften, nachdem sie den Mississippi überquert hatten, um in ihr heutiges Land zu gelangen. Auch Häuptling Rolling Thunder der Komantschen erzählte, dass vor vielen Monden einst eine Rasse von weißen Menschen in Nordamerika lebte, die drei Meter groß waren. Sie waren viel mächtiger und reicher als die weißen Siedler, die heute dort leben und ihr Reich umfasste alles von der aufgehenden bis zur untergehenden Sonne. Ihre Befestigungsanlagen krönten die Gipfel der Berge und beschützen damit ihre bevölkerungsreichen Städte in den Tälern. Ihre Kultur übertraf alles, was es damals gab und ihre Handwerkskunst war legendär. Sie waren auch tapfere und mutige Krieger, die dieses Land ihren vorherigen Besitzern entrissen hatten. Der Häuptling erklärte auch, dass die neuen Weißen, die Bleichgesichter, Zwerge gegen sie sind, und mit ihren Waffen und ihrer Kunst mit diesen alten weißen Riesen nicht mithalten können. Laut Rolling Thunder wurden die Riesen vom Großen Geist Manitu ausgelöscht, als sie ihre guten Grundsätze verloren und zu stolz wurden – auch das ist eine Parallele zu den Berichten in der Bibel.

Die Navajo-Indianer nannten die Riesen das „Starnake-Volk“ und erzählen, dass diese Riesen fortschrittlichen Bergbau betrieben und den ganzen amerikanischen Westen beherrschten. Sie versklavten schwächere Stämme und hatten Festungen in ganz Nord- und Südamerika. Sie sind entweder alle ausgestorben oder seien in den Himmel zurückgekehrt, von dem sie einst gekommen waren! Möglicherweise haben sich die letzten überlebenden Riesen auch in die weitverzweigten unterirdischen Tunnelsysteme zurückgezogen. In Südamerika wurden die Riesen von den Azteken „Quinametzin“ genannt, als Götter betrachtet und der Anführer dieser Götter war ein Gott namens „Tlaloc“. Diese rothaarigen und blonden Götter sollen den Legenden nach auch die großen Anlagen von Teotihuacan und Tlachihualtepetl erschaffen haben. Kurz vor der Ankunft der spanischen Eroberer hatten die südamerikanischen Stämme den letzten Quinametzin auf Erden besiegt. Die Riesen sollen einst in der fernen Vergangenheit mit großen Booten aus Schilf an den Küsten Südamerikas erschienen sein.

Sie kamen anscheinend vom untergegangenen Kontinent Atlantis und anderen Kontinenten, die während einer großen Flut von Antlitz der Erde verschwunden sind. Wie vor kurzer Zeit bekannt wurde, könnte auch die heutige Antarktis einer dieser Kontinente gewesen sein. Es gibt jetzt Hinweise darauf, dass dort vor langer Zeit Außerirdische mit ihren Schiffen gelandet waren, die einst auf dem Mond lebten, was vor ca. 60.000 Jahren passiert sein soll. Um auf der Erde mit der hier herrschenden starken Gravitation überleben zu können, veränderten sie ihre physischen Körper durch Gentechnologie, vermischten außerirdische und menschliche Genetik, erschufen die elitären Blutlinien der Erde, und die daraus entstandenen Riesen und Langschädel waren also die Nachkommen dieser Außerirdischen. Später wurden sie von den immer zahlreicher werdenden Menschen bekämpft und ständig weiter dezimiert, einige vermischten sich mit den normalen Menschen und heute soll es nur noch wenige ihrer ursprünglichen Art geben, die an versteckten Orten der Welt leben. Die elitären menschlichen Blutlinienfamilien sollen direkt von diesen Riesen abstammen. Deshalb betrachten sie sie als ihre Ahnen und kaufen auch ihre Überreste auf.

Um die bisher aufgedeckten Informationen über die Mound Builders zu vervollständigen, werfen wir noch einen Blick auf die Erkenntnisse des herausragenden Forschers Graham Hancock, der bereits seit Jahrzehnten an diesem Thema forscht. Hancock konnte herausfinden, dass die Riesen überragende Errungenschaften in der Metallverarbeitung erreicht hatten. Viele der Skelette in den Mounds hatten Kupferschmuck, Armbänder aus Kupfer und sogar ganze Rüstungen mit Helmen aus Kupfer getragen. Auch Glimmer wurde verarbeitet und als Schmuck getragen oder zu Skulpturen oder Pfeilspitzen verarbeitet. Hancock weist auch darauf hin, dass die charakteristische, kegelförmige Kopfform der Riesen mit denen identisch ist, die in Südamerika und Ägypten gefunden wurden! Auf dem Mount Carbon in West Virginia gibt es heute noch eine 13 Kilometer lange Mauer und einen Tempel auf der Bergspitze. Talabwärts liegt der Cheat River und an seinem Ufer fand man die Überreste einer „Stadt der Riesen" – es gab dort viele Riesenskelette mit einer Größe von 2,45 Meter. Es gibt auch Steintafeln der Mound Builders, die mit seltsamen Hieroglyphen und Keilschrift beschriftete sind, die denen aus Assyrien und Babylon gleichen. Ein in Ohio gefundener Riesenschädel zeigt Spuren einer Gehirnoperation. Die Chirurgie-Kenntnisse der Mound Builders übertrafen überraschenderweise unsere modernen, meinte ein Chirurg, der den Schädel untersucht hatte. Hancock berichtet über ein Steinartefakt, das als der „Heilige Stein von Newark" bezeichnet wird und anscheinend eine Version der biblischen zehn Gebote in hebräischen Buchstaben auf sich eingraviert hat. Das würde zu den Legenden von Joseph Smith und

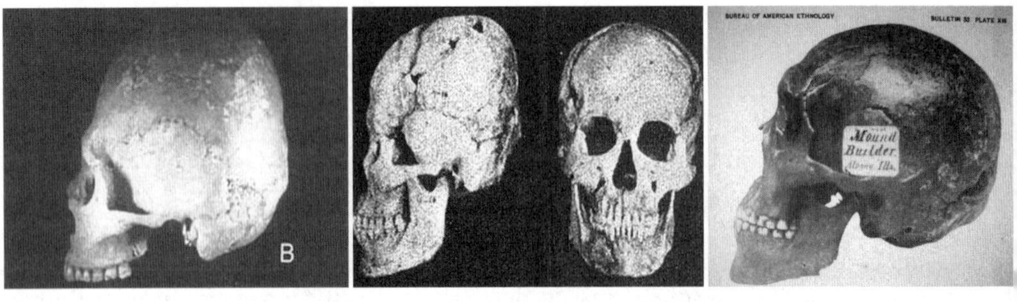

Abb. 160: Zwei Adena-Schädel und rechts ein Hopewell-Schädel der Mound Builder

dem Buch Mormon passen. Neben Kupfer waren die Mound Builders nachweislich versessen auf Perlen und viele der Skelette in den Mounds trugen Roben, die mit Perlen bestickt waren. In einem anderen Mound wurden zwei Scheffel gefunden, die mit über 500.000 Süßwasser-Perlen gefüllt waren!

Einer der größten heute noch existierenden Mounds war einst ein Teil des Cahokia-Mound-Komplexes. Das liegt in Missouri am Mississippi und dieser Mound wird immer wieder mit der Größe der großen Pyramide in Ägypten verglichen. Der Komplex bestand früher aus mindestens 120 großen Mounds, von denen heute noch 80 existieren. Es hat dort eine Stadt gegeben, die von mindestens 45.000 Menschen bewohnt wurde und sie war größer als alle Städte der Vereinigten Staaten bis ins 18. Jahrhundert hinein. Der Monks-Mound ist der größte in der Anlage, ist 30 m hoch und hatte ursprünglich eine Seitenlänge von 290 x 255 Metern. Dieser gigantische Mound enthält ca. 622.000 Kubikmeter Erde und wurde während vieler verschiedener Bauphasen über einen langen Zeitraum hinweg errichtet. Auf der Spitze des Mounds befand sich früher ein Tempel, der dem größten Häuptling dieses alten Reiches gehörte, dem „Paramount-Chief". Er war der Häuptling der Häuptlinge und Angehöriger der Adelskaste der Mound Builders. Um den Mound zu erhalten, wurden noch keine offiziellen Ausgrabungen gestattet und die astronomische Ausrichtung dieser Anlage zeigt große Ähnlichkeiten zu Stonehenge und Teotihuacan und anderen antiken Stätten der Welt. Am Fuße des Mounds wurden bei Grabungen Löcher für große Holzpfosten freigelegt, die kreisförmig angelegt waren.

Das Smithsonian führte auch Ausgrabungen am Gelände durch und entdeckte Kalksteinplatten, die Inschriften trugen, die wie römische Buchstaben aussahen. Diese Platten wurden an die Smithsonian Institution in Washington D.C. verschifft, um sie dort genauer untersuchen zu können, doch danach waren sie verschwunden. Man geht heute davon aus, dass es in ganz Nordamerika über 100.000 Mounds(!) gab und C-14-Tests an hölzernen Resten in Kupferartefakten zeigten, dass einige der Gräber mindestens 5.700 Jahre alt sind. Andere Grabstätten sind wahrscheinlich sogar 8.000 bis 10.000 Jahre alt.

Auch Spuren in alten Minen belegen, dass über einen Zeitraum von 10.000 Jahren über 500.000 Tonnen Kupfer aus Minen in ganz Nordamerika abgebaut wurden und andere Schätzungen belaufen sich sogar auf ein Vielfaches dieser Menge! Die akademische Forschung weigert sich heute, antike Gegenstände aus Kupfer, die in Europa gefunden wurden, zu analysieren denn möglicherweise würde das belegen, dass es aus Nordamerika stammt. Experten glauben, dass die Bergbauaktivität in Amerika in großem Stil vor 10.000 Jahren begonnen hatte, endete dann allerdings sehr plötzlich vor etwa 3.500 Jahren und das fällt mit dem katastrophalen Vulkanausbruch auf der Insel Santorin in Griechenland zusammen. Diese unvorstellbare Eruption hat ganze Kulturen ausgelöscht und verursachte mit anderen Vulkanausbrüchen eine große Katastrophe, indem dies im weiten Umkreis des Vulkans alles unter einer hunderte Meter dicken Schicht aus Vulkanasche bedeckte. Man vermutet, dass die alten Griechen schon seit langer Zeit Handelsverkehr mit Nordamerika betrieben hatten und 1877 fand Professor Barry Fell eine Stele in einem Mound, die ägyptische, punische und libysche Inschriften trug. Das Smithsonian meldete sich sofort wieder zu Wort und behauptete, der Fund wäre eine Fälschung. Doch zusammen mit dem Fund war auch ein Skelett mit einer Größe von 2,40 Meter gefunden worden, das im Jahr 1900 in einem Schaufenster in Williamsburg ausgestellt war.

Abb. 161: Ein reich geschmücktes Mound-Builders-Skelett. Der Monk-Mound und rechts die Statue eines Zwergs.

Am Pelican Lake in Minnesota wurde ein Mound entdeckt, in dem ebenfalls ein Riese in einem Raum aus Stein bestattet war. Der Raum im Mound war Teil einer 457 Meter langen und drei Meter hohen Mauer, die aus immens großen und harten, roten Ziegeln errichtet war. In Nord Dakota wurde von französischen Forschern im Jahr 1736 ein seltsamer Indianerstamm gefunden, der erstmals von einem Jesuiten beschrieben wurde. Es handelte sich um die Mandan-Indianer, ein Stamm aus blonden oder rothaarigen, blauäugigen Menschen, der unter den ersten weißen Siedlern heftige Diskussionen auslöste. Man vermutete, dass sie aus Europa stammten und erforschte ihre Sprache auf bekannte europäische Elemente, was dann jedoch nicht bestätigt werden konnte. Weitere namhafte Forscher und Entdecker beschäftigten sich ausführlich mit dem Stamm, doch auch von ihnen konnten keine Hinweise auf einen europäischen Ursprung gefunden werden. Im Gegensatz zu anderen Indianerstämmen betrieben die Mandan-Indianer Landwirtschaft und waren sesshaft. Es gab früher etwa 3.600 reinblütige Mandan-Indianer, doch bis zum Jahr 1838 wurden sie auf 125 Personen dezimiert und neuerdings gibt es noch ca. 400 von ihnen. Merkwürdigerweise vermeidet man bis heute einen Haplogruppen-Test der DNA, um den genetischen Ursprung dieser Rasse festzustellen.

Auch Dr. John Haywood veröffentlichte im Jahr 1823 ein Buch über die Mound Builders und machte seltsame Entdeckungen – er fand winzige Mounds, die die Überreste von 90 Zentimeter kleinen Menschen beinhalteten und diese amerikanischen Pygmäen wurden von den Indianern „mondäugige Kinder" (moon-eyed-children) genannt. Dr. Haywood schrieb, dass die riesigen Mound Builders immer in Begleitung dieser Zwerge waren und die Legenden berichten, dass die Zwerge (artgerecht) schelmisch waren und nur nachts herauskamen. Einige Indianerstämme führten Krieg mit dem Stamm der mondäugigen Kinder. Neben diesen Riesen und den Kleinwüchsigen berichtete Haywood auch von steinernen Jagdhörnern, geschnitzten Mastodon-Knochen und Pfeifen aus Speckstein. Er berichtet außerdem vom Fund einer Höhle südlich des Cumberland-Flusses, in der es einen geheimen Raum gab, der 25 Quadratmeter groß war und allem Anschein nach durch fortschrittliche Technologie erschaffen wurde. Es gab dort drinnen einen großen, aus dem Felsen herausgeschnittenen Brunnen und das Skelett eines blondhaarigen Riesen lag dabei. In einem anderen Mound in Ohio wurden römische Münzen gefunden, die die Abbilder der römischen Kaiser Claudius II. und Maximus II. trugen.

SAN ANTONIO EXPRESS

Beach Giant's Skull Unearthed By WPA Workers Near Victoria

Believed to Be Largest Ever Found in World; Normal Head Also Found

That Texas "had a giant on the beach" in the long ago appears probable from the large skull recently unearthed in a mound in Victoria County, believed to be the largest human skull ever found in the United States and possibly in the world.

Twice the size of the skull of normal man, the fragments were dug up by W. Duffen, archaeologist, who is excavating the mound in Victoria County under a WPA project sponsored by the University of Texas. In the same mound and at the same level, a normal sized skull was found. The pieces taken from the mound were reconstructed in the WPA laboratory under supervision of physical anthropologists.

A study is being made to determine whether the huge skull was that of a man belonging to a tribe of extraordinary large men or whether the skull was that of an abnormal member of a tribe, a case of giantism. Several large human body bones also have been unearned at the site.

Marcus B. Goldstein, physical anthropologist employed on the WPA project, formerly was an aide of Ales Hdrlicken, curator of the National Museum of Physical Anthropolgy.

Finds made through excavations in Texas are beginning to give weight to the theory that man lived in Texas 40.000 to 45,000 years ago, it is said.

STAMP SOCIETY MEETS

San Antonio Philatelic Society will hold its first meeting of 1940 at the Y. M. C. A. at 8:30 p. m. Monday, when a bourse of rare stamps will be shown by collectors in this vicinity. New officers of the society are Norman H. Brock, president; B. A. Turner, vice president; L. F. Fields, secretary and treasurer, and Edward Albach, reporter. Both the president and vice president were re-elected.

GIANT SKULL—Believed to be possibly the largest found in the world, the human skull shown on the right was recently unearthed in Victoria County by Texas University anthropologists. The other two are of normal size.

Abb. 162: Zeitungsausschnitt mit einem Riesenschädel

Im Jahr 1931 gab es eine sensationelle Entdeckung in Texas, über die damals auch die Zeitung *San Antonio Express* berichtete. Die *Universität von Texas* führte archäologische Ausgrabungen durch und entdeckte in Victoria County riesige Menschenschädel, die doppelt so groß wie normale menschliche Schädel waren. Diese Schädel wurden damals an der *Universität von Texas* von niemand anderem als Ales Hrdlicka im Namen der Smithsonian Institution untersucht. Und in der Zeitung stand zu lesen, dass diese Funde langsam beweisen, dass in Texas schon vor 45.000 Jahren Menschen lebten.

Auch verschiedene Höhlensysteme werden mit den Mound Builders in Verbindung gebracht. In Texas gibt es das Brehmer-Heidrich-Höhlensystem, das sich über einen Radius von 16 Kilometern erstreckt. Man kann in diesen Höhlen Stimmen auf eine Entfernung von bis zu 4 Kilometern hören und es wäre möglich, dass das ein künstlich angelegtes Höhlensystem ist, denn in dieser Gegend gab es auch eine Kultur von Höhlenbewohnern. Mitarbeiter der Smithsonian Institution sprachen davon, dass es große Unterschiede bei den Schädeln von diesen Höhlenindianern und heute in der Gegend lebenden Navajo-Indianern gibt und das zeige, dass sie nicht verwandt gewesen sind. In Nevada gibt es ebenfalls Reste von Städten dieser unbekannten Höhlenbewohner und im Jahr 1926 wurde eine 9,7 km lange und 800 m breite Stadt entdeckt, deren Ruinen in einer geraden Linie verlaufen und die Umrisse der alten Häuser immer noch deutlich zu erkennen waren.

Der amerikanische Autor Ivan T. Sanderson hat in einem seiner frühen Bücher noch einen Fall ermittelt, in den auch die Smithsonian Institution verwickelt war. Sanderson erhielt eines Tages einen Brief von einem ehemaligen US-Navy-Angehörigen, der während des Zweiten Weltkriegs in einer Basis auf den Aleuten stationiert war. Die Aleuten sind Vulkaninseln, die noch zu Alaska gehören, aber bereits teilweise auf dem Gebiet von Russland liegen. Auf dieser Basis wurden eines Tages ein paar Hügel von einer Planierraupe niedergerissen und zur Überraschung der Anwesenden kamen menschliche Überreste zum Vorschein. Es handelte sich wohl um Mounds und es waren die Überreste eines Friedhofs von Riesen. Es gab eine Reihe von Schädeln und Oberschenkelknochen und diese Schädel waren sogar noch größer als die meisten in Nordamerika gefundenen und maßen satte 60 Zentimeter vom Kinn bis zum Scheitel. Ein Ingenieur der Basis stellte Berechnungen an und ermittelte, dass diese Riesen, von denen die Schädel stammten, zwischen 3,65 bis 4,30 groß gewesen sein müssen! Sanderson überprüfte alles, kontaktierte weitere ehemalige Mannschaftsmitglieder und erhielt einen zweiten Brief, der die Geschichte im Grunde wiederholte. In beiden Briefen wurde auch bestätigt, dass die Überreste der Riesen an das Smithsonian Institute geschickt wurden und in beiden stand auch noch, dass man dann nichts mehr weiter über den Verbleib der Überreste gehört hatte. Als Sanderson das Smithsonian Museum kontaktierte, erwiderte man, dass keine Aufzeichnungen darüber existieren, dass sie jemals solche Riesenskelette erhalten hätten. Tatsächlich? Ivan Sanderson war davon überzeugt, dass die Lieferung der Navy im Smithsonian Museum angekommen war, und grübelte über die Gründe, warum das Institut offensichtlich log. Er dachte sich, die Leute im Institut könnten es sich nicht leisten, die Existenz der Riesen einzugestehen, weil sonst alle Geschichtsbücher umgeschrieben werden müssten.

Der Krypto-Archäologe Dave Cain studierte die Aufzeichnungen über die Entdeckung von Riesen in West Virginia und stieß dabei auf einen Bericht aus dem Jahr 1850. Arbeiter wollten gerade einen Keller ausheben, als sie zwei sehr große menschliche Skelette freilegten. Sie maßen die Knochen und kamen zum Ergebnis, dass diese bestatteten Menschen mehr als 2,40 Meter groß gewesen waren. In der ganzen Gegend wurden auch noch hunderte antike Töpfereien, Steinwaffen, Steinschnitzereien und weitere Skelette von Riesen gefunden. Einige der schönsten Fundstücke wurden damals von deutschen Adeligen gekauft, die in Amerika zu Besuch waren und die „kuriosen" Stücke mit nach Europa nahmen.

Eine der erstaunlichsten Entdeckungen wurde 1947 ebenfalls in Nevada gemacht und sofort unterdrückt, denn im Death Valley wurde ein Tempel der Riesen entdeckt. Die Zeitung *Nevada News* berichtete davon und Dr. Bruce Russell gab bekannt, dass das Smithsonian die Beweise für die Riesen im Death Valley versteckt hatte. Es wurde ein Höhlenkomplex entdeckt, der sich über 32 Höhlen auf einer Fläche von 290 Quadratkilometern entlang der Grenze von Nevada und Kalifornien erstreckt! Im Inneren dieser Höhlen fand man die Skelette von Riesen, die bis zu 2,75 Meter groß und in Tierhäuten wie Jacken und Hosen gehüllt waren, und diese Bekleidung hatte Ähnlichkeit mit früheren wattierten Anzügen! Im Inneren der Höhlen gab es laut Dr. Russell einen Haupttempel mit Hieroglyphen, vielen Waffen und religiösen Artefakten. Von diesem Tempel führte eine lange Halle zu einem Raum, in dem sich gut erhaltene Überreste von Dinosauriern, Säbelzahntigern, imperialen Elefanten und anderen ausgestorbenen Tieren befanden, die in Paaren in Nischen zur Schau gestellt waren!

In einem Zeitungsbericht der *San Diego Union* vom 5. August 1947 wurde Ähnliches berichtet. An der Grenze von Arizona, Nevada und Kalifornien wurden in der Wüste die mumifizierten Überreste von Riesen ausgegraben. Die Skelette der Riesen waren noch immer mit seltsamen Gewändern bekleidet und die Forscher datierten diese Überreste auf ein Alter von annähernd 18.000 Jahren. Bereits im Jahr 1931 entdeckte der pensionierte Dr. Bruce Russell zufälligerweise mehrere Tunnel nahe des Death Valley und konnte erst 1947 zusammen mit Dr. Daniel Bovee wieder zu diesem Ort zurückkehren. Bovee war für die Entdeckung der Felsbehausungen in New Mexico berühmt geworden, seine Artikel erschienen damals im Magazin *National Geographic.* Zusammen gelangten sie an die vormalige Fundstelle und schafften es, die Überreste von sieben Riesen auszugraben, die zwischen 2,45 und 2,75 Meter groß waren. Die Kleidung der Riesen bestand aus einer Jacke von mittlerer Größe und Hosen, die bis unter die Knie reichte. Das Gewebe des Materials soll wie graue, eingefärbte Schafhaut ausgesehen haben und offensichtlich stammten die Kleider von einem Tier, das heute unbekannt ist.

In Oklahoma fand man in den 1930er-Jahren in der Nähe vom Spiro-Mound einen Riesen, der eine aufwendig angefertigte Lederrüstung trug und mit Schwertern begraben war – doch nicht nur in Amerika hat man diese Riesen gefunden, sondern auch in China! Vor einigen Jahrzehnten wurde bei den Grabungen einer Universität in China eine Grabstätte entdeckt, in der man 22 seltsame und gigantische, menschliche Skelette freilegte. Jedes dieser Skelette war über drei Meter groß und auch in seltsamen Lederrüstungen beigesetzt worden. An ihren Schädeln war noch das lange, rote Haar zu sehen, das bis zu ihren Schultern reichte. Der amerikanische Forscher Steve Quayle hatte persönliche Gespräche mit wichtigen Generälen über dieses Thema und diese Militärs erklärten ihm, dass die großen Regierungen der Welt nicht wollen, dass DNA-Beweise für Riesen und die Langschädelspezies vorliegen – das würde die Geschichten in der Bibel bestätigen und das wissenschaftliche und evolutionäre Weltbild zerstören. **Außerdem soll auch die berühmte Bibliothek von Alexandria in Ägypten vor allem aus dem Grund zerstört worden sein, die Existenz der Riesen zu vertuschen.** Es wird heute oft behauptet, bei diesen Skeletten handelte es sich um sehr großwüchsige Menschen, das stimmt aber deshalb nicht, weil die Knochen viel schwerer sind und die Riesen auch keine körperlichen Probleme mit ihrem Gewicht hatten, weil sie sehr muskulös und um ein Vielfaches stärker waren als großgewachsene Menschen. Die Regierungen sollen im Geheimen unter Hochdruck daran arbeiten, Riesen-DNA aus den alten Knochen auszuwerten und beabsichtigen, die originale Nephilim-DNA wiederherzustellen – die reinen Gene des ersten robusten Adam-Menschentyps! Weil die Menschheit genetisch immer mehr degeneriert, will man künstlich nachhelfen und die ursprünglich von den außerirdischen Göttern erschaffenen robuste Adam-Menschenrasse durch Klonen wiederzubeschaffen!

Man kann sehen, in welch großem Maßstab hier archäologische Funde einfach unterdrückt werden und die sogenannte „Wissenschaft" lügt und unterbreitet daher der unwissenden Menschheit ein völlig falsches und manipuliertes Geschichtsbild. Es scheint aber nun die Zeit angebrochen zu sein, wo dieses unterdrückte Wissen endlich wieder zugänglich wird. Die Geschichte der Mound Builders und anderer Riesen endete erst vor relativ kurzer Zeit und sowohl Indianer aus Nord- wie auch aus Südamerika berichteten den ersten weißen Siedlern und spanischen Eroberern, dass die weißen Riesen erst kurz vor deren Ankunft in den beiden Amerikas restlos besiegt und ausgemerzt wurden. Es gibt alte Berichte, wo auch von riesenhaften Indianerhäuptlingen und Stammesführern die Rede ist, die noch im 17. Jahrhundert lebten und einige ihrer Nachfahren dürften sogar bis vor noch kürzerer Zeit in Nordamerika gelebt haben.[81]

Die sumerische Keilschrifttafel von Häuptling Joseph

Einige Indianerhäuptlinge besaßen zur Überraschung vieler Forscher und Archäologen Tafeln und Steine mit sumerischen Keilschriftzeichen(!) und lange bevor die ersten europäischen weißen Siedler nach Amerika kamen, gab es im nördlichen Nordamerika bereits einige weiße Indianerstämme. Viele von ihnen sprechen davon, dass andere Weiße schon viel früher Amerika besucht hatten. Es gibt zum Beispiel den Kensington-Runenstein in Minnesota, in den Aufzeichnungen von skandinavischen Wikingern gemeißelt sind, die anscheinend bereits im Jahr 1362 in Amerika waren. Es gibt auch Steine mit hebräischen und phönizischen Inschriften. Die Phönizier wurden vom assyrischen König Sargon II. im Jahr 721 v. Chr. angegriffen und besiegt, jedoch erst um 572 v. Chr.

endgültig vom babylonischen König Nebukadnezar unterworfen. Zuvor waren die Phönizier ein bekanntes Seefahrervolk, das viele Kolonien in Spanien und Nordafrika betrieben hatte. Es ist anzunehmen, dass sie auch frühe Kontakte mit Amerika hatten, und sich wahrscheinlich dort auch ansiedelten. In Brasilien wurden auf dem Paraiba-Stein phönizische Schriftzeichen gefunden und wenn bereits die Phönizier die Segelrouten nach Amerika kannten, dann könnten auch die Sumerer sie schon benutzt haben und es gibt tatsächlich viele Beweise dafür, dass reger Handel betrieben wurde.

Ein wichtiges Fundstück ist die Keilschrift-Tafel von Häuptling Joseph (1840-1904), welcher der Anführer der Nez-Perce-Indianer aus Montana war. Dieser Stamm bewohnte den pazifischen Nordwesten der heutigen USA. Der Häuptling bewahrte die Tafel in seinem Medizinbeutel auf, denn in indianischen Medizintaschen befanden sich allerlei mächtige Zauberutensilien, die den Träger der Tasche beschützen sollten. Ihr Inhalt war heilig und enthielt außer Heilkräutern auch Steine, Edelsteine, Mineralien, Knochen, Federn, Klauen und Zähne. Jedes dieser Dinge verfügte über eine spezielle Kraft und wurde von seinem Träger sehr behütet und niemals offen hergezeigt. Doch im Jahre 1877 kam es zu heftigen Kämpfen zwischen mehreren Indianerstämmen und die amerikanischen Armee, nahm ihnen das Land weg und steckte sie in Reservate. Doch der Stamm der Nez-Perce-Indianer kämpfte verbissen, das brachte ihnen sogar unter den Weißen viel Ruhm ein, und Häuptling Joseph bekam den Spitznamen „der rote Napoleon“. Chief Joseph sagte, diese Tafel wurde seit vielen Generationen in seiner Familie weitergegeben und soll von weißen Besuchern stammen, die vor sehr langer Zeit die Vorfahren des Häuptlings besucht hatten. Es ist überliefert, dass diese Weißen den Eingeborenen viele Dinge beibrachten und sie viel besser behandelten als die modernen weißen Siedler. Diese ehemaligen weißen Kulturbringer sind in ganz Nord- und Südamerika bekannt und hinterließen ihre Artefakte und Bauwerke als Beweis. Im Fall von Häuptling Joseph ist es eine Tafel aus gebranntem Ton, die nur wenige Zentimeter groß ist und die im Jahr 1878 bekannt wurde, nachdem der Stamm von Chief Joseph im Jahr davor von der amerikanischen Kavallerie besiegt worden war. Häuptling Joseph musste seine Tafel an einen General Miles aushändigen und danach gelangte sie in die Hände einiger Forscher. Erst vor wenigen Jahren kam man dahinter, dass es sich um eine mesopotamische Tafel handelt, die beim Verkauf oder Tausch von Nutztieren verwendet wurde! Die Inschriften wurden später ausgewertet. Professor Robert Biggs von der *Universität Chicago* sagte, es handelt sich bei den Inschriften um eine Quittung für den Tausch eines Lamms. Die Forscher glauben, dass die Tafel aus dem Jahr 2042 v. Chr. stammt und im südlichen Irak angefertigt worden war! Der Text bedeutet übersetzt: *„Nalu erhielt ein Lamm von Abbashaga am elften Tag des Monats des Festes von An, im Jahr in dem Enmahgalanna zur Hohepriesterin von Nanna ernannt wurde.“* Fälscher müssten also nicht nur bereits die Keilschrift gekannt, sondern auch über die Geschichte der Priesterin Nanna Bescheid gewusst haben. Wie soll ein Indianerhäuptling vor dem Jahr 1877 dazu fähig gewesen sein?

Man darf nicht vergessen, dass Keilschrifttafeln im Jahr 1877 noch gänzlich unbekannt waren, auch in Amerika. Die Indianer gelten generell als sehr ehrlich und würden über die Herkunft solcher Tafeln sicher nicht lügen, denn so etwas verstößt gegen ihre Ehre. Die ersten Versuche, Keilschrift zu übersetzen, begannen erst um das Jahr 1857 in England und im Jahr 1877 war die Schrift noch nicht einmal übersetzt! Wie soll es sich also um eine Fälschung handeln? Viel wahrscheinlicher ist, dass Sumerer schon vor 4.000

Jahren in Amerika waren. Die Keilschrift-Tafel von Häuptling Joseph ist im Museum von West Point in Virginia ausgestellt gewesen und wurde 1991 erstmals fotografiert. Es existieren auch noch alte Fotografien des Häuptlings, die ihn mit seinem Medizinbeutel zeigen. Auf dem Beutel sieht man das Symbol des Sterns von Assur, das sich auch auf der assyrischen Flagge befindet, vom Gott Assur stammt und die assyrische Nation symbolisiert. Es gibt Tontafeln, die den Gott Assur auf seinem Thron zeigen und vor ihm sieht man das Symbol des Sterns von Assur. Er hat vier Spitzen und einen Ring in der Mitte und zwischen den vier Punkten kann man Strahlen des Lichts sehen.

Im Jahr 1963 wurde eine weitere sumerische Keilschrifttafel in Georgia entdeckt. Das ist die Keilschrift-Tafel von Hearn. Es handelt sich hier ebenfalls um eine Quittung für Schafe und Ziegen, die als Opfer für den sumerischen Sonnengott Utu bzw. Schamasch dargebracht wurden. Die Schriftgelehrte Enlila schrieb, dass das im 38. Jahr der Herrschaft von König Suigi von Ur in Sumer geschah. Das bedeutet, die Tafel stammt aus dem Jahr 2040 v. Chr. und sie ist zwei Jahre älter als die Tafel von Häuptling Joseph. Im Gegensatz zur anderen Tafel ist die Hearn-Tafel aus Blei gemacht. Es wird vermutet, dass diese Tafel in Amerika hergestellt wurde und die Bleigießerei, und der Handel mit Gütern belegen größere Handelsbeziehungen zwischen Amerika und Sumer. Die Göttin Nanna oder Inanna war die sumerische Göttin der Liebe und Fruchtbarkeit und wurde außerdem die Königin des Himmels genannt, weil sie zu den Anunnaki gehörte. Ein anderer Beweis für präkolumbianische Kontakte sind Spuren von Nikotin und Kokain in ägyptischen Mumien. Die Pflanzen dafür wuchsen damals nur in Südamerika.

Nahe der Stadt Titusville in Florida befindet sich die sogenannte Windover-Ausgrabungsstätte, wo die Überreste von 168 Menschen gefunden wurden, die auf dem Grund eines Teichs beerdigt worden waren. Einige Forscher behaupten, es würde sich um die wichtigste archäologische Stätte in ganz Amerika handeln, denn die menschlichen Überreste befinden sich in einem gut erhaltenen Zustand, weil sie in Torf konserviert wurden. Das Alter der Mumien wird auf 7.000 bis 8.120 Jahre datiert. Bei vielen der Körper war noch ausreichend viel Gehirngewebe vorhanden, aus dem schließlich DNA extrahiert werden konnte. Die Forensiker bemerkten, dass es sich um eine alte Grabstätte handelte und die Skelette nicht von Indianern stammten, denn sie hatten eher ein europäisches Aussehen. Die ab 1984 ausgeführten professionellen archäologischen Ausgrabungen

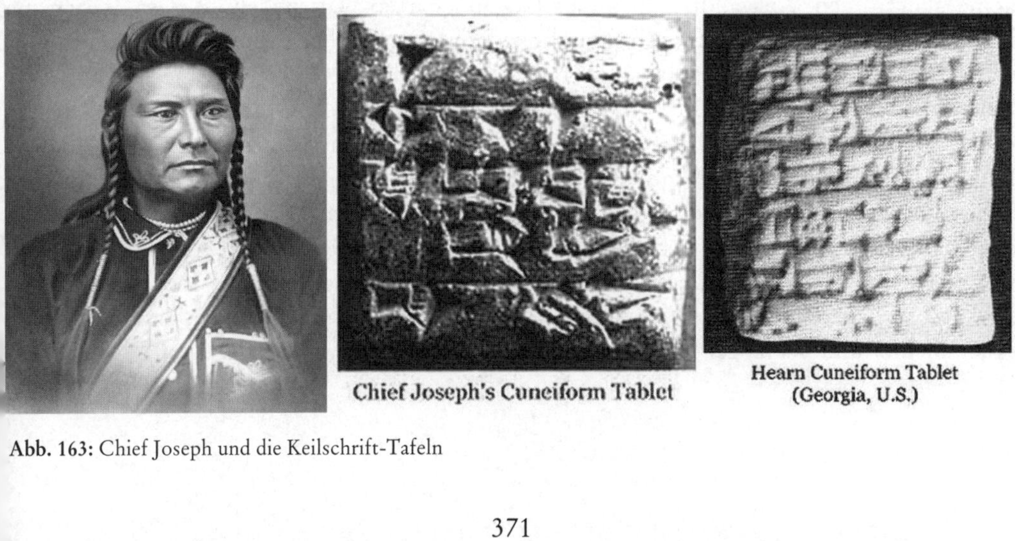

Abb. 163: Chief Joseph und die Keilschrift-Tafeln

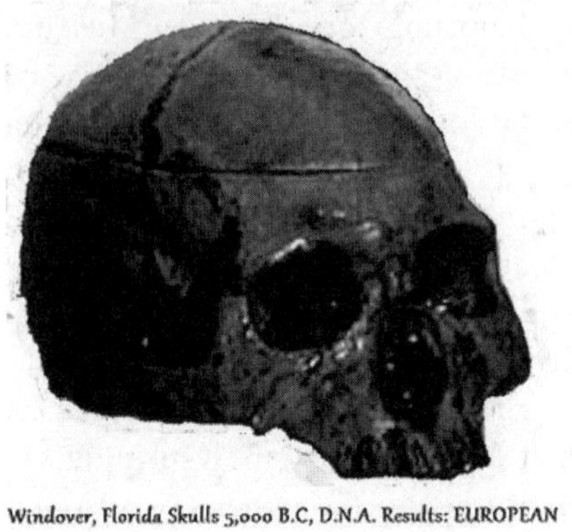

Abb. 164: Der einzige jemals fotografierte „europäische“ Windover-Schädel

förderten noch viel mehr Überreste, Werkzeuge und Kunstgegenstände an die Oberfläche. Die Durchschnittsgröße der dort begrabenen Menschen betrug über 1,80 Meter, die Skelette der Männer waren aber noch um einiges größer und die Knochen zeigten, dass sie robust und sehr muskulös waren, so ähnlich wie Neandertaler. Sowohl Kinder als auch Erwachsene zeigten Anzeichen von Mangelernährung, Osteoporose und Arthritis. Siebenunddreißig der Gräber enthielten gewebte Stoffe, die eine komplexe Webtechnik aufwiesen, und die Toten waren darin eingewickelt. Diese hochentwickelte Webkunst findet man bei allen antiken weißen Kulturen der Welt. Das Vorhandensein von Werkzeugen und Kunsthandwerk beweist ebenfalls, dass es sich hier nicht um Jäger und Sammler handelt, sondern um Menschen, die eine kultivierte Technologie besaßen und eine bestimmte Stabilität erreicht hatten.

Wie bereits erwähnt, befand sich in 90 Prozent der Schädel immer noch Gehirngewebe. Der abgebildete Windover-Schädel ist der einzige, der jemals fotografiert wurde, und die Fotos der Schädel wurden absichtlich aus den archäologischen Berichten herausgelassen, weil sie eindeutig europäische Charakteristiken aufwiesen – auch die DNA-Resultate ergaben die Hapologruppe X. Diese kommt hauptsächlich bei Europäern und alten Ägyptern vor, aber auch bei einigen Indianerstämmen Nordamerikas, doch anhand der Schädelform, der Schädelnähte und der Zähne ist auch eine genauere Bestimmung möglich. Die europäischen Merkmale wurden von der FSU, der Archäologischen Vereinigung von Florida, verschwiegen, weil sie ein weiteres Mal präkolumbianische Kontakte belegen. Im Jahr 2002 wurde schließlich ein vollständiger Arbeitsbericht veröffentlicht, der alle Fundstücke aufzählte. Neben der Schädelform wurde auch die wahre Größe der Skelette nicht angegeben, weil sie signifikant größer waren als die der Indianer, die in dieser Gegend leben. Die DNA-Analysen ergaben auch, dass die Windover-Menschen keine genetischen Verwandten in dieser Gegend hatten, was bedeutet, dass es sich bei ihnen *nicht* um amerikanische Ureinwohner handelte. Das kann bestätigt werden, weil man DNA-Proben von allen bekannten Indianerstämmen vorliegen hatte und es keine Übereinstimmungen gab. Dr. Joseph Lorenz vom *Coriell Institute of Medical Research* führte die Tests durch und sagte, dass alle Proben eindeutig europäisch sind! Spätere DNA-Analysen von Maere Reidla bestätigten, dass viele der Proben einen X2-Haplotyp haben und daher von Menschen aus Zentraleuropa und dem Mittleren Osten stammen, die vor über 7.000 Jahren nach Amerika gekommen waren. Wir haben hier also einen weiteren eindeutigen Beweis für einen präkolumbianischen Kontakt! Doch die Riesen sind erst viel später ausgestorben. Wussten Sie, dass sie auch zur Zeit der ersten europäischen Siedler und Seefahrer Amerika noch bewohnten?[82]

Die historische Geschichte der Riesenindianer

Die Legende von Passaconaway ist eine Indianerlegende, die in verschiedenen Variationen bekannt ist, denn er war einer der letzten großen Anführer, ein Genie und ein Riese mit vielen magischen Kräften, trug auch den Titel „Bashaba" (Häuptling aller Häuptlinge) und war der Anführer des Pennacook-Stamms. Er wurde irgendwann um 1560 geboren und starb 1679 im Alter von 119 Jahren. Sein Name bedeutete auf indianisch „Sohn des Bären". Die Legenden sprechen davon, dass Passaconaway mit seinen magischen Kräften das Wasser zum Brennen brachte und tote Vegetation und Tiere wiederbeleben konnte. Er soll auch einen großen Waldbrand entfacht haben, der die Spitze des Mount Chocorua freilegte und dort sei danach nie wieder etwas gewachsen. Durch seine Aufgabe als Bashaba reiste Passaconaway viel umher, traf sich regelmäßig mit verschiedenen Stämmen und mit den damals neu eingetroffenen europäischen Siedlern. Man erzählte sich, dass er trockene Blätter wieder grün machen konnte und aus toten Schlangenhäuten wieder lebendige Schlangen machte. Er hatte die Macht, sich unsichtbar zu machen und konnte willentlich Bäume und Felsen tanzen lassen und Gewitter erzeugen. Passaconaway soll in der Nähe des heutigen Lowell in Massachusetts gelebt haben, sei jedoch viel umhergereist. Irgendwann wurde er gebeten, durch ein starkes Gewitter weiße Siedler zu vertreiben, doch es soll ihm damals zum ersten Mal nicht gelungen sein, eines zu erzeugen. Nach einer Konversation mit dem großen Geist der Indianer (Manitu) erklärte er, dass ihm dieser befohlen hatte, für den Rest seines Lebens mit den Stämmen der Bleichgesichter in Frieden zu leben. Einmal sollen weiße Siedler versucht haben, Passaconaway zu verhaften, doch ein plötzliches Gewitter kam auf und der Häuptling verschwand im Wald. Als er starb, wurde sein Körper in einer Berghöhle im südlichen Maine beigesetzt und einer seiner Stammesmitglieder sah, wie sein Geist rasch den Mount Washington hinauffuhr, sich dort in eine große Flamme verwandelte und vom Großen Geist in den Himmel getragen wurde, um fortan dort mit ihm zu leben.

PASSACONAWAY, THE BASHABA

John Smith taking Opechancanough, "king" of Pamunkey, prisoner in early 1609. The size differential between the two men is probably exaggerated.

Abb. 165: Die Indianer-Riesen Passaconaway und Opechancanough

Einer der ersten Seefahrer, die die Neue Welt in Amerika besuchten, war der englische Kapitän und Abenteurer John Smith – das war zu Beginn des 17. Jahrhunderts und seine Tage- und Logbücher sind glücklicherweise erhalten geblieben. Darin beschreibt er sein Zusammentreffen mit einem Stamm namens Susquehanna und seinem Häuptling. Er beschreibt sie als ungewöhnlich große Leute und ihr Häuptling Opechancanough war ein Riese. Opechancanough verteidigte sein Land tapfer vor der britischen Kolonisation. Er führte zwei Angriffe auf die Briten aus und soll insgesamt mehr als 1.000 von ihnen getötet haben. Als er ungefähr 90 Jahre alt war, konnte er von den Briten schließlich gefangengenommen, in einen Käfig gesperrt und ermordet werden.

Der Stamm der Susquenhannocks verfügte über ungefähr 600 Kämpfer, die sehr große muskulöse Männer waren und wie Riesen erschienen, wenn sie den Engländern oder anderen Indianerstämmen gegenüberstanden. Sie hatten eine Sprache, die sehr gut zu ihren tiefen Stimmen passte und sehr ernst, aber etwas hohl klang, als würde man eine Stimme in einer Höhle hören. Sie trugen die Felle von Bären und Wölfen, ihre Tabakpfeifen waren kunstvoll gearbeitet und so groß, dass sie damit einen normalen Mann erschlagen konnten. Sie trugen lange Bögen mit Pfeilen, deren Spitzen aus Kristallgestein gemacht waren und als zweite Waffe eine Art Keule oder Totschläger. Sie waren durchschnittlich mehr als 2,30 Meter groß, manche sogar noch größer und die Elite dieser Kämpfer erreichte fast 2,50 Meter – die Engländer waren dagegen im Schnitt 1,65 Meter groß. Diese Keulen oder Totschläger findet man auch bei den ägyptischen Pharaonen und bei den verschiedenen „Herren" oder Göttern aus Babylon. Die Riesen schlugen mit diesen Stöcken anscheinend gerne die kleinen Menschen.

Es ist bekannt, dass diese Krieger den Engländern Schwerter überreichten. Dieser Stamm verfügte über eine hochstehende Kultur, beherrschte die umliegenden Stämme und bildete das Zentrum einer prähistorischen Zivilisation. Trotzdem schienen sie später von anderen Stämmen besiegt und ausgerottet worden zu sein, was ihnen möglicherweise mit den Waffen möglich wurde, welche die Weißen ihnen als Tauschgegenstände gaben. Einmal wurde John Smith in ihre Stadt eingeladen und von sechzig dieser Giganten begrüßt. Sie kleideten ihn in ihre besten Felle und erklärten, dass sie seine Unterstützung beim Kampf gegen einen verfeindeten Stamm bräuchten. John Smith fertigte mehrere Zeichnungen und eine Seekarte aus dem Jahr 1608 an, worauf er diese riesigen Krieger für die Nachwelt festhielt. Die Ältesten verschiedener Indianerstämme berichteten damals auch davon, dass diese Riesen 200 Jahre alt werden konnten!

Im Jahr 1879 erschien die Autobiographie von William F. Cody (1846-1917), der besser als Buffalo Bill bekannt ist, und in seinem Buch beschreibt er ein Treffen mit einem Pawee-Indianer. Dieser Indianer brachte die Knochen eines Riesen in sein Lager und der Chirurg seiner Gruppe bestätigte, dass zumindest einer der Knochen von einem riesigen menschlichen Oberschenkel stammte. Daraufhin erzählte der Pawee-Indianer Buffalo Bill und seinen Gefährten eine alte Legende seines Stamms. Bill schreibt in seiner Autobiographie, dass der Indianer behauptete, dass die Knochen, die sie ausgegraben hatten, von einer Rasse von Menschen stammten, die vor sehr langer Zeit in diesem Land gelebt hatte. Diese Wesen waren Riesen, die dreimal so groß wie gewöhnlichen Menschen und so schnell waren, dass sie neben einem Büffel herlaufen konnten. Sie waren auch fähig, das Tier im Gehen mit einem Arm festzuhalten, ihm mit dem anderen Arm einfach ein Bein auszureißen und das Fleisch zu essen. Die Indianerlegende berich-

Abb. 166: Eine alte Seekarte von Diego Gutiérrez aus dem Jahr 1562 zeigt die Riesen von Patagonien. Und eine Darstellung aus dem Jahr 1579 von Sir Francis Drakes Offizier zeigt, wie er den Patagoniern Geschenke überbringt.

tet weiter davon, dass die Riesen nicht an die Existenz des Großen Geistes glaubten und daher durch einen großen Regensturm bestraft wurden: Das Wasser stieg immer höher und höher, trieb diese stolzen und eingebildeten Wesen in die Hügel und Berge, bis schließlich sogar die Berggipfel überflutet und so diese Riesen alle ertränkt wurden. Nach der Flut kam der Große Geist zu dem Entschluss, dass er die Riesen zu groß und zu stark gemacht hatte und er seinen Fehler korrigieren und eine Menschenrasse erschaffen würde, die kleiner und schwächer sein sollte. Die Indianer sagen, das sei der Grund, warum moderne Menschen im Gegensatz zu den langlebigen alten Riesen so klein sind und erwähnte auch, dass diese Legende seit Menschengedenken von Generation zu Generation bei den Indianerstämmen weitergegeben worden ist.

Riesenhafte menschliche Skelette versetzten Forscher bereits im 16. Jahrhundert in Angst und Schrecken. Denn nicht nur in Nordamerika gab es vor etwa 15.000 Jahren schon Riesen, als die Indianer auftauchten, sondern sie gab es auch in Südamerika – dort anscheinend sogar viel länger, weil sie von den Indianerstämmen in den Süden vertrieben wurden, als man sie langsam dezimierte. Auch die Azteken und die Mayas trafen mit den Stämmen dieser weißen, rothaarigen Riesen zusammen, wenn sie auf ihre Expeditionen gingen und auch die ersten europäischen Seefahrer haben diese Riesen noch angetroffen. Der berühmte portugiesische Seefahrer Ferdinand Magellan (1480-1521) schaffte beinahe die erste Weltumsegelung und es gibt einen gut dokumentierten Vorfall aus dem Jahr 1520. In der Bucht von San Julián, weit im Süden Argentiniens, stießen Magellan und seine Mannschaft auf einen rothaarigen Giganten, der fast drei Meter groß gewesen sein soll und Magellans Chronist, Antonio Pigafetta, schrieb in seinen Aufzeichnungen davon, dass er eine Stimme wie ein Bulle besessen hatte. Die Mannschaft erfuhr von den normalwüchsigen Indianern, dass der Riese von einem benachbarten Stamm stammt. Pigafetta schrieb, dass die ganze Mannschaft am Strand einen fast nackten Riesen sah, der dort herumtanzte, hin und her sprang, sang und Sand auf seinen Kopf warf. Kapitän Magellan schickte einen seiner Mannschaftsmitglieder zu diesem Riesen hinüber und befahl ihm, den Riesen zu einer kleinen Insel zu locken, wo sie der Kapitän erwartete. Als der Riese die beiden betrachtete, fing er an zu grübeln und deutete mit einem Finger in den Himmel, denn er meinte wohl, dass die Männer vom Himmel herabgekommen seien. Der Riese war so groß, dass der größte Mann der Mannschaft ihm gerade bis zum Bauch reichte und sein Körper trotzdem wohlproportioniert war. Der Kapitän benannte Riesen dieser Art *Pathagoni* – daher bedeutet das Wort Patagonien „das Land der Groß-Füße". Der Riese war überwältigt vom herzlichen Erscheinen der Spanier, er glaubte immer noch, sie seien vom Himmel gefallen und konnte sich nicht erklären, warum sie so klein waren. Pigafetta schrieb, dass sein Gesicht sehr groß und ganz rot angemalt war und um die Augen gelbe Kreise hatte. Er war in zusammengenähte Tierhäute gekleidet und die Seeleute brachten ihn auf ihr Schiff und der Riese war überwältigt von allem, was er dort sah. Sie gaben ihm einige Geschenke, er wanderte erstaunt umher und wurde ganz benommen. Man gab ihm auch eingelegte Früchte und Wein sowie einige der Spielsachen, die die Spanier als Tauschgegenstände mitgebracht hatten. Ganz besonders angetan hatten es ihm die Glocken und Glöckchen. Man zeigte ihm auch einen Spiegel aus poliertem Stahl. Der Riese erschrak so sehr, dass er fast umfiel und vier Männer zu Boden gingen, er hatte sich noch niemals selbst im Spiegel gesehen. Die Seeleute mussten lachen und gaben ihm den Spitznamen „Juan Gigante" (Johann der Riese), anschließend überreichten sie ihm einen kleinen Taschenspiegel. Als er wieder an Land ging, wurde er schon von anderen Stammesmitgliedern erwartet.

Der Riese brachte Magellan und seine Mannschaft in sein Dorf, wo noch weitere, enorm große Menschen lebten. Die Mannschaft freundete sich mit dem Stamm an und verbrachte einige Wochen mit ihnen. Magellan beschloss, zwei der Riesen als Beweis nach Spanien mitzunehmen und wollte sie dazu vor seiner Abreise austricksen. Er gab ihnen allerlei Metallspielzeuge, die er mitgebracht hatte und legte ihnen dann die Ketten an, doch es war nicht so einfach, einen von ihnen mitzunehmen und schon ein einziger Patagonier war so stark wie neun Besatzungsmitglieder. Schließlich schafften sie es, ihn niederzuhalten und seine Hände hinter dem Rücken zu fesseln, doch er konnte sich sogleich befreien und alle Versuche, ihn festzuhalten, waren vergeblich. Später schafften sie es anscheinend doch, zwei der jungen Riesen aus dem Dorf mit sich zu nehmen, sie wurden aber auf der Reise leider krank und verstarben. Magellan blieb nichts anderes übrig, als sie auf See beizusetzen. Magellan selbst überlebte seine Weltumsegelung auch nicht, denn er wurde bei einer Auseinandersetzung auf den Philippinen getötet. Doch Magellans Chronist, Antonio Pigafetta, brachte immerhin die Reisechronik nach Spanien zurück und verkündete die Entdeckung von Patagonien, dem Land der Riesen.

Im Jahr 1578 sollen immer noch Riesen in San Julián gelebt haben. Sie wurden dort von Sir Francis Drake gesehen, einem englischen Kapitän, Sklavenhändler und Freibeuter. Drake war der zweite Mann, der von 1577 bis 1580 eine Weltumsegelung schaffte. Er berichtete davon, mehrere rothaarige Männer gesehen zu haben, die über 2,75 m groß waren. Kapitän John Byron umsegelte die Welt fast 150 Jahre später mit der *HMS Dolphin* und kehrte 1766 nach England zurück und berichtete davon, in Patagonien ebenfalls Riesen gesehen zu haben, die über 2,75 m groß waren. Der nächste Erforscher, der die Riesen in Patagonien besuchte, war Dr. Frederick Cook. Cook befand sich in den Jahren 1896-1897 auf der Belgica-Expedition. Damals besuchte er in Patagonien die Riesen vom Stamm der „Ona". Im Gegensatz zu seinen Vorgängern konnte Cook schon eine Kamera mitnehmen und fotografierte einige dieser Riesen. Auf den Fotos kann man sehen, dass die größten tatsächlich um die 2,30 Meter groß waren. Cook veröffentlichte seine Fotos im Jahr 1899 in einigen Zeitungen, um zu zeigen, wie groß die Ona-Indianer aus Patagonien waren. In Abb. 167 sieht man eine Aufnahme mit einem Besatzungsmitglied von Dr. Cook zusammen mit zwei Ona-Indianern, und der Europäer war ca. 1,80

Abb. 167: Dr. Cooks Fotos der Ona-Indianer mit einem Besatzungsmitglied der Belgica und ihrer Hütte aus dem Jahr 1899

Meter groß. Das Bild erschien in der Zeitung *The Virginia Enterprise* am 29. September 1899. Im Jahr 1938 erschienen weitere Fotos von der Expedition von Dr. Cook, der schrieb, dass die Ona-Indianer die Stärke eines Bullen und die Ausdauer eines Pferdes hatten. Ein weiteres englisches Schiff hat Patagonien schon vorher im Jahr 1831 erreicht, es war die bereits erwähnte *HMS Beagle*. An Bord dieses Schiffes befanden sich Botaniker, Naturwissenschaftler und Physiker. Diese Expedition wurde von der britischen Krone finanziert. Unter den Forschern, die in diesem Jahr Patagonien erreichten, war auch Charles Darwin! Das Schiff legte dort an, weil man die Behauptungen von Antonio Pigafetta überprüfen wollte. Charles Darwin ging von Bord und sah diese Riesen mit eigenen Augen, war fassungslos und meinte später, die Frauen wären viel kleiner als die Männer gewesen, waren fett und hatten große Hängebrüste. Es gab verschiedene Stämme in der Gegend und viele davon bestanden aus Menschen, die außergewöhnlich groß waren. Darwin traf jedoch keine Patagonier, wie sie von Magellan beschrieben worden waren, und schrieb später, dass die meisten Stammesmitglieder *mindestens* 1,85 Meter groß und einige größer waren. Am Ende der Reise war er der Meinung, dass die Indianer in Patagonien die größte Menschenrasse war, die er auf der ganzen Expedition der Beagle getroffen hatte.

Dr. Luis Burckhalter, Delegierter der *Französischen Prähistorischen Gesellschaft*, schrieb 1950 in einem Artikel:

> *„Wir wollen doch klarstellen, dass die Existenz von riesenhaften Menschenrassen in der Altsteinzeit und während der Eiszeit als eine wissenschaftlich gesicherte Tatsache betrachtet werden muss! Diese Behauptung kann durch die harten Spuren, welche die Riesen auf allen Kontinenten hinterlassen haben, bewiesen werden.“*[(83)]

Da wir jetzt wissen, dass Riesen noch bis vor kurzer Zeit existierten und vielleicht kleine Gruppen von ihnen bis heute überlebt haben, wenden wir uns anderen totgeglaubten Kreaturen zu – den Dinosauriern, denn ihr plötzliches Verschwinden wirft heute noch immer viele Fragen auf. Angeblich konnte sich der Mensch nur als dominierende Lebensform auf der Erde durchsetzten, weil die Dinosaurier durch eine Katastrophe ausgelöscht wurden und bei dieser Katastrophe dürfte es sich um eine der letzten großen Kataklysmen gehandelt haben – ein Asteroiden- oder Kometeneinschlag, der eine globale Flutwelle und Vulkanausbrüche, gefolgt von einer Eiszeit, auslöste. Und die überlebenden Dinosaurier dürften dann aufgrund von Nahrungsmangel langsam verendet sein. Doch die bereits in diesem Buch vorgelegten Beweise, dass Weichgewebe und Blutzellen nach wie vor in nichtversteinerten Dinosaurierknochen zu finden sind, beweist, dass Dinosaurier keinesfalls vor 65 Millionen Jahren ausgestorben sein können. Wie lange existierten sie tatsächlich?[(83)]

Kapitel 10 – Das Schicksal der letzten Dinosaurier nach der großen Flut

Antike Überlieferungen von der Ausrottung der Dinosaurier nach der Flut

Da nun bereits genügend Beweise vorliegen, dass die Dinosaurier nicht alle vor 65 Millionen Jahren ausgestorben sind, sondern vor knapp 20.000 Jahren anscheinend noch existierten, stellt sich die Frage, ob sie zu diesem Zeitpunkt durch die große Flut wirklich ausgestorben sind oder auch noch bis in die Neuzeit hinein existierten, denn es gibt zahlreiche Abbildungen und Berichte, die so etwas belegen. Bei den Babyloniern, den Sumerern und den Ägyptern scheinen sie noch bekannt gewesen zu sein – und auch in Nordamerika waren sie es. Es ist wohl so, dass alle großen Arten von gefährlichen Dinosauriern über einen langen Zeitraum hinweg ausgerottet wurden. Aus den babylonischen Aufzeichnungen ist ersichtlich, dass die Anunnaki-Götter und besonders der Gott Marduk nach der Flut alle Dinosaurier gejagt und getötet hatte, damit die Götter und Menschen in Frieden auf der Erde leben können – das war der mythische „Chaosdrachen-Kampf". Weltweit gibt es bei allen alten Kulturen Überlieferungen und Legenden von einer großen Flut und insgesamt sind bisher 270 davon bekannt. Es gab sie also nicht nur in der Bibel (Sündflut), in Babylon und Sumer, sondern auch in China, Hawaii, Mexico und Südamerika. Wenn also 270 Berichte über eine große globale Flut existieren, sollte sie auch stattgefunden haben. Dinosaurier waren schwerfällig und hätten sich nicht alle vor den Flutwellen auf höhergelegene Gebiete und Berge retten können, sodass die meisten von ihnen von der Flut erwischt worden wären. Da sich auch das Klima nach dieser Katastrophe drastisch verändert haben muss, hätten sie keine Nahrungsgrundlage mehr gehabt und viele von den überlebenden Dinosauriern wären verhungert. Und ebenfalls zur Dezimierung beigetragen haben könnten die überlebenden Menschen, denn durch ihre Größe stellten die Dinos sicherlich eine Gefahr für die Menschen dar und wären wie Bären oder Wölfe gejagt und im Laufe der letzten Jahrtausende nach und nach dezimiert worden.

Wenn wir nun einen Blick auf historische Aufzeichnungen werfen, können wir feststellen, dass die ersten wissenschaftlichen Untersuchungen und Dinosaurierfossilien-Funde im England des 19. Jahrhunderts gemacht wurden. Gideo Mantell (1790-1852) und William Buckland (1784-1856) waren die ersten Wissenschaftler, die Dinosaurier erforschten, davor waren sie als solche nicht bekannt und erlangten größere Bekanntheit erst um 1850. Das bedeutet, dass sie eben auch der Wissenschaft erst seit knapp 170 Jahren bekannt sind. Mantell entdeckte und benannte den *Iguanodon* 1825 und William Buckland enträtselte den *Megalosaurus* (große Eidechse), der somit erstmals 1822 wissenschaftlich erwähnt wurde.

William Buckland forschte auch in der Kirktale-Höhle in England, von der in diesem Buch auch schon im Zusammenhang mit James Smithson die Rede war, und war bereits seit 1818 Mitglied der Royal Society. Man benutze die Knochen der Dinosaurier dazu, um zu beweisen, dass die Erde sehr alt sein soll und eine Prähistorik hat. Buckland war ursprünglich, wie viele andere Wissenschaftler seiner Zeit, davon überzeugt, dass es eine biblische Sintflut gegeben hatte. Doch durch die Werke von Charles Lyell zu den geologischen, fossilführenden Sedimentschichten und dem Aufbau der geologischen Säule, kam Buckland zu der Einsicht, dass es sehr wohl eine Sintflut gegeben hatte, diese Flut aber nicht für alle geologischen Schichten verantwortlich war. Das stimmt ja auch, weil es mehr als eine solche Flutkatastrophe gegeben hat. Die Sintflut, die wir meinen, soll ja die letzte Flut gewesen sein und erst vor 6.000 Jahren stattgefunden haben.

William Buckland diskutierte über dieses Thema auch persönlich mit Charles Darwin, nachdem dieser von seiner berühmten Reise mit der *Beagle* nach London zurückgekehrt war. Er glaubte fortan, dass die Theorien von Darwin wichtig seien, um bestimmte bis dahin unerklärliche Phänomene erklären zu können. Dadurch wurden die von ihm neu entdeckten Dinosaurier sogar zu einer der Grundlagen für die Theorien von Darwin und Lyell!

In seinem Buch „*The Dragon Seekers*" (Die Drachensucher) recherchierte Dr. Christopher McGowan diese Geschehnisse und meint, dass damals ein „besonderer Zirkel" von wichtigen Forschern der Royal Society versuchte, einen Sinn aus diesen fossilen Knochen abzuleiten. Man wollte die Entstehung dieser unbekannten riesigen Kreaturen nicht mit der biblischen Schöpfungsgeschichte, der Genesis, in Verbindung bringen und meinte, dass diese Kreaturen in einer Welt existiert haben, die ganz anders war als die heutige. Deshalb war es laut McGowan eine herausragende Leistung, wie diese bemerkenswerten Wissenschaftler und Drachensucher die Welt der Dinosaurier interpretierten: Sie verlegten die Welt der Dinosaurier einfach in die Ferne, in eine von ihnen selbst erfundene Vergangenheit und behaupteten, dass das so sein müsse, weil man nie zuvor von diesen Kreaturen gehört hatte! Weil Dinosaurier unbekannt waren, sollten sie logischerweise auch vor sehr langer Zeit gelebt haben und seit damals versuchte man, die Öffentlichkeit von dieser Theorie zu überzeugen – man hatte sie sich ja schließlich mühevoll „zurecht-interpretiert".

Der Begriff „Dinosaurier" stammt vom englischen Anatom Richard Owen, der die neue Gattung 1841 unter der Gruppe „Dinosaurier" zusammenfasste. Alle diese Männer, die mit der Einführung der Dinosaurier in die Wissenschaft zu tun hatten, waren überraschenderweise Mitglieder der britischen Royal Society und höchstwahrscheinlich Freimaurer! Den ersten deutschen Dinosaurierfund gab es 1834 durch den Nürnberger Arzt Friedrich Engelhardt, doch es wurden sicherlich auch schon früher Überreste von Dinosauriern gefunden, denn alte Abbildungen und Berichte beweisen das. Der Begriff „Dinosaurier" wurde nur neu eingeführt, weil diese Kreaturen früher unter einem anderen Namen bekannt waren – man nannte sie vorher einfach *Drachen*. Die Drachen waren allerdings nicht vor 65 Millionen Jahren ausgestorben, darum musste man sie für die Theorien der freimaurerischen Evolution in Dinosaurier umbenennen und zurechtinterpretieren. In den ganzen alten Überlieferungen und Berichten vor dieser Zeit wird deshalb immer nur von Drachen gesprochen. Das Wort *Dinosaurer* gab es bis vor 1890 in keinem Wörterbuch der Welt, genausowenig wie das Wort *Prähistorik*. Sogar im Jahr 1946 wurden Saurier in bestimmten Wörterbüchern noch als Drachen bezeichnet (Abb. 168) und wurden darin als „bereits sehr selten" (Punkt 1: *now rare*) bezeichnet. In Ostindien und Südasien waren sie laut diesem Wörterbuch auch als fliegende Drachen bekannt.

dragon **3**

drag'on (drăg'ŭn), *n.* [OF., fr. L. ***draco, -onis***, fr. Gr. ***drakōn***.] **1.** *Now Rare.* A huge serpent. **2.** A fabulous animal, generally a monstrous winged scaly serpent, lizard, or saurian. **3.** A fierce or very strict person, esp. a woman; a duenna. **4.** Any of several plants of the arum family popularly associated with dragons. **5.** A word used in the Authorized Version to translate several Hebrew forms, some of which are translated by *jackal* or *serpent* in the Revised Version. **6.** Formerly, a short musket carried hooked to a soldier's belt; also, a soldier carrying such a musket. **7.** An armored tractor. **8.** Any of a genus (*Draco*) of small arboreal lizards of the East Indies and southern Asia. Some of the hind ribs, on each side, are prolonged and covered with weblike skin, aiding them in leaping from tree to tree; — called also ***flying dragon***. **9.** [*cap.*] *Astron.* The constellation Draco.

Dragon, as represented in Heraldry.

Abb. 168: Drachen in einem englischen Wörterbuch aus dem Jahr 1946 mit dem Vermerk *„Heute bereits selten"*

Geht man weiter in der Geschichte zurück, findet man auch alte Abbildungen von Drachen. Schon auf dem babylonischen Ishtar-Tor sieht man einen Drachen und der Held Gilgamesch im gleichnamigen Epos erschlägt einen Drachen. Chinesische Legenden berichten von Drachen, die auch heute noch ein Hauptbestandteil der chinesischen Kultur sind und Abbildungen und Zeichnungen von Dinosauriern als Drachen gibt es bei ihnen schon seit mehr als zweitausend Jahren. Drachen werden als heilig betrachtet und sind ein Zeichen der Macht. Die älteste bekannte Abbildung eines Drachen in China wurde in den Ruinen des alten Xishuipo-Friedhofs gefunden, der sich am gelben Fluss in der Henan-Provinz befindet. In einem Grab wurden drei künstlerisch dargestellte Drachen sowie Tiger und andere Tiere gefunden. Die Figuren waren vollständig aus weißen Muscheln zusammengesetzt und lagen neben einem menschlichen Skelett. Fraglos handelte es sich dabei um eine sehr wichtige Persönlichkeit, möglicherweise war es ein Herrscher am Beginn der chinesischen Kultur, denn die Ruinen von Xishuipo sind schon mehrere tausend Jahre alt. Die abgebildeten Drachen sehen genau so wie moderne Darstellungen von chinesischen Drachen aus, was uns zeigt, dass sich diese charakteristische Form nicht erst langsam über die letzten Jahrhunderte geformt hatte, sondern schon am Beginn der chinesischen Kultur genau bekannt war – möglicherweise fertigte man sie nach lebenden Vorbildern an. Die Wissenschaft ist sich über den genauen Ursprung des chinesischen Drachens im Unklaren und die älteste Darstellung geht bis in das fünfte Jahrtausend v. Chr. zurück. Die chinesische Flutlegende wird „Gun-Yu" genannt und betraf mindestens zwei menschliche Generationen in China. Sie mussten sich auf hohe Berge zurückziehen und ein Großteil der damaligen chinesischen Bevölkerung ist durch diese Flut umgekommen – das soll sich zur Zeit der Herrschaft von Kaiser Yao im dritten Jahrtausend vor Christus abgespielt haben. Durch diese Flutkatastrophe war es schließlich zur Gründung der Xia- und Zhou-Dynastien gekommen und man musste viele Jahre lang kämpfen, um die Flut unter Kontrolle zu bekommen und die Flutgewässer wieder abzuleiten. Entwässerungsanlagen wurden errichtet, um das Sumpfland in Anbauflächen umwandeln zu können. Unser Jahr 2000 war bei den Chinesen das Jahr 4700 und der chinesische Kalender beginnt mit der großen Flut und auf ihnen findet man neben den 11 gewöhnlichen Monatstieren als Nummer 12 den Drachen. Warum sollte man eine „Fabelfigur" dafür benutzen?

Chinesische Flutlegenden berichten auch von einem Überlebenden namens Yu, der das Land in Sektionen einteilte und Kanäle baute, damit das restliche Wasser ins Meer ablaufen konnte. In dieser alten schriftlichen Überlieferung wird auch erwähnt, dass er deshalb viele Schlangen und Drachen aus dem Schwemmland verjagen musste, um Ackerboden für die Bauern bereitzustellen, damit diese dort ungestört leben konnten. Alte chinesische Aufzeichnungen berichten außerdem von Familien, die sich Drachen als Nutztiere hielten und sie züchteten. Diese Tiere wurden für die Feldarbeit und das Ziehen der Karren benutzt. Das Blut der Drachen, ihr Fett und ihr Gehirn wurden sogar zu Salben und Medizin verarbeitet.

Der berühmte Weltreisende Marco Polo reiste in den Jahren 1271 bis 1291 durch China und seine Aufzeichnungen und Reiseberichte wurden später in Buchform weltberühmt. Denn im Buch *„Die Reisen des Marco Polo"* aus dem Jahr 1300 erwähnt er erstaunliche Begebenheiten, die sich in der chinesischen Provinz Karazan zugetragen hatten. In der Hauptstadt der Provinz erblickte Marco Polo so etwas wie große Schlangen, die etwa 10 Meter lang und einige Meter breit gewesen sein sollen. Vorne, in der Nähe des Kopfes, hatten sie zwei kurze Beine mit drei Klauen wie die eines Tigers. Ihre Augen waren sehr groß, auch das Maul war groß genug, um einen Mann zu verschlucken und sie hatten lange, scharfe Zähne. Ihre ganze Erscheinung war furchterregend und kein Mensch oder Tier hatte sich diesen Kreaturen angstlos genähert. Es gab auch noch eine kleinere Art, die etwa 5 bis 8 Meter lang war. Um sie einzufangen, erklärte man Marco Polo folgende Methode: In heißen Sommertagen musste man sich den Höhlen nähern, in denen sie hausten. In der Nacht kamen sie heraus, um Tiere zu jagen, meistens waren das Tiger oder Wölfe. Nachdem sie gefressen hatten, begaben sich die Drachen zum nächstgelegenen Bach oder Fluss, um zu trinken. Durch ihr großes Gewicht hinterließen sie tiefe Abdrücke im Sand und Jäger fanden dadurch die Stellen, wo sie regelmäßig auftauchten. Dort wurden dann im Sand spitze Holzpflöcke mit Eisenspitzen vergraben und wenn die Drachen über diese Stellen liefen, verletzten sie sich meist tödlich. Ganz besonders wertvoll für die chinesische Medizin war die Galle der Drachen, auch ihr Fleisch soll einen besseren Geschmack gehabt haben als das von anderen Tieren und wurde als eine Delikatesse beschrieben, auch die Eier der Drachen wurden sehr teuer verkauft. Kleinere Arten oder Drachenbabys wurden auch eingefangen und als Nutztiere gehalten. Marco Polo verbrachte 17 Jahre in China und berichtete im Jahr 1271 von einem Herrscher, der Drachen sogar züchtete und diese bei großen Paraden seine Karren und seinen Triumphwagen zogen.

Das alte chinesische Geschichtsbuch Zuozhuan, eine geschichtliche Aufzeichnung, die aus der Periode 722 bis 468 v. Chr. stammt, schildert, wie die alten Chinesen Drachen großzogen, wie der Staat den Dienst von zwei Gilden nutzte, den Drachenzüchtern und den Drachenzähmern und dass diese Tradition mindestens noch bis zur Song-Dynastie (960-1279 n. Chr.) fortgesetzt wurde. Damals gab es noch Herrscher, die Drachen in ihrem Palastgelände großzogen, und Huang Di, der „Gelbe Herrscher", soll sogar einen Streitwagen besessen haben, der von sechs Drachen gezogen wurde. In einer alten Aufzeichnung aus dem Jahr 1611 suchte ein anderer Herrscher einen „königlichen Drachenfütterer", was damals ein hoch angesehener Posten war! In buddhistischen Aufzeichnungen steht geschrieben, dass das Füttern von Drachen im ganzen Orient normal und die Lieblingsspeise der Drachen geröstete Spatzen waren. Die letzte bekannte Darstellung von chinesischen Arbeitsdrachen stammt aus der Ming-Dynastie. Der chinesische Landschaftszeichner Wu Bin (1573-1620) diente damals dem obersten Minister des Herrschers und unter seinen Malereien gibt es ein Bild, das den Titel „Die Achtzehn Arhats" trägt und man kann darauf Drachen sehen, die Holzkarren ziehen. Auf den Karren sitzen die Arhats, das sind in der buddhistischen Tradition erleuchtete Männer, die sich aus dem Rad der Wiedergeburt befreit haben. Ob es allerdings zu dieser Zeit noch Drachen in China gab, ist zweifelhaft – sie waren wohl schon vorher ausgestorben.

Die chinesischen Buddhisten beschrieben die Drachen meistens als bösartig und glaubten, dass Drachen Zauberkräfte besitzen, wodurch Fluten und Stürme Zerstörung bringen können – so werden viele der fürchterlichsten Fluten in China mit Drachen in Verbindung gebracht. Abbildungen von chinesischen Drachen zeigen sie auch oft mit einer feurigen Perle unter dem Kinn, die mit Reichtum, Glück und Erfolg verbunden wird. Manchmal gibt es auch Darstellungen von geflügelten Drachen mit fledermausartigen Flügeln, die ihren vorderen Gliedmaßen entspringen.

Dorfbewohner in Zentralchina gruben schon seit Jahrzehnten Knochen aus, die von fliegenden Drachen stammen sollen und die in der traditionellen chinesischen Medizin verwendet werden. Wissenschaftler behaupten, dass es sich dabei um Dinosaurierknochen handeln soll und in der Henan-Provinz werden solche Drachenknochen heute noch für 50 Cent pro kg verkauft! Im Jahr 2007 wollte der chinesische Professor Dong Zhiming der Sache auf den Grund gehen und fing selbst an, dort zu graben. Dong Zhiming ist Professor am *Institut für Wirbel-Paläontologie und Paläoanthropologie* an der *Chinesischen Akademie der Wissenschaften*. Die kalziumreichen Knochen werden von den Dorfbewohnern meistens zusammen mit anderen Zutaten gekocht, um Kinder damit zu füttern und Schwindel und Beinkrämpfe zu behandeln. *„Die Drachenknochen werden*

Abb. 169: Ausschnitt aus Wu Bins Bild „Die achtzehn Arhats" und ein traditioneller chinesischer Drache

auch gemahlen und zu einer Paste verarbeitet, die direkt auf Frakturen und andere Verletzungen aufgetragen wird, weil sie einen so hohen Anteil an Kalzium haben", sagte Zhiming. Er war auch Teil eines Teams, das dort kürzlich einen 18 m langen, zwischen 85 und 100 Millionen Jahre alten, pflanzenfressenden Brontosaurus ausgegraben haben will. Als die Wissenschaftler den Dorfbewohnern sagten, dass es sich um Dinosaurierknochen handelt, sammelten sie ungefähr 200 kg dieser Knochen aus ihren Vorräten zusammen und überließen sie dem Team zur Forschung. In den letzten 20 Jahren wurden in diesem Dorf zahlreiche Drachenknochen von einem Gewicht von mindestens einer Tonne ausgegraben und an diesem Ort scheinen also viele von ihnen verendet zu sein. Die früheste von derartigen chinesische Aufzeichnungen stammt aus der westlichen Jin Dynastie (265-317 n. Chr.) und schon damals wurden in der Sichuan-Provinz Drachenknochen gefunden und für die chinesische Medizin verwendet. Die Forscher sagen heute, dass es diesen Leuten nicht klar war, dass es sich hier um Fossilien handelt! Doch wer sollte schon tausende Jahre lang „versteinerte" Knochen ausgraben und kochen? Diese Knochen können keinesfalls versteinert gewesen sein, sonst hätten sie kein Kalzium mehr. In einem anderen chinesischen Bericht ist zu lesen, dass eine Öllampe aus einem Drachenknochen gemacht wurde und Wissenschaftler erklärten, dass sie „genau wie ein Fossil aussieht", doch das bedeutet noch nicht, dass es sich tatsächlich um eine Versteinerung handelt. Haben chinesische Wissenschaftler absichtlich alle diese Knochen aufgekauft, um sie verschwinden zu lassen? Professor Zhiming sagte 2007 in den chinesischen Medien, dass die Dorfbewohner glaubten, die Knochen stammen von Drachen, die einst durch die Luft geflogen seien. Er arbeitete lange Zeit am sogenannten Dinosaurierfriedhof in Dashanpu, wo es buchstäblich tausende Dinosaurierknochen gibt und kann sich die Existenz dieses Friedhofs nur dadurch erklären, dass eine katastrophale Flutwelle alle diese Dinosaurier vor langer Zeit angeschwemmt und dann unter sich begraben hat. Ein weiterer Ort, an dem für die traditionelle chinesische Medizin schon lange nach diesen Knochen gegraben wird, ist Longgushan (Drachenknochen-Hügel).

Es gibt in China auch die Sage von Zhou Chu (236-297 n. Chr.), die erstmals im alten chinesischen Buch „*A New Account of the Tales of the World*" im Jahr 430 n. Chr. veröffentlicht wurde und in diesem antiken Buch befinden sich ca. 1.130 überlieferte Anekdoten aus dem alten China. Zum Beispiel wuchs der Junge Zhou Chu in einem chinesischen Dorf auf und war der Sohn des berühmten Generals Zhou Fang. Er galt in seiner Jugend als eine der drei Plagen des Dorfes, weil er ein tyrannischer Hitzkopf war. Die anderen beiden Plagen waren ein Tiger und ein Drache und eines Tages zog Zhou Chu aus, um beide zu töten. Nachdem er nach einem drei Tage langen Kampf nicht ins Dorf zurückkam, feierten die Bewohner schon ein wildes Fest, als er plötzlich doch mit dem Kopf des toten Drachen wieder im Dorf erschien. Und weil er dabei realisierte, dass nun er die letzte der drei Plagen des Dorfes war, beschloss er, sich zu ändern und wurde später ebenfalls ein angesehener General, der von seinem Volk geliebt wurde – wo früher dieses Dorf war, existiert heute die Stadt Yixing in Jiangsu, in der, um Zhou Chu zu ehren, eine Drachentöter-Statue errichtet wurde. Wenn also die Chinesen eine historische und sogar traditionell-medizinische Tradition von Drachen haben, die schon gut 7.000 Jahre alt ist, gibt es sicher einen Grund dafür – diese Drachen existierten real in China und nicht nur dort!

Abb. 170: Der Drachentöter Zhou Chu und zwei chinesische Darstellungen von geflügelten Drachen

Drachen waren auch im alten Ägypten bekannt, denn es gibt alte Töpferwaren, die Dinosaurier mit langen Hälsen zeigen. Sie stammen aus der prädynastischen Epoche oder der ersten Dynastie des vereinigten Ägypten, also aus einer Zeit vor etwa 5.100 Jahren. Die abgebildeten Narmer- und die Ashmolean-Palette wurden 1897 von James Quibell und Frederick W. Green in Ägypten am Tempel des Horus ausgegraben. Diese beiden arbeiteten mit dem Archäologen Sir William Flinders Petrie zusammen, der einer der berühmtesten Ägyptologen überhaupt und auch Mitglied der Royal Society war. Die Narmer- oder Hierakonpolis-Palette zeigt einige der ältesten bisher bekannten Abbildungen von Hieroglyphen überhaupt und man glaubt, dass sie aus der Regierungszeit von König Narmer stammt, dem ersten jemals abgebildeten ägyptischen König. Die Palette gilt auch als das erste historische Dokument der Welt! Auch hierauf sieht man, wie ein Riese einen Menschen schlägt. Es gibt einige solcher Paletten aus der ersten Dynastie, die sich noch in einem fantastisch guten Zustand befinden. Diese Narmer-Palette ist auch das älteste Fundstück, auf dem bereits der später prägende ägyptische Stil erkennbar ist.

Die Ashmolean-Palette ist die ältere der beiden und hat einen anderen Kunststil, der nicht ägyptisch anmutet. Auf ihr sind Paare von jeweils zwei identischen Tieren zu sehen, doch keines davon ist eines der späteren typisch-ägyptischen Tiere wie der Ibis oder der Adler. Eventuell gibt es hier Parallelen zu Noahs Geschichte der Flut und seiner Arche. Doch auf beiden Paletten sieht man eine Abbildung von jeweils zwei Dinosauriern mit langen Hälsen. Die Ägyptologen interpretieren diese Tiere als mythische „Serpoparden", einer Mischung aus Schlange und Leoparden, was jedoch unsinnig ist – warum sollten die Erschaffer der Paletten detailliert alle Tiere darstellen, die sie kennen, und dann einfach einen Serpoparden erfinden? Und es gibt in keinem alten Text irgendeinen Namen für dieses Tier. Dagegen kann man Abbildungen von den gleichen Dinosauriern auch auf älteren babylonischen Rollsiegeln finden.

Paläontologen aus Ägypten haben im Januar 2018 erstmals Dinosaurierknochen entdeckt und tatsächlich handelt es sich um eine Spezies von bisher unbekannten Dinosauriern mit langen Hälsen, die man *Mansourasaurus shahinae* taufte. Die fossilen Überreste wurden in einer Felsformation in der Dakhla Oase in der Sahara entdeckt. Die Wissenschaft suchte schon lange nach gut erhaltenen Dinosaurierfossilien in Afrika, weil dort bisher so gut wie keine Dinosaurierüberreste zu finden waren. Man nimmt an, dass die Fossilien des Mansourasaurus 80 Millionen Jahre alt seien, doch möglicherweise kann

Abb. 171: Beidseitige Darstellungen der Narmer- und der Ashmolean-Palette mit langhalsigen Dinosauriern

auch in diesen Knochen DNA nachgewiesen werden, die dann zeigt, dass sie wesentlich jünger sind. Es ist noch unbekannt, wie die Dinosaurier von Asien, Europa und Afrika zusammenpassen und von wo aus sie sich ausgebreitet hatten, und es gibt außerdem keine Hinweise, welche Tiere zur Zeit der Dinosaurier in Afrika lebten – darum klafft in Afrika eine weitere große Lücke in den Theorien der Evolution. In den Steinblöcken der ägyptischen Pyramiden gibt es Meeresfossilien, und nicht weit entfernt befindet sich ein Ort, wo man Walfossilien und andere Meeresfossilien in der Wüste entdeckt hat. An diesem Ort wurden auch die Blöcke für die Pyramiden herausgeschnitten. Das zeigt, dass sie wahrscheinlich nach einer gewaltigen Flut errichtet wurden. Ein merkwürdiges Relikt sind auch in isolierten kleinen Gruppen immer noch existierende Sahara-Krokodile!

Als Alexander der Große um das Jahr 320 v. Chr. in Indien einzog, berichtete er ebenfalls von einem großen zischenden Drachen, den er dort gesehen hatte. Das Untier lebte in einer Höhle und wurde von den Indern als Gottheit verehrt. Alexanders Soldaten sollen sich vor den Drachen gefürchtet haben, als sie Teile von Indien eroberten. Einer von Alexanders Befehlshabern, der Leutnant Onesicritus, behauptete, dass der indische König Abisarus Schlangen hielt, die gute 30 m lang gewesen sein sollen!

Lucius Flavius Philostratus war ein griechischer Gelehrter, er wurde auch „der Athener“ genannt. Er lebte von 170-245 n. Chr. und schrieb ein Buch mit dem Titel *„Das Leben des Apollonius von Tyana“*. In diesem Buch erwähnt er mehrmals Drachen. Er schreibt, dass sich zu seiner Zeit in ganz Indien Drachen von enormer Größe breitgemacht hatten. Nicht nur die Sumpfgebiete waren voll von ihnen, sondern auch die Berge. Es gab nicht einen einzigen Bergkamm ohne einen Drachen. Die Sumpfdrachen waren sehr schwerfällig in ihren Bewegungen und waren etwa 30 Ellen lang (ca. 12 m). Im Gegensatz zu anderen Drachen hatten diese keinen Kamm auf dem Schädel und sie waren von sehr schwarzer Farbe und hatten weniger Schuppen als andere Arten von Drachen. Die Drachen aus dem Vorgebirge und den Bergen kamen regelmäßig herunter, um Beute zu jagen. Sie waren sehr groß und bewegten sich viel schneller als die Sumpfdrachen. Sie waren so schnell wie die schnellsten Flussströmungen und nichts konnte ihnen entkommen. Diese Art hatte einen Kamm auf dem Kopf und dem Nacken. Diese Kämme waren rot und zackig. Die Bergdrachen hatten den Berichten zufolge auch buschige Bärte und ihre Schuppen glitzerten silbern. Manche hatten auch goldfarbige Schuppen und Bärte. Die Pupillen ihrer Augen waren glutrot. Die Augen der Drachen waren tief unter ihren Augenbrauen versunken und gaben einen rücksichtlosen rotglühenden Blick von sich. Oft wurden Inder durch ihre Neugier von den Drachen gefangen. Sie trugen sie fort in ihren Bau. Wenn sie wegflogen, erbebten fast die Berge. Diese Drachen sollen auch in der Nachbarschaft des Roten Meeres gelebt haben. Man konnte sie fürchterlich zischen hören und sie kamen oft herunter zum Strand und schwammen weit auf See hinaus. Es war unmöglich zu sagen, wie alt diese Drachen waren. Das war alles, was Lucius Flavius Philostratus über die Drachen zu berichten wusste.

Der römische Autor Gaius Plinius Secundus (23-79 n. Chr.) war ein Naturforscher und Philosoph, tat auch Dienst als Kommandant einer Armee im frühen römischen Reich und kannte den damaligen Herrscher Vespasian persönlich. In seinen Aufzeichnungen schrieb er Folgendes: Afrika produziert Elefanten, doch Indien produziert die größten. Doch Indien produziert auch Drachen, die ständig mit den Elefanten im Krieg sind, und von solch enormer Größe sind, dass sie die Elefanten mühelos mit ihren faltigen Schwingen einhüllen und einrollen können. Doch der Kampf endet meisten tödlich für beide, denn der besiegte Elefant fällt irgendwann zu Boden, begräbt mit seinem Gewicht den Drachen unter sich, wodurch sich dieser dann nicht mehr entwinden kann und ebenfalls stirbt. Die geflügelten Schlangen lauern auf Bäumen oder Felsen, bis sie einen Elefanten sehen und schnellen wie der Blitz auf ihn herab. Der Elefant weiß, dass er sich aus der Umklammerung nicht befreien kann und sucht deshalb die Nähe von Bäumen oder Felsen, um sich dann dagegen zu reiben. Der Drache versucht, ihn zu beißen oder ihm die Luft zu nehmen, doch wenn das nicht klappt, beißt er in die weichsten Stellen des Elefanten oder in seine Augen, was der Grund sei, warum man in Indien so oft blinde und fast verhungerte Elefanten vorfand.

Auch griechische Herrscher sollen lebende Drachen aus Äthiopien besessen haben. Der antike griechische Geschichtsschreiber, Geograph und Forscher Herodot von Halikarnassos schrieb in seinen Aufzeichnungen ebenfalls von Drachen. Er schrieb, es gab einen speziellen Platz in Arabien, den er besuchte. Dieser Platz lag in der Nähe der Stadt Buto. Er hörte schon vorher, dass es dort geflügelte Schlangen geben soll. Als er den Ort erreichte, sah er dort Knochen und Wirbel von Schlangen in so großer Anzahl, dass er ihre Zahl nicht beschreiben konnte. Die Form der Schlangen glich der einer Wasserschlange, aber sie besaßen Flügel ohne Federn wie eine Fledermaus. Es könnte sich dabei um die Beschreibung eines Pterosauriers handeln, eines Flugdinosauriers. In einem weiteren Bericht geht er noch näher darauf ein und schreibt, dass diese Kreaturen sich oftmals in Gewürzanbaugebieten der Araber aufhielten. Er beschrieb auch ihre Größe, ihre Farbe und ihre Paarungsverhalten. Es scheint, dass diese giftigen fliegenden Schlangen sich vorzugsweise in Weihrauchbäumen aufhielten. Wenn Arbeiter den Weihrauch ernten wollten, dann mussten sie Feuer entzünden, damit der Rauch die fliegenden Schlangen aus den Bäumen vertrieb. Der Ägyptologe John Goertzen wies darauf hin, dass die Ägypter ebenfalls diese fliegenden Schlangen gekannt hatten. Es gibt Abbildungen davon und man kann den Schwanz des Tieres erkennen, der wie ein Blatt geformt ist. Das wäre nur möglich, wenn die Abbildungen tatsächlich einen Pterosauriers oder diese fliegenden Schlangen zeigen.[84]

Historische Begegnungen mit Drachen und Seeschlangen

Auch in Europa gibt es zahlreiche Erzählungen und Überlieferungen von Drachen. Da gab es beispielsweise den Heiligen Georg von Kappadokien, der um das Jahr 275 n. Chr. lebte und heute der Schutzpatron der Adelsfamilien und der Ritterorden ist. Sankt Georg wurde als legendärer Drachentöter berühmt, denn er soll eine Jungfrau vor einem Drachen gerettet und ihn getötet haben. Auch das Heldengedicht *Beowulf* erzählt von einem Kampf gegen einen Drachen. In der ältesten Version der Geschichte tötet Beowulf zwei Drachen, erliegt dann dem Dritten und wurde zum Inbegriff des Drachentöters in der europäischen Mythologie. Auch skandinavische und germanische Legenden erzählen oft vom Kampf gegen die Drachen, denn es gibt die Legende vom Kampf des Gottes Thor gegen die Midgardschlange und den Kampf von Siegfried gegen den Drachen in der Nibelungensage. Die isländische *Völsunga-Saga* berichtet vom Kampf Sigurds gegen den Drachen Fáfnir. Und die Wikinger hatten zum Beispiel Drachenschiffe. Warum wählten sie diese Form? Wussten sie, wie gefährlich Seeungeheuer waren? Kämpften sie mit Drachen und wussten, wie sie aussahen? Die Wissenschaft weiß nicht sicher, warum Drachenköpfe für die Schiffe der Wikinger verwendet wurden oder welchen Zweck sie erfüllen sollten, doch wenn es an Land Dinosaurier gab, dann sicher auch in der See. Man vermutet auch, dass der Drachenkopf der Schiffe Feinde abschrecken und vor anderen Gefahren auf der See schützen sollte. Als Vorlage könnte eventuell die Midgardschlange gedient haben, denn Berichte von gefährlichen Seeschlangen oder Seedrachen gibt es in diverse Mythologien – das reicht von der Hydra bis zum Leviathan.

Abb. 172: Der Heilige Georg tötet einen Drachen

Der schwedische Schriftsteller Olaus Magnus beschrieb 1555 in seinem Werk „*History of the Northern Peoples*" eine Begegnung mit einer Seeschlange, denn norwegische Fischhändler erzählten damals bemerkenswerte Geschichten über eine Schlange von furchteinflößender Größe. Sie war den Beschreibungen nach 60 Meter lang, 6 Meter breit und bewohnte Höhlen außerhalb der Stadt Bergen. In hellen Sommernächten verließ die Seeschlange die Höhlen und jagte Kälber, Lämmer und Schweine. Wenn sie an Land nichts fangen konnte, ging sie ins Meer und fraß Meerestiere. Die Kreatur hatte lange Haare, die ihr vom Nacken hingen, war schwarz und besaß flammend rote Augen. Die Seeschlange griff auch Schiffe an, indem sie sich wie eine Säule aufstellte, nach den Seeleuten schnappte und sie verschluckte.

Abb. 173: Eine Zeichnung einer Seeschlange des Künstlers Bishop Erik Pontoppidan aus dem 1755 erschienenen Buch „*Natural History of Norway*“ – daneben eine Darstellung der *HMS Daedalus*-Seeschlange

Ein weiterer Bericht stammt aus dem Jahr 1848. Offiziere und Besatzungsmitglieder der *HMS Daedalus* stießen im August dieses Jahres auf einer Reise durch den Südatlantik auf eine schätzungsweise 18 Meter lange Seeschlange. Sie hielt ihren Kopf über Wasser und Kapitän Peter M'Quahe sagte aus, dass sie eine Mähne wie ein Pferd hatte. Das Erlebnis erregte die Gemüter und Londoner Zeitungen schrieben darüber. Sofort meldete sich Sir Richard Owen, ein Mitglied der Royal Society, zu Wort. Owen war jener Mann, der das Wort „Dinosaurier“ geprägt hatte und teilweise am *Archaeopteryx*-Schwindel beteiligt war. Er hatte also ein großes Interesse daran, dass der Drachen/Dinosaurier-Schwindel nicht aufflog. Er sagte, es müsse sich seiner Meinung nach um einen gigantischen Tintenfisch oder ein umgekipptes Kanu gehandelt haben. Die Seemänner allerdings sollten wohl besser wissen, was sie da gesehen hatten, das waren erfahrene Männer. Richard Owen störten diese Berichte, er wollte nicht, dass Leute glauben könnten, Dinosaurier würden noch existieren, weil sie ja nach der Interpretation der Darwinisten vor 65 Millionen ausgestorben sein sollten.

In England war man zu dieser Zeit bereits mit Seeschlangen vertraut, regelmäßig kam es zu Begegnungen mit ihnen und viele Seefahrer, Priester und Reisende konnten davon berichten. Natürlich wollten sich die frischgebackenen Darwinisten nicht mit diesem Thema beschäftigen und das änderte sich erst im Jahr 1905, als zwei angesehene Naturforscher und Mitglieder der *Londoner Zoologischen Gesellschaft* mit eigenen Augen ein riesiges Seeungeheuer sahen. Am 7. Dezember jenen Jahres führten die beiden Forscher Mead-Waldo und Nicholl auf der Yacht „Valhalla“ die brasilianische Küste entlang. Das

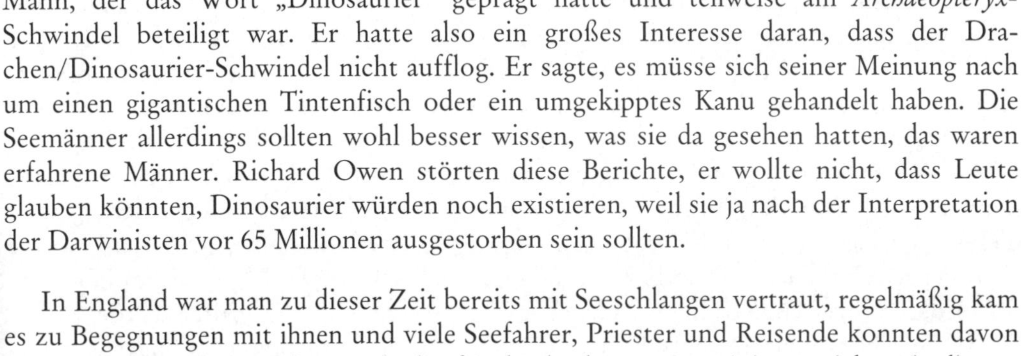

Abb. 174: Eine Seeschlange greift ein Schiff an – daneben eine zeitgenössische Zeichnung der Gloucester-Seeschlange

Ungeheuer hatte große Flossen, einen Kopf wie eine Schildkröte, war von dunkelbraun-weißlicher Färbung, der sichtbare Teil des Halses war etwa 2,5 Meter lang. Man war sich uneins, ob es sich um ein Säugetier oder um ein Reptil handelte.

Den Höhepunkt bildet wohl die berühmte Sichtung der Gloucester-Seeschlange. Vom 6. bis 23. August 1817 sahen mehr als einhundert glaubwürdige Augenzeugen ein riesiges Seeungeheuer in der Nähe des Hafens von Gloucester in Massachusetts, USA. Gelehrte Forscher waren sehr an diesen Berichten interessiert und hatten auch das Glück, die Bestie am 14. August mit eigenen Augen zu sehen, und unter den Zeugen befand sich auch Richter Lonson Nash. Man schickte Boote aus, um das Untier, das wie ein Reptil aussah, zu verjagen, doch die Männer auf den Booten konnten die Schlange nur zum Teil sehen und schossen mit Schrotflinten auf sie. Das Tier regierte nicht, wandte sich jedoch in Richtung der Boote und war scheinbar zu einem Angriff bereit. Glücklicherweise tauchte es nur ab, unter den Booten hindurch und auf der anderen Seite wieder auf. Es tobte weiter und schenkte den Menschen nicht die geringste Aufmerksamkeit. Ein Herr Gaffney, einer der Jäger der Kreatur, gab danach eine genauere Beschreibung: Die Seeschlange hatte eine glatte Haut von sehr dunkler Farbe, sie war am Hals und am Bauch weiß, der Kopf hatte die Größe eines Zehn-Liter-Fasses, die Gesamtlänge betrug mindestens 12 Meter, der Körper soll wie bei einer Raupe ausgesehen haben und das Tier bewegte sich mit einer Geschwindigkeit von 35 bis 50 km/h fort. Die amerikanischen Experten waren sich sicher, dass die Gloucester-Seeschlange keine echte Schlange gewesen sein kann, denn Reptilien können sich nicht vertikal winden und dann direkt ins Wasser tauchen. In Europa wurden diese Berichte mit der üblichen Skepsis entgegengenommen und die dortigen Wissenschaftler lachten über ihre amerikanischen Kollegen. In jenen Jahren gab es ähnliche Sichtungen vor den kanadischen Küsten. Die *Linnaean Society* von Neuengland in den nordöstlichen amerikanischen Staaten sammelte daraufhin Augenzeugenberichte und veröffentlichte dann einen Bericht über dieses neue Tier, das man die Seeschlange *Scoliophis atlantica* nannte. Der Name wurde aber niemals akzeptiert und viele Kollegen machten sich darüber lustig, bis im Jahr 1859 das britische Segelschiff Banner von einer solchen Seeschlange angegriffen wurde.

Als Segelboote und Dampfschiffe ausgedient hatten, wurde immer weniger von Seeschlangen oder unbekannten Tieren auf See berichtet, denn man musste sich nicht mehr den Launen der Natur und den Meeresströmungen unterwerfen und konnte so auf den festgelegten Seewegen bleiben. Das war wohl der Grund, warum es später nur mehr sehr wenige unheimliche Begegnungen gab, denn der Motorenlärm der neueren Schiffe warnte die Tiere zusätzlich vor drohender Gefahr und vertrieb sie.

Doch es gibt auch aktuellere Sichtungen, denn 1983 sahen fünf Bauarbeiter eine 30 Meter lange Seeschlange in Stinson Beach nahe San Francisco und es gab darüber am 3. November 1983 einen Zeitungsbericht im *San Francisco Chronicle.* Die Arbeiter waren gerade dabei, eine Küstenstraße zu reparieren, als sie die Kreatur erblickten. Sie hatten ein Fernglas dabei und beobachteten die riesige Schlange, wie sie nahe an den Strand kam. Sie konnten auch sehen, wie sich ihr Körper aus dem Wasser erhob, sie drei Buckel oder Höcker besaß, die sich nach oben wölbten und ebenfalls schwarz waren. Der Schädel war über Wasser und sah wie der einer Schlange aus. Den Arbeitern zufolge hatte sie eine Schwimmgeschwindigkeit von 70 bis 80 km/h drauf. Die Sicherheitstechnikerin Marlene Martin sah die Schlange ebenfalls und erschrak wegen ihrer Größe fast zu Tode.

Sie sagte, dass die Seeschlange so groß war, dass sie ihre Buckel über dem Wasser sehen konnte und alle versammelten Personen konnten die Schlange dabei beobachten, wie sie den Strand entlang schwamm – dann drehte sie den Kopf und schwamm Richtung offenes Meer zurück, wobei sie so stark wie ein Schnellboot auf ca. 100 km/h beschleunigt haben soll! Die Wucht des Ungetüms war unglaublich und bevor es abtauchte, konnte Marlene Martin noch sehen, wie es das Maul aufriss, das so aussah wie das einer gigantischen Schlange oder eines Drachen mit den Zähnen eines Alligators. Marlene Martin hatte abschließenden den Eindruck, dass diese Kreatur der König der Meere sei!

In Polen gab es den „Drachen von Krakau“. Die älteste Erzählung davon stammt aus dem 12. Jahrhundert und der Legende nach soll im 8. Jahrhundert nahe am Wawel-Komplex bei Krakau gelebt haben. Die Knochen des Drachen sind erhalten geblieben und befinden sich heute in der Kathedrale von Wawel, denn er wurde schließlich vom polnischen Prinzen Krakus vergiftet. Die Stadt Krakau soll auf dem Platz gegründet worden sein, an dem der Drache dann erschlagen wurde, und seine Höhle unter der Burg Wawel ist heute eine beliebte Touristenattraktion. Es gibt auch eine Erzählung aus der französischen Stadt Nerluc, wo ebenfalls ein Drache getötet wurde. Das Untier soll größer als ein Ochse gewesen sein, lange scharfe Hörner auf dem Kopf besessen haben und eventuell ein Triceratops gewesen sein. Ein mittelalterliches Buch mit dem Namen *„Historia Animalium“* beschreibt, dass Drachen in den Jahren 1551 bis 1587 noch nicht ganz ausgestorben waren, doch es nur noch sehr wenige, kleinere Exemplare gab, die später in ganz Europa großflächig verschwanden.

Ulysses Aldrovandrus war ein italienischer Arzt und Naturforscher und schrieb ein Buch über die historische Geschichte der Tiere. Im Buch beschreibt er viele Tiere, die er in der Wildnis beobachtet hat, doch im Jahr 1551 soll er auch im Besitz eines toten, zweibeinigen, äthiopischen und geflügelten Drachens gekommen sein. Er fertigte zwei detaillierte Holzschnitzereien von dem Tier an und schrieb, dass es zwei Beine mit Klauen, zwei Ohren, auf dem Rücken fünf große Höcker und grüne schuppige Haut mit dunklen Stellen hatte. Außerdem hatte es zwei Schwingen für den Flug und einen langen flexiblen Schwanz in gelblicher Farbe, die auch über den Bauch bis zum Hals verlief. Das Maul hatte scharfe Zähne und die Pupillen des Tieres waren schwarz mit einer gelbbraunen Umrandung. Neben diesem Drachen sah Aldrovandrus noch zwei weitere lebendige Exemplare und eines von ihnen soll ein so starkes Gift besessen haben, dass das Opfer schon tot war, bevor es überhaupt einen Schmerz verspürte. Der Naturforscher hatte außerdem auch Aufzeichnungen über arabische geflügelte Schlangen, die man damals *Sirenen* nannte. Ihm war auch ein Bericht aus der heutigen österreichischen Steiermark bekannt, wonach ein gewisser Christoph Froschonerus im Jahr 1543 eine andere Art von Drachen beobachtet hatte, die Füße wie eine Echse und Flügel wie eine Fledermaus besaß. Der Biss der Kreatur war unheilbar.

Ähnliche Berichte gab es zu dieser Zeit auch aus Frankreich und der Schweiz. 1619 sah ein Mann namens Schorerum einen glänzenden Drachen von enormer Größe vor dem Pilatus-Bergmassiv in der Schweiz. Er flog rasch an ihm vorüber und hatte einen langen Schwanz, einen langen Hals und einen Reptilienkopf. Ein besonders begnadeter Drachenforscher war der bereits in einem früheren Kapitel erwähnte Jesuit Athanasius Kircher (1608-1680), der auch ein Universalgelehrter des 17. Jahrhunderts war und die meiste Zeit am Collegium Romanum in Rom verbrachte. Der Jesuit untersuchte den

Abb. 175: Abbildungen von Drachen aus Athanasius Kirchers Buch *„Mundus Subterraneus“*

Vorfall mit Schorerum genauer und befragte den Edelmann ausführlich, der weiter erklärte, dass das Biest von der anderen Seite des Sees Richtung Pilatus-Massiv geflogen sei. Der Drache bewohne dort eine Höhle, die sich angeblich in der Nähe des Ortes Flühli bei Luzern befunden habe und im Flug soll der Drache Funken wie beim Schmieden von Eisen versprüht haben. Der respektierte Jesuit Kircher glaubte die Geschichte und zeichnete sie für die Nachwelt auf. 1665 stellte Kircher dann sein 1000-seitiges Mammutwerk *„Mundus Subterraneus“* fertig und darin finden sich auch genaue Abbildungen von verschiedenen Drachen. Spätere Forscher glaubten nicht, dass Kircher diese Skizzen nur aus Fossilien oder noch älteren Berichten angefertigt, sondern es ist auch denkbar, dass er diese Kreaturen selbst mit eigenen Augen gesehen hatte. Die Zeichnungen sehen alle einem Pterosaurier ähnlich und Kircher scheint wohl einige Exemplare selbst untersucht zu haben. Wirft man einen Blick auf diese Darstellungen, fällt auch auf, dass diese Drachen nur zwei Beine haben und dieses besondere Merkmal findet man auch bei den Darstellungen von Dinosauriern in Form der Tonfiguren von Acambaro aus Mexico, außerdem sehen sie den chinesischen Drachen verdächtig ähnlich!

Ein Dinosaurier oder Drache war auch von Heinrich von Winkelried, einem Schweizer Ritter und Drachentöter, zur Strecke gebracht worden. Er soll auch einen Lindwurm in Unterwalden in der Nähe des Dorfes Wyler am Pilatusberg erledigt haben. Der Lindwurm tötete Vieh und Menschen in der ganzen umliegenden Gegend, darum wurde der Ort später Ödwyler genannt. Es ist überliefert, dass der Lindwurm sehr schnell Steilwände besteigen konnte, weshalb er den Einwohnern immer wieder entkam. Der Ritter Winkelried stieß ihm schließlich einen Speer, der Widerhaken hatte, in den Rachen und als der Drache versuchte, ihn wieder aus dem Maul herauszubekommen, nütze das der Ritter aus und stieß ihm sein Schwert in die Brust – doch scheinbar war das Blut des Drachen giftig und der Drachentöter starb kurz darauf ebenfalls.

Der nächste genauere Bericht stammt von Ingegniero Cornelio Meyer, der von einem Drachen berichtete, der im Dezember 1691 in der Nähe von Rom hauste und die Leute terrorisierte. Nach seinem Ableben wurde das tote Tier ausgestellt und es existiert heute noch eine genaue Skizze (Abb. 177) davon, die sich im Besitz von Meyer befand. Auch dieses Exemplar sieht aus wie ein Pterosaurier, man kann das Skelett recht gut erkennen und der Schädel gleicht den Zeichnungen von Athanasius Kircher. Man sieht auch, wo die Flügel des Drachen mit der Wirbelsäule verbunden sind, und die Forscher glauben,

Abb. 176: Der Ritter Winkelried erschlägt einen Drachen

dass die Zeichnung anatomisch zu genau sei, um eine Fälschung zu sein. Auch kann es sich nicht um Fossilien gehandelt haben, weil Fleisch und Haut ja damals noch vorhanden war.

Der englische Zoologe Edward Topsell (1572-1625) verfasste im Jahr 1607 eine Arbeit über die Geschichte der vierbeinigen Bestien und wusste so auch Einiges über Drachen zu berichten. Er schrieb, dass es Drachen mit Flügeln gibt und welche, die keine Füße haben, dass einige Flügel und Füße und andere weder Flügel noch Füße haben. Die letztgenannte Art konnte man nur durch ihren Kamm auf dem Kopf und den Bart unter ihrem Backen von gewöhnlichen Schlangen unterscheiden, sie waren meist von schwarzer Farbe und ihre Bäuche waren grünlich und sehr schön anzusehen. Sie besaßen die klarsten und hellsten Augen aller Tiere, was manche alten Poeten dazu veranlasste, in ihren Werken zu schreiben, dass die Drachen die wachsamen Behüter von Schätzen wären. Sie haben Hautfalten unter ihrem Kinn, die runterhingen wie Bärte und von roter Farbe waren und der Körper war von scharfen Schuppen bedeckt. Wenn sie ihr Maul öffneten, konnte man ihre Zungen und die Zähne sehen, die sehr wie Wildschweinzähne ausgesehen haben. Auf ihrem Nacken hatten sie widerlich dicke Haare wachsen, die wie Borsten aussahen und wenn sie wütend waren, schlugen sie mit ihren kräftigen Schwänzen um sich. Die indischen, äthiopischen und arabischen Drachen hatten sehr weite Mäuler, durch das sie oft Geflügel und Tiere komplett verschlingen konnten. Ihre Zungen waren gespalten und Untersuchungen haben gezeigt, dass die Drachen fünfzehn Zähne auf jeder Seite ihres Kiefers hatten. Männliche Exemplare hatten Kämme auf dem Kopf, weibliche nicht, auch keine Bärte. Topsell beschreibt in seinem Buch auch den Lindwurm und sah in ihm eine Unterart des Drachens. Dieser hatte keine oder nur kurze Flügel und wird oft in germanischen Sagen erwähnt. Lindwürmer hatten lange Schwänze und kurze Beine und fraßen auch Menschen. Der Drache Fáfnir im Nibelungenlied soll ein Lindwurm gewesen sein. Lindwürmer sind heute noch das Wahrzeichen mehrerer europäischer Städte wie Klagenfurt oder Laibach, wie auch in zahlreichen Fällen als Wappentiere. Es gibt in fast allen Ländern der Welt Drachensagen.

Abb. 177: Eine detaillierte Skizze von Ingegniero Cornelio Meyer

Wenn man all diese Informationen betrachtet, gibt es fast keinen Zweifel mehr, dass die Dinosaurier früher einfach als Drachen bezeichnet wurden und nie ausgestorben waren. Warum gibt es so zahlreiche Mythen und Legenden über Drachen? Warum waren sie so wichtig, dass sie heute noch in vielen Kulturen verehrt werden und viele Wappen zieren? Wie konnten die Leute wissen, wie Drachen aussehen und sie genau beschreiben, wenn man sie nie mit eigenen Augen gesehen hätte? Auch heute noch sind Drachen in Romanen, Filmen und Videospielen allgegenwärtig, und das Lochness-Monster wird gerne belächelt, ist aber nur eine von zahllosen Sichtungen von Drachen oder Dinosauriern, die auch heutzutage immer noch an vielen Plätzen der Erde gemacht werden.[(85)]

Pterosaurier – die legendären Donnervögel Amerikas

Die Legenden der nordamerikanischen Indianer sprechen auch von einer sagenhaften Kreatur, die man Donnervögel nannte und die über übernatürliche Kraft und Stärke verfügt haben sollen. In der indianischen Mythologie soll der Donnervogel die Oberwelt kontrollieren und die Unterwelt wird von einer anderen mystischen Kreatur kontrolliert, der großen, gehörnten Schlange. Der Donnervogel soll viel Lärm mit seinen schlagenden Flügeln verursacht und Blitze auf seine Feinde geschleudert haben – die großen gehörnten Schlangen im Meer. Donnervögel behüteten dadurch die Menschheit davor, von den großen, gehörnten Schlangen ausgelöscht zu werden. Die Indianer berichten auch davon, dass die Hörner dieser gefährlichen Seeschlangen früher zu Medizin verarbeitet wurden. Den Cherokee-Indianern zufolge waren diese Schlangen so groß wie ein Baumstamm, hatten Hörner am Kopf und die Schuppen sollen wie Funken in einem Feuer geglänzt haben. Außerdem sollen sie so gut wie unverwundbar gewesen sein und konnten nur durch einen Schuss in den Kopf getötet werden. Durch den Glanz, den diese Tiere verbreiteten, wurden viele Menschen hypnotisiert, rannten nicht vor ihnen weg und ihr Atem war so abscheulich, dass keine Menschen oder Tiere überlebten, sollten sie auch nur die kleinste Brise davon eingeatmet haben. Die Sioux glauben, dass diese gefährlichen Seeungeheuer noch aus den uralten Zeiten stammen, doch die Donnervögel konnten diese gefährlichen Schlangen schließlich ausrotten und ließen nur die kleineren Arten der heutigen Schlangen am Leben. Auf dem Land der Sioux-Indianer wurden später tatsächlich Knochen von Pterosauriern ausgegraben – waren die Donnervögel also echte Pterosaurier? Auch im 19. Jahrhundert gab es noch Sichtungen von Pterosauriern in Nordamerika. Einige davon sollen sogar von der US-Army erschossen worden sein und darüber wird zum Beispiel in einem alten Buch von Major Horace Bell (1830-1918) berichtet. Es handelt sich um das Buch *„An der alten Westküste: Memoiren eines Rangers“* aus dem Jahr 1881. Der Major war nicht nur als Ranger tätig, sondern auch Publizist und Geschichtsschreiber, der seine Erlebnisse in seinen Aufzeichnungen festhielt, die er dann in Buchform veröffentlichte.

Bell berichtet in seinem Buch von der Jagd auf einen Donnervogel: Im Oktober 1886 berichtete eine Zeitung aus Los Angeles in Kalifornien über seltsame Ereignisse, die sich jahrelang in der Nähe des Lake Elisabeth zugetragen hatten, und diese Ereignisse lassen sich bis auf die frühe spanische Besatzung in dieser Region zurückverfolgen. Schon damals glaubte man, dass es sich um einen Ort handelt, an dem es spukt, denn man konnte furchterregende Schreie, Kreischen und Ächzen hören, das direkt aus dem See zu kommen schien. Nachdem die Spanier abgezogen waren, weigerten sich die Mexikaner, in der Nähe dieses Sees zu siedeln und nannten den See *„La Laguna del Diablo“* (den Teufelssee). Im Jahr 1835 errichtete ein Mann namens Don Pedro Carrillo schließlich eine Hazienda und ein paar Schuppen am Ufer des Sees, denn er glaubte nicht an diese Gerüchte. Aber bereits drei Monate nach der Fertigstellung seines Farmhauses verließ er den Ort und sagte, dass es dort übernatürliche Wesen gebe und er nicht länger dort leben wolle. Für mehr als zwanzig Jahre zog niemand mehr an den See und sogar die ersten weißen Amerikaner, die in die Gegend zogen, mieden den See und glaubten, er sei verflucht. Die nächste Aufzeichnung, die Horace Bell in seinem Buch erwähnt, stammt von einem Mann namens Don Chico Lopez, der sich 1883 am selben Platz ansiedelte. Eines Tages kam einer der Vorarbeiter der Hazienda aufgeregt mit seinem Pferd angeritten, erzählte von seltsamen Vorkommnissen unten am See, und alle sattelten ihre Pferde und ritten hinunter ans Ufer. Als sie dort ankamen, war alles ruhig und Lopez begann damit, seinen Vorarbeiter zu beschimpfen, weil er anscheinend Dummheiten erzählt hatte. Doch er wurde dabei von einem fürchterlichen Schrei unterbrochen, der aus einem nahegelegenen Gebüsch am Ufer kam und das sich vor und zurück bewegte – etwas lauerte dort drinnen. Die Farmer konnten alle den faulen Geruch des Atems dieser Kreatur wahrnehmen und die Pferde begannen sich aufzubäumen und aus Furcht weg zu galoppieren. Als die Männer die Pferde beruhigt hatten, konnten sie wieder zum See blicken und sahen eine große Kreatur mit enormen Flügeln. Die Kreatur watete im Schlamm herum, kreischte und schlug mit ihren Flügeln, sodass die Farmer und alle Pferde in Panik flohen. Am nächsten Tag bewaffneten sich die Männer und suchten am Ufer nach der Kreatur, die zwar verschwunden war, aber deren Gestank immer noch in der Luft lag. Kurze Zeit später begannen das Vieh und die Pferde zu verschwinden. Eines Nachts gab es einen großen Aufruhr und man fand zehn Stuten und Fohlen, die geschlachtet waren. Am Himmel konnte man noch die Umrisse der großen Kreatur sehen, die in die Dunkelheit davonflatterte – danach hat auch Don Chico Lopez die Farm sofort verkauft und zog aus der Gegend weg.

Ab 1886 gab es immer mehr Berichte über solche Vorkommnisse am Lake Elizabeth. Die Kreatur tötete Vieh, Pferde, Schafe und Hühner und verursachte Terror unter den Siedlern. Einmal versuchte die Kreatur einen großen Stier zu fressen, der jedoch zu brüllen begann und so seinen Besitzer, Don Felipe Rivera, weckte. Der Stier kämpfte mit der fremdartigen Kreatur, konnte sich aus ihren Klauen befreien, und Rivera sah sie noch, als sie wegflog. Er erklärte, dass die Kreatur mindestens 14 Meter lang war und die Flügel flach am Rücken anliegen hatte, wenn sie am Boden war. Rivera versuchte auf die Kreatur zu schießen und als die Kugel das Monster traf, hörte es sich so an, als würde sie gegen einen großen Eisenkessel prallen. Er schmiedete danach Pläne, das Ungetüm einzufangen und an einen Zirkus zu verkaufen, und es gab dann Angebote von verschiedenen Interessenten, die bis zu 20.000 Dollar für das Biest zahlen wollten, falls es Rivera lebend einfangen sollte, doch er schaffte es nicht, sein Vorhaben umzusetzen. Die Kreatur wurde dann 1886 noch ein paarmal gesehen und flog angeblich eines Tages Richtung Osten davon.

Horace Bell schrieb in seinen Aufzeichnungen weiter, dass das Biest dann ungefähr 1.300 km entfernt in Tombstone gefunden und getötet wurde. Es gab darüber einen Zeitungsartikel aus Los Angeles aus dem Jahr 1890, darum musste dieser Donnervogel wohl irgendwann zwischen 1886 und 1890 getötet worden sein. Zwei Ranger hatten das Monster in der Wüste von Arizona in der Nähe von Whetstone und den Huachua-Bergen entdeckt. Es sah wie ein riesiger Alligator mit einem sehr langen Schwanz und riesigen Flügeln aus, war wohl sehr erschöpft und konnte nur kurze Distanzen fliegen. Die Ranger verfolgten es mit ihren Pferden mehrere Kilometer weit und als sie nahe genug herankamen, luden sie ihre Winchester-Gewehre. Die Kreatur drehte sich schließlich um und wollte die Männer angreifen, doch sie konnten es mit einigen Schüssen töten. Es ist allerdings nicht sicher, ob es sich tatsächlich um dieselbe Kreatur wie am Lake Elizabeth handelte.

Eine genaue Untersuchung zeigte, dass diese Kreatur in Arizona sogar 28 Meter lang und an seiner breitesten Stelle 1,27 m breit war, sie hatte nur zwei Vorder- und keine Hinterbeine und die Flügel befanden sich ein Stück weit hinter den Beinen am Rücken. Das Maul der Kreatur war ungefähr 2,5 m lang und die Kiefer hatten starke, scharfe Zähne. Es gelang dann, das Biest auf die Seite zu rollen und einen der Flügel zu entfalten, der unglaubliche 23,8 Meter lang war und das Untier somit eine Flügelspannweite von fast 49 Metern hatte! Die Flügel bestanden aus einer dicken, jedoch fast transparenten Membran und hatten weder Federn noch Haare, auch das Fleisch war relativ geschmeidig, weil die Kugeln leicht eingedrungen waren. Die Ranger schnitten einen Teil des Flügels ab, nahmen ihn als Beweis mit und in Tombstone plante man, die Kreatur zu holen und sie zu häuten – die Überreste sollten von wichtigen Wissenschaftlern untersucht werden. Im Zeitungsartikel wurde noch bekanntgegeben, dass die Männer später nochmal zurückritten, um die Kreatur nach Tombstone zu bringen, doch hier endet der Bericht und es ist nicht bekannt, was aus der Kreatur geworden war und ob es Fotografien davon gab. Die Zeitung *Tombstone Epitaph* schrieb darüber, dass die Kreatur angeblich in die Stadt geschleift und dann mit den Flügeln an einer Scheune aufgehängt wurde, damit sie jeder sehen konnte

Die Suche nach alten Fotos solcher Donnervögel ging bis in die 1990er-Jahre weiter, denn ähnliche Kreaturen wurden auch in Texas und in Illinois gejagt. Noch in den 1960er-Jahren gab es ein Foto, auf dem ein toter Donnervögel gezeigt wurde, dieses Bild wurden in Tageszeitungen in den ganzen Vereinigten Staaten veröffentlicht. Man dachte lange Zeit, dass keine dieser Zeitungen erhalten geblieben ist. Erst in den letzten Jahren tauchten dann Dank des Internets doch noch alte Fotografien auf, auf denen angeblich erjagte Pterosaurier zu sehen sein sollen. Darum ist es durchaus möglich, dass diese Dinosaurier noch bis ins frühe 20. Jahrhundert in Nordamerika gelebt haben könnten.

Abb. 178: Alte amerikanische Fotos von erlegten Pterosauriern, links das lange gesuchte echte Whitcomb-Foto

Dem Autor für Kryptozoologie, Jonathan Whitcomb, gelang es schließlich doch noch, die besagte alte Fotografie ausfindig zu machen, denn er kannte sie aus einem alten Buch in der öffentlichen Bücherei von Pasadena in Kalifornien, das er in den 1960er-Jahren gelesen hatte. Dieses Foto wurde im Januar 2017 untersucht, für authentisch befunden und höchstwahrscheinlich handelt es sich um eine moderne Fotografie eines Pterosauriers, was auch vom Physiker Clifford Paiva bestätigt wurde. Dieses Foto stammt aus einer Zeit vor 1870 aus dem amerikanischen Bürgerkrieg, war wie gesagt noch bis in die 1960er-Jahre hinein bekannt, wurde aber niemals vorher wissenschaftlich untersucht. Es gab ein ähnliches, nachgestelltes Foto aus dem Jahr 2000, das für eine TV-Dokumentation angefertigt und von dem lange Zeit behauptet wurde, dieses Foto wäre das, an das sich viele Leute erinnern konnten, was jedoch nicht stimmte. Hier meldete sich wieder der „unabhängige Forscher" Glen Kuban zu Wort, der schon versucht hat, die fossilen menschlichen Fußabdrücke am Paluxi-Fluss zu diskreditieren. Er entlarvte das nachgestellte Foto als Fälschung, um erneut eine einseitige falsche Berichterstattung um das echte Foto zu ermöglichen. Die Leute sollten davon abgehalten werden, an noch vor kurzer Zeit existierende Pterosaurier zu glauben. Der Physiker Clifford Paiva fand mehrere Einzelheiten im Originalfoto, das seine Echtheit beweisen soll: Das linke Bein des Kommandanten am Schnabel des Pterosauriers steht auf einem kleinen Holzsockel, der für die alten Fotografien mit langer Belichtungszeit notwendig war; der Schatten unter seinem Schuh stimmt mit dem Schatten des Tieres überein und die Spuren im Hintergrund zeigen, dass der Saurier auf diesen offenen Platz gezogen worden war, um ihn fotografieren zu können. Außerdem fand Paiva bei seiner genauen Untersuchung des Tieres zwei Stellen, wo durch Schusswunden Blut ausgetreten ist und außerdem, dass der Körper des Pterosauriers genau symmetrisch ist – das sind für den Physiker genug Beweise, dass auf diesem Foto ein noch vor relativ kurzer Zeit lebendes „Fossil" abgebildet ist!

Mit den Drachen und den Dinosauriern schließt sich der Kreis der Geschichtsfälschungen der Freimaurer. Es hat wohl nie eine Prähistorik gegeben, in der Dinosaurier vor 65 Millionen Jahren lebten, sondern sie lebten, seit es Menschen gibt, immer mit ihnen gemeinsam und sind erst in Laufe der letzten 200 Jahre vollständig ausgestorben.

Die wahre historische Geschichte der Welt war also eine völlig andere als uns heute vorgegaukelt wird. Doch alle bisher von mir geschilderten Begebenheiten werden heute von der Mainstream-Wissenschaft heftig bestritten und ins Reich der Legenden und Mythen verdrängt. Durch die von englischen Wissenschaftlern und Freimaurern erschaffene „Naturwissenschaft" glauben die meisten Menschen heute an ein Weltbild, das sich nur mit „Ratio" erklären lässt, jedoch nichts weiter als eine gigantische Täuschung ist. Der Darwinismus und die Lehre von der Entstehung der Arten ist nichts weiter als eine Religion mit okkulten Aspekten und diese Aspekte kommen erst ans Licht, wenn man sich näher mit dem inneren Sinn der Evolution auseinandersetzt. Die Evolution ist ein Sinnbild für den Glauben der Freimaurer, dass der menschliche Geist stufenweise im Werden begriffen ist und der Mensch diesen Weg so lange geht, bis er Perfektion erreicht hat und erleuchtet ist. Dieser Glaube fußt auf alten Ritualen der Geheimgesellschaften, die sich bis ins alte Babylon und zur großen Flut zurückverfolgen lassen. Die Lehre der Evolution ist also nichts anderes als eine abgewandelte Form der alten babylonischen Religion der Götterverehrung und dabei ein satanisches Glaubenssystem. **Der Darwi-**

nismus und die Evolutionslehre wurden nur erschaffen, um das wahre Christentum und den Glauben an eine göttliche Schöpfung zu zerstören.

Wie wir bereits von persönlichen Aussagen des Atheisten Charles Darwin und vielen seiner „Kinder im Geiste“, also den heutigen Wissenschaftlern und Skeptikern, herausgehört haben, betreiben sie ihre falsche Religion nur, um die Wahrheiten der Bibel zu bekämpfen. Nichts ist schlimmer für sie, als zugeben zu müssen, dass diese Überlieferungen stimmen und unsere Welt tatsächlich von Schöpfern erschaffen und mehrmals zerstört wurde.

In Kapitel 12 sehen wir uns abschließend die Götzenverehrung und die vor der oberflächlichen Wissenschaft verborgene Religion der okkulten Evolutionisten ganz genau an. Um das vollständige Ausmaß der Vertuschung der realen Geschichte der Welt zu erfassen, muss man sich diesen Themen von mehreren Richtungen annähern, darum geht es jetzt wieder mit den Rätseln des Himalaya weiter.(86)

Kapitel 11 – Der heilige Berg Kailash und das sagenhafte Shambhala

Der heilige Berg Kailash – das spirituelle Zentrum des Universums

Wie bereits vorher im Buch dargelegt, könnte der Berg Kailash die größte künstlich erschaffene Pyramide auf der Welt sein, und mit seinen mehr als 100 kleineren Pyramiden in seiner Umgebung bildet er einen großen Komplex, der mit anderen Pyramiden und Megalith-Anlagen der Erde verbunden ist. Bei allen diesen Bauwerken kommt es regelmäßig zu seltsamen paranormalen Phänomenen, für die die Wissenschaft derzeit noch keine Erklärungen liefern kann oder will. Diese Strukturen bündeln die Energie der Erde und des Kosmos und es deutet alles darauf hin, dass der Berg Kailash das Zentrum dieses weltweiten Netzwerks ist und alle Energie dort gebündelt wird. Die Buddhisten glauben, dass der Berg das spirituelle Zentrum des Universums darstellt und „Axis Mundi“, die Weltachse oder Himmelsachse, ein grundlegender Begriff kosmogonischer Mythen ist.

Es kam in der Vergangenheit immer wieder zu versuchen, den Kailash zu besteigen und Bergsteiger erzählten die verrücktesten Geschichten – manche sollen sich schon nahe der Spitze befunden haben, verloren dann aber plötzlich ihren Willen zur Besteigung und kehrten um. Es gibt Gerüchte über vier amerikanische oder englische Bergsteiger, die sich als Pilger ausgaben und den Berg umrunden wollten, doch als sie unbeobachtet von anderen Pilgern waren, ihre Route änderten und auf den Berg stiegen. Einige Zeit verging und danach kamen plötzlich vier verdreckte und zerlumpte Gestalten zum Lager der Pilger zurück. Es waren diese vier Bergsteiger, die den Wahnsinn in den Augen hatten und komplett verrückt geworden waren. Man schickte sie in ein psychiatrisches Krankenhaus, wo diese vier Männer unglaublich schnell alterten, ihr normales Bewusstsein niemals wiedererlangten und in weniger als einem Jahr als uralte Männer starben – sie waren in einem Jahr zwischen 50 bis 55 Jahren gealtert!

Vielleicht erhielt auch Reinhold Messner 1985 trotz seiner Erlaubnis von den chinesischen Behörden einen mentalen Befehl, den Kailash nicht zu besteigen. Er wurde gezwungen, sein Vorhaben abzubrechen, aus Gründen die heute nicht ganz verständlich sind. Manche behaupten, es lag am rapide schlechter werdenden Wetter, andere berichten davon, dass Messner eine Vision gehabt hätte. Im Jahr 2000 versuchte eine spanische Expedition eine Erlaubnis für die Besteigung zu erlangen und hatten bereits ihr Basislager am Fuße des Kailash errichtet, als sie sich plötzlich tausenden von Pilgern gegen-

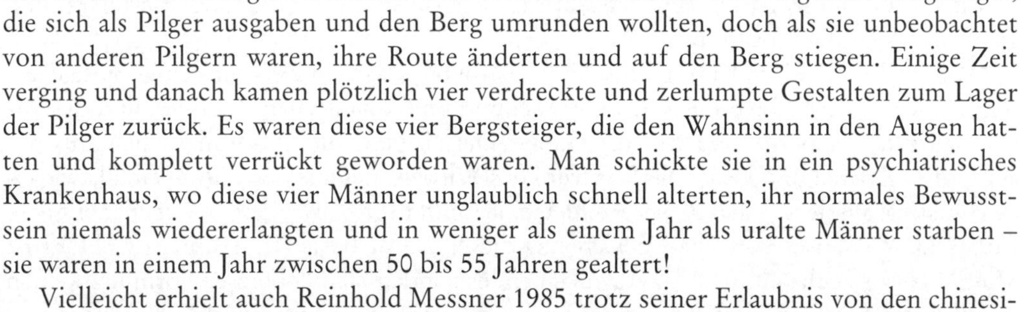

Abb. 179: Zwei Seiten der Berges Kailash, man kann deutlich die Kerbe und die Pyramidenform erkennen

übersahen, die auf keinen Fall zulassen wollten, dass jemand versucht, den Berg zu besteigen und ihnen blieb nichts weiter übrig, als ihr Vorhaben aufzugeben.

Im Jahr 2004 schaffte ein Mitglied der *Russischen Akademie der Wissenschaften*, Yuri Zakharov, gemeinsam mit seinem Sohn Paul ohne Genehmigung die Südostseite des Kailash zu besteigen. Die beiden erreichten eine Höhe von 6.200 Metern und wurden dann ebenfalls auf mysteriöse Weise gestoppt, denn in dieser Nacht sahen die Beiden unheimliche Lichtphänomene aus natürlicher Elektrizität: Alle 3 bis 5 Sekunden gab es helle runde Blitze in der Luft, die die Größe eines Fußballs hatten. Zakharov sagte, dass sie jenen glichen, die in den tibetischen Malereien ihrer Ikonen gezeigt werden. Am folgenden Tage gingen die seltsamen Erscheinungen weiter und Zakharov beschrieb, dass jedes Mal, wenn er hoch zum Himmel blickte, er klar und deutlich hunderte von glühenden Streifen sah, die alles bedeckten – es sah aus wie ein verflochtenes Netzwerk, das aus hunderten von Swastikas bestand(!) und der russische Wissenschaftler konnte sich das alles nicht erklären. Je näher sie dem Gipfel kamen, umso schlechter wurde das Wetter, und heftige kalte Windstöße und Schnee zwangen die Bergsteiger letztlich auch hier zur Umkehr, bevor sie den Gipfel erreichen konnten. Die Tibeter glauben, die Götter am Gipfel verhindern mit ihrer Macht, dass ihre Ruhe von den Sterblichen gestört wird. Jeder, der es dennoch versuchen sollte, wird mit Unglück und Tod bestraft. Solche Lichtblitze wurden schon seit sehr langer Zeit über dem Gipfel des Kailash beobachtet und manche Hindus hatten schon Kreaturen mit vielen Armen dort oben erblickt, und glauben, es war der Gott Shiva.

Auf Satellitenbildern kann man sehen, dass der Kailash im Zentrum einer Spirale aus Bergen liegt. Diese Form bündelt die planetaren und kosmischen Energien und die Pyramidenform der Berge verstärkt das Ganze. Der eisige Gipfel des Kailash sieht aus wie ein großer Kristall und bildet das Zentrum des Wirbels, der aus der Luft ebenfalls wie eine Swastika aussieht – das Ganze bildet eine Blütenform mit geschwungenen Linien. Russische Wissenschaftler haben sich mit dieser Form beschäftigt und sowohl Ernst Muldashev als auch Nikolai Kozyrev glauben, es handelt sich bei dieser Form um keinen Zufall, sondern der Kailash ist das Zentrum eines riesigen „Zeitspiegels". Kozyrev hatte erfolgreich Experimente mit Spiegeln mit einer geschwungenen Form durchgeführt und sagt, dass das gleiche Prinzip beim Berg Kailash, mit dem kleinen Unterschied, dass die Spiegelwände der Berge bis zu 800 Meter hoch sind, zum Einsatz kommt! Darum kann es auch kein Zufall sein, dass die Pilger diesen heiligen Berg umrunden, man nennt es die Kailash-Kora. Eine Runde um den Berg ist 53 Kilometer lang und man benötigt zu Fuß im Schnitt drei Tage für eine Umrundung. Dabei kommt es auch eindeutig zu Zeitphänomenen, weil den Pilgern bereits nach wenigen Tagen lange Fingernägel und Bärte wachsen!

Andere Forscher berichten davon, dass der pyramidenförmige Gipfel des Kailash hohl sei und es darin ein ganzes System von Gängen und Hohlräumen geben soll, in denen die legendären, schwarzen Steine von Chintamani untergebracht sind. Diese mysteriösen, schwarzen Steine sind außerirdisch und sollen aus dem Orion-Sternensystem stammen, haben ihre außerweltliche Schwingungssignatur behalten und helfen den Menschen dabei, sich spirituell zu entwickeln. Ernst Muldashev berichtet in seinem Buch über den Ursprung der Menschen auch davon, dass sich in diesen Bergen die konservierten Körper unserer Vorfahren aus Atlantis und anderer alter Kulturen befinden, die in

Höhlen in einem tiefmeditativen Zustand, den man *Samadhi* nennt, immer noch am Leben sind. Sobald diese Körper gebraucht werden, soll es möglich sein, dass ihre früheren Besitzer sie wieder beseelen und zum Leben erwecken. Sie dienen außerdem als eine genetische Bibliothek, um bei einer Katastrophe das menschliche Erbgut zu erhalten (aus bestimmten Quellen wurde bekannt, dass die chinesische Regierung einige dieser Höhlen inzwischen gesäubert haben soll). Diese Höhlen, die sich in der Nähe des Kailash befinden und durch Tunnel mit ihm verbunden sind, werden außerdem als „Sarkophag-Nanda" bezeichnet und dienen als eine Art von Natursteinsarg. Die Besitzer der Körper sind große Meister, die in schwierigen Krisenzeiten erwachen, um der Menschheit zu helfen und alle großen, spirituellen Meister sollen einst in diesen Höhlen meditiert und dort Erleuchtung gefunden haben. Darunter waren Krishna, Buddha, Jesus Christus, Konfuzius und Zoroaster.

Kommen wir noch einmal zu den Entdeckungen des Astrophysikers Nikolai Kozyrev (1908-1983) zu sprechen. Er war ein Wissenschaftler in der ehemaligen UDSSR und experimentierte mit gewölbten Konkavspiegeln, die man heute auch als „Kozyrev-Spiegel" bezeichnet. Mit seinem Tod endete die Forschung jedoch nicht und in den späten 1980er-Jahren baute man weitere Spiegel, und startete neue Experimente zur Gedankenübertragung über große Distanzen. Es gab sogar ein Großexperiment, an dem fast fünftausend Versuchspersonen aus zwölf Ländern teilgenommen haben und die Resultate übertrafen alle Erwartungen, denn in den meisten Fällen konnten 95 Prozent der telepathischen Informationen korrekt empfangen werden. Kozyrev war jedoch nicht der erste, der diese Technik anwendete, ein anderer berühmter Mann baute schon viel früher eine eiförmige Metallkapsel, die im Inneren das Licht reflektierte, und man nannte diese Konstruktion die „Nostradamus-Kapsel". Nostradamus (1503-1566) bekam die meisten seiner Visionen, wenn er sich in seine Kapsel einschloss, doch der wirkliche Experte für Konkavspiegel lebte noch früher – es war niemand anderes als Roger Bacon, der Vorfahr von Francis Bacon! Roger Bacon ist dafür berühmt geworden, seltsame Experimente angestellt zu haben und besaß ja auch einen der legendären sprechenden Metallköpfe, doch als Roger Bacon im 13. Jahrhundert starb, gingen die großen Geheimnisse der Konkavspiegel verloren. Er nutzte solche Spiegel selbst, um in die Zukunft zu sehen und sagte bereits zu seiner Zeit die Entwicklung von Mikroskopen, Teleskopen, Automobilen, Flugzeugen und Schiffen voraus, die durch Motoren angetrieben werden! Roger Bacon wusste auch über Galaxien, die Struktur von biologischen Zellen und die Zusammensetzung von Schießpulver Bescheid.

Als Kozyrev seine Experimente in Russland durchführte, wurden sogar regelmäßig UFOs über dem Labor beobachtet und anscheinend ist es auch möglich, in einem Kozyrev-Spiegel die Akasha-Chronik der Erde anzuzapfen, und alles Wissen dort herauszuholen. Auf diese Weise war es Forschern schon lange möglich, Wissen aus der fernen Vergangenheit und Zukunft zu erhalten, auch Nikola Tesla dürfte auf diese Weise gearbeitet haben. Wenn bereits diese kleinen Versuchsaufbauten eine so große Wirkung haben, was passiert dann am Berg Kailash, der die ganze planetare und kosmische Energie bündelt und wie ein großer Kozyrev-Spiegel arbeitet? Der Kailash muss gigantische Raum-Zeit-Verwerfungen erzeugen. Die Kozyrev-Spiegel erzeugen einen geschlossenen Raum, der eine Abschwächung des Erdmagnetfelds bewirkt, wodurch der menschliche Geist leichter Zugang zu solaren und kosmischen Informationen erlangen kann. Durch

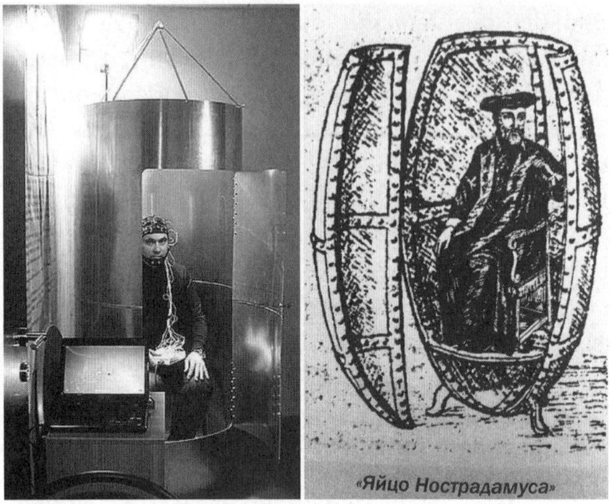

Abb. 180: Experimente mit einem Kozyrev-Spiegel und Nostradamus in seiner Metallkapsel

diese reproduzierbaren Experimente wurde endgültig die Existenz eines Torsions-Energiefeldes bewiesen, das jenseits des Elektromagnetismus und der Gravitation existiert. Die Torsionsenergie bewegt sich viel schneller als das Licht, verursacht den Fluss der Zeit und erzeugt die Nullpunktenergie!

Im Torsionsfeld existieren die Vergangenheit, die Gegenwart und die Zukunft gleichzeitig an jedem Platz, wodurch endlich viele psychische und paranormale Phänomene erklärbar werden. Nachdem das bekannt war, wurde ein zweiter Apparat erfunden, der die Testpersonen vom lokalen elektromagnetischen Feld der Erde abschirmt und es dadurch möglich wurde, sofort mit seinem Geist zu allen Orten und Zeiten zu reisen. Konstruktionsanleitungen für solche Geräte wurden offen in der russischen Wissenschaftsliteratur veröffentlicht! Doch warum hört man im Westen nichts davon? Die Ergebnisse der Kozyrev-Forschung waren erstaunlich! Man kam dahinter, dass das elektromagnetische Feld der Erde eigentlich ein Schleier ist, der die Zeit und den Raum herunterfiltert, sodass wir unsere „normale" physische Realität erfahren können und erst die Existenz dieses Schleiers ermöglicht es uns, die lineare Zeit wahrzunehmen. Schirmt man sich von diesem elektromagnetischen Feld ab, hat man sofort Zugang zu einer momentanen Lokalität, die unserer Realität zugrunde liegt! Der limitierende Effekt des elektromagnetischen Feldes einer individuellen Person hängt auch mit der Menge der solaren, elektromagnetischen Aktivität zusammen, die auftritt, solange sich diese Person noch in der Gebärmutter befindet! Sobald ein Mensch einmal Zugang zu diesem Bewusstseinszustand erlangt hat, bleibt sein Bewusstsein ständig erweitert!

Jeder Mensch verfügt also von Natur aus über die Fähigkeit, mit seinem Geist zu reisen und zu kommunizieren. Das dichte, elektromagnetische Feld der Erde wird durch Mobilfunk, Radio und Fernsehen sowie drahtlosem Internet und anderen elektrischen Geräten intensiv verstärkt und verhindert so, dass der Mensch seine natürlichen Fähigkeiten entfalten kann – sie werden im Gegenteil massiv von allen diesen elektrischen Geräten gestört. Man weiß jetzt also, dass eine einfache Methode existiert, mit der jeder Mensch auf Dauer sein Bewusstsein erhöhen kann – warum wird diese Technologie nicht zum Wohle der ganzen Menschheit eingesetzt?

Eine großartige Zivilisation der Vergangenheit hat das Netzwerk um den Berg Kailash und an den wichtigen energetischen Knotenpunkten der Erde einst erschaffen, um genau das zu bewirken. Wenn alle diese positiven planetaren und kosmischen Energien früher frei auf der Erde verfügbar und durch solche Megalith-Strukturen global ausgestrahlt wurden, müssen sich alle Menschen dieser verlorenen Zivilisation in einem Zustand der Erleuchtung befunden haben – denn die Natur existierte in absoluter Harmonie. Doch irgendwann wurde dieses Netzwerk zerstört. Heute befinden sich auf diesen Knotenpunkten die Bauwerke der großen Religionen, der Regierungen, des Militärs und der Banken. Man weiß also schon lange über dieses Netzwerk Bescheid und benutzt es heutzutage dazu, den Bewusstseinszustand der Menschheit ganz unten zu halten – *das muss aufhören!* Der Berg Kailash ist tatsächlich einer der wichtigsten Energiepunkte der Erde und ihm gegenüber liegt auf der anderen Seite des Planeten die Osterinsel! Diese neuen Erkenntnisse bilden die Grundlage einer völlig neuen Forschungsrichtung und der Berg Kailash ist so etwas wie eine natürliche Zeitmaschine. Durch seine Zeitspiegel fließen kraftvoll Ströme von völlig unbekannten Energien, und Zivilisationen in ferner Vergangenheit haben diese unglaublichen kosmischen Technologien erschaffen. Diese arbeiteten mit der Wissenschaft des Geistes und des Bewusstseins und das Ganze stellt so etwas wie eine transzendente Technologie dar. Eine internationale wissenschaftliche Expedition, an der auch eine Universität aus München beteiligt gewesen sein soll, kam dahinter, dass der Kailash genau 6.666 Meter hoch ist, die Distanz vom Kailash zum Nordpol 6.666 km und die Entfernung zum Südpol das Doppelte davon beträgt. Die Distanz zwischen Kailash und Stonehenge ergibt ebenfalls 6.666 km und es sind 6.666 km von dort bis zur Mitte des Bermuda-Dreiecks. Auch die Distanzen der ägyptischen Pyramiden zum Nordpol und die vom Bermuda-Dreieck zur Osterinsel ergeben 6.666 km. Der Kailash ist auch mit den Pyramiden von Mexico und den alten Stätten in Baalbek verbunden – es gab also tatsächlich ein globales Netzwerk von Pyramiden.

Alte tibetische Legenden berichten sogar darüber, dass die Atlanter ihre Technologie von der älteren Zivilisation von Lemuria erbeuteten. Diese Überlieferungen wurden auf goldenen Tafeln eingraviert, auf denen zu lesen ist, dass es sich dabei um „das echt Wissen" handelt. Die Legenden sprechen auch davon, dass diese „Bibliotheken des Wissens" in speziellen Nischen der Pyramiden und anderen versteckten Orten der Welt untergebracht wurde, und einer der Fels-Spiegel des Kailash ist genau in Richtung der ägyptischen Pyramiden ausgerichtet, zwei andere in Richtung Mexiko. Unterirdisch sind diese Anlagen höchstwahrscheinlich durch Tunnelnetzwerke verbunden und verlaufen vom Kailash aus nach Ägypten, in den Irak, nach Rumänien zu den Bucegi-Bergen, unter die Wüste Gobi zur ehemaligen Weißen Insel und in die Antarktis. Das ganze oberirdische Pyramidennetzwerk diente vermutlich auch zur Kommunikation mit dem gesamten Kosmos und einigen mysteriösen Plätzen im weiten Universum. Der Whistleblower Simon Parkes ist der Meinung, dass die gebündelte Kraft der großen Pyramiden auf einen Stuhl oder einen Sarkophag fokussiert wurde, in den sich dann ein Mensch kurz vor dem Zeitpunkt des Todes hineinsetzte. Die Pyramide konnte dann einen starken Energiestrahl abgeben, der bis in die obere Atmosphäre vordrang und ein Loch in diesen Schleier schoss! Dadurch war es für den Geist oder die Seele derjenigen Person, die sich in der Pyramide aufhielt möglich die Erde zu verlassen, auf die wir ständig neu inkarnieren müssen, und zum Orion zu reisen. In abgeänderter Form wird das auch alles so in den ägyptischen Überlieferungen beschrieben.

Das Interesse der Russen an Tibet und dem Berg Kailash besteht schon lange. Bereits der Zar Nikolai Romanov hatte durch den Mönch Badmaev Verbindungen nach Tibet und Badmaev hatte engen Kontakt zum hochstehenden Lama Agvan Dordzhiyev, einem Lehrer des 13. Dalai Lama. Dordzhiyev setzte Russland mit dem kommenden Königreich von Shambhala gleich. Er hatte dieses Wissen aus den Kalachakra-Texten des tibetischen Buddhismus, in denen alle Geschehnisse bis ins Jahr 2424 vorausgesagt werden. Der erste buddhistische Tempel im Westen wurde deshalb in St. Petersburg eröffnet. Einer der Mitarbeiter, der dort arbeitete, war ein russischer Künstler namens Nicholas Roerich. Auch George Gurdjieff kannte Badmaev und Dordzhiyev, beide wurden in die Lehren von Shambhala eingeführt und lernten von den weisen Männern aus Tibet. Da auch Karl Marx und Lenin Kontakte zu tibetischen Lamas hatten, stellen sich folgende Fragen: Worin lag das Interesse von Russland an Tibet? War man an dem spirituellen Wissen interessiert oder versuchte man, uralte und verlorengegangene Technologien wiederzuerlangen, um damit die Welt zu beherrschen?

Im 1933 erschienen Buch *„Der verlorene Horizont"* des britischen Autors James Hilton wird ein mystisches Tal beschrieben, das er *Shangri-La* nennt. Das Tal wird von einem Lama-Kloster geleitet und ist ein paradiesisches Utopia im Himalaya, das permanent von der Außenwelt isoliert ist. Die Menschen, die in Shangri-La leben, sind fast unsterblich, altern nur sehr langsam und Shangri-La ist natürlich eine Anspielung auf Shambhala. In tibetischen Texten existieren sieben solcher abgelegenen Orte, die man *Beyuls* nennt, versteckte Täler, die ebenso wie Shangri-La wahrscheinlich im 9. Jahrhundert errichtet wurden und Buddhisten in Krisenzeiten Unterschlupf gewähren sollten.

Im nördlichen nepalesischen Himalaya befindet sich das ehemalige Königreich *Mustang*, das heute zu Nepal gehört. Diese Gegend ist sehr unzugänglich und nur wenige Ausländer dürfen das Land besuchen. Die Bevölkerung spricht immer noch das traditionelle Tibetisch und die tibetische Kultur konnte durch die Isolation von der Außenwelt erhalten werden. In Mustang gibt es auch merkwürdige Höhlen, die in Felswände geschlagen oder von oben ausgehöhlt wurden und insgesamt hat man bisher mehr als 10.000 dieser menschengemachten Höhlen ausfindig gemacht! Sie stellen ein großes archäologisches Rätsel dar und niemand weiß, wer sie erschaffen hat und welchen Zweck sie einst erfüllten. Die Höhlen befinden sich bis zu 50 Meter hoch in steilen Felswänden und es gibt keine Anzeichen für irgendwelche Seile oder Leitern. Die meisten der untersuchten Höhlen sind leer, einige zeigen aber noch Anzeichen, dass sie längere Zeit bewohnt waren – und man fand auch buddhistische Wandmalereien sowie alte Manuskripte, die geborgen wurden. Möglicherweise war es ein Ort, an dem man Wissen lehrte. Es sieht so aus, als wären die Höhlen schon jahrhundertelang ausgeplündert worden und die noch erhalten gebliebenen Schriftrollen wurden dem Hauptkloster von Mustang übergeben. Sie bestehen aus einer Mischung aus buddhistischen Texten und Schriften der älteren Bön-Religion und dieses Wissen wurde wohl aus gutem Grund in den unerreichbaren Höhlen aufbewahrt. Einige Forscher glauben, dass die Höhlen von Mustang eine Verbindung mit dem spirituellen Paradies Shambhala haben und etliche Buddhisten sollen vorsorglich ihre heiligen Texte und Artefakte in solchen Höhlen versteckt haben, die als Lagerhäuser der spirituellen Weisheit dienten. Man kam auch dahinter, dass die Höhlenmalereien im Gegensatz zu den Wandbildern der örtlichen Klöster eher indisch anmuten, denn es gibt Abbildungen von Leoparden, Tigern und Affen. Die Geheimnisse Asiens scheinen untrennbar mit der mysteriösen Stadt Shambhala verwoben zu sein. Das ist ein Grund, nun die wichtigsten verfügbaren Informationen zu diesem mystischen Ort zu offenbaren. Shambhala ist ein Dreh- und Angelpunkt in der geheimen Geschichte der Welt und hat eine weit größere Bedeutung, als man vermuten würde.

Fast alle antiken Kulturen sprechen von weisen Männern in Zentralasien und einer der ersten, die Informationen über diese rätselhaften Meister nach Europa brachten, war der armenische Mystiker und Philosoph George Gurdjieff (1872-1949). Seine ausgedehnten Reisen nach Zentralasien, Indien und Tibet brachten ihn in Kontakt mit vielen heiligen Männern, die ihm einige ihrer Geheimnisse anvertrauten. Er erforschte auch die Geschichte der Sufis in Zentralasien und kam dahinter, dass es schon seit 40.000 Jahren Weisheitsschulen in Höhlen entlang des Syr-Darya-Flusses in Kirgisien gegeben hat. Diese Höhlen wurden von einer Rasse von Meisterschamanen bewohnt, die bereits sehr zivilisiert waren und sich mit Magie, Kunst und Wissenschaft beschäftigten, doch die meisten Menschen waren damals ungebildet und konnten diese Künste nicht verstehen. Seit Anbeginn der Zeit sollen diese Meister jedoch über das Schicksal der Erde wachen und greifen von Zeit zu Zeit in den Lauf der Geschehnisse ein, um Katastrophen zu verhindern oder den Kurs der Menschheitsgeschichte zu verändern, indem sie neue Gedankenmodelle verbreiten, die bei Zeitenwenden benötigt werden.

Diese zyklischen Zeitabschnitte sind in Perioden von 6.500 Jahren eingeteilt und heute sind wir wieder in einem solchen Phasenabschnitt angelangt, denn am Ende solcher Zyklen kommt es dann zu einer großen Transformation und einer spirituellen Erhöhung des Bewusstseinszustands auf der ganzen Erde. In diesen kritischen Zeiten gibt es sowohl große Gefahren als auch große Möglichkeiten, daher kam es in der Vergangenheit auch zu mehreren großen Krisen auf der Welt und die Meister in Zentralasien waren gezwungen, einzugreifen. Sie arbeiten an der Weiterentwicklung der Menschheit zu einer neuen und fortschrittlicheren Zivilisation, doch es gibt eine subtile, bösartige Kraft auf der Erde, die dieses spirituelle Wachstum verhindern will, und die Menschheit in einem Kreislauf von Krieg und Zerstörung gefangen hält. Manche nennen diese Kräfte die „Archonten", die den Geist und die Seelen der Menschen verderben wollen. Wenn die menschlichen Gedanken vergiftet sind, reagiert auch der Planet Erde, weil er von diesen negativen Gedankenmustern angegriffen wird, was schon mehrmals zu globalen Katastrophen geführt hat.[(87)]

Die Sage von Belovodye

Viele Abenteurer und Forscher versuchten in den letzten Jahrhunderten das sagenhafte Land der Weisen in Shambhala zu erreichen und eine der ältesten Aufzeichnungen darüber findet man in Russland. Im Jahr 1893 wurde ein Manuskript entdeckt, das den Titel *„Die Sage von Belovodye"* trägt. Belovodye ist das russische Wort für Shambhala und bedeutet „das Land der lebenden Götter". Diese Sage wurde erstmals im Jahr 1949 übersetzt und erschien in der amerikanisch-russischen Zeitung *Novaya Zarya* in San Francisco! Es handelt sich hier um die Aufzeichnungen eines slawischen Mönchs namens Sergius aus Kiew. Vater Sergius hielt sich in seinen jungen Jahren einige Zeit in einem Kloster auf dem Berg Athos in Griechenland auf. Prinz Wladimir der Große (960-1015 n. Chr.) ließ ihn zu sich rufen, als er wieder zurück in Kiew war, denn der Prinz war neugierig und wollte alles darüber erfahren, was Sergius über ein geheimnisvolles Land im Osten, von dem in den antiken Schriften der Bücherei des Klosters in Griechenland berichtet wurde, erfahren konnte. Vater Sergius erzählte ihm von einer rätselhaften Stadt, in der unsterbliche Meister wohnen sollen und der Prinz war von diesen Informationen so fasziniert, dass er im Jahr 987 n. Chr. eine Expedition zusammenstellte und Sergius mit über 300 seiner Gefolgsleute auf eine 9.600 km lange Rundreise nach Asien schickte – es galt, diese mystische Stadt ausfindig zu machen. Für das Vorhaben wurden drei Jahre eingeplant, doch die Jahrzehnte vergingen und man hörte niemals wieder etwas von Vater Sergius und der Expedition, kein Mann kehrte zurück und sie wurde schließlich komplett aufgegeben und vergessen.

Doch viele Jahre nach dem Tod des Prinzen Wladimir tauchte eines Tages im Jahr 1043 n. Chr. ein alter Mann in Kiew auf und erklärte, er sei der Mönch Sergius, den Wladimir der Große vor 56 Jahren in das Tal der Unsterblichen entsandt hatte. Fast niemand konnte sich mehr an ihn erinnern und Vater Sergius verbrachte seine letzten Jahre wieder in einem Kloster. Kurz vor seinem Tod enthüllte Sergius seine ganzen bis dahin geheim gehaltenen Erlebnisse und sein Bericht sollte der Menschheit verkündet werden, wenn der „richtige Zeitpunkt" dafür gekommen ist. Die ganze Geschichte des Mönchs wurde im Vyshensky-Kloster in der Nähe der Stadt Shatsk in Russland aufgezeichnet und das Dokument wurde wie gesagt erst im Jahr 1893 wiederentdeckt. Vater Sergius berichtete davon, dass seine Expedition am Ende des zweiten Jahres ihrer schwierigen Reise bereits große Verluste an Mensch und Tier verzeichnen konnte. Die Wetterbedingungen waren sehr harsch, es gab Angriffe von Wölfen und Bären und irgendwann stieß der Rest der Gruppe auf eine hohe Säule, die aus Knochen von Menschen und Tieren gemacht war. Ab hier weigerten sich alle verbliebenen Mitglieder bis auf zwei Männer, mit Sergius weiterzureisen und am Ende des dritten Jahres musste er auch die letzten beiden Reisegefährten in einem Dorf zurücklassen, weil ihr Gesundheitszustand sich sehr verschlechtert hatte. Vater Sergius gab jedoch nicht auf, denn entweder konnte er seinen Auftrag erfolgreich abschließen oder auch er würde dabei sterben. Im Laufe der letzten Monate seiner Reise hatte er bereits mehrere Gerüchte gehört, dass das sagenhafte Land Shambhala tatsächlich existieren solle, dass er in der richtigen Richtung unterwegs war und bezahlte daher verschiedene lokale Bergführer, die ihn immer näher an dieses mythische Reich heranführten. Die Einheimischen nannten es damals „das verbotene Land", „Land der lebenden Götter", „das Wunderland" oder das „Land des lebenden Feuers der Lichtwesen".

Drei Monate später erreichte Bruder Sergius dann endlich die Grenzen von Shambhala. An einem bestimmten Punkt wollte sein letzter einheimischer Führer nicht mehr weitergehen, weil er sich vor den unsichtbaren Wächtern der schneebedeckten Berge fürchtete. Der Einheimische sagte, dass nur wenige Menschen jemals aus diesem sagenhaften Land zurückgekehrt waren und alle Bergführer dabei gestorben seien, deshalb kehrte auch er um. Doch Sergius war immer noch fest entschlossen, die heiligen Männer zu finden und war außerdem schon zu geschwächt, um den Rückweg zu überstehen. Er streifte tagelang alleine durch die schneebedeckten Berge, der Weg wurde immer steiler und schmaler und manchmal war er nur noch für eine Person breit genug. Auf den Gipfeln gab es dann mehrere Weggabelungen und jedes Mal erhielt Sergius innere Hinweise, welche Abzweigung er nehmen sollte. So achtete er auf Kleinigkeiten, folgte seiner Intuition und lies sich geistig führen. Auf diese Weise gelang es ihm, den richtigen Weg zu finden und er gelangte schließlich zu einem Bergsee mit weißem Wasser. Die aufgehende Sonne ließ die schneebedeckten Berggipfel wie Feuer erstrahlen und Vater Sergius konnte nicht genug von dieser atemberaubenden Schönheit der Natur bekommen. Nach der siebten Weggabelung leitete ihn seine unsichtbare Führung endlich zu einer Unterkunft.

Es handelte sich um ein Bauwerk aus Stein, wo der Mönch völlig erschöpft zusammenbrach und in einen tiefen Schlaf fiel. Als er erwachte, sah Sergius plötzlich zwei Fremde auf sich zukommen, die ihn ansprachen und obwohl er ihre Sprache nicht kannte, konnte er sie irgendwie verstehen und sie ihn auch! Die beiden Männer brachten ihn zu einem nahegelegenen Dorf und fragten ihn, ob er Nahrung benötigte, doch er erwiderte, dass er nach spiritueller Nahrung suche. Die Fremden verstanden, er konnte sich ausruhen und bekam dann Arbeit in einem örtlichen Kloster zugeteilt, wo er Schriften sortierte.

Nach einiger Zeit wurde er in eine unterirdische Höhle gebracht, die von einem sonderbaren Licht beleuchtet wurde, das keine Schatten erzeugte und man dort arbeiten und lesen konnte. An diesem Ort verlor Vater Sergius jeden Sinn für Zeit und jeder Tag brachte etwas Neues und Wundervolles – er glaubte, er würde in einen Wachtraum leben und konnte dafür keine Erklärung finden. Nach einigen Jahren wurde er von den örtlichen Lamas akzeptiert und in ihr großes, spirituelles Wissen eingeweiht. Die Lamas erzählten von den allsehenden Meistern der Weisheit und er erfuhr, dass sie auf unsichtbare Weise alles beobachten und hören konnten, was in der Außenwelt vor sich ging. Die Meister waren sehr besorgt über die anwachsenden Kräfte des Bösen auf der Erde. Sergius erfuhr weiter, dass schon zahlreiche Menschen aus verschiedenen Ländern versucht hatten, in das Reich dieser weisen Meister vorzudringen, diese Versuche jedoch meisten erfolglos blieben. Die Einwohner von Shambhala haben eine strikte Regel, wonach in einem Jahrhundert nur sieben Personen der Außenwelt der Zuritt zu ihrem Reich gestattet wird. Sechs Personen können anschließend wieder in die Außenwelt zurückkehren und eine von ihnen verbleibt in Shambhala. Die Menschen sind dort unsterblich, weil die Zeit an diesem Platz still steht und die biologische Uhr der Gene stoppt.

Bevor Bruder Sergius nach Kiew zurückkehrte, verbrachte er seine letzten Jahre in Asien in einem Höhlensystem, das später zu einem Höhlenkloster-Komplex umgebaut wurde, und lehrte dort die Weisheit der Meister. Somit war Sergius einer jener Menschen, die in die Außenwelt zurückkehrten und so zu Mitarbeitern von Shambhala wurden. Die Meister in Shambhala organisieren die Welt mit der Macht ihrer Gedanken und leiten bestimmte für sie wichtige Personen durch ihren Geist an. Und es wird berichtet, dass in den letzten Jahrhunderten einige tibetische weise Männer dafür verantwortlich waren, dass die Mysterien-Schulen der Weißen Bruderschaft im Osten und Westen erschaffen wurden. Die Meister in Shambhala greifen zu bestimmten Zeiten ein und bringen das spirituelle Wachstum und die technische Entwicklung der Menschheit voran. Sergius berichtete vor seinem Tod noch darüber, dass in mehr als 1.000 Jahren (ca. 2043) die Mächte der Hölle auf Erden wüten würden und Russland heftig erschüttern werden soll. Doch je furchterregender die Angriffe werden, desto mehr Leute würden im Glauben zusammenfinden und es werde die Zeit sein, in der die Kräfte des Lichts alles Böse stürzen werden. Das lebendige Feuer wird alle Wunden dieses glücklichen Landes heilen und aus den Ruinen des alten Volkes wird ein neues entstehen, das reich an den Schönheiten des Geistes sein wird! Die besten der Auserwählten werden das Wort des lebendigen Gottes in alle Länder der Erde bringen, werden Frieden und Frohsinn auf der Welt verbreiten und die Türen des Lebens des kommenden Zeitalters öffnen! Das war die erstaunliche Geschichte von Vater Sergius, doch man kann noch mehr Informationen über Shambhala in alten Aufzeichnungen finden.(87)

Geheime Lagerhäuser des verlorenen Wissens

Auch in alten tibetischen Aufzeichnungen wurde ausführlich über Shambhala und seine Bewohner berichtet. Dieses Wissen war in der *„Yung-Lota-tien"*, der größten Enzyklopädie der Welt, die alles Wissen der alten Welt sowie die Geschichte der Yeti enthielt, aufgezeichnet – Yeti bedeutet in der tibetischen Sprache „magische Kreatur". Dieses Werk wurde im 15. Jahrhundert zusammengestellt und soll sich aus 50 Millionen handgeschriebenen chinesischen Schriftzeichen in 11.095 Bänden zusammengesetzt haben. Diese Enzyklopädie wurde früher im alten Sommerpalast in Peking aufbewahrt, bis der Palast im Jahr 1860 von den Briten und Franzosen im Zuge des zweiten Opiumkriegs zerstört wurde. Heute existieren nur noch 370 Bände dieser einst riesigen Sammlung antiker Schriften und sie sind in Bibliotheken auf der ganzen Welt verstreut. Somit wurde auch hier vorsätzlich ein riesiger Kulturschatz vernichtet, der die Geschichte der alten Welt enthielt. In ganz Asien kursieren auch Legenden von alten unterirdischen Bibliotheken, Schätzen und einzigartigen Artefakten, die mit Shambhala in Zusammenhang gebracht werden und es ist die Rede von geheimen Lagerhäusern des antiken Wissens. Alte Zivilisationen wollten einen Teil ihrer Wissenschaft und Kunst erhalten, bevor sie durch Naturkatastrophen oder andere außerweltliche Einflüsse zerstört wurden, und vieles von diesem Wissen wurde anscheinend in Tibet konserviert. Tibetische Mönche berichten von Zeitkapseln und in Seide gebundenen Büchern, die im Innersten des heiligen Berges Kangschenjunga aufbewahrt werden, dem dritthöchsten Berg der Welt, der an der Grenze von Nepal und Indien liegt. Vieles von diesem Geheimwissen wurde vom russischen Theosophen und Archäologen Nicholas Roerich (1874-1947) für die Nachwelt festgehalten. Roerich erfuhr, dass eine Steintür am Berg zu den „fünf heiligen Schätzen des großen Schnees" führt, doch die örtlichen Bergführer meinten, dass alles, was vor der vorherbestimmten Zeit darüber enthüllt werde, unglaubliches Unheil anrichten könne. Roerich hielt sich auch im Altai-Gebirge auf und dort, zu Füßen des Himalaya, gab es versiegelte Eingänge, die in unterirdische Tunnel und Kammern tief unter der Erdoberfläche führen. In diesen Kammern sind mysteriöse Artefakte und exotische Schätze eingelagert worden, die man seit dem Beginn der Welt dort in Sicherheit gebracht hatte. Ein weiteres unterirdisches Lagerhaus soll sich im Himalaya am Karakorum-Pass zwischen Indien und China auf einer Höhe von 5.540 m befinden. Roerichs Bergführer erzählte ihm, dass so gut wie jeder Einwohner dieser Gegend über diese anti-

Abb. 181: George Gurdjieff und Nicholas Roerich in Tibet (rechts)

ken Artefakte in diesen geheimen Höhlen Bescheid wisse und man sich über Ausländer lustig mache, die meinten, alles zu wissen, aber niemals die Eingänge zum unterirdischen Palast am Karakorum-Pass entdecken konnten.

In der Mitte des 19. Jahrhunderts reiste auch der chinesische Forscher Jia Chun-Pingwa ins nördliche Tibet und sprach dort mit buddhistischen Mönchen. Sie erzählten ihm, dass in einem abgelegenen Teil der Altyn-Tagh-Gebirgskette an der tibetisch-chinesischen Grenze ein weitläufiges Netzwerk von unterirdischen Galerien und Museen existiert, des eine Sammlung von Millionen atemberaubenden Artefakten enthält und von wachsamen Verwaltern behütet und gepflegt wird! Jia Pingwa schrieb in seinen Memoiren über ein unterirdisches Museum, das antike Kunstobjekte enthält, welche die Entwicklung der Menschheit auf diesem Planeten im Laufe der vielen vergangenen Jahrtausende zeigt. Er beschrieb auch den Ort, wo man in diese unterirdischen Kammern gelangt und auf der Oberfläche befinden sich nur ein paar unscheinbare Häuser, die eines der großartigsten Museen der Welt bewachen. Es wird vermutet, dass alle diese Artefakte und Geheimnisse mit Shambhala zusammenhängen, was auch Helena Petrovna Blavatsky bestätigte, die in Nordindien einige dieser geheimen Lagerhallen mit solch antiken Dokumenten gesehen hatte. Sie schrieb, dass eingeweihte Yogis über ein großes Tunnelnetzwerk von unterirdischen Bibliotheken Bescheid wissen, das sich von Indien bis ins nördliche Tibet erstrecken soll! In den geheimen Archiven des Vatikan gibt es Aufzeichnungen darüber, welche Missionare seit dem frühen 19. Jahrhundert erfasst haben, und in denen steht, dass in Krisenzeiten die Führer verschiedener europäischer Länder spezielle Delegationen zum Himalaya schicken, um Rat von den „Wissenden der Berge" einzuholen. Im alten tibetischen Epos von König Gesar wird die Öffnung von bestimmten versteckten Hallen der Aufzeichnungen angekündigt – das soll zu einer Zeit erfolgen, wenn Schiffe aus Stahl am Himmel fliegen. Madame Blavatsky schrieb auch, dass verborgene Manuskripte erst zu einem bestimmten Zeitpunkt veröffentlicht werden sollen, wenn eine spirituell reichere Zukunft eingetreten ist.[87]

Buddhistische Prophezeiungen über das kommende lichtvolle Zeitalter

Nicholas Roerich hörte auch von erleuchteten Völkern, die im Inneren der Erde leben und ein Reisender aus Sibirien soll ihm einen Eingang zu ihren innerirdischen Königreichen gezeigt haben. Von diesen Zugängen schrieb auch schon der sechste Panschen-Lama Lobsang Palden Yeshe in seinem Buch *„Die Straße nach Shambhala"*. Der Panschen-Lama (großer Gelehrter) ist im tibetischen Buddhismus der zweitwichtigste Lama nach dem Dalai Lama (großer Meister). In diesem Buch wird von einer Rasse von geflügelten, menschenähnlichen Wesen berichtet, die einst in Tibet existierte und sich selbst ausgelöscht hatte. Man kann auch von zahlreichen pyramidenartigen Bauwerken lesen, die sich auf dem Dach der Welt in Tibet befinden sollen und der westlichen Welt bis heute unbekannt sind. Einige dieser Bauwerke sollen fabelhaft und vielfarbig konstruiert sein und die ersten westlichen Menschen, die sie gesehen haben, waren zwei Kaufleute im Jahr 1912. Einer von ihnen war der Amerikaner Fred Meyer Schroeder, der einen Mönch als Führer anheuerte und dieser ihm erzählte, dass in den Klöstern wichtige Informationen zu diesen Pyramiden aufgezeichnet sind. Als Schroeder eine dieser Pyramiden erreichte, konnte er keinen Eingang entdecken. Die Pyramide war seinen Aussagen nach von gewöhnlichen Felsblöcken zusammengesetzt, die einen Durchmesser von 90 Zentimetern hatten und um die Pyramide herum befanden sich noch kleinere Bauten. Der Mönch erzählte ihm, dass in den 5.000 Jahre alten Dokumenten der Klöster keine Informationen über den Zweck dieser Pyramiden aufgezeichnet sind, enthüllte jedoch, dass diese Pyramiden schon immens alt waren, als diese Aufzeichnungen verfasst wurden!

Im antiken indischen Epos *Mahabharata* steht geschrieben, dass sich am Fuße des mythischen Berges Meru ein wunderschönes Tal befindet, bei dem es sich um Shambhala handeln soll. Viele glauben, der Berg Meru ist der Berg Kailash in Nepal und ist das *sichtbare* Gegenstück des Berges Meru. Und vom *unsichtbaren* Berg Meru stammen die Völker und die göttlichen wie halbgöttlichen Rassen. Die Tibeter waren die Bewahrer der großen Geheimnisse der Rasse der weißen Riesen und sie bewachten die Eingänge zu den inneren Städten des Himalaya und Agartha – deshalb nennt man den Himalaya auch die „Berge der Weißen Götter". Indische Gelehrte behaupten, dass das Epos Mahabharata im Tal der Unsterblichen entstanden ist und später das Fundament der östlichen Philosophie wurde. Buddha und Laotse, die Begründer des Buddhismus und des Taoismus besuchten beide das Tal der Unsterblichen und lernten dort ihre Weisheit. Sogar Jesus Christus war den Aufzeichnungen in tibetischen Klöstern zufolge mehrere Jahre lang in Nepal und wurde dort Issa genannt. Auch die Bön-Priester in Tibet sagen, dass ihr Glaube von den Meistern in Shambhala inspiriert wurde und sich auf ein heiliges Schriftstück begründet, das den Titel *„Die erste Schrift und wahre Lehre der Tradition der ewigen Weisheit"* trägt. Dieser Text soll von den Unsterblichen in Shambhala stammen. Das Bardo *„Thödröl"*, das Tibetische Totenbuch, wurde den buddhistischen Legenden nach von einer Rasse übergeben, die Nagas genannt wird und acht Angehörige der Nagas sollen einst mit dem König von Shambhala zusammengetroffen sein. Buddhisten glauben, dass Shambhala von den Kalki-Königen regiert wird und sie die Besitzer des Kalachakras (das Rad der Zeit) sind. Sie steuern die Zeit und können angeblich in die Zukunft blicken, deshalb existiert im Buddhismus eine Vorhersage bis in das Jahr 2424 und zwischen den Jahren 2127 und 2227 sieht man die globale Niederlage der Armee der Dämonen voraus. Der letzte König von Shambhala, Rudra Chakrin, soll laut den Prophezeiungen des Rads der Zeit im Jahr 2327 erscheinen, sich dann im Jahr 2424 allen Menschen zeigen, um auf der Erde endgültig das neue Goldene Zeitalter einzuleiten, nachdem alle degenerierten Weltherrscher besiegt worden sind! Rudra Chakrin wird eine mächtige Armee anführen und gegen den Tyrannen vorgehen – ein Kampf, in dem der böse Tyrann zerstört werden soll und der Frieden auf der Welt wiederhergestellt wird. Die Prophezeiungen von Shambhala sprechen von 32 Königen, die jeweils für eine Dauer von 100 Jahren regieren. Gegen Ende dieser Regierungszeiten wird die äußere Welt verkommen, die Menschheit wird von Krieg und Macht besessen sein und der Materialismus wird über das spirituelle Leben triumphieren. Ein böser Tyrann wird sich erheben und eine Herrschaft des Terrors ausüben, doch gerade wenn die Welt am Rande des totalen Zusammenbruchs steht, wird sich der Schleier lüften und das heilige Königreich von Shambhala enthüllen. Zu dieser Zeit wird der 32. König von Shambhala, Rudra Chakrin, regieren.(87)

Technologie der Vorzeit

Die Existenz der *Nagas* ist in den alten Schriften Indiens gut belegt, sie sollen menschliche Gesichter haben und einen Schlangenkörper besitzen. Es wird beschrieben, dass sie fliegen können, und so von der Unterwelt der Schlangen (Patala) an die Erdoberfläche kommen. Der Schüler des Hindu-Gottes Krishna, Prinz Arjuna, soll sich einst in die Unterwelt der Schlangen begeben haben und berichtete davon, dass die Nagas im Palast der Schlangen leben, sagenhaften unterirdischen Wohnstätten, die von Kristallen und wertvollen Steinen beleuchtet werden. Alte Schriften berichten auch davon, dass Nagas manchmal Menschen heirateten und zu großen Königen und Königinnen, weisen Männern oder Menschen von großer Spiritualität wurden. Auch Krishna wird oft mit Schlangen abgebildet und privilegierten Menschen soll der Zutritt zu den unterirdischen Reichen der Nagas erlaubt worden sein. Das ganze Netzwerk soll wie ein Ameisenhügel aufgebaut sein, sich über hunderte Kilometer innerhalb von Gebirgszügen von Nordindien bis ins nördliche Tibet erstreckten, wo alle diese unterirdischen Tunnel in Shambhala zusammentreffen, und diese Tunnel sollen auch bis nach Russland, in die Mongolei und nach Ägypten verlaufen. Jeder, der Shambhala betritt, muss einen heiligen Schwur leisten, nichts von all dem zu verraten, was er dort sieht.

Der amerikanische Waffen- und Drogenhändler John Spencer soll sich nach dem Ersten Weltkrieg in einem Kloster in Tuerin in der westlichen Mongolei aufgehalten haben, denn er befand sich auf der Flucht vor den chinesischen Behörden. Er brach irgendwann vor Erschöpfung zusammen und Mönche brachten ihn in das Kloster, damit er sich dort erholen konnte. Zur gleichen Zeit befand sich ein anderer Amerikaner im Kloster, das war William Thompson, ein Gelehrter, der die östlichen Religionen und die Bibliothek des Klosters erforschte. Nachdem sich Spencer erholt hatte, begann er das Klostergelände zu erkunden und stieß auf eine alte Treppe, die zu einer Metalltür hinunterführte. Er öffnete sie und betrat einen großen 12-seitigen Raum, dessen Wände mit Sternenkonstellationen, Himmelskörpern und Sternzeichen bunt bemalt waren. Spencer bewunderte diese Kunstwerke und strich mit der Hand über eine Wand, wodurch sich geräuschlos ein Panel nach innen geöffnet haben soll und einen dunklen Tunnel freilegte, an dessen weit entferntem Ende er ein fahles, grünes Leuchten wahrnehmen konnte. Er entschied sich nachzusehen, was sich dort befand – nach einigen Minuten erreichte er das Ende des Tunnels und betrat eine große Höhle, die von einem glänzenden grünen Licht beleuchtet war. An einer Wand dieser Höhle befanden sich 30 Särge, die nebeneinander aufgereiht waren. Spencer glaubte, dass sich möglicherweise Schätze in den Särgen befinden würden und fing an, sie zu öffnen. Zu seiner Enttäuschung befanden sich in den ersten Särgen nur die Mumien von Mönchen, im vierten Sarg lag eine Frau in Männerkleidung, im fünften ein Inder mit einer roten Seidenjacke, im drittletzten Sarg die Leiche eines perfekt konservierten Mannes in weißen Leinen und im vorletzten Sarg der Körper einer Frau, deren Herkunft er nicht bestimmen konnte. Alle diese Leichen zeigten keine Anzeichen einer Verwesung, obwohl diese Särge dort offenbar schon seit langer Zeit liegen mussten. Enttäuscht öffnete John Spencer den letzten Sarg, doch er jetzt zu sehen bekam, verschlug ihm den Atem. Es handelte sich um eine kleine Kreatur, die einen schimmernden Silberanzug trug, auch der große Kopf des Wesens hatte eine gräuliche Farbe und die großen Augenlieder waren geschlossen. Das Gesicht des Wesens hatte

Abb. 182: Gemälde von Nicholas Roerich von einem Kloster mit Lamas und den drei Cintamani-Steinen

keinen Mund und nur eine kleine Stupsnase. Spencer beugte sich hinunter, um den Körper zu berühren, doch plötzlich öffneten sich die großen Augen und blickten ihn an. Aus den Augen kam ein blendendes grünes Licht. Sofort warf er den Deckel zu und flüchtete aus der Höhle. Als er im Kloster zurück war, sprach er mit einem hohen Lama darüber und dieser erklärte ihm, dass er einen großen Meister gesehen habe, der von den Sternen gekommen war. Spencer erzählte alles auch seinem Landsmann Tompkins, der diese Geschichte nach seiner Rückkehr in amerikanischen Zeitungen veröffentlichte. John Spencer verließ ein paar Tage später das Kloster und man hörte niemals wieder von ihm.

In seinen Buch „*Das unterirdische Tibet*" (1928) schrieb Nicholas Roerich über ein seltsames Artefakt, das 1870 von einer russischen Delegation von Wissenschaftlern in einem tibetischen Kloster gesehen wurde und dieses Kloster befand sich in der Nähe des heiligen Berges Belukha im Altai-Gebirge. Die Wissenschaftler wurden dort einem sehr alten Lama vorgestellt, der über erstaunliches Wissen über Astronomie und Physik verfügte. Der Lama wählte zwei Physiker der Delegation aus und zeigte ihnen ein paar Meditations- und Konzentrationsübungen und ein paar Tage später demonstrierte er ihnen in seinem Zimmer einen seltsamen Apparat aus Metall. Das Gerät stand auf dem Boden und gab merkwürdige Geräusche von sich. Plötzlich konnten die Wissenschaftler eine neblige Manifestation vor sich in der Luft sehen, es handelte sich um eine Miniaturausgabe unseres Sonnensystems und sie konnten die Erde, die Venus, den Merkur und die anderen Planeten erkennen. Eine Besonderheit war ein abnormaler 10. Planet, der außerhalb der Umlaufbahn des Pluto seine Bahn zog. Der Lama weigerte sich, über das Alter und die Herkunft dieses Projektionsapparates zu sprechen und erklärte nur, dass man das Gerät „von unten" heraufgebracht habe, um den Wissenschaftlern seine Funktion zu demonstrieren! Handelte es sich um ein altes Artefakt aus den geheimen Tunneln, das die Bahn des Planeten X anzeigen konnte? Oder stammte der Apparat von den Meistern aus Shambhala?

Im Norden von Tibet sprach man schon seit langer Zeit davon, dass die Meister in Shambhala dabei helfen, die Menschheit weiterzuentwickeln. Tibetische Chroniken von Lamas bezeugen die Existenz einer Kultur von weisen Leuten, die während der lange zurückliegenden Zeitalter eine Zivilisation erschufen, die eine eigene Wissenschaft besitzt und in geschützter Isolation vor der Außenwelt in den schneebedeckten Bergketten in

Nordasien angesiedelt ist. Ziel der Bemühungen der Meister von Shambhala soll die Erschaffung eines kommenden kosmischen Zeitalters sein. Die Meister stehen in ständigem geistigen Kontakt mit den hohen eingeweihten Lamas in Tibet und diese leiten wiederum die Geschicke der Welt. Zumindest war das damals so. Seit der Übernahme Tibets durch China wurden viele Klöster geschlossen und zerstört und wie viel Einfluss diese Lamas derzeit noch haben, ist schwer zu sagen.[87]

Die zeitlosen Meister von Shambhala

Ein Mann, der wirklich in Shambhala gewesen sein will und auch darüber berichtete, war der Chinese Dr. Lao-Tsin, der zusammen mit einem nepalesischen Yogi in den 1920er-Jahren nach Shambhala reiste, worüber die *Shanghai Times* berichtete. Es wurde beschrieben, dass der Doktor zusammen mit seinem Gefährten eine schwierige Reise durch die mongolische Wüste und dann aufwärts in ein entlegenes Berg Tal hinter sich brachte. Die beiden gelangten schließlich zu einem Palast, wo viele Yogis die großen Weisheitslehren studierten und die Beschreibungen dieses Ortes könnten zu Shambhala passen. Dr. Lao-Tsin sah dort viele wissenschaftliche Wunder und komplexe Experimente mit Willenskraft und Telepathie, die über große Distanzen angewandt wurden. Roerich berichtete auch von zwei weiteren Männern, die bis nach Shambhala gelangt waren, jedoch nicht über die Wunder sprechen durften, die sie in dieser mysteriösen Kolonie sahen. Die Lamas hüllen sich ebenfalls in ein Gewand des Schweigens. Denn es existiert der „Schwur von Shambhala", nichts davon jemals Außenstehenden zu verraten. Es wäre möglich, dass Nicholas Roerich selbst in Shambhala gewesen war, denn er schreibt darüber in seinem Buch *„Herz von Asien"*, und darüber, dass es die Heilige Stadt der wahren Wissenschaft sei. Er will gesehen haben, wie in einem der Labore der Stadt Experimente mit der Kollision von Kamaduro durchgeführt wurden – Kamaduro ist das unterirdische Feuer der Erde, das mit dem kosmischen Feuer kollidiert. Wenn das passiert, kommt es auf der Erde zu heftigen geologischen Kataklysmen und darum müssen sie immer im Gleichgewicht sein. Und in diesem Labor sollen sich, dem Buch zufolge, Instrumente befunden haben, die diese Feuer ständig beobachten. Auch das legendäre Elixier des ewigen Lebens soll in Shambhala entwickelt worden sein. Sobald die Horden der Dunkelheit besiegt sind, kann das Zeitalter von Shambhala anbrechen. Die heiligen Meister von Shambhala leiten bestimmte Menschen bis dahin durch Eingebungen, telepathische Übermittlungen, Intuition und Träume an, und geben ihnen so ihre innere Führung für die wichtigen Entscheidungen, die in dieser kritischen Zeit zu treffen sind.

Nicholas Roerich suchte Shambhala bei seinen Expeditionen östlich des Altai-Gebirges, denn es gibt ein altes Klosterdokument, das die Lage des mystischen Tals mit 88 Grad östlicher Länge angibt. Die geheimen Pfade nach Shambhala können nur von Eingeweihten gefunden werden, die sich dem spirituellen Erwachen der Menschheit verschrieben haben. Im Zentrum Shambhalas soll ein großer Jade-Turm stehen und die Stadt selbst soll, laut tibetischen Mönchen, von unterirdischen Quellen beheizt werden. Der heiße Wasserdampf steigt auch in die Atmosphäre auf und sorgt für eine natürliche, feine Nebeldecke, welche die unter ihr liegende Landschaft verbirgt, sodass das Tal von der Luft aus nicht gesehen werden kann.

Nicholas Roerich beschrieb die ungefähre Lage Shambhalas folgendermaßen: Shambhala liegt in einem Tal und kann nur über einen Ring von schneebedeckten Berggipfeln erreicht werden, die angeordnet sind wie eine Lotusblüte. Im Zentrum des Königreiches befindet sich ein neunstöckiger Kristallberg und vor ihm befindet sich ein heiliger See. Shambhala ist das Königreich der gesammelten Weisheit der Menschheit und dieses Wissen wurde vor den Zerstörungen und der Verdorbenheit der Zeit und der Geschichte verschont, wodurch Shambhala die Welt in der Stunde der Not erretten wird. Viele Beschreibungen sprechen davon, dass sich dieses Reich zwischen der physischen und der spirituellen Welt befindet – handelt es sich vielleicht um eine andere Dimension oder eine Zeitanomalie? Roerich schreibt auch, dass die unsterblichen oder zeitlosen Meister von Shambhala immer über das Geschehen auf der Erde wachen, alles in einem „magischen Spiegel" sehen und durch die Macht ihrer Gedanken in weit entfernte Länder vordringen. In Shambhala werden auch großartige neue Energieformen und Errungenschaften für die Menschheit vorbereitet, sodass die Frage erlaubt ist: War der Graf von Saint Germain einer der Meister aus Shambhala, der diese Erfindungen der Meister der Menschheit überbrachte, oder arbeitete er für Agartha?(87)

Shambhala – der verschlungene Pfad ins Tal der Unsterblichen

Der Autor Andrew Tomas schreibt in seinem Buch „*Shambhala: Oase des Lichts*", dass die Grenzen des magisches Tals von stillen Wächtern bewacht werden und es sich dabei um Personen handelt, die vormals gewöhnliche Frauen und Männer waren, denen jedoch aufgrund ihrer spirituellen Entwicklung Einlass nach Shambhala gewährt worden war. Andrew Tomas durchforstete alte Klosterbibliotheken nach Hinweisen zu Shambhala und fand heraus, dass die *Bruderschaft von Shambhala* von einer kleinen Gruppe höherer Wesen angeführt wird, die man als *Mahatmas* bezeichnet (große Seelen). Von diesen Mahatmas hat auch schon Madame Blavatsky berichtet, die übermenschliche Wesen mit übernatürlichen Kräften sind und ihre Seelenentwicklung auf diesem Planten bereits abgeschlossen haben, jedoch auf der Erde bleiben, um den restlichen Menschen bei ihrer spirituellen Entwicklung zu helfen – sie sind so gut wie unsterblich, weil sich das Rad der Wiedergeburt für sie nicht mehr dreht.

Der Mahatma Morya beschrieb im Jahr 1881 einem Eingeweihten namens Alfred Sinnett in einem Brief das geheime Tor zum Tal der Unsterblichen, das an einem Ort läge, von dem Außenstehende nie erfahren sollen und dort gebe es einen Abgrund mit einer schwächlich anmutenden Brücke aus geflochtenem Gras. Selbst die mutigsten Bergsteiger würden keinen Fuß darauf setzten, doch wer es wagt, darüber zu schreiten und dies schafft, gelangt in eine Schlucht von atemberaubender Schönheit. Meister Morya schrieb, dass dies einer der Orte ist, an denen die Mahatmas leben und von denen westliche Geographen nichts wissen. An diesem Ort gibt es ein Lama-Kloster, in dessen Nähe sich ein uralter Turm befindet, der Generationen von Erleuchteten, die sogenannten *Bodhisattvas*, hervorgebracht hat. Alfred Sinnett war auch ein guter Bekannter von Madame Blavatsky. Die Orte, an denen sich die Meister aufhalten, weisen eine sehr hohe geistige Schwingung auf, und sobald Menschen oder Tiere sich solchen Gebieten nähern, werden sie quasi mit unsichtbarer Strahlung beschossen. So ist eine Begebenheit aus dem 19. Jahrhundert überliefert, bei der ein hochstehender Lama von Lhasa in die Mongolei unterwegs war. Auf einem bestimmten Abschnitt der Strecke begannen die Menschen und Tiere der Karawane aus unersichtlichen Gründen zu zittern und der Lama wusste daher, dass dies eine der verbotenen Zonen von Shambhala sei, deren spirituelle Schwingungen für die Reisenden und ihre Tiere unerträglich hoch seien.

Auch der deutsche Historiker August Hermann Francke (1663-1727) berichtet in seinen Büchern über das merkwürdige Verhalten der Einheimischen in bestimmten Bereichen im Norden von Tibet und sie ließen sich durch nichts dazu bringen, bestimmte verbotene Bereiche zu betreten. Ein russischer Teilnehmer an einer von Roerichs Expeditionen erzählte Andrew Tomas persönlich davon, dass seine Gruppe damals die gleiche Erfahrung gemacht hatte. Einige der einheimischen Träger weigerten sich ab einem gewissen Punkt im nördlichen Tibet, weiterzugehen. Der Russe berichtete Tomas darüber, wie auch er selbst einen unerklärlichen Widerwillen verspürte, weiterzugehen und es soll ein unheimliches und unerklärliches Gefühl gewesen sein, dass er nicht noch einmal empfinden wolle. Viele Augenzeugen hatten damals bunt gekleidete und gekrönte Lamas gesehen, die aus Shambhala kamen und in Sänften getragen wurden. Tomas schrieb, dass viele Hindus und Tibeter die Höhlen der Schlangenwesen „Nagas“ betreten hatten, die sich hunderte Kilometer weit innerhalb der Berge erstreckt haben sollen.

Nicholas Roerich erwähnt in seinen Büchern außerdem die Wächter von Shambhala und es sollte sich dabei um großgewachsene, schlanke, weißhäutige Menschen handeln, die in Höhleneingängen verschwanden, sobald sich Fremde näherten. Als Roerichs Expedition den Karakorum-Pass überquert hat, sah ein einheimischer Bergführer mehrmals große, weißgekleidete Männer und Frauen, die aus solchen geheimen Höhlen auftauchten. Manchmal sollen diese rätselhaften Menschen der Berge auch Reisenden geholfen haben, die in Not waren, und die Einheimischen nennen diese Menschen „Schneemenschen, die das Heilige Land bewachen“. Roerich war ein guter Landschaftsmaler und hat viele seiner Eindrücke in seinen sehenswerten bunten Gemälden festgehalten. Es gibt auch Darstellungen von diesen geheimnisvollen Schneemenschen, die mit einem großen Bogen bewaffnet sind und obwohl sie von Schnee und Eis umgeben waren, sollen diese Bewohner der Berge immer nur leicht bekleidet gewesen sein. Roerich glaubte, dass sie mit ihren geistigen Kräften ihre Körper vor der Kälte schützen konnten und er wusste auch, dass diese Schneemenschen aus den zahlreichen Höhlen kamen, in denen unterirdische Gänge bis weit unter den Berg Kanchenjunga führen, und einige Reisende sollen sogar bis an eines der unterirdischen Steintore gelangt sein, die in das herrliche Tal führen. Diese Tore blieben jedoch verschlossen, weil die Zeit noch nicht gekommen ist, in der sich Shambhala der Welt wieder offenbart.[87]

Die heiligen Cintamani-Steine

Geschichtsforscher glauben heute, dass Nicholas Roerich selbst mindestens bis an die Grenzen von Shambhala gelangt ist. Er soll auf seinem Pferd dorthin gelangt sein und war einige Tage verschwunden, doch als er zurückkehrte, warfen sich die asiatischen Mitglieder seiner Expedition vor ihm nieder und riefen, er sei ein Gott, weil kein Mensch die Grenze nach Shambhala ohne göttliche Gewähr zu überschreiten vermochte. Roerich erwähnte später gegenüber einem Lama, dass er mit eigenen Augen drei weißgekleidete Grenzposten von Shambhala gesehen hatte und sie zu ihm gesagt hätten, wen immer sie kennenlernen wollen, der wird sie genau an der Grenze finden.

Aus den Aufzeichnungen von Roerich geht allerdings nicht genau hervor, was das eigentliche Ziel seiner Expeditionen war, es scheint jedoch etwas mit den Bruchstücken eines heiligen Steins zu tun zu haben – dem kosmischen *Cintamani-Stein* (Abb. 182), der wieder an seinen Platz im Jadeturm von Shambhala zurückgebracht werden sollte. Der Cintamani-Stein ist in der tibetischen Tradition des Buddhismus ein Juwel, das Wünsche erfüllen kann und auf Abbildungen sieht er wie ein faustgroßer, runder und schwarzer Stein aus. Das magische Juwel soll jeden Wunsch „*mani*-festieren" können: Schätze, Kleidung und Nahrung und auch Krankheiten und Leiden können entfernt werden, außerdem soll man mit dem Stein auch Wasser reinigen können. Hat der Cintamani-Stein eine Verbindung zum Stein der Weisen? Auf jeden Fall ist es mit dem Stein möglich, alle Kräfte, die Buddha oder den großen östlichen Meistern zugeschrieben werden, auszuüben. Der Cintamani-Stein soll laut den Legenden einst vom Himmel gefallen oder von Außerirdischen zur Erde gebracht worden sein, wobei es sich insgesamt um vier verschiedene Objekte gehandelt haben soll. Eines davon war der berühmte „Mani-Stein", der das große Mantra der Buddhisten „Om Mani Padme Hum" getragen haben soll und die Tradition, Steine mit diesem Mantra zu beschriften, besteht bis heute fort. *Om* oder *Aum* ist der Ur-Laut der Schwingungen des Universums und *Manipatme* bedeutet so viel wie „Heil dem Juwel im Lotos". *Hum* ist das Gegenteil von *om* und daher jener Laut, der das erschaffene Universum wieder in sich zusammenstürzen lässt. Einweihte Lamas sprechen davon, dass das Mantra deshalb so viel wie „Heil dem höheren Ich des Menschen" bedeutet. Roerich meinte auch, dass er den „Kalagiya-Ruf" gehört hatte, den Ruf, den Shambhala telepathisch aussendet, wenn jemand von den großen weisen Meistern eingeladen wird, und nur wenn der Auserwählte diesen Ruf wahrnimmt, kann er darauf hoffen, sicher in das Tal der Meister zu gelangen.

Die Orientalistin Alexandra David-Néel (1868-1969) wurde die erste westliche Frau, die den Titel eines Lama verliehen bekam. Sie schrieb, dass Shambhala nicht wie die Erde in Raum und Zeit verankert ist, sondern heute hier und morgen an einem anderen Platz existiert und sozusagen durch die Dimensionen von Raum und Zeit wandert. Die Meister von Shambhala leben auf der Erde und doch nicht auf ihr, sie sind von Schutzmauern umgeben und sind es doch nicht, und sie besitzen nichts und verfügen dennoch über den Reichtum der ganzen Welt.

Bei seinen Expeditionen durch den Himalaya stieß Roerich bereits im Jahr 1928 in einer Höhe von 4.572 Metern auf drei lange, gerade Reihen aufrechtstehender Steine. Diese Steine trugen Inschriften, unterschieden sich deutlich von den Steinen der Umgebung und mündeten in einen großen Kreis, in dessen Mitte drei große Menhire standen. Roerich meinte damals, der Kreis erinnerte ihn an Stonehenge in England und befragte seine tibetischen Führer dazu. Sie antworteten, dass sie nicht wissen, wer diese Steine dort aufgestellt hatte, doch einst soll ein unbekanntes Volk durch dieses Gebiet gezogen sein, das sich für mehrere Generationen dort aufgehalten hatte, aber dann weitergezogen war. Vielleicht waren es die Überlebenden der Gobi-Zivilisation oder aus Hyperborea, bevor sie nach Agartha hinabgestiegen waren.

Roerich berichtete, dass er in vielen Nächten ein hellstrahlendes, weißes Licht beobachtet hatte, das wie eine Säule zum Himmel aufstieg und ein Lama erklärte ihm, dass dieses Licht vom Jade-Turm aus Shambhala stammt. Das Licht soll von einem großen dreieckigen, stark leuchtenden Stein auf der Spitze des Turms ausgestrahlt worden sein – dem Cintamani-Stein. Der Stein soll auf diese Weise eine telepathische Führung und einen Bewusstseinswandel bei jenen Menschen auslösen, die mit ihm in Kontakt kommen. Der Stein soll von einem geflügelten Pferd auf die Erde gebracht worden sein und aus dem Sternbild des Orion stammen – es sollen unter anderem drei dieser Steine gewesen sein und sich dabei um die berühmten, verschollenen Schlusssteine der großen Pyramiden gehandelt haben. Die Steine wurden immer dort platziert, wo gerade ein wichtiger spiritueller Prozess stattfand: Einer soll sich auf der Spitze der Großen Pyramide von Gizeh, ein weiterer eben auf dem Jade-Turm von Shambhala befunden haben und der dritte liegt vielleicht in den Tiefen des Ozeans an einem Ort, der ehemals Atlantis genannt wurde. Ein vierter Gegenstand, der sich in der Kiste, die vom Orion kam, befunden haben soll, war das rätselhafte magische Zepter, ein goldener Stab, der *Dorje* genannt wird und Nachbildungen dieses Stabes werden heute noch in vielen buddhistischen Ritualen verwendet. Auch dem originalen Stab sollen viele übernatürliche Kräfte innewohnen und es wird in Lama-Klöstern erzählt, dass der Stab dazu fähig war, ein helles Licht auszustrahlen. Die Könige von Shambhala sollen damit mächtige kosmische Kräfte bündeln und leiten können und der Stab soll auch Blitze geschleudert haben, die Löcher in Wolken brannten. Einige Jahre nach der ursprünglichen Entdeckung der Kiste mit den vier heiligen Gegenständen sollen fünf Fremde zum damaligen König von Shambhala gekommen sein, und haben ihn im richtigen Umgang mit ihnen unterwiesen. Fragmente des Cintamani-Steins sollen von Zeit zu Zeit an wichtige Menschen der Welt weitergegeben werden, wenn es zu großen Veränderungen auf der Welt kommt, der Hauptstein wird jedoch immer im mystischen Turm von Shambhala aufbewahrt.

Roerich berichtete auch davon, dass bei seiner Expedition durch die Altei-Berge seltsame Hohlräume unter der Erde ausfindig gemacht worden waren, man konnte es an den Hufschlägen der Pferde hören und es klang so, als ob man über immens große Höhlen reiten würde. Einheimische Mitglieder der Karawane wiesen ihn ebenfalls darauf hin, dass sich hohle unterirdische Passagen unter ihnen befanden und sagten, dass man durch diese Tunnel zu weit entfernten Ländern gelangen kann. Vor langer Zeit sollen an diesem Ort Menschen gelebt haben, die eine unterirdische Passage in ein innerirdisches Königreich entdeckt hatten, diese seitdem dort unten leben und nur sehr selten auf der Oberfläche erscheinen. Wenn das geschah, tauchten diese Menschen auf einheimischen Basaren und Märkten auf und wollten mit antiken Münzen bezahlen, doch niemand dort konnte sich ein eine Zeit erinnern, als diese Münzen noch gebräuchlich waren. Roerich fragte die Einheimischen dann, ob er diese Leute auch sehen könnte und erhielt die Antwort, dass man sie nur treffen kann, wenn die eigenen Gedanken gleichermaßen hochschwingend sind wie die der heiligen Menschen. Sie glauben nämlich, dass nur erbärmliche Sünder auf der Oberfläche der Erde leben und die reinen und couragierten Menschen sich an Orte zurückziehen, die schöner sind als das.

Agartha und der König der Welt

Ein weiteres aufschlussreiches Buch über Tibet stammt vom polnischen Autor und Forscher Dr. Ferdinand Ossendowski (1876-1945), nennt sich *„Tiere, Menschen und Götter"* und die einzige deutsche Auflage erschien im Jahr 1923. Ossendowski musste sich 1917 beim Ausbruch der russischen Revolution aus Russland zurückziehen, weil er ein bekennender Antikommunist war, floh 1920 mit einigen Polen und Weißrussen von Sibirien nach Indien und diese Reisen führten ihn durch die Mongolei, China und Tibet – doch in der Mongolei wurden sie von Baron Roman von Ungern-Sternberg, einem antibolschewistischen Generalleutnant, gestoppt. Der Baron war ein Mystiker, von der Religion des Fernen Ostens fasziniert und seine Philosophie bestand aus einer Mischung aus russischem Nationalismus und dem Glauben der Lamas und Mongolen. Ossendowski und seine Gruppen traten den Streitkräften des Barons bei und er wurde sogar sein politischer Berater. Im Jahr 1920 wurde er auf eine diplomatische Mission nach Japan entsandt und von dort aus reiste er weiter in die Vereinigten Staaten, wo er dann im Jahr 1922 sein Buch veröffentlichte, in dem er über seine Erlebnisse in Tibet und der Mongolei berichtete. Baron Sternberg verstarb im Jahr 1921, nachdem er der Roten Armee unterlegen war.

Ein mongolischer Lama erzählte Ossendowski von einem ausgedehnten Tunnelsystem unter dem Himalaya, in dem sich sonderbare technische Fahrzeuge mit großer Geschwindigkeit durch die Gänge fortbewegen sollen. Diese Gänge sollen sich bis nach Ägypten zum Gizeh-Plateau erstrecken und auch Araber berichteten bereits im 10. Jahrhundert von solchen seltsamen unterirdischen Fahrzeugen! Dr. Ossendowski wurde von den Lamas erzählt, dass fortschrittliche Zivilisationen bereits vor der aufgezeichneten Geschichte existierten, doch die Heimatländer dieser Zivilisationen seien durch natürliche Kataklysmen zerstört worden und einige der Überlebenden errichteten sich unterirdische Schutzanlagen, die von künstlichem Licht erleuchtet werden. In der Mongolei traf Ossendowski außerdem den Tushegoun-Lama, der behauptete, ein persönlicher Freund des damaligen Dalai-Lamas gewesen zu sein, und erzählte Ossendowski alles über die unterirdischen Reiche von Agartha und den König der Welt. Dieser Lama behauptete auch, der einzige lebende Mensch zu sein, der jemals selbst in Agartha gewesen sei. Später traf Ossendowski auf einen anderen alten Tibeter, Prinz Chultun Beyli, der in der Mongolei im Exil lebte und dieser verriet ihm weitere Einzelheiten über die unterirdischen Reiche von Agartha. Er erklärte, dass die unterirdischen Passagen die ganze Welt durchziehen und alle Einwohner von Agartha dem König der Welt ihren Gehorsam schwören. In Agartha wächst Getreide, weil die Höhlen von einem seltsamen Licht erleuchtet sind und es sollen sich in den unterirdischen Reichen auch seltsame Tiere wie Schildkröten mit sechs Füßen und nur einem Auge aufhalten. Der König der Welt soll einen tiefgreifenden Einfluss auf alle wichtigen Führer der Welt ausüben und wenn ihre Pläne mit den göttlichen Prinzipien übereinstimmen, hilft ihnen der König – falls nicht, werden sie von ihm zerstört. Die Macht des Königs kommt von der mysteriösen Wissenschaft des „OM", dies soll der Name eines Heiligen gewesen sein, der vor mehr als 300.000 Jahren lebte und der erste Mensch war, der Gott kennenlernte beziehungsweise die Wissenschaft des Om gründete. Ossendowski erfuhr auch, dass der König der Welt sich früher zu gewissen buddhistischen Feiertagen in Siam und Indien öffentlich zeigte. Er soll fünf Mal in einem weißen Wagen erschienen sein, der von weißen Elefanten gezogen wurde und er selbst trug eine weiße Robe und eine rote Krone, von der Fäden mit Diamanten herabhingen, die sein Gesicht verdeckten. Er segnete das Volk mit einem goldenen Apfel, der von einer Figur eines Lamms gekrönt wurde – woraufhin die Blinden wieder sehen, die Stummen wieder sprechen und die Tauben wieder hören konnten. Sogar die Toten erhoben sich wieder zum Leben, worauf auch immer die Augen des Königs der Welt blickten. Ossendowski lernte außerdem noch einen Lama namens Turgut kennen, der ihm erzählte, dass es in Lhasa Zugänge zu den Reichen von Agartha gibt, es auch manchmal einige Leute geschafft haben, bis dorthin vorzudringen und dort einige mysteriöse Wissenschaften, die mit Magie zu tun haben, kennenlernten. Die Hauptstadt von Agartha soll von den Städten der Hohepriester und Wissenschaftler umgeben sein, genauso wie der Potala-Palast in Lhasa von Klöstern und Tempeln. In dieser Hauptstadt sollen sich Millionen von inkarnierten Göttern aufhalten und der Königspalast soll von den Palästen der „Goro“ umgeben sein. Die Goro sollen wiederum über fantastische Kräfte verfügen, welche die Oberflächenwelt auf einfache Weise verbrennen könnten, sollten die Menschen jemals auf die Idee kommen, Agartha den Krieg zu erklären.

Nicholas Roerich hatte in verschiedenen tibetischen Klöstern Einblicke in die Texte der Lamas und auch dort ist von eisernen Schlangen die Rede, die den Raum verschlingen und dabei Feuer und Rauch speien! In diesen Texten wurde außerdem von den Bewohnern fremder Sterne berichtet. Über der Stadt Shambhala und in der Wüste Gobi sollen auch oft sich sehr schnell bewegende Flugobjekte gesichtet worden sein, und Roerich selbst hatte eine Sichtung nahe dem Karakorum-Gebirge. Er vermerkte 1926 in seinem Tagebuch, dass er etwas Bemerkenswertes beobachtet hatte, denn in seinem Lager nahe der Humboldt-Kette sah er eines Tages gegen halb zehn Uhr morgens einen großen schwarzen Adler am Himmel. Sieben Mitglieder der Expedition beobachteten diesen ungewöhnlichen Vogel ebenfalls und über diesem Vogel befand sich noch etwas anderes. Ein Träger schrie auf und alle sahen nun, wie ein großes, golden schimmerndes Objekt sich mit enorm hoher Geschwindigkeit vom Altai-Gebirge im Norden in südlicher Richtung bewegte. Als es über dem Lager war, wechselte das Objekt abrupt die Richtung und bewegte sich nicht mehr nach Süden, sondern bog scharf nach Südwest ab und verschwand dann hinter dem Humboldt-Gebirge. Roerich hatten sogar Zeit, sein Fernglas zu holen und konnte deutlich eine ovale Form mit schimmernder Oberfläche ausmachen, auf der sich das Sonnenlicht brach. Ein Lama sagte dann zu Roerich, dass jemand, der diese strahlende Kugel erblickt, der Richtung folgen soll, in der sie flog, weil sie den Weg nach Shambhala markiert.

Auch alte chinesischen Legenden sprechen von einer Gruppe von erleuchteten Meistern, die jenseits der Wüste Gobi in den Kun-Lun-Bergen leben sollen und sogar der große chinesische Philosoph Laotse soll am Ende seines Lebens eine Reise dorthin unternommen haben. In den geheimen Archiven des Vatikans gibt es viele Berichte von jesuitischen Missionaren, die von den Herrschern von China von diesen spirituellen Wesen in den Bergen erfahren haben. Die Missionare hörten, dass diese Meister Körper besitzen, die zwar sichtbar sind, aber nicht aus Fleisch und Blut gemacht sein sollen. Diese Körper sind aus Gedanken geboren und Götter bewohnten diese Körper, die aus elementaren Atomen bestehen sollen. Mit diesen Körpern sollen diese Meister fähig sein, per Gedankenkraft durch das ganze Universum zu reisen und sogar im Zentrum von Sternen zu wohnen.

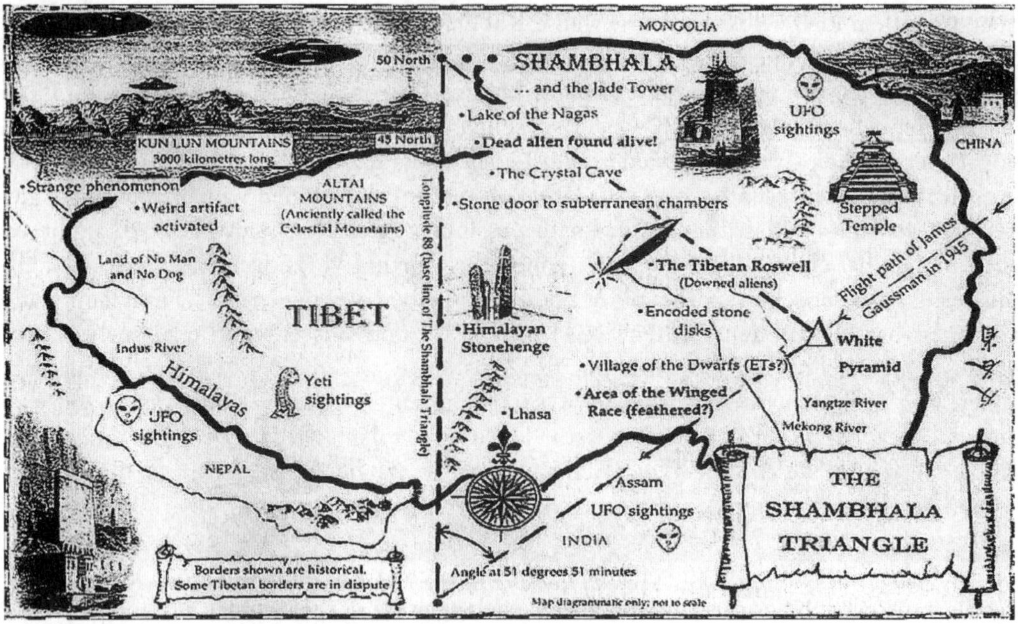

Abb. 183: Das Shambhala-Dreieck von Tibet

Eine Frau, die Eingebungen von den Meistern von Shambhala bekam, war Victoria Le Page, die ein Buch mit ihren Erkenntnissen veröffentlichte. Ihr Fall wurde in den 1960er-Jahren von Dr. Raynor Johnson untersucht, der ebenfalls von einer Frau aus Australien berichtete, die auch von den Meistern im Schlaf unterrichtet worden sein will. Diese Frau hatte Visionen von Shambhala und glaubte, dass der Jade-Turm und auch der Berg Meru eine Art gigantischer Mast oder Antenne darstellen, die sich tief in den interstellaren Raum ausbreiten. Sie sah, dass es sich um eine Säule aus Energie handelte, die Abzweigungen in Form von Pfaden aufweist, die in andere Welten führen. Die einzelnen Pfade sind mit geometrischen Figuren wie Kreisen, Dreiecken und Vierecken versehen. Die große Antenne fungiert demnach als ein Torweg in andere Zeiten und andere Dimensionen wie auch andere Bereiche dieses Universums. Über diese Antenne sollen die menschlichen Seelen auf die Erde kommen und von hier wieder in andere Zeiten und Plätze weiterreisen können und die Antenne soll direkt vom Geist des Reisenden gesteuert werden. Die Pfade verwandeln sich dadurch zu einer Bahn aus Licht, auf der die Seelen reisen können, und eine dieser Bahnen führte die australische Frau in die Zukunft der Erde, in der es eine große Reinigung und einen Neubeginn geben soll. Sie konnte auch beobachten, wie hochentwickelte Seelen nun auf die Erde kommen, um bei diesem ganz speziellen Ereignis zu helfen. Bereits in meinem Buch *„Mein Vater war ein MiB"* habe ich das Thema deutsches Ahnenerbe in Tibet behandelt. Dort wurde aufgezeigt, dass deutsche Geheimgesellschaften schon lange über Kontakte nach Tibet verfügten und bestimmte Nationalsozialisten und SS-Mitglieder in das große Wissen der Meister eingeweiht wurden. Diese Geheimnisse beinhalteten auch die Kenntnis von einem uralten Konflikt, der sich schon seit Ewigkeiten auf der Erde zuträgt. Der letzte Höhepunkt dieser okkulten Schlacht war vermutlich der Zweite Weltkrieg! Alle Hinweise auf die wahren mystischen Hintergründe dieses Kriegs wurden völlig aus den Geschichtsbüchern verbannt. Ich habe zahlreiche esoterische Quellen studiert und hoffe, mir ist es gelungen, einen Teil dieses verlorengegangenen Wissens wieder zusammenzufügen.(87)

Das deutsche Ahnenerbe und das Kloster von Tashi Lhunpo

Eine weitere mysteriöse Verbindung zwischen tibetischen Lamas und Europa existierte seit der Zeit des Zweiten Weltkriegs. Heinrich Himmler schickte mehrere SS-Expeditionen nach Tibet, um mit den Lamas Kontakt aufzunehmen. Die SS suchte in den tibetischen Klöstern nach Informationen über eine antike arische Rasse, die zu einer der untergegangenen Hochzivilisationen gehört hatte, denn die Deutschen wussten, dass die Arier von dieser hochentwickelten Zivilisation der Vergangenheit abstammen, die einst in Tibet existiert hatte. Die SS wusste auch, dass diese antike Menschenrasse über übernatürliche Geisteskräfte verfügt hatte und man wollte all dieses Wissen für das Deutsche Reich wiedererlangen und nach den legendären unterirdischen Reichen Agartha und Shambhala suchen. Und die SS-Männer glaubten, dass sie Kontakt mit den Nachfahren dieser Hochkultur herstellen können, die immer noch verborgen vor der Oberflächenbevölkerung in ihren geheimen Reichen im Inneren der Erde existieren.

Vor den Expeditionen der SS nach Tibet wurden einige Informationen zu diesen unbekannten unterirdischen Tunnelsystemen und den mystischen Zauberkräften der Meister in Tibet in einigen Büchern veröffentlicht. Es handelte sich hier zum Beispiel um die Reiseberichte von Sven Hedin, die Schriften von Helena Blavatsky oder auch das Buch des Rosenkreuzers Edward Bulwer-Lytton. In diesem Buch „*Vril – oder eine Menschheit der Zukunft*“ wurde bereits ausführlich über eine weit fortgeschrittene Zivilisation berichtet, deren Menschen über eine unglaublich hoch entwickelte Technik verfügen und außerdem starke psychische Kräfte besitzen. Obwohl dieses Buch als ein Roman veröffentlicht wurde, wissen eingeweihte Rosenkreuzer und Freimaurer, dass Vieles davon wahr ist. Man wusste auch, dass diese Super-Rasse mit ihrer Technik ohne Weiteres die Welt beherrschen könnte. Die Verbindungsleute dieser mächtigen innerirdischen Zivilisationen sind die Sekten der buddhistischen Lamas in Asien und die heiligen Männer in Indien. Die deutschen Expeditionen wollten versuchen, durch diese Personen Kontakte zu ihren mächtigen Ahnen herzustellen, in der Hoffnung, dass sie ihnen dabei helfen würden, den Krieg zu gewinnen. Selbst die deutsche *Vril-Gesellschaft* hatte Kontakt mit den tibetischen Meistern und ein zentraler Anlaufpunkt für diese Kontakte in Tibet soll die Residenz des Panschen-Lama gewesen sein, das Kloster von Tashi-Lhunpo. Dort wurden die eingeweihten Ordensmitglieder der SS in Meditation, Yoga und der Entwicklung von starken psychischen Kräften ausgebildet, außerdem wurden sie über die geheime Geschichte der Welt und über einen seit langer Zeit andauernden Krieg zwischen den zwei mächtigsten Reichen der Erde aufgeklärt – es ist der Konflikt zwischen den Reichen *Agartha* und *Shambhala*. Die Anhänger dieser zwei Reiche nennen sich auch „Angehörige der rechten oder linken Hand“ und die linke Hand ist anscheinend Shambhala und die rechte Hand symbolisiert Agartha. Dazu gibt es aber gegenlautende Aussagen. Der Deutsche Gruß ist wohl das Zeichen von Agartha!

Der sechste Panschen-Lama des Klosters von Tashi-Lhunpo, Lobsang Palden Yeshe (1738-1780), verfasste auch ein Buch mit einer Wegbeschreibung zum mythischen Reich der unsterblichen Meister in Shambhala. Mitglieder der SS, wie Heinrich Harrer, suchten

Abb. 184: Der Panchen-Lama Lobsang Palden Yeshe, das Kloster von Tashi Lhunpo und das Symbol von Shambhala

viele Jahre nach diesem Reich. Es heißt, sie sollen den Zugang zu Shambhala während des Zweiten Weltkriegs nicht mehr gefunden haben, aber möglicherweise war es ihnen gelungen, mit Agartha Kontakt aufzunehmen. Sven Hedin war ein Freund und Anhänger Adolf Hitlers und zusammen haben sie die kürzesten Routen ausgesucht, um Lhasa in Tibet mit Berchtesgaden am Untersberg zu verbinden.

Die Übermenschen aus Thule

Im Buch *„Invisible Eagle"* schreibt der amerikanische Autor Alan Baker noch mehr über die okkulten Hintergründe der arischen Kultur. Anhand des 25.920-Jahre-Zyklus' der Rotation der Erdachse konnte er die Beschreibungen aus den antiken Texten von Zoroaster nachvollziehen. Daraus ergibt sich, dass die arischen Rassen vor ca. 25.920 Jahren während der Eiszeit plötzlich in den polaren Regionen der Erde aufgetaucht waren. Diese kalten Zonen hatten sich durch einen Kataklysmus wohl sehr schnell gebildet und besaßen vorher ein viel milderes Klima. Die Arier waren dazu gezwungen, ihre Heimatländer zu verlassen, außerdem sollen plötzlich enorm große Reptilien aufgetaucht sein, die auf der Jagd waren. Das waren zweifellos die überlebenden Dinosaurier. Die Heimatländer der alten Arier sollen bei mehreren Katastrophen untergegangen sein, das waren die Kontinente von Atlantis und Lemuria sowie die Zivilisation in der Wüste Gobi und Thule. Die arische Tradition dieser Zivilisationen hatte einen großen Einfluss auf Sumer, Babylon und Ägypten. Das heiligste Zeichen dieser alten Zivilisationen war das Sonnenrad Swastika. Speziell in Tibet hat es eine besondere Bedeutung und symbolisiert den Swastika-Berg Meru beziehungsweise den Kailash. Die alte Bön-Religion verwendet die linksgerichtete Swastika und Pilger dieses Glaubens umrunden den Berg Kailash daher gegen den Uhrzeigersinn. Dagegen benutzen Buddhisten die rechtsgerichtete Swastika und buddhistische Pilger umrunden den heiligen Berg im Uhrzeigersinn. Merkwürdigerweise sieht man auf alten buddhistischen Darstellungen, dass das Swastika-Zeichen dennoch meistens linksgerichtet ist. Vielleicht symbolisieren die zwei Richtungen die Bruderschaft der rechten und der linken Hand – Agartha und Shambhala?

Alan Baker geht auch näher auf die mysteriösen Beziehungen zwischen Deutschland und Tibet zur Zeit des Zweiten Weltkriegs ein. Als Berlin am Ende des Krieges von den vorrückenden Russen eingenommen wurde, entdeckte man im Erdgeschoss eines zersprengten Gebäudes einen Raum, in dem sechs tote Männer in einem Kreis lagen, in der Mitte befand sich ein siebenter. Alle trugen deutsche Uniformen, der tote Mann in der Mitte zusätzlich ein Paar leuchtendgrüne Handschuhe und das Sonderbare dabei war, dass es sich um Orientalen handelte. Unter den Russen war ein Mongole, der die Toten als Tibeter identifizierte und diese Männer waren nicht im Kampf gestorben, sondern hatten Selbstmord begangen. In der darauffolgenden Woche wurden hunderte weiterer Tibeter in Berlin entdeckt, einige waren im Kampf gefallen, andere haben rituellen Selbstmord begangen. Die ganze Deutschland-Tibet-Verbindung geht vermutlich auf einen Mann namens Karl Haushofer zurück, einen okkulten Adepten und Eingeweihten. Haushofer erlangte durch seine Asienreisen Kontakt mit mächtigen Übermenschen. Er und andere deutsche Eingeweihte wussten, dass die arischen Deutschen ursprünglich aus Zentralasien stammten und waren davon überzeugt, dass es die Indogermanen waren, die der Welt Fortschritt, das Vornehme und die Größe gebracht hatten. In Japan wurde Karl Haushofer in eine der wichtigsten buddhistischen Geheimgesellschaften eingeweiht und musste schwören, Selbstmord zu begehen, falls seine Mission scheitern sollte. Haushofer glaubte auch an das legendäre Thule, das verlorene Heimatland der Arier im fernen Norden. Thule war einst das Zentrum einer fortschrittlichen Zivilisation von Menschen, die über magische Kräfte verfügten, und die in Deutschland von Haushofer mitbegründete Thule-Gesellschaft soll das Ziel verfolgt haben, das alte Wissen und die alten Kräfte dieser arischen Rasse wiederzuerlangen. Haushofer und andere Eingeweihte wurden durch übermenschliche Wesen angeleitet, die dem deutschen Volk dabei helfen sollten, Deutschland zur Weltmacht zu erheben und die Geburtsstätte einer kommenden Rasse von Supermenschen zu werden, die durch diese magischen Kräfte aus der menschlichen Rasse hervorgehen sollte. Eines Tages sollen die Legionen dieses Volkes alles ausmerzten, was sich den spirituellen Zielen der Erde widersetzt und die Stärke dieser Supermenschen soll von starken magischen Energien kommen, die von den großen Meistern dieser alten Zivilisation ausgehen – darum wurde die Thule-Gesellschaft zum magischen Zentrum des Dritten Reichs.

Als Führer des kommenden Reiches wurde der Redner Adolf Hitler auserkoren. Karl Haushofer wurde eines Tages auf ihn aufmerksam und besuchte ihn jeden Tag, als er in Landsberg inhaftiert war. Er erklärte Hitler dort seine geopolitischen Standpunkte, beschrieb ihm seine Reisen nach Indien und Asien und schilderte, dass er in Indien Geschichten über eine machtvolle Zivilisation gehört hatte, die sich unter dem Himalaya befinden solle. Vor 30 oder 40 Jahrhunderten gab es in der Region der heutigen Wüste Gobi eine hochentwickelte Zivilisation, doch durch eine Katastrophe, die möglicherweise atomarer Natur war, verwandelte sich dieses Gebiet in eine Wüste und die Überlebenden dieser Superzivilisation emigrierten nach Nordeuropa. Der germanische Gott Thor soll einer der Helden dieser Migration gewesen sein, wogegen andere Überlebende in ein riesiges Tunnelsystem wanderten, das sich unter dem Himalaya befindet. Dieser Zweig spaltete sich schließlich auf und es entstanden die zwei Reiche von Agartha und Shambhala. Unter den vielen Büchern, die Adolf Hitler in seiner Haft in Landsberg las, soll auch das berühmte Buch von Bulwer-Lytton „*Vril – oder eine Menschheit der Zukunft*“ gewesen sein. Haushofer informierte Hitler, dass der Hochgradrosenkreuzer

Bulwer-Lytton von einer Superrasse berichtete, die tief unter der Erdoberfläche existiert. Dieses Buch soll die Phantasie Hitlers beflügelt haben, und er setzte sich das Ziel, eines Tages selbst die Echtheit der geheimen Zivilisation unter den schneebedeckten Bergen Tibets zu beweisen. Es gab seit den 1920er-Jahren auch eine Kolonie von tibetischen Lamas in Deutschland und Haushofer soll Hitler später eine Gruppe von hohen Lamas vorgestellt haben, die in Berlin lebten. Ihr Anführer wurde „der Mann mit den grünen Handschuhen" genannt und dieser geheimnisvolle Führer der Lamas kannte demzufolge die Örtlichkeiten, wo sich die versteckten Eingänge zu den unterirdischen Reichen von Agartha und Shambhala befanden. Hitler behauptete auch selbst, dass einige der Repräsentanten der unterirdischen Superrasse auf der Oberfläche der Erde leben und will sogar selbst einem von ihnen begegnet sein. Das Zitat Hitlers:

> *„Der neue Mensch lebt in unserer Mitte! Er ist da! Genügt Ihnen das? Ich werde Ihnen ein Geheimnis sagen: Ich habe den neuen Menschen gesehen! Ich habe Angst vor ihm gehabt!"*[88]

Der Name Agartha soll eine Variation des Ortes „Asgard" oder „Asgartha" aus der nordischen Mythologie sein. Die Bewohner von Agartha wissen alles über die Oberflächenbewohner und senden manchmal Emissäre zu den Erdregierungen aus, zudem ist alles Wissen der Welt in Agartha auf Steintafeln aufgezeichnet. Es gibt die Behauptung, dass Agartha den Pfad der rechten Hand der Göttlichkeit und des Lichts darstellt und Shambhala dem Pfad der linken Hand und somit dem Bösen und der Dunkelheit folgt, und sich hier Spiritualität und Materialismus gegenüber stehen. Es gibt aber wie gesagt auch eine Gegendarstellung der beiden Seiten. Der christliche Hermetiker Saint-Yves d'Alveydre (1842-1909) hörte von verschiedenen Gerüchten, wonach praktizierende Schwarzmagier aus Tibet sich fälschlicherweise als Angehörige von Shambhala oder Agartha ausgeben. Sie wurden mehrmals von buddhistischen Mönchen geächtet, sollen ihre dunklen Machenschaften aber geheim weiter fortgesetzt haben, und möglicherweise handelte es sich hier um Schwarzmagier der alten tibetischen Bön-Religion, die Verwirrung stiften wollen.

Ein in Kanada geborener österreichischer Autor, der Mitte der 1930er-Jahre das damals für Ausländer verbotene Tibet bereist hat, war Theodor Illion (1898-1984). In seinen Büchern beschreibt er, wie er auf seinen gefahrvollen Reisen durch Tibet einen Schacht entdeckte, der sehr tief zu sein schien. Er warf einige Felsbrocken hinein, hörte sie aber niemals aufschlagen. Ein Eingeweihter verriet ihm, dass der Schacht unermesslich tief war. Jeder, der versuchen sollte, herauszufinden, wohin er führt oder wozu er dient, muss sterben und einen ähnlichen Schacht soll es auch in Tschechien geben. Irgendwann erlangte Illion Zugang zu einer geheimnisvollen unterirdischen Stadt, die von Mönchen bewohnt wurde. Es stellte sich heraus, dass es sich um schwarzmagische Lamas handelte, die planten, die ganze Welt durch Telepathie und Astralprojektion zu beherrschen. Illion musste mit diesen Geheimnissen fliehen und benötigte mehrere Wochen, bevor er Tibet verlassen konnte. Er war dabei fast gestorben. Als er nach Österreich zurückkehrte, veröffentlichte er sofort seine Erlebnisse in Buchform. Das machte die deutschen Esoteriker und Adolf Hitler auf ihn aufmerksam, man erstellte sofort die ersten Ahnenerbe-Expeditionen nach Tibet, um diesen Geheimnissen auf den Grund zu gehen zusammen und wollte entweder Kontakte zu Agartha, Shambhala oder den schwarzmagischen Mönchen herstellen, um mit ihrer Hilfe die Weltherrschaft zu erlangen. Ein tibetischer Mönch soll später an Hitler herangetreten sein und ihm eine Allianz mit den „Herren der Schöpfung" angeboten haben. Theodor Illion lebte bis zu seinem Tod 1984 im Ort Kuchl im Bezirk Hallein in Salzburg, dort befindet sich auch sein Grab.

Der britische Autor Trevor Ravenscroft schrieb ebenfalls über die verlorene Zivilisation der Wüste Gobi und die Überlebenden eines natürlichen Kataklysmus. Er schreibt, dass sich die „Söhne des Geheimwissens aus dem Jenseits" in unterirdische Höhlensysteme zurückgezogen und in zwei Gruppen aufgeteilt hätten. Auch bei ihm folgen die Bewohner von Agartha dem rechten Weg der Spiritualität und die Bewohner von Shambhala dem linken Weg der Gewalt und des Materialismus. Auf jeden Fall hüten die Bewohner dieser Orte die Erfindungen und Artefakte von antiken Zivilisationen der fernen Vergangenheit und Ravenscroft schrieb, dass diese antike Technologie von den Meistern in Shambhala oder auserwählten Menschen auf der Oberfläche behütet wird – darum werden die Lagerstätten dieser Maschinen niemals bekannt gegeben.

Das Konzept einer ausgehöhlten Erde und bodenloser Löcher auf der Erdoberfläche war aber schon früher bekannt und die ersten wissenschaftlichen Beschreibungen darüber finden wir wieder im Werk *„Mundus Subterraneus"* (Die unterirdische Welt) des Jesuiten Athanasius Kircher (1602-1680). Er fertigte verschiedene Skizzen an, die er vermutlich von Quellen im Vatikan kopierte und bis zum Jahr 1692 war sogar die Royal Society in London noch davon überzeugt, dass die Erde hohl ist! Der angesehene Oxford-Astronom und Geophysiker Sir Edmund Halley (1656-1742), nach dem der Komet benannt ist, erklärte, dass die Erde eine hohle Sphäre ist, die zwei kleinere konzentrische Sphären in ihrem Inneren besitzt und im Zentrum der Erde sollte es laut Halley eine Zentralsonne geben. Darum hat die Erde mehr als zwei magnetische Pole – das wurde schon mehrmals gemessen und daher kommt es auf der Erdoberfläche ständige zu starken Schwankungen im Erdmagnetfeld. Auf dem bekanntesten Gemälde von Halley ist er mit einem Diagramm der Hohlerde zu sehen! Ein Weg in die Hohlerde zu gelangen, wären die bodenlosen Schächte, die sich in alten Tempeln auf der Oberfläche befunden haben und vielleicht stehen heute Kirchen, Burgen oder andere wichtige Bauwerke auf diesen Plätzen und verbergen sie. Diese Eingänge sollen den Legenden nach oft von Reptiliengöttern bewacht werden, die scharfe Zähne und einen hypnotischen Blick haben.[(88)]

Zugänge zu den unterirdischen Tunnelnetzwerken der Inneren Erde

Ein Zugang zur Inneren Erde könnte sich in der Burg Houska befinden und diese Burg steht unweit der deutschen Grenze im nördlichen Tschechien in Blatce, südlich von Doksy (Hirschberg). Seit dem Ende des 9. Jahrhunderts gab es dort Wehranlagen, die noch von den Kelten stammen sollen und die heutige Burg entstand um das Jahr 1280. Erstmalig für die Öffentlichkeit wieder zugänglich wurde Burg Houska nach Restaurierungsarbeiten im Jahr 1999. Es ranken sich viele geheimnisvolle Gerüchte um die Burg und auch ihre Lage und ihre Konstruktion sind sonderbar. In der alten Kapelle der Burg soll sich ein bodenloses Loch befinden und die Burg soll speziell um dieses Loch herum errichtet worden sein, bei dem es sich den Legenden nach um einen Zugang zur Unterwelt bzw. der Hölle handeln könnte. Im Schloss soll es seit Jahrhunderten zu Sichtungen von Geistern und seltsamen Kreaturen wie geflügelten, halbmenschlichen Wesen gekommen sein, weshalb sich viele Erforscher paranormaler Phänomene sehr für diesen

Ort interessieren und vermuten, dass die Burg Houska oder Hauska extra für den Zweck errichtet wurde, die Dämonen, die aus diesem Loch kamen, einzusperren. Das Schloss selbst steht an einem sehr entlegenen Ort und hat keinen Wasseranschluss oder Brunnen und keine Küche. Obwohl heute öffentlich das Gegenteil behauptet wird, hatte der Platz der Burg niemals eine strategische Wichtigkeit und lag weitab von den Handelswegen – ihr einziger Zweck bestand wohl darin, das Loch in den bodenlosen Abgrund zu beschützen. Als die Burg im 13. Jahrhundert errichtet wurde, waren die Verteidigungsanlagen um den Innenhof nach außen hin angelegt und sollten wohl etwas von Innen abwehren, das nicht herauskommen sollte. Von den oberen Stockwerken der Burg gibt es keine Treppen hinunter zum Innenhof. Örtliche Anwohner sollen im Laufe der Zeit versucht haben, dass Loch mit Felsbrocken und Geröll anzufüllen, das klappte aber nicht und alles Material verschwand einfach im Loch, ohne irgendeinen sichtbaren Effekt. Darum wurde das Loch mit dicken Steinplatten verschlossen und darauf dann die Kapelle der Burg errichtet, doch die Wände der Kapelle waren sogar in den heißesten Sommern immer feucht. Die Kapelle wurde dem Erzengel Michael gewidmet, der die Horden der Hölle bekämpfen soll. Im Innenhof der Burg sollen regelmäßig viele tote Vögel vorgefunden werden und im Jahr 1639 soll der schwedische Söldner und Schwarzmagier Oronto die Burg zu seinem Heim und Laboratorium gemacht haben, doch seine Experimente sollen so furchterregend gewesen sein, dass ihn die örtlichen Bauern schließlich ermordeten. Angeblich war er ein Alchemist und arbeitete am Elixier des ewigen Lebens.

Ein Herzog des Duba-Clans wollte eines Tages die Geheimnisse des Lochs ergründen und bot einem zum Tode verurteilten Sträfling die Freiheit an, wenn er sich mit einem Seil in den Abgrund hinunterlassen würde und dann darüber berichtet, was er dort gesehen hat. Der Sträfling stimmte zu, und man ließ ihn tief in das Loch hinab. Es herrschte lange Zeit Stille, doch plötzlich begann der Mann unkontrolliert zu schreien und als man ihn zurück an die Oberfläche zog, stellten die Männer des Herzogs fest, dass er um mindestens 30 Jahre gealtert, sein Haar weiß geworden und er ganz faltig war. Außerdem war der Sträfling völlig wahnsinnig geworden und verstarb kurz darauf. Angeblich wurde dieses Experiment mehrmals wiederholt und jedes Mal kam es zum gleichen Resultat! Erst im 18. Jahrhundert wurde Burg Houska zu einem Renaissance-Schloss umgebaut. Im Jahr 1836 verbrachte der tschechische Dichter Karel Hynek eine Nacht auf Burg Houska und hatte in seinen Träumen eine seltsame Vision: Seine Seele soll den mysteriösen Schacht hinabgestiegen und daraufhin in eine höllische, technisierte Zukunft transportiert worden sein, und zwar nach Prag im Jahr 2006! Dort sei er verzweifelt herumgeirrt und traf schließlich ein Mädchen, das ihm bewegte Bilder in einem Kasten zeigte. Obwohl er in der Dunkelheit in der Stadt umherwanderte, gab es Löcher, aus denen unheimliches gelbes Licht projiziert wurde. Außerdem beschrieb er moderne Wohnblocks, die sich heute am Stadtrand von Prag befinden – das alles wurde bereits im Jahr 1836 niedergeschrieben! War das nur ein Traum oder wurde Hynek tatsächlich in die Zukunft transportiert und gibt es somit dort auch Zeitanomalien?

Während des Zweiten Weltkriegs wurde die Burg in den Jahren 1939-1945 von der SS besetzt. Die Deutschen sollen dort eine Reihe von Experimenten durchgeführt haben, es ist aber heute nicht mehr bekannt, um was es sich dabei gehandelt hatte, weil alle Aufzeichnungen beim Anrücken der Amerikaner und Russen vorsorglich zerstört wurden. Es wird angenommen, dass man das Loch zum Abgrund erforschte, doch die Burg soll auch ein Ort gewesen sein, an dem die SS mit jungen, reinblütigen arischen Frauen und

Abb. 185: Die unheimliche Burg Houska

geeigneten SS-Soldaten ihre Herrenrasse erschufen. Als die SS die Burg aufgab, wurde sie von Landminen umgeben, was heute als Vorwand genommen wird, um jeden Versuch zu stoppen, nach dem bodenlosen Loch in der Burg zu suchen. Heutzutage finden sich viele Experten des Okkulten und auch UFO-Forscher zu zahlreichen Konferenzen und Events in der Burg ein, denn einige dieser Leute glauben, dass die Burg nach den Prinzipien der heiligen Geometrie errichtet wurde und daher ein Portal für Teleportation oder Zeitreisen darstellen könnte.

Andere Geschichten über Zugänge zu den unterirdischen Tunnelsystemen von Südamerika stammen aus Brasilien und sollen sich zum Beispiel in den Roncador-Bergen von Matto Grosso befinden. In dieser Gegend ist 1925 auch der berühmte Erforscher Colonel Percy Fawcett verschwunden. Fawcett war auf der Suche nach den Ruinen einer verlorenen Zivilisation im Amazonas-Dschungel. Dort sollte sich seiner Meinung nach die verlorene Stadt „Z“ befinden, eine Ruinenstadt mit Hinterlassenschaften und Hieroglyphen dieser alten Kultur, außerdem suchte er vermutlich auch nach dem Gold der Inkas, die es in den geheimen unterirdischen Tunnelsystemen versteckt haben sollen.

Die brasilianische Organisation *Socex* (Sociedade de Estudos Extraterrestres) erforschte mehrere Jahre lang ein Tunnelnetzwerk, das sich in den Bergen von Santa Catarina in der Nähe der Stadt Joinville ca. 300 km südwestlich von Sao Paulo befindet. Ein Socex-Bericht spricht davon, dass zwei Männer einen dieser Tunnel in der Nähe der Stadt Ponta Grossa betreten hatten und eine Stiege entdeckten, die in die Tiefe führte. Sie folgten der Stiege und gelangten auf diese Weise in eine kleine unterirdische Stadt, die bewohnt war und die Forscher verbrachten fünf Tage mit den 50 Einwohnern. Bei den Tunneleingängen soll es auch immer wieder zu Sichtungen von leuchtenden Flugscheiben gekommen sein, die so hell gestrahlt haben, dass sie die finsterste Nacht taghell erleuchteten. Mehrmals wurden dabei unterirdische Bewohner der Tunnel gesehen, eine Gruppe von muskulösen Weißen mit roten Bärten und langen Haaren, die wie Barbaren gekleidet gewesen sein sollen. Ähnliche Tunneleingänge sollen sich in Gaspar in den Serra-Do-Mar-Bergen im südlichen Brasilien befinden. Dort wurden ebenfalls Innerirdische gesehen, die in einer unbekannten Sprache mit hohen Stimmen miteinander kommunizierten – auch deutsche Einwanderer sollen in diesen Tunneleingängen verschwunden sein.

Der amerikanische Forscher und Autor David Hatcher Childress berichtete, dass er vor Jahren einen Brief von einem Brasilianer erhalten hatte, der sich Marli nannte und beschrieb, wie er einen dieser Tunneleingänge gefunden hat. Der Eingang befindet sich nahe der kleinen Bergstadt Sao Thome das Letras nördlich von Sao Paulo. Childress reiste nach Brasilien und traf sich mit dem Besitzer des Grundstücks mit dem beschriebenen Eingang. Es war der Eigentümer eines Restaurants und erzählte Childress, dass eines Tages die brasilianische Armee angerückt sei und in den Tunnel vordrang, um herauszufinden, wohin er führte. Nach vier Tagen erreichten die Forscher der Armee einen großen unterirdischen Raum, in dem es insgesamt vier weitere Öffnungen zu unterschiedlichen, weiterführenden Tunneln gab. Sie hielten sich einige Zeit in diesem Raum auf und erforschten die anderen Gänge, indem sie jedem der Gänge für eine bestimmte Zeit folgten und dann in den großen Raum zurückkehrten. Die Armee fand kein Ende der Gänge und kam schließlich wieder an die Oberfläche zurück. Ein anderer Einwohner der Stadt behauptete, er wäre viele Wochen in diesen Tunneln unterwegs gewesen und erklärte, diese Tunnel würden bis nach Peru führen und in Machu Picchu in den Anden enden. Der Besitzer des Restaurants erzählte auch noch, dass eines Tages ein seltsamer Mann am Eingang zur Oberfläche erschien, traditionelle Kleidung der Andenindianer trug und extrem groß war, wahrscheinlich über 2,15 Meter. Als er den Restaurantbesitzer erblickte, ging er ohne ein Wort davon. Am nächsten Morgen wollten auch Childress und Marli den Eingang des Tunnels genauer untersuchen und Childress war von der Ingenieurkunst der Erschaffer der Anlage verblüfft. Der Tunnel führte in einer abfallenden Kurve hinunter in die Erde, die Wände waren zwar nicht glattpoliert, aber trotzdem erstaunlich gleichmäßig und dieser Tunnel wurden mit Sicherheit von einer fortschrittlichen Technologie erschaffen und nicht gegraben, denn der Arbeitsaufwand müsste sonst kolossal gewesen sein. Nach einer Stunde kehrten sie um, weil sie nicht für eine weitere Erforschung des Tunnels ausgerüstet waren, doch das war für Childress schon der Beweis, dass diese legendären Tunnelanlagen in Südamerika existieren!

Eine weitere rätselhafte Kultur Südamerikas sind die Olmeken, die hauptsächlich durch ihre gigantischen Steinköpfe bekannt sind und auch Städte aus Stein mit unterirdischen Kammern und Tunneln bauten. Nördlich von Mexico City liegt die Stadt Tula und David Hatcher Childress berichtete über einen französischen Forscher namens Claude Joseph Desire Charney, der mit Hilfe der örtlichen Einwohner einen Teil des Dschungels rodete. Bald kamen große Basaltblöcke zum Vorschein, die aussahen, als handelte es sich um gigantische Füße von Steinstatuen. Diese Figuren stellten wohl die großen Atlanter dar, die als Steinsäulen gebaut wurden und einen gigantischen Tempel stützten. Einige dieser riesigen Statuen wurden auch auf den Spitzen der dortigen Pyramiden errichtet, müssen ursprünglich ungefähr 9 Meter hoch gewesen sein, und jede dieser Statuen hielt eine seltsame Waffe an seiner Seite. Zecharia Sitchin glaubte, es würde sich bei diesen sonderbaren Waffen um Nachbildungen der Plasmagewehre handeln, die dazu benutzt wurden, das Gestein zu schmelzen und die auch für den Bergbau eingesetzt wurden. Diese Bergbautätigkeiten sollen der Hauptgrund für die Errichtung der großen, antiken Städte Südamerikas gewesen sein, denn Statuen und Stelen zeigen Szenen, die Eingänge in die Tiefen der Erde darstellen. Man sieht Figuren, die merkwürdige Werkzeuge in ihren Händen halten und Spiegel auf ihren Helmen haben und das könnte nicht nur auf den Bergbau mit fortschrittlicher Technologie hinweisen, sondern überhaupt auf

Abb. 186: Der Maya-Gott Pacal bzw. Votan bei seiner Reise durch die Unterwelt

die Entstehung der Tunnelsysteme in Südamerika. Die Legenden über die Gottheiten Quezalcoatl, Kukulkan, Viracocha und Votan sprechen davon, dass diese Götter Tunnel in die Berge getrieben haben und die Olmeken nannten einen dieser Götter Tepeyolloti (Herz des Berges), welcher der bärtige, weiße Gott der Höhlen war und sein Tempel aus Stein befand sich im Inneren eines Berges. Auf Abbildungen sieht man ihn, wie er so etwas wie einen Flammenwerfer in Händen hält und möglicherweise wurde dieses Gerät dazu verwendet, das Gestein zu schneiden. Den alten Legenden nach kam Votan aus der „Wohnstätte der dreizehn Schlangen" nach Amerika, um dort eine Kultur zu gründen, und die mythischen Schlangen bewohnten die Unterwelt, durch die er reiste – dadurch entstand die antike Maya-Stadt Palenque. Votan besuchte mehrmals seine alte Heimat, in der ein Turm stand, der dazu geplant war, den Himmel zu erreichen, der jedoch durch eine Verwirrung der Sprachen der Architekten zerstört wurde, und Votan reiste zu diesem „Fels des Himmels" durch unterirdische Passagen! Besuchte Votan den Turm in Babylon?

In Palenque befindet sich auch die berühmte Pyramide mit der weltbekannten Steintafel, auf der der Gott Pacal beziehungsweise Votan abgebildet ist. Diese Darstellung wurde zum Inbegriff des „antiken Astronauten" und man sieht die Figur des Gottes in einer Maschine sitzen, aus der hinten Flammen herauslodern. Diese Steintafel ist der Deckel eines Sarkophags und wiegt stattliche fünf Tonnen! Viele Alternativwissenschaftler interpretieren das als eine Rakete, mit der sich der Gott Pacal in den Himmel erhebt. Stellt man sich das Bild jedoch waagrecht und nicht senkrecht vor, dann passt die Sitzposition von Votan besser, denn er lehnt sich vor. Der Gott trägt einen Helm, aus dem Leitungen oder Röhren nach hinten verlaufen, in der Nase hat die Figur eine Sauerstoffzufuhr, die Hände bedienen eine seltsame Apparatur im Innern des Vehikels und es sieht fast so ähnlich aus, als würde er ein Motorrad fahren, denn es gibt sogar Pedale für die Füße. Und die Interpretationen der Wissenschaft für diese Abbildung sind sehr phantasiereich und unsinnig. Warum hört man nicht auf die Legenden der Maya, die besagen, dass dieses Fahrzeug den Gott Pacal oder Votan in die Unterwelt trug und wieder zurückbrachte? Es könnte sich also um ein Tunnelfahrzeug handeln, das dazu benutzt wurde, die hunderte kilometerlangen, unterirdischen Tunnel zu bereisen. So besuchte er vermutlich seine alte Heimat mit dem Turm in Babylon und durchquerte das Land der dreizehn Schlangen in der Unterwelt!

In Mexico befinden sich auch die Liyobaa-Höhleneingänge, die nach der Eroberung durch die Spanier von katholischen Priestern verschlossen wurden. Sie wollten damals die örtlichen Indianer bekehren, als sie dort einen Höhleneingang entdeckten, den sie den Zugang zur Hölle nannten und den sie mit Tonnen von Schutt, Erde, großen Steinen und Felsen versiegeln ließen. Die Liyobaa-Höhlen befinden sich in der Provinz Zapoteca in der Nähe der antiken Siedlung Mictlan (das Dorf der Unterwelt). Es handelte sich um eine ober- und unterirdisch angelegte Tempelanlage. Die heiligsten Zeremonien der Indianer wurden in den unterirdischen Bereichen des alten Tempels vollzogen und man soll ihnen auch Menschenopferungen angedichtet haben. In einem der Gewölbe sollen sich die Überreste der toten Hohepriester befunden haben und in einer weiteren unterirdischen Kammer befanden sich die Überreste aller ehemaligen Könige des Landes. Darunter befand sich eine weitere Kammer mit einem Durchgang, der von einer großen Steinplatte verschlossen war und in die Unterwelt, die „Hölle", führte. Doch die

Priester erforschten diese Unterwelt, bevor sie verschlossen wurde und mit Kerzen und Seilen betraten sie das Unbekannte. Bewaffnete Wächter wurden am Durchgang positioniert und achteten darauf, dass sich die Steinplatte nicht schließen konnte. Im Inneren der Höhle stießen die Kirchenmänner auf große Stufen, die abwärts führten und am Fuße der Treppe befand sich ein breiter Weg, der mit Steinen gepflastert war. An den Seiten gab es starke Steinpfeiler und der Weg führte immer weiter in die Finsternis, in das entfernte Innere der Erde hinunter, und der Weg schien kein Ende zu nehmen. Auf jeder Seite des Pfades gab es ganze Labyrinthe von Steinsäulen und große offene Areale. Als die Priester dem Weg immer weiter unter die Berge folgten, nahmen sie irgendwann einen fauligen Geruch wahr, der in ihre Nasen strömte und in den Schatten hinter den Säulen sahen sie gefährliche Schlangen herumkriechen. Nach weiteren 40 Metern kam plötzlich ein kalter Wind auf, und obwohl die Kerzen bereits am niederbrennen waren, gingen die Priester weiter – bis die Kerzen erloschen und es völlig dunkel war. Seltsame Geräusche wurden hörbar, die sie nicht zuordnen konnten, und dann bekamen es die Geistlichen mit der Angst zu tun und verließen fluchtartig diesen fürchterlichen Ort. An den Seilen tasteten sie sich zurück, einer der Wächter hielt sichtbar eine Kerze durch den dunklen Durchgang und so gelangten sie wieder rasch zum Ausgang. Als sie aus der „Hölle" zurückgekehrt waren, wurde der Durchgang sofort mit der großen Steinplatte verschlossen und der Prälat gab Anweisung, die unterirdischen Kammern des Tempels zu versiegeln und alle Anzeichen der in die Tiefe führenden Treppen verschwinden zu lassen – der Zugang zur Unterwelt sollte für alle Zeiten verschlossen werden!

In Süd- und Zentralamerika sowie in Mexiko wussten die alten Völker immer über die Existenz der unterirdischen Höhlensysteme, Kammern und Tunnel Bescheid. Forscht man ein wenig nach, kann Einiges dazu ans Tageslicht befördert werden, denn sowohl die Azteken als auch die Mayas von Mexico kannten die eisigkalte Unterwelt. Man betrachtete es als das Reich der Toten und Beschreibungen dieser Unterwelt findet man in verschiedenen antiken Schriften wie dem *Popol Vuh* der Mayas. Die Inkas kannten diese Unterwelt ebenso und fürchteten sich vor diesem Ort der Dunkelheit. Der erste Herrscher der Inkas, Manco Capac, bestätigte seinem Volk, dass die Gründerväter des Inkareiches aus unterirdischen Höhlen gekommen waren und im Untergrund sollen sich noch heute die Schätze der Inkas befinden, die dort vor den spanischen Eroberern in Sicherheit gebracht wurden. Die Götter der Unterwelt werden immer als Schlangen dargestellt und ihnen sollen Menschen geopfert worden sein – waren sie der Grund für die Schlangenanbetung in ganz Südamerika? Viele der alten Aufzeichnungen der Spanier wie die „*Comentarios Reales de los Incas*" berichten noch von diesen Tunnelnetzwerken, doch die Hohepriester der Inka versiegelten die meisten der Zugänge bei der Ankunft der Europäer und haben niemals ihren Standort verraten, darum konnten sie bis heute auch nicht gefunden werden. Nur eingeweihte Ureinwohner kennen heute möglicherweise noch die genauen Standorte dieser alten Zugänge und einige Quechua-Indianer, die reine Nachkommen dieser alten Hohepriester sind, sollen immer noch das Wissen über die Tunneleingänge in Peru besitzen.

Die Azteken berichten auch davon, dass die menschlichen Riesen in der zweiten Weltperiode beziehungsweise der „zweiten Welt" auf der Erde lebten, hungrig umherirrten, versuchten, Menschen zu fangen und es dann immer zu verzweifelten Kämpfen kam. Schließlich erschienen die „Himmelsjaguare", fraßen die Riesen bzw. spuckten sie

Feuer, stießen aus den dämmerigen Himmeln hernieder und vernichteten sie. Um das Problem gänzlich zu lösen, ersannen die Götter den Plan, die Riesen und die verdorbene Menschheit durch eine künstlich herbeigeführte Flutkatastrophe zu zerstören. So steht auch im biblischen Buch *Baruch* geschrieben, dass der „Höchste" die Sintflut über die Erde brachte, alles Fleisch mitsamt der 4.090.000 Riesen auslöschte und das Wasser um ca. 8 Meter höher als die meisten der höchsten Berge stand.

Einer dieser südamerikanischen Zugänge ins Innere befindet sich angeblich am Loa-Fluss, und auf einem großen Monolithen am Ufer von Ila, einem kleinen Dorf im südlichsten Peru unweit der chilenischen Grenze, befinden sich seltsame Hieroglyphen. Diese Zeichen sollen einen Hinweis auf einen versteckten Tunneleingang in den Bergen der „*Los Tres Picas*" am Loa-Fluss geben. Helena Blavatsky besuchte diesen Monolithen und sagte, dass auch an den Wänden des Sonnentempels in Cusco Informationen abgebildet sind, wie man diese Eingänge zur Unterwelt finden kann und man müsse nur über die genaue Bedeutung der Symbole Bescheid wissen. Die Priester des Sonnengottes wussten das alles und Blavatsky erfuhr davon von einem alten Indianer, als sie Lima besuchte – diese Geschehnisse wurden in den Archiven der Theosophischen Gesellschaft aufgezeichnet.

Der britische Autor Harold Tom Wilkins (1891-1960) konnte herausfinden, dass diese Tunnel und unterirdischen Straßen von Lima mit 965 Kilometern bis nach Cusco verlaufen. Ein anderer Tunnel geht von Lima ins 1.450 Kilometer entfernte Salar de Atacama, einer großen Salzwüste in Chile! Diese Salzwüste entstand wie auch der Titicacasee, der fernab der Küste liegt, durch einen Kataklysmus, der das ganze Gebiet in kurzer Zeit hoch über den Meeresspiegel angehoben hat. Ein Teil des Meerwassers blieb noch für längere Zeit in größeren Becken erhalten, die dann langsam austrockneten. So wird auch angenommen, dass ein Teil dieser Tunnelsysteme schon uralt sein muss und durch verschiedene Kataklysmen teilweise zerstört wurde. Das älteste Tunnelsystem führt anscheinend zur mysteriösen „Regenbogenstadt" im Zentrum der heutigen Antarktis. Viele Berichte sprechen auch davon, dass diese Tunnel grün beleuchtet sind und dieses Licht anscheinend von radioaktiven Elementen im Gestein stammt – so etwas kam früher auch auf den Ziffernblättern von Uhren zum Einsatz. Vielleicht konnten die Erschaffer der Tunnelsysteme es künstlich erzeugen?[87]

Hyperboreer, Polarier und der Kampf gegen den Demiurgen

Ein weiterer berühmter Südamerikaner, der sich für die Hinterlassenschaften der verlorenen Zivilisationen und die unterirdischen Anlagen in Südamerika interessierte, war der chilenische Diplomat Miguel Serrano (1917-2009). Er beschäftigte sich ebenfalls mit den untergegangenen Zivilisationen der Erde, verfasste darüber mehrere Bücher und beschrieb die Rasse der *Hyperboreer*, die ursprünglich vor sehr langer Zeit von einer anderen Galaxie auf die Erde gekommen waren. Die Existenz dieser außerirdischen Vorfahren der arischen Völker soll seiner Meinung nach durch eine monumentale Verschwörung vertuscht werden. Die Zivilisation von Hyperborea soll sich nicht im Reich der Materie befunden haben, sondern eher feinstofflich gewesen sein. Serrano glaubte, dass die materielle Erde von einer bösartigen Wesenheit kontrolliert wird, die er wie die frühchristlichen Gnostiker den „Demiurgen" nannte. Der Demiurg ist eine Fehlschöpfung und eine niedere Gottheit. Serrano war davon überzeugt, dass das hebräische Volk einen

Abb. 187: Der Dalai Lama und Miguel Serrano

Pakt mit dem Demiurgen geschlossen hatte und ihm seitdem dient. Die negative Energie des Demiurgen soll sich besonders stark im jetzigen Erdzeitalter des Kali Yuga manifestieren und dieses Wesen soll mit seiner begrenzten Macht ein kosmisches Gefängnis erschaffen haben, das die irdisch-menschlichen Seelen in einem ewigen Kreislauf der Reinkarnation auf der Erde festhält. Das war für die arischen Hyperboreer, die den Weg der Götter bevorzugten und sich nur inkarnierten, wenn sie es für sich selbst wählten, unakzeptabel. Die Hyperboreer brachten das Geheimnis der Vril-Kraft mit auf die Erde und setzten diese göttliche Kraft im Kampf gegen den Demiurgen ein. Der Krieg mit dem Demiurgen führte schließlich zur Gründung eines zweiten Hyperboreas am Nordpol und diese Zivilisation manifestierte sich physisch als ein runder Kontinent, auf dem die Hyperboreer damit begannen, die Vergeistigung der Welt in Angriff zu nehmen.

Miguel Serrano glaubte, dass sie ein spezielles Partikel der Unsterblichkeit in die Körper der Neandertaler und anderen Menschen einpflanzten, um den Fluch zu brechen. Dieser Plan ging gut voran, bis die Hyperboreer sich auf den Geschlechtsverkehr mit den Menschen einließen und die Strafe für diese Rassenmischung soll ein katastrophaler Kometeneinschlag gewesen sein, der dafür verantwortlich war, dass ein Polsprung stattfand. So begann der Krieg zwischen den Kräften des Demiurgen und den Hyperboreern und die Hyperboreer liefen dabei immer Gefahr, ihr göttliches Blut zu verdünnen. Serrano glaubte, dass das mysteriöse Blut der Hyperboreer direkt von der mystischen Schwarzen Sonne stammt, der ultimativen Leere, von der alle Schöpfung ausströmt und der Demiurg hat mit seinen Kreationen diese Schöpfung verdorben. Serrano behauptete, er hätte diese Geheimnisse von einem bestimmten eingeweihten Meister erfahren, der ihm erklärte, dass man durch die Praktizierung von Yoga einen gewissen Punkt erreichen kann, an dem man fähig wird, den physischen Körper und das materielle Gefängnis des Demiurgen zu verlassen. Dieser rätselhafte Meister soll ein Eingeweihter Chilene deutscher Abstammung gewesen sein, den er erstmals im Jahr 1942 getroffen hatte. Serrano gab seinen Namen bis zu seinem Tod nicht preis, man kennt nur seine Initialen F.K. Durch den mystischen Tod kann man die Schwarze Sonne, die Quelle der Schöpfung, erreichen und jenseits des physischen Universums in das feinstoffliche Reich der Hyperboreer gelangen. Die schwarze Sonne ist ein Ausdruck des Universums, die dem „Grünen Strahl" entspricht, einem der sieben Strahlen, aus denen das Universum besteht. Doch Vorsicht, Serrano fügte hinzu, dass dieses Ziel nur von Menschen erreicht werden kann, die das Blut und die genetische Erinnerungen der antiken und weißen, hyperboreischen Rasse in sich tragen. Serrano sah im hebräischen Volk ein Werkzeug des Demiurgen, das versuchen soll, durch Rassenmischung und Ausdünnung des göttlichen Blutes der arischen Hyperboreer, ein Entkommen der göttlichen Seelen aus dem Rat der

Wiedergeburt unmöglich zu machen. Auch hier sehen wir das Prinzip der rechten und linken Hand am Werk, den Pfaden der vergeistigten Spiritualität und des gottlosen Materialismus und der Götzenanbetung.

Die Zivilisation der ersten Hyperboreer soll heute immer noch in der hohlen Erde existieren und die deutsche Absetzbewegung hat während des Zweiten Weltkriegs über den Südpol und durch Tunnel in Brasilien einen Zugang zu ihrem Reich erlangt. Die Flugscheiben der Hyperboreer sollen die Fähigkeit besitzen, die Phasen zu ändern und so durch festes Felsgestein fliegen zu können. Der französische Autor Jean Robin veröffentlichte 1989 sein Buch „*Operation Orth*" und beschreibt darin den Bericht eines Freundes von ihm, der auf diese Weise in eine unterirdische Stadt unter der chilenischen Stadt Valparaíso nördlich von Santiago gelangt sein will. Diese Stadt soll eine Population von mindestens 350.000 Menschen haben und alle sollen Angehörige des Schwarzen Ordens der SS gewesen sein! Berichte über diese geheimen Basen finden sich auch heute noch, dort sollen nach wie vor die geheimen Flugscheiben der deutschen Absetzbewegung gebaut und weiterentwickelt werden, die im Weltraum zum Einsatz kommen.

Die ehemals großartige, physische Zivilisation der Hyperboreer auf der Erdoberfläche soll von einer großen Flutwelle begraben worden sein, und die am Nordpol entstandene Eisschicht soll die runden Landmassen unter das Meer gedrückt haben. Ein Teil der überlebenden Hyperboreer zog in die heutige Wüste Gobi, die damals noch ein blühendes und fruchtbares Land war. Dort entstand eine fantastische Zivilisation, doch diese wurde später auch zerstört und so kam es schließlich zur Besiedlung von Agartha, Shambhala und der Hohlerde. Serrano war überzeugt, dass die Hyperboreer seitdem versuchen, die roten, gelben und schwarzen Rassen der Erde, die er als eine Schöpfung des Demiurgen bezeichnet, zu instruieren und zu versuchen, sie über ihre genetische Konditionierung zu erheben, auf dass auch sie dem materiellen Gefängnis des Demiurgen und seiner bösartigen Handlanger entfliehen können. Der Krieg zwischen den arischen Völkern der Hyperboreer und den Kräften des Demiurgen dauert auch heute noch an und verschärft sich Zusehens. Miguel Serrano glaubte, dass im nun anbrechenden Goldenen Zeitalter der Kampf gegen den Demiurgen gewonnen wird und die Nachkommen der Hyperboreer, die Arier, ihr Blut wieder reinigen und stärken können, um die heiligen Erinnerungen der Reinblütigen wieder herzustellen und so die heilige Rückanbindung an den Kosmos vollziehen zu können. Serrano war auch ein enger und persönlicher Freund des Dalai Lama und dieser lud ihn mehrmals zu persönlichen Treffen ein, wo er ihm von diesen Dingen erzählte! Serrano erfuhr vom Dalai Lama auch, dass das Schicksal Tibets aufgrund noch nicht entdeckter Verbindungen eng mit jenem von Deutschland verbunden ist und wenige Jahre nach der Niederlage Deutschlands auch Tibet fiel. Schon das spirituelle Medium und der Vertraute Heinrich Himmlers, Karl Maria Willigut, sagte zu Ernst Schäfer vor seinem Aufbruch mit dem Ahnenerbe nach Tibet:

> *„Heute Nacht habe ich mit Freunden telefoniert... in Abessinien und Amerika, in Japan und Tibet... mit allen, die aus der anderen Welt kommen, um das neue Reich zu errichten. Der abendländische Geist ist von Grund auf verdorben, wir haben eine große Aufgabe zu erfüllen. Eine neue Ära wird kommen, denn die Schöpfung unterliegt nur einem großen Gesetz. Einer der Schlüssel liegt beim Dalai Lama und in den tibetischen Klöstern.*"[(88)]

Der berühmte Tibet-Forscher Sven Hedin schrieb in einem Brief aus dem Jahr 1949:

„Man hegt in den westlichen Ländern eine tödliche Furcht vor dem Wiederauferstehen Deutschlands. Deshalb muss Deutschland niedergehalten werden, wenn möglich ausgelöscht werden. Doch das wird niemals glücken. Die germanische Rasse kann nicht ausgerottet werden. Ihre Zeit kommt noch, und wenn erst einmal die Macht des Bolschewismus gebrochen ist, erhält auch Deutschland seine Chance.“[(88)]

Miguel Serrano schrieb in seinen Werken auch über das größte Geheimnis der SS beziehungsweise wer tatsächlich hinter diesem rätselhaften Orden stand. Über den am höchsten bekannten Anführern des Ordens und über Heinrich Himmler selbst existierten weitere unbekannte Führungsebenen, Männer die keine Uniformen trugen. Diese geheimnisvollen Männer zeigten sich niemals in der Öffentlichkeit und traten auch niemals unter ihrem echten Namen auf. Die geheimen Anführer und Meister standen rangmäßig über allen anderen und nahmen nur an den allergeheimsten Zeremonien teil. Bei diesen Zusammenkünften in unterirdischen Gewölben waren sie immer verhüllt und zeigten niemals ihre Gesichter, nicht einmal Heinrich Himmler selbst wusste, wer sie wirklich waren. Serrano erklärt weiter, dass diese geheimen Leiter der SS nur Kontakte mit der sichtbaren Spitze der Organisation pflegten, also Männer, die ebenfalls oft anonym blieben. Diese unbekannten Führer an der Spitze wurden nach dem Krieg nicht gefangengenommen und sie starben auch nicht im Krieg, sondern waren später auf mysteriöse Art und Weise verschwunden – keiner wusste, wer sie waren oder wohin sie gegangen sind. Laut Serrano ist auch das einzige, was noch über sie bekannt ist, dass sie ihre Wünsche und Befehle telepathisch weitergeben konnten. Vermutungen zufolge bestand ihr Plan in der Erforschung und Kolonisierung des Weltraums und der Zurückerlangung des geheiligten, arischen Heimatlandes in Zentralasien. Die Meister von Agartha kommunizierten von dort zu Orten in Europa, den „Relais-Bergen“. Einer dieser Berge war anscheinend der Berg von Montségur, die letzte Festung der Katharer, eine andere Relais-Station könnte auch der Untersberg gewesen sein.

Ein weiterer wichtiger Okkultist, der sich mit diesen mysteriösen Geschehnissen beschäftigte, war der inzwischen in Vergessenheit geratene österreichische Regierungsrat Ing. Lambert Binder (1905-1981). Binder war beruflich bei der ehemaligen österreichischen Post- und Telegraphendirektion in Wien tätig, erforschte zeitlebens das Okkulte und hatte sich daher eine große Sammlung an verschiedenen Werken zugelegt, doch sein Nachlass, seine Forschungen und seine Korrespondenzen wurden nach seinem Tode zerstreut oder vernichtet – ihr Verbleib ist bis heute ungeklärt. Ein Teil seiner Bücher soll an die *Bibliotheca Philosophica Hermetica*, einer öffentlich zugänglichen Spezialbibliothek der Rosenkreuzer in Amsterdam verkauft worden sein. In der Nachkriegszeit gab Lambert Binder die damals führende grenzwissenschaftliche Zeitschrift *„Mensch und Schicksal“* in Villach heraus und in der Ausgabe Nr. 24 aus dem Jahr 1951 berichtete Binder über die „Bruderschaft der Polarier bzw. Polaires (Pol-Arier)“, einem okkulten Orden, der ehemals hauptsächlich in Frankreich aktiv war. Die Polarier hatten vor dem Zweiten Weltkrieg 63 Mitglieder und die 9 obersten und qualifiziertesten von ihnen waren auch gleichzeitig Mitglieder bei den Martinisten, den Kabbalisten und den Gnostikern. Im Kern des Glaubenssystems der Polarier drehte sich alles um die Entdeckung des verlorenen arischen Heimatlandes in der Arktis, es wurde auch das „Königreich des

Polarsterns" genannt, aus dem drei hohe Meister einst nach Tibet ausgewandert waren – diese Meister standen angeblich in direkten Kontakt mit den französischen Polariern und arbeiteten an der Rückkehr der germanischen Arier nach Agartha, Shambhala, Hyperborea und Thule. In diesem Artikel von 1951 ist eine der telepathischen Mitteilungen der Meister aus Tibet wiedergegeben: „*Wir werden uns bald mit den Menschen des Westens in Verbindung setzen, wenn sie die ihnen auferlegte letzte Prüfung bestanden haben. Dann hebt das neue Zeitalter an, das erste des Wiederaufstiegs der gefallenen Menschheit.*"[88]

Kanadische Patrouillenflüge hätten laut Lambert Binder zu dieser Zeit die Heimat der Polarier in der Arktis ausfindig gemacht und nannten es die „Blaue Insel", denn bei Annäherungen von Flugzeugen soll sich über dieser geheimnisvollen Insel regelmäßig ein blauer Dunst gebildet haben, der selbst für Radarstrahlen undurchsichtig war. Ein Pilot meldete einmal einen Blick auf Bauwerke mit einer merkwürdigen Architektur geworfen zu haben, und er erkannte auf der „Blauen Insel" Klöster und eine Stadt aus Gold! Der Orden der Polarier soll also Verbindungen nach Tibet und zu den arktischen Polen besessen haben und theosophischen Überlieferungen zufolge hatten sich bestimmte okkulte Magier auch ein unerhörtes Reich unter der Antarktis erschaffen. Der Leitsatz „Ex Oriente Lux" (aus dem Osten kommt das Licht) besagt schon lange, dass im Mittelpunkt der östlichen Lehren der Polarstern im Sternbild des Großen Bären steht. Okkulte Vereinigungen glauben, dass die hohen Meister vom Polarstern stammen, der gleichzeitig ihr heiligstes Symbol und ihre Kraftquelle darstellt. Auch ein französischer Schriftsteller namens Pierre Geyraud hat laut eigenen Angaben einst Eingang in den Orden der Polarier gefunden und in einem seiner Bücher aus dem Jahr 1930 druckte er einen Spruch ab, den er auf einer Erkennungskarte eines Polariers in lateinischer Sprache gelesen hatte: „*Der dies vorweist, ist Dein Bruder unter dem Zeichen des Pols.*" Die Mitglieder des Ordens mussten sich dreimal am Tag speziellen Gedankenkonzentrationen beziehungsweise der Meditation widmen, um ihre Gedankenströme zu bündeln. Der Führer des Ordens war unter dem Pseudonym „Zam-Bhotiva" bekannt und der Orden befand sich auch im Besitz eines kostbaren Geheimnisses, des „Orakels der Astralen Kraft". Es handelte sich um Seiten aus dem Buch der „*Wissenschaft vom Leben und Tod*" und es war eine verlässliche Methode der Zukunftserforschung auf arithmetischer Grundlage. Handelte es sich um das Wissen aus dem Buch eines der „neun unbekannten Männer"?

Die Seiten stammten nämlich von einem Einsiedler namens *Vater Julian* aus einem Kloster im Himalaya und anscheinend handelte es sich hier um einen großen Eingeweihten, einem der Meister und Lenker der Geschicke der Menschheit. Durch dieses Orakel empfing man dann den Auftrag, die Herabkunft des Geistes im Zeichen des Rosenkreuzes vorzubereiten. Darum gab es hier Einflüsse der Rosenkreuzer und der Hyperboreer aus dem Norden sowie aus dem fernen Tibet. Im Jahr 1929 verfasste Zam Bhotiva ein Buch namens „*Asia Mysteriosa*", in dem auch die Ziele des Ordens erläutert wurden. Es werden auch wieder die drei Meister erwähnt, die von Asien aus die Gründung der *Bruderschaft der Polarier* angeordnet hatten, und über diesen Meistern stand und steht immer ein mysteriöser Europäer, das Oberhaupt aller Polarier. Es ist nicht bekannt, was nach dem Zweiten Weltkrieg aus dem Orden geworden ist, möglicherweise arbeitet die Bruderschaft noch heute im Verborgenen an ihren Zielen weiter...

Die Arktis soll einst der Ort des ersten goldenen und arischen Zeitalters gewesen sein, der nach einer kosmischen Katastrophe beziehungsweise einem Kataklysmus zerstört worden war und war der Ort, an dem unsere Vorfahren in der fernen Vergangenheit mit ihren Raumschiffen auf die Erde gekommen waren. Auf das *Goldene Zeitalter* folgte das *Silberne Zeitalter* in Atlantis und heute befinden wir uns im *Eisernen Zeitalter*, dem schweren Kali-Yuga. Die Polarier waren sich des Ursprungs ihrer Kultur in der Arktis und in Asien bewusst und schufen sozusagen eine Brücke in die ferne Vergangenheit des Pols und ins magische Tibet. Im Jahr 1930 haben die Polarier die Bedeutung ihres Namens erklärt, sie sagten, ihr Streben gilt zu allen Zeiten dem „Heiligen Berg" (Meru?) als Zentrum der Initiation von verschiedenen polaren oder borealen Traditionen – dem antiken Reich von Hyperborea. Alle wichtigen religiösen Meister der Vergangenheit hatten dort ihr Wissen erlangt. In ältesten vedischen und indoarischen Überlieferungen ist auch die Rede davon, dass die Arier einst aus ihrem arktischen Paradies flüchten mussten, weil ein schrecklicher Winter über ihr Heimatland hereingebrochen war. Dabei handelte es sich bestimmt um eine Eiszeit infolge einer globalen Katastrophe.

Die drei Meister der Polarier waren weise Führer aus Klöstern, die sich im Himalaya befunden haben sollen. Eingeweihte Rosenkreuzer und andere Initiierte, die irgendwann Europa verlassen mussten, konnten dorthin flüchten. War der Graf von St. Germain einer von ihnen? In den drei besagten Meistern oder „Lichtern des Ostens" manifestieren sich die drei Aspekte des Königs der Welt (Dalai Lama, Panschen Lama und Bogdo Khan – geistliche, weltliche und kriegerische Macht), der seinen Sitz in Agartha oder Shambhala haben soll. Diese beiden Orte waren die Zufluchtsstätten der polaren Arier nach ihrer Flucht aus Hyperborea und Thule, dem einstigen Urzentrum der menschlichen Zivilisation. Laut den Aussagen des in die Zukunft blickenden Orakels kommt bald ein arischer Erlöser aus Europa und dieses wahre Oberhaupt der Polarier soll laut dem Buch „*Asia Mysteriosa*" den Titel „der, der da wartet" tragen. Dieser Mensch wird nach dem Willen der Allerhöchsten ein Großer sein und es sollen noch viele Monde vergehen, bis er erscheinen wird. Dieser höchste spirituelle Anführer wird ein Avatar sein, ein Gesetzgeber und es soll sich hier um den prophezeiten Kalki-Avatar handeln, eine Inkarnation des Lichtgottes auf einem weißen Pferd. Diese Prophezeiung wurde auch von Miguel Serrano erwähnt und somit schließt sich hier der Kreis. Man sieht, diese Themen sind alle sehr spannend und werfen viel Licht auf bestimmte verborgene Vorgänge der Welt.

Bevor wir noch einmal zu den Geheimnissen von Tibet zurückkehren, sehen wir uns nun die okkulten Hintergründe der Evolutionslehre an. Daraus wird ersichtlich, dass es sich um ein antikes dämonisches Glaubenssystem handelt, dass seit dem alten Babylon bzw. seit vor der Sintflut besteht. Diese Götzenanbetung war der Grund warum diese Katastrophe über die Menschheit hereingebrochen war – als Strafe der Götter, da die Menschheit durch diese Irrlehren verdorben wurde und vom wahren Glauben sowie der Einhaltung der universell-kosmischen Gesetzte abgefallen war.[88]

Kapitel 12 – Die babylonische Religion der okkulten Evolutionisten

Dagon – der Fischgott der Evolution

Sehen wir uns nun den Aufbau der okkulten Religion der Freimaurerei genauer an. Der Fischgott *Dagon* war die Hauptgottheit der Philister und seine Anbetung geht bis ins dritte Jahrtausend vor Christus zurück, denn Dagon wurde auch von den Assyrern und Babyloniern verehrt. Den Mythen zufolge war Dagon der Vater von Baal-Hadad und die Fischgestalt von Dagon wurde als ein Hinweis betrachtet, dass der Mensch wie der Fisch aus dem Meer stammt. So betrachtet könnte man sagen, dass Evolutionismus eine heidnische Naturreligion ist, die einen Fischgott anbetet. Auf alten assyrischen Darstellungen sieht man auch mehrere Fischgötter, die am Baum des Lebens hantieren, doch über ihnen sieht man einen anderen Gott in einem fliegenden Schiff und es handelt sich wahrscheinlich um den Gott Anu, den Herrn der Anunnaki. Möglicherweise symbolisieren die Fischanzüge dieser Gestalten auch, dass sie die Genetiker waren, die die Tiere und den Menschen nach der Flut neu erschaffen haben.

Der Glaube an den Fischgott ist auch in der katholischen Kirche nach wie vor präsent, denn der Papst trägt eine Mitra, die typische Kopfbedeckung in Form eines Fisches. Betrachtet man sich die Mitra von der Seite, sieht sie aus wie ein offenes Fischmaul – der Fischgott kam aus dem Wasser und verkündete der Menschheit großes Wissen. Auch das „christliche“ Fischsymbol repräsentiert Dagon und dieser Name teilt sich in Dag (Fisch) und On (Sonne). Babylonische Priester beteten die Sonne an und besprenkelten die Gläubigen mit heiligem Wasser. Das kann man heute auch in der christlichen Kirche sehen und auch die Taufe hat damit zu tun. Ein anderer Name für Dagon war *Oannes* und es gibt bestimmt Parallelen zu Johannes dem Täufer, der neue Christen im Wasser taufte. In den alten babylonischen Überlieferungen kam Dagon nach der großen Flut zu den Menschen, als die Erde noch vollkommen verwüstet war und soll den Menschen nach der Flut das Korn und die Nutztiere überbracht haben. Er zeigte ihnen, wie man Städte baut, lehrte sie Mathematik und Geometrie und versorgte sie mit allem Wissen, das sie damals aufnehmen konnten. Insgesamt belehrte er die Menschen über die Wissenschaften, den Städtebau, den Tempelbau, die Kunst, die Geometrie, die Schrift, und Oannes soll während des Tages keine Nahrung zu sich genommen haben.

Abb. 188: Dagon und Nisroch mit dem Baum des Lebens

Aufgrund dieses Wissens konnte man Babylon, die erste Stadt nach der Sintflut, bauen und es gab in dieser Stadt sogar schon ein Bewässerungssystem mit Rohrleitungen aus Ton – Babylon wird deshalb auch die Geburtsstätte der Rohre bezeichnet. Des nachts ging Dagon stets wieder zurück ins Meer. Der babylonische Priester Berossus berichtet davon, dass Dagon die Gestalt eines Menschen hatte, sein Kopf und sein Körper jedoch mit einem Fischkopf und Schuppen überzogen waren. Anderen babylonischen Aufzeichnungen nach ist dieser Fischgott niemand anderes als Ea gewesen, der später auch als die Anunnaki-Gottheit Enki bekannt wurde.

Enki war mit seinem riesigen Raumschiff im Wasser gelandet und der Anzug, den er trug, dürfte wohl ein Raumanzug gewesen sein. Enki errichtete nach der Flut die erste neue Siedlung der Anunnaki und nannte sie *Edin*, das biblische *Eden* – es war die Heimstätte der Anunnaki-Götter. Aus Edin entstand die Stadt Eridu, was „Heimat in der Ferne" bedeutete und von diesem Begriff soll sich auch das Wort „Erde" ableiten. Wenn wir also heute von der Erde sprechen, meinen wir immer noch die „Heimat in der Ferne"! Der Gründer der mesopotamischen Religion war Nimrod, ein Sohn Enkis und von königlichem Anunnaki-Blut – die Anunnaki brachten das Königtum auf die Erde. Viele der heutigen Königsfamilien der Erde wollen ihre Abstammungslinie direkt auf Nimrod und Enki zurückverfolgen. Auch der Gott Nisroch mit den Flügeln und dem Adlerkopf wurde oft mit dem „Baum des Lebens" abgebildet. Könnte er Enkis Bruder Enlil symbolisieren? Viele denken, Nisroch hatte eine Vogelgestalt, weil er ein Bote der Götter war. Von einem Volk von Vogelmenschen wird in vielen alten Kulturen berichtet.

Der antiken Tontafel von Nippur entnehmen wir, dass die Stadt Eridu 5.400 Jahre v. Chr. entstand und diese Steintafel enthält auch die älteste Beschreibung der großen Flut. Die Tafel ist leider zum Teil unleserlich geworden und sie ist das einzige überlebende Dokument der sumerischen Flutgeschichte, sie ist zerbrochen und man konnte nur einen Teil des Textes entziffern – den wichtigsten. Demzufolge haben Anu, Enki und Enlil die schwarzköpfigen Menschen geformt, ebenso die Vegetation der Erde, wie auch die Tiere, die vierbeinigen Wesen der Ebene, und alles wurde von ihnen geschickt in die Existenz gebracht. Das Königtum war vom Himmel auf die Erde gekommen und die Riten und Gottesverehrungen wurden festgelegt, auch die ersten fünf Städte wurden an reinen Plätzen gegründet. Allerdings wurde von den Anunnaki-Göttern irgendwann die Anweisung dazu gegeben, eine gigantische Überschwemmung zu erzeugen, um einen falschen Kult der Menschen auszulöschen. Man wollte den Samen der Menschheit wieder zerstören und durch das Wort von Anu und Enlil wurde es bei einer Versammlung der Götter auch so befohlen. Außerordentlich starke Stürme kamen auf, überschwemmten alle diese alten Zentren der Kultur und der Regen dauerte viele Tage und Nächte lang. Der Priesterkönig Ziusudra baute ein riesiges Boot, das durch die Stürme im Wasser sieben Tage lang hin und her geworfen worden war. Utu, der Sonnengott, erleuchtete schließlich wieder den Himmel und die Erde und Ziusudra bohrte eine Öffnung in das große Boot und die Sonne Utu konnte mit ihren Strahlen ins Boot eindringen. Der Priesterkönig Ziusudra danke Utu demütig und opferte dem Sonnengott Ochsen und unzählige Schafe. Als die Flut vorüber war, verließen alle Tiere das Boot und der König Ziusudra verbeugte sich vor Anu und Enlil. Diese behandelten ihn freundlich, belohnten ihn und verliehen ihm ewiges Leben als Dank für die Erhaltung der Tiere und des Samens der Menschheit. Sie schenkten Ziusudra auch ein Land jenseits des Meeres, das Land der aufgehenden Sonne, Dilmun. Der Rest der Tontafel ist unleserlich oder zerstört.

Doch eine vollständigere Version dieser Geschichte liefert der altbabylonische Atrahasis-Mythos. Er wurde von einem unbekannten Schreiber um etwa 1800 v. Chr. verfasst und Abschriften und Überarbeitungen davon folgten bis ins erste Jahrtausend v. Chr. Man findet hier noch weitere Einzelheiten zur Entstehung des Menschen und der Geschichte der großen Flut. Im Atrahasis-Mythos wird davon berichtet, dass die „Götter" wie Menschen arbeiten mussten, was einen Aufstand auslöste. Enlil, Enki und Anu versammelten sich daraufhin, wollten mit den Aufständischen verhandeln und Enlil ließ die Muttergöttin Ninhursag rufen und verlangte, dass sie den „Menschen" erschaffen sollte. In anderen Übersetzungen ist auch von einer Geburtshelferin die Rede, die man Mami nennt, was ein anderer Name für Ninhursag ist. Mit Enkis Hilfe konnte es vollbracht werden. Er forderte, die Götter sollten ein Reinigungsritual durchführen und anschließend wurde einer der Götter symbolisch geschlachtet – wahrscheinlich entnahm man ihm Blut und Gewebe. Ninhursag mischte Ton mit dem Fleisch und Blut des geschlachteten Gottes und erschuf daraus den Menschen, der den Geist der Götter erbte und dadurch ihr Zeichen in sich trug, ihre Gene. Und fortan mussten die neu erschaffenen Menschen die schwere Arbeit der Götter erledigen und ihnen dienen. Später wurden aus den erst geschlechtslosen Menschen Mann und Frau erschaffen und es wurde von der Muttergöttin bestimmt, dass Mann und Frau zueinanderfinden und ein einwöchiges Liebesfest feiern sollen – die Frau solle den Samen des Mannes empfangen und nach neun Monaten Nachwuchs gebären. Doch viele Generationen später hatte sich die Menschheit schon derart stark vermehrt, dass ihr Lärm und Gebrüll den Gott Enlil störte, denn die Menschen streiften auch in wilden Horden umher und der Rat der Götter beschloss schließlich, eine Sintflut zu schicken und diese Menschheit wieder von der Erde zu tilgen.

Enki warnte den treuen Priester Atrahasis und gab ihm Anweisungen, sich von seinem Haus zu trennen und riet ihm, ein würfelförmiges Schiff zu bauen, um sein Leben zu retten. Das Schiff sollte komplett wasserdicht und geschlossen sein und die Sonne sollte nicht hineinsehen können. Atrahasis und seine Getreuen bauten das große Schiff und versiegelten es mit Erdpech. Die Zimmerer kamen mit ihren Äxten, andere Arbeiter brachten die Steine, das Pech, das Holz und weitere Materialien. Tiere wurden an Bord geholt und es gab im Schiff Fische, Vögel, Vieh und Schafe sowie die Tiere der Steppe. Zuletzt kam die ganze Familie von Atrahasis ins Schiff und es wurde versiegelt. Alle anderen Menschen feierten ein großes Fest, als die Flut einsetzte und als die Stürme anfingen zu wüten, kappte man die Befestigungsseile und die Arche wurde tagelang auf dem großen Wasser herumgewirbelt – die Welt wurde dunkel und die Sonne war verschwunden. Doch nach einigen Tagen begannen die Götter zu hungern, weil es keine Bauern mehr gab und ihnen keine Tiere mehr geopfert wurden und erkannten dadurch die große Zerstörung, die sie angerichtet hatten. Nachdem die Flut vorbei war, stieg Atrahasis aus der Arche und brachte allen Göttern Opfer dar. Da sie so lange gehungert hatten, waren sie nicht wütend, dass Atrahasis Familie überlebt hatte und verziehen ihm. Trotzdem hegte Enlil immer noch einen Groll auf Enki und man beschloss, dass die Menschen von nun an sterblich sein und ihnen nicht mehr das lange Leben der Götter gegeben werden sollte. Dazu wurde wieder Ninhursag damit beauftragt, eine neue Menschheit zu erschaffen, die den Tod kennenlernen und sich nicht so stark vermehren sollte.

Sie erschuf neben den Frauen, die gebären können und den Frauen, die nicht gebären können, noch eine dritte Art von Frauen, die *Pasittu* heißen und weibliche Dämonen sind. Denn Kinder sollen den Frauen weggenommen und zu Hohepriestern und Priesterinnen erzogen werden, die fortan im Zölibat leben mussten. Die Götter brachten also nicht nur das Königtum auf die Erde, sondern erschufen sich auch ihre eigenen Hohepriester, die ihre Verehrung leiten sollten, und damit wurde die Vermehrung der Menschen vorerst reguliert und die Götter waren zufrieden. Bei der neuerlichen Manipulation der menschlichen Gene wurden viele davon einfach abgeschaltet, was bis heute schlimme Folgen hat. Denn unsere geistigen Fähigkeiten sind damit eingeschränkt und wir erkennen nicht mehr, dass wir eigentlich unsterbliche Wesen und ein Teil des großen Schöpfers sind. Die Anunnaki wollten keine Arbeiterrasse, die Befehle verweigert oder rebelliert, deshalb benutzten sie dazu die genetische Verstümmelung. Und die Ignoranz über die wahre Herkunft der Menschheit diente ihren Zwecken und hielt uns unten auf der Ebene der Anbetung – was sich bis heute nicht grundlegend verändert hat. Nun stellt sich die Frage, wer die Anunnaki genau waren. Es handelt sich laut diversen Aussagen ähnlich wie bei den physischen Hyperboreern um verschiedene fortschrittliche weiße Menschenrassen von Riesen mit blonden Haaren und blauen Augen. Die von ihnen genetisch erschaffenen Menschenrassen waren in erster Linie die „schwarzköpfigen" Afrikaner, die in den Minen arbeiten sollten. Eine andere Gruppe war mehr hellhäutig und für die Landwirtschaft verantwortlich, sie waren auch die persönlichen Diener und Priester der Götter, denn die Anunnaki wollten keine Schwarzen in ihrer Nähe dulden. Diese menschlichen Diener vermischten sich schließlich auch mit den Anunnaki-Göttern, ähnlich wie sich die Hyperboreer mit den Erdenmenschen vermischten. Die heutigen weißen arischen Völker der Erde tragen also sowohl das Blut der Anunnaki als auch der Hyperboreer in sich, daher stammt wohl auch das rhesusnegative Blut und einige rätselhafte Fragen bezüglich der menschlichen Genetik können somit auch erklärt werden.[(89)]

Okkulte babylonische Vorbilder der Evolutionslehre

Die freimaurerischen Wurzeln der Vorstellung der Evolution des Menschen und die okkulten Vorstellungen dahinter lassen sich bis nach Babylon und ins alte Sumer zurückverfolgen. Bereits dort gab es mythologische Mischwesen aus Mensch und Tier in vielen Formen. Gleiches kennen wir aus Ägypten, wo viele Götter mit Tierköpfen oder als hybride Fabelwesen wie die Sphinx dargestellt wurden. Und wenn man die vielen Legenden über die Flut liest, fragt man sich immer wieder, wie sich die unzähligen Tierarten nach einer solchen Katastrophe wieder regenerieren konnten. Aus den Fossilberichten ist klar ersichtlich, dass es mehrmals zu einem Massenaussterben von 70 bis 90 Prozent aller Arten gekommen war. Wie und woher sind dann plötzlich explosionsartig wieder unzählige neue Arten entstanden? Denn sie waren plötzlich und übergangslos alle wieder da! Die Legende von Noahs Arche gibt uns einen Hinweis darauf, dass Vorkehrungen getroffen wurden, um die Erde nach der großen Flutkatastrophe wieder mit Leben zu füllen. Im den babylonischen Flutlegenden wird berichtet, dass Noah nur Nutztiere für die Menschen und Götter an Bord hatte, und dass die Götter mit ihrem Baum des Lebens den Rest der Geschöpfe und Pflanzen auf der Erde durch Gentechnologie wiedererschaffen hatten. Der Lebensbaum war wohl eine symbolische Darstellung einer Gendatenbank, wie wir sie heute auch kennen. An verschiedenen abgelegenen Plätzen der Erde werden für den Krisenfall Speicher für Tier- und Pflanzenarten angelegt, auf die man im Ernstfall zurückgreifen kann. Mit der nötigen Technologie kann man aus den

Gendatenbanken und den konservierten Samen wieder neues Leben entstehen lassen. Beim „Baum des Lebens“ könnte es sich um eine solche Technologie gehandelt haben. Wurde nach dieser Technologie auch der darwinistische „Baum des Lebens“ benannt? Die Legenden von den Anunnaki berichten jedenfalls davon, dass der Homo sapiens eine neue Hybridrasse ist, die künstlich von diesen Göttern erschaffen wurde und Vieles deutet heute darauf hin, dass das auch stimmt – denn die moderne Technik ermöglicht es uns heute, das Gleiche zu tun. Warum sollte das also in der Vergangenheit nicht möglich gewesen sein – ob es nun Außerirdische oder untergegangene irdische Hochzivilisationen waren?

Vielleicht hatten die sumerischen Götter mit verschiedenen Arten herumprobiert, als sie einen Arbeiter für sich erschaffen wollten und so könnten die ganzen mythischen Fabelwesen entstanden sein. Wenn man die nötige Technologie beherrscht, kann man so etwas jederzeit aus vorhandenem genetischem Material kreieren, und anscheinend haben die Anunnaki in Sumer und Ägypten genau das getan, wodurch wohl mehr als nur pure Fantasie hinter den abgebildeten Göttern zu stecken scheint. Da die gleichen Götter heute in den Geheimgesellschaften und Logen weiterverehrt werden, hat wohl die Freimaurerei die Evolutionstheorie erschaffen. Damit wollen sie erstens die Dominanz des kirchlichen Christentums brechen, um die Möglichkeit zu haben, ihre Vorstellungen einer neuen Wissenschaft zu realisieren und zweitens, die alte Welt mit ihrer Kultur der Götteranbetung wieder neu zu erschaffen, weil man bald mit einer Rückkehr der Anunnaki-Götter rechnet. Doch alles, was mit den Anunnaki und anderen Außeririschen zu tun hatte, wurde so weit wie möglich aus der Geschichte getilgt, denn man wollte aus verschiedenen Gründen, dass die Wahrheit über die tatsächliche Vergangenheit des Planeten Erde niemals öffentlich bekannt wird. Nur die auserwählte Elite mit ihren Blutlinien sollte die ganze Wahrheit kennen, und um das alles vor der Welt geheim zu halten und diesen Kult trotzdem am Leben zu erhalten, erfanden man die Evolutionstheorie – diese „Neue Religion“ sollte den Weg zur Neuen Weltordnung ebnen. Erst durch die Evolutionstheorie konnte der liebende Schöpfergott „Vater“, von dem Jesus Christus gesprochen hatte, aus den Vorstellungen der Menschen verbannt werden. Die Folge davon waren der gesellschaftliche Niedergang und der Aufstieg totalitärer, menschenverachtender Ideen wie Marxismus oder Bolschewismus. Der Humanität und dem Sozialismus folgten die Genderisierung und die politische Korrektheit, und das alles soll in der Neuen Weltordnung in Satanismus und der Anbetung Luzifers gipfeln. Alle diese Schritte erfolgen stufenweise und sollen in den Plänen der Eliten zur Perfektion der Menschheit führen. Diese stufenweise Perfektionierung wird durch den Prozess der Evolution vom Fisch zum Menschen symbolisch beschrieben. Natürlich durchläuft diese Entwicklung dabei unzählige Mischformen.

In der **modernen Mythologie** der Evolution ist ein wesentlicher Bestandteil immer der Versuch zu beweisen, dass der Mensch von Fischen abstammt und diese kaltblütigen Tiere sind wohl als Sinnbild für die Welt nach der großen Flut zu verstehen. Der babylonische Fischgott Dagon gilt als Sinnbild dieser Vorstellung und diese mythologische Gestalt wurde schon vor Jahrhausenden als halb Mensch und halb Fisch dargestellt. Genau das könnte auf die große Flut hinweisen, die durch die Anunnaki ausgelöst worden war und die danach das Leben wieder auf die Erde und den Menschen die Kultur brachten. Dagon soll also ein Symbol für die Erneuerung der Welt nach der Flut sein und die christliche Taufe könnte noch eine Verbindung zu diesen Geschehnissen darstellen.

Abb. 189: Fischgott Dagon und Manu, der erste Mensch nach der Flut in den indischen Veden

Eventuell weist die Figur Dagons und die Abbildungen der anderen sumerischen Götter auch darauf hin, dass sie diese Welt mit ihrer Technologie und ihren Lebensformen neu erschaffen haben.

In den Texten der **indischen Veden** ist ebenfalls von der „Großen Flut" die Rede und dort ist „Manu" der erste Mensch nach der Flut – er und seine Familie wurden ebenfalls mit einem Boot davor gerettet und die gleiche Geschichte findet sich auch bei vielen anderen alten Kulturen der Welt. Manu wird ebenfalls halb Mensch und halb Fisch dargestellt und der Fisch symbolisiert sicherlich auch hier die Flut. Das Sanskrit-Wort „Manu" bedeutet „Mensch" und daraus leitet sich auch der Begriff „human" für Mensch ab. Manu gründete auch die erste indische Herrscherdynastie nach der großen Flut. Auch die indischen Lehren sprechen von einem zyklischen Verlauf der Menschheitsgeschichte und diese Katastrophen waren also schon mehrmals passiert. Manu wurde von Gott Vishnu vor der Flut gewarnt und baute ein Boot, in dem er die heiligen Texte der Veden, seine Familie und sieben weise Männer retten konnte. Der Hinduismus mit seiner Vorstellung der Reinkarnation von Tierformen hin zum Menschen, hatte sicherlich auch einen Einfluss auf die Entwicklung der Evolutionslehre. Denn im Gilgamesch-Epos wird erzählt, wie sich Menschen in Lehm verwandelten, als sie von den Fluten weggespült wurden, weshalb der Mensch wohl aus Lehm geformt worden und nach der Flut wieder an Land gekommen sein soll.

Der Vollständigkeit halber erkläre ich hier noch eine Kurzform der Flutgeschichte im **Gilgamesch-Epos**, denn diese Geschichte ist eine der ältesten Flut-Mythen der Sumerer und eine der ältesten erhaltenen Schrifttafeln überhaupt. Man nimmt an, dass der Held Gilgamesch vor etwa 4.700 Jahren lebte, seine Geschichte lange Zeit am Leben erhalten wurde und eine komplette Version seiner Erlebnisse aus dem Jahr 1300 v. Chr. stammt. Auf der ersten Tafel des Gilgamesch-Epos steht geschrieben, dass Gilgamesch zwei Drittel Gott und ein Drittel Mensch war, und außerdem ein Riese mit einer Größe 5,5 Metern. Gilgamesch war ein Halbgott und Abkömmling der Anunnaki, wollte jedoch genau wie die Götter die Unsterblichkeit erlangen und begab sich auf die Suche danach.

Im Irak wurde anscheinend im Jahr 2003 das Grab des Helden Gilgamesch gefunden und deutsche Archäologen waren sich sicher, dass das älteste Buch der Welt, also das Gilgamesch-Epos, demnach auf Tatsachen beruht! Eine deutsche Expedition entdeckte die antike Stadt, in der Gilgamesch vor ca. 4.500 Jahren geherrscht hatte und es handelt sich um Uruk – von diesem Namen leitet sich übrigens auch das Wort „Irak" ab. Die deutschen Forscher waren sich ziemlich sicher, dass sie im Irak das Grabmal von König Gilgamesch entdeckt hatten, denn es war ungefähr an dem Ort, wie es im berühmten

Epos beschrieben ist, und Jörg Fassbinder, ein bayerischer Historiker aus München, gab damals der BBC ein Interview darüber. Fassbinder sagte, dass man dort am ehemaligen Flussbett des Euphrat die Überreste eines Gebäudes gefunden hat, das eine Grabstätte gewesen sein könnte. Hier enden die Informationen von dieser aufsehenerregenden Entdeckung plötzlich! Man fand im Internet einige Hinweise, dass man in dieser Grabstätte ein Riesenskelett entdeckt hatte, das Gebiet daraufhin angeblich von amerikanischen Spezialtruppen abgeriegelt und eine Nachrichtensperre verhängt worden war. Diese Maßnahmen werden laut verschiedenen Whistleblowern immer wieder nötig, wenn Geheimdienste auf der Jagd nach außerirdischer Technologie oder möglicher Riesen-DNA sind. Denn durch die moderne Gentechnologie ist es jetzt möglich, diese DNA auszuwerten. Vielleicht will man diese Riesen-DNA aber dazu benutzen, um einen ausgewählten Teil der Menschheit mit den Genen der Götter zu verbessern?

Die großen Götter Anu, Enlil, Enki (Ea) und andere Anunnaki entwarfen dem Epos nach einen geheimen Plan, um die globale Flut auszulösen, doch Enki verriet den Plan seinem Vertrauten Utnapishtim und riet ihm, sofort ein Boot zu bauen, koste es was es wolle – damit sollten einige Menschen und Tiere gerettet werden. Utnapishtim rief einige Handwerker zusammen, sie bauten das Boot in kurzer Zeit, es soll ca. 50 m lang gewesen sein und sechs Decks gehabt haben und war so groß, dass es sehr schwer ins Wasser zu bekommen war. Neben seinem Silber und Gold brachte Utnapishtim seine Familie und Freunde sowie alle seine Tiere und die wilden Tiere des Landes an Bord. Als die vorausgesagte Zeit gekommen war, wurde die Eingangstür versiegelt. Und nach Donner und den Blitzen, mit denen die Anunnaki-Götter das Land erleuchteten, gab es eine plötzliche Druckwelle und alles verwandelte sich in Dunkelheit. Die Götter selbst fürchteten die Flut und kehrten zu ihrem Gott Anu in den Himmel zurück. Die Flut und der Sturm dauerten sechs Tage und ebneten das ganze Land ein. Am siebten Tage wurden die Wirbelstürme langsam schwächer und alle Menschen auf der Erde hatten sich in Lehm verwandelt.

Fast die ganze Oberfläche der Erde war nun so flach wie ein Dach. Nach und nach wurden die Tiere wieder freigelassen und aus Dank wurde den Göttern ein Schaf und Räucherwerk geopfert. Das geschah auf einem Zikkurat, einem Tempelturm der Götter, der auf einem Berg errichtet war. Die Götter sahen das, kamen angeflogen und alle bis auf Enlil, der die Flut ausgelöste hatte, versammelten sich. Als Enlil schließlich doch auch erschien und die überlebenden Menschen erblickte, wurde er wütend, schrie die Igigi-Götter an und fragte, warum einige Menschen die Auslöschung überlebt hatten. Sofort wurde ihm klar, dass nur Enki dahinter stecken konnte, doch Enki fragte ihn, wie er so leichtsinnig eine Flut schicken konnte, ohne auf irgendetwas Rücksicht zu nehmen. Er leugnete, Utnapishtim von den Plänen der Götter erzählt zu haben und stattdessen bezeichnete er Utnapishtim als den Helden der Flut. Die Götter beschlossen schließlich, diesen dafür zu ehren, er wurde zu einem Unsterblichen gemacht und war somit den Göttern gleichgestellt – man sieht, dass sich alle diese Flutgeschichten auffällig ähnlich sind.

Im **Gesetzbuch des Manu** sind die Lehren von Manu aufgezeichnet. Diese lehrten und regelten das soziale und religiöse Leben in Indien um das Jahr 500 v. Chr. In diesen Lehren spiegelt sich das indische Kastensystem wider, das seit Jahrtausenden Bestand

Abb. 190: Stufenweise „Evolution“ der Freimaurer

hat und funktioniert. Das ist ein Stufensystem der Gesellschaft und auf der höchsten Stufe stehen die Brahmanen. Sie bewahren das heilige Wissen, lehren es und in ihren Schriften ist die richtige Lebensführung beschrieben. Daraus hat sich wohl auch der Einweihungsweg des Yoga entwickelt. Dieses Lehrer-Schüler-System wurde dann später zum Vorbild der stufenweisen Entwicklung des Menschen zum Zustand der Erleuchtung und diente als Vorlage der Einweihungsgrade in den Geheimgesellschaften. Auch in der Evolutionslehre spiegelt sich das Ganze in der stufenweisen Entwicklung vom Fisch zum Säugetier und schließlich zum Menschen wider. Die Menschheit ist dieser Lehre nach dann noch einmal stufenweise durch die verschiedenen Menschenrassen unterteilt und die höchste Stufe war der erleuchtete Gottmensch, der Arier! Auch vom Aussehen glich er mit seiner weißen Haut, den blauen Augen und blonden Haaren sehr den Anunnaki-Göttern! Auch bei den Ägyptern gab es so ein System, es war immer ähnlich strukturiert und funktioniert im Grund genommen auch heute noch genauso: Ganz unten stehen die Ungebildeten und Ausgestoßenen, dann kommen die Sklaven, dann die Bauern und einfachen Arbeiter, dann die Händler, Handwerker und Künstler, dann die Beamten und Schreiber, danach die Krieger und Herrscher und über ihnen stehen die Priesterkasten und ganz oben die Götter.

Die ägyptische Götterwelt findet man später auch bei den Griechen und bei den Römern, und diese Götter werden heute noch immer verehrt. Einigen Whistleblowern zufolge sollen die Anunnaki bei einem ihrer letzten Besuche die griechischen Götter des Olymp gewesen sein. Sie waren auch als die Titanen bekannt, weil sie Riesen waren. Die Götter zeugten wieder Nachkommen mit Menschen und so entstanden die Halbgötter. Auch in der griechischen Mythologie finden wir wieder zahlreiche mythische Fabelgestalten, die halb Mensch und halb Tier sind. Auch der Tierkreis der astrologischen Sternzeichen erzählt die stufenweise Entwicklung der Welt und der Evolution. Im Frühling entsteht durch die Kraft der Sonne neues Leben und deshalb wird die Sonne auch als lebensspendende Gottheit verehrt. Und der Fisch symbolisiert auch das Wassermannzeitalter, in das wir gerade jetzt eingetreten sind.

Ein wichtiger Freimaurer war Elias Ashmole (1617-1692) und er gehörte auch zu den Gründungsmitgliedern der Royal Society. Ashmole folgte den Vorstellungen von Francis Bacon und nach seinem Tod wurden alle seine wertvollen Manuskripte und Sammlungen an die *Universität von Oxford* gespendet und bildeten die Grundlage für das *Ashmolean-Museum*. Ashmole erhielt die erste schriftlich dokumentierte Freimaurer-Einweihung im Jahr 1646. Sein Mentor war ein gewisser William Backhouse, der in Ashmole einen Seelenverwandten sah und ihn auch als seinen Sohn adoptierte. Als Backhouse 1653 im Sterben lag, lies er nach Ashmole rufen, um ihm etwas zu vererben – es handelte sich um das mündlich weitergegebene Geheimnis um den mystischen „Stein der Weisen". Auf diese Weise gab Backhouse das wahre Wissen vom Stein der Weisen an Elias Ashmole weiter und diese Tradition der Weitergabe reichte zurück bis nach Ägypten zu Hermes Trismegistos alias Thoth, denn es handelte sich dabei um ein alchemistisches Geheimwissen.

Der Stein der Weisen soll sich in einer goldenen Box befunden haben und wenn man diese Box öffnete, verbreiteten sich die Strahlen des Steins im ganzen Raum und er soll dabei über magische Kräfte verfügt haben. Durch ihn soll es auch möglich gewesen sein, jede Person der Welt ausfindig zu machen und zu betrachten. Mit dem Stein soll man auch die Sprache der Tiere verstehen, in die Zukunft blicken, die Gabe der Prophezeiung erhalten und Dinge vorhersagen, die noch kommen werden. Auf diese Weise sollen auch die Prophezeiungen in der Bibel entstanden sein, das Vorwissen um die Auferstehung Jesu und die Inkarnation von Christus. Auch das Vorwissen um den jüngsten Tag und die Apokalypse wurde durch den Stein der Weisen vorausgesehen. Durch die Macht des Steins konnte ein Adept die *Prima Materia* erschaffen und sein Wissen um die Wissenschaften der Welt und die Weisheit der Natur perfektionieren. Der Stein konnte außerdem noch größere Wunder bewirken und sein Ursprung soll beim biblischen Adam liegen, der dieses Wissen direkt von Gott beziehungsweise den Anunnaki-Göttern erhalten haben soll. Der Stein wurde dann von allen biblischen Anführern weitergegeben, sie erreichten durch ihn ihre physische Langlebigkeit und er wird auch mit König Salomon und dem Tempel Salomos in Zusammenhang gebracht. Jesus sprach in der Bibel von einem Eckstein, den die Bauleute verworfen haben – wurde so der Stein der Weisen zum Eckstein? In jedem Fall repräsentiert der Stein auch die Suche nach der Unsterblichkeit, wie sie die Götter besitzen – das bringt uns wieder zurück zu den Anunnaki.[(90)]

Das Buch Henoch und die Gefallenen Engel auf dem Berg Hermon

In den drei apokryphen Büchern des Henoch erfahren wir weitere Einzelheiten zu den Göttern und ihren Plänen mit der Menschheit nach der großen Flut. Henoch berichtet von den „Gefallenen Engeln" und seiner Reise in den Himmel sowie der Apokalypse. Es wird auch über die biblische Sintflut berichtet. Es soll monatelang Regen gefallen sein, bis die Fluten alles verschluckt hatten. Das *Buch Henoch* wurde in der Neuzeit erstmals 1768 in Äthiopien entdeckt und löste in akademischen Kreisen große Verwirrung aus. Die Existenz von Henoch wurde nachgewiesen und man fand außerdem im Jahr 1948 mehrere Kopien seiner Bücher bei den Schriftrollen vom Toten Meer. Henoch berichtet ebenfalls von der Geschichte der Anunnaki und der Nephilim und im Buch werden dieser Legende noch weitere Einzelheiten hinzugefügt.

Vor der Flut sollen die gefallenen Engel auf die Erde gekommen sein und werden auch als Beobachter oder als „Wächter" bezeichnet. Im ersten Buch Henoch ist beschrieben, wie 200 dieser gefallenen Engel auf den Berg Hermon herniedersteigen. Angeführt werden die Engel durch Semyaza, der die Strafe für die nun folgenden Sünden alleine auf sich nehmen wollte. Die gefallenen Engel legten auf dem Berg Hermon einen Eid ab, sich mit Menschenfrauen einzulassen und jeder von ihnen hat sich Frauen genommen und sich mit ihnen beschmutzt. Aus diesen Vereinigungen sind die Riesen auf Erden entstanden und wurden unter dem Namen Nephilim oder Anakim bekannt. Sie waren eine Hybridrasse aus Außerirdischen und Menschen und dienten als Mittelsmänner zwischen den Wächtern und den Menschen. Als die Riesen nicht mehr ernährt werden konnten, weil sie so großen Hunger hatten, wandten sie sich gegen die Menschen und haben diese verschlungen. Darüber wurden die Schöpfergötter wütend und provozierten die Riesen dazu, gegeneinander zu kämpfen, auf dass sie sich im Kampf selbst zerstören würden, und sie zerfleischten sich gegenseitig und tranken ihr Blut. Daher stammt auch das Wort Kanniba(a)le und die bösen Geister der toten Riesen sollen sich heute noch auf der Erde im Astralen befinden und darauf warten, dass sie sich erneut verkörpern können. Die wenigen Riesen, die dieses Gemetzel überlebten, flüchteten auf die Insel Sardinien und danach in die Neue Welt nach Amerika.

Der gefallene Erzengel Azazel lehrte die Menschen, dem Buch zufolge, die Kunst der Waffenherstellung aus dem Metall der Erde und zeigte ihnen auch, wie man Schmuck daraus fertigt und wie Frauen sich durch Schminken verschönern konnten. Doch das alles führte zu zunehmender Gottlosigkeit, Unzucht und Hurerei und die Menschen wurden auf vielerlei Arten korrupt. Das Wesen Semyaza lehrte ihnen die Zauberei und auch andere gefallene Engel lehrten die Menschen verschiedene Künste und Wissenschaften wie die Astrologie, die Wetterkunde, die Zeichen der Sonne und die Bahn des Mondes. Sie brachten den Menschen auch bei, sich gegenseitig zu täuschen und zu betrügen.

Die himmlischen Engel sahen das alles und beschlossen, die korrupten Menschen und die gefallenen Engel zu bestrafen. Der Erzengel Uriel wird schließlich von Gott zu Noah gesandt, um ihn vor der kommenden Katastrophe zu warnen und berichtete Noah, dass die ganze Welt zerstört werden sollte, indem eine große Flut über sie kommen werde und erklärte ihm, wie er sich und seine Familie davor bewahren konnte. **Das alles musste geschehen, weil die Welt durch Zauberei und Hurerei korrumpiert worden war.** Der Erzengel Michael wurde von Gott damit beauftragt, die gefallenen Engel auf die Erde zu verbannen, bis der „Jüngste Tag" kommen wird, an dem sie für alle Ewigkeit in den feurigen Abgrund geworfen werden und alle Menschen, die ihnen verfallen sind, ebenso! Zu Noahs Zeiten, kurz vor der Flut, war die ganze Erde bereits von den gefallenen Engeln korrumpiert und mit Gewalt gefüllt worden, doch diese fürchteten inzwischen die Konsequenzen und schickten Henoch, um mit ihrem Anführer bzw. Gott persönlich darüber zu sprechen. Doch Gott bzw. der „Große Heilige" benutzte Henoch dazu, den gefallenen Engeln eine Botschaft über ihre Bestrafung zu überbringen, denn er vergab es ihnen nicht, dass sie den Menschen die Kunst der schwarzen Magie und der Kriegsführung gegeben hatten, außerdem war er darüber erzürnt, dass sie sich mit Menschenfrauen eingelassen und die Riesen bzw. Nephilim gezeugt hatten. Die Riesen wurden schließlich alle getötet und ihre Seelen sollten auf ewig als astrale, wandernde Geister auf der Erde verbleiben.

Es gibt also viele Ähnlichkeiten zwischen dem Buch Henoch und der Mythologie der Sumerer. Der Forscher Edward Lipinski hatte 1971 mehrere alte Texte verglichen und mithilfe der alten babylonischen Version des Gilgamesch-Epos konnte er die echte Position des heiligen Tempels der Anunnaki bestimmen. Der Ort, an dem sie vom Himmel auf die Erde gekommen waren, war der Berg Hermon an der Grenze von Israel und dem Libanon – das war die Wohnstätte der Anunnaki. Im Gilgamesch-Epos machen sich Gilgamesch und sein Freund Enkidu auf zum Zedernwald, um die Bestie Chumbaba zu töten und Lipinski sagte, die ältesten Texte weisen darauf hin, dass dieser Zedernwald auf den Berg Hermon in der Nähe des Hauses der Anunnaki-Götter lag, doch die Zugänge dorthin vom Zedernwald verborgen wurden. Als der Wächter Chumbaba besiegt war, konnten Gilgamesch und Enkidu zum „Haus der Götter" vordringen. Lipinski weist in

Abb. 191: Die Ruinen des Baal-Tempels auf dem Gipfel des Bergs Hermon

seinem Buch auch darauf hin, dass der Berg Hermon ein Ort war, wo in der alten Welt vor der Flut internationale Verträge sowie Schwüre abgeschlossen wurden und auch im Buch Henoch legen die gefallenen Engel einen Eid auf dem Berg Hermon ab und verhandeln mit den Menschen. Dieser Berg hat eine Höhe von 2.814 Metern und heute noch finden sich die Überreste von uralten Tempeln und Altären auf seiner Spitze. Diese Tempel wurden bis zur Zeit der römischen Besatzung unter Kaiser Konstantin weiterhin für Rituale genutzt. Auch Gilgamesch hatte in seinem Epos Kenntnisse über die baldige Zerstörung der Welt durch eine große Flut. Der Tempel auf dem Berg wurde als die Stelle der Landung der Wächter bzw. gefallenen Engel identifiziert, die dort ihre Schwüre ablegten.

Im Sommer 1934 reiste eine kleine Expedition unter Leitung von Dr. Steward Crawford und seinem Schreiber Reginald Haupt zum Berg Hermon. Sie untersuchten die alten Schreine zu Ehren des Gottes Baal, die sich um den Berg ziehen und alle diese Kultstätten waren so ausgerichtet, dass die Priester in Richtung des Haupttempels von Baal beteten, der auf dem höchsten Gipfel des Berges Hermon lag. Baal war ein allgemeiner Titel und bedeutete „Herr", und verschiedene Götter, die auf Bergspitzen angebetet wurden, trugen diesen Titel. Crawford nimmt auch an, dass diese „Herren" wohl die verschiedenen gefallenen Engel bzw. die Wächter waren. Es gibt so gut wie keine Fotos von den Ruinen dieses alten Tempels, nur ein paar wenige aus den 1950er-Jahren.

Dieser Tempel aus schweren behauenen Steinen befindet sich auf dem Gipfel des Berges Hermon, heißt Qasr Antar und war der höchstgelegene Tempel der alten Welt vor der Flut. Bereits im Jahr 1869 erforschte Sir Charles Warren diesen Tempel und beschrieb ihn als ein rechteckiges Gebäude, das auf einem ovalen Steinplateau gebaut worden war. Es gab anscheinend kein Dach. Warren entfernte eine steinerne Stele vom Tempelgelände, brach sie in zwei Teile, um sie vom Berg herunterschaffen zu können und sie befindet sich heute im Britischen Museum. Es gibt auch Inschriften auf der Stele und sie lauten in etwa: „*Gemäß den Befehlen des größten und heiligen Gottes schreiten jene von hier fort, die einen Schwur beziehungsweise einen Eid geleistet haben.*" Die Archäologen glauben, dass die gefallenen Engel unter der Leitung von Semyaza hier zusammen einen Schwur ablegten, danach durch einen Fluch belegt wurden und sich Menschenfrauen genommen haben. Aus diesem Grund wurde der Berg früher als „Berg des Eides" bezeichnet und der Name des Gottes wurde mit Baal-Hadad bzw. Baal-Hermon (Herr von Hermon) angegeben.

Die Römer errichteten später neue Tempel auf den Ruinen der älteren und einige davon sind heute noch in einem recht guten Zustand. Da es sehr schwer war, so große Steine zu bearbeiten und auf den Berg zu transportieren, verwendeten die Römer einfach die bereits vorhandenen und bauten damit ihre neuen Tempel. Es gibt auch mehrere seltsame Altäre mit exakt bearbeiteten Steinen, die noch im Jahr 1945 restauriert wurden und man erkennt daran, dass sie oben das typische Stufenornament aufweisen, das bei vielen alten Kulturen und Steinbauten verwendet wurde. Man glaubt, dass es den Durchgang zwischen dem Himmel, der Erde und der Unterwelt symbolisiert und es gibt bestimmt eine Verbindung zu den Bauwerken in Baalbek, welche die Römer ebenfalls verehrten.

Eine noch genauere Beschreibung der Vorgänge finden wir bei den **sumerischen Tafeln** des Herrn Enki. Die Geschichte des Gottes Enki ist auf 14 Steintafeln niedergeschrieben worden, wurde vom berühmten Forscher Zecharia Sitchin rekonstruiert und wir sehen uns jetzt die relevanten Stellen etwas genauer an. Die Tafeln beschreiben einen Atomkrieg zwischen den Anunnaki. Der böse Wind, von dem dort gesprochen wird, ist eine radioaktive Wolke, die alles und jeden in ihrem Weg tötete – Götter, Menschen und Nephilim. Es wird auch erwähnt, dass es das schlimmste Geschehen seit der großen Flut war. Die Anunnaki-Götter kamen ursprünglich auf die Erde, um Gold zu suchen und es zu ihrem Heimatplanten Nibiru zu bringen. Dort gab es allerlei Streitigkeiten und Kriege um die Vorherrschaft, die ihren Planeten an den Rand der Zerstörung getrieben hatten. Mit ihren Raumschiffen schafften sie es schließlich durch den Asteroidengürtel zur Erde, um das benötigte Gold zu beschaffen, wobei Durchgangsstationen auf dem Mars und dem Mond errichtet wurden. Die Raumstation auf der Erde wurde als Eden beziehungsweise Edin (flache Steppe) bezeichnet, doch die Wohnungen der hochrangigen Anunnaki und der Söhne des Königs Anu, Enki und Enlil befanden sich auf den Gipfeln der Berge – sie brachten auch einige ihrer Atomwaffen mit zur Erde. Mit dem geschürften Gold versuchten sie, die Atmosphäre ihres Heimatplaneten zu stabilisieren. Die Anunnaki arbeiteten auf der Erde, um das Gold abzubauen, doch irgendwann wurde ihnen die Mühsal zu heftig und sie verlangten nach einer anderen Lösung.

Die Götter hatten bemerkt, dass sich die Ureinwohner des Planeten recht gut zur Arbeit eignen könnten und schufen sich neue Arbeiter durch genetisch veränderte Menschen, die *Lulu* (primitiver Arbeiter). Diese mussten den Göttern dienen und für sie arbeiten. Mit einer Technik, die sie die „Kraft der Schöpfung" oder den „Baum des Lebens" nannten, konnten sie genetische Mischformen erschaffen. Doch der Gott Enki war gegen dieses Vorgehen und sagte, man solle die Menschen so belassen, wie sie sind und sie wären auch so gute Helfer. Anu und Enlil wollten aber eine Rasse von unterwürfigen und primitiven Sklaven erschaffen. Mit dieser Technik der Götter wurde wohl viel mit den Tieren und Menschen der Erde herumexperimentiert und zahlreiche Hybriden erschaffen. Daher rühren wohl auch die vielen Legenden über Mischwesen wie den Zentauren, den Meerjungfrauen, den Zyklopen usw. und auf den Tafeln von Enki wird genau beschrieben, wie die Anunnaki Teile von verschiedenen Tieren miteinander kombinierten. Sie experimentierten also mit DNA und beschlossen irgendwann, das Erbgut der Menschen mit ihrer eigenen Anunnaki-DNA zu vermischen. Diese ersten Hybriden wurden von Menschenfrauen ausgetragen, doch es gab wohl viele Versuche, die fehlschlugen, weil die neuerschaffenen Kreaturen viele Deformierungen hatten. Die Versuche mit Menschenfrauen schlugen also fehl und der nächste Schritt war dann, einen der Hybriden von einer Anunnaki-Frau austragen zu lassen. Sie ließ ihre DNA spalten, befruchtete sich selbst mit dem Hybriden und der Versuch gelang – Adam, der erste künstlich erschaffene Mensch wurde geboren. Weitere weibliche Anunnaki halfen freiwillig dabei, noch mehr dieser Hybridmenschen zu erschaffen und es wurde auch eine neue Kombination aus Adam und den weiblichen Urmenschen versucht, wodurch sieben männliche Kinder auf die Welt kamen. Danach wurden auch weibliche Kinder erschaffen, damit sie sich selbst reproduzieren konnten, und die erste Mischfrau wurde zu Eva – beide wurden dann nach Edin gebracht, der damaligen Hauptstadt der Anunnaki.

Da diese Versuche wohl nicht genehmigt waren, gab es großen Streit zwischen den Anunnaki, denn viele waren dagegen, die Gene der Götter dazu zu verwenden, um unvollkommene Hybriden zu erschaffen, die sich selbst vermehren konnten. Doch die Hybriden hatten anscheinend die Langlebigkeit der Anunnaki nicht geerbt und starben viel früher, obwohl die ersten Mischmenschen trotzdem noch ein Alter von vielen hundert Jahren erreichten. Es gab außerdem zwei verschiedene Arten von Adams, die weißen und die schwarzen, wobei die Schwarzen dafür vorgesehen waren, in den Minen zu arbeiten. Die Weißen arbeiteten auf den Feldern und hüteten das Vieh, denn die Anunnaki hatten auch die Nutzpflanzen und das Nutzvieh auf die Erde mitgebracht. Da einige der Adams direkt von Enki und anderen abstammten, waren sie quasi seine direkten Nachkommen, und einigen dieser Nachkommen wurde erlaubt, in der Stadt Edin zu leben und dort Aufgaben und Arbeiten für die Götter auszuführen. Enki beschloss, weitere Evas direkt mit seinem Samen zu befruchten, um eine intelligentere und zivilisiertere Menschenart zu erschaffen und das Ergebnis davon waren die Brüder Kain und Abel. Die Anunnaki-Götter verfügten über ein gewisses Brot und ein Elixier, das ihnen ihre unglaubliche Langlebigkeit schenkte, das sie jedoch nicht mit den Adams und Evas teilten, um keine Konkurrenz über ihren Herrschaftsanspruch aufkommen zu lassen. Kain und Abel lernten eine Menge von den Anunnaki, gerieten jedoch irgendwann wegen der Anerkennung dafür in Streit und dabei tötet Kain seinen Bruder Abel.

Als sich die neuen Hybridmenschen stark vermehrt hatten, wurden die Tempel eingeweiht und die Verehrung der Anunnaki als Herren erschaffen. Die direkten menschlichen Nachkommen der Söhne von Anu, des Königs der Anunnaki, wurden dabei als Könige der Menschen eingesetzt, sollten sich nicht mit den Lulu vermischen und unter sich bleiben. Diese Praktik wird bis heute fortgesetzt und viele Königshäuser und Blutlinien heiraten nur untereinander. Die Anunnaki begannen nun auch damit, Evas zu heiraten, was jedoch ein Problem brachte, denn sollte einer der Söhne von Anu eine Menschenfrau heiraten, dann hätte ja ein männlicher Nachfahre einen Herrschaftsanspruch auf den Thron vom Nibiru. Es wurde deshalb beschlossen, diese Nachkommen auf der Erde zu belassen und nicht mit auf den Nibiru zu bringen, doch im Falle, dass das tatsächlich geschehen würde, verlören sie jeden Anspruch, wenn sie zum Nibiru reisten. Schließlich kam es doch zur Hochzeit eines der Söhne von Anu mit einer Menschenfrau. 200 Anunnaki-Männer, die auf dem Mars stationiert waren, kamen zur Hochzeit auf die Erde und man nannte sie „Igigi“. Als sie die schönen Menschenfrauen sahen, wurden sie eifersüchtig und wollten auch welche für sich selbst beanspruchen, entführten also in Folge viele Erdenfrauen und machten sie gegen ihren Willen zu ihren Frauen.

Enlil, der Sohn Anus und Kommandant auf der Erde, war immer gegen die Erschaffung der Hybridmenschen gewesen und die ursprüngliche Mission, den Nibiru zu retten, war somit etwas aus dem Ruder gelaufen und schien zunehmend schlimm zu enden, denn die neuen Menschen vermehrten sich viel zu schnell und waren kurz davor, die Erde zu übernehmen. Die menschlichen Nachkommen von Anu wurden daher zusammen mit den Igigi und ihrem Gefolge in ein fernes Land jenseits des Meeres verbannt und diese Igigi waren wahrscheinlich die „Gefallenen Engel“. Enki beobachtete dort die schönen Menschenfrauen, verführte viele von ihnen, die schwanger wurden und in dieser Kolonie entstanden so die reinsten Nachkommen der Anunnaki-Königssöhne: Sie hatten weiße Haut, waren blond und blauäugig(!) und unter der Anleitung von Enki und den 200 Igigi lernten diese Gottmenschen immer mehr.

Enkis Bruder Enlil war allerdings dagegen und mochte keine Menschen, weil sie so laut waren, sich zu schnell vermehrten und das Land verwüsteten und verbot es den Anunnaki, weiterhin die Menschen zu belehren und ihnen zu helfen – er wollte, dass sie alle sterben. Irgendwann näherte sich dann der Planet Nibiru wieder in seiner zyklischen Umlaufbahn der Erde, wobei er periodisch alle 3.600 Jahre den Orbit der Erde passiert, man konnte es an den schwarzen Flecken der Sonne erkennen. Diese Annäherung brachte dann die Eiszeitgletscher der Erde zum Schmelzen und sie stürzten ins Meer, was eine gigantische Flutwelle auslöste, die alles Land der Erde überschwemmte. König Anu befahl den Anunnaki, den Mars und die Erde zu evakuieren. Doch dadurch, dass viele Anunnaki ständig auf der Erde gelebt hatten, konnten sie sich nicht mehr auf das Leben auf dem Nibiru umstellen, litten körperlich darunter und starben nacheinander in kurzer Abfolge. Enlil war außer sich vor Wut, denn er musste zusehen, wie die Menschen zu Göttern wurden und die Anunnaki wie die Erdenmenschen. So blieb nur eine Lösung, die Anunnaki der Erde mussten in ihre Raumschiffe steigen und dort warten, bis die Zerstörungen auf der Erde wieder ein Ende haben würden. Menschen durften nicht in die Schiffe und die mit Menschen verheirateten Anunnaki mussten sich entscheiden, zu evakuieren oder bei ihren Frauen zu bleiben. Enlil beschloss nämlich, dass die gesamte Menschheit in den Fluten sterben sollte und alle Anunnaki mussten einen Eid ablegen, dass sie sich an diese Abmachung halten würden.

Enki weigerte sich jedoch erneut, auf die Anweisungen seines Bruders zu hören und traf Vorkehrungen, einige Menschen zu retten und nahm auch DNA-Proben von den Tieren der Erde. Hier kommt nun auch Noah mit ins Spiel! Er wird angewiesen, eine Arche zu bauen, damit seine Familie überleben kann und ihm wird eine Box übergeben, in der sich die gespeicherte DNA der Tiere der Erde befand. Schließlich brach die gewünschte Sintflut über die Erde herein, es gab eine Kombination von Flut und starken Regenfällen und das geschah, als Nibiru seinen Transit nahe der Erde hatte. Als sich die Fluten wieder langsam zurückzogen, landete die Arche auf dem Berg Ararat in Armenien. Auch die Anunnaki kehrten auf die Erde zurück, dabei entdeckte Enlil den Noah und beschloss, seinen Bruder wegen seines Verrates zu töten. Enki konnte Enlil schließlich dazu überreden, sich zu beruhigen. Von den Städten der Anunnaki war nichts übriggeblieben außer den Landestellen für ihre Raumschiffe und nicht nur die Erde war vom Nibiru in Mitleidenschaft gezogen worden, sondern auch der Mars hatte seine Atmosphäre verloren und sein Wasser war verdunstet. Doch auch Nibiru war durch die Anziehungskräfte von Mars und Erde beschädigt worden und benötigte wieder mehr Gold von der Erde, um seine Atmosphäre zu stabilisieren.

Der Goldstaub wurde verwendet, um ein starkes Abkühlen zu verhindern, doch leider waren alle Minen auf der Erde zerstört. Die Anunnaki und die überlebenden Menschen mussten rasch neue Landestellen für die Raumschiffe erbauen. Wo das nicht möglich war und es keine hohen Berge gab, baute man Pyramiden für die Raumhäfen. Neue Städte wurden errichtet und die Menschheit vermehrt sich danach wieder sehr schnell. Auch die Anunnaki vermischen sich weiterhin mit Menschenfrauen und es wurden dann die ersten Menschen als Könige bestimmter Städte und Länder bestimmt. Einer der

Anunnaki und Nachkomme von Enlil wollte eine eigene Stadt für sich bauen, doch Enlil war dagegen. Trotzdem erbaute ein Sohn von Enki mit Hilfe der Igigi den „Turm zu Babel" und es handelte sich dabei anscheinend um Marduk. Als Enlil das sah, lies er diesen Turm zerstören und alle Leute, die in Babylon gewohnt hatten, wurden in alle Windrichtungen vertrieben und es wurde ihnen allen eine unterschiedliche Sprache und ein eigenes Alphabet gegeben, das sie benutzen mussten.

Enki (Ea) wurde später als der ägyptische Sonnengott Ra bekannt, er ersetzte das Löwengesicht der Sphinx neben der großen Pyramide in Ägypten mit dem Gesicht eines seiner Söhne und alle Erinnerungen daran wurden später aus den Aufzeichnungen gelöscht. Die Anunnaki hatten spezielle Wissensspeicher oder Computer, die sie ME nannten und in denen wohl auch die Energie für ihre Maschinen gespeichert war. Jeder Herr oder Herrscher benötigte ME, um über sein Land zu regieren und trug wahrscheinlich auch das Wissen um das Geheimnis der Langlebigkeit der Anunnaki. Gilgamesch, ein menschlicher Abkömmling der Anunnaki, versuchte vergeblich an dieses Geheimnis heranzukommen, es wurde ihm verwehrt. Doch die Anunnaki-Göttin Inanna stahl die ME von Enki bzw. Ra und wollte ihr eigenes Reich damit begründen. Damit begann der Kult um die Muttergottheiten wie Semiramis und später alle der mächtigen Mutterenergien. Bald hatten sich auch wieder viele Königreiche etabliert, die Menschen hatten sich stark vermehrt und wollten schließlich den Anordnungen von Enlil nicht mehr Folge leisten. Darum fasste dieser wieder einen schrecklichen Plan, denn er wusste, wo sich die gefährlichen Atomwaffen der Anunnaki befanden und setzte einige dieser Waffen gegen Ra und seine Gefolgsleute ein. Das passierte einige tausend Jahre *nach* der Flut und der radioaktive, böse Wind des Todes fegte über das Land Ägypten und tötete alles, was ihm in den Weg kam – dadurch entstand die Wüste Sahara. Doch nach dieser heftigen Zerstörung flogen Enki und Enlil umher und versuchten, den Schaden abzuschätzen. Doch das Königreich von Enki war nun zu einer öden Wüste geworden und Enlil willigte ein, Enki das Land zu überlassen. Daraufhin beschloss Enlil, weiter nach Westen zu gehen, um wieder Gold abzubauen und seine ursprüngliche Mission abzuschließen. Hier enden die Aufzeichnungen laut Zecharia Sitchin.

Diese außerirdischen Götter hatten also ihre eigene Hochtechnologie mitgebracht, wovon auch alte sumerische Texte sprechen. Im 19. Jahrhundert erforschten Archäologen die antiken Ruinen von Ninive im Irak und entdeckten dort 22.000 Tontafeln, die als die *Bibliothek des Assurbanipal* bekannt wurden. Nachdem diese übersetzt waren, fand man heraus, dass es auch hierbei große Ähnlichkeit mit den Überlieferungen der Bibel gibt – es gibt die Erzählungen der großen Flut und auch alles über Adam und Eva. Alle diese Geschichten stammten also ursprünglich aus dem alten Sumer und darin finden sich auch Hinweise auf diese raumfahrenden Götter. Dort befindet sich heute die größte Sammlung sumerischer Texte des Orients und diese Bibliothek stellt eine der wichtigsten Quellen für die Assyriologie und die Kulturen von Mesopotamien dar – durch sie konnte endlich auch die Keilschrift entziffert werden. Diese sumerischen Texte behandeln sowohl Magie, Zauber und dunkle Rituale als auch Mathematik, Philosophie und mythische Erzählungen wie das Gilgamesch-Epos und das Enuma Elisch, die beide über die große Flut berichten. In dieser Bibliothek findet sich auch die Legende von König Etana, einem sumerischen König, der die Stadt Kish regierte, und nach der sumerischen Liste der Könige war das nach der großen Flut. Auf der Tafel der Könige steht geschrieben, dass Etana auch „der Schäfer" genannt wurde, der in den Himmel aufstieg, alle fremden Länder vereinigt hat und für 1.560 Jahre regiert haben soll. Sein Nachfolger war sein Sohn Balih, der für 400 Jahre regierte. Die Keilschrifttexte besagen ebenfalls, dass die Welt von den Anunnaki-Göttern erschaffen worden sei und sie die Beherrscher der vier Regionen der Erde waren. Dazu planten und erbauten die Igigi die Städte und erschufen dazu auch das Mauerwerk. In Babylon wurde nach der Flut ein großer Turm gemauert und auf ihm gab es einen Schrein für den Gott Baal-Hadad.

Man sieht jetzt, wo die Erzählungen der Bibel ihren Ursprung haben und auch die Wichtigkeit von Gold stammt wohl ursprünglich von den Abbautätigkeiten der Anunnaki in ihren Minen. Ebenfalls würde es die Bildung der afrikanischen Sahara erklären und als Bestätigung findet man dort immer noch radioaktive Stellen und Verglasungen. Klar ersichtlich ist auch, dass der *Homo sapiens* eine genetische Kreuzung aus einem ursprünglich schon auf der Erde lebenden Menschen und den Anunnaki ist und auch die Herkunft des RH-Blutes erklärt (das bei keinem der 612 Primatenarten der Erde vorkommt). Auch die Herkunft der verschiedenen Menschenrassen könnte man damit erklären, denn verschiedenen Aussagen nach haben nicht nur die Anunnaki am menschlichen Erbmaterial experimentiert, sondern auch noch andere Außerirdische. Und diese Experimente gehen seit diesen Zeiten fortlaufend weiter, wie man an den vielen Berichten von UFO-Entführungen sehen kann. Doch wie es scheint, haben die Anunnaki den Menschen nicht verbessert, sondern ihn zu einer primitiven Arbeiterrasse gemacht. Hohe Anteile der menschlichen DNA scheinen inaktiv zu sein und wurden wohl absichtlich abgeschaltet – es gibt also noch viel ungenutztes Potential im Menschen. Auch das Herrschaftssystem der Anunnaki scheint heute immer noch Bestand zu haben und die Erde wird von ihren Nachkommen in Form der rein gehaltenen Blutlinienfamilien regiert. Erleben wir bald eine Rückkehr der Herren und des Nibiru? Es spricht einiges dafür.(91)

Die Rückkehr der Anunnaki

In der Dezemberausgabe des amerikanischen Journals *Flying Saucer Magazine* aus dem Jahr 1958 gab es einen sehr interessanten Artikel namens „Menschheit in Amnesie" zu lesen. Es handelt sich um den Bericht eines Anunnaki, der persönlich von ihrer baldigen Rückkehr berichtet, doch erstmalig erschien diese interessante Geschichte bereits im Jahr 1947, ein paar Monate nach dem Bekanntwerden des Roswell-Zwischenfalls, und der Verfasser war damals ein gewisser Alexander Blade (Pseudonym). Speziell in die ägyptische Zivilisation sollen die Anunnaki sehr involviert gewesen sein. Wie viel Wahrheit in den nun folgenden Anunnaki-Aussagen liegt, müssen Sie selbst entscheiden. Hier finden Sie die wichtigsten Auszüge:

> *„Wir sind bereits hier unter euch. Einige von uns sind immer hier gewesen und haben euch beobachtet und von Zeit zu Zeit angeleitet, wenn sich die Möglichkeit dazu ergab. Wir werden oft für die Götter der vielen Weltreligionen gehalten, obwohl wir keine echten Götter sind. Wir sind Menschen wie ihr, das werdet ihr bald herausfinden. Ihr könnt die Aufzeichnungen von unserer Anwesenheit auf der Erde in den mysteriösen Symbolen*

des alten Ägypten erkennen. Damals machten wir uns selbst bekannt, um bestimmte Ereignisse abzuschließen.“

„Unser wichtigstes Symbol (Adlerschwingen) *ist immer noch in eurer gegenwärtigen Zivilisation präsent. Es wurde in gewissen Geheimgesellschaften weitergegeben, um das Wissen über unserer Existenz am Leben zu erhalten. Wir haben auch spezielle Grenzsteine* (Pyramiden) *hinterlassen. Sie wurden sorgfältig in verschiedenen Teilen der Welt platziert. Die bekanntesten befinden sich im heutigen Ägypten. Das war unser letztes offenkundiges Hauptquartier auf der Erde. Damals traten wir noch offen in Erscheinung. Zur Zeit der Entstehung eurer gegenwärtigen Zivilisation wurden die Grundsteine dafür von uns in die Erde gelegt. Der älteste dieser Grenzsteine ist heute ein großes Rätsel für euch, genau wie die Prä-Ägypter in der Zeit vor den ersten Dynastien vor vielen tausend Jahren.“*

„Eure Vorfahren kannten uns in jenen Tagen als ihre Lehrer und Freunde. Durch unsere eigenen Anstrengungen habt ihr in der Mehrheit beinahe die nächste Stufe auf der langen Leiter eurer Befreiung erreicht. Ihr wurdet über diesen langen Zeitraum konstant von unserer wachsamen Inspiration in eurer physischen und moralischen Entwicklung angeleitet. Einige von euch sind unseren Wächtern oftmals in den Straßen eurer Städte begegnet und ihr habt sie nicht erkannt.“

„Kürzlich habt ihr die Mittel eurer Selbstzerstörung erschaffen (Atombombe 1945)*. Ihr seid nicht die erste menschliche Zivilisation, die diese Waffe entwickelt und eingesetzt hat. Ihr seid auch nicht die erste Zivilisation, der angeboten wird, diese Zerstörung zu verhindern und stattdessen in der ruhmvollen Macht eures Wissens eine neue Ära der Erleuchtung über die Erde zu bringen.“*

„Viele von euch haben unsere Raumschiffe gesehen und berichteten von zigarrenförmigen oder scheibenförmigen Objekten. In den meisten Fällen beschreibt ihr die gleiche Art von Gefährt. Wir fliegen über Bergspitzen im horizontalen Flug. Manchmal könnt ihr uns auch in Formation oder in der Nacht als glühende, orange Scheiben sehen. Uns kümmert es nicht, ob ihr uns seht oder nicht. Wir können uns bei Bedarf auch unsichtbar machen. Es gab hunderte Jahre lang aber keinen Anlass dazu.“

„Wir hoffen, dass dieses Mal die Erinnerung lebendig gehalten werden kann für eure Nachfahren. Ihr werdet sie dieses Mal nicht vergessen, so wie eure Vorfahren. Die Bedeutung unserer Diagramme und unserer Instruktionen werden wir euch überlassen. Falls ihr wie frühere Zivilisationen ebenfalls versagen solltet, werden eure Nachkommen wahrscheinlich unsere Diagramme bzw. Schaltpläne für einfache Maschinen als Amulette tragen. Sie werden zwar noch wissen, wofür sie gut sind, weil ihre Vorväter es ihnen gesagt haben, aber ihre Kinder werden sogar das wieder vergessen und werden diese Amulette als Schutzvorrichtungen oder als eine intellektuelle Kuriosität behalten. Möglicherweise werden sie auch zu einem religiösen Symbol. Das ist der Kreislauf des Vergessens.“

„Falls ihr es dennoch schaffen solltet, werdet ihr die erste menschliche Zivilisation sein, die das erreicht hat. Jedes Mal vorher sind das Wissen, die Technologie und unsere Instruktionen in den Besitz einiger auserwählter Weniger übergegangen. Ein paar Menschen erwählten sich selbst durch ihren offenen Geist und der klaren Einsicht, und realisierten die ‚Form der Dinge, die noch kommen werden‘. Sie bemühten sich, ihr behütetes

Wissen in der bestmöglichen Form weiterzugeben. Unter ihrer Führung sollte es überdauern können. In einem gewissen Sinn haben sie das zwar geschafft, aber dafür versagten sie in anderen Bereichen. Die menschliche Akzeptanz ist zu einem großen Teil von der menschlichen Erfahrung abhängig. Nachfolgende Generationen, die kein Wissen über unsere Präsenz auf der Erde hatten, übersetzten die Lehren ihrer Vorfahren in Begriffe ihrer eigenen Erfahrungen."

„*Zum Beispiel wurde eine Querschnittszeichnung einer unserer Flugmaschinen immer mehr vereinfacht und stilisiert. Es gab viele schlechte Kopien davon und schließlich wurde es zum ägyptischen ‚Auge des Horus' und später zu anderen Augen verschiedener Götter. Letztlich war dieses alte Symbol früher eine akkurate Abbildung eines wichtigen mechanischen Geräts. Eure moderne Priesterschaft der Psychologie leitete daraus einige für uns sehr überraschende Bedeutungen ab.*"

„*Jetzt, wo die Herstellung von Plastikmaterial einen gewissen Grad der Perfektion bei euch erreicht hat, könnt ihr euch vielleicht ein Material vorstellen, das in den Strahlen des normalen sichtbaren Lichts fast durchsichtig ist. Trotzdem ist es stark genug, den Gegebenheiten von extrem schnellen Flügen auszuhalten. Seht euch nochmals eure große Spiralgalaxis an und denkt über ihren Aufbau nach. Beobachtet unsere Raumschiffe, sie sind ein universelles Beispiel und wir haben die perfekte Form für ein Objekt gefunden, um damit durch das zu reisen, was ihr immer noch als ‚leeren Raum' bezeichnet. Im Zentrum unseres Diskus befindet sich eine Kugel aus demselben transparenten Material. Darin befindet sich unser Kontrollraum. Er kann sich frei in jede Richtung bewegen und ermöglicht uns einen horizontalen oder hochkantigen Flug. Beide Methoden sind für eure Atmosphäre geeignet. Wenn wir manchmal von einer Flug-Art auf die andere umschalten und ihr seht es, dann scheinen unsere Maschinen plötzlich zu verschwinden oder für euch unsichtbar zu werden. Bei diesen Geschwindigkeiten können eure untrainierten Augen nicht mithalten. Sie sind auf diese Manöver nicht vorbereitet.*" Hier endet der Bericht.

Kehren wir nun wieder zu den Artefakten der amerikanischen Mound Builders zurück. Es gibt spezielle Funde, die beweisen, dass es auch in Nord- und Südamerika eine Herrschaft der Anunnaki gab. War Amerika das weit entfernte Land jenseits des Meeres, in das die Igigi mit ihren Frauen geschickt wurden? In Amerika gab es sicherlich auch Minen, in denen Erz abgebaut wurde. Es gibt viele kontroverse Tafeln mit Inschriften und Abbildungen von seltsamen Priestern, die in den Mounds begraben waren. Doch diese Artefakte wurden von der Standard-Archäologie niemals akzeptiert und sogar bekämpft, denn sie beweisen, dass es schon vor tausenden von Jahren Kontakte zwischen Mesopotamien, Ägypten und Amerika gab. Um dieses Rätsel zu entschlüsseln, müssen wir in Südamerika beginnen, und zwar mit der berühmten Metallbibliothek von Tayos![92]

Kapitel 13 – Atlantis, das zweite Land von Ägypten und die verlorenen Stämme Israels

Die legendäre vorsintflutliche Metallbibliothek von Tayos

Im Jahr 1860 wurde eine rätselhafte Höhle in Ecuador entdeckt, die *Cueva de Los Tayos*, und viele Autoren und Forscher sehen diese Höhle als eines der größten Rätsel von Südamerika an. Die Funde in dieser Höhle widersprechen komplett der modernen Geschichtsschreibung dieses Kontinents und es soll sich dabei um eine Sammlung aus metallischen Artefakten handeln, die einigen Aussagen zufolge bis zu 250.000 Jahre alt sein könnten. Die Geschichte der Tayos-Höhle und der Metallbibliothek wird immer wieder mit den Artefakten von Vater Crespi in Zusammenhang gebracht, doch im Grunde genommen handelt es sich hier um völlig verschiedene Funde und Fundorte.

Versuchen wir nun etwas Licht in dieses Dunkel zu bringen und beginnen mit der Tayos-Höhle selbst, denn diese Höhle ist heute immer noch das Ziel vieler Forscher und Abenteurer. Die Gänge und die Decke der Höhle bestehen teilweise aus gigantischen, bearbeiteten Steinblöcken. Sogar der weltberühmte Astronaut Neil Armstrong, der erste Mann auf dem Mond, nahm 1976 an einer Erforschung der Tayos-Höhle teil. Die Steinblöcke, aus denen die Höhle erschaffen wurde, müssten mittels moderner Technologie erschaffen worden sein. Doch dies passierte wahrscheinlich vor zehntausenden von Jahren. Die großen, bearbeiteten Steinblöcke sind exakt wie mit einem Laser geschnitten und mit einer unbekannten Technik glattpoliert worden. So etwas findet man auch bei vielen weiteren Megalith-Anlagen auf der ganzen Welt und es kann heute immer noch nicht erklärt werden, wie man diese Steine in der Höhle platziert hat. Einige Autoren schrieben über seltsame Artefakte und goldene Metallbücher, die in diesem Höhlensystem einst entdeckt worden sein sollen. Bei den angeblich gefundenen, metallischen Artefakten soll es sich um eine Metallbibliothek einer verlorenen Zivilisation handeln, einer „Halle der Aufzeichnungen".

Die Tayos-Höhle befindet sich in der ecuadorianischen Provinz Morona Santiago im hochgelegenen Amazonas-Regenwald. Das Gebiet gehört heute den Shuar-Indianern und wurde von der UNESCO zum Weltnaturerbe erklärt, dem Sangay-Nationalpark. In der Nähe der Höhle befindet sich der Coangos-Fluss in einer Höhe von 539 Metern. Um bis zu den Gängen mit den Steinblöcken vorzudringen, muss man sich zweimal im Inneren der Höhle abseilen – einmal um 87 Meter und dann noch einmal um 25 Meter, erst dann erreicht man den Eingang zu den Tunneln.

Es ist noch immer umstritten, ob in der Tayos-Höhle tatsächlich viele Artefakte gefunden worden sind. Der erste Forscher, der von einer Metallbibliothek berichtete, war Juan Moricz (1923-1991), der selbst zwischen den Jahren 1965 und 1975 mehrere Expeditionen zur Tayos-Höhle anführte. Um das Jahr 1972 traf sich dann Erich von Däniken mit Juan Moricz und dieser brachte ihn durch einen geheimen Eingang in eine große Halle im Tayos-Tunnelsystem. Däniken selbst bekam die Metallbibliothek leider auch nicht zu Gesicht, sah jedoch, dass die Durchgänge im Tunnelsystem teils perfekte rechte Winkel aufwiesen und die Steinplatten makellos glatt poliert waren – und die Gänge verliefen laut den Aussagen von Moricz hunderte Kilometer lang unter der Oberfläche von Ecuador und Peru. Als Reaktion auf die Veröffentlichung des Buches „*Gold of the Gods*"

(Aussaat und Kosmos) von Däniken wurde Stan Hall auf die Höhle aufmerksam und im Jahr 1976 erfolgte seine große Expedition mit Neil Armstrong. Diese Höhlenexpedition war eine der teuersten Höhlenexpeditionen, die jemals unternommen wurden. An ihr nahmen ca. 120 Personen teil, darunter verschiedene Wissenschaftler und Militärs aus England und Ecuador, und ein Filmteam hatte man auch noch dabei. Es wurde damals auch eine detaillierte Karte des Tayos-Höhlensystems erstellt. Zur Enttäuschung vieler Archäologen konnte von diesem Team jedoch keine Fundstücke von wahrer Bedeutung zutage gefördert werden und später wurde behauptet, das große Team sei im falschen Höhlenkomplex gewesen. So kam es auch zu Streitigkeiten zwischen den Shuar-Indianern und den Engländern und es soll sogar zu einem Schusswechsel gekommen sein. Die Indianer behaupteten, die echte Höhle sei geheim und somit blieb das Geheimnis um die Metallbibliothek weiterhin erhalten.

Im Jahr 1979 verriet Juan Moricz, dass er die Metallbibliothek nicht selbst gesehen, sondern von ihr durch einen Mann namens Petronio Jaramillo erfahren hatte. Stan Hall befreundete sich mit Jaramillo und erfuhr weitere Einzelheiten und im Jahr 1991 verstarb Juan Moricz ganz plötzlich. 1996 gab es dann die ersten Pläne von Stan Hall und Petronio Jaramillo, eine neue Expedition zur echten Höhle der Metallbibliothek zu starten. Im Jahr 1998, kurz vor dem Start der Expedition, wurde Jaramillo dann plötzlich vor seinem Haus von einem Straßenräuber erschossen. Im Jahr 2007 veröffentlichte Stan Hall dann sein ganzes Wissen in einem Buch und gab die Koordinaten der *echten* Höhle der Metallbibliothek bekannt (darüber später mehr) – und ein Jahr darauf verstarb auch er. Sowohl Jaramillo als auch Moricz berichteten über den Fund von antiken Artefakten einer verlorenen Zivilisation, die möglicherweise aus Atlantis stammten. In verschiedenen Räumen im Inneren der Tunnelanlage einer anderen Höhle wurden von Petronio Jaramillo verschiedene goldene Metalltafeln entdeckt, auf denen allerlei Ideogramme und seltsame Figuren abgebildet waren und Moricz war damals davon überzeugt, dass die Metallbibliothek von Tayos eine Aufzeichnung der unbekannten alten Geschichte der Welt und ihres Wissens war.

Er schrieb nämlich, dass er Anzeichen für eine extrem fortschrittliche, antike Zivilisation in der Tayos-Höhle entdeckt hatte. Im Juli 1969 hatte er ein Treffen mit dem damaligen ecuadorianischen Präsidenten. Dieser gab ihm eine Erlaubnis, den ganzen Höhlenkomplex zu erforschen. Zusammen mit einigen Kollegen konnte er so alles fotografieren und von unabhängigen Zeugen bestätigen lassen. Auch mehrere lokale Tageszeitungen berichteten darüber. Die Gänge und Steinblöcke im Inneren des Höhlensystems wurden fotografiert und veröffentlicht, doch es gab keine Spur der Metallbibliothek und erst durch den Kontakt von Stan Hall und Petronio Jaramillo kamen mehr Einzelheiten über die echte Höhle mit den Artefakten ans Licht. Jaramillo erzählte Hall, dass sich die Bibliothek aus tausenden von Metallbüchern zusammengesetzt haben soll, die auf Regalen untergebracht waren, ein jedes der Metallbücher ein Gewicht von 20 kg gehabt haben soll und jede Seite mit Ideogrammen, geometrischen Formen und Inschriften gefüllt war. Neben den Metallbüchern soll es in den Höhlen auch harte Platten aus milchigdurchsichtigem Kristall gegeben haben, die auf Stützen lagen, die mit Plattgold überzogen waren. Daneben gab es noch hunderte von Statuen von Menschen, darunter auch viele von Mischformen zwischen Tier und Mensch. Diese mythologischen Mischwesen spielten eine zentrale Rolle bei allen antiken Kulturen. Jaramillo erklärte, dass es auch Statuen von Insekten gab und die menschlichen Gesichter der Statuen stellten eine Reihe von verschiedenen Emotionen zur Schau. Weiter gab es dort diverse Metallbarren und Goldbarren wie auch Spielzeug und Werkzeug für die Herstellung von Schmuck und Knöpfen in dieser Höhle. Jaramillo und Hall glaubten, dass das alles noch aus der Zeit vor der Sintflut stammte.

Einige Räume waren versiegelt und die Türen waren mit kostbaren Steinen verziert. Es handelte sich wahrscheinlich um Grabmäler und ein Sarkophag wurde tatsächlich entdeckt. Er bestand aus diesem milchigen Kristall und enthielt ein riesiges, menschliches Skelett, das von Gold überzogen war. Das wäre ein Hinweis darauf, dass alle diese alten Anlagen ursprünglich von Riesen erschaffen wurden. Der Indianerstamm, der heute auf diesem Land lebt, sind die Shuar-Indianer und diese behaupten, über einen langen Zeitraum viele Artefakte aus der Tayos-Höhle geborgen zu haben. Doch die Tayos-Höhle ist nicht mit der Höhle der Metallbibliothek identisch. Die katholische Kirche hatten schon sehr früh Kontakte zu allen Indianerstämmen, um ihr Wissen aufzuzeichnen und Missionsarbeit zu leisten. Die Goldschätze der Indianer wurden dabei oftmals einfach gestohlen und nach Rom gebracht. Der für die Shuar-Indianer früher zuständige Missionar war der italienische Vater Carlos Crespi Croci (1891-1982), der Anthropologie an der *Universität von Mailand* studiert hatte, bevor er Priester wurde. Der Priester freundete sich mit dem Stamm an und erhielt dafür viele ihrer Artefakte geschenkt, von denen zumindest einige laut der Aussage von Stammesmitgliedern aus der Tayos-Höhle herausgeholt worden waren, wobei viele dieser Relikte heute noch erhalten geblieben, andere jedoch spurlos verschwunden sind. Crespi erforschte die Gegend um die Tayos-Höhle in den 1940er-Jahren und erhielt von den ansässigen Shuar-Indianern einige interessante Objekte, die sie angeblich selbst irgendwann aus der Höhle geholt hatten. Diese Artefakte waren tatsächlich aus Gold, trugen Inschriften und seltsame Abbildungen und scheinbar war der Vatikan in Rom an solchen Funden besonders interessiert.

Vater Crespi gründete schließlich ein Museum in Cuenca, dem Ort, an den er gesandt wurde, und stellte diese Artefakte dort aus. Crespi mutmaßte offenbar etwas zu laut, dass es eine Verbindung der Artefakte mit den alten Zivilisationen von Babylon und Sumer gab, denn kurz darauf brannte das Museum mit einem Großteil der Artefakte ab und nur wenige davon konnte Vater Crespi retten, deshalb existieren heute nur mehr Videos und Fotografien der besonders brisanten Fundstücke – nach dem Feuer war buchstäblich alles verschwunden. Vater Crespi verstarb im Jahr 1982 und seitdem war nichts mehr über den Verbleib seiner Sammlung bekannt geworden. Nach Aussagen von Zeugen soll er mindestens 5.000 Artefakte angesammelt haben und 3.000 davon waren aus Gold oder Edelsteinen.

Durch die Auswertung der Funde in der Tayos-Höhle hat man herausgefunden, dass sie schon vor bis zu 48.000 Jahren bewohnt war und wohl während großer Katastrophen als Schutzanlage diente. Vor ca. 11.000 Jahren wurden die Anlagen dann wieder verlassen, weil sich das Klima der Erde wieder verbessert hatte und die damaligen Bewohner zogen anscheinend südwärts Richtung Peru und Chile. Es gab dann eine neuerliche Bewohnung des Höhlensystems um das Jahr 4.000 v. Chr., wobei es sich um eine weitere unbekannte Zivilisation handelte, die schon vor den Shuar-Indianern dort existierte. Keramikartefakte aus der Höhle, die an der *Universität von München* analysiert wurden, hatten ein Alter von 3.500 Jahren. Diese Höhlenbewohner verließen dann nach und nach ihr Tunnelsystem und vermischten sich langsam mit den dort bereits ansässigen Indianern. Deshalb behandeln die Shuar diese Höhle immer noch mit großem Respekt, weil

Abb. 192: Fotos der Tayos-Expedition von Juan Moricz aus dem Jahr 1969

sie glauben, dass die Geister ihrer Vorfahren noch darin hausen. Es ist wahrscheinlich, dass die Indianer heute noch einige Metallartefakte in ihrem Besitz haben und die Tunnelsysteme mit den wahren Schätzen weiterhin geheim halten.

Interessante Aussagen gab es dazu auch vom Historiker und Architekten Melvin Hoyos, der sagte, dass die Höhle von Tayos keine Höhle sei, sondern eine von Menschen erschaffene Anlage und nicht natürlich entstanden sein soll. Die Decken sind komplett flach und haben 90-Grad-Winkel zu den Wänden und diese Anlage gleicht sehr den anderen mysteriösen Tunnelanlagen, die an verschiedenen Plätzen der Welt gefunden wurden. Es hat also bereits vor der letzten Eiszeit ein Netzwerk aus unterirdischen Tunneln existiert, das sich unter dem ganzen Planeten erstreckt. Der Meinung von Hoyos nach beweist das die Existenz einer ungewöhnlich fortschrittlichen und unbekannten, globalen Zivilisation, die mindestens schon vor der letzten Eiszeit existiert hat.

Stan Hall (1936-2008) beschäftigte sich ab 1975 mit der Höhle von Tayos und ihren Geheimnissen. Durch seine Expeditionen und Kontakten zu wichtigen Personen in Ecuador wusste er, dass es mehr als nur eine Höhle von Tayos gibt, doch die Schatzhöhlen sind ein gut gehütetes Geheimnis. Im Jahr 2005, drei Jahre vor seinem Tod, veröffentlichte Stan Hall dann seine letzten Forschungsergebnisse und gab die von ihm vermuteten Koordinaten der echten Schatzhöhle bekannt: 77°47'34" Westen und 1°56'00" Süden. Die große Expedition im Jahr 1976 besuchte die Höhle an einen anderen Ort: 78°13' Westen 3°6' Süden und war eigentlich eine Fortsetzung der Moricz-Expeditionen von 1969 und 1975. Dieser erklärte später, dass Hall viel mehr erfahren konnte als Däniken, forderte ihn deshalb auf, auch ein Buch zu schreiben und dieser veröffentlichte schließlich im Jahr 2007 sein Buch „*Tayos Gold*“, das auch in einer deutschen Ausgabe erhältlich ist. Lucio Petronio Jaramillo Abarca war der einzige Mann, der die Metallbibliothek mit eigenen Augen gesehen hat, er sah tausende von Tierfiguren, Chimären, kristallähnliche Säulen in verschiedenen Farben und die Metallbücher-Bibliothek mit abertausenden Seiten Umfang. Stan Hall wurde klar, dass sich diese Bibliothek nicht in der *Tayos-Höhle*, sondern in der *Tayu-Höhle* befindet, die am Pastaza-Fluss liegt. Und könnten Halls Vermutung wirklich zutreffen, dass diese Artefakte noch aus Atlantis stammten? Auf jeden Fall stammten sie Jaramillos Meinung nach aus einer Zeit *vor* der großen Flut und die Schätze waren in dem besagten Höhlensystem in Sicherheit gebracht worden. In ganz Nord- und Südamerika wurden ähnliche Artefakte gefunden und alle belegen prähistorische Kontakte zwischen der alten und der neuen Welt.

Abb. 193: Stan Hall mit Juan Moricz (links), Neil Armstrong (Mitte) und Petronio Jaramillo (rechts)

Auch die Flutlegenden in Südamerika gleichen jenen aus Sumer und Babylon. Das heilige Buch der Maya, das *Popol Vuh,* beschreibt eine ähnliche Schöpfungsgeschichte nach der Flut, und andere Legenden berichten davon, dass vor der Zerstörung von Atlantis das „goldene Zeitalter des Saturns" herrschte. Dieser Mythos geht auf noch ältere Katastrophen im Sonnensystem zurück, denn es gab eine ganze Reihe von großen Zerstörungen – das ist der „Missing Link" zur unbekannten Vorgeschichte der Erde. Die Inkas wussten davon, sie nannten ihr Reich selbst *Tayhuantinsuyu* und ihre Legenden berichten davon, dass die Vorfahren der Inkas aus drei Höhlen gekommen waren. Einer ihrer ersten Anführer, der aus einer dieser Höhlen stammte, hieß *Ayar Manco.* Dieser Mann gründete später die Hauptstadt Cusco und wurde ab diesem Zeitpunkt *Manco Capac* genannt. Das Reich der Inka war das größte präkolumbianische Reich überhaupt und wahrscheinlich das größte Reich der Welt bis ins 16. Jahrhundert hinein. Die Inkas verehrten den Sonnengott Inti und die Muttergöttin Pachamama (die Mutter Erde und die Herrin der Zeit) und der König der Inkas trug den Titel „Sohn der Sonne". Archäologen behaupten heute immer noch, die Inkas hätten ohne Räder, Lastentiere und Pflüge und ohne das Wissen um Eisen oder Stahl ihr riesiges Reich und ihre monumentalen Kultstätten erschaffen, sie kannten auch keine Schrift und keine Mathematik. Woher stammten also ihre Architektur und ihre Kunst, riesige Steinanlagen zu erbauen? Sie bauten sogar die längsten Steinwege der Welt und verbanden mit ihnen die Provinzen ihres riesigen Reiches. Außerdem verfügten sie über hochentwickelte Landwirtschaft und andere herausragende künstlerische und handwerkliche Fähigkeiten. Woher also hatten sie dieses Wissen und mit welcher Technik bearbeiteten und transportierten sie ihre tonnenschweren Steinblöcke? Die Archäologie kann es nicht erklären und ignoriert diese Fragen einfach, denn selbst mit moderner Technik könnte so etwas nicht wieder ohne sehr großen Aufwand und finanzielle Mittel bewerkstelligt werden. Darum ist naheliegend, dass der Erbauer dieser Anlagen jemand anderes war – womöglich die Götter, die vom Himmel kamen, wie es in den Legenden beschrieben wird. Sie brachten den Völkern Südamerikas auch ihre Kulturpflanzen mit. All das Wissen dieser verlorenen Zivilisation wurde wahrscheinlich vor einer großen Katastrophe zusammen mit den Überlebenden in den geheimen Höhlensystemen Südamerikas in Sicherheit gebracht. Die Metallbibliothek von Tayos/Tayu könnte deshalb das wichtigste Wissen der alten Welt beinhalten. Doch dieses Wissen scheint höchst gefährlich zu sein und soll um jeden Preis vor der Weltöffentlichkeit verborgen werden!

Kehren wir daher noch einmal kurz zu der Metallbibliothek zurück. Stan Hall hegte eine lange Freundschaft mit Juan Moricz, der behauptete, im Jahr 1969 selbst die Metallbibliothek gefunden zu haben. Als Moricz im Jahr 1991 verstarb, traf sich Hall mit einer bis dahin unbekannt gebliebenen Person, dem Ecuadorianer Petronio Jaramillo. Und jetzt erfahren wir, dass dieser Mann der echte Entdecker der Metallbibliothek war. Stan Hall hatte sechs Jahre lang Kontakt mit Jaramillo und dürfte dadurch Einiges erfahren haben und war bis zu seinem Tod davon überzeugt, dass Jaramillo die echte Informationsquelle von Moricz und Hüter der Schätze und der Metallbibliothek war. Jaramillo erzählte auch zum ersten Mal von den Kristallgegenständen in der Höhle, die nicht einmal durch ein Messer angekratzt werden konnten. Er gestand auch, dass er die echte Höhle mit der Metallbibliothek erstmals im Jahr 1946 betrat, als er 17 Jahre alt war. Sein Onkel zeigte sie ihm, weil er gut mit den ansässigen Shuar-Indianern bekannt war. Jaramillo hatte den Eindruck, dass alle diese Schätze und Metallbücher dort vor einer Katastrophe in Sicherheit gebracht worden waren. Bei einem Besuch in der Höhle nahm Jaramillo sieben der 20 kg schweren Metallbücher von einem Regal, um sie zu studieren, konnte sie jedoch nicht mit sich nehmen, weil sie so schwer waren. Stan Hall fragte ihn, warum er niemals Fotografien der Bibliothek gemacht hatte und Jaramillo erwiderte, dass Fotos als Beweis für ihn nicht ausreichten, die Leute hätten es trotzdem nicht geglaubt. Jaramillo sagte auch, er hätte seinen Namen in diese sieben Bücher eingraviert und das soll eines Tages beweisen, dass er tatsächlich in der echten Höhle war.

Als Hall 1998 nach Schottland zurückgekehrt war, hatte er bereits die nächste Expedition zur echten Höhle geplant, erhielt aber kurz darauf einen Telefonanruf aus Ecuador. Die Mutter von Jaramillo erzählte, dass man ihren Sohn erschossen hatte, denn sein Wissen war wohl doch zu gefährlich geworden. Jaramillo hatte Hall noch nicht den genauen Platz der echten Höhle verraten und wollte damit solange warten, bis die Expedition finanziert war, doch es waren bereits einige Botschafter, Politiker und Wissenschaftler darüber informiert worden. Die Expedition sollte in den trockenen Monaten des Jahres durchgeführt werden und vier Monate lang dauern. Man wollte, dass Jaramillo die Expedition zu der echten Höhle bringt, damit man die Artefakte dort genau dokumentieren könne, ohne etwas von der Fundstätte mitzunehmen. Anschließend sollte alles der UNESCO vorgelegt werden, um die Höhle zum Weltkulturerbe zu erklären.

Doch es war bereits zu spät und nach dem Tod Jaramillos verliert sich die Spur zur Metallbibliothek. Vielleicht erzählte er davon engen Freunden oder der Familie, diese dürften aber durch seinen Tod beschlossen haben, zu schweigen, um nicht selbst zu Opfern zu werden. Es blieb Stan Hall nichts anderes übrig, als all sein Wissen und seine wissenschaftliche Erkenntnisse zu nutzen, um selbst den ungefähren Fundort zu ermitteln. Diese Koordinaten veröffentlichte er dann erst im Jahr 2007, kurz vor seinem eigenen Tod und hoffte, dass zukünftig weiter nach der Metallbibliothek gesucht wird. Er glaubte, dass seine Expedition von 1976 so schnell organisiert werden konnte, weil damals in Ecuador ein militärisches Regime an der Macht war, und seiner Meinung nach behinderte die spätere bürokratische Demokratie seine Bemühungen mit Absicht. Die Artefakte, die bei Stan Halls Expedition 1976 gefunden wurden, befinden sich heute in der katholischen Universität in Quito.

Ein spezieller Aspekt der Forschungen von Juan Moricz und Stan Hall sollte hier noch etwas ausführlicher behandelt werden, weil er zu wenig bekannt sein dürfte. Juan Moricz stammte ursprünglich aus Ungarn und forschte schon lange am Ursprung der ungarischen Sprache, dem Madjarisch bzw. Mährisch (Arisch) – angeblich eine der schwersten Sprachen der Welt. Moricz und andere namhafte ungarische Sprachforscher glauben, dass die eigenartige ungarische Sprache aus Südamerika stammt und auch mit der ägyptischen und sumerischen Sprache verwandt ist. So dachte Moricz, dass nach der Sintflut die beiden Amerikas die Mütter der neuen Zivilisation waren, und dass ihre Kultur alt-madjarisch gewesen war. Er glaubte auch, dass die europäischen Kulturen und jene aus dem mittleren Osten so plötzlich erschienen waren, weil sie sich ursprünglich in den Amerikas entwickelt hatten. Moricz behauptete, dass sich viele einzelne Gruppen auf der ganzen Welt vor der Sintflut retten konnten, dass aber nur diejenigen in den Gipfeln der Anden vor der Flut ihr Wissen und ihre Kultur verbreitet hatten. Diese Gruppe stammte wohl ursprünglich aus Atlantis. Erst nach der Flut, vor ca. 9.000 bis 10.000 Jahren, machten sie sich mit ihren Schiffen auf den Weg und siedelten sich in Mesopotamien an. Sie bauten ihre Schiffe aus Balsaholz, das man damals nur in Südamerika finden konnte. Es gab in Ecuador schon lange sumerisch klingende Ortsnamen wie Shumir, Zumir, Shammar, Mosul und ähnliche, die hauptsächlich in der Provinz Azuay gefunden wurden. Diese Region in Südamerika dürfte deshalb den ungarischen Experten nach das Mutterland der Sumerer oder eine ihrer größeren Kolonien gewesen sein. Sie nannten sich dort Zumirs, das ist die alt-madjarische Form. Moricz und andere glaubten daher, dass die Ungarn der Karpaten ursprünglich aus Amerika stammten und als sie die Anden verließen, sie ihre Sprache über den Atlantik mitbrachten, ebenso ihre Traditionen und Glaubensvorstellungen. Viele südamerikanische Stämme sprechen heute noch verschiedene Versionen der alt-madjarischen Sprache und die Ähnlichkeit zwischen dieser und der sumerischen Sprache kann kein Zufall sein. Es gibt auch religiöse und künstlerische Verbindungen dieser beiden Kulturen.

Viele Sprachwissenschaftler haben die Theorie von Moricz überprüft und sind einstimmig zu der Erkenntnis gekommen, dass sie stimmt – diese Wissenschaftler würden nicht leichtsinnig ihre Reputation aufs Spiel setzen. Im Mai 1997 fand an der ungarischen *Universität von Gödöllö* (Getterle) bei Budapest eine Konferenz zum linguistischen Ursprung der ungarischen Sprache statt. Der Organisator war Dr. Sandor Gyori und verschiedene Sprachforscher diskutierten den aktuellen Stand der Forschung in Ungarn. Es ist heute immer noch unklar, woher die ungarische Sprache stammt. Seit dieser Konferenz im Jahr 1997 werden wieder vermehrt Forschungen zum Ursprung der ungarischen Kultur angestellt. Der Linguist und Diplomat Sir John Bowring forschte bereits im Jahr 1830 an der Sprache der Magyaren und ihm zufolge geht die Geschichte der ungewöhnlichen ungarischen Sprache sehr weit zurück – ihre Struktur existierte bereits vor allen anderen europäischen Sprachen. Sie stellte für Bowring auch das älteste und glorreichste Monument der nationalen Souveränität und der geistigen Unabhängigkeit dar und er bestätigte, dass die Wissenschaft die Herkunft der Sprache nicht erklären kann und sie deshalb ignoriert. Die Wurzel des Wortes *Magyar* bedeutet so viel wie „sprechen“ und Bowring sah hier einen Zusammenhang mit den Worten der Bibel: *„Am Anfang war das Wort Gottes und das Wort war Gott“*, und er hatte sein Wissen über die ungarische Sprache von dem genialen Sprachforscher Csoma de Körös.

Die sumerische und die ägyptische Sprache werden heute als die ältesten Sprachen der Welt betrachtet. Der Ursprung dieser beiden Sprachen liegt in der Gegend des Euphrat und des Tigris und hatte sich dann nach Süden und in Richtung des Mittelmeers ausgebreitet. Diese Gegend ist auch der Ursprung der ungarischen Kultur.

Es gibt keine Aufzeichnungen, dass man diese Sprachen früher „Sumerisch“ oder „Ägyptisch“ genannt hat und diese Begriffe kamen erst im 19. Jahrhundert auf, um diese Völker geografisch zuordnen zu können. Nimmt man die sumerische Sprache her, sieht man, dass sie nur aus Piktogrammen und Keilschrift besteht und man kann also nur ihre Bedeutung herleiten. Die ungarischen Sprachforscher glauben, dass die Sprache der Sumerer Madjarisch war. Bei der Keilschrift werden nur die Konsonanten markiert, man kann sie also lesen, ohne die echte sumerische Sprache zu kennen und es ist daher sehr schwierig, solche Texte in einzelne Worte zu zerlegen. Man vermutet, dass die sumerische Kultur ihren Ursprung im Karpatenbecken hatte und aus Transsylvanien stammte. Im Laufe der letzten Jahrtausende gab es mehrere Wanderbewegungen, die die Sumerer wieder ins Karpatenbecken zurückkehren ließ. Man nennt das die „Ungarische-Kontinuitäts-Theorie“ und gestützt wird sie durch archäologisch-sumerische Artefakte, die im Karpatenbecken gefunden wurden. Auch Professor Grover S. Krantz stellte 1988 eine ähnliche Aussage auf, nachdem er anthropologische Beweise dafür gefunden hatte.

Bei ägyptischen Texten verhält es sich ähnlich wie bei den sumerischen: Es werden vereinfachende Bilder verwendet und erst später entstanden einfache Buchstaben, die Hieroglyphen. Auch hier werden nur die Konsonanten markiert und es ist mühsam, die Texte in einzelne Wörter einzuteilen, weshalb nach wie vor große Schwierigkeiten bestehen, diese Texte in ein modernes Alphabet zu übersetzten. Viele Forscher begannen ihre Übersetzungsarbeiten mit falschen, rassischen und religiösen Theorien und hatten daher keinen Schlüssel zu den Klangeigenschaften dieser Sprachen. Die sumerische Sprache wurde so stark zerstört, dass die ersten Übersetzungsversuche sinnlos waren und beiseite gelegt wurden. Man hat bis heute keine Ahnung, wie sich die sumerische und die ägyptische Sprache wirklich anhörten!

Die alten Sprachen, die im 19. Jahrhundert *Sumerisch* und *Ägyptisch* getauft wurden, konnten erst durch die ungarische Sprache völlig entschlüsselt werden. Die ersten Forscher wussten bereits, dass es sich um skythische Sprachen handelt, die mit der heutigen ungarischen Sprache verwandt sind. Das Wort *Sumer* hat Ähnlichkeit mit dem ungarischen Wort *Szemúr*, bedeutet so viel wie „Sonnengott“ oder „Sonnen-Herr“ und man findet darin auch den Wortstamm „Ur“. Sowohl die Sumerer als auch die Ägypter verehrten die Sonne. Weitere Forschungen zeigten, dass Ungarisch auch der Schlüssel zur Sprache der frühen Kelten sein könnte, denn das Word *Kelten* geht auf die Silbe „kel“ zurück und bedeutet auf Ungarisch „aufsteigen“ oder „aufgehen“. *Kelti* oder *Keleti* bedeutet „diejenigen, die aus der Richtung der aufgehenden Sonne gekommen sind“. Das Wort *Kelten* findet man auch bei den Chaldäern, was zu bedeuten scheint, dass alle diese Ungarisch sprechenden Stämme vom Orient nach Zentral- und Westeuropa eingewandert sind. Die Kelten waren somit die ersten Europäer und brachten ihre Zivilisation und Kultur hierher mit. „Atl Antis“ bedeutet in der alten präamerikanischen Sprache „die alten Anden“. Das ist das Gebiet der Anden, bevor sie durch interplanetare Kataklysmen angehoben wurden, was den Legenden zufolge in der „Nacht der fallenden Sterne“ geschah. Die ältesten Überlieferungen der Madjaren beginnen mit dem babylonischen König Nimrod, dem König von Zmr (Sumer) und seinen zwei Söhnen, Hunor und Magor sowie der skythischen Prinzessin namens Dul. Die ganze Geschichte dieser Vorgänge schilderte Stan Hall in seinen zwei letzten Büchern.(93)

Vaters Crespis geheimste Artefakte der verlorenen Zivilisationen

Stan Hall hatte auch Kontakt zu Vater Crespi und traf ihn im Jahr 1975 in Ecuador. Die beiden wurden sofort Freunde und Hall sagte später, dass Crespi für ihn ein echter Heiliger gewesen sei. Um Vater Carlos Crespi Croci zu ehren, wurde in der Stadt Cuenca sogar ein Denkmal für ihn errichtet. Doch die Geschichte der Artefakte von Vater Crespi ging ab Mitte 2016 weiter, denn vielen Forschern ließen die goldenen Artefakte einer unbekannten Zivilisation und das unterirdische Höhlensystem keine Ruhe. Die Metallbücher-Bibliothek und die seltsamen Statuen, die Amerika mit Sumer und Babylon verbinden, wie auch die unbekannten Schriftzeichen, beflügelten ihren Forschungseifer. Manche sehen in diesen Artfakten auch die Hinterlassenschaften von außerirdischen, raumfahrenden Göttern und glauben, dass der Vatikan dafür verantwortlich ist, dass tausende Gegenstände von Vater Crespis Sammlung verschwunden sind. Durch hartnäckige Nachforschungen konnte man allerdings auch herausfinden, dass sich einige der seltsamen Metalltafeln von Crespi noch immer im Kloster von Cuenca befinden und ein anderer Teil seiner Sammlung in den Kellern der Zentralbank von Ecuador! Diese Stücke sind in versteckten Lagerräumen versperrt und Dr. Ioannis Syrigos, Hugh Newman und Jim Vieira sind bekannte amerikanische Alternativforscher, die 2016 zusammen nach Ecuador reisten, um dem Geheimnis des Verschwindens dieser mysteriösen Artefakte auf den Grund zu gehen.

Vater Carlos Crespi Croci war ein Italiener, der 1891 geboren wurde und an der *Universität von Mailand* Anthropologie studierte, bevor er ein Theologe wurde. Er trat in den römisch-katholischen Orden der Salesianer Don Boscos ein. Dieser Orden widmet sich vorwiegend der erzieherischen Jugendarbeit und die Salesianer sind neben den Jesuiten, Benediktinern, Dominikanern und Franziskanern der größte katholische Männerorden und ebenfalls weltweit aktiv. 1923 wurde Crespi der ecuadorianischen Stadt Cuenca zugeteilt, um dort mit den eingeborenen Stämmen zu arbeiten. Er verbrachte insgesamt 59 Jahre in dieser Stadt und widmete sein Leben der Nächstenliebe, bis er 1982 verstarb. Durch die Missionarsarbeit der katholischen Kirche hatte Crespi auch gute Kontakte zu eingeborenen Indianerstämmen in ganz Ecuador und lernte alles über ihre Kultur und ihre Traditionen. Crespi nahm bereits vor 1927 Kontakte mit den Shuar-Indianern auf und dokumentierte ihre Gebräuche. Durch seine Wohltätigkeit im Namen der katholischen Kirche begannen die Indianer, ihm Artefakte zu bringen. Diese Arte-

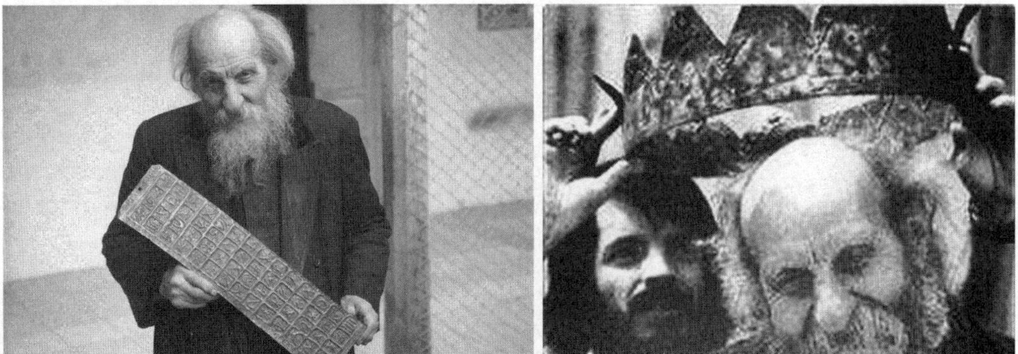

Abb. 194: Vater Crespi mit einer seiner beschrifteten Metalltafeln und der Metallkrone eines antiken Riesen

fakte stammten aus allen Ecken des Landes und repräsentierten die Kunst fast aller indigenen Kulturen Ecuadors. Sie brachten auch zahlreiche gravierte Metallplatten und Crespi dachte sich bereits damals, dass es sich um Nachbildungen und Kopien antiker Artefakte handelt. Er nahm dankbar alles an sich und begann schließlich damit, einige Leute für neue Artefakte zu bezahlen und auf diese Weise fanden immer mehr Metallplatten ihren Weg zu ihm. Viele davon waren einfach hergestellt und dienten wohl nur dazu, damit Geld zu verdienen, sodass es sich bei vielen der einfach gravierten Platten um plumpe Fälschungen handeln dürfte.

Über einen längeren Zeitraum konnte der Pater auf diese Weise mehr als 50.000 Objekte sammeln. Er brachte Vieles davon im Innenhof seiner Kirche unter, bevor der Vatikan die Erlaubnis zum Bau eines Museums gab. Doch die meisten der Artefakte im Museum wurden 1962 bei einem Feuer zerstört – merkwürdig daran war nur, dass wirklich nichts davon in den Trümmern gefunden wurde. Die restlichen Stücke wurden nach dem Tod von Vater Crespi im Jahr 1982 fortgebracht und waren seitdem ebenfalls verschwunden, geblieben sind nur alte Fotografien davon. Es gab Gerüchte, dass viele der Stücke sehr wohl das Feuer überstanden hatten und in bestimmten Archiven und Kellern verschwunden sind. Private Sammler sollen außerdem die schönsten Objekte aufgekauft haben, die brisantesten Fundstücke sollen an den Vatikan in Rom verschifft worden sein und dieser dürfte heute über die weltweit größte Sammlung von kontroversen Artefakten verfügen, die Hinweise auf die verbotene Geschichte der alten Welt vor der Sintflut liefern. Durch seine missionierenden Orden hat der Vatikan solche Artefakte in ganz Nord- und Südamerika aufspüren und anschließend verschwinden lassen.

Auch ein Teil der Artefakte, die im Museum in Cuenco ausgestellt waren, löste Kontroversen aus. Dies geschah, weil diese seltenen Artefakte einen sumerischen und babylonischen Stil hatten. Es gab auch goldene Platten, auf denen sumerische Götter, Priester und Könige abgebildet sind. Darüber hinaus gab es auch unbekannte, seltsame Schriftzeichen auf diesen Platten und all das konnte keiner südamerikanischen Kultur zugeordnet werden – zudem wurde keine dieser Tafeln jemals übersetzt! Es gibt noch Fotografien von einigen dieser Stücke aus den 1970er-Jahren und der Fotograf war ein gewisser Richard Wingate aus Florida. Er sagte, dass er in einer staubigen Hütte hinter der Kirche von Cuenca den wertvollsten Schatz der Welt gesehen habe und es gab Goldplatten und Silberplatten im Wert von Millionen von Dollar – der historische Wert dieser Artefakte

Abb. 195: Tausende Artefakte aus Vater Crespis Sammlung in der Zentralbank, es gibt auch einen Langschädel dort

dürfte sogar ungleich höher gewesen sein. Diese Kunstwerke waren assyrischer, ägyptischer, chinesischer und afrikanischer Herkunft und waren das Produkt erstklassiger Handwerkskunst und unglaublich schön. Leider ist diese außergewöhnlich wertvolle Sammlung heute verschollen und die meisten Archäologen haben niemals etwas von ihr gehört. Sie sind höchst kontrovers, belegen einen frühen Kontakt aller alten Hochkulturen der Welt mit Südamerika und es gibt auch ein Video davon, in dem Vater Crespi erklärte, dass diese Artefakte aus Babylon stammen!

Doch durch die Bücher von Erich von Däniken entstand der Eindruck, dass die Objekte von Vater Crespi von Außerirdischen stammen könnten, denn die sumerischen Götter, die Anunnaki, waren ja vom Himmel gekommen. Crespi selbst dürfte nicht viel über das Höhlensystem von Tayos gewusst haben und falls doch, hat er niemals darüber gesprochen. Das erwähnte amerikanische Team konnte schließlich erreichen, dass es einen Blick auf die verbliebenen Artefakte von Crespi werfen konnte, die kein Außenstehender in den letzten Jahrzehnten hat sehen dürfen. Denn die verborgene Sammlung der ecuadorianischen Zentralbank wurde ihnen enthüllt, begleitet von staatlichen Archäologen, Anthropologen und Polizeikräften. Regale mit abertausenden Objekten erwarteten die erstaunten Besucher und alles war genau dokumentiert worden. Es gab kleine Figuren, Zeremoniengegenstände, Waffen, gravierte Steine, Keramik, Schmuck und sogar die Überreste von Langschädeln und Schrumpfköpfen.

Die billigen Metalltafeln hatten sich als Fälschungen herausgestellt und wurden nicht katalogisiert, sind in einem anderen Gebäude verwahrt und wild durcheinandergeworfen. Sie bestanden eindeutig nicht aus Gold, sondern eher aus Aluminium. Auf ihnen gibt es zwar Abbildungen von seltsamen Kreaturen, aber es handelt sich hier sicherlich nicht um die Metallbibliothek aus dem Höhlensystem. Auf jeden Fall konnte dadurch festgestellt werden, dass ein Teil der Kollektion von Vater Crespi in verschlossenen Tresoren der Zentralbank von Ecuador aufbewahrt wird, dass das meiste davon authentische Stücke sind und die Bank diese Kollektion, ihren eigenen Aussagen nach, für 433.000 US-Dollar von der Kirche gekauft hatte! Die Verantwortlichen versicherten dem Team, dass die meisten der Stücke einige hundert Jahre alt, manche aber auch bis zu 3.000 Jahre alt sind.

Es gab dort allerdings keine Spur mehr von den sumerischen, goldenen Artefakten, mit denen Crespi in den 1970er-Jahren gefilmt worden war, und keine der befragten Personen in Ecuador wollte oder konnte Fragen nach deren Verbleib beantworten. Falls sie noch existieren, sind sie sicherlich gut weggesperrt, weil allein ihre Existenz das ganze etablierte Geschichtsbild über den Haufen wirft. Vater Crespi ist nun schon mehr als 35 Jahre tot, doch warum wurden die anderen Artefakte noch niemals der Öffentlichkeit zugänglich gemacht oder ausgestellt?

Der Harvard-Professor Barry Fell (1917-1994) war der Gründer der *Epigraphic Society* und studierte ein Artefakt aus der Sammlung von Vater Crespi sehr genau. Es handelte sich dabei um eine dreieckige Tafel, die drei Zeilen mit Schriftzeichen hatte, darüber befand sich die Zeichnung eines Elefanten und auf der Rückseite gab es eine Darstellung der Sonne. Professor Fell stellte fest, dass diese Schrift mit einer afrikanischen identisch ist, die im dritten Jahrhundert v. Chr. in Tunesien verwendet wurde. Wie sollten also Fälscher in Ecuador so etwas hinbekommen haben? Der Text bedeutete übersetzt: *„Der Elefant, der die Erde über den Wassern schützt und sie zum Beben bringt.“*

Abb. 196: Lamassu und Nisroch in Ecuador!

In Abb. 196 bis 198 sieht man die brisanten, sumerisch und babylonisch anmutenden Goldtafeln aus der Sammlung von Vater Crespi. Das sind die originalen Fotografien der Goldtafeln aus den 1970er-Jahren. Viele der Stücke von Vater Crespi sehen aus wie Abbildungen von Ägyptern und Sumerern, außerdem finden wir die assyrischen Götter Lamassu und Nisroch wieder und alles deutet darauf hin, dass die Anunnaki auch in Nord- und Südamerika aktiv waren. Abbildung 43 dieses Buches zeigt bereits eine sehr ähnliche Tafel, die allerdings aus Nordamerika stammen soll. Wir erinnern uns: Es handelt sich um Tafeln aus dem Reich *Ameru-ca* – dem Land der weisen Schlange. Der Herrscher Amaru Muru kam vom untergegangenen Kontinent Mu nach Amerika und gründete dort sein neues Reich, er hieß auch alle Stämme aus Lemuria und Atlantis willkommen.

Eine faszinierende Geschichte, die auch noch mit der unterirdischen Welt zu tun hat, kann zum amerikanischen Präsidenten Franklin D. Roosevelt zurückverfolgt werden. Im Jahr 1942 lud der Präsident ein Forscherpaar ins Weiße Haus ein, und es handelte sich dabei um die Forscher David und Patricia Lamb. Die beiden waren gerade in die Vereinigten Staaten zurückgekehrt, nachdem sie ein Jahr den dichten Dschungel von Chiapas in Mexico erforscht hatten und berichteten Präsident Roosevelt über eine Begegnung mit einem gefährlichen Eingeborenenstamm, der aus weißhäutigen Indianern bestand. Diese Indianer beschützten ein ausgedehntes unterirdisches Tunnelnetzwerk, waren von sehr kleiner Statur, wirkten fast wie Zwerge und ihre Haut hatte einen seltsamen, pinken Farbton – sie kamen wohl selten an die Sonne. Das Forscherpaar war bei der ersten Begegnung erschrocken, die Indianer zeigten aber keine Absicht, sie zu töten und wollten nur, dass die Eindringlinge auf dem gleichen Weg verschwinden, auf dem sie gekommen waren. David und Patricia Lamb hatten einen einheimischen Führer dabei und beauftragten ihn, die weißhäutigen Indianer zu fragen, wer sie sind. Der Führer musste es mit verschiedenen Dialekten versuchen, bevor ihn die Indianer verstanden und ihm erklärten, dass sie zum Lancandone-Stamm gehören, einer Gruppe von Indianern, die schon seit vielen Generationen in diesem Dschungel lebt. Sie sagten auch, dass sie die Beschützer eines großen unterirdischen Tempels seien, in dem die „Alten" wohnen. Sie verehrten die Alten und keine Außenseiter durften diesen heiligen Platz jemals betreten, sie würden jeden töten, der es wagen sollte, sie zu stören. Es gab schon lange Legenden über den mysteriösen Lancandone-Stamm und anscheinend handelte es sich bei ihnen um die letzten Überlebenden einer antiken Zivilisation, die einst in Zentralamerika existierte.

Auch der französische Gelehrte und Geograph Abbé Charles-Etienne de Bourbourg (1814-1874) erwähnte den Stamm in seinen Aufzeichnungen und schrieb, dass diese Indianer manchmal in den kleinen Städten von Chiapas und im westlichen Guatemala auftauchten und in einer „großartigen Stadt aus Stein" wohnten. Alle Versuche, ihnen dorthin zu folgen, waren erfolglos, weil die Indianer alle ihre Verfolger töteten. Auch die

Abb. 197: Vater Crespis Goldtafeln von südamerikanischen Schlangenpriestern aus *Ameru-ca*, dem Reich der Schlange! Bei den abgebildeten Herrschern dürfte es sich um Amaru Muru vom Kontinent Mu handeln.

Lambs und ihr Dschungelführer mussten umkehren und die weißhäutigen Indianer in Ruhe lassen. Auf dem Rückweg in die Zivilisation erfuhren die Lambs von andern Ureinwohnern noch mehr über den Lancandone-Stamm und es wurde ihnen berichtet, dass viele wertvolle Schätze unter der „Stadt aus Stein" versteckt seien. Unter diesen Schätzen sollen sich verschiedene kostbare Platten aus solidem Gold befinden, die mit uralten Hieroglyphen beschriftet sind, und die Goldplatten sollen die vergessene, antike Geschichte der Welt enthalten, die für spätere Menschengenerationen aufgezeichnet worden sind. Die Platten erzählen angeblich die Geschichte der großen Flut, sollen sogar Prophezeiungen der Zukunft enthalten und bereits den Zweiten Weltkrieg vorhergesagt haben. Doch niemand hat die mysteriöse alte „Stadt aus Stein", die unterirdischen Tunnelsysteme und den Tempel der Alten jemals gefunden.

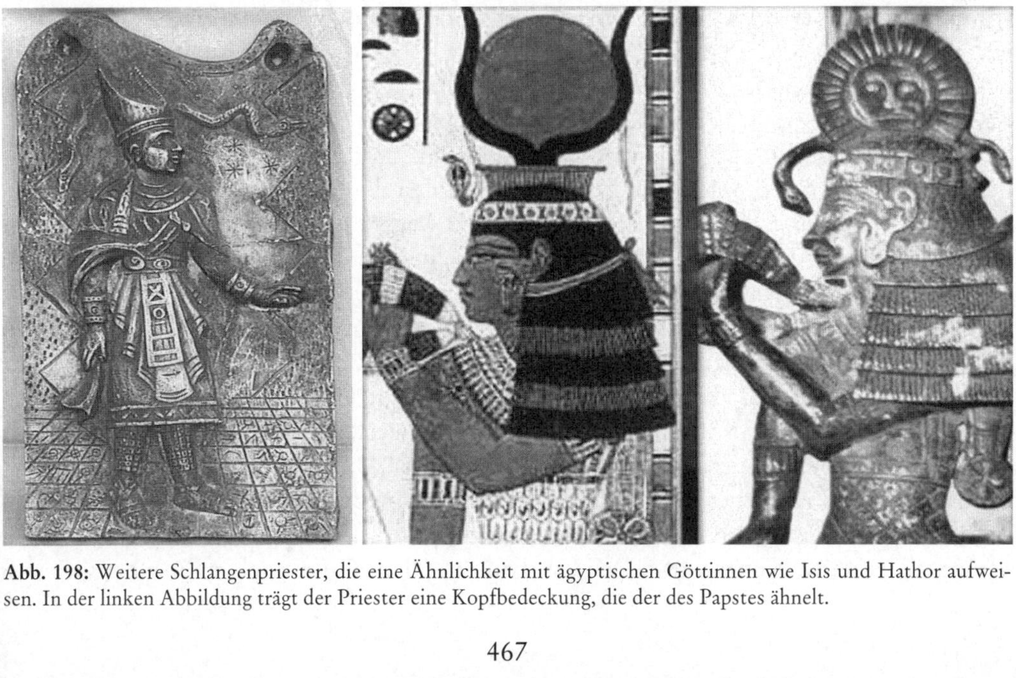

Abb. 198: Weitere Schlangenpriester, die eine Ähnlichkeit mit ägyptischen Göttinnen wie Isis und Hathor aufweisen. In der linken Abbildung trägt der Priester eine Kopfbedeckung, die der des Papstes ähnelt.

Es befinden sich heute immer noch zahlreiche unbekannte, antike Bauwerke in den großen, unberührten Urwäldern Südamerikas und diese weiterhin verborgenen Artefakte könnten den Schlüssel zur mysteriösen Vergangenheit der Erde enthalten – mit diesem Wissen könnte endlich Licht auf die rätselhaften Geschehnisse der fernen Vergangenheit geworfen werden.[(93)]

Gottkönig Nimrod und der Turmbau zu Babylon

Die älteste Aufzeichnung des Turms von Babel stammt von einer babylonischen Steintafel, die etwa 2.600 Jahre alt sein dürfte und befindet sich heute in einer Kollektion eines norwegischen Geschäftsmanns. Auf der Tafel sieht man laut den Forschern eine Abbildung von König Nebukadnezar II., der damals über Babylon herrschte. Neben ihm befindet sich die Abbildung eines großen Zikkurats, ein pyramidenförmiges Bauwerk, das dem babylonischen Gott Marduk zu Ehren errichtet worden war. Man nimmt heute an, dass diese Abbildung den Turm von Babel zeigt, der direkt nach der großen Flut errichtet worden sein soll. Die Überlieferungen sprechen auch davon, dass König Nimrod für den Turmbau verantwortlich und ein direkter Nachfahre von Noah gewesen war. Er baute den Turm zu Babel, um den Göttern zu trotzen und errichtete an seiner Spitze einen Tempel für den Gott Marduk, der später auch als Baal bezeichnet wurde. Es gab verschiedene Götter und Herren, die in solchen Tempeln verehrt wurden und allem Anschein nach handelte es sich dabei um die Anunnaki-Götter. Auch Nimrod selbst wurde Bel oder Baal genannt und das Wort Baal soll auch „Herr des Himmels“ bedeuten.

Der Turm selbst soll 201 Jahre nach der großen Flut aus gebrannten Ziegeln errichtet und mit Bitumen zementiert worden sein, um die Konstruktion wasserdicht zu machen. So wurde es auch schon bei der Arche Noah gemacht. Nimrod selbst soll ein Abkömmling der Götter und ein Riese gewesen sein und man bezeichnete ihn in alten Zeiten auch als Noahs bösartigsten Sohn! Er hegte einen Groll gegen die Götter, weil sie die vorherige Menschheit durch die Flut ausgelöscht hatten und errichtete diesen Turm, um sich vor einer zukünftigen Flut zu schützen – er wollte sich auch an den Göttern rächen und der Turm soll so hoch wie ein Berg gewesen sein. Diese ganze Geschichte wird heute immer noch in ungarischen Mythen beschrieben. Die Ungarn nennen sich selbst Magyaren und sind laut ihren Legenden direkte Nachfahren von König Nimrod.

In der ungarischen „Legende vom Wunderhirsch“ hatte Nimrod alias Ménrót die beiden Söhne Hunor und Magor, und die Nachkommen dieser Söhne entwickelten sich zu den großen Stämmen der Hunnen, Skythen und Magyaren. Die Sprache dieser Völker war dem heutigen Ungarisch sehr ähnlich, weshalb anzunehmen ist, dass auch im alten Babylon eine Form des Ungarisch gesprochen wurde!

Laut verschiedenen Überlieferungen kam es zu Auseinandersetzungen zwischen Nimrod und seiner Frau Semiramis und dem Abraham der Bibel. Abraham war der Turmbau zu Babel und die Götzenverehrung mit Blutopfern für Baal zuwider. Doch Semiramis wird als die Mutter und Frau Nimrods betrachtet, sie begründete den Kult der Muttergöttin und feierte Nimrods Geburtstag am 25. Dezember. Irgendwann jedoch starb König Nimrod eines gewaltsamen Todes, womöglich, als er mit seiner Armee in Armenien einfallen wollte, dem Land, in dem die anderen Nachfahren von Noah lebten. Semiramis erklärte Nimrod nach seinem Tod zu einem Gott, auch sich selbst zu einer

Göttin und behauptete, dass nach dem Tode Nimrods ein immergrüner Baum aus einem Baumstumpf emporgewachsen sei. Dieser Baum sollte symbolisieren, dass Nimrod wiedergeboren und ihm zu Ehren deshalb am 25. Dezember Geschenke unter diesen immergrünen Baum gelegt wurden („*Fröhliche Weihnacht!*“).

Obwohl Semiramis behauptete, eine Jungfrau gewesen zu sein, gebar sie einen zweiten Sohn, Tammuz, der als der wiedergeborene Nimrod verehrt wurde, und Semiramis wurde fortan als heilige Jungfrau und heilige Mutter Gottes verehrt – ihr Symbol war und ist der Mond und das war der Beginn der neuen Religion in Babylon. Für dieses uns vertraute Geschehen gibt es zwei Deutungen: Erstens wird Semiramis heute noch immer als Mutter Maria verehrt, das katholische Christentum ist nur eine abgewandelte Form des babylonischen Kultes, und alle Mysterien-Orden der Welt wurden auf diesem Kult begründet. Die alten Stämme Israels verbreiteten diesen Glauben und den Tempelkult und die Opferungen weiter und im Grunde genommen werden diese Riten durch den babylonischen Talmud noch immer fortgeführt. Die zweite Deutung dieser Ur-Lehre besagt jedoch, dass die kosmisch-göttlich vorhandene Mutterenergie im Laufe der Äonen eben jeweils passende Verehrung unter verschiedenen Namen fand.

Nun, damals waren die Götter sehr erzürnt über diesen Satanskult und zerstörten den Turm von Babel, da sie sahen, dass die Menschen noch immer nichts aus der Bestrafung ihrer Sünden durch die Flut gelernt hatten. Das Volk wurde in alle Himmelrichtungen zerstreut, ihnen wurde die Sprache verwirrt, damit sie sich gegenseitig nicht mehr verstehen konnten und es wurden 72 neue Sprachen durch die Konfusion von Babel eingeführt. Der babylonische Kult war also die erste falsche Religion der Welt und verbreitete ein System des Götzendienstes, das heute noch Bestand hat. Nach dem Fall von Babylon flohen die Hohepriester nach Ägypten und anscheinend auch nach Südamerika und nahmen ihre Religion mit sich. In Ägypten wurden aus Nimrod und Semiramis Isis und Osiris. Viele Weisheitslehrer, wie auch Jesus Christus, klärten über das richtige Zusammenleben der Menschen auf, doch es herrscht heute immer noch hinter den Kulissen des Weltgeschehens dieser Kampf von Gut gegen Böse zwischen den Anhängern des wahren Glaubens und denjenigen, die Babylon wieder errichten wollen!

Auch in der Enzyklopädie der Freimaurerei wird erwähnt, dass Nimrod als der Gründer der Freimaurerei betrachtet wird, weil er der erste große Baumeister nach der Sintflut und König von Babylon war – er war der große Architekt von Babylon. Er liebte seine Maurer und ihr Handwerk und war auch selbst ein Meistermaurer. Nimrod soll 60.000 Maurer beschäftigt haben. Die weisesten und geschicktesten Maurer sollten die „Meister des Königs“ werden, die Großmeister. Hiram Abif, der Architekt des Tempels Salomo, soll ein Nachfahre König Nimrods gewesen sein. Das Wissen der Maurer um die Geometrie stammte noch aus der Zeit vor der großen Flut und wurde durch Hermes Trismegistos nach der Flut den Vorfahren Nimrods übergeben. Laut dem berühmten Freimaurer Manly P. Hall war Nimrod selbst ein Riese, weil er ein direkter Nachkomme der Gefallenen Engel gewesen ist. Die Nephilim und Anakim der Bibel werden von vielen mit den Anunnaki gleichgesetzt und die geheimen Rituale der Hochgrad-Freimaurerei stammen noch aus der babylonischen Götzenverehrung. Im Mittelalter wurde der Name Nimrod von Hexen und Freimaurern in England als Ersatz für Luzifer verwendet und ihm gleichgesetzt.

Die babylonische Gottheit Marduk wird mit dem Mars assoziiert. Er war wahrscheinlich einer jener Anunnaki, die auf dem Mars stationiert waren, vor der Flut rebellierten und Kinder mit Menschenfrauen zeugten. Diese Anunnaki wurden nach der Flut die „Gefallenen Engel“ oder Wächter genannt. Da König Nimrod von Babylon in den alten Schriften als ein Riese bezeichnet wurde, ist anzunehmen, dass er direkt von den Anunnaki-Göttern abstammte und durch den Turmbau zu Babel gegen sie rebellieren wollte, denn sie hätten die Menschheit durch die große Flut fast ausgelöscht. Die Anunnaki hatten Angst, dass Mischmenschen genauso mächtig werden könnten wie sie selbst, was sie nicht zulassen konnten, weil sie weiterhin von ihnen angebetet werden wollten. Die Menschen dienten ihnen auch und stellten den Göttern Nahrung zur Verfügung, solange sie auf der Erde weilten. Nimrod wollte diese Verehrung beenden und baute darum den Turm zu Babel, auf dessen Spitze sich der große Marduk-Tempel befand. Nimrod eroberte die ersten größeren Städte, die sich in Mesopotamien nach der Flut gebildet hatten und es wird heute angenommen, dass das ungefähr eintausend Jahre nach der Flut geschah. Nimrod wurde somit der erste Herrscher über ein großes Reich und es heißt, dass die Angriffe mit seinem babylonischen Heer unaufhaltsam waren. Um den Göttern zu trotzen, erschuf er dann seine eigene neue Religion, erhob sich selbst zu einem Gott und wurde als mächtiger Herrscher verehrt. Auch im Marduk-Tempel herrschte ab nun die Verehrung Satans und seiner Dämonen, was durch schwarze Magie geschah, die er von den gefallenen Anunnaki gelernt hatte – die Ausübung dieser okkulten, satanischen Praktiken schon in den früheren Götzentempeln war ja der Grund für die Sintflut gewesen. Denn die wohlwollenden Götter wollten nicht, dass Menschen diese dunklen Riten praktizieren, weil sie gefährlich für sie sind. Es wurden auch die Sternsymbole angebetet (Pentagramm und Stern von David bzw. Baal), welche vermutlich den Saturn und die Sonne symbolisieren und diese Stern-Verehrungen sind auch heute noch allgegenwärtig. Nimrod selbst studierte die alten Mysterien in Ägypten, bevor er nach Babel kam und aus seinem Halbwissen heraus die babylonische Mysterien-Religion erschaffen hatte.

Der Hochgradfreimaurer und Historiker Manly P. Hall schrieb in seinem Buch über die geheimen Lehren aller Zeitalter, dass beim Untergang von Atlantis die heiligen Geheimlehren der Priesterschaft vom „Pfad des Lichtes“ aus dem verdorbenen Kontinent in Sicherheit gebracht wurden. Diese Atlanter siedelten sich in Ägypten an, wurden dort die ersten Herrscher und alle heiligen ägyptischen Mythen und Schriften basieren auf den alten atlantischen Mysterien-Ritualen.

Der „heilige“ Name Marduk wurde den normalen Menschen nicht enthüllt, sondern er wurde Bel oder Baal genannt und wurde vermutlich als der geflügelte Vogelmensch Nisroch dargestellt. Auf diese Weise konnte die Anbetung von Marduk in vielen Ländern eingeführt werden, auch in Israel. Baal wurde von den Kanaanitern, Phöniziern, Syriern und den Ägyptern angebetet und die Griechen kannten ihn später als Herkules. Die griechischen Götter waren ebenfalls die Anunnaki. Der Name Baal variierte je nach dem Ort der Anbetung und meistens handelte es sich um Tempel auf Bergen, auf denen die Wächter lebten. In Israel gab es zum Beispiel Baal-Hermon und der Name hat sich bis heute in Form von Baal-Zebub erhalten – und der *Beelzebub* ist der Satan.

König Nebukadnezar II. berichtet in seinen Aufzeichnungen von der Restauration der Stadt Babylon, die 88 Jahre dauerte, denn im Jahr 689 v. Chr. war die ganze Stadt zerstört worden. Nebukadnezar erwähnt auch den Turm der Stadt, ein Zikkurat, und

Abb. 199: Darstellungen des Turms Etemananki

ihm zufolge konnte der ursprüngliche Bau des Turms nicht vollständig abgeschlossen werden, weil die Erbauer bzw. Maurer plötzlich damit begannen, in verschiedenen Sprachen zu sprechen und verwirrt waren. Der Turm von Babel wurde in Babylon „Etemananki" genannt, was so viel bedeutet wie „das Haus des Fundaments/Ecksteins des Himmels und der Erde". Archäologen haben bei Ausgrabungen das Fundament dieses Turms gefunden, er war tatsächlich ein typisch mesopotamisches Zikkurat und der Haupttempel von Babylon, und der Turm war wohl mehrfach zerstört und wieder aufgebaut worden. Er hatte sieben Ebenen und war mehreren Angaben zufolge stolze 91 Meter hoch und die Seitenlängen des rechteckigen Gebäudes dürften ebenfalls 91 Meter betragen haben. Auf der Spitze des Turms befand sich der Tempel des Gottes Marduk, der aus glasierten Ziegeln erbaut war und in diesem sich ein goldenes Bett und ein goldener Tisch von immenser Größe befand. Auf der Spitze des Marduk-Tempels befanden sich außerdem zwei vergoldete Stierhörner. Diese Hörner waren typisch für spätere Abbildungen von Baal in den Götzentempeln. Am Boden des Turms soll den Aufzeichnungen nach eine goldene Statue von Marduk gestanden haben, die 2,5 Tonnen schwer war, und für den gesamten Bau des Turms Etemananki wurden schätzungsweise 85 Millionen Ziegel verwendet!

König Nebukadnezar II. versuchte den Turm während seiner Herrschaft in Babylon im 6. Jahrhundert v. Chr. zu erneuern und schrieb, dass er zu seiner Zeit bereits uralt und irgendwann in der Vorzeit von einem früheren König errichtet worden war. Die Spitze des Tempels wurde niemals ganz fertiggestellt und der Turm wurde irgendwann verlassen, wofür der Grund unbekannt ist und vielleicht mit der mysteriösen Sprachverwirrung der Maurer zu tun hatte. Wollen die Freimaurerorganisationen der Welt vielleicht gar nicht den Tempel Salomos wiedererrichten – sondern gar den Turm zu Babel? Erdbeben, Stürme und Gewitter zerstörten den Turm im Laufe der Zeit, die Ziegel begannen zu zerbrechen und das Innere des Turms stürzte ein. Die biblische Version der Turmbaugeschichte wurde vom real existierenden Zikkurat Etemananki beeinflusst und von den Hebräern aufgezeichnet, die sich damals in Babylon aufhielten und den babylonischen, okkulten Götzenkult schließlich in ihren *Babylonischen Talmud* aufnahmen.

Die älteste Darstellung des Zikkurats Etemananki stammt von der Stele des Turms von Babel, einem schwarzen Stein, der ca. 600 v. Chr. zur Zeit der Herrschaft von König Nebukadnezar II. entstanden ist. Der griechische Historiker Herodot berichtete um 440 v. Chr. ebenfalls vom „Tempel von Belus" und schrieb, dass es sich um ein imposantes Bauwerk handelte, dass dieser Turm eine Seitenlänge von 201 Metern besessen habe und insgesamt acht Ebenen hoch gewesen sein soll. Der Zugang zur Spitze des Turms soll nur über eine Treppe möglich gewesen sein, die sich außen um den Turm herum wandte, mit einen Rastplatz mit Sitzgelegenheiten auf halber Höhe und im geräumigen Tempel auf der Spitze mit einem reich geschmückten, riesigen Bett oder Liege und einem riesigen goldenen Tisch. Im Tempel selbst gab es merkwürdigerweise keine Götterstatuen und man glaubt heute, dass dieser Tempel dem Gott Marduk bzw. dem akkadischen Gott Bel (Baal) gewidmet war. Doch wem dienten die kolossalen goldenen Möbel und warum gab es keine Statuen, die verehrt wurden? Wohnte hier einst ein echter Riese, also Nimrod?

Der letzte Versuch, den Turm neu zu errichten, fand im Jahr 331 v. Chr. durch Alexander den Großen statt, der Babylon erobert hatte. Alexander ließ die Ziegel und Fliesen des zerstörten Turms entfernen und an einen anderen Ort bringen, denn er ordnete den Abriss des gesamten Turms an und wollte ihn von Grund auf neu errichten, doch sein plötzlicher Tod setzte dem Vorhaben ein Ende. Es ist weiterhin unbekannt, wann genau der ursprüngliche Turmbau zu Babel stattgefunden hat und in babylonischen Aufzeichnungen wird erwähnt, dass der Turm bereits mindestens seit dem 2. Jahrtausend v. Chr. existiert hatte. König Nebukadnezar II. nannte den Turm auch das „ewige Haus" und schrieb, dass er ihn so wiederaufbauen ließ, wie er vorher mit Silber, Gold und anderen Metallen war. Die Ziegel wurden emailliert und es wurde auch Holz von Tannen und Kiefern verwendet. Die erste Ebene des Tempels war das „Haus des Fundaments der Erde" und das war ursprünglich das älteste Monument Babylons. Der König beschreibt auch, wie er zum Wiederaufbau Ziegel verwendet hat, die mit Kupfer überdeckt waren und der ganze Turm mit allen fertigen Ebenen wurde dann „das Haus der sieben Lichter der Erde" genannt. Es ist heute nicht mehr bekannt, wie der Turm genau ausgesehen hat, doch durch die Beschreibungen und die Architektur anderer Zikkurats kann man in etwa seine ursprüngliche Gestalt rekonstruieren. Übrigens errichtete dieser König auch das weltberühmte blaue Ishtar-Tor, das komplett mit glasierten Ziegeln verkleidet wurde und sich heute in Berlin befindet.

Ein wichtiges Element der Marduk-Nimrod-Anbetung sind ihre Manifestationen als Schlange oder Drache, und Nimrod nahm den Drachen auch als sein Wappentier, denn nach der Flut gab es noch viele überlebende Dinosaurier. Die Hohepriester der Tempel waren daher Schlangenpriester, verehrten auch die Schlangen als Sinnbild des schlauen Satans und auch in anderen alten Schriften wird von Satan als „die Schlange in Eden" bzw. Edin gesprochen. Die Bösartigkeit von Nimrod kam daher, weil er von Satan, dem

Abb. 200: Der Turmbau zu Babel auf babylonischen Tafeln, und rechts ein Relikt aus Michigan in Nordamerika

Herrn der Lüge bzw. der alten Schlange, besessen und dieser Religion auch die Astronomie sehr wichtig war: Der wichtigste Platz am Himmel war das Sternbild Drache (Draco) oder Alpha Draconis. Es ist das achtgrößte Sternbild am Himmel und im Jahr 3000 v. Chr. lag der Punkt des absoluten Nordens in ihm. Auf Abb. 200 sehen Sie links und in der Mitte Darstellungen des Turms auf babylonischen Tafeln, und rechts den Turmbau auf einer der Michigan-Relikte.[(94)]

Die Artefakte der Burrows-Höhle und das zweite Land von Ägypten

Alexander der Große (356-323 v. Chr.) starb im Alter von 33 Jahren nach einem Trinkgelage in Babylon. Hier finden wir schon wieder die symbolische Zahl 33, auch Jesus soll mit 33 Jahren gekreuzigt worden sein – gibt es hier eine Verbindung? Es ist heute nicht bekannt, wo sich das Grab von Alexander befindet oder wo er überhaupt begraben sein könnte, und es handelt sich hier um eines der größten Mysterien der Antike. Die antiken, griechischen Geschichtsschreiber Diodor, Plutarch und Arrian glaubten, dass Alexander das Opfer einer Verschwörung und einer Vergiftung wurde. Der Leichnam von Alexander wurde nach ägyptischem Vorbild in einen goldenen Sarkophag gelegt, der mit Honig gefüllt wurde, um seinen Leichnam zu konservieren, und das Ganze wurde dann nochmals in einem größeren, goldenen Sarg platziert. Der Kriegsherr sollte ursprünglich in der Oase Siwa in Ägypten bestattet werden, doch auf dem Weg dorthin konfiszierte überraschenderweise einer der Generäle Alexander des Großen, sein persönlicher Freund Ptolemaios I., den Sarg und bestattete ihn gegen seinen ausdrücklichen Willen in Memphis. Nach dem Tod Ptolemaios wurde das Grab nach Alexandria an die Küste verlegt und es wurde dort ein prächtiges Mausoleum errichtet, doch durch Unruhen in der Spätantike ging angeblich die Kenntnis um den genauen Ort der Grabstätte verloren! Einige Historiker wollen den Sarg Alexanders noch im 4. Jahrhundert gesehen haben, danach blieb er verschollen. Mit dem Aufkommen der modernen Archäologie im 18. Jahrhundert gab es viele Lokalisierungsversuche, die bis heute nichts erbrachten. Wo war der legendäre goldene Sarkophag abgeblieben?

Vor mehr als 35 Jahren stolperte ein Mann namens Russell Burrows über eine versteckte Höhle im südlichen Illinois in den Vereinigten Staaten, er erforschte die seltsame Höhle und fand dort tausende von unerklärlichen Artefakten vor. Darunter waren menschliche Überreste, Waffen aus Metall und goldene Tafeln, auf denen Schriftzeichen angebracht waren, die aus Europa und dem Mittleren Osten stammten. Keine dieser Schriftarten war jemals bei irgendwelchen amerikanischen Indianerstämmen gebräuchlich. Und das Erstaunliche daran ist: Es gab einen goldenen Sarkophag und viele Artefakte, die mit Alexander dem Großen in Verbindung gebracht wurden. Es gab dort außerdem Münzen mit der Abbildung von Alexander Helios, einem ptolemäischen Prinzen, der ca. 30. v. Chr. in Alexandria lebte und dann ebenfalls spurlos verschwunden ist. Die beiden amerikanischen Forscher Virginia Hourigan und Harry Hubbard haben bis in die späten 1990er-Jahre hinein die Inschriften der Burrows-Artefakte erforscht und sind zu schier unglaublichen Erkenntnissen gelangt: Sie meinen, dass die Artefakte der Burrows-Höhle beweisen, dass viele Menschen aus dem Mittleren Osten und Ägypten noch bis zur Zeitenwende zwischen Alexandria und Nordamerika hin und her gesegelt sind! Laut ihren Aussagen werden die Artefakte aus der Höhle von den meisten Archäologen noch immer ignoriert oder als Fälschungen bezeichnet, obwohl es sich meist um Platten aus purem Gold handelt! Die beiden unabhängigen Forscher Hourigan und Hubbard sagen, dass diese wichtigen Entdeckungen und Erkenntnisse auch von der griechischen und ägyptischen Regierung abgeblockt werden! Aus welchem Grund?

Erstens gibt es auf den Artefakten der Höhle nicht nur Abbildungen von Menschen aus Ägypten, sondern es sind auch Begegnungen mit außerirdischen Lebensformen und speziell Reptilienmenschen darauf abgebildet. Das sorgte für Kontroversen, denn diese Artefakte wurden in fotografischen Studien im Internet veröffentlicht – doch die mächtigen, wissenschaftlichen Institutionen der Welt wollen sich mit solchen Funden nicht auseinandersetzen, denn erstens gibt es für sie keine präkolumbianischen Kontakte vor Kolumbus und zweitens keine antiken Kontakte mit Außerirdischen oder Reptilienmenschen! Es wird vermutet, dass viele wertvolle Gegenstände und Aufzeichnungen in Form von goldenen Schrifttafeln und Artefakten aus irgendeinem Grund vor sehr langer Zeit in der Burrows-Höhle gesammelt und versteckt worden sind und es gut möglich ist, dass diese Höhle eine weitere antike „Bibliothek der Aufzeichnungen" darstellt. Auf Goldmünzen kann man ablesen, dass sich dort Gegenstände aus mehreren Jahrhunderten befinden und auf einer Münze kann man lesen, dass diese Höhle die Krypta des ägyptischen Prinzen Alexander Helios ist! Auf der Münze findet sich auch noch dieses Symbol: ▲II Das Dreieck mit den beiden vertikalen Linien bedeutet „das zweite Land von Ägypten" und zeigt, dass ägyptische Könige mindestens zwei Länder beherrschten, eines in Nordafrika und ein weiteres in Nordamerika! Es scheint, dass römische Geschichtsschreiber damals nichts über das zweite Land von Ägypten Bescheid wussten und es war und ist immer noch ein sehr großes Geheimnis! Als Prinz Alexander Helios damals verschwunden ist, hatte er noch nicht das Mannesalter erreicht, dennoch kann man ihn auf den Abbildungen der Münzen in der Burrows-Höhle als Erwachsenen sehen und auf der Münze steht, dass er zur Zeit der Prägung 22 Jahre alt gewesen war. Alexander Helios wurde im Jahr 40 v. Chr. in Rom geboren und starb laut den Aufzeichnungen im zweiten Land von Ägypten im Jahre 39. n. Chr.! Auf vielen Artefakten findet sich das Sonnensymbol für Helios, und Helios steht auch für Heli, einem späten Nachkommen von König David von Israel. Prinz Alexander von Helios und dessen Nachkommen waren auf diese Weise auch direkt mit König David verwandt und wurden in Alexandria ausgebildet, da sich dort damals die größten Gelehrten der Welt versammelten. Auf den Münzen in der Höhle gibt es auch Abbildungen von den Nachfahren von Prinz Alexander Helios, die alle im zweiten Land von Ägypten geboren wurden, das den meisten zeitgenössischen Juden und Römern scheinbar auch einige hundert Jahre nach der Zeitenwende immer

Abb. 201: Abbild von Crice Heli und ein Schiff ins zweite Land von Ägypten

noch unbekannt war. Wie im *Buch Mormon* bereits beschrieben, gab es bestimmt eine Auswanderungswelle von einigen der verlorenen Stämme Israels und auch von Ägyptern dorthin, die aus verschiedenen Gründen aus ihrer alten Heimat fliehen mussten. Sie alle wussten, dass Nordamerika schon lange bewohnt war!

Der Sohn von Prinz Alexander Helios soll nach den Überlieferungen in der Burrows-Höhle noch nach Alexandria gesegelt sein, um dort zu studieren, und er begegnete dort einem anderen Studenten namens „Crice Heli". Laut den Schriftrollen vom Toten Meer handelt es sich bei Crice Heli um niemand anderen als Jesus Christus, der sich um 30. n. Chr. ebenfalls in Alexandria aufgehalten haben soll, um dort in religiösen Schulen und Tempeln zu studieren oder bereits zu lehren! Der Grund, warum das von keinem Historiker erwähnt wurde, war, dass die Geschichte von Jesus Christus erst viel später durch die Bibel bekannt und verfälscht wurde und er damals nicht unter diesem Namen bekannt war. Erst als er mit seiner Ausbildung und seinem Studium im Alter von etwa 30 Jahren fertig war, fing er an zu wirken, denn vorher hielt er sich laut den Burrows-Aufzeichnungen auch noch im zweiten Land von Ägypten auf – so unwahrscheinlich das auch klingen mag! Im Buch Mormon ist die Rede davon, dass er erst nach der Kreuzigung, also drei Jahre später nach Amerika segelte.

> Lukas 3:23 „*Und Jesus war, da er anfing, ungefähr dreißig Jahre alt, und ward gehalten für einen Sohn Josephs, welcher war ein Sohn Eli's (Helios).*"

Laut den Aufzeichnungen in der Höhle sprachen sowohl Alexander Helios Sohn als auch Crice Heli die gleiche Sprache und fanden heraus, dass sie Cousins waren! Der Sohn Alexander Helios wurde zuerst Botschafter in Judäa und später ein Jünger von Jesus Christus. Ein Artefakt aus der Burrows-Höhle zeigt ein Abbild von Crice Heli aus Nazareth, man kann hier drei markante Keilschriftzeichen (Sohn der rechten Hand = Jesus sitzt zur Rechten Gottes) über seinem Kopf sowie das ▲II-Zeichen für das zweite Land von Ägypten erkennen. Daneben sieht man eine Münze aus der Burrows-Höhle mit einem Segelboot und demselben Zeichen. Durch geheime Kontakte zu Alexander Helios wäre es für Jesus Christus bzw. Crice Heli durchaus möglich gewesen, nach Nordamerika zu reisen, so wie es auf den Artefakten in der Burrows-Höhle geschrieben steht. In der Bibel wird erwähnt, dass man nicht weiß, wo sich Jesus im Alter von 12 bis 30 Jahren aufgehalten hatte, einige Überlieferungen bestätigen, dass er in Alexandria studiert haben soll und dort auch Griechisch lernte.

Abb. 202: Pharaonenkopf aus Aztlan und das Abbild von König Salomon aus der Burrows-Höhle

Die Steintafel mit dem Pharaonenkopf stellt König von Aztlan dar und man kann diese Beschriftung direkt ablesen. Dieser Herrscher regierte das Reich „Aztlan von Ophir“, so wurde anscheinend das zweite Land von Ägypten genannt! Die rechteckige Box unter der Beschriftung stellt vermutlich eine der Bundesladen dar. Wurde mit ihnen zwischen den Kontinenten kommuniziert oder dient diese Abbildung nur als Hinweis, dass das zweite Land Ägypten nach den zehn Geboten Gottes regiert wurde? Es handelt sich bei dieser Schrift laut den Forschern um die erste originale armenisch-semitische Schriftsprache von Armenien, die fast identisch mit modernem Deutsch, Englisch oder Ungarisch gewesen sein soll. Andere Goldartefakte aus der Burrows-Höhle zeigen Abbildungen von der Königin Naamah, der ersten Frau von König Salomon! Während der Herrschaft von Salomon hieß das zweite Land von Ägypten vermutlich Ophir, wie es in den alten Schriften überliefert wird. Es finden sich außerdem Hinweise in der Burrows-Höhle, dass auch Salomon und seine Familie dieses weit entfernte Land besucht hatten und die Höhle auch die verlorene Grabstätte von Königin Naamah ist! Ein weiteres Goldartefakt zeigt ein Abbild von König Salomon, der Judäa von 970 bis 931 v. Chr. regierte. Wurde auch er in der Höhle beigesetzt?

König Salomon war der Sohn von König David und der größte Herrscher seiner Zeit und regierte über Judäa, Ägypten und Ophir – so steht es jedenfalls in den Aufzeichnungen der Höhle. Unter der Abbildung von Salomon kann man wieder das ▲II-Symbol erkennen. Die drei Striche daneben sollen wahrscheinlich darauf hinweisen, dass Salomon drei Reisen nach Aztlan bzw. ins Reich von Ophir unternommen hatte. Der König bezog aus den Minen dieses Landes wohl sein legendäres Gold, sein Silber und seine Diamanten! Es ist der Archäologie und den Bibelforschern heute unbekannt, wo sich das Land Ophir genau befunden hatte, man weiß nur, dass König Salomon regelmäßig Schiffsladungen von Gold und Silber von diesem Ort bezog. In apokryphen Schriften des Neuen Testaments, die nicht in der Bibel zu finden sind, wird beschrieben, dass Ophir aus Steinen aus Gold erbaut war. Auch bei den Artefakten aus den Mounds in Ohio und den Michigan-Relikten gibt es Beschreibungen von König Salomon, aber nur auf diesem einen Goldartefakt aus der Burrows-Höhle ist sein Antlitz abgebildet, somit kann angenommen werden, dass die Burrows-Höhle tatsächlich das legendäre Grabmal von König Salomon sein könnte!

Die Herrscher von Ägypten hatten antike Schriften zur Verfügung, die beschrieben, dass ihre frühesten Vorfahren aus einer Oase namens „Eden“ im Reich von Atlantis stammten. Die Forscher glauben, dass diese Oase Eden das heutige Arizona bzw. das Gebiet des Grand Canyon gewesen ist. Dort hat man alten Zeitungsmeldungen zufolge Anfang des letzten Jahrhunderts Höhlen mit ägyptischen Artefakten entdeckt und ganz Nordamerika war möglicherweise ein Teil des ausgedehnten Reiches von Atlantis, das nicht im Meer versunken ist. Vielleicht reisten die Überlebenden aus Atlantis lange Zeit zwischen ihren beiden neuen Ländern hin und her? Wurde das Wissen darüber absichtlich vernichtet, als die Bibliothek von Alexandria zerstört wurde? Wollte man alle diese antiken Kontakte nach Nordamerika und andere Geheimnisse wie die Riesen vor der Öffentlichkeit verbergen? Christoph Kolumbus wusste genau, wohin er segeln musste, als er Amerika angeblich „entdeckte“ und hatte laut verschiedener Aussagen Karten aus den geheimen Archiven des Vatikans erhalten, die ihrerseits aus Alexandria stammten. Darum wussten die Missionare der Kirche auch genau, was sie in der Neuen Welt vorfinden würden. Die Kirche zerstörte oder versteckten die meisten der antiken Aufzeichnungen über Nord- und Südamerika, welche Hinweise zur geheimen Geschichte der Welt geliefert hätten.[94]

Das Geheimnis der Michigan-Relikte und die verlorenen Stämme Israels

Nach dem Fall Babylons dürften Hohepriester ihren Kult bis nach Nord- und Südamerika importiert haben und dieser gelangte entweder mit Schiffen dorthin oder wurde von den Göttern dorthin gebracht. Doch assyrische Artefakte, die in den beiden Amerikas gefunden wurden, werden von der Wissenschaft heute noch immer nicht anerkannt und ignoriert. Auch unter den Michigan-Relikten aus den Mounds, den großen Grabhügeln in Nordamerika, wurden Tafeln mit Keilschrift und einer Darstellung des Turmbaus von Babylon entdeckt (Abb. 200). Werfen wir daher einen Blick auf die Geschichte dieser rätselhaften Artefakte. Im späten 19. Jahrhundert kam es zur Besiedlung von Michigan und die Farmer entdeckten auf ihrem neuen Land diese merkwürdigen Grabhügel, die Mounds und die gewöhnlichen Siedler waren sich der Wichtigkeit der Entdeckungen, die bald in diesen Mound gemacht wurden, nicht bewusst. Sie zerstörten sehr viele Mounds, um Anbauflächen für ihr Getreide zu schaffen. Doch andere Leute fingen einfach aus reiner Neugier an, in den Mounds zu graben und zu ihrem Erstaunen kamen die Relikte einer alten Zivilisation ans Tageslicht – es wurden damals 10.000 bis 30.000 Artefakte aus den Grabhügeln geholt, doch die genaue Anzahl ist heute unbekannt. Alle diese Funde wurden in einem Zeitraum von 1838 bis 1890 ausgegraben. Die Mehrzahl der beschrifteten Relikte der Mounds aus Michigan, die der Smithsonian Institution anscheinend nicht in die Hände gefallen sind, trug seltsame Inschriften und bestand im Gegensatz zu den Artefakten aus der Burrows-Höhle aus Ton, Kupfer oder Schiefer. Unter den vielen tausend Objekten gab es auch einige mit Inschriften, sie wurden von Milton R. Hunter gesammelt und sind heute im *Michigan Historical Museum* in Lansing ausgestellt.

Sofort nach ihrer Entdeckung wurden diese Tafeln von der akademischen Wissenschaft als ein großangelegter Schwindel bezeichnet, während andere Forscher diese Relikte als die vielleicht wichtigste Entdeckung aller Zeiten bezeichneten. In den letzten einhundert Jahren gerieten diese Fundstücke deshalb in Vergessenheit, weil sie von der etablierten Wissenschaft todgeschwiegen werden. Die Tafeln enthalten eine Mischung aus verschiedenen antiken Sprachen, zeigen alte religiöse Szenen wie Noahs Arche oder den Turm von Babel und sogar die Kreuzigung von Jesus Christus, doch das alles machte für Archäologen keinen Sinn. Sofort wurde nach schuldigen Fälschern gesucht und der Theologe James Savage und ein Mann namens Daniel Soper wurden als Fälscher ausfindig gemacht. Savage war ein Pastor einer Kirche aus Detroid, Soper ein ehemaliger Staatsekretär und als Dritter soll James O. Scotford, ein Schatzgräber, beteiligt gewesen sein. Man warf diesen drei Männern vor, zehntausende Relikte gefälscht und sie dann in Mounds in ganz Michigan vergraben zu haben. Wie viele Jahrzehnte hätte das wohl gedauert und wie viel hätte der ganze sinnlose Aufwand gekostet? Es gab hochangesehene Fachleute, die bei den Ausgrabungen in den Mounds dabei waren und keinen solchen Schwindel bemerkt haben sollen? Der Pastor Savage war sehr davon überzeugt, dass die

Michigan-Relikte von den verlorenen Stämmen Israels und ihren Nachfahren stammten, die früher Nordamerika besiedelt hatten. Scotford und Soper verkauften die Relikte an Sammler, worunter sich auch Kupferkronen von Riesenskeletten befanden.

Die Professoren Francis W. Kelsey und Morris Jastrow jr. wie auch die Smithsonian Institution, mit der sie in Kontakt standen, bezeichneten die Michigan-Relikte pauschal als Fälschungen. Sie waren Mitglieder in vielen wissenschaftlichen Gesellschaften, waren sicherlich auch Freimaurer und behaupteten, dass die Keilschriftzeichen in Unordnung seien und die Tontafeln sich in Wasser auflösen würden. Gebrannter Ton ist aber durchaus haltbar und widerstandsfähig, wie wir wissen, und die beiden Professoren verloren außerdem kein Wort über die Schiefer- oder Kupfertafeln. Jedes Relikt ist absolut einzigartig und allein die Herstellung hätte Jahrzehnte gedauert. Die akademischen Experten machten sich darüber aber keine Gedanken, sondern erklärten übereinstimmend, dass diese Artefakte alle gefälscht sein sollen, es daraufhin ein paar falsche Zeitungsmeldungen gab und die Sache vom Tisch war. Allerdings sahen die Mormonen sie als einen Beweis für die Geschichten aus dem Buch Mormon.

Im Jahr 2001 wurden die Relikte an der *Oakland Universität* erneut untersucht und es wurde festgestellt, dass die Schiefertafeln mit einer modernen Säge bearbeitet worden sein könnten. Das ist jedoch kein Gegenbeweis, weil antike Artefakte auf der ganzen Welt Bohrungen und Spuren von Diamantsägen tragen und oftmals sogar glattpoliert sind. Es gab in der Vergangenheit überall auf der Welt Hochtechnologie, warum soll das bei den Michigan-Artefakten anders gewesen sein? Es ist auch bekannt, dass die Mound Builders über großes technisches Geschick verfügten – wie sonst hätten sie Löcher in kleinste Perlen bohren können? Die Kupfertafeln könnten auch gegossen worden sein, ein Verfahren, über das die Indianer keinesfalls verfügten, sehr wohl aber die Mound Builders. Da es in ganz Michigan allerdings keinen Schieferabbau gab, ist auch völlig unklar, woher der Schiefer stammen soll. Davon wurden einzelne Stücke aus den Zehntausenden ausgewählt und als Fälschungen bezeichnet, natürlich ohne die Gesamtanzahl der gefundenen Objekte zu erwähnen, denn es war für die Öffentlichkeit noch glaubhaft, dass geschickte Fälscher einige wenige Einzelstücke mühevoll hergestellt haben könnten, doch bestimmt nicht 30.000! Doch für jeden Wissenschaftler, der sie jetzt noch untersucht und als echt anerkannt hätte, wäre die kostspielige Karriere für immer beendet gewesen, denn es darf einfach keine weiße, präkolumbianische Besiedlung Amerikas geben. Punkt!

Abb. 203: Daniel Soper (rechts) bei Ausgrabungen in Michigan 1907

Eine Forscherin, die das doch gewagt hatte, war Henriette Mertz (1898-1985). Sie arbeitete in verschiedenen Patentämtern, während des Zweiten Weltkriegs als Codeknackerin für die US-Regierung und war sogar am Manhattan-Projekt beteiligt. Sie war mit vielen alten Sprachen vertraut und interessierte sich sehr für alte Artefakte. Und weil sie bekannt dafür war, genaue Analysen abzuliefern, wurde sie von der amerikanischen Regierung gefragt, ob sie die Michigan-Relikte untersuchen wolle. Mertz stellte ihre eigenen Untersuchungen an und kam dahinter, dass einige der Michigan-Relikte auf Fotografien in Zeitungen seitenverkehrt abgebildet waren und erkannte die Schriftzeichen als ein antikes hebräisches Alphabet aus dem 1. Jahrhundert n. Chr. Daraufhin veröffentlichte Mertz mehrere Bücher zu ihren Erkenntnissen und glaubte, dass das Gebiet östlich des Mississippi und entlang des Ohio-Flusses das alte Atlantis gewesen war, das die Griechen beschrieben hatten. Henriette Mertz fiel auch auf, dass jede Michigan-Tafel das gleiche typische Keilschriftsymbol trug, das man das „mystische Symbol“ nannte. Sie glaubte, dass dieses Symbol dem griechischen Symbol von Jesus glich (IHS). Der syrische Name für Jesus war Issa und IHS findet man auch als Logo der Jesuiten, doch die drei Buchstaben stehen auch für die ägyptischen Götter Isis, Horus und Seb. Auch Mertz sagte, dass die Schriftzeichen auf den Tafeln eine Mischung aus verschiedenen alten Sprachen sind und die Erschaffer der Tafeln diese Sprachen fließend beherrscht haben müssen. Das war für sie der Beweis, dass die Schrift nicht gefälscht worden war, jede der von ihr untersuchten Tafeln eine andere Handschrift trug und es keine zwei Tafeln gibt, die die gleiche Handschrift aufwiesen! Ein weiteres wichtiges Detail bei dieser Sache war, dass die Keilschrift und andere antike Schriften zur Zeit der Entdeckung der Michigan-Relikte noch gar nicht entziffert oder noch unbekannt waren! So stellte sich anschließend für Mertz die Frage, wann und wie diese Tafeln entstanden sein könnten. Es gibt in Michigan eine antike Kupfermine, die ein Alter von 3.000 bis 3.800 Jahren hat. Als der große Kupferabbau in Nordamerika stattfand, fingen die Griechen und Ägypter zufälligerweise zur gleichen Zeit mit der massenhaften Verwendung von Kupfer an. Stammte dieses aus Amerika? Alte griechische und ägyptische Aufzeichnungen sprechen tatsächlich von fremden Völkern, die mit dem Import von Kupfer zu tun hatten. Eines dieser Völker wurde von den Ägyptern als „Keftiu“ bezeichnet. Die Angehörigen dieses Volkes sollen rothäutig gewesen sein und kamen von den Inseln des Meeres (Atlantis). Die Schiffe der Keftiu brachten alle drei Jahre eine Kupferlieferung. Gab es also schon lange regelmäßigen Kontakt zwischen der alten und der neuen Welt?

Abb. 204: Michigan-Relikte mit Abbildungen von Jesus Christus beziehungsweise dem „Sohn der rechten Hand“

Vom 20. Mai bis 25. Juli 325 n. Chr. fand das Erste Konzil von Nicäa in Konstantinopel, dem heutigen Istanbul, statt. Einberufen wurde es vom römischen Kaiser Konstantin I., der den Plan hatte, das vielfältige Urchristentum zu reformieren und sein Reich dadurch zu festigen. Der Kaiser verwarf dabei die frühchristliche Lehre des Arianismus, welche erkannte, dass allein „Gott der Vater" der einzige Gott ist und Jesus ein Mensch war, denn wenn sowohl Jesus als auch „Gott der Vater" Götter waren, gäbe es keinen Monotheismus. Die Arianer glaubten daran, dass Jesus nur ein besonders von Gott inspirierter Mensch war, ein Christus. Konstantin und die Mehrheit der 255 Bischöfe entschieden sich jedoch gegen diese Lehre und für die Dreifaltigkeit aus Vater, Sohn und Heiligem Geist als die dreifache Wesenheit Gottes. Natürlich war er damit als Oberhaupt der neuen Kirche auch der „Stellvertreter Gottes" auf Erden und legte somit den Grundstein für das mächtige Papsttum.

So waren die ersten Päpste auch Kaiser des römischen Reiches und wurden als *Pontifex Maximus* bezeichnet. Im Jahr 381 n. Chr. wurde vom Kaiser schließlich ein neues Gesetz dazu erlassen, Gegner des neuen Gesetzes wurden verfolgt, mussten flüchten und viele stiegen in Schiffe und segelten ins Unbekannte. Sie gelangten wohl auch nach Nordamerika und segelten die großen Flüsse hinauf, um sich dort anzusiedeln. Henriette Mertz glaubte, dass die Inschriften von Michigan zur gleichen Zeit entstanden waren wie die koptische Schrift, deshalb gab es eine Mischung aus griechischen Buchstaben und Hieroglyphen. Nach dem Tod von Mertz im Jahr 1985 forschte David Allen Deal an den Relikten weiter und kam dahinter, dass die drei mystischen Symbole, die man auf fast allen der Michigan-Relikte finden kann, nicht IHS bedeuten, sondern YHW, die Kurzform des alttestamentlichen YHWH. Er kam auch zum Schluss, dass die Michigan-Relikte im 4. Jahrhundert n. Chr. von koptischen, ägyptischen und arianischen Christen angefertigt worden waren. Es gibt zwei Wesen, die auf den Tafeln abgebildet sind: der „Sohn der rechten Hand" und der „Sohn der linken Hand". Die Kopten identifizierten diese zwei Wesen als hohe Engel und das waren der „kleine Yahu" oder Jesus als rechte Hand und „Sama-el" oder der Satan als linke Hand. Diese Lehren stammten noch aus dem gnostischen Urchristentum und dem Mythos von Sophia. Da die historische Geschichte, die auf den Tafeln erzählt wird, zu dieser Zeit fast völlig unbekannt war, ist es ganz unwahrscheinlich, dass auch nur eine einzige der Tafeln gefälscht wurde. Viele der Tafeln zeigen außerdem ein Kalendersystem mit 13 Monaten und einer Sonnenfinsternis, wobei Berechnungen bestätigt haben, dass diese Konstellation am 27. Juli 352 n. Chr. stattfand – also ein weiterer Beweis, dass koptische Christen zu dieser Zeit in Amerika waren. Es könnte sich bei der rechten und linken Hand wieder um Abgesandte aus Agartha oder Shambhala handeln. Jesus dürfte auch somit einer der Weisen Meister gewesen sein und sich auch am Berg Kailash aufgehalten haben! Die in Abb. 205 abgebildeten Michigan-Relikte fallen dadurch auf, dass sie stets an ihrem oberen Ende das gleiche mystische Symbol bzw. Keilschrift-Zeichen tragen und es scheint sich bei dem abgebildeten bärtigen Mann tatsächlich um Jesus Christus zu handeln. Über seinem Kopf stehen die Symbole, die jenen ähneln, die man heute noch auf Kreuzen findet (INRI). Laut den Übersetzungen wurde dieser Mann „Sohn der rechten Hand" genannt.

Auf diesen Abbildungen findet man auch zwölf vertikale Linien. Was wollten uns die Mound Builders von Michigan damit sagen? Die amerikanischen Mormonen glauben, dass die zwölf verschollenen Stämme Israels nach Amerika geflohen waren und dort eine präamerikanische Kultur begründet hatten. Das Wissen um diese Kultur sei bis zum Jahr

Abb. 205: Michigan-Relikte von der Schöpfung der Welt, der Arche Noah und von ägyptischen Hieroglyphen

421 n. Chr. in einem goldenen Metallbuch aufgezeichnet, von einem Wesen namens Moroni in einem Mound versteckt und erst 1830 von dem Gründer der Mormonen, Joseph Smith, übersetzt worden. Als die Mormonen von der Metallbibliothek von Tayos hörten, wurde von ihnen 1968 eine eigene Expedition dorthin geschickt, denn man glaubte wohl an eine Verbindung des Buches Mormon mit der Metallbibliothek in Tayos, doch über den Verlauf dieser Expedition ist nichts bekannt geworden. Könnte auch Moroni einer der Weisen Meister aus Asien sein? In Abb. 206 sehen wir noch ein paar weitere höchst sonderbare Michigan-Relikte. Man sieht zum Beispiel die Erschaffung der Welt und die Arche Noah! Darunter Tafeln mit Pharaonen, ägyptischen Hieroglyphen und Pyramiden – also ähnliche Motive wie in der Burrows-Höhle!

Das sind eindeutig starke ägyptische Einflüsse und die abgebildeten Szenen zeigen außerdem einen sonderbaren gekrönten bärtigen Schöpfer im Himmel, der die Erde wieder mit Leben füllt. Außerdem finden wir auch Tafeln mit dem Turmbau zu Babel – wie ist das alles einzuordnen? Die beiden Amerikas standen auf jeden Fall schon über sehr lange Zeiträume in Kontakt mit anderen antiken Hochkulturen der Welt und die Entdeckung Amerikas durch Christoph Kolumbus ist nichts weiter als ein moderner Mythos. Das sind wirklich erstaunliche Erkenntnisse! Die manipulierte offizielle Geschichte der Welt weicht sehr stark von den phantastischen Geschehnissen ab, die sich wirklich zugetragen haben. Immer noch wird die Schöpfung der Bibel abgelehnt. Freimaurer bekämpfen mit ihrem okkulten Glauben der Götzenanbetung, die als Darwinismus und Evolutionslehre getarnt wurde, das wahre Christentum. Wir haben gesehen, dass Jesus kein Gott, sondern ein selbstverwirklichter, vom Christusgeist inspirierter Meister war, der Teil einer großen Weißen Bruderschaft ist, die zum Wohle der Menschheit von Agartha oder Shambhala aus agiert und die spirituelle Entwicklung der Menschheit überwacht. Die Gegner dieser Meister sind die Anhänger der *linken Seite* oder der *linken Hand*. Sie dienen dem Satan und wollen eine rein materialistische Neue Weltordnung erschaffen, in der der alte Kult von Babylon mit seinem Tempelgötzendienst wieder eingeführt werden soll. Dort gibt es keine Erlösung oder den Glauben an Leben nach dem Tod. Diese elitären Zirkel glauben an eine Rückkehr ihrer alten Herren und Götter. All das soll verborgen bleiben. Alle Beweise für die Richtigkeit der bibli-

Abb. 206: Michigan-Tafeln die einen gekrönten Schöpfer zeigen, daneben ein Pharao und Pyramiden sowie das Zeichen IHS

schen Schöpfungsgeschichte werden beseitigt. Die Welt soll nicht mehr an die göttlichen Gebote und an die Bestrafung durch die Sintflut glauben, die durch den Sittenverfall über die Menschheit gekommen war. Zusätzliche Beweise für einen frühen transatlantischen Handelsverkehr zwischen den Kontinenten liefern nicht zuletzt antike Kupferminen, die man in ganz Nord- und Südamerika entdeckt hat![95]

Die antiken industriellen Kupferminen Amerikas

Im Jahr 1898 wurde eine der kontroversesten, anthropologischen Entdeckungen in einer antiken Kupfermine in Chile gemacht und es handelte sich dabei um einen komplett erhaltenen und Zeugen zufolge versteinerten menschlichen Körper, den sogenannten „Kupfer-Mann". Dieser eine Fall eines versteinerten modernen Menschen wurde wissenschaftlich untersucht und wurde daher bestätigt, bevor man den Fund irgendwie verschwinden lassen konnte! Tief in einer Kupfermine in Chuquicamata im Hochland der Atacama-Wüste in Chile kam ein versteinerter Mann mitsamt einem Korb und Werkzeugen zum Vorschein und da er versteinert ist, konnte man sein Alter nicht exakt bestimmen. Die Wissenschaftler dieser Zeit gaben dem ganzen Fund damals ein Alter von nur 400 Jahren, den Minenarbeitern war dennoch klar, dass dieser Körper weit älter sein musste. Normalerweise geht man davon aus, dass der Prozess der Versteinerung Millionen von Jahre benötigt, doch durch neue Forschungsergebnisse ist nun bewiesen, dass organisches Material viel schneller versteinern kann. Doch diese Erkenntnis bringt Geologen und Anthropologen allerdings in Schwierigkeiten – ihre etablierte geologische Zeitskala gerät damit durcheinander. Einer der Männer, die den Körper genauer untersucht haben, hieß José Toribio Medina. Dieser war im Jahr 1900 ein berühmter chilenischer Archäologe. Der Kupfer-Mann, den man übrigens zuerst für eine Frau hielt, kam offensichtlich bei einem Einsturz der Mine zu Tode und versuchte noch, die Arme schützend über seinen ungewöhnlich geformten Kopf zu heben, bevor er verschüttet wurde. Neben der versteinerten Leiche wurden antike Werkzeuge gefunden, dazu zählten ein steinerner Vorschlaghammer, Schaufeln aus Stein und Holz und Taschen aus Tierhäuten, und das alles weist eindeutig darauf hin, dass der Kupfer-Mann vor sehr lan-

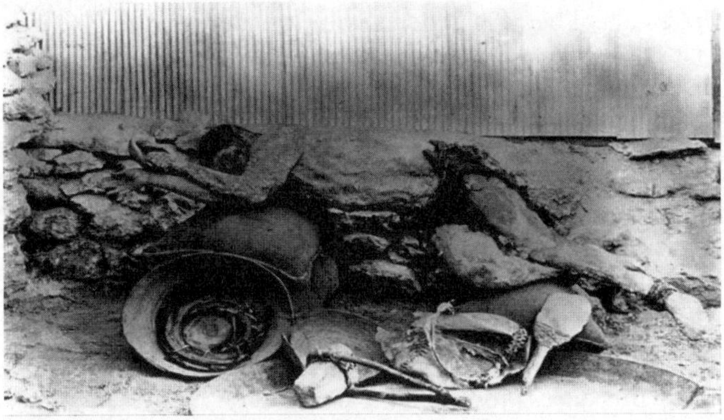

Abb. 207: Der versteinerte Kupfer-Mann aus Chile

ger Zeit gelebt hatte. In einem dazu veröffentlichen Fachpapier schätzen Archäologen, dass in dieser Gegend schon vor 5.500 Jahren Bergbau stattgefunden hat, wenn nicht sogar früher. Der Abbau ging vermutlich bis zur Inka-Zeit weiter, denn die ersten Spanier, die den Norden Chiles erreichten, fanden dort eine Bergbautradition vor, die mindestens 5.000 Jahre alt war, besonders in der Atacama-Region! Wofür wurde all dieses abgebaute Kupfer verwendet? Die antiken Minen wurden später meist durch Bergbauunternehmen der Kolonialisten zerstört und Forschungen sind heute schwierig geworden. Eine Frage, die sich dabei stellt, ist auch die, wie diese primitiven Menschen ihre Minen beleuchtet haben, und es wird recht naiv vermutet, sie hätten Kerzen verwendet. Woraus waren diese Kerzen gemacht und was passierte, wenn sie ausgingen – man hätte außerhalb der Mine ständig ein Feuer schüren müssen und es hätte immer jemand mit weiteren Kerzen hin und her rennen müssen, um den anderen Minenarbeitern zu leuchten, die das schwere Erz und Geröll mit ihren Säcken aus der Mine schafften. Wie soll das funktioniert haben, denn es gab auch Holzleitern zu erklimmen? In den antiken Minen im Norden von Chile hat man bisher rund 650 archäologische Objekte entdeckt, darunter waren insgesamt sieben menschliche Körper und einige organische Artefakte aus Holz, die auch datiert werden konnten. Das amerikanische *Museum für Naturgeschichte* erhielt 1912 einige Objekte und Jahre später führte man C-14-Tests mit ihnen durch und die Analysen ergaben ein durchschnittliches Alter von 3.500 bis 3.800 Jahren. Die meisten der anderen in Minen entdeckten Relikte sind nicht mehr erhalten, der Rest befindet sich heute in chilenischen Museen.

Die Mumie des Kupfer-Manns bezog ihren Namen aus der grünlichen Farbe des Körpers, denn als er 1898 gefunden wurde, war der Körper durch Kupfersalze bereits grün geworden, schon lange versteinert und die Leiche dadurch auch so außergewöhnlich gut erhalten geblieben. Heute ist der Kupfer-Mann sehr schwierig zu erforschen, weil trotz seiner großen historischen Bedeutung nicht klar ist, wo er sich tatsächlich befindet. Soweit man das nachforschen kann, wurde die Mumie im Jahr 1902 an das *Musée d'Ethnographie du Trocadéro*, das erste anthropologische Museum in Paris, übergeben und trug laut den dortigen Aufzeichnungen die Katalognummer 71.1902.31.7. Spätere Versuche, den Kupfer-Mann in irgendwelchen französischen Museen ausfindig zu machen, blieben erfolglos – man hat ihn wohl auch wieder vorsorglich verschwinden lassen, um einen weiteren Beweis für die verbotene Geschichte unseres Planeten zu beseitigen. Denn wenn man einen fossilen menschlichen Körper vorweisen könnte, gerieten alle gängigen Theorien der Evolutionstheoretiker ins Wanken, die behaupten, dass es Millionen von Jahren dauert, bis sich Fossilien in den Sedimentschichten bilden können. Diese Fossilien, von denen hier berichtet wird, haben sich mit Sicherheit nicht im Laufe von hunderten Millionen, sondern eher erst vor tausenden von Jahren gebildet und wenn das bewiesen werden könnte, zerstört es alle Theorien einer Evolution und der gefälschten Früh- und Vorgeschichte der Erde.

Es gibt allerdings noch einiges zu den antiken Kupferminen in Nord- und Südamerika zu berichten. Der Abbau in diesen Minen begann vor mindestens 5.000, möglicherweise sogar schon vor 10.000 Jahren. Man weiß heute, dass die eingeborenen Indianer einen regen Handel mit Kupferwerkzeugen, Pfeilspitzen und anderen Artefakten aus Kupfer betrieben haben und es gab ein ausgedehntes Handelsnetzwerk in den beiden Amerikas. Außer dem Kupfer wurden in den antiken Minen auch noch Obsidian und andere Mineralien abgebaut. Diese Mineralien und Erze wurden anscheinend über die großen Flüsse abtransportiert, denn Pferde, Straßen oder Eisenbahnen gab es ja damals noch keine und es ist auch rätselhaft, welche Art von Booten man dazu verwendet hat. Die ersten europäischen Siedler, die diese Minen später entdeckten, konnten die Metalle deshalb nicht abtransportieren und wie wollen primitive Indianer so etwas vollbracht haben – etwa mit ihren Kanus?

In Zentral- und Südamerika wurde auch viel Gold und Silber abgebaut und in New Mexico, am Mount Chalchihuitl, konnte man feststellen, dass dort vor dem Jahr 1700 mindestens 15.000 Tonnen Gestein (mit Steinwerkzeugen?) entfernt worden sind! Die Wissenschaft weigert sich, öffentlich über dieses Thema zu diskutieren, weil die hohe Wahrscheinlichkeit präkolumbianischer und transatlantischer Kontakte nicht von der Hand zu weisen ist! In den rund 5.000 antiken Kupferminen, die heute bekannt sind, wurden in der Vergangenheit rund 225.000 Tonnen reines Kupfer gewonnen – und in Michigan startete der Abbau in diesen Minen nachweislich vor 7.500 Jahren! Es war ein Abbau von eindeutig industriellem Ausmaß, denn dort kann man das Kupfer mit dem höchsten Reinheitsgrad der Welt vorfinden. Doch wie wurde das bewerkstelligt? Wohin ist all das Kupfer verschwunden und wie wurde es transportiert? Einer der frühen Erforscher dieser Minen war der Amerikaner William P.F. Ferguson, damals eine Autorität auf dem Gebiet des antiken Bergbaus in Nordamerika. Er sagte, dass diese Arbeiten kolossaler Natur gewesen sein müssen, denn in diesen Minen wurden Kubikkilometer(!) von Gestein bewegt! Bis zum 19. Jahrhundert gab es vermutlich doppelt so viele alte Minen als heute, die inzwischen alle durch Landwirtschaft und Städtebau der Siedler verschwunden sind. Und in jeder dieser Minen wurden schätzungsweise 1.200 Tonnen Erz für jeweils 55 Tonnen reines Kupfer abgebaut.

Weitere Informationen erhalten wir von Professor James P. Scherz von der *Universität von Wisconsin*. Er sagte, wenn man diese Kupfermengen mit Güterwaggons des 19. Jahrhunderts abtransportiert hätte, hätte ein Waggon etwa 50 Tonnen getragen. Für die 225.000 Tonnen reinen Kupfers hätte man also rund 5.000 Waggons benötigt. Das Gewicht muss aber noch viel höher gewesen sein, denn das Erz in den Minen enthielt meist nur 2 bis 4 Prozent Kupfer. Das heißt, es wurde mindestens 25 Mal mehr Erz als reines Kupfer (5,6 Millionen Tonnen) aus den Minen geholt. Außerdem konnte man in Nordamerika nur während der Sommermonate (Mai bis September) in den Minen arbeiten – das alles hätte also tausende von Jahren an industriellem Bergbau benötigt. Und um solche Mengen zu fördern, müssen die antiken Minenarbeiter über erstaunliche und fortschrittliche Kenntnisse im Bergbau, in der Materialverarbeitung und im Transport verfügt haben. Eine der modernen Ausreden klingt so, dass man durch Feuer über einer Kupferader dazu fähig war, das harte Gestein in den Minen zu erhitzen, anschließend das Gestein mit kaltem Wasser zu übergießen und so zu zersprengen. Danach wurde es möglich, es mit Steinhämmern und anderen Werkzeugen zu zerkleinern, um daraus das reine Kupfer zu gewinnen. Angeblich soll auch eine Art von Essigmixtur zum Einsatz gekommen sein, um das Gestein zu lösen und den Rauch der Höhlenfeuer zu reduzieren, der zweifellos ein großes Hindernis dargestellt hätte... also doch keine „Kerzen“?

Wie man aber die zur Schmelze nötigen hohen Temperaturen erreicht hatte, bleibt ein weiteres ungelöstes Rätsel, denn so viel Holz und brennbares Material kann über die Jahrtausende des Abbaus gar nicht vorhanden gewesen sein. (Kupfer benötigt ca. 1100°C und das kann nur durch Holzkohle und einen Schmelzofen mit viel Sauerstoffzufuhr erzielt werden.) Außerdem ist das auch zweitrangig, denn die große Frage, die kein Wissenschaftler beantworten kann, ist die, wie man überhaupt dazu in der Lage war, die reinen Kupferadern zu lokalisieren, bevor man zu graben anfing. Die meisten Kupferadern konnte man von der Oberfläche aus nicht sehen und sie waren sehr tief im Gestein verborgen. Das wurde viel später erst durch die Erfindung des Magnetometers (1833) möglich, mit dem man Metalle im Gestein lokalisieren konnte. Doch selbst modernste Detektoren können Kupfer nicht von anderen Metallen unterscheiden! In den antiken Minen in Michigan hat man jedoch gezielt nach Kupfer gegraben und jede einzelne der rund 5.000 Minen ist direkt in eine Kupferader getrieben worden! Mit welcher unbekannten Technologie wurde das geschafft? Die antiken Minen waren auch nicht einfach nur ein paar Löcher, sondern wurden mit modernen Systemen bewässert, um den Schutt aus ihnen heraus zu schwemmen, manche sind bis zu 150 Meter lang und 20 Meter tief in solides Granitgestein getrieben!

Soll man wirklich glauben, dass ein paar einfache Indianer zu so etwas in der Lage waren? Für diese Arbeit war eine gut organisierte und perfekt ausgebildete und motivierte Arbeiterschaft von zehntausenden Männern notwendig, die unter Einbeziehung der heute nicht mehr vorhandenen alten Minen wahrscheinlich 500.000 Tonnen Kupfer abgebaut hatten, also insgesamt rund 12,5 Millionen Tonnen Gestein! Professor Scherz ist sich deshalb sicher, dass in diesen Minen mit Wasserkraft gearbeitet wurde, und keine Indianer hatten das ganze Gestein aus den Minen befördert, sondern jemand ganz anderes hatte das vollbracht. In Kanada erzählten im Jahr 1876 einheimische Eskimos davon, dass dies weiße, behaarte Riesen machten, die über das Meer gekommen waren.

Der Großteil dieses Kupfers wurde auf der Insel Isle Royal und der in der Nähe befindlichen Keweenaw-Halbinsel in Michigan abgebaut, das sich an der Grenze zu Kanada befindet. Wie bereits gesagt, ist es nicht bekannt, wer all dieses Kupfer abgebaut hatte und was dann damit passiert ist. Aus den Relikten der Indianer bzw. der Erbauer der Mounds von Nordamerika ist ersichtlich, dass weniger als 1 Prozent des abgebauten Kupfers auch dort verarbeitet wurde, der Rest ist verschwunden. Das Erz wurde weder vor Ort geschmolzen, noch waren von den unbekannten Minenarbeitern selbst – außer ihren Werkzeugen – irgendwelche Spuren zu finden. Die größte dieser Minen liegt auf der Isle Royale und ist gut 1,2 Kilometer lang, bis zu 122 Metern breit, bis zu 9 Metern tief und weist einige Verbindungstunnel auf. Davon wurden in der Region insgesamt hunderte große und kleinere antike Minen entdeckt und man schätzt, dass 10.000 Mann ungefähr 1.000 Jahre benötigt hätten, um diese aufwendige Bergbautätigkeit in der Region zu bewältigen! Es sieht auch so aus, als ob tausende Werkzeuge einfach so in den Minen zurückgelassen wurden, so, als ob die Arbeiter am nächsten Morgen zurückkommen wollten. In den Minen konnte nur während der Sommermonade gearbeitet werden, also sind tausende Arbeiter bei Anbruch des Winters entweder südwärts gezogen oder mit Schiffen über das Meer gesegelt, was auch das völlige Fehlen von Gebäuden und Gräbern erklären würde. Aber worin hatten die Arbeiter während der Sommermonate gelebt und wer stellte ihnen Nahrungsmittel usw. zur Verfügung? In der Region der Kupferminen hatten sie jedenfalls niemals gehaust, es gab dort keine Siedlungen und niemand lebte früher auf der Isle Royale – es gibt auch keine Anzeichen von Kupferschmelzen, die man für die Bearbeitung des Metalls benötigt hatte, was nur bedeuten kann, dass dieses Kupfer ganz woanders verarbeitet wurde.

Einige hundert Kilometer weiter südlich befindet sich der heute in Wisconsin gelegene Aztalan-Nationalpark, der früher von amerikanischen Ureinwohnern, welche der Mound-Builders-Kultur angehörten, bewohnt war. Dort fand man in einer der Grabstätten einen Mann mit einem Hammer, der jenen glich, die in den Minen auf der Isle Royale entdeckt wurden. Der Name Aztalan wurde der Siedlung erst von einem Archäologen gegeben, als die Ruinen im Jahr 1835 wiederentdeckt wurden. Und dieser Name lehnt sich an die Entdeckungen von Alexander von Humboldt an, der wusste, dass die Legenden der mexikanischen Azteken besagten, dass ihre Vorfahren einst aus einem Land weit im Norden gekommen waren und es Aztalan oder Aztlan nannten. Die Siedlung in Wisconsin wurde wohl irgendwann in der Vergangenheit von mindestens 20.000 Menschen bewohnt, die über die großen Flüsse Handel betrieben, bis sie vor rund 800 Jahren aus unbekannten Gründen vollständig verlassen wurde. Die heute dort lebenden Menomonie-Indianer erzählen sich noch immer Legenden über diese Minen und beschreiben die ehemaligen Minenarbeiter als große, weißhäutige Männer, welche die Kupferminen mit Hilfe eines „magischen Steins" identifizieren konnten, den sie auf den Boden schleuderten. Dieser Stein bewirkte, dass die Erzvorkommen, die Kupfer enthielten, wie eine Glocke zu läuten begannen!

Im Jahr 1922 entdeckte William A. Ferguson eine 500 m lange alte Hafenanlage an der Nordküste der Isle Royale, wo früher gleichzeitig mehrere große Schiffe anlegen und beladen werden konnten. Dieser Hafen war anscheinend jahrtausendelang in Betrieb und sehr viele Schiffe hatten einst hier angelegt! Die Minenarbeit muss dann sehr abrupt um das Jahr 1200 v. Chr. beendet worden sein und es ist so gut wie sicher, dass all dieses Kupfer über das Meer verschifft wurde, denn Kupfer und Zinn wird zur Erzeugung von Bronze benötigt. Die Bronzezeit in Sumer, Ägypten und dem Orient begann etwa 3000. v. Chr., endete etwa 1000 v. Chr., als Bronze durch Eisen ersetzt wurde, und die Bronzezeit in Europa brach erstaunlicherweise auch ziemlich genau gegen 1.200 v. Chr. ab. Das dazu benötigte Kupfer all dieser antiken Kulturen kam zweifellos aus Amerika, das Zinn aus Spanien und England und es muss schon damals einen weltumspannenden Handel damit gegeben haben! Die Archäologen haben mittlerweile akzeptiert, dass viel mehr Kupfer verarbeitet wurde, als man in allen europäischen Minen hätte abbauen können und der Rest musste demnach aus Amerika gekommen sein. Die Technik des Minenabbaus war erstaunlicherweise in Amerika und England die gleiche, wobei der Abbau auf der Isle Royal ursprünglich vor mindestens 7.300 Jahren, möglicherweise sogar schon vor 8.000 Jahren begann!

Der Archäologe S.A. Barnett war der erste, der die Kultur von Aztalan erforschte, und auch er glaubte, dass die Minenarbeiter aus Europa stammten. Nachweislich gelangte ein Teil dieses Kupfers vor über 3.000 Jahren auch zu den Azteken und Tolteken Mexikos. Doch wer verwendete und verkaufte das Metall vor dieser Zeit, also vor 5.000 bis 8.000 Jahren? Wurde vor über 8.000 Jahren schon die ganze Welt nach Erzen abgesucht und hatte man damals schon das nötige Wissen zur Verarbeitung und zum Schmelzen verschiedener Metalle? Woher kam dieses Wissen ursprünglich und von wem? Möglicherweise geht das ganze über Sumer und Ägypten bis nach Atlantis, der Indus-Kultur und das Reich von Rama sowie auf Lemuria zurück.

Außer den Werkzeugen gab es dafür noch ein weiteres Beweisstück, das auf der Isle Royale entdeckt wurde. Im Jahr 1660 reiste ein christlicher Missionar namens Allouez durch die Region und stolperte über eine 30 Zentimeter große Kupferstatue, die einen Mann mit Bart darstellte – eingeborene Indianer haben aber keine Bärte! Dort wurden außerdem Meeresmuscheln gefunden, die von der amerikanischen Golfküste stammen – es gab hier also schon seit langer Zeit einen ausgedehnten Handelsverkehr in alle Welt! Immer mehr Archäologen und Wissenschaftler müssen dem zustimmen, denn warum sollten Seeleute aus Europa, die von Spanien nach Schottland segelten, nicht auch dazu fähig gewesen sein, nach Amerika zu gelangen? Vor 7.500 Jahren lag der Meeresspiegel mindestens 15 Meter tiefer als heute, weil noch viel Wasser in den Gletschern der letzten Eiszeit gebunden war und es gab damals noch einige Landbrücken, die heute verschwunden sind. Man sieht also auch hier: Die Geschichte der Amerikas war viel seltsamer als heute akzeptiert wird![95]

Neueste Beweise für gigantische Kataklysmen und große Fluten

Im Jahr 2014 formierte sich die *Holocene Impact Working Group,* ein Gruppe von Forschern, die nachgewiesen haben, dass in der Vergangenheit Flutwellen und Mega-Tsunamis stattfanden, die durch Meteoreinschläge ausgelöst worden waren. Vor ca. 1.600 Jahren war es zu einem solchen Einschlag eines Doppelasteroiden vor der Nordküste Australiens gekommen und die dadurch ausgelösten Flutwellen hatten Steine und Trümmer bis weit ins Landesinnere getragen. Die Krater wurden gefunden und haben Durchmesser von 12 und 18 Kilometern. Man konnte dazu das Vorhandensein von sog. Impaktgläsern nachweisen, welches Hitzeverglasungen durch solche Einschläge sind.

Abb. 208: Durch Megatsunamis angeschwemmte Felsbrocken

Weitere Einschlagskrater gibt es in der Nordsee, in der Karibik, im Indischen Ozean und in Long Island Sound und es konnten auf der ganzen Welt bisher 180 Einschlagskrater nachgewiesen werden, davon 24 im Ozean. Die zwei letzten großen Meteoriteneinschläge fanden 1908 in Tunguska und 1930 in Brasilien statt. Doch insgesamt gibt es Hinweise auf 800 Einschlagskrater, die aber erst in den nächsten Jahren untersucht und bestätigt werden müssen. Es wurde auch ermittelt, dass Einschläge ins Meer Mega-Tsunamis auslösten, die eine Höhe von bis zu 180 Metern erreichten und solche Flutwellen hinterlassen winkelförmige Sedimentablagerungen, die man deshalb *Chevrons* nennt. In diesen Ablagerungen befinden sich viele Mikrofossilien, die, wie von der Arbeitsgruppe vermutet, auch vorgefunden wurden – und zwar entlang den Küsten von Afrika und Asien, was ein völlig neues Licht auf die vielen Mythen von großen Fluten auf der ganzen Welt wirft. Die Forscher der *Holocene Impact Working Group* entdeckten auch 73.000 Jahre alte Felsbrocken und Findlinge, die durch Mega-Tsunamis kilometerweit ins Inland getragen wurden und man kann sich dadurch vorstellen, welche Urgewalten hier am Werke waren.

Da nun nachgewiesen ist, dass sich tatsächlich Vieles so abgespielt hat, wie in den alten Legenden und Mythen beschrieben wird, fehlt nur noch ein Teil des Puzzles, und dieses Relikt bereitet den Freimaurern und skeptischen Darwinisten das meiste Fürchten und ist eines ihrer größten Geheimnisse: Dieses Geheimnis befindet sich auf einem hohen Berg und hat die Form eines hölzernen Schiffes. Sie wissen sicher schon, wovon ich spreche – es handelt sich um die echte Arche Noah auf dem Berg Ararat![(96)]

Kapitel 14 – Die echte Arche Noah auf dem Berg Ararat

Wissenschaftliche Beweise für ein Schiff auf dem Berg Ararat

Jeder kennt die biblische Geschichte von der Sintflut und Noahs Arche in der Genesis aus dem Buch Mose. Der Legende nach wurde Noah gewarnt, sein Familie und alle Tiere der Erde in Sicherheit zu bringen, denn Gott plante, die von Sünden verdorbene und gewalttätige Menschheit mit einer großen Flutwelle auszulöschen. Deshalb wurde dem Noah, der bereits 600 Jahre alt gewesen sein soll, aufgetragen, ein großes, kastenförmiges Schiff in Form einer Arche zu bauen, um diese Katastrophe zu überleben. Dazu sollte er diese Arche mit Erdpech abdichten und ihr Eingang sollte auf der Seite liegen. Zur Zeit Noahs dürfte es nicht so viele Tiere in seiner Umgebung gegeben haben und er hat höchstwahrscheinlich nur Nutztiere an Bord genommen, um sie nach dem Ende der Flut weiterzüchten zu können, auch Lebensmittelvorräte wurden an Bord gebracht. Als die Erbauer der Arche eine große Rauchspirale am Horizont ausmachten, wussten sie, dass das den Beginn der Flut signalisiert. Dazu gibt es noch eine interessante Bibelstelle, in der es heißt, dass entweder die Brunnen, Quellen oder Fontänen der großen Tiefe oder des großen Abgrunds sich öffneten oder geöffnet wurden – daher soll all das Wasser für die Sintflut gekommen sein. Vermutlich ist hier unterirdisches Wasser gemeint, das durch die Erdkruste an die Oberfläche gedrückt wurde, denn es gab vermutlich große vulkanische und tektonische Aktivitäten.

Am „Mittelatlantischen Rücken" ist die Erdkruste sehr dünn und man vermutet, dass sie dort durch große geologische Falten weggerissen wurde und man nimmt aktuell an, dass sich im Erdmantel bis zu zehnmal mehr Wasser befindet als in allen Ozeanen auf der Oberfläche! Ein Bruchteil dieser Menge würde reichen, um die ganze Erdoberfläche zu überschwemmen und durch den Druck, der sich damals im Erdmantel aufgebaut hatte, wurde dieses Wasser aus der Tiefe nach oben gepresst und ist durchgebrochen, weil die Erdkruste dort dünner als am Festland ist. Als sich dieser Hochdruck vermindert hatte, drückten die Wassermassen der Meere die aufgerissenen Stellen wieder nach unten, es entstanden die Tiefseegräben und das alles führte zu einer starken Veränderung in der Erdoberfläche. Der Meeresspiegel dürfte vor der Flut um mehr als 1.000 Meter tiefer gelegen haben, was man auch an den zahlreichen Bauwerken feststellen kann, die vor den Küsten am Meeresgrund gefunden wurden. Vor der Flut hatte die Erde eine dichte, nebelige und dunstige Atmosphäre und es regnete nicht. Durch den Nebel, der aus der Erde kam, wurde die ganze Vegetation bewässert, das Klima war milder und solcher Nebel war vermutlich durch erhitztes Wasser entstanden, das sich nahe unter der Erdkruste gebildet hatte. Es ist unbekannt, wo diese gigantischen Wassermassen der Erde hergekommen sein könnten und beweist eigentlich, dass der Planet Erde niemals ein glühender Klumpen geschmolzenes Gestein gewesen sein kann und seine Atmosphäre nachweislich niemals ohne Sauerstoff war. Zusätzlich zu den Wassern des Untergrunds öffneten sich – laut der Bibel – auch die Tore des Himmels, es regnete unaufhörlich und von diesem Punkt an verdunkelte sich der Himmel für eine Woche, indem fürchterliche Stürme über die unvorbereiteten Menschen hereinbrachen. Es soll vierzig Tage und Nächte lang geregnet haben und die Arche trieb für 150 Tage auf dem Meer. Danach ging die Flut zurück und Noahs Arche strandete auf dem Berg Ararat in der heutigen Türkei nahe der armenischen Grenze.

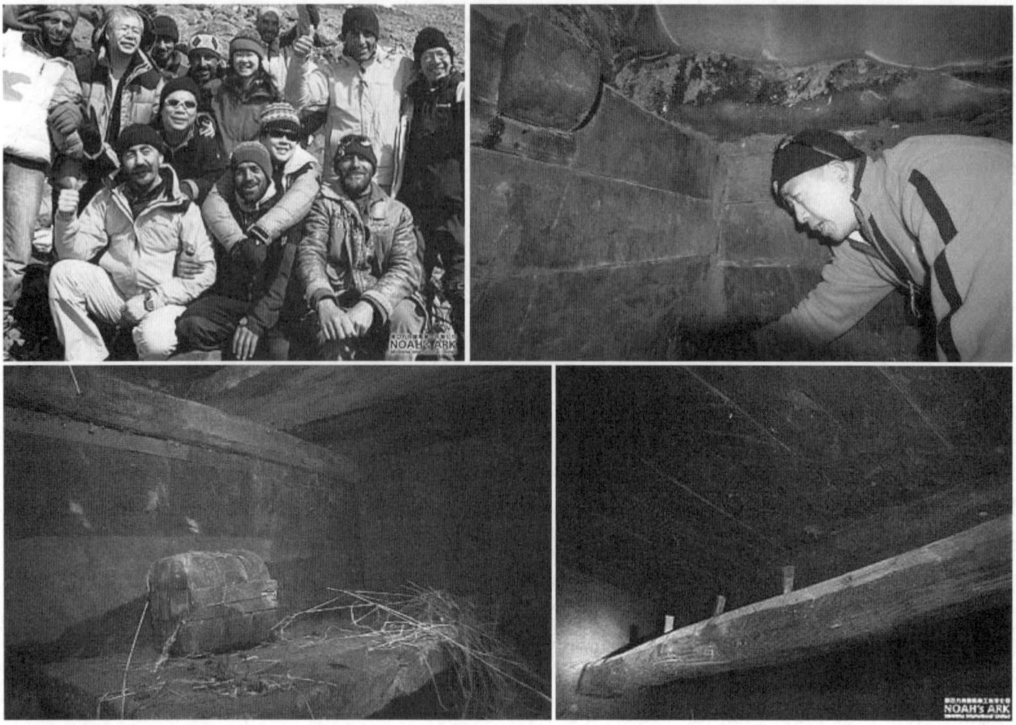

Abb. 209: Das chinesisch-türkische Team von NAMI und Fotos vom Inneren der Arche

Im Jahr 2010 gab die chinesische Vereinigung NAMI (*Noahs Ark Ministries International*) bekannt, dass man sich zu 99,9 Prozent sicher sei, dass die Arche Noah auf dem Berg Ararat entdeckt wurde, denn für die chinesischen Forscher gab es keine andere Erklärung. Man fand in einer Höhe von 4.000 Metern, nur rund 200 Meter unter der Bergspitze, eine hölzerne Konstruktion, die mindestens 4.800 Jahre alt ist. Wie kommt diese auf den Berg? Nur eine globale Flutwelle wäre eine Erklärung und die beiden chinesischen Forscher Yeung Wing-Cheung und Clara Wei sind ebenfalls dieser Meinung. Das chinesische Team untersuchte die Konstruktion genauer, fand massive Holzplanken, die bis zu 20 Meter lang waren und die sich in den Überresten von Räumen und Gängen aus Holz, die unter dem Eis des Ararat begraben liegen, befanden. Dieser Bereich des Bergs ist sehr unzugänglich, und Menschen konnten diese schweren Planken wohl nicht in diese Höhe geschafft haben. Der ehemalige türkische Vizegouverneur Murat Güven, der Leiter des Kulturministeriums Muhsin Bulut und der Minister für Tourismus, Ertugrul Günay, waren derselben Meinung, doch nach einer öffentlichen Pressekonferenz kam es zu Kontroversen und Beschuldigungen, es wäre alles nur ein Schwindel. Das Team von NAMI hatte Jahre gebraucht, bis es den genauen Standort der Arche ausfindig machen konnte und aus Angst vor Plünderungen teilte man der Öffentlichkeit damals nicht mit, wo der genaue Fundort liegt – man will so lange warten, bis die türkische Regierung die Fundstelle zu einer offiziellen archäologischen Stätte erklärt. Das chinesisch-türkische Team sagte, die Planken wären ca. 20 Zentimeter dick und durch Holzverzapfungen verbunden. Es gab auch Metallnägel in der Struktur. Im Inneren konnte man ungefähr 100 Meter zur anderen Seite der Konstruktion gelangen. Zerbrochene Teile der Arche waren in den Gletscher eingebettet und bis zu 20 m lang und es gibt im Inneren der Arche auch Holztüren und Treppen. Die Holzstruktur ist in verschiedene Teile zerbrochen und liegt über mehrere Elemente verteilt nahe der Bergspitze im Eis begraben.

Geht man auf *Wikipedia* oder sucht in den Massenmedien nach diesem sensationellen Fund, ist von „Pseudowissenschaft“ und „christlichem Fundamentalismus“ die Rede. Warum ist die akademische Wissenschaft nicht an diesem ungewöhnlichen Fund interessiert? Doch nicht, weil es ihren darwinistischen Fundamentalismus und ihre Geschichtsfälschungen in Frage stellt? Im Jahr 2011 wurde von NAMI eine Videodokumentation ihrer Entdeckungen veröffentlicht. Außer auf YouTube ist die Doku heute nirgends mehr verfügbar – sie wurde wohl hauptsächlich für das chinesische Publikum gedreht, doch es gibt auch eine Version mit englischen Untertiteln.

Man findet sie unter dem Titel: „*The Days of Noah – Apocalypse*“ und auf der Webseite: *www.noahsarksearch.net/arkmovie/eng/*

Doch nach diesen Enthüllungen und der Veröffentlichung der Videodokumentation wurde es plötzlich sehr still um den sensationellen Fund und kein wissenschaftliches Journal und keine Mainstream-Medien berichteten jemals wieder darüber. Das Team von NAMI arbeitete jedoch hinter den Kulissen an ihrer Entdeckung weiter und die Funde sollen erst besser ausgewertet werden, bevor man die nächsten Beweise veröffentlichen will. Im Oktober 2015 gab es eine Spezialveranstaltung vom *Southern Evangelical Seminary*, wo neue Erkenntnisse von Augenzeugen und Experten bekannt gemacht wurden.

Der türkische Forscher Ahmet Ertugrul, der Entdecker der Arche auf dem Berg Ararat, und Phil Williams, ein amerikanischer Ingenieur, der den Fund genau untersucht hat, widerlegten alle Vorwände, dass es sich dabei um einen Schwindel handeln soll. Das hochgelegene Gebiet, in dem sich die Arche befindet, ist extrem unzugänglich, kann nur bei günstigen Wetterbedingungen erreicht werden und es ist trotzdem ein sehr riskanter Aufstieg dorthin. Die Armenier nennen den Berg Ararat auch „den schmerzhaften Berg“, weil es jahrhundertelang geopolitische Probleme und Kämpfe um dieses Gebiet gegeben hat. Ahmet Ertugrul wurde nahe des Berges Ararat geboren, wuchs mit Besuchern des Berges auf und machte sie mit der lokalen Kultur vertraut. Er war Gastgeber für Besucher aus allen Teilen der Erde und spricht mehrere Sprachen fließend. Seine Vorfahren berichteten schon vor langer Zeit, dass zu bestimmten Jahreszeiten ein uraltes Schiff auf dem Berggipfel zu sehen war und es gab schon jahrhundertelang Besucher, die früher zu diesem Schiff gepilgert sind. Irgendwann war es dann zu Erdbeben gekommen und Schnee, Lava und Felsbrocken begruben die Arche unter sich. Aufgrund dieser Überlieferungen hatte Ahmet Ertugrul beschlossen, auf dem Gipfel des Ararat nach der Arche zu suchen, dem Schiff, das seine Vorfahren oft besucht hatten. Aktuell hilft er bei der Entstehung des „Dorfes von Noah“ am Fuße des Berges, das künftig ein Besucherzentrum mit Museum werden soll.

Neben Phil Williams bestiegen im März 2014 auch noch andere Forscher den Berg, um die Fundstelle zu untersuchen und fanden dort definitiv Holzstrukturen und Töpfereien vor. Jeroen Rensen, ein holländischer Archäologe, freute sich über diese Entdeckung, erklärte jedoch, dass es ein sehr schwerer Aufstieg gewesen sei und heftige Winde und Schneestürme die ersten beiden Aufstiegsversuche unmöglich gemacht hatten. Erst beim dritten Versuch konnte sein Team erfolgreich die Fundstelle erreichen und es gibt dort einen Spalt, durch den man in die Konstruktion hineingelangt und unter 10 Metern

Felsen, Eis und Schnee befindet sich eine gut erhaltene Holzkonstruktion. Ein weiteres Mitglied dieses Teams war Dr. Marcel Verheyen, der erklärte, dass es absolut unmöglich ist, dass dies ein aufgezogener Schwindel sei. Das Terrain ist fast unzugänglich und man kann hier bestimmt keine 20 Meter langen schweren Holzplanken heraufschaffen – man muss es schon mit eigenen Augen sehen, meinte er. Das Team ist sich zu 100 Prozent sicher, dass es unmöglich ist, dass diese Strukturen dort oben gefälscht wurden.

Professor Raul Esperante vom *Geosciences Research Institute* will ebenfalls Beweise für die Arche Noah gefunden haben. Er plant eine neue Expedition auf den Berg Ararat und hat das auch im Oktober 2017 bei einem dreitägigen internationalen Symposium in der Türkei angekündigt. Esperante sagte, er würde die Fehler der chinesischen Expedition nicht wiederholen, und alle seine Fundstücke sofort in Büchern und Journalen publizieren. Er glaubt, die Entdeckung kann für die Öffentlichkeit zugänglich gemacht werden, sobald die wissenschaftliche Gemeinde über die Existenz der Arche Noah Bescheid weiß. Na, wenn sich der Professor da nicht gewaltig irrt. Natürlich ist sich die Wissenschaft schon sehr lange über die Existenz der Arche bewusst und versucht mit allen zur Verfügung stehenden Mitteln, die Aufdeckung ihrer Existenz zu verhindern. Professor Esperante sucht derzeit nach internationalen Sponsoren für seine Expedition. Bisher besteht der Plan darin, bestimmte Plätze um den Berg Ararat herum ausfindig zu machen, wo man Hinweise über katastrophale geologische Ereignisse in der Vergangenheit finden kann. Die türkischen Geologen der *Kahramanmaras Sutcu Iman University* glauben, dass diese Holzstruktur durch die extrem niedrigen Temperaturen auf dem Berg so gut erhalten geblieben ist und die Vergletscherung und die Vulkanablagerungen halfen ebenfalls dazu. Die Forscher haben den genauen Ort der Fundstelle noch immer nicht verraten, doch ein Analyst der US-amerikanischen Nationalen Sicherheit, Porcher Taylor, hat im Jahr 2006 Satellitenbilder des Berges ausgewertet und glaubt, dass eine sogenannte „Ararat-Anomalie" in der nordwestlichen Ecke des Berges zu finden ist. Auch er denkt, es sind die Überreste der Arche Noah. Die amerikanischen Geheimdienste waren seit Jahren sehr an dieser Anomalie interessiert und wir werden auch noch erfahren, warum dies so ist.

Ein Gegner dieser Entdeckung ist Dr. Randall Price, ein „christlicher Zionist" und Leiter der *World of Bible Ministries Inc.* Er ist außerdem der Leiter des Zentrums für jüdische Studien an der *Liberty Universität* in Austin, Texas. Price verfasste viele Bücher über biblische Forschungen und die Schriftrollen vom Toten Meer sowie Fachartikel über die Geschichte des Antisemitismus. Eine Arbeit aus dem Jahr 2014 nennt sich auch *„Die Erhaltung des göttlichen jüdischen Volkes"*. Dr. Randall Price besuchte in den Jahren 2009 und 2010 zwei Mal die Fundstätte am Berg Ararat und beschuldigte das Team von NAMI der Fälschung und der Fabrikation von Beweisen. NAMI erwiderte, dass sie die echte Arche Noah gefunden habe und sie Randall Price dabei erwischt haben, wie er versucht hat, an der Fundstelle falsche Beweise zu fabrizieren, die eine Fälschung belegen sollten! Diese Vorgehensweise ist nicht neu, denn bestimmte Kreise haben kein Interesse, dass die Geschichten der christlichen Bibel als Wahrheiten aufgedeckt werden – es verbergen sich gefährliche Geheimnisse dahinter. Als man Price damit konfrontierte, nahm er seine Anschuldigungen zurück und meinte, die kurdischen Bergführer wollten sich nur an leichtgläubigen Menschen bereichern. In Wahrheit wird dieses Geld dringend benötigt, um die Fundstätte zu erhalten und für Besucher zugänglich zu machen, und man kann hier wieder die Verdorbenheit bestimmter fanatischer Forscher erkennen. Die türkische Regierung dankte dem Team von NAMI schließlich für ihre Bemühungen und sicherte weitere Unterstützung bei der Erforschung der Anomalie zu. Man will nun versuchen, die Fundstätte zum UNESCO-Weltkulturerbe erklären zu lassen und seit 2014 laufen weitere Untersuchungen, um endgültig festzustellen, was sich auf dem Berg befindet. Die Holzkonstruktion muss erst noch mühevoll freigelegt und wissenschaftlich ausgewertet werden, erst dann kann man mit Sicherheit sagen, woher sie stammt und was sie ursprünglich darstellte. Das Eis muss sehr vorsichtig entfernt werden, um nichts zu beschädigen, und erst danach können die Töpfereien, das Holz, die organischen Hinterlassenschaften wie das Stroh, Körner und Samen, sowie andere organische Materialien wie Knochen und Leder, das sich im Inneren der Konstruktion befindet, genauer ausgewertet werden. Die gefundenen Kammern aus Holz haben offenbar wirklich dazu gedient, Tiere dort unterzubringen.

Bereits im Jahr 1959 wurde im Tal des Berges Ararat, in mehr als 20 km Entfernung vom Gipfel, durch Luftaufnahmen des türkischen Armeefliegers Ilhan Durupinar das Oberdeck der Arche Noah entdeckt. Es hatte vorher im Jahr 1948 ein weiteres Erdbeben gegeben und das Deck des Schiffes erhob sich um sechs Meter von der umliegenden Bodenschicht. Eine erste wissenschaftliche Untersuchung förderte noch keinen Hinweis zutage, dass es sich hierbei tatsächlich um einen Teil der Arche Noah handeln könnte und erst im Jahr 1977 wurden weitere Untersuchungen eingeleitet. Ein Experte für Luftaufnahmen, Dr. Brandenburger von der *Ohio State University*, untersuchte die Fotos sorgfältig und meinte anschließend, dass es für ihn keinen Zweifel gibt, dass dieses Objekt ein Schiff ist. Der Forscher und Abenteurer Ron Wyatt (1933-1999) widmete sein Leben der Erforschung dieses Fundes, arbeitete oft ohne Erlaubnis und behauptete, dass einige seiner Fundstücke von der türkischen Regierung konfisziert worden sind. Die archäologische Fundstelle des Decks nennt sich Durupinar-Ausgrabungsstätte. Zusammen mit den Wissenschaftlern David Fasold und John Baumgardner konnte durch Messungen mit einem Bodenradar und einem Frequenzgenerator herausgefunden werden, dass es sich tatsächlich um ein altes Schiffswrack handeln könnte. Man fand eine regelmäßige

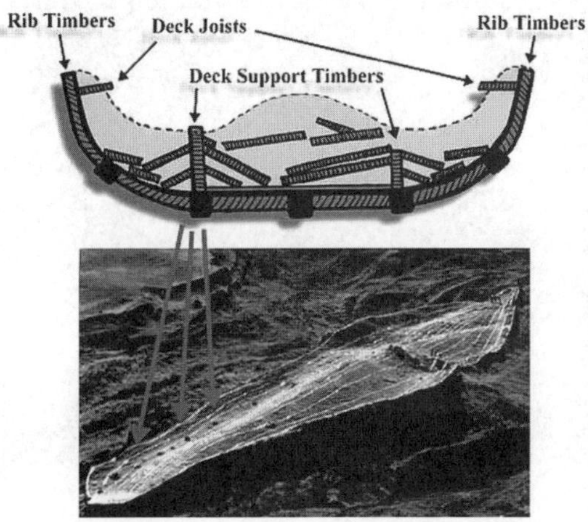

Article from Life Magazine, Sept. 5, 1960

FROM THE GROUND, at the "stern," the 160 foot wide object is seen to have grass covered mound in center. The 20 foot high rim dwarfs expedition's horses.

NOAH'S ARK?

Boatlike form is seen near Ararat

Abb. 210: Arche bei der Durupinar-Ausgrabbungsstätte

innere Struktur vor, die mehr als 160 m lang ist. Das meiste Material ist jedoch schon versteinert und beweist damit, dass es sehr alt ist – durch die Versteinerung ist nur mehr die originale Form des Holzdecks erhalten geblieben.

Auch durch Bodenuntersuchungen steht fest, dass sich dieser Teil der Arche in der Mitte einer ausgehärteten Schlammschicht befindet, die irgendwann aus einer viel höheren Lage in den Bergen abgerutscht war, und die ständigen Erdbeben in dieser Gegend könnten das bewirkt haben. Das schon erwähnte große Erdbeben im Jahr 1948 drückte auch das versteinerte Deck wieder nach oben und legte seine Form frei. Ansässige Dorfbewohner berichteten davon, dass es damals plötzlich auftauchte. In der Bibel steht, dass die Arche 6 Ebenen hatte, doch dieser Teil der Arche war wohl vom Rest des Schiffes abgebrochen. Vielleicht wurde es auch durch die schweren Steinanker im Laufe der Zeit auseinandergerissen? Bodenradarmessungen ergaben, dass die Holzstruktur auseinandergefallen, dann versteinert und das Deck tatsächlich aus Bauholz gefertigt ist – in der Bibel ist von Zypressenholz die Rede. Auch die Symmetrie dieses Objekts beweist, dass es von Menschenhand erschaffen wurde. Es konnte durch das Radar auch ein kleiner Hohlraum lokalisiert werden. Man setzte an dieser Stelle den Kernbohrer an und förderte eine paar sehr interessante Objekte zu Tage. Sie wurden an ein Labor zur Analyse geschickt und es handelte sich um versteinerten Tier-Kot, ein Stück versteinertes Geweih und etwas Katzenhaar. Ein weiterer wichtiger Fund war ein Stück Holz von einer Schiffsplanke, das aus drei Schichten laminiert und verklebt worden war. Die Galbraith Labore in Knoxville, Tennessee, zeigten auch, dass hier mehrere Schichten Holz geschickt übereinander laminiert und mit Baumharz verklebt worden sind. Die Laminierung machte das Holz viel widerstandsfähiger und stärker, außerdem wurde es mit Bitumen überzogen. Eine weitere Überraschung der Laborergebnisse waren die Eisennägel im versteinerten Holz! Metalldetektoren lokalisierten außerdem mehrere große, scheibenförmige Metallnieten in der Struktur, die man zur Analyse herausholte und daran genau sehen konnte, wo sie plattgehämmert wurden, nachdem sie von unten durch ein Loch eingeführt worden waren – das Holz war mit den Metallnieten so zu einer großen, stabilen und kastenartigen Konstruktion verbunden.

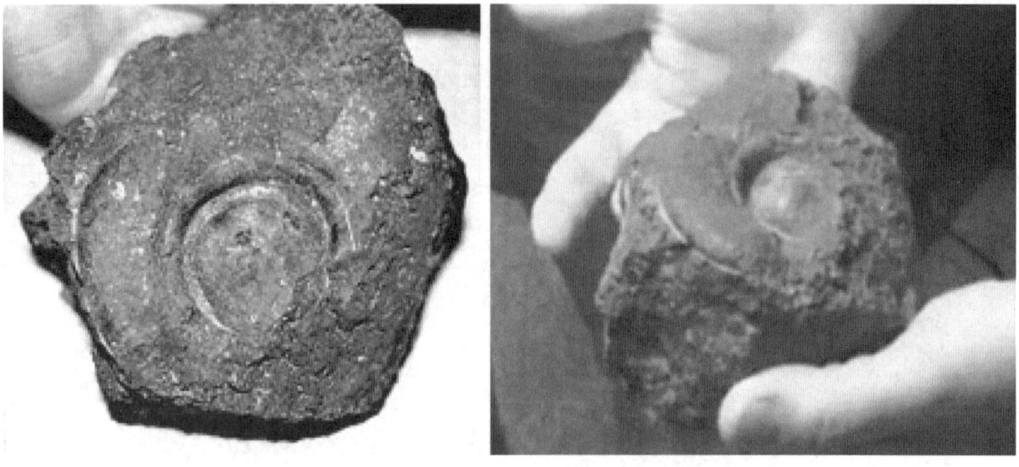

Abb. 211: Die antiken Metallnieten aus der Arche

Abb. 212: David Fasold mit einem der Ankersteine der Arche

Die Metallnieten selbst wurden in den amerikanischen Los-Alamos-Laboren untersucht, wobei man herausfand, dass es sich um eine von Menschen gefertigte Legierung aus Eisen, Aluminium und Titan handelte! Aluminium konnte allerdings erst seit 1827 in reiner Form gewonnen werden und zur heutigen Verarbeitung werden u.a. Aluminiumhütten sowie Schmelzflusselektrolyse, Strom und eine Verarbeitungstemperatur von mindestens 1200 °C benötigt. Da auch die Herstellung von Eisen und Titan ähnlich anspruchsvoll ist, heißt die erstaunliche Frage: Wie wurde diese Legierung früher ohne ausgereifte technische Hilfsmittel hergestellt? Die ursprüngliche Legierung war nicht ermittelbar, weil einige Metalle bereits versteinert waren. Aluminium ist extrem widerstandsfähig und rostbeständig (und kommt in metallischer Form in der Natur gar nicht vor). Das Titan gab der Legierung zusätzliche Festigkeit – es scheint funktioniert zu haben und die Metallnieten haben die Jahrtausende überdauert! Wie man sieht, war die Arche also eine extrem komplizierte, technische Konstruktion und die Bauweise und die Metallnieten beweisen, dass für den Bau der Arche bereits eine fortschrittliche Technologie eingesetzt wurde. Die Erbauer verfügten also über großes Wissen in der Metallurgie und im Schiffsbau. Doch woher stammte dieses Wissen?

Im nahegelegenen Dorf Kazan gibt es mindestens 12 sehr große Steine mit einem Gewicht von teilweise über 4,1 Tonnen. Ein paar davon sind noch sehr gut erhalten und das Besondere daran ist, dass sie an der Oberseite große Bohrlöcher aufweisen. Deshalb glaubt man heute, dass es sich um Ankersteine oder Gewichte handelt, die früher an der Arche befestigt waren, um bei der Sintflut ein Kentern auf See zu verhindern und man vermutet, dass Hanfseile zum Einsatz kamen. Die Steine bestehen aus dem Vulkangestein Andesit, das eine Mischung aus Basalt und Granit ist und können heute nur mit einer Diamantsäge und Wasserkühlung zu Blöcken geschnitten werden. Auch zum Bohren eines Loches benötigt man einen Kernbohrer mit schnellen Umdrehungsgeschwindigkeiten und Wasserkühlung – wie wurden also diese Steine angefertigt? Die Löcher haben einen Durchmesser von 15 bis 20 Zentimetern und sind eindeutig Öffnungen für Seile.

Auch im Gilgamesch-Epos ist von der Arche die Rede und Gilgamesch berichtet, dass solche Steine mit Seilen an der Arche befestigt waren, um sie zu beschweren. Als die Flut kam, brachen fürchterliche Stürme aus, weshalb man viele von ihnen brauchte, um ein Umkippen der Arche zu verhindern. Solche Ankersteine wurden in alten Zeiten verbreitet benutzt, doch diejenigen, die sich im Umkreis der Berges Ararat befinden, sind die größten von allen. Die Gegend um das Dorf Kazan liegt mehr als 1.800 Meter über dem Meeresspiegel, ist 120 km vom nächsten größeren See entfernt und noch viel weiter vom Meer. Daher behaupten Skeptiker, die Steine wären Grabsteine und die Löcher außerdem zu nahe an der Oberseite, um ihr Gewicht durch Seile zu halten – doch Andesit ist sehr hart. Spätere christliche Pilger hatten dann Kreuze in diese Ankersteine eingemeißelt, doch es handelt sich definitiv nicht um Grabsteine.

Es gab bis in die frühen 1990er-Jahre heftige Diskussionen, ob der Fund nun authentisch sei oder nicht, doch von der türkischen Regierung wurde jedenfalls offiziell erklärt, es handelt sich um die Arche Noah und es gibt dort seitdem ein Besucherzentrum für Touristen. Sowohl Ron Wyatt als auch David Fasold waren bis zu ihrem Tod fest davon überzeugt, dass es sich hierbei wirklich um die Überreste der Arche handelt. Allerdings ist es nicht die ganze Arche, sondern nur ein Teil von ihr, denn durch die oft aufgetretenen Erdbeben und Vulkanausbrüche am Berg Ararat war sie im Laufe der Zeit auseinandergebrochen und ihre originalen Teile sind rund um den Berg verstreut worden.(97)

Die erstaunliche Geschichte der Arche Noah in Armenien

Wenn man den tatsächlichen Geschehnissen auf dem Berg Ararat genauer auf den Grund gehen will, muss man schrittweise die Vergangenheit des Berges erforschen, denn es gab schon seit Jahrhunderten zahlreiche Berichte über die Arche auf dem Berg Ararat. Im Jahr 1953 beobachtete der Hubschrauberpilot George Greene die Arche auf dem Berg und sagte, dass sie auf der Seite einer steilen Felswand in etwa 4.000 m Höhe liegt. Greene machte einige Fotografien aus der Luft und versuchte später eine eigene Expedition zusammenzustellen, doch seine Fotografien konnten keine Investoren überzeugen. 1962 fand man George Greene ertränkt in einem Schwimmbecken und seine Fotografien sind seitdem verschwunden. Der amerikanische Wachtmeister Ed Davis war während des Zweiten Weltkriegs im Iran stationiert und gemeinsam mit Einheimischen hatte er 1943 den Berg erklommen. Nach drei Tagen Aufstieg kampierte die Gruppe 100 Meter über der Arche und Davis konnte bei klarem Wetter auf die Konstruktion hinunterblicken. Man konnte sich ihr damals nicht weiter nähern, doch Davis gab an, dass die Arche in zwei größere Stücke zerbrochen war und der Gletscher sie im Laufe der Zeit auseinandergerückt hatte. Auch der Beschreibung von Ed Davis nach handelt es sich um die Arche Noah. Bereits im Jahr 1916 sandte der letzte Zar des Russischen Reiches, Nikolaus II., eine russische Expedition zum Berg Ararat. Sie setzte sich aus 150 Mann zusammen und sollte ein großes Objekt, das die Länge eines Häuserblocks gehabt haben soll, auf dem Berg untersuchen. Die Expedition kehrte genau zum Ausbruch der Kommunistischen Oktoberrevolution nach Russland zurück und alle Aufzeichnungen darüber wurden dem Bolschewisten Leon Trotzki (echter Name: Lev Davidovich Bronstein) übergeben, der sie anschließend vernichtete!

Im Jahr 1952 veröffentlichte der Adventistenpastor Harold W. Williams eine Erzählung, die er von einem Mann namens Haji Yearam (1838-1920), einem in die Vereinigten Staaten eingewanderten Armenier, vier Jahre vor dessen Tod erzählt bekam. Yearam erzählte Williams, dass er 1856 als Jugendlicher bei einer Bergführung dabei gewesen war und zusammen mit sein Vater drei englische Wissenschaftler (Royal Society?) zur Arche auf dem Ararat begleitete. Die Engländer hatten die beiden als Bergführer angeheuert, es war ein ungewöhnlich heißer Sommer und der Schnee und das Eis waren in diesem Jahr mehr als gewöhnlich geschmolzen. Nach einem extrem harten Aufstieg gelangten sie in ein kleines Tal unter dem Gipfel des Berges, das vor der Sintflut geschützt gewesen war, weil es von einigen Bergspitzen umgeben ist. Es gab einen kleinen See in diesem Tal, der von einem kleinen Fluss aus Schmelzwasser gespeist wurde, der den Berg herunterlief. Von dort aus konnten sie den Vorderteil eines Schiffs sehen, der aus dem Eis ragte, es war sehr groß und fast vollständig erhalten!

Yearam erzählte, dass die englischen Männer sehr böse und verärgert wurden, als sie mit ihren eigenen Augen sahen, wie die Arche in der Nähe des Gipfels aus einem Gletscher herausragte, denn es waren Männer, die nicht an die Bibel glaubten. Sie waren zum Ararat gekommen, um die Bibel zu widerlegen und sind beim Anblick der Arche fast verrückt geworden. Sie sollen anschließend versucht haben, die Arche zu zerstören, schafften es aber nicht. Yearam sagte, dass die englischen Wissenschaftler dann durch ein großes Tor an der Seite in die Arche geklettert waren und sie erforscht haben. Auch versuchten sie, die Arche zu verbrennen und zu zerschneiden, doch nichts davon klappte, denn das Holz war steinhart, war gefroren oder bereits versteinert und da sie nicht das nötige Werkzeug besaßen, um die Arche zu zerstören, mussten sie schließlich aufgeben! Danach schworen sie vor Ort einen Eid, diese Entdeckung für immer geheim zu halten, und dass sie jeden töten würden, der etwas davon öffentlich machen sollte. Sie sagten zu Yearam und seinem Vater, dass sie die Beiden auf grausame Weise töten würden, sollten sie jemals etwas von dieser Geschichte verraten und versicherte ihnen, dass man sie ab jetzt ständig überwachen würde!

Pastor Harold Williams sagte, er könne sich an einen Zeitungsbericht aus dem Jahr 1918 erinnern, in dem einer dieser Wissenschaftler auf dem Totenbett anscheinend diese Geschehnisse unabhängig davon bestätigt hatte, doch Williams Aufzeichnungen wurden 1940 bei einem Feuer zerstört und man konnte den Zeitungsartikel später nicht mehr ausfindig machen. Yearam behielt seine Erlebnisse auch bis kurz vor seinem Tod für sich, doch irgendwann verspürte er den Drang, sie zu erzählen und für die Nachwelt zu erhalten. Er erzählte dem Pastor außerdem, dass seine Vorfahren direkt von den Menschen abstammen, die aus der Arche gekommen waren!

Somit hatten sich die Überlebenden der Sintflut, die aus der Arche kamen, in mehrere Stämme aufgeteilt. Einer davon übersiedelte in das alte Land Shino und erbaute dort nach der Flut den Turm zu Babel. Andere Stämme wanderten in andere Länder aus, doch die Vorfahren von Yearam blieben in diesem Land, das heute Armenien ist und siedelten sich immer in der Nähe des Berges Ararat oder in seinen Tälern an. Diese alten Vorfahren pilgerten jährlich zur Arche hinauf, machten dort ihre Opferungen und Götteranbetungen und hatten dazu einen Pfad und Treppen angelegt. Es ist auch überliefert, dass eines Tages die „Feinde Gottes“ erschienen waren und die Arche zerstören wollten. Als sich diese Feinde dem Berg näherten, kam ein fürchterlicher Sturm auf, fegte den Pfad hinweg und Blitze zersprengten die Felsen. Danach fürchteten sich selbst die Pilger,

Abb. 213: Karten aus 1681 und 1828 mit dem Berg Ararat und der Arche Noah

wieder zur Arche zurückzukehren und glaubten, Gott hätte ihnen durch den Sturm symbolisiert, dass niemand mehr zur Arche kommen sollte, bis das Ende der Welt gekommen sei – dann sollte die Existenz der Arche der ganzen Welt präsentiert werden. Diese Legenden wurden von Generation zu Generation weitergegeben und nur mutige Jäger oder Schäfer versuchten in sehr heißen Sommern, bis zur Arche vorzudringen. In diesen Sommern konnte man einen Teil der Arche sehen, weil das Eis und der Schnee etwas zurückgegangen waren. Leute, die das Innere der Arche betreten hatten, berichteten davon, dass es wie ein großes Haus in einem Schiffsrumpf aussah und es mehrere Stockwerke, Gänge und Aufteilungen mit Stangen wie bei den heutigen Tierkäfigen gab. Das Holz war mit einer Art Lack überzogen, der sehr dick und hart ist. Es gab keine Fenster, nur ein immens großes Tor an der Seite, dessen Türe dazu schon damals fehlte.

Geht man noch weiter in der Geschichte des Berges Ararat zurück, stellt man fest, dass die Arche schon immer ein fester Bestandteil der Geschichte des Landes Armenien war. Der Berg mit der Arche schmückte über die ganze historische Geschichte hindurch die alten Wappen und Landkarten Armeniens und alte Aufzeichnungen berichten von christlichen Pilgern, die bereits im 17. Jahrhundert auf den Berg reisten. Im Jahr 1670 erreichte ein holländischer Wandermönch auf der Suche nach Noahs Arche den Berg Ararat und traf dort auf einen Eremiten, der behauptete, in der Arche gewesen zu sein. Der Einsiedler berichtete dem Mönch, dass er in der Arche gewesen ist und aus einem Stück Holz der Arche ein Kreuz geschnitzt hatte, welches er um den Hals trug und als weiteren Beweis gab er dem Mönch einen Stein, der von dem Felsen stammt, auf dem die Arche ruht. Auf alten Karten ist die Arche noch auf dem Berg eingezeichnet und die erste abgebildete Karte (Abb. 213) stammt aus dem Jahr 1681 (Jerewan – Holländische Weltkarte). Bei der zweiten Abbildung handelt es sich um eine Karte von Armenien aus dem Jahr 1828. Auch hier sind deutlich der Berg Ararat und die Arche zu sehen und es war also schon in der Vergangenheit sehr wohl bekannt, dass sich das Schiff auf dem Berg befindet!

Mehr als 2.000 Jahre lang gibt es also schon historische Augenzeugenberichte, die davon berichten, dass es ein uraltes Schiff auf diesem Berg gibt, das die große Flut überstanden hat und dort oben gelandet war. Diese Berichte wurden bis in die Neuzeit überliefert und in Armenien am Leben erhalten. Armenien ist heute das einzige Land der Welt, das seit diesen alten Zeiten immer noch fortbesteht und niemals seinen Namen geändert hat. Doch bevor wir einen Blick auf die Geschichte Armeniens werfen, sehen wir uns vier noch ältere Berichte vom Berg Ararat an.

Die älteste erhalten gebliebene Aufzeichnung stammt von einem babylonischen Historiker namens Berossus, der im Jahre 275 v. Chr. lebte und der auch ein Priester war, der den babylonischen Gott Bel Marduk (Baal) anbetete. In seinen Aufzeichnungen über die Geschichte Babylons (*Babyloniaca*) schrieb er, dass ein Schiff die große Flut überstanden hat, in Armenien gelandet war und sich einige Teile davon immer noch in den Bergen von Gordyaens (Ararat) befinden. Manche Leute haben Holzstücke aus diesem Schiff herausgeschlagen und schnitzen Amulette daraus. In den Aufzeichnungen ist auch von der Zeit vor der Flut die Rede und der babylonische Schöpfungsmythos spricht von einem großen Kampf der Götter Tiamat und Marduk (Bel/Baal). Und auch davon, dass, nachdem der Mensch erschaffen worden war, die Meereskreatur Oannes aus der See kam und den Menschen sein Wissen lehrte. Die Geschichte der Flut selbst gleicht der im Gilgamesch-Epos. Die nächste Aufzeichnung stammt von Nikolaos von Damaskus aus dem Jahre 30 v. Chr. Nikolaos war ein griechischer Geschichtsschreiber und Philosoph und schrieb, dass es im Land Armenien einen großen Berg genannt Baris gibt. Dort sollen sich viele Menschen vor der Flut in Sicherheit gebracht haben. Sie reisten in der Arche eines Mannes mit und liefen auf dem Berggipfel auf Grund – die hölzernen Überreste des Schiffes seien dort oben gut erhalten.

Der römisch-jüdische Geschichtsschreiber Flavius Josephus erwähnt in seinen Aufzeichnungen im 1. Jahrhundert n. Chr. ebenfalls die Arche. Er schrieb, dass die Armenier diesen Platz den „Landeplatz" nannten, weil die Arche dort nach der Flut sicher landete und die Relikte der Arche sich noch immer dort befinden. Er behauptet auch, dass diese Flut und die Arche von allen historischen Schreibern erwähnt wurden, die sich mit den Geschichten der Barbaren beschäftigt haben. Es gibt viele Pilger, die sich auf den Berg begaben, um eine Planke der Arche zu holen. Einige dieser Stücke befanden sich später in einem goldenen Reliquienschrein in einem Kloster am Fuße des Berges Ararat.

Eutychius von Alexandria (876-940) war ein orthodoxer Patriarch aus Alexandria und verfasste mehrere Schriften und schrieb, die Arche würde auf den Bergen von Ararat liegen. Obwohl es in der Bibliothek von Alexandria verschiedene historische Aufzeichnungen gab, sprechen dennoch alle vom gleichen Berg – dem Ararat.

Wenden wir uns nun den armenischen Aufzeichnungen selbst zu. Der Name *Armenien* stammt vom Namen Aram, einem direkten Nachkommen des legendären Patriarchen Hayk und dieser soll der Ur-Urenkel von Noah gewesen sein. Er war auch der Bezwinger des babylonischen Königs Bel (Baal-Nimrod) im Jahre 2492 v. Chr. und gründete die Nation Armenien in der Region des Berges Ararat. Hayk soll selbst ein Riese, ein mächtiger Bogenschütze und ein furchtloser Kämpfer gewesen sein. Noah und die Vorväter von Hayk sollen sich nach der Flut in den wärmeren Gebieten in der Nähe von Babylon angesiedelt haben, denn Babylon war die erste Stadt, die nach der Flut erbaut worden war. In Babylon herrschte damals ein gefährlicher Riese, der Bel (Baal) bzw. Nimrod genannt wurde. Es ist unwahrscheinlich, dass es sich um Marduk persönlich gehandelt haben kann. Bel versuchte, auch dem Volk von Hayk seine Tyrannei aufzuzwingen. Doch Hayk weigerte sich, Bel zu gehorchen, nahm sein Volk mit sich, wanderte ins Land seiner Vorväter zum Berg Ararat und errichtete die neue Heimat *Haykashen* am Fuße des Berges. Doch Bel wollte sich das nicht bieten lassen und zog mit seiner babylonischen Armee aus, um Hayk zu besiegen und sein Volk zu unterwerfen. Doch in einem engen Bergpass entdeckte Hayk Bels Heer und in einer epischen Schlacht besiegte er Bel, indem er ihn mit einem dreizackigen Pfeil tötete, was die große babylonische Armee in Verwirrung stürzte. Es gibt schriftliche babylonische Überlieferungen, die aus der Regierungszeit von Nimrod stammen und die diesen Kampf und den Tod Nimrods, wie er in der armenischen Legende beschrieben wird, bestätigen. Der alte armenische Kalender beginnt mit dem Jahr, in dem diese Schlacht stattgefunden hat.

Jakob von Nisibis gründete im 4. Jahrhundert n. Chr. ein Kloster in den nordöstlichen Hängen des Berges Ararat, das heilige Relikte von der Arche Noahs enthielt. Jakob bekam in einer Vision ein Plankenstück der Arche von einem Engel überreicht und dieses wurde von ihm später der neu errichteten Kathedrale von Etschmiadsin übergeben. Doch ein starkes Erdbeben am 2. Juli 1840 löste einen Felssturz aus und zerstörte schließlich das Kloster, wobei viele antike Bücher und Relikte aus der Zeit von Noah verlorengingen. Einen aufschlussreichen Bericht über dieses Kloster lieferte der deutschbaltische Naturforscher Johann Jakob Friedrich Wilhelm Parrot (1791-1841) in seinem Buch *„Reise zum Ararat“*, denn Parrot besuchte dieses Kloster noch vor seiner Zerstörung. Er beschreibt das Kloster als eine kleine, kreuförmige Kirche, die ein Kuppeldach hatte und ganz und gar aus dem behauenen Lavagestein des Berges errichtet worden war. Parrot bestieg im Jahr 1829 zusammen mit russischen Offizieren und ein paar Armeniern als erster Europäer der Neuzeit auf der Suche nach der Arche Noah den Berg Ararat – sie stiegen bis zur Bergspitze empor, konnten die Arche aber nicht entdecken. Vielleicht lag das auch an den armenischen Bergführern. In seinem Buch schreibt er, dass die Armenier davon überzeugt sind, dass sich die Arche bis zum heutigen Tage auf dem Gipfel des Ararat befindet, doch um die Sicherheit der Arche zu gewährleisten, war es damals niemandem erlaubt, sich ihr zu nähern. Beim Abstieg besuchte Parrot noch einmal das Kloster und Mönche zeigten ihm dort einige Relikte aus Holz, die von der Arche stammen

Abb. 214: Der Riese Hayk besiegt Bel bzw. Nimrod, im Hintergrund die Arche Noah auf dem Berg Aratat

sollten. Einheimische berichteten davon, dass die Arche erst nach dem starken Erdbeben, das 1840 das Kloster zerstörte, wieder sichtbar wurde. Ironischerweise war das anscheinend der vorhergesagte Zeitpunkt, an dem die Arche wieder für die ganze Welt sichtbar werden sollte. Friedrich Parrot erwähnte in seinem Reisebericht auch noch, dass der Name Ararat von dem alten armenischen König Arai abgeleitet ist. Dieser lebte um 1750 v. Chr. und fiel in einer weiteren blutigen Schlacht mit den Babyloniern. Das passierte auf einer Bergebene und man nannte später den Berg *Arai-Arat* (der Fall von Arai) nach ihm.

Das sind doch alles sehr interessante Fakten. Warum wird nie etwas darüber berichtet?[97]

Kapitel 15 – Langschädel-DNA, die größten Geheimnisse Tibets und die Rückkehr von Nibiru

Kommen wir nun zum letzten Teil des Buches. Bis hierher wurden große Teile der geheimen Geschichte der Erde schon einigermaßen gut rekonstruiert, doch es bleiben nach wie vor einige Fragen offen. Einmal wäre da die Frage nach der tatsächlichen Entstehung des Lebens auf der Erde. Als die Anunnaki und andere Außerirdische einst zur Erde reisten, gab es hier bereits alle Lebensformen und auch Menschen, die dann von ihnen genetisch manipuliert wurden. Das erklärt jedoch nicht, wer das Leben ursprünglich auf die Erde gebracht hat und wo das ganze Wasser der Erde herkommt, das sich sogar hauptsächlich im Erdmantel befindet. Da das Leben und alle Lebewesen und Pflanzen sowie der Mensch sich nicht durch eine Evolution selbst entwickelt haben können, müssen sie irgendwie auf die Erde gelangt sein. Dasselbe gilt für die Bildung der sauerstoffhaltigen Atmosphäre, denn sie muss schon bestanden haben, bevor sich das Leben auf der Erde erhalten konnte. Viele Whistleblower, die Zugang zu den geheimen Unterlagen verschiedener Regierungen hatten, behaupten heute, dass die Erde ein Experimental-Planet ist und glauben, dass auf der Erde ein großangelegtes Experiment stattfindet, das von verschiedenen hochentwickelten außerirdischen Zivilisationen durchgeführt wird. Diese Außerirdischen sollen genetische Versuche an bestimmten Menschen und am Tier- und Pflanzenleben auf der Erde durchführen. Dieses Projekt soll schon seit sehr langer Zeit laufen und die Beobachtungstationen dieser Außerirdischen sollen sich auf der Rückseite des Mondes und an entlegenen Plätzen auf der Erde befinden. Es geht wohl hauptsächlich um die DNA der Menschen. Doch auch diese hochentwickelten Außerirdischen und das unendlich große Universum müssen von einem Schöpfer erschaffen worden sein – was ich ja ausführlich im *„MiB – Band 1"* beschrieben habe.

Mitte Januar 2017 gab es interessante Neuigkeiten von Corey Goode, dem Whistleblower des geheimen Weltraumprogramms. Goode konnte von seinen Kontaktleuten neue Details zum Verbleib der Rasse der großen, rothaarigen und weißen Riesen erfahren und damit können jetzt weitere Informationslücken im Buch geschlossen werden. Die Rasse der rothaarigen Riesen war von Außerirdischen erschaffen worden, die vor langer Zeit mit ihrem Raumschiff auf der Erde in der Antarktis bruchgelandet waren. Sie bauten dort eine Stadt und stellten allerlei genetische Experimente an. Dabei entstanden auch genetische Kreuzungen zwischen Mensch und Tier, deren Gestalten in unsere Mythen und Sagen eingingen. Diese Außerirdischen wurden von den damaligen Menschen der Erde als Götter betrachtet, hatten konische Langschädel und waren mehr als drei Meter groß. Sie erschufen auch die menschlichen Riesen, indem sie Menschen genetisch mit ihrer eigenen DNA manipulierten und diese waren die Halbgötter, die damals als eine Kaste benutzt wurden, die direkt über die normalen Menschen herrschen sollte – sie sollten die Macht der Langschädel durchsetzen und ihre Herrschaft sichern. Diese Rasse von Langschädeln wird von Corey Goode als Prä-Adamiten bezeichnet, doch irgendwann wurden diese Prä-Adamiten immer weniger. Es kam dann zu einer gewaltigen Katastrophe und einem Kataklysmus auf der Erde, bei dem die Antarktis als Hauptkontinent der Langschädel zerstört und an den heutigen Südpol verschoben wurde. Eine gigantische Springflut bedeckte dann den ganzen Kontinent mit einer dicken Schicht aus Eis und zerstörte die Städte der Langschädel. Übrig blieben nur wenige kleinere Kolonien in anderen Erdteilen, die fortan völlig isoliert waren. Als die Rasse der Langschädel zu verschwinden begann, war es auch um die Riesen geschehen. Die Menschen hatten bemerkt, dass die Götter verschwunden waren und wandten sich nun gegen die Riesen und bekämpften sie. Diese wurden dabei ebenfalls stark dezimiert und irgendwann dazu gezwungen, in die unterirdischen Höhlensysteme zu flüchten und dort unter der Oberfläche ihr Dasein zu fristen.

Sie fingen an zu verhungern oder wurden sehr krank und ihnen blieb nichts anderes übrig, als Jagdgruppen zusammenzustellen und so viel Fleisch wie möglich aufzutreiben. Viele dieser Jäger kamen mit Menschen zurück, die dann stückweise verspeist wurden. Das ging für mehrere tausend Jahre so weiter, vom Untergang von „Atlantis" und der Eiszeit bis vor relativ kurzer Zeit. Damals begannen die Menschen, sich wieder stark zu vermehren und zu organisieren. Gruppen von Menschen schlossen sich zusammen, machten ihrerseits Jagd auf die Riesen und diese wurden von ihren menschlichen Jägern schließlich getötet. Die übriggebliebenen, rothaarigen Riesen waren dazu gezwungen, sich immer tiefer in die unterirdischen Höhlensysteme zurückzuziehen und es wurde immer schwieriger für sie, genug Nahrung für den hohen Kalorienbedarf ihrer Körper zu finden. Ein paar von ihnen sollen sich sogar bis zur Hohlerde durchgeschlagen haben. Irgendwann lernten sie, sich auf das Leben in der Inneren Erde einzustellen und wurden dann zu einer Bedrohung für andere Zivilisationen, die schon lange dort unten lebten und nicht sehr hoch entwickelt waren – eine dieser Gruppen wurde von den Riesen sogar ausgerottet. Es war eine Zeit des großen Leidens für die Riesen, und die Adeligen und Priester unter ihnen begannen damit, ihre Körper in seltsame technische Vorrichtungen zu legen, die Stasis-Kammern. Das waren hochentwickelte Geräte, die aussahen wie ein Sarkophag, man konnte sich in diesen Kammern in den Tiefschlaf versetzen und der Sarkophag erzeugte eine Art Energiefeld, das die Riesen in diesen Kammern für sehr lange Zeit konservieren konnte – diese Technik stammte von den Prä-Adamiten und anderen Außerirdischen. Diese Adeligen und Priester der Riesen hinterließen strikte Befehle, nämlich dass sich die verbliebenen Riesen in einige kleine Gruppen aufteilen und verstecken und sich nicht zu stark vermehren sollten, um in ihren unterirdischen Schlupfwinkeln selbstständig überleben zu können, bis die Zeit kommt, in der die Stasis-Kammern abgeschaltet werden. In diesen Refugien gab es Fische, Krebse und bestimmte Arten von Flechten und Pilzen, von denen sie sich ernähren konnten.

Das alles wurde bis heute so weitergeführt und die Adeligen und Priester der Riesen sind nun erwacht. Corey Goode behauptet, dass viele von ihnen traumatisiert sind und erst warten wollen, bis alle ihrer Leute aus dem Tiefschlaf erwacht und versammelt sind, dann werden sie gemeinsam mit den Regierungen der Erde entscheiden, was zu tun ist und ob sie auf der Erde bleiben oder vom geheimen Weltraumprogramm auf einem anderen Planeten angesiedelt werden. Diese Informationen decken sich grundlegend mit den alten Mythen und Legenden der alten Kulturen der Erde. Anunnaki ist ein Begriff, der für verschiedene außerirdische Gruppen verwendet wurde, also sowohl für die auf der Erde abgestürzten Langschädel als auch für die mehr menschenähnlichen nordischen Außerirdischen, wie z.B. die Hyperboreer und die Aldebaraner. Seit Anfang 2018 gibt es nun endlich auch physische Beweise für das alles, es kam zur Veröffentlichung der neusten erstaunlichen Testergebnisse der Paracas-Langschädel DNA![98]

Überraschende neue Testergebnisse von Langschädel-DNA

Am 2. Februar 2018 fand in Los Angeles das Langschädel-Symposium statt. Das war eine Pressekonferenz, bei der die Untersuchungsergebnisse von DNA-Proben der sogenannten Paracas-Langschädel aus Peru veröffentlicht wurden und der Hauptverantwortliche dafür war der Alternativforscher und Autor L. A. Marzulli. Es gab bereits vorher Vermutungen, dass diese rätselhafte Menschenrasse nicht aus Peru stammen konnte und die Schädel haben ein Alter von ca. 3.000 Jahren. Die Langschädel-Menschen hatten rotes Haar und weiße Haut und vermutlich grüne Augen. Die Zeichnung in Abb. 215 stammt von einem Langschädel-Baby, das sich mumifiziert im Leib seiner Mutter befunden hatte, bevor Archäologen es entdeckt haben. Die Lithographie stammt aus dem Jahr 1848 und man kann erkennen, dass der große Schädel bereits vor der Geburt ausgeformt war. Daher ist es eine genetische Eigenheit, die nicht durch ein Abbinden des Kopfes entstanden sein kann, wie von Archäologen meist behauptet wird. Es gab zwar in Peru auch Menschen, die ihre Schädel absichtlich deformierten, um diesen Wesen ähnlich zu sehen, die sie als ihre Götter betrachtet hatten, doch bei Menschen war die Form des Schädels niemals so klar ausgeprägt wie bei den Langschädeln. Diese besitzen auch ein viel größeres Schädelvolumen und das Gewicht der Langschädel ist um 60 Prozent höher als bei einem normalen Menschenschädel, außerdem ist die Struktur der Knochen dicker und dichter. Das bedeutet, dass es sich hier um keine anatomisch normalen Menschen handelt, sondern um eine eigene Spezies *(Homo capensis)*!

Der Anthropologe Rick Woodward untersuchte die Schädel genau und konnte einige morphologische Unterschiede zu menschlichen Schädeln feststellen. Und Dr. Michael Alday und Dr. Malcolm Warren stimmten ebenfalls zu, dass wir es hier mit keinen normalen menschlichen Schädeln zu tun haben. Weitere beteiligte Sprecher beim Symposi-

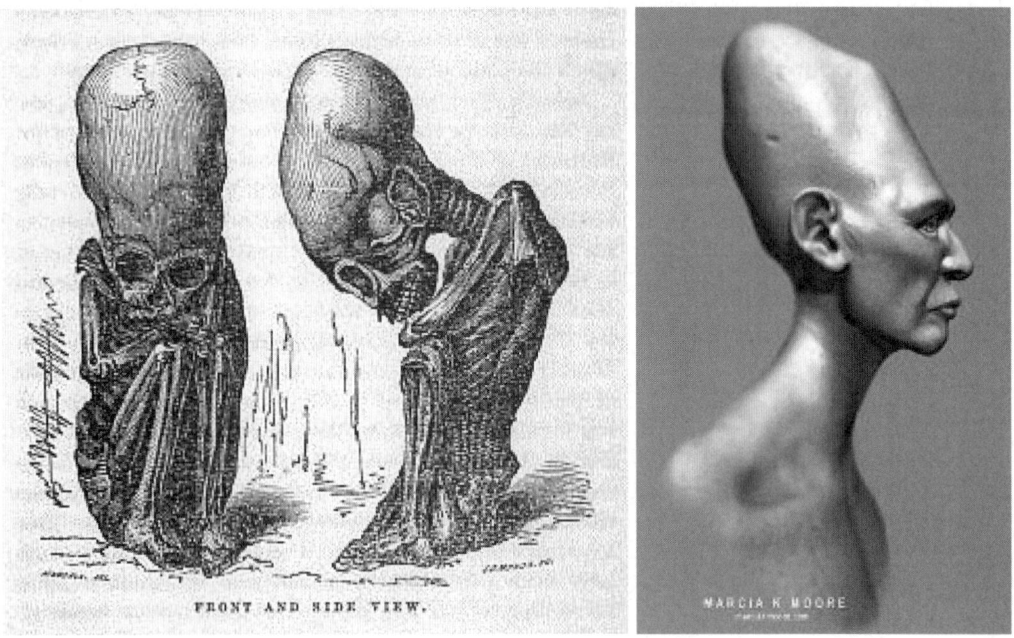

Abb. 215: Langschädel Baby und eine forensische Rekonstruktion von Marcia Moore

um waren der Forscher Brien Foerster und die forensische Künstlerin Marcia Moore, die Grafiken anfertigte, die lebenden Langschädel-Menschen sehr nahe kommen sollen. Die genetischen Untersuchungen an den Paracas-Langschädeln aus Peru starteten bereits im Jahr 2013, als ein erster DNA-Test durchgeführt wurde und die mitchondriale DNA (mütterliche Linie) weist Mutationen auf, die bei allen Menschen, Primaten und Tieren unbekannt sind. Eine zweite Reihe von ausführlicheren DNA-Tests wurde nun beendet, und die Resultate sind wieder einmal kontrovers! Einige der Schädel sind mindestens 2.000 Jahre alt und haben Gene aus Europa und dem Mittleren Osten – diese Resultate widerlegen alle Theorien, wie und wann die beiden Amerikas besiedelt wurden.

Die Paracas-Langschädel wurden erstmals bekannt, als der peruanische Archäologe Julio Tello sie im Jahr 1928 entdeckte. Er fand eine große Grabstätte mit vielen Gräbern, die mit menschlichen Überresten gefüllt waren, welche die größten bisher entdeckten Langschädel der Welt enthielten. Insgesamt fand Tello mehr als 300 dieser seltsamen Schädel, die nachweislich bis zu 3.000 Jahre alt sind. L. A. Marzulli weist darauf hin, dass sich die Schädel anatomisch von Menschenschädeln unterscheiden. Das Hinterhauptloch, an dem die Wirbelsäule in den Schädel mündet, liegt bei den Langschädeln etwas weiter hinten und es ist kleiner als bei normalen Menschenschädeln. Was wohl mit der Gewichtsverteilung des Langschädels zu tun hat. Am Hinterhauptloch wurde deshalb auch nach DNA Proben gebohrt, um Kontamination zu vermeiden. Es konnten inzwischen mindestens 1.000 Langschädel untersucht werden, bei denen das Hinterhauptloch in einer völlig anderen Position als bei Menschenschädeln ist, was beweist, dass es eine größere Population von Langschädel-Menschen gegeben hat und möglicherweise noch immer gibt, wenn man bestimmten Quellen Glauben schenkt. Das bedeutet auch ganz klar, dass diese ungewöhnliche Schädelform genetisch bedingt ist und keinesfalls vom Abbinden stammt.

Menschliche Schädel haben zwei Öffnungen im Bereich des Oberkiefers, die man als *Foramen ovale* bezeichnet, und diese Öffnungen findet man bei den Langschädeln nicht. Diese beiden Löcher sieht man beim Menschenschädel unter dem Hinterhauptloch auf dem rechten Foto. Die Foramen sind ovale Öffnungen für Nerven und Muskeln, die für die Bewegung des Unterkiefers benötigt werden. Wenn diese Öffnungen fehlen, muss der Muskelaufbau des Schädels der Langschädel-Spezies sehr unterschiedlich sein. Das höhere Schädelvolumen zeigt auch, dass diese Wesen größere Gehirne hatten und wahrscheinlich intelligenter als moderne Menschen waren. Heute wäre es bereits möglich, ei-

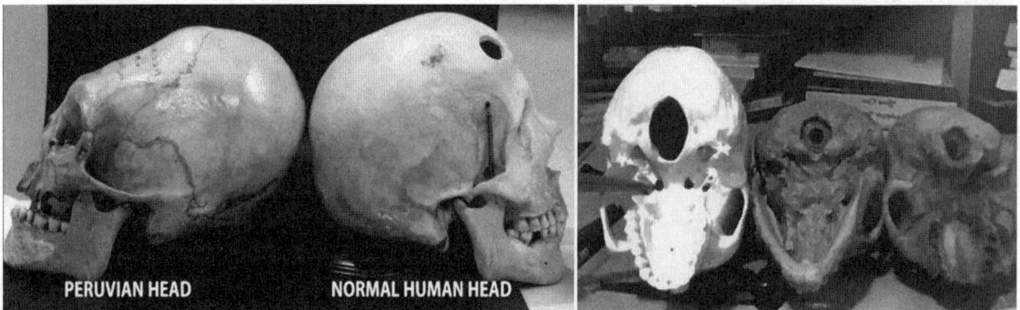

Abb. 216: Links der Vergleich der Schädelform von Langschädel und Menschenschädel. Auf dem rechten Bild sieht man links den weißen Menschenschädel. Bei den beiden Langschädeln daneben fällt auf, dass das Hinterhauptloch bei diesen wesentlich kleiner ist.

nen Paracas-Menschen zu klonen, doch was würde passieren, wenn sich dabei herausstellt, dass er viel klüger als normale Menschen wäre? Was würden Evolutionisten dazu sagen? Viele der Langschädel haben besonders betonte Wangenknochen, anders geformte große Augenhöhlen und keine der normalen Schädelnähte, die beim Menschen die zwei Schädelknochen miteinander verbinden. **Diese Nähte hat jeder menschliche Schädel, die Paracas-Langschädel jedoch nicht!** Beim Menschen kommt so etwas gelegentlich durch eine Krankheit vor, der Kraniosynostose, wobei das normale Wachstum des Schädels nicht möglich ist, weil er zu schnell zusammenwächst. Doch man kann heute Kinder operieren, die an dieser Krankheit leiden, um ein normales Wachstums des Gehirns zu ermöglichen. Die Mediziner in Deutschland sprechen bei Langschäden von „Turmschädeln", die durch diese Krankheit entstanden sein sollen, was ja, wie gesagt, nicht möglich ist, weil der Schädel einen andern Aufbau hat. In Altbayern wurden 30 und in Mitteldeutschland bisher offiziell 23 dieser Schädel ausgegraben und alle befanden sich in den gleichen Gräbern. Da die Kraniosynostose nur bei einer von 2.000 Geburten auftritt, kann es sich somit nicht um einen Zufall handeln. Langschädel wurden in Gräbern von Alemannen, Burgunden, Franken, Goten und Thüringern gefunden und man behauptet, dass die Schädeldeformierung zwei Generationen lang in Deutschland „in Mode" war. Wo befinden sich diese deutschen Langschädel heute, und was würde bei einem DNA-Abgleich herauskommen? Auf jeden Fall gibt es bei den Paracas-Langschädeln keine Anzeichen für eine Kraniosynostose, das wurde von Ärzten bestätigt.

Für die zweite DNA-Testreihe konnte man Proben aus 18 verschiedenen Paracas-Langschädeln entnehmen, die sich im Archäologischen Museum in Paracas befinden, darunter war auch ein Babyschädel. Zur Analyse wurden Haarproben und Knochenpulver verwendet, das mit Bohrern extrahiert wurde. Bei der Entnahme des Knochenmehls wurde spezielle Ganzkörper-Schutzkleidung benutzt, um jede mögliche Kontamination mit fremder DNA zu vermeiden und diese Proben wurden dann an drei namhafte Labore geschickt: An das Labor der *Lakehead University* in Kanada und an die Labore der *University of California* in den Vereinigten Staaten an zwei verschiedenen Standorten.

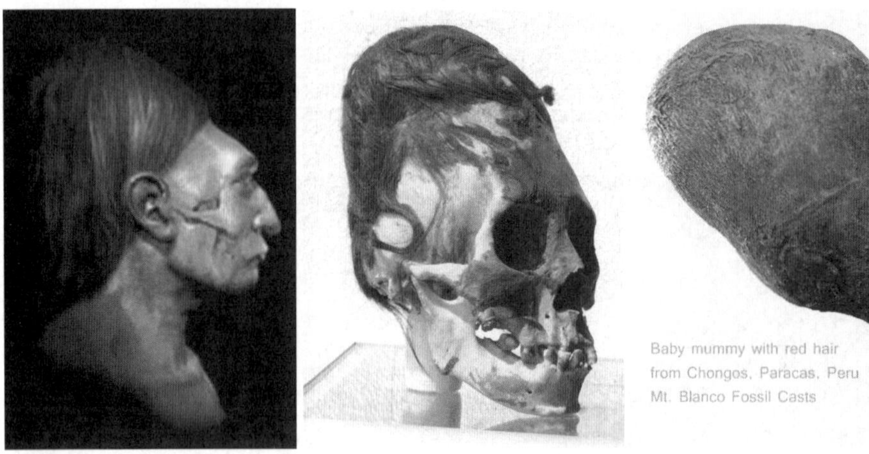

Abb. 217: Paracas-Langschädel mit roten Haaren und der Paracas-Babyschädel

Den Genetikern wurde nicht gesagt, woher die Proben stammen, weil es bereits in der Vergangenheit zu Problemen gekommen war und sich diese Einrichtungen aus bekannten Gründen weigerten, die Proben zu testen. In diesem Fall wurde nur bekannt gegeben, dass die Proben von alten Mumien stammen, damit keine vorgefassten Ideen entstehen konnten. Da die meisten Schädel schon sehr alt sind, war es nicht einfach, intakte DNA zu extrahieren, doch die Haarproben zeigten ein übereinstimmendes Ergebnis der Haplogruppe H1a, was typisch bei Menschen in Osteuropa und zu einem geringeren Teil in Westeuropa ist. Die Knochenproben zeigten eine Übereinstimmung der Haplogruppe T2b, das sind Menschen aus Mesopotamien und dem heutigen Syrien und eine weitere Gruppe war U2e, die vom Kaspischen Meer, dem Kaukasus-Gebirge und dem Schwarzen Meer stammt. Das sind klare Beweise, dass die Langschädel von Europa bzw. Mesopotamien stammten und bereits vor über 3.000 Jahren nach Südamerika gereist waren. Brian Foerster sagte, dass die Geschichte der Besiedlung der beiden Amerikas total anders verlaufen ist, als uns das heute gelehrt wird.

Die Mainstream-Wissenschaft hat diese Ergebnisse natürlich sofort attackiert, weil sie nicht in ihre falschen Theorien über die Besiedlung Amerikas und die Evolution des Menschen passen. Doch Marzulli bietet den Skeptikern an, seine Proben erneut zu testen, denn die Ergebnisse können jederzeit reproduziert werden. Er glaubt, dass die Spezies der Langschädel eine Mischform aus Menschen und außerirdischen Göttern darstellt, die in der Bibel die „Gefallenen Engel" genannt werden. Und die Nephilim waren die Kinder, die dabei entstanden sind. Daher könnten die unbekannten Gene tatsächlich von Außerirdischen stammen. Die roten Haare kommen außerdem bei keinen Ureinwohnern in Südamerika vor, sondern stammen ausschließlich aus Europa und dem Mittleren Osten, was zu den Geschichten der Bibel passen würde. Kein Akademiker konnte erklären, warum diese alten Schädel aus Südamerika rotes oder sogar blondes Haar hatten! Das Haar der Paracas-Menschen ist auch zu 30 Prozent dünner als das von amerikanischen Ureinwohnern, was genetische Gründe hat. Bei amerikanischen Ureinwohnern kommen für gewöhnlich nur die Haplogruppen A, B, C und D vor. Die Proben des Langschädel-Kindes stammen von einem Baby, das nicht älter als 18 bis 24 Monate war und das ist nicht alt genug, um eine künstliche Deformation vorzunehmen – **die Schädelform war somit schon von Geburt so ausgeprägt**. Wie passen sie in die historische Geschichte der Erde, wenn nachweislich vor weniger als 800 Jahren noch einige Langschädel gelebt haben? Es muss schon vor Jahrtausenden eine Auswanderungswelle von Europa und Asien nach Südamerika gegeben haben. Die größten Langschädel fand man wie gesagt in Paracas in Peru, und die zweitgrößten, die jene aus Peru fast identisch sind, am Schwarzen Meer auf der Halbinsel Krim. Auch die Langschädel vom Schwarzen Meer sind mindestens 2.000 Jahre alt. Das stimmt auch keinesfalls mit den Theorien überein, dass alle Ureinwohner Südamerikas über die alte Beringstraße nach Amerika eingewandert waren. Durch Stammeskriege wurden die Langschädel irgendwann ausgerottet, sie waren zweifellos die Könige dieser Stämme und hatten alle rote Haare. Überall, wo man diese Langschädel fand, gab es auch die großen Steinbauten, die auf rätselhafte Weise mit fortschrittlicher Technologie erschaffen worden sind. Wie sonst wurden die hunderte Tonnen schweren Megalith-Steine geformt, bewegt und exakt positioniert, an denen man oft Bohrlöcher, Frässpuren und Schnittkanten sehen kann? Die Forschungen an den Langschädeln gehen weiter, und bald sollen die Langschädel vom Schwarzen Meer getestet werden, um festzustellen, ob die Haplotypen übereinstimmen.

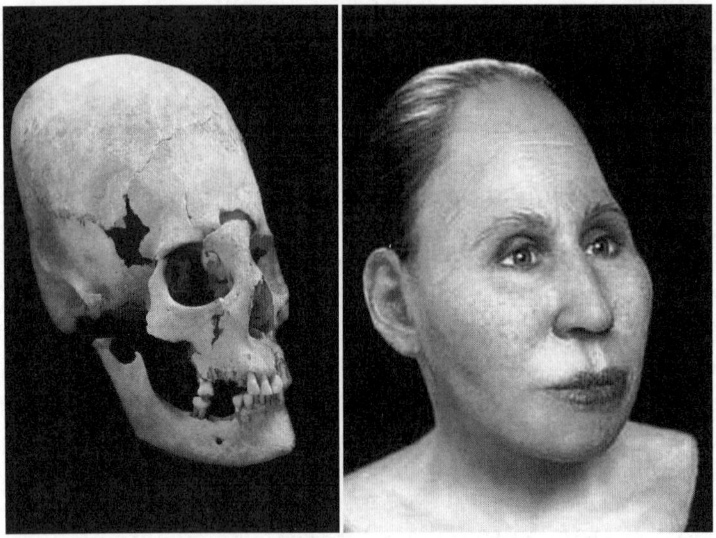

Abb. 218: Hier einer der Langschädel aus der Staatssammlung für Anthropologie und Paläoanatomie in München. Daneben eine Rekonstruktion einer gotischen Langschädelfrau nach einem Schädel, der in Österreich gefunden wurde.

Im März 2018 veröffentlichte man eine neue Studie im Journal *Proceedings of the National Academy of Sciences* zu gefundenen Langschädeln in Südbayern! Bei den Ausgrabungen nahe München wurden bisher 13 Langschädel gefunden, und die DNA-Analysen ergaben, dass sie einst aus Rumänien und Bulgarien kamen – also der Gegend um das Schwarze Meer. Damit stimmen die DNA-Analysen mit denen der Paracas-Langschädel überein, deren genetischer Ursprung ebenfalls am Schwarzen Meer liegt – sie waren also verwandt! Die Schädel haben ein Alter von etwa 1.500 Jahren und diese Frauen haben etwa um das Jahr 500 n. Chr. im heutigen Bayern gelebt. Die Funde wurden seit den 1960er-Jahren in Gräbern entdeckt, die in einigen Orten entlang der Donau gelegen sind, und zuständig für die DNA-Analyse war Professor Joachim Burger von der *Johannes-Gutenberg-Universität* in Mainz. Die Gene deuten darauf hin, dass diese Frauen mit Langschädeln braune oder blonde Haare und braune sowie blaue Augen hatten. Die Forscher stellen sich zwar die Frage, wie es zu dieser Schädeldeformation gekommen ist, doch inzwischen weiß man, dass es sich um keine Deformation handelt, weil auch Babys mit Langschädeln entdeckt wurden, die keinesfalls durch Deformierung entstanden sind – diese Schädelform ist natürlichen Ursprungs. Wer sollte seine Kinder auch absichtlich solch gefährlichen, langwierigen und schmerzhaften Deformierungen unterziehen, und aus welchem Grund? In keinen Gräbern in Europa hat man jemals die Skelette von Kindern gefunden, deren Köpfe durch eine angebliche künstliche Deformation abgebunden waren. Auch bei den deutschen Langschädeln kann man sehen, dass sie ein größeres Gehirnvolumen und keine normalen Schädelnähte aufweisen.

Die deutschen Forscher glauben, dass es sich bei den Frauen mit Langschädeln um hochrangige, adelige Persönlichkeiten gehandelt hat, die von Osteuropa aus nach Bayern gereist waren, um hier zu heiraten. Es sollten wohl politische Allianzen geschmiedet werden! Wenn das so war, warum sind dann in einem relativ kleinen Gebiet gleich 13 Überreste von Frauen mit Langschädeln aus Osteuropa gefunden worden? Die Archäologin Michaela Harbeck war an den Ausgrabungen beteiligt und bestätigt, dass die Skelette mit den Langschädeln sehr gut erhalten sind, darum ist auch noch genug DNA vorhanden. Die meisten in Europa entdeckten Langschädelfunde stammen aus dem 5. Jahrhundert, in Rumänien und Ungarn gibt es auch Funde aus dem 2. und 3. Jahrhundert. Die Funde aus Deutschland stammen alle aus der direkten Umgebung der Stadt Erding in Bayern und es gibt Funde aus Klettham, Altenerding, Alteglofsheim, Altheim,

Barbing-Irlmauth, Burgweinting und Straubing. In den Gräbern in Straubing gab es auch Schädel von Nachkommen der Langschädelfrauen, die eine Übergangform von echtem Langschädel und normalen menschlichen Schädel darstellen. Auf diese Weise hatten die späteren Nachkommen immer kleinere und normalere menschliche Schädel, und die Langschädelform verschwand schließlich ganz. Auf jeden Fall ist nachweisbar, dass alle diese Langschädel-Frauen in der gleichen Generation lebten. Möglicherweise waren die Langschädelfrauen aus Bayern auch mit den nomadischen Stämmen der Hunnen nach Europa gereist, die einst von Zentralasien aus nach Europa gekommen sein sollen. Langschädelfunde aus Rumänien aus dem 2. Jahrhundert zeigen jedoch, dass es sie schon vor der Ankunft der Hunnen dort gab. Weitere 200 Langschädel wurden im Karpartenbecken im heutigen Ungarn gefunden und stammen ebenfalls aus dem 5. oder 6. Jahrhundert. Langschädel findet man auf jedem Kontinent und bei verschiedenen Kulturen der Erde rund um die Welt – und alle scheinen genetisch einen europäischen bzw. kaukasischen Ursprung zu haben. Wie konnten sich die Langschädel vor über 1.500 Jahren über die ganze Erde verbreiten?

Die Hunnen besetzten das Karpatenbecken ab dem 5. Jahrhundert. Attila, der Hunnenkönig, verstarb überraschend im Jahr 453 n. Chr. im heutigen Ungarn, und nur diesem Umstand ist es zu verdanken, dass viele germanische Stämme gegen die Hunnen rebellierten und sie aus dem Karpatenbecken vertrieben werden konnten. Forscher der *Universität von Debrecen* in Ungarn studierten im Jahr 2014 neun Langschädel, die zwischen 1994 bis 2005 in Ungarn ausgegraben wurden, und es konnte damals festgestellt werden, dass die Schädel zu Männern als auch zu Frauen gehörten, die ein Alter zwischen 15 bis 80 Jahren hatten. Alle Schädel haben klassische europäische Charakteristiken und gehörten wohl zu den Hunnen oder den germanischen Stämmen. Die Forscher denken, dass die Langschädel-Menschen ursprünglich vor ca. 4.000 Jahren aus Zentralasien bzw. den Tian-Shan Bergen (Berge des Himmels) und dem Himalaya nach Europa eingewandert waren. Sie siedelten sich schließlich entlang der Donau an und lebten in ganz Europa inkl. Deutschland und Österreich. Es gab eine Aufspaltung in drei Hauptgruppen, die mittel-germanische Gruppe, in der eigenartiger Weise alle Langschädel weiblich waren, und die südliche sowie die südwestliche germanische Gruppe, die sich in Bayern und am Rhein ansiedelten. Weitere Siedlungen mit Langschädeln gab es in der südwestlichen Schweiz, im Osten von Frankreich und in Norditalien. Immer wurden Langschädel mit der Herrscherklasse, dem Adel und einem hohen Status in der Gesellschaft in Verbindung gebracht!

Jetzt kommen wir endlich zu den erstaunlichen Erlebnissen und Erkenntnissen von Lobsang Rampa, einem tibetischen Lama, der über die geheime antike Geschichte der Welt eingeweiht wurde und die unglaublichen Geheimnisse Tibets erblickt hatte![98]

Der Lama Lobsang Rampa und die ältesten Geheimnisse Tibets

Lobsang Rampa (1910-1981) war ein Autor, der verschiedene spirituelle Bücher über den tibetischen Buddhismus verfasste, früher Cyril Henry Hoskin hieß und eigentlich ein Engländer aus Plympton war. Hoskin gab an, eines Tages einen Unfall gehabt zu haben, und als er wieder zu sich kam, sah er einen tibetischen Lama vor sich. Der Mönch wollte seinen Körper übernehmen, weil er wichtige Bücher schreiben wollte, die im Westen bekannt werden sollten. Hoskin stimmte zu und der tibetische Mönch Lobsang Rampa übernahm 1949 durch eine „Transmigration der Seele" den Körper von Hoskin. Im Jahr 1956 erschien sein erstes und berühmtestes Buch „*Das dritte Auge*". Es wurde sehr erfolgreich und ist heute der wahrscheinlich populärste Tibet-Roman überhaupt. Bis zu seinem Tod 1981 veröffentlichte Rampa noch weitere Bücher, in denen er ständig neue Informationen zu den Geheimnissen Tibets lieferte. Es ist heutzutage leider nur das erste Buch auf Deutsch verfügbar. Durch den Erfolg dieses Buches wurde der österreichische Tibet-Forscher und Freund des Dalai Lama, Heinrich Harrer, auf ihn aufmerksam und gemeinsam mit einem Großmeister des Ordens der Ritter von Malta wollte er Lobsang Rampa als Schwindler entlarven – bis auf seine frühere Identität als Klempner konnte man allerdings nichts gegen ihn vorbringen.

Neben den spirituellen Aspekten seiner Einweihungen als Lama berichtet Rampa auch über die geheimen Tunnelanlagen und die seltsamen Artefakte alter außerirdischer Zivilisationen in Tibet! Die englische Presse bekämpfte ihn so lange, bis er gezwungen war, nach Kanada auszuwandern. Er schickte die Manuskripte seiner Bücher an verschiedene Tibet-Experten und tibetische Lamas, die Vieles, was er beschreibt, zweifelsfrei bestätigten – trotzdem glauben heute die meisten Leute, dass er ein Schwindler gewesen sei und dadurch ließ das Interesse an seinen hochinteressanten Büchern schnell nach. Heute sind die Bücher von Lobsang Rampa so gut wie unbekannt und fast nirgendwo findet man Rampas Informationen. Sie sind wohl im Gegensatz zu ähnlichen Autoren wie Zecharia Sitchin, dessen Bücher über die Anunnaki laufend neu aufgelegt werden, um die Religion der Illuminati und Freimaurer zu verbreiten, unerwünscht und gefährlich! Doch Rampas Lehren ebneten den Weg für den Einzug der östlichen Spiritualität in den Westen und seine zeitlosen Weisheiten leben in seinen Büchern weiter. Lobsang Rampa wirft ein völlig anderes Licht auf die alte Geschichte der Erde und ihrer Besucher

Abb. 219: Lobsang Rampa und ein altes Foto des Potala-Palasts in Lhasa

als Sitchin. Außerdem erschienen seine ersten Bücher Jahrzehnte vor Däniken und Sitchin! Was soll hier verborgen werden? Sehen wir uns nun die wichtigsten Informationen an.

Aus den Büchern geht hervor, dass Lobsang Rampa in seinem Vorleben in Tibet ein hoher eingeweihter Lama im Potala-Palast in Lhasa war, der ehemaligen Residenz des Dalai Lama, und er schrieb, dass es in ganz Tibet Orte gab, an denen man antike Aufzeichnungen und Artefakte einer unbekannten Zivilisation entdeckte. Man konnte diese Orte an seltsamen Symbolen erkennen, die an den Eingängen zu Höhlen angebracht waren. Unter dem großen Potala-Palast in Lhasa soll es auch Zugänge zu den geheimen Tunnelsystemen unter Tibet und große Höhlen geben. Nur den höchsten Lamas, die alle geheime Initiationen durchlaufen haben, wird dort der Zutritt gestattet. Unter dem Palast von Lhasa soll es in einer großen Höhle die Überreste von Riesen und antiken Maschinen geben, die so seltsam sind, dass die Lamas sie nicht beschreiben konnten. Diese Gerätschaften und Riesenskelette sollen aus einer Zeit stammen, in der die Erde näher an der Sonne kreiste. Die Tage waren kürzer und die Menschen lebten viel länger. Durch die geringere Schwerkraft wuchsen Menschen, Tiere und Pflanzen viel größer, als es heute der Fall ist. Die Menschen dieser fernen Vergangenheit wurden von einer Gruppe von hochentwickelten Außerirdischen angeleitet, die man die „Gärtner der Erde" nannte.

Die tibetischen Lamas glauben daran, dass der Geist des Menschen unsterblich ist und auf Millionen von Welten des Kosmos wiedergeboren werden kann. Die Bewohner dieser Welten können sich sehr von Menschen unterscheiden und ihnen in ihrer Entwicklung überlegen sein. In den tibetischen Klöstern oder Lamaserien gibt es auch Berichte von den „Fahrzeugen der Götter". Die Lamas können durch ihre geistigen Kräfte telepathischen Kontakt mit diesen Göttern herstellen und diese sagen, dass sie die Menschen beobachten – ähnlich, wie wir gefährliche Tiere im Zoo beobachten. Die Lamas glauben, dass auch die Erdenmenschen früher bereits sehr hoch entwickelt waren und versuchen, dieses geistige Stadium wiederzuerlangen. Das war auch ein Ziel der deutschen Geheimgesellschaften. Die Tibeter glauben, dass beim Sündenfall vor der Sintflut jeder Mensch diese hochentwickelten geistigen Fähigkeiten zur Hellsicht, Telepathie, Levitation usw. besessen hatte. Und der Sündenfall bestand darin, dass der Mensch seine okkulten Kräfte für egoistische Zwecke missbraucht hatte, anstatt sie in den Dienst der Höherentwicklung der gesamten Menschheit zu stellen. In alten Zeiten konnten daher alle Menschen telepathisch miteinander kommunizieren und der Gedankenaustausch war ohne Rücksicht auf die verschiedenen Sprachen der Menschen möglich. Als diese Fähigkeit verloren gegangen war, kam es zur großen Sprachenverwirrung von Babel. Doch noch früher kam es zu anderen Katastrophen. Irgendwann in der fernen Vergangenheit fingen diese mächtigen Außerirdischen an, zu streiten und begannen einen Krieg. Eine Gruppe von ihnen zündete eine Superbombe und diese Detonation warf die Erde aus ihrer alten Umlaufbahn und sie kollidierte mit einem anderen Himmelskörper. Die Außerirdischen mussten den Planeten verlassen und es folgte ein großer Kataklysmus, den nur wenige der zurückgelassenen Menschen überlebten. Gigantische Tsunamis zerstörten die vielen alten Städte, die von der Super-Rasse der Außerirdischen erbaut worden waren und hunderte Vulkane brachen gleichzeitig aus. Sie überzogen die Oberfläche der Erde mit Lava, Asche, giftigen Gasen und die Wolken des Himmels waren damals schwarz. Doch als sich der Qualm senkte, waren die Menschen erschrocken, denn die Sonne war kleiner geworden und die Erde hatte ihre Rotationsrichtung verändert! Außerdem war am Himmel der Erde plötzlich der Mond erschienen, der durch seine Anziehungskraft Flutwellen der Meere auslöste und Gezeiten bildete. Das bewirkte auch einen steigenden Wasserpegel und die alten Küstenlinien versanken im Meer. Auch die Tage waren doppelt so lang geworden und schließlich setzte eine Eiszeit ein, welche die überlebenden Menschen an verschiedenen Orten der Welt isolierte. Doch nach einigen Jahrhunderten begann sich die Zivilisation wieder zu entwickeln und durch die Aufzeichnungen der Super-Rasse und ihren Maschinen, die man im bereits zerbröckelnden Lavagestein entdeckte, wurden schnell wieder technische Fortschritte gemacht – neue Städte wurden gebaut und bald gab es wieder Flugmaschinen am Himmel.

Nach geraumer Zeit entwickelten sich erneut Feindschaften und Rivalitäten auf der Erde, wieder wurden gefährliche nukleare und biologische Waffen entwickelt und damit ganze Völker ausgerottet. Ein paar weise Priester fürchteten sich vor der Zukunft, zeichneten ihre ganze Geschichte und das Wissen ihrer Zivilisation auf goldenen Platten auf und gaben diese in Zeitkapseln, die an sehr isolierten Gebieten der Erde versteckt wurden, denn die Priester wussten, dass bald die nächste Superwaffe zum Einsatz kommen würde. Diese Bombe wurde in der Stratosphäre gezündet und zerstörte jede Spur ihrer Zivilisation. Erdbeben und Tsunamis verwüsteten abermals die Erde, und Tibet, das früher ein tiefliegendes Land am Meer und von der Super-Rasse bewohnt gewesen war, wurde durch die tektonischen Kräfte der Erde innerhalb weniger Minuten in die heutige Höhe angehoben! In Tibet hatten die Priester in ihrer weisen Voraussicht ihre Zeitkapseln versteckt, deponierten sie in Höhlen und in einer vergessenen Stadt, die später von einem Gletscher eingeschlossen wurde, der früher ein See war. Die alte Stadt wurde somit perfekt im Gletscher konserviert und befindet sich im Hochland von Changtang, im Norden von Tibet. Die Überlebenden dieser zweiten Katastrophe fielen abermals in die Lebensumstände der Steinzeit zurück und vergaßen schnell, dass es erst vor kurzer Zeit ein verlorenes Goldenes Zeitalter gegeben hatte.

In den Höhlen unter dem Potala-Palast wurden Lobsang Rampa die Mumien von Außerirdischen gezeigt, die dieser Super-Rasse angehörten und diese Grabstätte trug wieder ihre seltsamen Schriftzeichen. Rampa musste sich dort der „Zeremonie des kleinen Todes" unterziehen. In der Mitte dieser Höhle gab es ein schwarzglänzendes Haus, in dem seltsame Zeichen und geometrische Figuren die Wände bedeckten. Durch ein hohes Tor konnte man in das Haus eintreten und dort standen drei große schwarze Steinsärge, die mit sonderbaren Zeichnungen graviert waren, doch es gab keinen Deckel auf den Särgen. Ein Abt der Lamas erklärte Rampa, dass die drei riesigen Körper in den Särgen zu den Göttern gehörten, die vor sehr langer Zeit dieses Land bewohnt hatten, bevor es die hohen Berge gab und es noch am Meer lag. Die drei nackten, toten Körper waren mit Plattgold überzogen und konserviert worden, so wie man es auch mit den höchsten Lamas machte. Die Frau war etwa drei Meter groß, die beiden Männer weit über vier Meter und an der Seite eines Sarges sah er einen Deckel lehnen, auf dem eine Himmelskarte eingraviert war, die sich ganz von unserem derzeitigen Sternenhimmel unterscheidet.

Im Laufe der folgenden Zeremonie erlitt Rampa den kleinen Tod und reiste mit seinem Astralkörper in die Vergangenheit dieser Riesen. Er sah einen Strand mit Palmen und einige Riesen und erkannte nun, dass er vor unzähligen Jahrhunderten selbst einer dieser Riesen gewesen war. Doch eines Tages kam ein Komet, streifte die Erde und durch den Zusammenprall wurde sie aus ihrer Bahn geschleudert und begann in der anderen Richtung zu rotieren. Es kam zu fürchterlichen Katastrophen und all das alte Wissen dieser Zivilisation war verloren. Das Land Tibet, dass einst an einer sonnigen und warmen Küste lag, stieg in kurzer Zeit mehrere tausend Meter in die Höhe und nur in vereinzelten Zonen, in denen es seitdem vulkanische Aktivität gibt, blieb der tropische Bewuchs erhalten. Daher stammen die Legenden von Shangri-La und Shambhala, denn die Flora und die Fauna eines versunkenen Zeitalters existieren dort weiter.

Die anderen eingeweihten Lamas erzählten ihm davon, dass diese außerirdischen Götter schon vorher vom Himmel gekommen waren, bevor sich das Himalaya-Gebirge gebildet hatte. Rampa erinnerte sich nochmals an die außerirdische Mumien: die Frau mit einer Größe von drei Metern und die beiden Männer, die gut 4,60 m groß waren und alle drei große, konische Langschädel, einen schmalen Kiefer und einen Mund mit dünnen Lippen hatten. Die Nase war lang und dünn und die Augen waren im Gegensatz zu Asiaten gerade und lagen etwas vertieft im Schädel.

Auch Heinrich Harrer und Nicholas Roerich hatten Gerüchte über diese Höhlen vernommen, als sie in Tibet waren. Roerich hörte außerdem von einem unterirdischen See unter dem Potala-Palast und meinte, man müsse schon ein sehr wichtiger Lama sein, um diesen See jemals zu Gesicht zu bekommen! Der Autor Serge Hutin berichtet in einem seiner Bücher ebenfalls von drei mit Gold überzogenen, nackten, menschlichen Figuren, die in Särgen gefunden wurden. Die Körper waren sorgfältig behandelt worden, jeder Teil war von Gold überzogen und es sah so aus, als wären es perfekte Kopien von großen Menschenkörpern, die aus Gold gemacht waren. Diese Körper wurden in Lhasa entdeckt und waren ebenfalls riesenhaft. Der weibliche Körper war seinen Ausführungen nach auch über drei Meter und die beiden männlichen mindestens 4,60 Meter groß!

Nach diesem Ereignis reiste Lobsang Rampa mit einigen hohen Lamas erstmals(!) zur alten Stadt der Super-Rasse in einem versteckten Tal im Hochland von Changtang. Der Führer der Gruppe erklärte feierlich, dass diese Stadt vor einer halben Million Jahren die Heimstätte der Götter war und sich ursprünglich am Meer befand, bevor sie von den tektonischen Kräften hochgehoben wurde. In der Stadt lebten Wissenschaftler einer anderen Rasse und Art, durch deren Experimente sie die Katastrophe über die Erde gebracht hatten, jedoch dem Desaster mit ihren Raumschiffen entflohen und die normalen Menschen ihrem Schicksal überließen. Diese Stadt der Wissenschaftler blieb jedoch erhalten, befindet sich heute in der Eisregion von Tibet und eingeweihte Lamas kennen ihren Standort. Dorthin kletterten die Lamas zusammen mit Rampa durch das unwegsame Hochland, bis sie einen Spalt im Felsen fanden, durch den sie in das Tal gelangen konnten und sahen, dass die Hälfte dieser alten, gut erhaltenen Stadt aus dem Eis des Gletschers herausragt – die ruhige und isolierte Lage hatte die Bauwerke weitgehend vor dem Verfall geschützt. Die Lamas wanderten durch die Straßen der Stadt und sahen viele versteinerte Skelette, auch gab es zahlreiche fantastische Geräte, welche die Mönche nicht beschreiben konnten, weil sie ihre Funktion nicht kannten. Auf jeden Fall handelte es sich um die Hinterlassenschaften einer großen Zivilisation, mit der keine moderne mithalten kann, und den Skeletten nach zu urteilen, wurde diese Stadt ursprünglich von Riesen bewohnt.

Auf einem großen Platz dieser Stadt stand eine große Metallkonstruktion, die so aussah, als hätte man zwei tibetanische Tempeltische zusammengeklemmt. Es handelte sich eindeutig um ein Fahrzeug und die Mönche näherten sich neugierig diesem Gefährt, das zwischen 15 bis 18 Meter lang war. Es gab eine Leiter, die Lamas kletterten nacheinander ins Innere des Fahrzeugs und sahen sich um – der Führer der Gruppe berührte etwas, das Schiff fing an zu summen und gab ein bläuliches Leuchten von sich. Zu ihrer Überraschung wurden sie nun telepathisch von sehr großen Menschen begrüßt, die sich draußen genähert hatten. Die Riesen übermittelten ihnen, dass sie keine Angst haben sollten, weil sie schon vor hundert Jahren wussten, dass die Lamas kommen würden und Vorkehrungen für Diejenigen getroffen haben, die mutig genug sein sollten, dieses Fahrzeug zu betreten. Die Lamas hatten sich auf diese Art ein Recht erworben, zu erfahren, was hier in der Vergangenheit passiert war und die großen Fremden zeigten ihnen Bilder von den verlorenen Zivilisationen. Es gab riesige Gebäude am Meer, von denen scheibenförmige Fluggeräte emporstiegen, doch dann sahen die Lama auch eine riesige Explosion, und die großen Gebäude stürzten um und wurden unter gigantischen Flutwellen begraben. Die Riesen gaben den Lamas auch telepathisch Informationen über die Weiße Bruderschaft, die eine Gruppe von feinstofflichen und in Menschen inkarnierte Wesen ist, die für den Schutz alles Lebens auf der Erde verantwortlich sind. Anschließend beschreibt Lobsang Rampa, wie das Schiff mit den Lamas und den großen Außerirdischen für eine kurze Reise in den Weltraum aufbricht und das Vehikel verließ die Erde, ohne dass eine Geschwindigkeit oder eine Veränderung der Gravitation im Schiff spürbar wurde. Die großen Fremden zeigten ihnen das Antriebssystem des Schiffs und es handelte sich um einen Magnetmotor, der ein Feld erzeugte, welches das Erdmagnetfeld abstößt. Man konnte das Schiff so steuern, dass es abhob, auf der Stelle schwebte oder sank und es war außerdem fähig, die Elektrizität des Weltraums zu absorbieren – es handelt sich um eine Art Magnetismus, der auf kosmischer Energie basiert. Die Reise ging zur Venus, wo sich eine Siedlung dieser Riesen befand, man zeigte ihnen die Wunder der Venus und brachte sie nach einigen Tagen zur Erde zurück – niemals wieder sollten die Lamas solche Wunder erblicken.

Von den Außerirdischen erfuhren sie auch, dass es so etwas wie die „Gärtner der Erde“ gibt, die extrem fortschrittliche Außerirdische aus einer anderen Galaxie sind und die diesen Planeten schon vor Milliarden von Jahren kolonisierten. In bestimmten Zeitabständen kommen sie zurück und überprüfen den Entwicklungsstand der Menschheit. Außer der Menschheit an der Erdoberfläche gibt es auch noch fortschrittliche Zivilisationen im Inneren der Erde und einige der fremden Schiffe, die man beobachten kann, stammen von diesen Zivilisationen. Es gibt aber auch interdimensionale Raumschiffe, die Außerirdische an Bord haben, die aus anderen Bereichen kommen und normalerweise in einem anderen Frequenzbereich existieren, daher können sie die Menschen in den meisten Fällen nicht wahrnehmen. Diese Außerirdischen benutzen die Erde als einen Saatplaneten, auf dem „neue Arten“ zusammengesetzt und getestet werden, bevor die „Gärtner“ sie auf anderen bewohnbaren Planeten aussetzen – auf diese Art und Weise entsteht das Leben auf neuen Welten. Die Gärtner sind der Menschheit generell freundlich gesinnt, jedoch über ihr destruktives Verhalten und ihren Umgang mit der Natur dieser wunderschönen Welt sehr besorgt. Sollte die Menschheit mit dem intensiven Missbrauch der Atomenergie nicht aufhören, werden diese Gärtner definitiv eingreifen, auch wenn sie sich sonst nicht in die Belange der Menschheit einmischen. Die Gärtner entführen regelmäßig Menschen, um an ihnen genetische Verbesserungen vorzunehmen, damit man sie auch auf anderen Planeten ansiedeln kann – man nennt sie „die Auserwählten“. Sie werden meist in ihrer Kindheit oder Jugend geholt, in die andere Galaxie mitgenommen, wo es dann zu genetischen Experimenten und Gehirnoperationen kommt, um ihre Intelligenz zu erhöhen.

Lobsang Rampa behauptet in seinen Büchern auch, selbst von den Gärtnern entführt worden zu sein. Ebenso erfuhr er von den Außerirdischen, dass die Gärtner die gegenwärtige Menschheit für eine bösartige Rasse halten, die nicht nur sich selbst zerstört, sondern auch anderes intelligentes Leben auf nahegelegenen Welten. Die Gärtner reisen durch das Universum und setzen Menschen und Tiere auf vielen verschiedenen Welten aus. Rampa wurde auch ein spezielles Gerät für die künstliche Sicht eingesetzt, mit dem er Bilder der Zivilisation der Gärtner sehen konnte. Auf ihrer Heimatwelt gab es rotes Gras und gelbe Felsen, der Himmel hatte eine grüne Farbe und es gab zwei Sonnen. Das Reich der Gärtner ist ausgedehnt und besteht aus vielen verschiedenen Planeten und Sternensystemen. Die Bewohner dieser Welten sind alle als menschlich zu bezeichnen, obwohl es verschiedene anatomische Unterschiede gibt. Jeder Planet regiert sich selbst, doch es gibt auch eine Hauptwelt der Gärtner. Die Gärtner brachten Rampa dann zu einem Observatorium im Orbit, wo die Akasha-Chronik der Erde und anderer Planeten beobachtet wird und hier zeigte man Rampa auch die Entstehung der Erde.

Es begann damit, dass ein großer Komet auf eine tote Welt im Zentrum der Galaxis einschlug. Dadurch wurden größere Brocken Gesteins und glühender Gase aus dem Zentrum hinausgeschleudert und aus diesem Material bildeten sich anscheinend die Planeten dieses Sonnensystems und die Erde. Zwei Expeditionen der Gärtner erforschten die neuen Planeten und erschufen eine bewohnbare Welt, eine dritte setzte verschiedene Exemplare der ersten biologischen Lebensformen an Land und in das Meer. Tausende Jahre später brachte eine vierte Expedition die großen Dinosaurier zur Erde. Doch nach vielen Jahren begann die Erdachse plötzlich zu schwanken, weshalb ein Schiff der Gärtner entsandt wurde, das den alten Superkontinent der Erde mit einem starken Laserstrahl auseinanderbrechen ließ. Die nächste Expedition brachte die ersten Menschen auf die Erde und es handelte sich um humanoide Wesen mit purpurfarbener Haut. Die Frauen hatten acht Brüste und die Arme der Wesen waren so lang wie bei Affen. Diese ersten Menschen lebten in Höhlen, konnten aber das Feuer nicht nutzen, wodurch die Gärtner gezwungen waren, sie zu eliminieren und sie durch eine fortschrittlichere Rasse von Menschen zu ersetzen. Nach tausenden von Jahren und klimatischen Veränderungen entwickelten diese Menschen eine mächtige Zivilisation und die Gärtner verbrüderten sich zu sehr mit diesen Menschen, speziell mit den Frauen. Eine der Gruppen von ihnen stahl Teile der Technologie der Gärtner, attackierte sie damit und ließ eine Atomwaffe hochgehen, die schwere Verwüstungen auf der Erde anrichtete, wobei viele Städte zerstört wurden und einige Kontinente im Meer versanken.

Nach diesem Vorfall blieben die Gärtner der Erde einige hundert Jahre lang fern. Danach kehrten sie mit neuen Menschen und Tieren zurück, verteilten sie auf den verschiedenen Kontinenten und die Menschheit entwickelte sich bald aufs Neue. Diesmal blieben einige Gärtner auf der Erde, bewachten als „Wächter“ die Entwicklung der Menschen und wurden von den Menschen als Götter verehrt. Doch eines Tages kam eine kriegerische, außerirdische Rasse ins Sonnensystem und attackierte die Wächter. Es brach ein Krieg im ganzen Sonnensystem aus und auf einigen Welten, wie z.B. dem Mars, wurde die Atmosphäre zerstört. Ein Planet kam dabei aus seiner Bahn, streifte die

Erde und nur ein paar Menschen, die von den Wächtern gewarnt worden waren, konnten sich samt ihren Tieren mit einer großen Arche retten, alles andere kam bei dieser Katastrophe ums Leben. Nach diesem Ereignis kam es zu einer weiteren langen Eiszeit. Die Wächter entschieden sich nun, nicht mehr mit den Menschen zusammenzuleben, sondern siedelten sich auf den Gipfeln der Berge an, doch einige von ihnen mischten sich dennoch weiterhin in die Belange der Menschen ein und spielten sich als Götter auf. Das waren zum Beispiel die Götter des Olymps, doch solche rebellische Wächter wurden später auf andere Planeten versetzt und die Wächter entschieden sich dazu, nur mehr durch bestimmte Menschenführer mit der Bevölkerung zu kommunizieren. Das waren zum Beispiel Moses, Buddha, Jesus und viele andere davor und danach, die angewiesen wurden, neue Religionen einzuführen. Leider pervertierten die Priester diese Religionen jedes Mal, um selbst Macht zu erlangen. Obwohl der Geist und die Aura von vielen Menschen der Erde stark gestört sind, wurde der Menschheit noch eine Chance gegeben – sollte sie jedoch nicht aufhören, den Planeten radioaktiv zu vergiften, dann sind die Gärtner dazu gezwungen einzugreifen und dem Ganzen ein Ende zu setzen.

Als er wieder zurück auf der Erde war, hatte Lobsang Rampa das Glück, eine zweite Zeitkapsel inspizieren zu dürfen. Sie war in den Bergen Tibets versteckt gewesen und wurde „zufällig" von Mönchen gefunden. Die Reise dorthin dauerte mehrere Wochen und in einer Berghöhle befand sich eine riesige Halle, die noch immer funktionsfähige, antike Technologie beinhaltete. Außerdem war die Geschichte dieser verschwundenen Rasse dort aufgezeichnet und ein Lama meinte, dass es noch weitere solche Zeitkapseln an verschiedenen Orten der Erde gibt. Im Inneren der Höhle war alles von strahlenden blauen Lichtern erleuchtet und es gab dort eine Menge von seltsamen Maschinen und Geräten, manche waren immer noch einsatzfähig. Auch eine große Sphinx kauerte an einer Wand. Die Mönche fanden ein Aufzeichnungsgerät, das ihnen Szenen der verlorenen Zivilisation zeigte, und die Fotografie und die Television waren ebenfalls schon weit entwickelt – man konnte die Aufzeichnungen in 3-D betrachten. Merkwürdige Kreaturen wanderten über den Planeten, geflügelte Schiffe bereisten den Himmel, und Tiere und Menschen kommunizierten telepathisch. Doch es kam zum Streit zwischen den friedfertigen Priestern und den mächtigen Wissenschaftlern, die immer tödlichere Waffen entwickelten. So beschlossen einige Priester, diese Höhle zu benutzen, um einen Teil der Technologie für die Nachwelt zu erhalten. Auch andere Hallen der Aufzeichnung wurden in Ägypten, Südamerika und Sibirien (oder Rumänien) errichtet und alle diese Plätze wurden mit einer Sphinx markiert. Als der Krieg eskalierte, mussten die Priester die Höhlen schnell versiegeln und in den Aufzeichnungen wurde erklärt, warum diese Errungenschaften und Aufzeichnungen erhalten bleiben sollten: Diejenigen, die intelligent genug sind, dass sie diese Hallen der Aufzeichnungen in der Zukunft finden würden, sollten von diesen Technologien, sofern man sie verstehen würde, profitieren. Außerdem sollten die Aufzeichnungen als Warnung dienen, die Fehler der alten Zivilisationen nicht zu wiederholen!

Nachdem sie die Aufzeichnungen zu Ende gesehen hatten, versetzten sich Lobsang Rampa und die anderen Mönche in Trance und kontaktierten die ätherischen Aufzeichnungen der Erde in der Akasha-Chronik. Dort riefen sie Bilder der Vergangenheit auf und konnten sehen, dass diese Höhle ein paar Monate vor der Explosion der Superwaffe mit einem Bagger oder einem großen Kran versiegelt wurde. Die Bombe war so stark, dass sich die Erdachse stark verschob und große Erdbeben und Tsunamis jeden Hinweis auf diese großartige Zivilisation zerstörten. Nur wenige Menschen, die sich in Höhlen retten konnten, überlebten diese Katastrophe. Diese Anlagen wurden von den Alten also verschlossen, um von den Menschen einer zukünftigen, fortschrittlichen Zivilisation gefunden zu werden und sie mussten erst eine ausreichend hohe Stufe der Technologie wiedererlangen, um diese Orte ausfindig machen zu können. Die Mönche wussten, dass das, was sie hier gefunden hatten, von großer Bedeutung für die ganze Menschheit war. Als die Chinesen Tibet besetzten, hatten die Lamas große Angst, dass ihnen diese Hochtechnologie in die Hände fallen würde, denn damit könnten die Kommunisten buchstäblich die Welt erobern und deshalb wurden diese Höhlen vorsorglich verschlossen. Es gibt Hinweise und Zeichnungen der Fundorte, die erst freigegeben werden, wenn die richtige Zeit dafür angebrochen ist – dann soll diese Technologie den lichten Mächten des Friedens als ihr Erbe übergeben werden!

In einem weiteren Buch berichtet Lobsang Rampa etwas genauer über die große Zeitkapsel, die sich unter dem Sand in Ägypten befindet, und die ein Museum von Artefakten ist, die vor zehntausenden von Jahren erschaffen wurden. In den Zeitkapseln befinden sich auch Antigravitations-Fluggeräte. Diese Antigravitation wurde auch dafür benutzt, schwere Objekte zu bewegen und ein spezielles Gerät konnte einfach die Schwerkraft ausschalten, somit konnte man jedes Objekt bewegen, egal wie schwer es war. Es soll eine Zeit kommen, in der schwere Erdbeben diese Zeitkapseln an die Oberfläche befördern werden. In seinem letzten Buch aus dem Jahr 1980 berichtet Lobsang Rampa noch einmal von einer anderen geheimen Höhle dieser verlorenen Zivilisation in der Nähe von Lhasa. In einem ausgehöhlten Berg außerhalb der Hauptstadt befand sich ein Kommandozentrum für eine rebellische Fraktion von Außerirdischen, die diese Station vor Millionen von Jahren erbaut hatten. Diese Basis enthielt leblose menschliche Körper in Röhren, die man durch Transmigration von außerirdischen Seelen wiederbeleben konnte. Die Wissenschaft und Medizin dieser Rasse war hochentwickelt. Es gab in dieser Basis ein heilendes Bad, das dazu fähig war, organisches Gewebe zu verjüngen, Wunden zu heilen und auf diese Weise heilten einige Lamas diverse schwere Verletzungen. Es ist mit dieser Technologie auch möglich, die menschliche Lebensspanne theoretisch auf mehrere Millionen Jahre zu erhöhen! Ein unsichtbares Kraftfeld beschützte dort eingelagerte Nahrungsmittel davor, schlecht zu werden und Fäulnis zu entwickeln. Außerdem gab es eine Technologie, die solides Felsgestein schmelzen konnte. Rampa und andere Lamas untersuchten diese Höhle eine Woche lang genau und sprengten dann den Eingang, was alle Beweise für ihre Existenz zerstörte. Diese Basis war von den rebellischen Wächtern erbaut worden, wo sie Menschenfrauen vergewaltigten und schändliche genetische Experimente durchführten – ja sogar gegen andere Gärtner Krieg führten.

Alle diese alten verlorenen Zivilisationen werden als „Atlantis“ bezeichnet und es gab somit mehrere, verschiedene Kulturen an unterschiedlichen Plätzen der Welt. Einige hatten herausragende Gentechnik und erschufen Kreaturen, die halb Mensch und halb Tier waren – so entstanden die ganzen legendären Kreaturen in den alten Mythen. Einige Regionen, an denen solche Zivilisationen angesiedelt waren, sind bei den Katastrophen im Nord- und Südatlantik versunken, andere befanden sich vor der Küste von Japan und der Türkei. Diese verlorenen Zivilisationen kannten das Geheimnis, wie man durch eine bestimmte Technologie kompaktes Felsgestein schmelzen kann, dass es zerfließt wie

Wasser, ohne es zu erhitzen! Auf diese Weise wurden alle diese gigantischen, unterirdischen Tunnelnetzwerke auf der ganzen Erde erschaffen! Rampa erklärte auch weiter, dass es auf diese Weise zur Entstehung von Agartha und der Stadt Shambhala gekommen war. Der König von Shambhala ist gleichzeitig der „König der Welt“ und ein omnipotenter Herrscher. Buddhisten glauben heute immer noch, dass in Agartha Millionen von Menschen leben und das innerirdische Reich von Rigden Jyepo, dem König der Welt, beherrscht wird. Shambhala ist das Land der tausend Namen und bedeutet auf Sanskrit auch „Platz der Stille oder des Friedens“. Der König der Welt in Shambhala gibt seine Befehle an den Dalai Lama weiter, welcher der Repräsentant des Königs von Shambhala in der Außenwelt ist. Der jetzige Dalai Lama hat die Existenz dieser heiligen Stadt bestätigt. Er sagte, dass es sich um ein verstecktes Königreich handelt und kein physischer Platz ist, den man einfach so finden könnte – es handelt sich um ein „reines“ Land im Reich der Menschen. Man kann nur dorthin gelangen, wenn man eine karmische Verbindung zu Shambhala hat, und ohne diese Verbindung ist es unmöglich, das Land zu finden.

Rampa berichtete weiter, dass auch die heute offiziell unbekannte Insel „Ultima Thule“ existiert, und dass das Verschwinden der beiden amerikanischen U-Boote *USS Thresher* und *USS Scorpion* in den 1960er-Jahren mit dieser Zivilisation und ihren unterirdischen Bewohnern zusammenhängt. Nördlich der schottischen Shetland-Inseln soll, eingehüllt in ewigem Nebel, das mythische „Ultima Thule“ (die letzte Insel), existieren. Rampa meint, dass die britische *Royal Navy* einmal die Insel besuchte, um dort Untersuchungen durchzuführen, doch was sich dabei ereignete, wurde später als „streng geheim“ eingestuft. Es ist nicht genau bekannt, was das sein könnte, aber unter den Mitgliedern der britischen Admiralität gibt es einige Berichte über wirklich fantastische Ereignisse auf dieser rätselhaften Insel. Diese sollen so unglaublich sein, dass sie schon seit langer Zeit versperrt wurden – Rampa glaubte, dass sich auf Ultima Thule ein Zugangsportal zu einer anderen Dimension befindet. In der nordischen Mythologie wird Ultima Thule als ein Teil des versunkenen Kontinents Hyperborea betrachtet und es gibt Berichte von Tunneln unter dem Mount Shasta, die bis an die kalifornische Küste verlaufen. Im Jahr 1985 gab es ein Interview mit einem anonymen Navy-Offizier im amerikanischen *Search Magazine*, der von einem ausgedehnten Netzwerk von Tunneln sprach, das sich unter der Westküste der Vereinigen Staaten befindet. Einige amerikanische Atom-U-Boote hatten mehrere dieser Tunnel erforscht, diese Zugänge befinden sich angeblich direkt hinter der Kontinentalplatte, die dann steil ins Meer abfällt, und unter Wasser folgten die U-Boote diesen Tunneln dann mehrere hundert Kilometer in Richtung Inland. Es gibt uralte Röhren in der San-Andreas-Verwerfung, die eigentlich künstlich erschaffen wurden und bereits anfangen, in sich zusammenzustürzen. Mehrere amerikanische Atom-Uboote sind in diesen Tunneln verschwunden und tauchten niemals wieder auf. Zu ihnen gehörten auch die bereits erwähnte *USS Thresher* und die *USS Scorpion*, die diese unbekannten Meerestunnel wohl erforscht hatten und auf etwas Unerwartetes gestoßen sind!

Der amerikanische Buddhist Robert Dickhoff schrieb in seinem Buch *„Agharta“*, dass die Besiedelung von Agharta vor ungefähr 60.000 Jahren begann. Ein Stamm, der von einem heiligen Mann angeführt wurde, verschwand eines Tages im Untergrund. Heute sollen dort Millionen von Menschen leben und ihre Wissenschaft sei viel mächtiger als die der Menschen auf der Oberfläche. Die meisten Tunneleingänge zu diesem Reich wurden von den innerirdischen Bewohnern später verschlossen und heute gibt es nur noch vereinzelte Zugänge in Tibet, in der Wüste Gobi, in den Anden, in Sibirien und Rumänien, in Afrika, in Nord- und Südamerika und auf entlegenen Inseln, die einst die Berggipfel von Atlantis waren. Lobsang Rampa meinte, dass die Einwohner von Agharta die Oberflächenbewohner nicht mögen, außerdem sollen sie zwar über Raumfahrzeuge verfügen, damit jedoch nicht besonders tief in den Weltraum vordringen können. Ursprünglich sollen sie sich im Erdinneren angesiedelt haben, um den Kataklysmen der Erdoberfläche zu entgehen, weshalb sie auch alle Zugänge hinter sich verschlossen haben. Ihre Tunnel reichen vom Nordpol bis zum Südpol und tibetische Lamas sind ein paarmal in diese Tunnel eingedrungen und haben versucht, telepathisch mit den Bewohnern von Agharta Kontakt aufzunehmen, doch diese wollten nichts mit ihnen zu tun haben. Sie gaben zu verstehen, dass man sie in Ruhe lassen solle, ansonsten würden sie intervenieren.

Der Lama Mingyar Dondup, Rampas Lehrer, erklärte ihm, dass Yetis eine frühe Art der menschlichen Rasse sind, die sich anders entwickelt hatte und heute nur mehr in sehr entlegenen Gebieten leben. Manchmal sollen die Yetis auch in Tibet Menschenfrauen entführt haben, um ihrer Art wieder neues Blut hinzuzuführen. Er erklärte auch, dass es im Innern der Erde eine kleine Sonne gibt, die viel kräftiger scheinen soll als die an der Oberfläche und dass die Bewohner der Innererde moderne Raumschiffe haben, mit denen sie manchmal an die Oberfläche kommen und die Erdbewohner beobachten. Sollten sie eine Gefahr für ihre Zivilisation entdecken, folgen sie diesen Menschen und lösen das Problem – sie nennen die Oberflächenmenschen „Außenseiter".

Lobsang Rampa widmete sich ausgiebig dem Studium der Hohlerde und schrieb in seinen Büchern, dass die innenliegende Oberfläche der Hohlerde ungefähr 2,9 Mal der Oberfläche des Mondes entspricht. Das ist eine größere Fläche als die Fläche der gesamten Landmassen auf der äußeren Oberfläche. Die Bewohner der Hohlerde sind Überlebende von Lemuria, Atlantis, Mu und noch älteren Zivilisationen, die vor Kataklysmen auf der Erdoberfläche in das innerirdische Tunnelnetzwerk geflohen waren. Seit dem Zweiten Weltkrieg soll es auch ein zweites Deutschland in der Hohlerde geben. Außerdem gibt es Legenden, dass das Volk der Zigeuner einst aus der Hohlerde an die Oberfläche gekommen war, doch die Regierungen leugnen die Existenz der Hohlerde, um eine Panik zu vermeiden, denn auch viele sogenannte UFOs kommen von dort. **Die Hohlerde darf nicht mit dem Tunnel- und Höhlensystem von Agharta verwechselt werden, denn auch zur Hohlerde soll es in bestimmten Teilen der Welt Zugänge geben.** Allerdings ist es Initianten bestimmter Gruppen oder Orden erlaubt, diese Tunnel zu betreten und zum Zentrum der Erde zu reisen. Geheime Zugänge befinden sich auf allen Kontinenten, die bekanntesten sind die großen Öffnungen am Nord- und Südpol und schon die ägyptischen Pharaonen kommunizierten mit der „Unterwelt" – man konnte diese Unterwelt durch versteckte Tunnel unter den Pyramiden erreichen. Für einige Leser mag sich das vielleicht noch lächerlich anhören, doch genauso wie bei vielen anderen Theorien, ist bisher noch niemals bewiesen worden, dass der Erdkern flüssig ist!

Fortschrittliche Deutsche des Dritten Reiches glaubten, dass die Erde nach dem kosmischen Gesetz „wie oben, so unten" aufgebaut ist, und einem Atom gleicht, das eine Hülle besitzt, aber fast hohl ist – darum sollte sich nach diesen Prinzipien das *eigentliche* Leben des Planeten im Inneren abspielen. Dort soll es daher keinen flüssigen Erdmantel und Erdkern geben, sondern große Hohlräume, in denen Kristalle wachsen, was der Dalai Lama und die tibetischen Lamas ebenfalls behaupten. Der Atomkern bzw. Nukleus des Planeten Erde ist die innere Zentralsonne, von der auch das Erdmagnetfeld ausgeht und die ständig die hohle Erde erleuchtet. Deshalb ist es den Meister-Rassen vorbehalten, im Inneren der Erde zu leben, und die primitiven Völker leben auf der Oberfläche. Dieses Prinzip ist auch der Grund, warum wir kein intelligentes Leben auf den Oberflächen von anderen Planeten finden, denn es existiert immer nur im Inneren und wie bereits erklärt, ist das heute gültige Standardmodell des flüssigen Erdkerns nur eine unbewiesene Theorie! In vielen Ländern der Erde existieren sonderbare Tunnelsysteme, die in einer bestimmten Tiefe grün beleuchtet sind und in denen das helle Leuchten immer intensiver wird, je tiefer man vordringt. Auch die glatten Wände der Tunnel beweisen eine maschinelle Bearbeitung.

Resümee

Zusammenfassend kann man also sagen, dass das heutige Tibet das ehemalige Zentrum einer außerirdischen Zivilisation war und ursprünglich am Meer lag. Die ersten Menschen auf der Erde waren außerirdischen Ursprungs und Riesen mit Langschädeln. Menschen existieren auf dieser Erde schon seit Millionen von Jahren und es gab viele vorsintflutliche Zivilisationen, die einen hohen technologischen Entwicklungsstand erreicht hatten. Diese Hochzivilisationen wurden durch atomare Kriegsführung, Kataklysmen und Erdbeben, Tsunamis und Polsprünge meist ohne Vorwarnung ausgelöscht. Mindestens einmal hat auch ein anderer Himmelkörper oder seine Meteoriten die Erde gestreift. Atlantis ist der Name für viele alte, fortschrittliche Kulturen von der heutigen Arktis bis zur Antarktis und es gibt verschiedene Zeitkapseln mit Aufzeichnungen und Technologien dieser verlorenen Kulturen in verschiedenen Teilen der Erde. Die Pyramiden und die Sphinxe sind das universelle Symbol, welches alte verlorene Kulturen verwendet haben, um diese Orte zu markieren. Pyramiden waren auch Leuchttürme für die außerirdischen Raumschiffe, wenn sie zur Erde kamen. Doch einige vorsintflutliche Zivilisationen missbrauchten ihre Gentechnologie, um unmoralische Kreaturen und Halbmenschen sowie biologische Waffen zu entwickeln. Diese Schilderungen von Lobsang Rampa waren faszinierend und fügen sich perfekt in die anderen Informationen dieses Buches ein. Bedenken Sie bitte, dass Vieles davon bereits in den 1950er-Jahren niedergeschrieben wurde!

Das deutsche Portal *Extremnews.com* veröffentlichte im Februar 2018 ein Video-Interview mit dem führenden russischen Pyramidenforscher Valery Uvarov. Uvarov hatte, eigenen Aussagen nach, Zugang zu russischen Geheimarchiven in Moskau, in denen die beschlagnahmten Dokumente des „Deutschen Ahnenerbes e.V." schlummern. Uvarov erklärte, dass das Ahnenerbe sehr außergewöhnliche und unglaublich wichtige Entdeckungen gemacht hatte und das Bild, das die Schulen und Medien heute vom Ahnenerbe zeichnen, völlig falsch ist. Das Ahnenerbe konnte in Asien und speziell in Tibet Kontakte zu höher entwickelten Zivilisationen aus dem Inneren und von außerhalb der Erde herstellen. Sie bekamen Informationen und fertigten technische Zeichnungen und Anleitungen an, die zum Bau von Flugobjekten benutzt wurden, die sich frei im Kosmos bewegen können. Uvarov berichtet von Briefen der Deutschen, die er einsehen konnte und worin von kleinen fliegenden Kammern geschrieben wird, mit denen man Informationen über große Distanzen hinweg übertragen konnte. Diese Technologie war zweifellos außerirdischen Ursprungs und aus dieser transferierten Technologie soll auch das Fernsehen entstanden sein (1930 erstes Farbfernsehen). Vor dem Einmarsch der Amerikaner und Russen arbeitete das Deutsche Reich intensiv an Antigravitations-Flugscheiben, doch als ersichtlich wurde, dass der Krieg nicht mehr gewonnen werden konnte, wurden Vorkehrungen getroffen, diese Technologien ins Ausland zu überführen. Mit großen Schiffen und U-Booten wurden ca. 1.200 deutsche Wissenschaftler und ihre Ausrüstung schon während des Krieges von der deutschen Absetzbewegung zur Antarktis gebracht. Die restlichen wichtigen Wissenschaftler und Technologien wurden durch verschiedene Geheimdienstoperationen entweder nach Russland oder in die Vereinigten Staaten gebracht und die wichtigsten erbeuteten Dokumente des Ahnenerbes sollen sich daher nicht in Russland, sondern in amerikanischen Archiven befinden.

Valery Uvarov ist der Überzeugung, dass heute nach wie vor eine deutsche Absetzbewegung am und unter dem Südpol existiert. Es soll dort U-Boot-Kanäle geben, durch die man in die Innere Erde gelangen kann und es dort wie auf der Oberfläche Meere und Kontinente gebe. Dieses Reich wird von hochentwickelten, alten Erdzivilisationen bewohnt, die geflohenen Deutschen fanden dort eine sichere, neue Heimat und stehen seitdem in ständigen Kontakt mit diesen Hochzivilisationen. Diese fantastischen Informationen des Ahnenerbes ermöglichten den Erstkontakt und wurden dazu benutzt, mit anderen Welten im Kosmos zu kommunizieren. Die Informationen, die vom Ahnenerbe gesammelt werden konnten, würden laut Uvarov einen großen Entwicklungssprung für die ganze Menschheit bedeuten, sollte man sie veröffentlichen. Uvarov sprach auch darüber, dass die Deutschen in Tibet das Geheimnis unserer arischen Ahnen und der Hyperboreer entdeckten, welche aus dem Kosmos zur Erde kamen und sich der damals schon hier lebenden Arier annahmen, mit denen sie verwandt waren. Von den Hyperboreern stammte das Wissen zum Pyramidenbau und mit diesem Wissen konnten sie von den Deutschen während des Kriegs kontaktiert werden. Russland errichtet jetzt die ersten, dieser Technik nachempfundenen Pyramidenkomplexe. Das globale Netz aus alten Pyramiden soll der Kommunikation mit dem Kosmos und als Verteidigungsanlage gegen gefährliche Meteoriten und Asteroiden gedient haben, war also auch eine Art Energiewaffe und diente außerdem der Stabilisierung der Erde. Uvarov sagt, die Russen sind das Brudervolk der Deutschen und haben gemeinsame Vorfahren, was genetisch bewiesen ist. Wir müssen das Band zwischen unseren Völkern wieder festigen und unsere Ahnen ehren, ansonsten kann es keine Zukunft für das deutsche Volk geben!

Zum Abschluss empfehle ich einen Themenwechsel: Zum Planeten der Anunnaki, dem Nibiru und seinem Orbit um die Sonne, wurde noch nicht viel gesagt. Wie lange dauert seine Umlaufbahn um die Sonne und, vor allem, wann ist mit seiner nächsten Rückkehr zu rechnen? Was ist auf dem Mars passiert und gab es dort tatsächlich Basen der Anunnaki? Waren die auf dem Mars stationierten Anunnaki tatsächlich die gefallenen Engel, die mit den Menschenfrauen Kinder zeugten, und nannte man sie „die Wächter“? Haben Enki und diese Anunnaki vom Mars dabei geholfen, die Arche Noah zu bauen? Diese Fragen werden nun vom Militärinsider Robert „Bob“ Dean beantwortet![99]

Das Nibiru-Interview – Sicherheitsfreigabe „Cosmic Top Secret"!

Die Internetplattform für Whistleblower Project Camelot führte im September 2008 ein aufschlussreiches Interview mit Bob Dean. Robert Orel Dean ist ein pensionierter Commander Sergeant Major der U.S. Army und in seiner 28-jährigen Karriere erreichte er die hohe Sicherheitsfreigabe „*Cosmic Top Secret*" und hatte dadurch Einblick in viele Geheimdokumente der amerikanischen Regierung. Seit er im Ruhestand ist, widmet er sich der UFO-Aufklärung und behauptet, selbst von Außerirdischen kontaktiert worden und sogar an Bord eines ihrer Raumschiffe gewesen zu sein. Er hält trotz seines mittlerweile hohen Alters von 88 Jahren immer noch viele Vorträge und gibt sein hochinteressantes Wissen gerne weiter. Seine zweifellos faszinierendsten Aussagen machte er in dem nun folgenden Interview, in dem es sich hauptsächlich um das Thema Anunnaki und die Wiederkehr von Nibiru handelt!

Bob Dean war vor und nach seiner Pensionierung Mitglied einer Gruppe von ehemaligen, hochrangigen Militärbediensteten, die sich spaßeshalber das *Old-Boys-Netzwerk* nannte. Er war dort mehr als 40 Jahre lang Mitglied und die Mitglieder der Gruppe stammten aus allen Rängen im Militär und beim Geheimdienst. Es gab sogar Kontakte zu russischen Kosmonauten, mit denen Informationen ausgetauscht wurden. Die wichtigsten Informanten in diesem Netzwerk waren ein Admiral, ein General und zwei Kosmonauten, alle diese Leute tauschten untereinander und mit dem Netzwerk ihre geheimen Informationen aus und dieser Informationsaustausch ging innerhalb der Gruppe relativ offen vor sich. Anfangs bestand das Netzwerk aus ungefähr 150 Mitgliedern, doch im Jahr des Interviews (2008) gab es Bob Dean zufolge vielleicht noch 15 Mitglieder, die am Leben waren und heute ist er vielleicht das letzte verbliebene Mitglied der *Old Boys*. Deshalb ist er stolz darauf, seine Informationen mit der Welt teilen zu kön-

Abb. 220: Bob Dean bei einem seiner brisanten Vorträge

nen. Bob Dean wurde eigenen Aussagen nach niemals von der Regierung für seine Offenlegungen bedroht und bestimmte Zirkel wollen sogar, dass diese Informationen publik werden. Er spricht am Beginn dieses Interviews von einem supergeheimen, nationalen Untersuchungsbüro, dem *National Reconnaissance Office* (NRO), und dieser Geheimdienst ist für alle sensiblen UFO-Belange in den Vereinigten Staaten verantwortlich – dort laufen alle geheimen Informationen zusammen, die UFOs betreffen. Alle Geheimdienste arbeiten schon lange mit der Technik des *Remote Viewing*, was eine erlernbare, geistige Fernwahrnehmung ist. Speziell geschulte Agenten können so geistig an weit entfernte Orte oder in andere Zeiten reisen und berichten später, was sie dort gesehen haben – dieses Vorgehen ist heute standardisiert.

Es gibt innerhalb der Geheimdienste schon lange ein intensives Interesse an den Anunnaki-Göttern und ihrem Planeten, dem Nibiru. Die großen Regierungen der Welt wissen, dass Nibiru ein Teil unseres Sonnensystems ist und alle 3.600 Jahre seinen Transit durch unser Sonnensystem macht, wobei es in der Vergangenheit zu massiven Störungen der Umlaufbahn der Erde und anderer Planeten kam und das mehrere Kataklysmen auslöste. Bob Dean erklärt nun, dass sich die Katastrophen aber nicht bei jedem Transit ereigneten und es immer davon abhing, ob sich der Nibiru bei seinem Transit auf der gleichen Seite der Sonne befunden hatte wie der Planet Erde. Wenn das nicht der Fall war, blieben große Kataklysmen aus. Bob Dean meint aber, dass die Erde beim nächsten Transit auf der gleichen Seite der Sonne sein wird wie Nibiru!

Bob Dean: „*Einige unserer Remote-Viewer sind zu dem Schluss gekommen, dass es passieren wird, und dass wir dieses Mal mit Nibiru zusammen auf der gleichen Seite der Sonne sein werden. Diese Remote-Viewer bekommen auch Informationen von ETs sowie aus Regierungskreisen der USA. Diese Leute sind bereits krank vor Sorgen und wissen nicht, was sie dagegen tun können. Das National Reconnaissance Office betrieb seit Jahren eine Serie von Satelliten, die man das Keyhole-System (Schlüsselloch) nannte. Es war supergeheim und wahrscheinlich das absolut beste Satellitensystem der Welt. Sie haben es möglicherweise sogar noch verbessert. Sie können damit angeblich sogar eine Briefmarke vom Weltall aus erkennen. Es gab schon lange Berichte von vielen merkwürdigen Orten der Erde und die Leute fragten sich, um was es sich bei der Ararat-Anomalie handeln könnte. Die Leute von der NRO begannen also damit, mit ihren Keyhole-Satelliten den Berg Ararat zu fokussieren. Die Fotos davon wurden mit ihren Computern verarbeitet und vergrößert. Als sie die Fotos betrachteten, waren sie sehr überrascht und sagten: ‚Jesus Christus, es ist ein gottverdammtes Boot! Es ist ein sehr großes Boot!' Diese Entdeckung wurde sofort auf eine Geheimhaltungsstufe über Top Secret eingestuft. Warum sollte man ein Boot auf dem Berg Ararat so hoch klassifizieren und als supergeheim einstufen? Der Grund für die Geheimhaltung war, dass man etwas Bestimmtes in diesem Boot gefunden hat. Eine Spezialeinheit, ein Gruppe von Navy-Seals, wurde dort hingeflogen. Man hatte sie vermutlich mit einem Flugzeug abgesetzt und sie benutzen Fallschirme und landeten in der Nähe dieses Boots. Es waren zwölf Leute. Die Einheit verbrachte einige Tage in diesem seltsamen Boot. Danach wurden sie mit Helikoptern wieder dort abgeholt. Die Navy-Seals brachten einige sehr ungewöhnliche Artefakte mit. Es wurde niemals bekannt, um was es sich dabei handelte. Aufgrund dieser Artefakte wurde das Boot auf dem Ararat als hochgeheim und höher als Top Secret eingestuft. Es muss also wirklich unglaublich wichtig sein!*“

Kerry Cassidy von Project Camelot: *„Würden Sie sagen, das ist die Arche Noah und es ist es ein von Menschen gebautes Boot?“*

BD: *„Niemand weiß, was es ist. Es war ursprünglich die Ararat-Anomalie, aber dann entdeckten sie offensichtlich dieses gigantische Boot und es sieht so aus, als wäre es von Menschen gebaut. Es besteht hauptsächlich aus eingesammeltem Holz. Aber es ist die Arbeit eines Genies gewesen. Es ist sehr kompliziert zusammengebaut worden und es ist wirklich außergewöhnlich. Wenn es die Arche ist, hat es all die Jahre seit der Flut überstanden. Nach den letzten Gerüchten, die ich gehört habe, fand die Flut vor mehr als 12.000 Jahren statt, also ungefähr 10.500 vor Christus! Man weiß, dass jede antike Kultur auf diesem Planeten eine ähnliche Beschreibung der Flut hat. Es gab sicherlich eine Menge Noahs und nicht nur einen. Die Leute in der NRO meinten, weil diese ganze Sache theologisch so sensibel ist, müsse man sie zur Geheimsache machen. Danach schicken sie das Einsatzteam hin und konnten einige Artefakte dort bergen. Möglicherweise kann man eines Tages herausfinden, um was es sich dabei gehandelt hat. Das alles passierte im Jahr 2003.“*

KC: *„Das ist alles sehr interessant. Ich habe gehört, dass auch auf dem Mond ungewöhnliche Dinge entdeckt wurden. Was wissen Sie darüber?“*

BD: *„Die Armee machte Tausende von Fotos beim Clementine-Projekt. Wissen Sie über Clementine Bescheid? Das war kein NASA-Programm. Es war ein Army-Programm des Verteidigungsministeriums (Department of Defense – DoD). Sie haben Tausende von Fotos von der gesamten Mondoberfläche gemacht und nur ein paar davon wurden jemals veröffentlicht. Seit langer Zeit schon wird die Existenz von riesigen Anlagen auf dem Mond geheim gehalten. Diese Anlagen stammen übrigens nicht von uns!“*
(Anmerkung: Die Clementine-Sonde startete am 25. Januar 1994. Die Kameras der Sonde konnten Aufnahmen in verschiedenen Wellenlängen wie Ultraviolett und Infrarot machen, was man für die Analyse der Oberfläche des Mondes benötigte. Die ganze Mission dauerte zwei Monate und in einem Orbit von 400 km Höhe wurde die komplette Mondoberfläche hochauflösend abfotografiert.)

KC: *„Wessen Anlagen auf dem Mond sind das denn?“*

BD: *„Das ist eine gute Frage. Ich werde sie sehr freimütig beantworten. Ist Ihnen der Begriff Anunnaki bekannt? Man muss wirklich die Arbeit von Zecharia Sitchin gelesen und verstanden haben, um zu erfassen, wo wir heute wirklich stehen. Es gibt Gruppen von außerirdischen Intelligenzen dort. Ich spreche nicht von einer Gruppe, denn es gibt mehrere davon! Das letzte, was ich darüber hörte, war, dass wir mit vier verschiedenen Gruppen in Kontakt stehen. Die Anunnaki sind eine Gruppe davon. Es gibt noch andere.“*

KC: *„OK. Das ist wirklich sehr interessant. Können Sie die Anunnaki beschreiben? Standen Sie schon selbst einem Anunnaki so von Angesicht zu Angesicht gegenüber?“*

BD: *„Ja, ich habe schon einigen gegenübergestanden. Ob das aber wirklich DIE Anunnaki waren, weiß ich nicht. Diejenigen, die ich getroffen habe, sahen typisch menschlich aus. Sie könnten sich mitten unter uns bewegen und man würde es nicht bemerken.“*

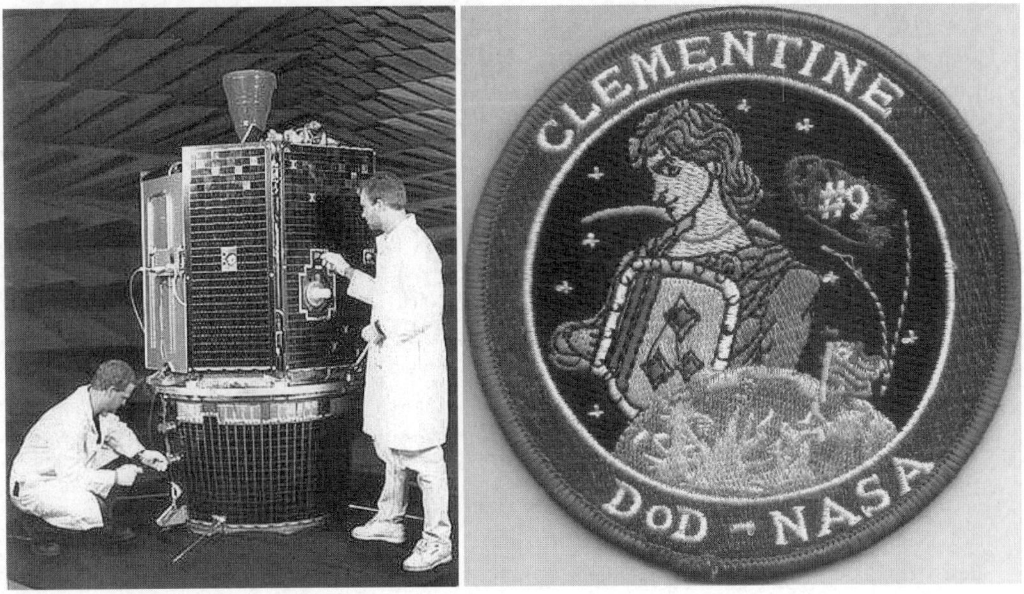

Abb. 221: Die Clementine-Sonde und das Missionsabzeichen

KC: *„Sie waren keine Riesen, die 2,70 m oder größer waren?"*

BD: *„Nein. Die, die ich getroffen oder an Bord eines Schiffes gesehen habe, die waren nicht so groß. Sie waren gleich groß wie wir. Jedenfalls habe ich herausgefunden, dass es vier verschiedene Gruppen gibt, und alle sind humanoid, also menschenähnlich. Eine Gruppe ist total menschlich. Und auch nicht alle Anunnaki sind 2,70 m groß. Sie waren immerhin menschlich genug, dass sie mit uns verwandt sind und wir mit ihnen. Die kurze Geschichte in Kapitel sechs der Schöpfung in der Bibel beschreibt ziemlich genau die Wahrheit. Sie haben ganz sicher die Gene und Chromosomen einer bereits auf diesem Planet lebenden Spezies verändert bzw. manipuliert. Wann das war, weiß nur Gott allein. Sitchin jedenfalls sagt, es war vor 200.000 Jahren. Meine Informationen besagen, dass die genetischen Hauptmanipulationen vor ca. 60.000 Jahren stattfanden und dass der Homo sapiens vor noch längerer Zeit verändert und genetisch manipuliert wurde. So langsam kommen wir nun dahinter."*

KC: *„OK, also welche vier Rassen gibt es? Könnten Sie sie benennen?"*

BD: *„Einige Leute nennen sie Nordics. Dann gibt es die Typen, die sehr blass, sehr groß und sehr massiv gebaut sind. Man nennt sie „die großen Weißen".*
(Anmerkung: Das Missionslogo der Clementine-Mission zeigt eine blonde Nordics-Frau in einem blauen Overall, die schützend ein Schild vor sich hält. Auf dem Schild befinden sich drei Sterne und diese repräsentieren die drei wichtigsten außerirdischen Gruppen auf dem Mond, die dort ihre Anlagen betreiben. Nordics werden auch zu den Anunnaki gezählt und stammen angeblich vom Aldebaran.)

„Ich habe Dias und Fotos von gigantischen Objekten, das sind riesige Objekte im Weltraum! Viele davon kreisen als Satelliten in einem weiten Orbit um die Erde. Viele umkreisen auch den Mond und den Mars. Ich habe auch Fotos von einem russischen Kosmonauten. Die Russen sind vor einigen Jahren mit ihrem berühmten Phobos-Rake-

tensystem zu diesem Marsmond geflogen. Aber dieses Raketensystem wurde von einem ‚abnormalen Objekt' angegriffen und zerstört, welches von der Marsoberfläche aus aufgestiegen war. Aber bevor die Sonde abstürzte und zerschellte, konnte sie einige hervorragende Fotos machen! Es gibt zwei abnormale Monde, die den Mars umkreisen. Nochmals das fantastische Wort: abnormal. Die Astronomen meinen deswegen abnormal, weil diese Monde für natürliche Satelliten grundsätzlich erst mal in der falschen Richtung fliegen. Sie rotieren nicht in derselben Richtung wie der Planet, den sie umkreisen.
Sie sind auch zu klein, um natürliche Satelliten sein zu können und fliegen viel zu nah an der Marsoberfläche. Wenn sie wirklich natürlichen Ursprungs wären, dann wären sie aufgrund der Gravitation schon lange auf die Oberfläche gekracht. Das sind wissenschaftliche Fakten und die Wissenschaftler sind deswegen noch immer sehr verwirrt. Die Russen wollten damals auf Phobos landen und von beiden Monden Oberflächenfotos machen. Die dortigen Einwohner bzw. Intelligenzen waren aber dagegen und zerstörten den russischen Satelliten."
(Anmerkung: Alle Mars-Sonden wurden zerstört. Darum stammen die Mars-Fotos der NASA auch nicht tatsächlich vom Mars, sondern werden in entlegenen Gegenden der Erde, wie der Devon-Insel, gemacht. Damit soll von diesen Vorgängen auf dem Mars abgelenkt werden.)

KC: *„Aber die haben das ja auch mit dem JPL-Raumfahrzeug und anderen Satelliten gemacht, welche vor Jahren dorthin flogen und den Mars umkreisten. Fast alle diese Sonden und Satelliten wurden zerstört. Es gibt Aussagen von anderen Insidern, dass es Basen der Anunnaki auf dem Mars gibt. Waren sie es also, die einige dieser Objekte runtergeschossen haben?"*

BD: *„Ja, die Anunnaki sind dort! Es gibt Intelligenzen dort auf dem Mars und sie wollen nicht, dass wir in ihre Realität eindringen. Deshalb wird das gemacht. Ich kannte Sitchin persönlich und er sagte, die Anunnaki wären niemals wirklich von der Erde verschwunden. Sie hatten sich auf der Erde aus gewissen öffentlichen Aktivitäten zurückgezogen. Aber trotzdem setzten sie ihre verdeckten Operationen auf der Erde, dem Mond und auf dem Mars fort. Nach meinem Wissen sowie meinem begrenzten Zugang zu Informationen ist die primäre Intelligenz, die hinter all dem steht, die Gruppe, die Anunnaki genannt wird. Das ist die gleiche Gruppe, welche uns vor Tausenden von Jahren genetisch verändert hat."*

KC: *„Ok. Wissen Sie auch über Enki und Enlil Bescheid? Das sind die zwei verfeindeten Anunnaki-Brüder. Ea oder Enki ist den Menschen gegenüber positiv eingestellt und Enlil negativ."*

BD: *„Ja, sie lagen sogar miteinander im Krieg und die Menschheit war mittendrin. Wie Sie wissen, sind wir Menschen das Produkt ihrer Eingriffe. Sie haben uns als Sklaven erschaffen, mit der Absicht, dass wir für sie arbeiten."*

KC: *„Aber befinden sie sich nicht immer noch im Krieg miteinander?"*

BD: *„Sie haben eine unterschiedliche Meinung über uns Menschen. Enlil und Ea bzw. Enki waren genetische Genies. Es kann sein, dass sie immer noch leben. Sie manipulierten sogar ziemlich raffiniert ihre eigenen Chromosomen, bis sie praktisch unsterblich wurden. Es gibt aber immer noch diese zwei Seiten. Eine möchte die Menschheit weiter-*

hin ausnutzen, wie sie es schon immer getan haben, während die andere uns gerne die Gelegenheit geben möchte, dass wir eine selbstständige eigene Spezies sein können, die über ihr Leben und ihre Zukunft selbst entscheiden kann – die linke und rechte Hand."

KC: *„Wie sieht es mit den Kriegen auf der Erde aus, würden sie zulassen, dass es zu einem Atomkrieg kommt?"*

BD: *„Nein, der Planet ist zu wertvoll. Sie haben eine Menge in diesen Planeten investiert, und sollte es zu einem Nuklearkrieg kommen, werden sie nicht tatenlos zusehen. Sie haben die Macht, das zu verhindern. Sie haben sich auch schon Tausende Male in der Vergangenheit eingemischt. Das geht in unseren Aufzeichnungen zurück bis zu den alten Griechen. Sie hatten ihre Finger im Spiel bei der Auseinandersetzung um Troja. Sie kamen selbst auf die Erde und stellten sich auf jeweils verschiedene Seiten und spielten ihr Spiel. Für sie ist es ein Spiel! Sie haben sich immer wieder in wichtige menschliche Belange eingemischt, um einen Vorteil daraus zu ziehen."*

KC: *„OK, aber was ist mit Planet X?"*

BD: *„Oh, der ist Realität. Offensichtlich ist man deswegen in großer Sorge. Unsere Astronomen sind zur Erkenntnis gelangt, dass er tatsächlich real ist!... Seit fast einem Jahrhundert interessieren und befassen sich unserer Astronomen mit etwas, was sie den ‚Eindringling' nennen, welcher anscheinend von Zeit zu Zeit kommt und geht. Man kann bereits seine Auswirkungen und Störungen auf andere Planeten messen – 2008. Die Existenz dieses Körpers ist ihnen schon seit langem bekannt, aber sie werden damit niemals an die Öffentlichkeit gehen. Nun ja, in den frühen 1980er-Jahren, als die Leute von JPL ... eigentlich nennen wir es Jack Parsons Laboratory... daraus ist JPL eigentlich entstanden. JPL wurde von Jack Parsons aufgebaut." (JPL = Jet Propulsion Laboratory)*
(Anmerkung: Jack Parsons (1914-1952) war ein amerikanischer Raketenwissenschaftler, der sich auch intensiv mit Magie und den Lehren Aleister Crowleys beschäftigte. Er und Wernher von Braun werden heute als die Väter des amerikanischen Raumfahrtprogramms betrachtet. Vor jedem Raketenstart führte Parsons magische Anrufungen durch und zusammen mit dem späteren Scientology-Gründer L. Ron Hubbard führte er ein Großritual durch, das sog. *Babalon Working* – die Hure Babylon. Aus diesem okkulten Sexualritual sollte ein magisches Kind entstehen, das Mondkind bzw. Moonchild.)

„Die Leute vom JPL haben im Jahr 1982 einige Pioneer-Satelliten hochgeschossen, um die Wahrheit über den Planeten X herauszufinden. Und die Satelliten sandten Daten zurück, die besagten, dass dieser Planet wirklich existiert. Wow! Die Astronomen waren ganz schön in Aufruhr. Könnte das Ding wirklich real sein? Um das endgültig zu beantworten, schickten sie dann einen Infrarot-Satelliten rauf, welchen sie IRAS nannten. Das geschah im Jahr 1983. IRAS hat eine Menge Infrarot-Aufnahmen gemacht und sehr wahrscheinlich hat IRAS zwei gigantische Himmelskörper gefunden. Das nennen wir heute den ‚Planeten X' oder den ‚zwölften Planeten'. Er ist Realität! Den Wissenschaftlern klappte damals die Kinnlade herunter!"

KC: *„Also ist da etwas auf dem Weg zu uns? Die Sumerer und Sitchin sprechen davon. Seine letzte Passage war wohl im Jahr 1.600 v. Chr. Der Planet X soll einen ungefähren Orbit von 3.600 Jahren haben. Wenn das stimmt, dann ist irgendwann in den nächsten*

Jahren mit seiner Rückkehr zu rechnen, JETZT in unserer Zeit! Warum halten sie das immer noch geheim?"

BD: *„Jedes Mal, wenn dieser Planet hier vorbeiflog, hat er nicht notwendigerweise gleich alles zerstört. Das hing jeweils davon ab, ob die Erde UND Nibiru zusammen auf der gleichen Seite der Sonne waren. Und wenn das der Fall war, dann brach hier auf Erden buchstäblich die Hölle los! Offensichtlich hat Planet X während der letzten Passage die Minoische Eruption ausgelöst. Das hatte den Untergang der minoischen Zivilisation zur Folge, einer antiken Kultur auf Kreta. Es hatte auch Auswirkungen auf Ägypten, das steht in alten Aufzeichnungen. Einige Historiker glauben, das hat dann auch die biblischen Plagen in Ägypten ausgelöst. Aufgrund dieser Plagen hat Moses die Israeliten aus dem Land geführt. Dieser letzte Transit von Nibiru hat also Auswirkungen bis heute. Die Astronomen in ihren Observatorien wissen es und das alles ist wieder einmal Top Secret."*
(Anmerkung: Der griechische Schriftsteller Plutarch (46-125 n.Chr.) verfasste unter anderem auch die wissenschaftliche Schrift *De facie in orbe lunae* (das Mondgesicht) und darin gibt es die Erzählung von griechischen Seeleuten, die bereits in der Antike den Atlantik überquerten. Tausend Jahre vor den Wikingern errichteten die Griechen anscheinend bereits Handelskolonien im heutigen Neufundland und es gab dort jahrhundertelangen Gold- und Kupferabbau. In der Schrift über das Mondgesicht schrieb Plutarch auch, dass der Mond wie eine andere Erde aufgebaut ist – wusste er, dass es einst Leben auf ihm gab? Im Bericht von Plutarch ist auch die Rede davon, dass er einen Fremden angetroffen hatte, der gerade von einer Reise zu einem weit entfernten Kontinent zurückgekehrt war, und der Fremde erklärte ihm, dass diese Reisen seit mehreren Jahrhunderten ungefähr alle dreißig Jahre stattfanden, immer dann, wenn der Planet Saturn in der Konstellation des Stiers auftauchte. Einige der Reisenden hatten sich angeblich jedes Mal entschlossen, in der Kolonie des anderen weit entfernten Kontinents zu verbleiben. Es ist sicher, dass damit Nordamerika gemeint war. Der britische Autor Gavin Menzies schrieb darüber etwas in seinem Buch *„Das verlorene Reich von Atlantis"* und behauptet, dass die Inseln von Atlantis ein Teil der minoischen Zivilisation war, die gleichzeitig mit der hellenischen Kultur auf dem Festland auf der Insel Kreta existierte. Die minoische Kultur war die älteste Hochkultur in Europa und bei einer großen Katastrophe um 1.500 v. Chr. kam es zum plötzlichen Untergang – möglicherweise war ein Ausbruch des Vulkans auf der Insel Santorin dafür verantwortlich. Dieser Ausbruch könnte sämtliche Küstenstädte der Minoer zerstört haben, und es gibt auch Anzeichen von Tsunamis an der Küste Kretas. Neben den Minoern sollen auch die Phönizier bereits um das Jahr 1.000 v. Chr. nach Nordamerika gesegelt sein und es gibt nun eine Reihe von archäologischen Artefakten und Schriften, die einen präkolumbianischen Kontakt beweisen, auch wenn die meisten Wissenschaftler diesen Kontakt weiterhin abstreiten wollen.)

„Vor einigen Jahren gab es zwei brillante Leute im United-States-Naval-Observatory in Washington – Tom van Flandern und Robert Sutton Harrington (1942-1993). Als die positiven Ergebnisse vom IRAS-Satelliten zurückkamen, begannen beide nach dem Planeten X zu suchen. Im Jahr 1991 gab es ein Interview von Sitchin mit Harrington. Harrington bestätigte Sitchin, dass sie den Nibiru gefunden hätten. Er sei real und sie hatten Fotos davon. Es sei ein ziemlich schöner Planet und zweieinhalb Mal so groß wie die Erde. Er nähert sich dem Zentrum des Sonnensystems. Sitchin sagte dann, dass das Wort

Nibiru „der kreuzende Planet" bedeutet. Im Jahr 1993 verstarb Robert Harrington überraschenderweise an Krebs. Seine Frau, Sitchin und ich, sind der Meinung, dass er wegen dieser Aussagen sterben musste."

KC: *„Ich habe eine Frage über die Herkunft dieser Information. Zecharia Sitchins Arbeit ist ja gut dokumentiert und eine Menge Leute kennen auch seine Bücher mit allen seinen intelligenten Kommentaren. Hast Du noch weitere Informationen aus dem Old-Boys-Netzwerk? Das ist etwas, das ich nie verstanden habe. Und ich habe diese Frage auch von vielen anderen Leuten gehört. Wenn Nibiru von den äußeren Bereichen des Sonnensystems herein kommt, würde er dann nicht zu einem eisigen Felsbrocken werden? Wäre er damit nicht ungeeignet, um als ein Ort zu dienen, an dem Wesen leben könnten oder wollten? Der Forscher Andy Lloyd hat die Theorie, dass das, was man auf den Fotos als orange farbiges Objekt sehen kann, vielmehr ein brauner Zwergstern ist, und dass Nibiru vielleicht einer seiner Trabanten sein könnte."*

BD: *„Planet X fliegt in seinem Orbit so weit hinaus, dass die Sonne nur mehr ein winziger Punkt ist. Er generiert angeblich seine eigene Hitze, ähnlich wie unser Planet auch. Unsere Planeten haben in ihrem Inneren ein System, das wie ein thermonukleares Hitzesystem funktioniert. Möglicherweise waren die Anunnaki mit ihrer fortschrittlichen Technologie in der Lage, eine Art von Dyson-Sphäre zu entwickeln, ein kugelförmiges Konstrukt, das den Planeten umschließt und die vom Planeten selbst abgegebene Energie wieder auf die Oberfläche zurückleitet. Damit könnte man die ganze Wärme eines Planeten an ihrem Platz halten. Auf den Fotos der Astronomen sieht man, dass der Planet X eine rotgoldene Farbe hat. Diese könnte durch eine künstlich erschaffene Hülle aus Gold entstanden sein."*

KC: *„Wenn sie also über solch eine Technologie verfügen, warum leben sie dann nicht einfach auf dem Mars, anstatt durch das Sonnensystem zu fliegen?"*

BD: *„Weil die Anunnaki nicht die ursprünglichen Bewohner des Mars sind. Sie benutzen den Mars als eine Zwischenstation, und sie haben diese Station bereits reaktiviert. Sie legen also auf ihrem Weg hierher so einen Zwischenstopp auf dem Mars ein. Deswegen nehme ich an, dass sie auch niemals die ursprünglichen Bewohner des Mars waren. Ich habe gehört, dass es ein paar Gäste vom Mars hier auf der Erde gibt. Unsere Remote-Viewer sagten, sie würden äußerlich so aussehen wie die amerikanischen Indianer."*

KC: *„Gehört die Erde eigentlich den Menschen?"*

BD: *„Es gibt viele wertvolle Landschaften. Auch die menschliche Genetik ist (durch die zahlreichen Menschenrassen) eine wahre Goldmine. Wir besitzen eine reiche Gendatenbank. Die menschliche Genetik plus all die andere Flora und Fauna des Planeten machen die Erde zu einem höchst wertvollen Objekt. Die Anunnaki lieben ihn und sie besitzen ihn! Wir haben ihn niemals besessen, wir leben nur darauf! Sie bewirtschaften uns sozusagen. Mein Gott! Wir sind ihr Besitz! Wir werden so lange Eigentum bleiben, bis wir an einen Punkt kommen, an dem wir buchstäblich aufstehen und sagen: ‚Okay! Schluss damit! Wir werden das ab jetzt alles selber regeln und wir beweisen es dann dem Universum!'*
Wir haben es hier mit einem Universum zu tun, welches mit Leben angefüllt ist! Das meiste davon ist dem unsrigen sehr weit überlegen! Einmal beschrieb ich das mit einem

Vergleich. Die Außerirdischen überwachen uns auf eine Weise, wie wir wilde Kopfjäger in Neu Guinea oder in Afrika beobachten. ‚Sie sind armselige, schlechte und primitive Wilde. Man muss sie erziehen und für sie sorgen.' Für die Außerirdischen sind alle Erdenmenschen solche primitive Wilde oder besser gesagt Schimpansen!
Unsere Remote-Viewer sind dort draußen im Universum auf transzendente Wesen getroffen. Sie manifestieren sich als lebendige Energie-Lebensformen aus Licht. Wenn man seinem Geist solche Reisen erlaubt, und das kann man tun, dann kann ich dazu nur sagen, dass es da draußen Wesen gibt, die buchstäblich gottgleich sind! Viele Remote-Viewer haben solche Wesen entdeckt und ich habe selbst einige dieser Wesen gesehen. Sie sind die gleichen, die erschienen, als Jesus Christus auf Erden wandelte. Das waren Transzendentale!"

KC: *„Ok. Ich habe eine Frage: Zecharia Sitchin hat ein Buch rausgebracht mit dem Titel ‚The End of Days' (2008). In diesem Buch schrieb er über Nibiru und seine Wiederkehr. Aber er sagt nicht, dass das in den nächsten Jahren passieren wird, sondern erst im Jahr 2060. Wie passt das alles mit Ihren Informationen zusammen?"*

BD: *„Ja, Sitchin nannte das Jahr 2060, aber wahrscheinlich könnte es vorher passieren. Das Verteidigungsministerium ist in ziemlicher Sorge darüber. Es gibt sogar ganze Sektionen innerhalb dieses Ministeriums, die sich nur mit diesem Thema beschäftigen. Die große Frage lautet: Wann passiert das, und sind wir dann auf der gleichen Seite der Sonne? Einige unserer Remote-Viewer sind zu dem Schluss gekommen, dass es dieses Mal so sein wird. Dieses Mal werden wir auf der gleichen Seite der Sonne sein. Wenn das stimmt, kommen schlechte Zeiten auf uns zu."*

KC: *„Solche Meldungen kamen auch vom Vatikan, oder?"*

BD: *„Die Jesuiten-Priester und Astronomen sowie der ganze Vatikan sind besorgt darüber. Sie hatten den Planeten X schon vor Jahren mit ihrem Observatorium in Chile fotografiert. Es gibt Technologien, um einen Planeten vor solchen Auswirkungen abzuschirmen. Die Anunnaki benutzen so etwas für ihren Planeten. Es gibt aber auch noch andere, um Milliarden Jahre ältere außerirdische Zivilisationen, die über unglaubliche Fähigkeiten verfügen. Sie könnten uns helfen, eine Art Schutzschirm um die Erde zu legen. Bei Nibiru ist das so gemacht worden. Sie haben einen Schutzschild um ihren Planeten errichtet, was auch der Grund dafür ist, dass Nibiru auf Fotos in rötlich-goldenem Licht erscheint. Der wichtigste Punkt für die Anunnaki ist ihre Mission, auf der Erde Gold zu beschaffen. Sie kamen wegen des Goldes. Sie brauchten das Gold, um ihre Atmosphäre während ihres langen Fluges zu schützen."*

KC: *„OK. Sie behaupten, dass die Anunnaki hier auf Erden und gleichzeitig auch auf dem Nibiru sind?"*

BD: *„Die Anunnaki-Zivilisation lebt auf ihrem Planeten, aber es leben gleichzeitig auch Anunnaki auf der Erde. Sie leben verstreut an vielen Plätzen auf der Erde und unter dem Meeresboden. Die uns bekannten Anlagen sind zum Beispiel in Bergen und Gebirgen wie dem Mount Heyes in Alaska und dem Monte Perdido in den spanischen Pyrenäen. Sie sind auch in Pine Gap in Australien. Das sind versteckte Anlagen für Anunnaki und andere ETs, die wir R&R (Rest+Relax) nennen. Sie können sich dort ausruhen und* *entspannen, wenn sie mit Menschen zu tun haben. Die Pine-Gap-Basis in Australien soll hauptsächlich eine R&R-Anlage sein."*

KC: *„Wird die Ankunft von Nibiru Ihren Quellen zufolge vor 2060 erfolgen?"*

BD: *„Ich glaube, es wird in den nächsten Jahren losgehen. Ab 2020 wird es sich stufenweise steigern. Es wird stufenweise ansteigende vulkanische Aktivität und Erdbeben geben. Die Aktivität der Sonne wird stark zunehmen. Man wird schließlich eine unglaubliche Sonnenaktivität zu sehen kriegen und ebenso unglaubliche geologische Aktivitäten. Der pazifische Feuerring könnte aktiv werden und dann bricht hier buchstäblich die Hölle los. Es wird schlimme Wirbelstürme geben. Ich habe von Leuten gehört, dass es 2012 losgehen und erst nach 2020 richtig steigern wird."*

KC: *„Was ist mit all den geheimen Untergrund-Basen?"*

BD: *„Ich habe alles über die Jahre hinweg beobachtet. Die sogenannte Elite bereitet sich schon seit Jahren auf dieses Chaos vor. Sie haben Schutzanlagen mit eigener Luftreinigung, eigener Wasserversorgung und Nahrungsvorräten. Das war ein Programm, an dem ich von Anfang an über die Jahre mitgearbeitet habe, zusammen mit der FEMA. Ich war schon in diesen Untergrund-Anlagen. Was ich dort gesehen habe, würden Sie kaum glauben. Es gibt überall solche Anlagen, die natürlich nicht bekannt gemacht werden. Es sind wirklich gewaltige Anlagen! Und das wird niemals öffentlich bekannt werden!"*

KC: *„Sind Sie auch selbst in der Untergrundbasis von Area-51 gewesen?"*

BD: *„Nein, ich sprach mit einigen Leuten darüber, die diese Anlage mit aufgebaut hatten. Das meiste davon liegt im Untergrund. Niemand will darüber reden. Ich meine, sie haben doch auch die Tatsachen über die ET-Aktivitäten auf dem Mond und dem Mars bis jetzt geheim gehalten."*

KC: *„Ok, dann kommen wir zum geheimen Weltraumprogramm und dem Terraformieren von Planeten zu sprechen. Wenn Nibiru bei seiner Passage durchs Sonnensystem gigantische Kataklysmen auf verschiedenen Planeten angerichtet hat, musste man sie später wieder bewohnbar machen, also terra-formen. Geschah dieses Terraforming auf dem Mars und auf anderen Planeten? Was konnten Sie darüber erfahren?"*

BD: *„Ja, das Terraforming ist eine feine Kunst. Es gibt diese Kunst schon seit Millionen von Jahren.* ***Auch die Erde selbst wurde terra-geformt.*** *Sie war unbewohnbar und Außerirdische bereiteten den Planeten auf Leben vor! Der Garten wurde vorbereitet. Dann wurde das Leben hereingebracht. Die Erde wurde seit den allerersten Tagen des Terraformings genährt und aufgezogen. Ältere Zivilisationen betreiben diese Kunstform schon seit Milliarden von Jahren und sind ziemlich gut darin. Vielleicht helfen uns die außerirdischen Zivilisationen, nach dem Transit von Planet X die Erde wieder zu reparieren. Wenn nicht, muss sie neu terra-geformt werden, damit wieder neues Leben hierher importiert werden kann."*

(Anmerkung: Diese Information wirft ein völlig neues Licht auf die Schöpfungsgeschichte der Genesis: Wurde die Erde tatsächlich durch Terraforming in sieben Tagen erschaffen? Außerdem kann so endlich plausibel erklärt werden, wie das Leben auf der Erde entstanden ist. Es wurde von hochentwickelten außerirdischen Zivilisationen hierher gebracht. Eine Evolution hat also niemals stattgefunden!)

„Mit ihrer genialen Technik ist das alles kein Problem. Fakt ist, sie haben künstliche Objekte und Raumschiffe draußen in den Ringen des Saturn, die über 3.200 km groß sind! Es wurden auch bei den Apollo-Missionen der NASA Fotos von außerirdischen Raumschiffen aufgenommen, die mehrere Kilometer lang waren. Das sind allerdings noch relativ kleine Schiffe."

KC: *„OK. Haben Sie die Astronauten persönlich getroffen oder mit ihnen gesprochen?"*

BD: *„Ich habe mit Gordon Cooper gesprochen, kurz bevor er starb. Ich hatte einige Male mit ihm telefoniert. Er hat mir sogar ein handsigniertes Foto von sich geschickt. Ich bewunderte ihn, denn er war einer der Außenseiter, der den Mut hatte, offen darüber zu berichten, was er mit eigenen Augen gesehen hatte. Ed Mitchell kannte ich auch einige Jahre lang. Jedes Mal, wenn ich eine Chance hatte, ihn zu sehen, dann redeten wir lange miteinander."*

KC: *„Stehen die Astronauten heute alle unter Mind Control (Gedankenkontrolle) und wurde ihr Gedächtnis gelöscht, wie einige behaupten?"*

BD: *„Ja. Bis zu einem gewissen Grad. Bei Gordon Cooper hatten sie das niemals gemacht, bei Neil Armstrong auch nicht. Aber der ganze Rest von ihnen wurde sagen wir mal ‚konditioniert', nicht zu reden. In einigen Fällen wurden sie durch Hypnose beeinflusst, damit sie sich nachher nicht mehr an ihre Missionen erinnern können. Die Astronauten wurden ursprünglich deshalb hypnotisiert, damit sie sich an alle Einzelheiten der Mission erinnern konnten. Man wollte so die kompletten Details der Mission in ihre Erinnerung zurückzuholen. Bei den Nachbesprechungen wurden einige von ihnen hypnotisch derart beeinflusst, dass sie sich an ganz bestimmte Dinge nicht mehr erinnern konnten. Ed Mitchell hat in Gesprächen vor Zeugen zugegeben, dass er sich an seine Reise zum Mond und seinen Spaziergang auf der Mondoberfläche nur sehr vage erinnern kann. An den Rest kann er sich überhaupt nicht mehr erinnern. Das war für ihn sehr traurig. Neil Armstrong hat sofort nach seiner Rückkehr das Programm verlassen. Später hat er keine fünf Worte mehr darüber verloren.*

Buzz Aldrin hatte die Erfahrung gemacht, dass, wenn er sich mit Freunden traf und das Gespräch in Richtung Mondlandung ging, er zu weinen anfing und ihn das Thema regelrecht anekelte. Bei einer anderen Gelegenheit hatte Aldrin ein paar Drinks intus und war entspannt. Als ihn plötzlich jemand auf die Mondlandung ansprach, musste Aldrin raus laufen und sich übergeben. Er wurde richtig krank dabei. Das hört sich ganz klar nach hypnotischer Suggestion an. Er wurde konditioniert, sich nicht zu erinnern und nicht einmal darüber zu diskutieren. Falls er das doch machte, verspürte er großen Ekel. Das passierte direkt, als er von der Apollo-11-Mission zurückkehrte. Aldrin musste für sechs Wochen in ein Sanatorium mit der Begründung, er müsse wegen seines Alkoholkonsums einen Entzug machen. Soll man wirklich glauben, dass einer der besten und mutigsten Männer im Apollo-Programm ein Alkoholiker war?"

KC: *„Was war so wichtig auf dem Mond, dass man es mittels Gehirnwäsche aus der Erinnerung der Astronauten löschen musste?"*

BD: *„Oh mein Gott! Die astronomischen Gesellschaften und die professionellen Astronomen in diesem Land sind alle krimineller Taten schuldig! Seit vielen Jahren sind sie wegen ihres kriminellen Verhaltens schuldig, die Öffentlichkeit nicht über die wahren*

Umstände auf dem Mond aufgeklärt zu haben. Es gibt auf dem Mond riesige Anlagen und es gibt viele spezielle Aktivitäten dort, die die ganze Zeit über andauern. Und nicht nur das, es gibt auch Wasser auf dem Mond. Es gibt jedenfalls Wasserdämpfe in der Atmosphäre, die vom Boden einiger Krater aufsteigen. Die Astronomen haben diese Mondfotos gesehen, aber dieser Haufen von Schwachköpfen ist nicht bereit, darüber zu diskutieren. Sie haben Angst! Wissen Sie warum? Neunzig Prozent ihres Einkommens stammt von der Regierung. Wenn ihr Lohn als einziges Einkommen aus Fördergeldern der Regierung besteht, dann werden sie auch immer das sagen, was ihnen die Regierung vorschreibt zu sagen.

Es gibt eine Atmosphäre auf dem Mond, zumindest in den Bodenbereichen von einigen Kratern. Da gibt es Wasser, aber auch einige auffällige Aktivitäten. Es sind Raumschiffe, die aus und in die Krater fliegen. Und es gibt immer gewisse Lichter dort. Die Astronauten haben bemerkt, dass dort Brücken erscheinen und wieder verschwinden. Sie sind dort sehr aktiv. Die gleichen Aktivitäten gibt es auch auf dem Mars. Dort existiert eine Stadt von der Größe von Chicago unter der Oberfläche. Sie erzeugt so viel Hitze, dass man das auf Infrarot-Aufnahmen sehen kann. Das alles wird von der Regierung unterdrückt. Die Regierung wird von den Illuminati gesteuert und diese von den Anunnaki und anderen außerirdischen Mächten. Die Anunnaki halten nun die Fäden, unsere Fäden, in der Hand, so wie sie es schon immer taten.“

KC: *„Wie könnte die Lösung aussehen? Was würden Sie den Leuten raten?“*

BD: *„Man sollte diese Informationen verbreiten, um den Leuten bei dem bald kommenden Übergang zu helfen. Wir gehen nicht einfach durch eine Transition, wir gehen buchstäblich durch eine transzendentale Transformation. Wenn das alles vorbei ist, werden wir eine völlig andere Spezies sein. Und wir werden nicht mehr die Wesen sein, die wir in der Vergangenheit waren. Und das ist gut so! Es wird wehtun und schmerzhaft sein. Aber wenn es dann geschafft ist, werden wir eine hoffnungsvolle neue Welt, eine neue Zukunft und einen neuen Anfang haben. Wir erleben gerade das Ende eines 26.000-Jahre-Zyklus. Seid also in Hoffnung, liebt einander und seid mutig! Das ist wirklich das Einzige, das ich euch mit auf den Weg geben kann.“*

KC: *„Nun, vielen Dank Bob Dean! Es ist wirklich eine Ehre und eine Freude für uns!“*

Das war das Ende des Interviews, doch es gibt neue Zusatzinformationen dazu. Die berühmte UFO-Forscherin Linda Moulton Howe veröffentlicht regelmäßig bedeutende Neuigkeiten auf ihrer Webseite *Earthfiles.com*. Seit Jahrzehnten bemüht sie sich, wichtige Zeugen und ehemalige Regierungsmitarbeiter zu treffen, die über erstklassige Informationen verfügen. Im Dezember 2017 gab sie bekannt, bisher geheime Informationen von einem pensionierten Beamten aus dem amerikanischen Verteidigungssektor erhalten zu haben. Dieser Mann will anonym bleiben und berichtete Linda Moulton Howe davon, dass er streng geheime Dokumente einsehen konnte, die von Aktivitäten von außerirdischen Zivilisationen auf der Erde handelten. Darin war zu lesen, dass verschiedene außerirdische Rassen seit sehr langer Zeit genetische Experimente auf der Erde betreiben und viele kommen hierher, um genetisches Material von Menschen und allen anderen Lebensformen der Erde zu sammeln. Der pensionierte Agent erklärte Linda Moulton Howe, dass eines der größten Geheimnisse der Vergangenheit der Erde darin besteht, dass der Planet in der Vergangenheit mehrmals von außerirdischen Zivilisationen für ihre genetischen Experimente terra-geformt wurde. Das bedeutet, dass sie mit ihrer fortschrittlichen Technologie in der Lage sind, ganze Planeten bewohnbar zu machen und alle Lebensformen darauf genetisch zu erschaffen. Laut den geheimen Dokumenten laufen diese Experimente auf der Erde seit mindestens 270 Millionen Jahren – und die großen Regierungen haben Beweise dafür. Der ehemalige Agent sagte auch noch, dass diese außerirdischen Rassen absichtlich keinen offenen Kontakt mit Menschen vom Typ *Homo sapiens* herstellen, weil sie eine von ihnen geschaffene, genetische Kreation sind. Wir sind ein Experiment dieser Außerirdischen und die Erde ist ihr Labor. Wenn sie also beginnen würden, zu offen zu interagieren, würde das ihr ganzes Experiment auf der Erde zerstören, denn dieses Experiment umfasst neben der Genetik auch geopolitische Auseinandersetzungen und Territorialkämpfe. Das Experiment hat aber auch einen Seelenaspekt und dieser ist jetzt anscheinend in seine wichtigste Phase eingetreten, weil auf der Erde und im Sonnensystem starke energetische Veränderungen stattfinden. Der Zeitpunkt ist gekommen, an dem die Menschheit einen großen Schritt vorwärts macht. Diese verschiedenen Außerirdischen sind uns technologisch weit voraus und experimentieren mit verschiedenen Zeitlinien, die sogar verschiedene Dimensionen umfassen. Linda Moulton Howe glaubt, dass die ganze Menschheit nun einen Schritt erwachsener werden soll, und nach dem kommenden Wechsel sogar so weit sein könnte, selbst zu den Sternen zu reisen![108]

Schlussworte

Mit den unglaublichen Enthüllungen von Bob Dean und Linda Moulton Howe schließt dieses Buch. Es wird klar, dass die großen Regierungen der Welt schon lange über all das Bescheid wissen, aber Angst haben, es der Weltöffentlichkeit zu verraten, denn die Auswirkungen sind unvorhersehbar. Dank der unermüdlichen Bemühungen vieler alternativer Forscher, die teilweise für diese Entdeckungen ihr Leben lassen mussten, ist es nun endlich gelungen, viel Licht ins Dunkel der wahren Geschichte der Menschheit und der Vergangenheit unseres Planeten zu werfen. Mir war es wichtig, endlich brauchbare Beweise und spannende Hintergründe für diese verbotene Archäologie zu liefern.

In meinem ersten Buch *„Mein Vater war ein MiB"* wurden einige der auch in diesem Buch behandelten Themen bereits vorweggenommen, allerdings handelte es sich dort um Aussagen von Whistleblowern oder Regierungsinsidern, deren Glaubwürdigkeit und Informationsquellen man teilweise nur sehr schwer überprüfen kann. Einige Leser meldeten sich deshalb bei mir und baten mich, hier noch tiefer zu bohren und nachzuprüfen, ob es sich tatsächlich so verhalten könnte, wie von diesen Personen behauptet wird. Ich denke, dass es mit diesem Buch gelungen ist, viele der Whistleblower-Aussagen zu untermauern. Bei meinen Nachforschungen begann ich zuerst mit den ungewöhnlichen technischen Artefakten und bin wie im Sog immer weiter in die Hintergründe der wissenschaftlichen Blockaden eingedrungen und dahintergekommen, dass die unpassenden technologischen Artefakte und Relikte auf der ganzen Welt zu finden sind. Das ist der untrügerische Beweis,

- dass es einst eine oder mehrere technologisch fortschrittliche Hochzivilisationen auf unserem Planten Erde gegeben hatte,
- dass anhand der vorhandenen historischen Geschichtsaufzeichnungen man längst belegen kann, dass die letzte globale Zivilisation nur wenige tausend Jahre zurückliegt,
- dass die wohl schockierendste Tatsache die Erfindung der Prähistorik ist, eine angeblich hunderte Millionen Jahre zurückliegenden Zeit, die es so nie gegeben hat und
- dass auch das Geheimnis der Dinosaurier und der Riesen nun endlich gelüftet ist.

Unabhängig davon gibt es ständig neue wissenschaftliche Entdeckungen und Forschungsergebnisse, die nur wenig beachtet werden und niemals Einzug in die Lehrbücher finden. Schüler und Studenten lernen heute immer noch längst überholtes, naturwissenschaftliches Wissen und werden auch danach beurteilt, obwohl viel davon veraltet ist oder schlicht und einfach nicht stimmt. Das ist im Grunde genommen ein schlimmer Missstand in der Bildung und Ausbildung von heranwachsenden Menschen. Das Interesse an den verborgenen Geheimnissen der Welt und der unbekannten Vergangenheit unseres Planeten erreicht vielleicht gerade deswegen einen nie gekannten Höhepunkt.

Die Zahl der freien Alternativforscher steigt immer weiter an und auch viele etablierte Forscher wenden sich nun vermehrt den einstigen Tabu-Themen zu, und das finde ich toll. Dadurch kann der eiserne Vorhang der verbotenen Archäologie und Anthropologie endlich gelüftet werden und gibt den Blick auf eine völlig andersartige Vergangenheit frei, in der nun belegbar nicht nur die biblische Sintflut/Sündflut, sondern eine Reihe weiterer globaler Kataklysmen stattgefunden und dabei jedesmal einen Großteil allen Lebens auf der Erdoberfläche ausgelöscht hat. Doch weise Menschen der Vergangenheit trafen Vorkehrungen, damit wir heute von diesen antiken Zivilisationen Kenntnis erhalten sollen und hinterließen auch Warnungen für die moderne Menschheit, aus den Fehlern der Vergangenheit zu lernen und sie nicht zu wiederholen!

Erst durch eine neue Offenheit und Freiheit in der Forschung können jetzt weitere Fortschritte gemacht werden. Viel von diesem verbotenen Wissen ist natürlich in den Fachkreisen längst bekannt, wurde jedoch nicht zuletzt von mächtigen Institutionen unterdrückt oder verborgen. Die Machtelite des Planeten ist bestens über all das informiert und betreibt ihre separaten, schwarzen Projekte, die auch über all dieses verbotene Wissen verfügen und die antiken Technologien kopiert und nachgebaut haben. „Wissen ist Macht" und wie schon George Orwell in seinem berühmten Roman 1984 schrieb: „*Wer die Gegenwart kontrolliert, kontrolliert die Vergangenheit und wer die Vergangenheit kontrolliert, kontrolliert die Zukunft.*" Viele der Wissenschaftler der Geheimprojekte und auch einige Whistleblower sprechen von einem energetischen Übergang, in dem wir uns nun befinden. Diese neuen Energien im Sonnensystem bringen jetzt buchstäblich alles Verborgene ans Licht – es ist also eine Offenbarung. Darum kommt es jetzt auch zum Niedergang der etablierten Naturwissenschaft und wir können an der Rückerlangung des alten, kosmischen Wissens der Menschheit arbeiten.

Die Schöpfergötter bzw. außerirdischen Wächter der Menschheit haben schon vor langer Zeit den zukünftigen Ablauf der Menschheitsentwicklung vorhergesagt und es scheint sich also um ein kosmisches Planspiel zu handeln. Auch in der Akasha-Chronik der Erde sind alle diese Ereignisse gespeichert, und wie schon die tibetischen Mönche wussten und heutige Remote-Viewer bestätigen, befinden sich in dieser Chronik auch die Geschehnisse der möglichen Zukunft. Durch diese Zeitschau, die zum Beispiel auch Nostradamus in abgewandelter Form nutzen konnte, wurde es für spirituelle Zirkel möglich, Pläne für die weit entfernte Zukunft zu schmieden, in der man den endgültigen Niedergang des Bösen auf der Erde erkennen kann. Auch die Reiche Shambhala und Agartha arbeiten an ihren Zielen, die sich in der Zeit manifestieren sollen und das Schicksal der Menschheit bestimmen werden. Es bleibt also weiterhin spannend – nicht zuletzt, weil wir uns nun in der Endzeit befinden, die in vielen alten Schriften prophezeit wurde. Der Ausgang ist derzeit allerdings noch ungewiss. Mächte wie die Archonten und Reptiloiden kämpfen wohl genauso verbittert um die Zukunft wie die lichten Mächte oder die Meister aus Shambhala. Es gibt also verschiedene Pfade in der Zukunft, doch in der Jetztzeit wird sich entscheiden, welchen Weg die Menschheit und der Planet Erde einschlagen wird, und jeder einzelne Mensch hat die Möglichkeit, bewusst auf diese Entwicklungen einzuwirken.

Wie vorhergesagt wurde, könnte es schon bald zum offenen Kontakt mit unseren außerirdischen Hütern oder auch den Anunnaki kommen, die sich immer noch als unsere Herren sehen. Viele dieser Gruppen wollen nur das Beste für die Menschheit und stellen uns vor die Wahl der abermaligen Selbstzerstörung oder des geistigen und spirituellen Wachstums. Nur auf diese Weise können wir wieder zu einer wahrhaft kosmischen Rasse werden. Wie ich schon im ersten *MiB-Buch* beschrieben habe, wollen auch die diversen hochentwickelten Zivilisationen von Agartha und der Hohlerde wieder offen mit der

Oberflächenbevölkerung in Kontakt treten. Die brisanteste dieser Gruppen dürfte wohl die deutsche Absetzbewegung sein, die in geheimen Basen auf der Erde und im Sonnensystem ausharrt und darauf wartet, wieder in das Weltgeschehen eingreifen zu können. Möglicherweise werden die Reichsdeutschen ihre superfortschrittlichen Technologien mit der Menschheit teilen und uns so helfen, den Planeten zu retten. Für die verschworenen Dunkelmächte ist es nun „aus", da auch die letzten ihrer schmutzigen Geheimnisse gelüftet und durchlichtet werden. Das nimmt ihnen endgültig die Basis ihrer Macht und wird zu einem Umdenken führen.

Auch die Enthüllungen über die Meister aus dem fernen Osten, zu denen auch Jesus Christus gehörte, finde ich sehr interessant. Das zeigt, dass die Völker der Erde schon sehr lange Zeit hindurch von einer spirituellen Bruderschaft angeleitet werden, die ihre Lehren in Form von vergeistigten Meistern zu den Menschen brachten. Diese Lehren wurden im Laufe der Zeit leider jedesmal durch die alten, babylonischen Priesterkasten für ihre eigenen Zwecke manipuliert und verfälscht, denn die dadurch entstandenen falschen Religionen der Welt sorgten daraufhin für ständigen Konflikt, Krieg und niemals endendes Blutvergießen – das muss endlich gestoppt werden! Es gibt nur die Lehre der „universalen Liebe" und des „geistigen Wachstums", die von Ethik und Moral geprägt sind. Die destruktiven Kräfte der Elite wollen deshalb alle zivilisierten, moralischen und insbesondere christlich geprägten Nationen der Erde zerstören und durch einen satanisch-babylonischen Völkerbrei ersetzen, der dann durch die diktatorische Neue Weltordnung regiert werden soll. Doch diese Pläne werden scheitern und ein lichtvolles „Goldenes Zeitalter" ist nun im Entstehen!

Wie ich schon im ersten Buch erwähnt habe, kam ich auch nicht von ganz alleine auf alle diese Zusammenhänge, sondern ein Teil der Informationen in Form von Stichworten wurde an mich herangetragen und ich musste dann selbständig dazu Recherchen anstellen, um das auch zu bestätigen und alles miteinander in Verbindung zu bringen. Das war eine wirklich sehr schwierige Aufgabe, die mich die letzten Jahre beschäftigt hielt. Ich bin froh, alles das auch erfolgreich geschafft zu haben, denn es gab zahlreiche Hindernisse auf diesem Weg. Bestimmte Kreise wollen einfach nicht, dass dieses bis jetzt verborgene Wissen offenbar wird, weil es für sie buchstäblich eine Katastrophe darstellt und ihr mühevoll zusammengesetztes, illusionäres Weltbild zerstört, für das sie so lange gekämpft hatten. Viele arrogante, akademische Wissenschaftler müssen umdenken und auch die herkömmliche Naturwissenschaft selbst muss sich grundlegend wandeln und wieder zu einem Instrument werden, das echtes Wissen schafft! Denn die Zeit schreitet unaufhaltsam voran und all die neuen, unliebsamen Entdeckungen können nicht mehr so effektiv kontrolliert und zensiert werden wie in früheren Jahren – je früher hier ein Umdenken stattfindet, desto besser!

Die Menschheit befindet sich nun scheinbar abermals auf dem Weg in eine Zerstörung und es besteht immer noch die Möglichkeit, dass es auch mit dieser Menschheit wieder so enden wird, wie mit der vorhergegangenen. Jesus sagte einst voraus, dass sich die Spreu vom Weizen trennen wird und die sündhafte und verdorbene Menschheit ein weiteres Mal von der Erde entfernt wird, nur so ist eine Zukunft möglich. Fallen wir dann abermals in die Steinzeit zurück oder schaffen wir es diesmal, unsere Zivilisation zu retten und ins Goldene Zeitalter einzutreten? Auch die Prophezeiungen der Indianer Nord- und Südamerikas besagen das Gleiche und diese Voraussagen wurden erstaunlicherweise schon vor langer Zeit von den raumfahrenden „Göttern" selbst gemacht, den Wächtern oder Gärtnern der Erde. Diese Wächter haben uns ihre Gesetze und die Zivilisation gebracht und sie warnten uns auch vor dem moralischen Niedergang, der einsetzen würde, wenn sich die Menschheit von diesen einfachen Regeln und Gesetzen abwenden würde. Anscheinend verlaufen die Geschehnisse auf der Erde in bestimmten Zyklen, die bereits vorhergesehen oder vorausgeplant wurden. Auf jeden Fall sprechen all die Prophezeiungen von diesem kommenden Goldenen Zeitalter, das bald anbrechen werde – dann soll es zur Heilung der Erde und der Freigabe der alten Hochtechnologien kommen, die ein neues Paradies auf Erden erschaffen können. Nur eine geistig und moralisch hochentwickelte Menschheit darf diese Technologien einsetzen, die katastrophalen Zerstörungen der Vergangenheit und auch der Gegenwart haben das zweifelsfrei bewiesen.

Ich hoffe, dass nun eine neue Generation von Forschern heranwächst, die das Potential hat, die alten Fesseln der „dogmatischen Wissenschaft" abzustreifen und schließlich dazu in der Lage sein wird, die verbotene Vergangenheit der Erde vollständig zu erforschen. Es bleibt zu hoffen, dass auch die Geheimgesellschaften und der Vatikan die verborgenen Archive öffnen werden, in denen sich ein Großteil dieses alten Wissens und die dazugehörigen Artefakte seit langem befinden. Auch die Smithsonian Institution ist nunmehr bloßgestellt und es bleibt zu hoffen, dass man beschließen wird, die Überreste der Riesen Amerikas und ihre hinterlassenen Kunstgegenstände und Artefakte bald der Weltöffentlichkeit zu präsentieren – derzeit ist das leider noch nicht der Fall.

Aktuell gibt es auch neue Ergebnisse einer erneuten DNA-Auswertung der Nazca-Mumie „Maria", bei der festgestellt wurde, dass sie nichtmenschliche Gene aufweist, und diese Mumie soll laut verschiedener Forscher in einem geheimen Lagerhaus in Peru verschwunden sein – dort sollen sich ebenfalls massenhaft unpassende Artefakte und Hinterlassenschaften einer unbekannten menschlichen Rasse oder Außerirdischer befinden. Leider werden auch diese Objekte illegal an reiche Sammler in der ganzen Welt verkauft und es bleibt zu hoffen, dass all diese verbotenen Objekte eines Tages in großen Museen zu sehen sein werden.

Zu den Riesen gibt es aktuell auch noch letzte Neuigkeiten: Verschiedene nordamerikanische Indianerstämme sollen nach wie vor mit verschiedenen Rassen von Riesen in Kontakt stehen und laut der Indianer planen diese, bald wieder einen offenen Kontakt herzustellen!

Auch an der Rückkehr der Dinosaurier wird gearbeitet. Da man nun weiß, dass noch genug auswertbares Gewebe vorhanden ist, plant man, dieses Material mit denen von anderen Echsen zu kombinieren und so eventuell echte Dinosaurier klonen zu können. Mit Neandertalern beabsichtigt man das Gleiche und laut verschiedener Wissenschaftsjournale wird gerade daran gearbeitet, Klone von Neandertalern zu erzeugen, um diese robusten Menschen besser verstehen zu können und um möglicherweise bald neue Mensch-Neandertaler-Hybriden zu erzeugen, damit der allgemeinen genetischen Degeneration der Menschheit entgegengewirkt werden kann.

Leider ist der Darwinismus in Europa nach wie vor fest etabliert und wird bei jeder Gelegenheit gebetsmühlenartig gepredigt, obwohl es laufend neue Beweise gibt, dass niemals eine Evolution stattgefunden hat. In diesem Buch habe ich die besten Gegenbeweise präsentiert und das sollte selbst Fachleuten zu denken geben, sich vom Gegenteil zu überzeugen, auch wenn das heißt, all ihre falschen Überzeugungen über Bord werfen zu müssen. Die Menschheit ist an einem Punkt in ihrer Geschichte angelangt, an dem sie es verdient, endlich auch hier die ganze Wahrheit zu erfahren. Das sollte Fachleuten, die über den großangelegten Evolutionsschwindel informiert sind, die Gelegenheit geben, sich dazu zu äußern und einen Gesinnungswechsel herbeizuführen – viele Kollegen machen es bereits vor!

Besonders hart treffen wird es dann natürlich die etablierten und angesehenen, wissenschaftlichen bzw. freimaurerischen Institutionen, die buchstäblich jahrhundertelang daran gearbeitet haben, ein falsches Weltbild zu erzeugen und den Menschen zu einem hochentwickelten Tier zu erklären. Doch das ist alles längst nicht mehr zeitgemäß, denn es gibt inzwischen viel interessantere Forschungsmöglichkeiten. Engagierte Forscher und Gelehrte müssen sich endlich dafür einsetzen, dass die unterdrückten Beweise tatsächlich öffentlich gemacht werden – auch die Praktiken der Fälscher. Es gibt bestimmt einen großen Teil an etablierten Wissenschaftlern, die genug eigene Beweise liefern können, um viele ihrer Kollegen davon zu überzeugen, dass es keine Evolution gegeben haben kann. Erst wenn sich die Menschen wieder bewusst werden, dass sie Körper besitzen, die dazu entworfen wurden, den göttlichen Funken einer Seele zum vollständigen Ausdruck zu verhelfen, können wir wieder unseren angestammten Platz im Universum einnehmen – nicht als Nachfahren von Affen, sondern als die Nachfahren von „Göttern", die einst aus dem Weltall zur Erde kamen. Laut den Whistleblowern, die in meinem ersten Buch zu Wort kamen laufen verschiedene Experimente mit der menschlichen Genetik bis zum heutigen Tage weiter, denn die Erde ist nur einer von vielen erschaffenen Planeten, auf denen neue Lebensformen erzeugt und getestet werden, um sie später überall im Universum anzusiedeln.

Möglicherweise gelingt es auch bald, die letzten Geheimnisse Asiens zu lüften und authentische antike Schriften oder Artefakte aus dem alten Indien oder aus Tibet zu beschaffen, die noch von den verlorenen Zivilisationen wie Rama und Hyperborea stammen, denn all das als bloße „braune Esoterik" zu bezeichnen, ist lächerlich! Wie wir gesehen haben, ist die wahre Geschichte der Welt tausendmal vielfältiger und spannender als das, was uns in den langweiligen und gefälschten Geschichtsbüchern präsentiert wird. Früher oder später wird der Zeitpunkt kommen, an dem all das Neue vollständig akzeptiert werden wird und die Menschen der Zukunft werden uns belächeln, weil wir in ihren Augen ähnliche Vorstellungen pflegten wie für uns die Menschen im Mittelalter!

Auch die UFO-Offenlegung geht in großen Schritten weiter voran und vielleicht kommt es schon in den nächsten Jahren zum großen Ereignis, an dem endlich Weltfrieden herrscht und die Menschheit endgültig über die Anwesenheit der außerirdischen Wächter informiert wird. Wir sind nicht alleine und waren es auch nie und uns wurde lediglich die Möglichkeit gewährt, uns ohne fremde Einmischung entwickeln zu können. Die Wächter sind erst gezwungen einzugreifen, wenn die Menschheit kurz davor wäre, ihren wundervollen Planten wieder zu zerstören – das darf aber nicht geschehen, denn wir brauchen ihn noch!

Spannend wird es auch werden, wenn sich die Meister aus Shambhala und Agartha wieder zu erkennen geben, dann kann möglicherweise der uralte Kampf zwischen „Rechts" und „Links" beigelegt werden. Mit dem Eintreffen der letzten Prophezeiungen der Geheimbünde endet auch ihre Aufgabe und das Schicksal der Erde kann sich erfüllen – im Guten oder im Schlechten. Ich appelliere hier auch an die Vernunft vieler Logenmitglieder, endlich von ihrem gefährlichen und zerstörerischen Vorhaben der Neuen Weltordnung und der Wiederauferstehung Babylons abzusehen. Viele dürften über die in diesem Buch präsentierte Tatsachenfülle erstaunt sein und haben jetzt die Möglichkeit, ihre Einstellung und ihre Motivation noch einmal zu überdenken. Gerade dem deutschen Volk kommt hier eine Schlüsselrolle zu und es ist dazu ausersehen, seine eigene, großartige Zukunft selbst zu gestalten!

In diesem Sinne…

Ihr Jason Mason

Bildquellen

1. www.celticnz.org/images/Feedback/Shoeprint.JPG
   www.forbiddenhistory.info/files/trilobite.jpg
2. http://cdn3.theeventchronicle.com/wp-content/uploads/2015/08/dorchester-pot-article-scientific-american-closeup.jpg
3. http://anomalyinfo.com/sites/default/files/images/dorchester-pot-1851.jpg
   www.amazingmassachusetts.com/uploads/6/1/0/6/6106589/9900531.jpg?
4. Society of Antiquaries of Scotland – Proceedings of the Society of Antiquaries of Scotland, Volume 1 (1883)
5. https://youtu.be/dyfuwSAkQKo
6. https://3.bp.blogspot.com/-7LV7iRY-Kio/V5kUgDGyi4I/AAAAAAAAFQU/MrcqLY_rvW8Kd3nr6c_xZa9jmInrGzWmgCLcB/s1600/358.jpg
   http://files.abovetopsecret.com/files/img/eu5026bdc5.JPG
7. www.jefflewis.net/graphics/blog/god_or_gorilla/god_or_gorilla.app_img_18.jpg
8. www.libertyforlife.com/et/images/12million-year-old-iron-pot.jpg
9. cdn.ruvr.ru/2013/01/25/1335455270/toothwheel.jpg
10. https://s-media-cache-ak0.pinimg.com/originals/02/64/22/026422382094304f9d7b1cc7bd87f7ba.jpg
    www.genesispark.com/wp-content/uploads/2011/10/bell1.jpg
    www.genesispark.com/wp-content/uploads/2011/10/bell3.jpg
    https://4.bp.blogspot.com/-wOj8RGqglws/TWf7eKR2aQI/AAAAAAAACoc/46vt9LknZaw/s1600/undersidelarge.jpg
11. www.inspiegabile.com/images/content/gurlt-cube.jpg
12. https://1.bp.blogspot.com/-4oVql5HKr3Q/VYBHatgehCI/AAAAAAAAXr0/QFKfKhUE3n0/w1200-h630-p-k-no-nu/01%2BUdrc-halke-Bosnia-Ring.jpg
    https://4.bp.blogspot.com/-tIFxIlGxWYc/VYBHoAVdm9I/AAAAAAAAXr8/YQGrNfSiVNY/s1600/02%2BUdrc-halke-Bosnia-Ring.jpg
13. https://s-media-cache-ak0.pinimg.com/736x/f7/31/f8/f731f8067373021072e915b7fb6c561c.jpg
14. https://thumbs-prod.si-cdn.com/291e8-EpfpAQXmTvbCwEyEpbLb0=/800x600/filters:no_upscale()/https://public-media.smithsonianmag.com/filer/ae/8b/ae8b8ff3-f301-40ae-baf3-5b1a19fa905e/coso.jpg
15. http://beforeitsnews.com/contributor/upload/481712/images/transformer0001.jpg
    http://earth-chronicles.com/wp-content/uploads/2017/03/1%D0%B0%D1%80%D1%824.jpg
    http://earth-chronicles.com/wp-content/uploads/2017/03/1%D0%B0%D1%80%D1%8210.jpg
    http://mirtayn.ru/wp-content/uploads/old_transformator0005.jpg
16. https://i1.wp.com/maestroviejo.es/wp-content/uploads/2017/07/Oklahoma-Strucutre.jpg
17. https://lh4.googleusercontent.com/-hgXhFloggrQ/VLnx5TmhQEI/AAAAAAAAAHU/9oxIt03jAs0/s500/Photo%252520150117002346690.jpg
    https://lh4.googleusercontent.com/-wOufJzyiYCY/VLnwaEqegHI/AAAAAAAAAHI/7PvoO_25ZxI/s500/Photo%252520150117001725356.jpg
18. http://www.beforeus.com/original06.jpg
19. http://ufoholic.com/wp-content/uploads/2015/09/baigong_entrance-1.jpg
    http://ufoholic.com/wp-content/uploads/2015/09/baigong_lake-1.jpg
    http://ufoholic.com/wp-content/uploads/2015/09/baigong_pipe_1-1.jpg
    http://ufoholic.com/wp-content/uploads/2015/09/tubi-baigong-pipes-1.jpg
    http://consciouslyenlightened.com/wp-content/uploads/2015/08/79fb7428b4a237b64b498697fc9c190d.jpg
20. https://i0.wp.com/ufoholic.com/wp-content/uploads/2016/06/Nanospirals-discovered-in-Ural-nanotechnology-ooparts.jpg
    www.pacal.de/nano1.jpg
21. www.extremetech.com/wp-content/uploads/2014/04/oklo-3.jpg

22. http://ae-llc.us/wp-content/uploads/2013/09/jaeger-01.jpg
http://dominorus.narod.ru/ribbon.jpg
https://s-media-cache-ak0.pinimg.com/736x/5e/ab/e7/5eabe75d5bbcebe08bc9a4b64c138ec2--russian-writing-history-mysteries.jpg
23. https://s-media-cache-ak0.pinimg.com/originals/65/b4/e8/65b4e8ebe3806a13896e2b40490f490a.jpg
www.texasescapes.com/CentralTexasTownsNorth/RockwallTexas/RockWallTXRockWallRHFM2.jpg
24. www.creationhistory.com/images/Pestle3.jpg
www.creationhistory.com/images/Mortar&Pestle.jpg
www.creationhistory.com/images/Pestle1.jpg
www.creationhistory.com/images/Mortar1.jpg
www.creationhistory.com/images/RoundObject.jpg
25. http://siberiantimes.com/PICTURES/SCIENCE/Denisovan-oldest-bracelet/inside_traces_of_drilling.jpg
http://siberiantimes.com/PICTURES/SCIENCE/Denisovan-oldest-bracelet/inside_bracelet_charm_movements.jpg
http://siberiantimes.com/PICTURES/SCIENCE/Denisovan-oldest-bracelet/inside_bracelet_reconstruction.jpg
26. www.bible.ca/tracks/fossil-finger-dr-dale-peterson.jpg
https://i.ytimg.com/vi/7YBgGfK__wo/hqdefault.jpg
27. http://blog.world-mysteries.com/wp-content/uploads/2016/11/AC_fossil.jpeg
www.ancient-origins.net/sites/default/files/styles/large/public/Covering-the-bones-with-human-hands.jpg
28. www.creationliberty.com/images/loelayers02.jpg
www.creationliberty.com/images/polystrate12.jpg
www.0095.info/de/index_thesende3_geologieundpalaeontologie_polystratefossilien.html
29. www.planetobserver.fr/wp-content/uploads/2016/03/Galerie_SAT15L8_IndiaSriLanka_Adam_s_Bridge.jpg
https://s-media-cache-ak0.pinimg.com/originals/8c/3b/53/8c3b53d8ff89a3c5b0a08b81b9571f81.jpg
30. https://s-media-cache-ak0.pinimg.com/originals/75/b8/27/75b827372b61ef884aeac8b02322f18d.jpg
https://indiahindustani.files.wordpress.com/2011/11/indus-valley-seals.jpg
31. http://3.bp.blogspot.com/-C7ww1RrBhBY/UiySgXnlgfI/AAAAAAAAJus/Ny_gmUYSakU/s1600/Lost_City_Dvarka_11.jpg
http://2.bp.blogspot.com/-CLd3gCbJtHY/UiySe_rFCCI/AAAAAAAAJuM/ZtZn16zGRDY/s1600/Lost_City_Dvarka_07.jpg
32. http://media.carbonated.tv/132303_story__bimini.jpg
33. https://s-media-cache-ak0.pinimg.com/originals/4f/18/b9/4f18b9b2b6dd4f007f877d2f26f885b2.jpg
https://clevercatandwiseowl.files.wordpress.com/2015/01/imgp2258.jpg
34. http://shadowboxent.brinkster.net/images4/JudacullaRockPhoto.jpg
35. www.daviddarling.info/images3/toad_in_stone.jpg
36. https://i2.wp.com/www.badarchaeology.com/wp-content/uploads/2011/09/charles_dawson1.jpg
https://circa71.files.wordpress.com/2012/09/5693144909_0722e28b43.jpeg
37. https://lh3.googleusercontent.com/-SCD9QVpdyh0/V3o4IeIhDqI/AAAAAAABOtM/rp4R1YjCwqc/sayhuite-stone-115.jpg
38. https://hiddenincatours.com/wp-content/uploads/2014/05/IMG_9390.jpg
http://img.xooimage.com/files101/c/6/6/saihuite---proche...---perou-4402687.jpg
39. www.ancient-code.com/wp-content/uploads/2014/10/fuenta-magna-text-2.jpg
http://sirius-star.ro/wp-content/uploads/2016/08/fuentemagnabowl.jpg
40. https://ka-perseus-images.s3.amazonaws.com/308c6a39d114c6ac6102ef84f68e376eab7c407a.jpg
www.bibliotecapleyades.net/imagenes_arqueo/potoki2.jpg
www.bibliotecapleyades.net/imagenes_arqueo/potoki17.jpg

41. https://1.bp.blogspot.com/-t8D9DwvyJKc/U0auseyU2yI/AAAAAAAAAew/s3reKe_1nxk/s1600/aryan-mummy-blonde.jpg
42. https://s-media-cache-ak0.pinimg.com/originals/a5/90/06/a590065ba82336dcb2f59d455848cd9e.jpg
www.thelivingmoon.com/42stargate/04images/Gateway/Peru005a.jpg
https://userscontent2.emaze.com/images/bcba76a9-8222-462e-9a79-c758c1d19b17/8edfef21-4e48-4d89-93a5-7c044096942c.png
43. www.bibliotecapleyades.net/sumer_anunnaki/reptiles/images/reptile22_07.jpg
44. https://vault.fbi.gov/UFO/UFO%20Part%201%20of%2016/view
45. https://cdn.oem.com.mx/elsoldepuebla/2017/03/PIEZA-ARQUEOL%C3%93GICA-XIUTETELCO-600x400.jpg
https://i.ytimg.com/vi/MnEbJzJl2AU/hqdefault.jpg
46. www.tarrdaniel.com/documents/Ufology/maya_ufo_artifact.html
47. http://elhistoria.ru/en/
48. http://elhistoria.ru/en/
49. http://elhistoria.ru/en/
50. http://elhistoria.ru/en/
51. http://elhistoria.ru/en/
52. www.ancient-code.com/wp-content/uploads/2016/06/09.jpg
https://i.pinimg.com/736x/c0/1a/65/c01a6534216303ab444e75605ea03a94--archaeology-peru.jpg
53. www.theepochtimes.com/n3/eet-content/uploads/2013/11/AstronomerCourtesyru.jpg
54. https://i.ytimg.com/vi/wZ5SDQqYFXY/maxresdefault.jpg
www.crystalinks.com/icareptilian2.jpg
https://upload.wikimedia.org/wikipedia/commons/thumb/4/40/Ica_stones5.JPG/1024px-Ica_stones5.JPG
55. www.ancient-origins.net/sites/default/files/field/image/stone-ica.jpg
http://livedoor.blogimg.jp/hideki4612/imgs/b/6/b6baf83e.jpg
56. https://3.bp.blogspot.com/_SWrjzywR6Ro/TSGl08tkjsI/AAAAAAAAAyY/dXURE9Lpu0s/s640/Slide66%252520%2528800x600%2529.jpg
https://1.bp.blogspot.com/_SWrjzywR6Ro/TSGmAa70VPI/AAAAAAAAAyg/TjDt7xTZyoY/s640/Slide65%252520%2528800x600%2529.jpg
57. http://animulavagula.hautetfort.com/media/00/01/2591314138.jpg
58. https://s-media-cache-ak0.pinimg.com/236x/2a/c6/8d/2ac68d81a89c6c3bff04dc79848cc6e1--ancient-mysteries-ancient-artifacts.jpg
www.louvre.fr/sites/default/files/imagecache/940x768/medias/medias_images/images/louvre-demon-assyrien-pazuzu.jpg
https://s-media-cache-ak0.pinimg.com/originals/20/65/fb/2065fbdac9c00370683eef67f3be0098.jpg
59. https://1.bp.blogspot.com/-WywuOqArVWY/U9wJ4m0n_NI/AAAAAAAAPK0/xiXOLD449GI/s1600/hopi+aliens+petroglyph.jpg
www.ancient-code.com/wp-content/uploads/2016/06/Hopi-Petroglyphs.jpg
60. https://en.wikipedia.org/wiki/Kunyu_Quantu#/media/File:Kunyu_Quantu_of_Ferdinand_Verbiest_1674.jpg
61. https://upload.wikimedia.org/wikipedia/commons/4/45/Kir1_1.jpg
62. http://kep.cdn.index.hu/1/0/573/5735/57356/5735650_dad9c4b19db09538ef11cb38ff0d6414_x.jpg
63. http://damienmarieathope.com/wp-content/uploads/2017/03/08bece518b6f8bd8ec9ece2047580877.jpg
https://4.bp.blogspot.com/-vrHWIh_ZXoQ/WVU05_7Hk-I/AAAAAAAB_GI/DvbfAnjFj6QB-8YlGLsixqEeDNOmFoWxgCLcBGAs/s1600/Goebekli_Tepe_DAI_7.jpg
www.ancient-wisdom.com/Images/countries/Turkish%20pics/gobekli%20sun-stone.jpg
64. https://4.bp.blogspot.com/-WS26DtxmvPA/UzRhl-d9jbI/AAAAAAAAAUk/iNdh90AqTYo/s1600/DerinkuyuUndergroundCity.jpg
https://curiouscatontherun.files.wordpress.com/2012/05/p1137455-1024x768.jpg
65. https://barbaraschwarz.files.wordpress.com/2015/06/341.jpg
www.tabernaculonet.com.br/_imgs/t00313/d01_ahura_mazda.jpg

66. https://upload.wikimedia.org/wikipedia/commons/0/0d/Meganeura_fossil.JPG
https://loretoscience.files.wordpress.com/2012/03/arthropleura.gif
67. https://i0.wp.com/streetwitnessing.org/wp-content/uploads/2014/02/Noah-Giant-Fig25-GTarantu-500x400.jpg
https://upload.wikimedia.org/wikipedia/commons/a/ab/Megatherium_americanum_complete.JPG
68. https://3.bp.blogspot.com/_XFayf7aMv1M/TB4zTiSknqI/AAAAAAAAA-8/ObfCaPwdm90/s1600/elephant+bird+1.jpg
http://i.telegraph.co.uk/multimedia/archive/01788/_elephant-bird-_1788586b.jpg
69. https://en.wikipedia.org/wiki/File:Carcharodon_megalodon.jpg
https://en.wikipedia.org/wiki/Megalodon#/media/File:Megalodon.jpg
70. https://i.pinimg.com/736x/8d/a7/64/8da764d943d6497f824c82c774ba82a6.jpg
71. www.creationism.org/english/JoeTaylorFfafDrpOystersPeruMtns2.jpg
www.creationism.org/english/JoeTaylorFfafDrpOystersPeruMtns1.jpg
72. www.keelynet.com/biology/baugh1.jpg
73. https://blogstorico.files.wordpress.com/2010/03/john-reader1.jpg
www.ntz.info/picturesbig/p03283.jpg
74. https://missiongalacticfreedom.files.wordpress.com/2012/11/dino2.jpg
www.yecheadquarters.org/wp-content/uploads/2011/05/Enhanced_footprints-1-2-4-1-1-2-1.jpg
75. www.bibliotecapleyades.net/imagenes_ciencia/historiahumanidad20_06.jpg
https://zamzummim.files.wordpress.com/2015/09/mandinotracks.jpg
76. https://i.pinimg.com/736x/0e/19/ac/0e19ace7d9461984af85c8a8fa3cdbfa--cave-painting-ancient-buildings.jpg
https://3.bp.blogspot.com/-BuMxiJVrqz4/U6XQUFiyF8I/AAAAAAAADYM/HxEivANEBec/s1600/ww.paleo.cc,ce,dino-art,+htm.jpg
www.asiaforjesus.org/wp-content/uploads/2009/10/dsc00057.jpg
77. www.dinosaurc14ages.com/Delk.jpg
78. http://paleo.cc/paluxy/gallups-gf.jpg
www.dinosaurc14ages.com/Burdick.jpg
www.bible.ca/tracks/burdick-cross-section-heel.jpg
79. https://1.bp.blogspot.com/_YldhY2H2N-U/SaGL6MHhmAI/AAAAAAAAAbg/wufpyVHdr9g/w1200-h630-p-k-no-nu/Irish+Giant+or+Statue.jpg
80. http://files.abovetopsecret.com/files/img/zz514da8f3.jpg
http://files.abovetopsecret.com/files/img/ul514da954.jpg
http://files.abovetopsecret.com/files/img/ze514da8dc.jpg
http://files.abovetopsecret.com/files/img/oh514db8c6.jpg
81. http://images.slideplayer.com/32/9920879/slides/slide_8.jpg
www.jesus-is-savior.com/False%20Religions/Wicca%20&%20Witchcraft/molech_02.jpg
https://infrakshun.files.wordpress.com/2015/04/mvc500.jpg
82. http://freemantv.com/the-goddess-and-the-baby-eater/
www.whale.to/b/baal_h26.jpg
https://savedbychrist.jimdo.com/baal/
83. https://cdn2.vox-cdn.com/thumbor/A7d6p0OsfHyhIF_SO6DBgvnGFIM=/cdn0.vox-cdn.com/uploads/chorus_asset/file/3771464/dinosaur_main_pop.jpg__600x0_q85_upscale.0.jpg
http://biologos.org/files/resources/dinosaurtissue.png
https://letterstocreationists.files.wordpress.com/2015/02/mary-schweitzer-at-microscope.jpg?w=235&h=317
84. http://newgeology.us/Reject.jpg
85. http://newgeology.us/presentation48.html
86. http://thegreaterpicture.com/images/waldemar-julsrud.jpg
www.robert-temple.com/images/nostalgia_imgs/acambaro_6.jpg
www.rense.com/kdona/31prehistoric%20operation.jpg
87. www.rense.com/kdona/36Terracotta%20figurine%20from%20.jpg
https://i.ytimg.com/vi/9JOdz0OlV6o/maxresdefault.jpg
www.rense.com/kdona/37Terracotta%20figurine%20from%20.jpg

88. https://i0.wp.com/yvesh.e-monsite.com/medias/images/man-riding-on-a-dinosau-1.jpg
www.bible.ca/tracks/tracks-acambaro-mayors-office-dino-group1.jpg
89. www.creationism.org/swift/Acambaro/Pterondon.jpg
http://files.truedinos.webnode.com/200000383-e2740e36d8/acambaro-dino8.jpg
90. https://upload.wikimedia.org/wikipedia/commons/4/4f/Marduk_and_pet.jpg
https://zsitchinindex.files.wordpress.com/2016/02/enuma_001.jpg
www.ancient.eu/uploads/images/732.jpg
91. http://imgc.allpostersimages.com/img/print/posters/phoenician-idol-of-the-god-baal-from-ugarit-syria_a-G-4142702-8880731.jpg
https://dornsife.usc.edu/assets/sites/312/imgs/Ramesses_II_Abu_Simbel.jpg
www.artofcounting.com/wp-content/uploads/2010/08/RamsesII-smiting-loop-stela-Egypt.jpg
92. https://farm9.staticflickr.com/8001/7162873695_77f2332c0e_z.jpg
92a. https://cdn.quotesgram.com/img/0/70/1286229316-foto_alt_zuse.jpg
93. www.ucmp.berkeley.edu/vertebrates/coelacanth/CoelcartBa.jpg
http://vertebrates.si.edu/fishes/coelacanth/indonesia_coelacanth_2.jpg
http://i.dailymail.co.uk/i/pix/2008/12/19/article-1097925-02D9562D000005DC-149_468x350.jpg
http://cfile203.uf.daum.net/image/14676007494B438BD190F9
94. https://jaspertapen.files.wordpress.com/2014/10/shark1.jpg
http://designeranimals2011.wikispaces.com/file/view/platyphjus.png/238909881/platyphjus.png
95. www.creationscience.com/onlinebook/webpictures/faq-archaeopteryx_chewing_gum_blob.jpg
www.creationscience.com/onlinebook/webpictures/faq-archaeopteryx_doublestrike.jpg
96. https://hoaxipedia.s3.amazonaws.com/1999piltchicken_lead.jpg
https://cdn.history.com/sites/2/2016/03/GettyImages-51619935.jpg
97. http://themetapicture.com/pic/images/2015/10/03/cool-monkey-without-hair-muscles.jpg
98. https://openi.nlm.nih.gov/imgs/512/61/2781798/PMC2781798_1748-7161-4-24-13.png
http://mattseidholz.com/wp-content/uploads/2014/08/Chimp-Human-Diagram.jpg
99. www.thescottishsun.co.uk/wp-content/uploads/sites/2/2017/06/rb-composite-alien.jpg
https://i.ytimg.com/vi/fpPvzK2mYQU/mqdefault.jpg
100. https://en.wikipedia.org/wiki/Nebraska_Man#/media/File:Forestier_Nebraska_Man_1922.jpg
https://sapientiaexanimo.files.wordpress.com/2015/02/nebraska_man_tooth_1.jpg
www.nhptv.org/wild/images/peccary5.jpg
101. www.wiseoldgoat.com/images-cse/cse-part2b_slides/CSE-Slide037-large.jpg.html
102. http://cdn.grin.com/images/preview-file?document_id=176403&hash=86bf1ce4745040 94d3153acb51e49294&file=OPS/images/623e8ad888a56b0cfeb0599c63c6f20c_SMALL.png
103. http://discovermagazine.com/~/media/Images/Issues/2016/June/skull-neanderthal-replace.jpg
https://assets.answersingenesis.org/img/articles/books/really-really-series/neanderthal-skull.jpg
https://4.bp.blogspot.com/-kvlUvoqO30w/VCJOMqtqPvI/AAAAAAAACBk/ZBngvRlRiCg/s1600/neanderthal%2Bskull%2Bmiss%2Balined%2Bright.jpg
104. https://upload.wikimedia.org/wikipedia/commons/3/31/Lucy_blackbg.jpg
http://slideplayer.com/slide/265212/1/images/57/Lucy:+What+Nice+Feet+You+Have.jpg
105. https://upload.wikimedia.org/wikipedia/commons/thumb/e/e2/Pithecanthropus_erectus PeterMaas_Naturalis.jpg/220px-Pithecanthropus_erectus-PeterMaas_Naturalis.jpg
https://3.bp.blogspot.com/_5EqFaVNS7s4/TQBUcSxn8zI/AAAAAAAAADA/EibOuOHqemo/s1600/javaman.jpg
106. http://nlpgblogs.com/wp-content/blogs.dir/1/files/2011/01/Jack-Cuozzo.jpg
107. http://jackcuozzo.angelfire.com/images/centech_02.jpg
108. https://userscontent2.emaze.com/images/788f274a-b5f2-40e9-ae69-587e3ed37ebe/72aaf1f46943d2e3bf17e313d4bf8a57.png
https://wordpressua.uark.edu/terhune-lab/wp-content/uploads/sites/123/2014/08/DSCN0710.jpg
https://3.bp.blogspot.com/-4RZvU3-hqg0/WSSu2LNz62I/AAAAAAAACWY/fIamWgPNYNUE3tYwXVrmT8J0NVfbhVXSQCEw/s1600/BrokenHill.PNG

109. https://3.bp.blogspot.com/-W4VLGLB6nig/VCnpqU-JwOI/AAAAAAAACCk/t22kAIQZQyM/s1600/neanderthal%2Bbroken%2Bhill%2Bman%2Bbottom29092014.jpg
http://locklip.com/wp-content/uploads/2015/03/auroch-skull-bullet-hole.jpg
110. https://upload.wikimedia.org/wikipedia/commons/thumb/6/6a/Petralona_skull_covered_by_stalagmite.jpg/1200px-Petralona_skull_covered_by_stalagmite.jpg
www.gr-beaches.com/img/history6_20060928_2093064690[1].jpg
www.ancientgreecereloaded.com/files/ancient_greece_reloaded_website/images/pictures/biographies_new/poulianos_main.jpg
111. http://paleo.cc/paluxy/malachite-man-1971b.jpg
http://paleo.cc/paluxy/malachite-man-1990-asb.jpg
www.kacr.or.kr/img/Malachite_Man6.jpg
112. www.skepdic.com/graphics/protsch.jpg
113. http://cdn.list25.com/wp-content/uploads/2012/06/lyingstones.png
https://images2.bonhams.com/image?src=Images/live/2016-10/26/24054076-31-2.jpg&width=640&height=480&autosizefit=1
114. https://assets.atlasobscura.com/article_images/800x/17727/image.jpg
115. https://upload.wikimedia.org/wikipedia/commons/f/f5/Affenproblem.jpg
116. https://upload.wikimedia.org/wikipedia/commons/7/7d/Haeckel_Anthropogenie_1874.jpg
https://1.bp.blogspot.com/-E46WVlzyYVg/UUaVeDrgEoI/AAAAAAAACQI/_o0WPDba9vY/s1600/Haeckel's+Embryos+2.jpg
117. www.bible.ca/tracks/textbook-fraud-haeckel-richardson-photos.gif
118. https://archive.org/details/answerofernsthae00haec
https://archive.org/stream/sandalioneineoff00haec_0#page/n5/mode/2up
119. https://sites.google.com/a/wormwoodchronicles.net/wormwood-chronicles/_/rsrc/1296521488232/wormwood-files/russian-wildmen/almasty1.jpg
http://imgs.vietnamnet.vn/Images/2012/09/25/15/20120925151459_yeti3.jpg
www.cfz.org.uk/Archiving/BHM%2008/U-U-1964%20wildman%20of%20the%20gobi%20almas%20(U)808.jpg
120. www.bigfootencounters.com/images/zana_sonKhwit.jpg
121. http://freethoughtblogs.com/pharyngula/files/2015/04/disgracefullondontimes.jpg
122. https://s-media-cache-ak0.pinimg.com/736x/34/8f/53/348f53148fe818b0f75f9db850bdc547--everest-mountain-mountain-climbing.jpg
http://home.bt.com/images/sir-edmund-hillary-conquerer-of-mount-everest-is-presented-with-a-hairy-scalp-which-acording-to-himalayan-villagers-belonged-to-a-yeti-136384189219503901-131017114413.jpg
123. https://i0.wp.com/www.tsemrinpoche.com/wp-content/uploads/2011/01/DSC_0782_thumb.jpg?
www.granger.com/pix/AGE/RUE/0149218_T.JPG
http://amorq.com/uploads/tumb/img/201605/pangboche-hand_tumb_660.jpg
124. www.factfictionandconjecture.ca/images/yeti_footprint.jpg
https://i2.wp.com/www.tsemrinpoche.com/wp-content/uploads/2011/01/DSC_0789.jpg
https://i2.wp.com/www.tsemrinpoche.com/wp-content/uploads/2011/01/DSC_0780_thumb.jpg
125. https://2.bp.blogspot.com/_MUZ9dK6mU7U/ReFTxypPLiI/AAAAAAAAAVA/b5-DQ-Lsnus/s320/Albert+Ostman.jpg
www.sasquatchcanada.com/uploads/9/4/5/1/945132/3480464_orig.jpg
126. http://sasquatchgenomeproject.org/images/sasquatch_genome_project001002.jpg
http://cryptosightings.com/wp-content/uploads/2014/07/Jeff-Meldrum.jpg
127. www.bigfootencounters.com/images/10_Krantz_FP.jpg
www.skeptic.com/eskeptic/04-04-12images/Patterson_still.jpg
http://bfro.net/avevid/photos/FOOTAGE_STILLS/frame72.jpg
128. www.cryptomundo.com/wp-content/uploads/minnesota-iceman.jpg
https://youtu.be/TTQp88LyPFk
129. http://fob.l7space.com/articles/almasty-full-bw1csj.jpg
http://fob.l7space.com/articles/almasty-profile5csj.jpg

130. http://freimaurer-wiki.de/images/f/f0/IssueDarwin.jpg
https://i.pinimg.com/736x/f7/40/3c/f7403c2c70292b47477f1234d2995569--charles-darwin-erasmus.jpg
https://upload.wikimedia.org/wikipedia/commons/thumb/5/59/Charles_Darwin.jpg/220px-Charles_Darwin.jpg
https://upload.wikimedia.org/wikipedia/commons/thumb/9/94/PSM_V57_D097_Hms_beagle_in_the_straits_of_magellan.png/1200px-PSM_V57_D097_Hms_beagle_in_the_straits_of_magellan.png
131. https://upload.wikimedia.org/wikipedia/commons/6/6f/Editorial_cartoon_depicting_Charles_Darwin_as_an_ape_%281871%29.jpg
132. https://theweathereye.files.wordpress.com/2010/06/cs_may05b.jpg
www.orwelltoday.com/etonowall.jpg
https://fifthway.files.wordpress.com/2012/06/680123de4e64.jpg
133. www.youtube.com/watch?v=6hX68X66jyw
134. https://files.ctctcdn.com/766c6672201/77c82d84-d73c-4b33-bc9d-de13818c581f.jpg
135. https://3c1703fe8d.site.internapcdn.net/newman/gfx/news/2015/1-fossilofworl.jpg
136. http://book.bionumbers.org/wp-content/uploads/2014/07/460-f1-Ecoli-11.png
137. https://dailytheology.files.wordpress.com/2013/01/francis-bacon-1884.jpg
138. https://lovetruthsite.files.wordpress.com/2016/11/blavatsky-and-the-so-called-masters.jpg
139. http://st-germain.de/wp-content/blogs.dir/galerie/der-graf/s14_2_1680.jpg
http://republicofletters.stanford.edu/img/voltaire/voltaire.png
http://3.bp.blogspot.com/-Si7OURV51Jc/VCBtp3e_7sI/AAAAAAAACzg/TDCK0D9L-rw/s1600/MicromegasVoltaire.gif
140. https://upload.wikimedia.org/wikipedia/commons/d/d1/Friar_Bacon's_Brazen_Head.png
http://glissando.pl/wp-content/uploads/2014/09/07_15.-Mechanical-Monk.jpg
141. http://files.abovetopsecret.com/files/img/ap5021070c.jpg
http://ntdimg.com/pic/2014/9-1/p5265763a638876116.jpg
www.payer.de/quellenkunde/quellen03k24.jpg
142. https://subharanjangupta.files.wordpress.com/2011/08/mohenjodaroskeletons543px.gif
www.thehistoryhub.com/wp-content/uploads/2014/06/Mohenjo-daro-Photos.jpg
https://1.bp.blogspot.com/_NVIyqlcHzR4/SfjcLdr121I/AAAAAAAAE3g/5PdBKzQjYbI/s400/Indus+Valley+-+Easter+Island-+rongorongo2.jpg
143. www.thelivingmoon.com/41pegasus/04images/Nazi_Plans/ANDROMEDA_plan.jpg
144. https://thumbs.media.smithsonianmag.com/filer/c9/26/c9263fb6-d88f-477b-8b5d-23ce5273adbf/james-smithson-portrait-corbis-web-resize.jpg__800x600_q85_crop.jpg
https://img.washingtonpost.com/express/wp-content/uploads/2015/12/castle_1867.jpg
http://uploads.neatorama.com/images/posts/630/87/87630/1452951003-0.jpg
145. https://ancientpatriarchs.files.wordpress.com/2016/04/smithsonian-neverhearofagain-nyt.jpg
146. https://ancientpatriarchs.files.wordpress.com/2016/04/add-fl-lawrence-world-journal-august-25-19271.jpg
https://ancientpatriarchs.files.wordpress.com/2016/04/floridagiants05.jpg
https://ancientpatriarchs.files.wordpress.com/2016/04/smithsoniangotholdofgiants.jpg
147. http://bingweb.binghamton.edu/~rmcguire/images/Ales%20Hrdlicka%201869-1943.jpg
https://upload.wikimedia.org/wikipedia/commons/thumb/f/f8/PSM_V29_D594_Frederick_Ward_Putnam.jpg/1200px-PSM_V29_D594_Frederick_Ward_Putnam.jpg
148. http://creationhistory.com/images/CalaverasSkullDirty_Modified.gif
149. www.imagick.com.br/wp-content/uploads/2015/04/reck_skull1.jpg
www.halleethehomemaker.com/wp-content/uploads/2010/08/Reck-OlduvaiGorgeHuman.jpg
150. https://www.anatomystuff.co.uk/media/catalog/product/cache/1/image/575x575/9df78eab33525d08d6e5fb8d27136e95/i/m/img_vp753-1-steinheim-anthropolgical-skull-model.jpg
151. http://libertyforlife.com/et/images/7million-year-old-sculls.jpg
152. https://k33.kn3.net/taringa/A/A/E/1/D/7/spike_Master/993.jpg
https://centroufologicotaranto.files.wordpress.com/2009/06/0a_00aa_030aguadalupa_3.jpg?w=400&h=314

153. www.scientiapress.com/wp-content/uploads/2011/12/serpent_mound_l.jpg
https://archive.org/stream/pdfy-89lVitXmp_iBnVTu/Tradition_Giants%20Indians#page/n61/mode/2up/search/putnam
154. https://4.bp.blogspot.com/-CW9u3-RqF_k/TxBwBEnN8BI/AAAAAAAAAko/ISAhEiG76e8/s1600/shetrone%2B1.JPG
www.nps.gov/parkhistory/online_books/hocu/adhi/fig45.jpg
http://gustavslibrary.com/images/mndbldrsseip.jpg
155. http://www2.palomar.edu/users/scrouthamel/ais130/spiro_gorgets-lg.jpg
156. https://i1.wp.com/www.nycreligion.info/wp-content/uploads/2012/10/Angel-Moroni-Joseph-Smith-June-6-1886-LOCe.jpg
https://images.duckduckgo.com/iu/?u=http%3A%2F%2Femseaborn.web.unc.edu%2Ffiles%2F2014%2F09%2Fjoseph-f-smith.jpg
http://static1.1.sqspcdn.com/static/f/1377256/25570843/1455990777167/The+Hill+Cumorah-1904.jpg?token=icQLXDeSI4qVecGG5%2F5ONnhT75s%3D
157. https://www.penn.museum/sites/expedition/files/1999/11/egan_panorama_section.jpg
158. http://grahamhancock.com/wp-content/uploads/2015/10/vieiranewman1_html_m68156af5.jpg
http://i.huffpost.com/gen/2243528/images/o-GIANTTEETHHIDEPIC-facebook.jpg
159. http://atlantisforschung.de/index.php?title=Bild:Berkeley_Daily_Gazette_-_Mar_12%2C_1934.jpg
160. http://road2ruins.com/wp-content/uploads/2016/02/Adena-like-crania.jpg
http://road2ruins.com/wp-content/uploads/2016/02/Adena-Skull-figure-25-16-marcia-recreation.jpg
https://1.bp.blogspot.com/-VBzRXB0v6J8/Tz07qxB3E9I/AAAAAAAANdE/27qOLf6wn8U/s1600/AlbanyMd1Provile+Hopewell.jpg
161. https://grahamhancock.com/wp-content/uploads/2014/12/DewhurstR1-queen127-large.jpg
www.ancient-code.com/wp-content/uploads/2015/11/77280.ngsversion.1422280964335.adapt_.768.1.jpg
https://2.bp.blogspot.com/-wDH1hjSBtAo/UIP9wDWCCJI/AAAAAAAAJO0/6nUpr9w7kHI/s1600/Ancient+American+dwarf+mound+builders+demons.jpg
162. https://1.bp.blogspot.com/-Q7QRvnorDqg/Tx8h7KRBd_I/AAAAAAAAMD4/hwCzoqKdE9I/s1600/Human-Giant-Article1.jpg
163. https://2.bp.blogspot.com/-cKoDckc-3Zo/T_Zfv0nctaI/AAAAAAAABuQ/COuerDrNkZQ/s640/Chief+Joseph.jpg
https://1.bp.blogspot.com/-a5TxcgbNChk/T_ZoIX8Iu9I/AAAAAAAABuo/VjdX9TmSRr8/s400/Chief+Joseph's+Cuneiform+Tablet.jpg
https://knittingittogetherblog.files.wordpress.com/2016/03/hearn_cuneiform_tablet-1.jpg
164. https://2.bp.blogspot.com/-VbZyXWYn9VQ/Vz8jFeBbIxI/AAAAAAAAY78/nmNh_cY7rvwTa_DI2VgnE8h-kx0YVHKkQCLcB/s1600/windover-skull-Florida-Ancient-Europeans.jpg
165. https://nhtourguide.com/legends/images/passaconaway.jpg
http://cdn.ghostsofdc.org/wp-content/uploads/2012/02/27193315/captainsmithmap1612.jpg
https://4.bp.blogspot.com/-LnpdK3lFwSY/UUYN8p3VxHI/AAAAAAAAAGg/nm7IuEJ8r0M/s640/Opichancanough+taken+by+John+Smith.jpg
166. http://dh.infernalscepter.com/wp-content/uploads/2015/03/Habits_of_the_Patagoniansin_-_Patag%C3%B3n_-_1764.jpg
www.wired.com/wp-content/uploads/2014/09/map2-660x374.jpg
167. https://rephaim23.files.wordpress.com/2015/06/the-virginia-enterprise-virginia-st-louis-county-minn-september-29-1899-image-3.jpg
https://rephaim23.files.wordpress.com/2015/06/onas-indians-dr-cook.jpg
168. https://sixdays.org/articles/publications/Dinosaur%20Dragon_1946_Dictionary.jpg
169. www.genesispark.com/wp-content/uploads/2017/09/Figure-15-Chinese-Dragon-Riders-by-Wu-Bin-18-arhats.jpg
www.ancientpages.com/wp-content/uploads/2017/05/chinesedragon.jpg

170. https://upload.wikimedia.org/wikipedia/commons/thumb/b/b2/Statue_of_Zhou_Chu_in_Yixing_2013-10.JPG/900px-Statue_of_Zhou_Chu_in_Yixing_2013-10.JPG
https://ae01.alicdn.com/kf/HTB10SBKQFXXXXXMXpXXq6xXFXXX2/Crafts-statue-lucky-Chinese-fengshui-Brass-success-Zodiac-fly-wing-dragon-God-beast-statue-halloween.jpg
www.picclickimg.com/d/l400/pict/152655892670_/Chinese-Myth-FengShui-Brass-Copper-Lucky-Fly-wing.jpg
171. www.oneonta.edu/faculty/farberas/arth/Images/109images/egyptian/narmer.jpg
www.civilization.org.uk/wp-content/uploads/2012/08/Ashmolean-palette2x.jpg
www.civilization.org.uk/wp-content/uploads/2012/08/Ashmolean-Palette-1x.jpg
172. www.fromoldbooks.org/Cassell-MagazineOfArt/pages/337-St.-George-and-the-Dragon/337-St.-George-and-the-Dragon-q75-961x1217.jpg
173. https://en.wikipedia.org/wiki/File:Maned_sea_serpent_1755.jpg
http://paranormal-news.ru/_nw/109/57242136.jpg
174. http://paranormal-news.ru/_nw/109/39966217.gif
http://paranormal-news.ru/_nw/109/94704963.jpg
175. http://levigilant.com/Bulfinch_Mythology/bulfinch.englishatheist.org/monsters/img/fig52.jpg
www.strangescience.net%2Fenlar%2Fen_barberini.jpg
176. www.genesispark.com/wp-content/uploads/2011/11/Winkelried-the-dragon3.jpg
177. www.genesispark.com/wp-content/uploads/2013/10/Cornelius-Meyer-Dragon-Mount-Ancient-Rome.jpg
178. http://files.abovetopsecret.com/files/2961968590e45f78.jpg
www.livepterosaurs.com/inamerica/blog/wp-content/uploads/2017/01/Two-photos-that-are-confused.jpg
179. www.ecotripnepal.com/assets/images/tibet/mount-kailash.jpg
http://static.panoramio.com/photos/large/9565781.jpg
180. https://en.wikipedia.org/wiki/Kozyrev_mirror
https://k60.kn3.net/taringa/B/5/0/E/4/5/logosmas/096.jpg
181. www.awaken.com/wp-content/uploads/2013/06/George+Ivanovich+Gurdjieff.png
https://02varvara.files.wordpress.com/2008/04/2-nicholas-roerich.jpg
www.sfemt.fr/wp/wp-content/uploads/2015/10/Roerich.jpg
182. www.vanishing-ice.org/wp-content/uploads/2013/07/RoerichWEB72.jpg
https://2.bp.blogspot.com/-qZysXb49hxs/Ux77Ip5PXZI/AAAAAAAACWg/FhtCs-7jrh4/s1600/roerich.jpg
https://pradiz.com/sites/default/files/styles/tour-large/public/roerich-museum-moscow-collection-12.jpg?itok=ypQxQg__
183. http://tonocosmos.com.br/wp-content/uploads/2015/09/Mapa-Shambala-T%C3%B4-no-Cosmos1.jpg
184. https://en.wikipedia.org/wiki/File:Lobsang_Palden_Yeshe.jpg
http://s01.sonyaandtravis.com/images/tibet-2012/shigatse-tibet-tashilhunpo-monastery-i-looking-towards-the-assembly-hall.jpg
http://i3.cpcache.com/product/554211020/shambhala_symbol_banner.jpg
185. www.paranormalqa.com/wp-content/uploads/2012/12/houskacastle.jgp
186. www.pacal.de/pacal1.jpg
187. https://misebogland.files.wordpress.com/2013/04/srchttp3a2f2fthesantosrepublic-com2fmultimedia2fphotogallery2f20112f122fdl-dalai-serrano.jpg
188. https://1.bp.blogspot.com/-g540Rlo_t1k/UWQBl0vPt4I/AAAAAAAAFzI/b0hrpSqkgLE/s1600/Fish+gods.jpg
www.alessandrovenezia.it/berlino/pergamon/DSC_7479t.jpg
189. https://1.bp.blogspot.com/_3UGRITHCVIE/S6uJ3qnt1iI/AAAAAAAACYQ/iD3b1qn49xg/s1600/matsya+avatar-7.jpg
www.mygodpictures.com/wp-content/uploads/2015/11/The-Fish-God-Dagon-gt413.jpg
190. www.mastermason.com/duvall6/images/sitestepsreduced.jpg
191. http://files.abovetopsecret.com/files/img/wa507e91ce.jpg
http://lcweb2.loc.gov/service/pnp/matpc/05500/05562v.jpg

192. www.philipcoppens.com/metal_04.jpg
https://3.bp.blogspot.com/_mZJkSvzLyPE/SJmus7p870I/AAAAAAAABLU/v02CaOnlzjg/s1600-h/image001.jpg
www.bibliotecapleyades.net/imagenes_sociopol/underground19_04.jpg
193. www.goldlibrary.com/jpg/Dr%20Gerardo%20Pena%20M%20con%20Hall%20y%20Moricz%20Altiplano%201975.jpg
www.goldlibrary.com/Tayos%20Gallery/TAYOS%20EXPEDITION/q.jpg
www.bibliotecapleyades.net/imagenes_sociopol/underground19_27.jpg
194. https://s-media-cache-ak0.pinimg.com/originals/86/a7/15/86a715d751484b1f1d73b48cf7259fd1.jpg
http://siamagazin.com/wp-content/uploads/2016/06/23r23r.jpg
195. www.ancient-origins.net/sites/default/files/styles/large/public/Thousands-of-artifacts.jpg?itok=KBtOS_Tp
www.ancient-origins.net/sites/default/files/styles/large/public/elongated-skull.jpg?itok=lrH4_fnl
196. www.bibliotecapleyades.net/imagenes_sociopol/underground19_17.jpg
www.ancient-origins.net/sites/default/files/crespi-2_0.jpg
197. www.bibliotecapleyades.net/imagenes_sociopol/underground19_23.jpg
https://i.pinimg.com/originals/2c/92/f8/2c92f8fa4971d38e920d14172d76833d.jpg
https://i.pinimg.com/736x/18/80/f5/1880f52dcc486f744807df56f9432a7a--serpents-ancient-artifacts.jpg
198. https://hiddenincatours.com/wp-content/uploads/2014/06/60507_1617629641150_5193076_n.jpg
www.jasoncolavito.com/uploads/3/7/5/9/3759274/8084015_orig.jpg
199. http://c8.alamy.com/comp/G39GN2/the-ziggurat-of-marduk-or-etemenanki-the-fabled-tower-of-babel-bravely-G39GN2.jpg
https://upload.wikimedia.org/wikipedia/commons/2/2c/SumerianZiggurat.jpg
200. www.ancient-origins.net/sites/default/files/field/image/Ancient-Babylonian-Tablet_0.jpg
https://telling-secrets.blogspot.ca/2010/09/nimrod-in-florida.html
www.artbulla.com/images/babela.jpg
201. https://sites.google.com/site/ancientegyptiansinamerica/ancient-egyptians-burrows-cave/Ammanuel%20428.jpg
https://sites.google.com/site/ancientegyptiansinamerica/ancient-egyptians-burrows-cave/Gold%2520Medallion%2520Southern%2520Illinois%2520430.jpg
202. https://sites.google.com/site/ancientegyptiansinamerica/_/rsrc/1467886592200/ancient-egyptians-burrows-cave/burrows_350.jpg
https://sites.google.com/site/ancientegyptiansinamerica/_/rsrc/1467886588698/ancient-egyptians-burrows-cave/Hebrew%2520King%2520428.jpg
203. http://michigansotherside.com/wp-content/uploads/2016/04/The_Michigan_Relics_2.jpg
204. http://ensignmessage.com/wp-content/uploads/2016/05/michigantablet05.jpg
http://ensignmessage.com/wp-content/uploads/2016/05/ancientstones.jpg
http://docplayer.net/docs-images/17/180639/images/2-0.jpg
205. https://quietbuck.files.wordpress.com/2011/03/michiganstone.png?w=300&h=246
www.chadstuemke.com/wp-content/uploads/2009/03/SIA3888.jpg
www.chadstuemke.com/wp-content/uploads/image018.gif
206. http://ensignmessage.com/wp-content/uploads/2016/05/ancientstones.jpg
http://docplayer.net/docs-images/17/180639/images/2-0.jpg
207. https://1.bp.blogspot.com/_vM50NIvupC4/SFESMlt0zRI/AAAAAAAAAjg/kcAFX2F7dhQ/w1200-h630-p-k-no-nu/hombre-cobre.jpg
208. https://cdn.theatlantic.com/assets/media/img/mt/2015/10/fogorock/lead_960.jpg?1445540791
http://i.ndtvimg.com/i/2015-10/megatsunami-boulder_650x400_51444076367.jpg
209. http://i.dailymail.co.uk/i/pix/2010/04/27/article-1269165-09520B04000005DC-609_634x423.jpg
http://i.dailymail.co.uk/i/pix/2010/04/27/article-1269165-09520A8B000005DC-75_634x399.jpg
www.wnd.com/images/arkbeam1.jpg
www.noahsarksearch.net/arkmovie/eng/images/pr_even_20100424_07.jpg

210. www.amazinghope.net/templates/zd/images/photos/velka/8_noahs-ark_5.jpg
http://streetwitnessing.org/wp-content/uploads/2014/02/Noah-Arch-Fig6-LifeMgzn-600x500.jpg
211. http://creationwiki.org/pool/images/d/d5/Wpe11.jpg
212. https://upload.wikimedia.org/wikipedia/commons/d/d2/DrogueStoneFasold.jpg
213. www.ararat717.com/_/rsrc/1405134284340/Mission/Picture8.jpg?height=503&width=552
www.ararat717.com/_/rsrc/1405134284339/Mission/Picture13.jpg?height=543&width=449
214. www.ararat717.com/armenian-history/Hayk%20Battle%20with%20Bel.jpg
215. https://lamarzulli.files.wordpress.com/2014/11/rivero-peruvian-antiquities-fetus-figure-2.jpg
www.ancient-origins.net/sites/default/files/styles/large/public/Marcia-Moore-paracas.jpg
216. www.youtube.com/watch?v=MJCzzyDFr5w
https://lamarzulli.files.wordpress.com/2018/01/paracusqueenlongneck.jpg?w=394&h=636
217. https://hiddenincatours.com/wp-content/uploads/2018/02/a4-600x800.jpg
https://hiddenincatours.com/wp-content/uploads/2016/08/elongatedbaby9-1.jpg
218. https://i1.wp.com/www.courthousenews.com/wp-content/uploads/2018/03/long-skull.jpg
www.ancient-origins.net/sites/default/files/ElongatedGoth_0.jpg
219. https://minisdelcuento.files.wordpress.com/2013/05/lobsang-rampa.jpg
https://78.media.tumblr.com/e736885c7b90c8a6c025581bfdc0ffe5/tumblr_inline_ni8m8txU6s1rqwe3z.jpg
220. https://2.bp.blogspot.com/-mDf66bD1G5w/Ut5ZKyVhceI/AAAAAAAALvw/2D-EHJvhd6E/s1600/Robert+Dean+567+R+liv+BobDean.jpg
221. https://upload.wikimedia.org/wikipedia/commons/a/a2/Clementine_lunar.jpg
https://cdn.shopify.com/s/files/1/0217/0182/products/DOD_NASA_1024x1024.jpg?v=1409159718
222. http://img.over-blog-kiwi.com/1/47/74/29/20150506/ob_eb81b0_pine-gap-top-secret-us-australian-base.jpg

Literatur- und Quellenverzeichnis

(1) James Edward Gilmer – *The Bible Is Right! About Dinosaurs and Evolution!* (Author House 2013)
(2) Charles H. Ford – *The Book of the Damned* (Boni and Liveright 1919)
Tedd St. Rain – *Mystery of America: Enigmatic Mysteries And Anomalous Artifacts of North America* (Lost Arts Media 2003)
Brad Steiger – *Worlds Before Our Own* (Anomalist Books 2007)
(3) *Society of Antiquaries of Scotland – Proceedings of the Society of Antiquaries of Scotland, Vol. 1, 1883*
(4) https://youtu.be/dyfuwSAkQKo
www.earthbeforeflood.com/imprint_of_wheel_in_carboniferous_sandstone_in_coalmine_rostov_region.html
(5) www.digitaljournal.com/news/odd+news/russian-ufo-researchers-say-they-found-300-mil-yr-old-screw/article/430394
http://atlantisforschung.de/index.php?title=Das_Objekt_von_Lanzhou
(6) www.micahhanks.com/ufos/these-fossil-ufos-are-really-an-oddity-of-the-geological-kind/
New Scientist 1. Juli 1989
(7) Rene Noorbergen – *Secrets of the Lost Races* (TEACH Services 2015)
Brad Steiger – *Mysteries of Time and Space* (Anomalist Books 2016)
Andrew Tomas – *We Are Not the First* (Bantam Books 1973)
Brad Steiger – *Worlds Before Our Own* (Anomalist Books 2007)
Randall Harris – *Evolution Unraveled: How Science Disproves Evolution* (Starmonics 2015)
Lionel and Patricia Fanthorpe – *Mysteries and Secrets of the Masons: The Story Behind the Masonic Order* (Dundurn 2006)
(8) https://archive.org/stream/mobot31753002151832/mobot31753002151832_djvu.txt
American Journal of Science and Arts (1820)
(9) www.creationism.org/swift/DohenyExpedition/Doheny02Supplement.htm
Alfred Watterson McCann – *God-Or Gorilla* (1879-1931) (Forgotten Books 2017)
(10) http://paleo.cc/paluxy/ironpot.htm
(11) https://sputniknews.com/voiceofrussia/2013_01_19/300-million-year-old-UFO-tooth-wheel-found-in-Russian-city-of-Vladivostok/
(12) www.genesispark.com/essays/update-on-the-mysterious-bell-found-in-coal/
Morris, J. – *The Young Earth: The Real History of the Earth* (Master Books 2008)
(13) Reinhard Habeck – *Geheimnisvolles Österreich* (Ueberreuter Carl 2006)
Carl Sagan, Jerome Agel – *Carl Sagan's Cosmic Connection* (Cambridge University Press 2000)
(14) http://gizemlervebilinmeyenler.com/bosna-daglarindaki-30-milyon-yasindaki-dev-halkalar/
(15) http://onlinelibrary.wiley.com/doi/10.1111/j.1945-5100.2012.01409.x/full
(16) Rene Noorbergen – *Secrets of the Lost Races* (TEACH Services 2015)
http://mirtayn.ru/v-kosovo-nashli-transformator-vozrastom-20000-let/
(17) www.reddirtreport.com/red-dirt-grit/oklahoma-mysteries-forty-six-year-old-tile-and-stone-puzzle-continues-raise-questions
(18) Derek V. Ager – *The New Catastrophism*, Cambridge University Press. (Cambridge University Press 1993)
Clark, Harold – *Genesis and Science*, Southern Publishing. (Southern Publishing 1967)
Reginald Daly – *Earths Most Challenging Mysteries* (Baker Book House 1972)
Wayne Jackson – *The Antiquity of Human History* (Christian Courier 2003)
(19) http://hilblairious.blogspot.co.at/2015/01/aluminum-aliens-8-alloy-tests-of- aiud.html
David Hatcher Childress – *Technology of the Gods: The Incredible Sciences of the Ancients* (Unlimited Press 2000)
(20) http://forbiddenarchaeology.blogspot.co.at/2012/12/chinas-first-desert-cycle-emerges-in.html
http://ancients-bg.com/mystery-of-the-baigong-pipes/
(21) http://rense.com/general8/nano.htm
Hartwig Hausdorf – *Wenn Götter Gott spielen: Unsere Evolution kam aus dem All* (Langen-Müller 1997)

(22) www.news24.com/MyNews24/2-billion-year-old-nuclear-reactor-in-Gabon-20150605
http://s8int.com/phile/atomic5.html
(23) https://russianpickle.wordpress.com/2010/08/19/russian-runes-mystery-of-roseau-stone/
http://dominorus.narod.ru/roseau.html
(24) www.texasescapes.com/CentralTexasTownsNorth/Rockwall-Texas.htm
www.theepochtimes.com/n3/1103905-buried-in-time-the-great-wall-of-texas-could-change-history/
http://planetrockwall.com/news/article/the_giant_skull_a_rockwall_mystery
(25) Josiah Dwight Whitney – *The Auriferous Gravels of the Sierra Nevada of California Reprint* (RareBooksClub.com 2013)
George F. Becker – *Antiques from under Tuolumne Table Mountain in California* (GSA Bulletin 1891)
Warwick Bray – *The Palaeoindian debate*, *Nature* (*Nature* 1988)
(26) https://news.internetstones.com/40000-year-old-bracelet-crafted-by-pre-historic-human-ancestors-discovered-in-the-denisova-cave-in-southern-siberia
http://siberiantimes.com/science/casestudy/features/f0100-stone-bracelet-is-oldest-ever-found-in-the-world/
http://siberiantimes.com/other/others/news/n0789-paleolithic-jewellery-still-eye-catching-after-50000-years/
(27) www.creationevidence.org
http://blog.world-mysteries.com/strange-artifacts/scientists-claim-130-million-year-old-fossil-human/
(28) Michael J. Oard und Hank Giesecke – *Polystrate Fossils Require Rapid Deposition* (CRSQ Vol. 43 2007)
Joachim Scheven – *Karbonstudien* (Hänssler-Verlag 1986)
Jackson, Wayne – *Creation, Evolution, and the Age of the Earth* (Christian Courier 2003)
Nevins, Stuart – *The Origin of Coal* (Institute of Creation Research 1976)
John C. Whitcomb and Henry Morris – *The Genesis Flood* (Presbyterian and Reformed 2012)
(29) http://odisha.gov.in/e-magazine/Orissareview/2012/June/engpdf/143-146.pdf
www.haindavakeralam.com/rama-setu-a-man-made-entity-hk3050
S. R. Rao – *The Lost City of Dwarka* (Aditya Prakashan 1999)
http://mahabharathascience.blogspot.co.at/p/30-underwater-expeditions-which-won-rao.html
(30) Ashley B. Saunders – *History of the Bahamas – Bimini: a case study* (New World Press 1990)
Edgar Evans Cayce – *Edgar Cayce on Atlantis* (Grand Central Publishing 1988)
Andrew Collins – *Gateway to Atlantis* (Headline Book Publishing 2000)
www.ancient-atlantis.com/underwater-ruins-bahamas/
http://hiddenmysteries.org/mysteries/atlantis/evidence.html
(31) Ellora Carmel Bergson – *Concept and Style* (Abhinav Publications 2004)
Bernd Rosenheim – *Die Welt des Buddha: Frühe Stätten buddhistischer Kunst in Indien* (Philipp Von Zabern Verlag Gmbh 2006)
(32) http://judacullarock.com/
(33) Jerome Clark – *Entombed animals: Unexplained* (Anomalist Books 2006)
Benjamin Franklin – *An Account of Toads Found Enclosed in Solid Stone* (Académie royale des sciences 1882)
David George Gordon – *Hibernating Hoppers: Can Toads Live Buried for Decades?* (MSN Encarta 2007)
Jan Bondeson – *Toad in the Hole* (Fortean Times June 2007)
Oliver Fiske – *Memoirs of the American Academy of Arts and Sciences* (1804)
(34) John Hemming – *Monuments of the Incas* (Thames & Hudson 2010)
https://hiddenincatours.com/sayhuite-peru-evidence-of-ancient-cataclysm-and-lost-advanced-technology/
(35) Dr. Clyde Winters – *Ancient Scripts in South America: The Sumerians in South America* (CreateSpace Independent Publishing Platform 2015)
J. M. Allen – *Atlantis and the Persian Empire* (CreateSpace Independent Publish. Platform 2015)

Margaret Young-Sanchez – *Tiwanaku: Ancestors of the Inca Hardcover* (University of Nebraska Press 2004)
http://news.bbc.co.uk/2/hi/americas/892616.stm
(36) Rafael Larco Hoyle – *Peru* (Edizioni Nagel 1975)
Brother Philip – *Secret of the Andes And The Golden Sun Disc of MU* (Inner Light - Global Communications 2008)
(37) www.elsoldepuebla.com.mx/uncategorized/localizan-pieza-arqueologica-de-la-cultura-maya-en-xiutetelco
Peter Kolosimo – *Sie kamen von einem anderen Stern* (Goldmann Verlag 1971)
www.thewrap.com/guatemala-cooperate-doc-about-mayans-and-aliens-31162/
www.intellihub.com/newly-discovered-jade-tablets-depict-interaction-of-advanced-alien-life-with-ancient-maya/
(38) http://elhistoria.ru/en/
(39) Alexander Koltypin – *Disappeared Inhabitants of the Earth* (Moscow 2017)
Lionel and Patricia Fanthorpe – *Mysteries and Secrets of Time* (Dundurn Group 2007)
Dennis Tedlock – *Popol Vuh: The Definitive Edition of The Mayan Book of Dawn* (Touchstone 1996)
(40) Frank Waters – *Mystic Mexico: The advent of the Sixth World of Consciousness* (Swallow Press 1975)
Gary A. David – *Star Shrines and Earth Works of the Desert Southwest* (Adventures Unlimited Press 2012)
Thomas Mills – *The Book of Truth: A New Perspective on the Hopi Creation Story* (lulu.com 2009)
(41) Jean Seimple – *Pyramid Apocalypsia: The revelations at the end of time* (Books on Demand 2017)
www.ndsu.edu/news/view/detail/3793/
www.bbc.com/news/science-environment-19077439
Zitat: Georg Picht – *Platons Dialoge „Nomoi" und „Symposion"* (Klett-Cotta 1992)
Charles H. Hapgood – *Die Weltkarten der alten Seefahrer. Die Entdeckung der Antarktis vor 6000 Jahren und Amerikas vor Kolumbus* (Zweitausendeins 2002)
Charles H. Hapgood – *The Earth's Shifting Crust* (CreateSpace Independent Publ. Platform 2015)
Diodoros - Griechische Weltgeschichte (Hiersemann 2005)
Gerhard Wirth – *Diodoros, Griechische Weltgeschichte* (Stuttgart 1992-2008)
(42) Graham Hancock – *Magicians of the Gods* (Coronet Books 2015)
Armin Risi – *Ihr seid Lichtwesen* (Govinda Verlag 2013)
Dimitrios Tsikritsis, Martin B. Sweatman – *Decoding Göbekli Tepe with Archeoastronomy* (University of Edingburgh 2017)
Duane Gish – *Evolution: The Fossils Still Say No!* (Institute for Creation Research 1985)
Lee Spetner – *Not by Chance: Shattering the Modern Theory of Evolution* (Judaica Press 2006)
Lyn Rodley – *Cave Monasteries of Byzantine Cappadocia* (Cambridge University Press 2006)
Tracy T. Twyman, Richard Metzger – *The Arcadian Mystique* (Dragon Key Press 2005)
Ray Comfort – *Banana Man* (ReadHowYouWant 2017)
Maxwell Igan – *Earths Forbidden Secrets* (CreateSpace Independent Publishing Platform 2014)
www.conspiracyarchive.com/UFOs/tunnels.html
https://news.nationalgeographic.com/2015/03/150325-underground-city-cappadocia-turkey-archaeology/
www.mineral-exploration.com/mepub/kaymakli.pdf
(43) Matthew Rake – *Prehistoric Ancestors of Modern Animals* (Hungry Tomato 2017)
Millien, Virginie – *The largest among the smallest: the body mass of the giant rodent Josephoartigasia monesi* (Proceedings of the Royal Society 2008)
Michael Hutchins – *Elephant birds. Grzimek's Animal Life Encyclopedia* (Gale Research Inc. 2003)
Atholl Anderson – *Prodigious birds: Moas and moa-hunting in prehistoric New Zealand* (Cambridge University Press 1989)
O. P. Hay – *The fossil turtles of North America* (CNAH / Serpent's Tale NHBS 2006)
Joe Taylor – *Fossil Facts & Fantasies* (Mt. Blanco Publishing Company 1999)
www.keelynet.com/biology/baugh.htm

www.rexresearch.com/baugh/baugh.htm
Ted Oakes: Land of Lost Monsters: Man Against Beast (Hylas Publishing 2003)
Donald K. Grayson – *A Requiem for Nord American overkill* (Journal of Archaeological Science 2003)
P. Martin, S. Wright – *Pleistocene Exticntions* (Yale Unlimited Press 1967)
P. A. LaViolette – *Evidence for a Solar Flare Cause of the Pleistocene Mass Extinction* (University of Arizona 2011)
(44) Wayne Jackson – *The Mythology of Modern Geology* (Apologetics Pr. Inc. 1980)
Joseph R., Jochmans – *Strange Relics from the Depths of the Earth* (Bible-Science Assoc. 1981)
www.dinosaurc14ages.com/footprints.htm
John A. Watson – *Man, dinosaurs and dammals together* (Mt. Blanco 2001)
www.creationevidence.org/displays/alvis_delk_cretaceous_footprint.php
Fred Beierle – *Man, Dinosaurs and History* (Privately Printed 1980)
Carl Baugh – *Dinosaur* (Promise Pub. 1987)
Clifford C. Burdick – *When Giants Roamed the Earth* (Sign of the Times 1950)
Henry M.Morris, John C. Whitcomb – *The Genesis Flood* (P&R Publishing 2011)
www.bible.ca/tracks/burdick-track.htm
Joe Taylor – *Fossil Facts and Fantasies* (Mt. Blanco Publishing Company 1999)
www.genesispark.com/exhibits/evidence/paleontological/footprints/
Cr. V. Rubtsov – *Tracking Dinosaurs* (Moscow News 1983)
Marvin L. Lubenow – *Bones of Contention: A Creationist Assessment of Human Fossils* (Baker Books 2004)
Michael Cremo – *Verbotene Archäologie: Sensationelle Funde verändern die Welt* (Kopp Verlag 1997)
Douglas B. Sharp – *The revolution against evolution* (Decapolis Books 1993)
V. Nelson – *Untold secrets of Planet Earth: Dire Dragons* (Vance Nelson 2012)
(45) http://english.sina.com/china/s/2016-08-26/detail-ifxvixeq0515878.shtml
W. G. Wood-Martin – *Traces of the Elder Faiths of Ireland* (AlbaCraft Publishing 2015)
Ali Abou Assaf – *Der Tempel von Ain Dara* (Ali Abou Assaf 1990)
https://en.wikipedia.org/wiki/Baal
Richard S. Hess – *Isrealite Religions: An Archaeological and Biblical Survey* (Baker Acad. 2007)
(46) www.smithsonianmag.com/science-nature/dinosaur-shocker-115306469/
M. H. Schweitzer – *Blood from Stone – Scientific American* (Scientific American 2010)
Helen Fields – *Dinosaur Shocker – Smithsonian Magazine* (Smithsonian Magazine May 2006)
www.smithsonianmag.com/science-nature/dinosaur.html?c=y&page=3
Fazale Rana – *Dinosaur Blood and the Age of the Earth* (RTB Press 2016)
http://newgeology.us/presentation48.html
(47) G. W. Carriveau, M. C. Han – *Thermoluminescent Dating and the Monsters of Acambaro* (University of Texas 1976)
Charles C. Dipeso – *The Clay Figurines of Acambaro* (American Antiquity 1953)
Charles Hapgood – *Mystery in Acambaro: Did Dinosaurs Survive Until Recently?* (Adventures Unlimited Press 2015)
www.bru-magazin.de/bru/2013-59_Downloads/AB2.6_Enuma%20Elish.pdf
(48) Charles Lyell – *Principles of geology* (Penguin Classics 1998)
James Hutton – *Theory of the Earth* (CreateSpace Independent Publishing Platform 2012)
Wallace Johnson – *The Death of Evolution* (TAN Books 2014)
http://evolutionfacts.com
www.pnas.org/content/early/2017/12/12/1718063115.full?sid=40abefa3-baef-4382-a375-7e2edfc68eb1
William Schopf – *Cradle of Life* (Princeton University Press 1999)
www.historicmysteries.com/great-flood-atlantis/
Dennis Brooks – *Atlantis Pyramids Floods* (lulu.com 2016)

(49) G. Faure – *Principles of Isotope Geology* (Wiley 1986)
Jonathan Sarfati – *The Greatest Hoax on Earth? Refuting Dawkins on evolution* (Creation Book Publishers 2010)
www.physics.org/article-questions.asp?id=64
www.livescience.com/46694-magnetic-field-weakens.html
www.physicsforums.com/threads/earths-magnetic-field-and-core.777820/
www.livescience.com/58097-earth-mantle-is-hotter-than-realized.html
www.livescience.com/46694-magnetic-field-weakens.html
www.sciencenews.org/article/life-may-have-been-possible-earth-earliest-most-hellish-eon
Danny L. Weiss – *The Hollow Earth Revisited* (River Sanctuary Publishing 2013)
http://hollowearthresearch.com/hollow-earth-research-society/
Eric Norman – *This Hollow Earth* (Lancer Books 1972)
William Reed – *Phantom of the Poles* (TheClassics.us 2013)
William L. Brian II – *Moongate*: Suppressed findings of The US Space Program (CreateSpace Independent Publishing Platform 2017)
Joseph Goodavage – *Astrology: The Space Age Science* (Parker Pub. Co. 1966)
www.csmonitor.com/Science/2014/0624/Alaska-earthquake-rings-the-Earth-like-a-bell
www.sciencedirect.com/science/article/pii/S0012821X18300360
(50) Ralf M. Hennemann – *Haie und Rochen weltweit* (Jahr Top Special 2001)
Erich Thenius – *Lebende Fossilien: Oldtimer der Tier- und Pflanzenwelt* (Dr. Friedrich Pfeil 2000)
M. Archer, S.J. Hand, H. Godthelp – *Riversleigh: the story of animals in ancient rainforests of inland Australia* (Reed Books 1994)
R. Doolan, J. Mackay, A. Snelling, A. Hallby – *The platypus: a freak, a fraud, and now a new finding* (Creation Ex Nihilo 1986)
S.M. Huse – *The collapse of evolution* (Baker Book House 1986)
K. Parkes – *Speculations on the origin of feathers* (Living Bird 1966)
N. Bishop – *The Secrets of Animal Flight* (1997)
www.livescience.com/14493-ocean-exploration-deep-sea-diving.html
https://news.uchicago.edu/article/2015/08/13/landmark-sequencing-octopus-genome-shows-basis-intelligence-camouflage
www.ncbi.nlm.nih.gov/pubmed/29544820
Peter Godfrey-Smith – *Other Minds: The Octopus, the Sea und the Deep Origins of Consciousness* (Farrar, Straus and Giroux 2017)
(51) L. M. Spetner, F. Hoyle, N. C. Wickramasinghe, M. Magaritz – *Archaeopteryx – more evidence for a forgery* (The British Journal of Photography 1988)
L. M. Spetner, F. Hoyle, N. C. Wickramasinghe, M. Magaritz – *Archaeopteryx – a further comment* (The British Journal of Photography 1985)
Richard Owen – *On the Archaeopteryx* (Royal Society of London 1866)
Thomas H. Huxley – *Remarks upon Archaeopteryx lithographica* (Royal Society of London 1868)
Ernst Haberlein – *Neueste Entdeckung einer zweiten Archaeopteryx lithographica* (Zeitschrift für die Gesamten Naturwissenschaften Berlin 1877)
Peter Wellnhofer – *A New Specimen of Archaeopteryx* (*Science* 1988)
John H. Ostrom – *The Origin of Birds* (Academic Press London 1976)
Mark Cadwallader – *CREATION Spelled Out for Us All* (CTS Publishing 2007)
Lewis M. Simons – *Report to Members: Archaeoraptor Fossil Trail* (*National Geographic* 2000)
Christopher P. Sloan – Feathers for T. rex? (*National Geographic* 1999)
Helen Briggs – *Piltdown bird fake explained* (BBC News Online 2001)
Hillary Mayell – *Dino Hoax Was Mainly Made of Ancient Bird, Study* (*National Geographic* 2002)
(52) Ellis Silver – *Humans are not from Earth* (ideas4writers 2017)
Francis Crick – *Life itself* (Simon and Schuster 1981)
Robert Sepehr – *Species with Amnesia: Our Forgotten History* (Atlantean Gardens 2015)
http://jason-mason.com/2017/08/05/das-geheimnis-unserer-dna-stammt-die-menschheit-aus-dem-weltall-teil-1/

http://jason-mason.com/2017/08/05/das-geheimnis-unserer-dna-stammt-die-menschheit-aus-dem-weltall-teil-2/
www.medicaldaily.com/unidentified-ancient-human-ancestor-found-dna-pacific-islanders-evolution-402861
www.rhnegativeregistry.com/jesus-yashuas-nazarene-rh-negative-origin.html
https://phys.org/news/2013-04-law-life-began-earth.html
(53) Hank Hanegraaff – *The FACE That Demonstrates the Farce of Evolution* (Thomas Nelson Publishers 2001)
Grant R. Jeffrey – *Creation: Remarkable Evidence of God's Design* (WaterBrook 2009)
Scott M. Huse – *The Collapse of Evolution* (Baker Books 1997)
Don Boys – *Evolution: Fact, Fraud or Faith?* (Barbwire Books 2016)
Erik Trinkaus, Pat Shipman – *The Neandertals: Changing the Image of Mankind* (Alfred A. Knopf 1993)
https://news.nationalgeographic.com/news/2010/05/100506-science-neanderthals-humans-mated-interbred-dna-gene/
(54) J. Brainard – *Giving Neandertals their due similarities with modern humans shift the image of the caveman brute* (Science News 1998)
B. Bower – *Neandertals used tools with versatility* (Science News 2001)
Jack Cuozzo – *Buried Alive: The Startling Truth about Neanderthal Man* (Master Books 2002)
Marvin L. Lubenow – *Bones of Contention, a Creationists Assessment of Human Fossils* (Baker Books 2004)
www.AnswersinGenesis.org
(55) Jack Cuozzo – *Buried Alive Paperback* (Master Books 2002)
http://detectingdesign.com/dnamutationrates.html
http://emmanuelmsu.org/?option=com_content&view=article&id=104%3Ais-the-human-race-degenerating&catid=46&Itemid=98&showall=1
Peter Ward – *Future Evolution* (W. H. Freeman 2001)
www.frontiersin.org/articles/10.3389/fphys.2017.00812/full
(56) Arthur Smith Woodward – *A New Cave Man from Rhodesia*, South Africa (Nature 1921)
Dr. Nickos A. Poulianos – *THE 40th ANNIVERSARY SINCE THE DISCOVERY OF THE PETRALONA ARCHANTHROPUS' SKULL* (Mandragoras Magazine 1996)
Dr. Nickos A. Poulianos – *Pre-Sapiens Man in Greece* (Current Anthropology 1981)
Petralona skull – Hominin fossil. (Encyclopædia Britannica 2015)
David Hatcher Childress – *Technology of the Gods: The Incredible Sciences of the Ancients*
Rene Noorbergen – *Secrets Of The Lost Races* (Adventures Unlimited Press 2000)
(57) Anne Wilson Schaef – *Native Wisdom for White Minds: Daily Reflections Inspired by the Native Peoples of the World* (One World 1995)
http://forgottenorigin.com/before-their-beginning-new-unknown-hominids-found-in-australia
(58) Dr. Aris Poulianos – *Discovery of a Skull of Palaeolithic Man in Greece* (Voprossi Anthropologhii 1961)
Dr. Aris Poulianos – *New Palaeolithic Finds of Greece* (Sov. Arheologhia 1963)
Dr. Aris Poulianos – *Petralona: A Middle Pleistocene Cave in Greece* (Archaeology 1971)
Dr. Aris Poulianos – *Pre-sapiens Man in Greece* (Current Anthropology 1981)
Dr. Aris Poulianos – *The cave of the Petralonian archanthropinae: A guide to the science behind the excavations* (1982)
www.ancient-origins.net/files/poulianos-government-document-en.pdf
www.aee.gr/english/3aee/anthropos/original_contibut/henneberg88engl.html
www.nextdeal.gr
(59) F. A. Barnes – *The Case of the Bones in Stone* (Desert Magazine 1975)
R. Berger, R. Protsch, UCLA Radiocarbon Dates XI (Science 1989)
Clifford Burdick – Discovery of Human Skeletons in Cretaceous Formation (Creation Research Society 1979)
Joe Taylor – *Fossil Facts and Fantasies.* (Mt. Blanco Publishing Company 2001)
www.bible.ca/tracks/malachite-man.htm

(60) www.theguardian.com/science/2005/feb/19/science.sciencenews
www.thefullwiki.org/Reiner_Protsch
Tony Paterson – *Neanderthal Man Never Walked in Northern Europe* (The Telegraph 2004)
Matthew Murdock – *Scandalous First Dates for Neanderthals* (Creation.com 2005)
(61) www.beringers-luegensteine.com/en/home.html
Archaeological Institute of America – *The Beringer Hoax* (Archaeological Inst. of America 2009)
Francis Bacon – *The New Atlantis* (CreateSpace Independent Publishing Platform 2018)
Erasmus Darwin – *Zoonomia* (BiblioBazaar 2007)
Johann Beringer – *Lithographiæ Wirceburgensis* (Würzburg 1726)
Johann Bartholomaeus Adam Beringer – *The Lying Stones of Dr. Johann Bartholomew Adam Beringer* (Literary Licensing, LLC 2013)
(62) Ernst Haeckel – *Natürliche Schöpfungsgeschichte* (Berlin, G. Reimer 1868)
Wilhelm His – *Unsere Körperform und das physiologische Problem ihrer Entstehung* (University of California Libraries 1874)
Robert J. Richards – *The Tragic Sense of Life. Ernst Haeckel and the Struggle over Evolutionary Thought* (University of Chicago Press 2009)
Jonathan Wells – *The Survival of the Fakest* (Catholic Education Resource Center 2001)
Michael Pitman – *Adam and Evolution* (Rider 1984)
Thomas Henry Huxley – *Evidence as to Mans place in nature* (Nabu Press 1863)
www.britannica.com/biography/Thomas-Henry-Huxley
http://freemasonry.bcy.ca/texts/liberal/science.html
http://theeducator.ca/historyofthecraft/royal-society-freemasonry/
Ernst Haeckel – *Sandalion* (Neuer Frankfurter Verlag 1910)
Ernst Haeckel – *Der Kampf um den Entwickelungs-Gedanken: Drei Vorträge*, gehalten am 14, 16, und 19 April 1905 im Saale der Sing-Akademie an Berlin
Erich Wasmann – *Die moderne Biologie und die Entwicklungstheorie* (FB&C LTD 2018)
Arnold Brass – *Das Affenproblem: Professor Ernst Haeckel und seine Fälschungen der Wissenschaft, und ihre Verteidigung durch deutsche Anatomen und Zoologen* (Leipzig 1909)
www.wnd.com/2001/07/9926/#Hi2hPurv4RPlaf8P.99
Nigel Hawkes – *The Times* (London August 1997)
Charles Darwin – *Über die Entstehung der Arten* (1871) (Anaconda Verlag 2018)
https://issuu.com/asm33/docs/das-globale-freimaurertum
http://home.uchicago.edu/%7Erjr6/articles/Richards.pdf
(63) David Hatcher Childress – *A Hitchhiker's Guide to Armageddon* (Adventures Unlimited 2000)
George M. Eberhart – *Mysterious Creatures: A Guide to Cryptozoology* (cfz 2015)
Bryan Sykes – *The Nature of the Beast: The first genetic evidence on the survival of apemen* (Coronet Books 2015)
Tenzig Norgay – *Tiger of the Snows* (Atheneum 2010)
Baird T. Spalding – *Life and Teaching of the Masters of the Far East* (Devorss & Co. 1986)
James Churchward – *The Lost Continent of Mu* (Adventures Unlimited Press 2007)
(64) https://ecbro.wordpress.com/earliest-known-bigfoot-sighting/
Don Jose Moziño – *Noticias de Nutca, por, botanico de la expedicion de N.E. y la delimites al norte de Californias* (Beinecke Library 1793)
https://brbl-dl.library.yale.edu/vufind/Record/3447054?image_id=1390491
(65) John Green – *Sasquatch: The Apes Among* (Hancock House Pub Ltd 2017)
Jean-Paul Debenat, Christopher L. Murphy – *Sasquatch/Bigfoot and the Mystery of the Wild Man* (Hancock House Pub Ltd 2009)
www.bigfootencounters.com/classics/ostman.htm
(66) Lloyd Pye – *Everything You Know Is Wrong: Human Origins* (Adamu Press 1998)
Debbie Martyr – *The Other Orang* (BBC Wildlife 2003)
(67) www.denovojournal.com/denovo_015.htm
http://sasquatchgenomeproject.org/
www.dnadiagnostics.com/press.html

Dr. Jeff Meldrum – *Sasquatch, Yeti and Other Wildmen of the World: A Field Guide to Relict Hominoids, Companion to the Sasquatch Field Guide* (Paradise Cay Publications 2016)
www.bfro.net/REF/THEORIES/WHF/sasq_traits.htm
Dr. W. Henner Fahrenbach – *Sasquatch Dimensions and Traits* (Bigfoot Field Researchers Organization 1999)
Grover Krantz – *Big Footprints: A Scientific Inquiry Into the Reality of Sasquatch* (Johnson Books 1992)
Grover Krantz – *Bigfoot Sasquatch Evidence* (Hancock House Pub Ltd 2008)
David Hatcher Childress – *Yetis, Sasquatch and Hairy Giants* (Adventures Unlimited Press 2010)
Bernard Heuvelmans – *Neanderthal: The Strange Saga of the Minnesota Iceman* (Anomalist Books 2016)
http://friendsofbigfoot.org/
(68) www.bfro.net/legends/
www.bigfootencounters.com/legends/tolowa_stories.htm
C. P. Lyons – *The Hairy Giants of Laidlaw* (J. M. Dent and Sons Toronto 1950)
Dr. Ed Fusch – *Bigfoot: Interaction of unknown homins with American Indians called: S'C-WENE'YTI* (Ed Fush Washington 1992)
The Wide World – *A Magazine for Men* (The Wide World 1940)
https://bigfootbible.wordpress.com/2015/01/22/the-u-s-government-at-war-with-bigfoot-wes-germers-reports/
www.youtube.com/watch?v=TwD77DtgJpQ&feature=youtu.be
www.newscientist.com/article/dn583-mystery-beast/
http://rspb.royalsocietypublishing.org/content/281/1789/20140161
www.dailymail.co.uk/sciencetech/article-2997216/Mystery-yeti-deepens-DNA-analysis-reveals-Abominable-Snowman-hair-does-NOT-belong-unknown-species-bear.html#ixzz4yWjq5YqQ
(69) www.creationscienceoc.org/Articles/CharlesDarwin.html
Charles Darwin – *Über die Entstehung der Arten* (1871) (Anaconda Verlag 2018)
Charles Darwin – *Die Abstammung des Menschen und die geschlechtliche Zuchtwahl* (1871) (Forgotten Books 2018)
Erasmus Darwin – *Zoonomie oder Gesetze des organischen Lebens* (1795) (Nabu Press 2012)
www.talkorigins.org/faqs/ce/3/part8.html
Charles Darwin – *Life and Letters* (Basic Books 1959)
Charles Darwin – *The Autobiography of Charles Darwin* (W. W. Norton & Company 1993)
(70) www.conspiracytruths.co.uk/georgeorwell1984.html
Aldous Huxley – *Schöne neue Welt* (1932) (FISCHER 2014)
H. G. Wells – *The Open Conspiracy* (1928) (Albatross Publishers 2017)
H. G. Wells – *The Shape of Things to Come* (1933) (H. G. Wells Library 2016)
Jim Keith – *Saucers of the Illuminati* (Adventures Unlimited Press 2004)
https://deutschelobbyinfo.com/2015/10/15/drei-weltkriege-1871-von-hochgrad-maurer-albert-pike-vorhergesagt-der-plan-fuer-die-weltregierung/
Francis Bacon – *The New Atlantis* (1627) (CreateSpace Independent Publishing Platform 2018)
(71) Paul H. Barrett – *Charles Darwin's Notebooks*, 1836-1844 (Cornell University Prin. Edition 1989)
George Wald – *Biochemical Science: An Inquiry Into Life (*Harcourt, Brace & World 1963)
Jeremy Rifkin – *Algeny: A New World* (Penguin 1984)
Arthur Keith – *The New Theory of Human Evolution* (Watts 1948)
Arthur Keith – *The Antiquity of Man* (Forgotten Books 2018)
Charles Darwin – *The Descent of Man* (Wordsworth Editions 2013)
Charles Darwin – *The Zoology of the Voyage of the H.M.S. Beagle* (1838-1843) (Forg. Books 2018)
Karl Marx- *The Communist Manifesto* (1848) (CreateSpace Indep. Publishing Platform 2017)
Gary Kah – *En Route to Global Occupation* (Gary H. Kah 1996)
(72) https://evolutionnews.org
Michael Denton – *Evolution: A Theory in Crisis* (Discovery Institute 2016)
Albert G. Mackey – *Darwin, Charles and Freemasonry: An Encyclopedia of Freemasonry* (New York: The Masonic History Company, 1921)

Harun Yaha Adnan Oktar – *Darwinist Propaganda Techniques* (Global Publishing 2018)
W. Warren Wagar – *The Open Conspiracy: H.G. Wells on World Revolution* (Praeger 2001)
http://darwinconspiracy.com/ape_vs_human.php
Michael Denton – *Evolution: A Theory in Crisis* (Burnett Books 1985)
Dr. Lee Spetner – *Not by Chance: Shattering the Modern Theory of Evolution* (Judaica Press 1996)
R. Alpher, H. Bethe, G. Gamow – *The Origin of Chemical Elements* (Physical Review 1948)
www.forbes.com/sites/startswithabang/2017/09/21/the-big-bang-wasnt-the-beginning-after-all/#74d5dc3455df
www.newscientist.com/article/2146942-thousands-of-new-lifeforms-discovered-that-redraw-tree-of-life/
(73) www.themystica.com/mystica/articles/b/bacon_francis.html
Bryan Bevan – *The Real Francis Bacon* (Open Gate Pres 1960)
Daphne du Maurier – *The Winding Stair: Biography of Bacon* (Virago 1976)
Frances Yates – *The Rosicrucian Enlightenment* (Routledge 2001)
Helene H. Armstrong – *Francis Bacon: The Spear Shaker* (Golden Gate Press 1985)
Peter Dawkins – *Dedication to the Light* (Francis Bacon Research Trust 1984)
William T. Smedley – *Mystery of Francis Bacon* (Leopold Classic Library 2015)
Ross Jackson – *Shaker of the Speare: The Francis Bacon Story* (2005)
Manly P. Hall – *The Secret Teachings of All Ages* (1928) (Independently published 2018)
Montagu, Basil – *Essays and Selections* (1837) (Forgotten Books 2018)
Saint Germain Foundation – *The History of the "I AM"* (St Germain Press 2003)
Werner Schroeder – *Ascended Masters and Their Retreats* (Ascended Mast. Teaching Found. 2013)
http://freemasonry.bcy.ca/texts/FrancisBacon.html
Francis Bacon – *The New Atlantis* (1627)
Alice A. Bailey – *The Externalisation of the Hierarchy* (Lucis Publishing 2011)
William Kalush, Larry Sloman – *The Secret Life of Houdini* (2007)
(74) Graf St. Germain – *Die hochheilige Trinosophia* (Königsdorfer-Verlag 2010)
Peter Krassa – *Der Wiedergänger: Das zeitlose Leben des Grafen Saint-Germain* (Herbig 1998)
Voltaires – *Dictionnaire philosophique* (Genf 1764)
Walter Ernsting – *Die neun Unbekannten* (Moewig 1983)
(75) Brian Taves – *Talbot Mundy, philosopher of adventure: a critical biography* (McFarland 2006)
Lous Pauwels, Jacques Bergier – *The Morning of the Magicians* (Destiny Books 2008)
Louis Jacolliot – *Histoire des Vierges: Les Peuples et les continents disparus* (Frankreich 1874)
Talbot Mundy – *The Nine Unknown Men* (Indoeuropeanpublishing.com 2018)
H. G. Wells – *Outline the World History* (1920) (CreateSpace Ind. Publishing Platform 2017)
E. M. Butler – *The Myth of the Magus* (1948) (Cambridge University Press 1993)

Robert Mills – *Talking Heads, or A Tale of Two Clerics* (European History and Cult. Books 2013)
Raymond Bernard – *Great Secret Count St. Germaine* (Kessinger Publishing, LLC 2010)
H.P. Blavatsky – *Collected Writings* (Theosophical Publishing House 1977-1991)
www.iitk.ac.in/infocell/Archive/dirnov1/iron_pillar.html
R. Balasubramaniam – *Delhi Iron Pillar: New Insights* (Aryan Books International 2002)
Ernst Muldashev – *Das Dritte Auge und der Ursprung der Menschheit* (Amra Verlag 2017)
G.C. Rawling – *The Great Plateau* (1905) (Forgotten Books 2017)
www.bibliotecapleyades.net/vimanas/esp_vimanas_3.htm
www.bibliotecapleyades.net/hercolobus/esp_hercolobus_34.htm
David Hatcher Childress – *Handbuch der Anti-Gravitation* (Michaels Verlag 1998)
David Hatcher Childress – *Vimana Aircraft of ancient India and Atlantis* (Adventures Unlimited Press 1995)
V. R. Ramachandra Dikshitar – *War in Ancient India* (South Asia Books 2004)
Maharishi Bharadwaaja – *Vymaanidashaastra Areonautics* (Edizioni l'Arcipelago 2017)
Eklal Kueshana – *The Ultimate Frontier* (Adelphi Organization 1992)
David Davenport – *Atomic Destruction in 2000 B.C.* (Mailand, Italien 1979)
www.edgarcayce.org/media/5708/21002_archaeology_egypt_gobi.pdf/

www.my-mu.com/gue/LemuriaandAtlantis.html
https://atlanteangardens.blogspot.nl/2014/04/mysterious-structures-of-gobi-desert.html
Friedrich Nietzsche – *Der Antichrist* (1888) (Nikol 2008)
Friedrich Nietzsche – *Der Wille zur Macht* (Jazzybee Publishing 2016)
Jacques Bergier, Louis Pauwels – *Morning of the Magicians* (Destniny Books 2008)
Wulf Schwarzwaller – *The Unknown Hitler* (National Press Books 1988)

Brad Steiger – *The Rainbow Conspiracy* (Kesington 1998)
Paul Strathern – *Oppenheimer & die Bombe* (Fischer 1999)
(76) Heather Ewing – *The Lost World of James Smithson: Science, Revolution, and the Birth of the Smithsonian* (Bloomsbury USA 2007)
www.americanheritage.com/content/digging-james-smithson
http://humansarefree.com/2014/09/the-great-smithsonian-cover-up-18-giant.html
http://archive.org/details/annualreportofbu1218901891smit
(77) E. T. CARSON – *Freemasonary Degrees: Monitor of the ancient and accepted rite* (1858)
Charles C. Mann – *1491: New Revelations of the Americas before Columbus* (Vintage Books 2005)
http://creationhistory.com/CalaverasSkull.shtml
W. O. Ayres – *The ancient man of Calaveras* (The American Naturalist 1882)
William P. Blake – *The Pliocene skull of California and the flint implements of Table Mountain* (The Journal of Geology 1899)
Ales Hrdlicka – *Skeletal remains suggesting or attributed to early man in North America* (Bureau of American Ethnology, Washington, D.C. 1907)
Ales Hrdlicka, Bailey Willis, W. H. Holmes – *Early Man in South America* (Washington Government Printing Office 1912)
Alan Lyle Bryan – *Early man in America from a circum-pacific perspective* (Occasional papers of the Department of Anthropology, University of Alberta 1978)
George Weber – *Lagoa Santa sites* (Current Anthropology 1984)
Michael A. Cremo, Richard L. Thompson – *The Hidden History of the Human Race* (Bhaktivedanta Book Publishing 1998)
Hans Reck – Oldoway: *Die Schlucht des Urmenschen – Die Entdeckung des altsteinzeitlichen Menschen in Deutsch-Ostafrika* (Leipzig 1933)
Fritz Berckhemer – *Ein Menschen-Schädel aus den diluvialen Schottern von Steinheim a. d. Murr* (Anthropologischer Anzeiger 1933)
http://bibliotecapleyades.lege.net/ciencia/hiddenhistory/hiddenhistory07.htm
Wilton Krogman – *The Human Skeleton in Forensic Medicine* (Charles C Thomas Pub Ltd 1962)
http://ireport.cnn.com/docs/DOC-539313
Karl König – *Philosophical Transactions of the Royal Society* (London 1814)
www.creationism.org/books/TaylorInMindsMen/TaylorIMMh08.htm
Georges Cuvier – *Science and Medicine Library* (1834)
Annual Report of the Boards of Regents of the Smithsonian (1874)
Ales Hrdlicka – *Anthropology of Florida* (1922) (Andesite Press 2017)
(78) www.aboutnorthgeorgia.com/ang/Moundbuilders_and_Modern_Man
Brian M. Fagan, Nadia Durrani – *A Brief History of Archaeology: Classical Times to the Twenty-First Century* (Routledge 2016)
Frederic W. Putnam – *The Serpent Mound of Ohio* (Century Magazine 1890)
Thomas Cyrus – *Report on the Mound Exploration of the Bureau of Ethnology* (1894)
Ignatius Donnelly – *Atlantis: The Antediluvian World* (1882) (Dover Publications 2013)
Ross Hamilon – *A Tradition of Giants: The Elite Social Hierarchy of American Prehistory* (Library of Congress 2007)
Guy E. Gibbon, Kenneth M. Ames – *Archaeology of Prehistoric Native America* (Routledge 1998)
Robert Silverberg – *The Mound Builders* (Ohio University Press 1986)
Henry Shetrone – *The Mound-Builders* (1930) (University Alabama Press 2004)
James M. Collins, Brian Molyneaux – *Archaeological Survey* (AltaMira Press 2003)
David L. Browman, Stephen Williams – *Anthropology at Harvard* (Peabody Museum Press 2013)

(79) E. H. Davis, E. G. Squier – *Ancient Monuments of the Mississippi Valley* (1848) (Anboco 2016)
Harvey Rice – *Pioneers of the Western Reserve* (1888) (Leopold Classic Library 2016)
Orson Pratt – *Millennial Star* (1866) (Forgotten Books 2018)
Joseph Smith - Das Buch Mormon: Ein weiterer Zeuge für Jesus Christus (Church of Jesus Christ of Latter-day Saints 2003)
(80) Kenan Malik – *Strange Fruit: Why Both Sides Are Wrong in the Race Debate* (Oneworld Publications 2009)
www.eriemoundbuilders.com/time_dimension_dynamic/
http://atlantisforschung.de/index.php?title=Ale%C5%A1_Hrdli%C4%8Dka_versus_Giganten-Theorie
C.W. Ceram – *Der erste Amerikaner – Das Rätsel des vor-kolumbischen Indianers* (Rowohlt Verlag GmbH 1976)
Edwin N. Wilmsen – *An Outline of Early Man Studies in the United States* (American Antiquity 1965)
Leigh and Buikstra – *The Archaic and Woodland Cemeteries of the Elizabeth Site in the Lower Illinois Valley* (Center for American Archeology 1988)
Illinois Archaeological Survey – *Hopewell and Woodland Site Archaeology in Illinois* (Urbana 1968)
Ales Hrdlicka – *Anthropology of Florida* (1922) (Andesite Press 2017)
Thomas Weston – *History Of The Town Of Middleboro* (1906) (Forgotten Books 2018)
(81) William S. Webb and Charles Snow – *The Dover Mound* (University Press of Kentucky 2014)
Don Dragoo – *Mounds for the Dead* (McDonald and Woodward Carnegie Museum 1963)
https://grahamhancock.com/dewhurstr1/
Graham Hancock – *Fingerprints of the Gods* (Three Rivers Press 1996)
Dr. John Haywood – *The Natural And Aboriginal History of Tennessee* (Scholar's Choice 2015)
Ivan T. Sanderson – *Investigating the Unexplained* (Prentice Hall 2007)
(82) Gloria Farley – *In Plain Sight: Old world records in ancient America* (Isac Press 1994)
www.josephknew.com/tag/chief-joseph/
Park, Edwards – *Where Did Chief Joseph Get a Cuneiform Tablet?* (Smithsonian Magazine 1979)
John Denison Baldwin – *Ancient America* (1871) (Ulan Press 2012)
Robin C. Brown – *Florida's First People: 12,000 Years of Human History* (Pineapple Press 1994)
(83) Silas Roger Coburn – *History of Dracut, Massachusetts, called by the Indians Augumtoocooke and before incorporation, the wildernesse north of the Merrimac* (Nabu Press 2013)
Charles Edward Beals Jr. – *Passaconaway in the White Mountains* (Richard G. Badger 1916)
George Calvin Carter – Passaconaway: The Greatest of the New England Indians (Granite State Press 1947)
Derek Wilson – *The World Encompasse: Drakes Great Voyage* (Allison & Busby 1977)
Antonio Pigafetta – *Magellan's Voyage: A Narrative Account of the First Circumnavigation* (Dover Publications 1994)
John Hawkesworth – *An Account of the Voyages Undertaken by the Order of His Present Majesty for Making Discoveries in the Southern Hemisphere* (London 1773)
John Byron's – *A Voyage Round the World in His Majesty's Ship the Dolphin* (London, 1767)
Charles Darwin – *The Voyage of the Beagle* (CreateSpace Independent Publishing Platform 2017)
William F. Cody – *The Life of Hon. William F. Cody: Known as Buffalo Bill* (1879)
Gerhard R. Steinhäuser – *Unserer Heimat im All* (Omnibus-Verlag Wien 1979)
(84) James Legge – *Chinese Classics Vol. V* (J. B. Alden 1876)
Marinus Willem de Visser – *The Dragon in China and Japan* (1913) (Forgotten Books 2012)
Marco Polo – *The Travels of Marco Polo* (Penguin Classics 1958)
Herodotus – *Historiae* (1850) (Clarendon Press 1884)
J.C. Goertzen – *Shadows of Rhamphorhynchoid Pterosaurs in Ancient Egypt and Nubia* (Cryptozoology 1998)
Doug Zhiming – *Dinosaurs from China* (China Ocean 1987)
Dong Zhiming – *The Land of the Dragon: The Varied Dinosaurs from China and Mongolia* (Paleontology Research Space 1996)

Kaplan, Karen – *Why this dinosaur from Egypt is a big deal in more ways than one* (Los Angeles Times. 2018)
(85) Charles Gould – *Mythical Monsters* (1886) (Forgotten Books 2007)
Eyers, Jonathan – *Don't Shoot the Albatross!: Nautical Myths and Superstitions* (A&C Black 2012)
Sea Serpent Caught on Paper (San Francisco Chronicle 1983)
Konrad Gesner – *Historiae Animalium* (Zürich 1551-1587)
Jorge Luis Borges – *The Book of Imaginary Beings* (Penguin Classics 2006)
Shihshuo Hsin-yu – *A New Account of the Tales of the World* (1430) (U of M Center for Chines Studies)
Flavius Josephus – *Antiquities of the Jews* – Book XI (Wilder Publications 2018)
P. Taylor – *The Great Dinosaur Mystery an the Bible* (Chariot Victor Publishing 1998)
John C. Murphy – *Two Supersnake Stories from the Ancient* (2010) (www.giantconstrictingsnakes.com/AncientWorldThirdCenturyBC.html)
Erik Pontoppidan – *Natural History of Norway* (1755) (Gale ECCO 2010)
http://paranormal-news.ru/news/zagadka_sushhestvovanija_gigantskogo_morskogo_zmeja/2015-06-10-10929
(86) Horace Bell – *Reminiscences of a Ranger* (1881) (University of Oklahoma Press 2000)
Loren Coleman – *Curious encounters: Phantom trains, spooky spots and other mysterious wonders* (Faber & Faber 1989)
Ben Radford – *Thunderbirds: Mysterious Giants in the Sky* (Univ. of New Mexico Press 2014)
Jonathan David Whitcomb – *Modern Pterosaurs* (CreateSpace Ind. Publishing Platform 2017)
(87) Ernst Muldashev – *Das dritte Auge und der Ursprung der Menschheit* (Amra Verlag 2017)
James Hilton – *Der verlorene Horizont* (Fischer Taschenbuch 2001)
A. E. Akimov, G. I. Shipov – *Torsion fields and their experimental manifestations* (World Scientific 1996)
A. P. Levich – *A Substantial Interpretation of N.A. Kozyrev's Conception of Time* (World Scientific 1996)
A. Hellmann – *Aspekte der Zeit- und Äthertheorie* (Zürich 2006)
J. G. Bennett – *Masters of Wisdom* (1973) (CreateSpace Independent Publishing Platform)
Anne Marshall – *Hunting the Guru in India* (Gollancz 1963)
Albert Mackey – *Concise History of Freemasonry* (1917) (Dover Publications 2008)
Nicholas Roerich – *Himalyas: Abode of Light* (1947) (Nicholas Roerich Museum 2017)
Jia Chun-Pingwa – *The Land of No Grass and No Water* (China 1917)
Nicholas Roerich – *Flame in Chalice* (1929) (Kessinger Publishing 2010)
Panchen Lama – *Road to Shambhala* (Tibet 1901)
Hartwig Hausdorf – *Die weiße Pyramide* (Langen-Müller 1994)
Vladimir Andrei Vasiliu – *Passport to Shambhala* (Russland 1923)
Nicholas Roerich – *In subterranean Tibet* (1928)
Nicholas Roerich – *Heart of Asia* (Inner Traditions 1990)
Nicholas Roerich – *Shambhala: In Search of the New Era* (Inner Traditions 1990)
Andrew Tomas – *Shambhala: Oasis of Light* (Sphere 1977)
Ferdinand Ossendowski – *Tiere, Menschen und Götter* (1923) (Strange Verlag 2001)
Alan Baker – *Invisible Eagle: The Hidden History of Nazi Occultism* (Virgin Books 2000)
Victoria Le Page – *Shambhala: The Fascinating Truth Behind the Myth of Shangri-la* (Pilgrims Publishing 2002)
www.nexus-magazin.de/artikel/lesen/shambhala-das-tal-der-unsterblichen-teil-1?context=category&category=17
https://news.nationalgeographic.com/news/2009/11/091117-shangri-la-secrets-tibet-treasures-caves.html
(88) Russel McCloud – *Die schwarze Sonne von Tashi Lhunpo* (Arun 1991)
Alan Baker – *Invisible Eagle: History of Nazi Occultism* (Virgin Books 2000)
H. S. Spencer – *The Aryan Ecliptic Cycle* (H.P. Vaswani 1965)
Louis Pauwels Jacques Bergier – *Morning of the Magicians* (Destiny Books 2008)
Theodor Illion – *Rätselhaftes Tibet* (Uranus-Verlag 1936)

Theodor Illion – *Darkness over Tibet* (1938) (Adventures Unlimited Press 2015)
Hermann Rauschning – *Gespräche mit Hitler* (Europaverlag 1997)
Trevor Ravenscroft – *The Spear of Destiny* (Weiser 1988)
www.mcgeesghosttours.com/castle-houska/
http://realparanormalexperiences.com/the-houska-castle-bottomless-pit
David Hatcher Childress – *Lost Continents and the Hollow Earth* (Adventures Unlimited Press 1999)
www.socex.net
Irene Nicholson – *Mexican and Central American Mythology* (P. Bedrick Books 1985)
Harold T. Wilkins – *Mysteries of Ancient South America* (1945) (Adventures Unlimited 2000)
Miguel Serrano – *Adolf Hitler: The Last Avatar* (1984) (Hermitage Helm Corpus 2017)
Jean Robin – *Operation Orth* (1989) (Guy Trédaniel 1989)
Victoria Trimondi – *Hitler, Buddha, Krischna* (Wirtschaftsverlag Ueberreuter 2002)
Wegener, Franz: *Heinrich Himmler & der französische Okkultismus* (Gladbeck 2007)
Lambert Binder – *Die Bruderschaft der Polarier* (Mensch und Schicksal, Villach 1951)
(89) www.gotquestions.org/who-Dagon.html
Joseph M. Holden, Norman Geisler – *The Popular Handbook of Archaeology and the Bible* (Harvest House Publishers 2013)
www.piltdownsuperman.com/2017/09/the-fish-god-of-evolution.html
http://humansarefree.com/2013/04/the-dark-secrets-of-vatican.html
Wilfred George Lambert – *A New Look at the Babylonian Background of Genesis* (Journal of Theological Studies 1965)
Wilfred George Lambert, Alan Ralph Millard, Miguel Civil – *Atra-Hasis: The Babylonian Story of the Flood* (Oxford 1969)
Rainer Albertz – *Die Kulturarbeit im Atramhasis im Vergleich zur biblischen Urgeschichte* (De Gruyter 2003)
Wolfram von Soden – *Der altbabylonische Atramhasis-Mythos* (Mitteilungen der Deutschen Orient-Gesellschaft zu Berlin 1979)
(90) Stefan M. Maul – *Das Gilgamesch-Epos* (C. H. Beck 2017)
Wendy Doniger, Emile Zola – *The Laws of Manu* (Penguin Classics 1992)
Elias Ashmole – *Theatrum Chemicum Britannicum* (1652) (Forgotten Books 2018)
http://news.bbc.co.uk/2/hi/science/nature/2982891.stm
(91) Joseph Lumpkin – *The Book of Enoch: The Angels, The Watchers and The Nephilim* (Fifth Estate 2011)
Edward Lipinski – *El´s Abode: Mythological Traditions Related to Mount Hermon and to the Mountains of Armenia* (Leuvan 1971)
www.scribd.com/document/321114210/14-tablets-of-lord-enki-pdf
Zecharia Sitchin – *The Lost Book of Enki: Memoirs & Prophecies of an Extraterrestrial God* (Bear & Company 2004)
www.sacred-texts.com/bib/boe/boe011.htm
http://in5d.com/the-14-tablets-of-enki-the-anunnaki/
Robert Short – *Out of the Stars: A Message From Extraterrestrial Intelligence* (Infinity Publishing 2010)
(92) www.ancient-code.com/the-message-of-the-anunnaki-we-are-here-among-you-now/
www.ancient-code.com/the-anunnaki-speak-a-message-to-earth/
(93) Erich von Däniken – *Gold of the Gods* (1974) (Tantor eBooks 2011)
Stan Hall – *Tayos Gold: The Archives of Atlantis* (Adventures Unlimited Press 2007)
www.goldlibrary.com/
Dr. Tibor Baráth and Dr. László Marácz – The Hungar-Magyar Key to the Sumerian and Egyptian Cultures (http://magyarmegmaradasert.hu/in-english/our-language/1634)
Dr. Csaba Detre and Imre Pet – *Hunnic-Hungarian Etymological Word List, based on the editions of the Isfahan codex* (Mikes International, The Haque 2007)
Lloyd Seton – *Foundations in the Dust* (Thames & Hudson Ltd 1955)
Stan Hall – *Tayos Dawn: From Eden to Atlantis* (Four O'Clock Press 2007)

Stan Hall – *Tayos Fever: Jungle Fire* (Four O'Clock Press 2007)
Stan Hall – *Savage Genesis: The Missing Page* (2011)
www.ancient-origins.net/news-general/truth-about-father-crespi-and-his-missing-artifacts-finally-revealed-005498
www.ancientpages.com/2017/11/12/mysterious-great-underground-city-jungle-inhabited-old-ones-guarded-white-skinned-indians/
(94) Andrew George – *Cuneiform Royal Inscriptions and Related Texts in the Schoyen Collection* (Cornell University Studies in Assyriology ans Sumerology 2011)
Manly P. Hall – *The Secret Teachings of All Ages* (1928) (Independently published 2018
Albert Gallatin Mackey – *Encyclopaedia of Freemasonry and its kindred sciences* (1873) (Dover Publications 2008)
Hansjörg Schmid – *Der Tempelturm Etemenanki in Babylon* (Verlag Phillip von Zabern in Wissenschaftliche Buchgesellschaft 1995)
https://sites.google.com/site/ancientegyptiansinamerica/ancient-egyptians-burrows-cave
Virginia Hourigan und Harry Hubbard – *Aliens From the Lost Tomb of Alexander the Great* (1998) (Vortrag: www.youtube.com/watch?v=gzZNO6lQfn0)
(95) Henriette Mertz – *The Mystic Symbol: Mark of the Michigan Mound Builders* (Hayriver Press 2004)
David A. Deal – *The Mystic Symbol Demystified* (Ancient American Magazine 1995)
David A. Deal – *The Mystic Seal: Michigan Solar Eclipse Tablet and Mound Builder City* (Ancient American Magazine 2005)
Mark Ashurst-McGee – *Mormonism's Encounter with the Michigan Relics* (BYU Studies 2001)
Francis W. Kelsey – *Archaeological Forgeries from Michigan* (American Anthropologist 1908)
Rudolph Etzenhouser – *Engravings of Prehistoric Specimens, from Michigan*, U.S.A. (John Bornman & Son Printers 1910)
Henriette Mertz – *Atlantis: Dwelling Place of the Gods* (Henriette Mertz 1976)
https://scielo.conicyt.cl/scielo.php?script=sci_arttext&pid=S0717-73562013000100003
https://atlantisrisingmagazine.com/article/copper-mining-in-ancient-america/
www.expandedperspectives.com/copper-mines-in-ancient-north-america/
George A.West – *The Story of Aztalan* (Wisconsin Archeologist 1929)
(96) http://tsun.sscc.ru/hiwg/hiwg.htm
http://news.nationalgeographic.com/news/2010/02/100203-asteroid-collision-earth-global-cooling/
Expert Database on the Earth Impact Structures (EDEIS), Tsunami Laboratory (Novosibirsk 2006)
M. Baillie – *Exodus to Arthur: Catastrophic Encounters with Comets* (Batsford 2003)
E. Bryant – *Natural Hazards* (Cambridge University Press 2005)
(97) www.ses.edu
http://araratdiscoveries.com
Tim LaHaye, John Morris – *The Ark on Ararat* (Pocket 1977)
www.trivia-library.com/a/search-for-noahs-lost-ark-history-of-the-search-part-1.htm
www.ararat717.com
www.gandzasar.com/armenian-crown-the-gandzasar-code.htm
Johann Jacob Friedrich Wilhelm von Parrot – *Journey to Ararat* (1855) (Adamant Media Corporation 2002)
www.noahsarksearch.com
Charles Berlitz – *The Lost Ship of Noah* (Star Books 1987)
David Fasold – *The Ark of Noah* (Wynwood Press 1989)
Henri Nissen – *Noah's Ark Uncovered: An Expedition into the Ancient Past* (Scandinavia Publishing House 2005)
Ian Wilson – *Before the Flood* (St. Martin's Press 2002)
Violet M.Cummings – *Noah's Ark: Fable or Fact?* (Creation-Science Research Center 1972)
www.noahsarksearch.net/arkmovie/eng/
Irving Finkel – *The Ark Before Noah: Decoding the Story of the Flood* (Nan A. Talese 2014)

www.news.com.au/lifestyle/christmas/call-for-new-quest-to-locate-noahs-ark-on-turkeys-mount-ararat/news-story/b3e615ec9da3922d5ce5bea8247ede32
(98) www.spherebeingalliance.com
L.A. Marzulli – *The Expert Analysis DNA Results* (2018) (https://lamarzulli.net/dna-press-conference-dvd-book.php)
https://hiddenincatours.com/changing-human-history-amazing-paracas-elongated-skull-results/
www.sciencemag.org/news/2018/03/strange-elongated-skulls-reveal-bulgarian-treaty-brides-ancient-germany
www.pnas.org/content/early/2018/03/06/1719880115
www.livescience.com/62007-pointy-skulls-are-medieval-brides.html
www.pravdareport.com/science/mysteries/02-04-2018/140577-peruvian_elongated_skulls-0/
(99) Lobsang Rampa – *The Third Eye* (1956) (Goldmann 1985)
Lobsang Rampa – *Doctor from Lhasa* (1958) (Corgi Books 1960)
Lobsang Rampa – *Cave of the Ancients* (1963) (Corgi Books 1968)
Lobsang Rampa – *Feeding the Flame* (1971) (Corgi Books 1972)
Lobsang Rampa – *Tibetan Sage* (1980) (Corgi Books 1980)
Robert Dickhoff – *Agharta* (1951) (Isha Books 2013)
Serge Hutin – *Alien Races and Fantastic Civilizations* (1975) (Berkley 1975)
www.extremnews.com/berichte/zeitgeschichte/43f61523c1f8574
(100) http://projectcamelot.org/lang/de/bob_dean_nibiru_interview_transcript_de.html
Herwig Görgemanns – *Plutarch: Das Mondgesicht* (De facie in orbe lunae) (Artemis & Winkler Verlag 1985)
Gavin Menzies – *The Lost Empire of Atlantis: History's Greatest Mystery Revealed* (William Morrow & Company 2011)
http://penelope.uchicago.edu/Thayer/e/roman/texts/plutarch/moralia/the_face_in_the_moon*/home.html
www.earthfiles.com/index.php

DIE HORUS-LOGE

Artur Lipinski

Wie kam es wirklich zum Zweiten Weltkrieg und wer finanzierte ihn?

Artur Lipinskis Großvater war Übersetzer etlicher Persönlichkeiten in der Politik und Wirtschaft. Kurz vor seinem Tod sprach er mit seinem Enkel über private Unterhaltungen mit Willy Brandt, Marion Gräfin Dönhoff, Erich Honecker, vor allem aber mit dem Gründer der Bilderberger, Prinz Bernhard der Niederlande, und was er dort über die wahren Machtverhältnisse auf der Erde erfahren hatte. Demnach gibt es drei „Superlogen", die sich über der gewöhnlichen Freimaurerei befinden, welche die Geschicke der Welt seit mindestens 200 Jahren lenken. Im vorliegenden Buch veröffentlicht Artur Lipinski einen Teil der Informationen, die er über den Zweiten Weltkrieg erfahren hat – und die teilweise komplett von dem abweichen, was wir aus den Geschichtsbüchern kennen. Vor allem das Schicksal Hitlers wird völlig neu behandelt.

ISBN 978-3-938656-70-9 • 21,00 Euro

MEIN VATER WAR EIN „MiB"

Jason Mason

Das geheime Weltraumprogramm und die Antarktis-Deutschen

Wer sind diese rätselhaften *Men in Black* (MiB), die seit den 1950er-Jahren nach UFO-Sichtungen bei Zeugen auftauchen und diese befragen, deren Fotos konfiszieren oder sie sogar bedrohen? Nur sehr wenig wurde bislang über sie bekannt. Einer dieser MiB kontaktierte kurz vor seinem Tode seinen Sohn, um diesen als Nachfolger in die Organisation einzuführen und berichtete ihm von einer Welt, die sich im Hintergrund des uns bekannten Geschehens abspielt – von einer Welt voller Geheimorganisationen, einer Technologie, die wir nur aus Science-Fiction-Filmen kennen sowie über geheime Machtstrukturen, die unseren Planeten fest im Griff haben. Was Jason Mason von seinem Vater über dessen Tätigkeit und die Ziele der Organisation erfahren hatte, brachte ihn allerdings derart in Rage, dass er sich dafür entschied, dieses Geheimwissen mit der Öffentlichkeit zu teilen. Folgende Fragen werden behandelt:

- Existieren Außerirdische bereits seit Millionen von Jahren auf der Erde?
- Sind die Jesuiten und die italienischen Schwarzadelsfamilien mächtiger als die Rothschilds?
- Gibt es eine Rasse von Schlangenmenschen und andere Völker, die im Erdinneren wohnen?
- Wer sind die Nordics und die Draconier?
- Gibt es heute noch deutsche Basen in der Antarktis?
- Versteckt der Vatikan Beweise für frühere Hochzivilisationen und außerirdische Rassen?
- Existierten früher Riesen auf der Erde, und welche Beweise gibt es dafür?
- Ist der Mond ein künstliches Objekt, und was passierte wirklich bei den Apollo-Missionen?
- Existieren Geräte, mit denen man in die Zukunft blicken kann?
- Gibt es seit über 60 Jahren ein geheimes Weltraumprogramm mit Basen im ganzen Sonnensystem, das unter der Kontrolle der deutschen Geheimgesellschaften und der SS steht?

ISBN 978-3-938656-81-5 • 33,00 Euro

WENN DAS DIE MENSCHHEIT WÜSSTE...

Daniel Prinz

Wir stehen vor den größten Enthüllungen aller Zeiten!

Der neue Blockbuster von Daniel Prinz – 720 Seiten! Der Inhalt dieses Buches wird Sie aus den Schuhen hauen! Im Folgeband des Bestsellers *„Wenn das die Deutschen wüssten..."* hat Daniel Prinz im ersten Teil in aufwendiger Recherchearbeit brisante Hintergründe zu den beiden Weltkriegen aufgedeckt, die mit dem gefälschten Geschichtsbild der letzten 100 Jahre mit eisernem Besen gründlich aufräumen. In Teil 2 geht es um Chemtrails, die Dezimierung der Menschheit, Zensur und Gedankenpolizei, Impfungen und das Krebsgeschäft, und in Teil kommt die kosmische Variante mit ins Spiel: das geheime Weltraumprogramm!

ISBN 978-3-938656-89-1 • 33,00 Euro

WENN DAS DIE DEUTSCHEN WÜSSTEN...

Daniel Prinz

...dann hätten wir morgen eine (R)evolution!"

Wussten Sie, dass Ihr Personalausweis oder Ihr Reisepass nicht Ihre deutsche Staatsangehörigkeit bestätigt und fast alle Deutschen in ihrem eigenen Land staatenlos sind? Nein? Es gibt tatsächlich ein Dokument, welches die rechtmäßige Staatsangehörigkeit bescheinigt, aber es ist keines der beiden zuvor genannten. Nur wenige Deutsche sind im Besitz dieser speziellen Urkunde, z.B. viele Staatsanwälte, Notare, Bundespolizisten oder Politiker. Wussten Sie zudem, dass Gerichtsvollzieher in der BRD seit 2012 keine Beamten mehr sind oder dass die BRD selbst gar kein Staat ist – und auch nie war –, sondern eine von den Alliierten installierte Verwaltung, die großteils innerhalb einer „Firmenstruktur" operiert? War Ihnen geläufig, dass wir bald in die „Vereinigten Staaten von Europa" übergehen und die Menschen in „handelbare Waren" umfunktioniert werden? Haben Sie sich nicht auch schon gewundert, wieso aus dem Arbeitsamt eine „Agentur für Arbeit" geworden ist oder warum Sie vor Gericht als „Sache" behandelt werden und nicht als „Mann" oder „Frau"?

Daniel Prinz beantwortet nicht nur diese Fragen ausführlich, sondern zeigt zudem auf, welche höchst raffinierten und hinterhältigen Mechanismen eingesetzt werden, die uns alle versklavt haben und dafür sorgen sollen, dass wir aus dem gegenwärtigen, riesigen Hamsterrad nie ausbrechen. Im Buch kommt dabei auch ein Insider zu Wort, der mit weiteren brisanten Fakten aus dem Nähkästchen plaudert, z.B. auch, auf wie viele Menschen die Weltbevölkerung von der Elite reduziert werden soll. Wie ein roter Faden wird das gesamte Konstrukt offenbart, auf dem dieses Kontroll- und Machtsystem aufgebaut ist. Sie glauben, Sie wüssten als aufgewachter „Bürger" tatsächlich bereits über alles Bescheid? Dann werden Sie spätestens hier eines Besseren belehrt.

ISBN 978-3938656-27-3 • 21,00 Euro

BANKSTER

Hanno Vollenweider

Dies ist das Buch eines jungen Mannes, der, getrieben von der Gier nach Geld und Macht, Dinge sah, die andere in seinem Alter höchstens aus Hollywood-Filmen kennen. Mit seiner jungen und frechen Art berichtet er aus den Hinterzimmern der Hochfinanz, wie er zusammen mit einem Freund eine Vermögensverwaltung in Zürich gründete und mit Hilfe dieser Firma eine knappe Milliarde Euro deutsche und andere Schwarzgelder gewinnbringend anlegte, und berichtet dabei auch von Meetings mit diversen Privatbanken. Er schildert seine Treffen mit Mitgliedern des *Clubs zum Rennweg*, *Entrepreneurs' Round Table*, der Brüsseler Finanzlobbyorganisationen *Swiss Finance Council* und *European Financial Service Round Table*, und wie er im Auftrag seiner Mentoren den Rest der bis heute verschwunden geglaubten D-Mark-Millionen aus den West-Geschäften der DDR flüssig machte.

ISBN 978-3-938656-37-2 • 19,00 Euro

ILLUMINATENBLUT

Nikolas Pravda

Die Täuschung und Menschenverachtung der Eliten enttarnt!

Angeblich leben wir in einer aufgeklärten, humanistischen und christlichen Gesellschaft, der sog. westlichen Wertegemeinschaft. Doch unsere Werte werden allzu oft mit Füßen getreten und zwar nicht nur von Kriminellen, Hochstaplern und Terroristen, sondern auf besonders drastische Weise gerade auch von der Oberschicht, den Eliten und den sog. Illuminaten. Hierbei handelt es sich um die Angehörigen einer kleinen Minderheit an der Spitze der Machtpyramide, die aus dem Verborgenen heraus das Weltgeschehen lenken, und dabei oft auch eigenmächtig über Leben und Tod unschuldiger Menschen bestimmen – kleine Kinder inbegriffen. Die Eliten werden in den Medien häufig als selbstlos, humanistisch und religiös dargestellt, als Menschenfreunde, Helden oder Heilige. Doch hinter der freundlichen Maske des Gutmenschen verbirgt sich nicht selten die hässliche Fratze des rücksichtslosen Ausbeuters. Sie beanspruchen Führungspositionen in der Gesellschaft aufgrund ihrer Abstammung, ihres Reichtums oder einer angeblichen göttlichen Vorsehung, und sie beeinflussen die Geschichtsschreibung und die Medien, um uns glauben zu machen, dass ihre Machtansprüche über den Rest der Menschheit legitim seien. Es ist an der Zeit, mit all den Vertuschungen und Lügen aufzuräumen und sie endlich als das bloßzustellen, was sie vielfach sind: menschenverachtende Okkultisten, Pädophile und Ritualmörder, die sich gegenseitig in Machtpositionen hieven und vor Strafverfolgung schützen.

Nikolas Pravda, der Autor und Betreiber des Internet-Blogs PRAVDA TV, widmet sich diesen dunkelsten Schattenseiten unserer Gesellschaft und ihren mächtigsten Akteuren, wobei er schonungslos aufdeckt, wie sehr die scheinbar transparenten Strukturen unserer Gesellschaft von okkulten Ritualen durchdrungen sind, der Rechtsstaat von elitären Geheimgesellschaften im Würgegriff gehalten wird und das Machtgefüge von immergleichen Blutlinien durchzogen ist, die für eine kontinuierliche Verdummung des Rests der Bevölkerung sorgen.

ISBN 978-3-938656-49-5 • 19,00 Euro

NUTZLOSE ESSER

Gabriele Schuster-Haslinger

Die Menschheit wird in den nächsten Jahrzehnten massiv dezimiert! Was ist zu erwarten, was können wir tun – und wer steckt dahinter?

Es ist ja nun kein Geheimnis, dass immer mehr Menschen auf diesem Planeten immer weniger Rohstoffen gegenüber stehen. In den kommenden Jahren kommt hinzu, dass Maschinen, Roboter und Drohnen menschliche Arbeitskraft überflüssig machen. Was zurückbleibt, sind aus Sicht der rational-kaufmännisch denkenden "Elite" sog. "Nutzlose Esser" – Menschen, die entweder arbeitslos, zu ungebildet oder zu alt sind und dem produktiven Teil wertvolle Rohstoffe und Nahrungsmittel wegnehmen und zu viel kosten. Die Situation ist jedem logisch denkenden Menschen bewusst, doch mag ein christlich-sozial eingestellter Mensch nicht aussprechen, was unausweichlich scheint, um das Dilemma zu lösen: eine Dezimierung der Weltbevölkerung! Das haben nun jene übernommen, die im Hintergrund die Weltgeschicke steuern, und nicht nur entsprechende Pläne geschmiedet – nein, sie setzen sie bereits um! Wie steht es um den Plan, vor allem das deutsche Volk "auszurotten"? Die Autorin erläutert in diesem Buch nicht nur die verschiedensten Methoden, mit denen dies bereits geschieht und was uns noch bevorstehen wird, falls sich nicht etwas gravierend ändert. Sie deckt ebenso auf, wer im Hintergrund wirklich die Fäden in der Hand hält.

ISBN 978-3-938656-42-6 • 21,00 Euro

GEHEIMSACHE STAATSANGEHÖRIGKEIT

Max von Frei

Wussten Sie, dass ein Reisepass oder ein Personalausweis nicht dazu ausreicht, Ihre deutsche Staatsangehörigkeit nachzuweisen? Wenn Sie beispielsweise als Deutscher in den USA oder Russland eine Firma gründen wollen, verlangen die dortigen Behörden Ihren "Staatsangehörigkeitsausweis" als Nachweis, dass Sie Deutscher sind. Noch nie davon gehört? Diesen Ausweis erhalten Sie beim Landratsamt, und er kostet nur 25 Euro. War Ihnen bekannt, dass Sie nur mit dem "Staatsangehörigkeitsausweis" die Bürgerrechte – laut Grundgesetz die sog. „Deutschenrechte" – beanspruchen können? Aber wieso wissen wir das nicht, und wieso erhält man dieses Dokument nicht ganz automatisch mit der Geburt ausgehändigt? Wieso macht die BRD den Staatsangehörigkeitsausweis zur Geheimsache? Könnte die Offenbarung dieses Geheimnisses über die Zukunft Ihres Vermögens entscheiden? Könnte diese neue Erkenntnis darüber hinaus vielleicht sogar zu einem von Deutschland ausgehenden, weltweiten Frieden führen?
Max von Frei beantwortet diese Fragen im Detail – belegt durch geltende und gültige Gesetze sowie zahlreiche Dokumente – und erklärt darüber hinaus, wieso die BRD nicht wirklich souverän ist und weshalb die „Menschenrechte" in „Handelsrecht" und „Staaten" in „Firmen" umgewandelt werden.

ISBN 978-3938656-61-7 • 21,00 Euro

WELTVERSCHWÖRUNG

Thomas A. Anderson

Wer sind die wahren Herrscher der Erde?

Immer mehr Menschen stellen fest, dass sie von den Regierenden belogen und betrogen werden und dass die Volksvertreter nicht das Volk vertreten, sondern die Interessen von Großkonzernen, von Militär und Wirtschaft. Große, weltumspannende Firmen und Organisationen leiten unsere Welt. Dass es nicht die Präsidenten und Kanzler sind, die ein Land regieren, ist spätestens nach der Äußerung von Dr. Arend Oetker, dem ehemaligen Vorsitzenden der Atlantik-Brücke, kein Geheimnis mehr: *„Die USA werden von 200 Familien regiert, zu denen wollen wir gute Kontakte haben."* Diese Familienclans nennen die Rohstoffe auf Erden ihr Eigen, bestimmen den Goldpreis und verleihen astronomische Summen an kriegführende Länder. Aber geht es diesen wirklich nur um wirtschaftliche Interessen, oder steckt etwas ganz anderes dahinter?

ISBN 978-3-938656-35-8 • 23,30 Euro

WHISTLEBLOWER

Jan van Helsing

Insider aus Politik, Wirtschaft, Medizin, Polizei, Geheimdienst, Bundeswehr und Logentum packen aus!

Der Whistleblower Edward Snowden und der Sprecher der Whistleblower-Plattform *Wikileaks*, Julian Assange, haben im Ausland Asyl beantragt, weil sie geheime Regierungsdokumente veröffentlicht hatte. Man will sie jedoch nicht bestrafen, weil sie Unwahrheiten oder Lügen verbreitet haben – nein: Man will sie bestrafen, weil sie den Menschen die Wahrheit gesagt haben, die Wahrheit darüber, dass wir alle von unseren Regierungen und deren Geheimdiensten überwacht und ausspioniert werden. Ist es das, wofür wir unsere Volksvertreter gewählt haben? Ist es nicht viel eher so, dass sie inzwischen ganz anderen Interessen dienen? Für dieses Buch haben *Jan van Helsing* und *Stefan Erdmann* 16 Whistleblower interviewt, die u.a. zu folgenden Themen auspacken:

- Wie geht es in deutschen Asylantenheimen wirklich zu?
- Ist Deutschland souverän? Ist die BRD ein Staat oder eine Firma?
- Was ist *Geomantische Kriegsführung*?
- Was tat die Schweizer Geheimarmee *Abteilung 322*?
- Es werden viele alternative sowie schulmedizinische Therapieformen unterdrückt!
- Gibt es das „Geheime Bankentrading" wirklich? Wie sparen Großunternehmen und soziale Einrichtungen über Stiftungen Steuern?
- Der Ruanda-Kongo-Krieg war wegen Rohstoffen angezettelt worden!
- Warum es bei Film und Radio nur „Linke" geben darf...
- Der Sohn eines Illuminaten enthüllt Hintergründe des Ersten und Zweiten Weltkriegs.
- Ein Schottenritus-Hochgradfreimaurer spricht über UFOs und Zeitreisen.

ISBN: 978-3-938656-90-7 • 23,30 Euro

LINKSVERSIFFT

Stefan Müller

Schluss mit linken Wahnphantasien und Toleranzdiktatur!

Linke Seilschaften kontrollieren Medien, Politik und sogar die Kirchen. Dies trifft im Besonderen auf Deutschland zu, aber ebenso auf die ganze westliche Welt. Egal, ob wir nach Schweden, Frankreich, England oder in die USA schauen, überall hat sich der gleiche linke Mainstream ausgebreitet und spielt sich als einzig legitime Weltsicht auf: der Linksismus, oder sollten wir besser Rotfaschismus sagen?

Stefan Müller: *„Bis vor zwei Jahren hatte ich mich kaum mit dem Thema beschäftigt, da mir diese ‚linken Ideen' einfach viel zu phantastisch, abgedreht und auch wirklich absurd vorkamen. Ich hätte nie gedacht, dass diese Ideen bei irgendeinem Menschen außerhalb einer verlotterten Kommune auch nur den Funken einer Chance auf Akzeptanz hätten. Doch die letzten Jahre haben mich eines Besseren belehrt: Diese kranken Ideen und Hirngespinste haben Zugang in die Köpfe von vielen Menschen gefunden, meist handelt es sich dabei um sogenannte Multiplikatoren oder ‚Influencer', die diese wirre Meinung auch noch an zahlreiche andere Menschen herantragen, damit diese sie ebenfalls rezipieren können. Der Brutkasten, der diese Ideen mit Nährstoffen und Dünger versorgt hat, war der Druck durch die Flüchtlingskrise. Diese fungierte als Initialzündung für Linke, damit diese in immer größerem Umfang ihre Wahngebilde kundtun oder publizieren konnten."*

Dieses Buch ist ein Beitrag zum Aufwachvorgang all derer leisten, die anders denken und anders fühlen, als es ihnen die linken und politisch korrekten Volkszensoren und Bevormunder vorschreiben wollen.

ISBN 978-3-938656-45-7 • 19,00 Euro

SCHUTZENGEL & CO.

Martina Heise

Jeder Mensch hat einen Schutzengel

Wir werden von Engeln und anderen geistigen Wesen begleitet – jeden Tag. Doch nur wenige können diese bewusst wahrnehmen und mit ihnen kommunizieren. Martina Heise (ehem. Krämer) wurde mit dieser Gabe geboren und konnte von klein auf nicht nur ihren Schutzengel sehen, sondern auch die Seelen Verstorbener. Von ihrem Schutzengel wurde sie zum einen über den Sinn des Erdendaseins unterrichtet und zum anderen über die Mechanismen des Lebens, vor allem aber darüber, was im Jenseits auf uns wartet und wie wir uns das vorstellen können.

In diesem Buch schildert Martina, wie sie lernte, mit den geistigen Wesen zu kommunizieren, welche Unterschiede es bei den feinstofflichen Wesen gibt, wie sie mit uns in Kontakt treten, uns Botschaften übermitteln und wie wir diese verstehen können.

Sie erklärt auch die Gefahr, die von Besetzungen, Dämonen und anderen dunklen Wesen ausgeht und wie man diese beseitigen und unsere Häuser von solchen dunklen Energien befreien kann. Außerdem stellt sie Übungen zur Verfügung, wie man sich vor Negativem schützen und die eigene Intuition stärken kann.

ISBN 978-3-938656-38-9 • 21,00 Euro

GIFTDEPONIE MENSCH

Katja Kutza

Der ungewöhnliche Heilungsweg einer Amalgamvergiftung, die Hintergründe moderner Volkskrankheiten und die wundervolle Hilfe aus der geistigen Welt!

„Sie sind austherapiert. Wir können keine körperlichen Erkrankungen bei Ihnen feststellen und vermuten eine psychische Störung.“ Das waren die Worte, mit denen Katja Kutza aus den meisten schulmedizinischen Praxen entlassen wurde. Am Ende eines langen Leidensweges stand die Autorin mit einem nicht mehr funktionieren wollenden Körper und allein gelassen von Ärzten vor den Trümmern ihres einst glücklichen Lebens. Völlig verzweifelt an diesem Punkt angekommen, bekam ihr Leben endlich eine glückliche Wende. Durch innige Gebete gab es für Katja Kutza plötzlich außergewöhnliche Fügungen des Schicksals – meist in Form von alternativen und spirituellen Heilmethoden. Nicht nur ihre Grunderkrankung – eine Amalgamvergiftung – wurde aufgedeckt, auch spirituelle, geistige und energetische Heilsysteme ebneten ihr den Heilungsweg.

ISBN 978-3-938656-47-1 • 21,00 Euro

WAS SIE NICHT WISSEN SOLLEN! – Band 2

Michael Morris

Was sind die Pläne der Geheimen Weltregierung?

In seinem 2011 erschienenen Bestseller „Was Sie nicht wissen sollen“ führt Michael Morris anschaulich aus, wie eine kleine Gruppe von Bankiers dabei ist, durch Wirtschafts- und Währungskriege die totale Herrschaft über die Welt zu erlangen. In Band 2 legt er nun den Fokus auf den politischen und militärischen Aspekt der „Neuen Weltordnung“. Die USA haben die Welt mehr als einhundert Jahre lang dominiert, doch ihr Stern sinkt, und die Machthaber im Hintergrund wehren sich verbissen dagegen. Sie intervenieren zwanghaft rund um den Erdball. Doch woher stammt ihr destruktiver Einfluss auf die EU?

Eine kleine Gruppe von Psychopathen ist für die Kriege in Afghanistan, im Irak und in Syrien ebenso verantwortlich wie für den Konflikt in der Ukraine und den „Arabischen Frühling“. Afrika sowie der Nahe und Mittlere Osten versinken bereits im Chaos, das nun gesteuert auf Europa übergreift. Die Terroranschläge von Paris waren erst der Anfang! In Europa und in den USA werden Polizei-, Gendarmerie- und Militäreinheiten aufgerüstet und für die brutale Niederschlagung von lang vorbereiteten Bürgerkriegen trainiert.

Erfahren Sie, was es wirklich mit der NATO, dem weltweiten Terrorismus, dem Konflikt in der Ukraine und dem Krieg gegen Russland auf sich hat.

ISBN 978-3938656-40-2 • 23,30 Euro